Udine,
dicembre 2000

Franziska Mathys
Seegartenstrasse 6
CH-8008 Zürich

le
garzantine

Italiano

Garzanti

Edizione a cura delle Redazioni Garzanti
Prima edizione: settembre 1997
Ristampa: febbraio 2000

ISBN 88-11-50488-0

© 1988 Unione Tipografico - Editrice Torinese
corso Raffaello, 28 - 10125 Torino

© 1997 Garzanti Editore s.p.a.
© 2000 Garzanti Libri s.p.a.
su licenza dell'Unione Tipografico - Editrice Torinese

Presentazione

L'idea che aveva ispirato la compilazione di questa *Grammatica italiana* (uscita per la prima volta presso la UTET) era stata quella di conciliare il necessario rigore scientifico con un'esposizione il più possibile chiara e piana, accessibile al lettore italiano che avesse compiuto, o stesse compiendo, studi medi superiori e al lettore straniero che volesse perfezionarsi nello studio della nostra lingua. L'ambizione era stata quella di approntare per l'italiano uno strumento analogo, anche se di scala più ridotta, al repertorio grammaticale allestito per il francese da Maurice Grevisse, apparso nel lontano 1936 e più volte riedito.
Non spetta agli autori dire se e fino a che punto i propositi di partenza si siano tradotti in realtà. Sta di fatto che le precedenti edizioni di questa *Grammatica* hanno ottenuto un lusinghiero consenso di pubblico, al punto da suggerire ora una nuova versione, nella fortunata serie delle "Garzantine". Questa edizione ripropone il testo originale, arricchendolo con un *Glossario* (di Giuseppe Patota), nel quale sono inseriti circa 130 *Dubbi linguistici* (scelti da Luca Serianni tra quelli in cui tutti ci imbattiamo più spesso). Il *Glossario* si può consultare non solo per risalire al testo, ma anche come un prontuario grammaticale ordinato alfabeticamente a cui ricorrere ogni volta che si vuole ottenere un'informazione o risolvere un dubbio sull'italiano in tempi rapidi e in forma facilitata.
Parlare di «italiano» senza altra specificazione può risultare astratto dopo che tanti studi hanno insistito sulla coesistenza di più lingue parallele (italiano parlato e scritto; italiano della comunicazione formale e della conversazione quotidiana; italiani regionali; italiani settoriali e così via). Ma non va dimenticato che ciò che unifica le varie modalità d'italiano è molto più forte, consistente e significativo di ciò che le distingue. Le strutture fondamentali rimangono le stesse, quale che sia il livello o l'àmbito di lingua: forme come *i cane, *nascé, *vorrei che tu sei *più educato* per «sia» o «fossi» sono tutte a-grammaticali, cioè non-italiane: anche se la prima esiste solo virtualmente o in esecuzioni deficitarie (bambini o stranieri in fasi elementari di apprendimento), la seconda ha avuto corso nell'italiano antico e la terza potrebbe ritrovarsi nella lingua dei semicolti.
Inoltre, i due poli fondamentali della comunicazione linguistica: scritto (formale) / orale (informale) si influenzano continuamente: ora è la lingua scritta che arieggia i modi del parlato, con la sua caratteristica mancanza di programmazione, le sue ridondanze, le sue esitazioni (si pensi a tanta narrativa contemporanea, ma anche al dialogo dei *Promessi Sposi* o del teatro di Pirandello); ora – e più spesso di quanto si creda – è il par-

lato quotidiano che si modella più o meno consapevolmente sulla lingua scritta, attratto dal maggior prestigio di cui quella è portatrice.

Sia a livello scritto sia a livello parlato operano diversi fattori di variabilità. Due, in particolare, interessano il grammatico. In primo luogo la compresenza – in italiano come in qualsiasi altra lingua viva – di più varietà *diafasiche*, ossia condizionate dalla diversa situazione comunicativa: *loro* in luogo di *gli* sarà appropriato in uno scritto ufficiale o argomentativo («L'Ufficio prenderà contatto con i singoli richiedenti e comunicherà loro l'ammontare del versamento»), ma risulterebbe affettato nel parlare quotidiano («Sono uscita con i bambini per comprare loro i jeans»). L'altro elemento di variazione è il portato di una lunga tradizione grammaticale rigorosamente normativa che ha contrastato a lungo forme e costrutti, talvolta soccombendo di fronte alla forza travolgente dell'uso, talaltra relegando i veri o presunti «barbarismi» in una specie di limbo e riuscendo a eliminarli dai livelli più sorvegliati. Così, nessuno oggi si sforzerebbe di evitare *suicidarsi* per 'uccidersi', fino a qualche tempo fa considerato errore per il doppio riflessivo (non ci si può uccidere due volte!): l'uso ha imposto questa forma non per un capriccio imprevedibile, ma perché il latino *sui* 'di sé', inglobato nel francese *suicidé* (da cui l'italiano *suicida* e il verbo *suicidarsi*) è risultato opaco alla coscienza linguistica dei parlanti, che hanno nuovamente "riflessivizzato" il verbo con il consueto pronome personale. Ciò non vuol dire che, soprattutto in settori circoscritti, un uso giudicato preferibile ad altri non possa essere imposto dall'alto, vale a dire dalle fonti di lingua più prestigiose o autorevoli (gli insegnanti, nella loro capillare opera di educazione linguistica; il modello ufficiale, imposto dall'amministrazione o dalla grande industria; gli scrittori; e soprattutto l'uso dei giornali e di altri mezzi di comunicazione di massa): la forma *colluttorio*, con una *t* di troppo, molto frequente qualche anno fa, sta oggi soccombendo di fronte al corretto *collutorio*, che è stato accolto dalle ditte farmaceutiche e dalla pubblicità. In altri casi, l'alternativa è tra due forme entrambe legittime e accettabili: può essere utile, allora, verificare le tendenze linguistiche in atto per secondarle ed eliminare un inutile doppione. Oggi una verifica del genere è resa possibile dalla diffusione dell'informatica, che ci consente di dominare con facilità una mole impressionante di dati: da un *compact disc* che archivia tutti i numeri del «Corriere della Sera» del 1995 possiamo ricavare, ad esempio, che il latineggiante *familiare* sta soppiantando quasi completamente il popolare *famigliare* (1004 esempi contro 39). Si può ipotizzare che, tra qualche anno, *famigliare* sia avvertita addirittura come una forma scorretta, subisca cioè la stessa sorte patita da forme come *quistione* o *officiale*, che un secolo fa coesistevano accanto a *questione* e *ufficiale*, ma che oggi qualsiasi insegnante correggerebbe nel compito di un suo scolaro.

Il confine giusto-sbagliato può essere segnato con sicurezza solo per le forme a-grammaticali (come il *nascé che abbiamo già citato). Negli altri casi, compito del grammatico è quello di suggerire una scelta, offrendo all'attenzione del lettore gli elementi di giudizio utili. Prima di tutto, l'uso oggi prevalente («L'uso fa legge qualunque siasi, quando sia universale e comune agli scrittori e al popolo» scriveva nel Settecento il linguista Melchiorre Cesarotti); poi l'accordo con la tradizione letteraria e con quella grammaticale e lessicografica, che hanno contato molto per una lingua come la nostra, che per tanti secoli è stata prevalentemente scritta; infine, le varie ragioni che, di volta in volta, possono rafforzare la norma (dal rispetto dell'etimologia, all'esigenza di chiarezza comunicativa).

Il modello d'italiano che è alla base della nostra trattazione è l'italiano comune: quello che chiunque scrive (o dovrebbe, o vorrebbe scrivere) e che è non solo scritto ma anche parlato dalle persone colte in circostanze non troppo informali. Per illustrarne le caratteristiche siamo ricorsi in misura minima a esempi inventati (e solo per frasi elementari: «I bambini dormono»), attingendo ampiamente all'italiano scritto nella sua accezione più larga. Quindi non solo all'italiano letterario otto-novecentesco che pure – anche per la grande varietà di modi e di toni – costituisce la base documentaria fondamentale; ma a tutte le altre componenti in cui si articola la cultura scritta moderna e contemporanea: dalla prosa argomentativa e scientifica al linguaggio giornalistico, a quello della codificazione legislativa o della devozione, senza trascurare settori marginali che hanno o hanno avuto larga circolazione nella comunità dei parlanti, come i libretti d'opera e la musica leggera. Molti esempi appartengono alla nostra epoca, ma non ci siamo preclusi riferimenti al passato: non solo per illustrare istituti linguistici arcaici, ma anche per mostrare la continuità di molti fenomeni grammaticali dell'italiano di Dante o di Machiavelli con l'italiano contemporaneo.

L'ottica da noi adottata ha insomma il suo fuoco nell'italiano dei nostri giorni, ma è attenta a rintracciarvi il portato dei tanti secoli di storia che ne hanno segnato la fisionomia. In questo quadro non ha trovato spazio – ed è un'assenza dolorosa ma pur necessaria nell'economia del lavoro – un capitolo sulla prosodia; non abbiamo però voluto sacrificare, in àmbito fonetico, un altro tema strettamente inerente al parlato: le pronunce regionali.

L'impatto descrittivo e il sistema terminologico sono sostanzialmente quelli tradizionali. Non ci siamo nascosti i limiti che nascono dall'utilizzazione di categorie come «complemento» o come verbo «transitivo-intransitivo»; tuttavia il nostro intento non era quello di teorizzare una nuova classificazione grammaticale, ma quello empirico (vorremmo dire: sanamente empirico), di descrivere più compiutamente di quel che si fosse fatto finora il funzionamento della lingua nazionale. Inoltre, l'abbandono della terminologia consolidata avrebbe comportato il parallelo abbandono di quel lettore colto non specialista al quale soprattutto abbiamo inteso rivolgerci: è un lettore che immaginiamo sufficientemente a suo agio con nozioni come «soggetto» o «verbo servile», ma non altrettanto disposto a incamminarsi per la selva – intricata, se non sempre oscura – delle «espansioni», degli «operatori», della «coreferenzialità».

Presentazione

Un paio di precisazioni di carattere pratico. Nelle citazioni di autori segnalate solo dal nome dello scrittore, s'intende che il passo è stato attinto dal *Grande dizionario della lingua italiana* fondato da Salvatore Battaglia (GDLI; Torino, UTET, 1961 ss.); il lettore che voglia rintracciarlo potrà consultare quel dizionario sotto una delle forme presenti nel passo citato (normalmente quella che la citazione si propone di illustrare): ad esempio, il verso «ciò che i prischi Suevi e i Reti avieno» (Tasso), addotto per documentare una variante arcaica del verbo *avere*, si troverà appunto alla voce *avere* (GDLI, I 874). Le citazioni rispettano grafia e punteggiatura degli originali, ma adeguano al contesto o uniformano l'uso della maiuscola iniziale e gli eventuali corsivi e virgolette interne al passo. Nelle parole latine la quantità è indicata, salvo contrario avviso, sulla vocale accentata (quindi SALŪBER si legge «salùber» e CŎLUBER «còluber») e per indicare la base di una parola italiana si dà la forma dell'accusativo, che è il caso da cui discende la grande maggioranza delle forme italiane e romanze.

La compilazione delle varie sezioni del lavoro va distinta come segue: a Luca Serianni si devono i capitoli I («Fonologia e grafematica»), IV («Articoli»), VI («Numerali»), VII («Pronomi»), X («Interiezioni»), XI («Verbi»), XIII («Sintassi della proposizione»), XIV («Sintassi del periodo»), XV («Formazione delle parole») e la revisione generale; ad Alberto Castelvecchi i capitoli II («Analisi logica e grammaticale»), III («Nomi»), V («Aggettivi»), VIII («Preposizioni»), IX («Congiunzioni»), XII («Avverbi»). A Giuseppe Patota si deve il Glossario finale. *All'interno di quest'ultimo, i lemmi dedicati ai* Dubbi linguistici *(riconoscibili perché racchiusi entro riquadri) sono di Luca Serianni.*

Trascrizioni fonematiche

La tabella che segue indica i simboli fonetici (secondo il sistema dell'Associazione Fonetica Internazionale) utilizzati nel testo. Accanto a trascrizioni fonematiche, poste entro sbarrette, si adoperano talvolta trascrizioni fonetiche semplificate, entro parentesi quadre (cfr. I.2.6). L'accento è contrassegnato da un apice che precede la sillaba tonica: *portò* /port'tɔ/. Il segno : (presente di norma solo in parole straniere) indica che la vocale precedente è lunga.

Fonemi dell'italiano

VOCALI

/a/	p**a**ne	/'pane/
/e/	v**e**rde	/'verde/
/ɛ/	l**e**tto	/'lɛtto/
/i/	v**i**no	/'vino/
/o/	m**o**nte	/'monte/
/ɔ/	c**o**rpo	/'kɔrpo/
/u/	l**u**na	/'luna/

SEMICONSONANTI

/j/	**i**eri	/'jeri/
/w/	f**u**ori	/'fwɔri/

CONSONANTI

/p/	**p**orta	/'pɔrta/
/b/	**b**arca	/'barka/
/m/	**m**amma	/'mamma/
/t/	**t**orre	/'torre/
/d/	**d**are	/'dare/
/n/	**n**otte	/'nɔtte/
/ɲ/	**gn**occhi	/'ɲɔkki/
/k/	**c**ane	/'kane/
	chiesa	/'kjɛza/
	questo	/'kwesto/
/g/	**g**ara	/'gara/
	ghiotto	/'gjotto/
/ts/	**z**appa	/'tsappa/
/dz/	**z**aino	/'dzaino/
/tʃ/	**c**ena	/'tʃena/
	ciao	/'tʃao/
/dʒ/	**g**ente	/'dʒɛnte/
	gioco	/'dʒɔko/
/f/	**f**ine	/'fine/
/v/	**v**ero	/'vero/
/s/	**s**tella	/'stella/
/z/	**sd**raio	/'zdrajo/
/ʃ/	**sc**immia	/'ʃimmja/
	sciocco	/'ʃɔkko/
/r/	**r**e	/re/
/l/	**l**ana	/'lana/
/ʎ/	**gl**i	/'ʎi/
	fi**gl**io	/'fiʎʎo/

Fonemi di lingue straniere

/ʌ/	ingl.	b**u**t	/bʌt/
/ə/	fr.	f**e**nêtre	/fə'nɛtR/
/y/	fr.	l**u**ne	/lyn/
/ʒ/	fr.	**j**our	/ʒuR/
/θ/	ingl.	**th**ief	/θi:f/
/ŋ/	ingl.	si**ng**	/siŋ/
/R/	fr.	**r**i**r**e	/RiR/

Altri simboli

> Indica il passaggio da una base latina (o germanica, araba, ecc.) al corrispondente esito dell'italiano o di un'altra lingua romanza; per es.: lat. NŎVUM> it. *nuovo*. Il processo inverso si rappresenta col segno <; per es.: it. *nuovo* <lat. NŎVUM.

→ Indica un processo di derivazione all'interno della stessa lingua (*bello* → *bellezza*) o il rapporto fra due forme appartenenti a uno stesso paradigma (*poeta*→*poeti*; *leggere*→*leggerò*).

* Anteposto a una parola stampata in MAIUSCOLETO indica che si tratta di una base etimologica non attestata, ma solo ricostruita dagli studiosi (per es.: lat. volgare *PASSARE) it. *passare*). Davanti a una o più parole stampate in *corsivo* ne contrassegna il carattere di non grammaticalità (per es. *io ando, *con egli).

GRAMMATICA ITALIANA

I. FONOLOGIA E GRAFEMATICA

1. Il linguaggio umano si fonda essenzialmente sulla produzione e sulla ricezione di *suoni articolati* (o *foni*), individuati e studiati dalla fonetica. Dalla fonetica descrittiva, basata sull'esame di una o più lingue vive, còlte in un determinato stadio del loro sviluppo, si distingue una fonetica storica, che studia le trasformazioni dei foni nel corso del tempo. Più orientate verso il dominio delle scienze fisico-biologiche sono la fonetica sperimentale, che si propone una rigorosa classificazione dei foni attraverso strumenti più o meno elaborati (dal palato artificiale, al cimografo, al fonospettrografo) e la fonetica medica (o foniatria), volta alla terapia dei difetti di articolazione.

Altre forme di comunicazione sono i linguaggi non verbali, raramente sostitutivi del linguaggio articolato (tranne casi speciali, come quello dei sordomuti), col quale però interagiscono nell'atto comunicativo. Normalmente parliamo non solo *dicendo* alcune cose, ma anche assumendo una certa espressione (tratti mimici), ponendoci a una data distanza dall'interlocutore (tratti prossemici), eventualmente accompagnando le parole con gesti (tratti cinesici), ecc.

2. Dalla fonetica si distingue la fonologia (o fonematica), consistente nella classificazione e nello studio dei foni che hanno capacità distintiva (detti *fonemi*), vale a dire che, alternandosi liberamente in un medesimo contesto fonico, possono individuare diversi significati. Convenzionalmente, le trascrizioni fonematiche sono poste entro barre oblique, quelle fonetiche entro parentesi quadre; così la parola *tengo* si trascriverà rispettivamente /'tɛngo/ e ['tɛŋgo], cfr. I.6.

Se consideriamo la parola *pino*, ci accorgiamo che sostituendo il fonema iniziale /p/ con altri fonemi individuiamo altrettanti significati distinti: *fino, tino, vino,* i nomi *Cino, Dino, Gino, Nino, Rino,* ecc. Ne deduciamo che /f/, /t/, /v/, /tʃ/, /d/, /dʒ/, /n/, /r/ sono altrettanti fonemi posseduti dall'italiano.

Ciascuna coppia di parole i cui membri si distinguono solo per la presenza di un determinato fonema prende il nome di *coppia minima* (o *unidivergente*; per esempio *pino~vino, cara~cava*; si badi che le coppie unidivergenti sussistono anche quando la grafia non segnali le eventuali differenze fonematiche, come avviene per *esse* /'esse /~*esse* /'ɛsse /, *razza* /'rattsa/ 'complesso di individui'~*razza* /'raddza/ 'pesce'). Quando i tratti oppositivi sono due si parla di coppia *subminima* (o *semiminima* o *bidivergente*), come in *velo* /'velo/~*zelo* /'dzɛlo/, in cui si oppongono sia la consonante iniziale sia la vocale tonica. Attraverso una specie di 'tavola pitagorica' che riproduce per ciascuna coppia unidivergente un esempio utile si può avere un quadro del sistema fonematico italiano.

3. Per individuare un fonema non ha importanza quale sia il numero di coppie unidivergenti realizzato (secondo il principio: «una volta fonema, sempre fonema»). È utile, tuttavia, distinguere tra coppie ad alto o basso rendimento, a seconda della quantità delle parole ottenibili.

I. Fonologia e grafematica

TABELLA 1. – *Vocali*.

	i	e	ɛ	a	ɔ	o	u
i	–						
e	*venti*	–					
ɛ	*pezzo*	*esse*	–				
a	*pazzo*	*fatta*	*pazzo*	–			
ɔ	*fola*	*spola*	*trono*	*botte*	–		
o	*pozzo*	*groppo*	*pozzo*	*pozzo*	*botte*	–	
u	*puzzo*	*pura*	*puzzo*	*puzzo*	*lutto*	*puzzo*	–

Fonte: LEPSCHY 1978.

Il rendimento dell'opposizione /ts/~/dz/ è, ad esempio, molto basso. Oltre al caso di *razza*, già citato, sono ben poche le coppie di parole distinguibili grazie a questo tratto (come *lazzo* /'lattso/ 'aspro' ~ *lazzo* /'laddzo/ 'atto buffonesco': cfr. MULJAČIĆ 1972: 58).
Invece per /t/~/d/ o per /k/~/g/ sarebbe facile trovare molte coppie oppositive: *turare~durare*, *rata~rada*, *tonto~tondo*, *cala~gala*, *manco~mango*, *crani~grani*, ecc.
Discutibile l'opinione di T. Franceschi (1973: 166), per il quale l'esistenza di coppie unidivergenti non sarebbe «condizione indispensabile per dichiarare suoni distinti due suoni foneticamente similari», giacché basterebbe «che i due suoni vengano usati costantemente in parole diverse e in contesti fonetici identici o equivalenti».

Varianti libere e combinatorie

4. Parlando di «foni» e «fonemi» facciamo delle astrazioni rispetto ai suoni reali. Ciascuno di noi pronuncia un fono in modo diverso dagli altri parlanti (in dipendenza di differenti caratteristiche fisiche: stato dei denti, forma del palato, ecc.) e anche in modo diverso a seconda delle proprie condizioni fisico-psichiche (chi è emozionato «si mangia le parole»), tanto che dal modo di articolare – oltre che dall'intonazione, dal ritmo, dalle pause, ecc. – possiamo arguire se il nostro interlocutore sia assonnato, irritato, depresso, eccitato, allegro, triste e via dicendo.
Eppure, nonostante tutte queste variabili, riusciamo quasi sempre a identificare i fonemi in cui si articola la catena parlata: ciò è possibile perché il fonema rappresenta una specie di realizzazione «media», astratta, rispetto all'infinita varietà dei suoni reali.

5. Naturalmente i margini d'oscillazione entro cui mantenersi per realizzare un fonema sono modesti. Esistono molte [a]: ma in qualunque modo si pronunci questa vocale, l'articolazione non deve essere tanto arretrata da confluire con quella di /ɔ/ né tanto avanzata da coincidere con quella di /ɛ/.
Oltre a queste varianti accidentali esistono varianti libere, ossia realizzazioni fonetiche tendenzialmente stabili, proprie di singoli parlanti (o di gruppi regionalmente definiti di parlanti) che tuttavia, giacché non introducono nuovi fonemi nell'inventario di una determinata lingua, non realizzano neppure nuovi significati.
Una tipica variante libera individuale è in italiano la *r* uvulare o «alla francese» (simbolo fonetico [R]; cfr. I.37) o la *s* palatale preconsonantica che si avverte in occasionali pronunce enfatiche (['ʃtupido] invece del normale ['stupido]: cfr. CAMILLI-FIORELLI 1965: 88). Una variante libera collettiva è la stessa [ʃ] propria dell'italiano regionale campano, cfr. I.103.
S'intende che, pur essendo prive di funzione distintiva, queste varianti possono avere una certa connotazione. Ad esempio, la *r* uvulare è tradizionalmente considerata tipica dell'alta borghesia e dell'aristocrazia e può essere avvertita come il segno di un'affettazione snobistica; e le varie pronunce regionali portano con sé, a seconda dei casi, una connotazione positiva o, più spesso, negativa.

6. A differenza delle varianti accidentali e libere, le varianti combinatorie sono condizionate dal contesto fonetico e si sottraggono alla scelta del parlante.

Le parole *tengo* e *tendo* costituiscono una coppia unidivergente, in quanto si differenziano per un solo fonema, rispettivamente /g/ e /d/. In realtà, dal punto di vista strettamente fonetico, anche /n/ precedente si realizza in modo ben distinto a seconda che segua una consonante velare (*n* velare; simbolo fonetico [ŋ]) o dentale (*n* dentale; simbolo fonetico [n]).

Però, questo diverso modo di articolare la nasale non è in grado, da solo, di individuare due significati distinti ma è meccanicamente determinato dal suono successivo la cui scelta, questa sì, è frutto della nostra libera volontà comunicativa.

Diremo quindi che l'italiano possiede una nasale velare [ŋ] (e lo straniero che volesse conseguire una pronuncia «da nativo» dovrebbe tenerne conto), ma che si tratta di un *allofono*, non di un fonema. In altre lingue queste due nasali hanno statuto fonematico; per esempio in inglese (*to*) *sing* 'cantare' /siŋ/ è in coppia unidivergente con *sin* 'peccato' /sin/.

Dal suono alla scrittura

7. Nelle società evolute l'uomo ha elaborato vari sistemi grafici per fissare e per tramandare i messaggi orali. Rispetto al codice primario, il linguaggio orale, la scrittura rappresenta un codice di secondo grado.

Rientrano nella scrittura anche i pittogrammi o mitogrammi (disegni che raffigurano un messaggio complesso) e gli ideogrammi (segni più o meno stilizzati che rappresentano una singola nozione; è il sistema alla base della scrittura cinese).

Una puntuale corrispondenza tra parlato e scritto si ha con le scritture sillabiche (tale era per esempio la scrittura mesopotamica) e le scritture alfabetiche in cui, teoricamente, ogni segno corrisponde a un fono (limitato all'indicazione dei foni consonantici è l'arabo). Su scritture alfabetiche è basata la cultura scritta occidentale, che ha il suo primo nucleo nella scrittura fenicia a base consonantica, adattata e trasformata dai Greci, i quali aggiunsero dei segni specifici per le vocali; dai Greci, attraverso la mediazione dell'etrusco, deriva l'alfabeto latino, attualmente quello più diffuso nel mondo, sia come numero d'utenti, sia come forza d'espansione.

8. Le scritture alfabetiche naturali non rappresentano mai fedelmente i foni o i fonemi della lingua corrispondente; e questa sfasatura è accentuata dall'evoluzione della lingua parlata, in genere molto più veloce del corrispettivo adeguamento della scrittura.

In alcune lingue (come lo spagnolo, il polacco, l'ungherese, il finnico, il turco e lo stesso italiano: cfr. I.106 sgg.) la corrispondenza tra grafia e pronuncia è abbastanza soddisfacente. In altre (come il francese e l'inglese) c'è una divaricazione molto forte. Così, in inglese uno stesso fonema può essere rappresentato da grafie diverse come, per la *i* lunga (utilizziamo gli esempi di CANEPARI 1979: 171): gr*ee*n 'verde', *e*ve 'vigilia', m*ea*n 'basso', f*ie*ld 'campo', (*to*) s*ei*ze 'afferrare', *k*e*y 'chiave', p*o*l*i*ce 'polizia', p*eo*ple 'gente', a*eo*n 'eternità', q*uay* 'molo'. D'altra parte, la medesima grafia può avere più valori fonetici come *gh* in *enough* 'abbastanza' (/f/), *ghost* 'spirito' (/g/), *though* 'comunque' (non si pronuncia affatto), ecc.

9. Nell'uso scientifico ci si serve di alfabeti fonetici, in cui, utilizzando in gran parte segni dell'alfabeto latino, si può ottenere piena corrispondenza tra grafia e pronuncia. L'alfabeto fonetico adottato da questa *Grammatica* è quello dell'A.F.I. («Associazione Fonetica Internazionale», nota anche secondo le sigle francese: A.P.I. e inglese: I.P.A.), con alcune semplificazioni, specie nelle trascrizioni fonetiche (entro parentesi quadre).

Quel che importa è distinguere sempre tra suoni e lettere (o *grafemi*). La grafematica ha appunto il compito di classificare i grafemi di una lingua studiandone le funzioni in relazione ai foni rappresentati.

10. Passando dal dominio della descrizione scientifica a quello della norma, entriamo nel settore dell'ortografia: che è l'insieme delle regole che vigono, in una data epoca e per una determinata lingua, per l'uso corretto dei grafemi e dei segni paragrafematici.

Il termine di «segni paragrafematici» – introdotto dal Castellani – definisce l'insieme dei segni che servono a completare quel che viene indicato per mezzo dei grafemi: punteggiatura, accenti, apostrofi, uso della maiuscola, divisione delle parole. Sono tutti elementi che trovano espressione scritta senza rappresentare un fono, pur potendo avere – nel caso della punteggiatura – un corrispettivo nel sistema di pause e nell'intonazione propri della catena parlata.

11. L'ortografia è, tra i settori della lingua, uno di quelli più soggetti a censura sociale ed è quindi un aspetto particolarmente curato dall'insegnamento scolastico.
Nel caso dell'italiano l'ortografia contemporanea è piuttosto diversa da quella ottocentesca e non ci si può ovviamente richiamare a quella per contestare eventuali forme adoperate oggi. Così, mentre per la sintassi è ancora possibile (e spesso auspicabile) attingere alla lezione dei classici, nessuno si sognerebbe di giustificare scrizioni come *diriggere* o *stassera* perché le impiegava il Foscolo (MIGLIORINI 1963a: 623); né l'uso carducciano varrebbe a rendere meno eccentriche *più tosto*, *pur tutta via*, *in vece* di fronte alle corrispondenti forme univerbate, oggi di regola (cfr. SERIANNI 1986a: 57).

I fonemi italiani. I «tratti distintivi»

12. Come per la massima parte delle lingue naturali, foni e fonemi italiani si realizzano utilizzando l'aria di provenienza polmonare nella fase espiratoria.
Alcuni suoni ottenuti mediante inspirazione dell'aria esterna (detti *avulsivi* o *clicks*), che in certe lingue dell'Africa meridionale hanno statuto di fonemi, sono usati in italiano con valore fonosimbolico (CANEPARI 1979: 89-91); per esempio, il bacio scoccato in aria (click bilabiale sordo) o il verso che esprime disappunto o, se iterato, disapprovazione, e che si ottiene premendo il dorso della lingua sul palato e poi staccandolo bruscamente.

13. Immessa dai polmoni nel canale espiratorio, l'aria incontra a livello della laringe le corde vocali. Si tratta di due pliche muscolari dai margini liberi che delimitano uno spazio detto glottide. Le tre posizioni fondamentali della glottide sono le seguenti:
a) posizione espiratoria o neutra: oltre

TABELLA 2. – *Consonanti.*

	p	b	t	d	k	g	f	v	s	z	ʃ
p	–	*rupi*	*tipo*	*capo*	*lupa*	*ripa*	*tipo*	*capo*	*ripa*	*tipico*	*ape*
b	*bare*	–	*ruba*	*rubi*	*ruba*	*ruba*	*rubo*	*abete*	*ribalta*	*roba*	*aba*
t	*tare*	*tare*	–	*rata*	*stivo*	*unta*	*stilo*	*rata*	*rata*	*muto*	*lato*
d	*dare*	*dare*	*dare*	–	*oda*	*lardo*	*tondo*	*oda*	*tondo*	*rodato*	*udire*
k	*care*	*care*	*care*	*care*	–	*dica*	*solco*	*vico*	*vico*	*muco*	*laco*
g	*gare*	*gare*	*gare*	*gare*	*gare*	–	*agro*	*ago*	*riga*	*roga*	*lago*
f	*fare*	*fare*	*fare*	*fare*	*fare*	*fare*	–	*afa*	*afa*	*tifico*	*afa*
v	*valle*	*valle*	*vale*	*vanno*	*valle*	*valli*	*valle*	–	*ava*	*cavo*	*lava*
s	*sala*	*saio*	*sacco*	*sire*	*sala*	*sala*	*sanno*	*sanno*	–	*fuso*	*asa*
z										–	*fasi*
ʃ	*sciatto*	*sciatto*	*sciatto*	*sciame*	*scialle*	*sciatto*	*sciatto*	*scialle*	*sciala*		–
ts	*zio*	*zaffo*	*zappa*	*zio*	*zappa*	*zatta*	*zatta*	*zia*	*zia*		*zanca*
dz	*zara*	*zara*	*zara*	*zaino*	*zara*	*zara*	*zama*	*zara*	*zizza*		*zama*
tʃ	*ciarla*	*ciurla*	*ciarla*	*ciarla*	*ci*	*cigno*	*ciarla*	*cita*	*ciacco*		*ci*
dʒ	*gialla*	*gialla*	*giara*	*giare*	*giara*	*giara*	*giare*	*giara*	*giacca*		*gialle*
m	*mare*	*mare*	*mare*	*mare*	*mare*	*mare*	*mare*	*mari*	*mano*		*matto*
n	*nari*	*nari*	*nassa*	*navi*	*nassa*	*natta*	*nido*	*naso*	*nudo*		*natta*
ɲ	*gnaro*	*gnaro*	*gnara*	*gnare*	*gnaro*	*gnare*	*gnaro*	*gnari*	*gnudo*		*gnocco*
l	*lare*	*lare*	*lare*	*lare*	*lare*	*lare*	*lare*	*lira*	*lire*		*li*
ʎ	*gli*	*gli*	*gli*	*gli*	*gli*	*gli*	*gli*	*gli*	*gli*		*gli*
r	*rare*	*rare*	*rare*	*rare*	*rare*	*rare*	*rare*	*rara*	*ranno*		*rio*
j	*ione*	*iara*	*iuta*	*iato*	*ionico*	*iare*	*iato*	*iati*	*ialino*		*iara*
w	*uo'*	*uadi*	*uomo*	*uadi*	*uadi*	*uo'*	*uo'*	*uo'*	*uo'*		*uo'*

che quella abituale nella respirazione, è la posizione richiesta per le articolazioni sorde;
b) posizione chiusa, quando le corde vocali sono accollate e impediscono il passaggio dell'aria; è propria di particolari condizioni fisiologiche (prima di un colpo di tosse) ed è sfruttata da quelle lingue (ad esempio l'arabo) che conoscono un'occlusione glottidale come fonema;
c) posizione di sonorità, quando le corde vocali vibrano, toccandosi e staccandosi molte volte al secondo; è la posizione che permette le articolazioni sonore (in italiano, tutte le vocali e le consonanti dette appunto sonore).
L'ampiezza delle oscillazioni è percepita soggettivamente come intensità (e distinguiamo così tra suoni forti e deboli); la frequenza, come altezza o tono (da cui dipendono i suoni bassi e acuti).

14. Dalla laringe l'aria passa nella faringe; di qui può uscire o simultaneamente attraverso le fosse nasali e la bocca, o – come avviene nella respirazione a bocca chiusa – soltanto dal naso, o infine soltanto dalla bocca. Ciò a seconda che il velo palatino (o palato molle) sia in posizione rilassata, consentendo all'aria di immettersi nelle fosse nasali, oppure si sollevi addossandosi alla parete faringea e costringendo l'aria ad uscire attraverso la bocca. Il movimento del palato distingue due gruppi di foni: orali (velo palatino sollevato) e nasali (velo palatino abbassato). In italiano i fonemi nasali sono tre: /n/, /m/, /ɲ/.
Sordità o sonorità, oralità o nasalità possono costituire i tratti distintivi di un fonema, indispensabili per individuarlo rispetto a fonemi simili dal punto di vista articolatorio.
Tra /b/ e /m/ o tra /d/ e /n/, ad esempio, l'unico elemento distintivo è il tratto di nasalità. Col «naso chiuso» (per raffreddore o anche perché ne comprimiamo le ali con due dita) non è più possibile articolare foni nasali: *mamma* e *nonna* saranno quindi percepiti come ['babba] e ['dɔdda].

Vocali

15. Quando l'aria percorre il canale espiratorio senza incontrare ostacoli – tranne quello rappresentato dalle corde vocali che perlopiù vibrano, come in italiano – si determina una vocale; diversamente si produce una consonante.

	ts	dz	tʃ	dʒ	m	n	ɲ	l	ʎ	r	j	w
p	rapa	rapa	capo	api	api	api	cape	api	api	api	capo	spola
b	labe	roba	abeti	abile	labe	ruba	labe	aba	ruba	aba	aba	ebro
t	rata	rata	tati	rata	rate	rata	rata	tati	rata	rata	rata	stola
d	rada	modo	bada	modo	modo	rada	rada	modo	rada	rada	rada	ladro
k	vico	laco	baco	manca	fico	vico	laco	fico	fico	vico	baco	scola
g	lago	lago	baga	ago	riga	ago	lago	aghi	ago	laghi	aga	sagro
f	afa	afotico	afide	afato	afa	tifo	afa	afa	tifo	afa	afa	afra
v	ava	lavo	bava	avo	avo	avo	ava	ava	avo	avo	ava	avrò
s	risa	rasa	basi	rasa	risa	fiso	casa	fiso	fiso	casa	rasa	casto
z	osi	rosa	caso	caso	fuso	casi	rosa	casi	casi	casi	caso	casna
ʃ	lascio	lascio	fasce	lascia	fascia	uscito	lascia	ascia	cosce	fasce	ascia	esce mia
ts		lazzo	pazze	razza	azza	pazze	azza	azza	mozzi	azza	azza	lazze
dz	zara	–	manza	mozzo	lazza	lazza	lazza	mozzo	mezzo	mozzi	mozzo	lazze
tʃ	cianca	ciana	–	mancia	face	tace	foce	orcio	taci	taci	foce	ma ciò
dʒ	gitto	giara	gita	–	agi	agi	agio	agi	agi	agi	agio	mangiò
m	mio	mara	mancia	mare	–	amo	amo	ama	amo	amo	amo	amletico
n	natta	nana	nano	nanna	nano	–	ano	fino	filo	nani	ano	cansa
ɲ	gnocco	gnara	gnocco	gnara	gnare	gnari	–	sogno	stagno	ragno	agno	buon gnomo
l	lappa	lama	il	lira	lare	lari	lari	–	tali	tali	ala	alto
ʎ	gli	gl'anni	gli	gli	gli	gli	gl'occhi	gli	–	aglio	aglio	ma gl'osa
r	rio	rara	rito	rara	rare	rari	raro	rare	rene	–	ara	carta
j	iara	ieri	ieri	iare	iare	iato	iaro	iato	ieri	iuta	–	chiatta
w	uo'	ueba	uo'	uo'	uo'	uo'	uomo	uadi	uo'	uadi	uosa	–

Fonte: LEPSCHY 1978.

I. Fonologia e grafematica

In altri termini: mentre la consonante rientra nel fenomeno acustico del *rumore* (consistente in una vibrazione irregolare aperiodica), la vocale si avvicina piuttosto al *suono* (vibrazione regolare periodica), per il quale la cavità orale funge da cassa di risonanza, rinforzandolo e arricchendolo di frequenze più elevate (sopratoni): cfr. BELARDI 1959: 189-204.

La distinzione tradizionale tra la vocale, che costituirebbe un suono per sé stante, e la consonante, che invece «consuona» con una vocale, non essendo pronunciabile da sola, può andar bene per l'italiano (come per il greco e il latino a cui tale distinzione risale). Ma in molte lingue esistono sonanti che possono costituire apice di sillaba, pur essendo «consonanti» (per esempio il nome sloveno di Trieste, *Trst*): cfr. TAGLIAVINI 1969: II 45 e 65.

Le vocali vengono articolate nella cavità orale grazie ai movimenti della lingua, l'organo fonatorio per eccellenza (si pensi a frasi idiomatiche come «avere la lingua lunga», «hai perso la lingua?»).

16. La lingua può appiattirsi sul pavimento della bocca, dando luogo ad /a/, la vocale di massima apertura; sollevarsi e spostarsi in avanti, in corrispondenza del palato duro, realizzando le vocali palatali o anteriori, secondo gradi di apertura decrescenti, /ɛ/, /e/, /i/; oppure sollevarsi e arretrare, in corrispondenza del velo palatino: si ottengono così le vocali velari o posteriori /ɔ/, /o/ e /u/.

Le vocali velari richiedono in italiano anche la protrusione delle labbra (ossia il loro arrotondamento e avanzamento), ciò che giustifica per /ɔ/, /o/ e /u/ una terza denominazione: *labiali* (o *labiovelari*).

17. È d'uso rappresentare le vocali italiane mediante il cosiddetto triangolo vocalico, uno schema in cui le singole unità sono disposte, *grosso modo*, nel punto in cui si collocherebbe la lingua per articolarle.

Il «triangolo vocalico» è adeguato solo per l'italiano di base toscana; per una descrizione più generale, non condizionata da una lingua particolare, i fonetisti ricorrono piuttosto a un «trapezio» (CANEPARI 1979: 27-35). Inoltre nei singoli dialetti – come in lingue diverse dall'italiano – possono esistere vocali non contemplate dal nostro «triangolo». Ricordiamo la *u* francese e lombarda di *lune*, *luna* /lyn/, /'lyna/ (nella tradizione grafica dialettale, spesso *lüna*), che è una vocale anteriore pronunciata con protrusione delle labbra.

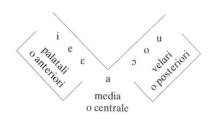

Le sette vocali del «triangolo» (tre aperte: /a/, /ɛ/, /ɔ/ e quattro chiuse: /e/, /i/, /o/, /u/, rappresentate da cinque grafemi) costituiscono il vocalismo tonico dell'italiano, cioè il sistema di vocali che è possibile trovare sotto accento.

18. Benché non rappresentata dalla grafia, l'opposizione tra /ɛ/ e /e/ e tra /ɔ/ e /o/ non è meno netta di quella che ciascun italiano è disposto a riconoscere tra /'mare/ e /'mɔre/ o tra /'puttso/ e /'pɔttso/. Ecco una serie di coppie unidivergenti che individuano le due *e* e le due *o*, chiuse e aperte (una lista più ampia in FIORELLI 1964: 73 e 95-96):

/e/ — /ɛ/
«un colpo d'*accetta*» ~ «*accetta* le mie scuse»
«*affetti* il prosciutto?» ~ «gli *affetti* di una madre»
«se non *corresse* tanto...» ~ «*corresse* i suoi errori»
«*esse* andarono via» ~ «pronunci male l'*esse*»
«la *legge* del più forte» ~ «*legge* un romanzo»
«una *pesca* abbondante» ~ «la *pesca* e l'albicocca»
«il *re* del Belgio» ~ «un concerto in *re* maggiore»
«sto parlando con *te*» ~ «prendiamo il *tè*!»
«tra *venti* minuti» ~ «i *venti* del deserto»
«una *vera* signora» ~ «la signora *Vera*»

/o/ — /ɔ/
«*accorse* trafelato» ~ «se ne *accorse* troppo tardi»
«la *botte* col vino nuovo» ~ «*botte* da orbi»
«un medico *colto*» ~ «ti ho *colto* in fallo!»
«giornali *conservatori*» ~ «ha studiato nei *conservatori*»
«in *corso* Umberto» ~ «il folklore *corso*»

«un *foro* nella parete»~«un avvocato del *foro* di Bologna»
«se *fosse* vero!»~«le *Fosse* Ardeatine»
«dobbiamo *porci* un quesito»~«*i porci* e le vacche»
«vi *pose* molta cura»~«sono tutte *pose*!»
«il *volto* della Gioconda»~«*volto* qui a destra»

19. Fuori d'accento le vocali si riducono a cinque, perché viene meno l'opposizione /ɛ/~/e/ e /ɔ/~/o/.
La [e] e la [o] atone hanno un grado di apertura variabile a seconda dei suoni contigui (una [e] protonica è per esempio un po' più chiusa se seguita da [s], un po' più aperta se seguita da [r], ma si avvicinano piuttosto a /e/, /o/ che non a /ɛ/ e /ɔ/: cfr. CASTELLANI 1980: I 55-58 e anche CAMILLI-FIORELLI 1965: 65. Quel che più importa è che non esistono né possono esistere parole che si oppongano sulla base del timbro di queste due vocali atone: il loro timbro, abitualmente chiuso foneticamente, è dunque irrilevante dal punto di vista fonematico.

20. La mancata indicazione di *e* e *o* toniche aperte o chiuse da parte dell'ortografia italiana ha ostacolato la diffusione del modello di pronuncia fiorentina nelle altre regioni, in cui persistono pronunce locali, come negli altri casi di fenomeni non rappresentati graficamente: l'opposizione tra /s/ e /z/ e tra /ts/ e /dz/ (cfr. I.124, I.126), e il raddoppiamento fonosintattico (cfr. I.66, I.88, I.100).

21. Per ovviare a questa imperfezione dell'alfabeto italiano furono avanzate in passato diverse proposte. Ricordiamo le due più note: quella del vicentino G. G. Trissino (1478-1550), che ricorse alle lettere greche ε e ω per indicare /ɛ/ e /ɔ/ (ma successivamente usò ω per la chiusa); e l'altra del fiorentino A. M. Salvini (1653-1729), che si servì di *ê* e di *ô* per le aperte: cfr. MIGLIORINI 1963a: 367-369 e 537.
Da queste ortografie riformate è possibile ricavare notizie sulla pronuncia in uso nei secoli scorsi. Dal Salvini apprendiamo per esempio che all'epoca si pronunciavano ancora aperte le congiunzioni *e* (*ê*), *o* (*ô*), *né* (*nê*), poi chiusesi per effetto della posizione protonica che venivano ad assumere all'interno di frase (abbiam detto che una vocale nettamente aperta può aversi in italiano solo sotto accento e d'altronde non c'è differenza – quanto alla pronuncia – tra la *e* di *evince* e la *e* di *vince*: in entrambi i casi l'accento cade sulla *i*): cfr. FIORELLI 1953.
Per altre indicazioni sulla pronuncia di *e* e *o* cfr. I.117-118.

Vocali italiane e latine

22. In latino le vocali si distinguevano in base alla quantità, ossia alla durata della loro articolazione, che poteva essere breve (vĕnit 'viene') o lunga (vēnit 'venne'). Il sistema quantitativo entrò in crisi in età imperiale, quando le vocali brevi tendevano a essere pronunciate come aperte (quindi vĕnit approssimativamente /'wɛnit/) e le lunghe come chiuse (vēnit /'we:nit/).
Il nuovo sistema oppositivo basato sulla qualità (o timbro) ebbe presto ragione del vecchio, indebolitosi anche quando il latino, estendendosi in Europa e Africa, «si sovrappose a lingue che nel loro sistema vocalico non conoscevano l'opposizione fonematica fra vocali lunghe e vocali brevi» (TAGLIAVINI 1969: 237).

23. Dalle dieci vocali latine in sillaba tonica si ebbero quindi in italiano, e nella maggior parte dell'area romanza, i seguenti risultati:

Ī Ĭ Ē Ĕ Ā Ă Ŏ Ō Ŭ Ū
| _/   _/   _/   _/   _/ |
/i/ /e/ /ɛ/ /a/ /ɔ/ /o/ /u/

In sillaba libera o aperta (cioè terminante in vocale, come *po* in *cam-po*) da Ĕ si ha il dittongo /jɛ/ e da Ŏ, /wɔ/; in sillaba implicata o chiusa (terminante in consonante, come *cam* in *cam-po*), si mantengono /ɛ/ e /ɔ/. Esempi: vīnum>*vino*, mĭnus>*meno*, stēllam>*stella*, pĕctus>*petto* (ma pĕdem>*piede*), ālam>*ala*, mărem>*mare*, cŏrpus>*corpo* (ma nŏvum>*nuovo*), sōlem>*sole*, crŭcem>*croce*, lūnam>*luna*.
Dei dittonghi latini, AU si trasforma in /ɔ/ (aurum>*oro*), AE segue le sorti di Ĕ (laetum>*lieto*) e OE si fonde con Ē (poenam>*pena*).

24. Nel vocalismo atono mancano – come abbiamo già visto – le vocali aperte (e i dittonghi):

Ī Ĭ Ē Ĕ Ā Ă Ŏ Ō Ŭ Ū
| __/   _/   _/   __/ |
/i/   /e/   /a/   /o/   /u/

Esempi (vocale postonica finale): vi-

GINTĪ>*venti*, DICĬT>*dice*, PURĒ>*pure*, SEPTĔM>*sette*, ILLĀC>*là*, AMĀT>*ama*, DERETRŌ>*dietro*, DICŌ>*dico*, FILIŬM>*figlio*; per Ū si deve ricorrere a una vocale protonica: FRŪMENTUM>*frumento*.
Si noti che in sede finale tra le toniche non compare mai /o/ e tra le atone /u/ (tranne in pochi esotismi come *guru*, *bantu*, *tabu* e *zulu*; ma anche *bantù* e, molto più spesso, *tabù* e *zulù*).

25. Gli esiti indicati sono propri delle *voci popolari*, ossia di quelle che sono state ininterrottamente in uso dalla latinità alla nascita del volgare (esaurendosi nell'italiano antico come *ghieva*<GLĔBAM 'zolla', o arrivando sino ad oggi, come tutti gli altri esempi citati). Nelle *parole dotte* (o *cultismi*), attinte dai libri in età medievale, rinascimentale o moderna, il vocabolo latino è stato adattato solo morfologicamente, mediante desinenza italiana, e si è mantenuta la vocale latina, quale che fosse la quantità (da notare che la *e* e la *o* – secondando la pronuncia del latino abituale ancora oggi – sono adattate come aperte, tranne che non risentano dell'analogia di altre forme): quindi DĬSCUM-*disco* (invece popolarmente *desco*, nell'accezione concreta di 'tavola per il desinare'), MĔRUM-*mero* (invece di *miero*), CRUDĒLEM-*crudele* (pronunciato /kru'dɛle/, non /kru'dele/, come ci aspetteremmo in caso di esito popolare).
Naturalmente, queste corrispondenze vocaliche tra latino e italiano non esauriscono il quadro dei complessi fenomeni evolutivi attraverso i quali le vocali latine si trasformano in vocali italiane. Per un approfondimento è indispensabile ricorrere a una grammatica storica come ROHLFS 1966-1969 o all'ampio profilo – esteso anche al consonantismo e alla morfologia – di BRUNI 1984: 199-239.

26. Si osservi che anche in italiano esiste una diversa quantità nella pronuncia delle vocali. Sono brevi le vocali atone e quelle toniche in sillaba implicata o in fine di parola (*šalĭ* e *sàltŏ* rispetto a *sālē* : cfr. CAMILLI-FIORELLI 1965: 66-67). Ma – almeno secondo la maggioranza degli studiosi (cfr. MULJAČIĆ 1972: 70-72) – questa opposizione, determinata dalla semplice struttura sillabica, non ha rilevanza dal punto di vista fonematico.

La «pronuncia modello»

27. Fin qui abbiamo proceduto dando per scontata l'esistenza di un solo italiano. Non ci sono dubbi per la lingua scritta: leggendo un brano vergato da uno scrivente anche di modesta cultura, non siamo in grado di risalire alla sua regione di provenienza. Viceversa, quasi nessun parlante si sottrae all'impronta della zona d'origine, oltre che per il modo d'articolare i singoli foni, per l'*intonazione* (o *calata* o, genericamente, *accento*) che ne scandisce le frasi.
Ciò non vuol dire, però, che non ci sia un «italiano modello», da identificare, come in altre lingue, in quello realizzato dal parlante che «lascia capire il più tardi possibile la propria provenienza regionale e sociale» (secondo una definizione del grande linguista danese J.O.H. Jespersen [1860-1943], riportata in CANEPARI 1979: XIV).
Un italiano di questo tipo c'è ed è in espansione, benché venga ancora raramente appreso come idioma materno: è la lingua delle scuole di recitazione, degli annunciatori televisivi, dei doppiatori cinematografici, avente alla base il modello fiorentino colto depurato di alcuni tratti idiomatici (essenzialmente due: «gorgia» e spirantizzazione delle affricate alveopalatali, cfr. I.92-93).

28. Che una pronuncia normativa esista, possa e debba essere insegnata (agli stessi scolari italiani e agli stranieri che studiano l'italiano) ci sembra quindi indubbio. Tuttavia, si deve tener conto di due precisazioni:
a) la sanzione sociale di fronte alle pronunce regionali è in genere modesta (anche se la caricatura di un uomo politico, per esempio, faccia leva in primo luogo proprio sugli eventuali tratti regionali del suo modo di parlare) ed è comunque molto meno marcata della censura ortografica: chi scriva *subbito* è considerato un ignorante, chi dice ['subbito] passa inosservato o quasi;
b) alcune pronunce che deflettono dalla

norma sono più accettate di altre (perché sono diffuse in aree molto vaste, perché sono presenti in varietà di prestigio, come quelle proprie delle grandi aree metropolitane del Nord, e così via); è il caso, ad esempio, del mancato raddoppiamento sintattico (cfr. I.66) e degli scambi tra /e/ ed /ɛ/ (in molte parti d'Italia /ˈpeska/ è il frutto e /ˈpɛska/ l'attività, a differenza della pronuncia normativa: cfr. I.18).

Va ricordato, infine, che molti linguisti contestano l'esistenza di una pronuncia normativa. Si veda per esempio LEPSCHY 1978: 95-109 («A me sembra [...] che una pronuncia 'standard', diversa dalle pronunce regionali locali in Italia non esista, e che siano accettabili come regolari, normali, le varie pronunce locali»: 95). Ad una norma crede invece GALLI DE' PARATESI 1985, identificandola anch'essa col «fiorentino emendato» parlato dagli attori. La novità sta nel fatto che attraverso un'indagine sociolinguistica sulle varietà romana, fiorentina e milanese, si addita in Milano «il luogo dove la pronuncia, ad alto livello socioeducativo e di formalità, è più vicina alla norma standard, senza però raggiungerla del tutto» (10).

Varietà regionali nel vocalismo

29. Riuniamo qui i casi più notevoli di pronunce diffuse regionalmente (per il consonantismo cfr. I.88 sgg.; come riferimenti bibliografici generali cfr. CANEPARI 1979: 203-230, CANEPARI 1980, DE MAURO 1976: II 376 sgg. e anche il divulgativo ROMAGNOLI 1986: 63-74).

30. Nell'estrema Italia meridionale (Sicilia, gran parte della Calabria, basso Salento) il sistema vocalico tonico è ridotto a cinque unità, giacché mancano /e/ e /o/. Anche in lingua un parlante di queste zone può introdurre [ɛ] e [ɔ] là dove la norma richiederebbe le vocali chiuse: quindi *amore* [aˈmɔre], *neve* [ˈnɛve], ecc.

31. In Sardegna si hanno normalmente vocali toniche aperte: [ˈbɛne] come in toscano, ma anche [ˈrɔsso]. Tuttavia, queste vocali si chiudono o per metafonesi prodotta da [i] nella sillaba finale ([ˈbeni], [ˈrossi]), o per armonizzazione, quando nella stessa sillaba o in quella seguente vi siano [i] e [u]: *debito* [ˈdebito], *equo* [ˈekwo].

32. Nel milanese (e in genere in Val Padana) la [e] tonica tende ad essere pronunciata chiusa in sillaba libera e aperta in sillaba implicata, tranne che non sia seguita da nasale (cfr. POGGI SALANI 1976): *telefono* [teˈlefono], *freddo* [ˈfreddo], *venti*, numerale e sostantivo, [ˈventi].

33. A Roma e in gran parte dell'Italia non toscana alcune parole hanno [e], [ɛ], [ɔ], [o], con diversa distribuzione rispetto al fiorentino (un elenco completo dei casi in CAMILLI-FIORELLI 1965: 156-162). Tra le più comuni (diamo la pronuncia fiorentina): *atroce* [aˈtrotʃe], *Bologna* [boˈloɲɲa], *colonna* [koˈlonna], *dopo* [ˈdopo], *Giorgio* [ˈdʒordʒo], *lettera* [ˈlɛttera], *posto* [ˈposto], *quattordici* [kwatˈtorditʃi], *Stefano* [ˈstefano], *trenta* [ˈtrenta]. Per altri esempi cfr. I.121.

34. Nel Mezzogiorno, per influsso della grafia (almeno in origine) è spesso pronunciata la *i* con valore diacritico (*speciale*) o di pura ragione etimologica (*cielo*, *scienza*). Invece di [speˈtʃale], [ˈtʃɛlo], [ˈʃɛntsa] si sente quindi [spetʃiˈale], [tʃiˈɛlo], [ʃiˈɛntsa] e simili.

Consonanti

35. Come si è già osservato, le consonanti presuppongono un ostacolo a un certo livello del canale espiratorio. Tale ostacolo può comportare la chiusura del canale (dando luogo alle occlusive, dette anche *momentanee* o *esplosive*) o il suo restringimento (che consente di articolare le costrittive, dette anche *fricative* o *continue*). Una classe consonantica intermedia è quella delle *affricate*, che risultano dalla fusione di un'occlusiva e di una costrittiva. Oltre al modo di articolazione, definiscono una consonante il luogo d'articolazione (che è il settore del canale espiratorio in cui si forma il diaframma, di occlusione

I. Fonologia e grafematica

o di costrizione) e i tratti distintivi (sordo / sonoro; orale / nasale).

36. Schema delle consonanti italiane:

			BILABIALI		LABIODENTALI		DENTALI		ALVEOLARI		ALVEOPALATALI		PALATALI		VELARI	
		TRATTI DISTINTIVI	SORDE	SONORE	SORDE	SONORE	SORDE	SONORE	SORDE	SONORE	SORDE	SONORE	SORDE	SONORE	SORDE	SONORE
MODO DI ARTICOLAZIONE	OCCLUSIVE	ORALI	p	b			t	d							k	g
		NASALI		m				n						ɲ		
	AFFRICATE								ts	dz	tʃ	dʒ				
	COSTRITTIVE	ORALI			f	v			s	z	ʃ					
										r						
										l				ʎ		

Notiamo:

37. /l/ e /r/ sono spesso designate congiuntamente con la vecchia denominazione di *liquide*, di origine classica. Individualmente, e con riferimento al meccanismo articolatorio con cui si realizzano, si chiamano *laterale* /l/ e *vibrante* /r/: entrambe si pronunciano con la punta della lingua appoggiata nella regione alveolare, sopra gli incisivi superiori; nel caso di /l/ la lingua resta qualche istante immobile e l'aria fuoriesce ai suoi lati (o più spesso da un lato solo), mentre per /r/ la lingua vibra un certo numero di volte.
Nella vibrante uvulare [R], che in italiano è una variante libera (cfr. I.5), si realizza una vibrazione a livello dell'ugola (in lat. ŪVULA).

38. La denominazione delle singole consonanti è, in teoria, la risultante di vari elementi che le definiscono (modo e luogo di articolazione, tratti distintivi). Quindi /p/ è una «occlusiva bilabiale sorda orale», /v/ una «costrittiva labiodentale sonora orale», ecc. In pratica si usano però denominazioni più rapide che tralasciano gli elementi i quali – almeno nel sistema fonematico italiano – appaiono ridondanti. Così /p/ può essere adeguatamente indicata dall'etichetta «bilabiale sorda» (infatti tutte le bilabiali italiane sono *occlusive*, il che rende superflua questa precisazione; quanto al tratto di oralità/nasalità, basterà precisare che è bilabiale nasale la /m/, considerando implicito il carattere orale proprio della grande maggioranza dei foni italiani). Allo stesso modo per /v/ basterà parlare di «labiodentale sonora», e così via.

39. In alcuni casi sono in uso denominazioni ancora più abbreviate, e precisamente: – per /s/ e /z/, *sibilante sorda e sonora* (con allusione al caratteristico sibilo o fruscio prodotto dall'aria che passa nel solco centrale della lingua, appiattita sul pavimento della bocca, per poi uscire attraverso i denti anteriori); – per /ʃ/, in cui la costrizione non avviene più a livello degli alveoli, come per /s/ e /z/, ma più indietro, nella parte anteriore del palato duro: *sibilante palatale*; – per /ɲ/ e /ʎ/, anch'esse corrispondenti a /n/ e /l/, ma più arretrate: *nasale palatale* e *laterale palatale*.

Qualche ulteriore osservazione sulle caratteristiche articolatorie delle altre consonanti:

40. Le bilabiali si articolano mediante chiusura delle labbra; se si produce solo una costrizione, e l'aria passa attraverso la fessura che risulta dall'accostamento dei denti superiori e del labbro inferiore, si hanno le labiodentali.
Le bilabiali, che sono tra le consonanti più diffuse in tutte le lingue del mondo, compaiono in numerose voci del linguaggio infantile: *mamma* e *papà* (da confrontare col francese *maman*, *papa*, inglese o angloamericano *mama*, *pop*, tedesco *Mama*, *Papa*, spagnolo *mamá*, *papá*, neogreco *mamá*, *bampás*, russo *mama*, *papa*; si veda, in particolare, JAKOBSON 1971); e ancora: *pappa*, *pipì*, *popò* e *pupù*, *bua*, ecc.

41. Nelle dentali la punta della lingua si appoggia sugli incisivi superiori, otturandone gli interstizi; ma è frequente un'articolazione più arretrata, in cui la lingua tocca gli alveoli degli stessi incisivi.
Anche le dentali sono consonanti largamente utilizzate nel vocabolario infantile (si osserverà che, prima della dentizione, l'occlusione può avvenire solo a livello degli alveoli): *tata* regionale o antiquato per 'papà', ancora vivo per 'bambinaia', *totò* o *tottò* (fare t. 'picchiare'), *tetta* 'mammella'; *nonna*, *nonno*, *nanna*, *nini* 'bambino' (toscano), ecc.
Labiali e dentali compaiono spesso nelle onomatopee: *bum*, *pum*, *paf*, *tic-tac*, *tatatan*, *din-don*...

42. Nelle velari (dette anche *gutturali*), le più arretrate delle occlusive italiane, il dorso della lingua si solleva contro il velo palatino.

43. Le affricate, come si è accennato, sono articolazioni doppie costituite da un'occlusiva dentale, /t/ o /d/, in cui la lingua, togliendo l'occlusione, non passa all'articolazione vocalica successiva, ma «resta nella posizione del fricativo omorganico (cioè della stessa articolazione corrispondente) all'elemento occlusivo» (CANEPARI 1979: 41). La differenza tra le consonanti iniziali di *zia* e di *cena* non è nel primo elemento, che è /t/ in entrambi i casi, ma nel secondo (rispettivamente: sibilante /s/ e sibilante palatale /ʃ/).

44. Una riprova empirica del carattere composto delle affricate può essere data dalla pronuncia corrente di esotismi che recano il digramma *ts* (per esempio il nome della mosca *tse-tse*, pronunciato come se fosse scritto *ze-ze*) e dai gruppi grafici cui ricorre l'ortografia di lingue prive di affricate per riprodurle, ove se ne presenti la necessità. In francese, ad esempio, il nome dello scrittore russo *Cechov* è reso come *Tchékhov*: l'affricata alveopalatale sorda è «scomposta» nei simboli dell'occlusiva dentale (*t*) e della sibilante palatale (nell'ortografia francese resa con *ch*).
Le affricate sono molto meno diffuse nei sistemi fonematici delle varie lingue di quanto non avvenga per occlusive e costrittive. Oltre al francese, che non le possiede, possiamo ricordare l'assenza di affricate alveolari nell'inglese e nello spagnolo e la presenza, tra le affricate alveolari, soltanto della sorda [ts] in tedesco (come in *zehn* 'dieci') e in russo (*cel'* 'bersaglio').

45. Qualche problema di pronuncia può nascere dall'incontro del prefisso /s/ con /tʃ/: *scervellato*, *sciabattare* e simili. È consigliabile adottare sempre la pronuncia /ʃ/ – che è l'unica registrata dai dizionari – anche se la possibilità di un nesso /stʃ/, estraneo alle combinazioni consonantiche italiane, trova qualche difensore (LEPSCHY-LEPSCHY 1979: 89 n. 7).

46. Nella rara combinazione di /s/ e di /dʒ/ l'unica pronuncia esistente in sede iniziale è /zdʒ/: *sgelare* /zdʒe'lare/. In sede interna la pronuncia più diffusa è /zdʒ/: *Vosgi* /'vɔzdʒi/, ma è attestata, anche se minoritaria, la pronuncia assimilata /ʒʒ/: cfr. Fiorelli, in CAMILLI-FIORELLI 1965: 73 n. 110.

Gradi di intensità

47. Le consonanti fin qui esaminate si possono pronunciare con diversa energia articolatoria. Prescindendo da altre posizioni, non rilevanti fonematicamente (cfr. CASTELLANI 1980: I 58-59), osserviamo che in posizione intervocalica:

a) 15 consonanti si presentano tenui (e graficamente sono indicate da una sola consonante: *fato*) o intense (due consonanti nella scrittura: *fatto*). Si tratta di otto occlusive (/p/, /b/, /m/, /t/, /d/, /n/, /k/, /g/), di cinque costrittive (/f/, /v/, /s/, /r/, /l/) e di due affricate (/tʃ/ e /dʒ/).

Qualche esempio di coppie unidivergenti basate sul tratto di intensità (oltre a *fato~fatto*): *capi~cappi, nata~natta, nona~nonna, casa~cassa, caro~carro*.

b) Per 5 consonanti la pronuncia è solo intensa in posizione intervocalica: sono le palatali ([ʎʎ], [ɲɲ], [ʃʃ]) e le affricate alveolari ([tts] e [ddz]).
Esempi: *figlio* ['fiʎʎo], *bagno* ['baɲɲo], *lascia* ['laʃʃa], *pezza* ['pɛttsa], *mezzo* ['mɛddzo].

Si noti che queste cinque consonanti si pronunciano intense anche all'interno di frase, quando siano iniziali di parola preceduta da un'altra parola terminante per vocale: *lo sciame* [lo ʃ'ʃame], *lo gnomo* [lo ɲ'ɲɔmo], ecc.

In particolare, le affricate alveolari sono sempre intense, anche se la grafia presenta una sola *z*: *nazione* [nat'tsjone], *azoto* [ad'dzɔto].

Le ragioni della pronuncia intensa di queste consonanti risalgono all'etimo latino. Infatti le tre palatali provengono nella quasi totalità dei casi da una base latina o latino-volgare con consonante intensa: per esempio *figlio*<*FĪLIUM (invece del classico FĪLIUM), *bagno*<*BĀNNIUM (invece di BĂLNEUM), *lascia*<LĂXAT (x rappresenta un nesso di consonanti, cfr. I.155). Per le affricate sorde la consonante è stata sempre intensa nelle parole popolari (*pezza*<*PĔTTIAM, voce di origine celtica); in quelle dotte si distingueva fino al XVI secolo (e fino ad anni recenti nell'Italia meridionale) tra *nazione* /na'tsjoː ne/ con consonante tenue perché dal latino NA- TIŌNEM e *azione* /at'tsjone/ con consonante intensa derivata dall'assimilazione del nesso latino -CT- in ACTIŌNEM. Nelle affricate sonore la consonante è stata sempre intensa nelle parole di tradizione indigena (*mezzo*<*MĔDDJUM, in luogo del classico MĔDIUM), era un tempo tenue (anche qui con pronuncia più duratura nel Mezzogiorno) nei grecismi: *azoto, sinizesi*, ecc. Per i dati essenziali cfr. CAMILLI-FIORELLI 1965: 77-80.

Si terrà conto, comunque, che nelle parole di origine dotta o di uso non comune la grafia con una sola *z* influenza spesso la pronuncia inducendo a realizzare [dz] invece di [ddz]; quindi *Gaza* ['gadza] accanto a ['gaddza], ecc.

c) Una consonante può essere solo tenue: la sibilante sonora di *rosa* ['rɔza], *esile* ['ɛzile].
Sulle diverse interpretazioni che i fonetisti hanno dato delle consonanti intense cfr. MULJAČIĆ 1972: 62-70.

Semiconsonanti

48. Le due semiconsonanti italiane, palatale /j/ e velare /w/, sono foni che si impostano rispettivamente come le vocali /i/ e /u/ ma che hanno una durata molto più breve, giacché l'articolazione passa quasi immediatamente alla vocale seguente; ciò giustifica l'impressione di un suono intermedio tra la vocale e la consonante.

A differenza di /i/ e /u/ le semiconsonanti non sono mai articolabili da sole ma presuppongono una vocale tonica o atona seguente, diversa da quella omorganica, e con la quale formano un dittongo (cfr. I.54).

Si è discusso sulla autonomia fonologica di /j/ e /w/, dato che sono poche le coppie unidivergenti in cui le due semiconsonanti si oppongano alle vocali omorganiche, individuando diversi significati (cfr. MULJAČIĆ 1972: 59-60). Ricordiamo, per /j/~/i/: *alleviamo* da *allevare* /alle'vjaː mo/~*allevìamo* da *alleviare* /allevi'amo/, *spianti* da *spiantare* /'spjanti/~*spianti* participio di *spiare* /spi'anti/; – per /w/~/u/: *qui* /kwi/~*cui* /kui/ e *la quale* /la'kwale/~*lacuale* /laku'ale/.

49. Dittonghi formati con /j/:

ia: *iato, aia, piazza*
ie (/jɛ/ o /je/): *jettatore, aie, fieno*
io (/jɔ/ o /jo/): *Ionio, corridoio, pioggia*
iu: *iugoslavo, aiuto, schiuma*

In molti casi la pronuncia può oscillare tra [i] e [j]: *viale* e *viaggio*, ad esempio, si realizzano normalmente con [i], per influsso di *via*, a cui sono trasparentemente connessi; però, in pronunce rapide, si passa facilmente a [ˈvjale] e [ˈvjaddʒo].

50. Dittonghi formati con /w/:

> ua: *quasi, lingua*
> ue: (/wɛ/, /we/): *querulo, questo, sangue*
> ui: *quindici, anguilla*
> uo: (/wɔ/, /wo/): *cuore, liquore, languore*

I dittonghi che hanno /w/ come primo elemento possono trovarsi in posizione iniziale assoluta (*uomo, uadi* 'fiume africano'), oppure no. Quando sono preceduti da un'occlusiva velare, sorda (*quasi, cuore* /ˈkwazi/, /ˈkwɔre/) o sonora (*lingua* /ˈlingwa/), costituiscono un nesso che prende il nome di *labiovelare* (perché risultante da una consonante velare e dalla semiconsonante omorganica, qui denominata labiale – per evitare un *velarevelare – in quanto, come sappiamo [cfr. I.16], le vocali posteriori comportano anche la protrusione delle labbra).

Semivocali

51. Col termine di «semivocale» (spesso usato come semplice sinonimo di «semiconsonante») ci si riferisce a /i/ e /u/ quando seguono un elemento vocalico tonico o atono. Si tratta di semplici varianti di posizione delle due vocali, da cui si distinguono per una durata più breve: non a caso nell'alfabeto dell'A.F.I. la *i* di *voi* e la *u* di *rauco* sono indicate con gli stessi simboli, /i/ e /u/, adoperati per le toniche di *vino* e di *lupo*, ossia per foni pienamente vocalici.

52. Dittonghi formati con la semivocale /i/:

> ai: *farai, caimano*
> ei: (/ɛi/, /ei/): *lei, deiscente*
> oi: (/ɔi/, /oi/): *poi, coibente*
> ui: *altrui, suicidio*

53. Dittonghi formati con la semivocale /u/:

> au: *causa, laureato*
> eu: (/ɛu/, /eu/): *reuma, neurologia*

Dittongo e iato

54. I gruppi costituiti da una vocale preceduta da semiconsonante o seguita da semivocale che abbiamo incontrato nei paragrafi 48-53, prendono il nome di *dittonghi*. Si distingue tra dittonghi *ascendenti*, quando la sonorità aumenta passando dal primo al secondo elemento (semiconsonante+vocale: *piede, fuori*) o *discendenti*, quando l'intensità del suono diminuisce (vocale+semivocale: *andrei, noi*).

55. In alcuni casi si ha l'incontro di una semiconsonante, una vocale e una semivocale (in genere /i/), oppure di due semiconsonanti e di una vocale: parliamo allora di *trittonghi*.
Distinguiamo:

> *a)* /j/+vocale+semivocale: *miei, trebbiai*
> *b)* /w/+vocale+semivocale: *suoi, guai*
> *c)* /j/+/w/+vocale (/ɔ/): *aiuola, fumaiuolo*

La sequenza /jwɔ/, normale nell'italiano della tradizione letteraria, è oggi generalmente evitata, come avviene in altri casi in cui il dittongo /wɔ/ sia preceduto da un suono palatale ([ʎʎ] in *figliuolo-figliolo*, [ɲɲ] in *spagnuolo-spagnolo*). La tendenza a eliminare il dittongo, propria del fiorentino parlato fin da epoca antica, è stata accolta dal Manzoni nella revisione del romanzo (tranne che per *figliuolo*), ciò che ha indubbiamente contribuito alle fortune novecentesche del semplice [ɔ]: cfr. CASTELLANI 1986: 124 e SERIANNI 1986b: 20 n. 43.

> *d)* /w/+/j/+vocale: *quieto, seguiamo*

Non fanno parte dei trittonghi altri gruppi che compaiono in voci onomatopeiche, in sigle o in forestierismi, come la sequenza /j/+vocale+vocale di *miao* o (*Lin*) *Piao*, nome di un uomo politico cinese; o la sequenza /w/+vocale+vocale di *UEO* (sigla di «Unione dell'Europa Occidentale»). In casi del genere, infatti, si ha un normale dittongo in cui l'elemento vocalico è in *iato* con una vocale seguente (cfr. I.60).

Dittonghi mobili

56. I dittonghi /wɔ/ e /jɛ/ si dicono dittonghi mobili perché tendono a ridursi, fuori accento, alla sola vocale (rispettivamen-

te: /o/, /e/). Questa riduzione riguarda:
a) le voci di un paradigma verbale: alle forme rizotoniche dittongate si contrappongono forme rizoatone, con vocale semplice: *siedo - sediamo, viene - veniva, muore - morire, può - potete*;
b) gli alterati di una base dittongata: *ruota - rotella, suola - soletta, uomo - omino*;
c) forme derivate da una base dittongata, come aggettivi denominali: *ovale* (*uovo*), *sonoro* (*suono*); aggettivi deaggettivali: *bonario* (*buono*), *novello* (*nuovo*); nomi denominali: *pedata* (*piede*), *rotaia* (*ruota*); nomi deaggettivali: *levità* (*lieve*), *novità* (*nuovo*);
d) altre forme corradicali di verbi che hanno il dittongo in sede tonica: *movimento* (ma *muove*), *sedile* (ma *siede*), *volontà* (ma *vuole*), ecc.
La stessa alternanza si presenta quando la sillaba dittongata, pur restando tonica, diventa implicata: *cotto* (di fronte a *cuoce*), *mossi* (ma *muove*), *tengo* (ma *tiene*), *vengo* (ma *viene*), *voglio* (ma *vuole*) e così via.

57. La regola del dittongo mobile – che riflette bene l'evoluzione del vocalismo latino, in cui Ě e Ŏ si dittongano solo sotto accento e in sillaba libera (cfr. I.23) – va soggetta a molte oscillazioni. La forza dell'analogia ha infatti favorito l'estensione del dittongo dove la fonetica storica non lo prevede, specie nei verbi e negli alterati, ossia quando il senso dell'appartenenza allo stesso dominio semantico è particolarmente forte.
In alcuni casi – in particolare per *ie/e* – il processo è ormai compiuto: oggi non potremmo usare *presedendo, *metevo, *alleterai invece di *presiedendo, mietevo, allieterai*. In altri – quasi tutti relativi a *uo/o* – le forme con vocale semplice, sostenute dalla tradizione letteraria, sono ancora possibili, ma poco comuni: così *bonino, novissimo; cocendo, movendo* (e *commovendo*), *riscotendo, sonando*, ecc.
Nella prosa dell'Ottocento la regola del dittongo mobile è spesso trascurata (cfr. MIGLIORINI 1963a: 626 e 702), ma il drappello di forme con *o* fuori d'accento è ancora numeroso. Ricordiamo soltanto: *sonare* e *tonò* (Manzoni, *I Promessi Sposi*, XXVIII 74, XXXII 4; XXI 17), *riscoterà* (Leopardi, *Operette morali*, 259), *moveva* (D'Annunzio, *Prose di romanzi*). Negli scrittori del Novecento sono molto più frequenti i casi di *uo*: *cuoceva* (Bacchelli, *Il mulino del Po*), *muoveva* (Calvino, *Racconti*; Pratolini, *Lo scialo*; Pavese, *Poesie edite e inedite*), *suonava* (Levi, *Cristo si è fermato a Eboli*, 36), *scuotendo* (Bassani, *Il giardino dei Finzi-Contini*, 221; nella stessa pagina: *commovendomi*, ma più in là: *risuonare* 230, *muovendo* 243); anche in poesia: *ci muoviamo, suoneranno* (Montale, [*Non rifugiarti*], 9; [*Ora sia*], 10). Vari altri esempi in SATTA 1981: 55-57 e GABRIELLI 1985: 64-65.

58. In particolare, il dittongo fuori accento è d'uso corrente:
a) Nelle parole composte: *buongiorno, buongustaio, buonuscita, fuoribordo, fuoriserie, fuoruscito, luogotenente* (molte delle quali possono anche scriversi staccate: *buon giorno, fuori serie*, indizio dell'autonomia accentuativa del primo elemento). Specie nei composti con *buono* l'uso letterario può tuttavia presentare *o*: «vostro padre bon'anima» (Pea, *La figlioccia e altre donne*); «la signora Paquita bonanima» (Montale, *La bufera e altro*).
b) Nei verbi *abbuonare, nuotare, vuotare*, per evitare confusione con *abbonare, notare, votare*: «nuotava in piscina»/«notava ogni particolare».

59. Finora abbiamo visto casi in cui il dittongo si è esteso in sede atona; ma qualche volta l'alternanza dittongo/vocale semplice è stata risolta a vantaggio del secondo membro. Nell'italiano antico si diceva *lieva* e *niega* (accanto a *levare* e *negare*): «Lieva su, andiamo a desinare» (Belcari, *Prose edite e inedite*); «venite a noi parlar, s'altri nol niega!» (Dante, *Inferno*, V 81); oggi, soltanto *levo* e *nego*. Ma l'antico dittongo si conserva, cristallizzato, nei deverbali *allievo, sollievo* e *diniego*.

Iato

60. Quando l'incontro di due vocali non dà luogo al dittongo, si produce uno iato (dal latino *hiătus* 'apertura, separazione'). Ciò avviene essenzialmente:
a) se nessuna delle due vocali è *i* o *u*: *maestro, caolino, reato, leone, boato, Poetto* (toponimo sardo);

b) se una delle due vocali è *i* tonica o *u* tonica e l'altra è *a, e, o*: *Maria, faina, cigolio, paura, due, suo*;
c) nelle composizioni, purché si avverta il rapporto tra prefisso e base: *riavere* (=avere *di nuovo*; e così *riunione, rieccolo*); *diarchia* (=comando *di due*; e così *diammide, diedro*), *suesposto* (=esposto *sopra*; e così *suaccennato, suindicato*), *triangolo* (=poligono con *tre* angoli; e così *triatomico, triennio*), ecc.

Sineresi e dieresi

61. Quando si incontrano due vocali non è raro, nella pronuncia normale, che si oscilli tra dittongo e iato (si veda quel che s'è osservato a proposito della doppia realizzazione di *viale*, I.49).
Lo scambio tra dittongo e iato è (o è stato) frequente nella versificazione. Si parla di *sineresi* quando due vocali in iato vengono realizzate in una sola unità sillabica, come se formassero un dittongo; classico l'endecasillabo carducciano: «e fugg*ia*no e par*ea*no un cort*eo* nero» (*Davanti San Guido*, 75).
La *dieresi* è invece il fenomeno inverso: un dittongo viene scisso nelle sue componenti e conta come due sillabe (normalmente si indica mediante due puntini sovrapposti alla prima vocale): «E il sen che nutre i liberi / invidïando mira?» (Manzoni, *La Pentecoste*, 67-68). Ma non tutti i dittonghi ammettono la dieresi, giacché «la lettura dieretica non è altro che il ripristino della scansione sillabica originaria latina, e non tollererebbe la scissione di dittonghi (come *ie, uo*) che in latino non esistevano» (MARRI 1987: 278 n. 44).

Il numero dei fonemi italiani

62. A differenza del numero dei grafemi, che è facilmente individuabile (cfr. I.106), l'inventario dei fonemi non è così pacifico (cfr. MULJAČIĆ 1972: 43-45). A rendere i conti oscillanti interviene tra l'altro la possibilità di considerare fonematiche le coppie di consonanti intervocaliche tenue e intensa (*cane~canne*); mentre sarebbe arbitrario parlare di coppie unidivergenti nel caso di parole discriminate dalla posizione dell'accento (*porto~portò*): cfr. BERTINETTO 1981: 41-42.
Rientrano ad ogni modo nel novero dei fonemi:
a) le sette vocali toniche: /i/, /e/, /ɛ/, /a/, /ɔ/, /o/, /u/;
b) le cinque consonanti che, in posizione intervocalica, ammettono solo il grado intenso: /ʎ/, /ɲ/, /ʃ/, /ts/, /dz/;
c) la consonante sempre di grado tenue: /z/;
d) le quindici consonanti suscettibili, in posizione intervocalica, di essere tenui o intense: /p/, /b/, /m/, /t/, /d/, /n/, /k/, /g/, /f/, /v/, /s/, /r/, /l/, /tʃ/, /dʒ/;
e) le due semiconsonanti: /j/ e /w/ (ma il loro carattere di fonemi – e non di semplici varianti combinatorie di /i/ e /u/ – è discusso, cfr. I.48).
Il totale assommerebbe così a 30 fonemi (che diventerebbero 45 se si volesse far entrare in gioco l'opposizione tenue / intensa per le 15 consonanti interessate). Il numero di 30 fonemi è la cifra su cui si accorda la maggior parte degli studiosi (cfr. LEPSCHY 1978: 63-93; il Lepschy, dal canto suo, non prende posizione per ragioni di principio, ritenendo che non si possa parlare di un italiano normativo unitario, ma solo di varietà locali: cfr. I.28).

Fonetica sintattica

63. Per *fonetica sintattica* (o *fonosintassi*) intendiamo l'insieme dei fenomeni che si producono nella catena parlata, tra una parola e l'altra. Infatti la separazione delle parole a cui siamo abituati dall'ortografia non corrisponde alla realizzazione fonetica della frase, in cui alcune parole (specie se brevi e con funzione grammaticale: articoli, preposizioni, congiunzioni) si fondono con le unità lessicali successive, perdendo o attenuando l'accento che avevano e adattando il fono terminale a quello iniziale della parola seguente.
Una frase come «ha bevuto un po' di vino» nella pronuncia normale suona più o meno così: [abbe′vut(o)-um′pɔ di′vino]. Al grafema *b* corrisponde una labiale intensa [bb], la *n* dell'articolo indeterminativo si adatta alla consonante labiale successiva realizzandosi come [m], la *o* finale

I. Fonologia e grafematica

di *bevuto* si sente appena, gli elementi semanticamente «deboli» (l'ausiliare *ha*, l'articolo *un*, la preposizione *di*) fanno blocco con le parole seguenti (come proclitici: I.170).
Soffermiamoci sui quattro principali fenomeni fonosintattici dell'italiano: il raddoppiamento fonosintattico, la prostesi, l'elisione, l'apocope.

Raddoppiamento fonosintattico

64. Leggendo *a casa* un italiano centro-meridionale, d'accordo con la pronuncia normativa, dirà [a k'kasa], con un'occlusiva velare di grado intenso; e lo stesso avviene in tanti altri casi, tutti non segnalati dalla grafia: *andò via* [an'dɔ v'via], *qualche minuto* ['kwalke mmi'nuto], ecc.

Il fenomeno non è che un'assimilazione regressiva all'interno di frase e si spiega nella maggior parte dei casi facendo ricorso a condizioni caratteristiche del latino tardo. Nell'incontro di due consonanti all'interno di parola, non tollerato o non più tollerato, una delle due, generalmente la seconda, si è assimilata (cioè «ha reso simile a sé») l'altra, dando luogo a una consonante intensa (ADMĬTTO>*ammetto*); la stessa assimilazione si è prodotta all'interno di frase (AD ME>*a me* [a m'me]).
L'assimilazione che si ha nel raddoppiamento fonosintattico è più estesa di quanto non avvenga all'interno di parola (ROHLFS 1966-1969: 173), dal momento che si produce in sequenze come TRES CĂNES>*tre cani* [tre k'kani] (invece CRĒSCO>*cresco*) o IĂM PŎSITUM>*già posto* [dʒa p'posto] (invece CĂMPUM>*campo*).

65. Il raddoppiamento da parola a parola avviene nei seguenti casi (cfr. CAMILLI-FIORELLI 1965: 133-151):
a) Dopo un monosillabo cosiddetto forte; si tratta di tutte le forme con accento grafico (*è, già, dà, né, può*, ecc.) e delle seguenti forme disaccentate: *a, che, chi, da, do, e, fa, fo, fra* (preposizione e nome), *fu, gru, ha, ho, ma, me, mo'* (nella locuzione *a mo' di*), *no, o* (congiunzione), *Po, qua, qui, re, sa, se* (congiunzione), *so, sta, sto, su, te* (forma tonica), *tra, tre, tu, va, vo*. Sono monosillabi forti anche i nomi delle lettere dell'alfabeto (*bi, ci, di*...) e delle note musicali (*mi, la*...).
b) Dopo un qualunque polisillabo ossitono: *sanità, caffè, perché, finì, portò, virtù*.

Ma dopo *Gesù* può non rafforzarsi la *c* di *Cristo*: [dʒezu'kristo] (cfr. CAMILLI-FIORELLI 1965: 141; invece *Gesù mio* [dʒezum'mio], ecc.).

In queste due posizioni, che rappresentano il nerbo del fenomeno, non è naturalmente sempre possibile risalire a un nesso consonantico latino o latino tardo come origine del raddoppiamento. Molti casi sono dovuti ad analogia (per esempio *do consigli* [dɔ kkon'siʎʎi], in cui *do*<lat. DŌ deve la sua capacità rafforzativa alla 3ª persona *dà* <lat. DĂT). Quanto a *Gesù Cristo* siamo probabilmente in presenza di un riflesso della forma italiana antica *Gesu, Geso* (per esempio: «Geso Cristo l'altissimo del tutto m'è airato» *Contrasto* di Cielo d'Alcamo, 57) che, essendo baritona, non produceva raddoppiamento.

c) Dopo i baritoni *come, dove, qualche, sopra*.

In questo caso il raddoppiamento si spiega storicamente con la presenza di una consonante finale nel secondo elemento monosillabico delle quattro forme; presenza effettiva (in *qualche*, da *quale*+*che* e *come*<QUŎMODO ĔT), o solo immaginata dai parlanti (in *dove*<DĒ ŪBI, influenzato dalla preposizione *e*, e in *sopra*<SŪPRA, attratto dalla preposizione *a*).

d) Dopo qualsiasi monosillabo usato come sostantivo: «il *di* non raddoppia» [di n'non], «*lo* si usa nei seguenti casi...» [lo s'si].
Inoltre, dopo una parola terminante per vocale si pronuncia intensa la consonante iniziale di *Dio*; lo stesso avviene per *Maria* in *Ave Maria* e per *Santo* in *Spirito Santo*: [a'mor di d'dio], ['ave m'maria], ['spirito s'santo].

Per *Dio* l'apparente anomalia si spiega pensando alla forma più antica *Iddio*, la stessa che dà ragione, al plurale, dell'articolo *gli* invece di *i*: cfr. IV.13. In ['spirito s'santo], come in *Ognissanti*, «è da veder la ragione della *s* nella stretta unione di *Spiritus Sanctus, Omnes Sancti* nel latino della Chiesa» (MALAGOLI 1912: 154).

66. Il raddoppiamento fonosintattico è fenomeno proprio del toscano e dell'italiano centromeridionale – con divergenze di poco conto da zona a zona –; nei dialetti del Nord le consonanti hanno tutte grado tenue e mentre all'interno di parola il parlante settentrionale apprende dall'italiano scritto a pronunciare [ˈmamma] e [ˈtutto] in luogo dei nativi [ˈmama] e [ˈtuto], all'interno di frase, senza il soccorso della grafia, egli tende a mantenere la pronuncia spontanea con la consonante tenue (e lo stesso avviene nell'articolare le consonanti palatali, cfr. I.88).

67. C'è un caso in cui il raddoppiamento fonosintattico trova espressione grafica: quando le due parole si scrivono unite (univerbazione). Quindi: *così detto* ma *cosiddetto, e come!* ma *eccome!, se no* ma *sennò, Ave Maria* ma *Avemmaria* («tra un'Avemmaria e l'altra» De Marchi, *Demetrio Pianelli*, 486).

Esempi di univerbazione con raddoppiamento grafico:

a) Dopo un monosillabo forte: *appena, chissà, davvero, evviva, fabbisogno, frattanto, giammai, lassù, macché, neppure, quaggiù, sennonché, suvvia, tressette.*
Tra richiede il raddoppiamento solo in *trattenere* (invece *trafugare, trapassare, travedere,* ecc.).

b) Dopo le forme prefissali *contra* e *sopra*: *contraddire, contrattempo, sopracciglio, sopralluogo.*
Non si ha raddoppiamento dopo *intra-* (*intramuscolare, intraprendere*); *intrattenere* e *intravvedere* (al quale è preferibile *intravedere*) hanno risentito dell'analogia con *trattenere* e *avvedere* (cfr. Fiorelli, in CAMILLI-FIORELLI 1965: 143).

c) Nella consonante iniziale di un'enclitica che segua una voce verbale con capacità rafforzativa (2ª persona di un imperativo monosillabico nell'italiano moderno; anche altre forme nell'italiano antico, cfr. VII.81): *dammi, fallo, vacci; dirollo, havvi, andonne.*

d) Con i nomi delle lettere dell'alfabeto, qualora se ne riproduca graficamente la pronuncia: *dicci, picci* (nell'uso giornalistico, spesso con intenti ironici, invece di *DC, PCI*).
Ma sono molte le oscillazioni: accanto a *tivvù* è molto più frequente *tivù* («le tivù estere», «La Repubblica», 23.9.1986, 19); inoltre, in sostantivi e aggettivi derivati da sigle sono normali grafie come *cigiellino* 'militante della CGIL' (non *ciggiellino*), *piduista* 'aderente alla loggia massonica P2' (non *pidduista*), ecc.: cfr. CORTELAZZO 1983: 82-83.

68. Va registrata, più in generale, la tendenza – specie dove manchi un modello preesistente – «a giustapporre graficamente i due componenti nella grafia che hanno come parole isolate» (Fiorelli, in CAMILLI-FIORELLI 1965: 143). Si scrive e si pronuncia *sopralluogo* (con una grafia stabilizzatasi solo alla fine degli anni Sessanta: cfr. CASTELLANI 1979: 31), perché ci si rifà a *soprattutto, sopraffare,* ecc.; ma si scrive, e spesso si pronuncia, *pallavolo* (=palla a volo; non *pallavvolo*), *blucerchiato* 'giocatore della Sampdoria' (non *bluccerchiato*), *Tralerighe* (non *Trallerighe*: nome di un concorso giornalistico: «il gioco che Tralerighe cinema va proponendo ai lettori», «Il Messaggero», 2.3.1987, 1) o anche *chisivede* (non *chissivede*: «Lei si voltò con la faccia già pronta al chisivede» Fruttero e Lucentini, *La donna della domenica*, 473) e *chissachì* (non *chissacchì*: «non un governo qualsiasi, in mano a chissachì», «La Repubblica», 11.4.1987, 2): tutte forme prive di un modello con raddoppiamento.

69. Anche in unità del lessico tradizionale l'espressione grafica del rafforzamento fonosintattico viene talvolta trascurata, persino da scrittori: *pressapoco* (Bassani, *Il giardino dei Finzi-Contini*, 196, 284), *vattelapesca* (Cassola, *La ragazza di Bube*, 172), *chissadove* (Calvino, *I racconti*, 387). Si pensi poi ai toponimi, anche d'area centromeridionale: accanto a *Castellammare* (province di Napoli e Palermo), *Pontasserchio* (Pisa), *Pontassieve* (Firenze), *Tressanti* (Salerno e Foggia), *Villammare* (Salerno), tutti con raddoppiamento espresso, abbiamo più sovente: *Cittaducale* e *Cittareale* (Rieti), *Cittanova* (Reggio Calabria), *Piediluco* (Terni), *Piedimonte* (Frosinone, Caserta, Catania), *Trebisacce* (Cosenza), *Trecastagni* e *Tremestieri* (Catania), *Tremonti* (L'Aquila), *Tresanti* (Montespertoli, Firenze), ecc.

70. Il raddoppiamento è invece espresso, per mimèsi dell'oralità, in forme come *oddio, massì, mannò,* proprie del «parlato» di giornali e fumetti (cfr. SERIANNI 1986a: 57). Di carattere regionale il *dillà* adoperato dallo scrittore romano Giorgio Montefoschi (*Lo sguardo del cacciatore,*

273: «Dopo un po' i ragazzi erano usciti e Sofia e Carla si erano trasferite dillà»). Dopo *di* non ci si aspetterebbe il raddoppiamento fonosintattico: ma a Roma *là* e qualche altra parola (*lì, più, qua, sedia,* ecc.) presentano popolarmente la consonante iniziale sempre rafforzata: cfr. CAMILLI-FIORELLI 1965: 148-149.

Prostesi

71. La prostesi è il fenomeno per il quale una parola assume in posizione iniziale un elemento non etimologico. Interessa l'italiano contemporaneo – anche se ormai limitatamente – la prostesi di *i* davanti a *s* complicata (detta anche, non bene, «*s* impura») in parole precedute da un'altra parola con terminazione consonantica (ciò per evitare una sequenza consonantica non abituale nell'italiano del fondo ereditario): *scrivo → non iscrivo, studio → per istudio, scuola → in iscuola*.
Il fenomeno, che è stato sempre molto oscillante (ROHLFS 1966-1969: 187), è oggi in forte regresso, tranne che nelle locuzioni *in iscritto, per iscritto* (cfr. SABATINI 1985: 157). In passato la possibilità di una *i* prostetica (anticamente anche *e*) era spesso sfruttata dai poeti per ragioni metriche: «*per escusarmi* e vedermi dir vero», accanto a «Ciò che vedesti fu perché *non scuse*» (Dante, *Paradiso*, XIV 136 e *Purgatorio*, XV 130).
In epoca più vicina a noi questa norma è stata attentamente osservata dal Manzoni nei *Promessi Sposi*; per esempio: «a non iscriver nulla» IX 75, «è cosa che non istà bene» VI 36, «per istrascinarlo» XXXII 10. Esempi occasionali anche in scrittori contemporanei, come Bassani, *Il giardino dei Finzi-Contini: in ispagnolo* 41, *per istrada* 183.

Elisione

72. L'elisione è la perdita – fonetica e grafica – della vocale finale atona di una parola davanti alla vocale iniziale della parola seguente. Nella scrittura va obbligatoriamente indicata con l'apostrofo: *una ora → un'ora, di essere → d'essere, senza altro → senz'altro*.

Parlando, pratichiamo correntemente molte riduzioni di vocali atone finali che sarebbero bizzarre – o addirittura impossibili – nella pagina scritta (cfr. Fiorelli, in CAMILLI-FIORELLI 1965: 127 n. 191 e 129 n. 194). Ad esempio, *degli amici* può scriversi soltanto così ma può esser pronunciato [ˈdeʎʎi aˈmitʃi] o [deʎʎ-aˈmitʃi]; *potranno entrare* può diventare [poˈtrannenˈtrare], ecc. In altri casi non si ha la soppressione della vocale ma piuttosto la sua fusione con la vocale iniziale della parola successiva; è il fenomeno della sinalefe, ben noto in poesia e per il quale un verso come «I cipressi *che a* Bolgheri *alti e* schietti» che conta 14 sillabe si riduce alla misura di endecasillabo.

73. L'elisione grafica è normale con gli articoli singolari e con le relative preposizioni articolate (*l'oro, nell'età, un'amica*; poco comune al plurale e per il maschile solo davanti a *i*: *gl'Italiani, l'erbe* [cfr. IV.4, IV.5]); con gli aggettivi dimostrativi singolari *questo, questa, quello, quella* (*quest'asino, quell'epoca*); con *bello, bella* (*bell'uomo, bell'idea*); con *santo, santa* (*sant'Antonio, sant'Anna*); con *come* e *ci* davanti al verbo *essere* (*com'è andata?, c'è, c'erano*); in una serie di espressioni idiomatiche: *a quattr'occhi, l'altr'anno, tutt'altro, senz'altro* e *nient'altro, mezz'ora*, ecc.
In altri casi l'elisione è sempre facoltativa e appare in declino rispetto all'uso di un secolo fa (cfr. SERIANNI 1986a: 56).

74. Tra le forme che più facilmente possono perdere la vocale finale ricordiamo i monosillabi, in particolare *di* (elisione obbligatoria in *d'accordo, d'epoca* [«un quadro d'epoca»], *d'oro* [«un braccialetto d'oro»] e in qualche altro caso; facoltativa davanti a un verbo: *d'essere* o *di essere, d'udire* o *di udire*). Con altri monosillabi l'elisione è più probabile quando la vocale iniziale della parola seguente è la stessa ed è atona (*ti importa → t'importa, si impunta → s'impunta*, invece, più spesso: *ti ascolta, si isola, mi irriti*) o quando segua un altro monosillabo uscente con la stessa vocale («ce *l'ha* messa tutta»=ce la ha ...; «il libro *l'ho* già letto»=lo ho ...; ma *«le è piaciuto* il film?», non **l'è piaciuto*).

75. *Da* non si elide mai: *da amare, da eroi, da Ancona* (*d'amare, d'eroi, d'Ancona*=di amare...), tranne che nelle formule cristallizzate *d'ora in poi, d'ora in avanti, d'altronde, d'altra parte*.

Apocope

76. L'apocope (o troncamento) consiste nella caduta di un elemento fonico (vocale, consonante o sillaba) in fine di parola. In italiano distinguiamo apocopi sillabiche (*grande → gran*) e apocopi vocaliche (*filo di ferro → fil di ferro*). In entrambi i casi l'apocope non avviene di norma davanti a pausa.

77. Fa eccezione, nella poesia tradizionale, l'apocope vocalica in fin di verso: «né il sol più ti rallegra / né ti risveglia *amor*» (Carducci, *Pianto antico*, 15-16); «mi tormenta l'anima / uno strano *mal*» (*Creola*, canzone di Ripp); «perché ho dei dubbi / che non mi fan *dormir*» (*La partita di pallone*, canzone di Rossi-Vianello; ambedue in BORGNA 1985: 235 e 255).
L'apocope in fin di verso, sconosciuta alla poesia delle origini, si diffuse nel Quattrocento in séguito alla fortuna delle canzonette musicate del veneto Leonardo Giustiniani, in cui il fenomeno abbondava: cfr. MIGLIORINI 1963a: 273.

78. Tra i casi di apocope sillabica possiamo isolare i fossili, in cui la forma ridotta ha sostituito completamente (o quasi) la precedente forma piena.
a) Caratteristica l'apocope di *-de* in *virtude>virtù, bontade>bontà* e simili. Si tratta di apologia prodottasi originariamente in sintagmi in cui il sostantivo era seguito dalla preposizione *di* (*cittad di Roma>città di Roma*; continuiamo però a dire *cittadino*).
Le forme piene sono largamente attestate nel corso della tradizione letteraria: «non hai tu spirto di *pietade* alcuno?» (Dante, *Inferno*, XIII 36); «E per la *libertade* / ecco spade / ecco scudi di fortezza» (Carducci, *Congedo*, 55-57).
L'apocope non è riuscita ad attecchire in *piè* (da evitare la grafia *pie'*), forma che resta limitata all'italiano letterario: «le prostrate mura / l'arduo monte al suo piè quasi calpesta» (Leopardi, *La ginestra*, 229-230); «Un carrettiere, giù nella strada, si chinava a piè della muraglia» (D'Annunzio, *Trionfo della morte*, 4); tranne che in alcune locuzioni come *a piè di pagina, a piè fermo, a ogni piè sospinto* (le ultime due di tono scherzoso). *Piè* compare inoltre, cristallizzato, in toponimi come *Piedimonte*, ecc., cfr. I.69.
b) Un altro fossile è *don*, titolo di rispetto di religiosi («don Abbondio», «don Minzoni»: si noti che l'uso di apporre il *don* davanti al cognome non è antico ed era censurato dai puristi ottocenteschi, cfr. per esempio LISSONI 1831: 257) e, nell'Italia meridionale e insulare, anche di laici (facili i riscontri letterari: si pensi a «don Franco lo speziale» dei *Malavoglia* di G. Verga, a «don Luigi Magalone» podestà di Gagliano in *Cristo si è fermato a Eboli* di C. Levi, a «don Ignazio Ziviello», signore decaduto nell'*Oro di Napoli* di G. Marotta; e si veda questo passo di Ledda, *Padre padrone*, 38: «a Siligo allora dominava un certo don Peppe Mannu. Un prepotente e un dissoluto come tutti i don...»). *Don* risale all'italiano antico *donno*: «fu a Barletta un prete, chiamato donno Gianni di Barolo» (Boccaccio, *Decamerone*).
Altre volte le forme con apocope sillabica convivono accanto alle forme piene, o come varianti facoltative (*grande / gran*; «oggi è un *grande / gran* giorno», «un *poco / un po'*»; con la 6ª persona dei verbi in *-nno*: «*fanno / fan* troppo chiasso»); o, talora, con distribuzione obbligata (vedi oltre).
In ogni caso si deve evitare l'apocope sillabica davanti a vocale: **gran uomo, *han osato* (nonostante il «gran aroma» di un caffè reclamizzato da giornali e televisione degli anni Ottanta). Ormai rara l'apocope nel plurale *grandi*: «di gran parole» (Manzoni, *I Promessi Sposi*, XIX 33), «di gran granchi» (Nievo, *Le confessioni d'un italiano*, 36); si veda in proposito l'ampia documentazione di BRUNET 1983: 148 sgg.

79. Tra i casi di apocope obbligata vanno ricordati *bello* e *santo*, che diventano *bel* e *san* là dove si userebbero *il* e *un* invece di *lo* e *uno* (per *dello / del*, ecc., cfr. IV.77; per *quello / quel* cfr. VII.119): «che bel tipo!» (come *il tipo, un tipo*), ma: «che bello studio!» (come *lo studio, uno studio*), «san Giorgio» (come *il giorno, un giorno*), ma: «santo Spirito» (come *lo spirito, uno spirito*).
Tuttavia *bel* e *san* tendono a invadere il territorio delle rispettive forme piene (specie davanti a *s* complicata per *bel* e soprattutto davanti a *z* per *san*; cfr. BRUNET 1983: 95-96 e 179-181): «un bel spettacolo» (Silone), «Che bel scherzetto» (Buzzati; entrambi citati dalla Brunet); «San Zeno di Verona», «via San Zanobi a Firenze», «la chiesa di San Zaccaria a Venezia».

80. Si apocopano inoltre:
a) Frate seguito dal nome proprio (*fra Cristoforo*, ormai cristallizzato anche davanti a vocale: *fra Eugenio*; ma non **il fra*

guardiano). Anticamente si aveva o si poteva avere la forma piena *frate* anche davanti a nome proprio: «Me ne disse frate Piero converso» (*Leggende di alcuni santi e beati venerati in Santa Maria degli Angeli in Firenze*).
b) *Cavallo* nel proverbio «a caval donato non si guarda in bocca». L'apocope è più diffusa nell'italiano arcaico e in poesia: «né pedata di *caval* conoscendovi» (Boccaccio, *Decamerone*, V 3 15); «Avete un po' di posto, o voi del *Caval* Grigio?» (Gozzano, *La Notte Santa*, 7).
c) *Antonio*, *Giovanni* con l'ipocoristico *Gianni* nei nomi doppi: *Anton Giulio*, *Anton Maria*, *Giovan Pietro*, *Gian Carlo*, *Gian Franco* (o con univerbazione: *Giancarlo*, *Gianfranco*), anche davanti a vocale: *Gian Andrea* o *Gianandrea*, ecc. Si noti che in *Antonio>Anton* non si ha propriamente apocope sillabica (che darebbe *Antò*, forma limitata all'Italia centromeridionale e insulare, cfr. I.99), ma solo la riduzione della sillaba finale alla prima componente.
d) *Valle*, *Torre*, *Colle*, *Monte*, *Casa* nei toponimi (*Casa* solo in area settentrionale): *Val d'Arno*, *Valpolicella*; *Tor di Quinto*, *Tor Bella Monaca* (quartieri di Roma); *Colfelice* (Frosinone), *Colfiorito* (Perugia); *Monreale* (Palermo), *Mondragone* (Caserta), *Mombello* (Torino, Alessandria; da notare l'assimilazione parziale, riprodotta dalla grafia, di *Mon-* in *Mom-*); *Ca' d'Andrea* (Cremona), *Cadelbosco* (Reggio Emilia; e si ricordi anche la *Ca' d'oro* di Venezia). Più rara l'apocope in *porta*, come nella fiorentina *via di Por Santa Maria*.
e) I verbi in *-rre* (*condurre*, *porre*, *trarre*, ecc.), ma quasi solo nell'uso antico e letterario: «per trar l'amico suo di pena» (Dante, *Purgatorio*, XI 136), «vide il pagan por la sua gente a morte» (Ariosto, *Orlando Furioso*, XVII 8). L'apocope è stabile nella locuzione, oggi adoperata perlopiù scherzosamente, *senza por tempo in mezzo* 'senza indugio'.

81. Arcaica l'apocope in *me'* 'meglio' e *ver'*, *vèr* 'verso': «il dì seguente scoperse me' la vittoria» (B. Davanzati, *Opere*); «Ver' me si fece, e io ver' lui mi fei» (Dante, *Purgatorio*, VIII 52).
Antiquata o regionale l'apocope in *ma*, *ma'* (mamma, madre) e *pa*, *pa'* (papà, padre; meno giustificate le grafie *mà* e *pà*): «Le dicevano: – Sedetevi, *Ma'* –» (Pavese, *Paesi tuoi*); «l'innocente Orsolina rispose che *il pa'* di maritarla non voleva neppure sentirne discorrere» (R. Sacchetti, *Racconti di Roberto Sacchetti pubblicati sparsamente su giornali e riviste dal 1869 al 1879*); «*pà Vincenzo* fece la sciocchezza di sposare un'altra donna» (De Marchi, *Demetrio Pianelli*, 92).

82. L'apocope vocalica può essere obbligatoria (*buon giorno*, *ben fatto*, ecc.; inoltre nell'articolo *uno* [cfr. IV.5], negli indefiniti composti con *uno* [cfr. VII.147], negli infiniti seguiti da enclitica, cfr. VII.73) o facoltativa (*andar[e] via*, *amor[e] mio*, *dicon[o] tante cose*, ecc.).
In moltissimi casi l'apocope, pur teoricamente possibile, non avviene (**car padre*, **che stran discorso*, **il mol del porto*). In particolare, non si ha mai apocope in parole d'àmbito dotto, tecnico o scientifico (**un veicol veloce*, **il metan che s'estrae*) o in parole quotidiane ma non appartenenti al lessico ereditario fondamentale (**un pomodor maturo*, **l'asciugaman di lino*).

83. L'apocope è abbastanza regolare in sostantivi usati come titoli e seguiti dal nome proprio: «il signor Bruschino» (e non **il signore Bruschino*), «il dottor / l'ingegner / il professor Borghi» (e non **il dottore Borghi*, ecc.), «padron 'Ntoni» (e non **padrone 'Ntoni*), «monsignor D'Arrigo» (e non **monsignore D'Arrigo*), «il cardinal Ratzinger» (ma anche «il cardinale Ratzinger»), «capitan Fracassa» (ma correntemente: «il capitano Di Marco», ecc.), «il general Monti» (ma, più spesso, «il generale Monti»).
Significativa spia di questa tendenza, l'apocope che si ha in parole occasionalmente adoperate come appellativi professionali o onorifici, per esempio nel titolo scherzoso di un articolo di E. Biagi («La Repubblica», 12.3.1986, 6): «Ma *piccion Giulio* è rivoluzionario?», in riferimento a Giulio Andreotti, che all'epoca qualcuno aveva chiamato 'piccione' con allusione agli avversari politici pronti ad 'impallinarlo'.

84. L'apocope è inoltre usuale, pur non potendo dirsi obbligatoria, con un aggettivo in *-le* o *-re* in giustapposizione con un altro aggettivo: «nazional-popolare», «Balnear-familiare di tono disinvolto» (scheda valutativa in *Alberghi in Italia TCI*, 263), «Non è stata però una scontata opposizione pastoral-burocratica» («La Repubblica», 9.10.1986, 2), «il nucleo sindacal-futurista di Piazza S. Sepolcro» (Montanelli, *L'Italia in camicia nera*, 120). Cfr. anche V.22.

85. L'apocope facoltativa, piuttosto diffusa in Toscana e nell'Italia settentrionale, è più rara nell'Italia mediana e meridionale. Nel Mezzogiorno si usano senza riduzione persino i titoli professionali in *-re* seguiti dal nome: «c'è il *dottore* Palumbo?», «parlo con l'*ingegnere* Cristaudo?», «il *professore* De Vincentiis doveva venire dall'una e mezza alle tre» (Serao, *Il romanzo della fanciulla*, 166).
Nel riformare la lingua dei *Promessi Sposi* il Manzoni abbondò in apocopi, anche andando oltre l'uso toscano: «dal giardin pubblico», «un pensier poco allegro», ecc. (cfr. D'OVIDIO 1933: 98-99). Apocopi insolite – ma questa volta per il gusto d'allontanarsi dal linguaggio comune – anche in D'Annunzio: per esempio, «la sua particolar visione dell'universo», «della condizion presente», «alla lor sensibilità» (*Trionfo della morte*, X, 446, 480).

86. Perché si possa avere apocope vocalica devono essere soddisfatte due condizioni:
a) La vocale colpita deve essere sempre una vocale atona, diversa da *a* (tranne nell'avverbio *ora* e nei suoi composti: *ormai*, *orsù*, *allora*, *tuttora*, *ancora*, ecc.; e in *suora* seguito da un nome proprio: *suor Maria*, *suor Fuselli*, ma non **ho visto una suor giovane*). La *i* e la *e* non si apocopano quando contrassegnano un plurale: «il buon figlio», ma «i buoni figli», «le buone figlie».
Altri casi di apocope di *a* sono antiquati (*sol* per *sola*: «fischiando una sol volta» Firenzuola, cit. in TOMMASEO-BELLINI 1865-1879: V 976) o regionali (il toscano o letterario *or di notte*, il romanesco belliano *Funtan de Trevi*, ecc.: cfr. ROHLFS 1966-1969: 161).
L'italiano antico tollerava l'apocope vocalica anche nei plurali: «i buon consigli» (Petrarca, *Canzoniere*, 354 10), «da' buon costumi» (Boccaccio, *Decamerone*, IV I 40); consuetudine che, in poesia, è durata molto a lungo arrivando fino ai giorni nostri: «i *villan* vispi e sciolti» (Parini, *La salubrità dell'aria*, 54); «Grazie dei *fior*, / fra tutti gli altri li ho riconosciuti» (*Grazie dei fiori*, canzone di Seracini-Testoni-Panzeri del 1951: cfr. BORGNA 1985: 241).
b) La consonante che precede la vocale finale deve essere una liquida (*l*, *r*) o una nasale (*n*, *m*). Nel caso di *m* l'apocope – sostanzialmente limitata alla 4ª persona dei verbi – è rara: «andiam via»; «E qual costume indosserem?» (A. Somma, *Un ballo in maschera*, in VERDI-BALDACCI 1975: 387).
Il sostantivo *paio* presenta una variante apocopata *par*, tratta dall'allotropo arcaico *paro*: «un par di volte all'anno» (Bacchelli, *Saggi critici*).

87. La norma scolastica che distingue l'apocope vocalica (*buon amico*) dall'elisione (*buon amica*) in base al fatto che la prima si produce anche davanti a consonante (*buon vecchio*), la seconda no (*buon vecchia) è discussa e reinterpretata in LEONE 1963. Il Leone ritiene che davanti a vocale si possa parlare, foneticamente, solo di elisione, graficamente contrassegnata da apostrofo (*l'uomo*) oppure priva di segnale (*un uomo*): «l'apostrofo è il segno che si usa nell'elisione, per distinguere dalla seconda la prima parola, quando questa non ha esistenza indipendente (*luomo>l'uomo*, ma *unuomo>un uomo* perché si scrive *un giorno*)»: LEONE 1963: 27.
In base a questa norma bisogna scrivere *qual è* (e non *qual'è*, perché si può dire *qual vita*, *qual monte*, ecc.) ma *pover'uomo* (giacché nessuno direbbe oggi *pover cielo*, come si legge in Dante, *Purgatorio*, XVI 2). Per l'apocope postvocalica (*quei>que'*, ecc.), cfr. I.242a.

Varietà regionali relative a consonanti, semiconsonanti, fenomeni fonosintattici

Come per il vocalismo (cfr. I.29 sgg.) riuniamo qui le principali caratteristiche di pronuncia che tradiscono la provenienza regionale del parlante.

88. Nell'italiano del Nord (sopra la linea La Spezia-Rimini, ma con qualche sconfinamento più a sud: parte della Toscana e dell'Umbria settentrionali, parte delle Marche: cfr. ROHLFS 1966-1969: 229) le consonanti si articolano sempre tenui, come si è già accennato (cfr. I.66). Oltre che nel mancato raddoppiamento fonosintattico, non segnalato dalla grafia, questo tratto regionale emerge quando la scrittura non indichi adeguatamente il tratto di intensità, come accade per sibilante palatale [ʃʃ], laterale palatale [ʎʎ] e nasale palatale [ɲɲ] in posizione intervocalica. In tutti questi casi dominano dovunque pronunce quali: [a ˈme], [ˈfiʎo], [ˈbaɲɲo]; per [ʃʃ], in particolare, la realizzazione più comune è [sj]: *lascio* [ˈlasjo], *scena* [ˈsjɛna] o [ˈsjena]. Anche [ʎʎ] e [ɲɲ] possono essere realizzati come [lj], [llj] o [nj], [nnj]: [ˈfiljo], [ˈflljo], [ˈbanjo], [ˈbannjo].
Altri fenomeni settentrionali:

89. I. Articolazione più avanzata delle affricate alveopalatali [tʃ] e [dʒ] che possono arrivare a confondersi con le affricate alveolari [ts] e [dz]: *cena* [ˈtsena], *giallo* [ˈdzallo] (massima evidenza del fenomeno in Emilia-Romagna).

90. II. Perdita dell'elemento occlusivo nelle affricate alveolari [ts] e [dz]: *alzare* [alˈsare], *zero* [ˈzɛro] o [ˈzero] (anche questa pronuncia è tipicamente emiliano-romagnola).

91. III. Ancora dell'emiliano-romagnolo è, infine, l'articolazione arretrata, post-alveolare, di sibilante sorda e sonora (la cosiddetta «*s* salata» dei bolognesi).
Nella riproduzione caricaturale della parlata emiliana è proprio questo il fenomeno su cui più spesso si insiste; ad esempio: «– Shoshpettavo che Andreotti volesshe togliersi qualche shassolino dalla scarpa con gli americani – mormora sciogliendo le sue 's' ferraresi tra l'ammirato e il diffidente un parlamentare italiano» («La Repubblica», 31.1.1987, 8).

92. Caratteristica della Toscana è la cosiddetta «gorgia» (o, impropriamente, «aspirazione»), per la quale le occlusive tenui intervocaliche, all'interno di parola o di frase, si spirantizzano (cioè diventano «spiranti», costrittive), con intensità variabile da zona a zona: *la casa* [la ˈχasa], *andato* [anˈdaϑo], *capo* [ˈkaφo].

93. Tipico tratto toscano è pure la perdita dell'elemento occlusivo nelle affricate alveopalatali intervocaliche [tʃ], [dʒ]: *la cena* [la ˈʃena], *agile* [ˈaʒile].
Per [tʃ]>[ʃ] il fenomeno è caratteristico anche di Roma e di porzioni dell'Umbria e delle Marche: tutte aree che avranno assunto la pronuncia attraverso contatti diretti tra le popolazioni rurali (e da Roma il tipo [ˈpaʃe] si è poi diffuso a Napoli). Tracce del tipo [ˈaʒile] si ritrovano in Marche e Umbria. Si veda su tutto ciò GIACOMELLI 1954.

94. A Roma e in altre varietà mediane (gran parte di Lazio, Umbria, Marche, Abruzzi) la laterale palatale [ʎʎ] è spesso realizzata come [jj]: *figlio* [ˈfijjo].
Più rilevanti altri tratti che accomunano Roma e la restante Italia centromeridionale (escluse generalmente la Toscana e buona parte di Umbria e Marche). E precisamente:

95. I. Generale rafforzamento di [b] e [dʒ] intervocaliche: pronunce come *roba* [ˈrɔbba] e *la gente* [la dˈdʒɛnte] sono normali anche in parlanti colti. Solo popolaresca è invece la pronuncia tenue di [rr], propria anche del litorale toscano: *terra* [ˈtɛra].

96. II. La lenizione, ossia la semisonorizzazione delle occlusive tenui [p], [t], [k] (che si rappresenta convenzionalmente mediante il simbolo della sonora con un cerchietto sottoscritto), non preceduta da consonante: *deputato* [debuˈdḁdo].
Molto frequente l'accentuazione di questo tratto nella caricatura delle varietà centromeridionali; si veda un passo del *Demetrio Pianelli* di E. De Marchi (338-389): «c'era, tra gli altri, il cavalier Tagli, dei Pesi e Misure, sempre rauco; il commendator Ranacchi della Prefettura, per gli uffici provinciali, un bel barbone sotto una bella testa; il '*gavaliere*' o '*gommendatore*' Lojacomo, '*naboledano*', mandato quassù alle '*Ibodeghe*', nero, rotondo, grave, oscuro, con forti sopraccigli e

profonde rughe, in cui pareva sepolta tutta la perequazione catastale».

97. III. L'epentesi di [t] nei gruppi costituiti da una nasale o da una liquida e da una sibilante (anche in gran parte della Toscana e in tutta l'Italia meridionale): *penso* [ˈpɛntso], *borsa* [ˈbortsa].

98. IV. La tendenza a evitare i nessi consonantici dotti (anche questo è fenomeno comune al toscano e all'italiano meridionale) o attraverso assimilazione (*atmosfera* [ammoˈsfɛra]: pronuncia tipica di Toscana, Umbria, Marche, Lazio, Sicilia) o attraverso l'epentesi di una vocale indistinta, simile all'*e* muta francese (in grafia fonetica [ə]): [atəmoˈsfɛra]; pronuncia propria del Mezzogiorno continentale.

99. V. Apocope sillabica negl'infiniti (*andà* 'andare', *mette* 'mettere') e in usi allocutivi (*Salvató!*; cfr. ROHLFS 1966-1969: 318 e SCHMID 1976).
L'apocope negli allocutivi – comune nell'Italia centromeridionale e insulare – è spesso utilizzata dagli scrittori per caratterizzare una pronuncia locale. Qualche esempio, per Umbria: «Anch'essi, anch'essi – non mi chiamano mica papà! pretore mi chiamano! anzi: – Preto'!, come la madre. – È in casa il Preto'? – No, è alla pretura, il Preto'! –» (Pirandello, *Come prima, meglio di prima*, IV 32); Abruzzo: «Rivolgendosi verso l'oliveto, si mise a chiamare: – Albadò! Albadora!» (D'Annunzio, *Trionfo della morte*, 199); Lazio: «Ma vedesse che tajo, dottó!» (Gadda, *Quer pasticciaccio...*, 56); Campania: «Diteglie che mi chiami mà e io sono contenta» (Morante, *L'isola di Arturo*, 79); Sardegna: «O compà! – fece Antonio» (Ledda, *Padre padrone*, 19).
Si osserverà che, in mancanza di una codificazione normativa (trattandosi di forme estranee all'italiano ufficiale), gli scrittori oscillano nell'indicazione grafica del fenomeno, segnalandolo ora con l'accento, ora (meno spesso) con l'apostrofo.

100. VI. Alcune differenze nella distribuzione del raddoppiamento fonosintattico: nelle Marche, in Abruzzo e altrove non si ha raddoppiamento dopo *ho* (conformemente all'etimo, che è il latino volgare *AO in luogo di HĂBEO) e dopo *ha* (per analogia su *ho*); a Roma e in altri luoghi non hanno capacità rafforzativa *come* interrogativo, *da*, *dove*, e viceversa raddoppiano *po'* e *o* interiezione (ulteriori particolari in CAMILLI-FIORELLI 1965: 147-149).
Altri tratti specificamente meridionali:

101. I. Sonorizzazione o semisonorizzazione della consonante sorda preceduta da nasale: *ampio* [ˈambjo], *concetto* [konˈdʒetto].

102. II. L'affricata alveolare tende a sonorizzarsi non solo dopo nasale (e liquida: *alzare* [alˈdzare]), ma anche in posizione intervocalica: *nazione* [naˈdzjone] o [nadziˈone] (per la tenue [dz] invece di [ddz], che continua un'antica situazione fonetica, cfr. I.47a).

103. III. In Campania la sibilante preconsonantica davanti a consonanti labiali o velari si palatalizza: *scala* [ˈʃkala].

104. IV. In Sicilia la vibrante iniziale e quella intervocalica intensa si realizzano come vibranti retroflesse (simbolo fonetico [ɽ]): *la rana* [la ˈɽana], *carro* [ˈkaɽɽo]. Inoltre, i gruppi *tr*, *dr*, *str* si pronunciano come cacuminali, con una realizzazione percepita dagli altri italiani come [ttʃ] e [ʃʃ]: *tre* [tɽe], [tɽɛ], *finestra* [fiˈnɛstɽa]; ma è pronuncia in forte regresso nell'italiano regionale: cfr. TROPEA 1976: 23.

105. Nell'italiano di Sardegna molte consonanti appaiono rafforzate avvicinandosi al grado intenso della pronuncia normativa: *luci* [ˈluttʃi], come *lucci* plurale di *luccio*. La parallela mancanza del raddoppiamento fonosintattico (*ha detto* [aˈdetto]) dà conto della falsa impressione – propria degli italiani di altre regioni – che i sardi «scambino» le doppie e le scempie.

L'alfabeto

106. I grafemi che costituiscono l'alfabeto italiano sono 21; ad essi vanno aggiunte

altre cinque lettere (J, K, W, X, Y) che compaiono in parole straniere e talvolta in grafie antiche o antiquate.
Nel prospetto che segue ogni lettera è rappresentata dal simbolo per la maiuscola, da quello per la minuscola e dal nome (un asterisco contrassegna i cinque grafemi non indigeni):

A	a	–	«a»
B	b	–	«bi»
C	c	–	«ci»
D	d	–	«di»
E	e	–	«e»
F	f	–	«effe»
G	g	–	«gi»
H	h	–	«acca»
I	i	–	«i»
*J	j	–	«i lungo»
*K	k	–	«cappa», «kappa»
L	l	–	«elle»
M	m	–	«emme»
N	n	–	«enne»
O	o	–	«o»
P	p	–	«pi»
Q	q	–	«qu»
R	r	–	«erre»
S	s	–	«esse»
T	t	–	«ti»
U	u	–	«u»
V	v	–	«vu» o «vi»
*W	w	–	«vu doppio», «vi doppio»
*X	x	–	«ics»
*Y	y	–	«ipsilon», «i greco»
Z	z	–	«zeta»

107. L'alfabeto italiano continua con poche differenze quello latino (che aveva 23 grafemi rispetto ai 21 italiani; in più: K, X, Y; in meno: U giacché V rappresentava sia la vocale sia la semiconsonante: VĪNUM /'wi:num/; la pronuncia ['vinum] è tarda: cfr. TRAINA 1967: 45-48). In italiano la distinzione tra *u* e *v*, proposta una prima volta dal Trissino (accanto ad altre innovazioni ortografiche, cfr. I.21) si afferma stabilmente solo nel XVII secolo inoltrato (cfr. MIGLIORINI 1963a: 463).

Nome e genere grammaticale dei grafemi.

108. I nomi delle varie lettere sono oggi stabilizzati tranne per *v*, che come segno distinto da *u* ha autonomia più recente; si osservi, ad ogni modo, che «vu», oltre ad essere altrettanto (se non più) radicata, è la dizione coincidente con l'uso toscano, come notava già ROMANELLI 1910: 16 n. 1: «meridionale (e anche boreale) è la pronunzia *vi*, o *ve* della spirante *v*, che in Toscana si chiama *vu*».
Scrivendo, si può ricorrere indifferentemente al nome della lettera oppure al suo simbolo grafico, in corsivo o tra virgolette: «Laura si scrive con l'elle maiuscola» (oppure: «con *l* maiuscola», «con 'l' maiuscola»).

109. Fino al secolo scorso i nomi di *b, c, d, g, p, t* e *v* uscivano in *e*, tranne che in Toscana (cfr. CASTELLANI 1980: I 34; *be, ce, de*, ecc.: un riflesso dei due modi di pronuncia si ha in *abbecedario* e in *abbiccì*).
Nell'italiano di Sardegna si diceva – e si dice ormai solo a livello popolare – *effa, ella, emma, erra*, ecc.: cfr. MALAGOLI 192: 20.

110. Quanto al genere, l'uso è tuttora oscillante fuorché per *zeta*, facilmente inseribile nella serie dei femminili in *-a* (mentre *il cappa* / *il kappa* è più comune di *la cappa* / *la kappa*). L'incertezza è di antica data: «il B e il D», ma «la F» (Bembo, *Prose e rime*), «con la T» (Alunno, *Le ricchezze della lingua volgare sopra il Boccaccio*). Esempi moderni: «col 'g'» (Paolieri, *Natio borgo selvaggio*), «col P maiuscolo» (Piovene, *Madame la France*), ma «una sola *p*» (Gozzano, *Poesie e prose*).
Queste oscillazioni dipendono, com'è intuibile, dal sostantivo sottinteso: *suono* e *segno* sono responsabili del maschile, *lettera* del femminile.
Anche al plurale, i nomi delle lettere rimangono invariati: «con le zeta, le esse e le acca molto più toscane che ferraresi» (Bassani, *Il giardino dei Finzi-Contini*, 44).

111. Oltre che in alcuni usi idiomatici («dall'A alla Z», «mettere i puntini sugli [o *sulle*] i»), i nomi delle lettere si usano tra l'altro:
a) In riferimento all'aspetto grafico del simbolo stesso: «la strada [...] si divideva in due viottole, a foggia d'un *ipsilon*» (Manzoni, *I Promessi Sposi*, I 10); «lungo stradette di campagna a S, strette fra muri di sassi» (Bufalino, *Diceria dell'untore*, 155); «il nastro di asfalto nero della strada descriveva un *esse*» (Moravia, *I racconti*);

«il casamento, a forma di *elle*, conteneva abitazioni, botteghe, magazzini e cantine» (Raimondi, *Notizie dall'Emilia*).
b) Nella compitazione, specie telefonica (in genere ricorrendo a nomi di città comincianti con la lettera voluta): «Ho prenotato una camera a nome *Grua*: *gi* come Genova, *erre* come Roma, *u* come Udine, *a* come Ancona» (o anche solo: «Grua: Genova, Roma, Udine, Ancona»);
c) Nelle sigle: delle quali alcune vengono compitate (*DC* [di t't∫i]; per la grafia *dicci* cfr. I.67d); altre, lette come una parola a sé (*FIAT* ['fiat]). Qualche volta sono compitate anche sigle che potrebbero leggersi distesamente: *PSI* [pi'εsse i] o [psi], *PLI* [pi'elle i] o [pli], ecc.
d) Per indicare una vitamina: «hai preso la vitamina C?»; «lo choc vitaminico a base B non era ancora di moda» (Gadda, *Novelle dal ducato in fiamme*).
Una curiosità: il termine *vitamina* fu coniato da C. Funk nel 1911, ma l'uso di designare i singoli fattori con lettere alfabetiche è successivo. In genere la denominazione è puramente convenzionale (sequenza numerica all'interno del gruppo B: B_1, B_2...; sequenza alfabetica per le vitamine C, D, E); talvolta si fa riferimento ai termini che qualificano l'azione biologica di quella vitamina (K=*Koagulation*, PP=*Pellagra Preventive*): cfr. CHIARIONI 1981: 18-4.

Grafemi e fonemi

112. Come abbiamo osservato (cfr. I.8), gli alfabeti storici non possono mai rappresentare fedelmente il sistema fonematico di una lingua. In italiano la corrispondenza 1 grafema : 1 fonema è raggiunta in un numero di casi abbastanza alto: delle 21 lettere dell'alfabeto ben 11 hanno valore univoco, designano cioè un solo fonema (*a, b, d, f, l, m, n, p, r, t, v*).
Per i restanti 10 grafemi dobbiamo distinguere tra grafemi polivalenti, grafemi diacritici e un grafema funzionalmente sovrabbondante.

113. I grafemi polivalenti sono quei simboli che, a seconda del contesto, possono avere valore fonematico diverso. Si tratta di quattro lettere vocaliche (*e, o, i, u*) e di quattro consonantiche (*c, g, s, z*). I grafemi *i* e *u* si possono considerare polivalenti in quanto rappresentano sia le vocali e le semivocali /i/ e /u/ sia le semiconsonanti /j/ e /w/, cfr. I.16, I.48 e I.51.

114. I grafemi diacritici (da un derivato del gr. *diakrínein* 'distinguere') sono segni che non corrispondono ad un'entità fonetica ma servono, combinandosi con altre lettere, ad esprimere un suono non rappresentabile con un solo grafema. Il gruppo di due grafemi che indicano un fonema si dice *digramma*; il gruppo di tre, *trigramma* (cfr. I.139 sgg.).

115. Col nome di grafema sovrabbondante ci riferiamo a *q*, che è un semplice doppione di *c* come primo elemento di un nesso labiovelare sordo (cfr. I.50). In parole come *cuore* e *quota* la prima sillaba è identica: /'kwɔre/, /'kwɔta/; sono soltanto ragioni storiche che impongono *cu* nel primo caso (che risente del lat. CŎR, CŎRDIS) e *qu* nel secondo (tratto dal lat. QUŎTUS 'in qual numero').
Per indicare il grado intenso /kkw/ la grafia normale è *cqu*: *acqua, giacque, nacque*. Si ha *qq* in *soqquadro* e nel raro *biqquadro*, «due eccezioni fastidiose e assurde» (Camilli, in CAMILLI-FIORELLI 1965: 38).

«*e*», «*o*»

116. Sotto accento, *e* ed *o* possono corrispondere a /e/, /ε/ o rispettivamente a /o/, /ɔ/, come si è già osservato (cfr. I.17-18). Aggiungiamo ora alcune indicazioni per risalire dalla grafia al diverso timbro della vocale, limitandoci alle terminazioni o ad altri contesti fonetici più comuni (maggiori particolari in MIGLIORINI-TAGLIAVINI-FIORELLI 1981: XXIX-XXXIV).

117. Si ha *e* aperta /ε/:
a) nelle desinenze -*endo* del gerundio (*leggendo, sentendo*), -*ente* del participio (*vedente, reggente*), -*ei*, -*ebbe*, -*ebbero* del condizionale (*canterei, canterebbe, canterebbero*), -*ettero* del passato remoto (*perdettero*);
b) nel dittongo *ie* (*pieno, siede*), tranne che esso non faccia parte di suffissi con /e/ come in *macchietta, specchietto, fucec-*

I. Fonologia e grafematica

chiese (di Fucecchio, in Toscana);
c) nel suffisso diminutivale *-ello, -ella* (*miserello, poverello*), anche se cristallizzato in toponimi (*Civitella, Alianello, Camigliatello*) o in cognomi (*Covello, Iannello*);
d) nei suffissi di numerativi *-enne* (*ventenne*) e *-ennio* (*ventennio*) e di numerale ordinale *-esimo* (*ventesimo*);
e) nel suffisso sostantivale *-enza* (*clemenza, partenza*) e, in genere, nelle parole così terminanti (*senza, Ardenza, Piacenza*);
f) nel suffisso aggettivale *-estre* (*silvestre, terrestre*).

118. Si ha *e* chiusa /e/:
a) in diverse desinenze verbali: *-ei* del passato remoto (*perdei*), *-esti, -emmo* di passato remoto e condizionale (*perdesti, perdemmo; perderesti, perderemmo*), *-este* di passato remoto, condizionale e congiuntivo imperfetto (*perdeste, perdereste*), *-é, -erono* del passato remoto (*perdé, perderono*), *-ere* dell'infinito di 2ª coniugazione (*avere*), *-emo* del futuro (*canteremo*), *-ete* dell'indicativo presente e futuro e dell'imperativo (*perdete, perderete*), *-evo, -evi, -eva* dell'imperfetto indicativo (*avevo, avevi, aveva*), *-essi, esse, -essimo, -essero* del congiuntivo imperfetto (*avessi, avesse, avessimo, avessero*);
b) negli avverbi in *-mente* (*veramente, allegramente*) e nei sostantivi in *-mento* (*sentimento, movimento*), così come, in genere, nella terminazione *-mento* (*mento, monumento*);
c) nel suffisso etnico *-ese* (*piemontese, ungherese*) e, quasi sempre, nelle altre parole così terminanti (*mese, paese, Matarrese, Olcese*);
d) nel suffisso sostantivale *-esimo* (*cristianesimo, umanesimo*);
e) nel suffisso sostantivale *-essa* (*dottoressa, principessa*);
f) nel suffisso diminutivale *-etto* (*boschetto, clarinetto*);
g) nel suffisso sostantivale *-ezza* (*giustezza, lentezza*).

119. Si ha *o* aperta /ɔ/:
a) in tutte le parole ossitone (*portò, sto, comò*);
b) nel dittongo *uo* (*fuoco, muove*; anche in cognomi meridionali come *Luongo, Ruocco*), tranne che in *liquore*, in cui *o* è chiusa;
c) in parole proparossitone composte di elementi dotti, almeno uno dei quali sia di origine greca (*burocrate, cardiologo, filosofo, manometro, termostato*);
d) nel suffisso *-olo, -uolo*, (*fagiolo, lenzuolo*), compreso l'*-olo* della chimica (*guaiacolo, tritolo*);
e) nel suffisso *-otto* (*giovanotto, sempliciotto, varesotto*).

120. Si ha *o* chiusa /o/:
a) nel suffisso sostantivale e aggettivale *-oio* (*corridoio, scorsoio*);
b) nel suffisso *-one* di accrescitivi (*bambinone*; anche al femminile: *bambinona*) e di femminili in *-zione, -sione* (*stazione, ammissione*);
c) nel suffisso sostantivale *-ore* (*amore, dolore, dottore, fresatore*);
d) nel suffisso aggettivale *-oso* (*noioso, tenebroso*).
Nella grande maggioranza dei casi la vocale tonica di tutti questi suffissi ha il timbro determinato dalla corrispondente vocale latina (cfr. I.23). Talvolta si ha un riflesso dotto (per esempio nel suffisso ordinale *-esimo*, che rimanda al lat. -ĒSIMUM); talaltra, l'origine dotta non ha impedito che la parola fosse attratta da una serie suffissale preesistente (così i sostantivi in *-zione*, e *-sione* si sono livellati su forme popolari in *-one* quali *leone*<LEŌNEM e *ladrone*<LATRŌNEM, oltre che sui pochi femminili di tradizione ininterrotta come *canzone*<CANTIŌNEM).

121. Per alcune delle forme citate le pronunce divergenti da quella fiorentina sono molto diffuse; in particolare per *-ebbe, -ebbero* del condizionale e *-ettero* del passato remoto, per *-esimo* suffisso ordinale e per *senza* (tutte con [e] a Roma e in molti altri luoghi); per gli avverbi in *-mente* e i sostantivi in *-mento* (con [ɛ] – conforme all'Ĕ delle basi latine – in gran parte di Marche, Abruzzo, Molise e Mezzogiorno in genere).

«c» e «g»

122. I due grafemi *c* e *g* hanno valore velare davanti alle vocali *a, o, u*; davanti a una consonante *c* si pronuncia sempre /k/ (*cloro, fucsia, tecnica*); *g* vale /g/ (*segmento, tungsteno, Sigfrido*), tranne che davanti a *l* e *n* con cui forma digramma (cfr.

I.139a-b). Davanti a *i* ed *e*, *c* e *g* hanno sempre valore palatale: /tʃ/ e /dʒ/.

Questa dissimmetria del nostro sistema ortografico risale al latino in cui le lettere C e G avevano sempre valore velare: *Cicero*/'kikero/, *gens* /ge:ns/. Ma nel volgare italiano – con la nascita delle affricate alveopalatali – i due simboli dell'alfabeto latino non bastarono più e dopo molte oscillazioni nella grafia dei primi secoli, *c* e *g* si stabilizzarono per le palatali e i digrammi *ch* e *gh* per le velari, cfr. I.135.

«S»

123. In italiano *s* si pronuncia generalmente sonora davanti a una consonante sonora: *smetto* /'zmetto/, *Gasdia* /ga'zdia/; sempre sorda in posizione iniziale: *sei* /'sɛi/, *la sera* /la 'sera/, e quando si trovi in una parola composta: *risalire* /risa'lire/, *asettico* /a'sɛttiko/, *antisismico* /anti'sizmiko/. Sorda anche dopo consonante: *penso* /'pɛnso/.

124. In posizione intervocalica all'interno di parola la pronuncia varia a seconda delle regioni. Infatti:
a) Nell'Italia settentrionale si ha in genere la sonora, ma raramente nell'iniziale del secondo elemento di un composto: per esempio, nell'italiano regionale piemontese *cercasi* ['tʃerkazi] (CANEPARI 1979: 206; ma nella stessa parola hanno la sorda le varietà ligure, lombarda, veneta ed emiliana, ivi citate). La sorda compare inoltre nel toponimo *Albisola* (Savona) e, quasi sempre, in *cosa*.
Nella tradizione grafica dialettale per indicare [s] si è ricorsi spesso al digramma *ss*, che non rappresenta quindi una consonante intensa, come nell'italiano letterario: «Per *cossa* no voleu che lo sapia?» (Goldoni, *I Rusteghi*, atto I scena VIII); «pensavi: – *cossa* demm / incoeu?... l'è festa... andemm...» (nel milanese Tessa: cfr. MENGALDO 1978: 464-465).
b) In gran parte dell'Italia centrale, nell'Italia meridionale e in Sicilia la sibilante è sempre sorda (ma può partecipare, come le occlusive, alla lenizione [cfr. I.96]: ad esempio *preso* ['brezo] nell'italiano del Lazio, citato in CANEPARI 1979: 218).
c) In Sardegna [s] si sonorizza, anche all'interno di frase; per la maggiore energia articolatoria con cui si realizzano le consonanti intervocaliche (cfr. I.105), la pronuncia di *casa* oscillerà tra ['kaza] e ['kazza].
d) In Toscana, infine, si ha opposizione tra /s/ e /z/, ma in un numero così basso di coppie unidivergenti che taluno ha dubitato della fonematicità di /z/ (non contano casi come ['zmetto] in cui la sonora è determinata dal fonema seguente ed è variante combinatoria, cfr. I.6). Ricordiamo: *fuso* 'arnese per filare' /'fuso/~*fuso* participio passato /'fuzo/, *chiese* passato remoto /'kjɛse/~*chiese* sostantivo /'kjɛze/ (altri esempi in MULJAČIĆ 1972: 47-48, in cui si mettono a frutto precedenti saggi di P. Fiorelli e T. Franceschi).

125. Nella gran parte dei casi l'uso toscano presenta /z/, senza tuttavia che sia possibile, eccetto che per alcuni suffissi, dare norme che non si riducano a meri elenchi di parole (per esempio *s* vale /s/ in *mese*, *naso*, *peso*, *Pisa*; vale /z/ in *paese*, *quasi*, *Gesù*, *viso*). Il Fiorelli (1951: 85) ha enunciato la seguente regola empirica per gl'italiani non toscani e per gli stranieri (una regola che «comprenderebbe il novantacinque per cento dei casi»): *s* intervocalica si pronuncia sempre sonora con tre eccezioni: – per le voci composte; – per le voci *casa*, *cosa*, *così*; – per i suffissi *-ese*, *-eso*, *-oso*.
Va osservato però che la distribuzione toscana stenta ad essere accolta, tanto nella pronuncia di molti attori, annunciatori, ecc. (che in posizione intervocalica tendono a «settentrionalizzare», generalizzando la sonora: ['kaza], [no'jozo], ecc.), quanto nella stessa norma additata dai manuali ortoepici.
È significativo che Amerindo Camilli ritenesse poco utile insistere per un'affermazione della pronuncia fiorentina su questo punto (CAMILLI-FIORELLI 1965: 77; il dissenso del Fiorelli, fautore della «preminenza storica e normativa della pronunzia toscana» è espresso in FIORELLI 1951).
Anche il Lepschy, coerentemente con le sue posizioni antinormative, ritiene «più semplice», per l'insegnamento a stranieri, «adottare una pronuncia (a) sempre sonora, che *gli* sembra più usata e tendenzialmente più nazionale; oppure, se si preferisce, (b) una pronuncia sempre sorda» (LEPSCHY 1978: 106).

«z»

126. Anche *z*, come *s*, corrisponde a due fonemi distinti: /ts/ e /dz/; e anche in questo caso il rendimento funzionale dell'opposizione è assai basso (cfr. I.3). Tuttavia, secondo osserva il Muljačić (1972: 58-59), «questa coppia di fonemi ha meno avversari di quella fra /s/ e /z/»: infatti, oltre ad essere «nota – a quanto pare – in tutte le varietà regionali [...], è nota nella maggioranza dei dialetti italiani» ed è saldissima in due importanti varietà, quella fiorentina e quella romana.

Benché esistano ragioni di fonetica storica che condizionano la pronuncia sorda o sonora di *z*, non è molto facile indicare delle norme sincroniche.

127. Storicamente, un'affricata alveolare sorda /ts/ continua: *a)* un gruppo consonantico latino -TJ-, -CJ- sia in parole popolari (*prezzo*<PRĔTIUM, *calza*<lat. tardo CĂLCJAM), sia in parole dotte (*nazione*<NATIŌNEM, *giudizio*<IUDĬCIUM); *b)* s iniziale latina (*zolfo*<SŬLPHUR); *c)* z germanica (*zanna*<longobardo *zan*); *d)* s araba (*zucchero*<*sukkar*).

Un'affricata alveolare sonora /dz/ continua: *a)* il nesso latino -DJ- (*mezzo*<MĔDIUM, *pranzo* <PRĀNDIUM); *b)* z greca (*zona*<ZŌNĒ, *zoologo*, composto del greco *zóion* 'animale'); *c)* z araba (*zerbino*<*zirbīy*).

Sulla scorta di MALAGOLI 1912: 82-88 e soprattutto di MIGLIORINI-TAGLIAVINI-FIORELLI 1981: XXXV-XXXVI, notiamo:

128. Si ha *z* sorda /ts/:

a) in quasi tutte le sequenze in cui *z* sia seguita da i+vocale: *zio, spazio, nazionale, razzia, anziano, finzione, inezie, inizio, ozio, nasturzio* (eccezioni: *azienda* /adˈdzjɛnda/ e forme derivate da basi con /dz/: *romanziere*, da *romanzo*, *ronzio*, da *ronzare*);

b) dopo *l*: *alzare, scalzo, milza*;

c) nei suffissi: *-anza* (*speranza*), *-enza* (*potenza*), *-ezza* (*bellezza*), *-ozza* e *-ozzo* (*carrozza, predicozzo*), *-uzza, -uzzo* (*pagliuzza, peluzzo*).

129. Si ha *z* sonora /dz/:

a) quando *z* sia scritta scempia tra due vocali: *azoto, bazar, Donizetti, Azeglio* (eccezioni: *nazismo* /natˈtsizmo/ e derivati e il nome storico *Albizo* /ˈalbittso/);

b) nei suffissi *-izzare* (*idealizzare*) e nei derivati in *-izzazione* (*idealizzazione*).

130. Da notare che già da tempo (cfr. MALAGOLI 1912: 87) è diffusa un po' dovunque la tendenza a pronunciare come [dz] ogni *z* iniziale, non solo in neologismi (*zombi* [ˈdzombi]), ma anche in voci tradizionali: *zio* [ˈdzio], *zucchero* [ˈdzukkero], ecc.

131. A proposito dell'ortografia di *z*, va osservato che, per quanto pronunciata di norma intensa in posizione intervocalica, *z* si scrive scempia in un certo numero di casi, e precisamente:

a) Nelle terminazioni *-àzia* e *-azìa* (*grazia, democrazia*; eccezioni: *pazzia, razzia*), *-èzia, -èzie* ed *-ezìa* (*inezia, spezie, peripezia*), *-ìzia, -ìzie* ed *-izìa* (*giustizia, canizie, polizia*), *-ozìa* (*idiozia*), *-ùzia* (*astuzia*), *-zione* (*valutazione, perfezione, posizione, devozione, interruzione*), *-àzio, -èzio, -ìzio, -òzio, -ùzio* (*topazio, screzio, edilizio, negozio, prepuzio*); in tutti i derivati: *giustiziere* (come *giustizia*), *perfezionato* (come *perfezione*), *screziare* (come *screzio*), ecc.; nei nomi propri che presentano le stesse sequenze: *Bullazio, Cremuzio, Vezio, Alcabizio, Fozio, La Spezia, Scozia, Galizia*, ecc.

b) Quando *z* è l'elemento iniziale della seconda parte di un composto: *omozigotico, protozoo, prozio, rizappare*, ecc.

c) In alcuni vocaboli isolati, di origine latina (*pazienza*), greca (*sizigia*) o esotica (*dazebao*, cinese; *bazar*, persiano; *mazurca*, polacco). Ricordiamo: *azalea, azienda, azimut, azoto, azulene, bazar, bizantino, coriza* (anche *corizza*), *dazebao, eziologia, gazare, gazebo, gazofilacio, lazulite, mazurca, mezereo, nazareno* (o *nazzareno*; così anche l'antroponimo), *nazireo, nuziale, oziorinco, ozono, paziente* e *pazienza, peziza, poziore, prezioso, quoziente, raziocinio, reziario, rizina, rizo-* (in *rizobio, rizotonico*, ecc.), *scazonte, sizigia, tuzia, tuziorismo*.

d) In diversi nomi propri: nomi storici (*Cizico, Clazomene, Eleazaro, Ezechia* ed *Ezechiele, Gezabele, Mazeppa, Mezenzio, Mozabiti, Mozarabi, Nazario, Nazianzo, Trapezunte*); nomi geografici moderni (alcuni dei quali anche cognomi: *Bizzozero, Brozolo, Clauzetto, Cozie, Custoza, Foza, Gazoldo, Izano, Lazise,*

Mazara, Ozegna, Ozieri, Soziglia; *Gaza, Gozo, Mozambico, Venezuela*), cognomi (*Albizi* – accanto ad *Albizzi* –, *Azeglio, Bazoli, Bettiza, Cazora, Colarizi, Donizetti, Luzi, Moizo, Pandozi, Rezasco, Teza, Zaza*), ecc.

132. Nei sostantivi femminili in *-sione, -zione* è possibile talvolta restare incerti tra *s* e *z*: *pretensione* o *pretenzione*? Non sempre ci si può rifare al latino, che presenta -TIONEM in corrispondenza di *-zione* (INTENTIŌNEM-*intenzione*) e -SIONEM per *-sione* (EXPANSIŌNEM-*espansione*). Un'efficace norma empirica la suggerisce il Malagoli (1912: 88-89): «in generale, si richiede la *z* quando al nome corrisponda un participio, un aggettivo o un altro nome in cui ci sia *t*: *estinzione* (*estinto*), *intenzione* (*intento*), *menzione* (*mente*): ci vuol *s* invece se si ha per corrispondere un participio, un aggettivo o un altro nome con *s*: *confusione* (*confuso*), *dissensione* (*dissenso*) [...]. Escono di regola *astensione* e i nomi derivati dal verbo *tòrcere* e composti come *contorsione, estorsione* da *contorcere, estorcere*, quantunque si abbia *t* nei participi *astenuto, contorto, estorto*».

133. In alcune grafie esotiche può comparire il digramma *ts* in luogo di *z*: così per la mosca *tse-tse* (da una lingua africana attraverso il francese) oppure per il frequente russismo, di origine latina, *intellighentsia*: «sugli stati generali dell'intellighentsia liberal-democratica, convocati da Giovanni Spadolini [...], rimbalzano un po' attutite le notizie sulla crisi di governo» («Corriere della Sera», 7.3.1987, 2; altra grafia: *intellighentzia*: «sottolineiamo la presunzione di far nascere e morire l'intellighentzia a Parigi», «La Repubblica», 13.3.1987, 15. Ma è preferibile adottare una grafia compiutamente italianizzata: «quella *intellighenzia* rivoluzionaria da cui venivano anche i Lenin, i Trotzky, e gli altri futuri grandi del bolscevismo» Montanelli, *L'Italia in camicia nera*, 23).

Il digramma *tz* per [tts] è caratteristico dell'ortografia sarda: si pensi a cognomi quali *Atzeni, Pitzalis, Putzolu* o a toponimi come *Aritzo, Lotzorai, Setzu, Tramatza*.

«*h*»

134. In italiano *h* è il grafema diacritico per eccellenza, dato che non rappresenta mai un suono, tranne, ma solo come realizzazione facoltativa, quando compare in interiezioni (*ah, eh, ehm, oh*, ecc., cfr. X.5). In tal caso *h* può corrispondere a una fricativa glottidale (o comunemente *aspirata*) cioè a un'articolazione – presente come fonema in molte lingue del mondo, dall'inglese, al tedesco, all'ebraico, al giapponese – realizzata a livello della glottide e indicata col simbolo [h]. Accanto alla pronuncia usuale di *ah, eh, ehm* e simili ([a], [ɛ] o [e], [ɛm], più o meno prolungati), è possibile quindi sentire occasionalmente, specie in caso d'iterazione: [ha], [hɛ], [he], [hɛm], ecc. (cfr. CAMILLI-FIORELLI 1965: 50).

Un'aspirata vocalica esisteva originariamente anche in latino, ma era già in declino in epoca pre-letteraria. In età medievale si diffuse l'abitudine di pronunciare l'*h* intervocalica di *mihi, nihil* come una velare: di qui le grafie mediolatine e umanistiche *michi, nichil* e i derivati italiani *annichilire* e *nichilismo* (TRAINA 1967: 48-53).

135. La funzione principale di *h* è quella di indicare la pronuncia velare di *c* e *g* davanti a *i* ed *e*: *che, chino, saghe, ghiotto*.

Nei primi documenti dell'italiano la velare poteva essere espressa anche mediante *k*: nel più antico testo scritto consapevolmente in volgare, il *Placito di Capua* del 960, si legge: «Sao *ko* kelle terre, per *kelle* fini que *ki* contene...», ecc. In area italiana centrale è probabile che l'innovazione di *ch* per indicare /k/ davanti a vocale palatale «sia di origine toscana e determinatasi in Toscana addirittura nei primi decenni del secolo XIII, per estendersi e trionfare nella seconda metà dello stesso secolo» (BALDELLI 1971: 138).

136. *h* ha valore puramente diacritico anche nelle quattro persone del presente indicativo di *avere* (*ho, hai, ha, hanno*), per distinguerle dagli omofoni *o* (congiunzione e interiezione), *ai* (preposizione articolata), *a* (preposizione semplice), *anno* (sostantivo).

L'uso di *h* in questa posizione è un relitto grafico latino (HĀBEO, HĀBES...). Nell'italiano antico l'*h* etimologica poteva essere mantenuta in molti casi e trovava difensori illustri: è spesso citata una presa di posizione dell'Ariosto per il quale «chi leva la H all'*huomo* non si conosce uomo [...]. E s'*Hercole* la si vedesse levata dal suo nome, ne farebbe vendetta contro chi levata gliela avesse, col pestargli la testa colla mazza» (cfr. MIGLIORINI 1963a: 382). La spinta decisiva a limitare l'*h* etimologica alle voci del verbo *avere*, in cui serviva a distinguere parole omofone, è venuta dall'autorità del *Vocabolario della Crusca*, che già nella terza edizione, del 1691, riduce a questo l'uso di *h* iniziale (cfr. MIGLIORINI 1963a: 463).

137. Non ha mai attecchito la proposta, più volte avanzata (Petrocchi, citato in MIGLIORINI 1963a: 669; II Congresso della *Società Ortografica Italiana* nel 1911; ecc.), di sostituire *ho, hai, ha* e *hanno* con *ò, ài, à, ànno*: che oggi appaiono grafie non certo erronee, ma di uso raro e di tono popolare. L'*h* non si scrive, tuttavia, nel composto *riavere*: *riò, riai, rià, rianno* («non si rià?» Pirandello, *L'amica delle mogli*, VI 178).

138. *h* compare inoltre, senza valore diacritico:
a) Come residuo classicheggiante in alcuni cognomi (*Theodoli, De Matthaeis*; inoltre, nel digramma *ph* col valore di /f/: *Pamphili*).
b) Con varie motivazioni storiche nei toponimi *Mathi* (Torino), *Rho* (Milano), *Roghudi* e *Ghorio* (Reggio C.), *Santhià* (Vercelli), *Thiene* (Vicenza), *Thiesi* (Sassari), *Thurio* (Cosenza), *Vho* (Cremona e Alessandria).
c) In derivati italiani di vocaboli o nomi propri stranieri: *hegeliano* (da *Hegel*), *hobbista* (da *hobby*), *hockeista* (da *hockey*), *huroniano* (dal lago *Huron*), *handicappato* (ma anche, e meglio, senza *h*: «il fondatore di un istituto [...] che oggi assiste 2800 ragazzi andicappati», «La Nazione», 28.2.1987, 7). In casi del genere, l'*h* iniziale non va pronunciata, trattandosi di vocaboli ormai adattati all'italiano: quindi [ob'bista], [oke'ista], ecc.
È possibile, e forse preferibile, pronunciare «all'italiana», senza aspirazione, anche l'*h* iniziale di quei forestierismi che, per essere d'uso corrente, possono considerarsi acclimati nella nostra lingua: ad esempio *hippy* [ˈhipi], ma anche [ˈippi], *hostess* [ˈhoustis], ma anche [ˈɔstes].
d) In latinismi: *habeas corpus, habitat, herpes, homo sapiens, humus*, ecc. Uno pseudo-latinismo è *hostaria*, variante arcaica e ricercata di *osteria* esumata in anni recenti nelle insegne di ristoranti e trattorie, «sempre con una certa pretesa di eleganza» (MIGLIORINI 1975a: 72-73).

Digrammi e trigrammi

139. Dei digrammi italiani (per la definizione cfr. I.114) abbiamo già esaminato i due formati con *h*: *ch* e *gh* (cfr. I.135). Le altre combinazioni di due lettere aventi valore di un solo fonema sono le seguenti:

(a) *gn*+*a, e, i, o, u*= /ɲ/: *cagna* /ˈkaɲɲa/, *montagne, Gnifetti, bagno, gnu*
(b) *gl*+*i*=/ʎ/: *figli* /ˈfiʎʎi/
(c) *sc*+*i, e*=/ʃ/: *lasci* /ˈlaʃʃi/, *scena*
(d) *ci*+*a, o, u*=/tʃ/: *ciao* /ˈtʃao/, *ciocca, panciuto*
(e) *gi*+*a, o, u*=/dʒ/: *giardino* /dʒarˈdino/, *mangio, giù*.
Si deve ricorrere a trigrammi in due casi:
(f) *sci*+*a, o, u*=/ʃ/: *sciame* /ˈʃame/, *lascio, sciupare*
(g) *gli*+*a, e, o, u*=/ʎ/: *maglia* /ˈmaʎʎa/, *moglie, piglio, fogliuto*

Si ricordi che in posizione intervocalica /ʎ/, /ɲ/, /ʃ/ presentano sempre grado intenso, cfr. I.47b.
Notiamo (si vedano soprattutto MALAGOLI 1912: 65-69; CAMILLI-FIORELLI 1965: 42-44, 177):

140. I. *gn* si pronuncia come nesso biconsonantico /gn/ in alcuni germanismi (*gneiss* /ˈgnɛis/, ma anche con completa italianizzazione /ˈɲɛis/, *wagneriano* /vagneˈrjano/) e in àmbito dotto specie filosofico in alcuni grecismi come *gnosi* /ˈgnɔzi/ e *gnoseologia* /gnozeoloˈdʒia/: ma è pronuncia affettata.

141. II. *gl* è nesso biconsonantico all'inizio di parola (*glia* /ˈglia/, *glicine, glicemia, glittica*), eccetto che in *gli* e composti (*glielo* /ˈʎelo/, *glie ne*, ecc.) e nell'antico napoletanismo *gliommero* 'tipo di componimento letterario' /ˈʎommero/. In posizione interna ha valore di /gl/ quando è preceduto da *n* (*anglicano*), in *geroglifico* (e nei più rari *anaglifo, triglifo*), in *negligente, negli-*

genza, in tutte le voci del verbo *siglare* (*tu sigli* /'sigli/, ecc.) e in *nevroglia* (composto di *glia* /nevro'glia/).

142. La *i* diacritica dopo *c*, *sc* e *g* va usata, di massima, solo davanti ad *a*, *o*, *u*, mentre non dovrebbe esserci quando la vocale sia *e*, dato che essa basta da sola a garantire il suono palatale della consonante precedente. Questa norma ortografica va però soggetta a molte oscillazioni.

143. La *i* infatti può trovarsi:
a) Nei plurali dei nomi in *-cia*, *-gia*: *camicie*, *valigie* (cfr. III.96).
b) Nelle 4ᵉ persone dell'indicativo e del congiuntivo dei verbi in *-gnare* (*sogniamo*) e nella 5ª persona del congiuntivo (*sogniate*, contro *sognate* indicativo). Piuttosto diffuse le forme senza *i*, più conformi alla fonetica anche se sacrificano – ma solo nella scrittura – la riconoscibilità delle desinenze verbali *-iamo*, *-iate*: cfr. XI.71g.

144. Va invece omessa:
a) Nelle voci verbali in *-erò*, *-erei* dei verbi uscenti in *-ciare*, *-sciare*, *-cciare*, *-giare*, *-ggiare*: *bacerò*, *lascerei*, *caccerò*, *trangugerei*, *gareggerò*.
b) Nei derivati in *-etta*, *-etto*, *-ezza*, *-eta*, *-eria*, *-ese* (e in genere nei suffissi aventi *e* come primo elemento) formati da basi in *-cia*, *-scia*, *-ccia*, *-cio*, *-scio*, *-ccio*, *-gio*, *-ggio*, purché la *i* sia atona. Esempi: *fascia* → *fascetta*, *poggio* → *poggetto*, *sconcio* → *sconcezza*, *saggio* → *saggezza*; *quercia* → *querceta*; *faggio* → *faggeta*; *camicia* → *camiceria*; *orologio* → *orologeria*; *Francia* → *francese*; *Norvegia* → *norvegese*; *pioggia* → *pioggerella*.

145. Tuttavia, per influsso della grafia latina, la *i* si conserva in singole parole come *specie*, *fattispecie*, *superficie*, *effigie* e qualche altra.
Non manca però chi, almeno per alcuni vocaboli, preferisce una grafia più «fonetica»: *effige*, ad esempio, si legge in Sciascia (cit. in SATTA 1981: 33), in Cecchi, *Et in Arcadia ego* e in Bassani, *Il giardino dei Finzi-Contini*, 186.

146. Inoltre la *i* si mantiene nei suffissi *-(c)iente*, *-(c)ienza*, *-(c)iero*, *-(c)iera* e, in un limitato numero di casi, in *-(g)iero*, *-(g)iera*. Esempi: *cosciente* e *coscienza*, *deficiente* e *deficienza*, *efficiente* ed *efficienza*, *prospiciente*, *sufficiente* e *sufficienza*, *scienza* (invece: *beneficenza*, *conoscenza*, *licenza*, ecc., conformi al modello latino, senza *i*); – *artificiere*, *braciere*, *paciere*, *pasticciere*, *usciere*; – *cartucciera*, *crociera*, (ma *pancera*); – *formaggiera*, *gorgiera*, *raggiera*.

Molti sostantivi e aggettivi in *-giero*, che hanno mantenuto la *i* fino agl'inizi del Novecento, l'hanno eliminata in epoca molto recente: *leggero* (ma *leggiero* ancora in Gentile, *Sommario di pedagogia* e Croce, *La filosofia di Giambattista Vico*), *cavalleggero* (ma *cavalliggero* in Baldini, *Il libro dei buoni incontri di guerra e di pace* e Bacchelli, *Novelle*), *messaggero* (il giornale «Il Messaggero» in origine recava la *i* nel titolo), *passeggero* (ma *passeggiero* in Saba, *Il canzoniere*).
In *leggiero* e simili la *i* può ormai considerarsi antiquata; ma anche nelle altre serie suffissali si notano nell'uso letterario novecentesco spinte verso una semplificazione. Leggiamo (riprendendo gli esempi citati sopra e attingendo anche all'abbondante documentazione di SATTA 1981: 33): *prospicente* in Pratolini; *bracere* in Campana, *Canti orfici e altri scritti*, Palazzeschi, *I fratelli Cuccoli*, e Silone; *pasticcere* in Pratolini; *uscere* in Bonsanti; *cartuccera* in D'Annunzio, *Prose di ricerca, di lotta, di comando*, Silone, *Vino e pane*, Pavese, *Prima che il gallo canti*; *crocera* 'incrocio' in Jahier, *Ragazzo - Con me e con gli alpini*; *formaggera* in Cassola, *La ragazza di Bube*; *raggera* in Moretti.

Grafemi stranieri

147. Le cinque lettere avventizie dell'alfabeto italiano, *j*, *k*, *w*, *x*, *y* (cfr. I.106), sono d'uso limitato e spesso oscillante. Compaiono innanzitutto in nomi propri stranieri (*Joyce*, *Ypres*) o italianizzati (*Ximenes*) e in forestierismi non adattati («un concerto *jazz*», «l'epoca dei *western*», «tecnico addetto al *mixing*», «lo *yeti* dell'Himalaya»; numerose, in particolare, le forme con *k*: *karatè*, *kermesse*, *kitsch*, *pick-up*, *racket*, *ticket*, ecc.).

148. Nei derivati da base straniera la grafia è oscillante: si va dalla riproduzione della base (*Shakespeare→shakespeariano*) all'adattamento completo (*scespiriano*). Quando il derivato è d'uso comune o facilmente riconducibile alla forma di partenza è preferibile la seconda soluzione: «un processo di selezione darviniana» (da *Darwin*; «Corriere della Sera», 1.12.1986, 3); «scuola volfiana» (da *Wolff*; Croce, *Estetica*, 303).

149. Più in generale, nella resa grafica di parole straniere, vi compaiano o no le cinque lettere in questione, possono sorgere dubbi qualora la voce sia piuttosto diffusa nella nostra lingua e vada quindi soggetta ad adattamento parziale, oppure quando la fonte della sua presenza in italiano risalga a due lingue straniere diverse.
Per il primo caso si pensi a *nylon* e *nailon* (c'è anche la grafia ibrida *naylon*, né inglese né italiana) o a *kiwi* / *kivi* (non ci si spinge fino all'adattamento completo *chivi*); per il secondo, a *shock* (dall'inglese), *choc* (dal francese; grafia ibrida: *shoc*; adattamento completo nei derivati *sciocare*, *sciocante*) o a *jiddisch* (attraverso il tedesco) e *yiddish* (attraverso l'inglese).
Nessun problema, invece, per i forestierismi rari, usati in àmbiti ristretti e in cui si mantiene sempre la grafia originaria: *jamming*, *Weltanschauung*, *tomahawk*, ecc. In questi casi le deflessioni grafiche non potrebbero essere imputate a oscillazioni tra forme adattate e non adattate (per le quali citiamo ancora: *jungla* / *giungla*, *shampoo* / *sciampo*, *koala* / *coala*, *handicappato* / *andicappato*) o a diverse trafile di penetrazione in italiano, ma a semplice ignoranza.

150. I grafemi *k*, *y*, *x* compaiono inoltre in parole dotte di origine greca usate da storici, archeologi e linguisti: «una *kore* dell'Acropoli ateniese», «una *lékythos* e uno *xoanon* attici», «la *koinè* settentrionale del Quattrocento».

Tra Otto e Novecento, per influssi parnassiani provenienti dalla Francia, si diffuse nella poesia italiana – in particolare in Pascoli e D'Annunzio – la voga di non adattare graficamente i grecismi (MIGLIORINI 1938: 141-142): «figlio di Gryllo, facitor di scudi» (Pascoli, *La civetta*, 29), «Ove non più la thymele / santa occupa il centro del cerchio» (D'Annunzio, *Laudi*, I 117).

«*j*»

151. Il grafema *j* è stato tradizionalmente impiegato fino agl'inizi del nostro secolo – ma non regolarmente – per rappresentare /j/ in posizione iniziale o intervocalica (*jeri*, *notajo*; ma non *bjanco) e, più spesso, per il plurale dei nomi in *-io* (*studiostudj*: uso accolto nella 5ª edizione del *Vocabolario della Crusca*, 1863-1923: cfr. MIGLIORINI 1963a: 669).
Per indicare la semiconsonante nei nomi comuni *j* ha goduto di qualche fortuna novecentesca: ne fa uso regolare Pirandello (per esempio, da *Enrico IV*: *guajo* II 11, *t'ajuteremo* 14, *appajono* 41, *sajo* 49, ecc.); esempi sporadici in altri scrittori (Cecchi, Gadda, citati in SATTA 1981: 43; *ajuto* in Deledda, *L'incendio nell'uliveto*, 41, ecc.).
Nei nomi propri *j* regge discretamente, ma solo in posizione iniziale, in alcuni toponimi: *Jonio*, *Jugoslavia*, *Jacurso*, *Jelsi*, *Jenne*, *Jerzu*, *Jesi*, *Jesolo*, *Joppolo*; e in primi nomi quali *Jacopo*, *Jolanda*, *Jole*, *Jone*. Ancora più stabile *j* iniziale di primi nomi esotici o esotizzanti (*Jader*, *Jago*) e *j* iniziale o interna di cognomi (*Jacobini*, *Jannaco*, *Jorio*, *Jovine*, *Lojacono*, *Lojodice*, *Ojetti*, *Scialoja*, *Bajlo*, *Majno*, *Rajna*, ecc.).
Peraltro tutte le forme citate ammettono varianti con *i*. Anzi, «si può dire in generale che non esistano casi in cui *j* non possa essere sostituita da un semplice *i*», tant'è che «nell'uso dei dizionari, delle enciclopedie e d'altri repertori alfabetici prevalente in Italia […] le lettere *i* e *j* sono mescolate insieme e trattate come lettera unica agli effetti dell'ordinamento alfabetico delle voci» (MIGLIORINI-TAGLIAVINI-FIORELLI 1969: XXIV-XXV).

152. In passato le discussioni sull'uso della lettera *j* sono state numerose e vivaci: nel 1884 il letterato Luigi Gelmetti arrivò a pubblicare un volumetto su questo tema (*Un ostracismo ingiusto nell'alfabeto italiano*); e in FANFANI-ARLIA 1881: 256-258 si riporta uno scherzoso «lamento» della *j* per lo «sprezzante modo di procedere con una *sua* pari» con tanto di seriosa risposta del Fanfani: «Il tuo lamento è giusto, garbatissima J consonante; ma [...] se nelle scuole nostre si può liberamente insegnare l'ateismo, il materialismo ed altre simili cose, pensa tu, se non ha esser libero a chicchessia l'insegnare che tu non conti nulla, che non devi entrare nell'alfabeto italiano, e simili vituperj».

«k»

153. A differenza di *j*, l'uso di *k* – che ha sempre valore di occlusiva velare /k/ – noto nei primissimi secoli (cfr. I.135), ha conosciuto un lungo oblio fino all'età contemporanea.
Oltre che in parole straniere e in pochi nomi d'origine esotica (come la *Kalsa* di Palermo o *Kinzica*, quartiere medievale di Pisa: entrambi toponimi d'origine araba), *k* compare:
a) Nelle sigle *kg*, *km*, *kl*, *kW* (ma in forma piena è preferibile ricorrere alla grafia italianizzata: *chilogrammo*, *chilometro*, *chilolitro*, *chilowatt*).
b) Con valore connotativo, per il prestigio legato alla sua non usualità, in àmbito commerciale (*Bankitalia*=Banca d'Italia; evidente l'influsso dell'inglese *bank* e del tedesco *Bank*) e pubblicitario (*Kristall*, denominazione di cinema e alberghi; *go kart* con indebita sostituzione di *k* a *c* rispetto all'inglese *go cart*; si osservi che già nel 1958 il linguista americano R.A. Hall jr. ha parlato di «kappa pubblicitario»).
Una diversa connotazione, negativa, ha caratterizzato l'uso del *k* nella pubblicistica e nelle scritte murali degli anni Settanta: il «kappa politico» di *guerra al Kapitale* (dall'estrema sinistra), *maskio* (dal femminismo) e simili: cfr. GRAZIUSO-GHINASSI 1976, PETRUCCI 1977. L'intento è quello di richiamare «oscure e potenti forze del male e della reazione» (Ghinassi) e l'origine sarà nel film «L'Amerikano» di Costa Gavras (1972) sulle attività di un agente segreto statunitense in un paese sudamericano; non senza altre allusioni, come al *k* di H.A. Kissinger, in quegli anni segretario di Stato, «da più parti ritenuto l'artefice unico della politica estera degli Stati Uniti e il committente precipuo delle più discutibili iniziative della CIA» (Petrucci).

«w»

154. Estraneo all'alfabeto greco e latino, il grafema *w* compare solo in forestierismi moderni, oscillando tra due valori fonetici, [v] e [w].
a) In generale, *w* vale [v] nelle parole italianizzate; quindi innanzitutto in quelle che ammettono oscillazione grafica tra *w* e *v* (*Wanda* o *Vanda*, *Wilma* o *Vilma*, *Wolfango* o *Volfango*), che hanno terminazione vocalica (*watusso*) o che sono derivate da un nome proprio straniero (*wellingtonia*, *wesleyano*); inoltre, in *watt* 'unità di misura' (e a maggior ragione nei composti: *wattmetro*, *wattsecondo*, ecc.), *water* 'gabinetto', *welter* 'categoria pugilistica' (meno usata la pronuncia inglese [ˈweltə], che spesso si risolve nell'ibrido [ˈwɛlter]).
b) Sempre [v] inoltre nelle parole di origine tedesca (*weber* 'unità di misura', *würstel*) e nelle più rare voci nordiche (danesi, svedesi), polacche, ebraiche e persiane.
c) *w* vale [w] nelle parole inglesi o angloamericane non adattate (*wash-and-wear* 'tipo di tessuto', *whisky*, *windsurf*, ecc.), nelle traslitterazioni dall'arabo e dal giapponese e in pochi altri casi.

«x»

155. La lettera *x* corrispondeva in latino a un nesso di velare sorda+sibilante sorda [ks]. Con questo valore *x* compare in italiano nella quasi totalità dei casi, rappresentati soprattutto da grecismi, nei quali *x* traslittera il greco ξ (parole formate con i prefissi *mixo-*, *xanto-*, *xeno-*, *xero-*, *xifo-*, *xilo-*; singoli vocaboli come *axiologia*, *toxoplasma*; toponimi come *Xanto*, *Naxos*) o da forestierismi di diversa origine (ma in massima parte inglesi: *fixing*, *mixer*, *texano*). Eccezionalmente il nesso [ks] è rappresentato nella grafia da *cs*, come in *fucsia* (antiquato *fuxia*: «seduta in mezzo a' suoi vasi di fuxie e di gerani» Tarchetti, *Fosca*, 16) e in *fucsina* 'sostanza colorante', termini tratti da cognomi tedeschi (o modellati su di essi; cfr. CORTELAZZO-ZOLLI 1980: II 463).

156. Per i latinismi non adattati in cui vi

sia *x* intervocalica si può avere, oltre alla pronuncia [ks], anche [gz] là dove *x* «ha dato *s* sonora nelle forme italiane, o più italiane, corrispondenti (es. *exequatur* [egzeʹkwatur], cfr. *eseguire*)»: Fiorelli, in CAMILLI-FIORELLI 1975: 45. Lo stesso può avvenire all'interno di frase, per esempio in *ex abrupto* [ɛks aʹbrupto], [ɛgz aʹbrupto] (ma sempre [ks] quando manchi una possibile corrispondenza con [z], come in *uxoricidio* o nel prefisso pseudolatino *maxi-* di *maxiprocesso*, *maxitruffa*).

157. In nomi propri di origine ligure *x* (*xi*) può mantenere il valore [ʒ] caratteristico dell'antica ortografia della zona: *Bixio* [ʹbiʒo], *Oxilia* [oʹʒilja] (ma sono ormai generali le pronunce italianizzate [ʹbiksjo] e [oʹksilja]). Così pure in toponimi e cognomi sardi: *Nuxis* [ʹnuʒis], *Perdaxius* [perʹdaʒus]. In Sicilia, invece, *x* (*xi*) può valere [ʃ] in alcuni toponimi (*Xirbi, Xitta*) e cognomi (*Xiumè* [ʃuʹme]; ma anche qui è frequente la pronuncia italianizzata [ksjuʹmɛ]).

«*y*».

158. La *y* esisteva nell'alfabeto greco (υ) col valore di [y] (cfr. I.17) e di lì passò ai grecismi latini come LȲRA, ASȲLUM, TYRĂNNUS. La traccia lasciata dal grafema classico nell'alfabeto italiano – in cui la pronuncia di *y* è sempre e solo [i] – è molto modesta e si riduce a pochi termini storici non adattati come *lekythos* (cfr. I.150), cui si può aggiungere qualche tecnicismo del linguaggio biologico, medico e chimico (*Staphylococcus albus*, *hydroa aestivalis* 'tipo di eruzione cutanea', *pyridium* 'cloridrato di fenilazodiaminapiridina') e soprattutto molti nomi farmaceutici brevettati, in parte di circolazione internazionale (*Localyn* Recordati, *Neocytamen* Glaxo, *Sympatol* Boehringer, ecc.). In posizione intervocalica *y* compare, in alternanza con *i*, in alcuni cognomi, perlopiù di origine straniera quali *Troya*, *Ayala* (dallo spagnolo), *Meyer* (dal tedesco), ecc.
Più significativa la presenza di *y* in anglicismi (*yacht*, *whisky*, *by-pass*, *hockey*, ecc.).

159. Per ragioni di moda *y* compare inoltre nell'onomastica italiana, non solo in ipocoristici tratti dall'inglese (*Jimmy*, *Johnny*, *Mary*, *Teddy*), ma anche in forme indigene quali *Geppy* da *Giuseppe*, *Cetty* da *Concetta*, *Filly* da *Filomena* e anche *Tony*, che si sovrappone al diminutivo nostrano *Toni* (frequente specie in area veneta), da *Antonio*.
La voga dei nomi affettivi in *-y* sembra però segnare il passo e non è raro leggerli in forma italianizzata: «alcune antiche glorie canore come Johnny Dorelli, Toni Dallara e Teddi Reno» («La Repubblica», 29.9.1986, 7; si noti l'intatto *Johnny* – non facilmente adattabile nella grafia – rispetto a *Toni* e a *Teddi*).

La sillaba

160. La nozione di sillaba, per quanto intuitivamente posseduta dai parlanti, è di difficile definizione: si tratta di una «entità [...] sfuggente, eppure saldamente presente nel linguaggio umano» (BERTINETTO 1981: 164; sulla sillaba in fonologia cfr. anche VOGEL 1982). In termini generali, possiamo qualificare la sillaba come un fonema o un insieme di fonemi che costituiscono un gruppo stabile e ricorrente nella catena parlata: ma le modalità di questa combinazione variano da lingua a lingua.
Faremo qui esclusivo riferimento all'italiano, occupandoci della sillaba nella lingua scritta e in particolare delle norme ortografiche che ne governano la spezzatura in fin di riga.
Come abbiamo già osservato (cfr. I.23), una sillaba può essere libera o implicata.

161. Le sillabe libere, uscenti in vocale, possono essere costituite da una sola vocale (*a*-ra), da consonante+vocale (a-*ra*), da due consonanti+vocale (*gra*-no), da tre consonanti+vocale (*stra*-no); in tutte le posizioni le vocali possono essere sostituite da dittonghi ascendenti o discendenti (*ie*-ri, *Mau*-ro, *pie*-de, *Goi*-to, *Friu*-li, *frui*-bile, *Spria*-no, di-*spnoi*-co).

162. Le sillabe implicate, uscenti in consonante, consistono di vocale+consonante (*al*-to), consonante+vocale+consonante (*sal*-to), due consonanti+vocale+consonante (*stal*-la), tre consonanti+vocale+consonante (*spran*-ga), una o due conso-

nanti+vocale+due consonanti (perlopiù in parole dotte d'origine non latina: *feld*spato, e-*clamp*-sia); anche qui, in luogo della vocale, può comparire un dittongo (*iel*-la, *fiam*-ma, *Scuot*-to; ma sono rari i dittonghi discendenti, come in *Bain*sizza).
Negli esempi citati non c'è contrasto tra grafia e fonetica. Ma altre volte le cose vanno diversamente: ad esempio la prima sillaba di *chiosco* e *voglio* è implicata perché terminante in consonante: [ˈkjɔs-ko], [ˈvɔʎ-ʎo], anche se la sillabazione scritta impone *chio-sco* e *vo-glio* (cfr. I.165e).

163. A seconda del numero di sillabe che costituiscono una parola distinguiamo i monosillabi (una sola sillaba: *è*, *Stra*) e i polisillabi (di due o più sillabe), ulteriormente suddivisibili in bisillabi (*ca-ne*), trisillabi (*ta-vo-lo*), quadrisillabi (*ca-pi-ta-no*); non sono in uso termini specifici per designare parole di cinque, sei, sette o più sillabe (quali *a-rit-me-ti-ca*, *pa-ra-go-na-te-lo*, *vo-len-te-ro-sis-si-mo* o *pre-ci-pi-te-vo-lis-si-me-vol-men-te*, avverbio scherzoso coniato nel Seicento e considerato la più lunga parola italiana: prescindendo, beninteso, dalla nomenclatura chimica e dai numerali).

Divisione sillabica

164. Un punto su cui l'ortografia tradizionale insiste molto è la corretta spezzatura delle parole andando a capo, quando non sia possibile – in un manoscritto o in una pagina a stampa – fare entrare la parola intera nel rigo.
A parte alcune regole generali, universalmente accolte, possono sussistere dubbi di fronte a incontri sillabici non abituali. Questa *Grammatica* segue in proposito le norme fissate nel 1969 dall'«Ente Nazionale Italiano di Unificazione» (UNI; sede: Milano), che si sono largamente imposte nell'uso, specie tipografico.

165. Ecco le regole per la corretta sillabazione:
a) Una vocale iniziale seguita da una sonsonante costituisce da sola una sillaba: *a*-mo-re.
b) Una consonante semplice fa sillaba con la vocale seguente: ma-*re*. Anche *x*, che foneticamente corrisponde a due consonanti [ks], conta come una consonante semplice: a-*xio*-lo-gia.
c) Nei gruppi di consonanti non si dividono, e quindi fanno sillaba con la vocale seguente, i gruppi solo grafici (digrammi e trigrammi) come *ch*, *gh*, *gl*, *gn*, *sc*, *cia*, *cio*, *ciu*, ecc.: Ma-*che*-rio, a-*ghi*, fi-*gli*, spu-*gna*, fa-*sce*, ca-mi-*cia*, ta-*glio*, la-*scio*.
d) Non si dividono i gruppi consonantici costituiti da *b*, *c*, *d*, *f*, *g*, *p*, *t*, *v*+*l* o *r*: ca-*blo*-gram-ma, re-*cla*-mo, Ca-*dlo*-lo, le-*pre*, do-vrà.
e) Non si divide il gruppo di *s* seguita da un'altra consonante (o da più consonanti): na-*sco*, ra-*spa*, ca-*schi*, no-*stro*. Questa norma rappresenta in realtà un'estensione arbitraria della regola *c)* relativa al digramma *sc* [ʃ] e nasce dalla «difficoltà per il discente di alternare una divisione sillabica *na-sci* con una *nas-co*» (FRANCESCHI 1973: 214).
f) Si dividono i gruppi di due consonanti uguali (compreso *cq*): fa*t*-to, va*l*-le, ac-quisto.
g) Si dividono i gruppi costituiti da due qualsiasi altre consonanti, sia in parole ereditarie (pa*l*-ma, a*r*-co) sia in parole dotte di origine straniera (ec-*z*e-ma, ra*b*-do-man-te, E*d*-*v*i-ge): ciò in base al criterio di non far cominciare la sillaba con un nesso non ammesso in posizione iniziale (o meglio: non ammesso nelle parole del lessico corrente); quindi, negli esempi citati: *lm*, *rc*, *cz*, *bd*, *dv*.
h) Nei gruppi di tre o più consonanti la divisione avviene in genere tra la prima e la seconda: se*m*-*pre*, a*l*-*tro*, so*l*-*sti*-zio; nel caso che l'incontro tra la seconda e la terza (ed eventualmente la quarta) consonante dia luogo a un nesso non tollerato, la spezzatura avviene tra seconda e terza consonante: la*mb*-*d*a-ci-smo, tu*ng*-*ste*-no, fe*ld*-*spa*-to, ha*rt*-*m*an-nia-no, spla*nc*-no-lo-gia.
i) Nell'incontro di vocali o dittonghi si possono dividere solo le vocali in iato (be-*a*to, ma-ni-*a*co, Ca-*i*no), non i dittonghi e i trittonghi (*cuo*-re, a-*iuo*-la, *fiu*-me, *zai*-no, *foi*-ba).
Una buona norma pratica è quella di non andare mai a capo con una vocale (*bea=to*, *mania=co*); tanto più che in molti casi, parlando, si oscilla tra vocale e semiconsonan-

te: la pronuncia normale di *viale* [vi'ale] autorizzerebbe una scansione *vi-a-le*, ma una pronuncia rapida ['vjale] (cfr. I.49) la renderebbe arbitraria.

166. Per le parole composte è sempre consigliabile seguire le regole che valgono per le parole semplici: su-*blu*-na-re (come su-*bli*-me: regola *d*), *tran*-so-ce-a-ni-co (come *tran*-si-to: regola *g*), i-*perp*-ne-a (regola *h*; ma sarebbe corretto anche i-*per*-pne-a tenendo conto della diffusione – e quindi dell'accettabilità – di parole comincianti con *pn*-: *pneumatico*, *pneumatoceloma*, ecc.). Tuttavia è possibile, specie quando il senso della composizione sia forte, la spezzatura tra prefisso e base: quindi anche *sub*-lu-na-re (=che è sotto la luna), ma non *sub*-ur-bio (perché solo in latino, non in italiano, si coglie il rapporto tra *sŭb* – qui nell'accezione di 'vicino, presso' – e *ŭrbs*, *ŭrbis* 'città').

167. Negli ultimi anni sta riprendendo voga la consuetudine dell'apostrofo in fin di rigo, che era comunemente accettata fino alla metà dell'Ottocento (Fiorelli, in CAMILLI-FIORELLI 1965: 182). Contro quest'uso non esistono reali controindicazioni; in ogni modo va assolutamente evitata l'arbitraria reintegrazione della vocale elisa: *dell'/oro*, *del=/l'oro*, *dell'o=/ro* sono tre soluzioni ammissibili (anche se la terza è in genere evitata per ragioni di estetica grafica e tipografica: si preferisce non andare a capo con una sola sillaba): ma *dello / oro* creerebbe una sequenza inaccettabile in italiano.

168. La divisione in sillabe può essere utilizzata a fini espressivi per rappresentare una pronuncia scandita, enfatica: «Vivo, capisci? de-li-zi-o-sa-men-te, nell'assoluto di una pura forma astratta» (Pirandello, *Il piacere dell'onestà*, III 167; si noti la non completa coincidenza con la sillabazione normativa, dato che viene diviso il dittongo *io*).

169. Le norme della sillabazione possono essere consapevolmente violate dalla pubblicità scritta (per attrarre l'attenzione del lettore) e dalla poesia d'avanguardia: «kri/z/ia», «luciano/sop/rani», «trus/sa/rdi» («La Repubblica», Supplemento «Moda», 13.11.1986); «[...] sussurravano tra le chi/azze calde prima voleva fare ancora qualche dom/anda [...]» (Balestrini, *Non smettere*, 3-5).

L'accento

170. Col termine di *accento espiratorio* (o *dinamico*) si indica il rilievo assunto nella catena parlata da una sillaba rispetto alle altre, attraverso un generale accrescimento della forza espiratoria, peraltro non ancora chiarito nei suoi precisi meccanismi fisiologici (cfr. BERTINETTO 1981: 55). Distinguiamo un accento di parola (quello sulla prima sillaba di *tavolo*) e un accento di frase: in una frase non tutte le parole sono dotate di accento, giacché alcune si appoggiano alla parola seguente quasi fondendosi con essa (proclitiche: *ti* in *ti dirò*), altre si appoggiano alla parola che precede (enclitiche, perlopiù unite ad essa anche graficamente: *me* e *lo* in *dimmelo*).

171. In altre lingue, come il cinese o il serbo-croato (e nell'antichità il greco e probabilmente il latino arcaico), l'accento è musicale (o melodico): le sillabe si differenziano tra loro per la diversa altezza melodica, che ha quindi funzione distintiva. Così due toni diversi contrappongono nettamente, in cinese, *bā* 'otto' e *bá* 'tirare'. L'accento musicale può aversi anche in italiano – o in qualunque altra lingua ad accento espiratorio – ma non ha rilevanza fonologica.

172. In italiano l'accento si può trovare sull'ultima sillaba (vocaboli ossitoni o tronchi: *è*, *partirà*), sulla penultima (parossitoni o piani, come la maggior parte delle parole italiane: *andare*), sulla terzultima (proparossitoni o sdruccioli: *mettere*), sulla quartultima (bisdruccioli: *considerano*), sulla quintultima (trisdruccioli: *comunicamelo*), sulla sestultima (quadrisdruccioli: *fabbricamicelo*). Trisdruccioli e quadridruccioli sono possibili solo con voci verbali che includano enclitiche; i bisdruccioli, oltre che da forme di questo tipo (*telefonagli*), risultano in grande maggioranza dalla 6ª persona dell'indicativo e del congiuntivo di verbi aventi l'infinito di almeno quattro sillabe (*meritano*, *telegrafano*, *precipitino*).
L'accento cade su sillabe diverse, come in italiano, anche in molte lingue del mondo

(lo spagnolo – la cui ortografia, a differenza della nostra, consente di risalire sempre alla pronuncia –, l'albanese, l'arabo, il greco, il russo, ecc.). In altre, ha sede fissa (sempre sulla prima sillaba in ceco, slovacco, ungherese, finnico; sulla penultima, in polacco; sull'ultima, in francese). In altre ancora ha una sede preferenziale, che interessa la gran parte delle parole (ad esempio: inglese, tedesco, olandese e altre lingue germaniche: prima sillaba; ebraico e persiano: ultima sillaba).

173. In molti casi è la posizione dell'accento a distinguere due omografi. Ecco una lista dei casi più comuni, con accento grafico espresso (più particolari in MALAGOLI 1946: 23-30):

accento sulla terzultima (proparossitoni)	accento sulla penultima (parossitoni)
«io non *àltero* i fatti»	«di animo *altèro*»
«nell'*àmbito* del giornalismo»	«un risultato *ambìto*»
«l'*àncora* della nave»	«non l'ho *ancóra* visto»
«*àuspici* le autorità cittadine»	«gli *auspìci* di una lunga pace»
«sono interventi *benèfici*»	«i *benefìci* di un intervento»
«il *circùito* automobilistico»	«lo ha *circuìto* un truffatore»
«il *cómpito* di latino»	«un ragazzo *compìto*»
«*cùpido* di gloria»	«*Cupìdo* figlio di Venere»
«riscuotere la *dècade*»	«*decàde* fra un anno»
«che cosa *desìderi*?»	«i tuoi *desidèri* sono ordini»
«una lotta *ìmpari*»	«così *impàri* un mestiere»
«ha *intùito*, tuo zio»	«tuo zio ha *intuìto* qualcosa»
«gli spiriti *malèfici*»	«i *malefìci* delle streghe»
«il *nèttare* delle api»	«*nettàre* l'insalata»
«*pàgano* bene?»	«il mondo *pagàno*»
«essere preso dal *pànico*»	«il *panìco* degli uccelli»
«*prèdico* a vuoto»	«*predìco* molti guai»
«i *prìncipi* di Piemonte»	«i *princìpi* morali»
«il distacco della *rètina*»	«una *retìna* per i capelli»
«che cosa vuoi che *rùbino*?»	«un anello con *rubìno*»
«*séguito* a lavorare»	«qualcuno mi ha *seguìto*»
«la città di *Spàlato*»	«hanno *spalàto* la neve»
«vengo *sùbito*»	«ho *subìto* un'ingiustizia»
«nessuno *vìola* i tuoi diritti»	«la *viòla* del pensiero»
«le aquile *vólano*»	«il gioco del *volàno*»

Prevedibilità dell'accento

Benché l'accento in italiano sia libero e sia indicato solo in pochi casi (cfr. I.177-178), è possibile dare alcune norme pratiche che, nella lettura, consentono di prevedere la sede dell'accento in base al suffisso o alla terminazione della parola.

174. Sono piani i bisillabi uscenti in vocale e senza accento grafico sull'ultima sillaba: *cane, menta*.

175. Sono piani i vocaboli di tre o più sillabe in cui la vocale della penultima sillaba è seguita da due o più grafemi consonantici il secondo dei quali non sia né *l* né *r: bellezza, recente, coperta, Romagna, inchiostro, angoscia*.
Eccezioni: *a)* le forme verbali composte con encliticche, che mantengono l'accento della forma semplice (*scrìverti* come *scrìvere*); *b)* pochi sostantivi come *àrista* 'schiena del maiale', *còrizza* (ma anche *corìza*), *pòlizza* e i toponimi *Àgordo* (Belluno), *Àgosta* (Roma), *Bòvegno* (Brescia), *Fèrento* (centro archeologico nel Lazio), *Lèpanto, Lèvanto* (La Spezia), *Lèvanzo* (Trapani), *Òfanto, Òtranto* (Lecce), *Tàranto, Varràmista* (Pisa), i cognomi o nomi storici *Àlbizzo* e *Àlbizzi* (anche con una sola *z*), *Cùperlo, Èrizzo, Fàlanto, Màrando, Òbizzo* e *Òpizzo*, ecc.

176. Sono sdruccioli:
a) i nomi in *-agine, -aggine, -igine, -iggine* (*indàgine, propàggine, orìgine, lentìggine*; inoltre il toponimo *Formìgine* e il cognome *Formìggini*); in *-edine, -udine* (*salsèdine, latitùdine*);
b) gli aggettivi e sostantivi in *-abile* (*accettàbile*), *-évole* (*pregévole*), *-ibile* (*possìbile*), *-aceo* (*erbàceo*), *ico* (*automàtico, atlètico, dispèptico, scolàstico, consumìstico, tàttico, scèttico*), *-ognolo* (*verdógnolo*), *-oide* (*alcalòide*);
c) i composti dotti con secondo elemento greco in: *-cefalo* (*microcèfalo*), *-crate* (*autòcrate*), *-crono* (*sìncrono*), *-dromo* (*ippòdromo*), *-fago* (*sarcòfago*), *-filo* (*zoòfilo*), *-fobo* (*xenòfobo*), *-fono* (*telèfono*), *-gamo* (*polìgamo*), *-geno* (*elettrògeno*), *-gono* (*polìgono*), *-grafo* (*dattilògrafo*), *-logo* (*archeòlogo*), *-mane* (*melòmane*), *-metro* (*termòmetro*), *-nomo* (*ecònomo*), *-sofo* (*filòsofo*), *-stato* (*aeròstato*), *-tesi* (*ipòtesi*), *-ttero* (*chiròttero*);
d) i composti dotti con secondo elemento latino in: *-fero* (*mammìfero*), *-fugo* (*callìfugo*), *-pede* (*bìpede*), *-sono* (*unìsono*), *-viro* (*triùmviro*), *-voro* (*carnìvoro*).

Accento grafico

177. L'ortografia italiana prevede l'obbligo di segnare l'accento in un numero limitato di casi; per alcuni (polisillabi tronchi e monosillabi bivocalici) l'accordo è generale, per altri (monosillabi monovocalici) possono persistere alcune oscillazioni. Come per la sillabazione (cfr. I.164) questa *Grammatica* si attiene in proposito alle norme dell'UNI.

L'accento grafico deve essere segnato:
a) Sui polisillabi tronchi: *quaggiù, sentirà;* anche quando risultino composti di monosillabi che, di per sé, lo rifiuterebbero: *ventitré* (nonostante *tre* senz'accento; cfr. però VI.18), *giallobù* («le iniziative giallobù» «Il Gazzettino del lunedì», 24.3.1986, X; ma non è raro leggere, per esempio: «Arrivano spazzini e *autoblu*» «Il Messaggero» 3.10.1986, 6), *nontiscordardimé*.
b) Sui monosillabi che rischierebbero di confondersi con omografi, come si ricava dal seguente specchietto:

ché=	perché («Padre mio, ché non m'aiuti?» Dante, *Inferno*, XXXIII 69); raramente = affinché, cfr. XIV.123	*che,*	in tutti gli altri usi
dà,	indicativo di *dare* («mi dà noia»)	*da,*	preposizione («vengo da te»)
è,	verbo («è giusto»)	*e,*	congiunzione («buono e giusto»)
là,	avverbio («resta là»)	*la,*	articolo («la casa»)
lì,	avverbio («vengo lì»)	*li,*	pronome («li amo»)
né,	congiunzione («né carne né pesce»)	*ne,*	pronome («di carne ne mangio poca») o avverbio («me ne vado»)
sé,	pronome tonico («pieno di sé»)	*se,*	pronome atono («se ne vanta») o congiunzione («se ti va, ci andremo»)
sì,	avverbio («dico di sì»)	*si,*	pronome («come si dice?»)
tè,	bevanda	*te,*	pronome («se fossi in te»)

Si segna l'accento anche sul monosillabo *fé* nelle due accezioni, antiquate, di 'fede' e di 'fece'.
Ma in entrambi i casi l'uso degli editori moderni – come quello dell'ortografia antica – è oscillante: c'è chi riserva *fé* al sostantivo e *fe'* al verbo (secondo un suggerimento di MALAGOLI 1946: 17) e chi ricorre sempre all'apostrofo: «Alla tua chioma intrecciano / riconoscenza e fe'» (A. Somma, *Un ballo in maschera,* in VERDI-BALDACCI 1975: 379); «la superba mole / che fe' Adriano all'onda tiberina» (Ariosto, *Orlando Furioso*).
Superfluo invece l'accento sull'avverbio *sù* (per distinguerlo dalla preposizione; il

contesto risolve ogni dubbio) e su *dò* verbo (per distinguerlo dalla nota musicale; confusione molto improbabile).

Senza reale utilità la regola di non accentare *sé* quando sia seguito da *stesso* o *medesimo*, giacché in questo caso non potrebbe confondersi con la congiunzione: è preferibile non introdurre inutili eccezioni e scrivere *sé stesso, sé medesimo*. Va osservato, tuttavia, che la grafia *se stesso* è attualmente preponderante: su 27 esempi tratti da romanzi e giornali contemporanei BRUNET 1985: 209 ha rilevato ben 26 forme senza accento.

c) Sui seguenti monosillabi con due grafemi vocalici: *chiù, ciò, già, giù, più, può, scià* (che senza accento si leggerebbero ['kiu], ['tʃio], ecc.) e sugli arcaici o letterari *diè* (=diede) e *piè* (=piede), anch'essi, come *fé*, scritti non di rado con l'apostrofo.

178. All'interno di parola l'accento, sempre facoltativo e da usare con discrezione, può servire a distinguere gli omografi (*dài* verbo e *dai* preposizione articolata, *dànno* verbo e *danno* sostantivo, *prìncipi* e *princìpi* e così via): «la stretta connessione tra movimento religioso e politica dei *princìpi*» (Villari, *Storia moderna*, 187); «colui che fu, secondo la leggenda, crocifisso sul Calvario [...] fu il principio dei *princìpi* – prosegue Aitmatov» («La Repubblica», 4.3.1987, 13). Si impiega anche per precisare una pronuncia dubbia (per esempio per *Chiàrchiaro*, nome del protagonista della *Patente* di Pirandello: l'accento sarà dovuto alla volontà dello scrittore di differenziare il cognome dal vocabolo dialettale siciliano *chiarchiàru* 'pietraia, accozzaglia') o alterata rispetto al linguaggio comune (come spesso in poesia: «profondo nel verzier sospira il cùculo» Carducci, *Canto di marzo*, 24).

179. Quanto alla forma dell'accento grafico, acuto (´) o grave (`), lo schema più raccomandabile (cfr. CAMILLI-FIORELLI 1965: 119 e 183-186) è il seguente:

à, ì, ù, é, è, ó, ò

Ossia: sempre grave – secondo l'accentazione tradizionale degli ossitoni nella tipografia italiana antica – nei tre casi in cui non si può distinguere tra diversi gradi di apertura (*à, ì, ù*) e acuto o grave a seconda che si vogliano indicare /e/, /o/ oppure /ɛ/, /ɔ/: quindi *perché, caffè, córso* (si noti che *ó* può figurare solo all'interno di parola, giacché *o* finale è sempre aperta), *portò*.

Un altro sistema accentuativo oggi in uso prevede l'accento acuto per tutte le vocali chiuse (*í, é, ú, ó*) e il grave per tutte le aperte (*à, è, ò*).

180. Di impiego limitato e facoltativo l'accento circonflesso (ˆ), che è d'obbligo in altre lingue (come il greco antico o il francese moderno). In italiano esso può comparire in due casi:

a) Nel plurale di sostantivi e aggettivi in -*io* (*vario-varî*), in concorrenza con la mancanza di segno (*vari*: è la soluzione più comune e in genere quella più consigliabile), con l'uso di -*ii* (*varii*: ma è grafia che rischia di suggerire una pronuncia innaturale ['varii]) e, solo nell'italiano dei secoli scorsi, con *j* (*varj*, cfr. I.151).

L'uso di *î* mantiene una certa diffusione negli omografi: per esempio: «degli odî elementari», «malvagi come i demonî», «di desiderî non espressi», «complessi e contraddittorî» (Levi, *Cristo si è fermato a Eboli*, 24, 136, 189, 206; per evitare la collisione con *odi* da *udire*, *dèmoni*, *desìderi*, *contraddittóri*: invece *vizi* 24, dove non sarebbero possibili equivoci). Altri esempi letterari: «una cosa contraria ai suoi principî» (Cassola, *La ragazza di Bube*, 139); «negli atrî», «ai suoi principî di sincerità» (Moravia, *Gli indifferenti*, 231 e 267; ma anche: «quei grandi odi travolgenti» 234).

b) Per distinguere parole che siano omografe e omofone, contrassegnando il membro più raro della coppia: «sotto la vôlta dei rami» (Moravia, *Gli indifferenti*, 101; ='copertura', mentre *volta* 'avvicendamento' verrebbe scritta senza accento). Antiquato il circonflesso nei passati remoti arcaici *andâr, finîr* 'andarono', 'finirono' (che si possono confondere con gl'infiniti corrispondenti) o nell'infinito sincopato *tôrre* per *togliere* (omografo anche se non omofono di *torre* 'costruzione').

Un'altra possibilità di distinguere gli omonimi, ove non si voglia confidare nel contesto (che in genere è sufficiente), è quella di porre un accento acuto o grave – a seconda del caso – sulla forma meno comune; così per *era* 'periodo', che collide con *era* da *essere*, si può leggere: «nell'èra volgare» (Giusti, *Poesie*), «l'èra della pace e della gioia» (Bassani, *Cinque storie ferraresi*), «Antognoni: La nuova èra non poteva cominciare meglio» («Corriere dello Sport», 9.10.1986).

Accento secondario

181. In una parola polisillabica all'accento che cade su una determinata sillaba si contrappongono sillabe tanto debolmente accentate da sembrarci prive di accento (atone), oppure sillabe dotate di una tal quale forza espiratoria che le fa emergere dal contesto, pur senza pareggiarle all'accento principale. Parliamo in tal caso di *accento secondario* (cfr. soprattutto MULJAČIĆ 1972: 106-110 e BERTINETTO 1981: 91 sgg.). Nelle trascrizioni fonetiche questo tipo di accento è indicato da un apice in basso che, come per l'accento principale, precede la sillaba interessata.

L'accento secondario riguarda i trisillabi solo se ossitoni (e cade allora sulla sillaba iniziale: [ˌmetteˈrɔ]; nei quadrisillabi si trova un accento principale e uno secondario: [ˌpomoˈdɔro], [ˈgwardateˌne]); nelle parole di cinque o più sillabe possono esserci due accenti secondari: [ˌmekkaniˌtʃistikaˈmente].

182. Normalmente tra accento principale e secondario intercorrono una o due sillabe atone. La sede dell'accento secondario non è però rigidamente prefissata come nel caso di quello principale: specie in composti «caratterizzati da un accentuato grado di univerbazione, come gli avverbi in *-mente*, gli aggettivi in *-issimo*, i sostantivi contenenti un prefissoide (*tele-*, ecc.)» sembra che l'accento secondario sia mobile nelle realizzazioni dei parlanti, oscillando tra il tipo [konˌfuzaˈmente] che potremmo chiamare «etimologico», dato che l'accento secondario cade sulla sillaba tonica dell'originario aggettivo che compone l'avverbio (cfr. XII.7), e il tipo [ˌkonfuzaˈmente] in cui si è ormai persa la coscienza dei due componenti

(cfr. BERTINETTO 1981: 110).

Talora, a seconda della sillaba colpita, il gioco degli accenti principale e secondario individua due significati distinti (cfr. LEPSCHY 1978: 129-130): per esempio in *autóre-attóre* e *àuto-reattóre*.

Accento nei grecismi e nei latinismi

183. Si dice *mìmesi* o *mimèsi*, *zàffiro* o *zaffìro*, *Edìpo* o *Èdipo*? Gran parte dei dubbi di accentazione dell'italiano riguardano parole dotte d'origine greca, ma trasmesse a noi attraverso il latino classico, o più spesso medievale e moderno (si pensi alla terminologia scientifica).

Ora, l'accento greco seguiva regole diverse da quello latino, saldamente governato dalla «legge della penultima»: se la penultima sillaba era lunga (ossia conteneva una vocale lunga in sillaba libera, una vocale lunga o breve in sillaba implicata: FINĪRE, CONSCRĪPTUM, ADMĪTTO) l'accento cadeva su di essa, altrimenti risaliva sulla terzultima (LEGĔRE, VETĔRES; le forme latine citate nei paragrafi 183-189 recheranno per l'appunto la quantità della penultima, a differenza del criterio seguito normalmente dalla presente *Grammatica*, di segnare la vocale tonica).

184. Per un certo numero di grecismi l'accento coincide nelle due lingue classiche e in genere non ci sono oscillazioni nemmeno in italiano: *Afrodìte* (lat. APHRODĪTE, gr. *Aphrodítē*), *Agamènnone* (lat. AGAMEMNŎNEM, gr. *Agamémnona*: entrambi accusativi), *sfintere* (lat. SPHINCTĒREM, gr. *sphinktēra*: accusativi), ecc.

Altre volte – come per le tre parole citate in apertura – l'accento greco (*mímesis*, *sáppheiros*, *Oidípus*) contrasta con quello latino (MIMĒSIS, SAPPHĪRUS, OEDĬPUS). In linea di massima, è preferibile seguire l'accentazione latina, proprio per riconoscere la parte che spetta a questa lingua nella formazione del lessico intellettuale e scientifico e nella trasmissione del patrimonio onomastico dell'antichità (è la posizione, tra gli altri, di Vianello, Martelli, Migliorini – tutti citati in MALAGOLI 1946: 72 – e di MALCOVATI 1949).

Tuttavia esistono usi consolidati che sarebbe assurdo pretendere di modificare.

Come nessuno parlerebbe di *complesso di Èdipo*, alla latina, così appare senza concorrenti la pronuncia alla greca di *accadèmia* (contro il lat. ACADEMĪA), *Cleòbulo* (in latino: CLEOBŪLUS), *Diòscuri* (in latino: DIOSCŪRI), *Teramène* (in latino: THERAMĔNES), ecc.

185. La pronuncia alla greca è sostanzialmente stabile:
a) Nelle parole terminanti in *-ìa* (generalmente proparossitone in latino: PHILOSOPHĪA / gr. *philosophía*; tranne qualche caso, come il citato ACADEMĪA): *atassìa, liturgìa, parodìa*, ecc.
Non conviene fare eccezioni né per *alopecìa* (che i medici pronunciano anche *alopècia*), né per *alchimìa*, arabismo probabilmente tratto dal greco *kheimeía*, per il quale la pronuncia tradizionale, documentata dai poeti e dai repertori ortofonici, è stata a lungo *alchìmia* (come in Dante, *Inferno*, XXIX 137: «che falsai li metalli con l'alchìmia»; in rima con *scìmia*).
b) Nei nomi propri in *-eo* (che in latino erano accentati sulla penultima: ORPHEUS / gr. *Orpheús*): *Atrèo, Morfèo, Odissèo, Timèo*; ma per alcuni nomi è ugualmente diffusa l'accentazione latina: *Epimèteo, Promèteo, Tìdeo* e pochi altri.
Eccezione apparente *Timòteo*, che risale al greco *Timótheos* attraverso il latino TIMOTHEUS: dunque a due forme baritone.

186. Con altre due terminazioni (-*ema* e -*osi*: voci del lessico medico) è preferibile, là dove l'uso non sia consolidato, uniformarsi all'accentazione latina, piana: *edèma, flogòsi, anastomòsi, scleròsi* e *arterioscleròsi* (ma la pronuncia sdrucciola regge bene in *anchìlosi* ed *ecchìmosi*). Infatti -*ema* e -*osi* sono sequenze fonetiche estratte da parole greche come *oídēma, phlógōsis* con la penultima vocale lunga, che quindi, in latino, deve essere accentata.

187. Alcuni casi di accentazione non giustificabile né col greco né col latino hanno no motivazioni analogiche: così *anodìno, ialìno* e anche *serotìno* (lat. ANODỲNUS, HYALĪNUS, SEROTĪNUS; gr. *anṓdynos, hyálinos*) hanno risentito l'influsso della serie in -*ino* (*latìno, vetrìno*, ecc.); *diatriba* (lat. DIATRĪBA; gr. *diatribḗ*) dipenderà dal francese *diatribe*.

Con parole del genere, di uso dotto e limitato, è consigliabile attenersi alla pronuncia classica, sulla terzultima; ma la pronuncia piana, per quanto storicamente ingiustificata, non può davvero considerarsi erronea.

188. Altre oscillazioni di pronuncia non hanno che fare col greco, ma solo con il latino:
a) Già nel latino volgare si è avuto il fenomeno della *ricomposizione*, per il quale nei verbi composti l'accento è passato dal prefisso al radicale: IMPLĬCO>IMPLĪCO>ital. *impiego*, RENĔGO>RENĒGO>*rinnego*. Nelle parole popolari il fenomeno si è prodotto senza contrasti, ma in quelle dotte si possono manifestare oscillazioni: ecco allora che, accanto alle forme più comuni, con accento sulla sillaba radicale: *commìno, compàro, congrègo, elèvo, sepàro*, è possibile – anche se rara – l'accentazione classicheggiante *còmmino*, ecc. (conformemente al latino COMMĬNOR, COMPĂRO, CONGRĔGO, ELĔVO, SEPĂRO).
b) Inversamente, in alcuni verbi aventi tre o più sillabe nella 1ª persona del presente indicativo, l'accento è stato ritratto rispetto alla base latina, spesso per semplice ignoranza della pronuncia originaria (TREVES 1950). Il processo sembra ormai irreversibile in *collàboro, elàboro, esàutoro, èvito, invèstigo, ìrrito, ìstigo*, tutte forme che dovrebbero pronunciarsi piane secondo i modelli latini COLLABŌRO ed ELABŌRO (si pensi a LABŌREM>*lavoro*), EXAUCTŌRO, EVĪTO, INVESTĪGO, IRRĪTO, INSTĪGO.
Tracce della pronuncia latineggiante in poesia, in cui – specie in passato – si utilizzava la possibilità di scarti accentuativi per ragioni metriche (cfr. I.190). Per esempio: *evìta* in Metastasio (cit. in MALCOVATI 1949), *irrìta* nell'*Aida* (in rima con *vita*; cfr. VERDI-BALDACCI 1975: 458).
Minoritari, ma presenti nella pronuncia più sorvegliata – e quindi ancora con qualche possibilità di imporsi nell'uso generale – sono *abbacìno, infervóro, subodóro, valùto* (con *sopravvalùto* e *sottovalùto*), per legittimare i quali più che al latino converrà pensare ai sostantivi corradicali *bacìno, fervóre, odóre, valùta*, che tutti pronunciano piani.

189. Vi sono altri casi di arbitraria anticipazione della sillaba tonica, spiegabili (ma non giustificabili) con la baritonesi, cioè con la tendenza a far risalire l'accento verso l'inizio della parola in voci non popolari o non usuali. Ecco una lista di forme, diffuse un po' dovunque o specifiche di aree regionali, ma comunque da evitare:

PRONUNCIA ERRATA	PRONUNCIA CORRETTA
alcàlino	*alcalìno* – È un comune aggettivo di relazione in *-ino* tratto da *alcali*, come *sale*→*salino*, *argento*→*argentino*
Bènaco	*Benàco* – Nome latino del lago di Garda (BENĀCUS)
Bèngasi	*Bengàsi* – Città libica, il cui nome è tratto dall'antroponimo *Ibn-Ghazi*; la pronuncia *Bèngasi* sarà dovuta all'influsso accentuativo di *Trìpoli*, correttamente sdrucciola
càduco	*cadùco* – È il latino CADŪCUS
codàrdia	*codardìa* – Appartiene alla serie dei sostantivi astratti in *-ìa* come *allegrìa, follìa*, ecc.
cosmopòlita	*cosmopolìta* – È il greco *kosmopolítēs*, adattato alla serie dei maschili italiani in *-ita* come *israelita, oplita, servita*, ecc.
èdile	*edìle* – È il latino AEDĪLIS; ma è stato attratto dagli aggettivi sdruccioli in *-ile* come *àgile, fàcile, sìmile, vìgile*
Frìuli	*Friùli* – Latino FŎRUM IŪLII, quindi con accento su *u* fin dalle origini
guàina	*guaìna* – Latino VAGĪNA, con VA- > *gua-* per contaminazione con gli esiti di W- germanica (WARDON > *guardare*) e con sincope di -G- davanti a I come in MAGĬSTRUM > *maestro*, SAGĬTTAM > *saetta*
leccòrnia	*leccornìa* – Caso analogo a *codardìa*
Lèmano	*Lemàno* – Nome latino del lago di Ginevra (LEMĀNUS)
mòllica	*mollìca* – Latino *MOLLĪCA, con lo stesso suffisso di *formìca* e *ortìca*
persuàdere	*persuadére* – Latino PERSUADĒRE
rùbrica	*rubrìca* – Latino RUBRĪCA; caso analogo a *mollìca*
sàlubre	*salùbre* – È il latino SALŪBER; la ritrazione dell'accento risente di *lùgubre, cèlebre, mulìebre*

Particolare il caso di *utènsile/utensìle*: la pronuncia sdrucciola, che può appoggiarsi al latino UTENSĬLIS, prevale in *macchina utènsile*; ma nell'uso sostantivato (*gli utensìli del falegname*), ricalcato sul neutro latino UTENSILĬA, è preferibile la pronuncia piana.

Sistole e diastole

190. Oltre alle oscillazioni appena viste, proprie della lingua comune, sono noti in poesia fenomeni di arretramento dell'accento (sìstole: *pièta* invece di *pietà, frùscio* invece di *fruscìo*) o di avanzamento (diàstole: *umìle, oceàno*).
Esempi: «né dolcezza di figlio, né la *pièta* / del vecchio padre» (Dante, *Inferno*, XXVI 94), «un *frùscio* immenso rade / la terra» (Montale, *Arsenio*, 43; qui l'accento è indicato graficamente), «però che 'n vista ella si mostra *umìle*» (Petrarca, *Canzoniere*, 78 7), «che un grande illustre or l'*oceàno* / varca» (Parini, *Il mezzogiorno*, 705). Si noti (con ELWERT 1976: 50-51) che nella gran parte dei casi il fenomeno non è una mera «licenza poetica», giacché i poeti attingono spesso a varianti accentuative secondarie: così i danteschi *pièta* e *podèsta* (nonché il nome della chiesa fiorentina di santa *Trìnita* e l'italiano *tempèsta*) risalgono a forme nominativali latine (POTĔSTAS, ecc.), invece che accusativali (POTESTĀTEM, da cui *potestade, podestade* e poi per apocope [cfr. I.78a] *potestà, podestà*).

Uso delle maiuscole

191. L'ortografia italiana prevede l'obbligo della maiuscola, di norma in posizione iniziale, in due casi fondamentali: *a*) per segnalare l'avvio di un periodo, sia come inizio assoluto («*Nel* mezzo del cammin di nostra vita...»), sia dopo un punto fermo («Un momento. *Devo* parlarti»); *b*) con i nomi propri.
All'interno di parola la maiuscola può trovarsi con le enclitiche reverenziali («desidero comunicar*Le*», cfr. VII.84) e in alcuni nomi esotici (come per i *baRotse* e i *maKonde*, popolazioni africane del gruppo bantu).
Di fatto, le norme che regolano l'uso della maiuscola sono più facili ad enunciarsi che ad applicarsi, anche perché non è sempre ovvio distinguere tra «nome proprio» e «nome comune». Si dovrà scrivere «un discorso del Papa» o «del papa»? «i Francesi» o «i francesi»?
In casi del genere l'uso della maiuscola è legato a fattori stilistici: ci aspettiamo di leggere *Papa* se chi scrive è un cattolico o comunque un ammiratore del pontefice, *papa* se il discorso muove da indifferenza o addirittura da ostilità. Ma contano soprattutto le abitudini individuali; d'altra parte, la maiuscola facoltativa è oggi in generale regresso.

192. Sintomo di questo declino è la diffusione della minuscola, connotata di «modernità», nelle insegne («calzature paoletti») o nella pubblicità («autostore philips... la marcia in più»).
Più complesse implicazioni letterarie ha l'uso della minuscola iniziale nei nomi propri che s'incontra già nella poesia del primo Novecento: «né più ti ricordi i colloqui tenuti con *guidogozzano*» (Gozzano, *Alle soglie*, 34; si noti anche l'univerbazione nome-cognome); «cittadine / *padova mestre vicenza* / durante la guerra / eravate viola e blu» (nel futurista Farfa; cfr. SANGUINETI 1969-1971: II 662).

193. Nei manoscritti medievali le maiuscole erano usate in modo saltuario, anche se generalmente per contrassegnare nomi propri, come oggi. Invece, una particolare abbondanza di maiuscole ha caratterizzato le scritture letterarie del Seicento e, tra Otto e Novecento, la prosa dannunziana (MIGLIORINI 1963a: 466 e 699).

194. Correntemente, la maiuscola iniziale si trova:
a) Nei nomi di persona (*Paolo*, *Anna*, *Venzi*; si oscilla con *de*, *di* che propriamente richiederebbero la *d* minuscola quando introducono un predicato nobiliare: duchi *d'Alba*, Antonio *di Rudinì*; la *D* negli altri casi: *Di Maria*, *De Amicis*) – nei soprannomi (il *Guercino*, il *Magnifico*) – negli appellativi antonomastici (il *Certaldese*, Boccaccio; il *Segretario fiorentino*, Machiavelli; e, in particolare, nelle designazioni di Dio e della Madonna: il *Padre*, il *Creatore*, la *Vergine*, ecc.; un esempio del Gioberti, *Del primato morale e civile degli Italiani*: «la perdita dell'unità primitiva, impressa dall'Onnipotente nelle sue opere») – nei nomi d'animali (*Bendicò*, cane nel *Gattopardo* di Tomasi di Lampedusa; *Makakita*, scimmia, in Gozzano; *Ciomma*, la gatta di Giovanni Pascoli) – nei nomi di cosa o di concetti astratti personificati (ma, a differenza dei casi precedenti, si tratta di un uso facoltativo: «Fratelli a un tempo stesso, *Amore* e *Morte* / ingenerò la sorte» Leopardi, *Amore e Morte*; «Verrà la *morte* e avrà i tuoi occhi» Pavese, *Poesie edite e inedite*).
L'appellativo che accompagna un antroponimo si scrive generalmente con la minuscola («l'avvocato Pellegrini», «il cardinal Poletti», «santa Lucia»), tranne che non intervengano spinte reverenziali (cfr. I.199). La maiuscola è invece frequente quando l'appellativo faccia le veci del nome proprio: «Ah! ti presento, aspetta, l'*Avvocato*, un amico / caro di mio marito...» (Gozzano, *Le due strade*, 17); meno comune quando si riproduce un'allocuzione diretta: «Ma le conseguenze, *signor marchese*, scusi!» (Pirandello, *Il piacere dell'onestà*, III 154); «Ma ad ogni modo non se la prenda, *dottore!*» (Levi, *Cristo si è fermato a Eboli*, 49).
L'appellativo professionale può ricevere la maiuscola per evitare omonimie. Una lettera inviata al quotidiano «La Repubblica» (31.12.1986, 8) reca come titolo «La protesta dei *Lettori*», in riferimento ai «lettori di lingua straniera» che operano nelle università; qui la minuscola sarebbe stata fuorviante, facendo inevitabilmente pensare ai comuni «lettori» di carta stampata.
b) Nei nomi di luoghi geografici, reali o

immaginari (*Genova, Danubio, Oceania, Atlantide, Paperopoli*). Nei toponimi accompagnati da un nome comune, quest'ultimo può essere scritto tanto con la maiuscola quanto con la minuscola: *monte* o *Monte* Bianco, *corso* o *Corso* Cavour; l'odonimo vero e proprio richiede sempre la maiuscola: via del *Gambero*, via *Vacchereccia*, via *Dietro le mura*.

Recano inoltre la maiuscola:

c) I nomi di corpi celesti (*Aldebaran, Sirio, Vega*). Hanno la minuscola *terra, sole* e *luna* tranne che in contesti scientifici: «La legge di Newton riconduce ad una causa unica, l'attrazione, i movimenti naturali di tutti i corpi, dal sasso che cade sulla terra ai pianeti (compresa la *Terra*) che girano intorno al *Sole*, e ai satelliti (compresa la *Luna*) che ruotano intorno ai rispettivi pianeti» (Cuscani Politi, *Geografia generale*, 33).

d) I nomi di feste: *Natale, Pasqua, Pentecoste, Ferragosto, Candelora*.

e) I nomi di secoli (il *Trecento*, il *Novecento*), di periodi o di grandi avvenimenti storici (l'*Umanesimo*, la *Restaurazione*, le *Guerre Mondiali*).

L'uso della maiuscola è qui richiesto anche dall'opportunità di evitare equivoci: l'*Umanesimo* è il movimento culturale e letterario fiorito nel XV secolo, l'*umanesimo* può essere, in generale, l'atteggiamento di chi si riconosce nei valori della civiltà classica. Così sarebbe bene distinguere il *Fascismo* di Mussolini, in quanto specifico fatto storico, dal *fascismo* come designazione generica di regimi autoritari e oppressivi («il fascismo nell'America Latina», ecc.). Vero è che ragioni ideologiche inducono a generalizzare la minuscola: ad esempio in Spini, *Disegno storico*, si legge *fascismo* («una sempre più stretta identificazione dello Stato col fascismo» III 389) accanto a *Resistenza* III 433, *Repubblica* e *Monarchia* III 471.

Particolarmente incerto l'uso della maiuscola con i nomi di secoli. Ecco due coppie d'esempi di minuscola, la prima nel Carducci (*Prose*, 1393 e 1394: «quei troppo minori ingegni del trecento», «fino a tutto il quattrocento»), la seconda dei giorni nostri («nella seconda metà dell'ottocento», «al di là del primo novecento», V. Castronovo, in «Storia illustrata», settembre 1986, 58 e 63).

f) I titoli di un libro, di un'opera artistica o musicale e simili (l'obbligo si limita alla parola iniziale se il titolo è composto di più parole: «ho letto *I Promessi Sposi*» oppure «*I promessi sposi*»; se l'articolo viene inglobato in una preposizione, la maiuscola passa alla parola successiva: «la morale nei *Promessi Sposi*», oppure «nei *Promessi sposi*». Altri esempi: «Piccolo mondo antico», «la *Pietà* di Michelangelo», «la *Passione secondo san Matteo* di Bach»).

g) Le lettere che costituiscono una sigla: *CGIL, SLI, ONU*; spesso si mantengono le maiuscole anche quando la sigla viene sciolta: «Confederazione Generale Italiana del Lavoro», «Studi Linguistici Italiani», «Organizzazione delle Nazioni Unite» (ma, come per i titoli, la maiuscola può limitarsi alla parola iniziale: «Confederazione generale italiana del lavoro», ecc.).

Le sigle dei partiti politici si scrivono con maiuscole (DC, PCI, MSI), con minuscole (dc, pci, msi), oppure con maiuscola iniziale: Dc, Pci, Msi.

h) I sostantivi derivati da un nome geografico o comunque designanti gli abitanti di un certo territorio. Distinguiamo due casi: I) nei singolari maschili che indicano 'il territorio di' la maiuscola, poco comune nella tradizione letteraria («nel milanese, s'intende, anzi in Milano quasi esclusivamente» Manzoni, *I Promessi Sposi*, XXXI 1; «nel gran piano estivo del ferrarese» Bacchelli, *Il mulino del Po*, I 19), è attualmente piuttosto diffusa («le strade provinciali del Melfese», «due sagre si sono svolte nel Potentino» «Stampa sera», 29.12.1986, 10; «queste vicende di straordinaria follia che atteccischiscono nel Pistoiese» «La Nazione», 28.2.1987, 5); e lo stesso si dica per i femminili sostantivati (come: «l'Umbro-Casentinese», sottinteso: strada); II) invece, in riferimento agli abitanti, è oggi più comune la minuscola, che diventa usuale al singolare e obbligatoria con gli aggettivi: quindi *gli Italiani* o *gli italiani*, ma prevalentemente *l'italiano* e soltanto *i prodotti italiani*. La maiuscola può tornare utile, nei sostantivi, per dissipare equivoci: *i Romani* antichi / *i romani* moderni, *i Galli* della Gallia / *i galli* del pollaio (cfr. SATTA 1981: 102); ed è in genere preferita per i nomi storici, anche in assenza di un omonimo: «in pochi anni *i Longobardi* furono padroni dell'interno dell'Italia settentrionale» (Spini, *Disegno storico*, I 64; invece, con un nome moderno: «gli uomini politici fautori di una politica di cautela e di amicizia con *gli anglo-americani*», ivi III 416).

i) I nomi dei punti cardinali (compresi *Settentrione*, *Mezzogiorno* e *Meridione*, *Occidente*, *Oriente*), quando indicano un'area geografica: «i problemi del Meridione», «i rapporti Est-Ovest».

l) Alcuni nomi che designano nozioni astratte e organismi pubblici, in contrapposizione ad omografi relativi a dati particolari o concreti: «la *Legge* non ammette ignoranza» / «la *legge* sugli ex combattenti»; «un funzionario dello *Stato*» / «lo *stato* dei lavori»; «la *Camera* [dei Deputati] è chiusa» / «la *camera* [di un appartamento] è chiusa»; «una *Borsa* [centro di affari] nervosa»; / «una *borsa* elegante»; «il *Consiglio* si è riunito» / «ascolta il mio *consiglio*»; «la *Chiesa* [l'insieme di clero e fedeli] americana» / «la *chiesa* [edificio] americana».

195. Dopo un punto interrogativo o esclamativo si può avere maiuscola o minuscola, a seconda che chi scriva percepisca uno stacco netto fra i due membri della frase (equiparabile a quello determinato dal punto) oppure ne sottolinei la successione in una sequenza unitaria.
Si veda un esempio manzoniano (*I Promessi Sposi*, II 22): «– Quindici giorni! oh questa sì ch'è nuova! S'è fatto tutto ciò che ha voluto lei; s'è fissato il giorno; il giorno arriva; e ora lei mi viene a dire che aspetti quindici giorni! Quindici... – riprese poi, con voce più alta e stizzosa, stendendo il braccio, e battendo il pugno nell'aria».
Dopo il primo punto esclamativo c'è la minuscola perché il commento risentito di Renzo fa tutt'uno con l'esclamazione di apertura. Dopo il secondo e il terzo figura invece la maiuscola, che presuppone un certo stacco logico (nel primo caso: «S'è fatto tutto...», argomentazione dello sdegno iniziale) o una pausa (secondo caso: «Quindici...»; qui è lo scrittore stesso a indicare l'interruzione del discorso con le parole *riprese poi*, ecc.).
Tuttavia, non si possono dare regole fisse e ogni scrittore fa, si può dire, storia a sé. Nel seguente esempio di Tomasi di Lampedusa (*Il Gattopardo*, 208) le interrogative si articolano in una sequenza unitaria che avrebbe pienamente giustificato la minuscola invece della maiuscola: «Cosa è? Un semplice appellativo onorifico? Una specie di decorazione, o bisogna svolgere funzioni legislative, deliberative?».
Viceversa, in un passo degli *Indifferenti* di Moravia (35), la pausa, indicata dai puntini, avrebbe legittimato la maiuscola: «– Oh, oh –, fece Michele ironico, senza muoversi; – me lo ordini? ... e se io non obbedissi?».

196. La maiuscola si usa anche dopo i due punti che introducono un discorso diretto, di norma compreso tra virgolette o preceduto da trattino lungo (cfr. I.227, I.232): «le disse: – Quando verrai?».

197. Non è rara la maiuscola «poetica» che contrassegna la parola iniziale di ciascun verso: «Ei fu. Siccome immobile / Dato il mortal sospiro, / Stette la spoglia immemore», ecc.

198. Caratteristico il ricorso alla maiuscola – espressa o non espressa graficamente – per segnalare che un vocabolo è usato nella sua accezione più generale e comprensiva: la «*Storia* con l'esse maiuscola» (=l'insieme degli eventi che interessano l'umanità) è altra cosa rispetto a una *storia* particolare e individuale («una storia d'amore», «è la solita storia!»). Esempi: «La Forma (coll'effe maiuscolo) ha più genio, è più divina di tutti i divini geni del mondo presi insieme» (Capuana, *Verga e D'Annunzio*); «finché non si imbatte nel caso, quello con la ci maiuscola» («La Repubblica», 22.10.1986, 29); «mi sono permesso di spiegare che le religioni sono una cosa e la Storia con la 'S' maiuscola un'altra» («La Repubblica», 27.10.1986, 10).

Maiuscola reverenziale

199. Per sottolineare il rispetto che si manifesta a una persona è d'uso (oggi soprattutto nelle lettere formali, e in parti-

colare nella corrispondenza commerciale) scrivere con la maiuscola non solo gli eventuali appellativi («Illustre Dottore», «Gentile Signora»), ma anche i pronomi personali e allocutivi e gli aggettivi possessivi relativi al destinatario (comprese le enclitiche).
Ecco un esempio di Alessandro Manzoni (*Lettere*, III 214): «Profittando della di Lei indulgenza, e premendomi ch'Ella conosca i sussidi straordinari mandati anche nell'anno corrente, mi prendo la libertà d'accluderLe due note relative».
La maiuscola reverenziale può trovarsi anche in riferimento a Dio, alla Madonna e ai Santi: «Ave Maria, piena di grazia, il Signore è con *Te*, *Tu* sei benedetta, ecc.»; «Quello da *Cui* abbiam la dottrina e l'esempio, ad imitazione di *Cui* ci lasciam nominare e ci nominiamo pastori» (Manzoni, *I Promessi Sposi*, XXV 49).

200. Talvolta un pronome può ricevere la maiuscola non con intento reverenziale, ma solo per segnalare che si tratta di un allocutivo, non di un personale: «– Come si chiama, Lei? –, le domandai restituendole la tazza vuota» (Bassani, *Il giardino dei Finzi-Contini*, 179; il carattere allocutivo del pronome è indicato anche dalla virgola che lo precede e che ne qualifica la funzione di vocativo, non di soggetto).

Punteggiatura

201. Col termine di *punteggiatura* (o *interpunzione*) intendiamo «l'insieme di segni non alfabetici, funzionali alla scansione di un testo scritto e all'individuazione delle unità sintattico-semantiche in esso contenute» (MARASCHIO 1981: 188).
Tra le varie norme che regolano la lingua scritta, quelle relative alla punteggiatura sono le meno codificate, non solo in italiano. Inoltre, alle incertezze pratiche si aggiunge il disaccordo degli studiosi sull'interpretazione complessiva del fenomeno, nonché sulla definizione e sulla classificazione delle singole unità interpuntive (si veda in particolare l'utile e informato SCHERMA 1983).

202. In italiano distinguiamo i seguenti segni interpuntivi: il punto (.), il punto interrogativo (?), il punto esclamativo (!), la virgola (,), il punto e virgola (;), i due punti (:), i puntini di sospensione (...), le virgolette (« », " ", ' '), il trattino (-, –), le parentesi tonde ( ), le parentesi quadre [ ], la sbarretta (/), l'asterisco (*).
Restano fuori da questa lista i segni diacritici che modificano un singolo grafema e che sono di uso arcaico o straniero (per esempio la cediglia apposta sotto la *c*, che in francese rappresenta /s/ e che si adoperava negli antichi manoscritti italiani col valore di /ts/ e /dz/: *forteçça*, *meçço*). E così pure i segni interpuntivi propri di usi specialistici: le parentesi aguzze (o uncinate) < > usate in filologia, le parentesi graffe { } della matematica e via dicendo.

203. Non è facile comprendere in un'unica definizione le caratteristiche e gli usi dei segni interpuntivi nel loro insieme (e talvolta nemmeno di uno solo di essi, come la virgola). Possiamo tuttavia individuare quattro funzioni fondamentali (riprendendo, in parte, alcune categorie descritte in SCHERMA 1983: 403-411).
Naturalmente, un dato segno interpuntivo può rispondere contemporaneamente a due o più funzioni diverse. Si dovrebbe poi tener conto del segno di non-stampa o di non-scrittura, come il capoverso (che contrassegna la più grande delle pause o il passaggio dal discorso del narratore al discorso diretto di un personaggio ovvero dal discorso diretto di un personaggio a quello di un altro, ecc.) o come le sezioni bianche che campeggiano – complemento indispensabile del testo – in tante pagine di poesia contemporanea.
Fatte queste premesse, diremo che le funzioni della punteggiatura sono le seguenti:

204. I. Funzione segmentatrice. È la funzione principale e consiste nel «segmentare un testo distanziando rispettivamente (gruppi di) componenti di esso» (Scherma).
Ecco alcune frasi che cambiano completamente di significato a seconda dell'interpunzione usata:

«I gitanti che erano arrivati in ritardo persero il treno» (= non tutti, ma solo alcuni).	«I gitanti, che erano arrivati in ritardo, persero il treno» (= tutti).
«I banditi uscirono a precipizio; sparando un poliziotto li rincorse».	«I banditi uscirono a precipizio sparando; un poliziotto li rincorse».
«Ringraziamo degli auguri. I custodi dello stabile» (= i custodi ringraziano).	«Ringraziamo degli auguri i custodi dello stabile» (= i custodi sono ringraziati).

Possono rientrare in questa funzione anche i segnali di apertura o di apertura-chiusura di un discorso diretto (trattini, virgolette). Nel seguente esempio di Bassani (*Il giardino dei FinziContini*, 152), la prima battuta è comunque individuata dall'intervento del narratore (*propose*), ma la seconda sarebbe identificabile a stento senza la segmentazione operata dalle virgolette (da noi sostituite con trattini): «– Vuoi sentire un po' di musica? –, propose, accennando a un radiogrammofono posto in un angolo dello studio, a lato dell'ingresso. – È un Philips, veramente ottimo –».

205. II. Funzione sintattica. I segni interpuntivi possono esplicitare il rapporto sintattico, la gerarchia che sussiste tra due proposizioni o tra due elementi della medesima proposizione. Si prenda un paio d'esempi da una stessa pagina degli *Indifferenti* di Moravia (45):
«– Il tennis – rispose Carla; dopo di che senza abbracciarsi andarono ciascuna nella propria stanza»;
«si guardò intorno: la stanza per molti aspetti pareva quella di una bambina di tre o quattro anni».
Nel primo esempio il punto e virgola scandisce la successione temporale dell'azione (indicata anche dalla locuzione avverbiale *dopo di che*); nel secondo, i due punti introducono l'effetto del «guardarsi intorno» della protagonista, costituiscono una specie di proposizione oggettiva rispetto alla reggente (=guardò e vide che la stanza pareva, ecc.).

206. III. Funzione emotivo-intonativa. Caratteristica, ma non esclusiva, del punto interrogativo, del punto esclamativo e dei puntini di sospensione, suggerisce l'intonazione della frase: «Quando vieni?» (interrogazione), «Quando vieni!» (esclamazione spazieggiata), «Quando vieni...» (sospensione).
I due segni (!) e (?), anche reiterati o combinati tra loro (?!, !?), possono far le veci di un'intera frase. Si pensi ai fumetti, in cui spesso la «nuvoletta» di un personaggio è interamente occupata da un segno del genere; o al seguente esempio di Fruttero e Lucentini cit. in SCHERMA 1983: 409: «... sembra la casa di Rosy (?), no?», in cui il segno (?) vale all'incirca: «Chi sarà questa Rosy?».

207. IV. Funzione di commento (o metalinguistica). Si ha quando si compie un qualsiasi intervento esterno al testo. Nei giornali, ad esempio, le parentesi tonde possono includere un commento o una precisazione del cronista, accompagnata dalla sigla *ndr* o *NDR* (=nota del redattore): «il 'Comitato popolare per gli uffici di collegamento all'estero' (la nostra Farnesina ndr) della Jamahirya libica ha convocato l'ambasciatore italiano a Tripoli» («La Repubblica», 14.10.1986, 14).
Allo stesso modo le virgolette, oltre a introdurre un discorso diretto, possono contrassegnare un termine o un'espressione insoliti oppure l'accezione particolare in cui essi vengano adoperati («abbiamo messo un po' da parte il "reducismo" che caratterizzava le puntate delle edizioni precedenti» «L'Espresso», 26.4.1987, 25); o, anche, segnalare la presa di distanza dello scrivente.
Ad esempio, in un articolo di cronaca che riferisce di un omicidio passionale («La Repubblica», 25.5.1984) si legge: «ha deciso di mettere in atto la classica 'prova della verità'»; «L.L., il 'compare traditore', è caduto in agonia a un metro da lei». Le virgolette (sostituite qui da apici) indicano chiaramente che la giornalista (R. Salemi) non condivide né i valori né la terminologia che vengono considerati propri dei protagonisti del dramma.

208. Passiamo ora in rassegna i principali segni interpuntivi dell'italiano, con l'avvertenza che le nostre indicazioni valgono solo in linea di massima e consentono varie escursioni a seconda delle intenzioni espressive dello scrivente (il migliore esame analitico della punteggiatura italiana è in MALAGOLI 1912: 167-208; altre trattazioni: TOGNELLI 1963 e FRESCAROLI 1968).
Oltre all'uso sintattico dei vari segni, esamineremo anche – se se ne presenterà l'occasione – gli eventuali usi non sintattici (punto abbreviativo, asterisco linguistico, ecc.).

Punto

209. Il punto (o punto fermo) serve per indicare una pausa forte, che conclude un periodo o anche una singola frase.
Può considerarsi il segno interpuntivo fondamentale, sia perché, storicamente, è il più antico (è frequente già nelle epigrafi latine, anche se con modalità d'uso diverse da quelle attuali), sia – e soprattutto – perché tende a invadere il campo di altri segni, come il punto e virgola, i due punti, la virgola.

210. Questa tendenza – già percepita all'inizio del secolo dal Malagoli (1912: 184) – è chiaramente rintracciabile nel cosiddetto «stile giornalistico».
Si vedano i seguenti esempi: «I disturbi non sono però legati solo alla sfera emotiva. Sono anche fisici» («L'Espresso», 4.5.1986, 183; si tratta di una coordinazione per asindeto in cui sarebbero stati possibili anche la virgola, i due punti, il punto e virgola) – «L'incontro è stato spiccio. Il dialogo breve. Troppo» («La Repubblica», 19.8.1986, 1; da notare che il punto non isola frasi verbali autonome, ma componenti nominali, che vengono messe così in grande evidenza) – «Il resto è scritto in trentaquattro storie di violenza. Muri saltati, allarmi disinnescati, feroci alsaziani eliminati con il veleno» («Il Giornale», 21.8.1986, 7; l'enumerazione descrittiva avrebbe richiesto tradizionalmente, dopo *violenza*, i due punti).

211. Il punto si usa anche nelle abbreviazioni, che possono distinguersi a seconda che avvengano:

a) Per contrazione, se consistono nelle lettere iniziali e finali. Il punto si colloca al centro dei due gruppi grafici: *f.lli*=fratelli, *s.lle*=sorelle, *chiar.mo*=chiarissimo, *ill.mo*=illustrissimo, *gent.ma*=gentilissima, ecc. (altre possibilità: scrizione in esponente del secondo gruppo grafico [*chiar.^{mo}*], scrizione continua sormontata da tilde [*chiãrmo*] oppure, entrambe disusate: scrizione continua senza alcun segno [*chiarmo*], separazione dei due gruppi con i due punti [*chiar:mo*]). Se la contrazione riduce le lettere superstiti a due o tre unità (come *dr*=dottor, *cfr*=*confer*, cioè 'confronta'), il punto si pone alla fine (*dr.*, *cfr.*) oppure si sopprime (*dr*, *cfr*).

b) Per compendio, quando riproducono una o più lettere iniziali della parola abbreviata: *dott.*=dottore, *avv.*=avvocato, *ing.*=ingegnere, *uff.*=ufficiale, *E.V.*=Eccellenza Vostra, *S.P.M.*=Sue Proprie Mani, *ecc.*=eccetera, *pass.*=*passim*, *l. cit.*=*loco citato*, *pag.* e *pagg.*=pagina, pagine, e così via.

c) Per sequenza consonantica, quando risultano dalla consonante iniziale seguita da una o più consonanti: *sg.* e *sgg.*=seguente, seguenti, *ms.*, *mss.*=manoscritto, manoscritti, *ps.*=poscritto (le ultime due sigle riproducono le lettere iniziali delle parole che formano il composto, i latini MĀNU SCRĪPTUM e PŎST SCRĪPTUM).

212. Quando una frase si conclude con un'abbreviazione, il punto fermo non si scrive perché è inglobato nel punto abbreviativo: «le cattedrali di Altamura, Bitonto, Trani, ecc.» (non *ecc..*).

213. Le lettere di una sigla possono essere seguite da un punto (P.S.D.I., ma più spesso PSDI; sempre senza punto le sigle automobilistiche, italiane ed estere: PD, RSM, GB). Nelle sigle complesse, in cui per ottenerne la pronunciabilità o per facilitarne la decrittazione si aggiungono una o più vocali alle consonanti che le costituiscono, il punto manca: CONAD (=*C*onsorzio *Na*zionale *D*ettaglianti), ISMETRAF (=*Is*tituto di *M*edicina del *Traf*fico).
Il punto manca pure in sigle molto comuni per le quali si sia perso il significato delle singole componenti: FIAT (=*F*abbrica *I*taliana *A*utomobili *T*orino), UPIM

(=Unico Prezzo Italiano di Milano), ecc. Per l'indicazione grafica del plurale nelle sigle (PP.TT. 'Poste e Telegrafi', ecc., cfr. III.84).

Punto interrogativo e punto esclamativo

214. Contrassegnano rispettivamente l'interrogazione diretta («Che fai?») e l'esclamazione («Che bellezza!»), imponendo al lettore la caratteristica intonazione discendente-ascendente (interrogazione) o ascendente-discendente (esclamazione).
Nel caso di proposizioni interrogative complesse (per esempio, nell'interrogativa che, da sola, costituisce l'intera prima strofe di *A Silvia* di G. Leopardi: «Silvia, rimembri ancora / quel tempo della tua vita mortale, / quando beltà splendea / negli occhi tuoi ridenti e fuggitivi, / e tu, lieta e pensosa, il limitare / di gioventù salivi?») è indubbiamente scomodo non sapere, fin dall'inizio della lettura, quale sarà la curva intonativa della frase. L'ortografia spagnola ha risolto questo inconveniente premettendo alle frasi interrogative e alle esclamative il relativo segno di interpunzione rovesciato: «¿A cuantos estamos hoy?», «¡Qué alegría!». In Italia, adottò l'uso spagnolo, ma senza far proseliti, lo scapigliato lombardo Carlo Dossi, nella *Desinenza in A* (insieme con altre innovazioni di punteggiatura e accentazione): «¡Vedi quanto è làcera e unta!», «¿Chi siete voi, mièi inèditi critici?» (5 e 6).

215. È stato osservato (Grammont, Vendenina: citati in SCHERMA 1983: 394) che il punto interrogativo può talvolta corrispondere a una curva melodica esclamativa.
Si immagini un dialogo come questo: «[CLIENTE] Bello questo orologio! – [VENDITORE] Eh, sì, e per me è legato a un caro ricordo. – [CLIENTE] *E lo vende?* – [VENDITORE] Purtroppo; ho urgente bisogno di danaro».

216. Nel caso di queste interrogative apparenti o anche quando si riprende un'espressione detta da altri che ci sorprenda per qualsiasi motivo, si può ricorrere alla combinazione di punto interrogativo ed esclamativo (?!, !?). Un esempio dal *Giardino dei Finzi-Contini* di Bassani (54):
«– Sì, gli appigli ci sarebbero, per esserci –, mormorai incerto, – ma...
– Appigli?! –, mi interruppe subito, scoppiando a ridere. – Io, per me, le chiamo tacche».

217. Più rara, nella prosa letteraria, l'iterazione del punto interrogativo o esclamativo (??, ???, !!, !!!), che ricorre soprattutto nella pubblicità (per esempio in quello che viene considerato il più antico slogan italiano: «Volete la salute??? Bevete il Ferro-China Bisleri», cit. in MEDICI 1986: 117) o in scritture popolari, con forte mimetismo orale (come i fumetti).
Ecco comunque un esempio della Morante (*L'isola di Arturo*, 378): «– Già!!! – esclamai io, rotolandomi addirittura in terra dalle risate».

Virgola

218. È forse il segno di uso più largo, vario e articolato. Indica fondamentalmente una pausa breve e, di norma, non va usata all'interno di blocchi unitari; in particolare: tra soggetto e predicato («Giorgio legge, Paola scrive»), tra predicato e oggetto («leggo il giornale»), tra aggettivo e sostantivo («il cantante preferito», «i vecchi nonni»).

219. Tuttavia, questa norma viene meno tutte le volte che uno dei due elementi del sintagma è messo in evidenza, perlopiù alterando l'ordine abituale delle parole. Si vedano i seguenti esempi: «sorrideva, lui, senza cappello e cravatta, con il colletto della camicia a righe rovesciato indietro», ecc. (Bassani, *Il giardino dei Finzi-Contini*, 47; la virgola tra predicato e soggetto è richiesta dall'inversione) – «Pensino ora i miei venticinque lettori che impressione dovesse fare nell'animo del poveretto, quello che s'è raccontato» (Manzoni, *I Promessi Sposi*, I 60; il soggetto di *dovesse* è dislocato in fine di frase ed è separato dal resto per mezzo della virgola) – «Dài retta a tua madre, Marina... quel Bube, lascialo perdere» (Cassola, *La ragazza di Bube*, 129; prolessi dell'oggetto, seguito da virgola, che viene ripreso nella frase successiva col pronome *lo*).

Qualche esempio di virgola tra soggetto e predicato in SATTA 1981: 94 e 95: «Lui, non raccontava mai nulla» (Cassola), «Il prete, non poteva dirle nulla» (Pasolini). Non ci sembrano virgolature sbagliate, come ritiene Satta, ma esempi di messa in evidenza del soggetto, che equivale – anche nell'intonazione – a un costrutto restrittivo (=quanto a lui; quanto al prete).

220. Segnaliamo alcune situazioni in cui ricorre più spesso l'uso di questo segno interpuntivo. La virgola può trovarsi:
a) Nelle enumerazioni e nelle coordinazioni asindetiche: «Bravi, don Rodrigo, Renzo, viottole, rupi, fughe, inseguimenti, grida, schioppettate»; «[Don Abbondio] vide confusamente, poi vide chiaro, si spaventò, si stupì, s'infuriò, pensò, prese una risoluzione» (Manzoni, *I Promessi Sposi*, II 5 e VIII 21).
La virgola può mancare per ricerca di maggiore tensione espressiva come, spesso, nella prosa dannunziana («le palpebre di lei gonfie rosse arse» *Trionfo della morte*, 472) e in tanta poesia del Novecento («e grave grave grave m'incuora» Pascoli, *L'ora di Barga*, 23; «il mondo / largo luminoso vuoto stretto oscuro colmo elevato profondo» Giuliani, in SANGUINETI 1969-1971: II 1112).
Nelle serie sindetiche con membri separati da una congiunzione coordinativa (*e, né, o, ma*, ecc.) la virgola in genere manca, specie se si tratta di elementi all'interno della stessa frase: «ubbidirà, volente o nolente»; «io non posso né pentirmene né correggermi per l'unica ragione che me ne pregio» (Carducci, *Prose*, 839); «Dov'è la forza antica, / dove l'armi e il valore e la costanza?» (Leopardi, *All'Italia*). Ma la virgola si adopera quando si voglia mettere in evidenza l'elemento coordinato: «il pensiero che don Rodrigo [...] tornerebbe glorioso e trionfante, e arrabbiato» (Manzoni, *I Promessi Sposi*, XXVI 9).
Nelle enumerazioni prima di *eccetera* e dell'abbreviazione *ecc.* la virgola può esserci (caso più comune) oppure no. Alcuni esempi di virgola indicata: «segni distintivi particolari (numero di stampa, data, firma, ecc.)» (R.D. del 18.5.1942, n. 1369, art. 45); «statuette votive, amuleti, monili sacri, ecc.» (*Guida Rapida TCI*, II 75); «la tradizionale competizione religiosa fra la Chiesa di Stato anglicana e le Chiese non conformiste dei battisti, metodisti, ecc.» (Spini, *Disegno storico*, III 223); «L'ibernazione è propria di alcuni animali (pipistrelli, marmotte, ghiri, ecc.)» (Martino, *Fisiologia*, 40); «[...] per convertire alla vera Fede questi pagani, per portare la pace e la beatitudine eterna –, ecc. ecc.» (Levi, *Cristo si è fermato a Eboli*, 180); «si scrive (soprattutto, si dovrebbe scrivere) anche per chiarirsi le idee, per guardarsi dentro, per farsi compagnia, eccetera» (B. Placido, nella «Repubblica», 25.10.1986, 27).
b) Prima di un'apposizione: «Marlon Brando [...] è andato a Tahiti per far visita a Cheyenne, la figlia sedicenne sua e di Tarita» («La Stampa», 16.6.1987, 25); prima e dopo un'apposizione che si trovi al centro della frase: «non avevo che un vago ricordo di Palermo, mia città natale, dalla quale ero partita a tre anni» (Ginzburg, *Lessico famigliare*, 31).
c) Prima, ed eventualmente anche dopo, un vocativo assoluto (cioè non preceduto da interiezione): «Senti, babbo»; «Via, caro Renzo, non andate in collera» (Manzoni, *I Promessi Sposi*, II 17); invece: «O Dio!», «Ah disgraziato» oppure «Ah, disgraziato», ecc.
d) Negli incisi di qualunque tipo (con questa funzione la virgola concorre in diversi casi con il trattino [I.232] e con le parentesi tonde [I.235]). La tipologia è molto ricca: la virgola contrassegna il semplice inciso monorematico, costituito per esempio da una congiunzione («Non esce mai di casa, però, la sua figliuola!» Pirandello, *Così è [se vi pare]*, V 27) o da un avverbio («Eh sì, ecco, bisogna che io dica», ivi, V 28); oppure isola strutture complesse. Ad esempio: «Una città, questa Roma del primo settecento, ammorbata e stagnante» («Storia illustrata», settembre 1986, 108); «gli altri oggetti, a differenza dei loro compagni morti e inconsistenti sparsi nell'ombra del salotto, rivelavano tutti i loro colori e la loro solidità» (Moravia, *Gli indifferenti*, 5).
e) Prima e dopo (o solo prima o solo do-

po, a seconda della posizione nel periodo) alquante proposizioni subordinate che condividono in qualche misura le caratteristiche dell'inciso. Tali sono le relative esplicative («Latina, che fu fondata nel 1932, è la seconda città del Lazio»; niente virgola, invece, prima di una relativa limitativa: «i discorsi che tu fai», «colui al quale ho scritto»); i costrutti temporali impliciti col participio («don Abbondio, pronunziato quel nome, si rovesciò sulla spalliera della seggiola» Manzoni, *I Promessi Sposi*, I 73); le proposizioni-complemento in genere (cfr. XIV.34), specie se anteposte alla reggente (temporale: «Quando nevica, all'inizio di una lunga salita che porta ad un paesello statunitense sostano gruppetti di ragazzini» «La settimana enigmistica», 4.10.1986, 12; concessiva: «Sebbene un'amnistia rimettesse di lì a poco in libertà il Garibaldi, l'indignazione [...] travolse il ministero Rattazzi» Spini, *Disegno storico*, III 213; ipotetica: «Dobbiamo tenercela la malaria: se tu ce la vuoi togliere, ti manderanno via» Levi, *Cristo si è fermato a Eboli*, 195, ecc.).

f) Nelle ellissi: «il primo indossava un berretto; il secondo, un cappello di feltro» (sottinteso: *indossava*).

Punto e virgola

221. Il punto e virgola è un segno che (come l'apostrofo, ispirato al greco) ha un preciso inventore: il famoso tipografo Aldo Manuzio, il quale lo introdusse in un'edizione del Petrarca stampata a Venezia nel 1501.
Indica una pausa più forte della semplice virgola. Talvolta il suo uso è legato alle abitudini dei singoli scriventi, ma, in generale, si può osservare che il punto e virgola ricorre preferenzialmente nei seguenti casi:

a) Per separare due proposizioni coordinate complesse: «La lotta dei signori tra loro non ha nulla a che fare con una 'vendetta' tramandata di padre in figlio; né si tratta di una lotta politica reale, fra conservatori e progressisti, anche quando, per caso, prende quest'ultima forma» (Levi, *Cristo si è fermato a Eboli*, 29).

b) Nelle enumerazioni di unità complesse (cioè non costituite da singoli vocaboli né da sintagmi elementari, come sarebbero: «cani, gatti, conigli», «il Belgio operoso, l'Olanda verde, il prospero Lussemburgo»): «Per noi, ad ogni buon conto, nonostante le diffidenze degli americani, non può essere in discussione l'appartenenza all'Alleanza atlantica, ma il modo di partecipare a questa Alleanza; il margine di autonomia e di rispetto reciproci; la possibilità di contribuire alle decisioni comuni, senza assistere alle scelte altrui per poi subirne magari le conseguenze» (G. Valentini, «L'Espresso», 4.5.1986, 5).

c) In luogo della virgola, quando essa possa ingenerare equivoco: «Un fruscìo; il braccio di Michele scivolò dietro la schiena della donna e le circondò la vita» (Moravia, *Gli indifferenti*, 58).

Due punti

222. A differenza del punto e virgola, i due punti non assolvono che occasionalmente il compito di semplice scansione del periodo (come avviene in questo esempio della Ginzburg, *Lessico famigliare*, 60: «Anche mia madre, del resto, non s'interessava molto alla pittura: conosceva però Casorati di persona, e lo trovava simpatico»; l'uso più comune avrebbe qui richiesto il punto e virgola).
La specifica funzione di questo segno è quella di illustrare, chiarire, argomentare quanto affermato in precedenza. Possiamo distinguere diverse funzioni dei due punti:

a) Funzione sintattico-argomentativa, quando indicano la conseguenza logica di un fatto, l'effetto prodotto da una causa: «Batté le mani: entrarono due servitori recanti ciascuno una coppia di secchi sciabordanti», ecc. (Tomasi di Lampedusa, *Il Gattopardo*, 84).
La causa può essere espressa anche nella frase che segue i due punti: «il Foscolo critico-poeta detta [...] pagine che al lettore moderno si offrono suggestive e feconde di più forse che non quelle dello stesso De Sanctis: di un gusto più nuovo, più agile e vario, e con un'aderenza più stretta alle qualità dei testi letterari presi in esame» (Sapegno, *Letter. italiana*, 529; =giacché sono di un gusto più nuovo...).

b) Funzione sintattico-descrittiva, se si esplicitano i particolari di un insieme o enumerando le singole componenti di quell'insieme, o rilevandone i tratti salienti: «L'Islanda è anche un paese vivo, fatto di gente: bella, ospitale, cordiale» («Qui Touring», 5-10.5.1986, 38); «Lo scenario è una casetta modesta, in parte ancora grezza: due piani e un terrazzo alla periferia di Motta S. Anastasia, un paese della piana a tredici chilometri da Catania» («La Repubblica», 25.5.1984).

c) Funzione appositiva, se presentano una frase con valore di apposizione della frase precedente: «Leccò rapida la ferita: una specie di piccolo bacio affettuoso» (Bassani, *Il giardino dei Finzi-Contini*, 58).

d) Funzione segmentatrice, se servono a introdurre un discorso diretto, perlopiù in combinazione con gli specifici segni demarcativi, virgolette o trattini: «gli chiese: "Che fai stasera?"», «gli chiese: – Che fai stasera?».

223. Da notare l'uso dei due punti nella pubblicità e nella titolazione giornalistica, per separare i due elementi giustapposti (come in «La 'Montreal': un bolide che è un salotto» o «Genova: si cerca il vero capo della banda»: cfr. DARDANO 1986: 265-271). Negli ultimi anni, tuttavia, molti titolisti preferiscono ricorrere alla semplice virgola o sopprimere addirittura lo stacco interpuntivo. Un paio di esempi da uno stesso numero della «Repubblica» (16.10.1986, 1 e 2): «Terroristi al Muro del pianto / un morto, i feriti sono diecine»; «Medici, altri due giorni di sciopero».

Puntini di sospensione

224. Si usano, in genere nel numero fisso di tre, per indicare sospensione, reticenza, allusività: «Veramente... se vossignoria illustrissima sapesse... che intimazioni... che comandi terribili ho avuto di non parlare...» (Manzoni, *I Promessi Sposi*, XXV 43); «E che vuoi fare? – Affrontare lo scandalo? Se vuoi questo, io... io...» (Pirandello, *Il piacere dell'onestà*, III 144). Sono comunemente posposti, ma possono essere anche anteposti, e in tal caso inseriscono la frase che segue nel flusso di un discorso cominciato in precedenza: «È certo uno spirito insonne... – ... è forte e vigile e scaltro» (Gozzano, *L'amica di nonna Speranza*, 63).

I puntini sono tradizionalmente usati per riprodurre i cosiddetti «cambi di progetto» del parlato, che si accentuano in chi sia preda di emozione o turbamento: «Ma volendo raccomodarla, s'andava intrigando e imbrogliando: – volevo dire... non intendo dire... cioè, volevo dire...» (Manzoni, *I Promessi Sposi*, V 13).

225. Caratteristico è l'uso che potremmo chiamare «brillante» dei puntini di sospensione, quando si vuol preparare il lettore a un gioco di parole, a una battuta di spirito. Si pensi all'enigmistica e in particolare alle definizioni dei cruciverba: «I... confini del Texas» (risposta: TS), «Si... stringe in due!» (=matrimonio; entrambi gli esempi nella «Settimana enigmistica», 4.10.1986, 1 e 9).

Simili arguzie anche nella cronaca giornalistica, specie in quella locale; per esempio: [un progetto di rilancio commerciale è fallito] «dando la apparisciente dimostrazione di come una classe politica non abbia saputo rinnovarsi soprattutto negli uomini. Ora invece si sta facendo di tutto [...] per sfatare questo recente passato poco ... onorevole», ecc. («La Gazzetta del Mezzogiorno», 27.8.1986, 15; cronaca di Barletta).

226. I puntini servono infine, nelle citazioni, per indicare un'omissione volontaria (frequenti esempi in questa *Grammatica*, a cominciare dall'ultimo brano citato). È bene, per evitare equivoci, inserire i puntini entro parentesi quadre o tonde. Un'interessante tipologia dell'uso dei puntini sospensivi in SCHERMA 1983: 414-421.

Virgolette

227. Le virgolette servono essenzialmente per riportare una parola o un discorso altrui, o per contrassegnare l'uso particolare (allusivo, traslato, ironico) di una qualsiasi espressione.

In tipografia si distingue tra virgolette basse (« »), alte (" ") e apici (' '); nella scrittura a mano si usano in genere le virgolette alte, spesso nella variante alto-basso (" „: il "Decamerone„).

228. Concorre in gran parte con le virgolette l'uso del corsivo (per esempio nelle citazioni brevi: «D'in su la vetta della torre antica» o *D'in su la vetta della torre antica*; o nei titoli: «I Malavoglia» o *I Malavoglia*). Normalmente in corsivo vanno le parole straniere o dialettali citate in un testo italiano: «faceva però [...] molti *solitaires*» (Ginzburg, *Lessico famigliare*, 145); «Le cavallette però fioccavano a grappoli (*a budrones*)» (Ledda, *Padre padrone*, 54); e così pure tutte le forme d'interesse linguistico: «Si oscilla ancora fra *dopo*, *dopò* e *doppo*» (MIGLIORINI 1963a: 462).

229. La scelta tra le virgolette alte e quelle basse dipende dalle varie tradizioni tipografiche; le virgolette più adoperate sono in genere quelle basse, ma entrambe le coppie tornano utili per le citazioni interne ad altre citazioni. Per esempio: «chiamò subito: "Perpetua! Perpetua!", avviandosi pure verso il salotto».
La nostra *Grammatica* indica invece le citazioni interne per mezzo del trattino («chiamò subito: – Perpetua! Perpetua! – avviandosi pure verso il salotto»), oppure mediante apici («'Perpetua! Perpetua!'»).

230. Più spesso che per introdurre una frase, gli apici si usano tuttavia per sottolineare una singola espressione («Oggi non si può più parlare di 'capitalismo' in senso classico») o per qualificare un significato («In Dante, *donna* vale 'signora' e 'femmina dell'uomo'»).

231. La scelta di adoperare le virgolette per segnalare un uso speciale può comportare sottili implicazioni stilistiche e psicologiche.
Abbiamo già parlato dell'effetto di distanziamento perseguito per mezzo delle virgolette dalla scrittura giornalistica (cfr. I.207). Vediamo ora un altro brano di cronaca (titolo dell'articolo: «In tre giorni / ha rubato / 37 brioches: / arrestato», «La Repubblica», 25.5.1984; le virgolette basse dell'originale sono state da noi sostituite con apici): «Il titolare del locale, stufo di vedersi 'soffiare' la merce preferita dai suoi clienti del mattino si è appostato e lo ha colto 'in flagranza di reato'».
Nel primo caso la virgolettatura qualifica l'uso gergale del verbo *soffiare*; nel secondo, introduce con seriosa obiettività un'espressione tecnica del diritto penale che qui ha effetto ironico per l'esiguità del «reato» in questione.

Trattino

Il trattino (o lineetta) ha nella stampa due lunghezze diverse: - e –.

232. Il trattino più lungo può essere usato per introdurre un discorso diretto; generalmente se ne adopera solo uno, in apertura: «Diceva: – Voialtri non sapete stare a tavola! Non siete gente da portare nei loghi!» (Ginzburg, *Lessico famigliare*, 9). Il trattino di chiusura compare quando al discorso diretto segua una didascalia (indicazione di chi ha parlato ed eventuali commenti del narratore): «– Sì, sì, – promise mio padre e in quello stesso istante si levò e andò alla poltrona» (Svevo, *La coscienza di Zeno*, 79).
Davanti al trattino di chiusura vanno collocati il punto interrogativo, il punto esclamativo e i puntini; meno stabile la posizione degli altri segni interpuntivi (preferenza per l'anteposizione, anche in questo caso, dichiara MALAGOLI 1912: 200-201).
Un'altra funzione svolta dal trattino lungo è quella di introdurre un inciso: «Ad un atto di guerra, chi lo subisce ha il diritto – anzi, secondo Sant'Agostino, il dovere – di rispondere con la guerra» (A. Gambino, «L'Espresso», 4.5.1986, 50).

233. Il trattino breve si trova, nella stampa, per l'indicazione dell'a capo (nell'uso manoscritto concorre col segno =) e, in qualunque tipo di scritto, per sottolineare il legame esistente tra due membri di un composto che non presenti una stabile univerbazione.
Non c'è una regola che indichi se si deve scrivere *socio-linguistica* o *sociolinguistica*, *mini-bus* o *minibus*: per l'appunto nei due esempi citati entrambe le grafie sono accettabili.
Di massima, la scrittura di un composto come un'unica parola presuppone che le

due parti siano strettamente fuse e che i parlanti (o almeno molti fra essi) non ne percepiscano più il carattere analitico. Secondo questo criterio attualmente sono stabili *capostazione, palcoscenico, francobollo, altoforno, capobanda*: tutte forme che nei giornali milanesi di metà Ottocento si scrivevano ancora come due parole distinte, con o senza trattino (cfr. MASINI 1977: 21-22).

234. I casi principali in cui ricorre l'uso del trattino breve sono i seguenti:
a) Per separare due cifre: «il numero dell'11-12 ottobre»; anche quando sono scritte in lettere: «un venti-venticinque chilometri».
b) Tra due nomi, perlopiù nomi propri, per indicare un qualsiasi rapporto di relazione («il summit Reagan-Gorbaciov», «la legge Rognoni-La Torre», «le relazioni USA-URSS», «la linea Torino-Savona», «il derby Milan-Inter»); e, specie nel linguaggio giornalistico, anche tra due nomi comuni in relazione reciproca («gli incontri governo-sindacati», «i rapporti docenti-discenti»).
c) In coppie di aggettivi giustapposti (dei quali il primo è sempre maschile singolare); «le iniziative economico-finanziarie», «gli aspetti linguistico-filologici», «la sua storia burocratico-giudiziaria» («La Repubblica», 1.10.1986, 16).
d) Con alcuni prefissi e prefissoidi, specie se usati in composti occasionali: «Nessun candidato / anti-Martinazzoli / tra i deputati dc» («La Repubblica», cit., 6), «dai movimenti anti-apartheid» («La Repubblica», cit., 11); invece, in composti stabili: *antiaerea, anticomunismo, antifascismo*.
Tuttavia la norma è assai oscillante e possiamo imbatterci, ad esempio, in *maxiprocesso* («Il Giornale di Sicilia», 1.12.1986, 23), *maxi-processo* («Il Mattino», 29.11.1986, 5), *maxi processi* («L'Europeo», 28.9.1985, 8).
e) In coppie di sostantivi giustapposti: *guerra-lampo, anni-luce*; o di sostantivi-avverbi: *la Milano-bene*, ecc. (ma anche qui l'uso è assai incerto e si può dire che per tutte le giustapposizioni che ammettono il trattino esiste la variante senza trattino; cfr. anche DARDANO 1978: 66-67).
f) Nel linguaggio scientifico, specie in quello chimico e biologico, quando si susseguano due parole composte che abbiano in comune il secondo elemento, la parola iniziale per esigenze di brevità può ridursi al primo elemento, seguito dal trattino: «nel caso di *epato*- e *nefropatie* gravi» (=di epat*opatie* e nefr*opatie*).
Questo procedimento, che in italiano è eccezionale (e comunque non va esteso al di fuori del settore tecnico-scientifico), è invece corrente in tedesco, lingua ricchissima di parole composte: per esempio: «die Wörter der Fach- und Sondersprachen» (=le parole dei linguaggi tecnici [*Fachsprachen*] e dei linguaggi settoriali [*Sondersprachen*]).

Parentesi tonde e quadre

235. Le parentesi tonde – aperta: (, chiusa:) – servono soprattutto a introdurre un inciso. Prendendo spunto dal Malagoli (1912: 189) si potrebbero distinguere parentesi subordinative, quando introducono una proposizione subordinata, sintatticamente accessoria rispetto alla reggente; e parentesi propriamente incidentali, quando includono una frase priva di qualunque rapporto grammaticale col resto del periodo (è il caso più frequente).
Un esempio del primo tipo: «Il merito (se qualche merito c'è) ne ritorna tutto al tuo scritto» (Contini, *Varianti e altra linguistica*, 52); due del secondo: «Il principe (non ci regge il cuore di dargli in questo momento il titolo di padre) non rispose direttamente» (Manzoni, *I Promessi Sposi*, X 3); «nell'interno, gotico-rinascimentale, il presbiterio (pregevole altare rinascimentale) è ornato di affreschi di Iacopo da Montagnana» (*Guida Rapida TCI*, II 51).

236. Quando la parentesi include una frase molto lunga, che può far perdere il «filo del discorso», è possibile dopo la parentesi chiusa riprendere una o più parole precedenti: «I Piemontesi (così continuava a chiamarli il Principe per rassicurarsi, allo stesso modo che altri li chiamavano Garibaldini per esaltarli o Garibaldeschi per vituperarli), i Piemontesi si erano presentati a lui», ecc. (Tomasi di Lampedusa, *Il Gattopardo*, 72); «almeno lì (e il loro pensiero, la loro pazzia, aleggiava ancora, dopo venticinque secoli, attorno ai tumuli conici, ricoperti d'erbe selvagge), almeno lì nulla sarebbe mai cambiato» (Bassani, *Il giardino dei Finzi-Contini*, 16).

237. Negli esempi finora citati (tranne il terzo, quello della guida turistica) le parentesi potrebbero essere sostituite da trattini o da virgole, anche se con qualche danno per la chiarezza complessiva. Le parentesi sono invece d'uso obbligato nei rinvii che punteggiano un testo tecnico e scientifico, e in genere nei rinvii numerici. Oltre ai frequentissimi esempi sparsi in questa stessa *Grammatica*, si pensi ai codici, in cui quasi ogni articolo contiene richiami ad altri articoli di legge: «Gli amministratori devono adempiere i doveri ad essi imposti dalla legge e dall'atto costitutivo con la diligenza del mandatario (1710) e sono solidalmente (1292) responsabili verso la società dei danni derivanti dall'inosservanza di tali doveri (2393)», ecc. (*Codice Civile*, art. 2392).

238. Le parentesi quadre – aperta: [, chiusa:] – sono di uso più occasionale delle tonde; sono però richieste dalle buone norme grafiche e tipografiche per introdurre una parentesi entro un'altra parentesi: «(a Modena i monumenti medievali [come il Duomo] convivono con quelli sei-settecenteschi [come il Palazzo Ducale])». Le parentesi tonde e quadre servono inoltre, come s'è accennato (cfr. I.207), a introdurre un particolare tipo di inciso: quello rappresentato dal commento dello scrivente.

239. Quanto alla collocazione degli altri segni di punteggiatura, si noti che nell'ortografia corrente il punto interrogativo e l'esclamativo vanno posti prima della parentesi chiusa, gli altri segni interpuntivi dopo di essa. Esempi: «in versi non regolari fra le dieci e le quattordici sillabe (più di rado, fra le sette e le nove).». («L'Espresso», 4.5.1986, 163); «Non far piangere piangere piangere / (ancora!), chi tanto soffrì» (Pascoli, *La voce*, 33-34).

Asterisco e sbarretta

Sono entrambi segni rari e di uso particolare.

240. L'asterisco, da solo o ripetuto tre volte, può indicare un'omissione volontaria. Caratteristico l'uso che ne fa il Manzoni nel romanzo: «il giorno avanti, il cardinal Federigo Borromeo, arcivescovo di Milano, era arrivato a * * *» (*I Promessi Sposi*, XXII 1). Più raramente, fa le veci di un esponente numerico, come richiamo di una nota.
In linguistica, l'asterisco contrassegna convenzionalmente forme non attestate, ma ricostruite dagli studiosi (*passare* deriva dal latino volgare *PASSĀRE); oppure forme ed espressioni inaccettabili grammaticalmente o semanticamente: *io ando, *loro mangia, *ho visto esso, **il leone uccide un libro*.

241. La sbarretta, oltre al suo uso in linguistica (cfr. I.2), può segnalare alternanza tra due possibilità: «I viaggiatori diretti a Torino / Milano saranno instradati via Bologna» (=diretti a Torino o a Milano); «e/o» («i docenti di materie letterarie e/o storiche»; si intenda: *a* – quelli di materie letterarie, *b* – quelli di materie storiche; *c* – quelli che insegnano le une e le altre: ma è formula da usare con grande parsimonia). Tradizionalmente, la sbarretta sostituisce il capoverso nelle citazioni di poesia, quando non si voglia andare ogni volta a capo (è l'uso seguito dalla presente *Grammatica*).

Apostrofo

Abbiamo già incontrato l'apostrofo come segno dell'elisione (cfr. I.62), dichiarandone la legittimità in fin di rigo (I.167). Vediamone ora l'uso per indicare l'apocope.

242. L'apostrofo segnala anzitutto l'apocope postvocalica:
a) nelle preposizioni articolate maschili plurali, oggi antiquate, *a'* (ai), *de'* (dei), *co'* (coi), *ne'* (nei), *pe'* (pei), cfr. IV.80; inoltre, in *be'* (*bei*, da *bello*) e *que'* (*quei*=quelli);
b) nelle forme imperativali *da', fa', sta', va'*, tratte dall'indicativo e affiancatesi a quelle tradizionali *da, fa, sta, va* nel fiorentino ottocentesco (cfr. CASTELLANI 1980: I 33), fino a diffondersi largamente nell'uso attuale.

Reca l'apostrofo anche *di'*, imperativo di *dire* (dal latino DĪC).

243. L'apostrofo in *di'* è giustificabile con l'opportunità di distinguerlo da *di* preposizione e *dì* sostantivo (l'accento – in ogni modo – creerebbe un'eccezione alla regola che prevede il raddoppiamento fonosintattico dopo tutti i monosillabi dotati di accento grafico, cfr. I.65a).

Quanto a *da'*, ecc., l'apostrofo – oltre a suggerire l'assenza di raddoppiamento (mantenutosi invece nelle forme composte con enclitica: *dammi, fallo*) – può giovare a evitare omonimie. Di queste, la più grave colpirebbe *da'*, che, priva di segni, si confonderebbe con la preposizione (negli altri casi la collisione riguarda solo forme dello stesso paradigma). Ma la regola dell'apostrofo in *da'*, *fa'*, *sta'* e *va'* è lungi dall'essere universalmente accolta, sia dai grammatici (SATTA 1981: 73 consiglia ad esempio *da'*, ma *fa*, *sta*, *va*), sia dal comune uso scritto. Cfr. anche XI.129c.

244. Altri esempi di apocope vocalica segnalata dall'apostrofo emergono da forme antiche o toscano-popolari: «Ed elli a me: – Se tu *vuo'* ch'*i'* ti porti» (Dante, *Inferno*, XIX 34), «Po, ben *puo'* tu portartene la scorza / di me» (Petrarca, *Canzoniere*, 180 1), «Dunque tu *se'* proprio il *mi'* caro Pinocchio?» (Collodi, *Pinocchio*, 145).

245. Talvolta l'apostrofo segnala l'apocope sillabica, come in *po'* (da *poco*), nelle interiezioni *be'*, *to'* e *ve'* (cfr. X.9, X.26, X.30), in *mo'* (nella locuzione *a mo' di*), in *ca'* (*Ca' d'oro*, cfr. I.80d) e in qualche altra forma d'uso arcaico (cfr. MALAGOLI 1912: 165-166).

Perché *po'* ma *piè*? si domanda Alfonso Leone (LEONE 1969), concludendo per l'estensione dell'apostrofo «a tutti i monosillabi tronchi» – anche *piè, fé, diè* – a condizione che sia «tuttora viva [...] la coscienza del troncamento».

In realtà, il partito migliore sarebbe quello di eliminare addirittura l'apostrofo come segno dell'apocope sillabica, scrivendo semplicemente *po* (il quale non può confondersi con *Po*, che vuole la maiuscola), *to* e *toh*, *ve* o *veh*, *be* o *beh*, *mo* e *fe*. Ma questa regola (ancora) non esiste e si deve quindi raccomandare *po'*, che è l'unica forma della serie ad essersi consolidata nell'ortografia attuale.

246. L'apostrofo può segnalare una riduzione delle cifre indicanti un anno («il '48»), cfr. VI.20. In tal caso un eventuale apostrofo precedente che indichi l'elisione si sopprime: «alla rivoluzione dell'89» (Carducci, *Prose*, 2).

Nell'uso manoscritto e spesso anche in quello tipografico il segno dell'apostrofo è adoperato infine anche per indicare l'apice che contrassegna il minuto di angolo e, comunemente, il minuto di tempo: «in 6'» 'in sei (minuti) primi'.

II. ANALISI LOGICA E ANALISI GRAMMATICALE

1. L'analisi logica è il procedimento con cui si individuano le categorie sintattiche che costituiscono una frase (il soggetto, il predicato, i complementi, ecc.). Essa si affianca all'analisi grammaticale, che ha il compito di individuare e descrivere le categorie grammaticali (o parti del discorso) cui appartengono le parole presenti nella frase (articolo, nome, verbo, avverbio, ecc.). Prendiamo, ad esempio, la frase seguente:

«i neonati riconoscono la madre
già dai primi giorni di vita»

Accostandoci a questa frase con gli strumenti dell'analisi grammaticale, individueremo i nomi *neonati*, *madre*, *giorni*, *vita*; il verbo *riconoscono*; l'aggettivo *primo*; gli articoli *i*, *la*; la preposizione articolata *dai* e la preposizione semplice *di*; l'avverbio *già*. Alcune di queste categorie grammaticali sono dotate di flessione: *neonati* è un nome maschile plurale, concordato con l'articolo *i* e con il verbo *riconoscono*, che è un indicativo presente coniugato alla 6ª persona; *madre* e *vita* sono due nomi femminili singolari, e via dicendo. Inoltre: tutti i nomi presenti nella frase sono nomi comuni (per questa ed altre distinzioni cfr. III.3), *primi* è un aggettivo numerale ordinale (cfr. VI.4). Ciascuna parola ha poi il suo contenuto semantico (ad es. *mese* 'periodo di tempo di trenta giorni', ecc.; la descrizione sistematica dei significati delle parole è compito della lessicologia, e non rientra nell'àmbito della grammatica).

2. Nove sono le *categorie grammaticali* o *parti del discorso* identificate dall'analisi grammaticale per l'italiano: articolo (cfr. cap. IV), nome (cfr. cap. III), aggettivo (cfr. cap. V), pronome (cfr. cap. VII) e verbo (cfr. cap. XI) sono le cinque categorie che si definiscono variabili, in quanto possono mutare la loro terminazione o la loro forma per dar luogo alla flessione e all'accordo grammaticale (ad es. *il gatt-o ross-o miagol-a / le gatt-e ross-e miagol-ano*, ecc.). Avverbio (cfr. cap. XII), preposizione (cfr. cap. VIII), congiunzione (cfr. cap. IX) e interiezione (cfr. cap. X) sono le quattro categorie che si definiscono invariabili, in quanto, pur conoscendo in alcuni casi forme di alterazione grammaticale (ad es. negli avverbi: *bene → benissimo*), esse non sono mai soggette alla flessione secondo i parametri del genere, del numero, dei tempi e dei modi, ecc. Nelle parole che appartengono a categorie grammaticali variabili la parte che rimane immutabile prende il nome di *radice*, mentre la parte terminale soggetta a variazione si chiama *desinenza*: ad es. *gatt- → gatt-o, gatt-a, gatt-i, gatt-e*; *miagol- → miagol-are, miagol-ando, miagol-o, miagol-i, miagol-a*, ecc.

3. Ricordiamo inoltre i procedimenti della prefissazione e della suffissazione, che costituiscono una parte consistente della formazione delle parole (cfr. cap. XV). La suffissazione, in particolare, permette spesso di «trascategorizzare» una parola: di determinare, cioè, il suo passaggio da una categoria grammaticale a un'altra; ad es. *nav-e* (sostantivo) → *nav-ale* (aggettivo), *elettr-ico* (aggettivo) → *elettr-ificare* (verbo), ecc.

II. Analisi logica e analisi grammaticale

4. La partizione delle categorie grammaticali risale, nei suoi lineamenti fondamentali, all'antico grammatico greco Dionisio Trace (II sec. a. C.), ed è giunta fino a noi attraverso la sintesi datane alcuni secoli più tardi dai grammatici latini, in particolare da Elio Donato (IV sec. d. C.) e da Prisciano (V-VI sec. d. C.), in gran parte accolta dalla tradizione medievale e moderna.

5. Rivolgiamo ora la nostra attenzione non alle forme grammaticali o ai loro singoli significati, bensì alle relazioni logico-sintattiche che costituiscono la struttura vera e propria della frase, e che sono oggetto dell'analisi logica. Nella frase che abbiamo preso come esempio avremo un soggetto espresso («i neonati»), che compie un'azione rappresentata dal predicato verbale («riconoscono»); l'azione «ricade» su un'entità rappresentata dal complemento oggetto («la madre»). A «completamento» del significato, il complemento di tempo continuato («già dai primi giorni») e il complemento di specificazione ad esso subordinato («di vita») ci informano che l'azione ha luogo fin da un certo termine temporale.

6. Le *categorie sintattiche* che possiamo reperire grazie all'analisi logica sono il soggetto (cfr. II.22 sgg.), il predicato (cfr. II.31 sgg.), i complementi (rispettivamente: complemento oggetto, cfr. II.35 sgg., complemento predicativo, cfr. II.42 sgg., complementi indiretti, cfr. II.50 sgg.), l'attributo (cfr. II.45), l'apposizione (cfr. II.46 sgg.). Per costituire una frase strutturata con queste categorie, le parole si raggruppano in unità composte dette sintagmi (ad esempio *i+neonati*; *già+dai+primi+giorni*, ecc.; cfr. II.18).

In latino l'identificazione di queste categorie sintattiche era affidata in primo luogo alla desinenza, che consentiva di cogliere immediatamente la funzione di un singolo nome o aggettivo della frase: in italiano, invece, scomparso l'antico sistema dei casi, diventa o può diventare discriminante la collocazione all'interno della frase per soggetto e oggetto (cfr. II.27 e II.40) e la presenza di opportune preposizioni (cfr. VIII.3) per i complementi indiretti. Così, nel seguente verso di Virgilio: «silvestrem tenui musam meditaris avena» (=intoni un canto boschereccio con un sottile flauto) il complemento oggetto è indicato dalle desinenze di accusativo (*-em* di *silvestrem* e *-am* di *musam*) e il complemento indiretto, per la precisione un complemento di strumento, dalle desinenze di ablativo (*-i* di *tenui* e *-a* di *avena*). Nella versione italiana in prosa corrente il complemento oggetto segue il predicato verbale (cfr. però II.41), l'attributo costituisce un blocco rigido col nome a cui si riferisce, il complemento indiretto è indicato da una preposizione.

7. Anche l'analisi logica delle categorie sintattiche ha origini molto antiche, e trova i suoi fondamenti nelle riflessioni dei filosofi intorno alla natura del linguaggio. Nella sua forma moderna, essa risale alla teoria della grammatica generale, sorta in seno alla scuola filosofica francese di Port-Royal nel XVII secolo. Questa teoria si proponeva di rinvenire le regole generali soggiacenti alle varie lingue storiche allora note (il greco e il latino, le lingue europee moderne, l'ebraico), nella forma di una «grammatica universale» che fosse premessa di tutte le «grammatiche particolari» (cfr. ROBINS 1981: 161-168). La nascita della linguistica storica e comparativa (XIX sec.) e la scoperta di intere famiglie di lingue che mostrano le più svariate caratteristiche grammaticali hanno in seguito fortemente ridimensionato la portata «universale» delle «leggi» della grammatica di Port-Royal, e dunque anche la pretesa che le categorie dell'analisi logica tradizionale possano trovare applicazione immediata per qualunque tipo di lingua nota. Tuttavia, l'aspirazione ad una teoria «universale» delle categorie grammaticali e sintattiche è rimasta ben viva e operante nella tradizione degli studi linguistici, fino ai nostri giorni.

8. Le caratteristiche di ciascuna categoria grammaticale sono trattate separatamente dai vari capitoli di questa *Grammatica*. Nel presente capitolo ci occuperemo invece delle nozioni di sintagma, frase semplice (o proposizione semplice), periodo, e delle categorie dell'analisi logica.

Frase, periodo, sintagma

9. La frase o proposizione è l'unità minima di comunicazione dotata di senso compiuto. Tradizionalmente, si considera dotata di «senso compiuto» una frase in cui si trovi almeno un predicato nella forma di un verbo di modo finito, che può essere accompagnato, quando la frase non sia impersonale (ad es. «piove»), da un soggetto. Appartengono a questo tipo tutte le frasi in cui il soggetto è espresso da un nome o da un pronome, ed il predicato è espresso da un verbo predicativo (*predicato verbale*) oppure dal verbo *essere* in unione con una parte nominale (*predicato nominale*); ad esempio:

SOGGETTO	PREDICATO
Il cane	*abbaia*
Essi	*scoppiarono a ridere*
Mia moglie	*è abruzzese*
Il mare	*era agitato*

Una frase di questo tipo può mantenere invariata la sua fisionomia di base anche quando altri elementi sintattici (apposizioni, attributi, complementi) ne determinano l'espansione: «Venti *negozi* al piano terra di un centro commerciale di tredici piani *sono stati devastati*» («La Nazione», 30.7.1986, 1; in corsivo il soggetto e il predicato verbale). Vediamo come ad esempio si possa espandere una frase elementare del tipo *il cane abbaia*:

(a) «*il cane abbaia*»
(b) «in caso di allarme, *il cane abbaia*»
(c) «di notte, in caso di allarme, *il cane abbaia*»
(d) «di notte, in caso di allarme, *il cane*, prontamente, *abbaia*»
(e) «di notte, in caso di allarme, *il mio cane*, prontamente, *abbaia*»
(f) «di notte, in caso di allarme, *il mio cane*, prontamente, *abbaia* contro i ladri», ecc.

10. Nelle frasi (a)-(f) diversi elementi sintattici si condensano intorno ad un unico predicato: abbiamo dunque, in tutti i casi, una frase semplice. Quando in un'unità comunicativa troviamo più predicati, si ha una *frase complessa* o *periodo*; ad esempio (in corsivo i predicati):

frasi semplici { (1) «il mio cane *abbaia*»
(2) «il mio cane, prontamente, *abbaia*»

periodi o frasi complesse { (3) «se *sente* dei rumori, / il mio cane, prontamente, *abbaia* / per avvertirmi / che qualcosa *non va*»
(4) da quando lo *faccio dormire* in giardino, / se *sente* dei rumori / il mio cane, prontamente, *abbaia* / per *avvertirmi* / che qualcosa *non va*»

11. L'analisi del periodo, o *sintassi del periodo*, cui è dedicato un capitolo a parte di questa *Grammatica* (il cap. XIV), è il procedimento che consente di individuare i rapporti che si stabiliscono tra le proposizioni di una frase complessa. Esamineremo qui le principali forme che la frase semplice può assumere in ragione delle sue componenti sintattiche.

La struttura bipartita «soggetto espresso» / «predicato» (con l'aggiunta di vari complementi e altre categorie sintattiche) esaurisce solo una parte delle possibili forme della frase. Diversi tipi si discostano più o meno nettamente da tale modello di base.

12. Quando il soggetto o il predicato non sono espressi, ma sono facilmente recuperabili dal contesto, abbiamo una frase ellittica. Uno dei casi di ellissi più comuni e grammaticalmente canonizzati è l'omissione del pronome personale soggetto: «vengo domani» ('[io] vengo domani'), «dovresti credermi» ('[tu] dovresti credermi'), ecc. (cfr. VII.5).

Per questo tipo di espressioni si parla solitamente di *soggetto sottinteso*. A dire il vero, la nozione di «sottinteso» è una di quelle oggi più criticate dagli studiosi, soprattutto perché si è talvolta ecceduto nel farne uso, inserendo «un soggetto e un predicato [...] in qualsiasi enunciato che ne risulta sprovvisto» (STATI 1976: 83), anche laddove l'espressione del pensiero appaia di per sé completa e autosufficiente. In frasi come «vengo domani», ad esempio, potremmo rilevare che l'informazione ricavabile dalla desinenza di prima persona del verbo (*veng-o*) reca già in sé la nozione 'io', rendendo superflua la presenza del pronome: il soggetto è quindi, per così dire, «implicito» nel verbo piuttosto che «sottinteso».

13. Un'altra forma molto comune di ellissi è quella che si ha nei dialoghi, nelle forme di risposta, ecc., in cui una parte dell'informazione, enunciata come tema all'inizio della comunicazione, viene poi data per scontata dagli interlocutori: «Chi viene al mare domani?» – «*Io di sicuro*» (=io [verrò] di sicuro); «Quante uova ci vogliono per uno zabaione?» – «*Almeno due*» (=[ci vogliono] almeno due [uova]); si veda, ad esempio, questo breve dialogo teatrale (da Pirandello, *Sei personaggi in cerca d'autore*, I 35-36): «[IL CAPOCOMICO]. Ma che cosa vogliono loro qua? – [IL PADRE]. Vogliamo vivere, signore! – [IL CAPOCOMICO]. Per *l'eternità?* – [IL PADRE]. No, signore: *almeno per un momento*, in loro».

Anche la nozione di «frase ellittica», complementare a quella di «(elemento) sottinteso», non comporta necessariamente il riferimento a proposizioni mancanti di qualcosa, sul piano della forma o del senso.

Nell'esempio pirandelliano che abbiamo visto, completare le frasi «*per l'eternità?*» e «*almeno per un momento*», formate da due semplici complementi di tempo continuato (cfr. II.56), con i relativi «soggetti» e «predicati» (ad es. «[loro vogliono vivere] per l'eternità?») creerebbe un'inutile ridondanza: tali elementi sono infatti facilmente recuperabili dal contesto; non in quanto «sottintesi», ma in quanto «presupposti». Su simili rapporti di presupposizione si fonda una buona parte delle comunicazioni rapide e stringate della conversazione quotidiana.

14. La frase nominale è una proposizione in cui categorie grammaticali diverse dal verbo hanno 'funzione verbale', assolvendo sintatticamente al compito del predicato (cfr. BENVENISTE 1971: 185). Vediamo alcuni esempi (in corsivo l'elemento predicativo): «Qui *tutto bene*», «*Ultime notizie* dall'estero»; «*Siluro* del PCI alla riforma delle pensioni» («La Repubblica», 17.12. 1986, 9); «Pensionati: *dibattito* su previdenza e assistenza» («Messaggero Veneto», 29.10.1986, 8).

La parte predicativa di una frase nominale non è in realtà equivalente ad un predicato verbale regolarmente espresso da un verbo. Il verbo è infatti dotato di un sistema flessionale che implica i tempi, i modi, la diatesi e l'aspetto dell'azione (cfr. XI.7-30), mentre le frasi con sintagma nominale predicativo si situano perlopiù in una dimensione di «atemporalità assoluta», e hanno di solito funzione assertivo-descrittiva. La successione di frasi nominali costituisce il particolare procedimento dello stile nominale (cfr. XIV.260).

15. Si definiscono *monoremi* (dal greco *mónos* 'uno solo', e *rêma* 'parola') le frasi costituite da una sola parola. Esse sono molto frequenti nelle forme di dialogo serrato, a «botta e risposta»: «– Sentiamo cosa posso fare per quella donna – Una cosa semplicissima – *Cioè?* – Venire da lei – Da lei! *Quando?* – *Subito*» (Tarchetti, *Fosca*, 82). Rientrano in questa categoria anche le forme olofrastiche, come gli avverbi di affermazione e di negazione *sì* e *no*, *certo*, *sicuramente*, ecc. (cfr. XII.52 sgg.), e le interiezioni (in particolar modo le interiezioni secondarie, cfr. X.1: *zitto!*, *fuori!*, *esatto!*, ecc.).

16. La definizione generale di «frase» cui ci siamo attenuti in questo capitolo non è che una delle molte possibili. Si tratta infatti di uno dei problemi più dibattuti negli studi linguistici, le cui soluzioni variano notevolmente a seconda del quadro di riferimento teorico (basterà ricordare che «il numero delle formulazioni proposte raggiunge l'incredibile cifra di 300» STATI 1976: 79).

17. Interessanti riflessioni in merito alla frase come 'unità comunicativa' ci vengono dalla *linguistica pragmatica*, che studia gli atti linguistici della comunicazione quotidiana.

Facciamo un esempio: se, vedendo un nostro amico che mangia dei cioccolatini, pronunciassimo una frase come «Devono essere buoni quei cioccolatini!», il nostro atto linguistico avrebbe il fine di: a) esprimere una constatazione oggettiva («quei cioccolatini sono buoni»); b) informare l'interlocutore che stiamo esprimendo un punto di vista («penso che quei cioccolatini siano buoni»); c) esprimere in maniera indiretta una richiesta («vorrei che tu mi offrissi i tuoi cioccolatini»). Nei punti (a) e (b) si manifesterebbero i valori locutivi dell'atto linguistico, per i quali una comunicazione può dirsi efficace per il solo fatto di venire espletata, mentre nel punto (c) avremmo i valori perlocutivi dell'atto stesso, per i quali una comunicazione risulta efficace quando ha un effetto pratico sull'interlocutore; nel nostro caso l'atto perlocutivo potrebbe dirsi felicemente portato a termine solo nel caso che il nostro amico ci offrisse un cioccolatino, o almeno ci chiedesse: «Vuoi un cioccola-

tino?», oppure «Vuoi assaggiarli?», ecc.
Gran parte degli atti linguistici presentano valori perlocutivi, espliciti o impliciti (cfr. XIII.2; ad esempio: «espressione di un ordine», «richiesta», «minaccia», «invito»); ma tutti, per definizione, mettono in atto dei valori locutivi più o meno pronunciati (come «constatare», «raccontare», «spiegare», «giudicare», ecc.).
Com'è facile intuire, buona parte della *competenza pragmatica* (cioè della capacità di servirsi della lingua per raggiungere determinati scopi comunicativi o pratici) dipende dall'abilità degli interlocutori nell'uso e nella comprensione del significato ora letterale ora non letterale delle frasi. Un bell'esempio di uso non letterale e indiretto ci è dato dal seguente passo manzoniano, dove una formula di cortesia viene adoperata con senso esattamente opposto a quello letterale: «– In che posso ubbidirla? – disse don Rodrigo, piantandosi in piedi nel mezzo della sala. Il suono delle parole era tale; ma il modo con cui eran proferite, voleva dir chiaramente: bada a chi sei davanti, pesa le parole, e sbrigati» (*I Promessi Sposi*, VI 1).

18. Come abbiamo già accennato (cfr. II.6), per dar forma alla struttura frasale le parole si raggruppano in unità sintattiche, dette *sintagmi*. Si parla di sintagma *nominale* in riferimento a un nucleo sintattico incentrato su un nome, di sintagma *verbale* se l'asse portante è un verbo. Naturalmente ogni sintagma può consistere di una struttura più o meno complessa. Un esempio:

«i conduttori della metropolitana hanno annunciato uno sciopero di ventiquattro ore»

In questa frase distinguiamo un sintagma nominale complesso («i conduttori della metropolitana») scomponibile in due unità minori («i conduttori», soggetto, e «della metropolitana», complemento di specificazione: entrambi i sintagmi sono sintagmi nominali semplici); e un sintagma verbale complesso («hanno annunciato uno sciopero di ventiquattro ore»), anch'esso analizzabile in due unità minori: la prima è un sintagma verbale semplice («hanno annunciato», predicato), la seconda è un sintagma nominale complesso scomponibile in due sintagmi nominali semplici («uno sciopero», complemento oggetto, e «di ventiquattro ore», complemento di misura).

19. Se volessimo ulteriormente suddividere i sintagmi semplici così ottenuti in unità minori non troveremmo altri sintagmi, bensì catene sintattiche di parole: un sintagma preposizionale semplice, ad esempio, è costituito dalla catena preposizione+nome (o preposizione+verbo all'infinito, ecc.), e così un sintagma verbale semplice da un verbo, un sintagma nominale semplice da un nome oppure da una catena articolo+nome, e via dicendo. In altre parole: un sintagma semplice può definirsi l'unità minima di combinazione sintattica all'interno della frase.

20. In molti casi, una frase può essere costituita da un solo sintagma (frase monosintagmatica; ad esempio: «Quando preferisci metterti in viaggio?» – «*Di notte*»). Quando un sintagma semplice si attualizza in una frase di una sola parola si parla, come s'è detto, di *monorema* (cfr. II.15).

21. L'analisi delle forme della frase, dall'elemento più complesso (la frase stessa) fino ai più elementari (il sintagma semplice, le parole, le radici e le desinenze dei nomi e dei verbi, ecc.), prende il nome di *analisi in costituenti immediati*. Questo procedimento, che ci permette di considerare le strutture sintattiche come forme gerarchicamente organizzate su più livelli, è stato messo a punto da alcuni linguisti americani (tra cui ricordiamo L. Bloomfield) nella prima metà di questo secolo.

Soggetto

22. Il soggetto è l'elemento della frase cui si riferisce il predicato. Esso può indicare:
a) nelle frasi con verbo attivo, chi o che cosa compie l'azione espressa dal predicato: «*Maria* ama la musica», «*Gino* è scoppiato a ridere», «*il telefono* squillava da ore»;
b) nelle frasi con verbo passivo o riflessivo, chi o che cosa subisce l'azione espressa dal predicato: «*la musica* è amata da

Maria più d'ogni altra arte», «*Mario* si veste con eleganza»;
c) nelle frasi con predicato nominale, a chi o a che cosa è attribuita una qualità o stato: «*Maria* è molto colta», «*Gino* è arrabbiato», «*tu* sei ingegnere?».

23. Importante è la distinzione fra soggetto grammaticale e soggetto logico. Il primo è il soggetto formale della frase, cioè l'elemento sintattico di riferimento del predicato, mentre il secondo è l'agente reale dell'azione. Soggetto grammaticale e soggetto logico possono, a seconda dei casi, coincidere o essere diversi. In frasi come «Gino ha visitato molti paesi stranieri», ad esempio, il soggetto grammaticale (*Gino*) è effettivamente l'agente dell'azione indicata dal predicato, e dunque fa tutt'uno col soggetto logico. Un tipico caso di non coincidenza tra i due soggetti è invece quello delle frasi con verbo passivo e complemento d'agente, del tipo «Mario è stato ammirato *da tutti*», in cui il soggetto logico è di regola espresso dal complemento d'agente. In alcune frasi semi-impersonali in cui il soggetto grammaticale è rappresentato da un'intera proposizione, come ad es. «mi sembra *che tu sbagli*», il soggetto logico è facilmente identificabile nel pronome atono (*mi, ti, gli*, ecc.=*io* ritengo che tu sbagli, ecc.).

24. Ricordiamo che una frase con soggetto - verbo attivo - complemento oggetto può essere trasformata in una frase con soggetto - verbo passivo - complemento d'agente (il soggetto della frase attiva diviene complemento d'agente della passiva): «l'elettricista ha riparato il mio citofono» → «il mio citofono è stato riparato dall'elettricista». In questi casi il contenuto semantico rimane identico, ma la presentazione e la messa in rilievo dei segmenti sintattici è diversa.

25. Tutte le categorie grammaticali possono fungere da soggetto di una proposizione. Quelle di impiego più comune sono il nome e le forme che possono sostituirlo, come il pronome (cfr. cap. VII), l'aggettivo nominalizzato (cfr. V.45-55; ad es. «*l'utile* va unito al dilettevole»), l'infinito sostantivato (cfr. XI.406-410; ad es. «*fidarsi* è bene, *non fidarsi* è meglio»). Possiamo avere anche un'intera proposizione soggettiva (cfr. XIV.66; ad es. «è chiaro *che ti sei sbagliato*», «*studiare l'inglese* mi piacerebbe molto»).

26. Anche articolo, preposizione, congiunzione, avverbio, interiezione possono essere impiegati come soggetti di una proposizione, ma in questo caso il loro uso è limitato quasi esclusivamente alle frasi con funzione metalinguistica, in particolare a quelle di contenuto grammaticale (cfr. DARDANO-TRIFONE 1985: 61): «*il* è un articolo determinativo»; «*A* nella declinazione de' nomi è segno del terzo caso» (Cinonio, *Osservazioni della lingua italiana*).

27. Il soggetto precede, di solito, il predicato. L'importanza di questa collocazione, in particolare nelle frasi con ordine delle parole soggetto - verbo - complemento oggetto, è in molti casi tale che un'alterazione dell'ordine di successione può:
a) far perdere ad una parola la sua funzione di soggetto (ad es. «*Mario* ha visto Gino ieri» → «*Gino* ha visto Mario ieri»);
b) mettere in risalto un segmento della frase diverso dal soggetto («*io* ho visto Mario, non Gino» → «*Mario* ho visto io, non Gino»);
c) rendere la frase semanticamente inaccettabile («*Maria* legge un libro» → **un libro legge Maria*; in quest'ultimo caso un mutamento del profilo intonativo, con enfasi su *un libro*, potrebbe anche farci ottenere una frase del tipo (b): «un libro legge Maria [non un giornale!]»).

28. Nella lingua letteraria e poetica la posposizione del soggetto al predicato è invece molto comune, tanto che l'ordine delle parole predicato - soggetto non comporta necessariamente particolari connotazioni stilistiche o semantiche: «Era *donna Prassede* una vecchia gentildonna molto inclinata a far del bene» (Manzoni, *I Promessi Sposi*, XXV 23); «Anche la speme, / ultima dea, fugge i sepolcri; e involve / tutte cose *l'obblio* nella sua notte» (Foscolo, *Dei Sepolcri*, 16-18). L'inversione del soggetto può ricorrere peraltro anche in testi dall'andamento sintattico colloquiale, o comunque distanti dalla prosa della tradizione letteraria; è quel che avviene, ad esempio, nelle *Strade di polvere* di Rosetta Loy: «Non si è sposata *la Matelda* e non si sposerà più» 10, «Era stata *la Luison* una madre apprensiva, a volte accigliata e a volte allegra» 14-15, «Siede *il Prevosto* accanto alla Fantina» 17, ecc.

29. Ricordiamo inoltre che: – il soggetto è comunemente posposto nelle espressioni ottative e volitive (due esempi dalla lingua della devozione: «Ti siano gradite, Signore, *le nostre umili offerte e preghiere*», «Padre nostro, che sei nei cieli, sia santificato *il tuo nome*» *Messale festivo*, 19 e 881), e in frasi esclamative del tipo: «com'è intelligente *tuo fratello!*», ecc.; – nelle frasi interrogative dirette spesso entrambe le successioni sono possibili; ad esempio: «*Mario* è arrivato?» / «è arrivato *Mario*?»; – l'inversione è normale quando un discorso diretto è seguito da un verbo dichiarativo con un soggetto che indica il 'locutore': «Gino e Rasetti camminano bene! – diceva *mio padre* – [...] Vanno bene! Peccato che quel Rasetti è così arido! [...] – Ma l'Adele no, non è arida – diceva *mia madre*» (Ginzburg, *Lessico famigliare*, 55). Su quest'ultimo uso cfr. XIV.264 e anche HERCZEG 1955.

30. Talvolta il soggetto può essere introdotto dalla preposizione *di* nelle sue forme articolate: «ci vorrebbe *del tempo*», «in fondo al corridoio ci sono *delle sedie*», ecc. Si noti che quest'uso, che ha origine nel valore partitivo della preposizione *di* (cfr. VIII.19), sostituisce nel singolare il sintagma aggettivale *un po' di* (*del pane* 'un po' di pane'), e nel plurale gli aggettivi indefiniti *certi* e *alcuni* (*delle sedie* 'alcune sedie').

Predicato

31. Vero e proprio «nucleo» della frase, il predicato è nella sua definizione tradizionale 'ciò che si afferma a proposito del soggetto' (latino PRAEDICĀTUM 'ciò che è affermato'). Esso è quasi sempre espresso da un verbo: «Gino *ascolta* la musica», «Maria *dorme*». Se, come abbiamo visto (cfr. II.22-23), il soggetto è l'«agente» principale della frase, possiamo dire che il predicato è l'elemento verbale che indica la particolare azione o il particolare stato attribuiti al soggetto.
Questa definizione non si attaglia alle frasi con verbo impersonale, del tipo «*fa* caldo», «domani *pioverà*», ecc. Per le frasi in cui l'elemento predicativo non è espresso da un verbo (*frasi nominali*), cfr. II.14.
I tipi fondamentali di predicato sono due, il *predicato nominale* e il *predicato verbale*.

32. Il predicato nominale è costituito dall'unione di una forma del verbo *essere* con un sostantivo o un aggettivo: «Marta *è giornalista*», «Gino *era felicissimo*», ecc. Il sostantivo o aggettivo si definisce *nome del predicato*, mentre la forma del verbo *essere* prende il nome di *copula* (latino CŌPULA 'legame'), in quanto funge da elemento di giunzione logico-sintattica tra il soggetto e la parte nominale.
Il nome del predicato può anche definirsi *parte nominale* (o, quando sia costituito da un aggettivo, *aggettivo predicativo*).
Le frasi con predicato nominale hanno in prevalenza la funzione di attribuire, mediante il verbo *essere*, una certa qualità o stato ad un soggetto. La copula serve, per così dire, da «ponte» tra il soggetto e il contenuto semantico della parte nominale (che è l'elemento portatore dell'informazione principale).
L'uso copulativo del verbo *essere* non va confuso con il suo normale uso predicativo (coi significati di 'esistere', 'trovarsi', ecc.), in frasi come: «Dio *è*» («Gloria al Padre, al Figlio, allo Spirito Santo; a Dio che *è*, che *era* e che viene » *Messale festivo*, 437), «presto *saremo* a casa», ecc.
La copula si accorda regolarmente con il soggetto nella persona. Il nome del predicato si accorda col soggetto nel genere e nel numero quando è costituito da un nome o aggettivo di genere variabile (ad es. «Mario è *maestro* elementare», «Maria è *maestra* elementare», «i miei amici sono *maestri* elementari», ecc.); se invece è costituito da un nome di genere non variabile, si accorda con il soggetto nel solo numero (ad es. «lo squalo è un *pesce*», «la sardina è un *pesce*», «le sardine sono *pesci*», ecc.).

II. Analisi logica e analisi grammaticale

33. Il predicato verbale è formato da un verbo predicativo, ossia da qualunque verbo dotato di un proprio senso compiuto che possa essere adoperato senza l'ausilio di un complemento predicativo (cfr. II.42-44).
Facciamo alcuni esempi:

SOGGETTO	PREDICATO
(a) «Mario	*rideva*»
(b) «i miei bambini	*si sono lavati*»
(c) «[io]	*non so nuotare*»
(d) «Gino	*sta per partire*»

Nelle frasi (a) e (b) il predicato è formato da un solo verbo (attivo nella prima, riflessivo con ausiliare *essere* nella seconda). Nelle frasi (c) e (d) il predicato è invece formato rispettivamente dal verbo servile *sapere* (cfr. XI.44) e dal verbo fraseologico *stare per* (cfr. XI.48a) uniti all'infinito del verbo principale, ma in entrambi i casi esso costituisce una sola unità logico-sintattica. Verbi servili e fraseologici hanno, infatti, la proprietà di formare con l'infinito da essi retto un sintagma verbale del tutto equivalente ad un verbo semplice.
Il predicato verbale ha, in prevalenza, la funzione di esprimere l'azione compiuta o subita dal soggetto, a differenza del predicato nominale che di solito, come abbiamo visto, serve ad attribuire al soggetto una certa qualità o stato. Tale distinzione non va però intesa rigidamente: predicato verbale e predicato nominale possono talvolta esprimere, pur presentandolo in una struttura sintattica diversa, lo stesso contenuto semantico. Pensiamo, ad esempio, a due frasi come «ultimamente, Mario *è molto interessato* alla musica classica» e «ultimamente, Mario *s'interessa molto* di musica classica».
Il predicato verbale concorda con il soggetto nella persona: «Mario *ride*», «le amiche *ridevano*», ecc.
Per la concordanza del predicato verbale formato dagli ausiliari *avere* e *essere*+participio passato cfr. XI.85.364-369.

34. Un particolare tipo di predicato, che potremmo dire intermedio tra predicato verbale e predicato nominale, è quello che si forma con i verbi effettivi (come *sembrare, parere*, ecc.; cfr. XI.6a) e numerosi verbi appellativi, elettivi, estimativi, ecc. (*chiamare, eleggere, stimare*, ecc.; cfr. XI.6b-d), cioè con tutti quei verbi, detti «copulativi», che necessitano di un complemento predicativo per avere senso compiuto.
Una parte della tradizione grammaticale considera questo tipo di predicato come parte del predicato nominale (cfr. ad es. FORNACIARI 1881: 2, 298-299 e 308-309), in quanto, in una frase come «tu *diventerai ricco*», il verbo *diventare* ha funzione sintattica e contenuto semantico simili al verbo *essere*. Ma è forse preferibile parlare per questi usi di «predicato con verbo copulativo, elettivo», ecc.

La distinzione tra predicato nominale e verbale risale alla grammatica latina, in cui vigeva l'obbligo di attribuire alla parte nominale lo stesso caso del soggetto, il nominativo. Secondo alcuni grammatici, «In italiano, non essendoci i *casi*, la distinzione ha perso importanza; si continua a farla per facilitare il confronto fra italiano e latino e la traduzione dall'una all'altra lingua» (ALTIERI BIAGI 1987: 553 n. 11).

Complemento oggetto o diretto

35. Il complemento oggetto o complemento diretto è l'elemento della frase su cui ricade l'azione espressa dal predicato, con un legame sintattico diretto: «Mario lava *il suo cane*», «Maria studia *l'inglese*», «mia moglie ha preparato *un dolce*». Esso indica appunto l'«oggetto» che subisce l'azione compiuta dal soggetto ed espressa dal predicato.
La nozione tradizionale di oggetto come elemento sintattico che subisce l'azione va, ovviamente, intesa in modo abbastanza elastico. Se diciamo «Mario ha picchiato *Gino*» abbiamo l'idea immediata e concreta di un'azione «subita», mentre in frasi del tipo «Maria capisce *la matematica* molto bene» o «ieri sera ho visto *un bel film*» l'idea di oggettività espressa dal complemento è assai meno ovvia; né abbiamo l'impressione che il termine indicato dal complemento oggetto «subisca» l'azione espressa dal predicato più di quanto non la subisca il soggetto della frase. È evidente che quel che rende i tre elementi *Gino, la matematica, un bel film*

membri di una stessa classe sintattica è la loro proprietà di fungere da complementi diretti del verbo, che si realizza semanticamente in essi.

Si può distinguere fra oggetto esterno, in sé esistente, e oggetto che scaturisce da un'azione attualizzata dal predicato, in latino OBIĔCTUM AFFĔCTUM / OBIĔCTUM EFFĔCTUM; rispettivamente: «leggere *un libro*» / «scrivere *un libro*»; «avere *un figlio*» ('avere un bambino tra i membri della propria famiglia') / «avere *un figlio*» ('partorire', ad es. «mia sorella ha avuto un figlio alle quattro di stamattina»); «mangiare *una torta*» / «preparare *una torta*», ecc.

36. Le nozioni di complemento oggetto e verbo transitivo (cfr. XI.3) sono indissolubilmente legate (nel complemento diretto infatti, per così dire, «transita» l'azione espressa dal verbo). Vi è però qualche costrutto in cui anche un verbo intransitivo può reggere un complemento oggetto. Ciò può avvenire:
a) quando il complemento diretto si forma dalla stessa radice del verbo: «*vivere* una *vita* spensierata» («il mio mestiere è *vivere la vita* / che sia di tutti i giorni o sconosciuta», canzone di Battisti-Mogol cantata da L. Battisti nel 1980), «*morire* una *morte* eroica» («*la morte* bisogna *morirla*» Boine, *Frantumi*);
b) quando la base semantica del complemento diretto coincide con quella del predicato: «*dormire il sonno* del giusto» («le mie risoluzioni non sono passeggere [...] come mio padre stimo che si persuada, per *dormire i suoi sonni* in pace» Leopardi, *Lettere*), ecc. Si parla in questi casi di *complemento dell'oggetto interno*.

Limitato a poche locuzioni cristallizzate, il complemento dell'oggetto interno è di uso prevalentemente colto e letterario: la lingua quotidiana preferisce di solito il verbo *fare* in luogo dei vari verbi di significato più preciso come *vivere*, *dormire*, ecc.: «*fare* una vita spensierata», «*fare* un sonno», ecc.

37. Antiquati sono i costrutti predicativi della lingua letteraria in cui un complemento diretto dipende da un participio o da un aggettivo: «di lacrime *sparso ambe le guance*» (Leopardi, *All'Italia*, 81='con ambe le guance cosparse di lacrime'); «*Sparsa le trecce morbide* / sull'affannoso petto, / *lenta le palme*, e *rorida* / di morte il bianco aspetto, / giace la pia» (Manzoni, *Adelchi*, Atto IV Scena prima). È un uso che ricalca il cosiddetto accusativo di relazione o alla greca del latino letterario: ad es. LĂCRIMIS PERFŪSA GĒNAS (Virgilio; letteralmente 'cosparsa le guance di lacrime'), FLĀVA CŌMAS (Ovidio; letteralmente 'bionda le chiome'), ecc.

38. Come il soggetto (cfr. II.30), talvolta anche il complemento oggetto può essere retto dalla preposizione *di* nella sua forma articolata: «vorrei *del pane*», «devo dirti *delle cose importanti*» ('un po' di pane', 'alcune cose importanti'), «tiranneggiando sé e la famiglia avea raggrumolato *de' bei denari*» (Nievo, *Novelliere campagnuolo e altri racconti*).

Si osservi che, nelle frasi con verbo riflessivo, soggetto e oggetto coincidono (cfr. XI.18).

39. Caratteristico dell'Italia meridionale è il complemento oggetto retto dalla preposizione *a* (oggetto preposizionale): «canzonare *a te*» (cfr. De Amicis, *Idioma gentile*, 52). «L'impiego della preposizione è certamente determinato dal bisogno di una più netta distinzione tra soggetto e oggetto: *Carlo chiama Paolo* diviene *Carlo chiama a Paolo*. Il fenomeno resta circoscritto agli esseri animati, perché di norma gli oggetti inanimati possono aver soltanto funzione d'oggetto» (ROHLFS 1966-1969: 632). Il costrutto ricorre facilmente, anche in parlanti centrosettentrionali, quando il «tema» è posto in evidenza all'inizio di frase, almeno se l'oggetto è un pronome personale («a me nessuno mi protegge») o con alcuni verbi reggenti come *convincere*, *disturbare*, *preoccupare* («a te preoccupa»): cfr. BERRETTA 1990.

40. Considerazioni analoghe a quelle che si sono fatte per la posizione tendenzialmente fissa del soggetto valgono anche per il complemento oggetto: mentre il soggetto, per ragioni di messa in rilievo dell'agente principale, assume di solito la posizione iniziale (cfr. II.27), il complemento oggetto, che dipende sintatticamente dal predicato verbale, si trova normalmente dopo il verbo transitivo: «Maria ama *Gino*». L'ordine delle parole abituale per una frase italiana non marcata stilisticamente è dunque: soggetto - predicato - complemento diretto.

41. L'anteposizione (o «inversione») del complemento oggetto rispetto al soggetto e al predicato, talvolta con il soggetto in posizione finale, è una delle più comuni caratteristiche di enfasi stilistica della lingua letteraria, in particolare nella poesia antica e moderna. Basterà un solo esempio: «*O miseri o codardi / figliuoli* avrai. *Miseri* eleggi. *Immenso* / tra fortuna e valor *dissidio* pose / il corrotto costume» (Leopardi, *Nelle nozze della sorella Paolina*, 16-19).

Complemento predicativo

42. Il complemento predicativo consiste in un nome o aggettivo che, riferito al soggetto o al complemento oggetto, serve a determinare e completare il significato del verbo: «ieri Mario sembrava *triste*», «il dottor Rossi è stato eletto *presidente* del consiglio di amministrazione dell'azienda». La seconda delle frasi citate ci mostra che il nome o aggettivo che esprime il complemento predicativo (*presidente*) può a sua volta reggere uno o più complementi o attributi (*del consiglio di amministrazione dell'azienda*), formando così un sintagma predicativo complesso.

43. Il complemento predicativo del soggetto compare:

a) con verbi copulativi o aventi funzione copulativa (cfr. XI.5-6); ad esempio *sembrare* («ti sembro *adatto* per questo lavoro?»), *rimanere* («Mario è rimasto *sconcertato*»), *nascere, vivere, morire* («chi nasce *afflitto* muore *sconsolato*» proverbio), *diventare* («la mia irritazione e la mia insofferenza della povertà diventavano *rivolta contro l'ingiustizia*» Moravia, *Il disprezzo*), *risultare, riuscire* («Questo discorso mi risulta *nuovo*», «Mario è riuscito *simpatico* a tutti»), ecc.;
b) con numerosi verbi appellativi, estimativi, elettivi, di forma passiva (che richiedono nell'attivo il complemento predicativo dell'oggetto): «Gino è considerato *un ottimo medico*»; «Può essere eletto *Presidente* della Repubblica ogni cittadino che abbia compiuto cinquant'anni d'età e goda dei diritti civili e politici» (*Costituzione*, art. 84); «l'influenza viene resa *innocua* con vaccini specifici», ecc.

44. Quei verbi che nella loro forma passiva possono reggere, come abbiamo visto, un complemento predicativo del soggetto, si costruiscono con il complemento predicativo dell'oggetto se adoperati nella forma attiva. Ad esempio: «tutti considerano Gino *un ottimo medico*», «i deputati eleggono *Presidente* della Repubblica il candidato più autorevole», «vaccini specifici rendono *innocua* l'influenza», ecc.

In particolare, si noti che una frase con verbo attivo, complemento oggetto e complemento predicativo dell'oggetto può essere trasformata in una frase con verbo passivo e complemento predicativo del soggetto, semanticamente equivalente (in questo caso, il soggetto della frase attiva assumerà la forma di complemento d'agente nella passiva): «molti considerano *noiosa* la musica classica» → «la musica classica è da molti considerata *noiosa*»; «i compagni di classe chiamano Antonio *Nino*» → «Antonio è chiamato *Nino* dai compagni di classe», ecc.

Il complemento predicativo può anche essere costruito con le preposizioni *di* (cfr. VIII.32), *a* (cfr. VIII.39), *in* (cfr. VIII.73), *per* (cfr. VIII.123), ecc. (ad es. 'prendere x *a* modello', 'prendere x *in* moglie', 'dare x *per* disperso', ecc.).

Attributo

45. L'attributo è un elemento aggettivale che qualifica e determina un nome, da cui dipende sintatticamente. Esso può essere espresso da un qualunque aggettivo, o anche da un participio usato come aggettivo. Vediamo alcuni esempi:

(a) «gallina *vecchia* fa *buon* brodo» (proverbio)
(b) «*mio* padre è un uomo *intelligente* e *sensibile*»
(c) «le parti *esterne* della *mia nuova* macchina sono state verniciate con una *speciale* vernice di *alta* protezione»
(d) «le sigarette *nazionali* sono migliori di quelle *importate*»
(e) «c'è una pioggia *scrosciante*»

(f) «entro *otto* o *nove* giorni dovrei ricevere il *mio primo* stipendio»

Oltre ad aggettivi qualificativi (*vecchia, buon,* ecc.), possessivi (*mio, mia*), numerali (*otto, nove, primo*) troviamo in queste frasi gli attributi participiali *importate* e *scrosciante*. Da notare il fatto che l'attributo può dipendere sintatticamente dal soggetto (*gallina vecchia, mio padre,* ecc.) o da un qualsiasi complemento (*buon brodo, della mia nuova macchina,* ecc.) e anche dal nome del predicato (*è un uomo intelligente e sensibile*).

Anche i sintagmi preposizionali possono avere funzione attributiva. Ad esempio: «ho comprato un vestito *di qualità*», «mio fratello è uno studioso *di valore*», «sono una donna semplice, *con poche pretese*», ecc.

Tratto distintivo dell'attributo rispetto al complemento predicativo (cfr. II.42) e al nome del predicato (cfr. II.32) è la sua dipendenza sintattica da un nome. Riprendiamo, ad esempio, la frase (b) e mettiamola a confronto con due frasi in cui l'aggettivo non ha funzione di attributo:

(b) «mio padre è un uomo *intelligente* e *sensibile*»
(b_1) «mio padre è considerato da tutti *intelligente* e *sensibile*»
(b_2) «mio padre è *intelligente* e *sensibile*»

Nella frase (b) i due aggettivi *intelligente* e *sensibile* dipendono dal sostantivo *uomo* e hanno dunque funzione attributiva, mentre nelle frasi (b_1)-(b_2) essi dipendono rispettivamente da un verbo estimativo (complementi predicativi del soggetto) e da una copula espressa dal verbo *essere* (nomi del predicato).

Apposizione

46. L'apposizione è un nome che si colloca accanto a un altro nome, per meglio descriverlo e determinarlo (in latino APPOSĬTIO vale 'ciò che si appone, che si colloca vicino'). Essa può sia precedere sia seguire il nome cui si riferisce: «*il presidente della Repubblica,* Francesco Cossiga», «Francesco Cossiga, *presidente della Repubblica*». Quando un'apposizione indicante titolo o carica è posposta, si omette di solito l'articolo.

Al pari dell'attributo (cfr. II.45), cui è funzionalmente simile, l'apposizione può dipendere sintatticamente sia dal soggetto, sia da un qualsiasi complemento. Ad esempio: «Quanto Spadolini, *re del tondo,* è maestro nell'arte di smussare i contrasti e di disarmare i nemici, tanto Visentini, *genio dello spigolo,* lo è in quella d'invelenire i dissensi» (apposizioni del soggetto; Indro Montanelli, nel «Giornale», 28.11.1986, 1); «per i meriti di Gesù Cristo, *nostro salvatore*» (apposizione del complemento di specificazione; *Messale festivo,* 881); «Una porta sbattuta ad Enrico Cuccia, *il misterioso e potentissimo patrono di tutti gli affari d'alta finanza*» (apposizione del complemento di termine; «Quotidiano di Lecce», 3.10.1986, 7); «I miei due compagni soffrono lievemente di mal di montagna, *naturale conseguenza della stanchezza e del freddo*» (apposizione del complemento di causa; Tucci, *Nepal,* 37), ecc.

47. Come mostrano gli esempi appena citati, il nome in apposizione può reggere svariati attributi e complementi, formando un sintagma appositivo complesso che può raggiungere anche una notevole estensione. Nella lingua della narrativa si adoperano frequentemente sintagmi appositivi molto elaborati per presentare un personaggio. Ad esempio: «Ma in quella entrava Ninì Rubiera, *un giovanotto alto e massiccio che quasi non passava dall'uscio, bianco e rosso in viso, coi capelli ricciuti, e degli occhi un po' addormentati che facevano girare il capo alle ragazze*» (Verga, *Mastro don Gesualdo,* 39); «Scaricato e consegnato al segretario comunale, *un uomo magro e secco, duro d'orecchio, con dei baffi neri a punta sul viso giallo, e la giacca da cacciatore* [...], rimasi solo in mezzo alla strada» (Levi, *Cristo si è fermato a Eboli,* 13).

48. Il singolo nome appositivo si trova, più frequentemente, preposto al sostantivo cui si riferisce. È questo il caso, ad esempio, dei nomi di professione, carica, onorificenza che precedono un nome proprio: «l'*avvocato* Agnelli», «il *professor* Carlo Rubbia», «il *commendator* Fer-

rari»; delle forme appellative di cortesia *signor / signora*: «il *signor* Bianchi», «la *signora* Maria»; degli iperonimi *monte, fiume, lago*, quando precedono un nome geografico: «il *monte* Amiata», «il *fiume* Po», ecc. (cfr. III.20).
Per costrutti appositivi con aggettivo dimostrativo *quello* e preposizione *di*, come «*quel* bel tipo *di* tuo fratello», cfr. VII.131a. Talvolta, in luogo dell'aggettivo dimostrativo, si può avere l'articolo determinativo (cfr. IV.18).

49. Un nome può essere seguito da più apposizioni: «Credo in un solo Dio, *Padre onnipotente, creatore del cielo e della terra*» (*Messale festivo*, 304; i sostantivi *Padre* e *creatore* danno luogo a due distinti sintagmi appositivi).
Meno comunemente, un'apposizione può essere precisata e specificata da una seconda apposizione: «Bob Dole, *capo del gruppo repubblicano al senato (il partito dello stesso Presidente)*», ecc. («Il Piccolo», 1.12.1986, 1).

Complementi indiretti

50. Abbiamo visto finora come, alla struttura di base soggetto+predicato della frase semplice, possano aggiungersi varie unità di articolazione sintattica e di determinazione semantica: il complemento oggetto (cfr. II.35), il complemento predicativo (cfr. II.42), l'attributo (cfr. II.45), l'apposizione (cfr. II.46). Oltre a questi elementi esiste una categoria di forme sintattiche più vasta, ma dai contorni meno facilmente definibili, quella dei complementi indiretti: ne tratteremo nei paragrafi che seguono.
I complementi indiretti (o obliqui) sono complementi che, nella grande maggioranza dei casi, si costruiscono con una reggenza preposizionale. Essi permettono di determinare il significato della frase secondo i parametri del tempo («tornerò *tra pochi giorni*»), dello spazio («mi trovo *a Udine*»), del modo di svolgimento dell'azione («hai recitato *con grande espressività*»), e via dicendo.
Alcuni complementi indiretti possono non essere retti da preposizione, come ad esempio in certi usi del complemento di tempo (cfr. VIII.28a) e nei complementi avverbiali («hai agito *avventatamente*», «sono tornato *ieri*», ecc.). La nozione di «indiretto» non andrà dunque riferita solo all'esistenza di un legame sintattico preposizionale, ma anche e soprattutto al fatto che l'azione espressa dal predicato non «ricade direttamente» sul complemento (come nel complemento oggetto: cfr. II.35). Mettiamo a confronto, per esempio, le due frasi: «Gino ha insultato *Mario*» e «Gino ha lavorato *tutto il giorno*»: nella prima l'azione espressa dal predicato si esplica su un complemento oggetto, mentre nella seconda il complemento serve a situare l'azione entro certi parametri temporali; in altre parole, potremmo dire che «Mario è stato insultato *da Gino*», ma non che **tutto il giorno è stato lavorato da Gino*.

51. Tra le partizioni tradizionali dell'analisi logica quella dei complementi in genere, ed in particolare dei complementi indiretti, è la categoria di cui gli studiosi avvertono oggi più nettamente l'insufficienza di fondamenti ed i limiti operativi. In primo luogo, i criteri semantici che consentono di distinguere i complementi l'uno dall'altro non sono sempre ben chiari: l'attribuzione di un sintagma preposizionale all'uno o all'altro complemento è talvolta opinabile, e d'altro canto l'individuazione di differenze semantiche sempre più sottili può portare all'eccessiva proliferazione di complementi «minori» (cfr. STATI 1976: 60-61). Ancor più difficile, se non impossibile, risulterebbe stabilire dei criteri formali per distinguere ciascun complemento. Così, un sintagma preposizionale come *da Gino* non esprime, in sé, un particolare significato; solo il contesto della frase (in particolare il predicato) ci dirà se abbiamo un complemento d'agente («Mario è stato insultato *da Gino*»), di moto a luogo («vado *da Gino* stasera»), stato in luogo («dormirò *da Gino* stasera»), ecc. Nonostante tali limiti, il quadro tradizionale dei complementi mantiene una sua validità, in quanto si fonda perlopiù su nozioni ampiamente conosciute e consolidate (come ad es. quelle di «moto a luogo», «tempo determinato», «agente», ecc.), che permettono una trattazione ac-

II. Analisi logica e analisi grammaticale

cessibile di un gran numero di unità sintagmatiche, ed hanno in molti casi un'indubbia efficacia descrittiva.
Nel capitolo VIII daremo una vasta esemplificazione dei complementi costruiti con le preposizioni proprie *di* (9-32), *a* (33-50), *da* (51-69), *in* (70-88), *con* (89-95), *su* (96-106), *per* (107-123), *tra / fra* (124-134), e con numerose preposizioni improprie (135-137). Qui ci limiteremo a ricordare le condizioni d'uso dei complementi più importanti, con un rapido cenno delle principali preposizioni con cui si costruiscono.

52. Nelle frasi con predicato espresso da un verbo passivo, il complemento *d'agente* indica il soggetto logico dell'azione (cfr. II.23): «il mio progetto è stato apprezzato *da tutti*», «gli ebrei furono perseguitati *dai nazisti*», ecc. Quando il soggetto logico è rappresentato da un'entità non animata, si parla di complemento *di causa efficiente*: «l'albero è stato abbattuto *dal vento*», «il mio arrivo sarà preceduto *da una telefonata*», ecc.
La preposizione impiegata è sempre *da* (cfr. VIII.55).

53. L'entità animata o inanimata su cui «termina» l'azione viene indicata dal complemento *di termine*: «ho affidato mio figlio *a un bravo insegnante*», «devo dir*ti* alcune cose importanti», ecc.
La preposizione impiegata è sempre *a* (cfr. VIII.34). Con i pronomi personali possiamo avere le forme toniche *a me, a te*, ecc., oppure le forme atone *mi, ti, gli* e *le, ci, vi, loro / gli, si* (per le particolarità di quest'uso cfr. VII.32).

54. Affine al complemento di termine è quello che, prendendo a prestito un termine della grammatica latina, potremmo chiamare *dativo etico*. Esso esprime solo in senso figurato la persona su cui termina l'azione ed è costituito in genere da un pronome atono: «che *mi* combini?» ('cosa mai combini?'), «non *mi* ti far bocciare all'esame, mi raccomando» ('non farti bocciare all'esame, ecc.'); «che *ti* fanno i bergamaschi? Spediscono a Venezia Lorenzo Torre, un dottore, ma di quelli!» (Manzoni, *I Promessi Sposi*, XVII 53). Con il pronome *mi* (o al plurale *ci*) si vuole esprimere un interessamento affettivo nei confronti dell'interlocutore, mentre con *ti* (o *vi*) si tende a coinvolgere maggiormente chi ascolta o legge nella situazione descritta.

55. Il complemento di *specificazione* fornisce una determinazione aggiuntiva al nome da cui dipende. Esprime rapporti di vario tipo, per esempio di proprietà («i terreni del comune»), di parentela («il fratello di Lucia»), di dichiarazione o specificazione vera e propria («il Presidente della Repubblica»), ecc.
La preposizione impiegata è sempre *di* (cfr. VIII.10). In molti casi è possibile un'equivalenza tra il sintagma nome+compl. di specificazione ed un sintagma verbale; ad es. «la paura *dei nemici*»='temere *i nemici*', «l'arrivo *dei nemici*»='*i nemici* arrivano'. Con questo tipo di trasformazioni ci è possibile stabilire se il complemento di specificazione abbia funzione soggettiva o oggettiva; tuttavia, solo il contesto comunicativo consente di analizzare correttamente il sintagma preposizionale: in una frase come «la scelta *di Gino* ci ha causato non pochi guai», ad esempio, il sintagma *di Gino* potrebbe in sé essere interpretato sia come 'soggettivo' («*Gino* ha fatto una scelta») sia come 'oggettivo' («qualcuno ha scelto Gino»).

56. I parametri dello spazio e del tempo sono oggetto rispettivamente dei complementi *di luogo* e dei complementi *di tempo*. Nei primi un luogo viene trattato come punto di riferimento nel quale ci si trova (stato in luogo: «vivo *in città*»), verso il quale ci si dirige (moto a luogo: «vado *in città*»), da cui ci si allontana (moto da luogo: «sono appena tornato *dalla città*») o, ancora, attraverso cui ci si muove (moto per luogo: «passerò *per la città* prima di venire»), ecc. Nei secondi, il tempo viene trattato secondo l'aspetto della duratività (tempo continuato: «sono rimasto in città *per due ore*») oppure della puntualità (tempo determinato: «arriverò in città *alle quattro*»).
Le principali preposizioni impiegate sono:
– per lo stato in luogo *a* (VIII.41), *da* (VIII.68), *in* (VIII.71), *tra / fra* (VIII.127), *sopra* (VIII.136f), *sotto* (VIII.136f), *den-*

tro (VIII.136c), *fuori* (VIII.136c); – per il moto a luogo *a* (VIII.35), *da* (VIII.68), *in* (VIII.84), *verso* (VIII.136g); – per il moto da luogo *da*, il cui uso è prevalente (VIII.52), e *di* (VIII.23a); – per il moto per luogo *da* (VIII.23c), *per* (VIII.108); *tra / fra* (VIII.127); – per il tempo continuato *da* (VIII.57), *in* (VIII.83), *su* (VIII.105b), *per* (VIII.108), *durante* (VIII.137d); ma è possibile anche un sintagma non retto da preposizione, come in «ho dormito solo *per due ore*» / «ho dormito solo *due ore*»; – per il tempo determinato *di* (VIII.27), *a* (VIII.43), *in* (VIII.74), *per* (VIII.122).

57. L'entità per mezzo della quale avviene un'azione si indica con il complemento *di mezzo* (o complemento *di strumento*): «*con adeguate misure economiche* potremo evitare l'inflazione», «ti ho mandato il mio invito *per posta*», ecc.
Le preposizioni più comunemente impiegate sono *di* (VIII.29), *a* (VIII.45), *in* (VIII.77), *con* (VIII.94), *per* (VIII.109), *mediante* (VIII.137a).

58. Il complemento *di causa* indica la causa per cui avviene un'azione: «soffro *d'asma*», «*per la nebbia*, alcuni aeroporti sono stati chiusi al traffico», ecc.
Le preposizioni impiegate sono *di* (VIII.17), *da* (VIII.56), *per* (VIII.111).

59. Il complemento *di modo* o *maniera* esprime le modalità di svolgimento di un'azione: «ho accolto *con entusiasmo* la tua lettera», «sbrigherò gli ultimi affari *in gran fretta*», ecc.
Le preposizioni impiegate sono *di* (VIII.26), *a* (VIII.44), *in* (VIII.79), *con* (VIII.93), *su* (VIII.103), e poche altre.

60. La persona o le persone insieme alle quali si svolge un'azione si indicano col complemento *di compagnia*: «sono andato al cinema *con i miei genitori*», «farò una crociera *insieme* agli amici», ecc.
Quando la relazione di 'compagnia' riguarda non un essere animato, ma una cosa, si ha il complemento *di unione*: «mi piace il gelato *con la panna e l'amarena*», «partirò *con il minimo bagaglio indispensabile*», ecc.
Le principali preposizioni impiegate sono *con* (VIII.90) e *insieme* (VIII.138).

61. L'argomento di un atto comunicativo può essere esplicitato dal complemento *d'argomento*: «ho discusso a lungo *di politica*», «volevo sentire il tuo parere *sull'ultimo libro di Moravia*», ecc.
Nel complemento d'argomento trovano impiego le preposizioni *di* (cfr. VIII.13) *su* (VIII.102), e numerose locuzioni preposizionali come *intorno a, a proposito di*, ecc.

62. Il complemento *di quantità* serve a specificare una quantità o misura: «questa cassetta pesa *venti chili*», «una damigiana *da venti litri*», ecc.
Si impiegano le preposizioni *di* (cfr. VIII.16) e *per* (cfr. VIII.122); talvolta la quantità o misura è espressa senza preposizione.

63. A sé sta il complemento *vocativo* (o *di vocazione*), costituito da un nome – di persona, animale o cosa – a cui il parlante rivolge direttamente il discorso.
Il vocativo ha grande libertà di collocazione: può figurare ad apertura di frase («*Silvia*, rimembri ancora», ecc. Leopardi, *A Silvia*, 1), in posizione interna (e nello scritto è inserito di norma tra due virgole: «Via, *zietto*, calmati, via!» Pirandello, *Così è [se vi pare]*, V 8; raramente tra virgola e punto esclamativo: «Ma, *Renzo!*, non siete in voi» Manzoni, *I Promessi Sposi*, XXXVI 44), oppure in posizione finale: «invecchian ivi ne l'ombra i superstiti, al rombo / del tuo ritorno teso l'orecchio, *o dea*» (Carducci, *Mors*, 23-24).
Spesso il vocativo si richiama al soggetto del verbo o a un altro elemento grammaticale della frase (così nell'esempio del Carducci, in cui *o dea* si collega all'aggettivo possessivo *tuo*); altre volte è indipendente: «*Maria*, stasera non sono a cena».
Può essere preceduto da un contrassegno formale (le interiezioni *o* e *oh*: cfr. X.20-21), ma perlopiù è adoperato assolutamente. Limitata all'uso popolare romanesco l'interiezione *a*: «Ahioddio, che t'ha preso na paralisi, *a Marcè?*» (Pasolini, *Ragazzi di vita*, 15).
Affine al vocativo è il complemento *esclamativo*, nel quale possiamo includere «tutte le interiezioni, ed esclamazioni varie, insulti, imprecazioni eccetera» (SATTA 1981: 504).
Per quanto riguarda l'uso e la reggenza

preposizionale di altri complementi minori, il lettore potrà agevolmente consultare il capitolo sulla *Preposizione*, ritrovando ogni complemento grazie all'*Indice dei fenomeni e delle forme notevoli* (sotto la voce *complementi*).

III. IL NOME

1. Il nome o sostantivo è una parola che ha la funzione di indicare persone, animali, cose, concetti, fenomeni (ad es. *bambino, gatta, martello, giustizia, tuono*). Nessun idioma antico e moderno a noi noto, per quanto peculiari siano i suoi procedimenti grammaticali, è mai risultato privo della facoltà di *nominare* persone, cose, concetti: classificare, riconoscere, creare vuol dire da sempre «chiamare» con un nome; così, fin dalla prima infanzia, il nome che portiamo (*Aldo, Mario, Cecilia, Rita*) fa un tutt'uno con noi e ci individua nel contesto familiare e sociale.
In italiano e nelle lingue romanze il nome è formalmente contraddistinto da una propria flessione grammaticale, che comprende la distinzione singolare / plurale (numero) e quella maschile / femminile (genere).

2. Non è sopravvissuto invece il genere neutro, che già il latino più tardo andava progressivamente eliminando a favore dei due generi maschile / femminile (TEKAVČIĆ 1980: II 402), e che troviamo in lingue come il russo e il tedesco (più fedeli in ciò alla fisionomia dell'antico indoeuropeo comune): in tedesco, ad esempio, *der Sohn* 'il figlio' è maschile, *die Tochter* 'la figlia' è femminile, mentre *das Kind*, genericamente 'bambino / bambina', 'figlio / figlia', è neutro. Altre lingue indoeuropee, come l'inglese, il persiano, l'armeno hanno poi quasi completamente annullato la distinzione grammaticale del genere. Un caso di sopravvivenza del neutro latino in italiano, almeno come desinenza, si ha nel tipo *le uova, le braccia*, cfr. III.109, III.117. Si potrebbe inoltre parlare di «neutro», dal punto di vista semantico, per alcuni pronomi anaforici come *ciò* (cfr. VII.133) o anche per pronomi personali quali *lo* («non *lo* so», cfr. VII.43), *la* («me *la* pagherai», cfr. VII.44), *gli* («*gli* è vero», cfr. VII.22), ecc.

3. Tradizionalmente, i nomi vengono suddivisi in varie classi: *Giovanni, Paola, Roma, Firenze, Tevere*, ecc. si possono definire nomi propri (di persona o antroponimi, di luogo o toponimi, di fiume o idronimi, ecc.), perché identificano uno specifico individuo all'interno di una categoria o di una specie. *Formica, tavolo, bosco, donna* sono nomi comuni in quanto si riferiscono a tutti i membri di una stessa categoria o specie. Si dicono poi collettivi quei nomi che designano un gruppo di individui, come *popolo, folla, mandria, sciame, reggimento, stormo, pubblico, clientela*. Uno stesso nome può venir considerato in momenti, luoghi, e presso gruppi sociali diversi come proprio o comune.

4. Numerosi «nomi comuni» dell'italiano moderno derivano da nomi propri (un vasto e documentato repertorio in MIGLIORINI 1968): ad esempio *algoritmo* (dal nome del matematico arabo *Al-Huwārizmī*, IX sec.), *ångström* (dal nome dello scienziato svedese A. Ångström, 1814-1874), e così per tutti i casi in cui da un metodo, da un fenomeno, da una scoperta e simili possiamo risalire al nome dell'inventore o dell'ideatore. *Medusa* deriva da *Medusa*, mitico mostro dell'antichità. Un *machiavello* è un 'trucco, raggiro particolarmente ingegnoso' in virtù dell'astuzia spregiudicata che l'opinione comune ha da sempre attribuito a Niccolò Machiavelli: «il *machiavello* tattico di Osvaldo Bagnoli» («L'Arena», 1.12.1986, 9; ci si riferisce alla strategia calcistica dell'allenatore del Verona).

5. Caratteristico l'uso che spesso si fa del nome di un artista, non solo per indicare la sua opera nel complesso («questa parola si trova in *Dante*», cioè 'nelle opere di Dante'), ma anche quando ci si riferisce ad un esemplare individuale (ad esempio: «ammirare un *Tiziano*»; «nel periodo in cui la critica mi malmenava e un critico per stroncare un autore francese, scriveva: 'Questo film è brutto. Sembra un *Corbucci*'» Sergio Corbucci, intervista a «Europeo», 13.11.1986, 76), o ancora a un semplice esemplare a stampa di un'opera letteraria: nel Cinquecento ogni uomo di lettere che si rispettasse viveva «co'l petrarchino in mano» (Caro, *Lettere familiari*), cioè con un volumetto stampato in formato tascabile del *Canzoniere* petrarchesco sempre a portata di mano. Anche noi diciamo «hai visto il mio *Virgilio*?», «dovresti rendermi il *Manzoni*», ecc.

6. Una seconda possibile distinzione è quella in nomi concreti e nomi astratti: i primi si riferiscono a tutte le entità direttamente percepibili dai sensi, come ad es. *uomo*, *cane*, *tovaglia*, *coltello*, i secondi a concetti come *amore*, *libertà*, *infelicità*, *gloria*, che sono raffigurabili solo in astratto dalla mente.
Ma si tratta di una classificazione da non intendere in senso troppo rigido: non sempre è possibile assegnare un dato nome a questa o quella classe (una *partenza*, un *disagio*, un'*arrabbiatura*, una *caduta* si collocano su gradi per dir così intermedi di «astrazione» / «concretezza»). Inoltre, un nome di solito usato come astratto può essere in altre accezioni concreto. Pensiamo agli astratti *personalità*, *celebrità* adoperati come concreti («le personalità del mondo dello spettacolo»; «via, non fo per dire, / ma oggi sono una celebrità» Carducci, *Davanti San Guido*; nello stesso significato l'italiano ottocentesco aveva *notabilità*, cfr. FORNACIARI 1881: 19); o a *servitù* 'l'insieme dei domestici', *umanità* 'gli uomini, il genere umano', ecc.

7. Il nome, come categoria grammaticale autonoma per formazione e flessione, fin dalla teoria linguistica dell'antichità (che includeva nel nome anche il pronome e l'aggettivo) è stato contrapposto al verbo, il quale si distingueva da esso in quanto indicava un processo, un'azione, situandoli nel tempo (ROBINS 1981: 47-49).
In diverse lingue non esiste una distinzione altrettanto spiccata per la categoria del nome, quale noi siamo abituati a configurarla: la nettezza con cui è sempre stato possibile formulare l'opposizione «nome» / «verbo» è stata in massima parte dovuta all'assetto morfologico delle lingue europee di cultura come il greco, il latino, il tedesco, le lingue romanze, ecc., dove le due categorie sono nettamente contraddistinte e individuabili. Non potremmo fare lo stesso con le lingue sino-tibetane o con molti idiomi amerindiani, perché nelle prime nessun contrassegno morfologico distingue le parole le une dalle altre, e nei secondi una parola può assumere un «aspetto» verbale o sostantivale in base alle altre parole e affissi con cui si agglutina per formare segni linguistici complessi; e dunque ci si dovrà spesso affidare alla struttura della frase (ordine delle parole, rapporti di dipendenza, ecc.) per ricavarne le «funzioni» grammaticali.

8. In italiano, come nella maggior parte delle lingue indoeuropee, l'autonomia del nome dalle altre categorie grammaticali appare saldamente garantita sul piano morfologico; tuttavia, qualunque parola che non sia un nome può assumere, senza modificare la sua forma, funzione nominale (si parla in questi casi di *uso sostantivato*). Ecco una serie di esempi di varie parti del discorso usate come sostantivi:
a) (verbo): «*il rimembrar* delle passate cose» (Leopardi, *Alla luna*, 15);
b) (avverbio): «quando si veniva a quel punto oscuro della fuga de' nostri poveretti, e *del come*, e *del perché*, e *del dove*» (Manzoni, *I Promessi Sposi*, XI 25); «*il troppo* stroppia» (proverbio);
c) (aggettivo): «con tanta pratica degli uomini e delle cose, con tanto meditare, con tanta passione per *il buono* e per *il bello*» (Manzoni, *I Promessi Sposi*, XXII 46; per gli aggettivi sostantivati del tipo *il pubblico*, *il privato*, *il politico* cfr. V.47);
d) (congiunzione): «ma, ci fu un *ma*» (Viani, *Il cipresso e la vite*); « su questa 'versione' di Santi ci sono però *dei se* e *dei ma*» («La Repubblica», 24.4.1987, 17);
e) (pronome): «torna a casa, perché *i tuoi* non abbiano a star più in pena per te»

III. Il nome

(Manzoni, *I Promessi Sposi*, VIII 71);
f) (numerale): «avendo la bocca ancora aperta, per *un* gran '*sei*' che n'era scoppiato fuori» (Manzoni, *I Promessi Sposi*, VII 64);
g) (preposizione): «l'infinito retto da 'desiderare' non vuole *il di*».

Genere del nome

9. Come abbiamo già detto, il nome può essere maschile o femminile. È necessario però distinguere tra genere reale, cioè effettivamente motivato in quanto corrispondente al sesso (*maestro-maestra, re-regina, toro-vacca*) e genere grammaticale, dovuto ad una pura convenzione e privo di corrispondenza nel mondo extra-linguistico: solo l'uso e la tradizione linguistica, e non una loro ipotetica «mascolinità» / «femminilità», stabiliscono che siano maschili *pensiero, apice, vestito, orologio* e femminili *sedia, favola, rete,* ecc.

10. In assenza di ogni riferimento ad un genere reale, molti gruppi di nomi tendono a ripartirsi grammaticalmente tra maschile e femminile in base alla tassonomia, cioè alla loro appartenenza a questo o quel settore delle classificazioni e delle nozioni comuni: non c'è, è vero, alcun motivo per cui il nome dell'*oro*, in sé, debba essere maschile (se non, storicamente, il fatto di derivare dal neutro latino AURUM); eppure notiamo che sono maschili i nomi dei metalli e degli elementi chimici, così come altre serie nominali sono costituite completamente o in gran parte da nomi femminili.
In particolare, tendono a collocarsi nel genere femminile:

11. I. I nomi dei frutti: *la banana, la mela, la noce, la pera, la pesca*; di solito al frutto femminile corrisponde un nome d'albero maschile (*il melo, il pero, il pesco*, ecc.), ma in molti altri casi sia il nome del frutto sia quello dell'albero sono maschili: *il cedro, il fico, il lampone, il limone*.
Sebbene la norma tradizionale prescriva la coppia *arancio* (albero) - *arancia* (frutto), fin da epoca antica s'è avuto anche il maschile *arancio* per indicare il frutto («o belle zane / d'aranci, di cedrati e di lumìe!» Buonarroti il Giovane, *La Fiera*), uso che s'è continuato anche nella lingua letteraria più sorvegliata (ad es. D'Annunzio, *Trionfo della morte*, 372) ed è oggi piuttosto comune («mancano carne, pesce, uova, verdura, frutta con l'eccezione degli aranci», «La Repubblica», 26.4.1986, 3; si veda poi questo caso di oscillazione: «Ci venne l'idea di [...] staccare qualche arancio dagli alberi [...]. Sbucciandoli per istrada ci dicevamo: 'Perbacco, queste sono le arance buone e non quelle che ci davano alla pensione'» Alvaro, cit. in BRUNET 1982: 63). Non è da escludere che sull'affermazione del maschile *arancio* per il frutto abbia influito il fatto che sono maschili tutti gli altri nomi di agrumi (oltre a *cedro* e *limone, bergamotto, chinotto, mandarino, pompelmo*).
I nomi di frutti esotici sono prevalentemente maschili: *l'ananas, l'avocado, il cachi, il kiwi, il litchi, il mango, il maracuja,* ecc.

12. II. I nomi di città, isole, regioni, stati, continenti: *la Roma dei papi, la sabauda Torino; la Sardegna, la Sicilia, le Eolie; la Campania, l'Emilia-Romagna; l'Austria, la Finlandia; l'Africa, l'Asia, l'Europa.*
In antico il genere dei nomi di città era perlopiù determinato dalla desinenza: «Palermo fu fabbricato», «bella Venezia», «bel mi' Firenze» (ROHLFS 1966-1969: 380a); alcuni esempi letterari di maschile in *-o*: «in un Milano, bisogna dirla, c'è ancor del timor di Dio» (Manzoni, *I Promessi Sposi*, XVI 48); «quel Milano birbone ch'era tutto pieno di lei» (De Marchi, *Demetrio Pianelli*, 333); «abbiamo in faccia Urbino / ventoso» (Pascoli, *L'aquilone*, 22-23). Oggi fra i più comuni nomi di città è invece maschile solo *Il Cairo* (anche se s'ode ancora, nella lingua parlata, «il mio Torino», «Milano è sempre il più bello»; e se i toponimi in *-o* possono presentarsi alterati scherzosi al maschile: «Palermo, Palermino sei più bello di Torino» Ginzburg, *Lessico famigliare*, 31).
Tra i nomi delle regioni italiane sono maschili *l'Abruzzo* (o: *gli Abruzzi*), *il Friuli, il Lazio, il Molise, il Piemonte, il Trentino-Alto Adige, il Veneto*, oltre a molte sub-regioni e regioni storiche: *il Bruzio* (l'odierna Calabria), *il Canavese, il Ca-*

sentino, *il Chianti, il Cicolano, il Monferrato, il Mugello, il Salento, il Sannio*, ecc. Maschili anche molti nomi di nazione: *il Belgio, il Perù, il Portogallo*, ecc.

13. I nomi di città, regione, nazione si usano anche per indicare squadre di calcio, associazioni e gruppi sportivi in genere. E anche in questo caso, per quanto vi siano numerose eccezioni e irregolarità, è possibile osservare delle tendenze costanti rispetto al genere:
a) con i nomi di città che comunemente sono femminili, si ha il maschile: *il Torino, il Bologna, il Catanzaro*; con un'unica eccezione rilevante: *la Roma* (forse sul modello della preesistente *Lazio*: cfr. LEONE 1974b: 52).
b) con un aggettivo sostantivato si ha il femminile: *la Triestina, la Salernitana, la Fiorentina*;
c) con i nomi di regione si ha talvolta il genere opposto a quello del nome nel suo uso primitivo: *il Campania, la Lazio*;
d) con i nomi di nazione si ha lo stesso genere del nome corrispondente: *il Brasile, la Danimarca, la Francia, l'Italia*.
Altri tipi nominali sono possibili, e tra questi ricordiamo:
e) etichetta latina o nome mitologico, di solito femminile: *la Juventus, l'Atalanta, la Pro Patria*;
f) nome composto, anch'esso di solito femminile: *la Sampdoria* (dalla fusione delle due squadre *Sampierdarenese* e *Andrea Doria*, di Genova). Sul genere dei nomi sportivi cfr. BASCETTA 1962: 95-99 e LEONE 1974b.

14. III. I nomi militari che indicano mansioni come *la guardia, la guida, la pattuglia, la ronda, la scorta, la sentinella, la staffetta, la vedetta*.
Nel caso di nomi come *la guardia, la spia*, ecc., è stato spesso ricordato che il loro genere è dovuto al valore «astratto - collettivo» della funzione che essi designano (in frasi come «fare la guardia», «andare di ronda», «essere di scorta» dove ci si riferisce a compiti svolti da più individui; MIGLIORINI 1957: 73-74), valore che per l'appunto è di preferenza rappresentato dal femminile.

15. IV. I nomi di scienze, discipline, nozioni astratte: *la grammatica, la filosofia, la fiducia, la telematica, la pace*.
Ma è la categoria di più incerta definizione, come si ricava dalla presenza, accanto a molti femminili, di sinonimi maschili: ad es. *la giustizia / il diritto, la discordia / il disaccordo, l'allegria / il buonumore*, ecc.
Tendono a collocarsi nel genere maschile:

16. I. I nomi degli alberi: *il frassino, il melo, il pero, il pino, il salice, l'abete, l'ulivo*, ecc.; ma sono abbastanza numerosi anche i femminili: *la betulla, la magnolia, la palma, la quercia, la sequoia, la vite*.
Per quanto riguarda *vite, palma* e *quercia* si può osservare che il nome del frutto relativo, *uva, dattero* e *ghianda*, non si forma dalla stessa radice del nome dell'albero, come invece accade per *per-o / per-a, mel-o / mel-a*, ecc., e dunque il loro genere non è stato vincolato dall'opposizione 'albero' (maschile) / 'frutto' (femminile) che, come abbiamo visto, vige in molti casi. *Vite*, inoltre, a differenza della maggior parte dei nomi di albero, ha mantenuto il genere femminile del latino VĪTIS perché, per il suo aspetto e per il tipo di coltivazione in filari e pergolati, è stata probabilmente sentita come 'pianta' più che come 'albero'.

17. II. I nomi dei metalli (*l'alluminio, l'argento, il mercurio, l'oro, il rame, il titanio, lo zinco*) e in generale degli elementi chimici (*l'argo, l'idrogeno, l'ossigeno, lo zolfo*).

18. III. I nomi dei punti cardinali: *l'est* o *levante* o *oriente, l'ovest* o *ponente* o *occidente, il nord* o *settentrione, il sud* o *meridione* o *mezzogiorno* (e così i composti *nord-est, sud-ovest*, ecc.).

19. IV. I nomi dei mesi (*gennaio, febbraio*, ecc.) e dei giorni della settimana (*lunedì, martedì*) tranne *la domenica* (che deve il suo genere al latino tardo DĪES DOMĪNICA, femminile: letteralmente 'giorno del Signore').

20. V. I nomi di mari, monti, fiumi, laghi: *lo Ionio, l'Adriatico, il Falterona, il Terminillo, l'Everest, il Po, il Tevere, il Garda*. Tutti questi nomi risentono quasi

III. Il nome

sempre, per il genere, del relativo iperonimo: *il (monte) Falterona, il (fiume) Po, il (mare) Tirreno*, tanto che spesso questo entra a far parte del nome proprio, per cui si può dire *il Tirreno* o *il Mar Tirreno*, e in alcuni casi è obbligatorio servirsene: possiamo dire indistintamente *il Garda* o *il lago di Garda*, ma non *il Bracciano* per *il lago di Bracciano* né *il Bianco* per *il Monte Bianco*, ecc.

Esempi di nomi di monti o complessi montagnosi femminili sono *la Sila* (che designa una regione montuosa, e non un singolo monte), *la Maiella, la Marmolada, la Presanella, la Grivola* («da l'ardüa Grivola bella» Carducci, *Courmayeur*, 3), ecc.

Tra i nomi di fiumi femminili ve ne sono alcuni di fiumi stranieri: *la Drina, la Garonna, la Loira, la Senna, la Vistola*. Per l'Italia possiamo ricordare *la Dora, la Magra, la Secchia*. In molti casi l'uso oscilla fra maschile e femminile: *il Bormida* o *la Bormida, il Cecina* o *la Cecina* («la Cecina nasce dalle Colline Metallifere e si getta in mare tra Livorno e Piombino», in un manuale cit. in BRUNET 1982: 77), e *l(a) Adda*, («l'Adda riccioluta di spume», Solmi, *Sera sull'Adda*, 1-2). *Il Piave*, oggi perlopiù maschile (anche se in dialetto si dice ancora *la Piau*), fu in passato femminile: ma dal primo conflitto mondiale in poi, per il diffondersi della famosa *Canzone del Piave* di Giovanni Gaeta (E. A. Mario), e probabilmente anche per influsso di tutti gli altri nomi maschili di fiume, ha preso il sopravvento la forma maschile: «Il Piave mormorava calmo e placido al passaggio / dei primi fanti il ventiquattro maggio / [...] / il Piave mormorò: 'non passa lo straniero!'». Lo stesso si dica per *Brenta*, femminile in Dante («lungo la Brenta» *Inferno*, XV 7) e prevalentemente maschile oggi («lungo la riviera del Brenta» *Guida Rapida TCI*, II 34).

21. VI. I nomi di preghiere, che spesso mantengono il loro antico nome latino, o lo affiancano al nome italiano: *l'Angelus* («febbrile e vano / suono degli angelus / sul giorno umano» Pasolini, *L'usignolo della chiesa cattolica*), *il Credo* («il prete, tutto d'argento, si volse verso la custodia, dicendo a bassa voce un 'credo'» D'Annunzio, *Prose di romanzi*), *il Padrenostro* o *Pater noster* (molto comune nella forma *Paternostro*: «dopo più sospiri lasciato stare il dir de' *paternostri*, seco della qualità del tempo molte e varie cose cominciarono a ragionare» Boccaccio, *Decamerone, Introduzione* 52; e anche nella forma abbreviata *Pater*), *il Gloria* (o *Gloria Patri*: «poiché le sorse il dubbio di essere andata troppo oltre, si segnò, mormorò un *Gloria Patri*» Tomasi di Lampedusa, cit. in BRUNET 1982: 62), *il Requiem* o *Requiem aeternam* (anche nel significato di 'composizione musicale scritta sul testo del *Requiem*': «il *Requiem* [o Messa di Requiem] più antico sembrerebbe quello scritto da G. Dufay e menzionato nel suo testamento», *Dizionario della musica: Lessico* IV 78), *il Salve Regina* (talvolta anche al femminile; cfr. BRUNET 1982: 60), *il Te Deum* («Apprestate per il *Te Deum*» Giacosa-Illica, *Tosca*, in PUCCINI-FERRANDO 1984: 187). È invece femminile *l'Ave(m)maria* («ti converrà dire [...] trecento avemarie a reverenza della Trinità» Boccaccio, *Decamerone*); «stava sospeso, cercando le parole e facendo scorrere tra le dita le *ave marie* della corona che teneva a cintola» (Manzoni, *I Promessi Sposi*, VI 2).

22. VII. I nomi di vini, sia quando il nome si presenta in sé come un maschile (*l'Aglianico del Vulture, il Barbaresco, il Corvo di Salaparuta*), sia quando il nome (nella maggior parte dei casi, un toponimo) è nel suo uso comune un femminile (*l'Elba bianco, il Grottaferrata, il Lacrima Christi, il Valpolicella*). Maschili anche i nomi di vini uscenti in *-i* (*il Chianti, il Tocai*) e in consonante (*il Pinot, il Riesling*). Oscillano fra genere maschile e femminile i nomi dei vini *Barbera* e *Marsala*: «non mi va allora il chianti, e il barbera è troppo duro» (Carducci, *Lettere*); «serba la tua purpurea barbèra / per quando, un giorno che non è lontano, / tutto ravvolto nella sua bandiera / torni Galliano» (Pascoli); per *Marsala* il maschile è di gran lunga prevalente (sempre così ad esempio in Veronelli, *Bere giusto*, e in generale nelle attestazioni scritte) e il femminile *la Marsala* sembra limitato all'uso parlato popolare. Decisamente femminili invece *Malvasia* (anticamente anche *Malvagia*; cfr. ad es. Boccaccio, *Decamerone*, VII 3

10), e *Vernaccia* («un fiumicel di vernaccia, della migliore che mai si bevve» Boccaccio, *Decamerone*, VIII 3 9). Nei rari casi in cui si trovano *il Malvasia* e *il Vernaccia* (due esempi in BRUNET 1982: 69) ciò sarà dovuto all'influsso del sostantivo *vino*, che è del resto responsabile del genere maschile degli altri nomi femminili che abbiamo citato.

Molti esempi di nomi di vino maschili nel ditirambo *Bacco in Toscana* del Redi (1626-1698); per esempio: «Benedetto / quel Claretto / che si spilla in Avignone» (31-33), «coronato / sia l'eroe che nelle vigne / di Petraia e di Castello / piantò prima *il Moscadello*» (55-58).

22 bis. Alcuni tratti semantici, come vedremo analizzando partitamente la formazione del femminile e del plurale, sono spesso collegati all'opposizione di genere: astratto / concreto, grande / piccolo, collettivo / singolo (sulla motivazione del femminile in *guardia*, *spia*, ecc. cfr. III.14).

Nella maggior parte dei casi il contrassegno morfologico del genere è dato dalla terminazione. E precisamente:

23. I. Sono maschili i nomi con desinenza in -*o* (*il carro*, *il tempo*, *l'uomo*), con poche eccezioni, tutte dipendenti dal genere dell'etimo: *la mano* e *la virago* 'donna di fattezze virili' (cfr. lat. MĀNUS e VIRĀGO, entrambi femminili) e *eco* (femminile in latino e in greco, che è la base remota del termine; tuttavia *eco* è maschile al plurale: «la cascatella i piccoli echi suscita / per li verdi silenzii» D'Annunzio, *Versi d'amore e di gloria*). Arcaico il femminile *nuro* 'nuora' («a cui ciascuna sposa è figlia e nuro» Dante, *Paradiso*, XXVI 93). *Eco* è non di rado adoperato come maschile anche al singolare: cfr. MOISE 1878: 102 per esempi antichi; aggiungiamo un esempio moderno nel Nievo: «come un eco lontano di flebili armonie» (*Le confessioni d'un italiano*, 76) e uno nel linguista Gaetano Berruto: un libro «era rimasto per cinquant'anni senza alcun eco» («IO», 1986, 4, 171). Due grecismi, *sinodo* e *parodo*, possono eccezionalmente essere trattati come femminili sul modello del greco *sýnodos* e *párodos*: «celebrandosi la santa sinodo in Nicea» (*Vite dei Santissimi padri*, cit. in TOMMASEO-BELLINI 1865-1879: IV 917); «si chiamava *prologo* la parte della tragedia che precedeva l'entrata del Coro, cioè la *parodo*» (Perrotta, *Disegno storico*, 123). Per il tipo *la radio* cfr. III.127.

24. II. Sono inoltre quasi tutti maschili i nomi, perlopiù di origine straniera, terminanti in consonante: *il bar*, *il rock*, *lo sport*, *il tram*, ecc.

25. III. Sono invece quasi tutti femminili i nomi con desinenza in -*a*: *la carrozza*, *la donna*, *l'ora*, anche se esiste un consistente gruppo di maschili in -*a*: *il cataclisma*, *il dramma*, *il tema*, ecc.

26. I nomi maschili in -*a* sono in gran parte di origine greca e di uso colto (cfr. III.46, III.80d-g). Talvolta alla forma maschile più corretta se ne è affiancata una femminile, popolarmente sentita come più regolare; è il caso del maschile *asma*, che è stato quasi soppiantato nell'uso corrente dal femminile: «la sentii [...] curvarmisi sopra con un'asma materna» (Bufalino, *Diceria dell'untore*, 125), «il ragazzo era sofferente di asma allergica» («La Repubblica», 31.12.1986, 33), mentre è ancora proprio dell'uso scientifico e della prosa più sorvegliata: «sono stato assalito [...] da un vero e legittimo asma» (Leopardi, *Lettere*), «un particolare favore ha incontrato la distinzione [...] dell'asma in estrinseco e intrinseco» (*Enciclopedia medica italiana*, II 1374).

27. IV. Sono femminili quasi tutti i nomi terminanti in -*i*: *l(a) artrosi*, *l(a) ascesi*, *la crisi*, *la parafrasi*, ecc. (tutti di origine greca). Ma è maschile *brindisi* (voce di origine tedesca: dalla locuzione (*ich*) *bring dir 's* 'lo porto a te [il bicchiere]'='bevo alla tua salute'; cfr. CORTELAZZO-ZOLLI 1979: I 167).

Non entrano in questa serie i composti con base verbale che abbiano come secondo elemento un plurale maschile: *contapassi*, *castigamatti*, *stuzzicadenti*, ecc. (sui quali cfr. XV.123).

28. V. Sono femminili i nomi terminanti in -*tà* e in -*tù*: *la bontà*, *la città*, *l'onestà*, *la rapidità*, ecc. e *la schiavitù*, *la servitù*, *la* *virtù*, ecc. Questi nomi continuano i nomi latini femminili con accusativo -TATEM e -TUTEM (tipi CĪVITAS, CIVITĀTIS e VĪRTUS, VIRTŪTIS). Le poche eccezioni presenti in questo gruppo hanno invece origine diversa: *taffetà*, nome maschile di tessuto (dal persiano, attraverso il francese), *tutù* 'costume delle ballerine' (voce infantile).

29. VI. I nomi in *-e* che non rientrino in qualche classe suffissale (*-tore*, *-zione*, *-ite*, ecc.) possono essere maschili o femminili (*il dente* / *la gente*, *il ventre* / *la coltre*, *il magnete* / *la quiete*, ecc.). Incertezze possono sorgere di fronte a nomi poco usuali, anche presso parlanti e scrittori colti. Così *acme*, femminile (come il greco *akmé* da cui deriva), è trattato erroneamente come maschile in Tomasi di Lampedusa («il loro acme», *Il Gattopardo*, 117). Popolaresco *la diabete* in luogo di *il diabete* (per influsso di *malattia*). Oscilla inoltre fra maschile e femminile, senza particolari differenze semantiche, *il carcere* (oggi molto più comune) / *la carcere* (talvolta anche nello stesso scrittore, come attestano questi due esempi di Pirandello, *Novelle per un anno*: «esco adesso dal *carcere*»; «come se fossi in *una carcere*!», *Il giuoco delle parti*, III 29]; l'oscillazione si mantiene anche nel plurale (dove però è più comune il femminile: «una storia [...] che dà la misura dello stato miserabile in cui sono ridotte le carceri», «La Repubblica», 12.3.1985, 15).

Formazione del femminile

30. A rigor di termini si potrebbe parlare di formazione del femminile solo per quei nomi di esseri animati in cui effettivamente distinguiamo un individuo femmina da uno maschio: *figlio* / *figlia*, *gatto* / *gatta*. Negli altri numerosi casi in cui ci si presenta un'alternanza di genere, infatti, una modificazione del significato interviene a segnalarci che ci troviamo di fronte non al femminile di un nome, ma a un nome femminile che ha con il corrispondente maschile una relazione di contiguità semantica più o meno stretta. Proprio di questi casi di alternanza ci occuperemo nei paragrafi 31-42, mentre in paragrafi ancora successivi vedremo specificamente la formazione del femminile nei nomi di persona e di animale.

Alternanza di genere e alternanza di significato

Alcune parole hanno significato diverso a seconda che presentino uscita maschile o femminile (VOLPATI 1955).

31. Mettiamo subito da parte un gruppo di nomi in cui l'indipendenza tra maschile e femminile è massima, trattandosi di parole le cui radici sono per puro caso omofone:

arco 'arma da lancio'	*arca* 'sarcofago' o 'imbarcazione' (nella Bibbia: *l'Arca di Noè*)
busto 'parte superiore del tronco umano'	*busta* 'involucro'
maglio 'martello'	*maglia* 'indumento'
tappo 'oggetto usato per chiudere un contenitore, una bottiglia'	*tappa* 'punto di sosta in un percorso'

La radicale differenza di significato che sussiste in queste coppie di nomi è dovuta alla differente etimologia di ciascuno dei due membri: il MĂLLEUS 'martello' (>*maglio*) e la MĂCULA 'rete a maglie larghe' (>*maglia*) erano insomma in latino due nomi del tutto indipendenti per forma e significato, che solo l'evoluzione fonetica ha condotto a somigliarsi esteriormente. Ma immutata resta la distanza tra le nozioni significate, tanto che in questi casi si dovrebbe parlare di alternanza apparente.

32. Si ha alternanza vera e propria quando i due nomi si formano dalla medesima radice, e vi è dunque (almeno nella grande maggioranza dei casi) un'affinità e somiglianza, massima o minima, con intermedie gradazioni, della cosa o nozione significata (o *designatum*):

balzo 'salto'	*balza* 'tratto scosceso o dirupato di un monte'
berretto 'copricapo'	*berretta* 'copricapo sacerdotale' o 'copricapo da notte'
cassetto 'cassetta che scorre orizzontalmente all'interno di un mobile'	*cassetta* 'piccola cassa'
chicco 'seme' o 'piccolo oggetto sferico'	*chicca* 'caramella' o 'cosa rara e squisita'
coppo 'grosso recipiente di terracotta'	*coppa* 'vaso per bevande'
panno 'tessuto'	*panna* 'parte grassa del latte'
regolo 'strumento per misurazioni'	*regola* 'norma'

Il modo in cui si formano queste coppie di nomi è quasi sempre lo stesso: si parte da una fase in cui l'uso di uno stesso termine al maschile o al femminile è pressoché indifferente, e poi, col procedere del tempo, maschile e femminile cominciano ad adoperarsi per accezioni e significati distinti, finché la distanza semantica diviene tale che si può parlare di due nomi indipendenti.

Si veda il caso di *panno* / *panna*, in cui la differenza semantica tra i due membri è massima: la *panna*, in antico, era in senso proprio il «panno» grasso che si forma alla superficie del latte («quello appannamento che fa da per sé il latte in cima, o panna che vogliamo dire» Soderini, *Il trattato degli animali domestici*), ma del nome femminile si conosceva anche il significato 'panno, pezza, pezzuola' (ancora nell'Ottocento *panna* era il «velluto di cotone» o «velluto falso», Tommaseo, *Dizionario della lingua italiana*, Fanfani, *Voci e maniere del parlar fiorentino*).

33. Molte alternanze simili non hanno conosciuto una specializzazione semantica, per cui uno dei due termini è oggi disusato o letterario: rispetto a *antiporta*, *candela*, *ghiaccio*, *pineta* abbiamo *antiporto* (che oggi significa solo 'il braccio di mare antistante il porto'), *candelo* («e 'l camarlingo debbia dare a questa cotale messa vj candeli» *Testi pratesi*, 448), *ghiaccia* («livide, insin là dove appar vergogna / eran l'ombre dolenti nella ghiaccia» Dante, *Inferno*, XXXII 34-35), *pineto* (si ricorderà *La pioggia nel pineto*, celebre componimento dannunziano).

34. In diversi casi l'alternanza di genere è motivata da un tratto semantico costante. Il principale di questi è quello della grandezza o estensione. Di regola la cosa indicata col nome di genere femminile è più grande di quella indicata col nome di genere maschile (ROHLFS 1966-1969: II 386):

banca 'istituto di credito'	*banco* 'grande tavolo da lavoro'
buca 'affossamento'	*buco* 'foro'
fiasca 'piccola damigiana'	*fiasco* 'bottiglia panciuta'
fossa 'affossamento, di forma e dimensioni varie'	*fosso* 'fossa lunga e stretta'
massa 'quantità di materia'	*masso* 'macigno'
pentola 'contenitore per la cottura dei cibi'	*pentolo* 'pentola di piccole dimensioni'

35. Osserviamo:
a) *Banca* / *banco*. La grandezza e l'estensione sono tratti semantici del tutto accessori (va da sé che una *banca* 'istituto di credito' sia nella realtà più grande di un *banco*); anticamente *banca* era invece una semplice variante di *banco*: teneva *banca* chi effettivamente gestiva un banco di prestito (*banco* al maschile nell'accezione di 'istituto di credito' sopravvive oggi solo in nomi propri cristallizzati: *Banco di Napoli*, *Banco di Santo Spirito*, ecc.).
b) *Buca* / *buco*. In molti casi l'opposizione tra le due forme si traduce in un'opposizione «puntualità» / «arealità». Ecco una serie di frasi non accettabili, in cui si dovrebbe usare *buca* invece di *buco* e viceversa: **l'ago della siringa produce una bu-*

III. Il nome

ca nell'epidermide; *la chiave si è incastrata nella buca della serratura; *puoi lasciarmi un biglietto nel buco delle lettere; *per installare una piscina dovremo scavare un buco di venti metri per quindici.

c) *Fiasca / fiasco*. Il *fiasco* è un recipiente più piccolo di una *fiasca* solo nell'uso toscano, dove il nome femminile può designare una 'piccola damigiana senza manici' («sette fiasche di lacrime ho colmate, / sette lunghi anni, di lacrime amare» Carducci; in altre accezioni, una *fiasca* si distingue da un *fiasco* per la forma schiacciata, e si tratta di un recipiente da portare appeso alla cintola o a tracolla).

d) *Fossa / fosso*. La relazione tra i due termini non riguarda tanto la grandezza ma, ad un livello di astrazione concettuale maggiore, l'estensione: un *fosso* è generalmente 'stretto' e 'lungo', è un 'canale che solca le campagne o costeggia un campo', mentre una *fossa* è perlopiù uno 'scavo profondo', caratterizzato da un'estensione di superficie oltre che di lunghezza.

e) *Massa / masso*. Qui l'opposizione semantica è di tipo ancora diverso, in quanto il primo è un nome astratto del linguaggio scientifico (o è un nome collettivo: «una massa di gente»), il secondo è un nome concreto: potremmo dire che l'opposizione «astratto» / «concreto» ha quasi del tutto soppiantato quella di «esteso» / «circoscritto».

f) *Pentola / pentolo*. Da notare che un *pentolo* può essere 'una pentola di piccole dimensioni', ma anche un 'recipiente o barattolo panciuto di terracotta' («semina i pinocchi in un vasetto o pentolo pien di terriccio» Soderini, *Il trattato degli arbori*; oggi *pentolo* è poco usato, ma sono correnti gli alterati *pentolino, pentolone, pentolaccio*, sui quali si veda però il paragrafo che segue).

36. Non è raro che si abbia un cambiamento di genere anche nella formazione dei diminutivi e degli accrescitivi per suffissazione (cfr. XV.70-79): il cambiamento di genere contrassegna, cioè, un alterato rispetto al nome semplice. In alcuni casi a un nome femminile corrisponde un alterato maschile: *la camera - il camerino, la stanza - lo stanzino, l'aquila - l'aquilotto, la crusca - il cruschello, l'isola - l'isolotto*; in altri, meno frequenti, accade l'inverso: *il velo - la veletta, il carbone - la carbonella*, ecc.

37. Vi sono altri nomi che possono occasionalmente modificare il loro genere: *la figura → il figuro, una cosa → un coso, il brodo → la broda*, ecc. In questi casi, oltre che un cambiamento del significato, l'alternanza di genere implica una connotazione spregiativa. Aumento delle dimensioni, cambiamento di genere e senso spregiativo possono anche andare di pari passo: se infatti una *pennellessa* e una *coltella* (o *coltellessa*) designano semplicemente un 'pennello a spatola molto larga' e un 'coltello da macellaio di particolari dimensioni', *articolessa* e *sonettessa* significano l'uno un 'articolo di giornale lungo e noioso', l'altro un 'sonetto doppio' e, per estensione, un 'sonettaccio da quattro soldi': «scaraventò in coperta l'intera bordata di un'articolessa di tre colonne» Gadda, *I viaggi, la morte*; «tutto dì se n'escono, e se ne veggan fuori pistolesse dedicatorie, e sonettesse d'incerto nome» Fioretti, cit. in TOMMASEO-BELLINI 1865-1879: V 989.

E così *discorsa* (o *discorsessa*) sta per un 'discorso lungo, enfatico, inconcludente, noioso': «il che non toglie che oggi non abbia fatto una sonante discorsa intorno ai diavoli di Dante» (Carducci, *Lettere*).

38. Una particolare specializzazione semantica si ha nel maschile scherzoso *pillolo*, coniato dai giornalisti per designare la pillola anticoncezionale per uomo, dal momento che il femminile *la pillola* indica, per antonomasia, il farmaco contraccettivo più diffuso usato dalle donne: «c'è qualcosa di meglio della pillola. C'è il 'pillolo' cioè la pillola per maschi, e poi il vaccino...» («L'Espresso», cit. in BRUNET 1982: 106); «Nuovi anticoncezionali. Il pillolo d'amore» («L'Espresso», 19.10.1986, 226).

39. Altri rapporti possibili sono:
a) strumento e relativa operazione (*bilancia / bilancio, lancia / lancio*);
b) possessore e cosa posseduta (*chierico / chierica, gobbo / gobba*);
c) cosa producente e cosa prodotta (*canapa / canapo, punta / punto*);
d) sineddoche (il tutto per la parte: *pendola / pendolo, famiglia / famiglio*).

Ricordiamo anche l'alternanza di genere per i nomi di albero (maschile) / frutto (femminile), per cui cfr. III.11.

40. Alcuni nomi mutano il loro significato col mutare del genere, ma conservano la medesima forma:

il capitale 'somma di denaro'
il finale 'momento terminale di un evento, di una rappresentazione teatrale, ecc.'
il fine 'scopo di un'azione'
il fonte 'vasca battesimale'
il fronte 'punto più avanzato delle operazioni militari'
il pianeta 'corpo celeste'
il prigione 'prigioniero'

la capitale 'città principale di uno stato'
la finale 'fase terminale di una competizione sportiva'
la fine 'termine di un evento'
la fonte 'sorgente, origine'
la fronte 'parte anteriore del capo'
la pianeta 'paramento sacerdotale'
la prigione 'luogo di reclusione'

41. Osserviamo:
a) Nell'italiano antico e nel linguaggio poetico tradizionale *il fine* e *la fine* potevano alternarsi nel senso di 'momento', 'punto terminale' (ancor oggi *fine* è maschile nella locuzione cristallizzata *il lieto fine*). Si vedano due esempi col maschile: «*Il fine* omai di quel piovoso inverno, / che fea l'arme cessar, lunge non era» Tasso, *Gerusalemme liberata*; «E quando [...] sarà giunto *il fine* / della sventura mia» Leopardi, *Le ricordanze*, 95-97.
b) Pure *il fonte* era in passato intercambiabile con *la fonte*; si vedano, anche qui, due esempi maschili: «esce / *d'un* medesimo *fonte* Eufrate e Tigre» (Petrarca, *Canzoniere*, 57 8) e, in senso figurato: «ne' tuoi labbri *il fonte* / della parola aprì» (Manzoni, *La Pentecoste*, 39-40).
c) Il fronte poteva designare un tempo anche la 'parte anteriore del capo' (NANNUCCI 1858: 711). Nell'accezione militare *la fronte* era anticamente la prima linea di schieramento dell'esercito (*prima fronte*): «l'una battaglia è con lunga fronte e coll'oste quadrata, secondo che ora e quasi sempre s'usa la battaglia di fare» (Giamboni, *Volgarizzamento di Vegezio Flavio*); «Gualandi con Sismondi e con Lanfranchi / s'avea messi dinanzi da la fronte» (Dante, *Inferno*, XXXIII 32-33). Durante il primo conflitto mondiale *fronte*, ora al maschile ora al femminile, ha cominciato a indicare la *prima linea* di schieramento nella guerra di posizione (MIGLIORINI 1938: 92; un esempio col femminile: «da Caporetto prende nome, per lo sfondamento avvenuto nella nostra fronte il 23 ottobre 1917, il doloroso episodio della campagna italiana durante la guerra mondiale» Melzi, cit. in BRUNET 1982: 42); in seguito è prevalso, per questo significato, il solo maschile. *Fronte* è maschile anche: 1) nella designazione di organizzazioni politiche («il Fronte di Liberazione della Palestina»); 2) nell'accezione geografica («il fronte dei continenti»); 3) nell'accezione meteorologica («il fronte dell'alta pressione»).
d) Il prigione 'prigioniero' è disusato, ma rimane in corso per designare i celebri *Prigioni* michelangioleschi.

42. Come è avvenuto per *prigione*, l'antica opposizione maschile / femminile si è persa anche per *il cenere* (antiquato nell'accezione di 'luogo della sepoltura' o 'memoria del defunto': «la madre or sol, suo dì tardo traendo, / parla di me col tuo cenere muto» Foscolo, [*In morte del fratello Giovanni*], 5-6) e *la cenere*, tutt'oggi corrente 'per prodotto della combustione'.

Nomi in -o

43. I nomi che al maschile terminano in *-o* formano il femminile con la desinenza *-a*: *amico → amica, asino → asina, canarino → canarina, figlio → figlia, imputato → imputata, maestro → maestra, zingaro → zingara, zio → zia*.

44. Alcuni altri nomi in *-o* formano il femminile aggiungendo al tema il suffisso *-essa*, come accade, più spesso, con i maschili in *-a* (cfr. III.46): *avvocato → avvocatessa, deputato → deputatessa, diavolo →*

III. Il nome

diavolessa, *idolo* → *idolessa*, *medico* → *medichessa*.

45. Osserviamo:
a) Il femminile *avvocata* si adopera nella lingua della devozione nel senso di 'colei che intercede per i fedeli', 'protettrice', ed è attribuito quasi sempre alla Madonna: «voi fate grandissima festività di questa gloriosa Vergine, *avvocata* di questa città» (S. Bernardino da Siena, *Le prediche volgari*); «Orsù dunque, *avvocata* nostra, rivolgi a noi gli occhi tuoi misericordiosi» (*Messale festivo*, 882); e *Avvocata* (da s. Maria Avvocata) si chiama un quartiere di Napoli.
b) *Diavolessa* è la forma con cui nella lingua letteraria si designa un 'demonio femmina' («con diversità di pazzi strumenti quella ribaldaglia delle streghe, e degli stregoni trescava al solito in compagnia dei diavoli, delle *diavolesse*» Redi, *Opere*) in opposizione a *diavola*, che di preferenza si adopera in espressioni come «una buona diavola», «una povera diavola»: «ha in corpo una paura d'inferno, *povera diavola*» (Fogazzaro, *Piccolo mondo antico*, 10), «Ginia entrò in confidenza con Aurelia quando fu convinta che, per quanto vivace, era una *povera diavola*» (Pavese, cit. in BRUNET 1982: 117).
c) Il raro femminile *idolessa* designa nella tradizione letteraria quasi sempre la 'donna amata'; rari gli esempi nel significato proprio: «come un'idolessa africana» (Morante, *L'isola di Arturo*, 93).
d) *Medichessa*, oggi desueto, ha qualche esempio recente: «quando seppe che ero *medichessa*, rimase zitto» (Levi, *Cristo si è fermato a Eboli*, 77); ma più sovente, come altri nomi di professione in *-essa*, è stato usato con senso peggiorativo: «questa donna mi pare una di quelle / donne saccenti, che noi troviam spesso / per queste e quelle case / far delle *medichesse* / e delle faccendiere» (Buonarroti il Giovane, *La Fiera*).
Per *deputatessa* cfr. III.54.

Nomi in -a

46. Alcuni nomi che al maschile terminano in *-a* (tipo *il poeta*) formano il femminile con l'aggiunta al tema del suffisso *-essa*: *poeta* → *poetessa*, *profeta* → *profetessa*, *duca* → *duchessa*, *papa* → *papessa*.
Ma questi casi sono in realtà più l'eccezione che la regola: poiché infatti la stragrande maggioranza dei maschili in *-a* sono nomi di tradizione dotta e non popolare (di norma, come abbiamo visto poco sopra, il maschile è contrassegnato dalla terminazione *-o*), essi non si sono inseriti nell'usuale sistema di formazione del femminile mediante cambiamento di terminazione, e rimangono dunque invariati (è il tipo *il collega-la collega*, di cui tratteremo insieme agli altri nomi di genere comune: cfr. III.80g). Nei quattro nomi che abbiamo elencato i femminili *poetessa*, *profetessa*, *duchessa* designano o hanno designato delle figure esistenti nella vita reale, mentre *papessa* indica una qualifica solo virtuale e ipotetica (non s'è di fatto mai avuta una donna pontefice, se non la mitica *papessa Giovanna*, nel IX sec., in realtà un personaggio imaginario delle cronache medievali), e si adopera perlopiù metaforicamente nel senso di 'donna ricca e potente', 'donna che gode di particolare reverenza': «In America [le donne] son vere e proprie sibille e *papesse*» (Cecchi, *America amara*).
Per il tipo arcaico *artisto* 'artista', *poeto* 'poeta' cfr. III.81.

Nomi in -e

47. Un primo gruppo di nomi che al maschile terminano in *-e* forma il femminile con la desinenza *-a*: *fattucchiere* → *fattucchiera*, *giardiniere* → *giardiniera*, *infermiere* → *infermiera*, *padrone* → *padrona*, *signore* → *signora*.

48. Alcuni nomi maschili in *-iere* hanno anche un'uscita in *-iero* (ad es. *forestiere / forestiero*, *destriere / destriero*, *nocchiere / nocchiero*, *scudiere / scudiero*, *sparviere / sparviero*: in tutti questi casi la variante in *-iero* è quella più usata o anche l'unica usata). Tale oscillazione nella desinenza è dovuta alla provenienza straniera del suffisso, che nella sua lingua d'origine, il francese, si presentava (e si presenta) senza alcuna vocale finale (*-ier*).
Dal momento che nel sistema morfologico italiano la desinenza in consonante

viene di regola evitata, il suffisso *-ier* fu adattato ora in *-iero* («Questi è Monti poeta e cavaliero / gran traduttor dei traduttor d'Omero», suona un famoso epigramma del Foscolo) ora in *-iere*; e anche in *-ieri*, oggi però del tutto disusato: «per veder meglio ciaschedun sentieri» (Boccaccio); «egli rispose: 'gentil cavalieri'...» (Pulci); «però ti prego mi mandi uno sparvieri» (Burchiello; tutti questi esempi, e molti altri, in NANNUCCI 1858: 175-184).

49. Un secondo gruppo forma il femminile con il suffisso *-essa*, al modo di certi nomi in *-o* (cfr. III.44) e in *-a* (cfr. III.46): *barone → baronessa, conte → contessa, dottore → dottoressa, elefante → elefantessa, mercante → mercantessa, oste → ostessa, pavone → pavonessa, professore → professoressa*.
È facile osservare che quasi tutti questi nomi designano professioni, cariche, titoli nobiliari. Tra quelli di animali, raro è l'uso di *pavonessa*: «la pavonessa, quando può, nasconde / l'uova sì che il pavone non le offenda» Cecco d'Ascoli, *L'Acerba*; oggi si tende a formare il femminile di *pavone* secondo il tipo *pavone femmina / femmina del pavone* (cfr. III.78).

Nomi femminili di professione

50. Osserviamo più da vicino le modalità più notevoli messe in atto per formare il femminile da nomi maschili in *-o*, in *-a*, in *-e* in un settore particolarmente soggetto a discontinuità e oscillazioni: quello dei nomi professionali.
Le incertezze della grammatica su questo punto dipendono da ragioni extra-linguistiche: ossia dal processo di trasformazione sociale compiutosi in questo secolo, e tutt'ora in pieno sviluppo, che ha visto le donne affermarsi in campi e attività un tempo loro preclusi. Così ad antichi nomi di mestiere come *ostessa, pastora, tintora*, ecc. si sono affiancati nomi come *studentessa, avvocatessa, deputata, presidentessa*, e non sempre il processo di adeguamento linguistico è stato uniforme. Vediamo quali sono i tipi di «femminile professionale» più diffusi.

51. Il problema della formazione di un femminile non sussiste per la maggior parte dei nomi in *-tore → -trice* (cfr. III.61), dove il suffisso femminile si è imposto fin da epoca antica: *attore → attrice, redattore → redattrice, senatore → senatrice, scultore → scultrice* (in alcuni casi il suffisso è il più popolare *-tora*: cfr. III.66c). Il termine *elettrice* si ha, nella sua accezione odierna, da quando in Italia il voto è stato esteso all'elettorato femminile (1946); ma già prima s'adoperava per designare le donne che ricoprivano la carica istituzionale di elettore imperiale in Germania (cfr. MIGLIORINI 1956: 71): «Anna Maria Luigia, che fu col tempo Elettrice Palatina» (Muratori, cit. in TOMMASEO-BELLINI 1865-1879: II 463).

52. *Dottoressa* è invece la forma oggi comune per il femminile di *dottore*: contro *dottoressa* s'era proposto *dottora*, «perché *dottoressa* e *saccente* son press'a poco sinonimi» (ROMANELLI 1910: 13), ma oggi l'effetto sarebbe quello inverso (ironico o spregiativo risulterebbe proprio *dottora*). A parte i casi in cui il femminile in *-essa* si è stabilmente affermato (*dottoressa, professoressa, studentessa*, ecc.), va detto che le forme così suffissate sono oggi tra quelle, se così si può dire, più incriminate di lesa parità dei diritti, in quanto questo suffisso è stato spesso adoperato con senso peggiorativo (*sonettessa, discorsessa*: cfr. III.37) ed inoltre in epoca antica esso designava normalmente la «moglie di chi esercita la funzione e non già chi è idonea a esercitarla direttamente» (LEONE 1966a: 66). Un secolo fa, secondo la testimonianza del Fornaciari, «la terminazione *-essa*» era «preferita a tutte le altre nell'uso comune, quando si debba estendere a donne o una professione o una dignità proprie soltanto dei maschi» (FORNACIARI 1881: 18-19; forme citate: *avvocatessa, canonichessa, esattoressa*, ecc.): ma, poiché i movimenti femminili di questo secolo hanno rivendicato alle donne il diritto di esercitare certi ruoli professionali con piena parità giuridica ed economica, è giocoforza che un tipo di femminile come quello in *-essa* abbia progressivamente perso vitalità e produttività. Oggi resistono incontrastati quasi solo quegli antichi nomi che indicano (anche indipendente-

III. Il nome

mente da una linea di successione maschile) dignità nobiliare: *baronessa, contessa, duchessa, principessa*.

53. Fino a pochi decenni fa *presidentessa* indicava solo la 'moglie del presidente' (MIGLIORINI 1938: 22), e gli s'è ora affiancato, ma senza sostituirlo del tutto, l'ambigenere *presidente*: «*la presidente* della Camera Nilde Iotti ha trovato tempo e modo di fare la seguente osservazione» («La Stampa», cit. in BRUNET 1982: 143). Tutt'oggi, il femminile in *-trice ambasciatrice* designa tanto una 'donna che ricopre incarichi diplomatici presso paesi esteri' quanto la 'moglie dell'ambasciatore'. Un esempio giornalistico di quest'ultima accezione: «*L'ambasciatrice* americana a Mosca intenta a servire il tè che ha dovuto preparare da sola» («La Repubblica», 24.10.1986, 9; ci si riferisce alla moglie dell'ambasciatore Hartman).
Identico è il caso di *governatrice* che può valere 'moglie del governatore', come in questo passo dello scrittore Carlo Levi: «La moglie del Governatore [...] correva pericolo di vita [...] a qualcuno venne in mente di chiamare il dottore che era in prigione. Egli venne, e salvò *la Governatrice*», *Cristo si è fermato a Eboli*, 28.

54. Scherzoso il *commendatoresse* 'mogli di commendatori' che si legge in De Marchi («tranne le poche *commendatoresse*, che soffiavano la prosopopea, le altre signore, quasi tutte milanesi, appartenevano al ceto medio» *Demetrio Pianelli*, 45). Ma anche altri femminili «professionali» sono disusati (tranne il primo) o adoperati solo ironicamente: *deputatessa, ministressa* («non più qualche deputatessa e ministressa ma tutti i parlamenti e tutti i governi debbono esser formati da donne» Papini, *Il libro nero*), *filosofessa* (cui si preferisce il femminile in *-a*: «Elisabeth Badinter, *filosofa*, docente di sociologia presso l'Ecole Polytéchnique di Parigi», «Corriere della Sera», 7.3.1987, 9).

55. Accanto a questi tipi tradizionali di formazione del femminile di professione ne troviamo due di più recente affermazione: l'aggiunta al maschile del determinatore *donna* (soprattutto per attività in cui la parificazione dei ruoli è di recente o recentissima data) e quello che potremmo chiamare il neutro di professione, ossia il generale ricorso al maschile (cfr. par. 57 sgg.). Abbastanza diffuso, in concorrenza con *poliziotta*, è ad esempio *donna poliziotto*: «arrivano le *donne-poliziotto*»; «per diventare *poliziotta* ho lasciato il mio fidanzato» (entrambi gli esempi da «Gente», 26.9.1986, 3 e 22); *donna soldato* (accanto a *soldatessa*): «entro l'81 in Italia la *donna soldato*?» («Grazia» cit. in BRUNET 1982: 111); *donna magistrato*: «a una *donna magistrato*, per la prima volta, è stato conferito un incarico direttivo» («La Repubblica», 16.4.1987, 13); *donna giudice*: «la decisione di una *donna giudice* di mettere al mondo un bambino» («La Nazione», 28.2.1987, 3).
Il tipo *donna-x* ha evidentemente lo svantaggio di mettere in risalto l'elemento 'donna', visto come insolito e nuovo, rispetto alla funzione professionale in sé (si noti che, nel caso di posposizione del determinatore, la messa in risalto è ancor più accentuata: «Contestato il primo *questore donna* d'Italia [...]. Ma che cosa ha fatto di tanto grave il *questore donna* per meritarsi una contestazione?», «Oggi», 24.9.1986, 21-22).

56. Anche in inglese troviamo l'uso di premettere il determinatore *woman* ('donna') ad alcuni nomi di professione: così *woman-doctor* (lett. 'donna medico'), *woman-writer* ('scrittrice'), ecc. Talvolta, in segno di condiscendente benevolenza (o per insinuare dilettantismo) si sostituisce il neutro *woman* con il più marcato *lady* ('signora'): *lady-analyst* 'una psicanalista', *lady-doctor*. In francese si trovano *femme-médecin* 'donna medico', *femme-écrivain* 'donna scrittore', ecc. (cfr. YAGUELLO 1980: 122-126).

57. L'uso di lasciare invariato al maschile il nome di professione si ha invece quando il significato della funzione o della carica, in senso astratto od onorifico, prevale rispetto alla designazione del sesso di chi la esercita. Infatti, mentre chi dice «donna soldato», «donna poliziotto», ecc. intende evidenziare l'eccezionalità di una presenza femminile in mestieri tradizionalmente maschili, nel dire «il senatore Susanna Agnelli», «Luciana Castellina, parlamentare europeo», «la dottoressa Rosa Fusco, direttore amministrativo» (esempi giornalistici che riprendiamo da SABATINI 1987: 29), «l'avvocato Virginia Valentini», «il presidente della Camera Nilde Iotti è stata momentaneamente ricoverata all'ospedale di San Giacomo» («La Repubblica», 27.10.1986, 33 e 18.11.1986, 5), avvertiamo che la qualifica professionale enunciata con un maschile tende a stemperare, a mettere in secondo piano il sesso del suo portatore.

D'altronde può capitare che anche un aggettivo – la parte del discorso più soggetta alle variazioni di genere – sia usato al maschile benché riferito a una donna, come nel seguente esempio di Ida Magli: «Chi perde, o chi guadagna in questa situazione? Sinceramente mi si permetta di dire – da *laico* – che chi perde è Gesù Cristo» («La Repubblica», 25.10.1986, 1).

58. Il risultato è che proprio il modo più apparentemente maschilista di indicare un nome di professione femminile, quello che ricorre al solo maschile grammaticale, finisce con l'essere, perlomeno nelle intenzioni di chi parla o scrive, il più neutro; risultato non troppo paradossale, se teniamo presente che, in italiano e in altre lingue romanze, il maschile è storicamente il termine non marcato dei generi. Infatti esso serve:
a) per indicare il genere maschile reale (*prete*, *toro*);
b) per il semplice maschile grammaticale (*muro*);
c) per espressioni «astratte» in cui il latino avrebbe impiegato il genere neutro («l'estetica è la scienza del *bello*»);
d) per indicare in genere la specie in opposizione agli individui, sia maschi sia femmine: *l'Uomo* 'la razza umana', *il Cavallo* 'la specie equina', ecc. (TEKAVČIĆ 1980: II 403).

Sulle conseguenze linguistiche di questa impostazione «androcentrica» della morfologia nominale italiana manca uno studio d'insieme paragonabile a quello, dedicato in prevalenza al francese e all'inglese, di YAGUELLO 1980. Per il momento si è presa coscienza del problema da parte dei politici, con un documento emesso da una commissione che si è riunita sotto gli auspici della Presidenza del Consiglio dei Ministri (Commissione Nazionale per la realizzazione della parità tra Uomo e Donna; titolo del documento: *Raccomandazioni per un uso non sessista della lingua italiana*) e le cui conclusioni, non sempre equilibrate, possono leggersi in SABATINI 1987. Raramente però iniziative politiche del genere hanno poi una reale influenza sul comportamento linguistico collettivo. Le numerose oscillazioni nell'uso per i nomi di professione femminile sono dovute al fatto che, qui più che in altri casi, la lingua riflette la situazione di una società in movimento. Càpita dunque che in uno stesso articolo di giornale chi scrive adotti soluzioni differenti a seconda del nome da trattare al femminile: «'La riforma Falcucci è una mela avvelenata', gridano indignati i nemici del *ministro* [...]. Altri dispiaceri alla *senatrice* [...] sono arrivati dalle file del pentapartito» («Panorama», 30.11.1986, 66; ci si riferisce a Franca Falcucci, senatrice e ministro della Pubblica Istruzione).

59. Rimangono del tutto al margine del sistema grammaticale locuzioni di colorito scherzoso come le seguenti (e non sarà un caso che negli esempi registrati lo scrivente sia sempre maschio): «sergente *in gonnella*»; «mentre sono cominciati i corsi per agenti *in gonnella*, vediamo come si prepara una *signora* vicecommissario» («Oggi», 29.10.1986, 54-55); «quarantaquattro aspiranti poliziotti, *tutte al femminile*» («La Repubblica», 10.9.1986, 15).

60. Sono di regola maschili i nomi che designano – nella tradizione della musica europea colta – le voci in ragione della loro estensione: ciò vale tanto per le voci maschili (o *voci virili: il basso, il baritono, il tenore*) quanto per quelle femminili (*il contralto, il mezzosoprano, il soprano*, che fino a tutto il Settecento erano affidate prevalentemente a uomini o a fanciulli). Si dirà dunque di preferenza «il soprano Maria Callas» e non «la soprano Maria Callas», per quanto l'uso dell'articolo femminile nella designazione delle cantanti liriche sia oggi abbastanza diffuso («il basso e la soprano non c'è male» Cassola, cit. in BRUNET 1982: 132). Occasionale e scherzoso il femminile *soprana*: «*la soprana* rovigotta» (Sergio Saviane, nell'«Espresso», 18.1.1987, 9).

III. Il nome

Nomi in -tore

61. I nomi che al maschile terminano in *-tore* formano di regola il femminile in *-trice*: *aratore* → *aratrice*, *attore* → *attrice*, *calciatore* → *calciatrice*, *imperatore* → *imperatrice*, *lettore* → *lettrice*, *pittore* → *pittrice*, *scrittore* → *scrittrice*.
Questi nomi si dicono anche *nomi d'agente*, perché designano chi «compie un'azione» (per quanto con gradi di trasparenza diversa, i parlanti identificano facilmente nel *lettore* 'colui che legge', nel *calciatore* 'colui che calcia la palla' → 'gioca al calcio', ecc.).

62. *Dottore* (come abbiamo già visto, cfr. III.49) fa al femminile *dottoressa*: non viene però più sentito come vero e proprio nome d'agente, mentre nell'italiano antico era ben trasparente il significato di 'colui che dà insegnamenti, che impartisce dottrina, che guida il prossimo' (si pensi ai *Dottori della Chiesa*, o al dantesco: «nessun maggior dolore / che ricordarsi del tempo felice / ne la miseria; e ciò sa 'l tuo *dottore*», *Inferno*, V 121-123).

63. Non sempre nei nomi d'agente in *-tore* / *-trice* il rapporto con il verbo corrispondente è identificabile nello stesso modo o con la stessa facilità. Possiamo infatti distinguere quattro gruppi (seguendo sostanzialmente TEKAVČIĆ 1980: III 23-25 e 59-60), sulla base della motivazione (cfr. XV.5a) e della trasparenza (cfr. XV.5b) operanti nella coscienza linguistica dei parlanti:
1) motivazione e trasparenza sono compresenti: *portare* → *portatore* e *portatrice* (e così *lavare* → *lavatore* e *lavatrice*, ecc.);
2) forte motivazione, ma trasparenza debole: *dirigere* → *direttore* e *direttrice* (il rapporto tra il significato del verbo e del nome è evidente, ma essi si formano da una radice distinta: *dirig-* / *diretti-*);
3) motivazione e trasparenza presenti solo in astratto, in quanto risalenti ad una fase antica: *spettatore* si forma ad esempio dalla radice *spett-* di *spettare*, ma questo verbo solo in latino voleva dire 'osservare' (SPECTĀRE 'osservare' → SPECTĀTOR 'osservatore'='chi guarda uno spettacolo');
4) assenza di motivazione e di trasparenza: il nome *attore* è solo vagamente in rapporto di contiguità semantica con *agire*, e manca palesemente il rapporto morfologico (*att-* / *ag-*; vi era un rapporto continuo nel latino ĀGERE -ĀCTUS → ĀCTOR che si è interrotto nell'italiano *agire* / *attore*, come anche nel francese *agir* / *acteur*).

64. Il femminile in *-trice* si adopera anche, sottintendendo *macchina*, in *incubatrice*, *locomotrice*, *mitragliatrice*, *scrematrice* (alcune di queste parole hanno anche il maschile: *locomotore*, *mitragliatore*). Così una *cucitrice* può essere una 'donna che esegue per mestiere lavori di cucito', ma anche una 'macchina per cucire', e una *fresatrice* una 'operaia addetta alla fresa' e una 'macchina fresatrice', ecc.

65. Nel suffisso *-trice* la desinenza *-e* non reca un esplicito contrassegno del femminile, e di conseguenza la lingua popolare tende ad utilizzare il maschile *-tore*, mutandone la terminazione in *-a*. Si ha in questi casi un'opposizione *-tore* / *-tora*, più regolare e immediata: *il fattore-la fattora, il tessitore-la tessitora*.

66. Questo tipo di alternanza è limitato ai nomi d'agente, dove è legato al genere reale, e non ha luogo con i nomi di macchina: così *lavatrice* può indicare sia la 'donna che lava' (nella lingua letteraria, invece del comune *lavandaia*: «certamente era una bravissima lavatrice e stiratrice» Tecchi, *La terra abbandonata*) sia la 'macchina che lava', mentre *lavatora*, solo popolare, si riferisce esclusivamente a una persona (cfr. TEKAVČIĆ 1980: III 59-60). Inoltre:
a) L'uscita *-tora* è l'unica possibile in *pastore* → *pastora*, *tintore* → *tintora*, *impostore* → *impostora* («L'impostora! Ha previsto che la menzogna si sarebbe scoperta!» Pirandello, *Maschere nude*).
b) *Fattora* (e *fattoressa*) si oppongono a *fattrice*: *fattora* è il raro femminile di *fattore* 'amministratore di proprietà agricole' (più comune *fattoressa* che, nell'accezione di 'inserviente del monastero', fu introdotto dal Manzoni nell'edizione definitiva dei *Promessi Sposi* rispetto al *fattora* che si leggeva nel 1827: cfr. VITALE 1986: 26); *fattrice* vale 'femmina di anima-

le di razza adibita alla riproduzione' (e corrisponde a un maschile *fattore* con significato parallelo).
c) In altri casi le forme in *-tora* suonano popolari o antiquate: tale è per esempio lo *stiratora* che si legge negli ottocenteschi *Dialoghi* di E.L. Franceschi, XXII.
d) Talvolta il suffisso *-trice*, non avendo mai avuto una vera diffusione popolare, è stato erroneamente recepito come maschile: è il tipo «allegri cantatrici» (cfr. CORTELAZZO 1972: 110) studiato da MIGLIORINI 1957: 129-134.

Nomi in -sore

67. I nomi che al maschile terminano in *-sore* (perlopiù nomi d'agente deverbali: per es. *aggredire* → *aggressore* 'chi aggredisce'), formano quasi sempre il femminile in *-itrice*, partendo dalla radice dell'infinito, terminante per *d*: *difensore* (*difend-ere*) → *difenditrice*, *offensore* (*offend-ere*) → *offenditrice*, *trasgressore* (*trasgred-ire*) → *trasgreditrice*.
Abbiamo già visto che *professore* fa al femminile *professoressa* (cfr. III.49). *Incisore* ha invece il femminile in *-sora*, ma si tratta di una forma rarissima. Il suffisso popolare *-sora* si affianca talvolta a *-itrice*: *uccisore* → *ucciditrice* e *uccisora* (e così, anticamente, *offensora*, *difensora*, ecc.).
Conviene comunque ricordare che i femminili *aggreditrice*, *difenditrice*, *offenditrice*, ecc., per quanto normalmente adoperati e classificati come femminili delle corrispondenti forme *aggressore*, *difensore*, ecc., presuppongono in realtà quasi sempre varianti in *-tore* disusate (o meno usate): *difenditore* → *difenditrice*, *offenditore* → *offenditrice*, e via dicendo.

Il tipo gallo / gallina

68. Come s'è detto a proposito di alcuni casi di alternanza di genere (cfr. III.34), il tratto semantico «grande» / «piccolo» è spesso in connessione con il mutamento maschile / femminile (o femminile / maschile). Alcuni nomi di persona e di animale utilizzano il suffisso diminutivo per formare il femminile (o l'accrescitivo per formare il maschile), senza che però ciò comporti alcuna implicazione semantica. Ricordiamo: *capra* → *caprone* (ma anche *capro*), *eroe* → *eroina*, *gallo* → *gallina*, *strega* → *stregone*, *zar* → *zarina*.

69. Osservazioni:
a) La forma non accrescitiva *capro* s'adopera oggi quasi esclusivamente nell'espressione figurata *capro espiatorio* (anticamente il *capro espiatorio* era letteralmente l'animale sacrificato per liberare la comunità da ogni pena): «chi più rendea il carattere nazionale era Vincenzo Monti, magnifico nelle massime, povero ne' fatti, divenuto oggi il *capro espiatorio* di tutti» (De Sanctis, *Saggi critici*); un esempio giornalistico: «Berggreen, danese infelice e deluso, che proprio non riesce ad ambientarsi e che di questa situazione sta diventando *capro espiatorio*» («La Repubblica», 28.10.1986, 27).
b) Il maschile *stregone*, rifatto su *strega*, designa oggi perlopiù il 'veggente, terapeuta, sciamano' delle popolazioni cosiddette primitive, mentre per gli stregoni «nostrani» si adopera più di frequente *fattucchiere*, *mago*, ecc.

70. Fino a qualche tempo fa si potevano udire dei femminili in *-ina* per nomi di origine inglese in *-er*, del tipo *speaker* → *speakerina* (cfr. FOGARASI 1984: 180): «vi sono tante mediocri serate televisive in cui il sorriso di una 'speakerina' è forse la cosa migliore» («Radiocorriere TV», 29.10.1978, cit. in CORTELAZZO-CARDINALE 1986: 169). Questo tipo di femminile è oggi assai sporadico (un esempio giornalistico recente, per *leader* → *leaderina*: «sono sempre stata una leaderina dei gruppi più scatenati», «Europeo», 13.12.1986, 91), e si tende a lasciare invariati i nomi in *-er* al femminile: *lo speaker* → *la speaker*, *il leader* → *la leader*, ecc.

71. Anche nei *nomi propri* si può avere la formazione del femminile mediante un suffisso diminutivo. Ma, a ben guardare, si tratta di un caso diverso da quello dei nomi comuni del tipo *eroe-eroina*. Quasi mai, infatti, il femminile in *-ina*, *-ella*, ecc. è l'unica scelta possibile, e la percentuale di femminili formati con diminutivo rispetto a quelli normalmente derivati in *-a* varia di nome in nome. In particolare:

III. Il nome

a) Il femminile suffissato è pressoché obbligatorio con i nomi propri che al maschile escono in *-a*: *Andrea* → *Andreina* (o *Andreana*), *Luca* → *Luchina*, *Nicola* → *Nicoletta* (o *Nicolina*).
Se per questi nomi non si ricorresse alla suffissazione, distinguere maschile e femminile sarebbe infatti impossibile (un nome invariabile *Nicola* → *Nicola* non consentirebbe di riconoscere il genere reale, cioè il sesso del portatore, inconveniente notevole per un nome proprio di persona).
b) Negli altri casi il ricorso al diminutivo, benché frequente, è perlopiù facoltativo. Tra i nomi che lo presentano abitualmente ricordiamo: *Alfonso* → *Alfonsina*, *Antonio* → *Antonella* (o *Antonietta*), *Cesare* → *Cesarina*, *Giuseppe* → *Giuseppina*.

72. In materia di prenomi disponiamo da qualche anno di un'ampia indagine (DE FELICE 1982), condotta su tabulati elettronici ricavati dagli elenchi del telefono: anche se, come è noto, non sempre l'elenco telefonico registra il nome anagrafico (o, viceversa, quando lo registra esso può non corrispondere all'ipocoristico della vita reale), l'enorme mole di dati geograficamente ripartiti e numericamente analizzabili che ricaviamo da questa ricerca risulta di grande utilità per ottenere una proiezione statistica della diffusione di certi nomi rispetto ad altri, o, nel nostro caso, di certe forme affettive rispetto a quelle non marcate.
Vediamo ad esempio i dati numerici arrotondati della popolazione telefonica relativi ai quattro nomi femminili che abbiamo citato (estratti dal *Dizionario dei nomi italiani* dello stesso autore, DE FELICE 1986): *Alfonso* → *Alfonsa* (6.000) / *Alfonsina* (13.000), *Antonio* → *Antonia* (200.000) / *Antonietta* (300.000), *Antonella* (29.000), *Tonina* (4.000); *Cesare* → *Cesara* (500) / *Cesarina* (53.000); *Giuseppe* → *Giuseppa* (200.000) / *Giuseppina* (652.000).
In tutti e quattro i casi il femminile con diminutivo risulta nettamente prevalente su quello in *-a*, con un picco massimo del 10.000% di femminili con diminutivo in *Cesarina* / *Cesara*.
In altri nomi il tipo minoritario è invece l'ipocoristico: in *Carlo* → *Carla* (270.000) / *Carlotta* (14.000) il femminile in *-a* supera di venti volte la forma alterata; ma forse dovremmo qui tener conto della variante *Carolina* (96.000), che è il diminutivo di *Càrola*, nome etimologicamente affine a *Carla* (la forma maschile *Càrolo* è oggi quasi scomparsa: appena 10 unità, che salgono a 60 aggiungendovi 50 attestazioni di *Carolino*; *Carlo* e *Càrolo* → *Carla* e *Càrola* risalgono tutti al latino medievale CAROLUS, dal nome germanico *Karl*). Anche in *Giovanna* (520.000) / *Giovannina* (22.000) il rapporto a favore del femminile in *-a* è di circa il 2.500%.

Altri casi

73. Alcuni nomi formano il femminile in modo non prevedibile. Ricordiamo:

a) abate → badessa

Nella lingua antica si adoperavano le due forme *abadessa*, più prossima al corrispondente maschile (a parte la sonorizzazione della *t* di *abate*) e *badessa*, forma che poi si è imposta, in cui la *a-* iniziale è stata sentita come parte dell'articolo precedente al nome: *l'abadessa* → *la badessa*. L'italiano è l'unica di tutte le lingue romanze ad avere la forma ridotta senza *a-* (cfr. CORTELAZZO-ZOLLI 1979: I 102), mentre il provenzale aveva *abadessa*, e la stessa forma si ritrova oggi in catalano, spagnolo e portoghese; il francese ha *abbesse*. In *-essa* riconosciamo il medesimo suffisso femminile di molti nomi in *-e* (cfr. III.49).

b) cane → cagna

La coppia *cane-cagna* continua il latino volgare CĀNEM-*CĂNIAM.

c) dio → dea

Dea continua il latino DĔA, e non ha subito la stessa evoluzione fonetica di *dio* (< DĔUM), in quanto è voce di origine dotta (è ovvio che nel mondo cristiano medievale la nozione di 'Dio' fosse ben più diffusa e popolare di quella pagana di 'dea'). Per il plurale di *dio* cfr. III.102.

d) doge → dogaressa

Doge è forma veneziana (<DŪCEM), che designa la massima autorità dell'antica repubblica veneta. Alla base del femminile *dogaressa* si trova il latino medievale DUCATRIX 'conduttrice,

guida' (BATTISTI-ALESSIO 1950-57: II 1372), con intromissione del suffisso -essa.

e)   re → regina

La coppia *re-regina* ha la sua origine nel latino RĒX-REGĪNA.
Re è uno dei pochi nomi italiani che muovono da un nominativo latino (altri esempi: *uomo*<HŎMO, *moglie*<MŬLIER, *sarto*<SĂRTOR; per gli arcaici *pièta*, *Trìnita* e simili cfr. I.190).
L'italiano antico conosceva anche la forma *rege* (dall'accusativo RĒGEM): «convenne rege aver, che discernesse / de la vera cittade almen la torre»; «quei fu l'un d'i sette regi / ch'assieser Tebe» (Dante, *Purgatorio*, XVI 95 e *Inferno*, XIV 68); accanto a *regina* si aveva poi *reina*: «Pampinea, fatta reina, comandò che ogn'uom tacesse» (Boccaccio, *Decamerone*, *Introduzione*, 98). Se il nome si fosse continuato nella forma *rege-regina* o in quella *re-reina*, esso rientrerebbe a pieno diritto nel tipo *gallo-gallina* (cfr. III.68).

Nomi indipendenti

74. Si dicono «nomi indipendenti» quei nomi in cui maschile e femminile si formano da due radici diverse. Tra questi si annoverano alcuni nomi di persona e di parentela: *frate* → *suora*, *fratello* → *sorella*, *genero* → *nuora*, *marito* → *moglie*, *maschio* → *femmina*, *padre* → *madre*, *papà (babbo)* → *mamma*, *uomo* → *donna*.
Non è difficile notare che questi nomi designano in prevalenza i gradi di parentela più stretti all'interno del nucleo familiare, dove la distinzione maschio / femmina è semanticamente (e culturalmente) molto marcata. *Uomo-donna* e *maschio-femmina*, poi, sono il centro stesso, la quintessenza semantica dell'opposizione maschile / femminile.

75. In particolare:
a) *Frate* e *suora* sono nomi che hanno origine nel sistema simbolico di relazioni della vita religiosa, in cui si è reciprocamente 'fratelli' e 'sorelle' in quanto tutti figli del 'Padre' e tutti appartenenti alla stessa 'famiglia' della Chiesa; si può ricordare con MIGLIORINI 1963a: 165 che «conseguenza semantica del titolo di *frate* e *suora* dato ai religiosi dei nuovi ordini [nel Duecento] è la limitazione di quelle parole all'uso ecclesiastico, mentre *fratello* e *sorella* subentrano loro nel significato comune».

b) *Babbo* è la forma dell'uso toscano antico e moderno: «non è impresa da pigliare a gabbo / discriver fondo a tutto l'universo, / né da lingua che chiami mamma o babbo» (Dante, *Inferno*, XXXII 7-9); «quel burattino lì è un figliuolo disubbidiente, che farà morire di crepacuore il suo povero babbo!» (Collodi, *Pinocchio*, 52); ma ha buona diffusione anche nelle Marche, in Umbria e in Romagna. Contrasta nella lingua nazionale con *papà* (comune al Centromeridione e al Settentrione; AIS I 5), forma probabilmente di origine francese.
Accanto a *mamma* esiste la forma *mammà*, diffusa in particolare nella borghesia centromeridionale, ma oggi in declino: «forse è una fortuna, mammà! sviniamocela! siamo ancora in tempo!» (Pirandello, *Tutto per bene*, V 118); «ho inteso, mammà, ho inteso: mi sto alzando» (Serao, *Il romanzo della fanciulla*, 8). Probabile l'origine francese anche per *mammà*, come sembra dimostrare il fatto che fino a tempi recenti s'è spesso mantenuta la grafia con la *m* scempia di *maman*: «ma *mamà* non s'accorge che la figliuola è stupidella?» (Panzini, *La cicuta, i gigli e le rose*).

76. Anche alcuni nomi di animali sono indipendenti: *cinghiale* – *maiale* – *porco* – *verro* → *scrofa*, *fuco* → *ape*, *montone* → *pecora*, *toro* → *vacca*.
Osserviamo:
a) Il grado d'indipendenza di questi nomi non è per tutti lo stesso: le forme con reale distinzione delle radici tra maschile e femminile sono *fuco-ape*, *montone-pecora*, *toro-vacca*; cui si aggiunge, quando il maschio non viene chiamato *capro* o *caprone* (cfr. III.69a), la coppia *becco-capra*. In questi casi, si può notare che l'aspetto dell'animale maschio è sensibilmente differente da quello della femmina; inoltre il *toro*, il *montone*, il *caprone* spiccano di solito, come animali da riproduzione, in branchi o greggi composti per la stragrande maggioranza da femmine.
b) Diversa è la situazione per i vari nomi di Suidi: quelli realmente «difettivi» nel genere sono *verro* ('maschio adulto del maiale in età per la riproduzione') e *scrofa* ('femmina del maiale o del cinghiale');

III. Il nome

un altro sinonimo di scrofa è *troia*, anch'esso indipendente.

Di *cinghiale*, *maiale* e *porco* esistono in realtà i femminili *cinghiala* (raro e popolare), *maiala* e *porca* («durante l'allattamento non basta alle *maiale* l'alimento di puro trifoglio o d'altre erbe» Ridolfi, *Lezioni orali di Agraria*; «se un uomo e una donna si fidano uno dell'altro, si possono fare i matrimoni lì per lì senza altre cerimonie, come quelli degli asini con le asine e dei porci con le *porche*» M. Leopardi, *Dialoghetti sulle materie correnti*). Ma questi ultimi due, per l'essersi «specializzati» in ogni sorta di insulti e trivialità, sono sentiti come spregiativi (e vengono di preferenza evitati): «i catecùmeni l'avevano a maestra, pur titolandola da una bevuta all'altra di sudicia, quando si credevano la non udisse lei, beninteso, e di ciabatta frusta e bbefana... e magari di *maiala* anche, la titolavano» (Gadda, *Quer pasticciaccio brutto de via Merulana*); «sovente con mio fratello si parla di queste che conosciamo: la R. è una vaccona, una vera *porca*» (Arbasino, *Le piccole vacanze*). Non che la sorte dei maschili *maiale*, *porco* sia stata diversa: essi hanno però continuato ad avere, accanto all'uso traslato ingiurioso, la loro accezione propria, e dunque il meccanismo di interdizione linguistica non è potuto scattare (sui nomi di animali adoperati, perlopiù con senso spregiativo, nelle interiezioni cfr. X.34).

Il tipo volpe maschio / volpe femmina

77. In molti nomi d'animale si ha un'unica forma, maschile o femminile, per designare tanto l'animale maschio quanto l'animale femmina (nomi di genere promiscuo): *l'aquila, l'anatra, l'aragosta, la balena, la cavalletta, la farfalla, il gambero, la giraffa, il grillo, la mantide, l'oca, l'orca, la pantera, la quaglia, la tortora, l'usignolo, la volpe, la zebra, lo zebù*, ecc.

78. La distinzione dell'individuo maschio dalla femmina secondo il genere naturale può essere realizzata:
a) Con il determinatore *maschio / femmina* (*la balena maschio-la balena femmina, la volpe maschio-la volpe femmina*). Si noti che spesso questi nomi vòlti al maschile, con suffisso diminutivo, designano il cucciolo della specie: *anatroccolo, aquilotto, balenotto, volpacchiotto*;
b) Con la circonlocuzione *il maschio / la femmina del / della: il maschio della balena, la femmina dell'usignolo*, ecc. (va da sé che in questo caso il genere grammaticale del nome determina la scelta del sostantivo *maschio / femmina*; ad esempio: «è morto uno dei miei tre cani, una splendida *femmina di alano*», «Stampa sera», 23.2.1987, 11).

Questo tipo di formazione del femminile si ha perlopiù con i nomi di animali selvatici. Con molti animali d'allevamento (*toro-vacca, montone-capra*: cfr. III.76) e in genere con quelli domestici (*canarino-canarina, gatto-gatta*) il sesso è adeguatamente segnalato: nel primo caso a determinare la distinzione sono la sensibile differenza di aspetto e soprattutto l'importanza ai fini economici della riproduzione; nel secondo, il fatto che si tratta di animali che vivono all'interno del nucleo familiare umano, e con i quali abbiamo un rapporto assai più diretto e frequente (basato inoltre esclusivamente sull'affettività): sono animali che fanno parte della «famiglia», e dunque godono delle stesse distinzioni grammaticali degli altri esseri animati, gli umani.

79. Inoltre:
a) Di *oca*, che nella lingua letteraria è perlopiù di genere promiscuo, esiste un maschile *oco*, 'il maschio dell'oca' (ROHLFS 1966-1969: 381), in antico e tutt'oggi in molti dialetti (Toscana, Umbria, Veneto); anche nell'accrescitivo *ocone*: «oconi in casa venti / a me mangian il gran nell'acqua intriso» (Salvini, *L'Odissea d'Omero tradotta dall'Originale greco in versi*).
b) Nella lingua antica, per indicare il gatto, si adoperava prevalentemente il femminile (BIANCHI 1939, RONCAGLIA 1939): «tra male gatte era venuto 'l sorco» (Dante, *Inferno*, XXII 58); «in una sua loggetta gli aveva dipinta la battaglia de' topi e delle gatte» (Boccaccio, *Decamerone*, VIII 9 34). Quest'uso è rimasto cristallizzato in alcune locuzioni e proverbi come *gatta cieca* (gioco detto anche 'mosca cieca'), *avere una gatta da pelare* 'dover

sbrogliare una situazione difficile e rischiosa', *gatta ci cova* 'c'è sotto qualche inganno o insidia', *tanto va la gatta al lardo che ci lascia lo zampino* (si dice per chi ripete più volte un'impresa azzardata), ecc.

c) I nomi *la serpe* e *la lepre*, designanti tanto il maschio quanto la femmina dell'animale, sono oggi quelli più corretti. *Il serpe* e *il lepre*, anch'essi di genere promiscuo, sono forme abbastanza diffuse nella lingua antica e letteraria (ad es. in Fazio degli Uberti «un serpe, che ha 'l cor cotanto acerbo»; cit. in TOMMASEO-BELLINI 1865-1879: IV 822; «un lepre maschio» C. Levi, cit. in BRUNET 1982: 155), ma oggi in uso quasi solo come varianti regionali (in particolare nel Centromeridione).

d) In epoca antica s'è avuto lo stesso tipo di alternanza anche in *il tigre / la tigre* («i tigri e i lioni non lasciano giammai lor fierità» Segneri, cit. in TOMMASEO-BELLINI 1865-1879: VI 133). La forma *il tigre*, in séguito uscita d'uso, è tornata in auge alcuni anni or sono nel fortunato slogan pubblicitario di una marca di benzina, «metti un tigre nel motore», che è però rimasto un episodio isolato.

e) Anche il nome d'animale invariabile *la gru-le gru* (cfr. III.125) nella lingua antica poteva presentarsi come variabile nelle forme alternanti *la grue* (o *la grua*) / *il grue*, cui corrispondevano nel plurale *le gru / i gru*: «grue sono una generazione d'uccelli che vanno a schiera» (Giamboni, *Il tesoro di B. Latini volgarizzato da Bono Giamboni*); «come i gru van cantando lor lai / faccendo in aere di sé lunga riga» (Dante, *Inferno*, V 46-47).

Nomi di genere comune

80. Si dicono «nomi di genere comune» quei nomi che hanno una sola forma nel maschile e nel femminile. Il genere è in questo caso specificato dall'articolo o dall'aggettivo che li accompagna: «è un bravo *cantante*», «ho visto tua *nipote*»; «il *dilettante* (o la *dilettante*) poteva possedere doti e preparazione pari o superiori a quelle di chi praticava la musica di professione» (P. Isotta, in «Storia Illustrata», settembre 1986, 38). Essi sono:

a) I participi presenti sostantivati: *il cantante → la cantante, il latitante → la latitante, il mandante → la mandante, il postulante → la postulante*.

b) I numerosi nomi in cui il suffisso *-ante* è stato produttivo al di fuori del suo originario àmbito participiale (senza, cioè, che al nome in *-ante* corrisponda una radice verbale: è il tipo *il bracciante*, su cui ha condotto un'ampia indagine MIGLIORINI 1957: 109-134): *il birbante → la birbante, il cruscante → la cruscante, il dettagliante → la dettagliante, il negoziante → la negoziante*.

In questi quattro casi, ad esempio, il nome si è formato rispettivamente da *birba* 'briccone, mariuolo'; dal nome dell'*Accademia della Crusca* (e designa, oltre agli accademici stessi di quest'istituzione, chi si ispira o si ispirava ai principi linguistici filofiorentini da essa propugnati; oggi ha senso ironico); da [*vendita al*] *dettaglio* e, infine, da *negozio*.

c) Alcuni nomi in *-e: il coniuge → la coniuge, il consorte → la consorte, l'erede → l'erede, il giudice → la giudice, il nipote → la nipote, il preside → la preside, il vigile → la vigile*.

Alcuni di questi nomi in *-e* rientrano nella categoria dei nomi di professione, per cui talvolta si oscilla nella formazione del loro femminile (cfr. III.50 sgg.). Per *la giudice*, oltre che al solito maschile impersonale *il giudice*, si è avuto in antico *giudicessa* (che designò, oltre a una 'donna investita del compito di giudice', la 'governatrice di un Giudicato' nella Sardegna medievale). Oltre a *la vigile* (*urbana*) si ode frequentemente *vigilessa*: «D'ora in poi attenti alle vigilesse – E chi ha detto che le armi non si addicono alle donne? Le cinque ragazze che vediamo nella foto sono tutte vigilesse romane» («Oggi», cit. in BRUNET 1982: 112). Accanto a *erede* l'italiano antico conosceva un femminile invariabile *reda* (ROHLFS 1966-1969: 393).

d) I nomi in *-ista* (per l'origine cfr. XV.20): *l'artista → l'artista, il pianista → la pianista, il primatista → la primatista, lo specialista → la specialista, il velocista → la velocista*.

e) I nomi in *-cida* (dal lat. -CIDAM, da OCCĪDERE 'uccidere'): *il matricida → la matricida, il parricida → la parricida,*

III. Il nome

il suicida → *la suicida*.

f) I nomi in *-iatra* (dal greco *iatrós* 'medico', con accostamento ai numerosi grecismi in *-a*): *il geriatra* → *la geriatra*, *l'odontoiatra* → *l'odontoiatra*, *il pediatra* → *la pediatra*.

g) Altri nomi in *-a*: *l'atleta* → *l'atleta*, *il collega* → *la collega*, *l'ipocrita* → *l'ipocrita*, *lo stratega* → *la stratega*.

81. Alcuni maschili in *-a* (specie se appartenenti ai gruppi *d* e *g*) presentavano nell'italiano antico una desinenza normalizzata in *-o*; ad esempio: *ipocrito, artisto, eremito, idolatro, legisto*, cfr. NANNUCCI 1858: 95-100.
Oscillano tuttora *stratega* e *stratego*: *stratego* (che corrisponde esattamente al greco *stratēgós*; *stratega* dipende da una falsa ricostruzione, favorita da altri grecismi in *-a* ma anche da parole d'origine latina come *auriga* e *collega*) designa di preferenza un grado del comando militare dell'antica Grecia; *stratega*, 'chi ha buone capacità strategiche', anche in campo non militare.

Numero del nome

82. Nella flessione del nome si distinguono il singolare e il plurale. Il singolare indica un solo essere animato, una sola cosa o concetto o nozione, o un'entità collettiva percepita come insieme omogeneo (*la famiglia, il popolo*, che si dicono «nomi collettivi», cfr. III.3). Il plurale indica più esseri animati o più cose o concetti o nozioni (o, ancora, più entità collettive: *le famiglie, i popoli*).
Come per il genere, il contrassegno morfologico del plurale è dato in italiano dalla terminazione (la desinenza di un nome reca dunque quasi sempre una doppia informazione, selezionando una coppia dei seguenti parametri: maschile+singolare / maschile+plurale / femminile+singolare / femminile+plurale).
Nel formare il plurale i nomi singolari mutano dunque la loro desinenza secondo il seguente schema:

SINGOLARE	PLURALE
nomi maschili in *-a*	*-i*
nomi femminili in *-a*	*-e*
nomi maschili in *-o*	*-i*
nomi femminili in *-o*	*-i*
nomi maschili in *-e*	*-i*
nomi femminili in *-e*	*-i*

Numerose eccezioni e casi particolari sono possibili rispetto a questo schema generale. Ne tratteremo dettagliatamente nei paragrafi 84 sgg.

83. L'italiano, affidando alla desinenza il compito di indicare i principali tratti morfologici (tra cui il plurale) continua il tipo latino e con esso il tipo linguistico indeuropeo. In lingue di altri gruppi il procedimento che consente di formare il plurale differisce sensibilmente da quello desinenziale. Si può avere ad esempio il raddoppiamento totale della parola: giapponese *nichi* 'casa' → *nichi nichi* 'case'; il raddoppiamento parziale della parola: nahuatl (lingua indigena del Messico) *kalli* 'casa' → *kakalli* 'case'; il mutamento delle vocali all'interno della radice: arabo *kitāb* 'libro' → *kutub* 'libri'. In turco l'affisso *-ler-* indica il plurale, mentre un ricco sistema di altri affissi reca svariate informazioni grammaticali: ad es. *ev* 'casa' → *evler* 'case'; *evin* 'dalla casa' (ablativo singolare) → *evlerin* 'dalle case' (plurale+ablativo).

84. Un procedimento inconsueto per il tipo linguistico italiano, che si ha nel solo uso scritto, è quello del raddoppiamento totale o parziale (raddoppiamento dell'ultima consonante) di alcune abbreviazioni per indicarne il plurale: *il v.[erso]* → *i vv.* («nei vv. 31-87»), *la pag[ina]* → *le pagg.* o *la p.* → *le pp.* («abbiamo diviso l'indice in due parti, comprendendo nella prima [pp. 979-1026] tutti i termini concettuali», ecc., nell'*Indice* annesso a De Sanctis, *Storia letter.*, II 978), o anche *sgg.* per «seguenti» («si veda p. 20 sgg.» oppure «p. 20 e sgg.») e così via.
Quest'uso è limitato ad un numero ristretto di abbreviazioni, come quelle che si adoperano nei rinvii bibliografici (sono gli esempi finora citati), e ad alcune sigle: le *FF.SS.* (le 'Ferrovie dello Stato'), le *PP.TT.* (le 'Poste e Telecomunicazioni'), i *CC.* (i 'Carabinieri'), *SS.* ('Santi'), ecc.

Parecchie le oscillazioni, specie per le sigle composte da due o più lettere diverse: il punto fermo può essere ripetuto o essere collocato solo dopo l'ultima lettera (*FF.SS.* o *FFSS.*), le singole lettere possono essere iterate – come è preferibile – oppure può essere ripetuta la sola lettera finale («se invece un giornale pone i problemi dei telefoni, delle *Usll* [sigla di «Unità Sanitaria Locale»], dei ministri, la reazione è soltanto di fastidio» M. Tito, in «Epoca», 26.9.1986, 142); le lettere possono essere tutte maiuscole o maiuscole e minuscole (anche qui, con due possibilità: *Usll*, come nell'esempio cit. di Michele Tito; oppure *Uu. Ss. Ll.*, come in una lettera alla «Repubblica», 4.11.1986: «clienti e portaborse, tutti i dipendenti delle *Uu. Ss. Ll.*»).

Formazione del plurale

85. Possiamo ordinare la trattazione del plurale dei nomi distinguendo tre gruppi: nomi maschili e femminili in *-a* (cfr. III.86-97); nomi maschili e femminili in *-o* (cfr. III.98-110), nomi maschili e femminili in *-e* (cfr.III.111-116). A questi si aggiungono i nomi invariabili (cfr. III.124-129) e altri casi particolari.

Nomi in -a

86. I nomi maschili in *-a* formano il plurale in *-i*: *il papa → i papi, il poeta → i poeti, il problema → i problemi, il profeta → i profeti.*

87. I nomi femminili in *-a*, molto più numerosi, formano il plurale in *-e: l'aquila → le aquile, la bicicletta → le biciclette, la casa → le case, la figura → le figure, la paura → le paure, la scena → le scene.*

88. I femminili *ala* e *arma* escono invece al plurale in *-i: le ali, le armi*. Nella lingua letteraria troviamo però anche i due plurali *ale, arme*: «le braccia aperse, e indi aperse l'ale» (Dante, *Purgatorio*, XII 91); «io il vidi a scudo e lanza / con altri cavalieri arme portare» (Boccaccio, *Decamerone*, X 7 22).

89. I due plurali *ali* e *armi* costituiscono oggi un caso isolato, mentre nella lingua antica essi erano la conseguenza di un'oscillazione anche nel singolare. Questi due nomi, cioè, si presentavano nella doppia forma di singolare *ala* ed *ale*, *arma* ed *arme* (di qui la doppia forma nel plurale: *le ale, le arme* dal singolare in *-a*; *le ali, le armi* dal singolare in *-e*).
Lo scambio tra le desinenze singolari *-a* ed *-e* era inoltre molto più diffuso: accanto a singolari che continuavano la prima declinazione latina, come *alba, arpa*, ecc., si potevano avere singolari come *l'albe, l'arpe, l'aste, la coste, la grotte, la glebe, la lebbre, la persone, la porpore, la querce* (tutte forme antiche citate in RUGGIERI 1959: 8-14); e ancora *tempra → tempre* («e che la giovinezza / abbi sempre a star ferma in una tempre» Lorenzo de' Medici, cit. in NANNUCCI 1858: 54), *talpa → talpe* («ricorditi, lettor, se mai ne l'alpe / ti colse nebbia, per la qual vedessi / non altrimenti che per pelle talpe» Dante, *Purgatorio*, XVII 1-3). Viceversa, accanto a singolari che continuavano la terza declinazione, come *ape, veste*, ecc. si potevano avere le forme di singolare *apa, vesta* («ne la sua terra fia di doppia vesta» Dante, *Paradiso*, XXV 92); e ancora *falcia* («d'ogni parte menando la falcia» Pulci), *lita* («veggendo far lita fra due» Fazio degli Uberti), *seta* («quando di lui ha seta» Jacopo Alighieri), *tossa* («vero è pur che l'uom non possa / celar per certo l'amore e la tossa» Pulci; tutti questi esempi, e molti altri, in NANNUCCI 1858: 11-13).

90. I nomi di genere comune in *-iatra*, in *-ista*, in *-cida* e gli altri nomi di genere comune in *-a* (cfr. III.80d-g) formano anch'essi il plurale in *-i* nel maschile, in *-e* nel femminile: *l'atleta → gli atleti – le atlete; il giornalista → i giornalisti, la giornalista → le giornaliste; l'omicida → gli omicidi – le omicide; il pediatra → i pediatri, la pediatra → le pediatre.*

91. Per numerosi sostantivi maschili in *-a* l'italiano ha a lungo conosciuto delle oscillazioni. Anticamente esisteva un invariabile *il papa - i papa* (MIGLIORINI 1957:105), e oggi forme del genere possono udirsi «in bocca al popolo» in diverse zone (cfr. ROHLFS 1966-1969: 364). Per i maschili in *-a* che rimangono invariati al plurale cfr. III.126.

Nomi in -ca e -ga

92. I nomi, maschili e femminili, in *-ca* e *-ga* mantengono davanti alle uscite *-i* ed *-e* del plurale le consonanti velari /k/ e /g/, e terminano in *-chi* e *-ghi* nel maschile, in *-che* e *-ghe* nel femminile: *l'eresiarca → gli* *eresiarchi, il monarca* → *i monarchi, il patriarca* → *i patriarchi, il collega* → *i colleghi, lo stratega* → *gli strateghi, l'arca* → *le arche, la mosca* → *le mosche, la folaga* → *le folaghe*.

93. Una sola eccezione rilevante: *belga* ha nel plurale maschile *belgi* («salvo Chèvremont e la padrona di casa, i belgi non mi piacciono» Ginzburg, cit. in BRUNET 1978: 17; «Grazie ai 'diavoli' siamo di nuovo fieri di essere belgi» «La Gazzetta del Sud», 24.6.1968, 8), mentre il femminile è regolarmente *belghe*. La forma *belgi* del plurale maschile si ha probabilmente per influenza del nome del popolo in francese (*Belges*) e del nome della nazione *Belgio*. Per *eresiarca* e *patriarca* si registrano nella lingua antica i plurali *eresiarche* («qui son li eresiarche / con lor seguaci, d'ogni setta» Dante, *Inferno*, IX 127; «'eresiarche' si chiamano i prencipi dell'eretiche pravità» Boccaccio, *Commento alla Divina Commedia e gli altri scritti intorno a Dante*) e *patriarche* («a bontà de patriarche e de profeti e d'altri fini capitani» Giamboni, *Il libro dei vizî e delle virtudi e il trattato di virtù e di vizi*).

Nomi femminili in -ìa *(tipo bugia, zia)*

94. I nomi femminili in *-ia*, con *i* tonica, mantengono al plurale la *i* nell'uscita *-ie*: *l'aritmia* → *le aritmie, l'arpia* → *le arpie, la badia* → *le badie, la polizia* → *le polizie, la pulizia* → *le pulizie*.

95. Formano il plurale allo stesso modo anche i nomi femminili in *-cia* e *-gia* con *i* tonica; le desinenze sono dunque *-cie* e *-gie* (con mantenimento della *i* tonica): *la farmacia* → *le farmacie, l'allegria* → *le allegrie, la bugia* → *le bugie*.
Anche *scia*, che ha la radice in sibilante palatale *sc-* /ʃ/ (e non in affricata alveopalatale sorda /tʃ/ o sonora /dʒ/ come *farmacia* /farma'tʃia/, *bugia* /bu'dʒia/, ecc.), fa al plurale *scie*, mantenendo la *i* tonica.

Nomi femminili in -cia, -gia (i *diacritica:* tipi camicia, ciliegia, provincia, frangia)

96. Nelle forme plurali dei nomi femminili in *-cia*, *-gia* con *i* solo grafica si riscontrano numerose oscillazioni, dovute alla possibilità di mantenere o di eliminare la *i* nel passaggio dal singolare al plurale. La questione, conviene ricordarlo, è esclusivamente ortografica: la *i*, che nel singolare ha valore diacritico (cfr. I.143), è infatti nel plurale un semplice relitto grafico: scrivere, ad esempio, *ciliegie* o *ciliege* è del tutto irrilevante ai fini della pronuncia, che rimane identica ([tʃi'ljɛdʒe]). La soluzione ottimale sarebbe quella di eliminare del tutto la *i* dalla grafia di queste forme plurali, ma di fatto essa verrebbe ad urtare contro abitudini scrittorie ormai consolidate. Ricorderemo dunque i due principali criteri ortografici a cui è possibile attenersi:
a) Un primo criterio, che possiamo definire storico-etimologico (propugnato in particolare da A. Camilli in CAMILLI-FIORELLI 1965: 171-174), prevede il mantenimento della *i* per tutti quei nomi che continuano una base latina con *-CI-* e *-GI-*: *acacia* (<ACĂCIAM) → *acacie, audacia* (<AUDĀCIAM) → *audacie, pertinacia* (<PERTINĀCIAM) → *pertinacie*, ecc.; l'eliminazione, al contrario, della *i* per tutti quei nomi in cui il suono palatale [tʃ] e [dʒ] s'è prodotto come esito storico di altre basi: *camicia* (<CAMĪSIAM) → *camice, bragia* (<germ. *BRASIA) → *brage, ciliegia* (<*CERESEAM) → *ciliege, cupidigia* (<*CUPIDĬTIAM) → *cupidige*.
Piuttosto esili appaiono oggi le ragioni che inducevano il Camilli al mantenimento della *i* nei casi con base latina diretta: 1) la possibilità di un ripristino della pronuncia della *i* etimologica per dieresi poetica o pronuncia latineggiante; 2) l'attribuzione di un certo grado di realtà fonetica alla *i*, sulla base della sua conservazione in alcune zone del Meridione (cfr. I.34).
b) Un secondo criterio, che possiamo definire empirico e che è quello consigliato in questa *Grammatica*, suggerisce di mantenere la *i* nel plurale quando la *c* e la *g* sono precedute da vocale (*-cie, -gie*); di ometterla quando la *c* e la *g* sono precedute da consonante (*-ce, -ge*), ottenendo le due serie:
(I) *l'acacia* → *le acacie, la camicia* → *le camicie; la bambagia* → *le bambagie, la ciliegia* → *le ciliegie;*

(II) *la provincia* → *le province, la goccia* → *le gocce; la spiaggia* → *le spiagge, la frangia* → *le frange*.
Il primo membro di ogni coppia ha appoggio in una base etimologica con CI e GI (*acacia, bambagia, provincia, spiaggia*), il secondo no (*camicia, ciliegia, goccia, frangia*): come si può vedere confrontando tra loro i termini a due a due, non sussiste qui differenza di trattamento tra serie etimologica e serie non etimologica, al contrario di quanto avverrebbe attenendosi al criterio del Camilli.
In alcuni casi la *i* diacritica può servire a evitare omonimie grafiche: per es. tra *camicie* e *càmice* o tra *audacie* (da *audacia*) e *audace* aggettivo.

97. Il plurale dei nomi in *-a* può riassumersi nel seguente schema:

SINGOLARE	PLURALE
nomi maschili in *-a*	*-i*
nomi femminili in *-a*	*-e*
nomi maschili in *-ca, -ga*	*-chi, -ghi*
nomi femminili in *-ca, -ga*	*-che, -ghe*
nomi femminili in *-ia* (*i* tonica)	*-ie* (*i* tonica)
nomi femminili in *-cia, -gia* (*i* solo grafica)	*-cie, -gie* se *c*, *g* sono precedute da vocale (*i* solo grafica)
	-ce, -ge se *c, g* sono precedute da consonante

98. I nomi che al singolare escono in *-o* formano il plurale in *-i*: *avvocato* → *avvocati, bambino* → *bambini, liquido* → *liquidi, strepito* → *strepiti, tetto* → *tetti*.
I nomi in *-o* sono, nella stragrande maggioranza, maschili. La regola del plurale in *-i* vale però anche per i pochi nomi in *-o* femminili: *la mano - le mani, l'eco* (maschile e femminile al singolare) - *gli echi* (tranne il tipo invariabile *la radio - le radio*, cfr. III.127).

99. Notiamo:
a) Il nome femminile *mano* continua il latino MĂNUS, della quarta declinazione. L'uscita in *-o* fu spesso sentita come «irregolare» per un femminile, cosicché nella lingua antica e oggi in molti dialetti si trova abbastanza di frequente il tipo *la mana* (al plurale *le mane*): «la damigella gli prese la mana; / Rinaldo si rizzò subitamente» (Pulci, *Il Morgante*). Dal plurale latino MĂNUS s'è avuto un tempo il plurale *le mano*, oggi presente nei dialetti dell'Italia centrale e in alcune zone della Toscana (ROHLFS 1966-1969: 354).
b) Accanto al plurale *gli echi* (cui abbiamo già accennato: cfr. III.23) s'ode talvolta un plurale femminile invariato *le eco*: «il genere epico dei cantimpanca, di cui troviamo larghe eco nelle Sacre rappresentazioni» (Pandolfi, cit. in BRUNET 1978: 7). Per quanto sconsigliabile, quest'uso ha una sua spiegazione nel fatto che, tentando di rimediare all'anomalia di un nome che al singolare è sia maschile sia femminile, si assegna a tale nome un femminile anche nel plurale, ricavando un invariabile *la eco - le eco* dal tipo *la radio - le radio* (cfr. III.127).

100. Tra i nomi in *-o* ve ne è uno che forma il plurale in modo irregolare: *uomo* → *uomini*.

Nel plurale *uomini* sopravvive il latino HŎMINES. La contrapposizione tra la forma del singolare e quella del plurale si ritrova anche in altre lingue romanze: ad es. il rumeno *om-oameni*, il catalano *hom-homens*. La posizione del sostantivo *uomo* nella morfologia storica italiana è peculiare anche per il fatto che, come abbiamo ricordato (cfr. III.73e), il singolare è tra le poche forme che continuano il nominativo (HŎMO) invece dell'accusativo (HŎMINEM) latino.

Nomi in *-io*

101. I nomi in *-io* con *i* tonica formano il plurale in *-ii* (rimane tonica la prima *i*): *fruscio* → *fruscii, lavorio* → *lavorii, pendio* → *pendii, rinvio* → *rinvii, tramestio* → *tramestii, zio* → *zii*.

III. Il nome

102. Irregolare il plurale di *dio: dei*.

Dei si spiega partendo da un anteriore *iddei* (ciò che dà ragione dell'irregolarità nell'uso dell'articolo: cfr. IV.13). La lingua antica conosceva anche un plurale regolare *dii* («piglia adunque gli dii di Troia, e vatti via, con essi, ed eglino ti guideranno ove tu fonderai una nuova città troiana» Guido da Pisa, *Fatti d'Enea*), che si è continuato in *iddio → iddii* («gl'Iddii greci sono sensibili-intelligibili. Ognuno di essi è un'imagine-idea» Gioberti, *Della protologia*).

Nomi in -io (i atona o diacritica)

103. Nel plurale dei nomi in *-io* con *i* atona si ha spesso collisione nella pronuncia e nella grafia (*omicidi* da *omicidio* e *omicidi* da *omicida*), o anche solo nella grafia (*àrbitri* da *arbitro* e *arbìtri* da *arbitrio*) con il plurale di un altro nome, che quasi sempre ha la stessa radice. Per questo motivo si ricorre talvolta ad un contrassegno grafico particolare per distinguerli (anche se oggi prevale la tendenza a lasciarli invariati, affidando la distinzione al contesto, cfr. I.178). Vediamo un primo gruppo di nomi in cui il plurale del nome in *-io* coincide sia per forma grafica sia per pronuncia con il plurale di un altro nome di significato diverso:

	AMBIGUITÀ NELLA GRAFIA E NELLA PRONUNCIA	AMBIGUITÀ NELLA SOLA PRONUNCIA	
assassinio *assassino*	*assassini* *assassini*	*assassinii* *assassini*	(o *assassinî*)
omicidio *omicida*	*omicidi* *omicidi*	*omicidii* *omicidi*	(o *omicidî*)
tempio	*tempi*	*tempii*	(o *tempî*; per *templi* cfr. III.104)
tempo	*tempi*	*tempi*	

Nel caso di questi nomi il problema della distinzione è puramente grafico, in quanto non vi è alcuna possibilità, sul piano della pronuncia, di distinguerli reciprocamente nel plurale. Altri nomi sono invece distinti anche nella pronuncia dei rispettivi plurali, o per il grado di apertura della vocale tonica (ad es. *osservatòri* da *osservatorio* e *osservatóri* da *osservatore*) o per la posizione dell'accento (ad es. *princìpi* da *principio* e *prìncipi* da *principe*), e dunque ci si può chiedere se mantenere tale distinzione nella grafia segnalandola diacriticamente:

	AMBIGUITÀ NELLA SOLA GRAFIA	ELIMINAZIONE DELL'AMBIGUITÀ GRAFICA
arbitrio *arbitro*	*arbitri* *arbitri*	*arbìtri* *àrbitri*
conservatorio *conservatore*	*conservatori* *conservatori*	*conservatòri* *conservatóri*
principio *principe*	*principi* *principi*	*princìpi* *prìncipi*

Sull'uso dell'accento per distinguere gli omografi cfr. I.178, I.180.

104. Tra i nomi citati, *tempio - tempi* ha anche una seconda forma di plurale che è attualmente quella più comune: *templi*. Si tratta di un latinismo della lingua letteraria («e se pur mira / dopo l'esequie, errar vede il suo spirto / fra 'l compianto de' *templi* acherontei» Foscolo, *Dei Sepolcri*, 42-44), che si è però ben conservato fino ad oggi proprio grazie al suo valore distintivo come plurale di *tempio* rispetto al plurale di *tempo - tempi*: «La città [...] presto raggiunse grande floridezza, come è attestato dall'imponenza dei superstiti *templi*» (*Guida rapida TCI*, V 193); «essi conferiscono illusione di vita ad una tradizione moribonda nei superstiti palazzi delle antiche dinastie e nei *templi*» (Tucci, *Nepal*, 23); pensiamo, ancora, alla celebre *Valle dei Templi* presso Agrigento.

105. I nomi che terminano in -*cio*, -*gio*, -*glio* con *i* solo diacritica (da un punto di vista fonetico, essi sono dei semplici nomi in -*o*: *orcio* termina con una sillaba costituita da consonante+*o*, così come *orco*: /'ortʃo/ /'ɔrko/) formano regolarmente il plurale in -*i*: *orcio → orci, sorcio → sorci; coccio → cocci, impaccio → impacci; presagio → presagi; formaggio → formaggi, massaggio → massaggi; fermaglio → fermagli, taglio → tagli.*

Nomi in -co e -go

106. Come tutti gli altri nomi in -*o*, anche i nomi in -*co* e -*go* formano il plurale mutando la loro terminazione in -*i*. Nel passaggio dal singolare al plurale possono però mutare il suono velare della *c* e della *g* in palatale (come ad es. *amico → amici*) oppure mantenerlo (come ad es. *cuoco → cuochi*). Il gran numero di oscillazioni e le difficoltà che si incontrano a cercare di stabilire un comportamento preciso in merito hanno indotto molti grammatici a formulare un giudizio scettico su qualunque tentativo di sistemazione per questo settore della formazione del plurale. Tuttavia, se ci si accontenterà di stabilire delle tendenze, si vedrà che, in linea di massima, i nomi piani (parossitoni) mantengono la consonante velare, mentre quelli sdruccioli (proparossitoni) la mutano in palatale:

NOMI PIANI		
baco → bachi *fico → fichi* *fuco → fuchi* *fuoco → fuochi* *geco → gechi*	*becco → becchi* *cosacco → cosacchi* *picco → picchi* *stucco → stucchi* *tocco → tocchi* *albergo → alberghi* *castigo → castighi* *dittongo → dittonghi* *fungo → funghi* *tango → tanghi*	*ago → aghi* *diniego → dinieghi* *rigo → righi* *rogo → roghi* *sugo → sughi*

NOMI SDRUCCIOLI	
equivoco → equivoci *medico → medici* *monaco → monaci*	*asparago → asparagi* *astrologo → astrologi*

107. Questa norma empirica, fondata sulla semplice prevalenza statistica degli esiti, va incontro però a numerose oscillazioni. Notiamo:
a) Alla «regola» che i parossitoni in -*co*, -*go* escono al plurale in -*chi*, -*ghi* fanno eccezione tra l'altro: *amico → amici, nemico → nemici, greco → greci* (per cui si potrebbe pensare all'influenza del nome di nazione *Grecia*), *porco → porci*.
b) Alla «regola» che i proparossitoni in -*co*, -*go* escono al plurale in -*ci*, -*gi* fanno eccezione tra l'altro: *carico → carichi, incarico → incarichi, pizzico → pizzichi, valico → valichi; naufrago → naufraghi, obbligo → obblighi; prodigo → prodighi*.

c) Il nome *mago* → *maghi* conosce anche un plurale *magi* che viene adoperato oggi nel solo nome proprio dei *Re Magi* della narrazione evangelica.

d) Tra i nomi sdruccioli, non ben definita è la situazione per i numerosi nomi in *-ologo* e *-ofago*. In genere, presentano l'uscita *-ghi* solo quelli che significano cose: *sarcofaghi, dialoghi, monologhi, cataloghi*, mentre i nomi di persona seguono perlopiù gli altri sdruccioli ed escono in *-gi: teologi, psicologi, ornitologi, antropofagi, esofagi* (è quanto propone ad esempio, razionalizzando una tendenza generale, GABRIELLI 1976: 104-107). Talvolta si ha però *sarcofagi* («l'atrio [...] contiene statue – alcune colossali – e sarcofagi di arte romana imperiale» *Guida rapida TCI*, V 175; un esempio di Papini è citato in BRUNET 1978: 16), e sono poi abbastanza comuni le forme *psicologhi, teologhi, antropologhi*, ecc. («arrivare alla conclusione degli antropologhi, che la vita dell'uomo moderno è basata su una serie di estrapolazioni dalla realtà» Flaiano; «è un temperamento costruttivo, di quelli che gli astrologhi direbbero solari» Levi; entrambi in BRUNET 1978: 15).

e) Abbastanza regolare la velare nei plurali dei nomi in *-fugo: callifughi, ignifughi, profughi*.

f) Non si è avuta invece una stabilizzazione per alcuni nomi in cui sussiste tuttora un doppio plurale (cfr. BRUNET 1978: 13-14; citiamo per primo il plurale più usato): i parossitoni *chirurgo* → *chirurghi / chirurgi* e *mendico* → *mendichi / mendici* («ogni tanto, s'incontravano mendichi laceri e macilenti, o invecchiati nel mestiere» Manzoni, *I Promessi Sposi*); i proparossitoni *farmaco* → *farmaci / farmachi* («col nome solo de' farmaci chiamavano i Greci i veleni e le medicine» Muratori, *Riflessioni sopra il buon gusto*; «né studi oprar né farmachi» Parini, *L'innesto del vaiuolo*, 72), *fondaco* → *fondachi / fondaci*, *intonaco* → *intonachi / intonaci*, *manico* → *manici / manichi* («un pancione smisurato, che pareva tenuto a fatica da due braccia piegate: come una pentolaccia a due manichi» Manzoni, *I Promessi Sposi*, XI 65), *parroco* → *parroci / parrochi*, *sindaco* → *sindaci / sindachi*, *stomaco* → *stomachi / stomaci*, *traffico* → *traffici / traffichi*.

108. Qual è la ragione storico-linguistica di tutte queste oscillazioni?
Nel plurale dei nomi in *-co* e *-go* s'incontrano (talvolta sovrapponendosi, talvolta sacrificandosi l'una all'altra) due tendenze opposte ma ugualmente forti e attive nel sistema fonomorfologico italiano: una prima, più propriamente fonologica, porterebbe tutte le *c* e le *g* velari (/k/, /g/) a palatalizzarsi nell'incontro con la *-i* della desinenza plurale (divenendo /tʃ/, /dʒ/: è quel che succede ad esempio in *amico* → *amici*); una seconda, di carattere morfologico, tenderebbe a rendere coerenti tra loro le forme del singolare e del plurale (è quel che succede ad esempio con *carico* → *carichi*, *obbligo* → *obblighi*).
Rimane controversa la questione dell'origine di queste oscillazioni: secondo una prima ipotesi sarebbero di origine popolare i casi in cui la velare si palatalizza, seguendo la normale evoluzione fonologica dal latino all'italiano (come ad es. in CĪLIUM/ˈkiliuɱ/>*ciglio* /ˈtʃiʎʎo/), mentre i casi di velare conservata sarebbero prevalentemente da attribuirsi a parole dotte o rimodellate morfologicamente (MEYER-LÜBKE 1890: 339); una seconda ipotesi considera al contrario popolari, perché spontaneamente coerenti, i casi di corrispondenza nella conservazione della velare tra singolare e plurale (*fico - fichi, fuoco - fuochi, ago - aghi*, ecc.), e di origine dotta i casi con alternanza (*amico - amici, greco - greci*) in quanto fin dal Medioevo nella pronuncia latina C e G davanti ad I si sono letti come palatali (GOIDANICH 1940: 155-196; LEONE 1957).
Ma forse si dovrà tener conto, piuttosto, della prevalenza nell'uso, come forma più frequente o più immediatamente affaccianti alla coscienza linguistica dei parlanti, ora del singolare ora del plurale. Nel primo caso, era naturale che il plurale accogliesse la velare del singolare; nel secondo, accadeva l'inverso. Significativa l'alternanza tra *maghi*, modellato sul singolare *mago*, e il già citato *magi*, denominazione collettiva in cui la palatalizzazione di [g] davanti a [i] ha avuto libero corso, non essendo condizionata dalla presenza di una velare nel singolare (rarissimo; e del resto, piuttosto che «un re mago», si dice e si è sempre detto: «uno dei re magi»).
Lo studio della lingua antica non ha portato su questo problema molta luce: forme oggi stabilizzate come *cuochi, bifolchi, bruchi, fuchi, greci*, ecc. oscillano in Petrarca, Boccaccio, Ariosto con *cuoci, bifolci, bruci, fuci, grechi*, ecc. E la situazione appare altrettanto intricata e contraddittoria nei dialetti (ROHLFS 1966-1969: II 374).

Il tipo uovo-uova

109. Alcuni nomi maschili in *-o* sono femminili al plurale, e hanno la desinenza *-a*:

migliaio → *migliaia, miglio* → *miglia, paio* → *paia, riso* («il ridere») → *risa, uovo* → *uova*.
L'origine di questi plurali in *-a* è da ricercarsi nei neutri plurali in -A da singolari in -UM latini, allo stesso modo dei plurali in *-a* dei nomi con doppio plurale del tipo *i bracci / le braccia* (cfr. III.117 sgg.). Nella lingua antica, e oggi in alcuni dialetti, si ha il plurale maschile *ovi* (cfr. ROHLFS 1966-1969: II 364) e il femminile *ove*: «se voleno cibare spesso [...] e di buon nutrimento, come suono *ove* fresche, caponi» (Savonarola, *Trattato ginecologico pediatrico in volgare*).

110. Il plurale dei nomi in *-o* può dunque riassumersi nel seguente schema:

SINGOLARE	PLURALE
nomi maschili in *-o*	*-i*
nomi femminili in *-o*	*-i*
nomi in *-io* (*i* tonica)	*-ii* (prima *i* tonica)
nomi in *-io* (*i* atona)	*-i*
nomi in *-cio, -gio, -glio* (*i* solo grafica)	*-i*
nomi in *-co, -go* (parossitoni)	*-chi, -ghi* (prevalentemente)
» » » » (proparossitoni)	*-ci, -gi* (prevalentemente)

Nomi in -e

111. I nomi, maschili e femminili, che al singolare terminano in *-e* formano il plurale con la desinenza *-i*: *l'amore* → *gli amori, il cane* → *i cani, l'eroe* → *gli eroi, il padre* → *i padri; l'arte* → *le arti, l'azione* → *le azioni, la chiave* → *le chiavi, la nazione* → *le nazioni*.

112. Due sono le formazioni irregolari: *bue* → *buoi* e *mille* nei multipli (*due*)-*mila*, (*tre*)*mila*, ecc.
a) Accanto alla forma irregolare *bue - buoi* se ne ha una oggi solo toscana o letteraria, *bove - bovi*: «dal dì che Mercurio ancora bambino rubò i bovi ad Apollo, la letteratura e la mercanzia cozzarono sempre tra loro» (Foscolo, *Lezioni, articoli di critica e di polemica*); «nei bovi, bianchi e rossi, aggiogati al carroccio, egli vede, attraverso i secoli, rappresentate le due razze antiche e diverse» (Serra, *Scritti*).
b) Per *mille* → *-mila* cfr. VI.23f.

113. Nella lingua antica non è raro il plurale in *-e* dei femminili in *-e* (per analogia con *la casa - le case*): troviamo dunque *le parte, le gente, le fine*, ecc., forme vitali nella lingua letteraria fino a tutto il Quattro-Cinquecento (MANNI 1979: 126-127) e ancora oggi nel vernacolo fiorentino (ROHLFS 1966-1969: 366).

Nomi in -cie, -gie, -glie (*i solo grafica*)

114. Tra i nomi in *-e*, quelli in *-cie, -gie, -glie* con *-i* solo grafica formano regolarmente il plurale in *-i*: *la superficie* → *le superfici* (raro *le superficie*), *l'effigie* → *le effigi, la moglie* → *le mogli*.
Invariabile *la specie* → *le specie*.

115. Anticamente la serie dei plurali invariabili era più numerosa; per esempio: «l'effigie da esso fatte imitando» (Dati, *Vite de' pittori antichi*). Ciò si spiega col fatto che i nomi di questo gruppo sono stati accostati ai femminili in *-ie* con *i* fonematica (*barbarie, carie, serie*, ecc., cfr. III.128), in cui singolare e plurale coincidono.

116. Il plurale dei nomi variabili in *-e* può dunque riassumersi nel seguente schema:

nomi maschili in *-e*	*-i*
nomi femminili in *-e*	*-i*
nomi femminili in *-cie, -gie, -glie* (*i* solo grafica)	*-i* (*-ci, -gi, -gli*)

III. Il nome

Nomi con doppio plurale (tipo **i bracci** */* **le braccia***)*

117. Abbiamo già osservato che alcuni nomi in *-o*, maschili, hanno al plurale un'uscita femminile in *-a* (tipo *l'uovo - le uova*, cfr. III.109). Un numero ben più consistente di nomi maschili in *-o* ha al plurale una doppia uscita, maschile in *-i* e femminile in *-a*. Nella maggior parte dei casi alla differenza di terminazione nel plurale corrisponde una sensibile differenza di significato, e non è difficile ritrovare opposizioni come «astratto» / «concreto», «generale» / «particolare», «collettivo» / «singolo» simili a quelle che abbiamo già osservato a proposito del mutamento di genere nel singolare (cfr. III.34 sgg.). Tuttavia, per queste alternanze di genere nel plurale vale, ancor più che per il singolare, il criterio dell'esame caso per caso: l'individuazione di certi tratti semantici costanti è possibile solo esaminando la sfera di accezioni specifiche di ciascun termine (cfr. BRUNET 1978: 30-32).

118. Vediamo dunque i principali casi di opposizione fra plurale maschile in *-i* e plurale femminile in *-a*:
a) *Il braccio → i bracci / le braccia*. Il maschile *bracci* si adopera per: *i bracci della bilancia, della stadera, i bracci della croce*; *i bracci di mare, di terra, di fiume* («Napoli continua sul mare; [...] Napoli non finisce mai. Bracci di mare, piazze, sfondi, baie» Barilli, *Lo stivale*). Il femminile *braccia* si adopera nel senso proprio di 'braccia del corpo umano'. È femminile anche il plurale di *braccio* 'unità di misura': «quello scoglio, quelle poche braccia di mare, non bastavano a evadere da riva» (Pavese, cit. in BRUNET 1978: 34). Ha il solo plurale in *-i* il nome composto *avambraccio - avambracci*.
b) *Il budello → i budelli / le budella*. Il maschile *budelli* si adopera di preferenza per indicare 'passaggi stretti e contorti' («già camminavo da mezz'ora per quei budelli tutti uguali e diversi» Buzzati, cit. in BRUNET 1978: 36). Il femminile *le budella* si riferisce all'insieme degli intestini (o per dirla con un altro plurale in *-a*, alle *interiora*: «a padron 'Ntoni gli parve che gli strappassero le budella dallo stomaco, come si portavano via le nasse, le reti, le fiocine, le canne, e ogni cosa» Verga, *I Malavoglia*).
c) *Il calcagno → i calcagni / le calcagna*. Il maschile *calcagni* indica le 'parti posteriori del piede' («tal era lì dai *calcagni* alle punte» Dante, *Inferno*, XIX 30). Il femminile *calcagna* si riserva di preferenza per le locuzioni «stare alle calcagna», «avere qualcuno alle calcagna», ecc.
d) *Il cervello → i cervelli / le cervella*. Il maschile *cervelli* si adopera, in senso proprio e figurato, come semplice plurale di *cervello* («la trista parola [...] troncò le congetture che già cominciavano a brulicar ne' loro cervelli» Manzoni, *I Promessi Sposi*, II 62; e così si dice «i migliori cervelli» per 'le intelligenze più brillanti', ecc.). Il femminile *cervella* indica di solito, analogamente a *budella*, la materia di cui si compone il cervello, le 'interiora del capo', e si adopera perlopiù nell'espressione «far saltare le cervella» (per un colpo d'arma da fuoco, ecc.).
e) *Il ciglio → i cigli / le ciglia*. Il maschile *cigli* si riferisce a dei singoli 'cigli', o, ancor più, ai 'limiti, bordi di un fosso, di una strada, ecc.'. Per riferirsi ai *cigli* degli occhi nel loro insieme si adopera comunemente il femminile *ciglia*: «un altro, che forata avea la gola / e tronco il naso infin sotto le ciglia», *Inferno*, XXVIII 64-65.
f) *Il corno → i corni / le corna*. Il maschile *corni* si adopera per lo strumento musicale o per indicare le 'estremità, le punte' (*i corni della luna*, o in senso figurato, *i corni di un dilemma*). Il femminile *corna* designa le *corna degli animali*: «i rossi magri bovi, / dalle ampie corna e dai garretti duri» (Pascoli).
g) *Il cuoio → i cuoi / le cuoia*. Il maschile *cuoi* indica il 'cuoiame', le 'pelli conciate'. Il femminile *cuoia* si riferisce all'insieme della 'pelle' umana, ma si adopera solo nelle locuzioni metaforiche *tirare le cuoia, stendere le cuoia* 'morire', di forte coloritura espressiva: «– Quando tirerà le cuoia – urlò Ferruccio balzando in piedi con gli occhi strabuzzati e il fiato grosso – ci vorrà ben altro» Montale, *Farfalla di Dinard*.
h) *Il dito → i diti / le dita*. Il maschile *diti* si riferisce ai *diti* considerati distintamente l'uno dall'altro: «i diti pollici», «i diti indici», ecc. Il femminile *le dita* si riferisce in-

vece alle *dita* nel loro insieme: «le dita della mano».

i) *Il filo* → *i fili / le fila*. Il maschile *fili* designa in concreto *i fili d'erba, della luce, del telefono*, ecc. Il femminile *fila* si riferisce alle *fila* come 'trama di un ordito', ma ancor più alle *fila di una congiura, di un complotto*, ossia a un 'intreccio' piuttosto che a singoli oggetti filiformi. Erroneo l'uso di *fila* come plurale di *fila* 'serie di persone o cose', invece di *file*: «una certa inquietudine serpeggiava all'interno *delle fila* del partito» («La Repubblica», 14.10.1987, 8).

l) *Il fondamento* → *i fondamenti / le fondamenta*. Il maschile *fondamenti* designa i 'fondamenti di una scienza, disciplina o dottrina'. Il femminile *fondamenta* s'usa oggi solo per le 'fondamenta di un edificio, di una città, ecc.' («a quelli Egli promette / edificata con le fondamenta / nella forza del mare la Città» D'Annunzio, *Tragedie, sogni e misteri*).

m) *Il fuso* → *i fusi / le fusa*. Il maschile *fusi* designa i 'rocchetti per la filatura'. Il femminile, il 'ronfare del gatto' nella locuzione *far le fusa* (perché il ronfare del gatto ricorderebbe il rumore che fa il fuso nell'operazione della filatura: cfr. CORTELAZZO-ZOLLI 1980: II 467).

n) *Il grido* → *i gridi / le grida*. Il maschile *gridi* si riferisce ai 'gridi degli animali' («Da un pezzo si tacquero i gridi» Pascoli, *Il gelsomino notturno*, 5), il femminile *grida* alle urla e invocazioni degli uomini: «sordi alle grida di pace» («La Repubblica» 23.8.1986, 7).

o) *Il labbro* → *i labbri / le labbra*. Il maschile *labbri* designa perlopiù i *labbri di una ferita, di un vaso* (o per estensione, i 'lati, confini di un perimetro'). Il femminile *labbra* indica, propriamente, le *labbra della bocca* (e le *grandi* e *piccole labbra della vulva*).

p) *Il lenzuolo* → *i lenzuoli / le lenzuola*. Il maschile *lenzuoli* designa due o più *lenzuoli* presi uno per uno: «– Volete dormir qui? – domandò l'oste a Renzo, avvicinandosi alla tavola. – Sicuro – rispose Renzo – un letto alla buona; basta che i lenzoli sian di bucato» (Manzoni, *I Promessi Sposi*, XIV 28). Il femminile *lenzuola* designa 'il paio di lenzuola' con cui si fa un letto (e così si dice «stare tra le lenzuola», «infilarsi tra le lenzuola», ecc.).

q) *Il membro* → *i membri / le membra*. Il maschile *membri* designa gli appartenenti a un gruppo o a una comunità (*i membri della famiglia, di un'associazione, di un partito*). Il femminile *membra* si riferisce alle 'parti del corpo umano' nel loro complesso: «In quel che s'appiattò miser li denti, / e quel dilaceraro a brano a brano; / poi sen portar quelle membra dolenti» (Dante, *Inferno*, XIII 127-129); «Sorgon così tue dive / membra dall'egro talamo / e in te beltà rivive» (Foscolo, *All'amica risanata*, 7-9).

r) *Il muro* → *i muri / le mura*. Il maschile *muri* si riferisce ai 'muri di una casa', ai 'muri che costeggiano un giardino, una strada', ecc. Il femminile *mura* designa le massicce 'mura di una città, di una fortezza'. Due esempi dal Manzoni: «talché non è chi, al primo vederlo, purché sia di fronte, come per esempio di su le mura di Milano che guardano a settentrione, non lo discerna tosto»; «i muri interni delle due viottole, in vece di riunirsi ad angolo, terminavano in un tabernacolo» (*I Promessi Sposi*, I 2 e 10). Si usa tuttavia *mura* piuttosto che *muri* per designare, con una sineddoche, una 'casa', una 'dimora': «le mura domestiche»; «Io lasciare questa casa con il mio mal di cuore? [...] Se, dunque, [Nanna] guarisce stando tra queste mura, dove vuole ch'io la porti?» (Tozzi, *Il Teatro*).

s) *L'osso* → *gli ossi / le ossa*. Il maschile *ossi* designa gli 'ossi considerati separatamente'. Il femminile *ossa* si usa per 'l'insieme dell'ossatura umana', come in quest'esempio di Ungaretti: «Ho tirato su / le mie quattr'ossa / e me ne sono andato» (*I fiumi*, 15-17; si noti che, nonostante la presenza del numerale *quattro*, *ossa* mantiene qui il suo significato generico: *quattro ossi* avrebbe indicato 'quattro singoli ossi'); «l'ossa mie rendete / allora al petto della madre mesta» (Foscolo, [*In morte del fratello Giovanni*], 13-14). Da evitare il plurale in -*e*: *osse* (per 'ossa'), oggi quasi solo dialettale: «'Soah' è un film costruito sulle interviste ai sopravvissuti dei campi di sterminio nazisti in Polonia, camionisti, macchinisti di treni, seppellitori a cottimo, perfino gli addetti alla macinazione industriale delle *osse* riesumate dei cadaveri» (Sergio Saviane, nell'«Espresso», 28.12.1986, 117).

t) Lo staio → *gli stai / le staia.* Il maschile *stai* designa dei 'recipienti cilindrici per misurare il peso del grano'. Il femminile, le 'unità di misura relative a uno staio'.
u) L'urlo → *gli urli / le urla.* Stessa distinzione, in linea di massima, che per *gridi / grida.* Un esempio in cui i due nomi sono usati come sinonimi: «un giorno, durante il pranzo, fui colpito da *urla* acute e strazianti che provenivano dalle stanze della signora. Quelle *grida* echeggiarono sì fortemente [...] che io trasalii» (Tarchetti, *Fosca*, 48).

119. Per quanto riguarda le parti del corpo umano designate collettivamente da un plurale in -*a* come *le braccia, le ciglia, le dita, le labbra, le ossa* si noti che, quando ad esse si accenna in forma partitiva, si mantiene il plurale in -*i*: così *le dita* → *uno dei diti, le labbra* → *uno dei labbri*, ecc. (FORNACIARI 1881: 18). Lo stesso vale per *le lenzuola* → *uno dei lenzuoli, le corna* → *uno dei corni*.
Quel che s'è detto per questi doppi plurali ha valore generale: spesso, anche nell'uso scritto, le distinzioni tra plurali in -*i* e plurali in -*a* sono assai meno nette. Così, si possono trovare espressioni come «tese i bracci per sgranchirsi» (Svevo), «gli occhi della Mariulina, di colore arancione, coi cigli e i sopraccigli neri» (Morante), «si asciugava la fronte, i labbri e il viso» (Pratolini), ecc. (citati in BRUNET 1978: 34, 41, 59), che però non inficiano nel complesso la validità delle distinzioni di significato che si fanno di solito per questo settore, almeno per quanto riguarda l'uso attuale.

120. Ben diversamente stanno le cose per l'uso antico. Il fatto è che, in primo luogo, non tutte le distinzioni che si sono cristallizzate col tempo erano allora altrettanto stabili e chiare. In secondo luogo, il plurale femminile in -*a* abbracciava come classe autonoma un numero assai maggiore di sostantivi, maschili e femminili al singolare, di quanto non sia oggi: troviamo così i plurali *le vespa* 'le vespe', *le palpebra* (in continuità con *ciglia* e *sopracciglia*; MOISE 1878:113), *le cannella, le delitta, le merla* 'i merli dei bastioni' (MIGLIORINI 1963a: 226) e inoltre *le quadrella* 'frecce, dardi', *le intestina* (cfr. *le budella* e *le cervella*), *le castella* 'le fortificazioni', *le anella* 'anelli' e 'capelli inanellati' (la seconda accezione anche nella lingua poetica moderna: «la bimba dalle lunghe *anella* d'oro» Pascoli, *Anniversario*, 2), *le filamenta* («intorno ai ricci non cavano quelle filamenta dalle punte delle spine ma dal globbo [sic] immediatamente» Cestoni, *Epistolario ad Antonio Vallisneri*), ecc.
Tra le coppie di plurali in -*i* / -*a* con netta specializzazione semantica in uso solo anticamente possiamo ricordare *i carri / le carra* ('veicoli da trasporto' / 'quantità di carico portata da un carro'; un esempio del plurale in -*a*: «mi sono conservato il divertimento che mi danno, con poca più spesa che quella d'alcune centinaia di carra di legna e di carbone» Baretti, *La frusta letteraria*. La locuzione *a carra* voleva dire 'in grande quantità': «versano libri a carra nella bottega del legatore» Foscolo, *Epistolario*).

121. Nelle forme alterate mediante un suffisso (cfr. XV.64 sgg.), accanto ai regolari plurali maschili in -*i* (da *dito*: *ditaccio* → *ditacci, ditino* → *ditini*, ecc.), possono aversi:
a) plurali femminili in -*a*, modellati sulle rispettive forme semplici: *le ditina* («quelle ditina rugose dalle unghie nere» Loy, *Le strade di polvere*, 51), *le braccina* (raro), *le cornetta* (antiquato);
b) oppure, più spesso, plurali femminili in -*e*: «con le braccine nude» (Baldini), «la protuberanza delle labbruzze» (Tecchi), «le labbrone che pendevano giù appiccicate fra loro» (Pasolini, cit. in BRUNET 1978: 97).

122. Hanno un doppio plurale in -*i* / -*a*, ma senza particolare differenza di significato: *il ginocchio* → *i ginocchi - le ginocchia; lo strido* → *gli stridi - le strida; il vestigio* → *i vestigi - le vestigia*.
Osserviamo:
a) Per *i ginocchi / le ginocchia* si potrebbe ipotizzare una distinzione simile a quella che si ha per altre parti del corpo: *le ginocchia* nel loro insieme, ma *i ginocchi*, quando siano designati singolarmente (tuttavia in troppi casi i due usi si sovrappongono l'uno all'altro).
b) Il singolare maschile *vestigio* 'traccia, impronta del piede' e 'traccia, impronta che fa ricordare qualcosa' si usa di rado; forse più comuni gli arbitrari *vestigie* (rifatto su *effigie*, ecc.: «un odore di valeriana vagava per la camera, ultima vestigie della crisi isterica» Tomasi di Lampedusa, *Il Gattopardo*, 40) e *vestigia* («fortunatamente qualche vestigia dell'arte di

un tempo era rimasta» «Panorama», 12.4.1987, 82).

Nomi con doppia forma di singolare e di plurale

123. Rientrano in questa categoria quei nomi in cui si ha (o si aveva) una doppia forma in uso sia per il singolare sia per il plurale, senza che necessariamente si osservi una differenza di significato (come nel caso di *frutto / frutta*): *l'orecchio* → *gli orecchi, l'orecchia* → *le orecchie; la strofa* → *le strofe, la strofe* → *le strofi; il frutto* → *i frutti, la frutta* → *le frutta / le frutte.*

Osserviamo:

a) In *strofa / strofe* → *strofe / strofi* i plurali differiscono semplicemente per l'attribuzione ai sostantivi femminili in -*a* o in -*e*: in entrambi i casi possono significare sia 'gruppo di versi' sia 'componimento di una certa estensione'. Si tratta di un relitto di un tipo di alternanza ben più esteso nell'italiano dei secoli passati (NANNUCCI 1858: 3-9 registra ad esempio *sincopa / sincope, iperbola / iperbole, oda / ode, Pentecosta / Pentecoste*, e ancora *apostrofa / apostrofe* e *antistrofa / antistrofe*) per tutti quei nomi in -*e* di origine greca (*syncopé, hyperbolé*, ecc.) femminili, in cui, pur nell'uso colto, si è a lungo oscillato tra l'uscita in -*e* della lingua d'origine e il conguaglio di genere sui più comuni femminili in -*a*.

b) Nessuna differenza di significato anche in *orecchio / orecchia* → *orecchi / orecchie*: il singolare *orecchia* (<AURĬCULAM) venne sentito anticamente come un plurale del tipo *le orecchia*. Su di esso fu rifatto un maschile *orecchio*, ottenendo così una coppia *l'orecchio - le orecchia* affine a *l'uovo - le uova* (cfr. III.109). Sorse poi, con un perfetto gioco di corrispondenze, un plurale maschile più regolare, come *gli orecchi*, e alla fine ne è risultato il sistema quadripartito odierno (ROHLFS 1966-1969: 384).

c) Nel caso di *frutto / frutta* → *frutti / frutte* le differenze di significato sono invece molto pronunciate. Una prima opposizione corre tra le due forme singolari: il maschile designa di solito un 'frutto' preso singolarmente e, in senso figurato, il 'frutto delle fatiche', la 'rendita': «c'è sempre stata la lotta tra chi lavora e chi gode il *frutto* del lavoro altrui» (Pascoli); l'"effetto di un'azione': «che il gesto della sorella fosse *frutto* di disperazione ella non dubitò neppure un istante» (Banti, *La monaca di Sciangai*); il 'frutto del concepimento umano', ecc.

Il femminile designa la 'frutta' in generale come categoria alimentare (come *la carne, la pasta*, ecc.); solo nell'uso toscano e letterario *una frutta* vale 'un frutto'. Nel plurale il maschile *frutti* continua le funzioni del maschile singolare, anche nei significati figurati, mentre il femminile *le frutta* designa un 'insieme di frutti' (ad es. «le frutta erano state mangiate» Moravia, *Gli indifferenti*, 88; «i' son quel da le frutta del mal orto» Dante, *Inferno*, XXXIII 119), perdendo invece la nozione categoriale astratta del singolare *la frutta*. Al più raro singolare *la frutta* corrisponde infine il plurale *le frutte*: «frutte, ne aveva a disposizione, lungo la strada, anche più del bisogno» (Manzoni, *I Promessi Sposi*).

Nomi invariabili al plurale

Alcuni nomi mantengono invariata, nel plurale, la stessa forma del singolare (*nomi invariabili*). Essi sono:

124. I. I nomi che terminano con vocale tonica, quale che ne sia l'origine: sia dal latino, come i femminili in -*tà*, -*tù*, sia da lingue straniere, come la grande maggioranza degli ossitoni presenti in italiano: *la città* → *le città, la virtù* → *le virtù, il caffè* → *i caffè, il cauccìù* → *i cauccìù, il falpalà* → *i falpalà, il maragià* → *i maragià, il nontiscordardimé* → *i nontiscordardimé, il tabù* → *i tabù*.

La maggior parte dei nomi in -*tà*, -*tù* derivano da forme italiane antiche in -*tade*, -*tude*, ridottesi per apocope di origine aplologica (cfr. I.78a).

125. Anche i nomi monosillabici, terminanti in vocale necessariamente tonica, sono invariabili: *la gru* → *le gru, il re* → *i re, il tè* → *i tè*. Per la forma antica *la grue* (e *il grue*) / *i gru* cfr. III.79e.

126. II. Alcuni nomi maschili in -*a*. Fra questi si annovera un gruppo di nomi di

III. Il nome

animali esotici: *l'alpaca* → *gli alpaca, il boa* → *i boa, il cacatoa* → *i cacatoa* («adesso gli uccelli del paradiso, i cacatoa, gli uccelli mosca sono tutti in silenzio» Calvino, *Racconti*), *il cobra* → *i cobra, il gorilla* → *i gorilla, il lama* → *i lama*.
Il nome di animale *lama* (dal quechua, lingua andina peruviana) ha un omonimo, anch'esso invariabile: *il lama* 'monaco buddista tibetano' → *i lama* (dal tibetano *blama* 'maestro'): «furono condannati al palo due giovani, che avevano guardato passare una processione di lama senza levarsi il berretto» (Bacchelli, *Traduzioni*).
Altri nomi maschili invariabili sono *il boia* → *i boia, il paria* → *i paria* (nella suddivisione in caste dell'induismo, gli 'intoccabili', i 'miserabili': «v'è un popolo di possidenti che mendica; v'è una concorrenza di cento paria per ogni stipendio» De Amicis, cit. in BRUNET 1978: 116), *il sosia* → *i sosia, il vaglia* → *i vaglia*.
Il nome *pigiama* può al plurale rimanere invariato oppure assumere la desinenza *-i*: «quei pigiama di suo marito», «quei pigiami cinesi» (entrambi gli esempi da Moravia, cit. in BRUNET 1978: 116).

127. III. I nomi, quasi tutti femminili, che costituiscono l'abbreviazione di altri nomi: *l'auto* → *le auto* (da *automobile*), *la bici* → *le bici* (da *bicicletta*), *il cinema* → *i cinema* (da *cinematografo*), *la metro* → *le metro* (da *ferrovia metropolitana*), *la moto* → *le moto* (da *motocicletta*), *la radio* → *le radio* (da *radiotrasmettitrice*).
Rientra in questo gruppo anche *la dinamo - le dinamo*: ma si terrà presente che la parola da cui questo nome deriva, il tedesco *dynamo-elektrische-Maschine*, già in quella lingua compare nella forma abbreviata *Dynamo* (CORTELAZZO-ZOLLI 1980: II 340). Accanto a *la metro - le metro* troviamo anche il francesismo *il metrò - i metrò* (*métro* abbrevia in francese il nome ufficiale della ferrovia metropolitana parigina: [*Chemin de fer*] *métro*[*politain*]): «sul metrò tutti parlavano dell'automobile grigia con raccapriccio» (Viani, *Parigi*).

128. IV. I nomi femminili in *-ie*: *la barbarie* → *le barbarie, la congerie* → *le congerie, la serie* → *le serie*, ecc., che continuano la quinta declinazione latina in -IES (BARBĂRIEM, CONGĔRIEM, ecc.).

129. V. I nomi in *-i*: *l'analisi* → *le analisi, il brindisi* → *i brindisi, l'ipotesi* → *le ipotesi, l'oasi* → *le oasi*, ecc.
Per i nomi invariabili del tipo *il parapiglia* → *i parapiglia* cfr. III.148.

Plurale dei nomi stranieri non adattati

130. La maggior parte dei nomi stranieri non adattati morfologicamente giunge nell'italiano in forma scritta. Si può dire, anzi, che spesso la prima spinta al mancato adeguamento di un nome alla morfologia italiana venga proprio dalla predominanza della forma grafica, che, in questo come in molti altri casi, tende di solito a conservare i propri connotati originari (MIGLIORINI 1938: 37).
Il progressivo accrescersi dell'afflusso di esotismi non adattati uscenti in consonante (tra i più recenti prestiti dall'inglese, ad esempio, i termini dell'informatica *bit, floppy disk, input / output*, ecc.; o *windsurf* 'tavola a vela': cfr. CORTELAZZO-CARDINALE 1986: 28, 79, 95, 205) sta indebolendo la tradizionale avversità dell'italiano per le parole terminanti in consonante (cfr. le osservazioni in merito di DE MAURO 1976: I 214-215, riprese e sviluppate da CORTELAZZO 1983: 77).

131. In che modo formano il plurale i nomi stranieri terminanti in consonante?
In generale, il nome resta invariato: *il film* → *i film, il quiz* → *i quiz, il tram* → *i tram*, ecc.
Non sussistono dubbi per i nomi da tempo acclimati nella nostra lingua, in gran parte d'origine inglese (per l'inventario dei più importanti cfr. ZOLLI 1976: 43-69), ma il problema è aperto per i neologismi o per le voci d'uso raro. Di massima, è opportuno allineare questi casi alla norma comune: quindi *i manager, gli short, i teenager, i croissant*, ecc. Se invece si intende evidenziare la provenienza esotica di una parola, mantenendo il procedimento di formazione del plurale della lingua straniera, sarà buona norma ricorrere ad alcuni espedienti grafici (apici, virgolette alte o basse, oppure la sottolineatura

nell'uso manoscritto e dattilografico, cui corrisponderà il corsivo nella stampa). Prendiamo ad esempio il neologismo inglese *rocker* (registrato in CORTELAZZO-CARDINALE 1986: 148) 'esecutore di musica rock'; volendo elogiare un certo musicista potremo scrivere:

(1) "Sting è senza dubbio uno dei rockers emergenti"
(2) "Sting è senza dubbio uno dei 'rockers' emergenti"
(3) "Sting è senza dubbio uno dei "rockers" emergenti"
(4) "Sting è senza dubbio uno dei «rockers» emergenti"
(5) "Sting è senza dubbio uno dei rockers emergenti"
(uso manoscritto e dattilografico)
(6) "Sting è senza dubbio uno dei *rockers* emergenti"
(nella stampa)

Quando, come in questo caso, il termine è di introduzione recente, si possono mantenere i vari espedienti grafici delle frasi (2)-(6) anche se esso viene trattato come invariabile: «svaniti i gruppi ed in crisi i 'tour operator' che a questi si dedicavano, si sperava nei singoli» («Italia Sera», 20.6.1986, 7).
Talvolta l'uso di un termine straniero non adattato può rispondere all'esigenza di evocare con precisione un ambiente o una situazione: «nelle vaste *halls* dei *buildings*» (Argan, *Arte moderna*, 241; scrivendo «nelle ampie sale d'ingresso dei grattacieli», la frase acquisterebbe in trasparenza ma perderebbe in efficacia evocativa).
Qualche altro esempio giornalistico di trattamento del nome straniero come invariabile: «chalet svizzeri», «sui più economici souvenir di viaggio» (entrambi da «Qui Touring», 1-8.3.1986, 5 e 57); «le mie *tournée*» («Gente», 8-14.3.1985, 29; si noti che del termine francese viene mantenuta l'ortografia, pur eliminando il morfema desinenziale *-s* del plurale); e di segnalazione con virgolette di un termine straniero non adattato: «improvvisa e del tutto imprevista, questa ascesa sociale rinverdisce in lui certe 'pruderies' nobiliari» («Epoca», 25.7.1986, 26).
L'aggiunta del morfema *-s* per formare il plurale, propria dell'inglese, del francese, dello spagnolo, del portoghese, viene nella coscienza comune sentita come la modalità tipica per ottenere un plurale straniero: può così capitare che la *-s* sia aggiunta arbitrariamente anche a nomi tedeschi (ad esempio *führers*, *lieders*: il primo termine, *Führer*, rimane invariato nel plurale; il secondo, *Lied* 'canto lirico', fa al plurale *Lieder*), o che venga adoperata per l'inglese anche quando questa lingua non la richiede (ad es. in un plur. *policemens*, mentre l'inglese *man* 'uomo' e i suoi composti hanno al plurale *men*). Su questo tipo di alterazioni cfr. MIGLIORINI 1938: 66-67 e KLAJN 1972: 66.

132. Osservazioni particolari:
a) L'anglicismo *jeans* (forma abbreviata del plurale *blue jeans*) si adopera al plurale ma anche, invariato, al singolare, così come avviene per *calzoni* e *pantaloni* (cfr. III.151a): «dei vecchi jeans», «un jeans comodo».
b) Talvolta la *-s* desinenziale «straniera» viene però adoperata, a sproposito, per nomi singolari: «scatole di montaggio che teoricamente avrebbero consentito a chiunque di farsi in casa un *methane digesters* o 'digestore' come oggi con un termine inelegante si dice in italiano» («La Repubblica», 23.7.1986, 6; il singolare inglese richiederebbe qui *digester*). Così, il termine (di origine spagnola) *silo* ha le due forme di plurale, adattata e non adattata, *sili* e *silos*, di cui la seconda è oggi più comune: «centinaia di *silos* sparsi per tutto il mondo» («Europeo», 2.5.1987, 24). Ingiustificata è invece l'estensione della *-s* al singolare *silos*: «sento il direttore della bonifica che ora dal terrazzo di grattacielo del *silos* ci spiega la nascita del villaggio» (Vittorini, cit. in BRUNET 1982: 125).
c) Alcuni nomi stranieri meno recenti hanno conosciuto una forma di adattamento parziale, oscillando nell'uso con i tipi non adattati: *il camion → i camion / il camione → i camioni* («per farvi correre automobili e *camioni*» Panzini, *Dizionario moderno delle parole che non si trovano nei dizionari comuni*); *il film → i film / il filme → i filmi* («*filmi* così scoraggiano chi, come me, ha avuto l'ingenuità di accettare questo lavoro» Ojetti, *Taccuini*). Tali varianti sono però molto rare, mentre resiste ancora bene, accanto a *la brio-*

che → *le brioches* (pronuncia [bri'ɔʃ]), *la brioscia* → *le briosce* (esempi delle forme adattate in Cassola, *La ragazza di Bube*, 51); nella lingua parlata (e nelle insegne di bar, tavole calde, ecc.) non è raro il plurale *tosti*, da *il toast* → *i toast* (cfr. KLAJN 1972: 77), la cui forma adattata graficamente si deve all'influenza del verbo *tostare*.
d) La tendenza a lasciare invariati nel plurale i forestierismi è talmente diffusa che anche alcuni nomi stranieri terminanti in *-e*, *-o* ne sono interessati, nonostante il fatto che la loro vocale finale consentirebbe di trattarli come variabili: *il chimono* (o *kimono*) → *i chimono* (meno comunemente *i chimoni*) e *il kamikaze* → *i kamikaze*, dal giapponese; *il pope* → *i pope* (ormai desueto *popi*: «ci sono degli esorcismi, affermano *i popi*, per debellare l'inferno» Capuana, *Racconti*) e *l'ukase* → *gli ukase*, dal russo.
e) Si comportano alla stregua di nomi stranieri, restando sempre invariabili al plurale, le poche sigle usate come sostantivi: «scioperi, acqua e incuria giovavano *alle Fiat*, specialmente a quelle di annata« (Rugarli, *La troga*, 186).

Plurale dei nomi propri

I nomi propri rimangono generalmente invariati nel plurale, con alcune eccezioni e casi particolari:

133. I. Nel designare due o più persone che hanno lo stesso prenome possiamo ricorrere al plurale: ad esempio «le tre *Marie*» (celebre ristorante dell'Aquila), «di quale dei *Gini* stai parlando, Gino Patrizi o Gino Rossi?»; «E lo sai, a proposito, che nome tiene, quel mulo? si chiama Zi' Peppe!! – E qua dentro, così, facciamo tre *Giuseppi*: io, tu e il mulo» (Morante, *La Storia*, 265). Ma recentemente si è notata la tendenza a lasciare sempre invariato il nome («i tre *Giuseppe*»; cfr. MIGLIORINI 1968: 331-332). Rimane sempre invariato il cognome (con una sola eccezione rilevante nell'italiano contemporaneo, quella del cognome nobiliare *il Borbone* → *i Borboni*: «durante il regno di Carlo di *Borbone*», «*i Borboni* tornarono sul trono con Ferdinando VII» Villari, *Storia moderna*, 310 e 424).

134. Nella lingua antica non solo il nome, ma anche il cognome veniva di solito trattato come variabile: cognomi che per noi escono solo in *-i* potevano avere un singolare in *-o* (*il Bandinello*, *il Bernio*, *il Buonarroto*, *il Cellino*, *il Corsino*, *il Ginoro*, *il Rinuccino*, *il Villano*, da cognomi storici fiorentini in *-i*, citati con altri esempi in NANNUCCI 1858: 133); viceversa, cognomi che per noi escono solo in *-o* formavano all'occorrenza il plurale in *-i*: «io voglio che tu legga una Commedia fatta da uno degli Ariosti di Ferrara [=da un membro della famiglia Ariosto]» (Machiavelli, *Dialogo intorno alla nostra lingua*, 248).

135. II. Per enfasi retorica un nome proprio può essere reso come plurale pur riferendosi ad un singolo individuo: «chiamerete dunque infami i Basilii, infami i Nazianzeni, infami gli Atanagi, infami i Grisostomi perché ci lasciarono esempi sì memorabili di perdono?» (Segneri, cit. in FORNACIARI 1881: 20); quest'uso si ha in particolare per designare una classe di persone, una categoria professionale, una virtù o un vizio: «un secolo di *Cesari*, di *Pompei*», «i *Danti* non nascono tutti i giorni»; «in questo mondo di *sore Tute* e *sore Clementine* armate di spazzoloni e di battipanni» (Baldini, *Il doppio Melafumo*); «Augusto Salvadori, pirotecnico assessore comunale al turismo [...], presentava di tutto, cantanti e ballerini, attori e *Sorelle Bandiera*, acrobati e *Lorelle Cuccarini*» («La Repubblica», 4.3.1987, 18; il riferimento è a Lorella Cuccarini, una soubrette televisiva, ma anche alla categoria professionale delle vallette-ballerine).

136. III. Il plurale si può adoperare, infine, quando il nome proprio di un artista, di un letterato, ecc. si usa per designare sue opere o anche singoli esemplari di esse (cfr. III.5): «due splendidi Tiziani», «preziosi Aldi dell'Ambrosiana» (le edizioni cinquecentesche stampate da Aldo Manuzio): cfr. GABRIELLI 1961: 422.

Plurale dei nomi composti

137. I nomi ottenuti per composizione di due o più parole (*nomi composti*: cfr.

XV.120 sgg.) formano il plurale in modo diverso a seconda:
a) del tipo e dell'ordine dei loro costituenti;
b) del grado di fusione dei costituenti tra loro. In linea di massima, se un gruppo di costituenti è percepito come un'unica parola, il plurale si forma regolarmente modificando la vocale finale; se il composto è ancora percepito come tale, sono possibili varie soluzioni (BRUNET 1978: 98). Si distinguono, secondo una partizione generale (cfr. GABRIELLI 1961: 417-421), i seguenti tipi di formazione del plurale:

138. I. NOME+NOME (*arcobaleno, cartapecora*). In tal caso:
a) Se i due sostantivi hanno il medesimo genere, normalmente modificano nel plurale solo il secondo elemento: *l'arcobaleno* → *gli arcobaleni* («grandi arcobaleni che sembrarono arcate rimaste intatte nella volta del cielo incenerita» Viani, *Mare grosso*), *la cartapecora* → *le cartapecore, il pescecane* → *i pescecani* («il mare – il più grande acquario del mondo – qui è pieno di pescecani» Barilli, *Il sole in trappola*; ma si può avere anche, meno comunemente, *pescicani*: «l'avevano pescato dopo dodici ore, quando stavano per mangiarselo i pescicani» Verga, *I Malavoglia*), *la cassapanca* → *le cassapanche* (meno comune *cassepanche*), *la madreperla* → *le madreperle*, ecc.
b) Se i due sostantivi del composto sono di genere diverso, si modifica di preferenza solo il primo elemento: *il pescespada* → *i pescispada*, ecc.
c) In composti come *busta paga, uccello mosca, radio pirata, caffè-concerto*, in cui i due nomi mantengono una loro autonomia (espressa graficamente dalla mancata univerbazione) si modifica di norma solo il primo elemento: *busta paga* → *buste paga* (benché in Moravia, cit. in BRUNET 1978: 105, si legga: «nei caffè-concerti»).
Diverso è il caso di nomi quali *la ferrovia, la banconota, il boccaporto*; in *ferrovia* il primo costituente, *ferro-*, ha quasi funzione aggettivale, e la parola ha coesistito per un periodo abbastanza lungo con locuzioni come *via di ferro* (cfr. francese *chemin de fer*) o *strada ferrata* prima di raggiungere la fase attuale, in cui *ferrovia* si comporta come un qualsiasi femminile in *-a*: → *le ferrovie*. Lo stesso vale per *banconota*, calco dell'ingl. *banknote*, in cui l'analizzabilità del composto nei suoi costituenti *banco* 'banca' (maschile oggi disusato: cfr. III.35a) e *nota* 'foglio di credito' è solo virtuale; e per *boccaporto*, in cui le due componenti sono ormai fuse in un blocco omogeneo. Quindi, rispettivamente: *banconote* e *boccaporti*.

139. Vanno registrati a parte i nomi composti con *capo-* (*capobanda, capolavoro*). *Capo-* può designare: *a)* colui che è a capo di qualcosa (='*x* è a capo di *y*'), come *capostazione* ('il capo della stazione'), *capobanda* ('il capo della banda'), ecc.; *b)* colui che è a capo di qualcuno (='*x* è capo tra x_1, x_2, x_3, ... ecc.'), come *capoimpiegato* ('il capo degli impiegati'), *capomacchinista* ('il capo dei macchinisti'), ecc. *c)* ciò che si segnala tra altri oggetti omogenei come 'preminente', 'eccellente' (='un capo-*x*'): ad es. *capolavoro* ('un lavoro, un'opera d'arte di prim'ordine'), *capoluogo* ('il luogo di maggior importanza tra quelli di una data area'), ecc. Distinguiamo dunque tre gruppi:
a) Nel tipo '*x* è il capo di *y*' (composto subordinativo, cfr. XV.125) il secondo nome ha la funzione di determinatore; i due membri non formano un blocco unico (TEKAVČIĆ 1980: III 1123.3) e il segnale del plurale si aggiunge al primo: *il capogruppo* → *i capigruppo* ('i capi di un gruppo': «ma quando sarò diventato un capogruppo tra i capigruppo dirò la mia» G. Malagodi, intervista alla «Repubblica», 24.10.1986, 3; *capigruppo* anche in Calvino, *Racconti*, 235), *il caporeparto* → *i capireparto, il caposquadra* → *i capisquadra* («avevano buone posizioni in Germania: *capi squadra*, capi d'arte, maestri muratori» Jahier, *Ragazzo – Con me e con gli alpini*), *il capopartito* → *i capipartito* («le manovre tattiche dei capipartito» Bocca, *Storia dell'Italia partigiana*, 260), *il capostazione* → *i capistazione*, ecc.
b) Nel tipo '*x* è capo tra x_1, x_2, x_3..., ecc.' (cioè: '*x* è a capo di altri *x*'; cfr. DARDANO 1978: 185) *capo* è in funzione appositiva rispetto al secondo nome; il composto viene percepito come un'unica parola e il segnale del plurale si aggiunge al secondo membro: *il capocuoco* → *i capocuochi* ('i

cuochi che svolgono la funzione di *capo*'), il *capocontabile* → *i capocontabili*, *il caporedattore* → *i caporedattori*, ecc.

Rimane invece sempre invariato il costituente *capo-* nel plurale dei nomi femminili, sia nel tipo *la caporeparto* → *le caporeparto*, *la caposala* → *le caposala*, sia nel tipo *la capoimpiegata* → *le capoimpiegate*, *la caporedattrice* → *le caporedattrici* (corrispondenti rispettivamente ai maschili dei gruppi *a* e *b*).

c) Anche nel tipo 'un *capo-x*', affine al precedente, il costituente *capo-* ha funzione appositiva e il plurale si forma modificando il secondo membro del composto: *il capoluogo* → *i capoluoghi*, *il capolavoro* → *i capolavori*. La relazione semantica che si instaura tra i costituenti è quasi identica in questo tipo a quella che troviamo in *caporedattore*, *capomacchinista*, ma qui *capo-* indica più genericamente la *posizione* di spicco, di maggior importanza e non la *funzione* di capo in un gruppo omogeneo.

140. II. NOME+AGGETTIVO (*caposaldo*, *terracotta*); il plurale si forma modificando le desinenze di entrambi i costituenti: *l'acquaforte* → *le acqueforti*, *il caposaldo* → *i capisaldi*, *la cassaforte* → *le casseforti* («le casseforti della finanza italiana» «La Repubblica», 24.10.1986, 1), *la piazzaforte* → *le piazzeforti* («numerose piazzeforti sulle coste ioniche della Grecia» Spini, *Disegno storico*, II 174), *la terracotta* → *le terrecotte* («materiali provenienti da Crotone: terrecotte votive, terrecotte architettoniche e bronzi» *Guida rapida TCI*, V 236), ecc.

141. In particolare:
a) Il plurale di *palcoscenico* è *palcoscenici* («le piazze brevi [...] paion *palcoscenici* dove grida il bambino e gridano le donne» Flora, cit. in BRUNET 1978: 99), e qualche oscillazione si coglie ad es. nei composti con l'aggettivo *-forte*: *la roccaforte* → *le roccheforti / le roccaforti* («in queste *roccheforti*» «Corriere della Sera», 30.4.1986, 9, «nelle *roccaforti* del moderatismo» «La Stampa», 6.6.1979, 3), ecc.
b) Oltre a *capisaldi* si può avere, meno comunemente, *caposaldi* («si tratta di *caposaldi* ricorrenti [...] che additano in uno degli elementi materiali del racconto un persistente significato immaginoso» Pavese, *Il compagno*).
c) *Il pellerossa* ha di regola il plurale *i pellirosse* (ad esempio in Tarchetti, *Fosca*, 45; e ancora: «*i pellirosse* hanno fumato il calumet e hanno pregato» «La Repubblica», 4.3.1987, 8), ma si trova anche *i pellerossa* (cfr. BRUNET 1978: 101); tutto dipende dal modo in cui viene percepito il singolare: se in *pellerossa* si avverte un composto del tipo 'la pelle è rossa', allora il plurale sarà *pellirosse* ('le pelli sono rosse'); se, invece, esso appare come un composto esocentrico del tipo 'l'uomo che ha la pelle rossa', 'l'uomo dalla pelle rossa' (cfr. DARDANO 1978: 188-189), avremo il plurale invariabile *i pellerossa* ('gli uomini dalla pelle rossa').

142. III. AGGETTIVO+NOME (*biancospino*, *vanagloria*); il composto viene trattato come se fosse un nome semplice (l'aggettivo rimane invariato, mentre muta la desinenza del nome): *il biancospino* → *i biancospini*, *il francobollo* → *i francobolli*, *il mezzogiorno* → *i mezzogiorni*, *il nerofumo* → *i nerofumi*, ecc.

143. Tuttavia:
a) Nei composti con *alto-* e *basso-* notiamo alcune oscillazioni: *altoforno* → *altoforni / altiforni* (più comune il secondo: «cosa avrei dato per avere un lavoraccio anche sporco, il facchino magari, agli altiforni di Cogne» Pavese, *Il mestiere di vivere*); *altopiano* → *altopiani / altipiani*: in questo caso la forma con aggettivo modificato *alti-* è talmente vitale che può riflettersi addirittura nel singolare *altipiano* («il pensiero m'insegue in questo borgo / cupo ove corre un vento d'altipiano» Luzi, *Onore del vero*); *bassorilievo* → *bassorilievi / bassirilievi* (la prima forma è più comune: «ripidi colossali bassorilievi di colonne nel vivo sasso» Campana, *Canti orfici e altri scritti*).
b) I composti con l'aggettivo femminile *mezza-* modificano di regola anche l'aggettivo: *la mezzabarba* → *le mezzebarbe*, *una mezzacalzetta* → *delle mezzecalzette* («tutte le mezzecalzette dei Parioli» Arbasino, *Fratelli d'Italia*), *la mezzaluna* → *le mezzelune* («le mosche picchiano grandi capate nelle mezzelune di vetro» Jahier, *Ragazzo – Con me e con gli*

alpini), *la mezzamanica* → *le mezzemaniche*, ecc.
c) Rimane di preferenza invariabile *il purosangue* → *i purosangue* (e così *il mezzosangue* → *i mezzosangue*, ecc.).

144. IV. AGGETTIVO+AGGETTIVO (*il chiaroscuro, il giallorosso*); il nome viene sentito come un solo blocco, e nel plurale muta la desinenza del secondo aggettivo: *il chiaroscuro* → *i chiaroscuri, il pianoforte* → *i pianoforti, il sordomuto* → *i sordomuti*; tipici del linguaggio sportivo sono poi aggettivi sostantivati come *il giallorosso* 'giocatore o tifoso della Roma' → *i giallorossi, il bianconero* 'giocatore o tifoso della Juventus' → *i bianconeri* («nasce il primo pericolo per i bianconeri», «Corriere della Sera», 23.10.1986, 23), ispirati ai colori ufficiali delle squadre.

145. V. VERBO+NOME PLURALE (*guardasigilli, portapenne*); i composti con base verbale e sostantivo plurale, del tipo *cavatappi, fermacarte, guardasigilli*, ecc. rimangono invariati nel plurale: *il battipanni* → *i battipanni, il guardasigilli* → *i guardasigilli, il guastafeste* → *i guastafeste*, ecc. Controversa rimane l'origine di queste basi verbali invariabili: cfr. XV.123.

146. VI. VERBO+NOME SINGOLARE MASCHILE (*grattacapo, corrimano*); il composto forma un blocco unico e nel plurale muta la desinenza del sostantivo: *il grattacapo* → *i grattacapi* («Ah, non voglio più grattacapi, niente più lavoro!» Pirandello, *Maschere nude*), *il passaporto* → *i passaporti* («Il Ministro per gli affari esteri, in circostanze eccezionali [...] può sospendere temporaneamente o disporre il ritiro dei passaporti già rilasciati» *Codice Penale, Appendice, Passaporti* art. 9), *il parafango* → *i parafanghi*, ecc.
Si inseriscono in questo gruppo anche i nomi composti con base verbale+il femminile *-mano*, a causa della desinenza in *-o*: *l'asciugamano* → *gli asciugamani, il corrimano* → *i corrimani, il baciamano* → *i baciamani*, ecc.

147. VII. VERBO+NOME SINGOLARE FEMMINILE (*cavalcavia, portabandiera*); il composto rimane invariato nel plurale: *il cavalcavia* → *i cavalcavia, il portacenere* → *i portacenere* («si arrabbiava se non c'erano portacenere; perché lui fumava sempre una sigaretta dietro l'altra» Ginzburg, cit. in BRUNET 1978: 100), *il portabandiera* → *i portabandiera* («non era bene che risultando, come risultavamo, i porta-bandiera di due schiere contrapposte [...] noi due ci comportassimo così?» Bassani, *Dietro la porta*), ecc.

148. VIII. VERBO+VERBO (*dormiveglia, parapiglia*); anche qui il plurale è invariabile: *il dormiveglia* → *i dormiveglia, il parapiglia* → *i parapiglia* («non c'era neanche da credere [...] che potessero esservi avvenuti tutti quei formidabili e storici parapiglia» Linati, *Sulle orme di Renzo* [*ed altre prose lombarde*]), *il toccasana* → *i toccasana*, ecc.

149. IX. PAROLA INVARIABILE (avverbio o preposizione)+NOME (*fuoribordo, contrordine*); i nomi ottenuti da una preposizione o avverbio+sostantivo non sono, in realtà, nomi composti in senso proprio, ma piuttosto *nomi prefissati* (DARDANO-TRIFONE 1985: 121). Nel formare il plurale essi possono: *a*) modificare la desinenza (come avviene perlopiù quando il composto risulta dello stesso genere del nome: *il pranzo* → *il dopopranzo* → *i dopopranzi, la tassa* → *la soprattassa* → *le soprattasse*); *b*) rimanere invariati (in questi casi, il nome composto è spesso di genere diverso da quello del nome da cui si forma: *il sottoscala* → *i sottoscala*). Ad esempio:
nomi del tipo *a*): *l'anticamera* → *le anticamere, il contrabbando* → *i contrabbandi, il contrordine* → *i contrordini, il lungarno* → *i lungarni, il sottufficiale* → *i sottufficiali*;
nomi del tipo *b*): *il doposcuola* → *i doposcuola, il fuoribordo* → *i fuoribordo, il sottobottiglia* → *i sottobottiglia, il sottogola* → *i sottogola*.

150. Come si comportano, infine, i nomi che risultano dalla fusione di più di due parole? Vediamo qualche caso particolare:
a) Nei nomi *ficodindia, pomodoro* abbiamo l'esempio più tipico di composizione nome+preposizione+nome. In *ficodindia* è molto vivo il senso della composizione:

perciò il plurale più comune è *fichidindia* (in cui avvertiamo ancora distintamente 'fichi - d' - India'; anche la scrizione separata *fico d'India* → *fichi d'India* è molto comune). Ben diverso è il caso di *il pomodoro* (<*pomo d'oro*), in cui i costituenti sono ormai totalmente fusi nel composto e dalla scomposizione del nome nei suoi costituenti non ricaviamo un sintagma semanticamente equivalente (un *pomo d' oro* non è, insomma, un *pomodoro*). La forma di plurale oggi più diffusa è, di conseguenza, *i pomodori*, anche se non mancano nella lingua letteraria *i pomidoro* («orti sanguinanti di pomidoro [...] e distese di grano dorato» Deledda, *Romanzi e novelle*) e *i pomidori* (che è ad esempio la forma raccomandata da TOMMASEO-BELLINI 1865-1879: III 1097).
Rara e da non usare la forma singolare *il pomidoro*, rifatta sul plurale *i pomidori*, che compare qualche volta anche nella lingua letteraria: «i maccheroni al dente col pomidoro fresco» Bacchelli, *Italia per terra e per mare*.
b) I nomi composti del tipo *automotociclo*, *autoferrotranviere* (acronimi: cfr. XV.135) formano il plurale modificando solo la vocale finale dell'ultimo termine: *l'automotociclo* → *gli automotocicli*, *l'autoferrotranviere* → *gli autoferrotranvieri*, ecc.
c) Tra i nomi composti con due basi verbali (gruppo VIII) ve ne sono alcuni che rientrano nei conglomerati (cfr. XV.134: *un tira e molla*, *il vai e vieni*, ecc.): anch'essi, come i composti semplici, rimangono invariati nel plurale.

Nomi difettivi di singolare o di plurale

Alcuni nomi si usano quasi esclusivamente nella forma singolare o in quella plurale. I motivi di queste restrizioni d'uso vanno ricercati volta per volta nella semantica, nelle caratteristiche dell'oggetto cui il nome si riferisce (*designatum*), nel contesto d'uso, e via dicendo (tuttora utile FORNACIARI 1881: 14-19, che riprendiamo in molti punti).

151. I. Si adoperano quasi solo al plurale (nomi difettivi di singolare):
a) I nomi che si riferiscono ad oggetti formati da due o più parti uguali: *i calzoni* (e *i pantaloni*), *le mutande*; *le forbici* (ma anche *la forbice* con valore metaforico: «la forbice tra costi e ricavi»); *gli occhiali*; *le redini*; *le manette* e il letterario *le nari* (mentre si può avere *la narice destra / sinistra* → *le narici*).
Per gli oggetti di vestiario, come ricorda FOGARASI 1984: 194, si può dire *un pantalone*, *un occhiale* per indicare *una* delle due parti di cui essi constano. Accanto a quest'uso, ricorderemo quello, più recente, del singolare per designare 'un singolo paio', oppure 'un singolo tipo' (di occhiali, pantaloni, ecc.): «quello è un impiegato del catasto, si vede subito dall'occhiale» (Arbasino, *Le piccole vacanze*); «preferisce un pantalone sportivo o elegante?».
b) I nomi che indicano una pluralità di oggetti o di eventi: *i dintorni* (e *le vicinanze*), *le masserizie*, *le percosse* (e la voce letteraria e dell'uso toscano *le busse*: «pregandola che senza farsi conoscere quelle busse pazientemente ricevesse» Boccaccio, *Decamerone*, VII 8 16), *le spezie*, *le stoviglie*, *le vettovaglie*, *le viscere*, *i viveri*, ecc.
c) Nomi d'origine dotta, che già in latino erano difettivi di singolare: *le calende*, *le idi*, *le none*, e *le ferie* dell'antico calendario romano (solo *le ferie* 'i giorni delle solennità festive' ha conosciuto modernamente un uso estensivo come 'periodo annuale di riposo dal lavoro'); *gli annali*, *le esequie*, *le nozze*, *i posteri* (anche al singolare, talvolta con connotazione scherzosa: «lessi una volta [...] un racconto immaginario in cui l'autore fingeva d'essere un postero» Bigiaretti, *I figli*, «legge Virgilio e Baudelaire, che sono, se non erro, tra i suoi preferiti, e anche i contemporanei, ma con distacco e con opinioni da postero» Piovene, *Inverno d'un uomo felice*), ecc.
d) È solo plurale, o perlomeno dovrebbe esserlo nel suo uso più corretto, anche *le assise* 'assemblea di alte personalità': «Da domani le prime assise del pc dopo la morte del dittatore albanese» («La Repubblica», 2-3.11.1986, 14). Càpita però di incontrare un singolare *la assise* (da cui si ha, meno frequentemente, il plurale *le assisi*): «Umberto Albini non è un docente superstar che ha trasformato

con astuzia un insegnamento per pochi in un'assise affollatissima» («L'Espresso», 10.5.1987, 115).

152. II. Si adoperano quasi solo al singolare (nomi difettivi di plurale):
a) I nomi che si riferiscono ad oggetti o entità unici in natura: *l'Equatore, l'Universo* (anche se esiste in Fisica una *teoria degli Universi paralleli*; e possiamo dire, con senso traslato: «lo studio di Aristotele mi ha aperto nuovi universi»); *l'est* o *levante* o *oriente, l'ovest*, ecc.
b) Alcuni nomi di malattia, come *la malaria, il tifo, il vaiolo*, ecc.
c) I nomi degli elementi chimici e dei metalli: *l'alluminio, l'argento, il mercurio, l'oro, il rame, il titanio; l'ossigeno, lo zolfo*.
d) I nomi dei mesi: *gennaio, febbraio, marzo*, ecc.
e) I nomi collettivi, di uso stabile (*il fogliame, la gente, la prole*, ecc.) o occasionale: *il capello* (col valore di 'capelli': «lancia in resta e capel biondo, / per boscaglie a lungo errò» Prati, *Poesie varie*; ma anche nell'uso corrente, per es. dal barbiere: «Come lo facciamo, il capello?»), *l'occhio* ('gli occhi': «Tu azzurro hai l'occhio, Tosca ha l'occhio nero!» Illica-Giacosa, *Tosca*, in PUCCINI-FERRANDO 1984: 174), ecc.
f) Buona parte dei nomi che si riferiscono a prodotti alimentari: *il grano, il latte, il miele, il pane, il pepe, il riso*, ecc.
g) In generale, i nomi astratti (cfr. III.6): *l'amore, il coraggio, l'onore, la pazienza, la superbia*, ecc.

153. L'uso di alcuni di questi nomi difettivi come plurali può determinare un notevole cambiamento di significato. Per esempio:
a) *l'oro, l'argento, il ferro*, ecc. possono adoperarsi al plurale col significato di 'oggetti lavorati in oro, in argento, ecc.' («gli ori degli aztechi»). Il plurale *ferri* designa gli 'attrezzi ed utensili': «i ferri del mestiere»; «era un gran lavorare di pietre, di *ferri* (i primi che coloro avevano potuto procacciarsi per la strada)» (Manzoni *I Promessi Sposi*, XII 28);
b) *il miele, il riso* e gli altri nomi di prodotti alimentari diventano plurali quando ci si riferisce a 'singoli tipi di miele, di riso, ecc.' («i mieli di montagna hanno di solito un sapore più amaro di quelli di pianura»);
c) il nome *gente* si adopera al plurale nel senso di 'popolazioni', in particolare nell'uso poetico: «molte genti fé già viver grame» (Dante, *Inferno*, I 51);
d) i nomi astratti possono assumere nel plurale valore singolativo (come per il tipo *i mieli, i risi*, ecc.): «gli amori degli antichi» ('le passioni amorose degli antichi'), ecc.
Caratteristici dell'uso letterario e poetico sono invece alcuni plurali come *le chiome* ('la chioma': «e 'l capo tronco tenea per le chiome» Dante, *Inferno*, XXVIII 121), *i cieli* ('il cielo': «O Padre nostro, che ne' cieli stai» id., *Purgatorio*, XI 1), ecc., in cui non si ravvisa un apprezzabile cambiamento di significato rispetto al singolare, se non una messa in rilievo enfatica. Proprie dell'uso anche attuale sono locuzioni come «perdere le forze» ('la forza fisica'), «prendere le parti di qualcuno» (piuttosto che «prendere la parte»), e via dicendo (cfr. FORNACIARI 1881: 15).

IV. L'ARTICOLO

1. L'articolo è una parte del discorso che si associa al nome, con cui concorda in genere e numero, per qualificarlo in vario modo (articolo *determinativo* e *indeterminativo*). L'articolo determinativo può combinarsi con una preposizione semplice, dando luogo a una preposizione articolata (cfr. IV.77 sgg.).
Un'apparente sconcordanza tra articolo e nome può aversi in formule cristallizzate oppure in espressioni del linguaggio pubblicitario o giornalistico nelle quali il sostantivo viene omesso: «un due pezzi» (=un costume a due pezzi); «la due ruote viaggia sulla destra, mentre la 131 deve girare a sinistra» («Corriere della Sera», 21.3.1987, 1;=la motocicletta).

L'articolo è presente in molte lingue del mondo, ma non in tutte: mancava, ad esempio, in latino e in antico indiano e manca, oggi, in ceco e finnico. Quasi tutte le lingue europee che ne fanno uso lo collocano davanti al nome, come l'italiano; ma alcune, come il rumeno e il danese, pospongono l'articolo determinativo (così, all'italiano 'l'uomo' corrisponde in rumeno *omul* e in danese *manden*).

Oltre che con i nomi comuni, l'articolo si impiega con i nomi propri, obbligatoriamente (*il Tevere, la «Scala»* di Milano) o facoltativamente (*Manzoni / il Manzoni, Teresa / la Teresa*), e con qualunque altra parte del discorso che viene, così, sostantivata (cfr. III.8).

2. La differenza tra articolo determinativo e indeterminativo non consiste propriamente, come farebbero pensare i due termini, nel fatto che il primo designa un nome in modo specifico e individuale e il secondo in modo generico. Chi domanda «Un caffè!» al bar fa una richiesta precisa che non potrebbe essere meglio «determinata»: eppure la fa servendosi dell'articolo indeterminativo *un*. In che consiste, allora, la diversità tra *il* (*lo, la*) e *un* (*uno, una*)?
L'uso dell'una o dell'altra serie di articoli è legato a due meccanismi fondamentali (RENZI 1976): (I) l'opposizione «classe» / «membro» e (II) l'opposizione «noto» / «nuovo».
I. Nel primo caso *il* indica la classe e *un* il singolo individuo che ne faccia parte. Userò *il* nella frase «*il leone* è il re degli animali» perché l'articolo determinativo è richiesto dallo «*status* di classe (o di specie) che si attribuisce al leone (e che lo rende equivalente a un plurale: *i leoni*; o addirittura a *tutti i leoni*)» (RENZI 1976: 7), mentre nella frase «ho visto *un leone* per le scale» l'articolo *un* «indica che si tratta di un membro (individuo) di quella classe».
In alcune frasi può ricorrere *il* o *un* senza sostanziali differenze di significato:

1. «*il* cane è un fedele amico dell'uomo»
2. «*un* cane è un fedele amico dell'uomo»

3. «voglio comprarmi *un* cane»
4. «voglio comprarmi *il* cane»

La prima proposizione di ciascuna coppia presenta lo stesso contenuto della seconda, ma da un diverso punto di vista. Infatti, rispetto alle frasi (1) e (3), che realizzano la consueta opposizione «classe» / «membro», le frasi (2) e (4) esprimono un concetto analogo: ma in (2) il giudizio sulla proverbiale fedeltà del cane si concreta in riferimento a un singolo cane ideale, prelevando dalla massa un individuo astratto; in (4), viceversa, il parlante non ha in mente un cane determinato ma, si potrebbe dire, il cane come istituzione, legato a una certa funzione (da compagnia, da guardia, da caccia...), quasi come una delle tante suppellettili domestiche di cui ci serviamo quotidianamente (e in modo analogo diciamo: «voglio comprarmi *un / il* televisore, ferro da stiro, asciugacapelli», ecc.).

II. Nel secondo caso, *il* si riferisce a qualcosa di «noto», o che si dà per noto al nostro interlocutore, *un* introduce un dato «nuovo», inatteso. Dirò ad esempio: «bisogna portar fuori il cane», alludendo al cane di casa e dando per scontato che il destinatario del messaggio sappia o presupponga che io possiedo un cane. Per *un* basterà ripetere un esempio precedente («voglio comprarmi un cane»), in cui l'articolo indeterminativo contrassegna, oltre che il singolo membro rispetto alla classe, anche il dato «nuovo» dell'informazione.

Naturalmente, se segue una specificazione che renda già noto ciò di cui si parla, avremo *il*: «il cane di tua sorella», «il cane che ho visto ieri». Allo stesso modo, l'avventore di un bar chiederà «Un caffè!» come dato «nuovo» rispetto ad altre possibili consumazioni («un cappuccino!», «una grappa!», ecc.); ma potrà anche domandare «Il caffè!» se si tratta di un frequentatore abituale, che intende solo richiamare ciò che il barista già sa o si aspetta per avere altre volte servito lo stesso cliente.

Va da sé che la distinzione non può essere rigida. Ricevendo un ospite a casa nostra, potremo chiedergli sia «Prende un caffè?», sia «Prende il caffè?». Alle dieci di mattina, l'ora classica del caffè, ci verrà forse più spontanea la seconda domanda (con *il* che marca il «noto», l'abituale; e infatti una delle risposte negative più frequenti è: «Grazie, l'ho già preso», con implicita conferma del carattere quasi rituale del caffè bevuto a quell'ora del giorno). Alle sette del pomeriggio, l'ora dell'aperitivo, l'offerta del caffè è meno prevedibile e, se viene fatta, richiederebbe piuttosto l'articolo *un*.

Forme dell'articolo

3.

	DETERMINATIVO		INDETERMINATIVO	
	MASCHILE	FEMMINILE	MASCHILE	FEMMINILE
SINGOLARE	il, lo, (l')	la, (l')	un, uno	una, (un')
PLURALE	i, gli	le		

Le norme che regolano la scelta dell'articolo (e delle preposizioni articolate, cfr. IV.77 sgg.) sono le seguenti:

4. I. Al femminile singolare *la* e *una* possono alternarsi con la variante elisa davanti a vocale: *la casa, l'erba; una donna, un'amica*.
L'elisione di *la* davanti a vocale, benché sempre raccomandabile, talvolta non è praticata nell'uso scritto (specie giornalistico: SERIANNI 1986a: 58-59). Da un recente sondaggio su due numeri di quotidiani sono emersi 19 esempi del tipo *la urgenza* di fronte a 45 del tipo *l'urgenza* (BRUNET 1979: 42 sgg.); ancor più frequente sembrerebbe la mancata elisione con l'indeterminativo *una*.
Al plurale, *le* è di uso generale. Già cinquant'anni fa Bruno Migliorini osservava che «la forma apostrofata comincia a prendere una sfumatura di sostenutezza, di pretenziosità, o viceversa di pronunzia plebea: *l'armi* [...], *l'ali* sanno di letterario, *l'ernie* di troppo popolare» (MIGLIORINI 1938: 68; BRUNET 1979: 43-44).

5. II. Gli articoli determinativi maschili *il*

IV. L'articolo

e *i* e l'indeterminativo *un* si usano davanti a parola cominciante per consonante semplice (*il fosso, un secchio, i papi*) o per consonante diversa da *s* seguita da *l* o *r* (*il cloro, un trono, i Greci*).

Lo / gli e *uno* si adoperano:

a) Davanti a vocale (*lo* e *uno* nella variante ridotta, *l'oro, un eroe*; *gli* è ormai quasi sempre invariabile anche davanti a parola cominciante per *i*: *gli Italiani*, meno comunemente *gl'Italiani*, e sempre *gli animi, gli Ebrei*, ecc.) e a semiconsonante (interi davanti a *i-*: *lo Ionio, uno iato*; ridotti davanti a *u-*: *l'uomo, un uovo*). A differenza di quel che s'è detto per *la*, l'elisione di *lo* davanti a vocale deve considerarsi obbligatoria: *lo ingegno è inaccettabile nell'uso scritto, così come lo sarebbe nella lingua parlata. Davanti alla semiconsonante /j/, pur sussistendo ancora le varianti minoritarie *il* («il Jugoslavo» P. Levi, cit. in SATTA 1981: 118) e *l'* («l'iato» Calvino, *Ti con zero*), *lo* e il rispettivo plurale *gli* sembrano ormai le forme prevalenti, almeno nell'uso scritto se non nella codificazione grammaticale (BRUNET 1979: 51-52). Più oscillante l'articolo indeterminativo maschile: se *uno* è preferibile, *un* è però tutt'altro che raro: «un iato» (Sinisgalli, *Furor mathematicus*), «un iettatore» (D'Annunzio, *Prose di romanzi*; Gozzano, *Poesie e prose*; Panzini, *Dizionario moderno delle parole che non si trovano nei dizionari comuni*), «un iota, un jota» (Fogazzaro, *Leila*; Papini, *Giudizio universale*). Abbastanza stabili, al femminile, *la* e *una* senza elisione: «la Jole» Cassola, «la Juve» (in BRUNET 1979: 53).

b) Davanti a *s* complicata (ossia seguita da altra consonante: *lo sbirro, lo scatto, lo sforzo, lo slargo, uno stivale, uno Svizzero*) e a *s* palatale /ʃ/ graficamente *sci-, sc(e)-* (*lo sci, lo sciame, lo sceicco, uno scimunito*).

La stabilizzazione di *lo / gli* e *uno* in questi due casi è piuttosto recente. Nel secolo scorso non era raro trovare, specie presso scrittori settentrionali, sequenze come «i stemmi» e «un spergiuro» (Foscolo, Berchet: MIGLIORINI 1963a: 629) e ancora «un scialle» nell'*Amica di nonna Speranza* di Gozzano, 23. Il grammatico Luigi Fornaciari scriveva nel 1850: «la regola delle grammatiche nostre, la quale pone che sia peccato il dire *i sguardi* dovrebbe, come s'è fatto di altre, cancellarsi, perché mancante di ragione; e per conseguenza lasciar libero di dire *gli sguardi* e *i sguardi*, come più allo scrittore talenta» (cit. in VIANI 1858: 105; si veda anche MOISE 1878: 175). Qualche raro esempio contemporaneo, da non imitare, è citato in BRUNET 1979: 30 («i scivoloni» in Pavese, «dei Scipioni» nell'etnologo Ernesto De Martino, ecc.).

c) Davanti a *n* palatale /ɲ/ e a *z* sorda e sonora: *lo gnu, lo zio, uno zero*.

Come per l'articolo davanti a *s*+consonante, l'uso di *lo / il* e di *uno / un* davanti a *z* era molto oscillante ancora nel secolo scorso (MOISE 1878: 171). Oggi sarebbero considerate erronee forme come «il zappatore» (Leopardi, *Il sabato del villaggio*, 29), «un zanzariere» (D'Annunzio, *Trionfo della morte*, 53), «il Zanichelli» (Carducci, cit. in MIGLIORINI 1963a: 704) o «un zittio» (Serao, *Il romanzo della fanciulla*, 15). Davanti a *gn-* si possono trovare *il / i* e *un* popolarmente (specie in *gnocco, gnocchi*), e di tanto in tanto anche in testi letterari: «i gnocchi» De Marchi, *Esperienze e racconti* (lo stesso vale col pronome dimostrativo: «quel gnocco di Alessio» M. Zurletti, «La Repubblica», 21.3.1986, 24), «il gnomo» Pascoli, «un gnaulio» Linati, *Memorie a zig-zag*, «il Gnei» Calvino, *Racconti*, 301.

d) Davanti a *x* (grafia che rappresenta un gruppo di velare+sibilante, cfr. I.155) e ad altri rari gruppi di consonante che non abbiano *l* o *r* come secondo elemento; *x*: *lo xenofobo*; *pn*: *uno pneumococco*; *ps*: *uno psicologo*; *pt*: *lo ptialismo*; *ct*: *lo ctenidio*; *mn*: *lo mnemonismo*; *ft*: *lo ftalato*.

Piuttosto stabili – benché non di uso generale – gli articoli *lo* e *uno* davanti a *x* (ma «un xilofono» in Pratolini: BRUNET 1979: 37) e a *ps* («uno psicanalista» Cancogni, cit. in BRUNET 1979: 37, «lo psicodramma» «Panorama», 16.3.1986, 54; con la preposizione articolata: «il commento dello Pseudacrone» Paratore, *Lett. latina*, 435, ecc.). Con *pn*, invece, sono più frequenti nella lingua familiare *il* e *un*, specie col sostantivo *pneumatico* (esempi da giornali e anche da testi letterari in BRUNET 1979: 38-39). Ma non mancano esempi dell'uso più sorvegliato, anche nei quotidiani: «uno pneumatico», «gli pneumatici» («La Repubblica», 31.8.1986, 13 e 12-13.10.1986, 15).

Nomi stranieri

6. Con i forestierismi si usa, in generale, l'articolo che si troverebbe in una parola italiana iniziante con lo stesso suono: *il jazzman, il chador* (come *il giallo, il ciambellano*), ma *lo champagne, lo smoking* (come *lo sciame, lo smottamento*).

7. Più difficile regolarsi davanti a *h*, che ora è muta (per esempio nelle voci latine e in gran parte di quelle francesi), ora è aspirata (come in inglese e in tedesco; cfr. I.134). Sarebbe opportuno usare *l'* e *un* nel primo caso (come si fa per le parole italiane con iniziale vocalica) e *lo, uno* nel secondo, per analogia con quel che avviene davanti a gruppi consonantici esotici (cfr. IV.5d). Quindi, da un lato: «l'habeas corpus» D'Annunzio, *Prose di ricerca, di lotta, di comando*, Croce, *Storia d'Europa nel secolo XIX*, «dall'harem» Cassieri (cit. in BRUNET 1979: 50); dall'altro: «sullo Hegel» Croce (cit. in BRUNET 1979: 49), «lo Hitler» Spini, *Disegno storico*, III 410. Sempre *l'* e *un* andrebbero usati nei derivati con suffisso italiano: «un heiniano» Carducci, «dall'hitlerismo» Croce, *Scritti e discorsi politici*. Ma gli esempi di usi diversi da questi sono tutt'altro che rari e sono imputabili, almeno in parte, all'incertezza sul valore fonetico di *h* nel termine straniero.

8. Altro punto critico, l'uso dell'articolo davanti a *w*, che, come sappiamo (cfr. I.154), può corrispondere ora a *u* semiconsonantica (come nell'ingl. *windsurf*), ora a *v* (come nel ted. *Wagner*). In quest'ultimo caso, è costante l'uso di *il, un*, ecc. («alle tribù dei Waliangulu» «Oggi» cit. in BRUNET 1979: 56; «il Weber» Ciocia, *St. musica*, 175). *Il* è molto frequente anche nel primo caso, invece della forma elisa *l'* che ci aspetteremmo: «il weekend» La Capria (cit. in BRUNET 1979: 55-56), «i wargames» «Stampa-Tuttolibri» (cit. in CORTELAZZO-CARDINALE 1986: 205). Con l'indeterminativo si ha la normale forma apocopata *un*: *un whisky, un western* (cfr. anche Fiorelli, in CAMILLI-FIORELLI 1965: 194 n. 304).

Sigle

Con le sigle possono presentarsi vari casi:

9. Sigle in cui la prima lettera è una vocale (AUC, ENI, OLP, USA). Quale che ne sia la pronuncia (ɔlp] oppure [ɔ-ɛllepi], ecc.) si usano gli articoli prevocalici *l'*, *gli*, *un* nel numero e genere richiesto da quella particolare sigla: *un UFO, la USL* o *l'USL, gli USA*.

10. Sigle che cominciano con una consonante. Distinguiamo due possibilità:
a) Se le sigle sono pronunciate o possono essere pronunciate come una sola parola (*FIAT, DIGOS, MEC* o anche *PSI* letto [psi]), esse vogliono l'articolo preconsonantico nel genere richiesto da quella particolare sigla e, con le sigle maschili, nella forma richiesta nella consonante o dalle consonanti iniziali: *la FIAT, il MEC, lo SME, il PRI* (SATTA 1981: 118 osserva giustamente che nel caso di *PSI* l'articolo è *il* per effetto del sostantivo soggiacente, «partito», anche se le parole comincianti per *ps-* richiedono *lo*: cfr. IV.5d).
b) Se invece le sigle sono pronunciate per lettere distinte, avremo *il* e *un* quando il nome della prima lettera cominci per consonante: *il CNR* ([tʃi - ɛnne - ɛrre]), *un BR* ([bi - ɛrre]). Con le lettere il cui nome abbia iniziale vocalica, l'uso è molto incerto.

11. Per il maschile, noteremo (con BRUNET 1979: 59-60) che in uno stesso testo di M. Pantaleone figurano due esempi contrastanti: «il FBI» e «l'FBI» (pronunciato probabilmente all'inglese: [ef - bi - ai]). Possiamo aggiungere «l'Sdi» («Strategic Defense Initiative»; «Il Gazzettino», 24.3.1986, 12) accanto alla variante «allo Sdi» («La Repubblica», 25.3.1986, 12). Anche il «Movimento Sociale Italiano» è accompagnato nella grande stampa nazionale ora da *il* (*il MSI, il Msi, il msi*) ora da *l'* (*l'MSI*, ecc.).

12. Con l'articolo femminile, l'elisione è possibile (ma è rara) per le sigle in cui il nome della prima lettera abbia iniziale vocalica: *la FLM* o *l'FLM*, *la RSI* o *l'RSI*, ma solo, ovviamente: *la DC, la BNL*, ecc.

«Gli dei»

13. Con *dei*, plurale di *dio*, l'articolo è *gli*, non *i*, come sembrerebbe naturale. Ciò si deve a un riflesso della forma antica o letteraria *iddio*, usata non solo in riferimento al 'Signore' (unica accezione oggi corrente), ma anche per indicare una divinità pagana («O bello idio [...] Amor» Poliziano, *Stanze cominciate per la giostra di Giuliano de' Medici*) o con generico valore ammirativo («Tu, tu piccolo Iddio», estremo saluto di Madama Butterfly al figlioletto nell'omonima opera di Giacosa e Illica: cfr. PUCCINI-FERRANDO 1984: 282). *L'iddio* – frutto di assimilazione da un anteriore *il dio* – ha generato un plurale regolare *gl'iddei*, di cui *gli dei* rappresenta «una grafia impropria» (Fiorelli, in CAMILLI-FIORELLI 1965: 195; cfr. anche BRUNET 1979: 23-24).
Nella tradizione letteraria è molto comune il plurale *i dei* (per esempio: «esaltato l'avea fin sopra i dèi» Ariosto, *Orlando Furioso*, XXIII 29), e ancora nell'Ottocento la prescrizione dell'articolo *gli* con *dei* poteva essere giudicata una pedanteria degna di «cerusici o flebotomi della lingua» (VIANI 1858: 106; cfr. anche MOISE 1878: 173).

L'etimo di «il» e «lo». Usi arcaici

14. Storicamente, l'articolo determinativo italiano continua il pronome latino ĬLLE, ĬLLA, ĬLLUD 'quello' (per sopravvivenze nell'italiano d'oggi dell'antico valore pronominale cfr. IV.17), secondo un processo di trasformazione del dimostrativo che trova vari riscontri nelle lingue indoeuropee e non indoeuropee. Si pensi al greco classico, in cui l'articolo *ho, hē, tó* mantiene l'antica funzione pronominale, che era ben viva in Omero, in particolari usi: *ho mén ... ho dé* 'l'uno ... l'altro'; oppure al tedesco, in cui l'articolo *der, die, das* deriva da un anteriore dimostrativo e può ancora essere usato in questa accezione: per esempio in *der Mann*, «der», pronunciato con forte accento, ha lo stesso valore di *dieser* 'questo'.
Con ogni probabilità, le due forme concorrenti *lo* e *il* presuppongono un'unica base anteriore, *lo*, derivata dall'accusativo maschile ĬLLUM, per aferesi della prima sillaba; questo *lo*, preceduto da parola terminante per vocale, tendeva a ridursi al semplice *l*: «l'*i* di *il* potrebbe essere dovuto, in un secondo momento, al bisogno di un appoggio vocalico per '*l*» (ROHLFS 1966-1969: 414; si veda inoltre AMBROSINI 1978).

15. Al maschile plurale la lingua arcaica, oltre a *i* e a *gli*, presentava anche *li* («li due fratelli» Boccaccio, *Decamerone*, «li stornei» Dante, *Inferno*). Nella lingua poetica si possono cogliere residui esempi di *li* ancora in Pascoli («li agli», certo per evitare un cacofonico *gli agli*) e in D'Annunzio, *Versi d'amore e di gloria* («li usignoli»).
Una citazione dantesca implicita (*Purgatorio*, VII 121) si riconosce nell'espressione *per li rami*, di uso non comune ma nemmeno troppo insolito: «a riprova che l'ingegno può discendere *per li rami*, quella bimbetta [Giulia Beccaria] era destinata a diventare la madre di Alessandro Manzoni» (L. Firpo, in «Corriere della Sera», 21.2.1987, 2; cfr. anche BRUNET 1979: 4).
Nel linguaggio burocratico sopravvive *li* 'i' nelle date («Napoli, li 6 maggio 1987»); scrivere *lì* con accento, come talvolta si fa, è errato: è meglio sopprimere senz'altro l'articolo o, semmai, usare il maschile singolare *il*.

16. Nell'italiano antico la distribuzione di *il* e *lo* era diversa da quella attuale, anche se non è facile stabilire regole sicure (e per i poeti c'è sempre da tener conto di ragioni metriche). Comunque, possiamo osservare che *lo* era molto più frequente di *il* all'inizio di frase o di verso e dopo parola terminante per consonante. Si vedano questi esempi danteschi: «*Lo* giorno se n'andava, e l'aere bruno» (*Inferno*, II 1; posizione iniziale), «Non impedir *lo* suo fatale andare» (*Inferno*, V 22: dopo consonante); ma, dopo vocale: «che m'avea di paura *il* cor compunto» (*Inferno*, I 15). Dopo *per* l'uso di *lo* e *li* è durato molto a lungo (giungendo sino a noi nelle formule cristallizzate *perlopiù* e *perlomeno*): abituale in Leopardi, *Il passero solitario* («Odi *per lo* sereno un suon di squilla») e nel giovane Carducci, *Lettere*, compare talvolta anche nella prima edizione dei *Promessi Sposi* («per lo migliore», «per lo che», modificati nell'edizione definitiva: VITALE 1986: 29; su *per lo* nel secolo scorso cfr. anche MIGLIORINI 1963a: 630 e 705).

Sintassi dell'articolo determinativo:
I. Funzione dimostrativa

17. Talvolta la funzione dell'articolo (e della preposizione articolata, cfr. IV.77 sgg.) si avvicina a quella di un pronome o aggettivo dimostrativo, rinnovando in parte alcuni usi del dimostrativo latino ILLE. Ecco i casi più notevoli:
a) In proposizioni sovraordinate che reggano una relativa limitativa (cfr. XIV.249): «le città [=quelle città] che ho visitato»; «Tornami a mente il dì [=quel dì] che la battaglia / d'amor sentii la prima volta» (Leopardi, *Il primo amore*, 1-2).
b) In unione con un aggettivo, quando il sostantivo sia sottinteso: «Or fu già mai / gente sì vana come la [gente] sanese?» (Dante, *Inferno*, XXIX 121-122); con preposizione articolata: «l'uomo vecchio si trovò d'accordo col [con l'uomo] nuovo» (Manzoni, *I Promessi Sposi*, VI 13).
c) In alcune frasi esclamative, con funzione deittica: «Oh *la bugiarda! la bugiardona*!» (Manzoni, *I Promessi Sposi*, VIII 7); «Oh! *l'atroce dipartita*!» (Gozzano, *L'ultima rinunzia*, 45); «una volta su, è un bel sito e si gode una bella vista. Oh *i bei canarini!*...» (De Marchi, *Demetrio Pianelli*, 352).
Si tratta probabilmente, come riteneva il Fornaciari (1881: 135), di un prestito sintattico dal francese, lingua in cui l'uso dell'articolo in frasi del genere è abituale: «la belle robe!» 'che bel vestito!', «le gredin!» 'che furfante!'.
d) Con alcune espressioni temporali: «entro la [questa] settimana»; «durante l'[quella] estate vi furono molte novità»; «Ma vedi già come dichina il [questo] giorno» (Dante, *Purgatorio*, VII 43).

18. Oggi piuttosto raro suona un costrutto abbastanza frequente nei secoli scorsi, per il quale l'articolo si unisce a un aggettivo che regge un'apposizione preceduta da *di*: «il [quel] cattivel d'Andreuccio» (Boccaccio, *Decamerone*, II 5 58), «il [quel] fastidioso di suo cognato» (Bandello, cit. in MIGLIORINI 1963a: 392), «lo [quello] spensierato d'Attilio» (Manzoni, *I Promessi Sposi*, V 27).

19. Nel Cinquecento e nel Seicento, per influsso spagnolo, ebbe qualche diffusione l'uso dell'articolo con ellissi del sostantivo: «la di Spagna» (sottinteso: «flotta»), «la vita di Gesù Cristo e la di Maria Vergine» (sottinteso: «vita»): cfr. MIGLIORINI 1963a: 392 e BECCARIA 1968: 53.

20. In alcuni costrutti l'articolo ha valore distributivo: «*il sabato* va dalla nonna» (ogni sabato; invece «sabato va dalla nonna», questo sabato: LEPSCHY-LEPSCHY 1981: 148); «con provisione di mille zecchini *l'anno*» (Della Valle, *Delle condizioni di Abbas, re di Persia*); «se il grano si fosse comunemente venduto trentatré lire *il moggio*» (Manzoni, *I Promessi Sposi*, XII 9).

II. Prenomi

21. Con i prenomi, di massima, l'articolo manca: «Marco è partito», «ha telefonato Anna». La stessa norma vale per i nomi d'animale: «Questo è certo Baiardo [un cavallo], io 'l riconosco» (Ariosto, *Orlando Furioso*, I 73); «E Melampo [un cane] faceva proprio così?» (Collodi, *Pinocchio*, 75).
Si usa l'articolo quando il nome sia specificato: «il buon Titiro» (Tasso, *Rime*), «la buona Agnese» (Manzoni, *I Promessi Sposi*), «ieri ho rivisto la Franca dei suoi giorni migliori», «il Virgilio dell'*Eneide* è ben diverso dal poeta delle *Bucoliche*».
Da notare le formule cristallizzate nome+articolo+attributo: «Guglielmo il Buono», «Ugo II il Grande», «Attila il fello» (Tasso, *Gerusalemme Liberata*, XVII 69).

22. I nomi maschili non presentano mai l'articolo, tranne che nell'italiano regionale del Nord (e in scrittori che arieggiano il parlato settentrionale: «assomiglia al Silvio» Ginzburg, cit. in BRUNET 1979: 67; o anche: «S'è beccato un bel tre mesi il Gino», nella canzone «La ballata del Cerutti» di Simonetta-Gaber, in BORGNA 1985: 228).

Tuttavia recano l'articolo:
a) i soprannomi o i nomi usati come soprannomi: «il Tegghiaio» (Dante, *Inferno*), «il Griso» (Manzoni, *I Promessi Sposi*); inoltre gli etnici che, anticamente, designavano spesso un artista: «il Veronese» (Paolo Caliari, detto il V.), «il Perugino» (Pietro Vannucci, detto il P.), «lo Spagnoletto» (Jusepe de Ribera, detto lo S.), «il Grechetto» (Giovanni B. Castiglione, detto il G.);
b) i nomi usati per metonimia: «il Dante di Foligno del 1472» (ossia: l'edizione della *Commedia* stampata in quell'anno nella cittadina umbra), «l'Ernani della prossima stagione» (l'opera verdiana con questo titolo).

23. I nomi femminili possono ricevere l'articolo quando sono adoperati in registro familiare-affettivo. L'articolo mancherà sempre, quindi, con nomi «tratti dalla mitologia o dalla storia» (MOISE 1878: 646; ad esempio: «Elena fu all'origine della guerra di Troia», «la novella di Griselda conclude il *Decamerone*», «Mimì nella 'Bohème' è un soprano»).
Nel toscano l'uso dei femminili articolati è molto antico: «Ricorditi di me che son la Pia» fa dire Dante a un celebre personaggio del *Purgatorio* (dove un commentatore moderno, proprio per la distanza che lo separa dal personaggio, parlerebbe piuttosto di «Pia», «Pia de' Tolomei»).
Il tipo «la Maria» è popolare solo in area toscana e settentrionale, ma è ben rappresentato anche in scrittori meridionali: per esempio, Verga («lascia star la Nena», *Novelle*, I 370; il racconto è d'ambiente siciliano) o Croce (con sequenza nome-cognome: «la Faustina Maratti», *Conversazioni critiche*).
Particolarmente frequente l'articolo con gli ipocoristici riferiti a bambine: «È la Tittì come una passeretta» (Carducci, *Davanti San Guido*, 67); «Tu hai qua la Tittì; lui s'è preso Aldo là» (Pirandello, *La signora Morli una e due*, VI 383).

III. Cognomi

24. Con i cognomi femminili la norma tradizionale, cui è bene continuare ad attenersi, prescrive l'obbligo dell'articolo (si veda per esempio FOGARASI 1983: 169).
Tuttavia, andrà notato che la tendenza attuale è verso l'uso del semplice cognome senza articolo, come per il maschile (vedi oltre). Si pensi alle denominazioni in uso in ambiente scolastico («Si è giustificata Bianchi?» e non «Si è giustificata la Bianchi?», che risulterebbe affettato: è un uso che, stando a D'OVIDIO 1933: 80, sarebbe stato proprio, in origine, del «gergo scolastico del Mezzogiorno») o tra colleghe di lavoro.
Già nel secolo scorso Matilde Serao, riproducendo nel suo racconto «Telegrafi dello Stato (sezione femminile)» la dura vita delle piccole impiegate napoletane, rappresenta con felice mimèsi del parlato questa abitudine: ecco per esempio una frase di Giulietta Scarano: «Chissà, Galante, la nostra inserviente, potrebbe aiutarmi...» (Serao, *Il romanzo della fanciulla*, 11).
D'altra parte, anche l'uso giornalistico attuale favorisce la soppressione dell'articolo: per esigenze di rapidità (specie nei titoli: «Aglietta / sarà giudice / popolare», in riferimento al deputato radicale Adelaide Aglietta, «Il Messaggero», 5.3.1978, 1) o di omogeneità (quando il cognome femminile è abbinato a un cognome maschile senza articolo: «Badini e Graneris [...] sono giunti a Novara solamente alle undici», «Il Messaggero», 11.2.1978, 21: si parla di Guido Badini e Doretta Graneris, protagonisti di un processo clamoroso). Ma anche – si direbbe – per la minore importanza attribuita al sesso di una persona rispetto alla sua attività professionale o politica (LEPSCHY-LEPSCHY 1981: 152).
Si vedano questi due esempi, attinti da uno stesso numero della «Repubblica» (21.3.1986, 8 e 24): «ma Falcucci e i suoi collaboratori ministeriali sono ben decisi», ecc. (N. Tranfaglia; si tratta del ministro Franca Falcucci), «Accanto a Anderson» (M. Zurletti; è il soprano June Anderson).
C'è infine da tener conto del fatto che, «nel presentarsi o nel dare il proprio nome al telefono, spesso si usa solo il cognome (senza articolo, anche se parla una donna: *parla Bassi*, non *la Bassi*)» (LEPSCHY-LEPSCHY 1981: 153).

Più complesso l'uso dell'articolo con i cognomi maschili, a proposito del quale le indicazioni delle grammatiche sono spesso contrastanti (si veda la panoramica di BRUNET 1979: 68-69).
Possiamo individuare due situazioni fondamentali:

25. I. Cognomi di persone contemporanee non illustri, ma note soltanto agli interlocutori. L'italiano parlato è restio a usare abitualmente l'articolo, tranne che in Toscana e tranne che in usi formali (come in un processo) o, viceversa, scherzosi (per esempio quando una moglie si rivolga al marito per cognome: «Ma sentilo un po', il Guidetti!»).
Diverso l'uso scritto, dove possiamo trovare l'articolo anche in narratori non toscani («il Matti» in Buzzati, cit. in BRUNET 1979: 73; «il Grassellini», «al Simonetti» in Sciascia, *Il consiglio d'Egitto*, 94, ecc.), oltre che nella letteratura critica e scientifica, indipendentemente dalla fama dei singoli studiosi citati.

26. II. Cognomi di personalità illustri. In generale, l'articolo conferisce un tono più distaccato, neutro, obiettivo (HERCZEG 1972). Può contrassegnare una maggiore distanza nel tempo: «il Siccardi morì nel 1857» / «De Gasperi è morto nel 1954»; oppure, una diversa carica affettiva: menzioniamo generalmente senza articolo quei personaggi, amati, odiati o trascurati, ma che ci sono comunque familiari (un po' come il nostro vicino di casa che, fuor di Toscana, ci verrebbe spontaneo designare come *Rossi* o *De Maria*, non *il Rossi*, *il De Maria*). Quindi: *Garibaldi*, *Mazzini*, *Cavour*, *Verdi*, *Puccini*, *Marconi*, *Mussolini* e vari altri, tutti abbastanza stabilmente privi di articolo.

27. Ma non si possono dare regole fisse. Osserviamo:
a) L'articolo manca spesso anche con nomi stranieri, che dovremmo supporre meno radicati nel patrimonio culturale collettivo («di Cecov» nel settimanale «Grazia», «di La Fontaine» in Vittorini, citati in BRUNET 1979: 72; e ancora: «da Fichte», «per Herbart» in Lamanna, *Filosofia*, III 29 e 59, «di Goethe e Schiller», «di Zola» Sapegno, *Letter. italiana*, 553 e 568; da notare che negli ultimi due testi gli italiani compaiono più spesso con l'articolo: «il Gioberti», «del Romagnosi», «del Labriola», «il Croce» Lamanna, *Filosofia*, III 111, 114, 217, 220; «il Manzoni», «del Verga», «il Fogazzaro», «dal Carducci» Sapegno, *Letter. italiana*, 611, 704, 717, 730).
b) Presso lo stesso autore e nello stesso testo è frequentissima l'oscillazione tra cognomi articolati e non articolati, senza nessuna sfumatura stilistica. In BRUNET 1979: 71-72 si citano, tra l'altro, «il Cavour» / «a Cavour» (Papini), «del Carducci e di Pascoli» (Serra) e gli esempi potrebbero essere facilmente moltiplicati.
c) Nulla vieta di usare l'articolo determinativo anche per quei cognomi di personalità che abbiamo definito «familiari». Lo storico Giorgio Spini scrive per esempio: «il Mazzini», «del Verdi», «il Cavour», «il Garibaldi», ecc. (*Disegno storico*, III 74, 118, 166, 167).

28. L'articolo compare regolarmente, invece, con i cognomi femminili di persone illustri: «della Sand e di Flaubert» (Tomasi di Lampedusa), «di Bilenchi, della Morante» (Pullini): cfr. BRUNET 1979: 73.

29. Altrettanto stabile l'articolo plurale, che può designare i membri di una famiglia storica («i Savoia», «le imprese dei Visconti») o qualunque («si discuteva sempre a lungo, se erano più brutti i Colombo o i Coen, nostri amici che incontravamo in montagna d'estate» Ginzburg, *Lessico famigliare*, 57); due o più fratelli o sorelle («i Verri», i due illuministi milanesi Pietro e Alessandro; «i mobili [...] erano stati assegnati all'ultima delle Wieselberger», una delle quattro sorelle di cui parla F. Cialente, *Le quattro ragazze Wieselberger*, 157); una coppia di coniugi («i Vannini hanno celebrato le nozze d'oro»); una madre e una figlia («le Carabelli madre e figlia, quelle Carabelli di Loveno, sa?» Fogazzaro, *Piccolo mondo antico*, 13), ecc.; o, infine, una personalità celebre, indicata esemplarmente («I Pasteur, i Koch e i Fleming hanno rivoluzionato la medicina moderna», vale a dire: scienziati del valore di L. Pasteur, R. Koch, A. Fleming).

IV. L'articolo

30. Manca l'articolo davanti al cognome quando esso è preceduto da *casa* o *famiglia*: «in casa Malfenti», «la famiglia Malfenti» (Svevo, *La coscienza di Zeno*, 90 e 91; e si pensi anche all'apertura di una telefonata: «Pronto, parlo in casa Magrini?», oppure: «Pronto, casa Magrini?»).

31. Due particolarità:
a) Nell'italiano antico – e ancora oggi, ma eccezionalmente, nell'uso popolare toscano – era corrente il sintagma «in casa i Frescobaldi», con articolo espresso (PASQUALI 1968: 105-112).
b) Per le donne coniugate, il cognome del marito che segue quello da nubile può essere preceduto da *in* ma, in Toscana, è spesso introdotto dalla preposizione articolata *nei*: «Adele Morelli in Celani» / «Adele Morelli nei Celani» (altre possibilità: «Adele Celani nata Morelli», «Adele Morelli coniugata Celani»).

IV. Titoli

Con i titoli onorifici o professionali accompagnati da un nome proprio l'articolo può essere obbligatorio, facoltativo o assente.

32. È obbligatorio con *signore*, *signora* («Il signor Bruschino», opera di G. Rossini, «La signora Lucia» Carducci, *Davanti San Guido*, 81), *dottore*, *professore*, *avvocato*, *ingegnere* e altre qualifiche professionali, al maschile e al femminile; con *imperatore / imperatrice* («l'imperatore Antonino Pio», «l'imperatrice Soraya»; nell'italiano antico il titolo poteva essere anche posposto al nome senza articolo: «nepote di Costanza imperadrice» Dante, *Purgatorio*, III 113), *principe / principessa*, *regina* e con i titoli nobiliari: *marchese*, *duca*, *baronessa*, ecc. (ma anticamente, al solito, la norma era meno rigida: «Conte Analardo fu Barzalonese» Berni, *Orlando Innamorato*, LII 6).

33. È facoltativo, ma perlopiù assente, con *papa* («papa Giovanni», «papa Wojtyla»; anticamente anche posposto: «passò Damaso papa» Savonarola, *Prediche italiane ai fiorentini*, *re* («re Umberto», «re Hussein di Giordania»; arcaica la posposizione senza articolo: «Abraam patriarca e David re» Dante, *Inferno*, IV 58) e *padre* come appellativo di un religioso («il padre Cristoforo», sempre articolato nei *Promessi Sposi*, «il padre Curci» Carducci, *Per G. Monti e G. Tognetti*, 31-32; ma: «padre Landolina» Pirandello, *Pensaci, Giacomino!*, VII 65, «padre Germano» «Gente» 11.4.1986, 22, ecc.). Con *maestro* è presente quando il titolo indica una qualifica professionale («il maestro Abbado», direttore d'orchestra; «il maestro Perboni», l'insegnante elementare di *Cuore*; ma anticamente: «del maestro Adamo» e «mastro Adamo», Dante, *Inferno*, XXX 61 e 104). Manca l'articolo quando *maestro / mastro* indica (o indicava), più genericamente, l'appellativo di un artigiano («maestro Ciliegia», «mastr'Antonio» Collodi, *Pinocchio*, 3, 8) o di un semplice lavoratore manuale («mastro Misciu» Verga, *Novelle*, I 213).

34. È assente con *San*, *Santo* e *Santa* («Sant'Antonio»; ma, con uso antonomastico: «la basilica del Santo a Padova»), *don* e *donna* («don Abbondio», «don Minzoni», «Don Tinu il merciaiuolo» Verga, *Tutte le novelle*; «donna Caterina Magalone Cusciunna» C. Levi, *Cristo s'è fermato a Eboli*), *fra* e *suora* («fra Cristoforo», «suor Angelica»), *compare* e *comare* («compare Turiddu e comare Santa», nella «Cavalleria Rusticana» di Mascagni) e *monsignore*. Inoltre, con gli arcaici *ser* («ser Ciappelletto», nel *Decamerone*), *madonna* e *madama* («madonna Laura» cantata dal Petrarca e «madama Pace» nei *Sei personaggi in cerca d'autore* di L. Pirandello; ma *Madonna* richiede l'articolo in riferimento alla Vergine: «pregare la Madonna»).

V. «Dio» e «Cristo»

35. Con *Dio* non si usa l'articolo in riferimento alle divinità delle religioni monoteistiche, tranne che il nome non sia determinato: «il buon Dio», «il Dio dei Cristiani», «il Dio d'Abramo». Nel verso manzoniano «Il Dio che atterra e suscita» (*Cinque Maggio*, 105) l'articolo *il* ha valore di pronome dimostrativo (cfr. IV.17): 'quel Dio che...'. E un vero e pro-

prio dimostrativo compare in un altro verso famoso, di struttura simile a questa: «Sì, quel Dio che nell'onda vermiglia / chiuse ecc.» (*Marzo 1821*, 65).
Con *Cristo* l'uso oscilla (BRUNET 1979: 77-78): anticamente l'articolo non era comune («se Cristo teco alfine non s'adira» Petrarca, *Rime*; «tutto in noi proviene e si deriva da Cristo» Daniello Bartoli, *Considerazione delle grandezze di Cristo in se stesso e delle nostre in lui*). Oggi sembra abbastanza frequente nella trattatistica, molto meno nell'uso parlato (in cui peraltro la forma più popolare è *Gesù*).

VI. Toponimi

36. Con i nomi di luogo la presenza di articolo e di preposizione articolata è legata ad usi complessi e non sempre riducibili a norme generali (si vedano in proposito: ARTHUR 1969, 1970, 1972, 1973 e ROHLFS 1966-1969: 648-651).
Ad ogni modo, l'articolo manca:
a) Quando il toponimo sia usato con funzione vocativale: «Addio diletta *America*» (frase del «Ballo in maschera», VERDI-BALDACCI 1975: 392; e titolo di un libro di Mario Soldati), ma: «*l'America* fu scoperta da Colombo»; oppure: «*Po*, ben puo' tu portartene la scorza / di me con tue possenti e rapide onde» (Petrarca, *Canzoniere*, 180 1-2), ma: «*il Po* bagna Torino» (cfr. però IV.44a).
b) In formule brachilogiche: «la ferrovia *Cairo*-Città del Capo» (cit. in ARTHUR 1973: 126), ma: «*Il Cairo* è la capitale dell'Egitto»; oppure: «i rapporti *Grecia-Turchia*», ma: «*la Grecia* e *la Turchia* si affacciano sul Mediterraneo».
In altri casi, bisogna distinguere a seconda del toponimo.

37. Paesi e città – Nella grande maggioranza dei casi, l'articolo è assente: «Bergamo è la patria di Giacomo Manzù», «andrò a Cosenza tra un mese», «hai visitato Londra?», «ho una sorella a Brisbane». Richiedono l'articolo: *L'Aquila*, *La Spezia*, *Le Focette* e, fuori d'Italia, *L'Aia*, *L'Avana*, *La Mecca*, *La Valletta*, *L'Asmara*, *Il Cairo*, *Il Pireo*.
Altri casi di toponimi articolati sono offerti da nomi di piccole località, in cui è trasparente il nome comune che ne costituisce l'etimo (ROHLFS 1966-1969: 649): *La Rotta* (denominazione di tre frazioni in provincia di Ferrara, Novara, Pisa), *La Lama* (Taranto), *La Morra* (Cuneo), *La Storta* (Roma), *La Strada* (Ravenna), *Le Casette* (Ascoli Piceno e Padova), *Le Castella* (Catanzaro), *Le Forna* (nell'isola di Ponza), *Il Matto* (Arezzo), *Il Secco* (Alessandria), *L'Olmo* (Perugia e Firenze), *L'Ago* (La Spezia), *I Dossi* (Piacenza), *I Forni* (Grosseto), *I Trebbi* (Firenze), ecc. Nei secoli scorsi (oggi più raramente e occasionalmente) ricevevano l'articolo anche Cattolica, Mira, Mirandola, Porretta. Mantengono l'articolo originale i toponimi stranieri: *El Paso*, *Le Havre*, *Las Palmas*, *Los Angeles*, compresi quelli in cui l'articolo coincide formalmente con l'articolo italiano come *La Coruña* o *La Rochelle*.
Tuttavia, l'uso dell'articolo non è stabile. Dagli spogli di ARTHUR 1972: 383 risulta ad esempio che *Aquila* tende oggi a sopraffare *L'Aquila*, e in certi casi di alternanza tra toponimo articolato e non articolato è forse possibile cogliere una diversa sfumatura stilistica (HERCZEG 1976a).
L'articolo si sopprime sempre quando il toponimo è usato metaforicamente: «stanno trasformando *il Pireo* in una specie di *Mecca*» (cit. in ARTHUR 1973: 128).

38. Viceversa, l'articolo può trovarsi con qualunque toponimo accompagnato da una determinazione: «la bella Mantova», «la Siviglia moderna», «la Parigi della mia giovinezza», «La Palermo degli onesti ricorda oggi Dalla Chiesa» («La Repubblica», 3.9.1986, 15). Ma anche qui l'uso è incostante. In ARTHUR 1973: 252 sgg. sono adunati molti esempi di oscillazioni: «La Venezia di oggi» / «Frosinone d'oggi», «la Torino settecentesca» / «Torino novecentesca», «la Bari vecchia» / «Taranto vecchia».

39. Con gli aggettivi *mezzo* e *tutto* l'articolo manca obbligatoriamente: «demolire mezza Londra» (cit. in ARTHUR 1973: 138), «E avanti a lui tremava tutta Roma!» (Illica-Giacosa, *Tosca*, in PUCCINI-FERRANDO 1984: 213).
Mezzo può rifiutare l'articolo determina-

IV. L'articolo

tivo anche con i nomi comuni: «mi hanno fatto perdere mezzo pomeriggio», «Guardo il compagno: mezza lingua fuori gli pende, come a macellato bue» (Saba, *Il canzoniere*). Poco comune l'inserzione dell'articolo tra *mezzo* e il sostantivo: «non gli basta che si è mangiata mezza la casa» (Pavese, *La luna e i falò*, 74). Per *tutto*+nome comune cfr. VII.179.
L'articolo si colloca tra toponimo e aggettivo in alcune frasi fatte («Bologna la dotta», «Genova la superba», ecc.), da affiancare ai paralleli costrutti antroponimici già citati («Guglielmo il Buono», ecc., cfr. IV.21).

40. Solo apparentemente riferito a toponimi è l'articolo che compare in alcune espressioni ellittiche, con sostantivo sottinteso: «la [gara ciclistica] Milano-Saronno», «sulla [linea ferroviaria] Pescara-Foggia», ecc.; o anche con i nomi delle squadre di calcio: «il Perugia», «il Verona», «il Bologna», «la Roma».

41. Regioni, stati continenti – Come con i nomi di città, l'articolo è sempre presente con una determinazione («l'Inghilterra vittoriana», «l'Umbria settentrionale») e perlopiù anche con l'aggettivo *tutto* («tutto il Belgio», «tutta l'Asia»; con *Italia* può mancare: «girò per tutta Italia e fuori» Manzoni, *I Promessi Sposi*, XXXII 52), ma non con *mezzo* («mezza Svizzera», «mezzo Giappone»).
Per il resto, conviene distinguere due possibilità (BRUNET 1979: 86-90), a seconda che il toponimo sia usato come soggetto o complemento oggetto, oppure sia preceduto da preposizione.
Nel primo caso, l'articolo è di norma presente: «la Basilicata ha due province», «amare la Cina». Tuttavia, manca con *Israele* e coi nomi di alcuni stati insulari: *Cuba*, *Haiti*, *Cipro*, *Formosa* (SATTA 1981: 117); ed è spesso assente nelle enumerazioni: «Olanda, Belgio e Lussemburgo costituiscono il Benelux».

La lingua poetica tradizionale può fare a meno dell'articolo, come con i sostantivi astratti (cfr. IV.74a): «e lasci Ispagna dietro a le sue spalle» (Petrarca, *Canzoniere*, 50 47), «Per te Germania è gloriosa e forte» (Parini, *La laurea*, 146). Altri esempi in ROHLFS 1966-1969: 648.

Nel secondo caso, l'articolo è sempre presente, inglobato in una preposizione articolata, quando il toponimo ha forma plurale: «la politica degli Stati Uniti», «andare nelle Filippine». Con i singolari, è spesso assente quando il nome è retto da *di* e *in*, generalmente presente con le altre preposizioni (FOGARASI 1983: 171): «il re di Spagna», «vivere in Veneto» (ma anche: «a gloria della Spagna», «vivere nel Veneto»); «i commerci con la Iugoslavia», «navigare verso il Perù».

42. Isole – Si tratta di una categoria non sempre definibile con esattezza, perché in molti casi potremmo rientrare nel gruppo precedente: quando diciamo «la Sicilia» pensiamo all'isola o alla regione? e con «il Madagascar» abbiamo in mente l'isola o lo stato?
Comunque:
a) richiedono sempre l'articolo i gruppi insulari indicati da un plurale (*le Egadi*, *le Tremiti*, *le Aleutine*, *le Curili*, *le Azzorre*) e anche i nomi composti con un aggettivo o con un sostantivo, almeno quando siano usati come complemento diretto (cfr. IV.41): «la Nuova Guinea» (ma: «in» o «nella nuova Guinea»), «la Terra di Baffin», «l'isola di Pasqua», ecc.;
b) sono privi di articolo i nomi di molte piccole isole italiane: *Capri*, *Ischia*, *Ponza*, *Lipari*, *Vulcano*, *Montecristo* (ma: *l'Elba*, *la Maddalena*, *l'Asinara*, *la Bisentina* [nel lago di Bolsena], *l'Argentarola* [presso l'Argentario], ecc.). Ecco un esempio in cui due isole dello stesso arcipelago differiscono nell'uso dell'articolo: «quel mare frastagliato dagli scogli che abbraccia *il Giglio* e *Giannutri*» (Agnelli, *Addio, addio mio ultimo amore*, 122);
c) le isole esotiche, indipendentemente dalla loro superficie, rifiutano in genere l'articolo: *Giava*, *Celebes*, *Socotra*, *Creta*, *Zante*, *Taso*, *Maiorca*, ecc.

43. Laghi, monti, mari e fiumi – Laghi, monti e mari richiedono abitualmente l'articolo: *il Trasimeno*, *il Garda*, *il Balaton* (ma per nomi meno comuni è frequente la denominazione con «lago»: *il lago Ladoga*, *il lago di Vico*); *il Cervino*, *l'Amiata*, *le Alpi*, *le Madonie*, *gli Urali*, *i Carpazi*, *le Ande*; *il Tirreno*, *il Baltico*, *il Pacifico* (tutti casi di ellissi dei nomi *mare* o *oceano*, cfr. V.48; ma in alcuni costrutti locativi è possibile l'omissione dell'articolo, almeno nella lingua parlata: «pescare in Adriatico è conveniente», cfr. MARRI 1987: 269 n. 21).

44. L'articolo è frequente anche con i nomi di fiumi: *il Volturno*, *l'Adda*, *il Brenta* (anticamente *la Brenta*: cfr. III.20), *la Loira*, *il Volga*, *l'Eufrate*, *il Gange*, *il Limpopo*, *il Mississippi*. Tuttavia può mancare:
a) con *Arno*, specie se preceduto da *di* o *in* e, più raramente, con Po o con altri fiumi («a buttarsi in Po» Bassani, cit. in BRUNET 1979: 92; «anche Panaro ingrossa; e stasera Po romperà in altri due punti» Bacchelli, *Il mulino del Po*, I 116; nella *Luna e i falò* di Pavese si oscilla tra *il*, *al*, *sul Belbo* e *oltre B.*, *passare e traversare B.*, *rami secchi di B.*, cfr. MARRI 1987: 269, n. 22);
b) in sintagmi cristallizzati formati con *Val(le)*: *Val di Chiana* (Toscana), *Valle di Resia* (Friuli), *Val di Taro* (Emilia), *Val di Sangro* (Abruzzo), ecc. (ma anche: *Valle del Chisone* in Piemonte, *Valle del Belice* in Sicilia, ecc.);
c) in odonimi composti con la preposizione *lungo*, sul modello di *Lungarno*: *Lungotevere*, *Lungopò*, *Lungadige*, *Lungo Castellano* (Ascoli Piceno), *Lungo Busento* e *Lungo Crati* (Cosenza), ecc.; e in *Oltrepò* («l'Oltrepò pavese», «i vini dell'Oltrepò»);
d) in alcuni toponimi: *Borghetto d'Arroscia* e *Borghetto di Vara* (Liguria), *Ghiara o Gera d'Adda* (subregione della Lombardia) o anche *Pedaso* (propriamente «a piè dell'Aso», Marche), ecc.

Nella lingua antica i nomi di fiumi e di monti potevano essere usati senza articolo: «Le città di Lamone e di Santerno» (Dante, *Inferno*, XXVII 49), «un fiumicel che nasce in Falterona» (Dante, *Purgatorio*, XIV 17). Altri esempi in ROHLFS 1966-1969: 650.

45. Strade, monumenti, quartieri – Con i nomi di strade l'articolo generalmente manca (BRUNET 1979: 94): «risalendo via Borgo di Sotto» (Bassani), «da Piazza della Signoria» (Pratolini), «da Cors'Amedeo al Cisternone» (Caproni, in MENGALDO 1981: 721), ma anche «sul corso re Umberto» (Ginzburg, *Lessico famigliare*, 104). L'odonimo *corso* è articolato quando manchi la denominazione: «i negozi del corso».

L'articolo manca sempre negli odonimi che indicano la sede di un organismo politico, industriale, finanziario, ecc., quando siano adoperati, metonimicamente, per designare l'organismo stesso (è modulo tipico del linguaggio giornalistico): «è bastato rilevare che le richieste di *Via del Corso* [ossia del Psi] sono diametralmente opposte a quelle di *Piazza dei Caprettari* [del Pri]» («La Repubblica», 17.3.1987, 3).

46. Per i monumenti designati da un sostantivo variamente specificato si usa l'articolo richiesto dal sostantivo stesso: «la Mole Antonelliana», «la Torre degli Asinelli», «il Maschio Angioino».
L'articolo può mancare con *castello*: «Fuggii pur ora da Castel Sant'Angelo» (Giacosa-Illica, *Tosca*, in PUCCINI-FERRANDO 1984: 177); ma: «il Castelvecchio» di Verona (*Guida rapida TCI*, II 254).
Con *palazzo* è presente quando il sostantivo regga un complemento di specificazione («il palazzo della Gran Guardia» a Verona, «nel palazzo della Pilotta» a Parma), oscillante quando segua il nome della famiglia, un aggettivo o un altro sostantivo giustapposto: «le raccolte di palazzo Pitti» / «nelle stanze del palazzo Zuccari» D'Annunzio, *Il piacere*, 11; «vengo da palazzo Vecchio» / «dal palazzo Ducale» di Venezia (*Guida rapida TCI*, II 234); «una mostra a Palazzo Venezia» / «dal Pal. Venezia» (*Roma TCI*, 68).
Sempre articolati sono i nomi propri di singoli monumenti: «il Colosseo», «il Gotico» di Piacenza, «lo Steripinto» di Sciacca, «la Zisa» di Palermo, «il Torrazzo» di Cremona, ecc.

47. Per i nomi di quartieri, di rioni, di zone urbane o suburbane, ogni caso fa storia a sé. Senza articolo potremmo citare, per Napoli: «a Mergellina», «verso Posillipo», «di Poggioreale» (tutti in Marotta, *L'oro di Napoli*, 11, 103, 193); per Roma, «da Monteverde vecchio», «da San Lorenzo» (Pasolini, *Ragazzi di vita*, 7, 80). Con l'articolo: «i Camaldoli» (Napoli), «l'Appio-latino» (Roma), «le Cure» (Firenze), «la Crocetta» (Torino), «il Santo» (Messina), «il Castelletto» (Genova), ecc.

48. Da notare la tendenza alla soppressione della preposizione articolata nelle denominazioni stradali: «piazza Duomo» (invece di «piazza del Duomo»), «viale Libertà» (invece di «viale della Libertà») e simili. Sono costrutti oggi largamente diffusi, ma che ancora nel 1940 suscitavano le proteste dello scrittore Ugo Ojetti (cfr. PASQUALI 1968: 109).

VII. L'articolo e il possessivo

49. A differenza del francese (*ma maison*), dell'inglese (*my house*), del tedesco (*mein Haus*), dello spagnolo (*mi casa*), l'italiano usa l'articolo anche con l'aggettivo possessivo: *la mia casa*.
L'articolo «manca là dove mancherebbe anche se non ci fosse il possessivo» (CASTELLANI POLLIDORI 1966: 81): «a casa mia» (come si dice «a casa di Paolo»), «è vostro dovere» (come «è dovere del magistrato»), ecc.

50. Nell'italiano antico l'articolo col possessivo poteva essere omesso, specie nel linguaggio più spontaneo. Nel *Novellino* leggiamo: «a legare sue pietre», «ov'è tuo senno?», «non sapea suo nome» e così via (CASTELLANI POLLIDORI 1966: 108 e 120). L'ellissi dell'articolo può trovarsi anche nel linguaggio poetico e letterario dell'Ottocento: «unico spirto a mia vita raminga» (Foscolo, *Dei Sepolcri*, 12); «e tornami a doler di mia sventura» (Leopardi, *A Silvia*, 35); «i nobili continuarono lor dimora nei castelli» (Nievo, *Le confessioni d'un italiano*, 35).

VII.A. Nomi di parentela

Con i singenionimi bisogna distinguere diversi casi (BRUNET 1980: 31; per la situazione antica: CASTELLANI POLLIDORI 1967-1970).

51. Con un sostantivo plurale l'articolo è obbligatorio: «le nostre madri», «i suoi figli», «i miei nonni». Ugualmente necessario è oggi l'articolo con l'aggettivo possessivo *loro*: «la loro moglie», «il loro fratello».

52. Con *padre, madre, figlio, figlia* l'articolo si omette: «mio padre era un uomo d'affari», «avevo mia figlia che era un angiolo» (esempi di D. Maraini e Moravia, citati in BRUNET 1980: 31). L'articolo va espresso, invece, con le varianti affettive *babbo, papà, mamma, figliolo, figliola*: «E il tuo babbo e la tua mamma sono sempre vivi?» (Collodi, *Pinocchio*, 33); «Ringraziava Dio e i santi che avevano messo il suo figliuolo in mezzo a tutte quelle galanterie» (Verga, *I Malavoglia*). Nell'italiano familiare, specie fuor di Toscana, sono tuttavia ben saldi i tipi *mia mamma* e *mio papà* (ROHLFS 1966-1969: 432, BRUNET 1980: 61): due libri pubblicati nel 1985 hanno come titolo *Il Vangelo di mia mamma* (P. L. Zampetti, ediz. Rusconi) e *In viaggio con mio papà* (M. F. Moro, ediz. Rizzoli).

53. Con altri singenionimi l'uso toscano predilige l'articolo, ma altrove è comune l'omissione, ben rappresentata, del resto, anche in scrittori toscani. Molti esempi senza articolo sono raccolti in BRUNET 1980: 34-43: «a mia sorella» (Cassola), «tua nonna» (Pratolini), «tua zia» (Landolfi), «tuo cugino» (Buzzati), «di mio nipote» (Tomasi di Lampedusa), «mio marito» (Sciascia), «mia cognata» (Moravia).
L'articolo è però necessario:
a) con gli alterati: «la mia sorellina» (Cassola, cit. in BRUNET 1980: 56), «alla tua nonnina» (Pirandello, *Novelle per un anno*);
b) con *patrigno, matrigna, figliastro, figliastra*: «il mio patrigno» (Pratolini, cit. in BRUNET 1980: 43), «la tua matrigna» (nel poeta giocoso secentesco A. Malatesti, *La Tina*);
c) con i termini che indicano un rapporto sentimentale che non rientra, o non rientra ancora, nei vincoli di parentela: *fidanzato, fidanzata, ragazzo, ragazza, bello, bella, moroso, morosa, amante*, ecc.: «il suo fidanzato», «la tua ragazza», «la sua bella» (BRUNET 1980: 44-45);
d) quando, in costrutti con valore enfatico, il possessivo sia posposto: «il nonno mio», «il figlio mio, mio figlio avea bruciato» (S. Cammarano, *Il Trovatore*, in VERDI-BALDACCI 1975: 278).

54. Quando il singenionimo è accompagnato da un antroponimo (prenome o più raramente cognome) è più frequente l'omissione dell'articolo (BRUNET 1980: 63-65): «mio fratello Sante» (Cassola), «suo cognato Màlvica» (Tomasi di Lampedusa), ma anche «la mia nonna Cesira» (Morante). La presenza del possessivo non elimina l'articolo dai sintagmi in cui il nome di parentela sia accompagnato da un aggettivo: «il mio caro fratello», «la mia vecchia nonna».

55. Senza possessivo, l'uso formale richiede sempre l'articolo con i singenionimi. Ma per *mamma*, *babbo* e *papà* è più comune l'omissione: «il mio viaggio con babbo», «l'opera che m'imprestò mamma» (esempi di G. Giusti, citati in MOISE 1878: 652), «Luisa sussurrò: – Mamma è qui» (Fogazzaro, *Piccolo mondo antico*, 46), «ragazzi, ora state buoni mentre papà studia» (Jahier, *Ragazzo - Con te e con gli alpini*). Si badi che l'omissione è possibile solo quando i singenionimi si riferiscano ai genitori del parlante o dell'interlocutore: non si potrebbe dire *mamma di Luigi non è venuta* (ma: «*la* mamma di Luigi», ecc.).

VII.B. Altri casi

56. Quando un possessivo è usato con funzione di predicato (BRUNET 1980: 80-95; di qui si attingono gli esempi citati in séguito), l'articolo è normalmente omesso: «il mondo sarà mio» (Arpino), «il bambino non era suo» (Scerbanenco). Anche se il possessivo è accompagnato da un nome, l'articolo è molto spesso assente («Non sono tuo collega» Cassola; «era suo costume e vizio» Silone). Se è presente, l'articolo determinativo può contrassegnare il carattere individuale, marcato del sostantivo. Si pensi a due frasi come «Paolo è il mio amico» e «Paolo è mio amico» (o anche «Paolo è un mio amico», con l'articolo indeterminativo: IV.62 sgg.): la prima frase qualifica un rapporto privilegiato (Paolo è l'amico per eccellenza, forse l'unico davvero degno di quest'appellativo); la seconda fa di Paolo soltanto uno dei miei amici, pochi o tanti che siano.

57. L'articolo generalmente manca anche quando il possessivo faccia parte di un'apposizione (BRUNET 1980: 96-103): «un operaio milanese suo coetaneo» (Pratolini), «il dottor Roscio suo compagno abituale» (Sciascia). Sembra ricorrere con qualche frequenza quando il termine a cui l'apposizione si riferisce è un nome proprio («Maria, la mia ospite» C. Levi; ma anche «Palermo, mia città natale» Ginzburg).

58. Nelle allocuzioni, è caratteristico il sintagma costituito da aggettivo+articolo+possessivo+nome (spesso un nome proprio; BRUNET 1980: 140-141), di tono familiare e confidenziale o con valore ironico: «Povero il mio Bubino – disse affettuosamente Mara» (Cassola), «Qui ti volevo, caro il mio signore di buona famiglia» (Buzzati).
Ormai in disuso l'allocuzione formata da articolo+possessivo+nome («che rimedio c'è, la mia donna?» Manzoni, *I Promessi Sposi*, III 46; «più vi conosco, più ve ne voglio [di bene], il mio uomo» Bacchelli, *Il mulino del Po*).

59. I titoli onorifici formati con *suo* e *vostro* (BRUNET 1980: 144-145) rifiutano quasi sempre l'articolo al singolare, ma lo richiedono al plurale: *Sua Eccellenza*, *Vostra Altezza*, *Vostro Onore*, *Vostra Signoria* (ma in allocuzioni indirette si pospone il possessivo e compare l'articolo: «la Signoria Vostra [o in sigla: "la S. V."] è invitata a presentarsi...»), *Sua Maestà*, ecc. Esempi: «di poterlo offrire a Sua Beatitudine» Redi, *Opere*; «Vostra Eccellenza, che mi sta in cagnesco» Giusti, *Sant'Ambrogio*. Invece, al plurale: «Se le loro Eccellenze permettono, verrò con mia figlia» (Tomasi di Lampedusa, cit. in BRUNET 1980: 145).

VIII. Espressioni di tempo

60. L'anno è sempre preceduto dall'articolo: «il 1720», «nel 1988», «l'ottantacinque» (o «l'85»; per la soppressione delle prime due cifre cfr. VI.20).
Le indicazioni comprendenti anche mese e giorno sono introdotte modernamente da un articolo maschile singolare: «il 20 settembre 1870». Un tempo l'articolo era condizionato dal numerale seguente: *il*

(*al*, *nel*, ecc.) se questo era '1'; *i* (*ai*, *nei*) se era '2' o più. Il Manzoni, che nella prima edizione dei *Promessi Sposi* aveva scritto «ai 22 di settembre dell'anno 1612» (I 22) e simili, optò nel 1840 per il tipo «il 22 settembre» (da notare anche la soppressione della preposizione *di* tra mese e anno).

61. Per designare l'ora è d'obbligo l'uso dell'articolo femminile plurale *le* (che sottintende *ore*), tranne per *l'una* (sottinteso: *ora*) che può alternarsi con *le una* (BRUNET 1981: 123-124).
Nell'uso arcaico e poetico il sostantivo *ore* era in genere espresso e l'articolo mancava: «ieri circa a ore 20» (Machiavelli, *Legazioni e commissarie*), «son sett'ore» (F. M. Piave, *La Traviata*, in VERDI-BALDACCI 1975: 317), «verso ventun'ore» (Gozzano, *La signorina Felicita*, 103).

Articolo indeterminativo

62. A differenza del determinativo, l'articolo *un*, *uno*, *una* è privo di un suo plurale (mentre in spagnolo e in portoghese, ad esempio, a *un gato*, *um gato* corrispondono i plurali *unos gatos*, *uns gatos*). Come plurale può funzionare, nella maggior parte dei casi, il partitivo (cfr. IV.76) *dei*, *degli*, *delle* (RENZI 1982): «ho sentito un rumore» / «ho sentito dei rumori».
Quando il partitivo è preceduto da preposizione, il suo uso è impossibile (a «i libri di *uno* scrittore affermato» non può corrispondere un plurale **i libri di degli scrittori affermati*), oppure non sempre consigliabile.
I puristi ottocenteschi criticavano spesso frasi come «con (a, per) degli amici», tacciandole di francesismo. In verità, il costrutto ha numerosi esempi classici (VIANI 1858: 104; MOISE 1878: 656-657; FORNACIARI 1881: 127-128, da cui attingiamo due citazioni: «a degli altri» [Bembo], «con de' begli olmi» [Manzoni]); e va evitato, semmai, per ragioni di chiarezza o di eufonia.

63. Un'altra possibilità di rendere al plurale l'articolo indeterminativo è quella della pura e semplice soppressione: «nelle strade già solitarie *lanterne* di carro, traballando, e *uomini*, s'allontanavano», «poi *ragazzi* vennero a smontare il palco» (entrambi gli esempi in Bufalino, *Diceria dell'untore*, 172); «ci sono *alberi* scapigliati ed *alberi* raccolti come mani che pregano» (Sbarbaro, *Trucioli*).
C'è infine il ricorso all'indefinito *alcuni*: «alcuni dipendenti sono andati in pensione», «ha detto alcune frasi che mi hanno colpito». Ma, anche qui, l'uso non è sempre possibile; per esempio, in una frase in cui un plurale sia messo in relazione con un singolare indeterminato: *non compratemi un'anguria*, **preferiamo alcune fragole* (qui sarebbe d'obbligo il partitivo – «delle fragole» – o l'ellissi: «preferiamo fragole», cfr. RENZI 1982: 64).
Uno e *una* possono usarsi al plurale solo come pronomi correlativi: «gli uni (le une) sedevano, gli altri (le altre) restavano in piedi»: cfr. VII.171b.d.

64. Storicamente, l'articolo indeterminativo continua il numerale ordinale latino ŪNUS, ŪNA, ŪNUM 'uno solo' (per l'uso del numerale *uno* in accezione latineggiante cfr. VI.13). Già nel latino classico, peraltro, non mancano esempi di uso «attenuato»: per esempio in Cicerone si legge «sicut unus pater familias his de rebus loquor» (=parlo di queste cose come un padre di famiglia; non: *come un solo padre di famiglia*). L'antico valore numerale può sopravvivere anche oggi, specie in frasi negative (BRUNET 1979: 116-118): «Ninetto non disse una parola» (Cancogni; una sola parola), «senza un grido, senza un lamento» (Bassani; senza un solo grido...). Un esempio in frase affermativa (col valore di 'uno stesso'): «sempre d'un umore, pieno le tasche di biglietti di banca, avrebbe sempre voluto pagar lui» (De Marchi, *Demetrio Pianelli*, 9).

Usi particolari dell'articolo indeterminativo

65. Come l'articolo determinativo (cfr. IV.17b), *un*, *uno* e *una* possono adoperarsi con valore pronominale in unione con un aggettivo: «restituisco la tessera vecchia e ne prendo *una* nuova».

66. In molte frasi, specie con sostantivi astratti o indicanti parti del corpo, *un*, *uno*, *una* assumono il valore di 'un certo', 'un particolare tipo di': «con un passo così legato, con uno sguardo così adombrato, con un viso così stravolto, che», ecc. (Manzoni, *I Promessi Sposi*, I 66); «qui si è formata un carattere e degli affetti» (Pratolini, cit. in BRUNET 1979: 118).

67. Con un numerale, *un* indica approssimazione e corrisponde agli avverbi 'circa', 'pressappoco': «ne avrà preso un venti grammi»; «Quanto sarà lontano di qui il mio paese? – Mah. Un trenta chilometri» (Cassola, *La ragazza di Bube*, 90); «potevan valere un cinquecento fiorin d'oro» (Boccaccio, *Decamerone*, VIII 10 9). Cfr. anche BRUNET 1981: 87-88.

68. In alcune frasi idiomatiche *un* può comparire in un sintagma retto da un sostantivo (o da un aggettivo)+*di*: «Diavolo d'una donna!» (Manzoni, *I Promessi Sposi*, VIII 50), «birba d'un figliuolo» (Collodi, *Pinocchio*, 10). Notevoli gli intercalari di colorito popolaresco formati con *boia*: «boia d'un mondo» (Bacchelli, *Il mulino del Po*).
Il sostantivo accompagnato dall'articolo può anche essere un nome proprio: «furbacchione di un Michele...» (Moravia, *Gli indifferenti*, 19).

69. In alcune frasi sospese (graficamente accompagnate spesso dai puntini) ha valore intensivo: «ho una fame...»; «[NONÒ, *esitante birichino*] Eh. Vedo una cosa! – [SIGNORA PERELLA, *in tono di lamentoso rimprovero*] Ma che cosa, Nonò... – [NONÒ, *indicando con un rapido gesto, subito ritratto, il pasticcio in mezzo alla tavola*] Eccolo là!» (Pirandello, *L'uomo, la bestia e la virtù*, III 331).
In frasi del genere si ha propriamente l'ellissi di una proposizione consecutiva (cfr. XIV. 128): «ho una fame che non ne posso più, che non ci vedo», ecc.; o di una relativa con valore consecutivo (cfr. XIV.251b): «vedo una cosa che mi fa gola, che non ho il coraggio di nominare», ecc.

L'indeterminativo con i nomi propri

70. Valgono in parte le stesse condizioni d'uso già viste per l'articolo determinativo. Con gli antroponimi, *un*, *uno* e *una* possono trovarsi (oltre che nel tipo di frasi idiomatiche citate al par. 68):
a) In presenza di determinazioni del nome stesso: «Forse voi vorreste un Bortolo più ideale» (Manzoni, *I Promessi Sposi*, XXXIII 26); «un Andreotti apparentemente di buon umore e deciso a difendere la criticata posizione italiana davanti agli ospiti belgi» («La Repubblica», 19.2.1986, 11), «Un Piquet scatenato domina in Brasile» («Il Mattino di Padova», 24.3.1986, 1).
b) Col significato di 'un certo', 'un tale' (cfr. latino *quīdam*), davanti a un nome che si considera sconosciuto o di poco rilievo: «al tempo di Maria Teresa tre castellani del Pedemonte un Franzi, un Tarcentini e un Partistagno furono accusati di fomentare l'inquietudine del paese» (Nievo, *Le confessioni d'un italiano*, 37). Lo stesso vale quando il nome sia preceduto da un titolo: «ti ha cercato un dottor Pini, o Pino, non ho ben capito».
c) In senso antonomastico, per indicare 'qualcuno del livello di...', 'che assomigli a': «un Galileo non nasce tutti i giorni»; «un Marcel diventa / ogne villan che parteggiando viene» (Dante, *Purgatorio*, VI 125). Da notare che, al plurale, i nomi propri usati per antonomasia assumono l'articolo determinativo *i*, *le* con le rispettive preposizioni articolate: «per uso pubblico de' suoi stessi nemici, *dei Neroni, dei Diocleziani, dei Deci, dei Caracalli?*» (Segneri, *Quaresimale*, 89).
d) Con valore metonimico: «un Corpora» (un quadro di Antonio Corpora), «un Parini rilegato in marocchino rosso» (un'edizione di quel poeta), «un Gronchi rosa» (un francobollo oggi di grande valore filatelico, emesso in occasione di un viaggio del presidente Gronchi in Perù, nel 1961).

71. Con i toponimi, gli articoli indeterminativi si usano quando il nome sia specificato: «una Napoli eccezionalmente innevata», «ho visitato una Spagna che mi ha riportato indietro nel tempo».

Omissione dell'articolo

72. In diversi casi non compare l'articolo (e corrispondentemente si usa la preposizione semplice invece di quella articolata, cfr. IV.77):
a) In molte locuzioni avverbiali: *per pietà*,

a torto, in conclusione, di corsa, ecc.; e nella grande maggioranza dei sintagmi modali formati mediante *con* e *senza*: *con astuzia, con allegria, senza paura, senza pace.*

b) In locuzioni verbali corrispondenti al significato di un verbo semplice: *aver sapore* (ma in latino, per esempio, *săpere*; e anche in italiano si dice: «questo vino *sa* di tappo» e simili), *avere sete, prender freddo, fare ammenda, perder tempo, cercare casa, trovare lavoro, meritar lode, dare occasione, serbare rancore, mettere impegno*, ecc.

c) In sintagmi formati con *da* di valore finale: *carte da gioco* (=per giocare), *busta da lettera, vestito da cerimonia, cane da caccia, servizio da tè*; con *da* che introduce costrutti di tipo destinativo o modale (cfr. VIII.62, VIII.65): *agire da persona onesta, fare da segretario, parlare da avvocato, comportarsi da mascalzone*; o con *da* avente valore temporale: *da* (=quando io o un altro eravamo un) *soldato, da ragazza, da vecchio* («da vecchio Tommaseo divenne cieco»=quand'era vecchio; «da vecchio mi dedicherò al giardinaggio»=quando sarò vecchio).

d) In un certo numero di complementi di luogo, specie se introdotti da *in*: *lavorare in fabbrica, restare in camera, pregare in chiesa, andare in ufficio, recarsi in prefettura, vivere in provincia, andare a casa*; anche con sigle: «Il senatore Norberto Bobbio venerdì era a Roma *in Rai*» («Stampa sera», 29.12.1986, 13; ma si potrebbe dire anche «alla Rai»).

e) Nelle espressioni *parlare italiano, inglese*, ecc. (ma anche *parlare l'italiano, l'inglese*; e, obbligatoriamente: *l'italiano della televisione, l'inglese d'America*, ecc.). Anche l'articolo indeterminativo presuppone una specificazione: «esprimersi in un buon tedesco», «parlava un suo francese pulito e spavaldo» (Alvaro, *Vent'anni*).

f) Col complemento di materia: *una moneta d'argento, la borsa di cuoio, i lampadari di cristallo*. Nell'italiano antico l'articolo era espresso, a condizione che fosse articolato il sostantivo reggente: cfr. VIII.14.

g) Nelle frasi proverbiali: «carta canta e villan dorme», «finché c'è vita c'è speranza», «gallina vecchia fa buon brodo», «peccato confessato è mezzo perdonato», ecc.

h) In titoli di libri, romanzi, poesie, ecc., o di loro parti («Trattato di merceologia», «Tigre reale»; «Capitolo sesto», «Canto primo»); di giornali e riviste («Corriere della Sera», «Mondo operaio», «Gente»); di articoli giornalistici («Vento solleva treno / 6 morti in Giappone», «Stampa sera», 29.12.1986, 14); di opere d'arte («Natura morta», «Putto dormiente», «Deposizione») o musicali («Quartetto d'archi», «Sonata a Kreutzer», «Danze slave»); in didascalie («Panorama da Piazzale Michelangelo», in una cartolina illustrata; «Prolasso del legamento interarticolare nel canale lombare», nella tavola di un testo di medicina; o anche in una scheda valutativa come quelle che si leggono in *Alberghi in Italia TCI*: «Palazzone d'arredamento moderno in zona di traffico ruggente», 326), in insegne («Tintoria», «Facoltà di Giurisprudenza», «Portiere», «Uscita», «Ritirata», «Direzione», «Poste e Telegrafi»). Sono tutt'altro che rare, peraltro, le varianti articolate (titoli di libri: «La noia»; di opere d'arte: «La Pietà»; didascalie: «L'abside del Duomo», ecc.). D'altra parte, l'articolo è d'obbligo nel corpo del discorso: «ho studiato *il* Trattato di merceologia», «dov'è *la* direzione?» (ma: «un saggio *su* Mondo operaio», «l'autore *di* Tigre reale»).

i) Con i nomi dei mesi e dei giorni della settimana (per l'uso dell'articolo nel complemento di tempo cfr. VIII.28a): «Aprile finì. Venne maggio» (Montefoschi, *Lo sguardo del cacciatore*, 91); «se volete... oggi è giovedì... domenica vi dico in chiesa» (Manzoni, *I Promessi Sposi*, XXXVIII 21). Ma l'articolo può figurare quando il nome è accompagnato da una determinazione («Era il maggio odoroso» Leopardi, *A Silvia*, 13; «Era il giovedì grasso» Nievo) ed è obbligatorio quando il costrutto ha valore distributivo (cfr. IV.20).

l) In formule brachilogiche, quali sono usuali nella piccola pubblicità dei giornali («Vendo tricamere zona Sempione» per «vendo *un* [appartamento] tricamere *nella* zona [di corso] Sempione»), nei telegrammi («Confermo mia presenza cena sociale»=confermo *la* mia presenza *alla* cena sociale), nelle cartelle cliniche («Apparato linfonodale superficiale apparentemente indenne. Apparato muscolare tonico-trofico»=*l'*apparato linfonodale è...) e così via.

m) In usi allocutivi, con nomi comuni («*Sire*, un cervo mai sì bello / non si vide all'età nostra» Carducci, *La leggenda di Teodorico*, 27-28) o con nomi propri abitualmente costruiti con l'articolo (cfr. IV.36a) o che siano preceduti da titoli che lo richiedano («*dottor Lombardo*, senta una cosa!»).

n) L'articolo viene sempre omesso quando un termine sia adoperato in funzione metalinguistica (e graficamente quest'uso può essere marcato da particolari segnali, come le virgolette): «'cavallo' in tedesco si dice 'Pferd'»; «presso il volgo di Milano, e del contado ancora più, *poeta* non significa già, come per tutti i galantuomini, un sacro ingegno, un abitator di Pindo», ecc. (Manzoni, *I Promessi Sposi*, XIV 40); «Il Piemonte ha il 7.7 per cento della popolazione d'Italia [...]. Non solo: *Piemonte* significa anche il 26 per cento della spesa di ricerca delle imprese e ha mille altri primati» («Stampa sera», 23.2.1987, 4).

73. Nella sequenza di più termini è buona norma ripetere l'articolo (o la preposizione articolata o il partitivo) davanti a ciascuno di essi, oppure ometterlo sempre. Si vedano questi due esempi: «i cranii acuminati o depressi [...]; gli occhi bianchicci e opachi [...]; i nasi camusi [...]; le gote venate di sanguigno [...]; le bocche sottili come tagli di rasoio [...]; i labbri leporini, i gozzi, le scrofole, le risipole, le pustole: tutti gli orrori della carne umana passavano nella luce del sole, davanti alla Casa della Vergine» (D'Annunzio, *Trionfo della morte*, 341-342); «il loro amore è stato l'amore vero e proprio, pieno, reale: senso, brama, soavi e delicate fantasie, estasi di beatitudine, languore, abbandono, perdizione» (Croce, *Poesia di Dante*, 74).
Ma non mancano esempi in cui sia articolato solo il primo termine della serie: «per non uscire dai lirici, al Chiabrera, Testi, Filicaia, Guidi, Frugoni, successori il Parini, Monti, Foscolo, Manzoni, Leopardi» (Carducci, *Prose*, 1454).

74. Nell'italiano dei secoli scorsi l'articolo poteva essere assente in contesti che oggi lo richiederebbero; e precisamente:
a) Con i sostantivi astratti (ROHLFS 1966-1969: 658), per effetto di «una leggiera personificazione» propria di questo tipo di parole (MIGLIORINI 1957: 172): «giustizia mosse il mio alto fattore» (Dante, *Inferno*, III 4). Tracce consistenti di quest'uso si riconoscono nella lirica otto-novecentesca. Ad esempio: «invidia tace, / non desta ancora ovver benigna» (Leopardi, *Le ricordanze*, 124-125), «E lo richiamò rumore di penne» (Ungaretti, in MENGALDO 1981: 402), «Nelle povere spalle è scesa morte» (Gatto, in MENGALDO 1981: 612). L'articolo può mancare anche in espressioni augurali: «Salute!», «Fratelli, eletti secondo la prescienza di Dio Padre [...], *grazia e pace* in abbondanza a tutti voi» (*Messale festivo*, 300).
Di segno analogo la mancanza dell'articolo con un nome che indichi una categoria generale di individui: «non mai *figliuola* vegliò la madre con maggior cura di quella ch'essa adoperava nell'indovinare perfin le brame della nonna» (Nievo, *Le confessioni d'un italiano*, 53;=una qualsiasi figliuola); «*Donna* non vidi mai simile a questa!» (Oliva-Ricordi-Illica-Praga, *Manon Lescaut*, in PUCCINI-FERRANDO 1984: 55).
Omissione dell'articolo in casi non molto diversi da questi si ha abitualmente in inglese con i nomi usati in senso generale («time is money» 'il tempo è denaro', «what is truth?» 'che cos'è la verità?') e, non di rado, in tedesco, specie nello stile elevato («für König und Vaterland» 'per il re e per la patria').
b) Nel secondo termine di una comparazione (PESTELLI GORI 1944-1945: 43-44): «un'oca bianca più che burro» (Dante, *Inferno*, XVII 63), «non come donna, ma com'angel sòle» (Petrarca, *Canzoniere*, 352 7). Ma, anche modernamente: «la sabbia liscia riluceva come marmo» (Pavese, cit. in BRUNET 1979: 129).

75. Un caso inverso è la presenza dell'articolo determinativo davanti a un superlativo relativo («la cosa la più bella»), secondo il modello francese («la chose la plus belle»): esempi ottocenteschi di Manzoni, Leopardi ed altri scrittori in SERIANNI 1986b: 3 n. 5; si veda anche ROHLFS 1966-1969: 663. La forte opposizione dei puristi ha certo contribuito a indebolire il costrutto, che oggi è pressoché scomparso dall'uso.

Articolo partitivo

76. Abbiamo già incontrato il partitivo plurale *dei, degli, delle* che fa le veci dell'articolo indeterminativo (cfr. IV.62).
Al singolare, l'uso di *del, dello, della* con questo valore è molto più limitato.
A differenza dell'indeterminativo singo-

lare *un(o)*, *una*, il partitivo si usa quasi solo con sostantivi che esprimono una nozione collettiva, per indicare una parte, una quantità imprecisata: «pianger sentì' fra 'l sonno i miei figliuoli / ch'eran con meco, e dimandar *del pane*» (Dante, *Inferno*, XXXIII 39); «prendeva con sé *della gente* che teneva sempre pronta a ciò» (Manzoni, *I Promessi Sposi*, XXX 22).
Il partitivo singolare non può essere usato con quei sostantivi che indicano un singolo oggetto o comunque un concetto indivisibile (non si dice **ho del libro*, ma solo «ho dei libri», «ho qualche libro», ecc.). È inoltre molto raro con gli astratti; abitualmente non si direbbe «ho della paura», «ho della fame» (ma in Collodi, *Pinocchio*, 22, si legge: «ho dell'altra fame!»). Volendo attenuare il concetto, si ricorrerà ad espressioni avverbiali: «ho abbastanza paura», «ho un po' di paura», o aggettivali: «ho una certa paura» e simili (si dice però «avere dell'ingegno, del buon senso, dello spirito»).
Il partitivo è invece abbastanza comune con gli aggettivi sostantivati: «c'è del marcio in Danimarca» (frase, passata in proverbio, pronunciata da Marcello nell'*Amleto* di W. Shakespeare, I IV; inglese: «Something is rotten in the state of Denmark»); «dove c'è del buono da prendere, [...] prendiamolo» (Bacchelli, *Il mulino del Po*).

Preposizioni articolate

77. Dall'incontro tra una preposizione e un articolo determinativo può risultare una forma sintetica, la preposizione articolata, di cui nelle pagine precedenti abbiamo incontrato diversi esempi.
Le preposizioni articolate d'uso obbligatorio nell'italiano d'oggi sono quelle comprese nel seguente specchietto:

PREPOSI-ZIONE	ARTICOLI					
	SINGOLARI			PLURALI		
	IL	LO (L')	LA (L')	I	GLI	LE
A	al	allo (all')	alla (all')	ai	agli	alle
DI	del	dello (dell')	della (dell')	dei	degli	delle
DA	dal	dallo (dall')	dalla (dall')	dai	dagli	dalle
IN	nel	nello (nell')	nella (nell')	nei	negli	nelle
SU	sul	sullo (sull')	sulla (sull')	sui	sugli	sulle

Facoltative sono le preposizioni formate mediante *con*: *col* (con il), *collo*, *colla* (con lo, con la), *coi* (con i), *cogli*, *colle* (con gli, con le).

78. Più precisamente: *col* regge bene la concorrenza di *con il* (BRUNET 1979: 101, SERIANNI 1981: 32), cui è, anzi, preferito in alcuni sintagmi cristallizzati («col che», «su col morale», «col cavolo!», espressione triviale per 'neanche per sogno!'). Le altre forme, almeno nell'italiano scritto, sono ormai confinate all'uso letterario o toscano popolare. Significativo il fatto che il Manzoni, nel rivedere la lingua dei *Promessi Sposi* per l'edizione definitiva, abbia mantenuto *col* (e al plurale *co'* per *coi*), ma abbia accolto in tutti gli altri casi le preposizioni analitiche *con lo*, *con la*, ecc. (SERIANNI 1986b: 29-30).

79. Ormai arcaiche le preposizioni sintetiche formate con *per*: *pel* (per il), *pello*, *pella* (per lo, per la), *pei* (per i), *pegli*, *pelle* (per gli, per le).
Pel e *pei*, d'uso molto raro nell'italiano contemporaneo (per esempio: «c'è chi gira pei cimiteri a staccar foto dalle pietre tombali», «La Nazione», 28.2.1987; cfr. anche BRUNET 1979: 100), mantengono

però una certa vitalità nella poesia del Novecento, forse anche per ragioni metriche: «S'arrampicano i convolvoli pel muro» (Govoni), «ninna-nanna / per il bimbo, parola pel compagno» (Saba), «pel mondo vuoto di significato» (Sbarbaro; tutti in MENGALDO 1981: 18, 198, 333).

80. Antiquate anche le forme di plurale maschile con apocope postvocalica: *a'* (<*ai*), *co'* (<*coi*), *da'* (<*dai*), *de'* (<*dei*), *ne'* (<*nei*), proprie della tradizione letteraria fino a tutto l'Ottocento ed oltre e della prosa toscaneggiante. Esempi: «le tranquille / opre de' servi», «co' silenzi» (Leopardi, *Le ricordanze*, 18-19, 116); «Alle appendici forse de' giornali politici o a' placiti delle riviste?» (Carducci, *Prose*, 1). Da notare che il Manzoni accolse nella revisione linguistica del romanzo le forme articolate con apocope, in quanto proprie del fiorentino coevo (VITALE 1986: 36). Si tratta di una delle poche varianti che non riuscirono ad attecchire nell'italiano novecentesco (cfr. anche SERIANNI 1986b: 28-29).

81. Esclusivamente dell'uso antico, e anche lì piuttosto rare, le preposizioni sintetiche composte con *fra*, *tra* (*fral*, *tralla*, *frai* o *fra'*, ecc.). Ad esempio «fralle sue braccia», nel poeta trecentesco Ristoro Canigiani, *Il Ristorato*.

82. Nell'italiano dei secoli scorsi (e più a lungo, al solito, nella tradizione poetica) le preposizioni articolate (alcune delle quali composte con *li*, dove oggi si userebbe *i* o *gli*) potevano essere scritte in modo analitico: *a lo*, *de la*, *da li*, ecc. (ma la pronuncia non mutava): «a la mia vita oscura» (Petrarca, *Canzoniere*, 305 4), «Da la battaglia» (Ariosto, *Orlando Furioso*, I 14), «Qui su l'arida schiena» (Leopardi, *La ginestra*, 1) e ancora «ne la notte fonda» (Penna, in MENGALDO 1981: 742).

83. Come s'è già osservato, le preposizioni articolate condividono gli usi dell'articolo determinativo. A *il fuoco*, *lo zio*, *l'uso*, *la vetta*, *le terre* corrisponderanno dunque: *nel fuoco*, *allo zio*, *dell'uso*, *alla vetta*, *dalle terre*. Allo stesso modo ci si comporta con i nomi propri (cfr. IV.21-29) o col possessivo (cfr. IV. 49-59): *Giorgio* (senza articolo) e *di Giorgio* (con preposizione semplice), *il Ticino* (con l'articolo) e *sul Ticino* (con preposizione articolata), *mia figlia* e *di mia figlia*, ecc.

84. Un piccolo problema che può creare qualche imbarazzo e che viene variamente risolto dai grammatici è il seguente: come comportarsi quando una preposizione semplice regga un titolo (o un toponimo) che comincia con l'articolo? È preferibile «di (o *de*) *I Promessi Sposi*» o «*dei Promessi Sposi*»? «a La Spezia» o «alla Spezia»? (BRUNET 1979: 103-105).
Una soluzione può essere quella di accompagnare l'espressione articolata con un'apposizione: «del romanzo *I Promessi Sposi*», «sul quotidiano *Il Tempo*». Ma, a parte il fatto che in molti casi l'espressione diverrebbe artificiosa e pedantesca, questa scappatoia sarebbe inutile per La Spezia o L'Aquila (non potrei dire **alla città La Spezia*; e ponendo un *di* tra apposizione e toponimo mi ritroverei al punto di prima).
Vi è chi è favorevole alle forme staccate, «perché in tal modo rimane intatto il titolo o il nome di cui l'articolo fa parte» (A. Camilli, in CAMILLI-FIORELLI 1965: 197). Ciò potrebbe anche andar bene quando si rinnovino grafie antiquate (come *de i*, *a la*, *su le*: cfr. IV.82), ma non certo quando si scrive *ne i* lo o *ne i* («ne *Il deserto dei Tartari*», «ne *I Malavoglia*»), forme puramente artificiali; infatti, *nel* e *nei* derivano dal latino (I)N ILLUM e (I)N ILLI: la *e* appartiene quindi all'articolo (lat. ILLUM, ILLI, cfr. IV.14), non alla preposizione (*ne il* introduce inoltre un inopportuno distacco tra grafia e pronuncia).
L'uso consigliato (e seguito) da questa *Grammatica* è quello di fondere sempre preposizione e articolo iniziale (almeno per i titoli), così come si fa parlando: «il protagonista del *Santo* di Fogazzaro», «un articolo sulla *Gazzetta di Parma*», «il Moravia degli *Indifferenti*». Quando sia davvero necessario (per ragioni di scrupolo documentario, perché si tratta di un titolo poco noto, ecc.), si può sempre ricorrere all'apposizione o a un attributo: «la cucina del ristorante *Al Fogher*», «nell'opera verdiana *I due Foscari*» (o, a seconda dei casi, «nel verdiano *I due Foscari*», «nel giovanile *I due Foscari*», «nell'ancora acerbo *I due Foscari*», ecc.).

85. Nei cognomi formati con un articolo (*La Rocca*, *Lo Schiavo*, ecc.), l'articolo non è che un puro relitto etimologico e non interferisce sulla sintassi: quindi «le opere del La Farina» (come si direbbe «le opere del Gioberti»), «le opere di La Farina» (se si preferisce «le opere di Gioberti»).

Allo stesso modo, non si terrà conto dell'articolo presente in alcuni toponimi o titoli di opere straniere. Diremo quindi: «a Le Havre» (come si dice «a Parigi»), «di Las Palmas» (come «di Madrid»), «in *The crucible* di Arthur Miller» (come «in *Moby Dick*»).

V. L'AGGETTIVO

1. L'aggettivo è una parola che serve a modificare semanticamente il nome o un'altra parte del discorso con cui ha un rapporto di dipendenza sintattica e, nella maggior parte dei casi, di concordanza grammaticale. Quasi tutti gli aggettivi sono infatti parole variabili, dotate di flessione grammaticale nel genere e nel numero (*bello - bella / belli - belle*) o anche nel solo numero (*felice / felici*; per gli aggettivi variabili e invariabili cfr. V.9 sgg.) e concordate col nome nel contesto della frase: «la *bella* figlia», «il gatto *nero*», «le automobili *veloci*», «gli *imprevisti* avvenimenti».

Nella classificazione grammaticale dell'antichità nomi e aggettivi rientravano nella stessa categoria: i primi come «nomi sostantivi» (indicanti una sostanza, un'entità animata o inanimata), i secondi come «nomi aggettivi», che si aggiungono cioè al nome, come si ricava dall'etimologia (ADIECTĪVUM 'aggiuntivo' da ADĪCERE 'aggiungere'), per indicare una qualità o determinazione particolare.

Le affinità tra nome e aggettivo non si limitano alla flessione grammaticale: spesso il nome può essere usato come aggettivo o, caso ancor più frequente, l'aggettivo può sostantivarsi (cfr. V.45 sgg.).

2. Gli aggettivi si suddividono tradizionalmente in due gruppi, quello degli aggettivi *qualificativi* e quello degli aggettivi *determinativi*.

a) I primi esprimono una qualità particolare del nome a cui si uniscono, precisandone ad esempio l'aspetto, il colore, la forma, la grandezza (o anche, per gli esseri animati e i nomi astratti, le qualità morali, intellettuali, ecc.): «un *brutto* lampadario», «una mela *rossa*», «un foglio *rettangolare*», «dei vasi *grandi* e *panciuti*», «una donna *forte* e *intelligente*», «conclusioni *acute* e *convincenti*», ecc.

Per moltissimi aggettivi qualificativi, in particolare per quelli che esprimono nozioni comuni e generali, è facile individuare un antonimo che indica l'esatto contrario: *bello / brutto, buono / cattivo, nuovo / vecchio, caldo / freddo, grande / piccolo, alto / basso, largo / stretto,* ecc.

b) Gli aggettivi determinativi (o *indicativi*) servono invece a precisare il nome non sul piano qualitativo, ma in rapporto alle nozioni di 'appartenenza', 'consistenza numerica', 'quantità indefinita', 'posizione nello spazio' rispetto agli interlocutori, ecc. Possono distinguersi in: I) possessivi: «la *mia* auto», «le *vostre* prenotazioni», ecc.; II) numerali, cardinali («*due* amici», «*ventidue* anni») e ordinali («il *secondo* concorrente che ha tagliato il traguardo», «il *sesto* giorno della settimana»); III) dimostrativi, ad es. «*queste* mura», «*quella* settimana che trascorremmo insieme», ecc.; IV) indefiniti: «riceverai *alcune* critiche», «mi alleno *tutti* i giorni», «*nessun* uomo è immortale», «abbiamo *pochi* minuti»; V) interrogativi («*quale* colore preferisci?», «dimmi *quanti* anni hai») ed esclamativi («*quale* onore!», «*che* freddo!»).

In questa *Grammatica* gli aggettivi determinativi vengono trattati, per omogeneità di classificazione e somiglianza dei rispettivi àmbiti d'uso, insieme con i corrispondenti pronomi: aggettivi e pronomi possessivi (VII.99 sgg.), dimostrativi (VII.118 sgg.), indefiniti (VII.145 sgg.), interrogativi ed esclamativi (VII. 248 sgg.). Degli aggettivi numerali si tratta nel capitolo generale sui numerali, il cap. VI.

3. C'è una fondamentale differenza tra le due classi dei qualificativi e dei determinativi: gli aggettivi qualificativi (e gli aggettivi di relazione: vedi oltre) costituiscono una «lista aperta», mentre i determinativi appartengono a una «lista chiusa» (cfr. BRINKER 1974: 6). Le possibilità di individuare e qualificare con un nuovo aggettivo un concetto, una caratteristica, una forma, ecc., sono, infatti, teoricamente illimitate e rientrano nelle normali procedure di arricchimento del lessico (tra gli aggettivi entrati in uso più recentemente possiamo ricordare ad esempio *bionico*, *informatico*, *multinazionale*, *postmoderno*; cfr. CORTELAZZO-CARDINALE 1986: 27, 95, 115, 136). L'indicazione di nozioni come «appartenenza», «consistenza numerica», ecc. è invece parte di un inventario assai ristretto (e difatti gli aggettivi determinativi condividono con i relativi pronomi la caratteristica di «sistema chiuso», con un numero limitato di elementi: cfr. VII.3).

4. Gli aggettivi *di relazione* (o *relazionali*), che abbiamo menzionato poco sopra insieme con gli aggettivi qualificativi, possono esserne considerati una particolare sottocategoria. Essi sono aggettivi denominali (*nazione → nazionale, filosofia → filosofico*) che hanno la proprietà di esprimere una relazione stabile con il nome da cui derivano, riproponendone i contenuti semantici in una categoria diversa (in altre parole, un aggettivo di relazione traspone un nome nella forma di determinatore aggettivale). Tra i suffissi con cui si formano gli aggettivi di relazione ricordiamo: *-ale* (*fine → finale*), *-ico* (*ritmo → ritmico*), *-ista* e *-istico* (molto spesso collegati con un sostantivo in *-ismo: socialismo → socialista; arte → artistico, turismo → turistico*), *-ano* (*mondo → mondano, paese → paesano, Italia → italiano*), *-oso* (*ferro → ferroso, fumo → fumoso, noia → noioso*), ecc., cfr. XV.40 sgg.

5. Nella definizione di BRINKER 1974: 7, un aggettivo di relazione è un «aggettivo che 'traspone' una preposizione e un nome», secondo lo schema: NOME$_1$+preposiz. - NOME$_2$ → NOME$_1$+AGG. DI REL. (*serata di musica → serata musicale*). Conviene però avvertire che non sempre il rapporto semantico tra un nome e un aggettivo di relazione è riconducibile a quello espresso da un sintagma preposizionale elementare. Così, ad esempio, *le sigarette nazionali* non sono, semplicemente, le 'sigarette *della nazione*' ma le 'sigarette prodotte dai monopoli di Stato (della *nazione*)'. Va inoltre tenuto presente che:

a) Il legame tra l'aggettivo di relazione e il nome da cui esso deriva non è sempre ugualmente riconoscibile e motivato. Ai due estremi di un'ideale scala della trasparenza potremmo collocare, da un lato, gli aggettivi in cui il rapporto di derivazione si mostra in maniera immediata: *legno → legnoso, Pisa → pisano*; da un altro, gli aggettivi che si formano da una radice diversa (di origine dotta, greca o latina) rispetto a quella del nome: ad esempio *caseario* 'del *formaggio*', *eburneo* 'd'*avorio*', *ittico* 'del *pesce*', *cardiaco* 'del *cuore*'.

b) Molto spesso, il nome cui l'aggettivo di relazione si riferisce non viene utilizzato per i suoi significati propri, ma per la sfera di significati e di relazioni semantiche che esso richiama in senso lato. Un esempio: *la vita mondana* può essere, in accezione ristretta, la 'vita che si trascorre *nel mondo*' (in opposizione alla *vita ultraterrena*, nel linguaggio religioso); ma possiamo anche dire *vita mondana* con riferimento generico a 'feste, avvenimenti, divertimenti della vita di società' (del cosiddetto *bel mondo*).

c) I principali suffissi con cui si formano gli aggettivi di relazione non hanno un solo ed unico significato.

6. Si veda, ad esempio, il suffisso *-iano* (cfr. XV.41), con cui si formano aggettivi di relazione derivati da antroponimi del tipo *Verga → verghiano*. Esso indica, genericamente, relazione di appartenenza alle idee, allo stile, ai concetti, al modo d'agire di un autore letterario, un personaggio insigne, ecc. Notiamo innanzitutto che uno stesso aggettivo in *-iano* può assumere valori diversi a seconda del conte-

sto: «lo stile *manzoniano* ['del Manzoni']», «scrittori *manzoniani* ['che si rifanno alle idee e allo stile del Manzoni']», «una limpidezza di stile quasi *manzoniana* ['quasi degna del Manzoni']», ecc. – Quando un personaggio non è particolarmente celebre, l'uso dell'aggettivo di relazione può assumere una sfumatura scherzosa o polemica: «ho dovuto nuovamente infrangere il divieto *cecchigoriano*» (dal cognome del produttore cinematografico *Cecchi Gori*; Tullio Kezich, nella «Repubblica», 4.11.1986, 30). – Nel linguaggio politico, -*iano* denota 'appartenenza ad una corrente politica', guidata dal personaggio cui si fa riferimento: gli *andreottiani*, i *fanfaniani*, ecc. (dai cognomi degli esponenti democristiani G. *Andreotti* e A. *Fanfani*); «chi avrà scritto questa lettera sovversiva? un autonomo di Via dei Volsci, un comunista *cossuttiano*, un orfano di Lotta continua?» (G. Zincone, «Europeo», 29.11.1986, 7; dal cognome del deputato comunista A. *Cossutta*). – Con nomi di autori che hanno fondato correnti di pensiero, letterarie, ecc., -*iano* può talvolta indicare, restrittivamente, ciò che è proprio dell'autore, in opposizione a -*ista*, che designa la corrente di pensiero nel suo insieme: «la dottrina *marxiana* ('i principi filosofico-politici enunciati da *Marx*') / «la dottrina *marxista*» ('i principi filosofico-politici che ispirano il movimento *marxista*').
Se già con -*iano*, suffisso che si collega ad una sola classe di parole, la raggiera di relazioni semantiche derivanti dal valore di base è così ampia, con altri suffissi l'individuazione di tale valore è addirittura impossibile; bastino ad esempio le due coppie di derivazioni seguenti (N sta per *nome*):

(a) N=*ritmo* → *ritmico* 'che ha N., che è prodotto da N'
(b) N=*elettricità* → *elettrico* 'che funziona per mezzo di N'

(a) N=*ferro* → *ferroso* 'ricco di N'
(b) N=*noia* → *noioso* 'che suscita N'

7. Sulla scorta di analoghe considerazioni compiute per il francese da Ch. Bally, il Migliorini ha identificato per l'aggettivo di relazione italiano due importanti restrizioni grammaticali: 1) esso non può essere soggetto a gradazioni (ad esempio da «calore *solare*» non si può avere **calore più solare* o **calore solarissimo*); 2) non ammette di norma uso predicativo (non potremmo dire **questo calore è solare*). Tali restrizioni vengono meno quando l'aggettivo di relazione è adoperato con funzione qualificativa («verità *solare*» → «verità *solarissima*», «questa verità è *solare*»; cfr. MIGLIORINI 1963b: 145-167; per la posizione dell'aggettivo di relazione cfr. V.31).

8. Nel modificare semanticamente un nome, l'aggettivo ha funzione attributiva, cfr. II.45. Quando si collega ad un verbo, esso può avere funzione predicativa o funzione avverbiale.
La funzione predicativa dell'aggettivo si attua nel predicato nominale (in unione con verbo *essere*: «la tua auto è *veloce*») o nel complemento predicativo con i verbi effettivi («Mario sembra *felice*», «mi riesce *difficile* crederti»), appellativi («Vedi di non chiamare *intelligenti* solo quelli che la pensano come te» Ojetti, *Sessanta*, «posso dirmi *felice*»), estimativi («lo giudico *utile*»), ecc., cfr. II.42.
La funzione avverbiale si ha quando l'aggettivo, trattato come indeclinabile, modifica attraverso il verbo l'intero significato della frase («Mario parla *difficile*», «le automobili correvano *forte*»; per l'aggettivo usato come avverbio cfr. XII.24).
Per l'opposizione tra funzione distintiva (o restrittiva) e funzione descrittiva cfr. V.32.

Genere e numero dell'aggettivo qualificativo

La flessione grammaticale dell'aggettivo qualificativo ricalca, in modo più semplice e meno articolato, quella del nome. Possiamo distinguere le classi seguenti:

9. I. Prima classe. È costituita da aggettivi a quattro desinenze: maschile singolare -*o* - femminile singolare -*a* / maschile plurale -*i* - femminile plurale -*e* (ad es. *bello* - *bella* / *belli* - *belle*; corrisponde alla classe dei nomi maschili in -*o* e femminili in -*a* del tipo *gatto* - *gatta* / *gatti* - *gatte*).

10. Come molti nomi in -*o*, anche alcuni agget-

V. L'aggettivo

tivi con la stessa uscita hanno conosciuto nei secoli passati oscillazioni nella terminazione: *legg(i)ero*, attualmente unica forma possibile, si alternava con *leggiere* e *leggieri*, e così *fiero* con *fiere* e *fieri*, *veritiero* con *veritiere* e *verteri*, ecc. Con aggettivi oggi solo in *-ento* (*fraudolento*, *violento*) si dovevano avere allotropi come *violente*, *frodolente*, *macilente*, *turbolente* (per influsso dei participi in *-ente* come *pungente*, *ridente*, ecc.; cfr. ROHLFS 1966-1969: 396). Per altri, più occasionali esempi di aggettivi uscenti in *-e* invece che in *-o* cfr. NANNUCCI 1858; 158-164 e MOISE 1878: 156-158.

11. II. Seconda classe. Vi appartengono gli aggettivi che hanno due sole desinenze: *-e* per il maschile e femminile singolare / *-i* per il maschile e femminile plurale (ad es. «un problema *semplice*», «una cosa *semplice*», «problemi *semplici*», «cose *semplici*»; in corrispondenza dei nomi maschili e femminili in *-e* del tipo *il prete*, *l'arte / i preti*, *le arti*).

Alcuni di questi aggettivi hanno nel maschile singolare un allotropo in *-o*. Nella maggior parte dei casi non vi è fra le due forme concorrenti alcuna differenza di significato, come ad esempio negli aggettivi con *in-* privativo: *incolore / incoloro* («un oggetto tangibile, che sia *incoloro* e *inodoro*» Croce, *Nuovi saggi di estetica*), *insapore / insaporo*, ecc.

12. Vi è invece una sensibile differenza fra *triste* e *tristo* (quest'ultimo di uso solo letterario): il primo significa 'afflitto, privo di gioia' o anche 'spiacevole': «uno sguardo *triste*», «una notizia *triste*»; il secondo, che ha anche un femminile singolare *trista*, designa chi è 'sventurato', ma ancor più chi è 'malvagio', 'ciò che è di cattivo augurio': «l'anima trista / di Guido o d'Alessandro o di lor frate» (Dante, *Inferno*, XXX 75-76); «in un abbattimento che faceva un *tristo* contrapposto alla pompa de' loro abiti» (Manzoni, *I Promessi Sposi*, III 9).

13. Meno chiara è la distinzione semantica tra *fine* e *fino* (femminile singolare *fina*), e anche più i grammatici, come fa notare BRUNET 1983: 7-9, non vi è su questo punto accordo generale. *Fino* sembrerebbe riferirsi a tutto ciò che è 'sottile' e 'minuto': «seta *fina*», «spago *fino*» (ma «oro *fino*» significa 'oro puro'); in relazione a qualità morali o a facoltà sensoriali, *fino* significa 'acuto, che è in grado di cogliere le sfumature più sottili': «fiuto *fino*», «un'intelligenza *fina*» (si ricorderà il proverbio: «contadino, scarpe grosse cervello *fino*»). *Fine* invece, oltre a condividere con *fino* il significato di 'sottile', vale anche 'raffinato' e, in relazione a qualità intellettuali, 'ben educato, che ha un comportamento signorile': «Amelia se lo era figurato *fine* e gentile come la moglie e le figlie» (Svevo, *Corto viaggio sentimentale*), «Era carina, così *fine*, così elegante» (Soldati, cit. in BRUNET 1983: 9).

14. Alcune oscillazioni della lingua antica: gli aggettivi che oggi escono unicamente in *-estre* (*pedestre*, *alpestre*) potevano uscire anche in *-estro*: «entrai per lo cammino alto e *silvestro*» (Dante), «uno scudier *pedestro*» (Boccaccio); questi e altri esempi letterari in NANNUCCI 1858: 117-124). *Acre* oscillava con *acro* («che pur per taglio m'era paruto *acro*» Dante, *Purgatorio*, XXXI 3; *acre*, dal latino classico ĀCREM, è forma di origine dotta; la desinenza *-o* si ha oggi solo in *agro*, che continua popolarmente il latino tardo ĀCRUM: cfr. CORTELAZZO-ZOLLI 1979: I 17 e 32). Oscillano tutt'ora nell'uso *succube*, che risentirà del francese *succube*, e *succubo* che è la forma più tradizionale e raccomandabile («il feto è *succubo* dell'ambiente» G. Dorfles, in «Corriere della Sera», 11.8.1986, 3).

15. III. Terza classe. Vi rientrano quegli aggettivi che al singolare escono in *-a* sia nel maschile sia nel femminile, e che al plurale hanno la desinenza *-i* per il maschile, *-e* per il femminile (*entusiasta / entusiasti - entusiaste*, *fascista / fascisti - fasciste*; analogamente ai nomi di genere comune del tipo *il giornalista - la giornalista / i giornalisti - le giornaliste*).

Non tutte le grammatiche assegnano gli aggettivi in *-a* ad una vera e propria terza classe, in quanto essi differiscono dagli aggettivi della prima classe unicamente per il maschile singolare in *-a* (nella prima classe li colloca ad es. BARBIERI 1972: 136; li tratta invece a parte BRUNET 1983: 14-27; altre trattazioni non ne tengono affatto conto).

16. Fanno parte di questa classe gli aggettivi: 1) in *-ista*: «un carattere *pessimista*», «le forze *marxiste*»; 2) in *-cida*: «la mano *omicida*», «le azioni *suicide* dei terroristi»; 3) in *-ita*, con *i* tonica («il popolo *vietnamita*») e atona («un atteggiamento *ipocri-*

ta»); 4) in *-asta* («sono *entusiasta*», «un atteggiamento *iconoclasta*»); 5) in *-ota* («un discorso *idiota*», «le città *epirote*»).
I cinque gruppi qui proposti si ricavano da FACHE 1973. Anche in questa classe sono presenti nella lingua antica delle oscillazioni (analogamente a quelle che troviamo per i nomi in *-a*: cfr. III.81, con il rinvio a NANNUCCI 1858: 95-100), del tipo *entusiasta / entusiasto, epirota / epiroto*, ecc. L'alternanza *ipocrita / ipocrito* s'è continuata fino ad oggi, anche se la seconda forma è sempre più rara (un esempio giornalistico: «certo, non si deve fare dell'*ipocrito* moralismo», «Oggi», 3.12.1986, 23; cfr. anche BRUNET 1983: 26-27).

17. Il plurale degli aggettivi variabili può dunque riassumersi nel seguente specchietto:

		SINGOLARE	PLURALE
I CLASSE	MASCHILE	*-o*	*-i*
	FEMMINILE	*-a*	*-e*
II CLASSE	MASCHILE	*-e*	*-i*
	FEMMINILE		
III CLASSE	MASCHILE	*-a*	*-i*
	FEMMINILE		*-e*

18. Aggettivi invariabili. Alcuni aggettivi rimangono invariati sia nel genere sia nel numero. Essi sono:
a) pari (con le forme derivate *impari* e *dispari*): «una cifra *pari*», «dei numeri *dispari*»; «Questa o quella per me *pari* sono / a quant'altre d'intorno mi vedo» (Piave, *Rigoletto*);
b) alcuni aggettivi di colore: *amaranto, blu, indaco, lilla, rosa, viola*, insieme con le coppie 'aggettivo+nome' del tipo *verde bottiglia, grigio ferro*, ecc., cfr. XV.126d;
c) gli aggettivi formati con '*anti-*+nome': «mina *anticarro*», «fari *antinebbia*»; «le tendenze *anti-eroe* del '700» (Chabod, *L'idea di nazione*, 17);
d) alcune locuzioni avverbiali che assumono funzione attributiva (formate con le preposizioni *da, per, a*): «cose *dappoco*», «due signori *perbene*»; «ragazzino *ammodo*, il nostro Angelo» (Baldini, *Il libro dei buoni incontri di guerra e di pace*; rimane invariato anche il diminutivo *ammodino*: «Era buona, era garbata, era *ammodino*» Nieri, *Cento racconti popolari lucchesi*);
e) l'infinito in funzione attributiva *avvenire*: «gli anni *avvenire*»; «prometteva ad Anna magnifici giorni *avvenire*» (Moravia, cit. in BRUNET 1983: 48);
f) l'aggettivo *arrosto* (cfr. BRUNET 1983: 48): «vitella *arrosto*», «polli *arrosto*», «salsicce *arrosto*».

19. È invariabile nel genere, sempre femminile, anche l'aggettivo *incinta*. Il maschile *incinto* può adoperarsi solo scherzosamente, riferito a un uomo oppure a un nome maschile che designi una donna: «Ebbe in piena strada un titillio di vomito che fece appena in tempo a reprimere. – Ci risiamo – pensava, ricordando le torture di quattr'anni prima. – Se non sono *incinto* anch'io» (Borgese, *Rubè*); «tu non solo eri *incinto* ma ti sei sgravato di 'Luce d'agosto'» (Pavese, *Lettere*); «Marcello Mastroianni nel film: 'Niente paura, suo marito è *incinto*'» («L'Espresso», 10.5.1987, 220); «le udienze di un tal giudice istruttore sono sospese per tutto il suo periodo di assenza per maternità [...] Nel frattempo i processi affidati al *magistrato incinto* resteranno a impolverarsi», ecc. («La Nazione», 28.2.1987, 3). Per i nomi di professione maschili riferiti a donne cfr. III.50 sgg. Si pensi anche al maschile scherzoso *pillolo*, cfr. III.38.

20. Gli aggettivi composti con due aggettivi (con o senza trattino: *franco-italiano* o *francoitaliano*) mutano nella flessione grammaticale la sola vocale terminale del secondo aggettivo. Il primo resta invariato, al maschile in *-o* per gli aggettivi della prima classe: *piccolo-borghese* → «idee *piccolo-borghesi*»; «la lunghissima e gloriosa tradizione *umanistico-giuridica* che il Paese presenta» («Il Giornale di Sicilia», 1.12.1986, 25); nella forma ambigenere in *-e* per gli aggettivi della seconda classe: *verdeazzurro* → «sfumature *verdeazzurre*».

21. Il primo aggettivo, nella fusione con il secondo, subisce spesso, oltre alla perdita della variabilità flessionale, anche una decurtazione sillabica.

Con gli aggettivi etnici questa decurtazione può comportare il ricorso a basi di origine dotta e latineggiante, in luogo del normale aggettivo di relazione; tra i più comuni: *Africa* (*africano*) → *afro-* («Nella sua versione folklorica come danza *afrocubana* la *rumba* presenta 3 varietà», *Dizionario della Musica-Lessico*, I 740); *Austria* (*austriaco*) → *austro-* («la monarchia *austro-ungarica*»); *Francia* (*francese*) → *franco-* («le relazioni *franco-italiane*»; anche in composti occasionali: «un genocidio *franco-francese*» 'una strage *tra* francesi', «Europeo», 6.12.1986, 116); *Giappone* (*giapponese*) → *nippo-* (abbreviazione di *nipponico*, da *Nippon*, nome ufficiale del Giappone: «una delegazione mista *nippo-americana*», «La Stampa», cit. in BRUNET 1983: 61); *India* (*indiano*) → *indo-* («le lingue *indo-europee*»); *Inghilterra* (*inglese*) → *anglo-* («la cultura *angloamericana*»); *Italia* (*italiano*) → *italo-* («Traffici di droga *italo-francesi*», «L'Arena», 1.12.1986, 2); tra gli aggettivi derivati da un nome di regione italiana ricordiamo: *Sicilia* (*siciliano*) → *siculo-* («poeti *siculo-toscani*»); *Toscana* (*toscano*) → *tosco-* («l'Appennino *tosco-emiliano*», «città *tosco-umbro-marchigiane*» Cagliaritano, cit. in BRUNET 1983: 63).

22. Anche negli aggettivi doppi del linguaggio medico e scientifico in genere troviamo quasi sempre un primo elemento di origine culta: *gastrointestinale* ('relativo allo *stomaco* e all'*intestino*', *corticosurrenale* ('della *corteccia* del *surrene*'),

fluvioglaciale (da *fiume* → *fluviale* e *ghiaccio* → *glaciale*, detto delle acque di fusione dei ghiacciai), ecc. Il tipo di modificazione del primo aggettivo non è sempre facilmente prevedibile: da *anarchico+sindacalista* abbiamo *anarco-sindacalista*; *socialista* si abbrevia in *social-* (*socialcomunista, socialimperialista*; sul modello degli aggettivi in *-le* come *nazionale, musicale*, ecc.: «un grosso evento *musicalspettacolare*», in «Radiocorriere TV», 23-29.11.1986, 122). Dai nomi dei partiti *Democrazia Cristiana* e *Democrazia Proletaria* possiamo avere nel primo caso sia *democratico-cristiano* sia *democristiano*, nel secondo solo *demoproletario* (registrato in ZINGARELLI 1983: 524). Per questi composti cfr. XV.126d.

23. Rimane talvolta invariato, come primo elemento di aggettivi composti, anche *mezzo*: «pozzanghere *mezzo seccate*» (Montale, *I limoni*, 5-6). Possiamo però anche trovare «scarpe *mezze asciutte*», «bottiglie *mezze vuote*», ecc. Per altri usi di *mezzo*, come aggettivo numerale e nelle indicazioni delle ore del giorno, cfr. VI.40b.

Per il plurale degli aggettivi in *-co, -go*, ecc., vale quanto detto sui corrispondenti nomi: cfr., per *-co, -go*, III.106; per *-ca, -ga*, III.92; per *-ia*, III.94-96; per *-io*, III.101-104.

Accordo dell'aggettivo qualificativo

24. L'aggettivo concorda nel numero e nel genere con il nome cui si riferisce: «il gatto *nero*» - «la gatta *nera*» / «i gatti *neri*» - «le gatte *nere*»; «l'uomo *felice*» - «la donna *felice*» / «gli uomini *felici*» - «le donne *felici*». Quando l'aggettivo si riferisce a più nomi, si deve distinguere:

a) Se i nomi sono tutti dello stesso genere l'aggettivo concorda con essi nel genere ed assume il numero plurale: «un uomo d'intelligenza e cultura *straordinarie*», «ho comprato un tappeto e due divani *antichi*», «spregiudicatezza e furbizie *proprie* del nostro personaggio» (Morante, cit. in BRUNET 1983: 50). Si parla però di *Lingua e letteratura francese, Lingua e letteratura angloamericana*, ecc., con aggettivo singolare, per gli insegnamenti attual-

mente impartiti nell'Università italiana.
b) Se i nomi sono di genere diverso, l'aggettivo assume il numero plurale e, di preferenza, il genere maschile; «tale preferenza» – fanno notare DARDANO-TRIFONE 1985: 133 – «si spiega col valore più vicino al 'neutro' del maschile rispetto al femminile» (per il valore neutro-astratto del genere maschile cfr. V.46): «un uomo e una donna *straordinari*», «Maria ha capelli e ciglia *biondi*»; «giunto all'età dei bilanci e delle riflessioni *spassionati*» («L'Espresso», cit. in BRUNET 1983: 52). Ma si può anche avere, per ragioni d'immediata contiguità sintattica, la concordanza dell'aggettivo con l'ultimo nome della serie, e quindi il maschile se questo è un maschile («una sedia e un tavolo *rossi*»), il femminile se esso è femminile («i minerali e le sostanze *ferrose*»). La concordanza dell'aggettivo con l'ultimo nome al femminile va però soggetta ad una duplice restrizione: l'ultimo nome deve essere plurale, e riferirsi ad un'entità inanimata. Potremo avere dunque «il mobile e le sedie *rosse*» (ma si rischia sempre di ingenerare equivoci: anche *il mobile* è *rosso* o no?), «l'inquietante movimento di autocarri e camionette *tedesche*» (U. Pirro, in «Paese Sera», 28.7.1986, 5), ma sono inaccettabili frasi come *gli infermieri e la caporeparto nuove saranno subito disponibili* (per «gli infermieri e la caporeparto *nuovi*, ecc.»). Nel dubbio, e per evitare ambiguità, sarà comunque preferibile attenersi alla concordanza dei nomi di genere non omogeneo con l'aggettivo al maschile plurale.
c) Quando un solo sostantivo plurale regge più di un aggettivo, ciascun aggettivo va al plurale «se il concetto (o oggetto) espresso dal sostantivo è il medesimo per ogni aggettivo: *le case vecchie e malfatte*» (ROHLFS 1966-1969: 399). Quando invece gli aggettivi esprimono oggetti o concetti diversi che il nome condensa in un'unica forma plurale, essi vanno al singolare: «le comunità *italiana* e *tedesca* del Tirolo»; «emissari dei governi *irakeno* e *libico*» («Panorama», 30.11.1986, 54).

25. L'aggettivo plurale femminile della prima classe poteva nella lingua dei primi secoli accordarsi con i nomi plurali in *-a* del tipo *le labbra, le braccia*, assumendone la desinenza: «le labbra *vermiglia*», «le braccia *vostra*» (cfr. ROHLFS 1966-1969: 399).

Posizione dell'aggettivo qualificativo

26. Quando si ha una sequenza di aggettivo+sostantivo o di sostantivo+aggettivo, l'aggettivo si colloca di solito immediatamente vicino al nome cui si riferisce: («ho visto ieri la *bella casa* di Mario», «perché non metti la *gonna rossa*?»), mentre con altre combinazioni sintattiche la sua posizione può variare; con una frase relativa possiamo dire ad esempio sia «il libro che ha scritto *x*, *acuto* e *convincente*, ha però due difetti», sia «il libro, *acuto* e *convincente*, che ha scritto *x*», ecc.

27. Nella lingua letteraria dei secoli scorsi la tmesi tra aggettivo e sostantivo nel gruppo nominale semplice rientrava nelle trasposizioni proprie della scrittura poetica, praticate frequentemente tra Sette e Ottocento (cfr. MIGLIORINI 1963a: 545-546): «le *gravi* per molto adipe *dame*» (Parini, *La notte*, 268); «questa / *bella* d'erbe *famiglia* e d'animali» (Foscolo, *Dei Sepolcri*, 4-5). Anche nella poesia moderna e contemporanea può comparire la tmesi, soprattutto quando l'aggettivo ha funzione predicativa (si veda il paragrafo successivo): «*ritte* allo steccato / cianciano *le comari* in capannello: / [...] *Nero* avanti a quelli occhi indifferenti / *il traino* con fragore di tuon passa» (Pascoli, *In capannello*, 2-9); «il *mare* che scaglia a scaglia, *livido*, *muta* colore» (Montale, *Corno inglese*, 10-11).

28. Quando l'aggettivo assume una forte indipendenza sintattica, esso può esercitare la funzione di «predicato principale», talvolta anche con l'omissione del nome cui si riferisce: «*Alta*, il cappotto a grandi scacchi scozzesi le modellava morbidamente il contorno dei fianchi» (Moravia, cit. in ALISOVA 1967: 267); «Daniel Cohn-Bendit ha oggi 41 anni. *Franco-tedesco*, dirige un quindicinale a Francoforte» («La Gazzetta del Mezzogiorno», 2.10.1986, 3). L'aggettivo in inizio di frase svolge funzione predicativa (con ellissi del verbo *essere*) anche in costrutti del tipo: «*bella* l'auto di Giorgio!» ('l'auto di Giorgio *è bella*'), «*mossi* i bacini meridionali; in prevalenza *poco mossi* i restanti mari» (nel linguaggio delle previsioni meteorologiche); un esempio poetico: «*zeppo*, il granaio; il vin canta nel tino» (Pascoli, *Galline*, 6; da notare il fatto che, in una precedente redazione di questa lirica, il Pascoli aveva scritto: «*zeppo è* il granaio e il vin canta nel tino»; cfr. NAVA 1978: 96)

29. Generalmente la posizione non marcata dell'aggettivo qualificativo è dopo il nome cui si riferisce. Quando un aggettivo qualificativo precede il nome, esso indica di solito una maggiore soggettività di giudizio in chi parla o scrive, una particolare enfasi emotiva o ricercatezza stilistica («rimanendo invariabili il significato lessicale e la funzione comunicativa, la differenza tra posposizione e anteposizione per la maggior parte degli aggettivi qualificativi si presenta come una opposizione tra la forma neutra e la forma che include vari significati soggettivi», ALISOVA 1967: 268). La differenza stilistica e semantica tra frasi come «gli occhi *neri*», «gli alberi *alti*», e frasi come «i *neri* occhi», «gli *alti* alberi» balza subito evidente: nel primo caso gli aggettivi *neri* e *alti* qualificano per così dire oggettivamente i nomi cui si riferiscono (nel senso che la loro informazione è verificabile in base al criterio di «vero» / «falso»; cfr. D'ADDIO 1974: 80); nel secondo gli stessi aggettivi, oltre a qualificare i nomi cui si riferiscono, mettono in risalto una tal quale volontà di elaborazione stilistica (come ad es. nella lingua poetica) di chi parla o scrive.

30. In latino, la posizione dell'aggettivo rispetto al nome era piuttosto libera (e comunque più libera che in italiano e nelle altre lingue romanze), e anche la distanza dell'aggettivo dal sostantivo, grazie al sistema di riferimento logico garantito dai casi, poteva essere maggiore.

31. Per quanto riguarda la collocazione dell'aggettivo di relazione (cfr. V.4-7), si osservi che nell'italiano contemporaneo esso è di norma posposto al nome cui si riferisce: si dice «il calore *solare*», e non «il *solare* calore», in quanto l'aggettivo di relazione è portatore di un'informazione oggettiva, non marcata emotivamente o stilisticamente; l'anteposizione dell'aggettivo di relazione è possibile quando esso assume funzione qualificativa: «una *solare* verità». Nella lingua letteraria odierna l'anteposizione dell'aggettivo di relazione (come ad esempio: «l'*africano* mare» Vittorini, cit. in AURIGEMMA 1982: 95) è quasi del tutto scomparsa; ma è stata comune nei secoli passati, e ne troviamo un uso molto esteso a partire dal Boccaccio (ALISOVA 1967: 258).
In francese l'aggettivo marcato soggettivamente e stilisticamente si colloca di preferenza dopo il nome, a differenza dell'italiano: «un'*incantevole* eccezione» / «une exception *charmante*» (ALISOVA 1967: 268).

32. A seconda che precedano o seguano il nome, molti aggettivi qualificativi possono assumere una funzione *descrittiva* o una funzione *restrittiva*. Chiariamo subito con alcuni esempi questa fondamentale distinzione (frasi [a] con aggettivo descrittivo, frasi [b] con aggettivo restrittivo):

1. (a) le *vecchie* tubature hanno ceduto
   (b) le tubature *vecchie* hanno ceduto

2. (a) i *ben addestrati* soldati partiranno subito per il fronte
   (b) i soldati *ben addestrati* partiranno subito per il fronte

3. (a) i *poveri* ragazzi vivevano male
   (b) i ragazzi *poveri* vivevano male

4. (a) ho conosciuto la *giovane* sorella di Mario
   (b) ho conosciuto la sorella *giovane* di Mario

5. (a) il *buon* tempo è finito
   (b) il tempo *buono* è finito

La funzione restrittiva dell'aggettivo si attua quando esso aggiunge al nome una qualificazione distintiva e limitativa, che lo individua, tra altri concetti od oggetti o esseri animati della stessa categoria, come l'unico dotato di una certa qualità: «le tubature *vecchie*» (e non quelle *nuove*), «i soldati *ben addestrati*» (e non quelli *privi d'addestramento adeguato*), «i ragazzi *poveri*» (e non i *ricchi*), «la sorella *giovane*» (e non quella più *anziana* [o quelle più anziane]), «il tempo *buono*» (e non quello *cattivo*).
Nelle coppie di frasi 3 e 5 osserviamo che lo spostamento dell'aggettivo può comportare, oltre al cambiamento di funzione (come nelle coppie 1, 2 e 4), anche un radicale cambiamento di significato: i sintagmi *poveri ragazzi* 'ragazzi sventurati, da compiangere', e *buon tempo* 'il buon tempo di una volta, il buon tempo andato' esprimono una qualificazione soggettiva

ed emotivamente marcata, mentre i rispettivi tre sintagmi con aggettivo restrittivo (frasi [b]) esprimono significati oggettivi del tutto diversi per ciascun aggettivo.

33. Tra i significati dell'aggettivo *povero* in accezione descrittiva (come nella frase 3 [a]) ricordiamo quello di 'compianto', riferito a un defunto: «il povero, come altri dice, o, come dico io, il felicissimo Enrico terminò il dì 26 del passato la sua corta vita» (Leopardi, *Lettere*); «la giovane vedova, per non rimanere troppo sola nella sua bellissima casa, aveva preso a vivere con sé una decaduta parente del suo povero marito» (Cantoni, *Opere*); «mio padre, appena moriva una persona, immediatamente aggiungeva al suo nome la parola 'povero'; e si arrabbiava con mia madre, che non faceva così. Era, quella del 'povero', un'abitudine molto rispettata nella famiglia di mio padre: mia nonna, parlando di una sua sorella morta, diceva invariabilmente 'Regina poveretta' e non la nominava mai altrimenti. Galeotti divenne dunque 'il povero Galeotti' un'ora appena dopo la sua morte» (Ginzburg, *Lessico famigliare*, 55-56).

Si noti che la funzione dell'aggettivo restrittivo è simile a quella esercitata, nella sintassi del periodo, dalla frase relativa limitativa (cfr. XIV.249) e che, allo stesso modo, l'aggettivo descrittivo può facilmente commutarsi in una frase relativa esplicativa: «le mura *vecchie* crollarono» → «*le mura che erano vecchie* (non quelle *nuove*) crollarono»; «le *vecchie* mura crollarono» → «*le mura, che erano vecchie*, crollarono».

34. Alcuni aggettivi qualificativi (tra i più comuni *bello* e *buono*; ma anche *alto*, *forte*, *piccolo*, *grande*, *certo*, *discreto*, ecc.) possono essere adoperati non per indicare una precisa qualità o concetto, ma una particolare intensificazione del concetto o dell'immagine espressi dal nome. Quando sono adoperati in questa accezione, essi si collocano normalmente prima del nome: «adesso ti preparo una *bella* minestra»; «una *buona* decina di metri» (o anche «una decina di metri *buoni*»); «Aveva un manto reale di circa un metro di lunghezza: eppure ne strascicava per terra almeno due *buoni* terzi» (Collodi, *Opere*).

35. *Bello* si adopera anche per segnalare un mutamento di situazione nelle narrazioni: «un *bel* giorno, mentre camminava verso la scuola, incontrò un branco dei soliti compagni» (Collodi, *Pinocchio*), «Dunque vogliono farti la pelle? – gli dico un *bel* momento» (Pavese, *Paesi tuoi*). In unione col sostantivo *mezzo*, *bel(lo)* designa il momento centrale o culminante di un'azione: «nel *bel mezzo* della cena, ho ricevuto la tua telefonata». Il suo uso come aggettivo intensificatore è già nella lingua antica: «Le portò cinquecento *be'* fiorini d'oro» (Boccaccio), «Datemi un *bel* sì o un *bel* no» (Gelli; entrambi gli esempi in FORNACIARI 1881: 31).

Insieme con la congiunzione coordinativa *e* e un participio passato, *bello* conferisce al participio un aspetto «perfettivo» (segnala cioè la totale compiutezza ed esaurimento dell'azione): «è *bell'* e fatto» ('è fatto *del* tutto'); «si spera che ci farai la garbatezza di farti trovare *bell'e morto* e con la bocca spalancata» (Collodi, *Pinocchio*, 48); «quando vedo un tipo come quella lì, con quegli occhi, con quella figura... l'ho *bell'e* giudicato... tac!... come si prende una fotografia» (Moravia, *Gli indifferenti*, 70).

36. Quando si adoperano come intensificatori, molti aggettivi qualificativi divengono quasi sinonimi, e la scelta dell'uno o dell'altro dipende, più che dal significato individuale, dal loro uso in locuzioni cristallizzate; si vedano ad esempio le tre frasi seguenti:

(a) «c'è *alta* pressione sull'Adriatico»
(b) «c'è *forte* pressione sull'Adriatico»
(c) «c'è *grande* pressione sull'Adriatico»

Tutte e tre le frasi sono in sé accettabili, ma solo la prima, in cui troviamo il sintagma cristallizzato *alta pressione*, esprime il concetto tecnico di 'alta pressione isobarica'; le altre due comportano una connotazione soggettiva (di quantificazione intensiva del concetto di 'alta pressione'). Diverso risultato avremmo posponendo i tre aggettivi: con *pressione alta* otterremmo una frase ai limiti della accettabilità (la *pressione alta* può essere, propriamente, solo quella sanguigna),

V. L'aggettivo

mentre negli altri due casi le frasi apparirebbero semplicemente insolite e di tono enfatico. Vediamo altri tre esempi:

(a) «l'*alto* cordoglio del presidente della Repubblica»
(b) «il *forte* cordoglio del presidente della Repubblica»
(c) «il *grande* cordoglio del presidente della Repubblica»

Delle tre frasi, la prima sarebbe quella più appropriata ad un uso ufficiale e solenne (il cordoglio è *alto* in quanto 'profondo', ma anche perché chi lo prova è un'*alta* personalità dello Stato; per quest'uso onorifico dell'aggettivo *alto* ricordiamo un esempio dantesco: «onorate l'altissimo poeta», *Inferno*, IV 80). Inaccettabile risulterebbe in tutti e tre i casi la posposizione dell'aggettivo. Ci troviamo comunque di fronte a tre aggettivi intensificatori quasi-sinonimi: come controprova, citeremo un sintagma cristallizzato, ad es. «l'alto Patronato del Presidente della Repubblica»; in esso *alto* non significa 'forte', 'profondo', ma è attributo onorifico di una *alta* carica istituzionale, e quindi non può essere un quasi-sinonimo di altri intensificatori: inaccettabili risulterebbero frasi come *il forte Patronato del Presidente della Repubblica*, *il grande Patronato del Presidente della Repubblica*, ecc.

37. In molti casi la distinzione tra funzione intensificatrice e funzione qualificativa (descrittiva o restrittiva) dipende dall'opposizione anteposizione / posposizione, e lo spostamento dell'attributo dall'una all'altra posizione muta l'intero significato della frase. Vediamo alcune coppie di frasi (frase [a]: funzione intensificatrice; frase [b]: funzione qualificativa):

1
(a) «prendiamo un quadrato di una *certa* grandezza» ('abbastanza grande')
(b) «prendiamo un quadrato di una grandezza *certa*» ('una grandezza precisa')

2
(a) «la *dolce* acqua del lago» (di tono poetico: si pensi ad esempio al celebre verso petrarchesco «Chiare, fresche e *dolci* acque»)
(b) «l'acqua *dolce* del lago» (in opposizione all'*acqua salata* del mare)

3
(a) «un *forte* profumo» ('un profumo intenso')
(b) «un profumo *forte*» ('un profumo acuto')

4
(a) «l'*alta pressione* mi dà il mal di testa» ('la pressione atmosferica')
(b) «la *pressione alta* mi dà il mal di testa» ('la pressione sanguigna')

5
(a) «hai fatto un *grosso* errore» ('un grande errore')
(b) «hai fatto un errore *grosso*» ('un grande errore', ma anche 'un errore grossolano')

6
(a) «lavorerò tutta la *santa* settimana» ('proprio tutta la settimana')
(b) «lavorerò tutta la Settimana *Santa*» ('la settimana prima di Pasqua')

7
(a) «questa è una *vera* notizia!» ('questa sì che è una notizia')
(b) «questa è una notizia *vera*» ('non falsa')

Nella coppia 5 abbiamo un esempio di come un aggettivo possa essere biposizionale in uno dei suoi significati ('grande'), ma tenda ad assumere una sola posizione quando ha un'altra accezione. Nella coppia 6, frase (b), ci troviamo di fronte ad un aggettivo che fa parte di un nome proprio in una sequenza cristallizzata (del tipo *la Casa Bianca* 'la sede del presidente degli Stati Uniti d'America'), e dunque la sua posizione è obbligata. Proprio la posizione fissa dell'attributo in queste unità lessicali superiori 'nome+aggettivo' e 'aggettivo+nome' permette talvolta la creazione di giochi di parole costruiti sulla ripresa dello stesso aggettivo oppure sul suo antonimo; si vedano gli esempi seguenti, basati sulle serie *vecchia gloria*, *giovedì grasso*, *Botteghe Oscure* (la 'sede centrale del Pci' a Roma, in via delle Botteghe Oscure): «il rischio delle *vecchie glorie* è di essere *glorie vecchie*» («La Repubblica», 4-5.1.1987, 30; ci si riferisce al rendimento fisico di alcuni campioni di calcio); «era un *magro giovedì grasso*» (De Marchi, *Demetrio Pianelli*, 7; *magro*='triste'); «rendiamo *chiare* le *Botteghe oscure*» (slogan politico dell'ultrasinistra negli anni Settanta).
Nella coppia 7 si osserverà come due significati distinti ('una notizia vera e propria' e 'una notizia non falsa') assumano

di preferenza una diversa collocazione; ciò nonostante, un particolare profilo intonativo o un diverso contesto permetterebbero una maggiore libertà di posizione; significato (a): «questa è una notizia *vera!*» (con un accento particolarmente marcato su «questa»); significato (b): «questa è una *vera* notizia, non falsa come quella di prima», «questa è la *vera* storia di come sono andati i fatti».

38. Ricordiamo ancora due caratteristiche degli aggettivi anteposti (ALISOVA 1967: 260 e 262): 1) essi non possono sussistere nella frase senza il nome cui si riferiscono, cioè non possono in nessun caso essere sostantivati (cfr. V.45 sgg.): «una *bella* pastasciutta» → *una bella*; 2) gli aggettivi intensificatori anteposti esprimono spesso un contenuto semantico simile a quello dei suffissi accrescitivi e diminutivi: «un *bello* schiaffo» – «uno schiaff*one*», «una *gran* nebbia» – «un nebbi*one*», «un *piccolo* discorso amichevole» – «un discors*etto* amichevole», ecc.

39. Quando due o più aggettivi seguono un nome, essi assumono un ordine di successione abbastanza rigido in ragione della loro funzione (aggettivo di relazione, aggettivo qualificativo semplice, aggettivo restrittivo, ecc.) e del loro rapporto di dipendenza logica dal nome. Ad esempio: «– Che cosa ha provato a riavvicinarsi adesso a quegli avvenimenti? – Un impatto *emotivo terribile*» («Panorama», 30.11.1986, 76). Nella sequenza *impatto - emotivo - terribile* ragioni di dipendenza logica impongono l'ordine di successione degli aggettivi: il primo sintagma con aggettivo relazionale, *impatto emotivo* ('impatto ricco di *emozione*'), viene modificato semanticamente da un aggettivo qualificativo: il nome viene dunque doppiamente precisato, ma secondo un ordine gerarchico.

40. Nello studiare i rapporti sintattici fra aggettivo di relazione (AR) e aggettivo qualificativo semplice (AQ), BRINKER 1974: 12-13 fornisce un elenco delle possibili combinazioni fra i due tipi: NOME+AR+AR: *Comunità economica europea*, *Conferenza episcopale nazionale*, *patrimonio lessicale italiano* (si noterà che gli aggettivi etnici, di nazione, ecc. vengono di regola sempre per ultimi), *abiti estivi femminili*; NOME+AR+AQ: *decisione ministeriale definitiva*, *superficie lunare polverosa*. Non si possono invece avere: N+AQ+AR (*decisione definitiva ministeriale*), e N+AQ+AQ (**una voce forte decisa*). Una sequenza N+AQ+AR come *decisione definitiva ministeriale* è in realtà semplicemente meno probabile di quella N+AR+AQ: *decisione ministeriale definitiva*, ma non del tutto inaccettabile. Diversamente stanno le cose con la sequenza N+AQ+AQ, che si può avere solo quando il secondo aggettivo ha funzione restrittiva: «delle scarpe *marroni grandi*» ('non *piccole*'). In caso contrario, dovremo coordinare i due aggettivi con la congiunzione («una voce *forte* e *decisa*») oppure inserire tra di essi una pausa (graficamente, una virgola: «una voce *forte, decisa*»).

41. Nella lingua antica e letteraria con due aggettivi qualificativi coordinati si poteva avere l'ordine AQ+N+*congiunzione*+AQ: «*gravi* cose e *noiose*», «una *bellissima* fontana e *chiara*» (due esempi di Boccaccio, citati in ROHLFS 1966-1969: 984); «Dipinte in queste rive / son dell'umana gente / le *magnifiche* sorti e *progressive*» (Leopardi, *La ginestra*, 49-51).

42. Tipica della lingua poetica e della prosa d'arte è l'accumulazione di tre o più aggettivi qualificativi per coordinazione asindetica: «quanto l'ispirazione dell'Ariosto è distaccata e serenamente oggettiva, altrettanto *soggettiva lirica appassionata* è quella del Tasso» (Sapegno, *Letter. italiana*, 293); «pensate che il Generale giace *immoto*, *cereo*, *disfatto*, là tra i funebri lumi nella stanza di Caprera» (Carducci, *Prose*, 928).

L'aggettivo e il nome

La grande affinità di forme e impieghi esistente tra aggettivo e nome fa sì che le due categorie spesso assumano l'una le funzioni dell'altra. La contiguità sintattica e il costante riferimento dell'aggettivo al nome sono di per sé responsabili, come si vedrà, di tutta una serie di costrutti ellittici in cui il nome rimane inespresso.

V. L'aggettivo

43. L'uso del nome come aggettivo è meno comune e comporta quasi sempre un processo di sostituzione tra le due categorie, non di ellissi nel contesto della frase (come per molti aggettivi nominalizzati). Si veda questo esempio pirandelliano: «[LA GIOVANE SIGNORA]. Ti sono parsa *crudele?* – [L'UOMO IN FRAK]. No, *Donna* [...]. Io ho detto *'donna'* per correggere il tuo *'crudele'*» (*Sogno [ma forse no]*, VI 105). Altri esempi di nomi adoperati aggettivalmente: «così *briciola* com'era» (Nievo, *Le confessioni d'un italiano*, 42;=mingherlino); «oltre a essere per sua natura invidiosa e *vespa*» (De Marchi, *Demetrio Pianelli*, 18;=cattiva, pungente come una *v.*); «tutto quell'esibito bollore di menti *bambine* che si sentivano crescere» (Bufalino, *Diceria dell'untore*, 88); «Com'è alto il dolore. / L'amore, com'è *bestia*» (Caproni, *Senza esclamativi*, 1-2; per altri esempi cfr. BRUNET 1983: 4).

44. Nella lingua antica i nomi propri in funzione attributiva (del tipo *la famiglia Rossi*) potevano divenire aggettivi concordati col nome cui s'accompagnavano: *la famiglia Arcimbolda, la casa Orsina, le nozze Aldobrandine* (dai cognomi *Arcimboldi, Orsini, Aldobrandini*). Così il toponimo *Rocca Costanza* (Pesaro) ha origine nel nome del suo fondatore *Costanzo Sforza*; cfr. ROHLFS 1966-1969: 399.

La sostantivazione dell'aggettivo è invece assai più frequente. Vediamo i casi principali:

45. I. Si può parlare propriamente di *aggettivo sostantivato* (o *nominalizzato*) quando il rapporto semantico tra la normale funzione attributiva e l'uso sostantivato dell'aggettivo è ancora ben vivo, trasparente e motivato; ad esempio:
– «il *caldo*», «il *freddo*» / «un clima *caldo*», «un tè *freddo*»;
– «un *povero*», «un *ricco*» / «un uomo molto *povero*»;
– «l'*infelice*», «lo *sventurato*» / «una ragazza *sventurata*»;
– «un *giovane*», «un *vecchio*» / «una macchina *nuova o vecchia?*»;
– «l'estetica è la scienza del *bello*» / «un *bel* quadro» / «una *bella* giornata».

46. II. L'aggettivo sostantivato maschile può sostituire (con valore neutro) un nome astratto: *ciò che è bello* → *il bello* ('la bellezza'), *ciò che è giusto* → *il giusto* ('la giustizia'; così il latino e il greco conoscevano aggettivi neutri sostantivati del tipo BŎNUM 'il bene', MĂLUM 'il male', *tò kalón* 'il bello', ecc.).

47. Rientra in quest'uso (pur indicando di solito una sfera di valori semantici più ampia di quella di un nome astratto) anche uno dei tipi più recenti di sostantivazione dell'aggettivo, proprio del linguaggio filosofico e sociologico degli ultimi anni: *il politico* 'la sfera di relazioni sociali e di comportamenti che hanno che vedere con la politica', *il privato* 'la dimensione della vita privata di un individuo, dalle relazioni familiari ai divertimenti, ai problemi psicologici' (in opposizione al *politico* e al *pubblico*), ecc. Si tratta di un uso estensivo del normale tipo di nominalizzazione dell'aggettivo, in cui l'aggettivo assume valore neutro e collettivo.
Nel linguaggio filosofico e sociologico questo nuovo uso (che ha conosciuto nell'ultimo decennio una notevole espansione, specie nei giornali) si è affermato in particolare per influenza del linguaggio filosofico tedesco, dove aggettivi sostantivati (di genere neutro) come *das Politische* ('il politico'), *das Weibliche* ('il femminino') sono da tempo molto comuni. Del 1939 è il saggio di Carl Schmitt *Die Kategorien des Politisches*, tradotto in Italia nel 1976 come *Le categorie del politico*. Un'antologia di testi dal titolo *Il politico*, a cura del filosofo M. Tronti, ha visto la luce nel 1979 (dall'*Introduzione* del curatore: «Il *politico* ha una storia borghese. Non si può arrivare subito a un *politico* 'altro' senza aver attraversato e sperimentato quello che già c'è [...]. Che cos'è dunque il *politico* borghese moderno? È tecnica più macchina, ceto politico più meccanismo di dominio, la politica più lo Stato» TRONTI 1979: I 1 e 3-4). Nel 1980 è poi uscita una raccolta di saggi di autori vari intitolata *Il trionfo del privato*.
Alcuni esempi giornalistici: «Il moroteismo, in senso filosofico prima ancora che politico, non era stato alla sua maniera una strategia dell'attenzione per il *negativo*, volta a procrastinare e diluire il male per adattarlo a poco a poco alle condizioni italiane?» (E. Bettiza, in «Corriere del-

la Sera», 23.11.1986, 1); «pronti a tutto pur di sfuggire alla routine del *quotidiano*» («L'Espresso», 30.11.1986, 143); «l'emersione politica del *religioso*» (G. Baget Bozzo, nella «Repubblica», 15.3.1986, 8); «gli uomini del sindacato dicono: nel *regionale* (Arese, Pomigliano) e nel *nazionale* (vertici sindacali a Roma) c'è un'ampia disponibilità a concludere la trattativa» (G. Bocca, nella «Repubblica», 11.4.1987, 4). Altri esempi in CORTELAZZO 1983: 84.

48. III. In molti usi sostantivati dell'aggettivo si ravvisa facilmente un'ellissi del nome: «le dita della (*mano*) sinistra», «un tiro col (*piede*) destro», «una (*linea*) retta / curva», «nel (*territorio / distretto*) Milanese, Fiorentino», ecc. (cfr. FORNACIARI 1881: 23-24), «la (*ferrovia / tranvia / linea*) circolare», «la (*squadra*) mobile», ecc.
Si sottintende il sostantivo *periodo* nei nomi delle età preistoriche: *il Neolitico, il Paleolitico, il Permiano,* ecc.: «vi è mai stato un momento in cui uomini del *neolitico* si sono chiesti se il *neolitico* era già cominciato?» (Vittorini, *Le due tensioni. Appunti per una ideologia della letteratura*).

49. L'ellissi del sostantivo (con l'occasionale nominalizzazione dell'aggettivo) si produce spesso per evitarne la ripetizione: «Ecco che si accostano due *ragazze*, timide timide, una *bruna* e l'altra *bionda. La bruna* aveva un corpetto di velluto nero [...]. *La bionda* non aveva nemmeno la borsetta» (Moravia, cit. in ALISOVA 1967: 254); «Le *confessioni* religiose diverse *dalla cattolica*» ('dalla *confessione* cattolica', *Costituzione*, art. 8). In questi casi l'articolo ha valore di dimostrativo, cfr. IV.17b.
Tra le creazioni recenti del linguaggio giornalistico, per questi costrutti ellittici, ricordiamo (*detenuti*) *politici / comuni*, ecc.: «Alla sbarra compaiono sette '*politici*' [...] un '*comune*'» («Corriere della Sera», 26.11.1986, 5). *Pentito* s'è detto, in un primo tempo, solo come forma ellittica per (*terrorista*) *pentito* ('terrorista che, dissociandosi dalla causa della lotta armata, decide di collaborare con la Giustizia'), ma designa ormai generalmente l'imputato che, durante un processo, fornisce informazioni per ottenere trattamenti di favore e decurtazioni della pena (*i pentiti della mafia*).

50. IV. Molto comune è l'uso sostantivato degli aggettivi al plurale, con cui ci si riferisce di solito ad un'intera categoria di esseri animati: *i ricchi e i poveri, i vivi e i morti, le bionde e le brune*. Questi significati possono esprimersi anche con il singolare: *il ricco* ('i ricchi), *il sapiente* ('i sapienti'); «Per Te sollevi *il povero* / al ciel, ch'è suo, le ciglia» (Manzoni, *La Pentecoste*, 121-122); «La sua Parola sarà una verga che percuoterà *il violento*; con il soffio delle sue labbra ucciderà *l'empio*» (*Messale festivo*, 17).

51. Ricordiamo, nel linguaggio politico, l'uso dell'aggettivo di colore sostantivato *i verdi*, per designare gli appartenenti alle associazioni ecologiste: il nome è ispirato a quello degli analoghi movimenti ecologisti tedeschi, riuniti nel partito dei *Grünen* (letteralmente 'verdi'): «il movimento ecologico dei 'verdi' [...] promette di diventare il quarto partito tedesco» («Corriere della Sera», 23.5.1982, cit. in CORTELAZZO-CARDINALE 1986: 199; cfr. anche GUALDO 1985). Gli *arancioni* sono gli 'appartenenti alle comunità religiose di ispirazione indiana', così chiamati per il colore delle vesti: «Ecco gli 'arancioni' fieri del loro nome nuovo, sempre vestiti con una gamma di colori fra il rosso e il giallo» («L'Espresso», 16.8.1983, cit. in CORTELAZZO-CARDINALE 1986: 14). Più antico l'uso politico degli aggettivi sostantivati *rosso* 'comunista' / *nero* 'fascista'; si vedano questi due esempi: «cominciarono il dottore, il cassiere, i tre o quattro giovanotti sportivi che pigliavano il vermut al bar, a parlare scandalizzati, a chiedersi quanti poveri italiani che avevano fatto il loro dovere fossero stati assassinati barbaramente dai *rossi*»; «trattandosi di morti, sia pure *neri*, sia pure ben morti, non poteva far altro» (Pavese, *La luna e i falò*, 65 e 69).

52. Inoltre:
a) Si adopera l'aggettivo sostantivato al plurale anche per indicare i nomi di popolo: *gli italiani, i pugliesi, i baresi; i francesi, i parigini; gli americani, i californiani,*

V. L'aggettivo

ecc. (per l'uso di maiuscola o minuscola cfr. I.194h).

b) Al maschile singolare e con articolo determinativo l'aggettivo etnico sostantivato designa anche una lingua o un dialetto: *l'italiano, l'inglese, il russo; il milanese, l'ascolano, il romanesco* (l'articolo manca o può mancare se l'etnico è introdotto da verbi come *parlare, scrivere* o se è retto da *in: parlare francese, tradurre in francese, come si dice 'grillo' in francese?*. Cfr. anche IV.72e).

c) L'aggettivo etnico sostantivato al singolare può designare infine: 1) 'gli stranieri' in accezione ostile ('nemici, truppe in armi, esercito invasore'): «*il tedesco* scambia la disfatta dell'esercito per la disfatta della nazione» (Bocca, *Storia dell'Italia partigiana*, 13); 2) il tipo etnico inteso come tipo paradigmatico, specie nel linguaggio colloquiale: «*il romano* è amante della buona tavola», «*il tedesco* è un gran lavoratore», ecc.

53. V. Alcune forme hanno un uso così frequente come aggettivi sostantivati che finiscono col perdere la loro funzione primaria per entrare stabilmente nella categoria dei sostantivi. In questo modo si sono originati numerosi nomi in cui non sempre sarebbe facile riconoscere un originario aggettivo sostantivato; ad esempio:

il ballatoio
il bianco («il bianco dell'occhio»)
il boccale
i bovini
il breve ('documento emesso da un'autorità pontificia o principesca')
il cantante
il chiaro («il chiaro del giorno»)
il giornale
l'intendente
il largo ('piccola piazza')
i latticini
il litorale
il Natale
l'ordinario («Marco Rossi, ordinario di Mineralogia»)
il rasoio
lo stretto («uno stretto di mare»)
la capitale
la cattedrale
la chiara («la chiara dell'uovo»)
la collana
la fontana
la gassosa
la pedana
la tramontana

Molti di questi nomi si sono formati per ellissi del sostantivo cui si riferivano (o si riferiscono ancora implicitamente): *(acqua) fontana, (formaggio) latticino, (chiesa) cattedrale* (da *cattedra* 'sedia vescovile', simbolo del potere del vescovo), *(coltello) rasoio*, ecc. Qualcuno di essi continua ad usarsi, con altra accezione, anche come aggettivo: «la *capitale* d'Italia» / «una scoperta d'importanza *capitale*», «uno *stretto* di mare» / «un passaggio *stretto*», ecc.

54. L'aggettivo sostantivato può regolarmente reggere un comune aggettivo qualificativo, sia nell'ordine AGG. QUAL.+AGG. SOST. («il *povero sventurato*») sia in quello AGG. SOST.+AGG. QUAL. («il *burbero benefico*»).

55. Si ricorderanno, ancora, le locuzioni del tipo «il *bello* è che...», «lo *strano* è...», ecc.: «Il *difficile* è trovare il centro della propria anima» (Tarchetti, *Fosca*, 21); «il *bello* in campagna è che tutto ha il suo odore», «Lo *strano* era che Guido se ne vantava» (due esempi di Pavese, citati in BRUNET 1983: 3-4).

I gradi dell'aggettivo e la comparazione

56. I concetti espressi dagli aggettivi qualificativi, così come quelli espressi da molti avverbi (cfr. XII.63), possono essere soggetti ad una gradazione secondo la misura o l'intensità della qualità posseduta. Fermo restando che le possibilità di intensificare una qualità, sul piano linguistico-espressivo, sono virtualmente illimitate, per l'aggettivo qualificativo la grammatica ha codificato tre modalità funzionali di espressione della qualità, ossia tre tipi di gradazione (o gradi): grado *positivo*, in cui la qualità è espressa senza particolare riguardo alla sua quantità o intensità (e nessun segnale esterno interviene a modificare l'aggettivo): «Maria è *simpatica*», «Giorgio è un uomo *ambizioso*»; grado *comparativo*, in cui la gradazione intensiva della qualità viene messa a con-

fronto con quella posseduta da un altro termine di paragone («Mario è *meno intelligente* di Anna») o con un'altra qualità posseduta dallo stesso soggetto («Mario è *più furbo* che *intelligente*»); grado *superlativo*, in cui la gradazione intensiva viene espressa al suo massimo, in senso assoluto o relativo («Anna è *intelligentissima*»; «il poeta *più sentimentale* di tutti»).
Per l'espressione del secondo termine di paragone cfr. anche XIV.214 sgg.

Grado comparativo

57. Il grado comparativo dell'aggettivo serve a mettere in relazione due termini, secondo l'intensità di una qualità posseduta da entrambi, nella stessa misura («Maria è *bella come* Paola») oppure in misura diversa («Maria è *più bella* di Paola», «Maria è *meno bella* di Paola»).
I gradi di comparativo *di maggioranza* e comparativo *di minoranza* sono i due gradi per mezzo dei quali esprimiamo la relazione di non-uguaglianza tra i due termini. La formula con cui possiamo riassumere la relazione di non-uguaglianza vale sia per l'uno sia per l'altro ('A è *più* [o *meno*] forte *di / che* B') e li distingue nettamente dalla relazione di uguaglianza ('A è *tanto* forte *quanto* B'), espressa, per l'appunto, dal grado comparativo *di uguaglianza*. Piuttosto che di tre gradi diversi di comparazione, dovremo dunque parlare di due procedimenti comparativi distinti, di cui uno, quello della non-uguaglianza, è simmetricamente strutturato nelle forme complementari di maggioranza / minoranza: dire «Mario è *più bello* di Gino» o «Gino è *meno bello* di Mario» è, sul piano dei contenuti semantici, del tutto equivalente; anche se di solito, a parità di relazioni semantiche, si preferisce ricorrere al tipo che sembra più immediatamente idoneo ad esprimere l'idea di 'non-uguaglianza', quello intensivo del comparativo di maggioranza (cfr. TEKAVČIĆ 1980: II 115-116). Il grado comparativo dell'aggettivo può dunque ripartirsi in:

58. I. Comparativo di maggioranza e comparativo di minoranza. Si formano aggiungendo rispettivamente gli avverbi *più* o *meno* all'aggettivo qualificativo. Il secondo termine di paragone può essere introdotto dalla preposizione *di* o dalla congiunzione *che*.
La preposizione *di* si adopera di preferenza quando:
a) il secondo termine di paragone è costituito da un nome o da un pronome non retti da preposizione: «Mario è più esperto *di Luisa*», «meno alto *di me*», ecc.;
b) il secondo termine è un avverbio: «più esperto *di prima*»; «più stupidi *di così* si muore» (battuta ricorrente del celebre attore comico dei primi decenni di questo secolo Ettore Petrolini).
Si adopera invece la congiunzione *che* quando:
a) il secondo termine di paragone è un nome o pronome retto da preposizione: «Mario è più gentile con me *che con te*»;
b) si mettono a raffronto non due nomi caratterizzati dall'aggettivo qualificativo («Mario è *meno religioso* di Gino») ma due qualità riferite in misura differente allo stesso nome (che funge, per così dire, da termine di paragone rispetto a sé stesso): «Mario è *più furbo che intelligente*»; «un'occasione *più unica che rara*»;
c) si paragonano fra loro parti del discorso che non siano aggettivi (avverbi, verbi): «l'ha detto *più* per scherzare *che* per offenderti», «mi piace *meno* ora *che* prima» (ma si può dire anche «*meno* ora *di* prima»); «Far poesia è diventato per me, *più che mai*, modo concreto di amar Dio e i fratelli» (Rebora, *Le poesie*).

59. II. Comparativo di uguaglianza. Il comparativo di uguaglianza non comporta alcuna forma di alterazione dell'aggettivo, ma semplicemente la messa a confronto di qualità possedute in egual misura da entrambi i termini della comparazione.
Il secondo termine di paragone è introdotto di norma dagli avverbi *quanto* e *come*: «tuo fratello è capace *quanto* te», «ho un'auto veloce *come* la tua». Il primo termine di paragone può essere preceduto dalle forme correlative *tanto, altrettanto* (con *quanto*) e *così* (con *come*), che sono però ridondanti: «una camicia (*tanto*) costosa *quanto* la tua», «io sono (*così*) indignato *come* te». Le forme correlative sono invece necessarie quando si mettono a confronto due qualità dello stesso sogget-

V. L'aggettivo

to: «un'auto *tanto* veloce *quanto* silenziosa», «un giudizio *così* preciso *come* sintetico».
Talvolta il grado comparativo di uguaglianza può mettere in relazione due comparativi di maggioranza o minoranza in relazione a un terzo termine di raffronto: (Carlo è *in un certo grado* più forte di Mario) – (Giovanni è *nello stesso grado* più forte di Mario) → «Carlo è *tanto* più forte di Mario *quanto* Giovanni».

Grado superlativo

60. Il grado superlativo esprime il massimo livello possibile di intensificazione della qualità posseduta, in relazione ad altre grandezze, persone, cose (superlativo *relativo*), oppure in senso assoluto (superlativo *assoluto*).

61. Nel superlativo relativo, così come avviene nei gradi comparativi di maggioranza e minoranza (cfr. V.58), troviamo i segnali *più* e *meno* per indicare la modificazione quantitativa dell'aggettivo; a differenza del comparativo, *più* e *meno* sono però preceduti dall'articolo determinativo: «Mario è *il più bravo*», «Maria è *la meno anziana* delle sue colleghe». Mentre i comparativi di maggioranza e minoranza esprimono un paragone con un solo altro termine, il superlativo relativo ha come parametro di riferimento 'tutti' i termini omogenei con i quali è possibile attuare un raffronto. Si vedano le frasi seguenti:

(a) il più bravo
(b) il più bravo *di tutti*
(c) il più bravo *di tutti i colleghi*
(d) il più bravo *dei colleghi*
(e) *tra i colleghi*, il più bravo

In questi esempi notiamo che il secondo termine, pur espresso con un grado di determinatezza diverso, comprende sempre tutti i membri della serie 'altri' (*più bravo di tutti*) o della serie 'colleghi'. L'idea di 'totalità dei termini di riferimento' è conferita al superlativo relativo da un uso particolarmente marcato dell'articolo, che svolge, in combinazione con esso, una funzione simile a quella di un pronome o aggettivo dimostrativo (cfr. IV.17): «*il* più bravo» ('*quello*, di tutti, più bravo').
Quando il secondo termine di riferimento è espresso, esso è introdotto dalla preposizione *di* o, con accentuazione del valore partitivo, da *tra / fra* («il più bravo *fra tutti*», cfr. VIII.19, VIII.129).
Il numero di persone, cose, concetti messi a confronto, necessario perché nel superlativo relativo sia mantenuta l'idea di «totalità» deve essere almeno superiore a due: se diciamo «Mario è il più bravo dei due piloti» non abbiamo propriamente un superlativo relativo ('A è più bravo di *tutti* i B'), ma un comparativo di maggioranza ('A è più bravo di B'). Per questo motivo, secondo TEKAVČIĆ 1980: II 123, un sintagma come *Mario è il più forte* rimane sospeso tra l'idea di comparativo e quella di superlativo finché non interviene un secondo termine per il comparativo (*dei due*) o per il superlativo (*di tutti*).

62. Talvolta, in luogo del superlativo relativo organico (cfr. V. 79) del tipo *il vestito migliore / peggiore*, figura, anche nella lingua letteraria, il superlativo espresso con gli indeclinabili *meglio* e *peggio* che precedono il nome, del tipo *il meglio vestito*, *le peggio compagnie*; «il *meglio* ramicello del tuo orto» (Montale, *Sarcofaghi*, 18). È un uso prevalentemente popolare (esempi dialettali in ROHLFS 1966-1969: 400), o perlomeno oggi sentito come tale; si veda questo esempio pirandelliano (chi parla è un personaggio presentato dall'autore come «vecchia provinciale arricchita [...] un po' sguaiata»): «[FRANCESCA]. Ah, quella che è istruzione, signora mia, m'è piaciuta assai, a me, sempre! Non l'ho potuta avere io; ma le mie figliuole, per grazia di Dio, i *meglio* professori! Francese, inglese, la musica...» (*L'innesto*, VI 9).
Per il superlativo con doppio articolo del tipo *la cosa la più bella* cfr. IV.75.

63. Il superlativo assoluto indica il grado massimo di intensità di una qualità o di un concetto, senza istituire paragoni con altre grandezze. Esso si esprime con il suffisso *-issimo*, aggiunto all'aggettivo di grado positivo: «scarpe *nuovissime*», «un*antichissima* usanza»; «questo il Novalis, *romanticissimo*, rimproverava all'Illuminismo» (Chabod, *L'idea di Nazione*,

18); «giovani, meno giovani e *giovanissimi*» («Il Macomer, nel torneo *giovanissimi*, aveva battuto il Silanus per 7-0», «La Nuova Sardegna», 1.12.1986, 26).
Spesso il superlativo assoluto serve ad amplificare un aggettivo di grado positivo. Ricordiamo la celebre cavatina del *Barbiere di Siviglia* rossiniano: «Ah, bravo Figaro! / *Bravo, bravissimo*; / fortunatissimo per verità!» (Atto I, scena 2). Esempi moderni: «ero *disperato, disperatissimo*» (Moravia, cit. in BRUNET 1984: 42); «Domenico Scarlatti [...] figlio *genialissimo* di un padre *geniale*» (Ciocia, *St. musica*, 92); «*tante* automobili, *tantissime*, sono segni di benessere» («Il Gazzettino», 1.12.1986, 6).

64. L'aggettivo *ampio* ha, oltre al superlativo regolare *ampissimo* («con la sottana ampissima» Palazzeschi, *Sorelle Materassi*, 17), anche, più spesso, una forma dotta *amplissimo* («salivamo per l'amplissima scala» D'Annunzio, *Prose di romanzi*, «sostammo all'albergo [...] esso è davvero splendido, amplissimo» Panzini, *Romanzi d'ambo i sessi*) da un grado positivo *amplo*, forma latineggiante oggi disusata.

65. Nelle formule di risposta, il superlativo assoluto in *-issimo* può fungere da elemento olofrastico affermativo (cfr. XII.52), riprendendo un aggettivo di grado positivo presente nell'interrogativa: «È *bello* il libro che stai leggendo? – *Bellissimo*»; «Noi siamo sempre stati qui... non è *vero*, Carla? [...] – *Verissimo* – rispose quella dopo un'esitazione» (Moravia, *Gli indifferenti*, 43).

66. Il superlativo in *-issimo* può occasionalmente essere adoperato con nomi. Ricordiamo il *campionissimo* (riferito al leggendario ciclista degli anni Cinquanta Fausto Coppi, e da allora entrato in uso), la *finalissima* ('gara finale assoluta di una competizione sportiva a fasi eliminatorie'), la *poltronissima* ('poltrona di prima fila a teatro'): «nella sala, fornita di potenti apparecchi deodoranti, le poltrone saranno tutte ad acqua corrente fredda e calda, e le *poltronissime* avranno per di più lo zampillo sul sedile» Savinio, *Palchetti romani*. Altri esempi: «Sai le risate! disse un ragazzo che cingeva Isabella al fianco, se arrivassero le brigate rosse! Pensa il colpo: con una sola retata il *cardinalissimo*, il *generalissimo* e il *presidentissimo*» (Salvalaggio, cit. in BRUNET 1984: 37); «il futuro del Presidentissimo Craxi [...] sarà tutto proiettato fra palazzo Chigi e, nel 1992, il Quirinale» («L'Espresso», 5.4.1987, 14); «il suo sogno restava quello di ricomporre intorno a sé il vecchio fronte delle sinistre interventiste [...]; anch'esse erano ben decise ad opporsi al grande sciopero – il cosiddetto *scioperissimo*» (Montanelli, *L'Italia in camicia nera*, 86). Per la lingua pubblicitaria ricordiamo *occasionissima, scontissimi* ('grandi sconti, saldi') e numerose formazioni occasionali del tipo «*femminissima* Omsa», e «più su con le *melissime*» (annunci comparsi all'inizio del 1987). Tra i nomi propri: *la Wandissima* (la celebre soubrette Wanda Osiris), *Canzonissima* (titolo di una trasmissione televisiva degli anni Sessanta-Settanta); un esempio giornalistico: «*Altobellissimo* – un gol capolavoro del centravanti» («Corriere dello Sport – Stadio», 27.11.1986, 1; gioco di parole tra il cognome *Altobelli* e l'aggettivo *bellissimo*).
L'intensificazione dei sostantivi con *-issimo* non è esclusiva della lingua contemporanea. Ne sono stati segnalati diversi esempi nella lingua letteraria dei secoli passati: *oratorissimo, poetissimo, servitorissimo* (MOISE 1878: 163); «Al colore si può dire che ella sia cannella, *cannellissima*» (Magalotti, cit. in POGGI SALANI 1971: 73); «è una *vergognissima*» (Baretti, cit. in MEDICI-MIGLIORINI 1959: 121). Nelle lettere dello scrittore cinquecentesco Paolo Giovio troviamo addirittura una «estensione abnorme del superlativo di sostantivi, con valore elativo e caricaturale» (FOLENA 1985: 147): *prefettissimo, profetissimo, porcellanissima*, ecc.
Per il superlativo di *stesso* (*stessissimo*) cfr. VII.143.

67. Non tutti gli aggettivi possono essere alterati per formare il superlativo; di regola, dovrebbero esserlo solo quelli che «esprimono una qualità che può essere accresciuta o avvilita o diminuita» (MOISE 1878: 163), mentre gli aggettivi che hanno un significato molto preciso e circoscritto, che non può essere modificato intensivamente, hanno il solo grado positivo: *cristiano, pagano, mortale, immortale, triangolare, quadrato, sferico, cubico, chimico, psichico, marmoreo*, ecc. Anche gli aggettivi che indicano di per sé valori elativi (*immenso, eccelso, eccellente, straordinario, enorme, infinito*, ecc.) non ammettono di norma grado superlativo.

68. Tuttavia, quando sono adoperati per una qualifica fortemente soggettiva e stilisticamente marcata, molti dei più «precisi» e «oggettivi» attributi qualificativi possono assumere il superlativo. Tra gli aggettivi etnici di nazionalità, regione, città ricordiamo ad esempio *italianissimo*: «l'italianissimo Durando, nel suo libro 'Della nazionalità', aveva ammonito fraternamente gli austriaci a non fidarsi dei reggimenti italiani» (Cattaneo, *Scritti storici e geografici*), «chi sta bene, non si muove: dice un italianissimo proverbio» (Cecchi, *America amara*); e ancora: «il senatore comunista Napoleone Colajanni, di stirpe *sicilianissima*» («L'Espresso», cit. in BRUNET 1984: 33); «continuare a vincere come la *torinesissima* Juventus?» («Panorama», 19.4.1987, 156), ecc. Nelle formule onorifiche troviamo *eccellentissimo*: «l'illustrissimo ed eccellentissimo signor don Carlo d'Aragon» (Manzoni, *I Promessi Sposi*). Da *squisito* si può avere *squisitissimo*: «strappavamo steli d'erba [...] e ce ne offrivamo a vicenda, dicendoci scherzevolmente: 'Assaggia questo' – 'Oh il mio è molto più saporito!' – 'Questo è eccellente!' – 'Eccone uno che è squisitissimo'» (Tarchetti, *Fosca*, 35; possiamo anche dire «una persona squisitissima» per 'molto gentile'). E ancora: *cristianissimo, paganissimo, guelfissimo, mortalissimo*, ecc. (segnalati «negli autori» da MOISE 1878: 163).

69. Alcuni aggettivi formano il superlativo non con il suffisso *-issimo*, ma con i suffissi *-èrrimo* ed *-entissimo*. Si tratta di un uso colto, che ricalca direttamente il modello latino degli aggettivi in -ĔR e in -DĬCUS, -FĬCUS, -VŎLUS. Eccone l'elenco, con i corrispondenti aggettivi latini:

SUPERLATIVI IN *-ÈRRIMO*		
POSITIVO	SUPERLATIVO	(MODELLO LATINO)
acre	*acerrimo*	(ĀCER → ACĔRRIMUS)
celebre	*celeberrimo*	(CĔLEBER → CELEBĔRRIMUS)
integro	*integerrimo*	(ĬNTEGER → INTEGĔRRIMUS)
misero	*miserrimo*	(MĬSER → MISĔRRIMUS)
salubre	*saluberrimo*	(SALŪBER → SALUBĔRRIMUS)

SUPERLATIVI IN *-ENTISSIMO*		
POSITIVO	SUPERLATIVO	(MODELLO LATINO)
maledico	*maledicentissimo*	(MALĔDICUS → MALEDICENTĬSSIMUS)
benefico	*beneficentissimo*	(BENĔFICUS → BENEFICENTĬSSIMUS)
munifico	*munificentissimo*	(MUNĬFICUS → MUNIFICENTĬSSIMUS)
benevolo	*benevolentissimo*	(BENĔVOLUS → BENEVOLENTĬSSIMUS)
malevolo	*malevolentissimo*	(MALĔVOLUS → MALEVOLENTĬSSIMUS)

70. Osserviamo:
a) I superlativi in *-èrrimo* si formano tutti (tranne *miserrimo*) da una radice alterata rispetto a quella del grado positivo: *acr-e / acerrimo, celebr-e / celeberrimo*; in esse, infatti, si riflette l'antica forma del nominativo latino (ĀCER, CĔLEBER, ecc.), mentre le forme di grado positivo continuano più regolarmente l'accusativo (ĀCREM, CĔLEBREM, ecc.).
b) Diverso è il caso dei superlativi in *-entissimo*: essi trovano riscontro nei norma-

li superlativi in *-issimo* di aggettivi in *-ente*, del tipo *nutriente* → *nutrientissimo*; in quattro casi su cinque si hanno infatti delle forme di grado positivo in *-ente* che valgono a giustificare la suffissazione in *-entissimo* del grado superlativo: *maledico (mal(e)dicente)* → *maledicentissimo*, *benefico (beneficente)* → *beneficentissimo*, *munifico (munificente)* → *munificentissimo*, *benevolo (benevolente)* → *benevolentissimo*.

c) Accanto alle forme *miserrimo* e *saluberrimo* esistono i superlativi regolari *miserissimo* e *salubrissimo*. Ormai disusata è la forma, anch'essa latineggiante, *facillimo* (da *facile*). Ha invece ancora discreta vitalità, ma solo nella lingua letteraria, il superlativo *asperrimo* da *aspro* (cui si affianca *asprissimo*): «[Le prugnole] hanno un sapore brusco e *asperrimo* che non piace a nessuno» (Pavese, *Racconti*).

d) Tutte queste forme di superlativo irregolare hanno, generalmente, scarso impiego nella lingua parlata, che preferisce, quando esistono, le forme regolari (*asprissimo*, *miserissimo*), o ricorre a forme modificate con avverbio del tipo *molto munifico*, *molto celebre*, *del tutto integro*, ecc. Esse vengono inoltre adoperate di preferenza per esprimere significati astratti («una rivalità *acerrima*», «un uomo di costumi *integerrimi*») in opposizione a forme analitiche che designano significati concreti («un sapore *molto acre*», «la tua vista è *del tutto integra*»; cfr. DARDANO-TRIFONE 1985: 136).

71. Accanto al superlativo ottenuto dall'aggettivo e da un suffisso elativo (*-issimo*, *-errimo*, *-entissimo*), c'è la possibilità di esprimere la massima gradazione intensiva di un aggettivo mediante procedimenti diversi. E precisamente:

72. I. L'aggettivo di grado positivo può essere preceduto da un avverbio di quantità (in particolare: *molto*, *assai*) o da un avverbio qualificativo (*notevolmente*, *particolarmente*, ecc.). Esempi: «sono molto stanco, stasera» (=sono stanchissimo); «la famiglia dell'ucciso, potente assai, e per sé, e per le sue aderenze, s'era messa al punto di voler vendetta» (Manzoni, *I Promessi Sposi*, IV 40); «le donne sono particolarmente inadatte alla ricerca del tempo perduto» (Montale, *Farfalla di Dinard*).

73. II. L'aggettivo può essere intensificato mediante *tutto*: «tu sei *tutta matta!*», «*tutto felice*»; «*tutto assorto* nella contemplazione del suo sigaro» (Moravia, *Gli indifferenti*, 27). Cfr. anche VII.189.

74. III. L'aggettivo può essere oggetto di una reduplicazione intensiva: «un grido *forte forte*» ('un grido fortissimo'); «nel letto divenuto *duro duro*, sotto le coperte divenute *pesanti pesanti*» (Manzoni, *I Promessi Sposi*, XXI 44); «il faccione diventò *amabile amabile*, il vocione *dolce dolce*» (Fogazzaro, *Piccolo mondo antico*, 10); «Paranzelle in alto mare / *bianche bianche*, / io vedeva palpitare / come stanche: / [...] Volgo gli occhi; e credo in cielo / rivedere / paranzelle sotto un velo, / *nere nere*» (Pascoli, *Speranze e memorie*, 1-10); «La sua figura *alta alta* e trista era diventata odiosa a tutta quanta la famiglia» (Morante, *L'isola di Arturo*, 19).

75. Anche con il nome possiamo avere una reduplicazione intensiva, nel tipo *un caffè caffè* ('un caffè *vero*', 'un caffè *come si deve*'), «ossia la ripetizione del sostantivo che ha lo scopo di sottolineare quel sostantivo, rivalutandolo nella pienezza del suo significato, e precisando che si tratta di un impiego non casuale» (POGGI SALANI 1971: 67); «greco greco» ('greco classico', in opposizione al greco, spesso arbitrario, di molte formazioni moderne; JANNI 1986: 121).

76. IV. Molti aggettivi e locuzioni, apposti all'aggettivo, gli conferiscono il valore di 'superlativo': «innamorato *cotto*», «ubriaco *fradicio*», «freddo *stecchito*», ecc.; «buono *come il pane*», «sordo *come una campana*», «scaltra *come una volpe*», ecc. (cfr. FOGARASI 1983: 210). Anche l'aggiunta di un participio presente può modificare l'aggettivo in senso superlativo: «nuovo *fiammante*», «chiaro *lucente*», «freddo *pungente*», «caldo *bollente*» (ROHLFS 1966-1969: 407); *Splendido splendente* (titolo di una canzone di Donatella Rettore).

77. V. Alcuni avverbi attribuiscono all'aggettivo qualificativo una intensificazione asseverativa simile al grado superlativo; si tratta di *davvero, veramente, proprio* e delle locuzioni *sul serio, per davvero*. In questo caso però solo il contesto può dirci se essi sono adoperati come semplici avverbi asseverativi (con il significato di 'realmente', 'effettivamente') o se invece hanno funzione di segnali del superlativo (con il significato di 'in massimo grado'). Alcuni esempi (nelle frasi [b] il significato superlativo):

(a) Maria è *davvero ricca?*
(b) Maria è *davvero ricca!*

(a) Non credo che la tua decisione sia *proprio giusta* come dici
(b) La tua decisione è *proprio giusta*, e anch'io farò come te

(a) Stai *veramente attento* quando ti parlo?
(b) Un argomento *veramente interessante*

Un esempio di significato intensivo-superlativo dalla lingua della devozione:

«Padre *veramente santo*, a te la lode da ogni creatura» (*Messale festivo*, 329).

78. Un procedimento speculare all'affissione di un suffisso elativo, ma molto più raro, consiste nel ricorso a un prefisso elativo, quale *arci-, stra-,* ecc. (cfr. XV.97). Occasionalmente *arci-* può rafforzare anche il grado superlativo: «l'arcimaledettissima negligenza delle poste» (Leopardi, *Lettere*).

Comparativi e superlativi organici

79. Alcuni aggettivi formano, sul modello dei corrispondenti aggettivi latini, i gradi comparativo di maggioranza e superlativo da una radice diversa rispetto a quella del grado positivo (analogamente agli avverbi *bene, male, molto, poco, grandemente*: cfr. XII.64). Accanto a questa forma di comparazione, che si definisce *organica*, essi conoscono anche le forme regolari di comparativo con *più* e di superlativo in *-issimo*:

POSITIVO	COMPARATIVO DI MAGGIORANZA	SUPERLATIVO RELATIVO	SUPERLATIVO ASSOLUTO
buono	{ *migliore* / *più buono*	{ *il migliore* / *il più buono*	{ *ottimo* / *buonissimo*
cattivo	{ *peggiore* / *più cattivo*	{ *il peggiore* / *il più cattivo*	{ *pessimo* / *cattivissimo*
grande	{ *maggiore* / *più grande*	{ *il maggiore* / *il più grande*	{ *massimo* / *grandissimo*
piccolo	{ *minore* / *più piccolo*	{ *il minore* / *il più piccolo*	{ *minimo* / *piccolissimo*
molto	*più*	*il più*	*il più*

79bis. Gli avverbi *meglio* e *peggio* (cfr. XII.63) possono fare le veci dei corrispondenti comparativi quando sono adoperati come nome del predicato con i verbi *essere, sembrare, parere* («Era meglio Giovanni o questo?» Dessì); con un sostantivo il costrutto ha tono colloquiale: «Il muratore, è forse un mestiere meglio degli altri?» (Cassola, cit. in BRUNET 1964: 15).

80. In concorrenza con *maggiore* (dall'accusativo latino MAIŌREM) la lingua antica presentava il comparativo *maggio* (dal nominativo MAIOR): «Facemmo dunque più lungo viaggio, / vòlti a sinistra; e al trar d'un balestro / trovammo l'altro assai più fero e *maggio*» (Dante, *Inferno*, XXXI 82-84). Di quest'uso rimangono tracce in alcuni odonimi, come *Via Maggio* (Firenze) e *Via Maggia* (Bologna; con aggettivo concordato in *-a*), oronimi come *Serra Maggio* (appennino umbro) e toponimi come *Pianamag-*

gio (Lucca). Altre forme di comparativo organico erano i provenzalismi *forsore* 'più forte' (*forsor*), *genzore* 'più gentile' (*genzor*) e *plusori*, *piusori* 'molti, parecchi' (*plusor*). Per tutte queste forme cfr. ROHLFS 1966-1969: 400 e MOISE 1878: 167.

81. Forme organiche e forme non organiche sono, nella maggior parte dei casi, semanticamente equivalenti. Nelle prime notiamo però un prevalere dei significati astratti: «il *minore* dei mali» («mentre D'Annunzio definiva questo trattato 'un tradimento', Mussolini sul "Popolo d'Italia" lo salutava come 'il *minore* dei mali'» Montanelli, *L'Italia in camicia nera*, 12), «il *massimo* dirigente della Banca d'Italia», «un *pessimo* suggerimento» (tutte locuzioni in cui non adopereremmo le forme regolari corrispondenti *più piccolo*, *grandissimo*, *cattivissimo*, ecc.).

82. Alcune forme latine di comparativi e superlativi organici sono sopravvissute come «fossili» nell'italiano:

COMPARATIVO	SUPERLATIVO
anteriore	–
citeriore	
esteriore	*estremo*
inferiore	*infimo*
interiore	*intimo*
posteriore	*postremo (postumo)*
–	*primo*
superiore	*supremo (sommo)*
ulteriore	*ultimo*

83. Per la mancanza di un grado positivo a cui fare riferimento, molti di questi aggettivi hanno finito col perdere in tutto o in parte i tratti semantici del comparativo di maggioranza e del superlativo.
Così *interiore* non vuol dir 'che sta *più dentro*', ma semplicemente 'interno' (in senso astratto: «un carattere sottomesso a una disciplina interiore» Calvino, *Ti con zero*); *esteriore*, allo stesso modo, non vuol dir 'che sta *più fuori*' ma 'esterno' (anche in questo caso con senso astratto: «l'aspetto esteriore delle cose»). Lo stesso può dirsi per *anteriore*, *posteriore* e *intimo*, che non recano alcuna idea di «intensività» del concetto espresso. *Postumo* si riferisce solo a 'ciò che avviene dopo la morte': «una pubblicazione *postuma*». *Postremo* 'ultimo, estremo' è forma letteraria e rara. *Citeriore* 'di qua da' (='dalla parte di chi parla') è usato solo per indicare province romane o distretti amministrativi dei secoli scorsi: ad es. la *Spagna citeriore* ('la Spagna di qua dall'Ebro') o l'*Abruzzo citeriore* (di qua dal fiume Pescara, ossia a sud di esso; distinto dall'*Abruzzo ulteriore* comprendente il Teramano e l'Aquilano). *Ulteriore*, prescindendo da questa sua rara accezione geografica, serve ad indicare una 'aggiunta': «alcune *ulteriori* considerazioni [oltre a quelle già fatte]». *Infimo*, piuttosto che 'ciò che sta *sotto* in massimo grado', qualifica in senso traslato ciò che è 'spregevole', 'vergognoso' o 'di pessima qualità' (e che quindi sta «sotto» in una ideale scala di valori astratti). *Primo* e *ultimo* indicano generalmente ciò che è al 'punto iniziale' e al 'punto finale' in senso assoluto. Entrambi possono rafforzare il grado superlativo con *-issimo*: «di *primissimo* mattino», «frutta di *primissima* scelta», «*ultimissime* notizie dall'estero». Analogamente, *estremo* non vale tanto 'ciò che sta *fuori* in sommo grado', quanto 'ciò che sta al punto terminale', o, in senso astratto, 'che si spinge fino al massimo limite possibile'; anche qui possiamo avere rafforzamento superlativo, con *più*: «Finalmente nuovi casi più generali, più forti, *più estremi*, arrivarono anche fino a loro» (Manzoni, *I Promessi Sposi*); «Le nuove istituzioni [...] e anche le *più estreme* e apparentemente rivoluzionarie fra esse» (Levi, *Cristo si è fermato a Eboli*, 222).

84. Tra le voci dell'uso scritto più formale ricordiamo infine i comparativi organici *recenziore* 'più recente', *viciniore* 'più vicino, limitrofo' («le province viciniori»), e *poziore* 'preferibile, migliore' (detto anche, nel linguaggio giuridico, di 'chi è in posizione favorevole', 'chi ha diritto di prelazione': «qualunque altro creditore, quantunque poziore o anteriore ed ipotecario» Casaregi, *Il Cambista instruito per ogni caso dei fallimenti*); quest'ultimo, che manca del grado positivo, è un latinismo rifatto su PŌTIOR (POTIŌREM), dall'arcaico PŎTIS 'signore, colui che può'.

V. L'aggettivo

85. Il latino formava il comparativo di maggioranza e il superlativo (sia assoluto sia relativo) con forme in prevalenza sintetiche, vale a dire con l'aggiunta di un suffisso alla radice dell'aggettivo: ad es. fŏrtis 'forte' → fŏrt-ior 'più forte' → fort-issimus 'fortissimo', 'il più forte'. L'italiano e le lingue romanze, soprattutto nel grado comparativo e superlativo relativo, hanno sostituito al procedimento sintetico un procedimento analitico: al latino fŏrtior corrispondono ad es. l'italiano *più forte*, il francese *plus fort*, lo spagnolo *más fuerte*, ecc. In altre lingue indeuropee l'antico procedimento sintetico che troviamo in latino s'è conservato, perlomeno in misura prevalente, fino ad oggi; ad es. in tedesco abbiamo *schnell* 'veloce' → *schnell-er* 'più veloce' → *der schnell-ste* 'il più veloce'; in inglese *near* 'vicino' → *near-er* 'più vicino' → *the near-est* 'il più vicino', ecc.

86. Ad imitazione del latino, l'italiano antico e la lingua aulica fino ad anni recenti ammettevano l'uso del superlativo assoluto col valore di superlativo relativo: «l'uomo è perfettissimo di tutti li animali» (Dante, *Convivio*,=il più perfetto); «la Radegonda [...] parve, a tutti, delle bellissime» (Imbriani, *Dio ne scampi dagli Orsenigo*, 19).

VI. NUMERALI

1. La categoria dei numerali è grammaticalmente eterogenea: può comprendere infatti aggettivi («le *sette* meraviglie», «il *secondo* figlio»), sostantivi («è uscito il *sette* sulla ruota di Cagliari») o anche pronomi («*entrambi* tacevano»). In diversi casi lo statuto di un numerale è discutibile (BRUNET 1981: 48-50).
Non c'è dubbio però che, di là dal problema della classificazione, la caratteristica comune di indicare quantità numerabili e traducibili in cifre renda opportuna una trattazione organica, in cui far rientrare i seguenti gruppi: I) numerali cardinali, II) numerali ordinali, III) numerali frazionari, IV) numerali moltiplicativi, V) sostantivi e aggettivi numerativi. Per i numerali distributivi (*a due a due*, ecc.) cfr. VIII.48. Eccone i connotati essenziali:

2. I. Cardinali – Indicano una quantità numerica precisa e sono invariabili, oltre che nel numero, com'è ovvio (*uno* è per definizione singolare, tutti gli altri sono plurali), anche nel genere (tranne *uno*, che ha il femminile *una*).
Milione, bilione, miliardo, ecc. (BRUNET 1981: 105-106) non sono dei veri e propri cardinali, ma dei semplici sostantivi con un regolare plurale che, per indicare una quantità determinata, devono essere necessariamente preceduti da un cardinale («*un* milione di dollari», «*duecentoventisei* miliardi di disavanzo»). Anche *zero* che, considerato isolatamente, potrebbe definirsi il «non numero», è un comune sostantivo (*lo zero – gli zeri*) che dà vita a molte locuzioni figurate (BRUNET 1981: 104).

3. È buona norma non scrivere i cardinali in cifre nell'uso letterario o familiare, riservando i numeri arabi (e in alcuni casi, romani) alle date e all'uso tecnico o scientifico (SATTA 1981: 235, GABRIELLI 1985: 277-278). Ad esempio: «– Ha detto sei miglia colui, – pensava: – se andando fuor di strada, dovessero anche diventar otto o dieci, le gambe [...] faranno anche queste» (Manzoni, *I Promessi Sposi*, XVII 4); oppure: «ho deciso di scriverti perché ti ho telefonato quattro volte, ma era sempre occupato». Invece, in cifre: «Bari, 6 dicembre 1987» (o anche: «6.12.1987», «6.XII.1987»; non comune, o proprio della lingua poetica, giuridica o burocratica, il ricorso alle lettere: «Ti fisso nell'albo con tanta tristezza, ov'è di tuo pugno / la data: *ventotto di giugno del mille ottocentocinquanta*» Gozzano, *L'amica di nonna Speranza*, 95-96); oppure: «ha votato l'82.5% degli elettori».
Con numeri alti e indicanti un valore approssimativo sono comuni scrizioni miste, di cifre e di lettere: «il partito bolscevico guadagnava solo 9 milioni e mezzo di voti contro 21 milioni di quei socialisti rivoluzionari contro i quali, ecc.» (Spini, *Disegno storico*, III 347; invece di «nove milioni e mezzo» o «9.500.000»).
Si preferiscono in genere le cifre, quale che sia il tipo di testo, per indicare numeri elevati e non arrotondati: «Le comunico che l'impianto elettrico è costato 3.251.000 lire». Tuttavia le cifre vanno espresse in lettere (o anche in lettere) per evitare possibili contraffazioni, come in un assegno bancario, in un conto corrente postale, in un rogito notarile (qui spesso

VI. Numerali

nella formula: «lire 7.250, dico settemiladuecentocinquanta»).

4. II. Ordinali – Indicano l'ordine occupato in una serie numerica: *primo*, *secondo*, *terzo*, *vigesimoprimo*, *settantaduesimo*, ecc.
In cifre, gli ordinali si rappresentano convenzionalmente con i numeri romani, rimasti disponibili dopo che, nel Medioevo, l'Occidente accolse l'attuale sistema dagli Arabi: III 'terzo', XVI 'sedicesimo' e così via. Al numero romano non si deve apporre la letterina in esponente (*o* o *a*) che serve invece, dopo un numero arabo, a indicare l'ordinale corrispondente: quindi «36º Reggimento Fanteria», «2ª Magistrale», ma: «XXXVI Reggimento Fanteria», «II Magistrale».
Nello scritto informale si possono incontrare grafie come «75esimo», «400esima», frutto della contaminazione tra sistema grafico e sistema numerico: «questo martedì, si riunisce il 100esimo Congresso, interamente a maggioranza democratica» («La Repubblica», 4-5.1.1987, 9).

5. III. Frazionari – Indicano la parte di un tutto: *un mezzo*, *un terzo*, *tre ventesimi*, *otto quinti*, ecc.
Il numeratore della frazione è indicato da un cardinale, il denominatore da *mezzo*, *mezzi* (se la cifra è '2') o da un ordinale al plurale: «$\frac{3}{2}$ *tre mezzi*», «$\frac{4}{5}$ *quattro quinti*».
Nell'uso commerciale e burocratico si scrive talvolta $\frac{1}{2}$ per sostituire in modo rapido la locuzione congiuntiva *a mezzo di* («a $\frac{1}{2}$ vaglia internazionale») o addirittura in frasi come «maglietta $\frac{1}{2}$ maniche» (da leggere *mezze maniche*: LEPSCHY-LEPSCHY 1981: 122-123). Si tratta di un'abitudine grafica aberrante, che non va imitata.

6. IV. Moltiplicativi – Indicano un valore due o più volte superiore a un altro: *doppio*, *triplo*, *sestuplo*, ecc.

7. V. Sostantivi e aggettivi numerativi – Derivano da numerali cardinali o ordinali, attraverso vari suffissi (-*ina*: *decina*, -*enne*: *trentenne*, -*ario*: *novenario*, ecc.) e con diversi significati.

8. Di questi gruppi, l'unico in cui ogni ente matematico trovi una sua puntuale rappresentazione linguistica è quello dei cardinali: non c'è numero, per quanto grande, che non possa essere detto, oltre che scritto. Gli ordinali (e i frazionari, che vengono parzialmente indicati con essi) esistono solo virtualmente per i numeri più elevati.
Così, una frazione come $\frac{8}{10}$ sarà letta «otto decimi» perché composta di cifre basse; ma in una frazione come $\frac{872}{249}$ il denominatore sarà piuttosto indicato col cardinale: «ottocentosettantadue fratto (o su) *duecentoquarantanove*».
Ancora più numerose le caselle vuote per i moltiplicativi (da *tre* si ricava *triplo*, ma da *trenta* non si usa formare *trentuplo*), o per sostantivi e aggettivi numerativi (esiste *trentina*, ma non *trecentina*; *ottantenne*, ma non *ottocentenne*, ecc.).

9. Ecco uno specchietto dei numerali fondamentali, cardinali e ordinali, che presenta in successione: cifra araba, denominazione del numerale cardinale, cifra romana classica, denominazione dell'ordinale (quando tra gli ordinali vi siano più forme, s'intende che quella corrente è la prima e le altre sono varianti letterarie d'uso limitato, cfr. VI.32-33).

1.	uno, una	I	primo
2.	due	II	secondo
3.	tre	III	terzo
4.	quattro	IV	quarto
5.	cinque	V	quinto
6.	sei	VI	sesto
7.	sette	VII	settimo
8.	otto	VIII	ottavo
9.	nove	IX	nono
10.	dieci	X	decimo
11.	undici	XI	undicesimo, undecimo, decimoprimo
12.	dodici	XII	dodicesimo, duodecimo, decimosecondo
13.	tredici	XIII	tredicesimo, decimoterzo
14.	quattordici	XIV	quattordicesimo, decimoquarto
15.	quindici	XV	quindicesimo, decimoquinto
16.	sedici	XVI	sedicesimo, decimosesto
17.	diciassette	XVII	diciassettesimo, decimosettimo
18.	diciotto	XVIII	diciottesimo, decimottavo

19. diciannove	XIX	diciannovesimo, decimonono	
20. venti	XX	ventesimo, vigesimo	
21. ventuno	XXI	ventunesimo, ventesimoprimo, vigesimoprimo	
22. ventidue	XXII	ventiduesimo, ventesimosecondo, vigesimosecondo	
30. trenta	XXX	trentesimo, trigesimo	
40. quaranta	XL	quarantesimo, quadragesimo	
50. cinquanta	L	cinquantesimo, quinquagesimo	
60. sessanta	LX	sessantesimo, sessagesimo	
70. settanta	LXX	settantesimo, settuagesimo	
80. ottanta	LXXX	ottantesimo, ottuagesimo	
90. novanta	XC	novantesimo, nonagesimo	
100. cento	C	centesimo	
101. centouno	CI	centunesimo, centesimoprimo	
200. duecento	CC	duecentesimo	
1000. mille	M	millesimo	

Numerali cardinali

10. I numerali polisillabici possono elidere la vocale finale davanti all'iniziale vocalica della parola seguente. Oggi ciò avviene solo in alcune locuzioni cristallizzate (come «a quattr'occhi») e col sostantivo *anni*: «Cent'anni di solitudine» (titolo italiano di un romanzo dello scrittore colombiano G. García Márquez), «non v'è una notte ch'io non sogni Napoli / e son vent'anni che ne sto lontano» (*Signorinella*, canzone di L. Bovio e N. Valente, in BORGNA 1985: 86); «gli parve mill'anni che spuntasse il giorno» (Pirandello, *Novelle per un anno*). Nei secoli scorsi il fenomeno era un po' più esteso: «son sett'ore» (cfr. IV.61), «le sessant'onze della casa te le mangerai tu, fino all'ultimo grano» (Capuana, *Racconti*).

11. Per quanto riguarda la posizione, il cardinale con funzione di aggettivo precede di solito il sostantivo cui si riferisce: «due ragazze», «quattro gatti». Si pospone (e scrivendo si indica perlopiù in cifre) nell'uso matematico, burocratico o commerciale: «un cubo del volume di m³ 42», «chili 20», «anni quarantanove», «il pretore di X condanna l'imputato N. N. alla pena di mesi tre di reclusione» (nei dispositivi delle sentenze). Da notare che il sostantivo è al plurale anche quando il numerale è '1', secondo un uso già attestato nei secoli scorsi: «lire una», «soldi uno» (cfr. AEBISCHER 1950).

I. Uno

12. Il numerale *uno* condivide forma (ed usi) dell'articolo indeterminativo (cfr. IV.5, IV.62 sgg.), senza che sia sempre possibile distinguere nettamente i due valori. Nella frase «prendi un libro», *un* può opporsi a *il*, marcando il «nuovo» e insieme la non specificità del sostantivo ('un libro qualsiasi'); ma può anche indicare il numerale ('uno', e non 'due' o 'tre').

13. Nell'uso letterario *uno* mantiene talvolta il valore del latino ŪNUS 'uno solo, unitario': «Credo la Chiesa, una santa cattolica e apostolica» (*Messale festivo*, 304); «soltanto nel triplice continente, diverso ed uno, si svolsero le più grandi avventure dell'intelletto e della fantasia» (Tucci, *Nepal*, 13). In questa accezione è stato adoperato anche il plurale: «liberi non sarem se non siam uni» (Manzoni, *Il proclama di Rimini*, 34=uniti).

14. *Uno* subisce apocope là dove si troncherebbe l'articolo indeterminativo: «*un* francese e due svizzeri», ma «*uno* svizzero e due francesi». Usato assolutamente, può apocoparsi nelle enumerazioni o in prescrizioni atletiche, militari o di danza: «un due, un due, passo!», «Basta farci un po' l'orecchio e lasciarsi andare. Un, due, tre, saltella come me, guarda...» (esempi citati in BRUNET 1981: 62; il secondo da Cancogni).

15. Nei composti con *uno* (*ventuno*, *trentuno*, ecc.) accompagnati da un sostantivo, il numerale è invariabile nella sequenza sillabica se viene dopo il sostantivo: «di anni trentuno», «sterline ventuno» (e non *di anni trentun); può concordare nel genere col sostantivo precedente se questo è femminile («schede ottantuna», ma è uso raro e sconsigliabile: cfr. BRUNET 1981:

63). Se il sostantivo segue il numerale, l'uso oscilla tra forma piena e forma apocopata («ventuno libri», «ventun libri»; più frequente l'apocope davanti a parola con iniziale vocalica: «trentun anni di servizio alla Camera dei deputati», «La Repubblica», 27.2.1987, 6). Per quanto riguarda l'accordo nel numero, il sostantivo posposto tende oggi a restare plurale (come negli esempi citati), ma è possibile anche il singolare, concordato con -*uno*, specie se maschile («ho settantun lenzuolo da risciacquare» Manzoni, *Lettere*, I 438; «Giulia Venere [...] aveva quarantun anno» Levi, *Cristo si è fermato a Eboli*, 94). Cfr. BRUNET 1981: 65 e LEONE 1961.

Arcaico, con un nome femminile posposto al numerale, l'accordo nel genere in presenza di un sostantivo plurale: «delle ventuna navi» (G. Villani, citato in MOISE 1878: 215). Oggi si direbbe: «delle ventun(o) navi».

II. Numerali composti

16. Nei composti, quando un numerale interno cominci con una vocale, la finale vocalica del numerale precedente può elidersi. Precisamente (cfr. BRUNET 1981: 54-57):

a) L'elisione è obbligatoria tra decina e unità: *ventuno* (non *ventiuno), *trecentosessantotto* (non *sessantaotto). Graficamente, è possibile (ma è uso molto raro) separare le due componenti per mezzo dell'apostrofo: *vent'uno*, *sessant'otto*.

b) Con *cento* seguito da una decina o da un'unità l'elisione è poco comune con *uno*, *otto* e *undici* (*centouno*, *centootto*, *centoundici*, più spesso che *centuno*, ecc.), ma è frequente con *ottanta* (*centottanta* o *centoottanta*).

c) Con *mille* la semplice giustapposizione dei numerali, senza elisione, è la regola: *milleuno*, *milleottocento* (non *milluno), raro *millottocento*).

17. Nei numerali composti con *cento* e *mille*, i due numeri possono essere separati mediante la congiunzione *e*: «quei cento e cinquant'anni della sua libertà comunale» (Malaparte), «al prezzo di cento e ottantamila lire» (C. Levi; esempi citati in BRUNET 1981: 56); «le Mille e una notte».

18. I composti con *tre* vanno accentati, indipendentemente dal fatto che *tre*, da solo, rifiuti l'accento (così come da *re* – senz'accento – si ricava *viceré*, da *me*, *nontiscordardimé*, ecc.: GABRIELLI 1985: 272).

Nonostante l'accordo quasi generale delle grammatiche in proposito, l'uso è però piuttosto oscillante. BRUNET 1981: 58-59 cita 7 esempi del tipo *ventitré* e 3 esempi del tipo *ventitre* (in Cassola, Brancati, Calvino; si aggiungano: Pirandello, *La signora Morli, una e due*, VI 276; Levi, *Cristo si è fermato a Eboli*, 93; Bassani, *Il giardino dei Finzi-Contini*, 276 e *centoventitre* 210). Dai giornali: «sappiamo l'età che non dimostrava, *sessantatre* anni» («Il Messaggero», 23.3.1987, 3); «*centotre* aristogatti in lizza» («La Repubblica», 13-14.4.1986, 27).

19. Nell'italiano parlato è abbastanza comune, per cifre da '1000' in su, esprimere in forma abbreviata le centinaia: *mille e sei* per 'milleseicento', *ottomilaquattro* per 'ottomilaquattrocento' (si pensi anche al modo di indicare la cilindrata o la marca di un'automobile: «si è comprato una milletré», «mia sorella [...] potrebbe prendere la millenove» Arbasino, *L'Anonimo Lombardo*).

È un uso che talvolta può ingenerare confusione. Se al mercato mi si dice che un chilo di patate costa *milledue*, tradurrò automaticamente in '1200 lire'; ma in molti altri casi si può restare in dubbio tra '1200' e '1002' (e per indicare appunto numeri come 1002, 2006 e simili, c'è qualcuno che ricorre a dizioni del tipo *millezerodue*, *duemilazerosei*, per evitare equivoci).

20. Nei numerali che indicano un anno, possono essere soppresse le prime due cifre: «il '18» (parallelamente, con le lettere: «il diciotto»); «– Sono dell'ottantotto, sa! – gemette il Puttini. – Ed io dell'ottantacinque! – ribatté l'altro senza fermarsi» (Fogazzaro, *Piccolo mondo antico*, 43); «ora, già, non son più quella: / parlo del cinquanta... sei...» (Gozzano, *La bella del re*, 11-12). Più di rado si sopprime la sola cifra delle migliaia: «sotto quale canzonetta napoletana nacqui, nel remotissimo novecentodue?» (Marotta, *L'oro di Napoli*, 87).

Oltre che per anni più o meno vicini, e comunque legati all'esperienza di chi parla, questa riduzione può aversi con date celebri, in modo antonomastico: «i princìpi che trionfarono gloriosamente nell'ottantanove» (nel 1789, l'anno della Rivoluzione francese; Carducci, *Opere*), «i moti del '21» (del 1821) o anche, con allusione percepibile questa volta solo da un pubblico ristretto, «la generazione trobadorica del '70» (del 1170).

Da *1848*, in riferimento ai noti rivolgimenti politici che avvennero in quell'anno, si è tratto il sostantivo *quarantotto* 'confusione', 'scompiglio': «si capisce, in tutto quel quarantotto s'era fatto anche del male, s'era rubato e ammazzato senza motivo» (Pavese, *La luna e i falò*, 72-73; si allude alla lotta antifascista del 1945). Cfr. anche XV.44.

21. Nei numerali usati per i secoli dall'XI in poi può mancare la cifra delle migliaia («il '300») o, in lettere, la parola *mille* («il Trecento»; si potrebbe pensare anche al IV secolo, prima o dopo Cristo: ma sarà il contesto a decidere). Nella sequenza di più centinaia indicanti secoli si può omettere *cento* nel primo membro (o nei primi membri) della serie: «un lirico italiano del Cinque o dell'Ottocento» (Leopardi, cit. in PASQUALI 1968: 172).

22. A proposito di anni, andrà segnalata la locuzione «(gli) anni Venti, Trenta», ecc. per gli anni dal 1920 al 1929, dal 1930 al 1939, ecc. (molto più raro il riferimento a secoli diversi dal XX). Si tratta di un calco dal russo, giunto in italiano attraverso il francese o il tedesco (cfr. CORTELAZZO-ZOLLI 1979 sgg.: I 57).

Recentemente si è diffuso un modo più rapido, con ellissi di *anni*: «con i primi '50» (Santoni Rugiu, *Parole di vita veloce*, 227); «sino a tutti i Sessanta» («La Repubblica», 4.9.1986, 9).

III. Forme secondarie

23. Degne di nota alcune forme d'uso antico, letterario o regionale.

a) Per '2' l'italiano arcaico presentava tracce di un'opposizione tra maschile e femminile (ROHLFS 1966-1969: 971); per esempio, nell'antico aretino si distingueva tra «doi fiorini» e «doe volte» (SERIANNI 1972: 135). Altre varianti attestate prima della definitiva vittoria di *due* erano *duo* («e tra lor duo se cominciò gran zuffa» Boiardo, *Orlando innamorato*) e *dua*, caratteristico del fiorentino quattro-cinquecentesco («quei dua buon vechioni» Cellini, *Vita*, 34).

b) *Dieci*, con la *i* finale, è estraneo al più antico fiorentino, in cui si aveva *diece* (CASTELLANI 1952: 131-134; conforme al lat. DĔCEM), e si dovrà «all'influsso di *undici*, *dodici*, ecc. [...] che presentano la *i* finale fin dai primi documenti» (CASTELLANI 1980: I 182).

c) Accanto a *duecento*, sopravvive in Toscana *dugento* (in alternanza col popolaresco *duegento*, forma di compromesso), che è anche il tipo della tradizione letteraria, toscana e non toscana (CASTELLANI 1985). Ancora abbastanza diffuso l'aggettivo *dugentesco*: «le viuzze [...] della Capri dugentesca» (Ada Negri, *Prose*), «una raccolta di laudi dugentesche» (Montale, *Farfalla di Dinard*).

d) Piuttosto raro oggi – e solo dell'uso letterario a toscano – *secento* invece di *seicento*; ma è ancora ben salda *e* invece di *ei* nei derivati *secentista* («il buon secentista» Manzoni, *I Promessi Sposi*, Introduzione, 8) e *secentesco* («del gusto secentesco» Sapegno, *Letter. italiana*, 332).

e) Al vernacolo toscano e all'italiano antico appartengono forme sincopate come *cencinquanta* («cencinquanta de' suoi cavalieri» G. Villani, *Cronica*) o *venzette*, *quaranzei* '27', '46' (MANNI 1979: 138).

f) Mentre nell'italiano contemporaneo i multipli di *mille* presentano -*mila* (*duemila*, *tremila*, ecc.), l'italiano antico «continuava la forma *milia*, anche se per tradizione non diretta» (ROHLFS 1966-1969: 976): «O frati – dissi – che per cento milia / perigli siete giunti a l'occidente» (Dante, *Inferno*, XXVI 112-113).

g) Nel *Decamerone* il Boccaccio coniò con intento giocoso i numerali fantastici *millanta*, *millantanove* (così, nella novella III della giornata VIII Maso del Saggio risponde a Calandrino, che gli aveva chiesto quante miglia distasse il mitico paese di Berlinzone: «Hàccene [=ce ne sono] più di millanta, che tutta notte canta»). Da *millanta* deriva *millantare* 'vantare meriti inesistenti': inesistenti come il numerale che è alla base del verbo. Questo stesso *-anta*, suffisso delle decine da '40' a '90' col quale il Boccaccio ha foggiato il suo *millanta*, si ritrova nell'espressione scherzosa *gli anta* 'gli anni della maturità e della vecchiaia': «Quand'agli *anta* / l'ora canta, / pur ti vanta / di virtù» (così dicono gli «spiriti malvagi» per tentare Giovanna d'Arco nell'omonima opera di T. Solera, in VERDI-BALDACCI 1975: 108).

IV. Usi e costrutti particolari

Talvolta i numerali cardinali possono essere usati come veri e propri sostantivi.

24. Come plurali:
a) In riferimento a un gruppo di persone di rilievo storico: «i Mille» di Garibaldi, «la versione dei Settanta», «i Trecento di Leonida», «Piazza dei Cinquecento» a Roma (in ricordo dei caduti di Dogali). O anche in relazione a magistrature, cariche pubbliche, specialmente antiche: «i Dieci di Venezia» (il Consiglio dei Dieci), «gli Otto di Firenze» (gli Otto di guardia e di balia, oppure gli Otto della guerra, due distinte magistrature), «gli Ottanta di Corinto», ecc. Più recente «la banda dei quattro», espressione usata spregiativamente in riferimento al gruppo dirigente cinese responsabile della «rivoluzione culturale» e poi esteso anche alla politica italiana (CORTELAZZO-CARDINALE 1986: 23).
b) Con ellissi del sostantivo *lire*, in modi idiomatici che ricorrono nelle piccole spese quotidiane, dando o ricevendo il resto di una somma: «vuole le cento?», «ha le cinquanta?».

25. Al singolare e al plurale:
a) Quando indicano un numero considerato in quanto tale («non era sicuro [...] di averlo già contato, il quattro» Del Buono, citato in BRUNET 1981: 76); «è uscito il ventisei», in una lotteria. O un numero in quanto designi, convenzionalmente e occasionalmente, qualcuno: «il prossimo è il nove», in un ambulatorio, in un ufficio e simili.
b) In espressioni di tempo relative all'ora (al singolare per *l'una*, al plurale per le altre ore del giorno: *le tre*, *alle nove*, cfr. IV.61), o al giorno del mese (al singolare: «il venti [di] marzo») o all'anno (al singolare: «il quattrocentosettantasei dopo Cristo»).
Nell'italiano antico era normale l'articolo plurale davanti ai numerali superiori a '1' (quindi «plurali»): «i vénti di marzo», «i quattrocentosettantasei» (cfr. IV.60). Un riflesso di questo uso arcaico è nelle intestazioni: «li 20 marzo» e simili (cfr. IV.15).
c) Qualcosa che, per la forma, ricordi una cifra araba: «farsi un sette nei pantaloni», uno strappo a forma di '7', «il sette della porta», nel gioco del calcio, «l'otto volante», ecc.
d) In vari altri casi, come per indicare un voto scolastico («un sette in storia», «un libretto con molti trenta»), una squadra di atleti («l'undici iuventino», la squadra di calcio della Juventus; «un quattro con», «un quattro senza», nel canottaggio), una carta da gioco («un quattro di bastoni», «cala il sei!»), una misura («di scarpe porto il quaranta e di camicia il trentotto»), una linea tranviaria («è passato il sette?», «il quindici non va alla stazione»), ecc.
Nell'uso toscano, i numerali usati con funzione di sostantivo possono avere un plurale in *-i*: «i quattri», «i cinqui», «quanti setti sono usciti?», giocando a carte.

26. Abbastanza comune la presenza di numerali cardinali in locuzioni idiomatiche (BRUNET 1981: 89-90): *valere per due* («in que' casi fra Cristoforo valeva veramente per due» Manzoni, *I Promessi Sposi*, VI 13), *a due passi* 'molto vicino' («all'osteria che è lì a due passi» Tozzi, *Tre croci - Giovani*), *a quattr'occhi* 'da solo a solo' («quando ebbe Cafiero a quattr'occhi davanti ai conti» Bacchelli, *Il diavolo al Pontelungo*), *dirne quattro a qualcuno* 'rimproverarlo aspramente' («la prima volta che mi capita lo prendo per il petto... e gliene dico quattro...» Cassola, *La ragazza di Bube*, 131-132), *cinque minuti* 'pochissimo tempo' («non trovi né meno cinque minuti per mandarmi soltanto le tue notizie?» Carducci, *Lettere*), *perdonate fino a settanta volte sette* (frase evangelica), *essere un pezzo da novanta* 'molto potente' (originariamente nel linguaggio della mafia, ma ormai frequente in accezione generica, senza implicazioni negative: «tra gli ospiti ci sono due pezzi da novanta delle FS», «Il Messaggero», 28.9.1987, 5), ecc.

27. Da notare ancora:
Quando si trova in un complemento di quantità, il numerale rifiuta l'articolo: «ha dormito *cinque ore*», «pesa *sei chili*»; ma in passato la norma non era rigida: «il vecchio portiere Caramella, che sonnecchiava *le dodici ore* al giorno in anticamera»; «lontano *le cento miglia* dove sarebbe andato a finire quel gran discorso» (De Marchi, *Demetrio Pianelli*, 135 e 218).

28. Con *tutti*, il numerale è preceduto dalla congiunzione *e*: «tutti e due», «tutt'e quattro» (rara la giustapposizione: «tutti due gli occhi» Pavese, citato in BRUNET 1981: 74).

29. La preposizione *in* può collocarsi tra un verbo e un numerale, in espressioni «che sembrano limitate agli esseri umani e indicare un'associazione non casuale degli individui in questione» (LEPSCHY-LEPSCHY 1981: 123; cfr. anche BRUNET 1981: 80-81, da cui traiamo gli esempi): «qui risero in due o tre» (Vittorini; possibile anche: «qui due o tre risero»); «qui siamo in due, tu e io, e basta» (Del Buono; ma anche: «qui siamo due»).

30. Nei numeri decimali in cui la prima cifra dopo la virgola (o il punto) sia zero, lo zero deve essere pronunciato: 2,03 «due e zero tre» (oppure: «due virgola zero tre», «due punto zero tre»). Dicendo «due e tre» si intenderebbe, ovviamente, un'altra cosa (2,3).
Diverso il caso delle ore e dei minuti, in cui non è possibile nessun equivoco e lo zero non dovrebbe essere trasposto dalla sequenza scritta al parlato, come avviene in frasi quali: «l'espresso per Genova-Torino delle sette zero quattro è in partenza al binario cinque» (più corretta, e anche più rapida, la dizione «sette e quattro»).
Il differente livello stilistico dei due modi di indicazione dell'ora si coglie bene in un passo del romanzo *La donna della domenica* di Fruttero e Lucentini (360). La protagonista, elegante signora dell'alta borghesia torinese, sta sfogliando un manuale di polizia giudiziaria, comprato da un rivendugliolo: «S'interruppe di nuovo per guardare l'orologio, e vide che era già quasi l'una e dieci. L'una e otto, esattamente. Sorrise pensando che adesso, forse, avrebbe dovuto abituarsi a dire le tredici e zero otto».

31. Per indicare l'ora, si usano correntemente solo i primi dodici cardinali: «sono le *quattro*», «alle *sei* e quaranta» (o «alle *sette* meno venti»), sia che si tratti delle ore antimeridiane («le quattro di [o *della*] mattina»), sia che ci si riferisca alle ore pomeridiane («le quattro di [o *del*] pomeriggio»).
I numerali da '13' a '24' si usano per gli orari di treni, aerei, spettacoli e simili: «il treno parte alle sedici e quindici» (16.15). Come l'italiano si comportano il francese («il est quatre heures», ma: «le train part à seize heures quinze»), il tedesco («es ist vier Uhr», ma: «der Zug fährt um sechzehn fünfzehn ab»), lo spagnolo («son las cuatro», ma: «el tren parte a las diez y seis quince»). L'inglese ricorre di preferenza ai primi dodici numerali, distinguendoli eventualmente con le sigle *a.m.* e *p.m.* («it is four» e «the train leaves at four fifteen p.m.»).

Numerali ordinali

32. Da *primo* a *decimo* esiste una sola forma per ciascun numerale, da *undicesimo* in poi singole varianti di tono sostenuto e di uso piuttosto limitato si affiancano ai tipi più frequenti, formati col suffisso *-esimo*.

33. Negli ordinali in *-esimo*, il numerale elide la vocale finale davanti al suffisso: *ventun(o)* + *esimo* > *ventunesimo*; ma nei composti di *tre*, la *e* si mantiene (*ventitreesimo, cinquantatreesimo*) e nei composti di *sei* si oscilla tra *ventiseesimo*, con caduta della *i*, e *ventiseiesimo* (cfr. BRUNET 1981: 95).
Le varianti secondarie possono trovarsi o in riferimento a secoli («il secolo diciannovesimo» / «il secolo decimonono») o come numero d'ordine di re e papi («Gregorio sedicesimo» / «decimosesto»). Molto più rara, oggi, la loro presenza in altri contesti (come nel seguente esempio del letterato Vittorio Rossi, cita-

to in BRUNET 1981: 97: «qui, alla stanza quadragesimasesta del secondo libro, il poema restò interrotto»; o nell'art. 10 del *Codice Civile*: «Le leggi e i regolamenti diventano obbligatori nel decimoquinto giorno successivo a quello della loro pubblicazione».

34. L'ordinale è spesso anteposto al nome: «il primo amore», «la seconda vita», «il terzo incomodo», «la decima rima», «il ventesimo posto».
Da notare alcune espressioni idiomatiche: «il terzo mondo», quello in via di sviluppo (propriamente «terzo» perché non appartenente né al mondo occidentale né a quello comunista), «la terza età», la vecchiaia, «il terzo sesso», gli omosessuali; «il quarto potere», la stampa (idealmente aggiunto ai tre fondamentali poteri dello stato teorizzati da Montesquieu: esecutivo, legislativo e giudiziario; più recentemente, si è parlato di un «quinto potere» per l'influenza esercitata dalla televisione), «la decima musa», il cinema.

35. L'ordinale si pospone:
a) Con nomi di re, papi e simili: «Umberto primo» (Umberto I), «Pio decimo» (Pio X). Anticamente, era possibile anche l'anteposizione: «qua dentro è 'l secondo Federico» (Dante, *Inferno* X 119) o, più raramente, l'interposizione del titolo tra antroponimo e numerale: «essendo Bonifazio papa ottavo in Roma» (Boccaccio, *Decamerone*).
b) Quando si voglia sottolineare una sequenza numerica (per esempio in riferimento a capitoli, canti, scene, atti di un testo letterario o teatrale): «nella scena seconda dell'atto terzo» (BRUNET 1981: 98). Nello scritto, la posposizione è comune quando l'ordinale è espresso in cifre romane («il canto III»); è invece facoltativa se l'ordinale è indicato in lettere: «nel libro quinto» (Marchesi, *Letter. latina*, I 419) / «nel terzo cerchio» (Croce, *Poesia di Dante*, 75).

36. L'uso degli ordinali concorre con quello dei cardinali in diversi casi:
a) Per indicare i secoli dall'XI in poi (in tal caso, come abbiamo visto, possono trovarsi le forme secondarie degli ordinali): «il diciottesimo secolo», «il secolo decimottavo» accanto a «il Settecento».
Da notare che l'ordinale in -*esimo* è indifferentemente anteposto o posposto («il diciottesimo secolo», «il secolo diciottesimo»), mentre la forma secondaria può essere oggi solo posposta («il secolo decimottavo», non* *il decimottavo secolo*). In cifre, si può scegliere tra quelle romane («il XVIII secolo») e quelle arabe. Nel secondo caso, è obbligatorio sopprimere la cifra delle migliaia sostituendola con l'apostrofo: il '500 è il periodo che va dal 1501 al 1600, il 1500 è quel singolo anno, compreso tra il 1° gennaio e il 31 dicembre.
b) Per i giorni del mese si usa l'ordinale per il giorno iniziale («il primo maggio», «il primo di settembre»), ma il cardinale per i giorni successivi, siano o non siano accompagnati dal nome del mese: «il due di novembre», «siamo al 27 agosto» (cfr. BRUNET 1981: 115); «Che giorno è oggi? – È il due» (oppure: «Quanti ne abbiamo? – Due»).
Nelle date si può scegliere, per il primo del mese, tra il semplice numero arabo («Milano, 1 maggio 1864» Manzoni, *Lettere*, III 281) e il numero con la letterina in esponente che lo trasforma in ordinale («1° maggio», cfr. VI.4).
c) Si oscilla tra cardinale e ordinale per indicare capitoli o parti di un'opera e, più in generale, una serie in successione: «nel canto ventesimo» / «nel canto venti», «l'aula terza» / «l'aula tre», «al secondo binario» / «al binario due». Sempre l'ordinale va usato – come si può ricavare dagli esempi del par. 35a – con papi e re: «Luigi quindicesimo» e non «Luigi quindici», secondo il modello francese. Il tipo *Giovanni ventitré* può godere di qualche fortuna nella parlata popolare (in cui gli ordinali, tranne che per la prima decina, non sono correnti) e, viceversa, in quella più sensibile al «coloritto gallicizzante e ricercato del costrutto» (FOLENA 1958).

37. Un ordinale molto particolare è l'aggettivo *ennesimo* (tratto da *n* come simbolo matematico che indica in una sequenza un numero imprecisato), nel significato di 'aggiunto a una serie già numerosa', 'iterato, nuovo, altro'. È molto frequente nel linguaggio giornalistico: «l'ennesimo suicidio maturato in ambiente militare» («Il Mattino», 25.8.1986, 1) «[Liedholm] a gambe divaricate sull'ennesima panca della sua ennesima avventura di mister» («Il Messaggero», 1.9.1986, 22); «ennesima schermaglia tra Piazza del Gesù e via del Corso» («La Repubblica», 3.9.1986, 3).

38. Come con i cardinali, anche con gli ordinali possono trovarsi espressioni ellittiche: «frequentare la prima [classe]», «viaggiare in seconda [classe ferroviaria]», «portare la terza [misura di un capo di vestiario]», «elevare alla quarta [potenza]», «ascoltare la nona [sinfonia di Beethoven, per antonomasia]».

39. Le cifre che indicano un minuto primo (seguite da apice o apostrofo, cfr. I.246) si leggono normalmente come numeri cardinali: «la distanza è stata coperta in 6'» (=in sei primi, in sei minuti, in sei minuti primi). Nelle cronache giornalistiche di un avvenimento sportivo ci si serve di questo simbolo per indicare un numerale ordinale: «il rigore è stato segnato al 40' della ripresa» (=al quarantesimo [minuto]; ma è un uso da non estendere ad altri contesti.

Numerali frazionari

40. Da osservare:
a) Al denominatore si può usare solo la forma in *-esimo*, non le varianti secondarie. Quindi: «tre undicesimi» (non *undecimi o *decimoprimi).
b) L'aggettivo *mezzo* si concorda regolarmente con il sostantivo quand'è anteposto: «una mezza sconfitta», «due mezze bottiglie». Quando è posposto, l'accordo è facoltativo. Così, nelle espressioni di tempo, che sottintendono *ora*: «alle tre, tre e mezza» (Buzzati, cit., in BRUNET 1981: 102), «Erano le sei e mezzo» (Sciascia, *Il giorno della civetta*, 33).
Si dice però solo *la mezza* per indicare le 12.30 (o le ore 0.30 o anche – meno comunemente – «la 'mezza' di qualunque ora: *il treno parte alle 6.40: troviamoci alla mezza* [cioè alle 6.30]» LEPSCHY-LEPSCHY 1981: 122).

Numerali moltiplicativi

41. I numerali di questo gruppo formano due serie di aggettivi o aggettivi sostantivati, entrambe limitate a poche unità:
a) *Doppio, triplo, quadruplo, quintuplo, sestuplo, settuplo, ottuplo, nonuplo, decuplo, centuplo*.
Di uso frequente sono soltanto *doppio* e *triplo*, presenti tra l'altro in numerose locuzioni («avere una doppia vita», «una scuola con i doppi turni», «partita doppia», «doppio dativo»; «punto triplo», «salto triplo») e in usi sostantivati («un doppio maschile», nel tennis; «il doppio nella letteratura romantica», ecc.). Per il resto, si preferisce ricorrere a circonlocuzioni («con i titoli ho guadagnato sei volte di più che con gli interessi postali», piuttosto che: «ho guadagnato il sestuplo»), tranne che in contesti puramente tecnici e descrittivi.
Ecco un esempio di Leonardo da Vinci, in cui compaiono due moltiplicativi d'uso poco comune: «questo si conferma per la proporzione decupla, che hanno i quattro elementi infra loro, la quale si vede esser l'aria con la terra proporzione centupla» (*Trattato della natura, del peso e del moto delle acque ed osservazioni sul corso dei fiumi*).
b) *Duplice, triplice, quadruplice, quintuplice, sestuplice, settemplice, ottuplice, centuplice*.
A differenza di *doppio, triplo*, ecc., questi aggettivi «non determinano quante volte una cosa è più grande di un'altra, ma indicano che una cosa è costituita da due, tre o più parti, che ha due, tre o più scopi, che serve a due, tre o più usi» (DARDANO-TRIFONE 1985: 150): «il problema è duplice», presenta due aspetti distinti, «la Triplice Alleanza», «la Triplice Intesa».
Di uso comune, anche qui, solo *duplice* e *triplice*, che spesso non sono altro che sinonimi di *doppio* e *triplo* di registro più elevato: «I cipressi che a Bolgheri alti e schietti / van da san Guido in duplice filar» (Carducci, *Davanti San Guido*); ma anche: «esibire documentazione in duplice copia presso il comune di residenza entro e non oltre il...».
Settemplice piacque ai poeti: «il settemplice scudo d'Aiace» (Monti, citato in TOMMASEO-BELLINI 1865-1879: V 846); e, in

VI. Numerali

particolare, al D'Annunzio, anche nei romanzi: «L'elica s'arrestò; l'Àrdea fu sciolta, cessato il battito del suo cuore settèmplice» (*Forse che sì, forse che no*, 97).

Sostantivi e aggettivi numerativi

Per indicare due o più persone o cose esistono forme parallele rispetto ai numerali cardinali.

42. Particolarmente ricca la costellazione di numerativi per '2': i sostantivi *paio*, *coppia*, *duo* e *duetto*; i pronomi o aggettivi *ambo*, *ambedue*, *entrambi*. Tutti indicano due membri di un organismo unitario; possono essere sostituiti da numerali cardinali («un paio di scarpe»=due scarpe, «entrambi gli sposi»=i due sposi), mentre non è sempre vero il contrario: «un costume a due pezzi» non può trasformarsi in un costume *a un paio di pezzi o *a una coppia di pezzi.
I tre pronomi-aggettivi, benché piuttosto diffusi (almeno *ambedue* ed *entrambi*) appartengono all'uso scritto e al parlato formale. È significativo il fatto che il Manzoni, nel rivedere la lingua dei *Promessi Sposi*, eliminasse i tre numerativi a beneficio del più familiare *tutt'è due* (cfr. MORANDI 1879: 51 e VITALE 1986: 29; in tutto il romanzo sopravvive un solo esempio di *entrambi*: I 12).
Ambo, oggi usato soltanto come aggettivo, è generalmente invariabile, ma presenta anche un maschile *ambi* e un femminile *ambe* (il femminile *ambe* è raro nel sintagma *ambe le mani*: attestazioni da Svevo e Landolfi in BRUNET 1981: 107 e da Jovine; si aggiunga Deledda, *L'incendio nell'oliveto*, 31). Come esempi del pronome citeremo, per la forma invariabile: «ed ambo fece rei di quell'eccesso / che commettere in me vols'egli stesso» (Tasso, *Gerusalemme liberata*); e per quella variabile: «ambi erano di amor patrio caldissimi» (Mazzini, *Opere*).
Ambedue ed *entrambi* possono valere come aggettivi o come pronomi; *entrambi* ammette un femminile *entrambe*, mentre *ambedue* è invariabile nell'italiano contemporaneo: «in entrambi (ambedue) i casi», «entrambe (ambedue) le volte».
Nell'italiano antico si trovavano anche al-

tre varianti, come *ambeduo*, *ambodue*, *ambendue*. Più a lungo ha resistito *ambidue* come maschile: «al tavolier s'assidono ambidue» (Parini, *Il giorno*), «ci respinse ambidue fino contro al letto» (Nievo, *Le confessioni di un italiano*).

43. Le forme in uso per indicare tre o più persone o cose hanno talora assunto accezioni particolari. Così, *terzetto* può riferirsi genericamente a tre persone, ma, più spesso, a una composizione musicale; e parliamo di una *terzina* dantesca, di un *terno* al lotto, di una *terna* arbitrale.
Più precisamente, noteremo che, a seconda del suffisso, il numerativo rimanda a un certo àmbito settoriale. Vediamo i gruppi più caratteristici.

44. *-ina* affisso a un numerale ordinale forma termini della versificazione, che designano strofe composte da un dato numero di versi: *terzina*, *quartina*, *sestina* (si dice però *ottava*, non *ottavina*, per la strofe della poesia epica); con un numerale cardinale indica invece una cifra approssimativa, con frequente riferimento all'età umana: «una trentina di telefonate», circa trenta, «un signore sulla trentina», intorno ai trent'anni.
Le due ultime accezioni dei numerativi in *-ina* risaltano bene da un passo d'una lettera scritta dal Manzoni settantenne alla moglie Teresa Borri: «E per un altro di più, ti do le mie [notizie]: ottime, né tosse, né altro malanno: meno una settantina, per fare un *calembour* che ti lascio indovinare» (Manzoni, *Lettere*, III 74).

45. *-ario* affisso a un numerale distributivo latino (TÉRNI 'a tre a tre', ecc.) indica il verso composto da un certo numero di sillabe (o, per la metrica classica, di piedi): *ternario*, *quaternario*, *quinario*, *senario*, *settenario*, *ottonario*, *novenario* (con altra formazione: *bisillabo*, *decasillabo*, *endecasillabo*, *dodecasillabo*); con i distributivi latini relativi alle decine dal '50' a '100' qualifica l'età approssimativa di un individuo: *quinquagenario* e *sessagenario* (entrambi d'uso raro), *settuagenario*, *ottuagenario*, *nonagenario*, *centenario* (*centenario* – e *cinquantenario*, foggiato sul suo modello – possono indicare l'anniversario di un avvenimento importante).

46. *-enne, -ennio, -ennale*: affissi a numerali cardinali indicano l'età di un individuo (*quindicenne, ventenne, settantenne*), un periodo di tempo (*quindicennio, ventennio, settantennio*), un anniversario (*quindicennale, ventennale, settantennale*; questi ultimi suffissati possono essere usati anche come aggettivi di relazione: «un esilio ventennale», di vent'anni).

47. *-etto* affisso a un ordinale forma termini musicali: *terzetto, quartetto, quintetto, sestetto, ottetto* (ma in *duetto*, come abbiamo visto [cfr. VI.42], si ricorre al numerale cardinale).

VII. PRONOMI E AGGETTIVI PRONOMINALI

1. Secondo l'etimologia del termine (lat. *pronōmen* '[parte del discorso] che si colloca al posto di un nome'), il pronome è un elemento che fa le veci di un sostantivo, rappresentandolo negli stessi valori grammaticali di genere e numero. In una frase come la seguente: «quando vidi tuo padre, non c'era nessuno con *lui*», il pronome personale *lui* equivale al nome già enunciato (=con tuo padre).
Tuttavia, in molti altri casi un pronome non ha nessun rapporto con un nome, espresso o sottinteso. Si pensi a frasi come «*Che cosa* vuoi? – *Niente*» (uso assoluto del pronome); «Dammi *questo*!» (uso deittico, che presuppone un richiamo al contesto extralinguistico, per esempio mediante un gesto o un ammiccamento). Anche *io* e *tu* hanno un rapporto logico, ma non grammaticale con i termini a cui si riferiscono, tanto è vero che sostituendo ai pronomi due nomi qualsiasi, non possiamo mantenere il verbo alla stessa persona («tu ed io abbiamo molte cose in comune» – *Anna e Paolo abbiamo molte cose in comune*). Si tratta piuttosto di sostantivi che funzionano come soggetti della 1ª e 2ª persona dei verbi (LEONE 1978: 122).

2. È pur vero che la categoria dei pronomi, per quanto eterogenea, ha, non solo in italiano, dei tratti inconfondibili che la contrassegnano rispetto ai sostantivi e agli aggettivi, vale a dire rispetto alle due «parti del discorso» più simili, in quanto anch'esse soggette a specificazioni di genere e numero. Sulla scorta di KLAJN 1975 possiamo indicare due differenze essenziali: – *a*) sostantivi e aggettivi costituiscono in tutte le lingue vive una «classe aperta», una serie illimitata; i pronomi invece «formano 'sistemi chiusi' con un numero ristretto di elementi e con ovvie corrispondenze (*noi-voi-loro*, ingl. *somebody-anybody-everybody-nobody*)»: KLAJN 1975: 83-84 – *b*) sostantivi e aggettivi sono «parole piene», possono essere indicate in un dizionario mediante una definizione sostitutiva (*cane* 'mammifero domestico dei carnivori...'; *fermo* 'che non si muove, stabile'); i pronomi, come le altre «parole grammaticali» (o «vuote») devono essere designati attraverso una definizione metalinguistica (*io* 'pron. pers. masch. e femm., indica la persona che parla...') o, al più, attraverso un altro pronome corrispondente (*che* 'il quale').
La funzione di sostituire un nome, che resta la funzione propria della maggior parte delle forme tradizionalmente comprese nella categoria «pronomi», risulta evidente nei casi in cui al sistema pronominale si affianca una parallela serie di aggettivi: il pronome equivale allora ad un sintagma costituito dal corrispondente aggettivo pronominale e da un nome. Così, per i possessivi: «il mio cane e *il tuo*» (=il tuo cane); per gli interrogativi: «*che* prendi?» (=quale bibita, o simili); per i dimostrativi: «non dar retta a *costui*» (=a quest'individuo), ecc.

3. Qualche incertezza può nascere a proposito della classificazione dei singoli pronomi. Due esempi: c'è chi considera i pronomi personali di 3ª persona (cfr. VII.16 sgg.) dei dimostrativi (LEONE 1978, sulla scia di Battaglia-Pernicone e Fogarasi) e chi invece ne rivendica l'ufficio tradizionale (KLAJN 1976); tra i pronomi indefiniti figura male *nessuno*, che determina un concetto senza possibilità di dubbio: «non ha telefonato nessuno» ha la stessa precisione informativa di «ha telefonato Carlo» (a differenza dell'indefinitezza di «ha telefonato qualcuno»).

Nel presente capitolo esamineremo, accanto ai singoli pronomi, gli eventuali aggettivi corrispondenti: sia per l'evidente omogeneità di forma e di significato, sia perché essi, pur avendo 3funzione aggettivale, non sono degli aggettivi veri e propri (KLAJN 1975: 84). Infatti: *a*) come i pronomi, costituiscono una «classe chiusa» di «parole vuote»; *b*) non ammettono né gradi di comparazione né suffissi alterativi; *c*) la loro distribuzione non è sempre identica a quella degli aggettivi (posso dire, per esempio, «il mio tavolo» con l'articolo, come direi «il vecchio tavolo», ma non *il questo tavolo*, *il nessun tavolo*, ecc.; per *nessuno* cfr. però VII.192).

Pronomi personali: forme toniche

4.

	SOGGETTO		COMPLEMENTO	
	MASCHILE	FEMMINILE	MASCHILE	FEMMINILE
1ª PERSONA	io	io	me	me
2ª PERSONA	tu	tu	te	te
3ª PERSONA	egli, lui, esso	ella, lei, essa	lui, esso	lei, essa
4ª PERSONA	noi	noi	noi	noi
5ª PERSONA	voi	voi	voi	voi
6ª PERSONA	essi, loro	esse, loro	essi, loro	esse, loro
RIFLESSIVO SING. E PLUR.			sé	sé

5. Non tutti i pronomi personali svolgono la medesima funzione. Infatti, come si è accennato, i pronomi di 1ª, 2ª, 4ª e 5ª persona rappresentano rispettivamente chi parla (uno solo: 1ª; o più di uno: 4ª) e chi ascolta (uno solo: 2ª; più di uno: 5ª); i pronomi di 3ª e 6ª persona possono «indicare colui del quale si parla ('lui chi è?') o sostituire un nome ('Gaetano verrà presto; lui è sempre puntuale')»: DARDANO-TRIFONE 1985: 160. I pronomi di 4ª e 5ª persona non rappresentano, in realtà, dei plurali di *io* e *tu*, come farebbe pensare la denominazione tradizionale di «1ª e 2ª persona plurale», ma dei pronomi «inclusivi» che inglobano rispettivamente la 1ª e la 2ª persona (GORĂSCU 1976: 479 n. 2; «voi leggete» può corrispondere, a seconda dei casi, a «tu e lui», «tu e lei», «tu e altri leggono»).

A differenza di molte altre lingue europee, in italiano l'uso del pronome personale è generalmente facoltativo. Si prenda una frase qualsiasi: «quando [tu] suoni il pianoforte, [io] ti ascolto sempre volentieri»: la presenza del pronome personale è possibile, ma non necessaria (e addirittura poco probabile), mentre sarebbe obbligatoria in inglese («When *you* play the piano, *I* listen to you always with pleasure»), francese («quand *tu* joues le piano, *je* t'écoute toujours volontiers») o tedesco («wenn *du* Klavier spielst, höre *ich* dir immer gern zu»). Nell'italiano antico il soggetto era indicato più spesso di quanto non avvenga oggi. Sulle possibili cause della diversa distribuzione attuale cfr. FREEDMAN 1983.

6. In alcuni casi il pronome personale deve essere espresso anche in italiano, e precisamente:

a) In espressioni olofrastiche («Chi è stato? – *Io*») o in frasi ellittiche in cui il pronome sia accompagnato da un infinito, da un aggettivo o da un sostantivo: «*Io* ammazzare tutti i signori!» (Manzoni, *I Promessi Sposi*), «*tu* ricca, *tu* con pace e *tu* con senno!» (Dante, *Purgatorio*, VI 136).

VII. Pronomi e aggettivi pronominali

b) Quando il pronome sia seguito da un'apposizione («che ho mai fatto *io*, servo inutile, pastore sonnolento perché...» Manzoni, *I Promessi Sposi*, XXIII 19) o sia l'innesto di una proposizione relativa: «O *tu* che dormi là su la fiorita / collina tósca» (Carducci, *Funere mersit acerbo*, 1-2).
c) In enumerazioni e, in genere, quando si succedano frasi con diverso soggetto: «*tu* esci, *lui* studia e *io* devo lavorare per tutti»; «*loro* corrono i cento metri piani, *noi* i cento metri a ostacoli» («Stampa sera», 23.2.1987, 7).
d) In espressioni enfatiche e tutte le volte in cui si voglia accentuare la parte che una data persona ha in un'azione: «*io* solo / combatterò, procomberò sol *io*» (Leopardi, *All'Italia*, 37-38); «Giulio, *tu* vedi ch'*io* lavoro, ch'*io* mi logoro la vita per la famiglia» (De Amicis, *Cuore*, 97). In frasi costituite da una sola proposizione è normale posporre il pronome al verbo: «ci penso io», «fate voi». Caratteristica la presenza del pronome dopo *anche*, *neanche* o un'altra congiunzione copulativa («Vengo anch'io. No, tu no», canzone di Enzo Jannacci, del 1968: cfr. BORGNA 1985: 178).
e) Per esigenze di chiarezza, quando una stessa forma verbale valga per più persone. Ad esempio, nel congiuntivo presente le prime tre persone sono identiche e può essere necessario esprimere il pronome: «bisogna che (*io*, *tu*, *lui* o *lei*) sappia la verità». Cfr. anche XIV.48.

7. Per indicare il complemento di compagnia con un pronome personale sono state in uso fino ad anni recenti – e alcune non possono dirsi scomparse del tutto neppure oggi (SATTA 1981: 251) – le forme *meco*, *teco*, *seco* e, rarissime e arcaizzanti, *nosco*, *vosco*, *secoloro*: continuano i latini MĒCUM, TĒCUM, SĒCUM, NŌSCUM (per NOBĪSCUM) e VOBĪSCUM, formati dal pronome personale e dalla preposizione CŬM 'con'. Esempi: «Così meco ragiono» (Leopardi, *Canto notturno*..., 90), «oh! fossi io teco» (Pascoli, *Romagna*, 13), «gli occorreva economizzare il centesimo; tanto più che aveva seco una ragazza americana, raccapezzata chi sa dove» (Cecchi, *Saggi*, 384), «e voi, cave spelunche e grotte oscure, / ululando venite a pianger nosco» (Sannazaro, *Opere volgari*), «non so se 'l nome suo già mai fu vosco» (Dante, *Purgatorio*, XI 60); «quando parlava secoloro» (Bacchelli, *Il mulino del Po*, I 77).

I tipi arcaici *con meco*, *con teco*, ecc. (per esempio: «i miei figliuoli / ch'eran con meco» Dante, *Inferno*, XXXIII 39) si debbono al fatto che nelle forme fossili *meco*, *teco*, ecc. i parlanti non hanno più avvertito la presenza della preposizione *con*, che è stata reintegrata creando, così, un'espressione ridondante.

8. Tutti i pronomi personali possono essere rafforzati mediante *stesso*: «Il punitor di sé stesso» (titolo italiano di una commedia di Terenzio), «dieci ne reca ai poveri tu stessa» (F. M. Piave, *La Traviata*, in VERDI-BALDACCI 1975: 317). Per l'accento con *sé* / *se stesso* cfr. I.177b.
I pronomi di 4ª e 5ª persona possono combinarsi con *altri*: *noialtri*, *voialtri* (anche, con grafia staccata: *noi altri*, *voi altri*). Si usano per sottolineare una contrapposizione, espressa o sottintesa: «stava sempre nel retro e sorvegliava noialtri da un buco del muro» (Pavese, *Il compagno*); «quando c'è un giovanotto in casa, è un pasticcio per noialtre donne» (Cassola, *La ragazza di Bube*, 152-153).
Per l'unione di un'interiezione con un pronome personale (*ahimè*, ecc.) cfr. X.7, X.21.
Vediamo ora la sintassi dei singoli pronomi e, insieme, alcuni usi notevoli delle relative persone verbali, anche in assenza di pronome espresso.

Io e Tu, Me e Te

9. *Io* e *tu* si usano sempre come soggetti. *Tu* può riferirsi a un interlocutore generico e in tal caso il costrutto corrisponde a una frase col *si* impersonale o passivante (cfr. VII.57, VII.60): «Gemmea l'aria, il sole così chiaro / che *tu* ricerchi gli albicocchi in fiore» (=che si ricercano; Pascoli, *Novembre*, 1-2); «dalle tre finestre e dalla ringhiera si guardava in un cortile stretto e profondo come una torre, di cui *non vedevi* la fine» (=di cui non si vedeva; De Marchi, *Demetrio Pianelli*, 162).

10. Talvolta si usano le forme oblique *me* e *te* anche in funzione di soggetto:
a) Nei paragoni di uguaglianza: «fa' come *me*», «lo so quanto *te*» (ma, senza ellissi:

«fa' come faccio *io*», «lo so quanto lo sai *tu*»).

b) In espressioni esclamative formate con un aggettivo: «povero me!», «Te beata gridai» (Foscolo, *Dei Sepolcri*, 165), con un modulo da confrontare con l'«accusativo esclamativo» latino: *heu me miserum* 'povero me'.

c) Quando hanno funzione predicativa e il soggetto è diverso: «io non sono te», «uno che [...] vuole esser me in ogni cosa» (Caro, *Lettere familiari*); se il soggetto è lo stesso i pronomi restano *io* e *tu*: «se io non fossi io, cioè il poeta (come mi chiamano) della democrazia» (Carducci, *Prose*, 869-870).

d) Con un participio assoluto («rivolgendosi ogni volta a persone diverse, *te compreso*» Calvino, cit. in BRUNET 1985: 45) e in costrutti nominali arcaici modellati sull'«ablativo assoluto» latino: «Poiché, *securo me* di tali inganni, / fece di dolce sé spietato legno» (Petrarca, *Rime*).

e) Nell'uso letterario, come soggetti di una proposizione infinitiva di tipo latineggiante (cfr. XIV.64): «Vo' [...] che confessi me solo esser felice» (Ariosto, *Orlando Furioso*).

11. Da notare l'uso sostantivato di *io* col valore di 'coscienza individuale', 'parte intima di una persona' (oltre che nelle più recenti e specifiche accezioni della psicologia): «colloqui dell'io antico e dell'io nuovo; cioè di quello che io fui con quello ch'io sono» (Leopardi, *Lettere*); «la scoperta di un mondo e una cultura nuovi e del proprio vero io» («Panorama», 17.8.1986, 16).

12. Quanto alla collocazione, il pronome *io*, trovandosi con altri soggetti (nomi o pronomi), si pone spesso all'ultimo posto («Anna, Mario ed io»), ma può anche trovarsi in posizione iniziale o, se i soggetti sono più di due, in posizione interna (quindi: «io, Anna e Mario», «Anna, io e Mario», ecc.). In uno spoglio di 85 esempi tratti da narratori contemporanei, BRUNET 1985: 6 ha contato 57 casi del tipo *mio padre ed io* e 28 del tipo *io e mio padre*. Spesso la posizione iniziale del pronome *io* manifesta l'importanza che chi parla o scrive attribuisce (più o meno consapevolmente) a sé stesso rispetto agli altri; significativo il titolo d'un film di A. Blasetti del 1966: «Io, io, io... e gli altri».

13. Nel registro sostenuto, scritto e orale, si evita di esprimersi in prima persona, ricorrendo a una perifrasi con la terza persona: «*il sottoscritto chiede* alla S.V. di essere incluso nella graduatoria dei coadiutori di II classe...» (=io chiedo); «Molti storici, fra cui anche De Felice, avanzano il dubbio che il suo non fosse stato affatto un salto nel buio [...]. *Chi scrive* crede di poterlo escludere sulla base delle confidenze fattegli in tempi non sospetti» (Montanelli, *L'Italia in camicia nera*, 63); «anche *chi vi parla*, come i relatori che l'hanno preceduto, tratterà solo un aspetto del tema in discussione».

14. Piuttosto comune *te* con funzione di soggetto, che appare ormai la regola in frasi coordinate quando il pronome di 2ª persona sia al secondo posto: «io e te», «Ugo e te» (cfr. LEPSCHY-LEPSCHY 1981: 107). In altre posizioni, si tratta di un modo caratteristico della lingua parlata, meno adatto per lo scritto tranne che non si voglia ricercare espressamente l'uso vivo, come in Collodi (*Pinocchio*, 74: «Ma giudicandoti dalla fisonomia [sic], anche *te* mi sembri un cane di garbo») o in Cassola (*La ragazza di Bube*, 49: «*Te* pensa solo a tener ferma la valigia sul manubrio»). Cfr. anche BRUNET 1985: 14-17, 41-42.
Ancora più marcato in senso colloquiale è l'uso – solo settentrionale – di *me* come soggetto: «Il padrone sono me» (titolo scherzoso di un romanzo di Panzini), «Me e te siamo due bei stupidi» (Fenoglio, *La malora*).

15. Nell'italiano antico *io* poteva comparire raramente in funzione di obliquo («Da io in fuor nessuna non sapea» Boccaccio, cit. in MOISE 1878: 354). Limitata ai primi secoli (e oggi viva in alcuni dialetti) è anche l'enclisi del pronome *tu*, specie col passato remoto: *vedestù*, *udistù* 'vedesti (tu)', 'udisti (tu)': cfr. ROHLFS 1966-1969: 452.

3ª persona

16. Per i pronomi soggetto di 3ª persona le forme tra cui è possibile scegliere sono

ben tre per entrambi i generi: *egli* / *ella*, *lui* / *lei*, *esso* / *essa*.
In riferimento a persona, la coppia *egli* / *ella*, a lungo caldeggiata dalla tradizione grammaticale, è in forte declino rispetto a *lui* / *lei*, che tendono ad essere i pronomi normali «in ogni tipo di parlato, anche formale, e nelle scritture che rispecchiano atti comunicativi reali» (SABATINI 1985: 159; cfr. anche SERIANNI 1986a: 61).
È stato osservato (DURANTE 1970: 187) che *egli* e *lui* non sono semplici doppioni. Infatti *egli* (con *ella*, *essa*, *essi*, *esse*) serve a «richiamare il nome di una persona già citato in precedenza e comunque ricavabile dal contesto» (è quindi un pronome anaforico), mentre *lui* (con *lei*, *loro*) si avvicina piuttosto al valore di *quello* (*quella*, *quelli*, *quelle*), in quanto «non surroga soltanto il nome, ma richiama, allude concretamente alla persona» (ha cioè valore deittico). Tuttavia, *egli* è piuttosto raro anche in quelle scritture (come gli articoli di giornale) in cui il protagonista dell'azione narrata viene citato più volte nel corso del testo (DURANTE 1970: 184). Si preferisce semmai ricorrere a sinonimi o a perifrasi (ad esempio, in un articolo su Giovanni Paolo II, per evitare troppe ripetizioni, questi verrà menzionato di volta in volta come «il papa», «il pontefice», «Wojtyla», piuttosto che indicato attraverso «egli»; non ci sarebbe nessuna resistenza, invece, ad usare le forme oblique: «*gli* sono stati presentati», «nella messa *da lui* celebrata», ecc.).
Ancora più raro di *egli* è il corrispondente femminile *ella* o *essa*. La spiegazione sta nel fatto che, «fuor di Toscana, *ella* ha generalmente sapore di letterarietà» ed *essa* «non è riuscito ad imporsi dovunque, anche perché già adempie all'ufficio, non condiviso da *egli*, di designare la cosa inanimata: ciò spiega il successo della variante *lei*» (DURANTE 1970: 198).

Una forte spinta all'accettazione di *lui*, *lei* come pronomi soggetto di 3ª persona è venuta dall'esempio del Manzoni, che nell'edizione definitiva dei *Promessi Sposi* abbandonò gran parte degli *egli*, *ella* usati in precedenza o con la semplice soppressione – secondando così la tendenza moderna ad un parco uso dei pronomi soggetto – o sostituendoli appunto con le forme già esistenti per l'obliquo (SERIANNI 1986b: 39-41).

17. L'uso di *lui*, *lei* è obbligatorio, e non solo preferito, negli stessi casi in cui vanno usati *me* e *te* invece di *io* e *tu*: con *come* e *quanto* («una donna come *lei*»); in espressioni esclamative («Oh, *lui* felice», frase di Radamès nell'*Aida*: VERDI-BALDACCI 1975: 452); con funzione predicativa («accettatelo per amico, con tutte quelle accoglienze che [...] fareste a me proprio, se io fossi *lui*» Caro, *Lettere familiari*; anche se il soggetto è lo stesso: «lui è *lui*»); con un participio (o anche con un gerundio) assoluto («A' Bulgari, *lui* preso, il giogo pone» Ariosto, *Orlando Furioso*); come soggetto di un'infinitiva («e pregolli che [...] al Conte significassero *lei* avergli vacua ed espedita lasciata la possessione» Boccaccio, *Decamerone*, III 9 33; per esempi antichi di *egli*, *ella* in infinitive cfr. MOISE 1878: 386-390); e anche in frasi coordinate, al secondo posto («io e lui»).
Lui e *lei* sono inoltre di regola in espressioni olofrastiche («Chi ha parlato? – *Lui*»), interposti tra *ecco* e una proposizione relativa («ed ecco *lei* che protesta nell'indifferenza generale»), sostantivati col valore di 'un uomo', 'una donna' («dunque c'è *una lei*» De Marchi, *Demetrio Pianelli*, 217) e in tutte le espressioni marcate o enfatiche: «è stato *lui*», «l'ha detto *lei*», «era un uomo coraggioso *lui*» (Landolfi, *La pietra lunare*).

18. Benché normalmente riferiti a persona, *egli* / *ella* e ancor più *lui* / *lei* possono anche essere usati per animali e cose, specie quando essi vengano umanizzati o siano comunque oggetto di una particolare carica di affettività: «la coda, che *egli* [il cane Barone] portava arcuata e svolazzante come un pennacchio di guerriero orientale, era grossa come quella di una volpe» (Levi, *Cristo si è fermato a Eboli*, 104); «[il giardino] una voce poetica l'avrà anche lui per te, così sensibile a certe voci» (Cicognani, cit. in BOSTRÖM 1972: 137; si veda anche BRUNET 1985: 32-35).
Tuttavia oggi forse non si direbbe, come scriveva G. B. Fagiuoli (1660-1742): «col tovagliolo ch'è bucato anche *lui*» (cit. in BOSTRÖM 1972: 11).

19. In quest'ultimo esempio la grammatica contemporanea prescriverebbe il pronome *esso*, che è quello generalmente richiesto per animali e cose: «*esso* [il gatto] è però costante nell'amare la casa nel suo complesso» (Pugnetti, *Guida al gatto*, 30); «un artista [...] non può mai dire come e perché, a un certo momento, uno di questi germi vitali gli si inserisca nella fantasia per divenire anch'*esso* una creatura viva» (Pirandello, *Sei personaggi in cerca d'autore*, Prefazione, I 6).

Da notare comunque che *esso*, sia pure non abitualmente, può riferirsi anche a persona: «un artista estremamente più colto e sensibile [...], ma anch'*esso* legato ad una sua formula decorativa» (Argan, *Arte moderna*, 258; e si vedano pure gli esempi giornalistici e saggistici raccolti in KLAJN 1976: 29). D'altra parte, ogni limitazione cade per *essa*, adatto allo stesso modo per esseri animati o inanimati: «*essa* [Iduzza] poteva riferire, soltanto, di aver sofferto un grande capogiro» (Morante, *La Storia*, 29), «d'altronde *essa* [l'eredità del medioevo] [...] portava nel suo gusto alcunché di ristretto e di pedantesco» (Sapegno, *Letter. italiana*, 79). Come pronomi complemento *esso* ed *essa* non si possono usare per l'oggetto (cfr. KLAJN 1976: 27): quindi «con esso», «da essa», ma non *ho visto esso, *cercavo essa (si dirà «ho visto lui», «l(o) ho visto», «cercavo lei», «la cercavo»).

20. *Esso, essa* non vanno confusi con l'omonimo pronome dimostrativo di colorito antiquato (cfr. VII.140c).

Di uso arcaico sono, tra i pronomi soggetto, *el, elli, ello* e, più resistente degli altri nella lingua poetica, *ei* («Ei fu, siccome immobile» Manzoni, *Il Cinque Maggio*, 1), che può ridursi a *e'* per apocope (*e'* si è mantenuto anche nel toscano moderno: cfr. BOSTRÖM 1972: 140).

21. Tra i pronomi obliqui, *lui* e *lei* vanno preceduti da preposizione per esprimere i vari complementi. Nell'italiano antico potevano essere usati da soli col complemento di termine («rispuos'io lui», «rispuosi lei» in Dante: cfr. ROHLFS 1966-1969: 441).

22. Arcaico è anche l'uso del pronome *egli* in frasi impersonali e come soggetto neutro: «egli è che cominciavanmi allora i tocchi di una malinconia dolce, profonda» (Dossi, *Opere*). Con valore analogo, ma ben viva oggi in Toscana oltre che nell'uso letterario fino al primo Novecento, la variante aferetica *gli*: «se ne tenevano [di 'buli'], gli era più per andazzo che per tracotanza» (Nievo, *Le confessioni d'un italiano*, 33); «quando si patisce, gli è tutt'uno» (D'Annunzio, *Tragedie, sogni e misteri*); «Gli andò, che il burattinaio Mangiafoco mi dètte cinque monete d'oro» (Collodi, *Pinocchio*, 56). Per l'espressione *gli è che*+proposizione soggettiva cfr. XIV.75.

Parallelo a *gli* è il pronome *la* (6ª persona: *le*), toscano e letterario, adoperato sia come femminile («appena entrata la mi buttò le braccia al collo» Tarchetti; «queste bazzecole succedevano in Friuli or sono cent'anni e le paiono novelle dissotterrate dal Sacchetti» Nievo, *Le confessioni d'un italiano*, 39), sia con valore neutro («la mi riesce nova» Malaparte, cit. in BRUNET 1985: 25).

23. Un altro pronome di 3ª persona è il riflessivo *sé*, che si usa come complemento, riferito al soggetto: «parla tra sé e sé», «è una ragazza piena di sé», «molti di vita e sé di pregio priva» (Dante, *Purgatorio*, XIV 63).

Anticamente potevano darsi casi di scambio tra *sé* e *lui / lei*. Il Moise (1878: 359-360) segnala un esempio del Cavalca (XIV secolo) in cui il riflessivo *sé* non si riferisce al soggetto («va e correggilo fra te e sé in secreto»=fra te e lui) e, viceversa, un passo del Caro (XVI sec.) in cui il valore riflessivo è espresso dal pronome *lui*: «per venire a quella segnalata fazione ch'egli celebra di lui stesso».

Noi e Voi

Noi e *voi* si usano indifferentemente come soggetto o complemento: «ci pensiamo noi», «vengo con voi».

24. Caratteristico dell'uso toscano, ma non certo limitato ad esso (cfr. CASTELLANI 1986: 124-125; cfr. anche MOISE 1878: 373-375), il tipo *noi si fa* invece di *noi facciamo*, in cui il pronome di 4ª persona si accompagna al costrutto impersonale (cfr. VII.57) e non alla corrispondente voce verbale. Agli esempi addotti dal Castellani, tratti dal parlato televisivo e dal giornalismo sportivo, si possono aggiungere facilmente documentazioni letterarie, anche presso scrittori non toscani: «noi il denaro lo si troverà in qualche modo» (Moravia, *Gli indifferenti*, 28); «e quelli di Roma, si sa, non vogliono che noi si viva da cristiani» (Levi, *Cristo si è fermato a Eboli*, 70); «E noi si era contenti» (Ledda, *Padre padrone*, 128); «noi si rideva» (Bufalino, *Diceria dell'untore*, 99). Da notare che, se il verbo ha un oggetto plurale, espresso o sottinteso, si può avere accordo alla 6ª persona, pur mantenendosi il *si*: «Ora queste ragazze andavano alla messa e noi si volevano accompagnare» (Cassola, *La ragazza di Bube*, 39).

25. Nella poesia italiana antica si possono incontrare *nui* e *vui*, forme di origine siciliana (ROHLFS 1966-1969: 438); *nui* arriva fino al Monti (*In morte di Ugo Bassville*, I 135, in rima) e al Manzoni (*Il Cinque Maggio*, 32, anche qui in rima).

26. Il *noi* e la corrispondente forma verbale di 4ª persona possono adoperarsi in luogo di un pronome o di un verbo di 1ª persona:
a) Nelle allocuzioni solenni che emanano da un'altissima autorità civile o religiosa e negli atti ufficiali (è il cosiddetto *plurale maiestatico*): «un esemplare del testo del Codice civile, firmato da Noi [il Re] e contrassegnato dal Nostro Ministro Segretario di Stato», ecc. (da un *Regio Decreto* del 1942).
Nel discorso orale l'uso del plurale maiestatico è in declino. Il tradizionale impiego del *noi* da parte dei Pontefici è stato abbandonato da Giovanni Paolo I già nelle parole rivolte alla folla subito dopo l'incoronazione (1978).
b) Nella poesia di intonazione classica, in cui il poeta evita di parlare di sé stesso in prima persona, come avveniva spesso nella poesia latina (così, in Virgilio: «patriam fugimus»=fuggo dalla patria). Esempi: «A noi / morte apparecchi riposato albergo» (Foscolo, *Dei Sepolcri*, 145-146); «Noi per le balze e le profonde valli / natar giova tra' nembi» (Leopardi, *Ultimo canto di Saffo*, 14-15).
c) Nell'uso letterario moderno (ma raramente in quello contemporaneo) lo scrittore può parlare di sé col *noi* piuttosto che con la 1ª persona, questa volta non per affermazione d'autorità, ma per affettazione d'umiltà, come se non volesse far pesare la sua presenza. Caratteristico l'uso di questo *plurale di modestia* nei *Promessi Sposi*: «e, per dir la verità, anche noi, con questo manoscritto davanti [...]; anche noi, dico, sentiamo una certa ripugnanza a proseguire» (XXVI 1).

27. Un po' diverso il caso del plurale usato da un insegnante durante la lezione (o da un sacerdote in una predica, o da un oratore in genere): «Ieri abbiamo esaminato alcuni aspetti del problema. Oggi vedremo...». Qui chi parla associa idealmente alle sue riflessioni e al suo argomentare il pubblico presente, quasi che – invece del discorso di un singolo individuo rivolto a più ascoltatori – si svolgesse un vero e proprio dialogo tra diversi interlocutori. Frequenti esempi di questo *plurale didattico* nella manualistica; per esempio: «Inoltre la saliva ha ancora un ufficio più propriamente digestivo, per un enzima amilolitico che essa contiene, la 'ptialina': *come vedremo*, non solo il contenuto in mucina o in sostanze solide, ma anche la concentrazione dell'enzima specifico varia secondo lo scopo cui la secrezione salivare è destinata» (Martino, *Fisiologia*, 46).

28. Si può parlare di *plurale narrativo* per altri tre usi notevoli della 4ª persona, che ricorre:
a) Per indicare una sorta di solidarietà col lettore o l'ascoltatore a proposito di un giudizio o della valutazione – perlopiù critica– di un avvenimento: «Un movimento irrazionale come il fascista non può che esprimere una propaganda irrazionale, la quale predica l'olocausto e la sconfitta con onore mentre nega la possibilità di una vittoria avversaria. *Siamo* alla pura finzione ipnotica, alla persuasione per formule misteriche» (Bocca, *Storia dell'Italia partigiana*, 225).
b) Per scandire le varie fasi di una trama narrativa (di fiaba, romanzo, film, ecc.; con verbi come *siamo*, *vediamo*, *assistiamo*, *partecipiamo* e simili): «[il principe Valiant] intraprende le sue avventure giovinetto, a fianco del padre, spodestato re di Thule, ma *lo vediamo* farsi giovane uomo, partire per Camelot e diventare cavaliere» («Il Giorno», 17.3.1987, 3); «*Eravamo* già alla seconda domenica di

quaresima [...]. Il sole entrava vivo e festante per le tre finestrelle [...]. Demetrio, infilato l'ago, stava rattoppando una delle tasche», ecc. (De Marchi, *Demetrio Pianelli*, 162-163).

c) In particolare, *siamo* può servire a introdurre il lettore nel mondo ideale di una rappresentazione letteraria (teatrale, musicale, ecc.): «ecco la trama del 'Ballo in maschera': *siamo* a Boston, nel XVII secolo...».

6ª persona

29. Anche per la 6ª persona, come per la 3ª, i pronomi oggi in uso in italiano sono più d'uno: *essi, esse, loro* (soggetti e complemento), oltre al riflessivo *sé*, identico a quello di 3ª persona.

Di massima è obbligatorio usare come soggetto *loro* – che si riferisce a persona – in tutti i casi in cui per la 3ª persona si userebbero *lui, lei*: «ho lavorato quanto *loro*», «le donne [...] sono deboli, sono nate per peccare ... povere *loro*!» (Deledda, *Romanzi e novelle*), ecc. Sempre *loro*, inoltre, con *tutti* e con un numerale («c'erano tutti loro», «loro due», «loro tre»). *Loro* è largamente preferito negli usi enfatici («questo lo faranno loro!») e, in genere, nel parlato quando si voglia esprimere il pronome.

Essi, esse soggetti possono riferirsi tanto a persone quanto ad animali e cose e hanno normalmente valore anaforico: «nella circoscrizione Napoli-Caserta essi [i comunisti] hanno perso otto punti e tre deputati» («Il Giornale» 6.6.1979, 3), «[le fonti poetiche di Dante] stanno anch'esse, rispetto alla nuova opera, come elementi storici» (Croce, *Poesia di Dante*, 47).

Come complemento si preferisce *loro* in riferimento a persona, ma si usano largamente anche *essi, esse*, con una libertà di scelta che può essere illustrata attraverso questi due esempi dei *Promessi Sposi*: «l'amore diverso che ognun d'essi portava a Lucia» (III 1), «e uno di loro» (X 16).

30. Forme della lingua antica: *elli, ei, e'* (indistinguibili, quindi, dai pronomi arcaici di 3ª persona se non in base al contesto): «S'elli han quell'arte – disse – male appresa» Dante, *Inferno*, X 77; «S'ei fur cacciati, ei tornar d'ogni parte», X 49; «e 'l gran centauro disse: – E' son tiranni» XII 104. Inoltre: *elle* e *ellino / eglino, elleno*, queste ultime rimaste in uso, nella lingua letteraria, fino al secolo scorso (cfr. SERIANNI 1986b: 41). *Eglino* ed *elleno* si spiegano con l'anticipazione della desinenza verbale *no*: «elle ama*no*»>«elle*no* ama*no*».

Forme atone

31.

	MASCHILE	FEMMINILE
1ª PERSONA	mi	mi
2ª PERSONA	ti	ti
3ª PERSONA	gli, lo	le, la
4ª PERSONA	ci	ci
5ª PERSONA	vi	vi
6ª PERSONA	loro (gli), li	loro (gli), le
RIFLESSIVO SING. E PLUR.	si	si

Le forme atone si possono usare solo per il complemento di termine e il complemento oggetto («mi parli», «ti ama») o coi verbi intransitivi pronominali («mi accorgo»). La 1ª, 2ª, 4ª e 5ª persona e il riflessivo presentano un'unica forma; la 3ª e la 6ª distinguono invece tra complemento oggetto (maschile: *lo, li*; femminile: *la, le*) e complemento di termine (maschile: *gli* singolare e plurale; al plurale è di regola lo pseudoatono *loro*: vedi oltre; femminile: *le* al singolare e *gli / loro*, come per il maschile, al plurale).

Alcuni grammatici sconsigliano l'uso di *gli* e *le* in riferimento a cosa. In realtà, una frase come: «Quest'orologio non funziona: che cosa *gli* hai fatto?» è normale nella lingua parlata (BERRETTA 1985a: 122) e ha tutte le carte in regola per figurare bene anche in quella scritta. Comunque, l'alternativa non potrebbe consistere nel pronome *esso* (è molto improbabile: «che cosa hai fatto ad esso?») ma in un diverso giro di frase.

32. Rispetto alle corrispondenti forme toniche, l'impiego delle atone non è indifferente: «ti ama» è una semplice constatazione, «ama te», ha valore esclusivo (=ama te e non un altro); e così: «mi parli» / «parli a me» (questa seconda espressione è l'unica possibile nelle domande di tipo fàtico, quando non siamo sicuri di essere i destinatari di un dato interlocutore: «parli a me [o a qualcun altro]?»). Inoltre si adoperano esclusivamente le forme toniche quando il pronome sia coordinato ad uno o più termini («i soldati guardavano *lui e la siringa* in timorosa aspettativa» Tobino, cit. in BRUNET 1985: 193; non si potrebbe dire *lo guardavano e la siringa*).

33. A parte pochi casi di uso enclitico (cfr. VII 69 sgg.), le forme atone sono proclitiche.
Le forme toniche, invece, si collocano sempre dopo il verbo, tranne in usi enfatici, arcaici o poetici: «che *me* rilega nell'etterno essilio» (Dante, *Purgatorio*, XXI 18; oggi sarebbe d'obbligo la forma atona *mi*); «e pe' lavacri / che da' suoi gioghi *a te* versa Apennino» (Foscolo, *Dei Sepolcri*, 167; *a te*, qui metricamente intercambiabile con *ti*, ha un maggiore rilievo espressivo).

34. Per quanto riguarda l'elisione (studiata analiticamente in BRUNET 1985: 110-126) va osservato che essa:
a) È possibile, quale che sia la vocale iniziale della parola successiva, con *mi*, *ti*, *lo*, *la*, *vi*, *si*.
Con *lo* e *la*, a differenza degli articoli omofoni, in cui l'elisione è obbligatoria o almeno fortemente raccomandabile (cfr. IV.4, IV.5), è opportuno mantenere la vocale finale in tutti i casi in cui potrebbero sorgere equivoci. Per esempio, per evitare la collisione tra sostantivo e verbo (*l'odio* sostantivo / *lo odio* verbo) o per salvaguardare la distinzione di genere, che nel caso degli articoli sarebbe comunque garantita dal sostantivo seguente (invece, in una frase come «l'odio con tutte le mie forze», pur essendo indubbia la natura verbale di *odio*, si può restare incerti se il pronome eliso sia maschile o femminile: *lo odio* o *la odio*).
b) Con *ci* e *gli* può essere espressa graficamente solo se la vocale seguente è una *i* («c'insegna», «gl'ingiunse di sgombrare la città» Montanelli, *L'Italia in camicia nera*, 10) e in *c'è*, *c'era*, ecc. (cfr. VII.45). Nel discorso orale tuttavia l'elisione è usuale: *ci amiamo* sarà realizzato correntemente come [tʃaˈmjamo] e solo con una pronuncia particolarmente accurata come [tʃi aˈmjamo].
c) Con *le* (femminile di 3ª e 6ª persona) e *li* non avviene o almeno non è in genere indicata graficamente.
d) Col pronome atono *ne* (cfr. VII.52-55) è possibile ma è piuttosto rara.

35. Nell'italiano antico accanto a *lo* si usava *il* (ROHLFS 1966-1969: 455), forma sopravvissuta nella lingua poetica, e in genere nell'italiano aulico, fino all'Ottocento («Cielo!... gli è vero. Il vedo» F. M. Piave, *La Traviata*, in VERDI-BALDACCI 1975: 312).

36. Un punto molto delicato è costituito dall'uso della forma dativale di 6ª persona: *gli* o *loro*?
L'atono *gli* (*gli dico*=dico ad essi o ad esse) – largamente attestato in tutti i secoli di storia della nostra lingua – appartiene al registro familiare; il parlato formale e la massima parte dello scritto (tecnico-scientifico, letterario e in una certa misura anche giornalistico) preferiscono la forma *loro* (cfr. SERIANNI 1986a: 57-58).
Vero è che *gli* per il complemento di termine al plurale, oltre alla forza trainante dell'uso più spontaneo, ha dalla sua una maggiore coerenza col sistema degli altri pronomi atoni (DURANTE 1970: 184-186): *mi*, *ti*, *gli* / *le*, *ci*, *vi*, *gli* (serie di forme tutte monosillabiche e proclitiche; inoltre, nei gruppi di pronomi, è normale a tutti i livelli il tipo *glielo*, cfr. VII.62).
Per la storia di *gli* / *loro* nell'italiano moderno è significativo che il Manzoni nei *Promessi Sposi* accolga solo limitatamente *gli* in luogo della forma tradizionale, che resta la regola anche nelle parti dialogate (in rapporto di tre a uno rispetto a *gli*; cfr. SERIANNI 1986b: 41-43).

37. Per quanto riguarda la posizione nella frase, si osservi che *loro* è generalmente posposto al verbo cui si riferisce. Tuttavia può essere anteposto, non solo nell'italiano antico e nella lingua poetica («Ma, e tu lor badi? / Sta in te, le scaccia» Foscolo, *Tragedie e poesie minori*), ma anche nell'italiano letterario moderno, in particolare davanti a un participio presente o passato: «un progetto [che le parti devono] sottoporre al giudice perché ne verifichi la corrispondenza ai diritti loro spettanti» («Corriere della Sera», 11.8.1986, 4).

Più rara l'anteposizione in altri casi; ad esempio: «dei nuovi accorgimenti coi quali ottenere un determinato scopo che altrimenti loro sfuggirebbe» (G. Dorfles, in «Corriere della Sera», 11.8.1986, 3).

Inoltre, *loro* può essere interposto:

a) Tra ausiliare e participio passato: «alla riva ch'era stata loro indicata» (Manzoni, *I Promessi Sposi*, VIII 89); «[le due Berlino] cercano [...] di preservare quelle forme che hanno loro consentito di convivere fin qui» («Corriere della Sera», 11.8.1986, 1).

b) Più in generale, tra verbo reggente e verbo retto; per esempio, tra un verbo di modo finito e un infinito («quel Dio che chiede conto ai principi della parola che fa loro sentire» Manzoni, *I Promessi Sposi*, VI 9); o tra un verbo di modo finito e un gerundio («l'abitudine [...] di sacrificare animali per osservarne le viscere e trarne auspici su quanto il destino andava loro preparando» «Airone», agosto 1986, 23).

38. Se *gli* per *loro* non può certo dirsi errore, decisamente da evitare anche nel parlato colloquiale è *gli* per *le* («quando vedo tua madre, *gli* dico che hai fatto i capricci»), che pure ha «precedenti illustri, dal Boccaccio al Machiavelli al Carducci al Verga» (DURANTE 1970: 184; esempi di narratori moderni – Moravia, Bianciardi, Castelletta e altri – in BRUNET 1985: 72-73).

Ancora più popolaresco *si* per *ci* («si vediamo»=ci vediamo), caratteristico dell'area toscana, laziale e umbra (ROHLFS 1966-1969: 460).

Usi particolari

39. I pronomi atoni si adoperano spesso per anticipare un complemento («*lo* vuoi, il gelato?») o per ribadirlo («di questa crisi se *ne* parlerà in Parlamento», da un giornale radio cit. in BERRETTA 1985b: 192). Quest'ultimo costrutto, proprio della lingua parlata, alla stregua di tanti altri fenomeni di enfasi e di ridondanza (come il ben noto «a me mi piace», vedi il par. 42), disturba invece nella lingua scritta che non riproduca dialoghi.

40. Caratteristica la funzione affettivo-intensiva dei pronomi atoni, in tutti i casi in cui si vuole sottolineare la partecipazione del soggetto all'azione (ossia in casi in cui altre lingue, specie antiche, ricorrerebbero alla diatesi media: cfr. XI.22). Quest'uso è molto esteso nell'italiano regionale del Centro e del Mezzogiorno («*mi* faccio una passeggiata», «*ci* sentiamo la messa»: PASQUALI 1968: 156-157) e attualmente «è più accettato di un tempo» (SABATINI 1985: 167). D'altra parte, ogni italiano è sempre ricorso al pronome intensivo in casi che sono stati definiti di «appartenenza somatologica» (CHIAPPELLI 1954), cioè con riferimento a parti del corpo del soggetto: «soffiate*vi* il naso», «gratta*rsi* la testa», «non *ti* mangiare le unghie». Il pronome intensivo è esteso anche ad «attività biologiche e psicobiologiche dell'organismo» («asciuga*rsi* le lagrime») e ai nomi di vestiario («togli*ti* il cappello», «*mi* metterò gli occhiali»).

Passando a un confronto con altre lingue moderne, si osservi che, a differenza di inglese e francese, l'italiano non ricorre, in questi casi, all'aggettivo possessivo: quindi «pulisci le scarpe!» oppure «pulisciti le scarpe», ma non *pulisci le tue scarpe* (tranne nel caso – piuttosto improbabile – che si voglia invitare qualcuno che stia pulendo scarpe altrui a compiere tale operazione con le proprie calzature).

41. Con analoga funzione affettivo-intensiva il pronome atono può riferirsi non al soggetto ma a un interlocutore generico, di norma di 2ª persona, che viene attratto nell'orbita dell'azione, quasi partecipandovi esso stesso («dativo etico», cfr. II.54): «entro nel bar e sai *chi ti vedo*? Franco»; «verso le sette Michela *te la trovo* in latteria: caso strano era sola, e non era più bionda» (Pavese, cit. in BRUNET 1985: 190).

42. Quanto al tipo «a me mi piace», con doppia espressione del pronome, prima nella forma tonica poi in quella atona, si tratta di un costrutto caratteristico del parlato; però, in un registro appena controllato, lo si evita se i due pronomi sono in immediata successione, com'è appunto nell'esempio citato. SABATINI (1985: 162) cita frasi correnti come «A me non me la fai», «A me di questa faccenda nessuno mi aveva detto nulla», osservando che il primo elemento, *a me*, equivale a 'per quanto riguarda me' «e rappresenta il tema, sul quale si svolge poi il discorso o rema»: *non me la fai, nessuno mi aveva detto nulla*.

Altre forme atone: Lo, La

43. Il pronome atono *lo*, oltre che maschile, può avere valore neutro e riferirsi:
a) A un'intera frase precedente: «Andrai in vacanza? – Non lo so»; «Ex-conventi e lazzaretti ospitano gran parte dell'esercito. Lo denuncia il capo di stato maggiore» («Panorama», 17.8.1986, 45; è un modulo caratteristico dei sottotitoli negli articoli di giornale). A *lo* anaforico si ricorre spesso in presenza di una completiva o di un'interrogativa indiretta anteposte alla reggente: «che tale fosse *lo* dimostra il sacrificio di Isidoro Vittorelli» (Rèpaci, cit. in SCHMITT-JENSEN 1970: 115).

Con i verbi *essere, parere, sembrare, divenire* («è avaro, anche se non *lo* sembra», «crederai che sia ingrato, ma non *lo* sono», ecc.), i puristi dell'Ottocento consideravano errato l'uso di *lo* – che in tal caso si riferisce non all'intera frase ma a una sua parte (nei due esempi citati, agli aggettivi *avaro* e *ingrato*) – e consigliavano l'omissione pura e semplice del pronome («è avaro, anche se non sembra») o altri sostituti («è avaro, anche se non sembra tale»). Per la loro sensibilità il costrutto peccava di francesismo ed era grammaticalmente scorretto giacché *lo* andrebbe usato solo in funzione di complemento oggetto (cfr. VII.31). Ma fu facile obiettare (in particolare da parte di VIANI 1858: 511-513) che il tipo «lo è» è molto antico e soprattutto l'uso della forma non soggettiva nel nome del predicato trova riscontro con altri pronomi personali («io non sono te», ecc., cfr. VII.10) «senza che per ciò sia offesa la grammatica». Si veda tuttavia ora CASTELLANI 1990.

b) A una frase successiva (uso cataforico), specie con verbi di giudizio o di percezione come *sapere, capire, vedere, sentire*: «lo so, lo so, che tu l'amavi forte» (Pascoli); «Lo vedo anch'io, ve', che ho addosso un gran sonno» (Manzoni, *I Promessi Sposi*, XV 10).
Da notare alcune espressioni idiomatiche formate con *lo* neutro: «lo dicevo io!», «chi lo sa!», «e chi lo dice?», ecc.

44. *La*, oltre al limitato uso di soggetto femminile e neutro (cfr. VII.22), ha funzione di oggetto neutro in locuzioni correnti, in molti casi combinandosi con altri pronomi (cfr. VII.62 sgg.): «darse*la* a gambe», «non me *la* sento», «*la* vuoi smettere?», «te *la* godi», «*la* sa lunga», «non me *la* fai», «se *la* vide brutta», «me *la* pagherai», «ce *la* caveremo», «ce *l'*hai con me?» (vari altri esempi in FORNACIARI 1881: 79-81 e in BRUNET 1985: 69).

Ci e Vi

Ci e *vi*, oltre che riferirsi alla 4ª e alla 5ª persona (cfr. VII.31), svolgono altre funzioni (su *ci* nell'italiano parlato cfr. BERRETTA 1985a):

45. I. Avverbi di luogo: «ci siamo e ci resteremo» (stato in luogo), «vi andremo il prima possibile» (moto a luogo). Molto comune, specie con alcuni verbi, il *ci* «pleonastico»: «mi provai a mangiare, ma per la gola non ci andava giù il cibo» (Panzini, *Romanzi d'ambo i sessi*). Valore locativo attenuato hanno *ci* e *vi* con la 3ª e 6ª persona del verbo *essere* nei frequentissimi *c'è, v'era, ci sono*, ecc.: «c'è aria di chiuso qua dentro», «ci sono ancora molte cose da fare».
In alcuni casi *esserci* assume il significato di 'esistere' «anche se non è implicito alcun riferimento a un luogo» (SABATINI 1985: 160): «c'era una volta...», «C'era un ragazzo che come me amava i Beatles e i Rolling Stones» (canzone di Migliacci e Lusini, del 1966).

46. Nel parlato sono comunissime, anzi abituali, frasi in cui l'elemento «nuovo» dell'informazione è messo in evidenza da una frase esistenziale che regge una proposizione subordinata (SABATINI 1980: 90). Invece di «una signora ti cerca» si dirà «c'è una signora che ti cerca» (oppure, con alterazione del consueto ordine soggetto-predicato: «ti cerca una signora»; quest'ultimo costrutto è il più comune con un tempo composto: «ti ha cercato una signora»).

47. Nell'italiano antico accanto a *c'è* si diceva (*vi*) *ha*. Nei primi secoli si può trovare il semplice verbo *avere* («non avea pianto mai che di sospiri» Dante, *Inferno*, IV 26; =non c'era). Con la particella *vi* il costrutto ha avuto corso molto a lungo, mantenendosi fino al '900 in registri particolarmente elevati (per esempio: «non vi ha scienze filosofiche particolari, che stiano da sé» Croce, *Estetica*, III; «non vi ha dubbio» *Novissimo Digesto Italiano*, XVIII 827).

48. II. Pronomi dimostrativi con valore neutro (=di ciò, a ciò, in ciò, su ciò, da ciò): «non ci penso», «ci conto», «ci credo», «questo non c'entra»; spesso come ripresa di un nome posto all'inizio di frase: «con queste scarpe non ci cammino».
Ci può riferirsi anche a esseri animati, purché corrisponda a un pronome dimostrativo o personale costruito con le preposizioni *con, su, da, in*: «Enzo voleva [...] conoscere la gente, *andarci* d'accordo» (Bianciardi, cit. in BRUNET 1985: 94; =andare d'accordo con essa); «è una persona seria: puoi *contarci*» (=contare su di lui / su di lei); «Perché non lasci il bambino ai nonni? – Ma è lui che non *ci* vuole andare» (=andare da loro); «da buon musulmano, credo in Dio. A torto o a ragione, *ci* credo» (Fallaci, cit. in BRUNET 1985: 95; =credo in lui).

49. Non accettabile, invece, l'uso di *ci* come complemento di termine riferito alla 3ª o alla 6ª persona: «ci dico» 'gli, le dico, dico loro'. Si tratta di un uso presente in tutt'Italia, ma limitato al livello linguistico più popolare (cfr. CORTELAZZO 1972: 90-91).

50. III. *Ci* ha valore indeterminato in numerose espressioni idiomatiche in cui, spesso combinato con altro pronome atono (*ce lo, ce la*, ecc., cfr. VII.62 sgg.), è un semplice «rinforzo semantico e fonico alle forme verbali» (SABATINI 1985: 160): «ci restai male», «avercela con qualcuno», «tra te e lui ce ne corre». In molte frasi della lingua viva incardinate sul verbo *avere* l'uso di *ci* può dirsi obbligatorio. A una domanda come «Hai il biglietto?» si risponde: «Sì», o «Ce l'ho», non col semplice «L'ho».
Nel parlato informale di molte parti d'Italia si usa *ci* in frasi come «c(i) ho freddo» (o, interrogando: «c(i) hai freddo?»). Si tratta di costrutti che non hanno cittadinanza nella lingua scritta, anche per la difficoltà di «rendere con la grafia normale la pronuncia palatale della *c* isolata, conservando per di più l'*h* grafica del verbo» (SABATINI 1985: 161).

51. Quanto alla differenza tra *ci* e *vi*, si noterà che la forma più colloquiale è la prima nelle frasi dei gruppi (I) e (II): nell'edizione definitiva dei *Promessi Sposi* il Manzoni introdusse largamente *ci* dove aveva scritto *vi* (per esempio: «se, tra i bravi e lui, ci fosse [in precedenza: *vi fosse*] qualche uscita di strada» I 27). *Ci* è inoltre l'unica forma possibile in molte espressioni del gruppo (II) (non si può dire «Allora, vieni domani: **vi conto*») e in tutte quelle del gruppo (III) (impossibile **ve l'ho con te*, **vi restammo male*, ecc.).
D'altra parte, nelle frasi dei gruppi (I) e (II), è abituale *vi*, anche parlando, in tutti i contesti che richiedano un certo livello di formalità. Così, risulterebbe innaturale dire, ad esempio: «il congresso si apre domani: *ci* prenderà parte anche il ministro» invece di «*vi* prenderà parte».

Ne

52. *Ne*, conformemente al significato primario del latino INDE da cui deriva ('di lì'), ha prima di tutto valore di avverbio di luogo: «entrò in casa e *ne* uscì dopo qualche minuto». In molti casi ha però valore pronominale e può rappresentare:

53. I. Un pronome personale di 3ª o 6ª o un pronome dimostrativo preceduti dalle preposizioni *di* o *da*, senza distinzioni di genere o numero: «si accostò alla sorella e *ne* (=di lei) sfiorò la mano»; «Un filo s'addipana. / *Ne* (=di esso) tengo ancora un capo; ma s'allontana / la casa» (Montale, *Le occasioni*); «le spese [...] sono a carico del gruppo di condomini che *ne* (=da ciò) trae utilità» (*Codice Civile*, art. 1123); «*ne* (=di ciò) riparleremo». Rientra in questo gruppo l'uso di *ne* come partitivo, in relazione a una certa quantità: «lo destò domandandogli dell'acqua, e ne bevve molta» (Foscolo, *Ultime lettere di Iacopo Ortis*).

54. II. 'Ci' come pronome atono di 4ª persona (uso arcaico, sopravvissuto nell'italiano letterario fino al primo Novecento): «tu *ne* vestisti / queste misere carni e tu le spoglia» (Dante, *Inferno*, XXXIII 62-63), «Tacqui che un giovin *ne* seguiva al tempio» (F. M. Piave, *Rigoletto*, in VERDI-BALDACCI 1975: 254). A rigore, *ne* 'ci' potrebbe continuare non ĭNDE ma NŌS 'noi'; per le ragioni che rendono improbabile tale etimo cfr. ROHLFS 1966-1969: 460.

55. III. In molte locuzioni cristallizzate il valore di *ne*, locativo o pronominale, appare attenuato, quasi irriconoscibile. Si tratta di:
a) Espressioni come *aversene a male* 'offendersi', *volerne* 'provare risentimento', *valerne la pena* 'meritare', *non poterne più* 'non essere più in grado di sopportare'.
b) Frasi ellittiche in cui si sottintende un sostantivo (*cose, azioni, fatti* e simili): *farne di cotte e di crude, dirne di tutti i colori, vederne delle belle, saperne una più del diavolo, prenderne di santa ragione* [percosse].
c) Verbi intransitivi in cui *ne*, combinandosi con i pronomi atoni *mi, ti, si, ci, vi*, dà luogo a forme più espressive di quelle semplici: *andarsene* (rispetto ad *andare, andar via*), *dormirsene, starsene, tornarsene, viversene*, ecc.: «il signor curato [...] se ne sta rintanato in casa» (Manzoni, *I Promessi Sposi*, VI 40); «ma poi se n'è partita e io sono rimasto immobile» (Palazzeschi, *Romanzi straordinari*).

Si

56. Il pronome *si* assolve in primo luogo la funzione di riflessivo (cfr. VII.31): «si lava due volte al giorno» (=lui, lei), «si strinsero la mano» (=a sé stessi, reciprocamente). Ma *si* ricorre in diversi altri usi (sui quali cfr. LEPSCHY-LEPSCHY 1981: 192-199), e precisamente:

57. I. Nei costrutti impersonali: «come si dice?», «qui si mangia bene». Da notare che, nei tempi composti dei verbi intransitivi o transitivi senza oggetto espresso, il participio passato ha desinenza maschile singolare se il verbo usato personalmente riceve come ausiliare *avere* («si è parlato troppo», «si è lavorato abbastanza», perché si dice «abbiamo parlato», «abbiamo lavorato»); ha desinenza plurale, maschile o femminile, se l'ausiliare prescritto nella costruzione personale è *essere*: «da studenti, (noi) s'è andati all'estero», «da studentesse, (noi) s'è andate all'estero» (perché si dice «siamo andati» o «andate»).
L'accordo è al plurale anche quando il predicato nominale è un aggettivo («si è allegri» o «allegre») e con i verbi passivi («si è lodati» o «lodate»). In LEPSCHY-LEPSCHY 1981: 195 si fa notare che la desinenza del participio è l'unico tratto che discrimina «si è capiti» 'noi siamo capiti' da «si è capito» 'noi abbiamo capito'.
Se con un verbo intransitivo o transitivo senza oggetto espresso non ci sono dubbi sul carattere impersonale del costrutto («si lavora» =qualcuno lavora, noi lavoriamo, ecc.), con un verbo transitivo ci si può chiedere se ci troviamo di fronte a un *si* passivante (vedi il par. 60). Una frase come: «alle nove si serve il caffè» può rappresentare sia «alle nove qualcuno serve il caffè», sia «alle nove il caffè viene servito».
Fanno propendere per la seconda interpretazione due fatti: il verbo tende a passare alla 6ª persona in caso di oggetto plurale («si servono le bibite»; ma nell'uso toscano e arcaico anche «si serve le bibite»: cfr. ROHLFS 1966-1969: 481); nei tempi composti il participio ha desinenza femminile se l'oggetto è femminile («si è servita una bibita»; antico o popolare l'uso senza accordo).

58. La presenza di costrutti impersonali si ritrova in molte altre lingue europee (basti pensare alle scritte dei negozi: «On parle français» o, in perfetta corrispondenza con l'italiano, «Se habla español). Nell'esempio francese *on* rappresenta una forma ridotta di *homme* 'uomo', come soggetto generico. Anche l'italiano antico conosceva *uomo*, *om*, *on* con la stessa funzione (ROHLFS 1966-1969: 516); per esempio in Dante, *Purgatorio*, IV 90: «e quant'om più va su, e men fa male» (=quanto più si sale...).

59. Accanto a *si dice* l'uso popolare, fin da epoca antica (ROHLFS 1966-1969: 520), presenta il semplice *dice*, come nel seguente esempio tratto da una canzone di Lucio Dalla, del 1971 (*4 marzo 1943*): «Dice ch'era un bell'uomo e veniva dal mare».

60. II. In construtti con valore passivo («*si passivante*»): «questa compressa si prende una volta al giorno»; «non si ammettono proroghe». Cfr. XI.12-13.

61. III. *Si* interviene infine nella coniugazione dei verbi intransitivi pronominali: «pentirsi», «si stanca», «si addormentarono», e in usi intensivo-affettivi (cfr. VII.40): «s'è scolato tutta la bottiglia».
Quando la frase contenga un *si* riflessivo o riflessivo apparente non si adopera un altro *si* con valore diverso, ma si ricorre a *ci*. La norma è tassativa solo se i due pronomi atoni si trovano contigui: «ci si lava», «ci si addormenta», non *si si lava*, *si si addormenta*; ma, con interposizione di un verbo servile: «evidentemente *si* voleva accertar*si* che tutte le uscite fossero ben guardate» (Fogazzaro, *Piccolo mondo antico*, 312), «*si* può divertir*si*» (Cecchi, *Saggi*, 292), accanto ai più comuni e raccomandabili «ci si voleva accertare», «ci si può divertire».

Gruppi di pronomi atoni

62. I pronomi atoni possono variamente combinarsi tra loro. Davanti a *lo*, *la*, *li*, *le* e *ne* la *i* di un altro pronome atono si trasforma in *e*: *mi lo*>*me lo*, *ci ne*>*ce ne*, ecc. Inoltre, *le* e *gli* diventano *glie* invariabile, che normalmente si scrive unito al pronome successivo: «se vedo tua sorella *glielo* dico», «se vedo tuo fratello *glielo* dico» (ma è possibile anche la grafia staccata: «ogni volta che le sue occupazioni *glie lo* permettevano» Calvino, *Racconti*, 333; cfr. inoltre BRUNET 1985: 129 sgg.).
Per i nessi di due pronomi atoni sono stati calcolati 58 possibili gruppi (LEPSCHY-LEPSCHY 1981: 181; si veda anche BERRETTA 1985b). Ma si deve tener conto che quelli realmente in uso nell'italiano scritto e parlato sono molti di meno. Le più usuali combinazioni sono le seguenti:

63. I. Pronome atono personale in funzione di complemento di termine, di «dativo etico» o di componente d'un verbo intransitivo pronominale (*me*, *te*, *glie*, *se*, *ce*, *ve*)+*lo*, *la*, *li*, *le* (tutti in funzione di complemento oggetto) o *ne* (in funzione di un complemento indiretto o di avverbio locativo):

me lo	te lo	glielo	se lo	ce lo	ve lo
me la	te la	gliela	se la	ce la	ve la
me li	te li	glieli	se li	ce li	ve li
me le	te le	gliele	se le	ce le	ve le
me ne	te ne	gliene	se ne	ce ne	ve ne

Esempi: «mi servono mille lire: *me le* presti?», «non *te ne* accorgi?», «non *gliene* voglio», «la barba, *se la* fa ogni due giorni», «ho chiesto un rinvio, ma non so se *ce lo* accorderanno», «se andrò dai Volpi, *ve li* saluterò».

64. Nei primi secoli la sequenza dei gruppi composti con *lo*, *la*, ecc. era diversa: prima l'oggetto, poi il complemento di termine, quest'ultimo nella forma con *i*, *lo mi*, *lo ti*, ecc. (cfr. CASTELLANI 1952: I 90-105): «E se non fosse ch'ancor lo mi vieta / la reverenza de le somme chiavi» (Dante, *Inferno*, XIX 100-101). Nel più antico fiorentino, fino al Cinquecento, si aveva inoltre *gliele* invariabile per persona e numero (CASTELLANI 1952: I 88-90): «veggendo uno bello catellino di camera al detto signore, sì gliele [=glielo] domandò» (G. Villani, *Cronica*).

65. Più duratura, essendo giunta fino alla lingua poetica dell'Ottocento, l'apocope nei gruppi composti con *lo* e *ne* (*mel*, *vel*, *cen*, *sen*, ecc.): «Ora cen porta l'un de' duri margini» (Dante, *Inferno*, XV 1); «mel dice, da quel verone, tremolante un raggio della notturna lampa» (S. Cammarano, *Il Trovatore*, in VERDI-BALDACCI 1975: 274). Stesso trattamento per l'avverbio

VII. Pronomi e aggettivi pronominali

non seguito da *lo*: «nol chiamerà Fortuna a sì gran dono» (Ariosto, *Orlando Furioso*).
Ormai disusata anche la sequenza *ne lo, ne la,* ecc.: «senza avvertirnelo» (Fogazzaro, *Piccolo mondo antico*, 106; =senza avvertirlo di ciò).

66. II. Pronome atono personale in funzione di complemento oggetto (*mi, ti, vi*)+*ci* (come avverbio locativo o pronome dimostrativo): «mi ci lavo», «vi ci chiameranno». Col pronome di 3ª e 6ª persona e con *ne* l'ordine si inverte e *ci* diventa *ce*: «non ce lo vogliamo», «ce ne andremo». La sequenza è impossibile con un pronome di 4ª persona: **vuoi sapere come ci si troviamo?* (bisogna dire: «come ci troviamo qui», oppure «come ci si trova»: vedi il gruppo seguente).

67. III. Pronome atono personale in funzione di complemento oggetto o di termine (*mi, ti, lo, gli, le, ci, vi, li, le*)+*si* impersonale o passivante: «mi si chiede l'impossibile», «lo si vuole dottore ad ogni costo», «le si offrì un omaggio». Se il primo pronome è riflessivo, la sequenza *si si, non accettabile, diventa *ci si*: «Guarda come ci si concia le mani – disse Anna» (Cassola, cit. in BRUNET 1985: 133).
Si noti la differenza tra *se lo* e *lo si*: nel primo caso *se* ha valore personale («lo stipendio se lo ritira personalmente»=ha l'abitudine di ritirarlo da sé), nel secondo è impersonale («lo stipendio lo si ritira alla Banca d'Italia»=chiunque deve riscuoterlo in quella sede).

68. Piuttosto rare le combinazioni di tre pronomi atoni (BERRETTA 1985b: 191 e BRUNET 1985: 139-141). L'unica abbastanza usuale è quella costituita da un nesso del primo gruppo e dal *si* impersonale o passivante: «glielo si dice». Ma molte sequenze sarebbero pesanti e improbabili. Nessuno direbbe: «la dattilografa ha chiesto le ferie anticipate: *gliele si* daranno» invece di «gliele daremo», «le avrà» e simili.

Posizione dei pronomi atoni

69. Nell'italiano moderno i pronomi atoni hanno normalmente collocazione proclitica. Sono invece enclitici, formando un'unica parola con la voce precedente (tranne lo pseudoatono *loro*, che è sempre autonomo), quando si uniscono all'avverbio *ecco* (cfr. XII.58) e in altri cinque casi.

70. I. Con un imperativo affermativo: «dillo!», «ascoltami!», «andatevene!»; e, per la 4ª persona, con un congiuntivo esortativo: «fermiamoci!», «partiamocene!». Con un imperativo monosillabico (*da', di', fa', sta', va'*) la consonante iniziale del pronome si rafforza per effetto del raddoppiamento fonosintattico (cfr. I.65a): *dimmi, fallo, stacci*.

71. L'enclisi va diffondendosi anche con l'imperativo negativo («non dirlo!» accanto a «non lo dire!»), benché il tipo proclitico sia quello prevalente nell'Italia peninsulare e in parte di quella settentrionale (VIZMULLER ZOCCO, cit. in SABATINI 1985: 164) e sia sostenuto dal prestigio della tradizione.
A questo proposito, più che le prese di posizione dei puristi (in ROMANELLI 1910: 179, per esempio, il tipo «non fatemi male» è registrato in un capitoletto intitolato «Minuzzame di forme inelegnati»), converrà ricordare l'abitualità del pronome proclitico in testi come *I Promessi Sposi* («non mi fate ora parlare» II 60), *Mastro don Gesualdo* («non vi scomodate» 38, «Non me lo dite» 41, «Non ne parliamo più» 152), *Trionfo della morte* («non mi spingere» 99, «non ti dolere!» 457) o nel teatro di Pirandello («non la fate entrare» *Così è [se vi pare]*, V 104; «Non mi seccare!» *Tutto per bene*, V 118): vale a dire in scrittori che possono ben rientrare nel novero dei «classici» della letteratura italiana moderna. Sull'instabilità distributiva del pronome atono nell'imperativo negativo cfr. anche MULJAČIĆ 1974 e in particolare BRUNET 1985: 146-148, con buona esemplificazione.

72. Nell'italiano antico era assai frequente l'imperativo affermativo proclitico, mai però in posizione iniziale assoluta (ad esempio «Ora c'insegnate» in L. B. Alberti); dal Metastasio fino alla metà del XIX secolo l'imperativo proclitico compare anche all'inizio di frase, diventando uno stilema caratteristico del melodramma, della tragedia e della poesia setteottocentesca (è il cosiddetto *imperativo tragico*; per esempio, nella *Congiura de' Pazzi* dell'Alfieri: «ti acqueta», «mi lascia», «mi imita», ecc.: su tutto questo cfr. PATOTA 1984, da cui sono stati attinti gli esempi citati).

73. II. Con un infinito, che in tal caso presenta obbligatoriamente apocope vocalica (*anda-reci>andarci, *farevelo>farvelo) e, se terminante in -rre, la riduzione a una sola r (*porregli>porgli).

74. Quando l'infinito è preceduto da un verbo servile, il pronome atono può appoggiarsi in genere sia al verbo reggente, come proclitico, sia all'infinito, come enclitico (cfr. LEPSCHY-LEPSCHY 1981: 111-112; SABATINI 1985: 163-164; BERRETTA 1985b): «lo posso dire» o «posso dirlo». A quanto pare, «con *sapere* e soprattut-to con *volere* c'è una maggiore tendenza alla posposizione che non con *dovere* e *potere*» (SKYTTE 1983: I 93-94).
Con un gruppo pronominale i due membri non devono essere scissi: «glielo posso dire» o «posso dir*glielo*» (ma non *gli posso dirlo* o *lo posso dirgli*).
Nei tempi composti l'ausiliare è quello dell'infinito quando il pronome atono è anteposto al verbo reggente («non ci sono potuto entrare», perché si dice «sono entrato»), può essere quello richiesto dal verbo servile quando il pronome è enclitico («non ho potuto entrarci», come si dice «ho potuto» assolutamente; ma è altrettanto corretto: «non sono potuto entrarci»).
Se un verbo servile regge due infiniti, si può avere addirittura una triplice possibilità di scelta, a seconda che il pronome atono sia collocato in posizione iniziale («lo devo poter fare»), sia enclitico del primo infinito («devo poterlo fare»), sia enclitico del secondo («devo poter farlo»; è l'esempio citato in BERRETTA 1985b: 194). Si noterà, tuttavia, che in molte altre sequenze l'uso imporrebbe una scelta più limitata, generalmente tra proclisi ed enclisi col primo infinito; per esempio: «devi saperti liberare da questi complessi» / «ti devi saper liberare», ecc. (ma non *devi saper liberarti*, ecc., col secondo infinito enclitico).
Con i verbi *sembrare* e *parere* la «risalita» del pronome atono – cioè la sua collocazione prima del verbo reggente – non è possibile: «sembrò riscuotersi» e non *si sembrò riscuotere*. Viceversa, la proclisi è costante con *fare* e *lasciare* causativi: «gli faccio fare i compiti» e non *faccio fargli i compiti* (naturalmente, se c'è obbligo d'enclisi, il pronome si collocherà dopo il verbo reggente: «fagli fare i compiti»).

75. La «risalita» è facoltativa in numerosi altri casi. Ricordiamone i più frequenti:
a) In perifrasi con *stare* (cfr. XI.48a, XI.48c) che indicano un'azione nel suo svolgersi (*stare a*+infinito, *stare*+gerundio) o nella sua imminenza (*stare per*+infinito): «sto a far*mi* la barba» (Pirandello, *Cecè*, VII 259), «stam*mi* a sentire»; «*stai* dicendo*mi* una sciocchezza», «La signora principessa *si sta* vestendo» (Manzoni, *I Promessi Sposi*, X 26); «*sto* per sposar*mi*» / «*si sta* per separare».
b) Con molti verbi che reggono un infinito preceduto da preposizione (specie *a*: *andare, incominciare, riuscire, venire*; ma anche *di* in *cercare di, finire di*): «non riesco a parlar*gli*» / «non *gli* riesco a parlare»; «venga a dir*mele* in faccia queste cose!» / «*me le* venga a dire», ecc.
Sarà bene insistere sul fatto che nei sintagmi formati da un verbo servile e da un infinito – tranne i pochi casi citati sopra – la libertà di collocazione del pronome atono è molto ampia, anche presso lo stesso scrivente o parlante e con lo stesso verbo servile. Si vedano i seguenti esempi da *Così è (se vi pare)* di Pirandello: «con quel valore che ognuno gli vuol dare» (proclisi; V 63) / «nessuno vuol tormentarlo» (enclisi; V 44); «ma non le si deve far dire così» (proclisi, V 72) / «ma lei deve scusarlo» (enclisi; V 25); «non ci può essere» (proclisi, V 89) / «vuol farci impazzire» (enclisi; nella stessa pagina).
Sull'uso dei pronomi atoni nelle strutture costituite da un verbo causativo (*fare, lasciare*) o percettivo (*vedere, sentire*)+infinito, nonché sull'ordine e sulla funzione sintattica delle componenti della frase (ad esempio, introducendo i pronomi in una frase come «ho visto scrivere una lettera da Ada» si potranno avere «ho visto Ada scriverla» e «ho vista scrivere a Ada»), ma non *ho visto scriverla Ada*, o *ho visto scriverla a Ada*, ecc.) cfr. LEPSCHY 1978: 41-54.

76. Da evitare, in quanto propria del parlato più sciatto e informale, la doppia presenza del pronome atono in frasi come «ancora una volta mi hanno voluto riconfermarmi la fiducia» (da un'intervista radiofonica citata in BERRETTA 1985b: 194).

77. Nell'italiano antico e nella lingua letteraria fino agl'inizi del Novecento con l'infinito (e anche col gerundio, cfr. VII.78) preceduti da negazione i pronomi atoni si potevano «elegantemente anteporre ai verbi» (MOISE 1878: 370). Il costrutto, facilmente documentabile per i primi secoli (per esempio in Pulci, *Morgante*, XXI 50: «Disposta son non vi far villania»), è ancora rinvenibile nei *Promessi Sposi* (per esempio: «al pericolo di non ci riuscire» VI 34; «guarda di non la disturbare» XXII 5; «non so cosa mi dire» XXIX 24; ma la regola è l'enclisi, come oggi: «di non parlarne» II 36, «di non avermi ascoltato» VI 8, «e non dargli luogo» VI 5: nella prima edizione «e non gli dar luogo», ecc.), nel Collodi («era travagliato da un febbrone da non si dire» *Pinocchio*, 54), nel D'Annunzio («bada di non ti perdere» *Trionfo della morte*, 39) o in C. Levi («non so che mi risolvere», cit. in BRUNET 1985: 144).

78. III. Con un gerundio, presente o passato: «vedendola», «ritenendoci», «avendomi parlato»; «Chi, *trovandosi* nelle condizioni richieste per la dichiarazione di abitualità...» (*Codice Penale*, art. 105), «e quando i soldi non c'erano, ognuno degli adepti doveva rintracciarli con ogni mezzo: *facendoseli* dare dai parenti», ecc. («L'Espresso, 6.7.1986, 22).

Esempi di gerundio negativo con pronome atono anteposto, secondo il gusto arcaizzante, in Leopardi, *Operette morali*, 137 («non si riducendo») e ancora in De Amicis, *Vita militare*, I 133: «non si scotendo, non si movendo per qualunque rumore le si facesse intorno».

79. IV. Con un participio passato, in funzione di una proposizione subordinata. Si tratta di un costrutto più frequente nello scritto che nel parlato: «*allontanatami* ancora un poco dalla stazione, arrivai a una strada» (=dopo essermi allontanata; Levi, *Cristo si è fermato a Eboli*, 78); «ma solo nel Guglielmo Tell [...] il Rossini raggiunge il massimo di quell'adesione al dramma romantico, *consentitogli* dalla sua natura», ecc. (=che gli era consentito; Ciocia, *St. musica*, 164); «mentre inzuccherava la tazza di tè *tesagli* da Angelica» (=che gli era tesa, o che gli era stata tesa; Tomasi di Lampedusa, *Il Gattopardo*, 118).

80. V. Con un participio presente (quasi soltanto col riflessivo *si*). È costrutto proprio della lingua scritta, in particolare della prosa scientifica o burocratica: «una fase di crisi interna, *intrecciantesi* con gli eventi della guerra» (Spini, *Disegno storico*, II 203). Un esempio col pronome *gli* è citato in BRUNET 1985: 155: «con le sue lunghe calze nere, alte sulla coscia, automaticamente, illogicamente, *suggerentigli* Silvio Pellico» (Fenoglio).

81. Nell'italiano antico l'enclisi dei pronomi atoni era governata da norme diverse (riassunte dalla cosiddetta «legge Tobler-Mussafia», dal nome dei due studiosi che ne descrissero il meccanismo, rispettivamente nel francese antico e nell'italiano). A parte un gran numero di casi in cui la scelta tra i due tipi era sostanzialmente indifferente (o al più, in poesia, condizionata da ragioni metriche e ritmiche), si aveva obbligo d'enclisi all'inizio di frase o di verso («Stavvi Minos orribilmente, e ringhia» Dante, *Inferno*, III 4) e, con sistematicità via via minore, dopo *e*, dopo *ma*, dopo una proposizione subordinata (ad esempio: «Quand'eo il parlo, moroli davanti»=le muoio, nel rimatore dugentesco Giacomo da Lentini, cit. in SORRENTO 1950: 149).

La distribuzione attuale delle forme pronominali encliriche e procliciche è descritta già dal Pascoli, che in una nota della sua antologia *Fior da fiore*, limita espressamente l'enclisi, nello «scrivere [...] nativo e svelto e moderno», ai casi visti sopra: cfr. MIGLIORINI 1963a: 710.

82. Un riflesso dell'antico regime del pronome atono nell'italiano contemporaneo può considerarsi l'obbligo dell'enclisi con l'imperativo affermativo (e non con quello negativo, vale a dire solo in posizione iniziale: cfr. VII.70). Residui più marginali si riconoscono nella lingua della piccola pubblicità («Vendesi tricamere zona Camaldoli...», «affittansi», «offronsi», ecc.) e nello stile telegrafico («Invitola presentarsi questo ufficio», «Comunicovi», «Pregoti», ecc.). In entrambi i casi si tratta di un uso determinato dal desiderio di risparmiare spazio (e quindi denaro).

83. Occasionali esempi di enclisi nell'italiano moderno contrassegnano una prosa sostenuta o arcaizzante («la sua esteriore femminilità [...] *erasi*, a poco a poco, accentuata, rarefatta, fino a diventare languore o smanceria» Palazzeschi, *Sorelle Materassi*, 32; «quando il testamento

siasi perduto senza loro colpa» *Novissimo Digesto Italiano*, XVIII 820). Più larga accoglienza ha l'enclisi nella poesia del Novecento: «E lo richiamò rumore di penne / Ch'*erasi* sciolto dallo stridulo / Batticuore dell'acqua torrida» (Ungaretti); «e *volgesi* / vorace all'ombra vana» (Saba; entrambi in MENGALDO 1981: 402 e 219).
Qualche formula cristallizzata regge meglio di altre, almeno nell'uso scritto: «come volevasi dimostrare», «dicesi», «dicasi» («e così *dicasi*, con le stesse cautele, per le 'costanti', e polarizzazioni, d'ordine tematico, psicologico, simbolico» MENGALDO 1981: XVIII; «lo stesso *dicasi* per i poteri di veto, di mercanteggiamento, di ricatto concessi agli enti locali» G. Bocca, nella «Repubblica», 27.2.1987, 8).

Pronomi allocutivi

84. Le forme dei pronomi personali tonici e atoni insieme con gli aggettivi possessivi (cfr. VII.99 sgg.) possono costituire un sistema pronominale autonomo, fornendoci il mezzo grammaticale per rivolgerci a un interlocutore, reale o immaginario.
Pronomi *allocutivi* (da un derivato del lat. ALLOQUI 'rivolgere la parola a qualcuno') sono innanzitutto i pronomi che potremmo chiamare *naturali*, perché espressamente riferiti a uno o più destinatari (la 2ª persona *tu* se è uno solo, la 5ª persona *voi*, se sono più d'uno). Ma l'italiano – come molte altre lingue – dispone di allocutivi *reverenziali* o *di cortesia*, impiegati quando non siamo in rapporti di confidenza con la persona o le persone a cui ci rivolgiamo.
Come i pronomi personali, anche i pronomi allocutivi possono essere sottintesi; la distanza dal nostro interlocutore sarà comunque segnata dall'accordo verbale, che potrebbe definirsi l'elemento portante di tutto il sistema allocutivo.
I pronomi allocutivi reverenziali oggi correnti sono *ella* e *lei* per il singolare e *loro* / *voi* per il plurale. Fino a pochi decenni fa (ora soltanto in contesti particolari, cfr. VII.96) si usava anche il *voi* in riferimento a una sola persona.
L'elemento reverenziale insito nell'uso del *voi* e del *lei* è evidente. Nel primo caso si tratta un singolo come se egli, per i suoi meriti, il suo prestigio, la sua autorità, «valesse per due»; nel secondo, ci si indirizza, astrattamente, alla «signoria», all'«eccellenza» dell'altro, quasi fosse troppo ardito rivolgerglisi direttamente.

85. Il latino si serviva sempre del TŪ, qualunque fosse il livello dell'interlocutore. In età imperiale si diffuse il VŌS di rispetto che però, a quanto sembra (NICULESCU 1974: 12-15), non si è continuato nelle lingue romanze che avrebbero ricreato, autonomamente, un sistema oppositivo *tu* / *voi*. Nella *Commedia* Dante usa abitualmente il *tu*, riservando il *voi* «a persone per cui mostra il massimo rispetto» (ROHLFS 1966-1969: 477): per esempio Farinata degli Uberti, Brunetto Latini («Siete voi qui, ser Brunetto?» *Inferno*, XV 30), Cacciaguida («Voi siete il padre mio» *Paradiso*, XVI 16). Il *lei* si diffonde nell'uso cancelleresco e cortigiano del Rinascimento e si rafforza poi per effetto del modello spagnolo (MIGLIORINI 1957: 187-196).

Il sistema tripartito antico

86. Per alcuni secoli – *grosso modo* dal Cinquecento al Novecento inoltrato – l'italiano disponeva di tre allocutivi: *tu*, *voi*, *lei*. Vediamo come vengono usati i tre pronomi nei *Promessi Sposi*, in un quadro che vale per il Seicento – l'epoca in cui il romanzo è ambientato – ma che aveva mantenuto molti tratti anche nell'Ottocento, quando il Manzoni scriveva. Distinguiamo prima di tutto tra allocutivi reciproci (i due interlocutori si danno entrambi del *tu*, del *voi* o del *lei*) e non reciproci (si dà del *tu* ricevendo il *lei* o il *voi*; si dà del *voi* ricevendo il *lei*).
I pronomi reciproci contrassegnano un rapporto paritario. Il più diffuso è *voi*, in gran parte indipendente dal livello sociale degli interlocutori: lo troviamo nel dialogo tra due popolane in rapporti di confidenza, come Agnese e Perpetua (VIII 5-9, 47-50), ma anche nell'incontro tra due personaggi d'elevata condizione che non si erano mai visti prima, come il Cardinale e l'Innominato (XXIII 6-26). *Voi* si usa anche tra fidanzati e poi sposi (Renzo e Lucia) e tra cugini di famiglia nobile (Don Rodrigo e il Conte Attilio: VII 42-46). Il *lei* reciproco può marcare un rapporto molto formale tra autorità elevate

(Conte zio e Padre provinciale: XIX 9-32), ma anche il dialogo di una «coppia d'alto affare» come Don Ferrante e Donna Prassede (almeno basandoci sulla battuta di XXVIII 40). *Tu* infine, piuttosto raro, qualifica il rapporto confidenziale tra uomini di modesta condizione sociale (Renzo e Tonio: VII 59-78; Renzo e un suo amico: XXIII 67-70) o tra cugini di famiglia non nobile (ancora Renzo e Bortolo: XVII 47-60).

I pronomi non reciproci indicano un rapporto dissimmetrico, in base a diverse variabili:

a) l'età (o la posizione familiare): Agnese dà del *tu* al nipotino Menico (VII 25-26) e alla figlia Lucia, ricevendo il *voi*; il conte zio dà del *tu* al nipote Attilio (XVIII 52), ricevendo il *lei*;

b) la posizione sociale: un padrone dà del *tu* al servitore, ma ne riceve il *lei* (Don Rodrigo e il Griso: XI 5-13; l'Innominato e la vecchia custode del castello: XX 50-62); un personaggio di riguardo tratta col *voi* chi sia di carica o di livello sociale inferiore, ricevendo il *lei* (è il caso di Don Abbondio rispetto a Perpetua, Renzo, Agnese, ecc., ma anche del Cardinale rispetto allo stesso Don Abbondio: XXIII 33-38; dell'Innominato rispetto a Lucia: XXI 15-27);

c) il sesso: trattando con inferiori, un uomo autorevole, che riceve il *lei*, può dare del *tu* ad un altro uomo, ma non va in genere oltre il *voi* con una donna (così Fra Cristoforo con Renzo e Lucia);

d) l'emotività occasionale: un sistema allocutivo reciproco può essere alterato a seconda dell'andamento del colloquio; nel cap. VI il dialogo tra Fra Cristoforo e Don Rodrigo, impostato originariamente sull'asse *lei-lei* (1-12), assume a un certo punto toni burrascosi: Fra Cristoforo scende al *voi* («la vostra protezione...») e, per contraccolpo, Don Rodrigo passa al *tu* («come parli, frate?» VI 13).

87. Che cosa ne è oggi delle variabili che condizionano l'uso di allocutivi non reciproci? Ne resta forse una sola: quella dell'età. Il ragazzo si rivolge con il *lei* all'adulto non familiare (per esempio: insegnante, amico dei genitori o semplice estraneo) e ne è trattato generalmente col *tu*; e l'eventuale *lei* dell'adulto al ragazzo indicherà piuttosto freddezza e distacco che non maggiore considerazione per lui.

Il sistema bipartito attuale

Come abbiamo accennato, l'italiano moderno ha fondamentalmente due pronomi allo-cutivi: *tu*, confidenziale, e *ella / lei*, di cortesia.

88. *Tu*, oltre che in situazioni confidenziali, si adopera in tutti quei casi in cui l'interlocutore è considerato come sottratto alle convenzioni sociali: o perché al disopra di esse (come Dio e la Madonna: «Padre Nostro, che *sei* nei cieli», «Ave Maria, piena di grazia, il Signore è con *te*»: ma si terrà anche conto del modello latino; vedi inoltre VII.96b); o perché immaginario, ideale (per esempio il lettore cui molti scrittori fingono di rivolgersi: «Caro e unico lettore che, *te* beato, devi ancora nascere, ascoltami bene» Ojetti, *Mio figlio ferroviere*) o comunque non determinato (si pensi ai messaggi elettorali o pubblicitari: «vota socialista!», «vesti giovane», ecc.).

Nei dialetti di vaste zone dell'Italia centromeridionale (tra cui Marche e Umbria meridionali, parte del Lazio e dell'Abruzzo: cfr. ROHLFS 1966-1969: 477) si dà del *tu* a ogni persona, con un uso che corrisponde a quello latino classico.

89. *Ella*, che vale solo per il soggetto, è oggi raro, limitato alla prosa burocratica («qualora Ella abbia già provveduto al pagamento, consideri nullo il presente sollecito») e soprattutto alle allocuzioni ufficiali, perlopiù in presenza di alte cariche civili o religiose: «Ella, Signor Ministro, ha voluto onorare di una Sua visita la comunità di ...»

Usando *Ella* in un testo scritto è bene – adeguandosi al registro solenne richiesto da questo pronome – ricorrere alle maiuscole reverenziali (cfr. I.199).

Variante di *ella*, tipica dell'uso toscano ma oggi in declino, è *la*: «In primis, la saprà che il mondo e l'uomo / vanno col tempo» (Giusti, *Il Delenda Cartago*, 9-10); «la guardi come la parla – disse quello in tono minaccioso» (Malaparte, cit. in BRUNET 1985: 25).

90. Se *ella* e *lei* sono riferiti a un uomo sorge il problema dell'accordo: femminile (secondo grammatica) o maschile (secondo natura)?
Per quanto riguarda *lei*, l'uso ormai generale, parlato e scritto, presenta l'accordo al maschile: «lei non è sincero».
Numerose le documentazioni, dalle interviste nei giornali («Lei si è *occupato* di natura già da molti anni prima di diventare ministro» «L'Espresso», 4.5.1986, 173) al teatro, anche non contemporaneo (Pirandello, *Così è [se vi pare]*, V 93: «lei è stato *invitato*»; *Tutto per bene*, V 178: «Lei è troppo *generoso*, signor Lori») alla narrativa (D'Agata, *Il medico della mutua*, 7: «adesso lei è *convenzionato* con la mutua»; Calvino, *Racconti*, 423: «Lei il 31 dicembre di quest'anno è *tenuto* a consegnarci i locali»). Nei *Promessi Sposi* l'unico esempio utile di tutto il romanzo ha accordo al femminile: «sappiam bene che lei non è *venuta* al mondo col cappuccio in capo» (V 37; ma un'altra volta, con *vossignoria*, l'accordo – presente nella 1ª edizione – è eliminato: «Se vossignoria illustrissima è tanto *inclinato* a far del bene» XXXVIII 39).
Ciò non toglie che l'accordo al femminile, benché raro, possa sempre incontrarsi: «Anche lei, professore? Anche lei, hélas! L'ho sempre *letta*. Ma ora mi fa cadere le braccia» (in una lettera a Tullio De Mauro, «L'Espresso», 20.12.1981, 172); «Avvocato [si tratta di Raffaele Della Valle], tutta Italia l'ha *vista* piangere in televisione al momento della lettura della sentenza» («La Domenica del Corriere», 27.9.1986, 22).
Con *ella* è invece più comune l'accordo grammaticale, che è normale nella tradizione letteraria: «codeste lettere di cui ella [Marco Coen] è tanto accesa» (Manzoni, *Lettere*, I 667); «Ella stessa» (Pavese, *Lettere*, 233: è una missiva a A. Farinelli del 1930; tuttavia, in una lettera a G. Prezzolini dello stesso anno si legge: «Ella stesso», 210).
Sempre femminili i pronomi atoni, qualunque sia il sesso dell'interlocutore: «vorrei dir*le*», «spero di riveder*la* presto».

91. Da notare l'espressione *caro lei*, che esprime impazienza o anche leggera ironia: «Ma io, caro lei, ho delle buone ragioni per non esser contenta» (Moravia, *Gli indifferenti*, 20). Esempi con altri allocutivi: «– Fermatevi, *caro voi* – gli dissi –: oggi non ho pranzato, fatemi portare qualche cosa» (Pellico, *Le mie prigioni*, 398); «– *Caro te*, stento quasi a respirare – disse Beatrice tirando un gran fiato» (De Marchi, *Demetrio Pianelli*, 27).

92. Rivolgendosi collettivamente a più persone, si può scegliere tra *voi* e *loro*: il *voi* è d'obbligo quando ai singoli interlocutori si dia del *tu*, ma è in forte espansione anche nei rapporti formali (PASQUALI 1968: 153-154; NENCIONI 1982: 14): un professore universitario o un conferenziere che darebbe del *lei* ai suoi ascoltatori presi uno per uno, userà più facilmente *voi* che *loro* indirizzandosi a tutto l'uditorio («come *voi* sapete», «non voglio abusare del *vostro* tempo», ecc., piuttosto che: «come *loro* sanno», «non voglio abusare del *loro* tempo»).
Tra l'altro la diffusione del *voi* elimina l'equivoco insito in *loro* («lo chiedo a loro» può significare 'lo chiedo ad essi', ma anche 'lo chiedo ai miei interlocutori': non sempre il contesto è decisivo per scegliere). L'equivoco persiste invece per *lei*, che è insieme pronome femminile e pronome allocutivo per i due generi (ma l'equivoco tende a ridursi grazie al mancato accordo grammaticale: «lei è venuto» [allocutivo maschile] si oppone così a «lei ['ella' o allocutivo femminile] è venuta»).

93. Una forma antiquata e oggi possibile solo con valore ironico o scherzoso è *lorsignori* (rarissimi il femminile *lorsignore*), anche con grafia separata: «Chi è di lor signori che sa leggere?» (L. Viani, *Il nano e la statua nera*).

94. Il sistema allocutivo è generalmente bipartito anche nelle altre grandi lingue europee (con la notevole eccezione dell'inglese che ha il solo *you*). La coppia 2ª / 5ª persona si ritrova in francese (*tu* / *vous*) e in russo (*ty* / *vy*); la coppia 2ª / 3ª (o 6ª) persona, come in italiano, in spagnolo (*tu* / *usted*) e in tedesco (*du* / *Sie*).

Relitti del «voi»

95. In molti dialetti è ancora saldo il *voi* (ROHLFS 1966-1969: 477), che non di rado penetra anche nell'italiano regionale delle singole zone. Per il napoletano, in cui il *voi* è più largamente diffuso, si vedano i seguenti esempi di G. Marotta, *L'oro di Napoli*, 102 («Tornate ad onorarci, don Carmine, non ci fate torto») e 203 («Allora, don Leopoldo, che decidete?»).

96. Nell'italiano comune *voi* si adopera o si può adoperare:
a) Nella corrispondenza commerciale: «Riscontriamo la *Vostra* pregiata del 6 u.s. per comunicar*Vi*...». Qui l'uso del *voi* è richiesto dal fatto che la maggior parte dei rapporti di lavoro impegna ditte, società, gruppi finanziari, ossia una pluralità di contraenti, anche se i rapporti epistolari sono gestiti da singoli.
b) In alcune preghiere, come allocutivo di rispetto. Ad esempio, l'*Atto di dolore* previsto dalla liturgia cattolica durante la Confessione recitava: «Mio Dio, mi pento e mi dolgo con tutto il cuore dei miei peccati, perché peccando ho meritato i *Vostri* castighi, ma molto più perché ho offeso *Voi*...» (da qualche anno la preghiera si recita col *tu*: «ho offeso *te*», ecc.).
c) In testi letterari e in doppiaggi cinematografici ricavati da un originale inglese o francese. Per esempio, in un'edizione italiana di *Per chi suona la campana* di E. Hemingway (Milano 1948: traduzione di M. Napolitano Martone) i personaggi, oltre al *tu*, si danno del *voi*: «Vi sto spiegando minutamente tutto perché capiate bene e vi rendiate conto» (15; frase di Golz rivolta a Robert Jordan).
Tuttavia, molti traduttori più recenti evitano questa meccanica trasposizione di allocutivi da una lingua all'altra. Così Libero Bigiaretti, traduttore della *Bugiarda* di J. Giraudoux (Milano 1970) adatta il francese *vous* all'italiano *lei* («La vuole il ministro, signor Grenadin – Gli dica dove sto» 54). Da notare che anche nella «letteratura rosa» della collezione *Harmony* – tradotta dall'inglese o comunque ambientata nel mondo anglosassone – il *lei* è oggi di regola; per esempio: «Ho buone notizie per lei» (L. Collins, *Alla vigilia del sì*, Milano 1985, 11), «Cosa le fa credere che abbia intenzione di venire con lei?» (R. Lane, *Magia d'oriente*, Milano 1985, 8) e via dicendo. Per la resa dell'ingl. *you* nei doppiaggi cinematografici vecchi e nuovi cfr. MARASCHIO 1982: 151.

97. Durante il Fascismo fu vietato l'uso del *lei*, considerato (ma a torto) di origine straniera e si cercò di imporre il *voi* (1938). Ciò determinò, per reazione, una più marcata diffusione del *tu*: «vecchi amici che avevano adoperato magari per decenni il *lei*, non se la sentirono di passare al *voi* e preferirono senz'altro il *tu*» (BALDELLI 1964: 335; per gli interventi contro il *lei* cfr. SIMONINI 1978: 211-215).

Il «noi» allocutivo

98. Se vogliamo far notare a qualcuno che una sua affermazione è eccessiva gli diremo: «non esagerare!» o «non esageri!», a seconda del grado di familiarità che abbiamo con lui. Ma possiamo anche dirgli, con una sfumatura di benevolenza: «non esageriamo!», usando una 4^a persona.
Si tratta di un *noi* «allocutivo», che compare sovente nell'uso colloquiale, specie in un rimprovero: «per smussarlo, uno prende su di sé una parte della colpa, ancorché non ne sia affatto responsabile» (PASQUALI 1968: 142; cfr. anche MOISE 1878: 377: «questo modo [...] è oggi comunissimo»). Nota ancora il Pasquali che, mentre il *come stai?* può non aspettare risposta, un po' come l'*how do you do?* americano, un *come stiamo?* è sempre più cordiale e partecipe.
Il «dar del noi» presuppone, anche in una discussione concitata, un atteggiamento non ostile. Ecco un esempio di Pirandello (*Pensaci, Giacomino!*, VII 63): «[MARIANNA, *di nuovo scattando*] Io? Non voglio più vederla, io! – [TOTI] Non facciamo storie, vi ripeto. Entrate da lei e cercate con le buone, con garbo, di farvi dire che è stato, che cosa è accaduto tra loro».

Aggettivi e pronomi possessivi

99. I possessivi sono forme parallele e complementari rispetto ai pronomi personali: indicano infatti la persona a cui appartiene (o che ha relazione con) qualcosa o qualcuno:

	MASCHILE	FEMMINILE
1ª PERSONA	mio, miei	mia, mie
2ª PERSONA	tuo, tuoi	tua, tue
3ª PERSONA	suo, suoi	sua, sue
4ª PERSONA	nostro, nostri	nostra, nostre
5ª PERSONA	vostro, vostri	vostra, vostre
6ª PERSONA	loro	loro

Tradizionalmente si distingue tra aggettivi («la mia auto») e pronomi (sempre preceduti da articolo o preposizione articolata: «Sei qui per tuo figlio? Anch'io sono venuto a prendere *il mio*»). In realtà, come osservano SATTA 1981: 273 e BRUNET 1980: 167, pronomi del genere rientrano piuttosto nella categoria degli «aggettivi possessivi sostantivati, perché in sostanza il nome non è sostituito, ma sottinteso» (Satta).

Ciò vale per l'italiano, in cui gli aggettivi possessivi sono formalmente identici ai pronomi. Diverso il caso del francese o dell'inglese in cui le due serie sono differenziate («mon livre et le tien»; «my book and yours») e in cui le forme *tien* e *yours* sono perfettamente autonome e non ammetterebbero un sostantivo dopo di sé.

100. I possessivi di 3ª persona dipendono per genere e numero dal nome che li accompagna: «Giovanni ama i *suoi* figli» e «Maria ama i *suoi* figli», indipendentemente dal fatto che il possessore sia maschile o femminile (invece in inglese e tedesco si direbbe rispettivamente: «John loves *his* children» / «Johann liebt *seine* Kinder» e «Mary loves *her* children» / «Marie liebt *ihre* Kinder»). Il possessivo di 6ª, invece, invariabile per genere, presuppone un possessore plurale: «Giovanni e Maria amano i loro figli».

101. Il termine «possessivo» si attaglia in verità solo a una piccola parte dei valori che queste forme possono esprimere. Oltre al possesso che qualcuno può esercitare su qualco-sa («il nostro appartamento», «il tuo cane»), *mio, tuo, suo*, ecc. indicano tra l'altro:

a) L'organo, la facoltà sensitiva o intellettuale di un certo individuo: «i tuoi piedi», «la vostra fantasia», «le mie intenzioni».

b) Genericamente, la relazione che si istituisce con un qualsiasi aspetto della realtà: «al mio arrivo» (=quando *io* arrivo, arriverò o arrivai), «al nostro paese» (=il paese in cui *noi* siamo nati), «la vostra età» (=l'età che *voi* avete); con riferimento a persona, il possessivo può esprimere un rapporto di subalternità («il generale e i suoi soldati», quelli ai suoi ordini; «la vostra cameriera», che è alle vostre dipendenze), ma anche di superiorità («il mio capufficio», «il tuo maestro», «Nostro Signore»).

c) Una consuetudine, un'azione abituale (e il possessivo assume allora una connotazione affettiva): «Centellinavo attonito i miei due / soldi di vino» (Saba, *Il canzoniere*).

102. L'aggettivo possessivo può avere valore sia soggettivo sia oggettivo (DARDANO-TRIFONE 1985: 139): «il tuo amore per le piante» (=tu ami le piante; soggettivo); «per amor tuo» (=perché ti amo; oggettivo). Però, tranne alcune locuzioni cristallizzate – come quella citata – il valore oggettivo è espresso normalmente dal pronome personale. Così, «la mia paura» può essere soltanto 'la paura che io provo' (soggettivo); per indicare quella che io incuto ad altri dovrei dire «la paura di me» (o anche, più distesamente, «la paura che tu [lui, lei, voi, loro] hai [ha, avete, hanno] di me».

103. Da segnalare alcune forme arcaiche o dialettali (ROHLFS 1966-1969: 427, 430).

a) Come in latino, in cui sŭus, sŭa, sŭum valeva sia per la 3ª sia per la 6ª persona, in italiano antico (e oggi nei dialetti toscani e mediani) possono trovarsi *suo, sua, suoi, sue* in luogo di *loro*: «Suo cimitero da questa parte hanno / con Epicuro tutti suoi seguaci» (Dante, *Inferno*, X 13-14).

b) Nel fiorentino quattro-cinquecentesco si avevano le forme invariabili *mie, tuo, suo* (per esempio, nelle *Stanze* del Poliziano: «mie foco» I 23, «tuo foglie» I 4, «mie mente» II 42: cfr. GHINASSI 1957: 32) e i plurali *mia, tua, sua* (per esempio, nella *Vita* del Cellini: «li mia antichi» 32, «alli sua bisogni» 34): cfr. MANNI 1979: 131-135.

c) Nell'antica lingua poetica si incontrano *tui* e *sui* (probabilmente modellati sul latino TŪI e SŪI), ma quasi soltanto in rima: «Chi fuor li maggior tui?» (Dante, *Inferno*, X 42; in rima con *lui* e *fui*); «con passi e continenze e modi sui» (Ariosto, *Orlando Furioso*, XLIII 108; in rima con *lui* e *colui*), «a' figli suoi» (Monti, *Prosopopea di Pericle*, 18; in rima con *fui*).

d) Del toscano arcaico (e attualmente dei dialetti centro-meridionali) è anche l'enclisi dell'aggettivo possessivo di 1ª, 2ª e 3ª persona (nei tipi *mo, ma, to, ta, so, sa*), specie con i singenionimi: «io non vorrei che tu ad un'ora ti facessi beffe di mógliata [=di tua moglie] e di noi» (Boccaccio, *Decamerone*, VIII 6 28). Per i dialetti moderni si può citare il ritornello di una celebre canzone napoletana di fine Ottocento (in BORGNA 1985: 229): «sia benedetta *màmmete* quanno te mmaritò».

Proprio

104. Si adopera per rafforzare un altro aggettivo possessivo, in particolare di 3ª persona, ed è sempre posposto: «egli aveva sofferto non del dolore di lei ma del suo proprio egoismo offeso» (D'Annunzio, *Trionfo della morte*, 103); «sue proprie mani» (o in sigla: «SPM»), dicitura che si scrive su una lettera che si vuole recapitata personalmente al destinatario. Più raro l'uso con altre persone: «ho sentito con questi miei propri orecchi» (nel commediografo settecentesco I. Nelli, *Commedie*).

Proprio può sostituire l'aggettivo possessivo di 3ª e 6ª persona, a condizione che si riferisca al soggetto della frase (l'articolo è sempre presente, anche con i singenionimi: «vide il proprio figlio»; «le piaceva vivere nelle grandi città, per fare 'il comodo proprio', correre la cavallina», ecc. (Bartolini, *Signora malata di cuore*); «valdesi e metodisti hanno condotto una capillare inchiesta tra i propri aderenti» («Il Giornale», 21.8.1986, 2). In G. Tomasi di Lampedusa (*Il Gattopardo*, 52) si trova un esempio di *proprio* riferito al complemento oggetto (da non imitare): «lasciò Bendicò affannato dal proprio dinamismo».

È sempre consigliabile usare *proprio* invece di *suo* quando potrebbero sorgere equivoci: «Mario vide Carlo con la propria moglie» (dicendo «vide Carlo con sua moglie» si penserebbe piuttosto alla moglie di Carlo).

Quando *suo* non si riferisce al soggetto si può ricorrere al semplice *di lui, di lei*: «si svegliava carico d'odio contro Santina, come se la colpa fosse di lei» (Morante, cit. in BRUNET 1980: 187; se si fosse scritto «come se la colpa fosse sua» un lettore distratto avrebbe potuto collegare quel *sua* a Nello, il soggetto sottinteso di *svegliava*).

105. Oggi si evita, tranne che nel linguaggio burocratico e nella prosa letteraria di singoli scrittori (per esempio, nel già citato Tomasi di Lampedusa) di far precedere *di lui, di lei* dall'articolo. Si tratta di un uso ancora pienamente vitale nell'Ottocento; si veda il seguente esempio dell'economista Melchiorre Gioia (cfr. SERIANNI 1986b: 46): «il fluido adunque che [...] dalle pareti dell'escavazione decorre, o dal di lei fondo zampilla».

106. *Proprio* è forse più comune di *suo* quando la frase ha soggetto indefinito: «ognuno nella propria casa ha la radio» (Pasolini; ma anche: «ognuno seguiva la sua strada» Cassola; entrambi gli esempi in BRUNET 1980: 183-184). Sempre *proprio* in frasi impersonali: «bisognava fare i propri conti per tempo»; «sarebbe stato lo stesso che rinunziare a' propri privilegi» (Manzoni, *I Promessi Sposi*, IV 39).

Ma per il passato non mancano esempi di *suo, sua* anche in frasi impersonali: «se è cristiani si ha il dovere d'obbedire a suo padre e a sua madre» (Fogazzaro, *Piccolo mondo antico*, 35); «Oh! dolcemente, so ben io, si muore / la sua stringendo fanciullezza al petto» (Pascoli, *L'aquilone*, 52-53).

Posizione dell'aggettivo possessivo

107. In italiano l'aggettivo possessivo può collocarsi prima o dopo il nome: «il mio amico» o «l'amico mio».

Delle altre grandi lingue europee, anche

lo spagnolo può scegliere tra «mi amigo» e «el amigo mio» (ma si noti la differenza di pronome a seconda della posizione), mentre il possessivo è obbligatoriamente anteposto, per esempio, in francese («mon ami»), inglese («my friend»), tedesco («mein Freund»), russo («moj drug»).
Tuttavia, l'anteposizione e la posposizione non sono indifferenti. A parte il caso di alcune formule cristallizzate (cfr. VII.110) in genere il possessivo dopo il nome rappresenta la scelta stilisticamente marcata (CASTELLANI POLLIDORI 1966: 33; BRUNET 1980: 17). Si pensi alla sfumatura esistente tra «i miei soldi» e «i soldi miei»: la seconda sequenza sarà la più immediata e spontanea in chi sia emozionato («Hanno rubato tutti i soldi miei!») o irritato («Non tollero che tu continui a sperperare i soldi miei!») o comunque ricorra ad un'accentuazione espressiva.

108. Popolarmente, in Sardegna e nell'Italia centro-meridionale (tranne la Sicilia), a sud di «una linea che comincia press'a poco all'altezza di Roma, risale il corso del Tevere, attraversa obliquamente l'Umbria (a oriente di Perugia) e le Marche settentrionali e raggiunge la costa adriatica nella zona di Pesaro» (CASTELLANI-POLLIDORI 1966: 7) è normale, in ogni circostanza, il tipo con possessivo posposto.
Talvolta sequenze pospositive estranee alla norma italiana si incontrano negli scrittori, per ricerca di color locale. Si veda, per la Sardegna, il caso di G. Deledda che scrive «*nuora mia* può dirlo, com'era docile», «e *marito vostro* non era povero?» (*L'incendio nell'oliveto*, 21 e 39), rifacendosi alla sequenza propria delle due principali varietà sarde, logodurese e campidanese; cfr. LOI CORVETTO 1983: 124.

109. In usi allocutivi – e quindi per sé stessi enfatici – la posizione corrente, fin da epoca antica, è quella pospositiva: «figli miei!», «Italia mia, benché 'l parlar sia indarno...» (Petrarca, *Canzoniere*, 128 1).

Nel Cinquecento cominciò a diffondersi la sequenza invertita («mio padre!»), con l'ufficio stilistico di realizzare, attraverso un ordine sintattico meno usuale, «uno scarto in senso letterario rispetto al linguaggio quotidiano» (SERIANNI 1982b: 143). L'anteposizione diventa frequente nella tragedia del XVIII secolo, nel melodramma – dal Metastasio sino alla fine del XIX secolo – ed è ancora ben viva nella poesia del Novecento (BRUGNOLO 1984; per esempio: «Mia vita, a te non chiedo lineamenti» Montale; «mio scheletro» Quasimodo; «mie scritture» Zanzotto, ecc.).

Si oscilla tra anteposizione e posposizione con *Dio* («Dio mio» / «mio Dio») e *caro*, *cara* («caro mio» / «mia cara»). Non ci sono particolari sfumature stilistiche nel primo caso (i due moduli ricorrono ugualmente così in una preghiera come in una banale esclamazione); con *caro* si noterà che il costrutto può facilmente assumere una connotazione ironica (e indicare impazienza, rimprovero, delusione), in particolare con il possessivo posposto (ma non solo; si veda il seguente esempio di Moravia, cit. in BRUNET 1980: 136: «Ma, mia cara – rispose la madre con durezza»).
Sempre posposto l'aggettivo possessivo con *bello*, in espressioni più o meno benevolmente ironiche e scherzose: «come se non ti conoscessi, bella mia»; «ma io, bello mio, non sono mica la tua serva» (Cassola, *La ragazza di Bube*, 26 e 43).

110. Con alcuni sostantivi e in diverse «frasi fatte» l'uso ha sancito la stabilità del possessivo anteposto oppure posposto (cfr. soprattutto BRUNET 1980: 19-20 e 107-117, con molti esempi letterari).
Tra i casi di sequenza antepositiva ricordiamo: *di tua iniziativa, a vostro agio, a suo dire, a nostro giudizio, di mia mano, in loro potere*.
Sequenza pospositiva in: *pace all'anima sua, è uno che sa il fatto suo, a casa tua, è colpa loro* (e *per colpa loro*; l'anteposizione – con *per* o con altre preposizioni – appartiene ad un registro più elevato: «a meno che lo stato d'incapacità derivi da sua colpa» *Codice Civile*, art. n. 2046), *bontà sua, in cuor mio, da par suo*, ecc.
Per la posizione del possessivo in sintagmi contenenti un altro aggettivo o un numerale cfr. BRUNET 1980: 20-25. Per l'uso dell'articolo col possessivo cfr. IV.49 sgg.

VII. Pronomi e aggettivi pronominali

Usi particolari dell'aggettivo possessivo

111. Gli aggettivi di 1ª, 2ª e 3ª persona, specie femminili, possono essere usati in riferimento al «possesso» carnale: «[Maria Teresa] era stata *sua* per più di due mesi, ora che non aveva più denaro doveva lasciarla» (Moravia, cit. in BRUNET 1980: 81); «Fu *mia* da allora, fu mia, mia, mia soltanto, dalla tua nascita alla sua morte, per tre anni, mia, come nessuna donna fu mai d'un uomo» (Pirandello, *Tutto per bene*, III 189).

112. Nello stile epistolare tradizionale la chiusa di una lettera presenta spesso l'aggettivo possessivo insieme col nome del firmatario, o assolutamente («Caro Bonghi, vi raccomando caldamente l'individuo qui indicato, e vi sarò riconoscentissimo del bene che gli potete fare, e che sarà meritissimamente fatto / Il vostro / Manzoni»: Manzoni, *Lettere*, III 366) – oppure in combinazione con altri aggettivi («Vostra sorella devotissima Alessandrina» Palazzeschi, *Tutte le novelle*), – o, infine, in legame sintattico con la frase conclusiva del testo («Rispondimi, ti prego, presto, e credi all'invariabile amicizia del tuo G[iosue] C[arducci], *Lettere*»).

113. L'aggettivo possessivo è normalmente omesso (a differenza di quel che avviene in altre lingue, come l'inglese o il francese) quando il termine di riferimento appare ovvio: «ho lasciato l'auto in doppia fila» (=la *mia* auto); «come stanno i figlioli?» (=i *tuoi* o i *suoi* figlioli); «il poliziotto era a passeggio con la ragazza» («Stampa sera» 23.2.1987, 4; =con la *sua* ragazza), ecc. Cfr. anche BRUNET 1980: 157-159.
L'omissione del possessivo diventa obbligatoria – e non solo possibile – quando il verbo reggente include un pronome intensivo (cfr. VII.40).

Usi particolari del pronome possessivo

114. In molti casi un pronome possessivo si usa con valore sostantivale. Al maschile singolare può indicare:
a) l'avere, il denaro, le proprietà: «Dal tuo al mio», titolo di un dramma di G. Verga; «– Pianelli, lei spende molto [...] – Commendatore, spendo del mio» (De Marchi, *Demetrio Pianelli*, 67);
b) preceduto dalla preposizione *di* può valere 'da me, da te, ecc.' (ma raramente: «Ricordati che la cosa sia fatta come *di tuo*, che non s'abbia a credere ch'io ci abbia avuto mano» Grossi, cit. in FORNACIARI 1881: 63); oppure 'spontaneamente', 'naturalmente', 'senza esser condizionato': «Già, *di suo*, buona parte di questi domini si trovava in condizioni economiche e sociali tutt'altro che felici» (Spini, *Disegno storico*, II 169); «Sono alta *di mio*, non ho bisogno di mettere i tacchi alti» (Cassola, cit. in BRUNET 1980: 179);
c) il solo pronome di 4ª persona nell'uso letterario indica l'autore o il personaggio di cui si sta parlando (e si ricorre a *nostro* – anche con l'iniziale maiuscola – per evitare di ripeterne il nome): «i confronti [...] occorreranno spontanei a chi abbia letto le rime del nostro» (Carducci, *Opere*).

115. Al maschile plurale:
a) i familiari, e in particolare i genitori: «i miei sono entrambi impiegati», «Anche i miei ad uno ad uno son spariti» (Govoni, *Poesie*);
b) i compagni di partito, i commilitoni, i compatrioti (solo per il pronome di 4ª persona): «I nostri in questo tempo [...] di qua e di là fenno avampare i fochi» (Ariosto, *Orlando Furioso*); «arrivano i nostri!», frase di origine cinematografica, oggi ripetuta scherzosamente.

116. Al femminile singolare:
a) lettera, missiva (è uso caratteristico dello stile epistolare, sia privato, sia commerciale): «come ti dissi nell'altra mia» (De Roberto, *La sorte*); «in riscontro alla pregiatissima Vostra del 12 u.s. ...»;
b) opinione, idea (preceduto dal verbo *dire*): «avevo rimuginato queste cose ma non sapevo come dirgli la mia» (Pavese, *La luna e i falò*, 70); «dite la vostra che ho detto la mia», adagio conclusivo delle fiabe;
c) salute (con la preposizione *alla*): «alla tua!», «beviamo alla nostra!»;
d) preceduto dalla preposizione *dalla* e retto da un verbo come *essere, trovarsi, schierarsi, militare* sottintende *parte*; «se potessi tirar dalla mia i miei frati di qui» (Manzoni, *I Promessi Sposi*, V 6).

Al femminile plurale:
a) birichinate, battute di spirito, o anche sciocchezze, scapestrataggini; si trova quasi sempre in costrutti partitivi, preceduto da *una* (o *qualcuna*) *delle*: «ne combinerà (ne dirà) qualcuna delle sue»; più raro l'uso assoluto: «Le mie le ho fatte, sicuro: / e non le ho punto scordate» (Graf, *Le poesie*);
b) col pronome di 3ª persona, da registrare l'espressione «stare sulle sue» 'mostrare sussiego', 'non dare confidenza'.

117. Talvolta il pronome possessivo anticipa un sostantivo che comparirà solo più tardi, come nome del predicato (BRUNET 1980: 169-170; di qui i due esempi che seguono): «può darsi che la mia fosse solo una frase» (Landolfi). L'uso del pronome ha un certo rilievo stilistico quando sia intercambiabile con quello dell'aggettivo possessivo: «da più di un anno i nostri sono soltanto rapporti d'amicizia», ecc. (Arpino; invece di: «i nostri rapporti sono soltanto d'amicizia»). Più marcata forza espressiva ha la posposizione del possessivo al predicato, come inciso: «Prendiamo Stendhal. È un caso, il suo, di precocità ritardata al possibile» (Sciascia, *La scomparsa di Majorana*, 22).

Aggettivi e pronomi dimostrativi

118. I dimostrativi sono gli elementi usati per indicare (latinamente: DEMONSTRĀRE) qualcuno o qualcosa facendo riferimento a tre coordinate: lo spazio («questa città è caotica»; «dammi codesto libro»), il tempo («quell'estate non piovve mai»), oppure un astratto rapporto di vicinanza o lontananza che si stabilisce con i concetti presenti nel discorso: «questa è la mia proposta» (idealmente vicina a me, che l'ho appena avanzata), «con codesti dubbi non verrai a capo di nulla» (con i dubbi che hai espresso e che io avverto «lontani» da me).
Riuniamo i dimostrativi più importanti in due specchietti. Nel primo sono comprese le forme che possono essere usate sia come pronomi sia come aggettivi, nel secondo le forme esclusivamente pronominali.

AGGETTIVI E PRONOMI			
SINGOLARE		PLURALE	
MASCHILE	FEMMINILE	MASCHILE	FEMMINILE
questo	questa	questi	queste
codesto	codesta	codesti	codeste
quello, quel	quella	quelli, quegli, quei	quelle

PRONOMI			
SINGOLARE		PLURALE	
MASCHILE	FEMMINILE	MASCHILE	FEMMINILE
questi	–	–	–
quegli	–	–	–
costui	costei	costoro	costoro
colui	colei	coloro	coloro
ciò	–		

Varianti di forma

119. L'aggettivo *quello* diventa *quel* davanti a consonante semplice (là dove si userebbe l'articolo *il* invece di *lo*, cfr. IV.5) *quello* e *quella* (e *questo*, *questa*) davanti a vocale si elidono, così come avviene per gli articoli *lo* e *la*: «quello sciocco», «quel monte», «quell'uomo» (non *quello uomo*), «quell'idea» (ma anche, almeno nello scritto: «quella idea»). Al plurale maschile sono di norma *quei* davanti a consonante semplice (parallelo all'articolo *i*) e *quegli* davanti a vocale o a consonante complessa (parallelo all'articolo *gli*): quindi «quei monti», «quegli sciocchi», «quegli uomini». *Quelli* ha solo valore di pronome e il suo uso come aggettivo è antiquato: «Così da un di quelli spirti pii» Dante, *Paradiso*, V 121 (ma ancora «quelli specchi» in D'Annunzio e «quelli effetti» in Cecchi, cfr. SATTA 1981: 219).

120. A differenza dell'aggettivo, il pronome *quello* presenta un paradigma perfettamente regolare (*quello-quelli*; *quella-quelle*). Da notare che, se *quello* è seguito da un aggettivo, sarà solo la forma del dimostrativo – integra o apocopata – a farci distinguere se l'aggettivo è sostantivato («quel giovane»: aggettivo dimostrativo+sostantivo) oppure no («quello giovane» =colui che, tra più individui, si segnala come giovane; pronome dimostrativo+aggettivo).

121. Forme d'uso arcaico o limitato sono:
a) Quel per il pronome singolare: «e *quel* che resse anni cinquantasei / sì bene il mondo» (Petrarca, *Canzoniere*, 186 7); «In premio promettendola a *quel* d'essi / ch'in quel conflitto», ecc. (Ariosto, *Orlando Furioso*, I 9); «non gli dava pensiero il modo di vivere in quei luoghi, ma *quel* d'uscirne» (Bacchelli, *Il mulino del Po*, I 75). Si tratta d'un'apocope uscita d'uso, tranne nel sintagma *quel che* con valore neutro («quel che più dispiacque a Don Abbondio» Manzoni, *I Promessi Sposi*, I 26; «quel che è stato fatto e quel che si sta facendo», «Corriere della Sera», 11.8.1986, 2) e anche nella locuzione *in quel di* (+nome geografico; si sottintende 'territorio' o 'contado': BRODIN 1970: 138): «Benito Mussolini era nato nell'83 a Dovia, una frazione di Predappio in quel di Forlì» (Montanelli, *L'Italia in camicia nera*, 13).
b) Quei per il pronome *quegli* maschile singolare (solo arcaico) o per l'aggettivo-pronome *quelli*, maschile plurale: «E come quei che con lena affannata [...] si volge» (Dante, *Inferno*, I 22-24), «quei di San Leo sosterranno la violenza carnale» (Pavese, cit. in BRUNET 1981: 22). *Quei* come pronome plurale – di sapore antiquato – ha comunque altri esempi letterari moderni, ma sempre seguito da *di*+un complemento (Brunet);
c) Cotesto per *codesto*, molto comune nell'italiano antico e nel toscano moderno (BRODIN 1970: 15-16): «per un di cotesti baci non mi curerei d'esser messo ad arrostire sopra di cotesto fuoco» (Firenzuola, *Opere*); «con coteste braccine», «con coteste scarpe» (Cassola, *La ragazza di Bube*, 66 e 83).
d) Sto, sta, sti, ste (anche con l'apostrofo iniziale: *'sto*, ecc.), forme aferetiche di *questo* (ma possono derivare anche dall'arcaico *esto*, cfr. VII.140d). L'aferesi si è da tempo stabilizzata in alcuni sintagmi in cui l'aggettivo dimostrativo è conglomerato, anche graficamente, col sostantivo seguente: *stamattina, stamane, stasera, stanotte* e *stavolta*. Nell'uso familiare il tipo *sto, sta* è piuttosto diffuso e può considerarsi panitaliano (SABATINI 1985: 157-158). Qualche esempio si incontra anche nella narrativa attenta alla mimèsi del parlato («vieni: come fai a sopportare tutta *'sta puzza?*» D'Agata, *Il medico della mutua*, 88; «*sto fazzoletto* l'hai visto tu solo» Fenoglio, cit. in BRUNET 1985: 13); e, con una certa frequenza, nelle interviste riportate dai giornali (dove in molti casi si tratterà non della trascrizione puntuale di forme pronunciate dall'intervistato, ma di interventi del giornalista volti a ottenere l'effetto di una riproduzione «in presa diretta»). Esempi: «vedrà che ce la daranno, prima o poi, *'sta diretta*» (Pippo Baudo, intervista all'«Europeo», 4.4.1987, 19), «gli dico: guarda Ciriaco, adesso mi spieghi perché diavolo non li vuoi fare, *'sti referendum*» (Mario Capanna, intervista alla «Repubblica», 16.4.1987, 4).
Per *sto* nell'italiano antico cfr. MOISE 1878: 270 e soprattutto BRODIN 1970: 39, 40, 42.

I tre dimostrativi fondamentali

122. *Questo, codesto* e *quello* designano un oggetto da tre diversi punti di vista: *questo* indica vicinanza a chi parla, *code-*

sto vicinanza a chi ascolta, *quello* lontananza da entrambi.
Naturalmente si tratta di uno «spazio» non precisamente misurabile, non solo per quanto riguarda concetti astratti, ma anche in situazioni molto concrete. Se io avverto qualcosa che è «lontana da me» come importante e significativa, userò *questo* piuttosto che *codesto* o *quello* (e allo stesso modo mi regolerò con gli altri dimostrativi, in base a ragioni piuttosto psicologiche che obiettive). Si veda il seguente esempio di B. Guarini (XVI sec.), messo in luce da FORNACIARI 1881: 74: «lascia a me queste lacrime, Carino»; si usa *queste* e non *codeste* – osservava il Fornaciari – perché sono lacrime «che io vedo e di cui mi duole».
Detto in altri termini (BRUNET 1981: 4, 7, 10): *questo* colloca o tende a collocare il sostantivo – espresso o sottinteso – nella sfera della 1ª o della 4ª persona, e include quindi l'idea di vicinanza; *codesto* fissa l'obiettivo sui nostri destinatari (2ª e 5ª persona); *quello* è proprio del dominio esterno (quindi 3ª e 6ª persona) e sottolinea la lontananza (sulla classificazione dei dimostrativi cfr. anche BRODIN 1970: 28-37).
Il diverso valore dei tre dimostrativi si coglie bene se pensiamo agli avverbi di luogo che possono rafforzarli (cfr. XII.36-40): *questo qui*, *codesto costì*, *quello lì / là*: «vuoi ficcare il naso anche in queste cose qui?» (Cicognani); «la ragazza mi chiese, col suo solito tono divertito: – Perché quella lì non è in seconda?» (Pratolini; entrambi gli esempi in BRODIN 1970: 50 e 113). Molto più raro, nella lingua letteraria (anche di scrittori toscani), il tipo *codesto* (*cotesto*) *costì*: cfr. BRODIN 1970: 72.

123. Tuttavia, questo sistema dimostrativo tripartito non è diffuso uniformemente in italiano. Limitato, per la lingua parlata, alla sola Toscana, è presente nello scritto letterario tradizionale e nell'uso amministrativo e burocratico: «è codesta una profanazione, che non accrescerò col mio comento» (Croce, *Letteratura della nuova Italia*); «Il sottoscritto rivolge istanza a codesta Prefettura affinché...»
Sono peraltro numerosi gli scrittori contemporanei, anche molto autorevoli, in cui di *codesto* non c'è traccia. E, a rigore, l'area semantica di *codesto* – sia pure rinunciando ad alcune possibilità espressive – può essere quasi sempre ricoperta da *questo* o da *quello* (cfr. BRODIN 1970: 75); già FORNACIARI 1881: 74 osservava che «puzzerebbe [...] di affettazione l'adoprare sempre il *cotesto* tutte le volte che una cosa è vicina alla seconda persona».
BRODIN (1970: 75) nota che, «quando *questo* o *quello* si usa per esprimere il rapporto con chi ascolta, è spesso seguito da un possessivo della 2ª persona, *tuo*, *vostro*, ecc.» e cita tra gli altri il seguente esempio del Collodi: «Arturo! questa vostra tranquillità, invece di rassicurarmi, m'indispettisce».

124. Il sistema tripartito toscano si ritrova nei dialetti meridionali (nei tipi *chisto - chisso - chillo*: cfr. ROHLFS 1966-1969: 494) e, fuori d'Italia, in spagnolo e portoghese (*este-ese-aquel*; *êste-êsse-aquêle*). Hanno invece un sistema bipartito l'inglese («this boy» – «that horse»), il tedesco («dieser Knabe» – «jenes Pferd») e anche il francese («cet enfant-ci» – «ce cheval-là»).

125. Accanto alla funzione di «indicare» alcunché nello spazio reale o figurato (funzione deittica), i pronomi dimostrativi servono per richiamare qualcuno o qualcosa di cui si sia parlato in precedenza (funzione anaforica) o per anticipare ciò di cui si dirà in seguito (funzione cataforica).
Esemplifichiamo questi tre valori con i due aggettivi e pronomi che li presentano in modo più chiaro e generale, *questo* e *quello* (gli esempi sono tratti da BRODIN 1970: 48, 110, 52, 115, 60, 61, 129, nell'ordine):
a) Uso deittico: «Righetto disse: – Allora *questo* è Rodolfo. Io lo conosco da anni» (Pratolini); «pigliate ora in cortesia *quello* specchio che è attaccato a *quel* muro» (Galileo).
b) Uso anaforico: «la porta ha nel mezzo una spia [...]; attraverso *questa* spia ogni tanto l'infermiera sorveglia l'ammalata» (Tobino); «infatti lo stipendio di infermiere è scarso per uno della città che ha solo *quel* mestiere» (Tobino).
c) Uso cataforico (al dimostrativo *questo* può seguire una frase giustapposta – spesso un discorso diretto – oppure una proposizione dichiarativa introdotta dal *che* [cfr. XIV.78]; con *quello*, il caso più fre-

quente si ha quando segua una proposizione relativa): «la ragione per cui, venendo, ho voluto parlare con lei è soltanto *questa*: volevo personalmente assicurarla», ecc. (Cicognani); «*queste* idee, che gli uomini sono tutti uguali [...] quando sono entrate nel sangue, tirano come il sangue, proprio» (Pratolini); «tutto *quello* che io posso dire» (Pratolini).

126. Accanto a *questo* e *quello* esistono due forme esclusivamente pronominali: *questi* e *quegli*. Il loro uso è limitato a persone, al maschile singolare, alla funzione di soggetto; oggi hanno sempre valore anaforico.
Nell'italiano antico *questi* e *quegli* potevano essere usati anche come complemento (per es.: «vedi questi che non pare esso, tal è divenuto» Dante, cit. in BRODIN 1970: 15). Ciò può avvenire anche oggi (in BRUNET 1981: 27 si cita un esempio di Mastronardi; noi ne aggiungeremo uno giornalistico: «la marcia su Roma non è una cosa pensata da Mussolini, da *questi* fu attuata, ma l'idea prima», ecc. «Storia illustrata», settembre 1986, 71). Ma è un uso da evitare.
Benché in regresso rispetto alle forme in -*o*, i due pronomi – e in particolare *questi* – sono ancora largamente adoperati nella lingua scritta (BRUNET 1981: 26-27): «Roma era già stata del resto nella retorica di Napoleone. *Questi* l'aveva definita 'la seconda città dell'Impero'», ecc. («Qui Touring», 5-10.5.1986, 26); «arrossì e pregò il portiere di guidarlo; *quegli* acconsentì volentieri» (in una traduzione da H. Hesse, cit. in BRUNET). Notevole, per mostrarne la diversa diffusione, la compresenza di *questi* e *quello* (non *quegli*) che si ricava da brani di Cicognani e Pratolini citati in BRODIN 1970: 14. Alla fortuna recente di *questo* e *quello* ha contribuito – come in tanti altri casi – l'intervento del Manzoni nell'edizione definitiva del romanzo (cfr. VITALE 1986: 29; per esempio: «quegli che stava a cavalcioni»>«quello che...» I 26).

Usi particolari di «questo» e «quello»

127. *Questo* e *quello* possono far parte, come aggettivi o pronomi, di una coppia correlativa:

a) Separati dalla disgiuntiva *o* indicano in genere un'alternativa tra due possibilità equivalenti: «questa o quella per me pari sono», celebre aria del *Rigoletto*; «per Aristotele sostanza è l'individuo; questo o quell'uomo, questo o quell'animale, questa o quella pianta, ecco le 'sostanze'» (Lamanna, *Filosofia*, I 84).

b) In successione, o separati dalla copulativa *e*, indicano genericamente una serie di persone, di discorsi, di azioni (*quello* può essere rafforzato da *altro*): «quanto ai mali di pena, si debbono tutti ascrivere alla divina Provvidenza, la quale si vale di questo e di quell'altro, per gastigarci» (Segneri, cit. in TOMMASEO-BELLINI 1865-1879: IV 1392); «il generale Alexander [...] aveva detto ai partigiani: – Fate questo, fate quello, siete bravi, siete coraggiosi», ecc. (Viganò, cit. in BRUNET 1981: 25). La correlazione può interessare anche lo stesso dimostrativo (*questo ... questo, quello ... quello*; il secondo membro è in genere accompagnato da *altro*): «quello che il gatto farà o non farà *in questa* o *questa altra* circostanza: impossibile dirlo» (Cecchi, *Saggi*, 379).

c) In una frase complessa i pronomi *questo* (*questi*) e *quello* (*quegli*), mantenendo il valore spaziale loro proprio, possono richiamare un termine vicino della frase precedente (mediante *questo*), contrapponendolo a un termine più distante (mediante *quello*): «È quasi impossibile trovare alcuno che confessi di avere o meritato pene che soffra, o cercato né desiderato onori che goda: ma forse meno possibile *questo* [cioè il godere di onori desiderati: il concetto più vicino], che *quello* [l'ammissione di aver meritato una pena: concetto più lontano]» (Leopardi, *Pensieri*, XVII); «e che l'occasione serva a riconciliare i due ex amici [...] sperano sia George Eastman sia Alessandro Haber: *questi*, modestissimo critico di provincia, stretto dalla solitudine; *quegli*, titolare di uno squallido club sportivo» (G. Biraghi, «Il Messaggero», 1.9.1986, 8). Si tratta di un costrutto il quale, per la relativa complessità sintattica che presuppone, è proprio della lingua scritta.

128. Dopo un'enumerazione, la ripresa anaforica mediante un pronome dimostrativo plurale riguarda in genere l'insieme dei nomi citati; se ci si vuol riferire soltanto al termine che chiude la serie, è opportuno ricorrere all'aggettivo *ultimo*: «Così necessariamente varia il valore biologico delle proteine alimentari, animali e vegetali. *Queste ultime* [ossia le proteine vegetali] sono in genere meno bene utilizzabili delle altre» (Martino, *Fisiologia*, 21).

A *quest'ultimo, questi ultimi*, ecc. si può ricorrere anche, in assenza di più termini precedenti, per semplici ragioni di chiarezza: «[Massimo D'Azeglio] consolidò il regime costituzionale ed avviò l'opera delle riforme interne. *Queste ultime* [...] resero inevitabile il conflitto col clero» (Spini, *Disegno storico*, III 150).

129. *Questa* e *quella* compaiono con valore neutro in alcune locuzioni: «questa è bella», «questa è nuova!» [sottinteso: cosa, storia]; «questa [cattiva azione] gliela faccio pagare»; «ci mancava anche questa» [sventura]. Ormai in disuso le espressioni temporali *in questa, in quella* [sottinteso: ora, circostanza], dove correntemente si direbbe: «a questo punto», «in questo (quel) momento». Per esempio: «in questa ecco aprirsi la porta dell'osteria, ed entrare un bellissimo garzone» (Guerrazzi, cit. in BRODIN 1970: 56).

130. Il pronome *questo* può combinarsi con un avverbio di giudizio (e in particolare con gli olofrastici *sì* e *no*) per riconoscere vera o falsa un'affermazione o una negazione precedente, in vista di un'attenuazione o di una riserva espressa subito dopo (e introdotta perlopiù da una congiunzione avversativa): «non che mi sia antipatico, *questo no*; ma lo trovo un po' invadente»; «era diverso da quella lontana primavera? I capelli più bianchi, *questo sì*; qualche solco in più sulla pelle del viso. Ma – diamogli atto – nessun cedimento, nessuna aria da sopravvissuto dopo una tempesta pur lunga e tormentosa» (G. Nascimbeni, «Corriere della Sera», 21.2.1987, 1).

131. L'aggettivo *quello* compare in alcune locuzioni idiomatiche:
a) Con un aggettivo qualificativo (o un sostantivo o un blocco di sostantivo+aggettivo) con la funzione di determinare un altro nome, retto dalla preposizione *di*: «quel vagabondo di Vittorio» (Collodi), «quella bestia del professor Susani» (Pratesi), «quel brutto muso di Palle» (Palazzeschi; i tre esempi in BRODIN 1970: 117). Si noti che la qualificazione è abitualmente negativa (una frase come «quel genio di tuo fratello» sonerebbe ironica: 'quello sciocco di ...').

Nei secoli scorsi questo costrutto presentava spesso l'articolo determinativo invece del pronome dimostrativo: cfr. IV.18.
b) Nel sintagma *da quello*+aggettivo (o sostantivo, o aggettivo+sostantivo)+*che*+una voce del verbo *essere* (più raramente di un verbo copulativo), per sottolineare le qualità, positive o negative, di qualcuno: «dopo non mi volle meno bene, *da quell'*uomo *che* sempre *fu*» (Brancati, cit. in BRUNET 1981: 11); «quando quest'imbecillino qua farà la più grossa delle corbellerie, proprio *da quello* stupido che è» (Pirandello, *Sei personaggi in cerca d'autore*, I 38).
c) Nel sintagma *tanto di quello*+sostantivo (gli aggettivi *tanto* e *quello* concordano in genere e numero col sostantivo seguente; cfr. BRUNET 1981: 11, da cui attingiamo gli esempi): «c'è tanto di quel lavoro da fare» (Jatosti; =c'è tanto lavoro); «Finitela con questa storia! l'ho sentita già tante di quelle volte» (Ginzburg; =già tante volte). Si tratta di un'amplificazione rispetto al semplice *tanto*, propria della lingua viva.

132. Altri usi notevoli di *quello*, pronome o aggettivo, sono i seguenti:
a) Come nome del predicato o complemento predicativo dopo *essere, sembrare, parere* col valore di 'quello di prima', 'quello solito': «quando la rividi, non mi sembrava più quella»; «la voce del cantor / non è più quella» (Berchet, *Il Trovatore*, 6-7; cfr. anche FORNACIARI 1881: 77 e BRUNET 1981: 24).
b) In strutture allocutive, oggi antiquate, ma frequenti ancora nel secolo scorso: «accostatevi, quella giovine» (Manzoni, *I Promessi Sposi*, IX 31).
c) In espressioni eufemistiche, con riferimento a prostitute («lei fa la vita che fa, ma poi ci tiene immensamente a non essere considerata *una di quelle*» Buzzati) o

a omosessuali («bastava anche dire che Fadigati era 'così', che era di *'quelli'*» Bassani; entrambi gli esempi in BRUNET 1981: 24).

d) In wellerismi, per indicare l'autore non precisato di una frase, o inventato (come in quest'esempio di GIORGINI-BROGLIO 1870-1897: II 546: «da ora in là dico come quello: ognun per sé e Dio per tutti»); o reale («Benissimo ... Come diceva quello? 'Nobili sensi invero'...» Pirandello, *La ragione degli altri*, V 260; il riferimento è a una frase di Giorgio Germont, nella *Traviata*).

e) Nel linguaggio religioso e nel registro elevato, con riferimento a Dio; di norma il dimostrativo regge una relativa (oltre a *Quello* si usa anche *Colui*, cfr. VII.135, o il «pronome doppio» *Chi*, cfr. VII.242): «io mi rendei, / piangendo, a Quei che volentier perdona» (Dante, *Purgatorio*, III 120); «abbiate la carità di pregare Quello che non si illude, affinché si degni di non permettere che io mi illuda miseramente» (Manzoni, *Lettere*, I 377).

f) In altri particolari costrutti in cui il dimostrativo regge una proposizione relativa. Ci riferiamo, in particolare, a:
– espressioni che contengono un'indicazione temporale riferita a un sostantivo: «Andreotti [...] ricorda *quella che fu* la risposta del Psi» («La Repubblica», 19.3.1987, 3; =la precedente risposta);
– perifrasi che, come queste, sono frequenti nel linguaggio giornalistico e radiotelevisivo ma appaiono puramente ridondanti: «guardiamo a *quelle che sono state le sole novità* che si sono prodotte nell'agone politico» (C. Martelli, nella «Repubblica», 25.9.1986, 3; =guardiamo alle sole novità); «è stata una cerimonia solenne *quella che si è svolta* ieri sera nel duomo di Milano» («La Nazione», 28.2.1987, 7; =una cerimonia solenne si è svolta ieri sera...»; cfr. anche BRUNI 1986: 164);
– perifrasi di tipo metalinguistico: «aveva *quello che si dice il dono* della seconda vista per indovinare le afflizioni altrui» (Nievo, *Le confessioni d'un italiano*, 80; =aveva il cosiddetto dono...; aveva – potremmo dire – il dono...); «*quelle che* Guido Carli [...] *chiamava le arciconfraternite* del potere, prosperano allegramente» (E. Scalfari, nella «Repubblica», 19.8.1986, 2);
– espressioni che sfumano in vario modo un concetto: «[attraverso le scrittrici medievali] ci si pone in contatto con *quella che* nel medioevo *poteva essere l'immagine* (magari autobiografica) della donna» (F. Cardini, in «Storia illustrata», settembre 1986, 31; se leggessimo «ci si pone in contatto con l'immagine medievale», ecc., ne ricaveremmo l'idea di un'affermazione perentoria, tradendo la prudenza con cui l'autore vuole suggerire un rapporto – non un puntuale rispecchiamento – tra la letteratura «femminile» e la reale condizione della donna nel Medioevo).

g) In alcune frasi di tipo appositivo, per mettere in evidenza un termine che verrà poi ripreso da una successiva relativa: «un lavoro puntuale e dettagliato, *quello* dei magistrati di secondo grado, che si può dividere in tre distinti capitoli» («La Repubblica», 20.2.1987, 18; la corrispondente frase lineare sarebbe stata: «il lavoro puntuale e dettagliato dei magistrati si può dividere», ecc., con sostituzione dell'articolo indeterminativo ed eliminazione della proposizione relativa).

Gli altri dimostrativi

133. *Ciò* è pronome con valore neutro (=questa cosa, quella cosa) e si adopera sia come soggetto («ciò potrà avvenire sol quando saranno sparite le diffidenze» Pascoli, *Prose*), sia come complemento («da ciò discende che...»; «in tutto ciò c'è qualcosa di strano»). Molto spesso *ciò* introduce una relativa: «non sapeva ciò che faceva».

Si tratta di un pronome di uso molto comune, anche se proprio della lingua scritta (cfr. SABATINI 1985: 158; SERIANNI 1986a: 58-59; già FORNACIARI 1881: 82 diceva *ciò* «raro nel parlar familiare, ma frequentissimo negli scrittori»).

La lingua parlata preferisce ricorrere, come pronome neutro, a *questo* («questo non vorrebbe dire», «su questo non si discute»), oppure a *quello* (*quel*), che – in generale meno comune come neutro (BRODIN 1970: 123) – diventa la forma preferita quando segue una relativa: «ecco quello che penso»; «mossi da un vento di entusiasmo per quello che avveniva»

(C. Levi, cit. in BRUNET 1981: 32). Anche in questo caso limitato alla Toscana l'uso di *codesto* con valore neutro.

Come complemento *ciò* «è spesso intercambiabile con le forme pronominali atone» (DARDANO-TRIFONE 1985: 172): «non pensavo a ciò» (=non *ci* pensavo), «di ciò abbiamo parlato abbastanza» (=*ne* abbiamo parlato abbastanza), ecc.

Con *ciò* si sono formate molte congiunzioni, in cui il pronome dimostrativo non è più riconoscibile, anche perché la grafia è conglomerata: *perciò* (=per ciò), *acciocché* (=a ciò che) e gli arcaici *imperciocché* (=in perciò che), *conciossiaché* (=con ciò sia che). Per *ciò* seguito dal verbo *essere* (*cioè*; e anticamente anche *ciò fu, ciò erano*, ecc., cfr. XIV.27).

134. *Costui, costei, costoro* sono pronomi riferiti a persona e possono usarsi tanto come soggetti quanto come complementi. Si tratta di forme oggi poco comuni e perlopiù limitate al linguaggio scritto.
I grammatici antichi hanno molto discusso se il valore di *costui* si avvicini piuttosto a *questo* o a *codesto* (cfr. BRODIN 1970: 77-78). Quel che è certo, è che in *costui* – come in altri dimostrativi – vanno distinte la funzione anaforica (*a*) e quella deittica (*b*):
a) Quando richiama un termine precedente, *costui* non ha in genere particolari connotazioni, né più né meno di *questo* (*questi*): «chi potrà ora descrivere il terrore, l'angoscia di costei», ecc. (Manzoni, *I Promessi Sposi*, XX 33); «costoro, che si sentono cattolici e che si dichiarano anche laici, cioè ricercatori della verità, tolleranti, pluralisti [...] desiderano manifestare e riaffermare l'impegno della loro positiva presenza» («La Repubblica», 30.8.1986, 6).
b) In funzione deittica, *costui* ha sempre una carica negativa rispetto a *questo* (*questi*), almeno nell'italiano moderno (e, in quest'accezione, è anche della lingua parlata): «So cosa pensi: ma che dice costui? Scimunito lo è di certo» (Arpino, cit. in BRUNET 1981: 28).

Arcaico l'uso cataforico di *costui* (BRODIN 1970: 85-86; di qui l'esempio seguente): «il Re Giovane avvisò costui che l'aveva, e venne» (*Novellino*).

135. *Colui, colei, coloro* condividono le caratteristiche grammaticali di *costui, costei, costoro*, ma corrispondono al valore semantico di *quello* (*quegli*). Possono adoperarsi con funzione anaforica (*a*), cataforica (*b*) e deittica (*c*):
a) «Ella ricevette dalle mani di colui la busta, che in fretta nascose nella borsa» (Morante, cit. in BRUNET 1981: 30). È un uso oggi limitato alla lingua scritta e, anche qui, di tono sostenuto: espressioni più correnti, nel passo della Morante (tratto dal romanzo *Menzogna e sortilegio*) avrebbero potuto essere le seguenti: «ricevette dalle mani di quello», «ricevette dalle sue mani», «ricevette dalle mani dell'amministratore».
b) Specie quando segua una proposizione relativa: «era arrivata colei che tutte le volte – ormai quante! – egli aveva, senza saperlo, desiderato che fosse arrivata» (Cicognani, cit. in BRODIN 1970: 147); «il giudice può, rispetto a coloro per i quali non sussistono le condizioni, le qualità o i rapporti predetti, diminuire la pena» (*Codice Penale*, art. 117); è questa l'occorrenza più frequente di *colui*, che in tal caso concorre con *quello*, di cui rappresenta una variante più ricercata.
c) «Tòrre vide uno giacer in terra e disse a Rondello: – Colui de' esser morto» (Sercambi, cit. in BRODIN 1970: 143); è uso proprio della lingua antica. Negli esempi moderni *colui* con questo valore assume connotazione spregiativa: «Lo sentite Piedipapera [...]? Un altro della setta, colui! un arruffapopolo, con quella gamba storta!» (Verga, *I Malavoglia*).

Nell'italiano antico *colui* e *costui* potevano essere collocati tra articolo o preposizione articolata e nome, con valore di complemento di specificazione: «alla costei feruta» (Tasso), «per li coloro beni» (Boccaccio); diversi altri esempi in MOISE 1878: 273.

136. *Tale* (che è altresì pronome e aggettivo indefinito, cfr. VII.164-165; ivi anche per le modalità dell'apocope vocalica) ha valore dimostrativo quando è usato come aggettivo anaforico (raramente cataforico) invece di *questo*, di cui è ormai divenuto altrettanto frequente nel linguaggio scritto. Può essere accompagnato dall'articolo indeterminativo: «a (una) tale domanda, non seppe che rispondere». Altri esempi: «I funzionari e i dipendenti dello Stato e degli enti pubblici sono direttamente responsabili [...] degli atti compiuti in violazione di diritti. In *tali* casi la responsabilità civile», ecc. (*Costituzione*, art. 28); «Il Rinascimento [...] cominciò a segnare una revisione di atteggiamenti in favore dei cesaricidi. *Tale* atteggiamento si accentuò nell'età moderna» (Paratore, *Letter. latina*, 264).

La funzione anaforica di *tale* emerge in tutta evidenza quando il pronome sia retto da *in quanto*, *come*, *per* o da un participio: «il Diavolo è un simbolo del male – spiega lo scultore Emilio Greco – e *come tale* ha sempre rappresentato un motivo di ispirazione artistica» («La Repubblica», 30.8.1986, 31); «lo stesso discorso potrebbe valere per gli altri protagonisti o *aspiranti tali*, i grandi imprenditori, finanzieri, informatori» (G. Bocca, nell'«Espresso», 22.3.1987, 19).

Da notare anche un costrutto in cui *tale* viene ad essere nome del predicato: «le istituzioni rappresentative funzionano al meglio e non hanno mai cessato di *esser tali*» («La Repubblica», 31.8.1986, 4); «[AMNERIS] ... son tua rivale ... / Figlia de' Faraoni – [AIDA] Mia rivale! / Ebben sia pure... Anch'io... / *Son tal*...» (A. Ghislanzoni, *Aida*, in VERDI-BALDACCI 1975: 458).

137. Sostanzialmente equivalenti a *tale* altri cinque aggettivi dimostrativi, il primo d'uso corrente, gli altri letterari, se non decisamente antiquati (specie il quinto): *simile*, *siffatto*, *cosiffatto* (anche *sì fatto*, *così fatto*, in particolare nell'uso antico) *altrettale* e *cotale*. Esempi: «non voglio neanche incontrarlo, un *simile* individuo!»; «a tua madre non dir niente d'una cosa *simile*!» (Manzoni, *I Promessi Sposi*, III 2); «Ti sbagli – disse severamente a Michele – è segno che hai ascoltato male – *Siffatta* falsità ispirò al ragazzo un riso alto e sgradevole» (Moravia, *Gli indifferenti*, 170-171); «io non farei a lui *sì fatto* oltraggio per la vita mia» (Boccaccio, *Decamerone*, VII 9 14); «a una pensata *cosiffatta*, miscuglio di goliardia, supponenza e malignità, non avevo obiettato nulla» (Bufalino, *Diceria dell'untore*, 53); «per *così fatte* cagioni perdevano il Diritto del Nodo» (Vico, *Scienza Nuova*, 206); «hai bel dire, filosofuccio, che ognuno muore il dì suo, che vecchio è chi muore, e *altrettali* fandonie» (Dossi, *Opere*); «*cotale* era l'ordinamento politico, tale la pazienza del popolo veneziano» (Nievo, *Le confessioni di un italiano*).

138. Molto comuni sono le espressioni costituite da un aggettivo dimostrativo anaforico e da un sostantivo come *genere*, *tipo*, *specie* (o i letterari *fatta*, *sorta*): «discorsi di tal genere», «persone di questo tipo», «prodotti di questa specie»; «spiccando un salto di cotal fatta» (Aretino, *Teatro*). Con *genere* si ha spesso l'ellissi del dimostrativo: «indagini del genere non sono per nulla frequenti» (Contini, *Varianti e altra linguistica*, 5).

139. Possono rientrare nel gruppo dei dimostrativi, infine, tutti gli aggettivi anaforici caratteristici del linguaggio burocratico e in genere dell'italiano scritto come *detto*, *anzidetto*, *predetto*, *suddetto*; *citato*, *suesposto*, *cennato*; gli arcaici *prefato*, *prelodato*, *sullodato* e così via.
Esempi: «gli *anzidetti* parametri»; «tutti i *cennati* modelli» (da una rivista di previdenza sociale cit. in SERIANNI 1986a: 52); «quale non era la nostra inquietudine [...] ad ogni piccolo ostacolo o apparenza di difficoltà, che si opponesse al conseguimento della *detta* speranza» (Leopardi, *Zibaldone di pensieri*); «Il qual *prefato* etcetera / di quanto egli possiede / di mobili ed immobili, / dona tra i vivi e cede / alla *suddetta* etcetera / sua moglie dilettissima / fin d'ora la metà» (G. Ruffini, *Don Pasquale*, per la musica di G. Donizetti, atto II scena IV); «spero che il lettore mi perdonerà l'antefatto *suesposto* dei mulini padani» (Bacchelli, *Il mulino del Po*, I 12).
Meno numerosi, nello stile burocratico, gli aggettivi cataforici (per esempio: «il *sottoscritto* Franco Martini chiede che gli sia rilasciato...») o quelli deittici (per esempio: «Il *presente* biglietto deve essere vidimato prima di salire in vettura»).

Forme arcaiche o letterarie

140. Da notare:
a) Cotestui, cotestei, cotestoro (anche *codestui*, ecc.): è il pronome che completa

la serie di *costui-colui* e che corrisponde a *cotesto* (*codesto*); il suo uso non sembra però divergere da quello di *costui*. Di tono antiquato e pedantesco, è stato ripreso modernamente con intento ironico. Ecco un esempio di C. E. Gadda, *I sogni e la folgore*: «salotti, alberghi, piroscafi [...] ne vanno a rigurgito di cotestoro: e dovunque ne incontri».

b) *Desso*: pronome di largo uso nei secoli scorsi (e giunto fino alla poesia del Novecento), ha valore anaforico-rafforzativo ('proprio lui', 'proprio quello' nominato prima) e si adopera come nome del predicato o complemento predicativo dopo *essere, parere, sembrare*, di norma con riferimento a persone. Frequente l'impiego di *desso* nel melodramma; ad esempio: S. Cammarano, *Luisa Miller* («[RODOLFO] Mia diletta! – [MILLER, turbato] Desso!»), F. M. Piave, *Rigoletto* («Fu vision ... È dessa»), S. Cammarano, *Il Trovatore* («È dessa che il bambino / Arse!»; cfr. VERDI-BALDACCI 1975: 226, 266, 284).
L'uso di *desso* è stato oggetto di molte discussioni da parte dei grammatici ottocenteschi.

c) *Esso*: identico per forma e per etimo al pronome personale (cfr. VII.19; entrambi continuano il latino ĪPSUM 'stesso'), se ne differenzia però nell'uso aggettivale, come dimostrativo anaforico. Si adopera «premettendolo ad un nome detto poco avanti, o perché spicchi di più, o perché la ripetizione del nome non sembri fatta a caso o per trascuraggine» (FORNACIARI 1881: 85). *Esso* – pur non essendo uscito completamente d'uso – ha carattere fortemente letterario: «i più di loro si avvidero che la terra, ancorché grande, aveva termini certi [...]; e che tutti i luoghi *di essa terra* e tutti gli uomini, salvo leggerissime differenze, erano conformi gli uni agli altri» (Leopardi, *Operette morali*, 137-138); «e certo non si riferiva alla ricerca in sé, ai risultati sperimentati o in via di sperimentazione *di essa ricerca*» (Sciascia, *La scomparsa di Majorana*, 50; altri esempi, quasi tutti antichi, in BRODIN 1970: 198-201).
Solo arcaico è l'uso di *esso*, sovente invariabile, davanti a un pronome personale, con funzione rafforzativa: «con esso noi» (Vespasiano da Bisticci, *Vite di uomini illustri del secolo XV*), «con essi lor» (Ariosto, *Orlando Furioso*). Talvolta *esso* si è fuso con la preposizione precedente – specie *lungo* e *sopra*, *sovra* – dando luogo a un'unica parola: «lunghesso la via che si perde / lontano» (Pascoli, *Le rane*, 7-8); «sovresso Gerïon ti guidai salvo» (Dante, *Purgatorio*, XXVII 23).

d) *Esto*: corrisponde puntualmente a *questo*; ma è d'uso limitato ai primissimi secoli della nostra lingua: «esta selva selvaggia e aspra e forte» (Dante, *Inferno*, I 5).

Mentre *esto* continua il lat. ĪSTUM, con spostamento di significato (da 'codesto' a 'questo'), il pronome *questo*, così come gli altri due dimostrativi fondamentali, *quello* e *codesto*, muove da forme latino-volgari rafforzate con ĒCCUM, cfr. XII.61.

Dimostrativi di identità: «stesso» e «medesimo»

141. *Stesso* e *medesimo* sono forme – di uso tanto pronominale quanto aggettivale – che segnalano l'identità, la corrispondenza tra due o più concetti: «sei sempre lo stesso», «dici sempre le stesse cose», «ricorse alle medesime argomentazioni dell'avversario»; «[la sentenza di proscioglimento erroneamente dichiarata] non impedisce l'azione penale per il medesimo fatto e contro la stessa persona» (*Codice di Procedura Penale*, art. 89).

142. Altra importante funzione di *stesso* (e più raramente di *medesimo* che, in ogni accezione, è d'uso meno corrente e generalizzato) è quella di rafforzare un pronome personale o un qualsiasi altro elemento della frase, conferendo loro sfumature particolari. Vediamone le principali:

a) 'Proprio quello', 'lui, lei in persona': «lo stesso Carlo finì col convincersi»; «ella medesima [...] correva con gioia fanciullesca dal suo luogo d'osservazione a lui» (Landolfi, *La pietra lunare*); si noti che con un pronome personale *stesso* e *medesimo* sono sempre posposti senza articolo.

b) 'Addirittura', 'persino', in relazione a un riconoscimento proveniente da una fonte che potrebbe essere sospettabile di parzialità: «in media ogni donna russa, secondo *le stesse statistiche* ufficiali, si sottoporrebbe a 6-8 aborti» («L'Espresso», 20.9.1981, 44); oppure in una gradazione in cui *stesso* sottolinea il carattere più generale e comprensivo di un concetto rispetto al concetto precedente: «il tema centrale delle poetiche romantiche è il tema della libertà come condizione prima e fondante della coscienza, anzi *della presenza stessa* dell'uomo nel mondo», ecc. (Argan, *Arte moderna*, 190); o, ancora, con valore concessivo: «*le stesse sanzioni* economiche furono applicate solo molto debolmente» (Spini, *Disegno storico*, III 414=le sanzioni, pur essendo state formalmente deliberate, furono applicate molto debolmente).

c) Con funzione anaforica *stesso* può semplicemente richiamare un termine già espresso (al quale è normalmente posposto), col valore di 'suddetto'; è un uso proprio del linguaggio scientifico e burocratico: «[un medicinale agisce] facilitando il drenaggio del focolaio infiammatorio ed aumentando l'efficacia degli antibiotici a livello del focolaio stesso» (da un foglietto illustrativo).

143. *Stesso* è d'obbligo invece di *medesimo* in alcuni costrutti in cui ha valore neutro: «fa lo stesso» (=non importa), «partirò lo stesso» (=ugualmente, nonostante tutto); con uso avverbiale: «oggi stesso ho l'udienza in tribunale» (=per l'appunto oggi); come superlativo: «parrai Venere stessissima» (Redi, cit. in MOISE 1878: 288).
Nell'uso letterario il sintagma pronome personale+*stesso* può essere sostantivato: «E fissa a lungo la fotografia / *di quel sé stesso* già così lontano» (Gozzano, *In casa del sopravvissuto*, 39-40); «la spina del rimorso per non avergli saputo inventare *il me stesso* che s'aspettava» (Bufalino, *Diceria dell'untore*, 70).

144. Antiquata la forma *istesso*, che conserva la *i* della base etimologica (il latino ISTUM IPSUM, propriamente 'codesto stesso'): «con le genti istesse» (Tasso, *Gerusalemme Liberata*, X 44). Talvolta *istesso* si incontra anche nella prosa novecentesca: «col cuore pieno dell'istessa angoscia» (Moravia, *Gli indifferenti*, 173).

Aggettivi e pronomi indefiniti

145. Gli indefiniti rappresentano senza dubbio la categoria pronominale più consistente e articolata. Le forme che ne fanno parte hanno in comune la caratteristica di designare qualcuno o qualcosa in modo non specifico e non determinato, anche se ciò avviene secondo modalità molto diverse. Possiamo suddividere gli indefiniti in quattro gruppi:
I. *Singolativi* – Si riferiscono a una singola persona o cosa non precisata o non precisabile: «*qualcuno* ti ha telefonato», «ho conosciuto un *certo* Grossi»; naturalmente, una serie di più unità indefinite può dar luogo a un plurale: «*alcune* richieste».
II. *Collettivi* – Indicano l'insieme, il totale, sia pure non determinato come quantità, comprendendo effettivamente tutte le singole unità di un determinato àmbito concettuale («*tutti* i mesi» / «*ogni* mese» / «*ciascun* mese»), o attribuendo a ciascuna unità la capacità virtuale di rappresentare l'insieme («la domanda può essere presentata in *qualsiasi* / *qualunque* / *qualsivoglia* mese»=«in tutti i mesi» / «in ogni mese» / «in ciascun mese»).
III. *Negativi* – Sono le forme che negano, escludono del tutto un certo dato: «non voglio vedere *nessuno*», «non c'è *niente* da fare».
IV. *Quantitativi* – Esprimono una quantità generica, apprezzabile nello spazio («oggi c'è *molta* nebbia»), nel tempo («verrò tra *pochi* minuti»), o valutabile solo astrattamente («hai *troppa* pazienza con lui»).
Alla prova dei fatti, peraltro, questa suddivisione (come altre che potrebbero essere proposte in sua vece) non è applicabile rigidamente. Basti ricordare che alcuni singolativi possono essere adoperati come negativi («non c'è alcun motivo di preoccuparsi») e viceversa («c'è nessun pacco per me?»); che *tutto*, il quale per definizione indica la «totalità» ed è stato da noi incluso nel secondo gruppo, potrebbe figurare anche tra i quantitativi, come termine ultimo della sequenza *poco-parecchio-molto-*(*tutto*); e che alcuni usi di *tale* e *quale* potrebbero sembrare più «dimostrativi» che «indefiniti» (per esempio *tale e quale* 'identico' o *tale [...] quale*).

Singolativi

146.

SINGOLARE		PLURALE	
MASCHILE	FEMMINILE	MASCHILE	FEMMINILE
AGG. qualche PRON. qualcuno PRON. qualcheduno PRON. qualcosa, qualche cosa, che	qualche qualcuna qualcheduna		
PRON. uno AGG. } PRON. } alcuno	una alcuna	alcuni	alcune
PRON. alcunché			
AGG. certo PRON.	certa	certi certi	certe certe
AGG. PRON.		certuni	certune
AGG. } PRON. } tale	tale	tali	tali
AGG. } PRON. } taluno	taluna	taluni	talune
AGG. } PRON. } quale	quale	quali	quali
AGG. } PRON. } altro	altra	altri	altre
AGG. altri, altrui PRON. altrui	altrui	altrui	altrui

147. Il pronome *uno* e i suoi composti (*alcuno*, *taluno* e gli altri indefiniti: *ciascuno*, cfr. VII.186, e *nessuno*, cfr. VII.196) non si apocopano più nell'italiano moderno (a differenza del passato: «accosciati *un* di qua e *un* di là sul ponte del castello mi facevano trottolare dalle braccia dell'uno a quelle dell'altro» Nievo, *Le confessioni d'un italiano*, 57).
I composti di *uno*, usati come aggettivi, si regolano in proposito come l'articolo indeterminativo (cfr. IV.5): quindi «alcun tempo», «alcuno straniero». Con il femminile l'elisione della *a* (che eventualmente va indicata con l'apostrofo) sembrerebbe piuttosto rara: «alcuna obiezion ragionevole», «alcuna idea» (Manzoni, *I Promessi Sposi*, Introduzione 11 e XVII 27), «alcuna abitazione» (in una traduzione da Hesse, cit. in BRUNET 1981: 154).

Con i maschili, specie nell'italiano antico, si hanno oscillazioni: «nessuno disordine» (Machiavelli, *Opere*), «d'alcuno metallo» (D'Annunzio, *Laudi del cielo, del mare, della terra e degli eroi*), «alcun schermo» (Scerbanenco, cit. in BRUNET 1981: 154), ecc.

148. *Tale* e *quale* ammettono l'apocope, davanti a vocale («un tal uomo»: senza apostrofo) o davanti a consonante semplice. Però, tranne alcune forme univerbate, in cui l'apocope è stabile (*talora, talvolta, taluno; qualora, qualche*; e anche [*in*] *tal modo*, [*in*] *certo qual modo*), la forma ridotta è oggi poco usata.

149. Degli aggettivi singolativi ammettono l'articolo indeterminativo *qualche* («qualche dubbio», «un qualche dubbio»; l'articolo accentua l'idea d'indefinitezza), *certo* (si vedano due esempi manzoniani: «si sentiva *in certo modo* divenuto creditore» II 39 / «spiccando le parole *in un certo modo* particolare» XIV 49), *tale* («un'altra, tale Zobeida, mi raccontò», ecc. Calvino, cit. in BRUNET 1981: 201 / «accompagnato da un tal Cristoforo» Manzoni, *I Promessi Sposi*, IV 19). Con *tale* può aversi anche l'articolo determinativo («a intimarglí [...] che cessasse di molestare il tal debitore» Manzoni, *I Promessi Sposi*, XIX 45).
Triplice possibilità di scelta anche per *altro*: senza articolo (raramente al singolare: «A te convien tenere altro viaggio» Dante, *Inferno*, I 91; «Luisa n'era poco persuasa, in cuor suo. Temeva altra cosa» Fogazzaro, *Piccolo mondo antico*, 212; molto comune l'omissione al plurale: «sono stato qui altre volte»), con articolo determinativo («L'altro figlio», dramma di Pirandello), con articolo indeterminativo («ho un'altra cosa da dirti»).
Dei pronomi, possono avere entrambi gli articoli *altro* («venne un altro / l'altro») e *tale* («entrò un tale»; *il* compare nella locuzione *il* [*la, i, le*] *tal de' tali*).
Vediamo ora una per una le singole forme.

Qualche

150. È solo aggettivo e solo singolare. Il significato e i contesti d'uso lo rendono spesso intercambiabile con *alcuno*. Secondo Niccolò Tommaseo (TOMMASEO 1935, n° 2905) «*qualche* è più indeterminato» mentre *alcuno* «sovente determina di più».
Ma è più puntuale l'analisi di Fogarasi, sviluppata in BRUNET 1981: 162-164 (di qui gli esempi), che individua due distinte sfumature di *qualche*: o indica una quantità indeterminata, ed è allora sempre sostituibile con *alcuno* («dopo qualche minuto scese in cucina» Cassola; =dopo alcuni minuti); oppure allude piuttosto a una qualità indefinita, come in «tutti i detenuti si fissano in qualche idea» (Cassola): qui viene meno l'intercambiabilità con *alcuno* («si fissano in alcune idee» non dice la stessa cosa) e, per surrogare *qualche*, si dovrebbe ricorrere a «si fissano in una loro idea», «in una certa idea» e simili.
Qualche, singolare, può essere talvolta più appropriato per indicare una quantità più esigua rispetto ad *alcuni, alcune* plurale. Ricorriamo, ancora una volta, a due esempi dai *Promessi Sposi*: «Renzo, dopo essere stato *qualche momento* a vagheggiare quella decorosa vecchiezza [...] mise da parte ogni pensiero d'andarsene» (XIII 41; si tratta di pochi istanti) / «dopo ch'ebbero pregato *alcuni momenti*, in silenzio, il padre», ecc. (VIII 86; l'azione dura leggermente di più).
Non si dimentichi, tuttavia, che nella scelta tra *qualche* e *alcuno* intervengono oggi soprattutto fattori stilistici: *qualche* è la forma più immediata e usuale, *alcuno* è più ricercata e caratteristica del linguaggio scritto. Già nel romanzo del Manzoni, dei 52 esempi totali di *alcuni, alcune* aggettivi appena uno si trova in un dialogo.

Nell'italiano antico *qualche* poteva essere usato anche con sostantivi plurali. I tipi *qualche soldi, qualche parole* arrivavano addirittura fino alla prima edizione dei *Promessi Sposi* (VITALE 1986: 29).

Qualcuno e sinonimi

151. È il pronome che corrisponde perfettamente all'aggettivo *qualche*. Si usa più spesso, ma non solo, per esseri animati (BRUNET 1981: 167): «c'è qualcuno che aspetta me?»; «poteva fare qualcuna delle sue bravate» (Calvino, cit. in BRUNET).
Qualcuno si adopera, solo al maschile, quale nome del predicato o complemento predicativo dopo verbi come *essere, diventare, sentirsi*, col valore di 'persona di successo': «una volta il medico era rispettato: nella società era veramente qualcuno» (D'Agata, *Il medico della mutua*, 57);

«Quando si è qualcuno», dramma di Pirandello.

152. Concorre nell'uso con:
a) Qualcheduno, variante oggi meno comune, ma con gli stessi usi grammaticali e la stessa latitudine stilistica di *qualcuno*. Esempi: «Ma del duce nell'orecchio / qualchedun susurra un detto» (Carrer, *Desiderio Userta*, 82); «guardando con la coda dell'occhio, fin dove poteva, se qualcheduno arrivasse» (Manzoni, *I Promessi Sposi*, I 28; è questa – non *qualcuno* – la forma usuale nel romanzo); «ogni 'tarì' speso nel mondo finisce in tasca a qualcheduno» (Tomasi di Lampedusa, *Il Gattopardo*, 142).
b) Uno, frequente specie quando regga un partitivo e in frasi impersonali (in cui spesso si alterna col *si*, cfr. VII.57): «È uno dei miei figli»; «se uno vuol litigare, il pretesto lo trova sempre» (=se si vuole litigare...); «A mettersi con un tipo così, una si ritrova per forza a dei dispiaceri» (Cassola, *La ragazza di Bube*, 130; =ci si ritrova: altri esempi in BRUNET 1981: 216-217). Di questo uso di *uno* FORNACIARI 1881: 94 diceva ch'esso era «non raro negli scrittori» e «frequentissimo nel parlar familiare».
Per gli usi correlativi di *uno* vedi oltre (cfr. VII.171b, d); per il valore pronominale dell'articolo indeterminativo, in frasi con ellissi del sostantivo, cfr. IV.65.
c) Alcuno, di tono sostenuto e letterario: «alcun v'è fuori» (F. M. Piave, *Rigoletto*, in VERDI-BALDACCI 1975: 253); «Esce dal tetto / alcuno e va per suo strano cammino» (Pascoli); «se vi è inimicizia grave tra lui o alcuno dei suoi prossimi congiunti e l'imputato» (*Codice di Procedura Penale*, art. 64).

Qualcosa, Che

153. *Qualcosa* (o *qualche cosa*, che è la variante più antica e tradizionale) ha valore neutro. Ammette anche forme alterate: *qualcosina* («[BEATRICE] Da', da'. È tutto? – [FIFÌ, *cavando il portafogli*] Ci manca qualcosina» Pirandello, *Il berretto a sonagli*, VII 150), *qualcosetta, qualcosellina, qualcosuccia* (esempi in tre poeti toscani dei secoli XVII e XVIII: G. S. Saccenti, R. Bertini e G. B. Fagiuoli, in MOISE 1878: 186). *Qualcosellina* piacque anche al Carducci (per esempio: «un'insipienza burocratica che [...] ammazza un ingegno che pur qualcosellina prometteva» *Prose*, 257). Nel poeta contemporaneo Giovanni Giudici si legge un occasionale *Qualcosìch* («un marito legale / [Abramo e Qualcosìch che non ricordo]» *Giustizia per Rebecca Levanto!*, 5), sul modello di cognomi slavi come *Coslovich* o *Marussich*.
Qualcosa attenua il valore indefinito che gli è proprio quando regge un aggettivo partitivo con valore neutro (cfr. BRUNET 1981: 170-171; di qui gli esempi): «avevo *qualcosa di urgente* da dirti» (Vittorini; =una determinata questione); «aspettavano *qualcosa di grosso*, il crollo della città, l'apocalissi» (Pavese).

154. Tranne nel caso della reggenza partitiva, in cui l'accordo è obbligatoriamente al maschile, l'uso oscilla tra *qualcosa* (*qualche cosa*) *è accaduto* (con il maschile richiesto dal genere grammaticale del pronome) e *qualcosa* (*qualche cosa*) *è accaduta* (col femminile richiesto dal sostantivo *cosa*, di cui si continua ad avvertire la presenza nel composto).
Benché la maggior parte dei grammatici consigli l'accordo al maschile, BRUNET (1981: 171-172) ha notato negli scrittori prevalenza del femminile. Dai suoi esempi citiamo: «qualcosa c'era stata» (Quarantotti Gambini) e «Qualcosa per me è venuta meno» (Calvino).
L'uso letterario tradizionale sembra militare comunque per l'accordo al maschile. Per esempio: Cesari, *Bellezza della Commedia*, 2 («s'è *detto* qualcosa nel proemio del Purgatorio»), Manzoni, *I Promessi Sposi*, XIX 27 («è impossibile, mi pare, che nel paese non sia *traspirato* qualcosa»), Fogazzaro, *Piccolo mondo antico*, 26 («qualche cosa di solenne si avvicina e sarebbe *giunto* nelle ombre della notte»), Pascoli, *Italy*, XX 7-8 («O Molly! O Molly! prendi su qualcosa, / prima d'andare, e *portalo* con te»).

155. Di uso molto limitato l'indefinito *che*: lo si adopera in formule cristallizzate seguite perlopiù da un aggettivo («*un che di simile* non mi ricorda averlo veduto altro che nella Mole Adriana» Nievo,

Le confessioni d'un italiano, 17; «*un non so che* di elegante e di signorile» D'Annunzio, *Prose di romanzi*; «*un certo che* di scipito nella faccia» Gozzi, *Opere*).

Alcuno

156. Di *alcuno* abbiamo già menzionato l'uso aggettivale, al plurale, in concorrenza con *qualche*, e l'uso pronominale, al singolare, invece di *qualcuno*.
Come pronome plurale, *alcuno* non è raro, specie quando segua un partitivo o una proposizione relativa, anche se è prevalentemente dell'uso scritto: «alcuni degli intervenuti se ne andarono prima della fine»; «ma sono alcuni che negano questo caso, e narrano che un fierissimo vento [...] lo stese a terra» (Leopardi, *Operette morali*, 199).
Come aggettivo singolare *alcuno* si incontra molto raramente con valore positivo (e ha sempre, in tal caso, una connotazione decisamente letteraria): «chi proponendosi d'esaminare alcuna risoluzione occulta, esamina sottilmente», ecc. (Leopardi, *Pensieri*, LI). Antiquato l'uso di *alcuno* con un quantitativo, invece di *uno*: «ergiti or tu alcun poco» (Parini, *Il mattino*, 108).

157. Al plurale *alcuni*, pronome o aggettivo, costituisce spesso delle serie correlative. Vediamo le più comuni, illustrandole con esempi tratti dai *Promessi Sposi*:
a) *alcuni ... alcuni*: «di quegli stessi ch'eran deputati a farle eseguire, *alcuni* appartenevano per nascita alla parte privilegiata, *alcuni* ne dipendevano per clientela» (I 46);
b) *alcuni ... altri*: «*alcune* monache facevano a rubarsela, e *altre* complimentavan la madre, *altre* il principino» (X 41);
c) *alcuni ... molti* (*i più*): «la vita non è già destinata ad essere un peso per *molti*, e una festa per *alcuni*» (XXII 15); «*i più* tenevano da una mano un bastone, *alcuni* anche una pistola» (XXXIV 40).

158. Frequente, almeno nella lingua scritta, l'uso di *alcuno* come indefinito negativo invece di *nessuno* (cfr. VII.196), sia come pronome («non m'imbattei in alcuno de' miei conoscenti» Pellico, *Le mie prigioni*, 438; «non ho mai visto alcuno della sua età afferrare più in fretta un'idea» Levi, *Cristo si è fermato a Eboli*, 146); sia, soprattutto, come aggettivo, in frasi con avverbio negativo espresso o rette da *senza*. Esempi: «ormai non c'è alcun dubbio»; «Ida scavò, ma dalla terra non uscì alcun tesoro» («Panorama», 17.8.1986, 57); «senza alcuna contropartita da parte delle aziende» («Il Centro», 19.7.1986, 2). In questa accezione *alcuno* può essere posposto al sostantivo, acquistando così maggior rilievo: «né meno avevo sognato mai di amar così donna alcuna» (Carducci, *Lettere*).

Alcunché

159. Può considerarsi il corrispettivo neutro di *alcuno* (=alcuna cosa), col quale istituisce una coppia analoga a *qualcosa-qualcuno*. Di uso non molto comune, dà l'idea, rispetto a *qualcosa*, di una più marcata indefinitezza e si adopera in costrutti partitivi («alcunché di sospetto» Soffici, *Passi tra le rovine*; «alcunché di misterioso» Fracchia, *Romanzi e racconti*) o in frasi negative («nessuna norma autorizza [i magistrati] ad emettere provvedimenti con cui si vieta o si impone ai cittadini alcunché» «Il Mattino», 25.8.1986, 3). Antiquata la grafia *alcun che*: «v'era alcun che negli occhi suoi», ecc. (Pellico, *Le mie prigioni*, 404).

Certo

160. L'aggettivo *certo* è un indefinito solo se anteposto al nome senza articolo o con articolo indeterminativo («certo discorso», «un certo discorso»); altrimenti è un comune aggettivo col valore di 'sicuro', 'puntuale' («un discorso certo», «il certo discorso»: ma il secondo costrutto è raro). Come indefinito ha sempre valore qualificativo, non quantitativo, a differenza di *qualche*.
Dicendo «c'è qualche ragazzo in cortile» si indica un numero, basso ma indeterminato, di ragazzi, che potrebbero anche esser noti a chi parla; dicendo «ci sono certi ragazzi in cortile» ci si riferisce a ragazzi che non conosciamo e di cui non sappia-

mo o non vogliamo precisare, nonché il numero esatto, la qualifica o le ragioni della loro presenza in quel luogo. Si noti che la frase: «un certo ragazzo» – dato che *certo*, a differenza di *qualche*, ha i due numeri – può riferirsi solo a un singolo individuo.

Certo esprime uno dei più alti gradi di indefinitezza: «un tabernacolo sul quale eran dipinte *certe figure* lunghe, serpeggianti, che [...] volevan dir fiamme; e, alternate con le fiamme, *cert'altre figure* da non potersi descrivere, che volevan dire anime del Purgatorio» (Manzoni, *I Promessi Sposi*, I 10; ossia: delle figure che – come lo scrittore dice esplicitamente – non si potrebbero, anche volendo, meglio descrivere o precisare); «oh, insomma, sa che lei, professore, mi assume *certe arie* che io non tollero?» (Pirandello, *L'uomo la bestia e la virtù*, III 359).

161. Da notare l'uso di *certo* in procedure eufemistiche, che ben si spiega in riferimento al valore indeterminato dell'aggettivo: «decisi che non mi amava per commettere *certi atti* [...]; quando l'incontro provo non so che e mi balzano subito per la mente *certe cose*» (dalla lettera a un giornale femminile cit. in GALLI DE' PARATESI 1964: 102-103; il riferimento è a tipi di rapporto sessuale); «ho sentito dire *certe cose*, sul conto del tuo fidanzato» (Cassola, cit. in BRUNET 1981: 198; qui si allude a guai con la giustizia).

162. In alcuni casi *certo* – come altri aggettivi: *dato*, *determinato*, ecc. – può indicare una variabile nota, ma che non ci si cura di precisare. È un uso frequente nella trattatistica scientifica: «la contrazione insorge solo quando la pressione nell'interno dell'organo cavo ha raggiunto *un certo livello*»; «[la razione energetica di equilibrio] si eleva poi progressivamente (per *quel dato animale* e per *quel determinato alimento*) in coincidenza col completo recupero del peso corporeo perduto» (Martino, *Fisiologia*, 378 e 44). Altre volte *certo* (raramente *determinato*, mai *dato*) si avvicina al valore di *siffatto* (cfr. VII.137) in espressioni aventi generica sfumatura spregiativa: «con certa gente non si ragiona».

Come pronome corrispondente si usa solo *certi*, *certe* al plurale: «certi vogliono sempre metter bocca su tutto» (ma anche, e più spesso: «certa gente vuole...», «certi tipi vogliono...» e simili, con l'aggettivo).

Certuni, Taluno

163. Sono forme meno comuni di *certo* o *qualche* / *qualcuno* e si usano sia come aggettivi sia come pronomi: «alla meditazione su certune poesie» (Pavese, *Il mestiere di vivere*); «aveva già fatto un bel gruzzoletto coi guadagni delle colazioni e a certune aveva prestato dei quattrini» (Serao, *Il romanzo della fanciulla*, 43); «taluni privilegi, ancora oggi esistenti per legge, sono del tutto inaccettabili» (G. Spadolini, nella «Repubblica», 23.8.1986, 3); «Penso che per i più non sia salvezza, / ma taluno sovverta ogni disegno, / passi il varco, qual volle si ritrovi» (Montale, *Casa sul mare*, 25).

Tale

164. Come pronome, *tale* si usa per indicare qualcuno di cui non sappiamo o non ci interessa precisare l'identità. Distinguiamo:
a) Indefinitezza totale, con l'articolo indeterminativo: «è venuto un tale» (=qualcuno; dicendo così, mostriamo di non sapere chi sia e facciamo intendere di non averlo mai visto prima).
b) Indefinitezza relativa, con l'articolo determinativo o l'aggettivo dimostrativo: «è venuto il tale / quel tale» (qui abbiamo presente una persona determinata, ma lasciamo nel vago il suo nome).
L'articolo determinativo si usa soprattutto nei discorsi riportati: «mi ha detto di essere il tale» (anche rafforzato: «il tal dei tali»); «vennero fuori i soliti discorsi tra donne, sulla tale, che il marito la picchiava», ecc. (Cassola, *La ragazza di Bube*, 115).

165. Come aggettivo, *tale* può indicare:
a) Indefinitezza totale: «un tal Rossi» (ma anche con l'articolo determinativo: «oggi è l'anno, o tanti anni, accadde la tal cosa ovvero la tale» Leopardi, *Pensieri*, XIII) o relativa: «Riccio pensò che forse [i bri-

ganti] erano tutti al servizio di quel tale signore» (Arpino, cit. in BRUNET 1981: 203). In una correlazione può adoperarsi il composto *talaltro*: «non sarebbe scandaloso se la Borsa di Milano, a chiusura, dicesse che *il tal titolo è salito e il talaltro è sceso*, rifiutandosi di dire di quanti punti?» («La Repubblica», 28.3.1987, 28).
b) Un'intensità imprecisata (=così grande, così forte): «In questo momento sono tali e tanti i processi...» (Cassola, *La ragazza di Bube*, 189; =così impegnativi e così numerosi). In questa accezione *tale* è spesso adoperato in una reggente cui segua una consecutiva: «la maniera [...] d'incutere a Renzo tale spavento da fargli passare il dolore», ecc. (Manzoni, *I Promessi Sposi*, VII 53); può aversi anche l'articolo indeterminativo, anteposto o posposto a *tale* («tale una gioia» Cassola, *La ragazza di Bube*, 234), oppure – ma raramente nell'italiano moderno – l'articolo determinativo («con quel suono / di cui le Piche misere sentiro / *lo colpo tal, che* disperar perdono» Dante, *Purgatorio*, I 10-12).
Nel linguaggio familiare sono abituali frasi come «ho avuto un tale spavento» e simili, senza ulteriore determinazione: si tratta di espressioni ellittiche che sottintendono una consecutiva (nella fattispecie: «da non raccapezzarmi», «da perdere i sensi», ecc.).
c) Un rapporto di identità, nell'espressione *tale e quale* («mi sembra di rivederli, tali e quali come allora») e in costrutti correlativi, con sé stesso («tale il padre, tale il figlio») o con *quale* (ma è uso solo letterario: «Qual è colui che suo dannaggio sogna / [...] / tal mi fec'io» Dante, *Inferno*, XXX 136-139).
Da ricordare anche *tal quale* (raramente scritto come un'unica parola), che indicava un tempo un rapporto di identità («tale qual fu, Giuseppe Garibaldi è il più popolarmente glorioso degl'italiani moderni» Carducci, *Prose*, 930), ma che oggi si usa, aggettivalmente, col valore di 'un certo': «essa mi infuse una talquale sicurezza» (Landolfi, cit. in BRUNET 1981: 205).

Quale

166. L'indefinito *quale* (da non confondere con gli omonimi relativo, cfr. VII.224, e interrogativo, cfr. VII.248) è di uso limitato. Abbiamo appena visto il suo impiego come correlativo o rafforzativo di *tale*; aggiungiamo ora che *tale* può omettersi (FORNACIARI 1881: 112-113) e *quale* compare allora in vari casi, perlopiù in concorrenza con *come*. Ad esempio: per introdurre una comparazione: «Un suono non ti renda / qual d'incrinata brocca / percossa!» (Montale, *Falsetto*, 18; è modo solo letterario); – per esemplificare: «servizi indispensabili, *quali* acqua, fogna, luce, telefono» («La Gazzetta del Mezzogiorno», 27.8.1986, 14); – per rafforzare un giudizio appena espresso: «da persona seria, *quale* si era sempre dimostrato», «pro guerrier *qual* sei» (Alfieri, cit. in FORNACIARI).
Nell'italiano antico e nella lingua letteraria solenne *quale* può trovarsi in correlazione con sé stesso: «*qual* se ne andò in contado e *qual* qua e *qual* là assai poveramente in arnese» (Boccaccio, *Decamerone*, II 3 16; nell'italiano moderno si direbbe: *chi* [...] *chi* [...] *chi*, oppure *l'uno* [...] *l'altro* [...] *l'altro*); «v'erano alcune memorie scritte, *quali* con matita, *quali* con carbone, *quali* con punta incisiva» (Pellico, *Le mie prigioni*, 430).
Sono invece ben vive nell'italiano contemporaneo formule attenuative in cui *quale* rafforza il valore indefinito di *certo* (in modo analogo a *tal quale*): «in (un) certo qual modo». Esempi: «anche le parole [...] s'eran lasciate collocare in un certo qual ordine» (Manzoni, *I Promessi Sposi*, XIV 53); «con una certa quale sorpresa» (Moravia, cit. in BRUNET 1981: 199).

167. Nell'uso arcaico si incontrano perifrasi costituite da *quale*+(*che*)+(pronome soggetto)+ congiuntivo presente o imperfetto del verbo *essere*, a seconda del modo reggente, là dove oggi si adopererebbero *qualunque* o *qualsiasi* (cfr. VII.180-182). Per esempio: «ivi fa' che 'l tuo vero / *qual io mi sia*, per la mia lingua s'oda» (Petrarca, *Canzoniere*, 128 16; =qualunque io sia, qualunque sia il mio valore); «non curava d'avere a' suoi servigi uomo, *qual ch'egli si fosse*, o giovane o altro» (Boccaccio, *Decamerone*, I *Introduz.*, 29).

168. Un riflesso dell'antico costrutto si può riconoscere nelle forme *quale che sia / fosse*, *quali che siano / fossero* (+articolo determinativo e sostantivo), indefiniti collettivi di larghissimo uso (in particolare *quali che siano*, che supplisce il plurale di *qualunque*, possibile solo dopo il sostantivo e con sfumatura negativa, cfr. VII.181). Esempi: «questa volta, *quale che sia* il loro ruolo vero, i libici non sono caduti nella trappola retorica di altre occasioni» («La Repubblica», 6.9.1986, 2); «*quali che siano* i fini di 'real politik' [sic] che abbiano spinto Gorbaciov a compiere quell'atto, il ritorno a Mosca di Sacharov apre uno squarcio di luce nel cielo, sempre cupo ed oscuro, dell'Urss» («Stampa sera», 29.12.1986, 13).

Poco comune, invece, l'uso di *quale che sia* seguito immediatamente dal sostantivo senza articolo e corrispondente a 'qualunque' (non a 'qualunque sia', come nel costrutto precedente): «fra me e *quale che sia macchina*, anche la macchina fotografica, esiste un'assoluta incapacità di intesa» (Tucci, *Nepal*, 17).

Quale indefinito si ritrova nell'etimologia di molte altre forme: *qualche* (*quale+che*), *qualcuno* (*qualche+uno*), *qualunque*, (*quale* con «l'elemento generalizzante latino *-cunque*» che «sembra essersi confuso nel latino volgare con *unquam*»: ROHLFS 1966-1969: 504).

Altro

169. *Altro*, pronome e aggettivo, indica l'*alterità*, ossia la diversa identità di una persona o di una cosa rispetto a un termine di riferimento espresso o sottinteso: «lui, lei e l'altro»; «mangia un altro biscotto» (oltre a quello, o a quelli, che hai già mangiato); «non ho altro da dire» (=ulteriori cose, che si aggiungono a quelle che ho già detto). Al plurale maschile il pronome può significare, genericamente, 'il prossimo': «non fare agli altri quello che non vorresti fosse fatto a te».

170. Come pronome neutro, *altro* figura in molte locuzioni avverbiali dell'uso corrente. Ricordiamo: *senz'altro*, come espressione asseverativa olofrastica («Ci sarai anche tu, domani sera? – Senz'altro»; è un uso recente: nella tradizione letteraria *senz'altro* si adopera piuttosto come una semplice locuzione avverbiale ['indubbiamente', 'sicuramente']: «dal riscontro di questi dati noi deduciamo che fosse Monza senz'altro» Manzoni, *I Promessi Sposi*, IX 5); *tutt'altro*, per negare vivacemente un'ipotesi appena avanzata («né credere che io me ne adombri: tutt'altro» Rajberti, *Il viaggio di un ignorante*); *altro!*, che «si usa nel linguaggio familiare per risposta affermativa, ma con accrescimento di forza» (FORNACIARI 1881: 96; anche *altroché*: «Ma voi vi conoscete? – Altroché» Moravia, *Nuovi racconti romani*).

171. *Altro*, pronome o aggettivo, entra in molte serie correlative. Eccone le principali (per *alcuni* [...] *altri* cfr. VII.157):

a) *Altro* [...] *altro* (con valore neutro), per opporre radicalmente due situazioni: «*altro* è parlare, *altro* è soffrire, amico» (Pavese, cit. in BRUNET 1981: 211).

b) *L'uno* (*l'una*) [...] *l'altro* (*l'altra*), *gli uni* (*le une*) [...] *gli altri* (*le altre*), per introdurre due persone o due gruppi di persone distinte: «Mentre che *l'uno spirto* questo disse, / *l'altro* piangea» (Dante, *Inferno*, V. 139-140); «sebbene *né l'uno né l'altro schieramento* fossero compatti, si formarono nel 1608 due leghe contrapposte» (Villari, *Storia moderna*, 188); «il genere umano [...] si divide in due parti: *gli uni* usano prepotenza, e *gli altri* la soffrono» (Leopardi, *Pensieri*, XXVIII). Al singolare e in frasi affermative l'articolo davanti a *uno* può mancare: «nell'assegnazione dei posti, erano capitati *uno* di qua e *l'altra* di là» (Montefoschi, *Lo sguardo del cacciatore*, 12).

c) Quando le persone o i gruppi sono più di due, i termini correlativi sono *alcuni* [...] *alcuni* (*altri*) [...] *altri* («alcuni vogliono sodisfare all'ira, alcuni alla gola, altri alla libidine ed altri [...] ad altri appetiti» Della Casa, *Opere*); di àmbito fortemente letterario la serie *altri* [...] *altri* [...] *altri*: «[vedi] altri per valli e per campagne erranti, / altri di tane abitator crudeli, / altri dell'uomo difensori e amanti» (Monti, *La bellezza dell'universo*, 100-102).

d) *L'uno* e *l'altro*, infine, possono indicare:

1) reciprocità (se si trovano nella medesima frase devono appartenere a diverse categorie sintattiche): «amatevi *l'un* [soggetto] *l'altro* [compl. oggetto]»; «all'interno di questo [dello stesso gruppo consanguineo] si è, *l'uno all'altro*, sacri» (Levi, *Cristo si è fermato a Eboli*, 81) – al plurale: «accoglietevi perciò *gli uni gli altri* co-

me Cristo accolse voi» (*Messale festivo*, 19) – con *ciascuno* al primo membro: «*ciascuno* rimprovera *l'altro* di aver distrutto quell'incantesimo» (F. Alberoni, in «Corriere della Sera», 11.8.1986, 1) – più raramente, con un aggettivo o sostantivo numerativo (cfr. VI.42): «*ambedue le parti* sono convinte che *l'altra parte* ha un missile, un progetto di difesa stellare, un fucilletto a tappo o una pallottola dum dum in più» (B. Placido, nella «Repubblica», 20.8.1986, 25);
2) alternativa («a veglia or *dell'una* or *dell'altra* delle autorità» Carducci, *Prose*, 262); o anche il semplice insieme di due persone o cose («io diedi parola e all'uno e all'altro» Gozzi, cit. in FORNACIARI 1881: 95; =a entrambi; «tutti i cittadini dell'uno e dell'altro sesso» *Costituzione*, art. 51; =di entrambi i sessi).

172. Quando *altro* col valore di 'diverso' istituisce un confronto tra due termini, il secondo elemento è introdotto in prevalenza da *da*, *rispetto a* o *che* («forse la felicità era *altra cosa da* quella che lui andava cercando» Calvino, *Racconti*, 330 [possibile anche: «altra cosa *rispetto a* quella...»], «la mia cattiva azione danneggerebbe per forza il figlio che non avrà *altro* nome *che* il mio» Pirandello, *Il piacere dell'onestà*, III 170), oppure da *che (non)*+congiuntivo: «a me era inibito entrare in *altra* camera *che non fosse* la mia» (Nievo, *Le confessioni d'un italiano*, 48).

Altri (pronome sing.)

173. È proprio della lingua scritta e ha quasi solo funzione di soggetto: «le donne si sogliono con le buone parole condurre dove *altri* vuole» (Machiavelli, *Opere*); «io non so di aver finora dato prove di cuore così misero e duro, che *altri* mi possa tenere per pronto a mettere insieme delle sillabe quando un tanto dolore colpisce la patria e me» (Carducci, *Prose*, 927); «una volta in casa, come a tutti i patriarchi, gli dava enormemente fastidio che *altri* facesse qualcosa per conto proprio» (Ledda, *Padre padrone*, 217).
Negli esempi citati, la lingua parlata ricorrerebbe piuttosto ad *altro*, *altri* plurale («dove gli altri vogliono», «che un altro mi possa», ecc.). Un indubbio fattore di debolezza del pronome singolare *altri* è dato dall'impossibilità di distinguere il genere e, soprattutto, dalla collisione con *altri* plurale.

Altrui

174. È pronome e aggettivo. Come pronome può considerarsi l'obliquo di *altri*, ed è di uso letterario, se non addirittura antiquato.
Senza preposizione può valere come complemento oggetto («che mena dritto altrui per ogni calle» Dante, *Inferno*, I 18) o complemento di termine («ch'i' mostri altrui questo cammin silvestro» Dante, *Inferno*, XXI 84). Con preposizione può rappresentare qualsiasi altro complemento: «Non dar, Amore, in podestà d'altrui / quel ch'è tuo sol» (Lorenzo de' Medici, *Opere*); «grandissimo era il pro spirituale che ne traea per altrui», (D. Bartoli, *Della vita di S. Francesco Borgia*), «uomo intento che riguarda / in sé, in altrui, il bollore / della vita fugace» (Montale, [*Avrei voluto*], 7).
Come aggettivo si adopera correntemente per indicare ciò che appartiene, che ha relazione con un altro, senza distinzione di numero e genere («la bontà altrui»=la bontà di un altro, di un'altra, di altri, di altre; ma più spesso ha valore collettivo: 'del prossimo'). Può essere interposto tra articolo e sostantivo o posposto al sostantivo: «tua forza, l'altrui debolezza; tua vita, l'oblio altrui o il disprezzo» (Dossi, *Opere*).

La parentela di *altri* con *altrui* (che alcuni grammatici considerano aggettivo e pronome possessivo) è confermata dall'etimologia: le due forme appartengono infatti al medesimo paradigma latino volgare: *ĂLTERI (invece del nominativo ĂLTER, per influsso di QUI) e *ALTERŪI (rifatto sul dativo del relativo: CŪI).

Altre forme

175. Tra i singolativi possono essere annoverati anche una forma arcaica (*cotale*) e una moderna (*tizio*). La prima condivide – né più né meno che il dimostrativo corrispondente (cfr. VII.137) – gli usi di *tale*: «non bisogna che tu ti lasci ingannnare da coloro, i quali dicono: io son de' tali, e de' cotali» (Varchi, *Seneca, De' benefizi, tradotto in volgar fiorentino*).

176. Quanto a *tizio* («ho visto un tizio»; anche femminile: «è quella tizia di ieri»), si tratta di una forma di diffusione ottocentesca, ma di origine molto antica. Risale infatti ai giuristi mediolatini che, nelle loro esemplificazioni, ricorrevano ai diffusi nomi romani *Sempronius* e *Titius* e al prenome *Caius* (così come oggi si parla di *Mario Rossi*, *Jean Dupont* o *John Smith* per indicare un individuo qualsiasi, italiano, francese o inglese).
Rispetto a *tale* e *uno*, *tizio* ha una coloritura spregiativa più marcata: «se tra la folla un tizio dagli occhi sognanti vi si avvicina più che non occorra, ciò può soltanto significare che gli piace la vostra penna stilografica» (Marotta, *L'oro di Napoli*, 267).

177. Talvolta gl'indefiniti sono sostituiti da nomi che designano persona o cosa «in maniera indeterminatissima» (TRABALZA-ALLODOLI 1934: 159). Ad esempio, *persona* nel significato di 'essere umano', quale emerge dal seguente esempio di A. Panzini, *La cicuta, i gigli e le rose*: «Così che lei non avrebbe paura – domandai io – ad ammazzare una *persona*. – Perché dovrei avere paura? – Ma non siamo tutti cristiani?...».
Molto comune è anche *gente*: «c'è gente che ha sempre qualche motivo per lamentarsi» (=ci sono alcuni...); «A casa, a casa – diceva Renzo – prima che venga gente» (=che venga qualcuno; Manzoni, *I Promessi Sposi*, VIII 53).

Nell'italiano antico, con uno statuto a metà tra nome e pronome, si trovava anche la forma *om*, *uom* («come uom dice», cfr. VII.58).

Collettivi

178.

SINGOLARE		PLURALE	
MASCHILE	FEMMINILE	MASCHILE	FEMMINILE
AGG. qualunque	qualunque		
AGG. qualsiasi	qualsiasi		
AGG. qualsivoglia	qualsivoglia		
PRON. chiunque	chiunque		
PRON. chicchessia	chicchessia		
PRON. checchessia			
PRON. checché			
PRON. } AGG. } ciascuno	ciascuna		
PRON. } AGG. } ciascheduno	ciascheduna		
PRON. } AGG. } cadauno	cadauna		
PRON. ogni	ogni		
AGG. ognuno	ognuna		
PRON. } AGG. } tutto	tutta	tutti	tutte

Gli indefiniti collettivi hanno la caratteristica di usarsi solo al singolare (tranne *tutto* e, in casi particolari, *qualunque* e *qualsiasi*).

179. *Tutto* è l'unica forma ad ammettere, come aggettivo, sia l'articolo determinativo sia l'indeterminativo, interposto tra *tutto* e il sostantivo (tranne nel caso che il sostantivo non richieda l'articolo: *tutta Roma*, ecc., cfr. IV.39): «tutti i giorni», «è tutta una scusa» (ma: «sono tutte scuse»). *Qualunque, qualsiasi, qualsivoglia* possono costruirsi con o senza l'articolo indeterminativo (a condizione che siano anteposti: «un qualunque avvocato» / «qualunque avvocato», ma solo: «un avvocato qualunque»). Le altre forme rifiutano l'articolo (e l'aggettivo dimostrativo; non si può dire **il ciascun uomo, *questo ciascun uomo*).

Nell'italiano antico *tutto* poteva fare a meno dell'articolo, in particolare se accompagnato da un possessivo («tutte loro case»; cfr. CASTELLANI POLLIDORI 1966: 135-137). Qualche sopravvivenza di questa particolarità sintattica nella lingua letteraria fino all'Ottocento: «e involve / *tutte cose* l'obblio nella sua notte» (Foscolo, *Dei Sepolcri*, 17-18); «un bascià del Sultano governa Gerusalemme, vergogna di *tutta Cristianità*» (Nievo, *Le confessioni d'un italiano*, 23).
Oggi l'espressione *tutte cose* 'ogni cosa' è caratteristica della varietà regionale campana: «tutto pagato dal Comune: i cavalli, la corona e *tutte cose*» (Morante, *L'isola di Arturo*, 97).

Qualunque, Qualsiasi, Qualsivoglia

180. Tra *qualunque* e *qualsiasi* non c'è differenza né di significato né di livello d'uso. *Qualsivoglia* è invece più ricercato ed è in genere limitato alla lingua scritta. Anteposti al sostantivo, hanno semplicemente valore totalizzante («qualunque appartamento», «un qualsiasi appartamento» =tutti; «qualunque appartamento ormai ha l'acqua corrente»); posposti, comportano una sfumatura spregiativa («un appartamento qualunque» =banale, senza pregi particolari; «dopo tante storie, è andato ad abitare in un appartamento qualunque»).
Per documentare la seconda accezione, si pensi al movimento politico dell'*Uomo Qualunque* (donde i derivati *qualunquismo* e *qualunquista*), fondato alla fine degli anni Quaranta da G. Giannini con l'intento polemico di rivendicare i diritti della «gente comune» (o della «maggioranza silenziosa», come si sarebbe detto in séguito) rispetto alle presunte prevaricazioni dei partiti tradizionali.
Qualunque e *qualsiasi* possono anche adoperarsi come correlativi, introducendo una proposizione relativa con valore concessivo: «qualunque cosa tu dica (qualsiasi cosa tu dica), non cambierò idea» (cfr. XIV.183).

181. Una parte della tradizione grammaticale riserva *qualunque* all'uso correlativo e *qualsiasi* (con *qualsivoglia*) agli altri casi (ma vale soprattutto la prima prescrizione; cfr. SATTA 1981: 229: «tolleriamo *qualunque* al posto di *qualsiasi*, ma non ci piace il contrario, cioè l'uso di *qualsiasi* legato a un verbo [...]»). Il divieto di usare *qualsiasi* correlativo si fonda sul fatto che in tale aggettivo (come nella variante arcaica *qualsisia*, che era ancora prevalente nel secolo scorso, e in *qualsivoglia*), è già inclusa una voce verbale: *sia* (*voglia*).
In effetti, gli esempi antichi di questi indefiniti non sono correlativi (cfr. TOMMASEO-BELLINI 1865-1879: IV 1370). Tuttavia, la trasparenza etimologica di *qualsiasi* è diventata molto scarsa (o forse è venuta meno addirittura) per chi oggi parli o scriva in italiano e ciò giustifica pienamente una sua estensione al dominio di *qualunque*. È consigliabile ad ogni modo – come suggerisce anche Satta – continuare a usare *qualunque* e non *qualsiasi* quando nella frase vi sia per l'appunto il congiuntivo del verbo *essere*: «potevo esser certo che, *qualunque fosse* l'argomento del discorso, saremmo presto scivolati, in qualche modo, a parlare dei briganti» (Levi, *Cristo si è fermato a Eboli*, 124).
Non ci sarebbe alcuna ragione, invece, di limitare *qualunque* all'uso correlativo: una restrizione che, oltre ad essere smentita dalla norma contemporanea, non potrebbe nemmeno appoggiarsi all'autorità dei classici (cfr. FORNACIARI 1881: 103).
Sempre invariabili, *qualunque, qualsiasi* e *qualsivoglia* possono accompagnarsi a un sostantivo plurale, purché lo seguano: «non voglio delle camicie qualunque».

182. Ormai antiquato l'uso dei legittimi plurali di *qualsiasi* e *qualsivoglia*: *qualsiansi* e *qualsivogliano*; così come quello di *qualunque* anteposto a un plurale: «una dottrina [...] non potrà mai vergognar di se stessa qualunque siano i suoi fondamenti filosofici» (Nievo, *Le confes-*

sioni d'un italiano, 78); «qualunque fossero le escandescenze e le risate squillanti della donna» (Palazzeschi, *Sorelle Materassi*, 219). Correntemente, si direbbe soltanto: «quali che siano i suoi fondamenti», ecc.: cfr. VII.168.

Nei primi secoli *qualunque* si adoperava anche in funzione di pronome: «Qualunque ruba quella o quella schianta / con bestemmia di fatto offende a Dio» (Dante, *Purgatorio*, XXXIII 58-59).

Chiunque, Chicchessia e Checchessia, Checché

183. Tra i pronomi corrispondenti a *qualunque* e a *qualsiasi* il più usato è *chiunque*, sempre riferito a persona. Oggi *chiunque* si adopera sia come semplice indefinito («chiunque era in diritto di entrare e di esporre le sue ragioni» Pratolini, cit. in BRUNET 1981: 181), sia come correlativo, secondo il suo ufficio tradizionale, ben rispecchiato dalla lingua letteraria antica.

Con quest'ultima funzione, *chiunque* unisce due proposizioni, una principale e una relativa, e ammette sia l'indicativo sia il congiuntivo: «*Chiunque commette* un reato nel territorio dello Stato è punito secondo la legge italiana» (*Codice Penale*, art. 6; =tutti quelli che commettono...); «dichiarava suo nemico *chiunque s'attentasse* di mettervi ostacolo» (Manzoni, *I Promessi Sposi*, IV 40; =qualunque persona s'attentasse...).

Nella lingua parlata la funzione correlativa di *chiunque* è, se non inusitata, in regresso. Si preferisce ricorrere a perifrasi come *tutti quelli che*... o anche al pronome «doppio» *chi*, col quale però si perde l'idea collettiva contenuta in *chiunque*. Questo resiste bene negli incisi col congiuntivo di *essere*: «non guarderò in faccia a nessuno, chiunque sia»; «Chi era al telefono? – Non lo so, ma chiunque fosse, era un maleducato».

Chiunque è inoltre d'uso pressoché incontrastato come indefinito assoluto, anche perché i possibili sostituti suonano antiquati o pedanteschi. Tali risulterebbero oggi il *chi si sia* adoperato dal Manzoni (per esempio: «potrebbe far vita scelta, meglio di chi si sia» *I Promessi Sposi*, XXIV 48) e anche *chicchessia* (vedi qui appresso).

184. *Chicchessia* (antiquato: *chi che sia*), si usa come indefinito assoluto invece di *chiunque*, di cui è forma più rara e occasionale. Talvolta può servire a sottolineare la contrapposizione di chi parla rispetto ad altri: «io credo di avere più di chicchessia il diritto di aprirti gli occhi» (Moravia, *Gli indifferenti*; qui il solo *chiunque* forse direbbe troppo poco e semmai bisognerebbe ricorrere a *chiunque altro*). A differenza di *chiunque*, *chicchessia* si usa anche come pronome negativo: «Ella non volle dipoi sposarsi con chicchessia» (Palazzeschi, *Romanzi straordinari*; =con nessuno, con nessun altro).

185. I due pronomi neutri corrispondenti a *chicchessia* sono *checchessia* e *checché* (antiquati: *che che sia* e *che che*).

Esempi di *checchessia*: «il qual sentimento [...] è quasi impossibile che vada insieme, non dirò col fare, ma col disegnare checchessia di grande» (Leopardi, *Pensieri*, II; indefinito assoluto con senso positivo); «non c'è più chi possa sedurre in che che sia né l'animo, né lo spirito, né la ragione» (Magalotti, *Lettere sopra i buccheri*; indefinito assoluto in frase negativa).

A differenza di *checchessia*, *checché* non si usa assolutamente, ma come correlativo in frasi al congiuntivo con intonazione concessiva: «è noioso dipingere con qualcuno dietro le spalle [...]: ma checché facessi, non ci fu verso di smuoverlo» (Levi, *Cristo si è fermato a Eboli*, 67; =benché tentassi di smuoverlo, non ci fu verso); «checché ne dicano etologi e psicologi, credo che solo l'uomo sia capace di creare [...] espressioni nuove e inedite» (G. Dorfles, in «Corriere della Sera», 11.8.1986, 3; =benché etologi e psicologi possano non essere d'accordo...). Frequente, in particolare, l'inciso *checché se ne dica*: «i finanziamenti, checché se ne dica, continuano ad essere colossali» («Il Giornale», 21.8.1986, 1).

Ciascuno, Ognuno, Ogni

186. Per indicare che una singola persona o cosa fa parte di una pluralità, ripetendone proprietà e caratteristiche, l'italiano moderno dispone di quattro pronomi (*ciascuno* e *ognuno*, più usuali; *ciaschedu-*

no e *cadauno*, più rari) e di altrettanti aggettivi, sempre anteposti al sostantivo (*ogni*, il più comune, e ancora *ciascuno*, *ciascheduno*, *cadauno*).
Spesso questi pronomi sono seguiti da complementi partitivi, in costrutti del tutto equivalenti a quelli formati con il corrispondente aggettivo: «Ciascuna Camera adotta il proprio regolamento [...] tuttavia *ciascuna delle due Camere* e il Parlamento», ecc. (*Costituzione*, art. 64).
Con valore distributivo, *ciascuno* si costruisce con o senza la preposizione *per*: «un vecchio [...] diede al giornalista e a me una candela *ciascuno*» (Soldati, cit. in BRUNET 1981: 138); «eravamo partiti con l'idea di mettere insieme ventimila lire *per ciascuno*» (Alvaro, *Settantacinque racconti* [*Incontri d'amore - Parole di notte*]).
Ciascuno e gli altri pronomi hanno e hanno normalmente avuto accordo al singolare: «ciascuno potrà dire la *sua* opinione»; «ciascuno al prun de l'ombra *sua* molesta» (Dante, *Inferno*, XIII 108); «ognun *sé* pasce / del parer suo» (Foscolo, *Opere edite e postume: Poesie*). Tuttavia, specie se il predicato precede il soggetto, si può avere accordo al plurale, o totale (nel verbo e nei possessivi) o parziale: «seguitavano ognu-no in la sua strada» (Manzoni, *I Promessi Sposi*, XXVIII 40; accordo parziale, dal momento che il possessivo è *sua*, non *loro*).

187. *Cadauno*, non raro nell'italiano antico (specie nelle varianti *catauno, catuno*), veniva già considerato «un'anticaglia» nel secolo scorso (cfr. MOISE 1878: 237), ma sopravvive oggi in formule commerciali (e in poche altre occasioni): «il prezzo dei suddetti capi è di lire 30.000 *cadauno*».

188. L'aggettivo *ogni* presenta tre distinte sfumature di significato (cfr. BRUNET 1981: 131-133, da cui si citano i primi esempi, e FORNACIARI 1881: 102): *a*) 'ciascuno': «ogni causa esige i suoi caduti» (Cassola); *b*) 'qualsiasi': «professori dai modi distaccati e ironici che scoraggiavano ogni confidenza, ogni considerazione personale» (Bassani), «Indagine su un cittadino al di sopra di ogni sospetto» (film di E. Petri, del 1970); *c*) 'tutto', 'tutto il possibile', non con riferimento a una totalità, come nelle altre due accezioni, ma con effetto di intensificazione, di accentuazione del concetto astratto contenuto nel sostantivo: «d'ogni villania / odo che sei dotata e d'ogni orgoglio» (Ariosto, *Orlando Furioso*; né **di ciascuna villania*, né **di qualsia-si villania*, ma piuttosto: «di villania al massi-mo grado»); «or son pronto a darle ogni soddisfazione» (Manzoni, *I Promessi Sposi*, XV 41;=a darle pienamente soddisfazione). *Ogni* è attualmente solo singolare; ma un relitto di antico plurale si ha nella forma cristallizzata *Ognissanti* 'Tutti i Santi'.

Tutto

189. Può essere usato come aggettivo, pronome o sostantivo.
Quanto all'uso aggettivale, abbiamo già osservato (cfr. VII.179) che l'articolo o l'aggettivo dimostrativo si interpongono tra *tutto* e il sostantivo. Qui aggiungiamo alcune espressioni che rifiutano l'articolo: *di tutto cuore, in tutta sincerità, di tutto punto, a tutto spiano, a tutta birra* (familiare).
Tutto ha valore aggettivale (o meglio: aggettivale-avverbiale, dato che è variabile, come un aggettivo, ma presenta piuttosto la funzione dell'avverbio: cfr. BRUNET 1981: 193) anche in altri casi, in cui svolge una funzione intensiva (e può corrispondere, di volta in volta, ad avverbi quali 'completamente', 'visibilmente' e simili; cfr. V.73):
a) concordato con un aggettivo o un participio (cfr. V.73): «erano tutti bagnati»; «tutto imbarazzato – tutto arruffato ci ha detto che la suocera era indisposta» (Pirandello, *Così è [se vi pare]*, V 21); «gli esempi a questa follia tutta americana non mancavano» («Il Giornale», 21.8.1986, 9);
b) concordato con un nome o un pronome, che può essere anche sottinteso: «che hai? tremi tutta!»; «e tutto 'n lui mi diedi» (Dante, *Paradiso*, VI 24); «E tu che tutta ti scrolli fra i tonfi / dei venti disfrenati» (Montale, [*Ed ora sono spariti*], 14-15);
c) con un sostantivo, in sintagmi con valore aggettivale (e concorda col sostantivo cui è anteposto, ora col termine cui il sintagma si riferisce): «piccino, *tutto barba* e *tutto pepe*, con mosse di mano che rammentavano gli illusionisti» (Papini,

La seconda nascita; =barbuto, vivacissimo); «quest'insalata è *tutta sale*» (=salatissima; esempio cit. in FORNACIARI 1881: 110); «è un tipo *tutta casa e bottega*».

Tutto si adopera anche con un numerale cardinale, cui viene collegato mediante la congiunzione *e*: «tutti e due» (frequente l'elisione: «tutt'e due»), «tutte e tre», ecc. Come pronome, *tutto* ha valore maschile e femminile (al plurale: «Tutti a casa» film di L. Comencini del 1960; «Così fan tutte», opera di Mozart), oppure neutro (al singolare: «è tutto?», «ho sistemato tutto»).

Esempi di *tutto* sostantivato: «le diverse parti dell'opera costituiscono un tutto armonico»; «Ora non manca che l'imprimatur del notaio per rendere ufficiale il tutto» («Corriere della Sera», 26.8.1986, 5); «l'infinita vanità del tutto» (Leopardi, *A sé stesso*, 16).

Numerose le locuzioni avverbiali fondate su *tutto* (*tutt'al più*, *tutt'a un tratto*, *in tutto e per tutto*, ecc.) e anche i costrutti idiomatici. Ricordiamo solo uno dei più antichi, mantenutosi fino ad oggi, il tipo *con tutto il* (*la, i, le*) che ha valore concessivo: «Federigo [...], con tutta la malinconia [=nonostante la malinconia], aveva sì gran voglia di ridere che scoppiava» (Boccaccio, *Decamerone*, VII 1 28).

Forme arcaiche

190. Da notare:

a) *Covelle* (o *cavelle*), pronome con valore neutro caratteristico dei primi secoli (=qualsiasi cosa, alcunché; in frasi negative, anche: niente): «Ma a quil che covelle me dona / mustroli leta persona» (Jacopone da Todi, *Laudi*; =a chi mi dona alcunché, faccio lieta accoglienza). *Covelle* si è mantenuto fino ad epoca moderna nelle parlate toscane: cfr. ROHLFS 1966-1969: 502.

b) *Ogne*, normale nel fiorentino antico, prima che si generalizzasse *ogni* (cfr. CASTELLANI 1952: 121-128): «che mena dritto altrui per ogne calle» (Dante, *Inferno*, I 18). *Ogne / ogni* rappresenta un caso isolato di sopravvivenza all'interno delle lingue romanze del latino ŏMNIS 'tutto'; altrove, si è imposto TŌTUS o una sua variante tarda (del resto anche in italiano si dice *tutto*): francese *tout*, spagnolo *todo*, rumeno *tot*, ecc.

Negativi

191.

	MASCHILE	FEMMINILE
AGG. PRON.	nessuno	nessuna
AGG. PRON.	veruno	veruna
PRON. PRON.	niente nulla	

192. Gli indefiniti negativi si usano soltanto al singolare. Gli aggettivi non ammettono di norma l'articolo o l'aggettivo dimostrativo («nessun libro» e non *il nessun libro o **quel nessun libro*).

Nessuno può tuttavia essere articolato in usi intensivi (e con valore analogo si adopera qualche volta il superlativo). Ecco due esempi, il primo del Nievo, che oggi risulterebbe di dubbia accettabilità («la giustizia si faceva al buio; atroce pel mistero, e inutile *pel nessun esempio*» *Le confessioni d'un italiano*, 35-36); il secondo di G. A. Borgese, *Rubè*, in cui le due procedure di enfatizzazione sono compresenti: «Trevisan sottaceva a Rubè *la sua nessunissima* ambizione di seguirlo».

VII. Pronomi e aggettivi pronominali

193. I negativi richiedono un'altra negazione nella frase, ma solo quando siano usati dopo il verbo: «nessuno è venuto» / «non è venuto nessuno»; «niente resterà impunito» / «non fa nulla».
Questa norma va oggi osservata scrupolosamente, almeno nello scritto formale. Tuttavia, nell'italiano dei secoli scorsi e anche in quello contemporaneo non mancano le deflessioni, in un senso o nell'altro. Esempi di negazione con verbo posposto sono citati in SATTA 1981: 230 (uno del Manzoni e il seguente di R. Bilenchi: «Una di quelle donnette alle quali *nessuno*, quasi per necessità, *non* manca mai di dare il buongiorno»).

194. Per illustrare il caso inverso, ben più frequente, osserveremo:
a) Si tratta di un fenomeno che, oltre agli indefiniti negativi, riguarda in genere qualunque coppia di elementi negativi, che popolarmente si riducono a un solo membro, per semplificazione («ho mica soldi», «adesso sei più una bambina», ecc.) e che ha riscontri anche fuori d'Italia (in francese si dice correntemente «je sais pas» invece di «je ne sais pas»): cfr. CORTELAZZO 1972: 107 e BERRUTO 1983: 52.
b) In Italia è caratteristico, in particolare, della varietà settentrionale (si veda quella che è forse la più famosa canzone milanese, *Madônina*, di G. D'Anzi: «g'haan minga tutt'i tort», «Mi speri che se offenderaa nissun», ecc.: cfr. BORGNA 1985: 247).
c) Non sono rare le documentazioni letterarie, specie in scrittori settentrionali che arieggiano i modi del parlato («c'è della gente che ha nulla da fare a questo mondo» De Marchi, *Demetrio Pianelli*, 165; «Fa niente. Vuol dire che intanto ne prenderemo una tazza noi» Bassani, *Il giardino dei Finzi-Contini*, 153; esempi di Arpino e Pavese in BRUNET 1981: 140 e 147), ma non solo in loro («io invece ero così convinto di saper fare nulla» Bartolini, *Le acque del Basento*; senza voler risalire a Dante e al suo «l'anima semplicetta che sa nulla»).
d) Con *niente* e *nulla* è normale l'ellissi della negazione quando i pronomi siano usati in contrapposizione – anche sottintesa – con concetti che indichino una totalità o una certa quantità: «Era tutto. Era il matrimonio. O era niente», «tu sei Dio, io sono nulla» (Soldati, cit. in BRUNET 1981: 147 e 150); «secondo la tecnica massimalistica, ben nota a Mussolini, di chiedere moltissimo per ottenere niente» (Bocca, *Storia dell'Italia partigiana*, 114).
e) Manca la negazione altresì quando l'aggettivo indefinito sia usato in correlazione con un aggettivo indicante quantità (e in tal caso *nessuno* può ricevere l'articolo): «lo ha tradito la poca o nessuna esperienza»; «la stimolazione artificiale del simpatico cervicale provoca scarsissima, o nessuna, secrezione della ghiandola parotide» (Martino, *Fisiologia*, 53).
f) Alcune espressioni idiomatiche si sottraggono al vincolo della doppia negazione: *e questo è niente!*, in un crescendo di recriminazioni o di lamentele; *hai detto niente!*, con valore antifrastico, ecc.

195. Pronomi e aggettivi negativi possono essere usati anche con senso affermativo, specie in frasi interrogative o ipotetiche (e in tal caso non si ha mai doppia negazione): «io ero piccolo, non ricordo; voi ricordate niente, zio Juanniccu?» (Deledda, *L'incendio nell'oliveto*, 47; =qualcosa); «c'è nessuno che sappia dove cercano un buon chitarrista?» (Pavese, *Il compagno*; =qualcuno); «Se vaglio a nulla comandatemi» (Alfieri, *Epistolario*; =qualcosa).

Nessuno, Veruno

196. Come aggettivo, *nessuno* si alterna con *alcuno* (cfr. VII.158) in frasi negative; anzi, costituisce la scelta più usuale nel linguaggio parlato, ben rappresentata anche nell'italiano scritto di qualsiasi livello. Esempi: «nello statuto radicale non c'era scritto *da nessuna parte* che io non potessi farlo» (M. Pannella, in «Panorama», 17.8.1986, 59); «nessuno trovava, in questa doppia natura e in questa doppia nascita, *nessuna contraddizione*» (Levi, *Cristo si è fermato a Eboli*, 101); «questi [i figli non riconoscibili] non possono, *in nessun caso*, complessivamente ricevere più del terzo dell'eredità» (*Codice Civile*, art. 593).

Nell'italiano antico e nell'uso toscano l'aggettivo *nessuno* è attestato anche al plurale (FORNA-

CIARI 1881: 104). Ecco un esempio volutamente arcaizzante di C. E. Gadda, *Eros e Priapo* (in cui si noterà anche la *i* protonica della forma *nissune*, restata largamente in uso per gran parte del secolo scorso): «dove nissune genti vi guazzavano».

Caratteristico l'uso di *nessuno* in frasi come *figlio di nessuno* 'trovatello', *donna di nessuno* («l'Antonia era una donna di nessuno, venuta su da una tribù di donne che abitava presso la fonte» Alvaro, *L'età breve*), *terra di nessuno* («dobbiamo, ancora, tutti lavorare [...] per riempire la terra di nessuno intorno alle caserme» G. Spadolini, nella «Repubblica», 23.8.1986, 3).
Nessuno può valere anche 'persona qualunque, che non conta nulla': «questo, dunque, doveva essere l'antichissimo 'pacifico cittadino', il modesto, onesto, tranquillo 'nessuno'» (Fruttero e Lucentini, *La donna della domenica*, 220).

197. *Veruno*, usato in prevalenza come aggettivo, è antiquato o decisamente letterario rispetto a *nessuno* o *alcuno*, di cui rappresenta un perfetto sinonimo: «i peccati veniali in veruno modo si perdonano senza i mortali» (Passavanti, cit. in MOISE 1878: 237-238); «creature senza veruna consistenza né possibilità di un ragionevole riflettere» (Palazzeschi, cit. in BRUNET 1981: 157).
Da notare che *veruno* «è tuttora ben vivo nella Toscana nordoccidentale» (ROHLFS 1966-1969: 497).

Niente, Nulla

198. *Niente* e *nulla* corrispondono al neutro di *nessuno* (=nessuna cosa) e sono entrambe di uso largo e corrente; ma *nulla* è più frequente nel fiorentino rispetto al resto d'Italia (cfr. ROHLFS 1972: 146).
In molti casi il valore dei due pronomi non è né negativo, né pienamente affermativo, ma piuttosto restrittivo (e vogliono dire 'inezia', 'piccolezza' e simili). Si pensi alle risposte di cortesia («Scusi! – Niente»; «Grazie! – Di nulla»; «Allora arrivederci e... grazie del regalo. – Ma le pare? Nulla, nulla, balbettò il giovane» Cassola, *La ragazza di Bube*, 20) e a molti altri costrutti in cui il pronome è retto da *per* o *da*: «lei rideva per niente» (Pavese, cit. in BRUNET 1981: 146; =per delle futilità); «ogni casa viene tramutata in osteria e il vino si vende per niente» (Comisso, *Il grande ozio*; =a basso prezzo); «è un graffio da nulla» (=di nessun conto); «accanto a questa portafinestra, da cui si vede ancora la stessa piazzetta da niente» (Bufalino, *Diceria dell'untore*, 79).
Altre volte *per niente* (*nulla*) ha valore effettivamente negativo («ho fatto un viaggio per niente», a vuoto) e assume spesso funzione avverbiale intensiva («Sei soddisfatto? – Per niente»).
Da ricordare la litote *non per niente* 'non a caso', 'non senza motivo': «non per niente la scuola figura nel programma di governo del Craxi n. 2 e non figurava in quello del Craxi n. 1» («Corriere della Sera», 11.8.1986, 6). Un esempio con tmesi: «Una scusa qualunque! La troverete conversando... Manca a voi? *Non* siete donne *per nulla*!» (Pirandello, *Così è [se vi pare]*, V 56).

199. *Niente* e *nulla* si usano inoltre:
a) Con funzione avverbiale, come modificatori di un aggettivo («non son niente pratico di questo paese» Manzoni, *I Promessi Sposi*, XXXIV 21; «quel direttore niente espansivo» Serao, *Il romanzo della fanciulla*, 164) o in altri costrutti, tutti di registro molto colloquiale: «quella sera non aveva niente fame» (Bassani, *Il giardino dei Finzi-Contini*, 224), «non sembrava niente un ferroviere» (Ginzburg, *Lessico famigliare*, 127).
b) Con funzione aggettivale, con un sostantivo; è un uso particolarmente in voga nel linguaggio giornalistico: «niente politica, quindi, niente dibattiti nel campeggio di Cannigione» («Il Giornale», 21.8.1986, 6; =nessuna [forma di] politica, nessun dibattito); «mi spiace, niente interviste» (B. Craxi, nella «Repubblica», 19.8.1986, 3; =nessuna intervista).
c) Con funzione di sostantivi: «il nulla eterno»; «Ma Cossutta obietta che in questo modo sono state liquidate le radici della vostra storia – Noi non abbiamo liquidato un bel niente» (A. Natta, intervista alla «Repubblica», 3.2.1987, 3); «per dei niente la pestava in testa con le nocche delle dita» (Buzzati, *Un amore*).

200. *Nonniente* e *nonnulla*, formate dalla

fusione dell'avverbio *non* con *niente* e *nulla*, hanno senso positivo: 'qualcosa', 'alcunché'. La prima è solo arcaica (cfr. MOISE 1878: 239), la seconda si usa ancora oggi, ma solo con valore sostantivale: «si arrabbia per un nonnulla»; «Basta un nonnulla e la compagnia ritorna la stessa» (Pavese, cit. in BRUNET 1981: 151). Da notare che *nonnulla* richiede sempre l'articolo indeterminativo; non si potrebbe dire: **il nonnulla per cui avete litigato si è risolto*, ma solo: «l'inezia, la sciocchezza per cui...».

Altre forme

Due indefiniti negativi, oggi antiquati, sono stati in uso fino agl'inizi del nostro secolo: *niuno* e *nullo*.

201. *Niuno* è aggettivo e pronome e corrisponde a *nessuno*. Caratteristico in origine della prosa toscana antica (anche nella variante *neuno*), diventa, nei secoli XVI-XIX, la forma meno usuale, e in quanto tale assunta dal linguaggio poetico (cfr. SERIANNI 1982): «Ahi, da tempo in su la Tenca / niuna fata non appar» (Carducci, *In Carnia*, 50).

202. *Nullo*, aggettivo e pronome, condivide anch'esso le accezioni di *nessuno*: «Poiché nulla tra voi pace esser puote / si dividano i regni» (Parini, *Il giorno*). Si continua fino ad oggi come aggettivo qualificativo, nel senso di 'inefficace', 'non valido' («un contratto nullo», «partenza nulla») o anche 'inesistente': «la sua autorità era pressoché nulla» (Paratore, *Lett. latina*, 212).

203. Solo dell'uso toscano e letterario è l'aggettivo e pronome *punto*, ricavato dall'avverbio omonimo (cfr. XII.54). Equivale a *nessuno* (o ad *alcuno* in frasi negative), a differenza dei quali ha plurale: «tu sei veramente sicuro che in quel paese non ci sono *punte* scuole?» (Collodi, *Pinocchio*, 115; =non c'è nessuna scuola?); «poche o *punte* [monache] rispondevano all'appello» (Bacchelli, *Il mulino del Po*, I 30).

204. Corrisponde a *nessuno*, *alcuno* – di cui ha più rilievo espressivo – anche il nesso pronominale o aggettivale *non uno*, *non una*: «*non una* di queste case è nata dentro l'occhio di un architetto» (Sciascia, cit. in BRUNET 1981: 145); «ora, tutto era grigio, *non un colore* turbava quella monotonia solitaria» (Levi, *Cristo si è fermato a Eboli*, 150).

Quantitativi

205.

AGGETTIVI E PRONOMI			
SINGOLARE		PLURALE	
MASCHILE	FEMMINILE	MASCHILE	FEMMINILE
poco	poca	pochi	poche
alquanto	alquanta	alquanti	alquante
parecchio	parecchia	parecchi	parecchie
molto	molta	molti	molte
troppo	troppa	troppi	troppe
tanto	tanta	tanti	tante
altrettanto	altrettanta	altrettanti	altrettante

Oltre che come aggettivi («ho *poca* fame»), pronomi («Vuoi dell'altro caffè? – No, ne ho già bevuto *molto*») e sostantivi («per quel *tanto* che se ne sa, dovrebbe ritirarsi fra un anno»), i quantitativi si adoperano in funzione di avverbi («Non lavorare *troppo*», cfr. XII.47d).

206. Gli indefiniti quantitativi:
a) Possono essere accompagnati da articolo o aggettivo dimostrativo (tranne *alquanto*, *parecchio*, *altrettanto*): «i molti libri della biblioteca andarono dispersi» (=tutti i numerosi libri; mentre: «molti libri della biblioteca...»=molti, ma non tutti); «lo pagano un tanto alla settimana»; «le armi diverse di quelle tante truppe» (Bacchelli, *Il mulino del Po*, I 76).
b) Sono passibili di alterazione (tranne *alquanto*, *troppo* e *altrettanto* e con varie limitazioni per le altre forme): «c'è moltissima gente»; «Sapete leggere, figliuolo? – Un pochino, signor dottore» (Manzoni, *I Promessi Sposi*, III 21).
c) Possono essere adoperati con valore neutro con un complemento partitivo. È una costruzione oggi comune solo con (*un*) *poco*, che in tal caso si presenta spesso nella variante apocopata *po'*: «Ma che sa il cuore? Appena un poco di quello che è già accaduto» (Manzoni, *I Promessi Sposi*, VIII 88); «un po' di carità», «dammi ancora un po' di verdura». Non rari anche costrutti con *molto* («c'è molto di snobismo in questa adesione al Cds, ma la formula funziona» «La Repubblica», 20.9.1986, 14) e con (*quel*) *tanto*: «con quel tanto di affabilità richiesto dalla circostanza».
Esempi con altri quantitativi o con *tanto* non determinato (tutti arcaici o letterari; correntemente si userebbe il corrispondente aggettivo: *dopo tanti sentieri*, *con alquanta serietà*, ecc.): «dopo *tanto di sentieri*, di polvere, di sonni sotto le stelle [...] Riccio arrivò a Napoli» (Arpino, cit. in BRUNET 1981: 185); «a chi vi mediti sopra con *alquanto di serietà*» (Vico, *Scienza Nuova*, 21); «gli ne potrebbe *troppo di mal* seguire» (Boccaccio, *Decamerone*, III 3 30); «*altrettanto di doglia* / mi reca la pietà quanto 'l martiro» (Dante, *Purgatorio*).

207. Quanto al significato, potremmo distinguere le prime sei forme da *altrettanto*. Quest'ultima indica un raffronto tra due grandezze, ha valore relativo: una frase come «nella sala c'era altrettanto nervosismo» presuppone un qualche termine di riferimento, o spaziale («che nella camera operatoria»), o temporale («quanto la sera precedente»). Tutti gli altri quantitativi esprimono invece una gradazione assoluta, che dai livelli più bassi a quelli più alti dà luogo a una scala: «nella sala c'era poco / alquanto / parecchio / molto, tanto / troppo nervosismo» (*troppo* ha in sé un'idea di comparazione, perché presuppone l'eccedenza rispetto a un dato limite).

Particolarità

208. *Alquanto* indica una quantità ora inferiore ora equivalente rispetto a *parecchio*: «rispose con molta fretta e alquanta stizza la vecchia, benché volesse mostrarmisi benevola» (Nievo, *Le confessioni di un italiano*). È di uso soprattutto letterario (e non da oggi, se già FORNACIARI 1881: 106 lo diceva «proprio delle scritture, raro nel parlar vivo»).

209. *Parecchio* era tradizionalmente usato solo al plurale fino al secolo scorso. Ma anche allora alcuni grammatici ne difendevano l'utilizzabilità per entrambi i numeri: «come toscani e fiorentini noi vogliamo dir, se ci piace, *c'è parecchio tempo*, *avanza parecchia roba*, e festa» (FANFANI-ARLIA 1881: 337).

210. *Molto* si presenta, nel toscano antico e moderno, nella variante *di molto* (o *dimolto*): «io l'ho provato a mie spese, perché mi sono capitate dimolte disgrazie» (Collodi, *Pinocchio*, 37).

211. Per *tanto* possiamo distinguere diversi valori:
a) Come aggettivo concorre con *molto* («ha tanti denari» / «ha molti denari»), ma è di uso obbligato in alcuni costrutti esclamativi del linguaggio familiare: *tante cose!* formula di congedo; *ti voglio tanto bene!*.
b) Rispetto a *molto* esprime l'idea di 'così grande (lungo, forte, ecc.)' – come il latino TĂNTUS – o anche di 'così numeroso' (al plurale – come il latino indeclinabile TŎT – o con un singolare collettivo): «ho tanto sonno»; «infin ch'arriva / colà dove la via / e dove il tanto affaticar fu volto» (Leopardi, *Canto notturno...*, 32-34); «il chiasso e il ronzio di tante voci» (Manzoni, *I Promessi Sposi*, XIII 35); «Per la profonda nave, che tanta ne' secoli accolse / anima uma-

na» (D'Annunzio, *In San Pietro*, 1-2).
c) Come pronome con valore neutro, può avere funzione anaforica, riassumendo quel che precede: «Tanto dovevo comunicarle per gli opportuni provvedimenti». Molto usata la locuzione conclusiva *tant'è*, per ribadire una situazione di fatto, non modificabile: «Basteranno [tre settimane] per raggiungere l'accordo? Si direbbe di no, almeno a stare alle prime avvisaglie di contrasto [...]. Ma tant'è» («La Repubblica», 19.8.1986, 2).
d) Come aggettivo o pronome entra in numerose correlazioni: o introducendo una consecutiva (e si ritorna, allora, all'accezione «intensiva» di *b*): «ho tanto sonno che non mi reggo in piedi» – o nella reggente di una comparativa, in parallelo con *quanto* («don Abbondio aveva forse tanta voglia di scaricarsi del suo doloroso segreto, quanta ne avesse Perpetua di conoscerlo» Manzoni, *I Promessi Sposi*, I 72); – o in parallelo con sé stesso: «tanti paesi, tante usanze».
e) Come aggettivo o aggettivo sostantivato con funzione distributiva indica una quantità generica: «l'olio lo vendono sfuso, a un tanto il litro» (o anche: «un tanto ogni litro»); «enumera i tanti mila ettolitri di vino, le tante mila tonnellate di farina, ogni anno, che questa isola deserta produce» (Vittorini, cit. in BRUNET 1981: 183).
f) Ha valore pronominale in espressioni idiomatiche quali: *se tanto mi dà tanto* 'con queste premesse', *non c'è tanto da stare allegri*, 'non c'è motivo' (ed è una litote intensiva, per significare preoccupazione, timore e simili), *ne dice tante* (fandonie), *ne fa tante* (azioni avventate), *gliene diedi tante* (percosse); molto comuni anche i costrutti partitivi (*restare*) *con tanto d'occhi*, (*fare*) *tanto di cappello*.
Per indicare una quantità nota ma che non ci si cura di precisare, si adopera talvolta, nell'italiano familiare, il latino *tot* 'tanti, tanto numerosi' come aggettivo indefinito: «convenzione, e tot mutuati» (D'Agata, *Il medico della mutua*, 9).

Altre forme

Possono valere occasionalmente come indefiniti quantitativi singole forme che, di per sé, rientrano nella categoria degli aggettivi (*diverso* e *vario*) o degli avverbi (*più*, *assai*).

212. A somiglianza di *certo* (cfr. VII.160), *diverso* e *vario* assumono la funzione di aggettivi indefiniti se anteposti al sostantivo; indicano una discreta quantità ed equivalgono a 'parecchio', 'alquanto': «diversi discorsi» (=parecchi; invece: «discorsi diversi»=differenti); «vario tempo» (=alquanto; invece: «tempo vario»=variabile, in riferimento al tempo atmosferico). In alcuni casi i due valori – qualificativo e quantitativo indefinito – sono compresenti: i fili di *vari colori* sono fili di svariati colori, diversi l'uno dall'altro, ma anche di 'parecchi' colori.
Diverso e *vario* si usano più spesso al plurale (ma al singolare sono frequenti con sostantivi che possano essere suddivisi in più unità sotto-ordinate – come *tempo*, analizzabile in ore, minuti, ecc. – o che abbiano valore collettivo: «c'era diversa gente, ieri sera») e in funzione di aggettivi. Ecco, invece, un esempio di *diversi* pronome in Pavese, *La luna e i falò*: «di cascine, un po' per scherzo un po' sul serio, già *diversi* me n'hanno offerte».

213. *Più* può essere usato come aggettivo indefinito (senza articolo, al plurale: «sarò assente più settimane»=alquante; «l'accrescimento ha luogo anche tra più legatari ai quali è stato legato uno stesso oggetto» *Codice Civile*, art. 675).
Ricordiamo qui anche altri usi in cui *più* mantiene il valore comparativo proprio dell'avverbio: *a*) pronome sostantivato neutro, al singolare («il più è fatto»=le cose più importanti; «parlare del più e del meno», locuzione idiomatica; *b*) pronome sostantivato maschile (raramente femminile), al plurale, per indicare 'la maggior parte', 'la maggioranza' («I più tirano i meno», poesia di G. Giusti; «[i contadini attaccavano agli abiti della Madonna alcune monete]. Ma i più le appendevano al collo grandi collane di fichi secchi», ecc. Levi, *Cristo si è fermato a Eboli*, 107).

214. *Assai*, che nell'italiano corrente è solo avverbio (cfr. XII.47c), poteva essere usato fino al secolo scorso come aggettivo indefinito («in assai digressioni» Foscolo, *Prose varie d'arte*; =molte, parecchie) o come pronome (maschile: «assai n'erano che nella strada pubblica [...] finivano» Boccaccio, *Decamerone*, I *Introduz.*, 37; o neutro: «i boni mercatanti [...] per guadagnare l'assai avventurano il poco, ma non l'assai per guadagnar il poco» Castiglione, *Il cortegiano*).

215. Arcaico è anche *cotanto*, che condivide in gran parte gli usi pronominali e aggettivali di *tanto*: «Quando sovviemmi di cotanta speme / un affetto mi preme / acerbo e sconsolato» (Leopardi, *A Silvia*, 32-34).
Caratteristico l'uso di *cotanto* moltiplicativo con un numerale cardinale, proprio dei primi secoli della nostra lingua: «sì li ruppe e sconfisse, avvegnaché fossono *due cotanti* a cavallo e a piè» (Malispini, *Storia fiorentina*; =benché fossero il doppio, fanti e cavalieri); «comprò Buovo *dieci cotanti* che non si vendeva uno schiavo» (Andrea da Barberino, *I reali di Francia*; =al decuplo del suo prezzo).

216. In luogo di 'diversi' o di 'parecchi' si può ricorrere, infine, a *più d'uno*: «si seppe poi che a più d'uno dei riguardanti era allora venuto in mente quel detto d'Isaia», ecc. (Manzoni, *I Promessi Sposi*, XXIII 44); «e più d'uno ha letto come una storia d'Europa il suo studio forse più celebre [...] 'Cavour e il suo tempo'» («Il Giorno», 17.3.1987, 5).

Pronomi relativi

217. Il pronome relativo ha la funzione di mettere «in relazione» una proposizione reggente con una subordinata, richiamando un termine già espresso (detto *antecedente*). In una frase come: «il libro che leggo è noioso», il pronome *che* introduce la proposizione relativa, incastonata nella principale, rappresentando il sostantivo *libro*.
Oltre che da un nome, l'antecedente può essere costituito da un altro pronome («tu, *che* sei un architetto»; «quello *che* tutti pensavano»), da un verbo (infinito sostantivato: «il perdonare, *che* è dovere di ogni cristiano, ...») o da un'intera proposizione («ci sarà anche un'escursione alla cascata, *il che* non guasta»).

218. Di norma, il pronome relativo deve avere come antecedente un nome determinato (da un articolo o da un aggettivo dimostrativo; tranne ovviamente che l'antecedente rifiuti l'articolo: nomi propri, ecc.). Non si può dire: **in ufficio in cui lavoriamo fa freddo*, ma «nell'ufficio...» (o anche: «in un ufficio...», «in quell'ufficio...», ecc.). Talvolta l'antecedente è un nome non articolato, che equivale però concettualmente a un'espressione determinata (ciò accade in particolare con i plurali o le apposizioni): «pensi che ci siano *delinquenti i quali* debbano essere puniti con la morte?»; «si comporta da *uomo di mondo che* sa mostrarsi indifferente»; «la Principessa [...] carezzò la potente zampaccia che riposava sulla tovaglia. *Gesto improvvido che* scatenò una serie di sensazioni» (Tomasi di Lampedusa, *Il Gattopardo*, 31).

219. In genere l'antecedente precede immediatamente il relativo, specie se questo è *che* (si vedano gli esempi finora citati). In poesia, come l'ordine delle parole si distacca da quello corrente, così può aversi tmesi tra antecedente e relativo: «Allor fu *la paura* un poco queta / *che* nel lago del cor m'era durata» (Dante, *Inferno*, I 19-20); «siete *voi* la mia preda, *che* m'offrite / un'ora breve di tremore umano» (Montale, *Crisalide*, 25-26).

220. Per quanto riguarda i rapporti tra antecedente e pronome relativo andrà rilevato che:
a) Se in prosa o nella lingua parlata l'antecedente è separato dal relativo, si ha in genere ripetizione dell'antecedente stesso immediatamente prima del pronome: «tale sentimento della morte [...] costituisce *un'ansia* profonda del popolo spagnolo: *ansia che* i nostri saggisti hanno attentamente studiato nella varietà dei suoi aspetti» (esempio cit. in HERCZEG 1957: 19; adoperando *il quale*, il pronome avrebbe dovuto precedere il sostantivo: «la quale ansia...»).
Specie in periodi sintatticamente complessi, non è rara la ripetizione dell'antecedente anche nel caso di contiguità col pronome relativo: «non può mancare Nietzsche, che nei suoi aforismi fa delle illuminanti *scoperte, scoperte che* poi ritroviamo ampiamente assimilate nei futuri studi sui sogni» («Stampa sera», 23.2.1987, 11).
b) Quando un pronome relativo condivide con l'antecedente solo l'àmbito se-

mantico, l'antecedente grammaticale, inespresso nella sovraordinata, deve essere obbligatoriamente presente prima del relativo stesso; si vedano questi due esempi di Palazzeschi: «una cosa che lo riguarda davvero [...] è *il sostare* frequente di automobili signorili al cancello sempre aperto [...]; *soste che* si prolungano», ecc.; «scendendo dal tranvai si vede entrare in quel cancello un prelato *importante*; *importanza che* si rivela con la dignità del portamento fatta di riserbo e lentezza» (*Sorelle Materassi*, 25 e 26).

Nell'italiano antico la norma era meno rigida; così un relativo che oggi presupporrebbe come antecedente un pronome personale poteva collegarsi a un aggettivo o pronome possessivo: «molto più felice l'anima della Simona, quant'è al *nostro* giudicio, *che* vivi dietro a lei rimasti *siamo*» (Boccaccio, cit. in FORNACIARI 1881: 160; =al giudicio di noi, che...).

c) Invece che all'antecedente puntuale, il pronome relativo può richiamarsi a un sinonimo: «il numero di oggi [di una rivista] è ancora più modesto: suggerisce *alle dirigenti della Dc* di migliorare il loro aspetto fisico [...] e irride a Tina Anselmi 'sgominatrice di golpe'. *Le quali donne democristiane* sono state in realtà fino ad oggi le sole protagoniste», ecc. (M. Mafai, nella «Repubblica», 2.9.1986, 2; altra possibilità: «Donne democristiane che sono state in realtà», ecc.).

d) Nell'italiano dei secoli scorsi l'antecedente *tutto quello* (*che*) poteva ridursi a *tutto* (*che*): «egli scherzava [...] forse per certa sua naturale disposizione pacifica verso tutto che fosse ineluttabile» (Fogazzaro, *Piccolo mondo antico*, 56). Analogamente, in presenza di una relativa introdotta da *cui*, era possibile l'omissione dell'antecedente costituito da un pronome indefinito (o dimostrativo): «non avran cui piaccia» (Parini, *Il mezzogiorno*, 229; =uno a cui piaccia); «una delle consolazioni dell'amicizia è quell'avere a cui confidare un segreto» (Manzoni, *I Promessi Sposi*, XI 37). In questi esempi, *cui* funziona da «pronome doppio», come oggi *chi*, *quanto*, *quale*, cfr. VII.241 sgg. Talvolta la tmesi tra antecedente e relativo favorisce l'uso del pronome *il quale* invece di *che*, cfr. VII.229c.

Le forme

221. Vediamo ora lo schema dei pronomi relativi:

INVARIABILI	VARIABILI
[Sogg. e ogg.] che	il quale, la quale i quali, le quali
[Complemento] cui	del quale, della quale al quale, alla quale per il quale, per la quale, ecc. dei quali, delle quali ai quali, alle quali per i quali, per le quali, ecc.

222. *Che* è il pronome relativo più corrente e usuale, tanto nella lingua scritta quanto in quella parlata; anzi, è in assoluto una delle parole italiane più frequenti (e precisamente la nona, davanti a *non*, a *essere*, ad *avere*: cfr. BORTOLINI-TAGLIAVINI-ZAMPOLLI 1971). È invariabile per genere e numero, si usa per persona, animale o cosa, come soggetto o complemento oggetto: «la donna *che* lavora» (femminile, singolare, soggetto); «le donne *che* ho amato» (femminile, plurale, oggetto); «l'albero *che* cresce» (maschile, singolare, soggetto); «gli alberi *che* vedi» (maschile, plurale, oggetto).

223. *Cui*, anch'esso invariabile, si usa come complemento indiretto ed è sempre preceduto da preposizione tranne nel complemento di termine, in cui *a* è facoltativa (cfr. VII.237): «gli affari di cui mi occupo», «il treno in cui viaggia-

vi», «i ricordi a cui (cui) era legata».
Manca la preposizione anche quando *cui* è posto tra articolo determinativo o preposizione articolata e nome, in funzione di complemento di specificazione: «il cui figlio», «i cui figli»; «le verità matematiche, sulla cui validità tanto si era discusso» (Lamanna, *Filosofia*, II 246). Nell'italiano dei secoli scorsi si poteva avere, anche in questo caso, la preposizione *di*: «tutti que' tanti mondi o globi [...] le di cui ampiezze e distanze possiamo anzi calcolare e misurare» (Baretti, *La frusta letteraria*).

224. *Il quale*, variabile per genere e numero, fa le veci di *che* e di *cui* (in questo caso preceduto dalla preposizione adatta): «è raro incontrare una persona la quale [=che] abbia consacrato tutta la sua vita allo studio», «ci sono fatti sui quali [=su cui] è meglio sorvolare».
Se *il quale* dipende, come complemento di specificazione, da un nome appartenente alla stessa proposizione relativa, è spesso posposto al sostantivo reggente: «è un brano *il significato del quale* è sempre valido» («il cui significato»); «il primo gruppo [di animali] era cresciuto con madri *i capezzoli e la vagina delle quali* erano stati pennellati con una tintura di acido citrico» («La Stampa / Tutto Scienze», 30.7.1986, IV). Più rari gli esempi di anteposizione: «del coniuge *del quale* era richiesto *l'assenso*», «se l'adottato è un figlio naturale non riconoscibile, *del quale la filiazione* risulta», ecc. (*Codice Civile*, art. 289 e 293).

Il relativo invariabile *che* può essere confrontato con lo spagnolo *que*; altre lingue europee distinguono tra soggetto e oggetto (francese: «l'homme *qui* rit» / «l'homme *que* tu vois»; inglese: «the man *who* laughs» / «the man [*whom*] you see») o anche tra persona e cosa (si veda ancora l'inglese *who*, rispetto a *which*: «it's a book which costs too much»).

La scelta tra «che», «cui» e «il quale»

Anche se virtualmente intercambiabili, queste due serie di pronomi hanno ben diversa frequenza d'uso.

225. Come soggetto, e soprattutto come oggetto, la forma composta è molto meno comune di *che*, e comunque limitata all'uso scritto formale: «è assurdo scientificamente parlare del nascimento di un linguaggio, *il quale* [soggetto] non nasce mai e non muore, bensì continuamente si trasforma nell'uso» (Sapegno, *Letter. italiana*, 2); «il tutore però deve chiedere la autorizzazione del giudice tutelare, *il quale* [soggetto] può anche nominare un curatore speciale» (*Codice Civile*, art. 273); «Anastasio papa guardo, / *lo qual* [oggetto] trasse Fotin dalla via dritta» (Dante, *Inferno*, XI 8-9).
Il pronome relativo variabile può tornare utile per dissipare possibili equivoci di genere grammaticale. In una frase come: «ho visto la sorella di Paolo, che ha una laurea in legge» quel *che* potrebbe riferirsi tanto a *sorella* quanto a *Paolo*, a differenza di *il quale, la quale*. Tuttavia, nella lingua corrente una soluzione del genere risulterebbe pedantesca e si preferirebbe una diversa costruzione della frase («ho visto la sorella di Paolo, *che è laureata / che è laureato* in legge», o simili).

226. Come complemento indiretto la forma composta è invece altrettanto comune di *cui*: «il funzionario *al quale* ho parlato»; «una figlia *della quale* io son contento» (Manzoni, *I Promessi Sposi*, X 21); «tra una forra e un fosso di scarico, *di là dal quale* si levava il bastione delle case» (Cassola, *La ragazza di Bube*, 51).
In particolare, nei complementi che richiedono la preposizione *di* si preferisce *cui* a *del quale* (*della quale, dei quali, delle quali*) quando il sostantivo regga un altro complemento introdotto da *di*: «il ministro della Difesa Spadolini, il cui progetto di riforma è fermo da due anni in Par-lamento, assicura», ecc. («La Repubblica», 30.8.1986, 1; riuscirebbe molto pesante *il progetto di riforma del quale*, mentre sarebbe stato altrettanto scorrevole un semplice *il progetto del quale*).

227. *Cui* compare poi, invece delle forme variabili, in alcuni modi brachilogici propri del linguaggio giuridico («Il pretore ha pronunciato la seguente sentenza contro N. N., imputato del delitto *di cui* all'art. 81 cpv. 116 pp. ...») e burocratico («le indennità percepite per la cessazione dei rapporti di collaborazione coordinata e continuativa *di cui sopra* fruiscono del regime di tassazione separata»: dalle *Istruzioni* per la denuncia dei redditi).

228. Il relativo composto è, viceversa, la norma quando esso dipenda, posposto, da un numerale cardinale o da un pronome indefinito usato come complemento indiretto (con valore di complemento partitivo) o da un verbo (di cui è oggetto o complemento indiretto) che facciano parte della stessa proposizione relativa. Esempi: «l'*un de li quali*, ancor non è molt'anni / rupp'io» (Dante, *Inferno*, XIX 19-20); «non c'era lampadario, ma solamente dei lumi in forma di candelabri [...]; *tre dei quali*, accesi, diffusero una luce mediocre» (Moravia, *Gli indifferenti*, 26); «le discussioni parlamentari su una materia come la giustizia [...] investono questioni *su ognuna delle quali* bisognerebbe ascoltare l'opinione di numerosi parlamentari» («Il Giorno», 17.3.1987, 2); «dolcissima cosa è quel sonno, *a conciliare il quale* concorse o letizia o speranza» (Leopardi, *Operette morali*, 259); «spazio e tempo sono [...] leggi che il soggetto trova nella sua propria natura, ma *seguendo le quali* si avvia a dare – alle impressioni sensoriali disordinate e disperse – un certo ordinamento» (Lamanna, *Filosofia*, II 242).

229. Vi sono altri casi in cui *il quale, la quale*, ecc., nella lingua scritta, possono ricorrere a preferenza di *che* soggetto:
a) Per esigenze di variazione stilistica, quando si susseguono più *che*: «fino a quattordici anni non ebbi quasi altro maestro *che* mio padre, *il quale* altro non m'insegnava *che* latino» (Carducci, *Prose*, 523-524).
b) Dopo una pausa, segnata graficamente dal punto fermo, dal punto e virgola o dai due punti (in questo caso *il quale* ha valore piuttosto dimostrativo che relativo). Esempi: «giunse alla presenza del padron di casa; *il quale*, circondato da' parenti più prossimi, stava ritto nel mezzo della sala», ecc. (Manzoni, *I Promessi Sposi*, IV 50); «Una superpotenza come gli Stati Uniti [...] è costretta a ricorrere, come nel '44, ai bombardieri di base in Inghilterra. *I quali* partono in gran segreto, ma regolarmente avvistati dai radar», ecc. (G. Bocca, «L'Espresso», 4.5.1986, 17). Ecco tuttavia un esempio con *che*: «Alla tribuna dell'EUR il suo intervento, spietatamente critico, è stato l'unico a far perdere la trebisonda a Ciriaco. *Che* infatti, nella replica finale, non lo ha citato nemmeno, sfogandosi poi in un'intervista» («Panorama», 17.8.1986, 37).
Da notare comunque che in tutti questi casi la lingua parlata ricorrerebbe a un pronome dimostrativo o personale, preceduto o no da congiunzione coordinativa; quindi, rispettivamente: *quello*, circondato dai parenti; Questi partono; E lui, nella replica finale, o simili.
c) Quando l'antecedente è staccato dal relativo: «ammonisce *i novizi e gl'imperfetti* nella via di Dio, *i quali* non hanno ancora i sensi mortificati» (Tommaseo, cit. in FORNACIARI 1881: 119). Anche con l'antecedente distanziato, è tuttavia più comune *che*. In trecento pagine di un testo di prosa scientifica l'Alisova ha contato un solo esempio del pronome *il quale*; la norma è invece rappresentata da casi come questo: «ogni elettrone tende sempre ad occupare *l'orbita* più prossima al nucleo *che* ha il minimo livello energetico ed è la più stabile» (ALISOVA 1965: 312). Si vedano anche gli esempi poetici citati al par. 219.

230. Nel più antico italiano *che* parrebbe essere stato il pronome caratteristico delle relative limitative e *il quale* di quelle esplicative (cfr. XIV.249); almeno a giudicare dalla prosa dantesca, in cui sono abituali frasi come le seguenti: «quasi sbigottito della bella difesa *che* m'era venuta meno» (proposizione limitativa) e «per la volontade d'Amore, *lo quale* mi comandava secondo il consiglio de la ragione, rispondea» (proposizione esplicativa; cfr. AGOSTINI 1978: 405-406). Sull'origine e sulla diffusione del relativo *il quale* rispetto al più corrente e popolare *che* cfr. AGOSTINI 1978: 405.

Usi e costrutti particolari

231. Nell'italiano antico e spesso anche oggi, e non solo nella lingua popolare, si ha una spiccata tendenza a ridurre al solo *che* la serie dei pronomi relativi, a danno di *cui* e delle forme composte con *quale* (cfr. CORTELAZZO 1972: 95-96; BERRUTO 1983: 53-55; SABATINI 1985: 164-165; inoltre, ALISOVA 1965). Questo *che* invariabile potrebbe essere avvicinato al *che* polivalente (cfr. XIV.82); anzi, non mancano frasi in cui si resta incerti se un *che* subordinante sia pronome o congiunzione.

232. Distinguiamo quattro tipologie principali:
a) Uso di *che* con valore di complemento di tempo: «l'anno che partii militare» (=in cui). È costrutto ampiamente rappresentato nella tradizione letteraria («Era il giorno ch'al sol si scoloraro / per la pietà del suo fattore i rai» Petrarca, *Canzoniere*, 3 1-2) e ammesso senza difficoltà da quasi tutti i grammatici (cfr. per esempio FORNACIARI 1881: 116: «*che* si usa quasi sempre per *in cui* – o *quando* – riferito a un nome esprimente tempo»).
Nell'italiano contemporaneo, oltre che nel parlato familiare, questo costrutto compare in due livelli stilistici molto diversi tra loro. O in scritture legate ai modelli letterari («[il latino volgare] nel tempo stesso *che* riduceva al silenzio gli idiomi originari dei popoli vinti, doveva pure», ecc. Sapegno, *Letter. italiana*, 3); oppure, viceversa, nella narrativa che ricerca espressamente la mimèsi del linguaggio orale («era una mattina *che* faceva il pane» Cassola, *La ragazza di Bube*, 23).
Abituale in ogni livello di lingua, infine, l'uso di *che* temporale invariabile in presenza di una sovraordinata negativa contenente *non esserci* (*non esservi*): «non v'è una notte ch'io non sogni Napoli» (*Signorinella*, canzone di L. Bovio e N. Valente, in BORGNA 1985: 86); «non c'era volta che, scorgendomi in sala, non venisse a sedersi accanto a me» (Bassani, *Il giardino dei Finzi-Contini*, 169).
b) Uso di *che* per qualunque altro complemento (invece di *a cui*, *di cui*, *da cui*, ecc.). Si tratta di un *che* «con apparente funzione di soggetto o oggetto, contraddetta da una successiva forma pronominale che ha funzione di complemento indiretto: *La valigia che ci ho messo i libri*» (SABATINI 1985: 164). Il costrutto, oggi marcato in senso fortemente popolare anche nell'italiano orale e da escludere senza attenuanti nello scritto formale, è ben presente nella lingua antica ed è stato usato per mimèsi dell'oralità da prosatori moderni: «mi pasco di quel cibo che *solum* è mio e *che* io nacqui *per lui*» (Machiavelli, *Opere*); «tutti coloro *che* gli pizzicavan le mani di far qualche bella impresa» (Manzoni, *I Promessi Sposi*, XII 34; nella prima edizione: «quelli a cui pizzicavano le mani»); «quelle cinquanta *che* non *gliene* importava nulla» (Serao, *Il romanzo della fanciulla*, 150): «una soffitta *che ci* si saliva per la scala grande» (Pavese, *La luna e i falò*).
Più raro è il modulo in cui manchi la ripresa pronominale, come in questo esempio del Petrarca (cit. in SABATINI 1985: 164): «Questa vita terrena è quasi un prato / che 'l serpente tra' fiori e l'erba giace» (*Canzoniere*, 119 5-6).
c) Ha funzione prevalentemente locativa, oltre che temporale, *in che*, molto raro nell'italiano contemporaneo, scritto o parlato, ma di largo uso nella tradizione letteraria, anche recente. Ecco tre esempi ottocenteschi: «Raffaele d'Urbino / principe de' pittori / e miracolo d'ingegno / inventore di bellezze ineffabili / felice per la gloria *in che* visse / più felice per l'amore fortunato *in che* arse / felicissimo per la morte ottenuta / nel fiore degli anni» (da un'epigrafe dettata da G. Leopardi nel 1832 per un busto di Raffaello); «salvarlo dall'abbiezione *in che* si trovava!» (Pellico, *Le mie prigioni*, 410); «non si fanno carico de' travagli *in che* mettono un povero galantuomo» (Manzoni, *I Promessi Sposi*, I 61).
d) Che, in funzione di complemento indiretto, può essere preceduto da altre preposizioni, oltre che da *in*, con un uso che, ancora una volta, accomuna l'italiano antico e il parlato più familiare: «questo è il diavolo di che io t'ho parlato» (Boccaccio, *Decamerone*); «le testimonianze di glorie e di vergogne di che ell'è zeppa» (Cicognani, *Sei storielle di novo conio - Gente di conoscenza*).

233. Nell'italiano antico – specie quattro-cinquecentesco – il pronome relativo poteva essere omesso, purché introducesse una proposizione con valore limitativo (come l'inglese, quindi, in cui però l'omissione riguarda solo il pronome relativo oggetto: «the man you see»): «per quel vedevo e udivo» (Lorenzo de' Medici, cit. in MIGLIORINI 1963a: 292).

234. Come abbiamo già accennato, il pronome *che* può avere la funzione di riassumere una frase precedente. Con valore di soggetto o oggetto si adopera *il che*, più comunemente, o solo *che*: «non essendo io manzoniano – *il che* credo, o prego, mi

VII. Pronomi e aggettivi pronominali

sia lecito dire» (Carducci, *Prose*, 527); «L'amor cortese non è necessariamente casto [...] però è necessariamente sterile. *Il che* ha condotto qualche studioso a chiedersi se esista un legame tra amor cortese e catarismo» (F. Cardini, in «Storia illustrata», settembre 1986, 35); «Fosse egli stato, o no, il 'deus ex machina' (*che* non ho mai saputo), la sua gioia era completa» (Levi, *Cristo si è fermato a Eboli*, 206).

235. Hanno valore analogo *cosa che* e i meno frequenti *ciò che, quel che, la qual cosa*: «dalla benda usciva sur una tempia una ciocchettina di neri capelli; *cosa che* dimostrava o dimenticanza o disprezzo della regola» (Manzoni, *I Promessi Sposi*, IX 23); «è stata pure osservata la comparsa di glicoso tra i prodotti d'idrolisi dell'amido, sotto l'azione della saliva mista 'in vitro': *ciò che* deporrebbe per l'esistenza, in essa, d'una maltasi» (Martino, *Fisiologia*, 49).

In genere la frase introdotta da *il che, cosa che*, ecc., richiama o riassume qualcosa di già detto; ma talvolta può anche anticipare un dato immediatamente seguente: «quelli che possono visitare qualche tempio, sia esso buddhista o, *quel che è quasi impossibile*, indù, restano perplessi di fronte a certi aspetti insoliti con i quali il divino si manifesta a queste genti» (Tucci, *Nepal*, 21).

236. In funzione di complemento, *che* può essere preceduto da qualsiasi preposizione, semplice o più spesso articolata (*di che, del che, al che, col che*, ecc.; disusato il nesso *per che* – varianti antiquate: *per il che, per lo che* – col valore di congiunzione conclusiva, cfr. XIV.25) e concorre nell'uso col dimostrativo neutro *ciò*: «*al che* perse definitivamente la pazienza» (=a ciò); «questa serva le trattava da compagne, da amiche, dava loro del tu, *di che* esse arrossivano e si vergognavano» (Serao, *Il romanzo della fanciulla*, 43; ma oggi si direbbe piuttosto: *del che*); «*nel che* si richiamava a quanto aveva detto Aristotele circa il piacere dei contrappunti» (Croce, *Storia dell'età barocca in Italia*; =in ciò, e in ciò); «*dopo di che* seguì un profondo silenzio» (Moravia, *Gli indifferenti*, 58).

237. Per il complemento di termine si oscilla tra *cui* (che rispecchia fedelmente il dativo latino CŪI 'al quale') e *a cui*, forma dovuta al generico valore di obliquo – non solo dativale, dunque – assunto dal pronome in italiano, e che giustifica la presenza della preposizione *a*.

Nel secolo scorso il semplice *cui* veniva giudicato «meno popolare» della variante (cfr. per esempio PETROCCHI 1887-1891: I 661) e il Manzoni mostrò – ma fin dalla prima edizione del romanzo – una spiccata preferenza per *a cui* (I 22, I 51, VIII 95, ecc.). Tuttavia l'uso attuale – almeno quello scritto – offre molti esempi per entrambe le forme. Basterà, per rendercene conto, sfogliare un qualunque numero di quotidiano (ad esempio il «Corriere della Sera» dell'11.8.1986): «dei bambini *a cui* entrambi vogliono bene» 1; «delle circostanze economiche *a cui* la legge dà rilievo» 4 / «la signora *cui* è stata rifiutata la possibilità di acquistare un paio di scarpe» 2; «desidero raccontare un episodio *cui* mi è capitato di assistere alcuni giorni fa» 6.

238. Nell'italiano antico e nella lingua letteraria fino al Novecento inoltrato *cui* poteva svolgere anche le funzioni di complemento oggetto, là dove correttamente sarebbe d'obbligo *che*: «Colui [...] *cui* Guido vostro ebbe a disdegno» (Dante, *Inferno*), «Lo squillo / del vicino metal *cui* da lontano / scosse tua man col propagato moto» (Parini, *Il mattino*, 102), «e sovrastano al poggio / *cui* domina una statua dell'Estate» (Montale, *Flussi*, 8-9).

239. Alcuni grammatici guardano con diffidenza a *per cui* (=per la qual cosa, perciò): infatti *cui*, riferendosi sempre a una persona, a un animale o a una cosa, singolare o plurale, non potrebbe assumere il valore neutro proprio di *che*. Ma *per cui* non è che l'ellissi di sintagmi come *motivo* (*ragione, fatto*) *per cui* (SABATINI 1985: 165), nei quali l'uso del pronome è del tutto regolare; ed è un'ellissi attestata in italiano fin da epoca molto antica (cfr. MOISE 1878: 301-304). Due esempi moderni: «perché mio padre, lui, raccontava male, in modo confuso [...]; *per cui* di quei racconti spezzati da lunghe risate, noi non capivamo gran cosa» (Ginzburg, *Lessico famigliare*, 27); «bisogna calcolare anche la fermezza prepotente e sapientemente organizzata del caudillo cileno. *Per cui* le possibilità di una transizione molto lenta non sono da escludersi» («La Repubblica», 5.9.1986, 8).

240. *Quale* relativo poteva presentarsi senza articolo nella lingua antica: «un altro suo fratello / quale Archilagio si fa nominare» (Pulci, cit. in AGENO 1956).
Questo *quale* relativo potrebbe essere confuso col *quale* indefinito (cfr. VII.166), che si ha ad esempio nel seguente passo dantesco: «così vid'io lo schiarato splendore / venire a' due che si volgieno a nota / *qual* conveniesi al loro ardente amore» (*Paradiso*, XXV, 106-108). Ma il diverso statuto delle due forme emerge chiaramente attraverso le sostituzioni: «un altro suo fratello che» (Pulci) / «tale quale conveniva, così come conveniva» (Dante).
Per *quale* pronome «doppio» cfr. VII.246.

Pronomi «doppi»: *chi, quanto, quale*

241. I pronomi «doppi» (più precisamente: dimostrativo-relativi o indefinito-relativi) conglobano in sé due pronomi distinti: un dimostrativo e un relativo («chi fa da sé fa per tre» =colui il quale; «risponderò subito a quanti hanno domande da fare» =a quelli che, a tutti quelli che), oppure un indefinito e un relativo («c'è chi non è d'accordo» =qualcuno che).
A differenza dei pronomi relativi veri e propri, i pronomi doppi non richiedono un antecedente che, per definizione, è incluso in essi.

242. Il pronome *chi*, di gran lunga il più usato di questa serie, può riferirsi solo a essere animato e non ha plurale (l'accordo al plurale era possibile nell'italiano antico: «Beati chi non vedranno e crederanno» Giordano da Pisa, *Prediche*).
Molte volte il valore di *chi* si avvicina a quello dell'indefinito-correlativo *chiunque* (cfr. VII.183), specie in frasi sentenziose: «Chi troppo corre al promettere, inciampa nello eseguire» (Tesauro; =colui che, ma anche: chiunque).
Possiamo distinguere (sulla scorta di DARDANO-TRIFONE 1985: 180, ma con un gruppo in più) varie funzioni di *chi*:
a) soggetto nella reggente e nella relativa: «Chi tace acconsente»; «chi è chiamato a funzioni pubbliche elettive ha diritto di disporre del tempo necessario al loro adempimento», ecc. (*Costituzione*, art. 51);
b) complemento indiretto nella reggente e soggetto nella relativa: «chi ha molto bisogno è più debole *di chi* ha poco bisogno»; «lo Stato sociale va rigarantito *a chi* ne ha veramente bisogno e ricontrattato *con chi* non ne ha più necessità» (entrambi gli esempi in un'intervista di G. Goria alla «Repubblica», 30.8.1986, 3);
c) oggetto nella reggente e soggetto nella relativa: «è meschino attaccare chi non può difendersi»; «assolver non si può chi non si pente» (Dante, *Inferno*, XXVII, 118);
d) oggetto nella reggente e complemento indiretto nella relativa: «non ho a chi confidare questo segreto»;
e) oggetto nella reggente e nella relativa: «invidio chi hai avuto come scolaro»;
f) complemento indiretto nella reggente e oggetto nella relativa: «sono certo dell'innocenza di chi hai accusato»;
g) complemento indiretto nella reggente e nella relativa (a condizione che la preposizione richiesta sia la stessa): «da' questa lettera a chi ti ho detto [sottinteso: *di darla*]».
In periodi sintatticamente complessi e di registro elevato, «per una ragione di chiarezza, d'evidenza, d'efficacia, il dimostrativo viene esplicitamente riespresso al principio della proposizione enunciativa» (TRABALZA-ALLODOLI 1934: 146): «*Chi* potrà della gemina Dora / [...] / scerner l'onde confuse nel Po? / *chi* stornargli del rapido Mella / e dell'Oglio le miste correnti / *chi* ritorgliergli i mille torrenti / che la foce dell'Adda versò / *quello* ancora», ecc. (Manzoni, *Marzo 1821*, 17-25).

243. In due casi *chi* non ha funzione di pronome doppio, ma di pronome indefinito:
a) quando ha valore condizionale e corrisponde a «se qualcuno», soprattutto in frasi incidentali: «quel bel verso, chi volesse saper donde venga, è tratto da una diavoleria inedita», ecc. (Manzoni, *I Promessi Sposi*, XI 46; =se qualcuno volesse);
b) quando è usato come correlativo; il verbo va al plurale se precede la serie dei *chi*, diversamente si accorda alla 3ª persona: «i contadini si levano a buio, perché *devono* fare *chi* due, *chi* tre, *chi* quattro ore di strada per raggiungere il loro campo» (Levi, *Cristo si è fermato a Eboli*, 38); «*chi cantava, chi rideva*, seduti sul lungo mucchio della meliga» (Pavese, *La luna e i falò*).

244. *Quanto*, anch'esso di uso molto comune, ha valore neutro al singolare, in genere con una sfumatura collettiva (=quello che, tutto quello che): «quanto piace al mondo è breve sogno» (Petrarca, *Canzoniere*, 1 14); «salvo quanto è disposto per i reati commessi in udienza» (*Codice di Procedura Penale*, art. 61; =ciò che è disposto). Spesso compare in frasi nominali: «le telefonate e le conversazioni di Renato Guttuso erano registrate di nascosto da qualcuno che voleva controllare il maestro: *è quanto dichiarato* da Marta Marzotto al giudice» («Corriere della Sera», 21.2.1987, 1; =è quello che è stato dichiarato). Caratteristica la locuzione brachilogica «questo è quanto» (=questo è tutto ciò che dovevo dire), frequente nell'uso vivo.

245. Al plurale, *quanti* (*quante*) si riferisce a persone o ad animali (=quelli, quelle che; tutti quelli, tutte quelle che): «quanti invocavano un governo degli onesti e dei capaci» («Panorama», 17.8.1986, 62-63); «crebbe il numero di quanti preferivano scappar via» («Storia illustrata», settembre 1986, 58).

246. *Quale* per 'colui il quale' è solo arcaico, anche se è sopravvissuto nel linguaggio poetico molto a lungo: «qual ti negasse il vin della sua fiala» (Dante, *Paradiso*, X 88).

Congiunzioni relative

247. I quattro avverbi interrogativi di luogo (*dove*, *ove*, *donde* e *onde*: cfr. XII.57) possono essere adoperati in funzione di congiunzioni relative in subordinate aventi valore locativo, reale o figurato.
Dove è di uso corrente, ma anche le altre tre forme non sono inconsuete nel linguaggio scritto. Esempi: «il paese *dove* sono nato» (=nel quale); «in quelle occasioni *dove* non c'era pericolo» (Manzoni, *I Promessi Sposi*, I 48; =nelle quali); «una piccola cena per i morti che ritornano nella casa *ove* vissero» (Deledda, *Romanzi e novelle*; =nella quale); «le torri dei radi paeselli *donde* si parte un suono di campane» (Nievo, *Novelliere campagnuolo e altri racconti*; =dalle quali); «quella finestra, / *ond*'eri usata favellarmi, ed *onde* / mesto riluce delle stelle il raggio» (Leopardi, *Le ricordanze*, 142-143; =dalla quale).
Donde può assumere, specie dopo una pausa, valore causale e corrisponde a un costrutto relativo o dimostrativo che introduce l'effetto, la conseguenza, la conclusione di qualcosa (=da ciò, per la qual ragione, per questi motivi): «a Roma [...] le 'canteriere' venivano proibite. Donde lunghe contese, e infrazioni al divieto medesimo» (F. Cardini, in «Storia illustrata», settembre 1986, 39).
Poetico o antiquato è *onde* con valore causale: «di Bacco talor si vibra l'asta, / onde vino e non sangue in terra cade» (Marino, *L'Adone*; =per la quale...).

Aggettivi e pronomi interrogativi ed esclamativi

248. Gli interrogativi e gli esclamativi servono per rivolgere un'interrogazione, diretta o indiretta, o per esprimere un'esclamazione nell'àmbito di tre categorie fondamentali: la qualità («quale testo preferisci?»; «che spettacolo!»), la quantità («Vorrei dell'uva – Quanta?»; «quanti soldi!»), l'identità («Pronto, chi parla?»; «Ma guarda un po' chi c'è!»).

	SINGOLARE		PLURALE	
	MASCHILE	FEMMINILE	MASCHILE	FEMMINILE
AGG. PRON. PRON.	che chi che, che cosa, cosa	che chi	che chi	che chi
AGG. PRON.	quale	quale	quali	quali
AGG. PRON.	quanto	quanta	quanti	quante

Tutte le forme di questa serie possono essere adoperate in funzione di soggetto, oggetto o complemento: «chi sei?», «che cercate?», «dimmi di quanto hai bisogno». *Chi*, come il corrispondente pronome relativo (cfr. VII.242), si riferisce solo a esseri animati, mentre il pronome *che* (con *che cosa* e *cosa*) ha valore neutro.
Per quanto riguarda le forme, si noti che *quale*, come l'indefinito (cfr. VII.148), si può apocopare davanti a vocale o consonante; ma, tranne poche espressioni cristallizzate (*qual è*, soprattutto), il troncamento avrebbe sapore letterario. *Quanto* può elidersi davanti a vocale (*quant'è?*; *quant'altro resta da fare?*).

249. L'aggettivo *che* corrisponde sostanzialmente a *quale*, ma la lingua corrente preferisce *che* nelle interrogative dirette («che treno prendi?»; ma: «Qual fallo mai, qual sì nefando eccesso / macchiommi [...]?» Leopardi, *Ultimo canto di Saffo*, 37-38) e nelle esclamative («che bellezza!»; ma: «qual gloria, signor don Rodrigo! qual gloria dinanzi agli uomini!» Manzoni, *I Promessi Sposi*, VI 8).
Nelle interrogative indirette il diverso livello stilistico delle due forme si fa meno distante e *quale* diventa quasi altrettanto frequente di *che*. Ecco un paio di esempi di *quale*, dallo stesso numero di un settimanale («Panorama», 17.8.1986): «bisogna capire bene quale tipo di bisogni questo turismo pone» (G. Galasso, 31); «su 'La Stampa' [E. Galli della Loggia] ha analizzato quali possibilità ha Bettino Craxi di conquistare consensi» (E. Biagi, 47).

250. Si usa più volentieri *quale* invece di *che*, anche nelle interrogative dirette, per indicare specificamente 'di che qualità', 'di che specie': «Quale verità stava sotto questa immaginazione delittuosa?» (Levi, *Cristo si è fermato a Eboli*, 54); «La prossima mossa tocca evidentemente all'opposizione. Ma quale opposizione?» («La Repubblica», 5.9.1986, 8).

251. *Che* esclamativo si adopera frequentemente davanti a un aggettivo («che bello!», «che veloce!»). Si tratta di un modo condannato da molti grammatici (per esempio da SATTA 1981: 233, il quale osserva: «si provi, in questi casi, a sostituire *che* con *quale* e si avrà una riprova dell'errore: 'Quale bello!' e 'Quale veloce!' non hanno senso»). D'altra parte, il costrutto «è ormai di uso larghissimo» (SABATINI 1985: 165) e va accolto almeno nel parlato e nello scritto che a questo più si avvicina: «Che goffo!» (Dossi, *Opere*), «Che distratto sono...» (Moravia, *La noia*).
Ancora più marcata in senso familiare la variante intensiva *che bravo che sei* («che asina che sei!», «che disordinati che siete!» Ginzburg, *Lessico famigliare*, 13 e 80), parallela al costrutto più tradizionale col sostantivo: «oh! che brutta malattia che è la fame!» (Collodi, *Pinocchio*, 16).

252. *Chi* può essere rafforzato con *mai* o *diavolo* (più espressivo e colloquiale il secondo modo: «Chi mai fra gl'inni e i plausi / erge alla gloria il vol [...]?» A. Ghislanzoni, *Aida*, in VERDI-BALDACCI 1975: 456; «e chi diavolo ti va contando favole?» Foscolo, *Epistolario*). Da notare alcune locuzioni idiomatiche proprie del linguaggio vivo, in particolare *chi sa* (o *chissà*), *chi lo sa?*, che si usa avverbialmente per rafforzare un altro elemento interrogativo (aggettivo, pronome o avverbio) o assolutamente, per esprimere incertezza totale, sospensione di giudizio. Esempi: «se voi titubate nel rispondere, vi terrà sulla corda chi sa quanto» (Manzoni, *I Promessi Sposi*, X 52); «facevo progetti immaginando di aver messo insieme chissà che negozio» (Pavese, *La bella estate*); «Che ore saranno? – domandò a Bube. – E chi lo sa?» (Cassola, *La ragazza di Bube*, 99).

253. Anche in combinazione con l'interrogativo neutro *che* sono frequenti espressioni rafforzative idiomatiche. Oltre a quelle che utilizzano *diavolo* e *mai* («che diavolo vuoi?», «che mai sarà?») ricordiamo quelle formate con *cavolo* («che cavolo c'è, adesso?»), di carattere plebeo, ed altre varianti ancora più triviali (vedine esempi in CORTELAZZO-CARDINALE 1986: 41 e SERIANNI 1986a: 65; tutte queste espressioni ricorrono anche, ma meno spesso, con l'interrogativo maschile e femminile *chi*).
Talvolta le espressioni più crude – che pe-

raltro vanno diffondendosi nell'uso comune – sono riprodotte graficamente mediante la sola lettera iniziale seguita da puntini sospensivi: «Ma li mortacci tua – disse il Guaione alzando gli occhi bianchi da ubbriaco – che c... ne so io!» (Pasolini, *Ragazzi di vita*, 22-23). Ma in romanzi più recenti la parola interdetta è spesso adoperata senza alcuna remora; così nella *Storia* di Elsa Morante, pubblicata nel 1974, si legge: «Ma che cazzo volete sapere?» (215).

254. Nelle interrogative indirette si incontra il pronome *che* dipendente da verbi come *avere, esserci, cercare, fare* in costrutti infinitivi: *avere che fare* («io parlo di giovani coi quali ebbi che fare» Cecchi, *America amara*; il modulo oggi dominante – *avere a che fare* – è un lombardismo di diffusione tardo-ottocentesca: cfr. CASTELLANI-POLLIDORI 1985), *avere di che*+infinito («il contado ferrarese aveva avuto di che rimpiangere la laboriosa vigilanza [...] del governo dei legati papali» Bacchelli, *Il mulino del Po*, I 78), *esserci di che*+infinito («non c'è di che preoccuparsi», non c'è ragione di...), ecc.

255. Analogamente al francese *quoi*, all'inglese *what* e al tedesco *was*, il semplice *che* interrogativo si può adoperare con funzione fàtica, quando non si è ben capito quel che un altro ci ha detto. Si tratta, come nelle altre lingue citate (si veda, per il francese, GREVISSE 1980: n° 1259), di un modo brusco che si contrappone ad espressioni più educate; per l'italiano ricordiamo: «come hai (ha) detto?», «scusa (scusi)...?», «prego...?», «può (puoi, potrebbe, potresti) ripetere?».

256. *Che* si alterna, tanto nelle interrogative dirette quanto nelle indirette, con *che cosa* e con l'ellittico *cosa*. Le tre forme sono tutte molto comuni nell'uso; al più possiamo notare (con SABATINI 1985: 165) che, specie nelle interrogative dirette, «ha perduto terreno *che cosa* e si va affermando sempre più il semplice *cosa*, di provenienza settentrionale, mentre il *che* di provenienza meridionale, e ovviamente predominante da Roma in giù, a livello nazionale si è fissato, più che altro» in talune formule (come *che so?* 'ad esempio', *che dire?*, *che importa?*, ecc.; cfr. anche SERIANNI 1986a: 61).

Cosa invece di *che cosa* fu spesso osteggiato dai grammatici del secolo scorso, ma si diffuse ampiamente grazie al largo impiego fattone dal Manzoni nell'edizione definitiva dei *Promessi Sposi*: cfr. SERIANNI 1986b: 44.

257. Come l'indefinito *tanto* (cfr. VII.211b), *quanto* può significare 'quanto grande' (lat. QUĂNTUS) o 'quanto numeroso' (lat. QUŎT, plurale indeclinabile). Un esempio della prima accezione per il pronome interrogativo: «Figliuol caro, qualche giorno non è poi l'eternità: abbiate pazienza – *Per quanto?*» (Manzoni, *I Promessi Sposi*, II 21); e uno della seconda, per l'aggettivo esclamativo: «nelle sere d'inverno, quando se ne stava rannicchiata sul palco sopra il focolare, *quante cose* le venivano in mente» (Cassola, *La ragazza di Bube*, 27).

Sostantivato, *quanto* assume il valore generico di 'quantità, grandezza' («Ben che nel quanto tanto non si stenda / la vista più lontana» Dante, *Paradiso*, II 103-104 [ma è uso arcaico]; «un tanto o, direste, oggi, un quanto di affettività» Gadda, *Quer pasticciaccio*, 4); oppure, specie in riferimento a una somma, di 'entità': «dobbiamo ancora metterci d'accordo sul quanto».

Anticamente poteva essere usato come interrogativo oggettivo e obliquo anche *cui*: «il capitano della guardia domandava *di cui* fossero [le mercatantie]» (Boccaccio, *Decamerone*, II 9 49; =di chi); «poni cura / *da cui* tu fuggi» (Boiardo, *Orlando innamorato*; =da chi).

VIII. LA PREPOSIZIONE

1. La preposizione è una parte del discorso invariabile che serve a esprimere e determinare i rapporti sintattici tra le varie componenti della frase. Ciascuna preposizione è dotata di tratti semantici autonomi, ma nello stesso tempo è un elemento che ha funzione relazionale, e dunque il suo significato si può cogliere solo in ragione: *a*) del tipo di reggenza che si determina nell'incontro componente+preposizione+componente; *b*) dei significati delle singole parole che si collegano attraverso la preposizione. Prendiamo il tipo più elementare di sintagma con preposizione, quello formato da due nomi di cui uno costituisce la *base* (o *reggente* o *determinato*) e l'altro l'*aggiunto* (o *retto* o *determinatore*):

BASE	PREPOSIZIONE	AGGIUNTO
il desiderio	di	gloria
il ritorno	a	casa
il treno	da	Genova
una gita	in	campagna
il gelato	con	panna
il lavoro	su	commissione
il cibo	per	cani
un dialogo	fra	amici

In questi costrutti semplici notiamo che le preposizioni *di, a, da, in, con, su, per, fra* mettono in rapporto coppie nominali (*desiderio-gloria, ritorno-casa, treno-Genova, gita-campagna*, ecc.) determinando una relazione, ad esempio, di specificazione (*desiderio* di *gloria*), di luogo (*ritorno* a *casa, treno* da *Genova, gita* in *campagna*), di aggiunta (*gelato* con *panna*), di modo (*lavoro* su *commissione*), di fine (*cibo* per *cani*), di reciprocità (*dialogo* fra *amici*).

Per l'uso delle preposizioni si osservi:
a) La preposizione va di norma unita al suo aggiunto. Nell'italiano antico e – limitatamente a *con* – anche nella lingua letteraria moderna, può aversi tmesi con interposizione di un complemento: «Tornava una vecchiarella *con* sul capo *un piccolo fascio* di stecchi» (Pascoli, *Prose*, 57), «un basso quadrilatero bianco, *con* nel tetto *un'ampia apertura*» (Cecchi).
b) Una sola preposizione regge abitualmente più aggiunti in successione: «un signore che non avevano visto mai, piccolo, *con gli* occhiali, *i* capelli tagliati corti e *l'*aria della persona intelligente» (Montefoschi, *Lo sguardo del cacciatore*, 15). La preposizione può essere ripetuta ogni volta che la chiarezza lo richieda oppure per sottolineare un concetto: «non mi si esca fuori *con* la servilità, *con* la viltà, *con* l'ignoranza e *con* simili frasi fatte» (Carducci, *Prose*, 876).
In molti casi la relazione espressa da una determinata preposizione non è riducibile a un solo valore, ma ne comprende più d'uno: per esempio, modo e strumento: «pagare di tasca propria» ('con i propri soldi', 'per mezzo dei propri soldi'); tempo e causa: «al suono del campanello, tutti si alzarono» ('quando suonò'; 'perché suonò'), e così via. Nelle pagine che seguono ci atterremo alla classificazione tradizionale, individuando, in presenza di più relazioni, quella che appare dominante sulle altre.
Inoltre una stessa preposizione può esprimere, a seconda del contesto e del tipo di costruzione sintattica, relazioni del tutto diverse. La sola preposizione *di* può indi-

VIII. La preposizione

care ad esempio relazioni di specificazione, quantità, paragone, ecc., come nelle frasi che seguono, tutte tratte dalla commedia pirandelliana *Sei personaggi in cerca d'autore*:

- «si strugge per la noncuranza *di* quel figlio lì» (I 24; specificazione);
- «siamo già in ritardo *di* dieci minuti» (I 24; quantità);
- «niente fa più sdegno e nausea *di* certi rimorsi» (I 55; paragone);
- «ciascuno *di* noi – veda – si crede 'uno' ma non è vero» (I 57; partitivo);
- «erano lì, in una busta cilestrina sul tavolino *di* mogano» (I 44; materia);
- «costei le vuol dare ad intendere *di* me, senza le debite spiegazioni» (I 45; argomento);
- «*Madama Pace, megera* d'*enorme grassezza*» (I 76; qualità);
- «Lei dunque è *di* scena?» (I 25; predicativo);
- «*Di* dove è comparsa quella lì?» (I 77; moto da luogo).

2. Nel collegare parole o gruppi di parole la preposizione esercita quasi sempre una funzione subordinante (DARDANO-TRIFONE 1985: 263): una componente regge sintatticamente l'altra che ne diviene, grazie alla preposizione, il «complemento». La parola o le parole subordinate si collocano di regola dopo la preposizione, che deve il suo nome appunto al fatto di *preporsi* ad esse (latino PRAEPOSĬTIO, greco *próthesis*).
Grazie alla loro posizione fissa, con una successione di preposizioni è possibile ottenere una serie progressiva di subordinazioni. Ad esempio nella frase «m'interesso della discussione sull'inquinamento della città di Roma» possiamo osservare che il sintagma verbale *m'interesso* regge il sintagma con preposizione *della discussione*, che a sua volta regge il sintagma con preposizione *sull'inquinamento*, via via fino all'ultima componente, *di Roma*. Il verbo può così estendere la sua reggenza sull'intera frase, strutturata gerarchicamente in una serie di dipendenze di primo grado, secondo grado, terzo grado, ecc. Già da questo semplice esempio appare evidente la fondamentale importanza delle preposizioni nella costituzione dei legami sintattici, di cui esse sono il vero e proprio tessuto connettivo.

3. In italiano e nelle lingue romanze l'uso delle preposizioni, per grandi linee ereditato dal latino, ha conosciuto uno sviluppo eccezionale a causa del fatto che, alle antiche funzioni, se ne sono aggiunte altre dovute alla progressiva scomparsa del sistema di flessione nominale dei casi (in particolare dei casi obliqui: genitivo, dativo, ablativo; cfr. TEKAVČIĆ 1980: II 16-18). Al procedimento sintetico del latino classico, che tendeva ad esprimere le relazioni sintattiche attraverso le differenti desinenze (oltre che con alcune preposizioni), l'italiano ne oppone uno analitico, fondato quasi sempre sulle preposizioni come segnali del rapporto tra le varie componenti della frase. Ecco alcune frasi semplici latine con la loro traduzione italiana, da cui risalta la differenza dei due procedimenti: «*militis* officium est pugnare» → «è compito *del soldato* combattere»; «haec sunt *fratris tui* verba» → «queste sono le parole *di tuo fratello*»; «vendidi vinum *Tulliae patri*» → «ho venduto il vino *al padre di Tullia*»; «*magno labore* hoc effeci» → «l'ho fatto *con grande fatica*».

4. Nella lingua contemporanea sono frequenti sintagmi nominali giustappositivi, con ellissi della preposizione. In tal caso i rapporti logici tra le componenti della frase saranno dedotti dall'ordine delle parole e dal loro significato. Ciò avviene:
a) In numerosi composti subordinativi (cfr. XV.125): *sala professori, conto spese, angolo cottura, pausa caffè*, ecc. 'sala dei professori', 'conto delle spese', ecc.; non sempre però gli elementi «sottintesi» sono delle preposizioni, e soprattutto non sempre è facile analizzare tali composti secondo un modulo costante.
b) Per indicare rapporti di reciprocità, in particolare nello stile giornalistico: «rapporti Dc-Pci», «incontro di calcio Italia-Svezia» ('*fra* Dc *e* Pci', '*fra* Italia *e* Svezia'); «Crisi Italia-Iran per il "caso Fantastico"» ('crisi *fra* Italia *e* Iran per il caso *della trasmissione televisiva* «Fantastico»'; «Il Giornale», 28.11.1986, 1). Per questo uso del «trattino» [-] cfr. I.234b.
c) Nelle inserzioni pubblicitarie (dove la sinteticità propria di questo tipo di messaggio può essere favorita anche da ragioni economiche, come nelle inserzioni a pagamento sui giornali): «BICI donna Torpedo ruota grande colore rosa buone condizioni L. 130.000» ('bicicletta *da* donna Torpedo *di / a* ruota grande, *di* colore rosa, *in* buone condizioni, *a / per* L. 130.000'), «CAMERA pranzo noce massello nuova» ('camera *da* pranzo *in* noce massello'; inserzioni tratte dal settima-

le di annunci pubblicitari «Porta Portese», 28.11.1986).

5. All'estremo opposto, ma si tratta di un fenomeno assai sporadico, stanno i casi di uso assoluto delle preposizioni, casi cioè in cui dal contenuto semantico della frase si deduce (talvolta con qualche difficoltà) l'ellissi di una delle due componenti che la preposizione dovrebbe collegare: ad es. «Uomini *contro*», titolo di un film di F. Rosi (1970; 'uomini *contro* uomini' → 'uomini [gli uni] *contro* [gli altri]'). Talvolta, nel caso che la componente sottaciuta sia di significato generico (un insieme di eventi, di entità, ecc.) osserviamo che la preposizione assume essa stessa contenuti semantici inespressi (ma si tratta di casi-limite dello stile letterario o pubblicistico: «Franca Rame è tornata in scena al Nuovo di Milano – Dopo i successi americani, l'attrice ripercorre in quest'intervista le tappe di una carriera '*contro*'» «Epoca», 17.10.1986, 42; in questo caso dovremo intendere «*contro*» come 'contro *i pregiudizi, il conformismo*, ecc.', oppure 'controcorrente', ecc.); «Un paese *senza*», titolo di una serie di articoli giornalistici e poi di un libro dello scrittore A. Arbasino (dove «*senza*» con intenzione polemica vuole indicare genericamente le carenze e le deficienze attribuite alle istituzioni politiche e culturali italiane). Per il linguaggio sportivo possiamo ricordare l'uso delle locuzioni *due con, due senza, quattro con, quattro senza*, che designano, nel canottaggio, le imbarcazioni per *due* o *quattro* rematori *con* o *senza* timoniere.

6. Nell'analisi logica della frase, alle relazioni determinate dalle preposizioni va tradizionalmente il nome di *complementi* (cfr. II.6). Abbiamo già osservato (cfr. VIII.1) che una singola preposizione può essere fungibile per più complementi; notiamo ora, parallelamente, che un singolo complemento trova perlopiù espressione attraverso una gamma di preposizioni differenti (in base alla varietà di tratti semantici di cui le preposizioni sono portatrici, ma soprattutto al tipo di reggenza). Si vedano i seguenti esempi, tratti dal romanzo *La Storia* di E. Morante, che illustrano i nove complementi più importanti:

a) complemento di specificazione: «l'oggetto naturale *di* questi suoi sfoghi era uno solo» (23); «Giuseppe aveva il vizio *di* bere» (24); «questo incidente fu agli inizi *di* una lunga fila *di* notti, dove i suoi propri sogni e le inquietudini *di* Useppe si accavallavano nebbiosamente, a ogni risveglio, nella mente *di* Ida» (396);
b) complemento di termine: «aveva regalato il proprio rancio *a* un camerata» (19); «*a* chi, fra loro, si mostrava più scettico, esse non volevano credere» (59-60); «Asso, e Quattro, e Tarzan ecc. mandavano *a* Useppe saluti e bacetti» (284);
c) complementi di luogo; stato in luogo: «il matrimonio si celebrò *in* chiesa» (35); «ammazzavano *da* una parte tutti gli ebrei senza eccezione» (61); «seduta a mezzo *sul* letto» (130); «ci camperà poco, *a* questo mondo» (132); «forse, anche *fra* i cani di Roma il segreto incominciava a diffondersi» (111); moto da luogo: «tornava *dalla* spesa» (168); «la mattina dopo, *di* là erano spariti» (259); moto a luogo: «la sera, dopo l'arrivo *a* Roma» (36); «le famiglie possidenti si erano trasferite *in* campagna» (161);
d) complementi di tempo; tempo determinato: «Ida era nata *nel* 1903» (21); tempo continuato: «questa sorta di sdoppiamento le durava poi nella veglia, *per* tutto il giorno dopo» (135); «si sapeva che sua madre *da* molti anni era vedova» (107);
e) complemento di modo o maniera: «essa, a differenza della bottegaia, assentì *con* gravità alle lamentazioni insane e roche di Vilma» (61); «avendo appena svezzato *di* prepotenza l'ultimo figlio» (183); «Ida le spiegò *a* bassa voce *in* un balbettio che Blitz era il nome del cane» (172);
f) complemento di causa: «Già si sa che Ida, *per* la poca sociovolezza e le scarse occasioni, non aveva mai frequentato i vicini» (165); «la città, *dai* cento bombardamenti che aveva avuto, era ridotta a un cimitero» (165);
g) complemento di compagnia o di unione: «cominciava a spazientirsi di stare ancora a fare gli esercizi, il giorno, *coi* manipoli e le squadre dei ragazzini» (134); «lo stesso vento ritmico e grandioso che muove i cerchi celesti, *con* le loro nubi, i loro soli e le loro lune» (123);
h) complemento di mezzo o di strumento: «al loro entrare sorrise *con* la bocca,

con gli occhi, *con* le rughe e anche *con* gli orecchi» (261);
i) complemento di agente e di causa efficiente: «fra gli amici della sua piccola tavolata, *da* lui chiamati fratelli» (41); «mostrava una fosca indifferenza, avendo anche la fame guastata *dall'*umore nero» (158).

7. Nove delle preposizioni finora citate: *di, a, da, in, con, su, per, tra, fra*, sono quelle che comunemente si definiscono *preposizioni proprie*, per distinguerle dalle numerose altre (*contro, durante, salvo, verso*, ecc.) denominate *improprie*. Le prime non si impiegano pressoché mai per altre funzioni sintattiche e grammaticali, mentre le seconde sono elementi del lessico che possono assumere, a seconda del contesto sintattico, anche altre funzioni (congiunzione, avverbio; per la distinzione di queste funzioni cfr. IX.3a). Solo *su*, tra le preposizioni proprie, conosce un uso anche avverbiale (ad es. «vieni *su!*», «devo andare *su* o *giù?*»; e negli avverbi composti *lassù, quassù*). Le preposizioni proprie, nell'incontro con un articolo determinativo, possono assumere la forma articolata (per le condizioni d'uso nella lingua attuale e nella lingua antica cfr. IV.77-82).

A questi due raggruppamenti si aggiunge quello delle *locuzioni preposizionali*, che possono essere costituite sia da due preposizioni (comunemente, la prima impropria e la seconda propria: *dietro a, fuori di, insieme con*, ecc.), sia da un sostantivo con una o più preposizioni (il tipo più frequente è un sostantivo interposto fra due preposizioni: *in cima a, nell'intento di, per mezzo di*, ecc.).

Si noti che le preposizioni improprie e le locuzioni preposizionali permettono spesso di esplicitare il contenuto semantico che rimarrebbe implicito servendosi di preposizioni semplici. Così, in una frase come: «la lettera l'ho spedita *per* tua sorella», solo il contesto del discorso consentirà di stabilire se la preposizione *per* sia qui adoperata per indicare relazione di mezzo, di causa, ecc.: ciò che non avverrebbe facendo uso di preposizioni improprie o locuzioni preposizionali adeguate per ciascun significato distinto («l'ho spedita *mediante* tua sorella» / «*per mezzo di* tua sorella», «l'ho spedita *a causa di* tua sorella», «l'ho spedita *a favore di* tua sorella»).

Preposizioni proprie

8. In questa sezione tratteremo delle preposizioni *di, a, da, in, con, su, per, tra / fra*. Ciascuna preposizione sarà studiata tenendo conto dei suoi tratti semantici di base, ma sempre in relazione ai vari usi e costrutti particolari cui essa dà luogo (tipi di reggenza e complementi).

La preposizione «di»

9. La preposizione *di* (forme articolate: *del, dello - della / dei, degli - delle*) è quella di uso più comune, in quanto la raggiera di relazioni che essa è in grado di stabilire tra due parole (o gruppi di parole) è amplissima. Il modello di subordinazione realizzato nella maggior parte dei casi consiste nel tipo determinato+*di*+determinatore, con un valore semantico di 'specificazione' inteso nel senso più lato: appartenenza, denominazione, argomento, razza o tipo o qualità, ecc. del determinato vengono specificati dal determinatore. Rientrano in questo tipo di subordinazione le seguenti relazioni:

10. I. Specificazione in senso proprio: «l'arrivo *degli* ospiti»; «si udì un fruscìo *di* frasche per la via» (Verga, *I Malavoglia*, 70); «la vittoria *del* sindaco senza voti» («La Repubblica», 15.11.1986, 5; per questi tre primi esempi possiamo parlare di specificazione *soggettiva*, mentre nei tre seguenti abbiamo una specificazione *oggettiva*: cfr. II.55): «la paura *della* morte»; «la progettazione *del* ponte»; «Tutti i cittadini hanno pari dignità sociale e sono eguali davanti alla legge, senza distinzione *di* sesso [...], *di* razza, *di* lingua, *di* religione [...], *di* opinioni politiche, *di* condizioni personali e sociali» (*Costituzione*, art. 3); – con negazione: «una grande lista *non di* partito fatta di esponenti laici, socialisti, radicali e verdi» («La Repubblica», 4.11.1986, 2); – per indicare appartenenza, proprietà: «la casa *di* Mario»; «Machiavelli non fu politico [...] non fu *di* nessun partito e non se ne creò uno» (Serra, *Scritti*).

11. La preposizione *di* con valore di specificazione si adopera anche per indicare una colpa o pena: «colpevole *di* furto», «accusato *d*'omicidio», «il cane era riapparso, dalla parte opposta del viale, e si avanzava timido, con la coda bassa, colpevole *di* qualche cosa» (Deledda, *Romanzi e novelle*); «la querela *di* falso può proporsi tanto in via principale quanto in corso di causa» (*Codice di Procedura Civile*, art. 221).

12. II. Denominazione: «la città *di* Trieste», «l'isola *di* Capri», «il mese *di* maggio», «il titolo *di* dottore».

13. III. Argomento: «parlare *di* politica», «questo libro tratta *di* storia romana»; «– E *di* una cintura – insisteva la madre – *di* una cintura d'oro che ne diresti?» (Moravia, *Gli indifferenti*, 149); «oggi si discute *di* nucleare civile e militare, *di* ecologia, *di* sviluppo quantitativo e qualitativo, *di* rapporti tra fiscalità e forme della ricchezza, *di* proprietà e *di* poteri» (S. Rodotà, nella «Repubblica», 17.10.1986, 10). Anche i titoli di opere letterarie, filosofiche, giuridiche, ecc. (che riprendono in ciò il complemento di argomento latino, costruito con la preposizione DĒ+caso ablativo) possono essere preceduti dalla preposizione *di*: *Dei delitti e delle pene* (di C. Beccaria), *Dei Sepolcri. Carme* di Ugo Foscolo, ecc. Ma è uso oggi antiquato o limitato alle scritture più formali (cfr. ad es. le materie in cui sono suddivisi i nostri Codici Civile e Penale: *Delle persone e della famiglia*, *Delle successioni*; *Dei reati in generale*, ecc.).

14. IV. Materia: «una borsa *di* pelle», «un asciugamano *di* cotone»; «i denti *d*'oro brillavano anacronistici e lussuosi nella larga bocca contadina» (Levi, *Cristo si è fermato a Eboli*, 115).

Il complemento di materia poteva esprimersi in italiano antico anche con la preposizione articolata, a condizione che il sostantivo reggente recasse l'articolo determinativo: «*la* corona *del* ferro», ma «una corona *di* ferro» (cfr. MIGLIORINI 1957: 156-174).

15. V. Abbondanza o privazione: «era dotato [...] *di* uno spirito che si potrebbe dir manzoniano, pieno *d*'amenità, *di* bonomia» (Soffici, *L'uva e la croce*); «privi *di* esperienza e *di* organizzazione militare, i rivoluzionari si trovavano in difficoltà» (Villari, *Storia moderna*, 214).

15 bis. VI. Qualità: «José Samey, dal 21 aprile dell'anno scorso presidente del Brasile, è uomo *di* diritto e *di* poesia», («L'Espresso», 12.11.1986, 76); – per indicare razza o specie: «una notte, sulla mia finestra si posò un gufo immenso, *di* razza reale» (Morante, *L'isola di Arturo*, 23).

Nella lingua antica e letteraria l'uso della preposizione *di* nel complemento di qualità era assai più esteso che oggi, a spese della preposizione *da* (cfr. VIII.64): «Isotta *delle* bianche mani» (*Tavola Ritonda*, cit. in MOISE 1878: 933); «l'uomo *della* pipa» (D'Annunzio, *Trionfo della morte*, 5).

16. VII. Specificazione di quantità sia numericamente misurabili sia indefinite, per indicare: – misura e quantità: «un triangolo con superficie *di* m^2 40»; quantità indefinite: «– No, proprio riconciliati non siamo ancora – rispose – ma ormai è cosa *di* giorni» (Moravia, *Le ambizioni sbagliate*); «qualche grattacielo c'è, ma *di* proporzioni modeste – tutt'al più otto o nove piani» (Barilli, *Il sole in trappola*); – età: «un uomo *di* trent'anni», «una donna *di* mezza età» (anticamente anche con espressione indefinita: «savi uomini *di* tempo' 'anziani' *Novellino*); – prezzo: «uno sconto *di* cinquantamila lire», «il costo è *di* due milioni».

17. VIII. Causa: «gli occhi rossi *di* pianto», «tremare *di* paura»; «È una zona verde, bella. Piaceva molto a mia moglie Bianca che soffriva *d*'asma» («Gente», 29.10.1986, 22); «la cucina di Fratta era un vasto locale [...] oscuro anzi nero *di* una fuliggine secolare» (Nievo, *Le confessioni d'un italiano*, 17); «quel campo [...] biondeggia *di* pannocchie» (Pascoli, *Ultimo canto*, 1-2).

18. IX. Limitazione: «Giovin *d*'animo e *di* senno; non audace, / Duro *di* modi, ma *di* cor gentile» (Manzoni, *Autoritratto*, 7-8); «Sale *di* tono la protesta contro le esplo-

VIII. La preposizione

sioni sotterranee» («La Gazzetta del Mezzogiorno», 2.10.1986, 5); «altri monti *di* nome più oscuro e *di* forma più comune» (Manzoni, *I Promessi Sposi*, I 2).

19. X. Partitivo: «molti *di* noi», «tre *dei* migliori studenti»; «*Di* tanti / che mi corrispondevano / non è rimasto / neppure tanto» (Ungaretti, *San Martino del Carso*, 5-8); – dopo un superlativo relativo (cfr. V.61): «il più bravo *di* tutti».

20. XI. Paragone di maggioranza e di minoranza: «Mario è più piccolo / più grande *di* Gino» (cfr. V.58).

21. XII. Fine, destinazione, effetto, in particolare nelle locuzioni *essere, riuscire, servire di...*: «spero che ti sia *d*'esempio per la prossima volta»; «in una stanzetta che gli serviva *di* ufficio» (Levi, *Cristo si è fermato a Eboli*, 25); «Marcel Proust, voglio dire, serve *di* metafora per un discorso non del tutto elementare su Dante» (Contini, *Un'idea di Dante*, 53).

22. I costrutti ottenuti con la preposizione *di* appena esaminati potrebbero rispondere alla domanda '*di* chi?', '*di* che cosa?', '*di* quanto?', ecc., intesa come richiesta di specificazione e determinazione semantica (si va dalla specificazione in senso proprio, come nel primo gruppo di esempi, a tipi più lontani dal valore di base, come nel complemento di qualità). In altre accezioni la preposizione *di* non sembra ricondursi a questo primo tipo di relazione determinato-determinatore:

23. I. Valori locativi: in questo àmbito la preposizione *di* può esprimere i seguenti costrutti e complementi:
a) moto da luogo: «vado via *di* qua»; – per indicare allontanamento dall'interno verso l'esterno: «uscire *di* casa»; «Agnese si cavò *di* seno la lettera» (Manzoni, *I Promessi Sposi*, XXV 36, e così si dice proverbialmente «togliersi il pan *di* bocca»);
b) in coordinazione con *in*, per indicare il passaggio da un luogo (o da una condizione) ad un altro o a un'altra: «Un dì, s'io non andrò sempre fuggendo / *di* gente *in* gente» Foscolo, [*In morte del fratello Giovanni*], 1-2 (in questo caso si indica un'azione ripetuta e costante; così, ad esempio, si dice che un piazzista vende la propria merce passando «*di* porta *in* porta»); «*di* bene *in* meglio», «*di* male *in* peggio»;
c) moto per luogo: «se passo *di* là, te lo farò sapere»;
d) moto a luogo e stato in luogo, in particolare con gli avverbi *qua* e *là*: «vado *di* là», «rimango *di* qua», «sono *di* là», ecc.

24. Le preposizioni *di* e *da* si usano indifferentemente in locuzioni preposizionali con valore spaziale di 'superamento di limite'; si può dire cioè «al di là di» ma anche «di là da». Anzi, quest'ultimo è il tipo dell'uso letterario più tradizionale («interminati / spazi *di là da* quella, e sovrumani / silenzi, e profondissima quiete / io nel pensier mi fingo» Leopardi, *L'Infinito*, 4-7; «*di là dai* monti» Levi, *Cristo si è fermato a Eboli*, 11; «di fronte alla parete di vetro *di là dalla* quale i Finzi-Contini [...] continuavano praticamente a ignorarlo» Bassani, *Il giardino dei Finzi-Contini*, 41), mentre *al di là di* è un costrutto più recente, di origine francese («au delà de»). Lo stesso si dica per «al di qua di» / «di qua da» («*Di qua dal* passo» Petrarca, cit. in FORNACIARI 1881: 277).

25. II. Origine e provenienza (in stretta dipendenza dai valori di moto da luogo e allontanamento): «*Di* dove sei? – *Di* Asti»; «le belle ragazze *di* qui non sono degne di portargli le scarpe, a quelle *di* Napoli» (Verga, *I Malavoglia*, 105); – per indicare provenienza familiare: «tra un'ora [...] lei saprà con precisione quanti anni ha, *di* che famiglia è nato, e se è un partito da farsi» (Tozzi, *Tre croci - Giovani*); – per indicare i genitori: «Alessandro Manzoni, *di* Pietro [Manzoni] e Giulia Beccaria» (molti nomi di famiglia hanno origine da quest'uso: *Di Carlo, Di Marco* [patronimici], *Di Nella, Di Maria* [matronimici], ecc).

26. III. Modo e maniera: «agire *di* forza»; «Veniva da Cesena. / *Di* buon trotto» (Pascoli).
Provengono dal linguaggio giuridico le due locuzioni *di fatto* e *di diritto* (che traducono le locuzioni latine DĒ FĂCTO e DĒ IŪRE): «Le Camere si riuniscono *di diritto* il primo giorno non festivo di febbraio e di ottobre» (*Costituzione*, art. 62).

27. IV. Determinazioni di tempo – per indicare ad es. parti del giorno, giorni della settimana, mesi, stagioni: «*di* notte», «*di* lunedì», «*di* febbraio», «*d*'estate», «*d*'inverno» (tutte locuzioni con valore avverbiale: cfr. XII.16a); – con pronome dimostrativo: «*di questi* giorni», «*di questi* tempi»; «sono più di trent'anni e *di queste* ore, / mamma, tu con dolor m'hai partorito» (Pascoli, *Anniversario*, 1-2).

28. Osserviamo:
a) In molte determinazioni di tempo, in particolare con i nomi di mesi o di giorni della settimana, *di* può alternarsi – dando luogo talvolta a sottili distinzioni di significato – con la reggenza non preposizionale (senza articolo: «tre o quattro colonne dell'Ariosto ti furono spedite *martedì*» Carducci, *Lettere*; con l'articolo: «si fissa d'andare in scena *il giovedì* grasso» D'Azeglio, *I miei ricordi*), oppure con le preposizioni *a* (semplice, col nome del mese: «i giacinti, gli anemoni [...] chi di gennaio, chi di febbraio, chi di marzo hanno la loro fioritura; e tutti finiscono *a aprile*» Magalotti, *Lettere familiari contro l'ateismo*; articolata, col nome del giorno della settimana: «*al venerdì* mangiamo pesce») o *in* (semplice, e solo col nome del mese: «*in marzo* il cardinal di Richelieu era poi calato, infatti, col re alla testa d'un esercito» Manzoni, *I Promessi Sposi*, XXVIII 65).
b) In alcuni casi l'italiano antico presentava il costrutto con *di* (*del*), dove oggi è di regola *in* (*nel*): «*del* mese di novembre, il dì di San Martino si levarono a romore» (*Gesta Florentinorum*).
c) Caratteristica della lingua religiosa è la locuzione «nei secoli dei secoli» ('per sempre'): «come era nel principio, e ora e sempre *nei secoli dei secoli*» (*Messale festivo*, 881).

29. V. Mezzo e strumento: «spalmare *di* vernice»; «non trovandosi qui scrivani di greco, fu bisogno che io copiassi l'opuscolo *di* mia mano» (Leopardi, *Lettere*). Antiquato il seguente costrutto: «il barcaiuolo negò *del* capo, sorridendo» (Fogazzaro, *Piccolo mondo antico*, 9).

30. VI. Per indicare 'mescolanza': «cotone misto *di* seta» (è un tipo già presente nella lingua antica: «Lunga la barba e *di* pel bianco mista / portava» Dante, *Purgatorio*, I 34). Caratteristica della lingua commerciale è l'ellissi della preposizione: «cotone *misto seta*», «un maglione di shetland *misto cammello*», ecc.

31. VII. Complementi di agente (solo antico) e causa efficiente: «Certaldo [...] quantunque picciol sia, già *di* nobili uomini e *d*'agiati fu abitato» (Boccaccio, *Decamerone*); «bagnato *di* sudore».

32. VIII. Da segnalare alcuni costrutti predicativi con la preposizione *di*: «essere *di* casa» ('avere familiarità': «Questo soldato uscì dal retro senza giacca; sembrava *di* casa là dentro», Pavese, *Il compagno*); «essere *di* scena, *di* guardia, *di* corvé, ecc.» («lo si trovava effettivamente *di* picchetto o in perlustrazione per le vie della città» Morante, *La Storia*, 134; «A mezzanotte va *di* ronda l'assessore» «L'Europeo», 1.11.1986, 34).
Per il costrutto partitivo in cui *di* introduce il complemento oggetto («comprare del pane») cfr. II.38.

La preposizione «a»

33. Un primo gruppo di relazioni cui la preposizione *a* (forme articolate *al, allo - alla / ai, agli - alle*) può dare luogo coincide, *grosso modo*, con le funzioni dell'antico caso dativo latino, ed esprime il rapporto di «destinazione del punto o della linea di arrivo di un'azione» (DE FELICE 1958: 355). Ne fanno parte le seguenti relazioni e complementi:

34. I. Termine: «dici *a* me?», «rivolgersi *all*'ufficio competente»; «La resistenza [...] dice sì *alla* guerra comune contro il tedesco e *alla* sua importanza preminente; no *all*'ipoteca monarchica sul futuro» (Bocca, *Storia dell'Italia partigiana*, 95); «Tir selvaggio e indisturbato. Stop *alla* legge che pone divieti più rigorosi» («La Nazione», 30.9.1986, 1).
Possiamo includere in questo gruppo altre relazioni fondate sulla preposizione *a*, nella lingua antica e moderna:
a) A compare con verbi causativi (nel tipo «far fare qualcosa *a* qualcuno»): «non gli piaceva far sapere *alla* gente i fatti

VIII. La preposizione

suoi» (Verga, *Mastro don Gesualdo*, 35); «non temere, lascia fare *a* me» (Pirandello, *Quando si è qualcuno*, IX 244). Tuttavia, guardando ai rapporti logici piuttosto che alla costruzione sintattica, dovremmo ravvisare qui, se non un vero e proprio complemento d'agente, perlomeno una relazione di termine con valore agentivo.

b) Di tono letterario (comunemente si userebbe la preposizione *per*, cfr. VIII.119) sono le locuzioni in cui *a* esprime complemento di «relazione»: «questo orrido cominciamento vi fia non altramenti che *a'* camminanti una montagna aspra ed erta» (Boccaccio, *Decamerone*). «Siepe del mio campetto, utile e pia, / che *al* campo sei come l'anello *al* dito» (Pascoli, *La siepe*, 1-2).

c) Con verbi e aggettivi che denotano utilità, favore, danno, ecc., la relazione di termine assume i valori di vantaggio e svantaggio: «sarà utile *a* te», «*a* me non farebbe male».

d) In stretta dipendenza dal modello di costruzione latino con doppio sostantivo al caso dativo (tipo HŎC ĔST MĬHI CŎRDI 'ciò mi sta a cuore') si hanno, in italiano, alcuni costrutti con doppio *a*: «questo dovrebbe stare *a* cuore *a* te» (per esempi antichi cfr. DE FELICE 1958: 404).

e) La lingua antica conosceva l'uso della preposizione *a* per indicare relazioni di parentela: «sì che vostr'arte *a* Dio quasi è nepote», «o padre antico, / *a* cui ciascuna sposa è figlia e nuro» (Dante, *Inferno*, XI 105 e *Paradiso*, XXVI 92-93). Oggi quest'uso si ha solo a livello popolare (in particolare nel Centromeridione).

35. II. Moto verso luogo; abbiamo qui più nettamente il valore di 'direzione *verso*' (un punto, un essere animato, un concetto, ecc.): «Dove vai? – *A* casa»; questo tipo di relazione si stabilisce di preferenza con verbi di moto come *andare, avviarsi, inviare, tendere, arrivare*, ecc., ma si può avere anche senza un verbo espresso: «Domani il vertice. Presto tutti *al* mare» («Paese Sera», 28.7.1986, 1).

36. Anche quando si indica una pena (una condanna, una sentenza, ecc.) la preposizione *a* assume un valore (figurato) di 'moto, destinazione *verso* luogo' (si noti ad esempio la somiglianza tra le locuzioni «mandare *a* morte» e «condannare *a* morte»): «Il condannato *all'*ergastolo è in stato d'interdizione legale. La condanna *all'*ergastolo importa anche la decadenza della potestà dei genitori» (*Codice Penale*, art. 32).

37. Nell'uso antico e letterario la preposizione *a* s'adoperava anche per indicare le persone da cui ci si reca (attualmente si avrebbe *da*: cfr. VIII.68): «andrò *al* padre» (*Novellino*), «Ricciardo se n'andò *ad* una buona femmina» (Boccaccio: questi ed altri esempi in ROHLFS 1966-1969: 798).
Per l'opposizione «andare *a* Parigi» / «andare *in* Francia» cfr. VIII.85.

38. La preposizione *a* può indicare anche il termine spaziale *a cui* si dovrebbe giungere per coprire una data distanza, spesso in coordinazione con *da*: «la prossima stazione di servizio è *a* tre chilometri», «*a* cento miglia *da* qui».

39. III. Fine: «uscire *a* passeggio», «provvedimenti *a* sostegno della piccola industria»; «*A* che destino ignoto si soffre?» (Gozzano, *La via del rifugio*, 137).
Contiguo al valore finale è l'uso di *a* con aggettivi come *pronto, disposto*, ecc.: «un uomo disposto *a* tutto»; «Fui pronto *a* tutte le partenze» (Ungaretti, *Il Capitano*, 1). Ha valore predicativo (ma spesso con una sfumatura di finalità e destinazione) l'uso di *a* in frasi del tipo «prendere *a* modello, *ad* esempio».

40. Un altro gruppo di relazioni che ruotano intorno alla preposizione *a* non possiede i tratti semantici di 'destinazione', 'direzione *verso*' (un 'termine', 'luogo', 'scopo', ecc.), ma, al contrario, indica sempre condizione di stasi, stato in luogo, tempo determinato, ecc.

41. I. Stato in luogo: «*A* Torino, la città più industriale d'Italia, si forma un piccolo gruppo neo-futurista» (Argan, *Arte moderna*, 409); – per indicare la 'esposizione' a fattori atmosferici: «*al* sole», «*al* gelo» («per la dannosa colpa della gola, / come tu vedi, *a la* pioggia mi fiacco» Dante, *Inferno*, VI 53-54). Per l'oscillazione tra *a* e *in* con i nomi di città cfr. VIII.85.

42. II. Età determinata: «*a* dodici anni»;

«ella *a* venticinque anni, io *a* ventotto, eravamo ancora due fanciulli» (Tarchetti, *Fosca*, 34).

43. III. Tempo determinato: per indicare le ore del giorno: «*alle* tre», «*a* mezzanotte entrai fra le altre carrozze in quel cortile» (Pavese, *La luna e i falò*), ecc.; «*a* quelle parole, prima Maruzza, e poi tutti gli altri tornarono a piangere di nuovo» (Verga, *I Malavoglia*, 91; in questo caso si può parlare di valore 'temporale - causale': «a quelle parole» ='quando udirono quelle parole' ma anche 'a causa di quelle parole').

Altre relazioni semantiche:
44. I. Modo e maniera: «*a* bassa voce», «*a* grande velocità»; «la difesi *a* viso aperto» (Dante, *Inferno*, X 93; per le numerose locuzioni avverbiali del tipo *bistecca alla fiorentina* cfr. XII.26a).

45. II. Strumentale: «riscaldamento *a* gasolio», «pistone *ad* olio», «barca *a* remi» (in costrutti del genere il secondo nome determina sempre la forma o la materia di propulsione, il meccanismo di funzionamento, ecc.); – nella designazione di giochi: «giocare *a* carte», «una partita *a* scacchi».

46. III. Nella designazione di una qualità o caratteristica particolare: «valigia *a* doppio fondo», «registratore *ad* alta fedeltà».
Il costrutto nome+*a*+nome con valore di determinazione strumentale o qualificativa si trova oggi quasi solo in unità lessicali superiori come *casa a riscatto, motore a reazione* (cfr. XV.122).

47. L'uso di *a* per introdurre il complemento di qualità è molto diffuso nella lingua antica e letteraria, là dove oggi figurerebbe *da* (cfr. VIII.64): «l'alta torre *alla* cima rovente» ('l'alta torre *dalla* cima rovente', Dante, cit. in MOISE 1878: 923, con altri esempi); «si distinguono *ai* ciuffi arruffati, *ai* cenci sfarzosi o anche *a* un certo non so che nel portamento e nel gesto» (Manzoni, *I Promessi Sposi*, XXVIII 18); «questi americani del 1929 si riconoscono tutti *all'*aria delusa di cani frustati, e *ai* denti d'oro» (Levi, *Cristo si è fermato a Eboli*, 114).

48. IV. Con valore distributivo: «*a* uno *a* uno», «*a* mucchi»: «all'inizio si ammassavano *a* decine nelle case più degradate» («*Corriere della Sera*», 15.6.1986, 9).

49. V. Limitazione: nelle locuzioni di modestia, che servono ad attenuare la perentorietà di un giudizio: «*a* mio parere», «*a* mio modo di vedere», ecc.; – in alcuni usi colloquiali del tipo «*a* soldi siamo messi maluccio»; – con connotazione peggiorativa: «bravo *a* parole» (sottintendendo: '*solo a parole*, non nei fatti'); – nell'indicazione di qualità fisiche e morali (ma è uso letterario): «E s'anco pari alcuna / ti fosse *al* volto, *agli* atti, *alla* favella, / saria, così conforme, assai men bella» (Leopardi, *Alla sua donna*).

50. VI. Prezzo e misura: «vendere *a* mille lire il chilo» (spesso in unione con un secondo *a* di valore distributivo: «vendere *a* mille lire *al* chilo»).
Per l'uso della preposizione *a* con verbi transitivi, del tipo *canzonare a qualcuno* ('canzonare qualcuno') cfr. II.39.

La preposizione «da»

51. Quattro sono i valori semantici di base che uno studio recente (CASTELFRANCHI-ATTILI 1979) attribuisce alla preposizione *da* (forme articolate: *dal, dallo - dalla / dai, dagli - dalle*):

(1) «Franco dormiva *dalle* 3» («locativo d'origine»)
(2) «Luigi fu ucciso *da* Franco» («causativo»)
(3) «Ho visto la ragazza *dagli* occhi blu» («caratterizzante»)
(4) «Questa è una macchina *da* scrivere» («vincolativo»)

Pur mantenendoci fedeli alla partizione tradizionale, terremo conto di questo diverso raggruppamento: ma riuniremo i tipi corrispondenti ai valori (1) e (2), in quanto in essi si ha una funzione che generalmente potremmo definire di «allontanamento» - «provenienza» (sia che l'azione 'provenga *da*' qualcuno, come nel complemento d'agente, sia che un evento abbia inizio, nel tempo o nello spazio, *da* un momento o *da* un punto distante). A questi due valori si richiamano le seguenti relazioni:

VIII. La preposizione

52. I. Moto da luogo: «il treno arriverà direttamente *da* Napoli»; «*Da* dove me ne devo andare? – *Da* sotto la mia finestra» (Cassola, *La ragazza di Bube*, 11); – per indicare il punto da cui parte o giunge una percezione: «osservare *dall'*alto»; «*Dalle* cantine stridevano i galli / col canto rauco» (Praga, [*Come un mortale*], 13-14); – per indicare un moto di separazione o allontanamento: «sciogliersi *dalle* catene», «alzarsi *dal* letto», ecc.

53. Si adopera *da*, con valore generico di provenienza da un luogo, in numerosi costrutti coordinativi con *a* ('moto a luogo'), i cui principali significati sono: *a*) spaziale: «l'onda si divide in due ali, una che tende verso riva *da* destra *a* sinistra e l'altra *da* sinistra *a* destra» (Calvino, *Palomar*, 7); «*dall'*Alpi *alle* Piramidi, / *dal* Manzanarre *al* Reno» (Manzoni, *Il cinque maggio*, 25-26); *b*) nelle enumerazioni di oggetti o di concetti disparati, in particolare quando si vuol caratterizzare una vastità e varietà di elementi: «nel mercato degli orologi stanno arrivando gli stilisti più famosi, abituati ormai a firmare di tutto, *dai* profumi *alle* cucine, *dalle* piastrelle *ai* caschi da motocicletta» («Europeo», 8.11.1986, 88); «con un'Italia che si presenta acefala ad una serie di importanti appuntamenti internazionali, *dalle* celebrazioni comunitarie *al* negoziato strategico, *al* vertice di Venezia» («La Stampa», 25.3.1987, 1); *c*) temporale: «*dall'*oggi *al* domani», ecc. Altri usi coordinativi sono *da... in* («*dal* basso *in* alto», «*dall'*alto *in* basso»), *da ... per* («il treno *da* Torino *per* Napoli»).

54. II. Origine: «secondo molti studiosi l'Universo sarebbe nato *da* una gigantesca esplosione»; «Dio *da* Dio, Luce *da* Luce, Dio vero *da* Dio vero, generato, non creato, della stessa sostanza del Padre» (*Messale festivo*, 304); – per indicare i natali in un luogo (qui in un esempio con i famosi «asterischi» manzoniani: «Mi dica: nel loro convento di Pescarenico c'è un Padre Cristoforo *da* ***?» *I Promessi Sposi*, XIX 10).

55. III. Agente e causa efficiente: «la dichiarazione rilasciata *dal* presidente»; «la costa battuta *dal* vento»;

56. IV. Causa (in particolare per affezioni fisiche e sensazioni): «sono quasi morta *dal* freddo»; «Speranza, sua sorella, verde *dalla* bile» (Verga, *Mastro don Gesualdo*, 8).

57. V. Determinazioni di tempo, per indicare il momento da cui ha inizio un'azione: «Sono tornate, – rispose lei – *Da* quando? – *Da* lunedì» (Cassola, *La ragazza di Bube*, 174); «*Da* quel momento nessuno l'ha più visto. *Da* allora lo stanno cercando invano» («Epoca», 7.11.1986, 39); – con valore indeterminato: «Libeccio sferza *da* anni le vecchie mura» (Montale, *Le occasioni*).

58. VI. Dissomiglianza e differenza: ('diverso *da*' si contrappone a 'simile *a*'): «si era sempre sentita differente *da* tutti» (Levi, *L'orologio*); «sono abbastanza simile *a* mio padre, ma del tutto diverso *da* mia madre».

59. A differenza delle altre preposizioni proprie, il cui etimo non offre difficoltà, l'origine della preposizione *da* è stata molto discussa: accertato che essa si formò nel latino volgare per fusione di due preposizioni distinte, si sono immaginate diverse combinazioni, come ŬNDE ĀD, DĒ ĀD, DĒ ĀB. A DĒ ĀB pensa la maggioranza degli studiosi; dalle ricerche di DE FELICE risulta che nella lingua delle origini i principali valori locativi di *da* erano quelli di 'separazione, allontanamento, origine e provenienza', e ciò sembrerebbe corroborare l'ipotesi che vede in DĒ ĀB, perlomeno come tipo più antico e diffuso, l'origine della nostra preposizione. Ciò non toglie che a DĒ ĀB possa essersi affiancato, nel latino volgare, DĒ ĀD, in relazione a tutti gli usi in cui l'italiano *da* esprime 'avvicinamento, moto a luogo' (ROHLFS 1966-1969: 833).

60. Riconosciamo invece un valore 'destinativo - vincolativo', come nel tipo (4) di CASTELFRANCHI-ATTILI 1979, nei seguenti complementi e costrutti:

61. I. Stima e prezzo: «un vestito *da* duecentomila lire»; «Un autogol *da* ventidue milioni» («Europeo», 26.9.1986, 10).

62. II. Costrutti in cui *da* significa 'che si addice *a*', ecc.: «un comportamento simile non è *da* lui»; «l'arte scende a livello di un basso aneddotismo, di un umorismo *da* 'club'» (Argan, *Arte moderna*, 218).

63. III. Costrutti finali del tipo «arma *da* fuoco», «calzoni *da* sci», «camera *da* letto», «carta *da* lettera», «crema *da* barba», «forchetta *da* pesce», «tazzina *da* caffè», «vaso *da* notte», ecc. (cfr. DARDANO 1978a: 180-181); «un fazzoletto grande *da* testa» (Morante, *L'isola di Arturo*, 92).
Il valore 'finale - destinativo' di questi costrutti risulta evidente dalla possibilità di sostituire in molti casi *da* con *per*: «un vaso *per* la notte» ('un vaso da notte', Pratolini, cit. in LEONE 1972: 3). Si veda anche, per le corrispondenti proposizioni subordinate («carta da scrivere», ecc.), XIV.127c.
Altri complementi e relazioni formati con la preposizione *da*, perlopiù in relazione con il tipo (3), «caratterizzante», di CASTELFRANCHI-ATTILI 1979:

64. I. Qualità: «molte ragazze *dalle* trecce nere» (Pascoli, *Il torello*, 6); «i poeti laureati / si muovono soltanto fra le piante / *dai* nomi poco usati» (Montale, *I limoni*, 1-3); «è un bel giovane bruno, un pugliese, *dai* capelli impomatati» (Levi, *Cristo si è fermato a Eboli*, 21).

65. II. Modo: «agire *da* vigliacco»; «solo il barone Zacco, *da* vero zotico [...] si diede la briga di rispondere ad alta voce» (Verga, *Mastro don Gesualdo*, 41); «*da* bambina giudiziosa promise di stare in casa colla Cherubina a curare i suoi fratellini» (De Marchi, *Demetrio Pianelli*, 28). Si osservi la stretta affinità di questi costrutti con quelli descritti al par. 62.

66. III. Limitazione, per indicare menomazioni fisiche: «sordo *da* un orecchio», «cieco *da* un occhio».

67. IV. Per indicare la condizione, e soprattutto l'età in cui si trova o si trovava un individuo: «egli ritorna il ragazzo malato che fu *da* adolescente» (Banti, *Le donne muoiono*); «le terre, i cavalli, i mulini se li era consumati *da* scapolo in città» (Pavese, *La luna e i falò*).

68. V. Valori locativi. Oltre ai valori locativi di allontanamento, separazione, ecc., *da* viene adoperata anche nei seguenti complementi di luogo: – moto per luogo e attraverso luogo: «*Da* che parte si va per andare a Bergamo? – Per andare a Bergamo? *Da* porta orientale» (Manzoni, *I Promessi Sposi*); – moto a luogo: riprendiamo (solo in parte) da DE FELICE 1954: 256 l'elenco dei principali verbi che concorrono con *da* per indicare relazione di 'moto verso luogo': *andare, arrivare, capitare, correre, fare una corsa, fare una scappata, portare, salire, scendere, tornare, venire*; – stato in luogo (cfr. ancora DE FELICE 1954: 260): con verbi come *abitare, dimorare, stare, trovarsi, mangiare, dormire*, ecc.

69. Degno di nota il fatto che nelle relazioni di moto a luogo e stato in luogo la preposizione *da* colleghi un verbo quasi unicamente con:
a) nomi propri di persona (e cognomi, soprannomi, ecc.: «vado *da* Gino», «dormirò *dai* Rossi»);
b) nomi che indicano professione, carica, grado («andare *dal* capufficio»);
c) pronomi personali («vengo *da* te»);
d) nomi di locali, esercizi pubblici, ecc. («cenare *da* Rosati»).
La spiegazione, secondo DE FELICE 1954, sta nel valore di 'irradiamento affettivo' posseduto dalla preposizione *da* quando essa si collega a nomi di persona, pronomi, ecc.; *da* identificherebbe la 'porzione di spazio' che simbolicamente 'emana' *da* un essere animato, *da* un punto di ritrovo, in quanto *da* esso occupata (con un residuo del valore di 'provenienza': una frase come «sono *da* Mario» si spiegherebbe dunque, nel suo contenuto semantico «profondo», come 'mi trovo nel raggio d'azione, nello spazio che emana *da* Mario').

La preposizione «in»

70. Nella preposizione *in* (forme articolate: *nel, nello - nella / nei, negli - nelle*) riconosciamo un primo nucleo semantico di 'inclusione stativa' ('stare, porre *su*', 'stare, porre *dentro*') che trova espressione per indicare:

71. I. Stato in luogo: «Lavoro *in* centro, ma vivo *in* periferia»; – con usi figurati: «Guarda com'è diverso quello che avviene *in* me e quello che avviene *in* te» (Pirandello, *Vestire gli ignudi*, IV 158); «i problemi più difficili li incontrò, anziché *nella* conquista, *nell'*amministrazione dei nuovi territori» (Villari, *Storia moderna*, 7). Per l'uso di *in* con i nomi di città cfr. VIII.85.

72. II. Complementi retti da verbi come *credere, confidare, sperare*, ecc.: «Io credo *in* Dio, Padre onnipotente [...] e *in* Gesù Cristo, suo unico figlio» (*Messale festivo*, 883); «Confidava largamente *nella* credulità degli ascoltatori» (D'Annunzio, *Prose di romanzi*).
Due usi in cui la lingua odierna differisce dall'antica: «Silenzio! – gridò il maestro, – non si battono le mani *in* iscuola!» (De Amicis, *Cuore*, 17; oggi diremmo «*a* scuola»); «passero solitario, *alla* campagna / cantando vai», «il canto / della rana rimota *alla* campagna» (Leopardi, *Il passero solitario*, 2-3 e *Le ricordanze*, 12-13): qui la preposizione *a* esprime uno 'stato in luogo indeterminato', laddove noi diremmo sempre «*in* (o: *nella*) campagna».
Dall'antica locuzione 'essere maritata *in* qualcuno' proviene l'uso di *in* per i cognomi femminili raddoppiati del tipo *Adele Morelli in Celani* (ROHLFS 1966-1969: 807; in Toscana: *nei Celani*, cfr. IV.31).

73. III. Complemento predicativo: «prendere / dare *in* moglie / *in* sposa», «offrire *in* sacrificio», «portare *in* dono», ecc. (cfr. ROHLFS 1966-1969: 807).

74. IV. Tempo determinato: «Stefano è nato *nel* 1960»; «*in* agosto prendiamo le ferie» (ma si veda sopra, al par. 28a).

75. V. Materia: «un grosso cammeo [...] lavorato *in* platino» (Bassani, *Il giardino dei Finzi-Contini*, 45); «anello *in* tartan per gare podistiche» («La Nazione», 20.4.1980, 2); «i rivestimenti sono *in* velluto [...] le ruote *in* lega leggera» («Quattroruote», novembre 1986, 114).
Di àmbito affine può considerarsi l'uso di *in* con il verbo *consistere*: «Le nostre cene di solito consistevano *in* una minestrina di Liebig» (Ginzburg, *Lessico famigliare*, 72).

76. VI. Limitazione: «è brava *in* fisica»; «nessuno ignora [...] come gli Stati Uniti siano un paese fertile *in* scambi e notizie strabilianti» (Moravia, *L'epidemia*); «*In* che posso ubbidirla? – disse don Rodrigo» (Manzoni, *I Promessi Sposi*, VI 1).

77. VII. Strumento, per indicare il mezzo, il veicolo '*dentro* cui' si viaggia, si è trasportati, ecc.: «viaggiare *in* automobile»; «Da Macomer a Nuoro si viaggiava ancora *in* diligenza» (Deledda, *Romanzi e novelle*).

78. Si colloca tra i valori di 'limitazione' e 'mezzo - strumento' l'uso di *in* con il verbo *peccare*: «confesso a Dio onnipotente e a voi, fratelli, che ho molto peccato *in* pensieri, parole, opere e omissioni» (*Messale festivo*, 300); e con i nomi di lingua: «Dite un po': come si dice *in* greco commediante? [...] ve l'insegno io: commediante, *in* greco, si dice *upocritès*» (Pirandello, *L'uomo, la bestia e la virtù*, III 262); e così «parlare *in* dialetto», ecc.

79. VIII. Modo: «parlare *in* fretta e furia»; «Magari / avrà gli occhi pesanti e andrà a letto *in* silenzio» (Pavese, *Lavorare stanca*); «camminare *in* punta di piedi».

80. IX. Stima: «tenere *in* gran considerazione».

81. X. Quantità: «avevano delle stanze dove stavano *in* quindici, *in* venti»; «eravamo *in* più di dieci» (Pavese, *La luna e i falò*, 33 e 81).

82. Un secondo nucleo semantico attivato dalla preposizione *in* indica 'moto o trasformazione nel tempo / nello spazio' (con un'estensione di valore 'finale - destinativo'):

83. I. Tempo continuato, per definire lo spazio di tempo *entro* il quale si svolge un evento: «Dimmi [...] perché [...] non mi hai scritto più *in* tre settimane» (Carducci, *Lettere*); «Un sospetto cresciuto *nei* 55 giorni e sempre tenacemente coltivato» («L'Espresso», 10.11.1986, 59).

84. II. Moto a luogo, in particolare con i nomi di regione e nazione: «si è trasferito *negli* Stati Uniti dove si è laureato in Storia Moderna» («Panorama», 9.11.1986, 58).

85. Nell'uso odierno si adopera la preposizione *a* per il moto a luogo e stato in luogo con i nomi di città, in opposizione a *in* con i nomi di regione e di nazione: «i più avventurati vanno *in* America, come i cafoni; gli altri *a* Napoli o *a* Roma» (Levi, *Cristo si è fermato a Eboli*, 29); «c'ero andato, *in* Francia, *a* Grenoble, per un motivo molto preciso» (Bassani, *Il giardino dei Finzi-Contini*, 228). Tuttavia:

a) L'uso di *in* con i nomi di città era abbastanza diffuso anticamente: «mandare in Pisa» (*Novellino*), «va en Arezzo» (Guittone d'Arezzo), «se mai torni en Siena» (Cecco Angiolieri), «per mandarvi la figliuola in Granata», «in Messina tornati» (Boccaccio; esempi citati in ROHLFS 1966-1969: 807). Ancora nell'Ottocento, il Manzoni preferisce «in Milano» a «a Milano»: «andavano in giro facce, che in Milano non s'erano mai vedute» (*I Promessi Sposi*, XVI 55).

b) Talvolta l'uso di *in* o di *a* con nomi di città oscilla anche per toponimi di una stessa area regionale; si veda questo esempio di Pavese: «C'è una ragione perché sono tornato in questo paese, qui e non invece *a* Canelli, *a* Barbaresco o *in* Alba» (*La luna e i falò*, 9).

c) In alcune zone l'uso di *in* con nomi di città è generalizzato, come si ricava da questo passo di Palazzeschi in cui lo scrittore descrive il disagio, anche linguistico, delle fiorentine sorelle Materassi costrette a partire per le Marche: «per andare *in* Ancona si doveva cambiare a Faenza. Che cos'era mai questa Ancona per cui si doveva cambiare, se per andare a Roma non si doveva cambiare proprio nulla? E dava loro noia quell''in' che si rendeva necessario per pronunziarne il nome. Per tutte le altre città si dice: '*a* Roma, *a* Napoli, *a* Genova, *a* Milano, *a* Torino, *a* Firenze...'» (*Sorelle Materassi*, 85).

d) Nello stato in luogo degli odonimi al tipo «*in* via Cavour», di uso più generale e tradizionale, si affianca il tipo romanesco e meridionale «*a* via Cavour», in parte debordato dall'uso locale a quello letterario (Moravia, ecc.) e giornalistico; cfr. BALDELLI 1964: 335.

e) Nello stile formale e ufficiale può aversi *in* con una qualifica professionale seguita da un toponimo: «Ringrazio il sig. Pietro Bilancioni *avvocato in Ravenna*» (Carducci, *Opere*).

86. III. Ingresso in un luogo (moto in luogo): «entrare *in* casa» (e con valore figurato in frasi come «venire *in* mente», ecc.).

87. IV. Trasformazione, mutamento di condizione, di stato fisico: «il bruco dopo un certo tempo si trasforma *in* farfalla»; «Carlo Emanuele succedeva a Vittorio Amedeo nel regno di Sardegna già occupato e ridotto *in* provincia militare francese» (Nievo, *Le confessioni di un italiano*); «Il mandato di comparizione può essere convertito *in* quello d'accompagnamento» (*Codice di Procedura Civile*, art. 261); e si pensi alle locuzioni «mandare / andare *in* pezzi / *in* frantumi», «ridurre *in* briciole», ecc.

88. V. Con valore finale e di vantaggio (di uso quasi solo letterario): «*in* danno e scorno / dell'umana progenie» (Leopardi, *Nelle nozze della sorella Paolina*, 32-33); «La tazza si chiamava di Alessandro perché fu composta *in* memoria di quella prodigiosa a cui ne' vasti conviti soleva prodigiosamente bere il Macedone» (D'Annunzio, *Prose di romanzi*).

La preposizione «con»

89. La relazione semantica che la preposizione *con* (forme articolate: *col, collo - colla / coi, cogli - colle*) stabilisce tra due componenti della frase è, in generale, quella di 'aggiunta'.
Per questo motivo CASTELFRANCHI-PARISI-CRISARI 1974 accostano il valore semantico di *con* a quello della congiunzione coordinativa *e*, nelle seguenti accezioni: (a) «Franco parte con Mario» («comitativo»); (b) «Franco parla con Mario» («reciproco»); (c) «l'uomo è andato al cinema col cappello» («modale»); (d) «con la guerra Franco si è arricchito» («subordinativo»); (e) «l'uomo col cappello è andato al cinema» («modificatore»); (f) «Franco ha rotto il vetro col martello» («strumentale»).
In particolare, la preposizione *con* si adopera nei seguenti costrutti e complementi

(un ricco inventario di esempi in MARIOTTI 1981, da cui attingiamo parte del materiale):

90. I. Compagnia ed unione: «[SALTER]. Basterebbe che non andassi più *con* loro! – [L'IGNOTA]. E invece, me ne vado proprio *con* loro, guarda!» (Pirandello, *Come tu mi vuoi*, IV 273); «Il Signore sia *con* voi. – E *con* il tuo spirito» (*Messale festivo*, 303). La relazione di compagnia presuppone che i soggetti messi in rapporto dalla preposizione partecipino entrambi ad un'azione. La partecipazione comune, nella maggior parte dei casi, non è espressa dal soggetto e dal verbo che rimangono al singolare: «*giocavo* alle biglie *coi* ragazzi»; con il verbo al plurale: «*con* Nuto *andammo* a vedere i cavalli» (due esempi di Pavese, in MARIOTTI 1981: 260; si noti che, quando il verbo è al plurale, il complemento si colloca di preferenza prima di esso: cfr. XI.360).

Nel complemento di unione, invece, non abbiamo una partecipazione comune ad un'azione, ma piuttosto una modificazione qualificativa del soggetto: «Scesero *col* cestino della merenda, *coi* parasoli, *con* la coperta» (Pavese, cit. in MARIOTTI 1981: 273).

Direttamente connesso con la relazione di unione è il complemento di qualità (altre volte retto dalla preposizione *da*: cfr. VIII.64): «l'astro più caro a Venere / *co'* rugiadosi crini / [...] appare» (Foscolo, *All'amica risanata*, 2-5); «i figli del lupo nascono *coi* denti» (Pirandello, *Liolà*, VIII 220).

91. II. Per indicare corrispondenza, coincidenza: «la mia opinione coincide *con* la tua»; «egli negava valore ad ogni religione positiva, identificando Dio *con* la natura stessa» (Villari, *Storia moderna*, 153).

92. III. Per formare il complemento di relazione: «Maria si sposerà *con* Gino», «ho un appuntamento *con* il mio avvocato», ecc. Quest'uso è comune a tutti i verbi che in sé contengono l'idea di un'azione reciproca: *conversare*, *incontrarsi*, *combattere*, ecc.

93. IV. Modo, per indicare atteggiamento del corpo, disposizione d'animo, ecc.:

«parlare *con* foga / *con* calma», «stare *con* gli occhi aperti», ecc.; «è figlio del demonio, e lo sa e se ne gloria, e opera [...] *con* piena coscienza» (De Sanctis, *Storia della letteratura italiana*); per indicare il modo di svolgimento di un'azione: «*con* un morbido slittamento delle ruote sull'asfalto bagnato, l'automobile entrava in una strada deserta» (Moravia, *Gli indifferenti*).

94. V. Mezzo e strumento: «questo salta in piedi e si mette a picchiare *con* un martello sulla pala di un badile» (Pavese, *Paesi tuoi*); «*Col* mare / mi sono fatto / una bara / di freschezza» (Ungaretti, *Universo*).

È stato osservato, a proposito del complemento di mezzo espresso da *con*, che «numerosi sintagmi preposizionali presentano una sfumatura modale, per cui la lettura del complemento risulta bivalente» (MARIOTTI 1981: 255-257; di qui si traggono gli esempi: «vollero ringraziare *con* lumi e cori la Madonna» Pratolini; la tendenza del *con* strumentale a divenire modale si accresce con l'accrescersi dell'astrattezza e della metaforicità dell'espressione: «La vita che m'ero tolta, vede?, non mi vuole lasciare; m'ha preso *coi* denti e non mi vuole lasciare» Pirandello).

95. VI. Causa: «*con* questo freddo, non si riesce a lavorare»; «non è una prospettiva allegra *con* 245 mila lire al mese» («Il Messaggero», 23.7.1979, cit. in MARIOTTI 1981: 292).

Nei costrutti causali, la preposizione *con* non compare direttamente in dipendenza da un verbo o da un nome, bensì qualifica un'intera frase; per questo motivo tali costrutti si trovano in genere, nel corpo del periodo, sospesi tra due virgole: «non credo che, *con* la tua salute cagionevole, riusciresti a sopportare uno sforzo». A ben vedere, il contenuto semantico di questo uso causale è quasi sempre di tipo 'modale - strumentale', ma in accezione negativa: la preposizione *con* introduce il fattore o i fattori che contribuiscono non allo svolgimento di un'azione, ma al suo insuccesso (*causa impediente*).

Talvolta l'uso di *con* in questi costrutti ha valore puramente circostanziale; ad esempio: «è successo domenica pomeriggio nel carcere-lager di Monza, *con* i pompieri che tardano a intervenire perché», ecc. («La Repubblica», 12.3.1985, 15).

Hanno valore temporale - circostanziale le locuzioni del tipo «*con* il tempo piovoso andremo a fare funghi»; «*col* novembre si prendeva il cioccolatte» (Serao, *Il romanzo della fanciulla*, 42), ecc.

95 bis. VII. Espressioni concessive, perlopiù in unione con gli aggettivi *tutto*, *tanto*, ecc.: «Egli si domandava, perché *con* tante città che vi sono in Italia, proprio dovevano scegliere per raccogliere insieme seimila soldati una come quella» (Comisso, *Capricci italiani*); «zio Gioacchino, *con* tutto il rispetto ['pur con tutto il rispetto che vi dobbiamo'], ma voi questo 'no' ce lo dovete spiegare» (Sciascia, cit. in MARIOTTI 1981: 291).

La preposizione «su»

96. L'uso della preposizione *su* (forme articolate: *sul, sullo-sulla / sui, sugli-sulle*) può – o poteva – presentare due particolarità formali:

a) Nell'incontro fra *su* e l'articolo indeterminativo *un, uno - una* si può avere interposizione pleonastica della preposizione *di*: «*su d*'una pretesa» (Lamanna, *Filosofia*, II 234), «*su di* un centro nervoso» (Martino, *Fisiologia*, 547); e invece ad es.: «*su* un suolo arido» (Levi, *Cristo si è fermato a Eboli*, 9). Abbastanza comune la presenza del *di* con i pronomi personali: *su me / su di me*, *su loro / su di loro*, ecc.

b) Accanto a *su*, l'uso toscano conosceva, in posizione prevocalica, *sur* (la *-r* è dovuta ad analogia con *per*), che si trova ancora nel Manzoni e nei suoi imitatori: «l'oste era a sedere *sur* una piccola panca» (*I Promessi Sposi*, XIV 22); «Franti, col suo berretto di tela cerata schiacciato *sur* un orecchio» (De Amicis, *Cuore*, 196). Ma già sul finire dell'Ottocento si poteva affermare: «*sur* è oggigiorno assai poco usata dai prosatori» (MOISE 1878: 942).

97. Un primo, consistente nucleo di valori semantici realizzati da *su* è quello che esprime 'posizione superiore' (ne consegue, ad esempio nelle relazioni di moto, la nozione di movimento 'dall'alto verso il basso': «piove *sull'*Appennino»; oppure, nel complemento di argomento, la nozione di 'dominio esercitato *sopra* un campo conoscitivo [«guardandolo» dall'alto, e dunque nel suo insieme]', ecc.). Ecco i principali costrutti e complementi in cui troviamo espressi tali valori:

98. I. Relazioni e complemento di stato in luogo: «mi siedo *sul* prato»; «la pentola è *sul* fornello»; – usi figurati: «fu temuto / *su* la polve de gli avi il giuramento» (Foscolo, *Dei Sepolcri*, 99-100; «giurare *su*» ha senso prevalentemente figurato, ma si origina nell'uso di prestare giuramento tenendo il palmo della mano poggiato su un oggetto sacro); «un 'business' da 50 milioni di dollari l'anno cresciuto *sull'*entusiasmo dei piloti e *sul* loro desiderio di inventare oggetti volanti poco costosi» («Il Giorno», 4.7.1986, 5).

99. Altre accezioni particolari della funzione 'locativo-stativa':

a) per indicare (con uso proprio e figurato) lo 'stare sospesi *su*', l'incombere dall'alto: «Tindari, mite ti so / fra larghi colli pensile *sull'*acqua» (Quasimodo, *Vento a Tindari*, 1-2); «Viene la gloria. Come vuoi che venga? Si libra alata *sul* petto di mia moglie» (Pirandello, *Quando si è qualcuno*, IX 268); «è alto / *sulle* macerie / il limpido / stupore / dell'immensità» (Ungaretti, *Vanità*, 2-6);

b) per indicare un effetto, una conseguenza: «queste *mid-term elections* non hanno prodotto, come nota la maggior parte degli analisti, nessun segno *sulla* direzione futura del paese» («Corriere della Sera», 9.11.1986, 1); – per indicare un danno, uno svantaggio: «Il Cesena protesta. Voleva un rigore per fallo *su* Simonini» («Corriere dello Sport – Stadio», 10.11.1986, 16);

c) con altri valori determinati volta per volta dal contesto: «pubblicai *su* «La Purificazione» una notizia presa da un giornale straniero» (Calvino, *Racconti*, 490); «*Su* tutto puoi scavare, tempo: speranze, / passioni. Ma non su queste forme / pure della vita» (Pasolini, *Il pianto della scavatrice*, III 40-42); «questa è la miscela esplosiva del pamphlet, i personaggi rical-

VIII. La preposizione

cati *sui* protagonisti dell'attualità politica» («Il Mondo», 10.11.1986, 15); «il professor de Vincentiis [...] ha utilizzato il nuovo laser *su* almeno mille pazienti» («Radiocorriere TV», 16/22.11.1986, 39); ecc.

100. II. Moto a luogo: «vado *sul* balcone»; con valore di moto 'dall'alto verso il basso', anche figurato: «scende *su* di noi, dal monte Pollino, l'ombra della sera» (Levi, *Cristo si è fermato a Eboli*, 19); «Vent'anni fa l'alluvione *sulla* Toscana» («La Nazione», 2.11.1986, 1). In particolare, per indicare l'"affacciarsi *su*' un luogo: «le nostre camere davano su un corridoio stretto» (Morante, *L'isola di Arturo*, 21); «l'osteria si affacciava *sulla* strada con un'insegna ad arco» (Moravia, *Racconti romani*).

101. In accezione locativa, *su* può anche indicare relazione di moto per luogo (ma sempre con il senso di 'movimento che si applica *su*' un luogo, una traccia, ecc.), come negli esempi seguenti: «Camminavamo una sera *sul* fianco di un colle, / in silenzio» (Pavese, *I mari del Sud*, 1-2); «il notturno zeffiro / blando *sui* flutti spira» (Foscolo, *All'amica risanata*, 88-89); «Soli fino a Guadalupe *sulla* 'Rotta del Rhum'» («La Repubblica», 9-10.11.1986, 44).

102. III. Argomento: «*Sul* servizio di leva polemiche più aspre» («La Gazzetta del Mezzogiorno», 2.11.1986, 1); «La direzione si occuperà inoltre di mettere a punto i documenti *sui* quali si svilupperà il dibattito» («Messaggero Veneto», 29.11.1986, 1).

103. IV. Relazioni e complemento di modo: «vestito *su* misura», «lavoro *su* commissione»; «*Su* invito di Remy Carle direttore dell'equipaggiamento di Edf (elettricità) [...] abbiamo visitato [...] la più importante centrale nucleare a neutroni rapidi d'Europa» («Paese Sera», 28.8.1986, 3); anche in espressioni idiomatiche del tipo «licenziare *su* due piedi», ecc.

104. V. Con valore distributivo (in particolare nelle indicazioni di rapporti numerici, percentuali, ecc.): «[...] giudizi sulla situazione politica: in febbraio le persone che la consideravano 'migliore' dell'anno passato erano 16 *su* cento» («L'Espresso», 16.11.1986, 7); «s'incomincia a dormire con difficoltà sempre crescente finché si sta svegli 24 ore *su* 24» («Oggi», 5.11.1986, 21); «i tempi *sul* chilometro e *sui* 400 metri da fermo [...] non sono molto brillanti» («Quattroruote», ottobre 1986, 138); «Il bilancio consolidato al 30 settembre [...] chiude con un utile netto di 14,1 miliardi *su* un giro d'affari di 1914,5 miliardi» («Il Sole-24 Ore», 18.11.1986, 15); «un reame sconfinato, tirato su mattone *su* mattone, azione *su* azione» («Epoca», 28.11.1986, 33).
In queste locuzioni l'uso della preposizione *su* si spiega come lettura di rapporti numerici frazionari in cui il numero di percentuale sta *sul* numero totale:

$$\frac{415}{3150} \quad \text{oppure } 415/3150 \rightarrow \text{«415 su 3150».}$$

105. Altre volte la preposizione *su* indica 'approssimazione indefinita a un valore x'. In questo caso *su* ha sempre forma articolata. Possiamo distinguere tra l'approssimazione:
a) ad un valore temporale determinato: «*sul* presto» / «*sul* tardi» («La luna non è nata, nascerà / *sul* tardi» Saba, *Meditazione*, 4-5); «arriviamo a Calu *sul* calar della sera» (Tucci, *Nepal*, 25); «un amore troncato *sul* nascere», ecc.;
b) ad un valore temporale di durata (tempo continuato): «Quante ore ci vorranno per questa riparazione? – *Sulla* decina»;
c) ad un prezzo: «questo maglione costa *sulle* cinquantamila lire»;
d) ad un peso: «pesa *sui* cinquanta chili»;
e) ad un'età: «tale Poledelli, un tipo *sui* sessant'anni» (Bassani, *Il giardino dei Finzi-Contini*, 170); con ellissi del sostantivo: «[AMALIA] (*sui quarantacinque, capelli grigi*)» (Pirandello, *Così è [se vi pare]*, V 7).
Hanno valore indefinito anche tutte le locuzioni del tipo «essere *sullo* stanco» (del linguaggio familiare), «tenersi *sulle* generali», ecc.

106. Tra le locuzioni composte con *su* va ricordata *in su*, di uso antico e poetico, che si usava con vari significati: *a)* temporale indeterminato: «quando *in sul* tempo che più lieve il sonno / e più soave le pupille adombra, / stettemi allato e riguardommi in viso» (Leopardi, *Il sogno*, 4-6); «*in sulla* mezza terza» ('circa alle 7,30 del mattino', Boccaccio, *Decamerone*, VIII Introduzione 2); *b)* stato in luogo: «e tu che spunti / fra la tacita selva *in su* la rupe, / nunzio del giorno» (Leopardi, *Ultimo canto di Saffo*, 2-4); *c)* moto verso luogo: «ella si levò tutta stordita, / c'havea percosso *in su* la pietra dura» (Ariosto, *Orlando Furioso*, III 7).

La preposizione «per»

107. La principale funzione della preposizione *per* è quella di introdurre il 'tramite' attraverso cui si svolge l'azione, in accezione locativa, strumentale, modale, ecc.:

108. I. Moto per luogo: «passare *per* la porta» (un famoso esempio dantesco: «*Per* me si va ne la città dolente, / *per* me si va ne l'etterno dolore, / *per* me si va tra la perduta gente» *Inferno*, III 1-3); «prendere una medicina *per* bocca»; «passare *per* Cosenza», ecc.
Il complemento di moto per luogo assume un valore di «dispersione spaziale» quando non si fa riferimento ad un luogo puntuale, ad un 'passaggio', ma ad un luogo esteso: «andare in giro *per* la campagna»; «un canto che s'udia *per* li sentieri / lontanando morire a poco a poco» Leopardi, *La sera del dì di festa*, 44-45; «L'alba *per* la valle nera / sparpagliò le greggi bianche» Pascoli, *La cucitrice*, 1-2.

109. II. Mezzo e strumento: «sua moglie in segreto gli mandava *per* una bambina pollo e buon vino che sottraeva alla mensa» (Comisso, *Storia di un patrimonio* [*Il delitto di Fausto Diamante - Storia di un patrimonio*]); «Nella società *per* azioni ['costituita per mezzo di azioni'] [...] le quote di partecipazione dei soci sono rappresentate da azioni» (*Codice Civile*, art. 2325).
Per si adopera anche nella designazione delle parti 'attraverso cui' due esseri animati o due oggetti sono collegati: «tenersi *per* mano», «legato *per* i piedi», ecc.

110. Nella lingua antica *per* poteva introdurre anche il complemento d'agente: «ciò è fatto *per* me» ('attraverso me' → '*da* me'); «*per* la Reina e *per* tutti fu un gran romore udito che *per* le fanti e famigliari si faceva in cucina» (Boccaccio, cit. in MOISE 1878: 935).

111. III. Causa: «*per* il freddo non m'è partita la macchina», «queste cose succedono *per* la tua disattenzione».
Può considerarsi parte della relazione di causa anche l'uso di *per* nelle espressioni che indicano *pena, condanna*, ecc. (di solito classificate a parte): «condannare *per* furto», «arrestare *per* oltraggio», ecc.

112. Molto discusso è stato ed è tutt'ora il significato della preposizione *per* in uno dei primi documenti poetici della lingua italiana, il *Cantico di frate sole* (detto anche *Laudes creaturarum*) di S. Francesco d'Assisi: «Laudato sie, mi' Signore, *per* sora luna e le stelle [...] *per* frate vento [...] *per* sor'acqua [...] *per* frate focu [...] *per* sora nostra madre terra [...] *per* quelli ke perdonano per lo tuo amore [...] *per* sora nostra morte corporale» (cit. da CONTINI 1960: I 33-34; riassunto della discussione svoltasi fino ad allora su questo punto alle pp. 30-32). Vi è stato chi ha proposto un valore «agentivo» (Benedetto), chi «mediale» (Pagliaro), chi «causale» (De Robertis, Contini): ed è quest'ultima l'interpretazione oggi più accreditata (cfr. anche BALDELLI 1977: 92-94).

113. IV. Prezzo: «vendere *per* pochi soldi»; «un Rolex prince [...] si trova facilmente *per* dieci milioni» («Europeo», 8.11.1986, 91).

114. V. Sostituzione e scambio, in particolare con i verbi che indicano 'comprensione': «capire una cosa *per* un'altra» (in varie locuzioni proverbiali: «prendere lucciole *per* lanterne / fischi *per* fiaschi», ecc.); «ho scambiato Mario *per* suo fratello».

115. VI. Limitazione: «uguali *per* grado»; «Io, *per* me, amo le strade che riescono agli erbosi / fossi» (Montale, *I limoni*, 4-5).

116. Il valore limitativo della preposizione *per* si ha fin dai *Placiti campani* («in cui per la prima volta il volgare appare in piena luce, coscientemente contrapposto al latino», MIGLIORINI 1963a: 93; si tratta di documenti notarili redatti intorno al 960 d. C., che conservano formule di giuramento in volgare italiano). Ad esempio: «Sao ko kelle terre, *per* kelle fini que ki contene, trenta anni le possette parte sancti Benedicti» ('So che quei terreni, relativamente ai confini qui indicati, li possedette il monastero di san Benedetto per trent'anni').

Un secondo gruppo di significati di *per* fa capo ad un valore semantico 'destinativo-finale' (che può presentarsi anche in accezione locativa, di 'direzione verso luogo'):

117. I. Moto a luogo, per indicare il 'prendere una direzione', il 'mettersi in moto *verso* un luogo': «Verso gli ultimi di aprile Ippolita partì *per* Milano» (D'Annunzio, *Trionfo della morte*, 89).

118. II. Fine: «A sei anni, Gertrude fu collocata, *per* educazione e ancor più *per* istradamento alla vocazione impostale, nel monastero dove l'abbiamo veduta» (Manzoni, *I Promessi Sposi*, IX 47); «– E allora, perché ne vuoi parlare a quello? – Mah, così, *per* un consiglio» (Cassola, *La ragazza di Bube*, 65).

119. III. Vantaggio o svantaggio: «è *per* te che faccio questo»; «*Per* noi prega, o santa Vergine, / *per* noi prega, o Madre pia; / *per* noi prega, esse ripetono, / o Maria! Maria! Maria!» (Pascoli, *Le monache di Sogliano*, 17-20); «la [benzina] super si può solo acquistare con marchi occidentali – c'è scritto sulla colonnina, peggio *per* noi se non ci arrivava il concetto» (A. Arbasino, nella «Repubblica», 19.11.1986, 29).

120. IV. Con valore distributivo: «in fila *per* due»; «l'ultima sua novella [...] la leggemmo ad alta voce, un po' *per* uno» (Bonsanti, *La nuova stazione di Firenze*); – nelle indicazioni di percentuali: «Rispetto a dieci anni prima, gli italiani erano calati di circa 14 mila unità, passando dal 34 al 29 *per* cento, mentre il gruppo linguistico tedesco aveva recuperato il 2 *per* cento circa» («Europeo», 8.11.1986, 49); – nelle divisioni e nelle moltiplicazioni: «tre *per* tre», «quattro diviso (*per*) due», ecc.; con valori non numerici: «perlustrare casa *per* casa», «vivere giorno *per* giorno», ecc.

121. Nella lingua antica fino all'Ottocento, in luogo di *per* nelle moltiplicazioni si adoperava la preposizione *via*: «Nel moltiplicare intervengono tre numeri: il numero *moltiplicato*, il *moltiplicante* e 'l *prodotto*, per es. 3 via (o sia volte) 9 fanno 27» (S. Alfonso de' Liguori, *Brevi avvertimenti*, 36).

122. V. Valori temporali: – tempo determinato, per indicare un 'termine di tempo futuro': «l'appuntamento è *per* il 20 marzo»; «camminando di dovere avrei potuto essere di ritorno a casa *per* il cadere del giorno» (Praga, *Memorie del presbiterio*); – tempo continuato, per indicare la durata di un evento, o anche il termine di tempo 'entro cui' si svolge: «Dopo il caffè Greco chiuso *per* 24 ore il bar Giolitti» («Il Tempo», 20.11.1986, 1); «sarebbe dolce restar qui con lei / [...] *per* l'eternità» (Gozzano, *Poesie e prose*).

123. VI. Con valore predicativo (generalmente senza articolo): «prendere *per* buono», «avere *per* certo», ecc.; «mia cara Signorina, se guarissi / ancora mi vorrebbe *per* marito?» (Gozzano, *Poesie e prose*). Con un numerale ordinale – in particolare *primo* – l'italiano dei secoli scorsi ammetteva l'uso del semplice articolo determinativo («arrivo *il primo*» A. Somma, *Un ballo in maschera*, in VERDI-BALDACCI 1975: 374) o di *per*+articolo («egli [...] *per il primo* [...] aveva accolte le voci della malignità» De Marchi, *Demetrio Pianelli*, 301).

La preposizione «tra» («fra»)

124. L'idea fondamentale espressa dalle preposizioni *tra* e *fra* (rare anche nell'uso antico le forme articolate: cfr. IV.81) è quella di 'posizione intermedia' tra due (o più) punti di riferimento. Quando entrambi i termini della relazione (spaziale, temporale, ecc.) sono esplicitati, la preposizione si adopera una volta sola e i due termini sono collegati mediante e: «mi trovo sul ponte *tra Venezia e Mestre*»; «verrò da te *fra le otto e le dieci*». Quando la relazione si stabilisce tra due o più termini di classe omogenea la congiunzione coordinativa e la ripetizione dei termini stessi sarebbero però ridondanti; quindi «la casa si trova *fra due alberi*» e non **la casa si trova fra un albero e un albero*; e ancora «la casa si trova *fra* gli alberi» ['in mezzo a più alberi'] e non *la casa si trova *fra alberi e alberi* (a meno che non si alluda a 'due distinti gruppi di alberi'). Tuttavia, talvolta prevalgono delle ragioni espressive di fronte alle ragioni logiche della ridondanza e possono trovarsi ripetuti i due termini della relazione: «camminare *tra* solco e solco»; «le differenze *tra* individuo e individuo»; un esempio letterario: «e sua nazion sarà *tra* feltro e feltro» (Dante, *Inferno*, I 105).

In un secondo tipo di costrutto uno dei due punti di riferimento è costituito per così dire dalla posizione (nello spazio o nel tempo) di chi parla, e rimane implicito; una frase come «*tra* due anni dovrei laurearmi» andrà dunque interpretata come: 'in un intervallo di tempo compreso *tra ora e due anni*'; e così «*tra* due chilometri» 'in un intervallo di spazio compreso *tra qui e due chilometri*'.

125. Le preposizioni *fra* (<ĪNFRA) e *tra* (<ĪNTRA) sono sostanzialmente identiche per significato e funzioni. Una ragione per scegliere l'una o l'altra può essere quella di evitare accumulazioni di suoni sgradevoli: «*fra* tre case» sarà una combinazione preferibile, ad esempio, rispetto a «*tra* tre case».

Queste ragioni di eufonia diedero qualche pensiero al Manzoni che, adeguandosi anche in questo particolare all'uso fiorentino del tempo, sostituì i *fra* della prima edizione dei *Promessi Sposi* con *tra*: nel capitolo IX, dove aveva scritto «fra tre o quattro confidenti», per evitare il brutto *tra tre*, «se l'è cavata correggendo: 'tra quattro o cinque confidenti'. Sennonché le cifre non sempre son così elastiche come erano per sua fortuna qui!» (D'OVIDIO 1933: 102).

126. Ecco i principali complementi e costrutti che si formano con *tra* / *fra*:

127. I. Valori locativi. Stato in luogo: «il bosco si trova *fra* due ruscelli»; «Si presume che il muro divisorio *tra* i campi, cortili, giardini ed orti appartenga al proprietario del fondo verso il quale esiste il piovente» (*Codice Civile*, art. 881); – usi figurati: «vive *tra* il Tutto e il Niente / questa cosa vivente / detta guidogozzano!» (Gozzano, *La via del rifugio*, 34-36); «viveva lontano, in una grande città, *fra* piaceri sconosciuti» (D'Annunzio, *Trionfo della morte*, 129). Moto per luogo: per indicare 'passaggio *tra* due o più punti di riferimento': «passare *fra* due pali»; «nulla paga il pianto del bambino / a cui fugge il pallone *tra* le case» (Montale, [*Felicità raggiunta, si cammina*], 9-10); – per indicare 'azione che si svolge *tra* due o più punti di riferimento': «il suo passato di leader studentesco, *tra* Francia e Germania, è ora messo a fuoco con lucidità» («La Gazzetta del Mezzogiorno», 20.10.1986, 3). Complemento di distanza: «*fra* due chilometri». Si può avere anche, con valore di moto a luogo: «vieni *fra* noi» (che va analizzato come: 'entra nella relazione già esistente fra noi').

128. II. Valori temporali: – per indicare l'intervallo di tempo compreso tra due momenti: «quella che [...] talvolta viene considerata un'epoca di transizione (*tra* la metà del '500 e la metà del '600)» (Villari, *Storia moderna*, 149); «Il documento del Sismi ricostruisce minuto per minuto tutto quello che accadde *fra* il 7 e il 13 ottobre al Cairo e a Porto Said» («L'Espresso», 12.10.1986, 16); – per indicare il termine di tempo entro cui un evento si verificherà: «Il biglietto era breve: 'ti aspetto *tra* un'ora, con la macchina, al cancello del giardino'» (Moravia, *Gli indifferenti*, 177).

129. III. Partitivo: «il medico è necessario perché il clima del Nepal [...] è *fra* i più perniciosi» (Tucci, *Nepal*, 17); «*tra* i maestri dell'obiettivo cominciano a essere corteggiati soprattutto gli italiani» («L'Espresso», 23.11.1986, 113); «molti / alcuni *fra* noi», ecc.

130. IV. Compagnia e reciprocità: «trascorrere una serata *fra* amici»; «Che gran talento! Però, resti *fra* noi, anche un po' matto!» (Cecchi, *Pesci rossi*); – azione scambievole: «uno scontro già ad armi impari, com'è quello *fra* un'intera Spa e un operaio, *fra* il potente Lucchini e il piccolo Varianti» («L'Espresso», 16.11.1986, 21); – per indicare un 'discorso interiore', che il soggetto conduce con sé stesso: «ma già, dico *tra* me» (Pirandello, *Il giuoco delle parti*, III 29; caratteristico di questa accezione è spesso lo sdoppiamento del pronome personale: «*fra* sé e sé», «*fra* me e me»).

VIII. La preposizione

131. V. Per indicare il complesso di cause che contribuiscono a produrre un effetto: «*fra* il lavoro e lo sport, Franco non ha un attimo di tempo».

132. VI. Con valore predicativo: «La mia sorella, che *tra* bella e buona / non so qual fosse più» (Dante, *Purgatorio*, XXIV 13-14).

133. Nell'uso letterario antico e moderno troviamo *tra / fra* in unione con altre preposizioni per formare complementi 'doppi': «Domenedio *tra per* la tua fatica e *per* la mia ci ha fatto grazia che il fanciullo è guerito» (Boccaccio, *Decamerone*, VII 3 40); «odore *tra di* muffa e *d'*acqua ragia» (Bassani, *Il giardino dei Finzi-Contini*, 210).
Con la locuzione *di tra* possiamo avere una duplice determinazione spaziale ('provenienza da'+'in mezzo a'): «*di tra* le rame urgevano le nuvole» (Montale, *Vasca*, 3); «*Di fra* i tronchi dei cipressi il figlio d'Antiope irrompe, giubilante, raggiante» (D'Annunzio, *Tragedie, sogni e misteri*).

134. Rispetto ai valori di altre preposizioni proprie, quelli di *tra / fra* appaiono senza dubbio più facilmente identificabili e circoscrivibili, nel senso che le varie accezioni particolari sembrano potersi dedurre dalla sola nozione di base di 'posizione intermedia'. Altre lingue ritagliano su questa stessa nozione lo spazio per più preposizioni: ad esempio le preposizioni inglesi *between* e *among*, che noi tradurremmo entrambe come *tra / fra*, ma che si adoperano distintivamente a seconda che la relazione si stabilisca tra *due* entità oppure *più di due* entità («*between* the others» 'tra gli altri due' / «*among* the others» 'tra gli altri tre o più»). Il francese distingue tra *entre* 'tra, entro' (per la relazione o l'intervallo di spazio tra due entità o gruppi di entità, anche con valori temporali e di reciprocità) e *parmi* 'in mezzo, nel numero di, ecc.' (in relazione, più genericamente, a un numero superiore, e con valori partitivi; la distinzione è per molti versi simile a quella tra *between* e *among* dell'inglese).

Preposizioni improprie e locuzioni preposizionali

135. Un gruppo consistente di preposizioni improprie è costituito da parole che nel loro valore primario sono avverbi, adoperati in funzione preposizionale («in tanto differiscono da avverbi, in quanto includono in sé la relazione con un complemento», secondo la definizione di FORNACIARI 1881: 277): ad es. gli avverbi di luogo *sopra / sotto, davanti / dietro, dentro / fuori, vicino / lontano*. Ecco alcuni esempi in cui la stessa parola si presenta ora come avverbio ora come preposizione (rispettivamente frasi [a] e [b]):

(a) «quando la vidi in casa, entrai subito *dentro*»
(b) «quando la vidi, entrai subito *dentro la casa*»

(a) «dimmi quel che è successo *dopo*»
(b) «*dopo il concerto*, ceneremo insieme»

(a) «non stare troppo in acqua, vieni *fuori*!»
(b) «non starci troppo, vieni *fuori dall'acqua*»

(a) «dovresti spingerti *oltre*»
(b) «dovresti spingerti *oltre quella casa*»

Nelle frasi (a) la parola è adoperata in maniera assoluta: essa modifica semanticamente tutta la frase, e dunque esercita funzione avverbiale. Nelle frasi (b) la parola, pur di origine avverbiale, è sintatticamente vincolata da una costruzione preposizionale (*dentro la casa, dopo il concerto, fuori dall'acqua, oltre quella casa*): essa deve di regola assumere una posizione fissa (*prima* del determinatore e *dopo* l'eventuale determinato), e dunque la sua autonomia semantica è fortemente condizionata dal significato delle parole che mette in relazione (funzione preposizionale).
Altre preposizioni improprie hanno origine in aggettivi (*lungo*) o in participi (*mediante, rasente*), ma in questo caso la relazione con gli altri valori o significati della parola è molto più debole (oppure, come nel caso di *rasente*, l'accezione verbale è caduta in disuso assorbendosi in quella preposizionale).

136. Numerose preposizioni improprie esprimono nei tratti semantici primari un valore 'locativo' (come i corrispondenti avverbi di luogo, cfr. XII.34 sgg.):
a) Contro (movimento che si applica su qualcosa, trovandovi appoggio): «Mi ve-

niva in mente Linda. Me la sentivo *contro* il braccio» (Pavese, *Il compagno*); («movimento» 'a sfavore', 'di ostilità'): «[ORDULFO] L'Impero *contro* il papato! Oh! [ARIALDO] Antipapi *contro* i papi! [LANDOLFO] I re *contro* gli antirè! [ORDULFO] E guerra *contro* i Sassoni! [ARIALDO] E tutti i principi ribelli! [LANDOLFO] *Contro* i figli stessi dell'Imperatore!» (Pirandello, *Enrico IV*, II 9); «Tutti *contro* la Falcucci e così la scuola si ferma» («La Repubblica», 17.10.1986, 5).
b) *Davanti* / *dietro*: «avete imparato a scendere dal treno in corsa, e scendevate *davanti* alla casa» (Vittorini, *Conversazioni in Sicilia*); «lo zio Crocifisso stavolta si mise la mano *dietro* l'orecchio, per sentirci» (Verga, *Mastro don Gesualdo*, 95). *Davanti* figura di preferenza nella locuzione preposizionale *davanti a*, ma non sempre: «*davanti* la teletta» (Moravia, *Gli indifferenti*, 65). Nella lingua letteraria troviamo anche *avanti* (oggi adoperata quasi solo come avverbio: «andiamo *avanti*»), che può avere valore temporale: «Si racconta che il principe di Condé dormì profondamente la notte *avanti* la giornata di Rocroi» (Manzoni, *I Promessi Sposi*, II 1). Hanno valore sia locativo sia temporale *innanzi* e *dinnanzi*.
c) *Dentro* / *fuori* (con una determinazione più precisa di *in* e *da* quando sono usate nelle accezioni corrispondenti), spesso nelle locuzioni *dentro di* e *fuori di* / *da* (in relazione a luoghi circoscritti).
d) *Lungo* (per designare un moto che si svolge con continuità, parallelamente ad un oggetto percepito nel suo aspetto di «lunghezza»): «camminare *lungo* la riva»; «un gruppo di capre stava *lungo* il muro biancastro» (D'Annunzio, *Prose di romanzi*).
e) *Oltre* (per indicare 'superamento di un limite' concreto o figurato): «Ella era là, *oltre* quella soglia» (D'Annunzio, *Prose di romanzi*); «il dichiarato intento di andare *oltre* l'impressionismo» (Argan, *Arte moderna*, 95); (con il senso di 'aggiunta'): «*oltre* a tutto, si diceva vagamente che ci si sentisse» (Landolfi, *La pietra lunare*).
f) *Sotto* / *sopra*: «Franco Russoli, che fu il primo ad intuire le ricchezze che si nascondevano *sotto* i ruderi cadenti del vecchio monastero longobardo» («Corriere della Sera», 15.6.1986, 5). Tra i vari significati di *sopra* ricordiamo, in corrispondenza con *su* (cfr. VIII.97), quello di stato in luogo («troverai il libro *sopra* il tavolo») e di argomento («un giudizio *sopra* le opere di Dante»).
g) *Verso* (moto diretto ad un luogo): «dirigersi *verso* casa»; «mentre il sole scende *verso* il tramonto» (Calvino, *Palomar*, 15); (con valore di 'approssimazione temporale'): «per un po' di giorni, *verso* i primi d'agosto, era venuto soltanto don Ferdinando» (Verga, *Mastro don Gesualdo*, 165); nel complemento di relazione (talvolta con interposizione di *di* se l'aggiunto è costituito da un pronome personale): «*verso di* me Mario non s'è mai comportato bene».
h) *Vicino* (più spesso nella locuzione *vicino a*) / *lontano da*: «il fatto era accaduto *vicino a* una chiesa di cappuccini» (Manzoni, *I Promessi Sposi*, IV 29); «*lontano dagli* occhi, *lontano dal* cuore» (proverbio).
Con un valore più specifico di *vicino* si usa *presso* ('nelle vicinanze' ma anche 'in relazione a', 'in dipendenza da'): «lavora *presso* una ditta di computer»; con significato affine a *tra* ('stato in luogo di relazione'): «il mio soggiorno *presso* i Bantù».

137. Fra le altre preposizioni improprie ricordiamo:
a) *Mediante*: esprime il complemento di mezzo e strumento nel suo valore di 'tramite': «ogni ragionamento fatto da noi, ogni sistema edificato *mediante* la distinzione di materia e forma» (Foscolo, *Saggi di letteratura italiana*); «tutto si dà alla vista *mediante* il colore» (Argan, *Arte moderna*, 115).
b) *Secondo* ('in conformità a'): «*secondo* natura»; «*secondo* la logica dettata dai fatti»; (come complemento limitativo, nell'espressione di punti di vista e pareri: 'in conformità al modo di vedere di'): «*secondo* te dovrei andarci con un filo tra le dita, io, verso l'avvenire, a prender le misure» (Pirandello, *Il giuoco delle parti*, III 31); «*secondo* gli ecologisti ormai si tratta di propositi tardivi» («La Repubblica», 13.11.1986, 11; in questa accezione *secondo* coincide con *per*: cfr. VIII.115).
Nell'uso più formale e ricercato, il valore semantico di 'conformità a' può essere espresso dalla preposizione *giusta* (dal lat.

IŪXTA; nella lingua antica anche *giusto*, cfr. MOISE 1878: 947-948): «mi parve per la prima volta di capire dall'espressione dei suoi occhi che la cosa sarebbe andata *giusta* i miei desideri» (Landolfi, *La bière du pecheur*).

c) *Senza*: esprime nella sua forma più netta il complemento di privazione: «sono rimasto *senza* un soldo»; «parla pure, *senza* esitazione»; «Tutto è chiuso, *senza* forme, / *senza* colori, *senza* vita» (Pascoli, *Mezzanotte*, 7-8); «il proverbio dice: né visita di morto *senza* riso, né sposalizio *senza* pianto» (Verga, *I Malavoglia*, 87); «il papa polacco ha lanciato una scommessa *senza* precedenti al mondo, l'utopia di un tempo *senza* guerre» («Epoca», 31.9.1986, 10); – preceduta da avverbio di negazione assume valore positivo (litote) ed introduce quasi sempre il complemento di abbondanza: «ho finito il lavoro *non senza* difficoltà»; «Venuta Ellissa alla fine della sua novella, *non senza* gran piacere di tutta la compagnia avendola raccontata» Boccaccio, *Decamerone*, VIII 4 2.

d) Espressioni temporali: *prima di*, *durante*, *dopo* (talvolta *dopo di*): «ho pensato spesso, *durante* questi anni, a quei giorni pieni di desolazione e sconforto» (Tarchetti, *Fosca*, 25); «Giorno *dopo* giorno: parole maledette» (Quasimodo, *Giorno dopo giorno*).

138. Delle locuzioni preposizionali merita un cenno *insieme con*, che introduce il complemento di compagnia; accanto al tipo più tradizionale («questa volta, *insieme con* la voce, venne fuori l'uomo, don Abbondio in persona» Manzoni, *I Promessi Sposi*, XXIII 30), è in uso, fin da epoca antica, la variante *insieme a*: «*insieme alla* vostra sceltissima e maravigliosissima sorella» (Varchi, *Lezioni sul Dante e Prose varie*), «il cappellano era *insieme a* un soldato» (Cassola, *Un cuore arido*; cfr. anche VIANI 1858: 488-489). Nonostante le riserve della tradizione puristica (cfr. per esempio: UGOLINI 1855: 132, BARUCCHI 1897: 159, TREVES 1960: 222), anche questo secondo costrutto deve ritenersi ormai legittimato dall'uso.

139. Di diffusione piuttosto recente è un costrutto, di probabile origine inglese (FABBRI 1987), per il quale due diverse preposizioni o locuzioni preposizionali reggono lo stesso determinatore: «non esiste una traduzione bella in assoluto, *indipendente da*, ed *irresponsabile verso*, il testo di partenza» (B. Placido, nella «Repubblica», 13.10.1987, 30). Si tratta di un modulo che gode qualche fortuna, specie nella saggistica, «in virtù del suo carattere di superiore semplicità, praticità e linearità rispetto a quello tradizionale [cioè a quello con richiamo del sostantivo mediante un pronome: «indipendente *dal testo* ed irresponsabile *verso di esso*»], il quale peraltro è ancora prevalente nell'uso» (FABBRI 1987: 19).

IX. CONGIUNZIONI E SEGNALI DISCORSIVI

1. La congiunzione è una parte del discorso invariabile che serve a collegare sintatticamente due o più parole (o gruppi di parole) di una frase, oppure due o più frasi di un periodo.
In ragione del tipo di collegamento che determinano, si distinguono:
a) congiunzioni *coordinative*, che stabiliscono un rapporto di equivalenza logico-sintattica tra frasi o parti di frase (ad es.: «Mario *e* Gino verranno domani», «faceva molto freddo, *eppure* sono uscito»);
b) congiunzioni *subordinative*, che collegano frasi non equivalenti sintatticamente, ponendole in un rapporto di dipendenza (ad es.: «non ti ho risposto *perché* ero distratto»; la frase introdotta dalla congiunzione causale, «*perché* ero distratto», dipende dalla principale «non ti ho risposto»).
Per una più ampia definizione dei concetti di coordinazione e subordinazione cfr. XIV.2-3.

2. Sotto il rispetto formale, le congiunzioni possono essere: *semplici*, cioè formate da una sola parola (*e*, *né*, *ma*, *quindi*, *anche*, ecc.); oppure *composte*, vale a dire formate da due o più parole unite, ma perlopiù facilmente analizzabili come elementi distinti: *neanche* (*né+anche*), *nondimeno* (*non+di+meno*), *oppure* (*o+pure*), ecc. A questi due raggruppamenti si aggiungono le *locuzioni congiuntive*, ovvero sintagmi complessi le cui componenti sono avvertite come nettamente distinte, e mantengono o possono mantenere una scrizione separata: *con tutto ciò*, *dal momento che*, *per la qual cosa*, *visto che*, e molte altre.
La distinzione fra congiunzioni semplici, congiunzioni composte e locuzioni congiuntive si fonda sugli stessi criteri formali di quella fra avverbi semplici, avverbi composti e locuzioni avverbiali (cfr. XII.3), e ancora di quella fra preposizioni semplici (proprie o improprie) e locuzioni preposizionali (cfr. VIII.7). Ma questa suddivisione, ancora più di quel che accada per avverbi e preposizioni, è piuttosto labile e dà luogo a continui spostamenti di forme da una classe all'altra. Così molte locuzioni che oggi si presentano stabilmente univerbate – e che rientrerebbero quindi tra le congiunzioni composte – erano ancora disaggregate nell'Ottocento: Giosue Carducci scriveva abitualmente, per esempio, *non di meno*, *fin che*, *non ostante* (cfr. SERIANNI 1986a: 57).

3. Numerose caratteristiche rendono le congiunzioni una «classe aperta», che condivide vari tratti formali e funzionali con altre parti del discorso. Infatti:
a) In molti casi, gli stessi elementi lessicali possono trovare impiego ora come congiunzioni, ora come preposizioni o avverbi. Si vedano i seguenti esempi:

(1) (congiunzione): «ti sentirai più tranquillo *dopo* aver sostenuto l'esame»
(2) (preposizione): «ti sentirai più tranquillo *dopo* l'esame»
(3) (avverbio): «se sosterrai l'esame, *dopo* ti sentirai più tranquillo»

(1) (congiunzione): «non si può giudicare un artista *senza* conoscere in profondità la sua opera»

(2) (preposizione): «non si può giudicare un artista *senza* una conoscenza approfondita della sua opera»

(1) (congiunzione): «*quando* tornerai, sarà primavera»
(2) (avverbio): «*quando* tornerai? – a primavera»

In questi passi, la differenza tra congiunzioni e preposizioni sta nella presenza o assenza di un infinito nel segmento retto da *dopo* e *senza*: quando nel segmento dipendente vi è una frase implicita con predicato all'infinito, l'elemento di collegamento è una congiunzione, che mette in rapporto la frase principale con la subordinata. Abbiamo invece una preposizione quando il segmento dipendente è un sintagma nominale. Nel caso di reggenze del tipo *dopo aver mangiato*, *dopo* potrebbe però essere interpretato anche come preposizione, se si considera l'infinito un elemento di natura prettamente nominale (cfr. XI.402 sgg.). Più nettamente distinguibile è la funzione di *dopo* e *quando* come avverbi, in quanto essi modificano semanticamente l'intera frase e in particolare il predicato, senza stabilire un rapporto di coordinazione o subordinazione sintattica.

Altre volte le cose non sono così semplici: *anche*, *pure* o *nemmeno* possono considerarsi congiunzioni (e a questo titolo sono descritte nella presente *Grammatica*, cfr. XIV.18) ma c'è chi le classifica come avverbi («i grammatici in ciò sono discordi, e persino nei migliori vocabolari» si oscilla: SATTA 1981: 459). Lo stesso si dica per *dunque* e *pertanto*, e per molte altre forme 'intermedie', per reperire le quali rinviamo all'*Indice dei fenomeni e delle forme notevoli*.

b) Numerose congiunzioni composte e locuzioni congiuntive si formano con elementi provenienti da categorie grammaticali molto diverse. Le locuzioni composte con *che*, ad esempio, possono essere formate da avverbi (*prima che*), preposizioni (*tranne che*), forme verbali (*posto che*, *visto che*), preposizioni+sostantivi (*per il fatto che*), ecc.

c) Una stessa congiunzione può avere differenti funzioni; così, ad esempio, *perché* può essere congiunzione causale («Maria rimprovera spesso suo figlio *perché* studia poco») o finale («Maria rimprovera spesso suo figlio *perché* studi di più»); la congiunzione *e*, la cui funzione primaria è quella di coordinazione copulativa («Mario arriverà oggi, *e* suo padre lo andrà a prendere alla stazione»), può avere anche valore avversativo («tale elasticità del corpo, artifiziosa, la faceva giudicare fragile, *ed* era fortissima» Palazzeschi, *Sorelle Materassi*, 33 [=e invece, ma]; «consideriamo il nostro passato come cosa viva, *e* intanto non abbiamo più neppure gli strumenti per decifrarlo» Alvaro, *Il nostro tempo e la speranza*), oppure conclusivo («sono molto stanco, *e* dormirò un paio d'ore» ='*e quindi* dormirò un paio d'ore'), e via dicendo.

Quella della molteplicità funzionale è un'altra caratteristica per la quale le congiunzioni richiamano da vicino le preposizioni (cfr. VIII.1), sebbene esse abbiano minore ampiezza di usi e valori.

Per una rassegna sistematica delle varie congiunzioni e locuzioni congiuntive, coordinative e subordinative, si vedano i paragrafi dedicati alla sintassi della proposizione e del periodo (oppure l'*Indice dei fenomeni*, ecc., alle singole voci).

Negli studi linguistici più recenti, le congiunzioni tendono a confluire nella più vasta categoria dei *connettivi*, cioè di quelle parole che, indipendentemente dalla categoria grammaticale di provenienza, svolgono funzione di raccordo tra le varie parti del testo, contribuendo alla pianificazione sintattica del discorso. I connettivi sono, a loro volta, parte dei cosiddetti *segnali discorsivi*, di cui tratteremo qui appresso.

Segnali discorsivi

4. I segnali discorsivi sono quegli elementi che hanno la funzione di organizzare la presentazione del *testo comunicativo* secondo certi criteri dimensionali (formule di apertura e chiusura del discorso) e logico-narrativi (rinvii a quanto già detto o a quanto si dirà in seguito, elementi di giunzione, ecc.).

5. Il concetto di testo come 'forma comunicativa (orale o scritta) che deve soddisfare determinate proprietà formali e logiche' è stato elaborato in anni recenti dalla *linguistica testuale*, che si propone di studiare e definire le proprietà generali dell'attività linguistica analizzandone i prodotti orali o scritti (detti per l'appunto «testi»), e di elaborare una tipologia testuale generale, che dia conto della grande varietà di forme comunicative possibili (dal monologo al dialogo, dalle forme letterarie più complesse ai testi di immediata utilità pratica, e via dicendo).

Tra le proprietà fondamentali che un testo possiede ricordiamo la *coesione*, cioè il rispetto delle relazioni formali tra le varie parti del testo (rapporti di coordinazione e subordinazione per mezzo delle congiunzioni e dei modi verbali, uso dei segnali discorsivi, ecc.); e la *coerenza*, vale a dire l'insieme dei procedimenti logici e semantici che consentono di produrre un senso continuo e accettabile per mezzo di testi (capacità di assegnare un tema coerente alla comunicazione e, all'occorrenza, di svilupparlo adeguatamente; capacità di produrre un testo riconoscibile, a seconda dei casi, come una domanda, un ordine, un racconto o un qualsiasi altro tipo testuale; corretto riconoscimento della completezza o dell'incompletezza logica di un testo, ecc.). La coerenza è il primo e irrinunciabile requisito che un testo deve possedere; un testo ricco di coesione e formalmente ineccepibile come, ad esempio, **vorrei più o meno quattromila chili di quella fragola che, a quanto mi dicono, lei porta nella tasca posteriore del motore del suo canarino* risulta assurdo e incoerente sul piano del senso, in quanto non produce un significato continuo e accettabile. Al contrario, un testo non ben 'coeso' (vale a dire formalmente «imperfetto») può risultare semanticamente del tutto appropriato e coerente. È il caso, ad esempio, di un procedimento sintattico come l'anacoluto (cfr. XIV.10). L'individuazione e l'analisi dei vari tipi di segnali discorsivi da parte degli studiosi è tutt'ora in fase di elaborazione, e di conseguenza anche la terminologia impiegata per descriverli non è uniforme. Per il termine di «segnali discorsivi» (che a loro volta si dividono, come vedremo, in «demarcativi» e «connettivi») ci siamo rifatti a LICHEM 1985. Altri termini in uso sono quelli di 'connettivi pragmatici', oppure 'riempitivi', o ancora 'elementi di articolazione', ecc. (cfr. BERRETTA 1984: 238).

6. I segnali discorsivi svolgono, in linea di massima, due funzioni: quella di segnali di delimitazione o *demarcativi* (segnali di apertura o di chiusura posti all'inizio o alla fine di un testo o di una porzione di testo), e quella di *connettivi* (elementi di giunzione ed articolazione interna tra le varie porzioni del testo).

Alcune caratteristiche sono comuni ai due raggruppamenti:

a) Demarcativi e connettivi possono provenire da categorie grammaticali molto diverse; ad esempio, da forme verbali («*Dico*, ti sembra questo il modo di comportarsi?»), da congiunzioni («*Cioè*... non ho capito bene»), da interiezioni («Io vado a casa, *eh*?»), da intere frasi («Io vado a casa, *va bene*?»), e via dicendo. Molto spesso queste forme non vengono adoperate per il loro valore semantico proprio: tendono anzi a 'svuotarsi' di significato per assumere la sola funzione di elementi di coesione testuale (così il segnale discorsivo *dico* non vorrà dire, letteralmente, 'io dico', ma avrà la semplice funzione di formula di apertura, con un richiamo dell'attenzione del destinatario su chi parla).

b) Molti segnali discorsivi possono essere adoperati sia come demarcativi sia come connettivi; ad esempio, l'interiezione *eh* (cfr. X.12) può fungere da demarcativo di apertura o di chiusura («*Eh*, Questa macchina è proprio bella», «Questa macchina è proprio bella, *eh*?») oppure da connettivo-riempitivo («Questa macchina... *eh*... è proprio bella»).

c) In generale, i segnali discorsivi trovano largo impiego nel discorso orale, oppure nella prosa narrativa che riproduca più da vicino il parlato.

7. Nella lingua parlata, il tempo a disposizione per pianificare il discorso è di gran lunga più breve di quel che avvenga nella lingua scritta (che ha inoltre il vantaggio di poter 'fermare' porzioni abbastanza ampie di testo sotto gli occhi di chi legge, permettendo un controllo molto maggiore del materiale verbale), e dunque l'uso, anche apparentemente ridondante, di segnali discorsivi ha spesso il compito di garantire l'appropriatezza comunicativa di un testo; a scapito, magari, della finitezza formale, propria al contrario di molti testi scritti. Immaginiamo, ad esempio, un dialogo il cui tema principale sia quello di una proposta da parte di uno dei due interlocutori; quanto più timore egli avrà di manifestare direttamente il tema, tanto più potremo aspettarci una domanda ricca di demarcativi d'apertura (del tipo: «*Ehm... io... sì... insomma*, avresti cinque milioni da prestarmi?»); se il secondo interlocutore ha qualche riserva sul tema proposto, anch'egli farà uso di segnali discorsivi appropriati per manifestare il suo imbarazzo («*Io... veramente... ecco*, non ho molta disponibilità di liquidi in questo momento»), oppure il suo netto rifiuto («*Ma senti senti!* Cinque milioni!»), ecc. Ricordiamo i principali tipi di segnali discorsivi:

8. I. Quando siano seguite o precedute da un testo, hanno valore demarcativo le formule di saluto e di congedo: (ad es. «*Buongiorno*, la stavo aspettando per parlarle», «Passerò a prenderti domani. *Arrivederci*», ecc.).
Nella presente *Grammatica* le formule di saluto sono trattate nell'àmbito delle interiezioni, ossia di quella tra le tradizionali parti del discorso cui più strettamente si apparentano: cfr. X.38 sgg.

9. II. Molte forme che BUSTORF 1974 definisce «riempitivi», come gli avverbi *allora, insomma, bene, ecco, già*, le congiunzioni *dunque, comunque*, ecc., trovano impiego perlopiù con funzione demarcativa. La caratteristica di «riempitivo» è messa in risalto dal fatto che, in molti casi, si può adoperare indifferentemente l'una o l'altra forma; ad esempio (per manifestare impazienza): «*allora*, che facciamo?», «*dunque*, che facciamo?», «*bene*, che facciamo?», «*insomma*, che facciamo?», ecc. Alcune di queste forme possono essere adoperate prima di una formula di congedo, per segnalare che si sta ponendo fine alla conversazione, oppure per invitare l'interlocutore a non dilungarsi: «*bene*... arrivederci a domani», «*allora*, a risentirci presto», ecc.

10. III. Le congiunzioni possono considerarsi, come abbiamo detto, una classe particolare di connettivi testuali. Ricordiamo che, oltre ad organizzare gerarchicamente i rapporti sintattici all'interno della frase o del periodo, esse sono in grado di pianificare, come gli altri segnali discorsivi, anche porzioni testuali più ampie di un periodo. Vediamo ad esempio un passo di un discorso orale (una lezione universitaria registrata in BERRETTA 1984: 243):

«[...] lui ministro della pubblica istruzione ebbe a dichiarare in pubblico che tutte le scienze in realtà gli interessavano, meno, diceva, quella casta, insignificante signora che risponde al nome di Pedagogia: *ed* era ministro della pubblica istruzione – *e quindi*, siccome i problemi pedagogici a lui non interessavano, [ride] un tipo di approccio pedagogico coi problemi di qualsivoglia letteratura o adulta o per l'infanzia o che fosse, a lui proprio non interessava».

In questo passo, i connettivi *ed* e *e quindi*, oltre a coordinare le tre frasi reggenti («[...] ebbe a dichiarare [...]» – «[...] era ministro [...]» – «[...] un tipo di approccio pedagogico [...] a lui proprio non interessava»), servono a mettere in relazione due differenti ordini di discorso: la prima porzione di testo ha la funzione di riportare un discorso fatto da altri, oggettivamente; la seconda, mediante i segnali discorsivi, introduce un commento ironico (si noti il tratto paralinguistico tra parentesi quadre «[ride]») del locutore su quanto detto da altri. Si noteranno anche le riprese anaforiche «ebbe a dichiarare [...] diceva» e «a lui non interessavano [...] a lui proprio non interessava», caratteristiche della pianificazione non scritta del discorso.

11. Nelle forme di esposizione monologica piuttosto estese (racconto, conferenza, lezione scolastica, ecc.) intere frasi o periodi possono servire da segnali discorsivi:
a) Per riprendere, anaforicamente, quanto è già stato detto, evitando che il discorso si disperda in digressioni troppo lunghe; ad esempio: «come dicevo prima...», «ma, per tornare al punto», «se riflettete a quel che ho detto poco fa», ecc.
b) Per programmare la trattazione di un tema in una porzione di testo che deve ancora venire, invitando l'interlocutore a

mantenere desta l'attenzione: «come vedremo tra breve», «come avrò modo di dirvi in seguito», ecc.
c) Per annunciare o preannunciare la fine dell'esposizione; ad esempio: «ma – e qui finisco –...», «approfitterò ancora per poco della vostra attenzione», «mi pare che sia tutto», «per oggi basta così» (nelle lezioni), ecc.
Particolarmente elaborate sono le forme di preambolo, di ripresa e di congedo della lingua letteraria antica e moderna. Qualche esempio: «Io... umilmente vi prego, vogliatemi lasciar usare la pazienza degli orecchi vostri» (Liburnio, *Le Selvette*); «Io m'avvedo ch'è tempo di finirla, e non mi ci so ridurre. Conviene ch'io mi faccia forza, ed è già tardi, perché, se la vostra pazienza non è soprumana, io senza fallo debbo averla stancata» (Leopardi, *Poesie e prose*); «Di cotesta ultima cosa io ti posso compiacere; e sono per farlo» (Leopardi, *Poesie e prose*).

12. Un tipo di pianificazione molto rigorosa di un testo scritto può richiedere la sua suddivisione in serie di paragrafi contraddistinti da numerali cardinali o ordinali (che chiameremo «demarcativi seriali»); è il caso di elenchi, testi giuridici (suddivisi in *articoli* e *commi*), forme di prescrizione e istruzioni (le cosiddette 'istruzioni per l'uso', le ricette culinarie, ecc.), e di numerosi altri tipi testuali (tra i quali la presente *Grammatica*). Troviamo segnali discorsivi di questo tipo anche in forme orali di esposizione scientifica ispirate dal modello della lingua scritta (un esempio in BERRETTA 1984: 244: «È un pericolo, un rischio che può essere affrontato, se si conta, *primo*: [segue una spiegazione in più periodi]. *In secondo luogo perché* [ancora lunga spiegazione]; *e in terzo luogo perché* [ecc.]»).

13. Alcuni segnali discorsivi contraddistinguono talvolta generi o forme letterarie. Così, ad esempio, segnali d'apertura del tipo di «c'era una volta» (cfr. il francese «il y avait une fois» e «il y avait jadis», il tedesco «es war einmal», l'inglese «once upon a time», tutti con lo stesso significato) caratterizzano il genere della fiaba; il segnale d'apertura «c'è» caratterizza il genere minore della barzelletta («C'è un tizio che ha il mal di testa; va dal dottore e...», ecc.); in molte forme di testo per musica, il ritornello funge da demarcativo fra strofa e strofa, ecc.
Gli scrittori possono creare talvolta dei segnali discorsivi per articolare il prodotto letterario secondo le proprie esigenze espressive: un esempio famoso di 'demarcativo d'autore' è la parola *stelle*, che conclude simbolicamente tutte e tre le cantiche della *Commedia* dantesca: «e quindi uscimmo a riveder le *stelle*» (*Inferno*, XXXIV 139), «puro e disposto a salire a le *stelle*» (*Purgatorio*, XXXIII 145), «l'amor che move il sole e l'altre *stelle*» (*Paradiso*, XXXIII 145).

X. L'INTERIEZIONE

1. L'*interiezione* o *esclamazione* è una parola invariabile che esprime una reazione improvvisa dell'animo (di gioia, dolore, sorpresa, diffidenza, sdegno: *ah*, *oh*, *mah*, ecc.) o manifesta, perlopiù accompagnata da gesti, un ordine (*alt!*), una preghiera (*deh!*), un saluto (*salve!*), un richiamo (*senti!*).
Graficamente, è spesso seguita da un punto esclamativo o da un punto interrogativo, quando si voglia indicare una reazione di meraviglia, perplessità, incredulità (*eh?*, *davvero?*) o quando abbia funzione fàtica (*pronto?*, *sì?*, *come?*). Foneticamente, ogni interiezione ha una sua intonazione caratteristica; anzi, la stessa sequenza può cambiare radicalmente significato a seconda della curva prosodica con cui è pronunciata. Si pensi, per l'italiano, alla diversa realizzazione di *eh* in «eh, via!», che esprime rimprovero, e in «eh, può darsi!», che indica una risposta dubitativa.
Distinguiamo tra le interiezioni *primarie*, che hanno sempre e soltanto valore interiettivo (*ohibò!*, *bah*, *sciò*, ecc.), e le interiezioni *secondarie*, parti del discorso autonome che possono essere usate anche con questa funzione e che possono, se aggettivi o verbi, modificarsi a seconda del genere o del numero (aggettivi: *bravo!*, *brava!*, *bravi!*, *brave!*; avverbi: *fuori!*; sostantivi: *guai!*; verbi: *andiamo!*, *guarda!*, *guardate!*). Le interiezioni, primarie e secondarie, sono alla base delle *locuzioni interiettive*, costituite da più parole (*ahi me misero!*) o anche da un'intera frase (*Signore, aiutaci tu!*).
Una caratteristica comune di tutte le interiezioni consiste nella loro capacità di realizzare il significato di una frase intera (cfr. POGGI 1981: 22). Immaginiamo un insegnante che voglia ridurre al silenzio una scolaresca irrequieta: tamburella col palmo della mano sul tavolo, lancia occhiate severe alla classe e poi dice irritato: «Beh?». Se volessimo sostituire questa espressione – così semplice eppure così eloquente – sarebbe giocoforza ricorrere ad altre interiezioni («Allora?», «Dunque?»; o anche, con intonazione imperativa: «Zitti!», «Silenzio!», «Basta!»), oppure a una frase verbale (ad esempio: «Volete finirla?», «Finitela con questo chiasso!», «Adesso sono proprio stufo!», ecc.).
Un altro tratto distintivo delle interiezioni è il loro impiego nel discorso diretto. In quello indiretto, possono essere citate solo precedute da un articolo e, se sono scritte, vanno di norma inserite tra virgolette o stampate in corsivo: «mutar lor canto in un 'oh!' lungo e roco» (Dante, *Purgatorio*, V 27); «Renzo arrivò tutto trionfante, fece il suo rapporto, e terminò con un *ahn?* interiezione che significa: sono o non sono un uomo io? si poteva trovar di meglio? vi sarebbe venuta in mente? e cento cose simili» (Manzoni, *I Promessi Sposi*, VI 57).

2. Le interiezioni sono di norma autosufficienti, cioè sono sciolte da ogni legame sintattico. Solo in alcuni casi possono reggere un complemento («Addio a tutti!», «accidenti alla pioggia!»).

Nell'italiano antico e nella lingua poetica ricorrono proposizioni introdotte da *che* dopo un'interiezione primaria: «ah, ch'io ho preso errore!» (A. Allegri, cit. in VIANI 1858: 51), «Ah, che la morte ognora / è tarda nel venir / a chi desia morir!...» (S. Cammarano, *Il Trovatore*, in VERDI-BALDACCI 1975: 287). In questi casi il *che* può essere interpretato come una congiunzione polivalente con valore causale (cfr. XIV.82) che dipende da un sottinteso «misero me» o simili.

3. Mentre per le interiezioni secondarie ogni lingua fa storia a sé, molte interiezioni primarie che riproducono espressioni elementari di sentimenti o di situazioni comuni sono quasi universali. È il caso di *ah!* per esprimere sorpresa o dolore. Tuttavia, non bisogna generalizzare. Anche tra due lingue molto vicine, storicamente e geograficamente, possono esserci notevoli diversità nel sistema interiettivo. Così, il francese e l'italiano concordano nell'uso di *bah*, ma si differenziano nelle interiezioni di richiamo (all'italiano mancano le forme *hé!*, *hem!*, *hep!* proprie, con questa funzione, del francese familiare).

4. Alcune interiezioni, specie quelle secondarie, hanno un valore abbastanza stabile, in qualunque contesto d'uso: *zitto!*, *avanti!*, ma anche: *puah!*, *uff!*. Altre, esprimendo un'emozione generica, si adattano a molte situazioni. Per esempio, *ah* (su cui cfr. POGGI 1981: 117-128) nei *Promessi Sposi* – come in qualunque altro testo moderno – può indicare, tra l'altro:
a) rimprovero: «Ah figliuola! è una scappata grossa, me l'avete fatta» (VI 39);
b) ira: «– Ah cane! – urlò Renzo» (II 46);
c) sorpresa: «– Ah! – esclamò, arrossendo e tremando, – fino a questo segno!» (II 59);
d) desiderio: «Ah! se potessi, pensava il povero frate, se potessi tirar dalla mia i miei frati di qui, que' di Milano!» (V 6);
e) tristezza: «Ah! vedo che i miei ultimi anni ho da passarli male!» (XXIV 30);
f) soddisfazione: «Ah! ci siamo» (III 24); «– Ah! è morto dunque! e proprio andato! – esclamò don Abbondio» (XXXVIII 18);
g) sorriso o riso; in genere è ripetuta: «– Ah ah! - disse Bortolo – l'hai scampata tu. Buon per te!» (XXXIII 35). Iterata più volte indica una franca risata, che può essere anche derisoria. In mancanza di esempi manzoniani, potremo ricordare la battuta di Lamberto Laudisi con la quale si conclude ciascun atto di *Così è (se vi pare)* di Pirandello: «Ah, Ah, Ah, Ah» (nella didascalia del primo atto si legge esplicitamente: «Scoppierà a ridere forte»).

Interiezioni primarie

5. Le interiezioni primarie possono presentare varie peculiarità grafiche (o fonetiche) che le pongono al di fuori o ai margini del sistema linguistico di appartenenza. Nell'italiano contemporaneo il grafema *h* compare spesso nelle interiezioni, o in posizione finale (*eh*) o all'interno di parola (*ahi*, *uhm*). Ha solo raramente e occasionalmente valore fonetico (cfr. I.134), ma serve, nello scritto, per evitare omografie (*e* 'eh' si confonderebbe con la congiunzione; *ai* 'ahi' con la preposizione articolata) e comunque è diventato ormai un marchio distintivo dei monosillabi esclamativi.
Particolari oscillazioni fonico-grafiche dipendono da ragioni espressive: un *uff* può assumere un'altra *f* per accentuare l'idea di fastidio (così nel *Giuoco delle parti* di Pirandello, V 25), un *oh* diventare *ohhh* come in Collodi, *Pinocchio*, 86 («cacciò un lunghissimo *ohhh!* di meraviglia, e rimase là incantato, cogli occhi spalancati»), un *ah* trasformarsi in *aah* come in Bassani, *Il giardino dei Finzi-Contini*, 213 («e l'aumento della luce, non appena conseguito, venne da lei salutato con un grosso 'aah' di soddisfazione»), ecc.

6. Quasi tutte le interiezioni primarie sono voci espressive, di formazione indigena. Di provenienza straniera sono due gridi guerreschi: *urrah* o *hurrà*, di origine russa, ma giuntoci attraverso il francese e l'inglese (in UGOLINI 1855: 247 si legge: «chi usasse questa esclamazione in luogo di *viva* parlerebbe da barbaro Cosacco nella gentile Italia») e *eja*, *eja alalà*, in cui si fondono le due interiezioni greche *eja* e *alalà* secondo un modulo diffuso da G. D'Annunzio nel 1917 e poi fatto proprio dal Fascismo. Forestierismi sono anche

X. L'interiezione

alt, anticamente *alto* (mantenutosi nella locuzione militaresca *altolà!*), di provenienza germanica (cfr. ted. *halten* 'fermarsi'), l'antiquato *alò* 'su, orsù', molto diffuso nei dialetti italiani dei secoli scorsi (ZOLLI 1971: 164-165) e che non è altro che il franc. *allons* 'andiamo', con valore esortativo, e *marsch* (cfr. X.17). Dal francese viene anche *alé* (*allez* 'andate'), usato spesso negli stadi, come incitamento: «alé, alé, Milan!».
Altre interiezioni primarie:

7. *Ahi* – Esprime fondamentalmente un dolore, fisico o morale. Nel primo caso, più raramente nel secondo, può essere ripetuta: «– Ahi! ahi! ahi! – grida il tormentato» (Manzoni, *I Promessi Sposi*, XV 61).
Per indicare viva sofferenza, deprecazione, indignazione è di uso letterario e ricorre spesso in poesia. Si pensi alle apostrofi dantesche («Ahi Pisa, vituperio de le genti» *Inferno*, XXXIII 79, «Ahi serva Italia, di dolore ostello» *Purgatorio*, VI 76) o alle allocuzioni del Leopardi a Silvia o a Nerina («Ahi come, / come passata sei, / cara compagna dell'età mia nova, / mia lacrimata speme!» *A Silvia*, 52-55; «Ahi Nerina! In cor mi regna l'antico amor» *Le ricordanze*, 157-158). *Ahi* può combinarsi con il pronome personale *me*, senza apprezzabili differenze rispetto all'uso della forma semplice: «Ahimè, non mai due volte configura / il tempo in egual modo i grani!» Montale, *Ossi di seppia*. Con altri pronomi assume oggi valore ironico o scherzoso: *ahitè* o *ahi te*, *ahilui* o *ahi lui*, ecc. (per esempio: «ahinoi, siamo assai mal combinati!», E. Scalfari, nella «Repubblica», 24.12.1977; «la barba saggia ma ahilei bianca del re», «L'Espresso», cit. in BRUNET 1985: 200).

8. *Bah* – Denota rassegnazione, indifferenza, un vago senso di fastidio: «– Bah! borbottò poi volgendosi bruscamente, come se volesse scacciare i pensieri tristi – non ci pensiamo!» (Pascarella, *Opere*).

9. *Beh, be'* – Forma apocopata di *bene*, può essere usata nel linguaggio familiare con valore conclusivo, per troncare un dialogo («– Be', andiamo a letto, allora – fece suo padre», Cassola, *Il taglio del bosco - Racconti lunghi e romanzi brevi*); o per introdurre un commento critico o rassegnato («Vuol vedere com'è il mondo rappresentato dai romanzieri americani a lui contemporanei. Beh, ne resta deluso», B. Placido, nella «Repubblica», 9.2.1986) o anche, con intonazione interrogativa, per sollecitare qualcuno a proseguire un discorso: «Beh, che hai deciso?»; «– Sono stato in banca –, – Beh?» (sui diversi valori di *beh* cfr. POGGI 1981: 91-108).

10. *Boh* – Esprime dubbio, indifferenza, reticenza a pronunciarsi su qualcosa; è caratteristica – ma non esclusiva – dell'uso regionale romano, come si ricava anche dal seguente esempio di P. P. Pasolini (*Ragazzi di vita*, 41): «– Che fate oggi? – fece del resto il Riccetto stesso. – Boh – fece Alvaro, prendendo tempo, con espressione da una parte stanca, dall'altra allusiva e misteriosa».

11. *Deh* – Esclamazione di tono letterario, è propria del linguaggio poetico tradizionale, dove è spesso usata per introdurre un discorso («Deh, se riposi mai vostra semenza» Dante, *Inferno*, X 94; «Deh perché fuggi rapido così?» Carducci, *Davanti San Guido*, 14). Oggi sopravvive come invocazione nelle preghiere; per esempio nella giaculatoria cantata alla Madonna nella processione della «Via Crucis»: «Santa Madre, deh Voi fate / che le piaghe del Signore / siano impresse nel mio cuor».

12. *Eh* – È tra le interiezioni più ricche di sfumature. Si pronuncia ora chiusa ora aperta (e può indicare impazienza: «eh, che maniera!» Jovine, *Signora Ava*; sorpresa o rimprovero: «– Eh! eh! che novità è questa? – disse Don Abbondio» Manzoni, *I Promessi Sposi*, II 33); ma sempre aperta nelle risposte, con valore di 'così così' (uso documentato già nel XVII secolo dal grammatico Cinonio, *Osservazioni della lingua italiana*), oppure, ripetuta, per indicare una risata, o piuttosto un sogghigno. Con tono interrogativo, ha funzione metalinguistica (già il Giambullari nel Cinquecento scriveva: «usiamo noi di rispondere quando non abbiamo inteso bene: Eh?»), in concorrenza con *come?*, *che?* o con le formule più gentili *scusa/scusi?, come hai/ha detto?, non ho sentito bene*, ecc. (su *eh* cfr. POGGI 1981: 130-145).

13. *Ehi* – Serve soprattutto per richiamare l'attenzione ed è spesso seguita dal nome dell'interpellato: «Ehi! ehi! signori, un momento» (Manzoni, *I Promessi Sposi*, XIII 53).

14. *Ehm* – Indica un dubbio o una minaccia non espressa: «fu perciò assai sgradevolmente sorpresa, sentendo Stefano emettere degli 'Ehm! ehm!' dubitativi» (Moravia, *Le ambizioni sbagliate*).

15. *Ih* – Esprime viva sorpresa, generalmente per emozioni sgradevoli, o addirittura disgusto: «[LEONE] Verso le due, tu sognerai di schiacciare tra i denti una lucertola – [GUIDO, *con una smorfia di ribrezzo*] No... ih! che dici?» (Pirandello, *Il giuoco delle parti*, III 38). Ripetuta, denota un riso beffardo, canzonatorio, o anche un pianto infantile: «Ho voluto dar retta ai compagni, e ora la pago! Ih!... Ih!... Ih!...» (Collodi, *Pinocchio*, 103).

16. *Mah, ma* – È la congiunzione avversativa *ma*, usata come interiezione; indica incertezza, perplessità, specie di fronte a una domanda cui non si sappia o non si voglia rispondere compiutamente: «[MADDALENA] È terribile... Non possiamo più leggere neanche un giornale! – [MAURIZIO] No? Perché? – [MADDALENA] Mah! Ha certe idee sulla stampa...» (Pirandello, *Il piacere dell'onestà*, III 174).

17. *Marsch, marsc, marc* (o anche *marsc', marc'*, per contrassegnare il valore palatale, non velare, di *c*) – Comando militare, che impone di mettersi in marcia (ed è un francesismo, come *marcia* e *marciare*: franc. *marche!* 'cammina'). Si usa anche nella formula *avanti, marsch!* e oltre che a soldati può essere rivolto ad atleti. Nel linguaggio comune ha sempre una venatura scherzosa, come in questo esempio di G. A. Borgese, *Rubè*: «all'ora del tè Celestina li faceva sfilare [i bambini], marsc', per fila sinistra! davanti agli amici».

18. *Neh* (antiquato *ne*; sempre con *e* aperta) – Si usa per confermare un'asserzione in frasi interrogative (='non è vero?') o esclamative (='davvero'). È di uso prevalentemente settentrionale: il Manzoni eliminò i tre esempi presenti nella prima edizione dei *Promessi Sposi* sostituendoli con *eh* o *n'è vero* (per esempio: «convertito, è convertito da vero; *neh?*»>«convertito, è convertito davvero, eh?»: cfr. MEDICI 1976: 34).

19. *O* (con *o* chiusa) – Si usa per rafforzare il vocativo (e qualifica un discorso sostenuto e solenne: «O Muse, o alto ingegno, or m'aiutate» Dante, *Inferno*, II 7; «leggi, o pupilla» Pascoli, *Morte e sole*, 4). Nell'uso toscano è comune un altro *o*, che a differenza di questo produce raddoppiamento sintattico (cfr. I.64 sgg.) e che serve genericamente a sottolineare una frase esclamativa («O senta il caso avvenuto di fresco» Giusti, *Sant'Ambrogio*, 5) o interrogativa («O il padrone della capanna dov'è?» Collodi, *Pinocchio*, 154).

20. *Oh* (con *o* chiusa o aperta) – Di impiego molto esteso, può esprimere tra l'altro gioia, lieta sorpresa («Oh me felice» Saba, *Il canzoniere*, «Oh! è primavera» Ungaretti, *Il deserto e dopo*), dolore (generalmente morale, non fisico: «Oh infinita vanità del vero!» Leopardi, *Zibaldone di pensieri*), sdegno e ira («Oh stoltissime e vilissime bestiuole» Dante, *Convivio*) o indicare un semplice richiamo, come nella battuta conclusiva del *Giuoco delle parti* di Pirandello (III 119): «[FILIPPO *entra dall'uscio a sinistra* (...) *Poi, nel silenzio tragico, lo chiama con voce cupa*] Oh!».

21. *Ohi*, raramente *oi* (con *o* aperta o, in varianti regionali, chiusa) – Indica sofferenza fisica («– Ahi! Ahimè! Ohi! Ora, ora! – s'urlava di giù» Manzoni, *I Promessi Sposi*, XII 30) o morale («– Ohi, ohi, ohi – pensò Don Abbondio» Manzoni, *I Promessi Sposi*, XXIII 51). Ripetuto, può esprimere una risata incontenibile: «[PULEJO] Ah! ah! ah! ah! E che pre... e che pre... e che pretendi... ohi ohi ohi... ah...ah...ah... pre... pretendi che costringa l'asino a bere per forza? Ah! ah! ah!» (Pirandello, *L'uomo, la bestia e la virtù*, III 293). Come *ahi*, può combinarsi col pro-

X. L'interiezione

nome *me* (*ohimè* e raramente *oimè*) e anticamente anche con *te*, *sé* (*oitè*, *oisè*, citati in MOISE 1878: 1060). Con l'elemento espressivo *bo* forma *ohibò*, oggi usato solo in frasi scherzose.

22. *Ps, pst!* – Tipica interiezione confidenziale di richiamo ravvicinato. Può anche introdurre un consiglio, un avvertimento, un comando: «Pst! Fagotto, e via!» (Pirandello, *Il berretto a sonagli*, VII 204).

23. *Puah* – Come la variante più rara *puh*, «si manda fuori per aborrimento di cosa fetente» (MOISE 1878: 1064), che offenda olfatto o vista o che disgusti moralmente o intellettualmente: «sembran tante letteratesse, puah!» (Imbriani, *Studi letterari*, 340).

24. *Sciò* – È l'unica interiezione del presente elenco a essere espressamente rivolta ad animali, non a esseri umani. Si tratta di un verso, come osserva TOMMASEO-BELLINI 1865-1879: V 660, «che usasi per iscacciare i polli» (o anche altri animali domestici o da cortile).

25. *St, sst* – Verso usato confidenzialmente, per imporre silenzio, in genere accompagnato dal gesto di porre l'indice destro sulla bocca: «Ssst... parla piano: vuoi che vada a ridir fuori i nostri discorsi?» (Cassola, *La ragazza di Bube*, 199). Altre varianti sono *ss*, *sss*, *ssss* («Ssss, sta' zitta» Pirandello, *Pensaci, Giacomino!*, VII 18) e *shh*: «Mamma, che fai! – Shh! – aveva replicato col dito in mezzo alle labbra e la testa pronta a ciondolare» (Montefoschi, *Lo sguardo del cacciatore*, 17).

26. *To'*, meno frequente *toh* – È propriamente l'imperativo apocopato di *togliere* nell'accezione arcaica di 'prendere'. Si dice accompagnando il gesto di dare qualcosa a qualcuno (anche 'percosse' o simili), oppure per indicare genericamente sorpresa: «– To' – disse Renzo – è un poeta costui» (Manzoni, *I Promessi Sposi*, XIV 39). Su questa interiezione cfr. POGGI 1981: 111-116.

27. *Uff, uffa* – Espressione molto comune per manifestare noia, fastidio, insofferenza: «uff, che barba!», «uffa! che caldo!».

Non rara la variante *auff*: «[MARIANNA *aprendo l'uscio della terza classe e venendo fuori tutta impolverata con la scopa e gli altri oggetti di pulizia*] Auff! e qua è fatto!» (Pirandello, *Pensaci, Giacomino!*, VII 20).

28. *Uh* – Di uso molto meno frequente di *ah* e *oh*, ne condivide però la latitudine di significato. Può indicare sorpresa, disappunto, dolore, ilarità: «Uh! ha voglia di scherzare, lei» (Manzoni, *I Promessi Sposi*, XXXVIII 26); «– Uh, che freddo, che umidità...! – gridò la madre» (Moravia, *Gli indifferenti*, 175).

29. *Uhm* – Serve a esprimere dubbio, perplessità, sospensione di giudizio: «– Ma che dici? Io là non conosco nessuna ragazza – [...] – Uhm, fece Mara, poco persuasa» (Cassola, *La ragazza di Bube*, 33).

30. *Veh, ve'* – È in origine la forma apocopata dell'imperativo di *vedere* (ancora a metà tra verbo e interiezione è l'esempio dantesco di *Purgatorio*, V 4-5: «'Ve' che non par che luca / lo raggio da sinistra a quel di sotto»). Di uso letterario o regionale, serve per richiamare qualcuno e, in particolare, per ammonirlo: «Ma con buona maniera, ve'; che non paia che tu le faccia l'elemosina» (Manzoni, *I Promessi Sposi*, XXIV 49).

31. Altre interiezioni hanno evidente origine onomatopeica: per esempio *bum!* per alludere a una detonazione (e, figurativamente, come commento ironico a una spacconata altrui), *etcì*, che riproduce l'effetto acustico di uno starnuto («– Povero vecchio! lo compatisco!... *Etcì, etcì, etcì* – e fece altri tre starnuti» Collodi, *Pinocchio*, 33), *zac* o *zacchete*, che indica un taglio secco o, estensivamente, un'apparizione brusca e generalmente inopportuna («ed il Pindemonte, zàcchete, ce ne inzeppa subito una [di apostrofe]» Imbriani, *Studi letterari*, 327).

32. Nei fumetti s'incontrano spesso interiezioni onomatopeiche, non solo nelle vignette, fuori dalla «nuvoletta» – quasi una colonna sonora che accompagna la scena rappresentata – ma anche nelle battute dei personaggi: *grrr* esprime l'ira, *slurp* la voracità del mangiare e del bere, ecc. In diversi casi si tratta di onomatopee apparenti: i vari *sigh, sob, gulp, mumble* dei fumetti di Walt Disney, poi ereditati dai fumetti di produzione italiana, non sono altro che voci inglesi (rispettivamente: *to sigh* 'sospirare', *to sob* 'singhiozzare', *to gulp* 'inghiottire', *to mumble* 'borbottare') pronunciate dai giovanissimi lettori così come sono scritte e prese per inserti esclamativi, in forza d'una certa suggestione fonosimbolica (BRUNI 1984: 90).

33. Tra le interiezioni primarie possono rientrare le formule di imprecazione: caratteristiche quelle di origine blasfema, alterate per ragioni eufemistiche attraverso sostituti parafonici che dissimulano il nome di Dio e della Madonna: *perdinci, perdiana, perdindirindina*, oppure: *madosca, maremma, porca mattina*, con diversa distribuzione regionale (cfr. GALLI DE' PARATESI 1964: 120; per una specifica subregione, quella parmense, cfr. PETROLINI 1971: 29-40). Sostituti parafonici compaiono anche per mascherare esclamazioni triviali: *cavolo!, cacchio!, caspita* e *caspiterina!*, anticamente anche *caspio!* (Guadagnoli, cit. in MOISE 1878: 1049).

Interiezioni secondarie

34. Le interiezioni secondarie costituiscono una categoria aperta. Sono pressoché infinite le espressioni che, in un certo contesto, sono utilizzabili come interiezioni. Così, nella gamma ristretta degli zoonimi, possiamo indirizzare a un altro o a un'altra una fitta serie di epiteti (quasi tutti, si noterà, connotati negativamente): *cane!, porco!, maiale!, verme!, pecora!, serpente!, vipera!, oca!, gallina!, vacca!, asino!, somaro!, pollo!, troia!, micio!, micia!, baccalà!, sanguisuga!, tartaruga!*, oltre agli iperonimi *bestia!* e *animale!*.
A differenza di gran parte delle primarie, le interiezioni secondarie hanno un significato trasparente e immediato.

35. Molte di esse hanno funzione conativa, agiscono cioè sul destinatario del messaggio, rivolgendogli un ordine (*zitto!, voce!, fuori!, dentro!, basta!*), un'esortazione (*coraggio!, animo!, su, suvvia!, andiamo!*) una preghiera (*pietà!, perdono!, scusa, scusi!*) o anche esprimendo apprezzamento (*bene!, bravo!, giusto!, esatto!*) o biasimo (*male!, vergogna!, sciocco!, maledetti!*). Un'imprecazione generica, oggi molto comune nel registro informale è *accidenti!*, ellissi di frasi come 'ti vengano degli accidenti' e simili. Appena un secolo fa, l'esclamazione era giudicata severamente in TOMMASEO-BELLINI 1865-1879: I 86: «interiezione volgarissima per esprimere o per affettare maraviglia». Della censura sociale che colpiva *accidenti!* sono testimoni i sostituti parafonici *acciderba, accidempoli, accipicchia* e la forma tronca *acci...!*.

36. Altre espressioni interiettive sono usate con valore fàtico, per attivare il canale comunicativo. Si pensi alle formule telefoniche di apertura *pronto?* e *sì?* (quest'ultima diffusa anche come risposta a un richiamo, sul modello dell'inglese *yes?* e del francese *oui?* [MENARINI 1947: 14]); a *senti, senta* o anche: *scusa, scusi, per favore*, tutte espressioni usate per attirare l'attenzione di qualcuno.
Ma *senti, senta* (e *vedi, guarda*, ecc.) possono svolgere nel parlato la semplice funzione di articolare il discorso (cfr. MANILI 1983, da cui traiamo gli esempi che seguono): «Importante, sicuro! Importantissimo! Senti, ti ricordi di una frase che mi hai detto ieri?»; «Vedi? Continui a fare i paragoni, poi li sbagli».
Funzioni non dissimili ritroviamo in alcuni usi di *ecco, insomma, già, si sa, sfido!*, ecc. (SPITI VAGNI 1983). Due esempi dal teatro pirandelliano, in cui questi elementi sono utilizzati con viva sensibilità per il parlato reale (BALDELLI 1982: 654): «Sarebbe stato meglio che, invece di lei, fosse venuta sua moglie – ecco – ad aiutarti» (*L'amica delle mogli*, VI 128); «Ma gli ho risposto bene, mi pare. Sfido! Sono andati a prendersi certe mummie!» (ivi, VI 151). Su *ecco*, in particolare, cfr. più oltre, XII.58-59.

37. Anche *no*, oltre che come avverbio di risposta a un'interrogativa totale (cfr. XIII.7a: «Hai sonno? – No»), viene usato come interiezione (POGGI 1981: 148-161). Può trovarsi, spesso preceduto da *ah*, per

X. L'interiezione

confermare un'informazione negativa dell'interlocutore («Non vado più a Lecce – Ah no?»), oppure quando il parlante non sia sicuro di una propria affermazione e ne chieda una verifica («Tu sei di Savona, no?») o anche solo come intercalare, proprio del parlato informale («Qui d'inverno c'è sempre nebbia, no?, e due o tre raffreddori te li pigli sempre»).

Tutte queste espressioni interiettive rientrano nel più vasto àmbito dei «segnali discorsivi» messi in atto dal parlante per la pianificazione del discorso orale e sui quali cfr. IX.4 sgg.

Saluti

Un particolare tipo di interiezione è costituito dalle formule di saluto. Vediamone le più comuni.

38. *Addio* – Tra le più antiche formule di congedo, ha mutato però il suo valore nel corso del tempo. Fino a gran parte dell'Ottocento – e ancora oggi nell'uso dei toscani più anziani (NENCIONI 1982: 18) o in singole aree regionali (come Bologna: cfr. F. Foresti, «IO», 1986, 5, 218) – *addio* indica semplicemente un distacco affettuoso e confidenziale da uno o più interlocutori. Nell'uso corrente dell'italiano contemporaneo *addio* contrassegna invece una separazione avvertita come definitiva, dolorosa o polemica (per esempio dopo un litigio). In uno dei più famosi *addii* della letteratura italiana, l'*Addio monti...* dei *Promessi Sposi* (VIII 93-98), la formula di saluto ha ancora il valore tradizionale: l'emigrante che parte dal suo paesello, «tratto dalla speranza di fare altrove fortuna», non pensa certo a un allontanamento definitivo, ma si culla nella prospettiva «che, un giorno, tornerà dovizioso»; e anche Lucia, Renzo e Agnese, pur non potendo «con l'immaginazione arrivare a un momento stabilito per il ritorno», non ne pèrdono però la speranza. Ma in una delle *Novelle rusticane* di G. Verga, del 1883 (Verga, *Novelle*, I 421-422), *addio* ha già il valore attuale: «– Addio dunque... –. Ella non rispose e chinò il capo; ma gli strinse forte la mano sotto la pelliccia e si scostò di un passo. – Non addio. Arrivederci! –. – Quando? –. – Non lo so. Ma non addio». Un relitto dell'accezione più antica si ha nell'espressione *ultimo addio* (invece del semplice *addio*) per indicare l'estremo saluto a un defunto: si veda questo esempio della «Stampa» del 30.11.1985, 15: «Tanta folla ieri pomeriggio nella piccola chiesa degli Angeli Custodi, in via Avogadro, per l'ultimo addio a...».

39. *Arrivederci, arrivederla* – Formule di congedo molto diffuse; più confidenziale la prima, che può essere rivolta a un singolo o a un gruppo, più formale la seconda, sempre individuale, che presuppone con l'interlocutore l'uso del «lei» come pronome allocutivo (cfr. VII.84 sgg.). Nonostante la trasparente etimologia, possono usarsi anche quando non si stia materialmente «vedendo» l'interlocutore (per esempio a chiusura di una telefonata), in luogo dei più rari *a risentirci, a risentirla*. Nel toscano popolare *arrivederla*, se rivolto a un uomo, è spesso alterato in *arrivederlo, arrivedello*: «vogliam pagar di borsa e di cervello, / e non vogliam Tedeschi: arrivedello» (Giusti, *Sant'Ambrogio*). Inusuale l'impiego di *arrivederla* al plurale, con accordo del pronome atono: «– Arrivederle signore, – disse Palle sporgendo mezzo viso dalla porta d'entrata» (Palazzeschi, *Sorelle Materassi*, 329).

40. *Buondì* – Concorre nell'uso con *buongiorno*, di cui è meno comune, sia per diffusione geografica (è per esempio raro in Toscana: cfr. NENCIONI 1982: 18), sia per àmbito d'uso. Il Manzoni, che nella prima edizione del romanzo aveva fatto dire a Renzo «Buondì, Perpetua» (*I Promessi Sposi*, II 42), sostituì poi questa formula con «Buon giorno, Perpetua»; e Policarpo Petrocchi (PETROCCHI 1919: I 36 n. 17) commentava: *buondì* «non si dice che per ischerzo».

41. *Buongiorno* e *buonasera* – Sono usate come formula di saluto sia di apertura sia di commiato, e possono essere rivolte vuoi al singolo (hanno allora carattere non confidenziale e si accompagnano preferibilmente al «lei» che al «tu»), vuoi al gruppo. Sono i classici saluti della prima e della seconda parte della giornata.

Ma il passaggio dal momento del «buongiorno!» a quello del «buonasera!» è legato ad abitudini individuali o anche regionali (cfr. SOBRERO 1978: 140-141). Caratteristico il caso dell'italiano di Sardegna, in cui *mattina* «è la denominazione della parte della giornata fino al primo pasto», mentre *sera* «si riferisce all'arco di tempo che intercorre fra il primo e il secondo pasto». Può accadere allora che alle 14 due persone si salutino «l'una con *buon giorno*, l'altra con *buona sera*, solo perché la seconda, a differenza della prima, ha già consumato il pasto principale del mattino» (LOI CORVETTO 1983: 202-203). In alcune aree regionali sono comuni le varianti *buona giornata* e, anche, *buona serata*.

42. *Buonanotte* – Saluto generale di commiato della tarda serata, in particolare prima di andare a dormire. Frequente l'uso scherzoso, per indicare la conclusione di una faccenda, l'impossibilità di rimediare a qualche inconveniente (col valore di 'quel che è fatto è fatto', 'non pensiamoci più' e simili): «avrei voluto esser già sbronzo e buona notte» (Pavese, *Il compagno*).
Di *buongiorno*, *buonasera*, *buonanotte* sono in uso anche varianti ridotte (*giorno!*, *sera!*, *notte!*), marcate in senso appena formale come segni di un saluto appena abbozzato: «– Buonasera –, dice. – Sera, risponde la fruttivendola avvicinandosi» (D'Agata, *Il medico della mutua*, 80).

43. *Ciao* – Saluto molto confidenziale, individuale (ma sta diffondendosi, specie attraverso la televisione, il vezzo di adoperare *ciao* come saluto di gruppo), usato per l'apertura e il commiato. È di origine settentrionale e specificamente veneta (*s'ciao*, propriamente 'schiavo [tuo, vostro]') e si è generalizzato solo negli ultimi decenni, fino a diventare una delle parole italiane d'oggi più conosciute e familiari all'estero (per il bulgaro si veda ad esempio PISSINOVA 1984: 253).
È significativo che tra i primi esempi letterari di *ciao* vi siano quelli di due scrittori settentrionali entrambi molto attenti al «color locale», E. De Marchi («era un miracolo se questi due fratelli, incontrandosi, si dicevano un 'ciao' a mezza bocca» *Demetrio Pianelli*, 94) e A. Fogazzaro («– Ciao – diss'egli quando Franco entrò» *Piccolo mondo antico*, 203).

44. *Nuovamente, di nuovo* – È il cosiddetto saluto di congedo rinnovato (ALINEI 1984: 24), formula rapida e frettolosa con la quale ci si rivolge a qualcuno che abbiamo appena salutato e che incontriamo ancora una volta, subito dopo.

45. *Salute* – Oltre ad essere l'augurio familiare che si pronuncia quando qualcuno starnutisca, può essere usato come formula di saluto per l'apertura e più raramente per il commiato, rivolta a un singolo o a un gruppo: in questo caso ha spesso tono ricercato (o scherzoso). Ecco un esempio letterario di G. Carducci (*Il canto dell'amore*, 93-96): «Salute, o genti umane affaticate! / Tutto trapassa e nulla può morir. / Noi troppo odiammo e sofferimmo. Amate. / Il mondo è bello e santo è l'avvenir».

46. *Salve* – È tratta come voce dotta dal latino, dove era uno dei saluti più usuali e significava letteralmente 'sta' bene' (ed era comune anche la forma collettiva: SALVĒTE!). Condivide l'àmbito d'uso di *salute!*, ma è più comune nell'italiano parlato. Nella lingua poetica tradizionale può trovarsi anche, come forma aulica, il plurale *salvete*: «[CORO] Salve, o Re! – [MACBETH] Voi pur salvete, / nobilissimi signori» (F. M. Piave, *Macbeth*, in VERDI-BALDACCI 1975: 161).

Onomatopee

47. Si considerano tradizionalmente affini alle interiezioni le *onomatopee* (o *fonosimboli*), ossia quelle sequenze foniche che tendono a riprodurre o a evocare un suono. In realtà, tra le due serie di forme non mancano le differenze. Le interiezioni sono solo in piccola parte «motivate», cioè condizionate da spinte imitative (cfr. X.31-32), e hanno normalmente valore di esclamazione, mentre le onomatopee si trasformano spesso in parti del discorso autonome (nomi: «il *ticchettìo* di un orologio», «il *chicchirichì* del gallo»; verbi: «il *tintinnare* delle monete», ecc.: si noterà

X. L'interiezione

che *tintinnare* esiste già in latino). Le onomatopee, molto più di quanto non accada per le interiezioni primarie, si ritrovano quasi uguali nelle varie lingue. Se il verso del gatto è percepito come *miao*, *miau* un po' dovunque il felino sia diffuso, è naturale che all'italiano *miagolare* rispondano il francese *miauler*, l'inglese *to miaow*, il tedesco *miauen*, lo spagnolo e il portoghese *miar*, il polacco *miauczeć*, il tailandese *mëo* o varianti consimili.

48. A proposito delle onomatopee zoologiche, che sono le più frequenti, si noterà che in genere i versi degli animali sono rappresentati da un solo tipo fonetico: anche un bambino sa che gli uccellini fanno *cip cip*, le pecore *be*, il tacchino *glo glo*, ecc. Tuttavia, per gli animali che ci sono più familiari e di cui siamo meglio disposti a cogliere le varie sfumature di espressione, possiamo disporre di più onomatopee: il verso del gatto è *miao*, ma anche *ron ron*, quando fa le fusa (KARCEVSKI 1941: 62). E un poeta, Giovanni Pascoli, ha saputo creare una ricca gamma di onomatopee uccelline: in *Myricae* hanno una loro precisa voce il passero (*scilp, dib dib bilp bilp*: «Dialogo», 1 e 11), la rondine (*vitt videvitt*: «Dialogo» 4; *virb*: «Alba», 12), il cuculo (*cu cu*: «Canzone d'aprile», 24), l'assiuolo (*chiù*: «L'assiuolo» 8, 15, 24), il fringuello (il cui verso è tradotto dal poeta in una sequenza articolata, anche se ovviamente priva di significato, *francesco mio*: «Il lauro», 22).

L'uso che dell'onomatopea fa il Pascoli è decisamente innovatore rispetto alla tradizione letteraria. Il fonosimbolismo è infatti molto raro nella poesia antica, fino a gran parte del secolo scorso. Nel Dante della *Commedia*, per esempio, che pure è molto sensibile al potere evocativo delle parole (si ricordino versi quali «come balestro frange, quando scocca» *Purgatorio* XXXI 16, o «graffia li spirti, iscoia ed isquatra» *Inferno* VI 18, dotati di evidente suggestione imitativa), le onomatopee vere e proprie sono soltanto due: *tin tin* (*Paradiso*, X 143, per indicare il dolce suono di un orologio a sveglia) e *cricchi* (*Inferno*, XXXII 30, a rappresentare il rumore di uno *scricchiolio*): cfr. TATEO, in *Enciclopedia Dantesca*: IV 156-157.

49. Nel Novecento l'onomatopea ha una parte notevole nella rivoluzione linguistica del futurismo. Un poeta vicino allo sperimentalismo futurista, Aldo Palazzeschi, espresse il gorgoglio incerto di una «fontana malata» (in SANGUINETI 1969-1971, I 332) in questo modo: «*Clof, clop, cloch, / cloffete, / cloppete, / clocchete, / chchch... / È giù, / nel cortile, / la povera / fontana / malata; / che spasimo! / sentirla / tossire. / Tossisce, / tossisce, / un poco / si tace... / di nuovo / tossisce*».

XI. IL VERBO

1. Il verbo è una parola variabile indicante: *a)* un'azione che il soggetto compie («il pollo *mangia*») o subisce («il pollo *è mangiato*»); *b)* l'esistenza o lo stato del soggetto («quel Dio [...] gli pareva sentirlo gridar dentro di sé: – *Io sono però*» Manzoni, *I Promessi Sposi*, XX 17); *c)* il rapporto tra soggetto e nome del predicato («Maria *è* giovane»).

Insieme col nome, il verbo rappresenta la struttura fondamentale dell'analisi grammaticale antica, rintracciabile già in Platone (cfr. ROBINS 1971: 47): primo nucleo di quelle che in séguito sarebbero state le canoniche «parti del discorso» (cfr. II.4).

2. Si comportano come verbi anche alcune locuzioni (dette appunto *locuzioni verbali*) comprendenti un nome, generalmente non articolato, o un aggettivo: *avere bisogno* (=abbisognare), *andare a cavallo* (=cavalcare), *prendere cappello* (=offendersi), *farsi bello* (=compiacersi, vantarsi), *farsi vivo* (=presentarsi, dar notizie di sé), ecc.

3. Una distinzione tradizionale, scientificamente poco fondata ma indubbiamente utile dal punto di vista descrittivo, distingue i verbi in *transitivi* (quelli che ammettono un complemento oggetto: «Paolo legge un libro») e *intransitivi* (non ammettono un complemento oggetto: «Paolo dorme»). Nel primo caso l'azione «passerebbe» (*transitivo* rimanda al latino TRANSĪRE 'passare') su un complemento diretto, nel secondo no.

4. Osserviamo:
a) Qualunque verbo transitivo può essere usato assolutamente, cioè senza complemento oggetto, ma non perde per questo la sua natura transitiva: «Paolo legge».
b) In molti verbi intransitivi l'azione «passa» sul complemento di termine; una frase come «giovo agli amici» corrisponde perfettamente a «aiuto gli amici», e da questo punto di vista può sembrare arbitrario classificare due verbi come *giovare* e *aiutare* in gruppi diversi (e infatti c'è chi parla, nel caso di *giovare* e simili, di «transitivi indiretti»).
c) Anche un verbo intransitivo può reggere un complemento diretto, il complemento dell'oggetto interno (cfr. II.36).
d) Nell'italiano dei secoli scorsi – e nella lingua letteraria almeno fino al primo Novecento – molti verbi oggi usati transitivamente erano o potevano essere intransitivi e viceversa. Tra i primi ricordiamo *invidiare* («il superiore invidia all'inferiore, perché, se non vede lui pari a sé, teme di vederselo» Segneri, *Del probabile*) e *persuadere* («il bossolo di Giove / folle audacia ad aprir le [a Pandora] persuase» Marino, *L'Adone*), entrambi influenzati dalla reggenza dativale dei verbi latini INVIDĒRE e PERSUADĒRE. Tra i secondi, *ridere* 'deridere' («l'ira del Cielo e le minacce ride» Varchi, cit. in TOMMASEO-BELLINI 1865-1879: V 218; cfr. lat. RIDĒRE ĂLIQUEM) e *somigliare* («Somiglia un Apollo quel giovine...» F. M. Piave, *Rigoletto*, in VERDI-BALDACCI 1975: 265; «a Castello le case [...] somigliano certi fortunati del mondo che di fronte alla miseria troppo vicina prendono un sussiego

XI. Il verbo

ostile» Fogazzaro, *Piccolo mondo antico*, 44).

Altre volte, si hanno oscillazioni nel tipo di reggenza. Modernamente, ad esempio, *donare* e *rubare* richiedono il complemento oggetto della cosa e il complemento di termine della persona che riceve il dono o subisce il furto («le hanno donato un anello», «gli hanno rubato l'argenteria»); nella lingua antica e letteraria i due verbi potevano essere costruiti anche col complemento oggetto della persona: «il Sultano vuol donare Francesco di ricchi doni» (Gozzano, *Opere*; anche qui opera il modello sintattico latino); «il rubarono, e lui a piè e in camiscia lasciato, partendosi dissero», ecc. (Boccaccio, *Decamerone*, II 2 13).

e) Altre oscillazioni sono proprie di varietà regionali. Così *scherzare* 'canzonare' e *sparare* con l'oggetto della persona, in origine meridionali (cfr. De Amicis, *L'idioma gentile*, 53), ma largamente diffusi altrove: «io scherzavo gli altri» (De Marchi, *Demetrio Pianelli*, 218), «i suoi attentatori lo presero di mira e lo spararono a palle d'oro» (Ledda, *Padre padrone*, 39), «gli antifascisti Claudio Varalli e Alberto Brasili, sparato il primo e accoltellato il secondo da killer neri» («Il Giorno», 17.3.1987, 1; per il passivo, possibile solo con verbi transitivi, cfr. XI.11 sgg.).

Il verbo *iniziare*, che nella tradizione letteraria era solo transitivo o intransitivo pronominale (cfr. XI.23), è oggi correntemente adoperato come intransitivo («alle tre il pranzo non è ancora iniziato» Bernari, *Per cause imprecisate*). Non mancano comunque esempi dell'uso più controllato: «la saccarificazione degli amidi si inizia ordinariamente nella bocca» (Martino, *Fisiologia*, 50), «per offrire [...] un pranzo che si iniziasse con un 'potage'» (Tomasi di Lampedusa, *Il Gattopardo*, 98), «lo sviluppo economico iniziatosi in quell'epoca» («La Repubblica», 3.7.1987, 9).

f) In molti casi un verbo si usa alternativamente come transitivo o intransitivo a seconda del significato o del contesto. Ad esempio:

	USO TRANSITIVO	USO INTRANSITIVO
annegare	«li acceca il sole, la pioggia li annega» (Govoni, *Preghiera al trifoglio*)	«aiuto, annego!»
avanzare	«avanzare una richiesta»	«l'esercito avanza»
calare	«calare le reti»	«il sole cala alle sette»
finire	«finisci i compiti!»	«il film finisce tra un'ora»
fuggire	«fuggire i peccati»	«non t'è valso fuggire dal nemico» (D'Annunzio, *Tragedie, sogni e misteri*)
girare	«girare il mondo»	«la banderuola / affumicata gira senza pietà» (Montale, *Le occasioni*)
guarire	«guarire una malattia»	«Mia cara Signorina, se guarissi / ancora, mi vorrebbe per marito?» (Gozzano, *La Signorina Felicita*, 269-270)
mancare	«per aver mancato un'occasione» (Calvino, *Le cosmicomiche*)	«manca il tempo di pensarci»

passare	«passami il sale!»	«le ore passano»
provare	«provare un vestito»	«provare per credere»
risuscitare	«risuscitare i morti»	«il terzo giorno risuscitò da morte» (*Messale festivo*, 304)
scorrere	«facendovi scorrere davanti agli occhi le carte d'un mazzo» (Manzoni, *I Promessi Sposi*, X 49)	«l'Ofanto scorre in Puglia»
servire	«servire un cliente»	«questo libro non serve a nessuno»
suonare	«suona il campanello!»	«E suona ancora l'ora» (Pascoli, *L'ora di Barga*, 19)
vestire	«vestire gli ignudi»	«vestire di lungo»

Piuttosto numerosi in questa serie i verbi parasintetici (cfr. XV.115 sgg.), formati con i prefissi *a-* e *in-* (con le varianti rafforzate *ra-* e *rin-*), «i quali – scriveva FORNACIARI (1881: 147) – transitivamente indicano mettere qualche persona o cosa in uno stato od in un luogo; intransitivamente, entrare in quel medesimo stato o luogo»: *arricchire, ingrandire, rinforzare*, ecc.

g) Talvolta il significato muta a seconda che il verbo sia costruito con un complemento oggetto o con un complemento indiretto; così *assistere* (*qualcuno*: soccorrerlo, curarlo; *a qualcosa*: esservi presente): «non aver nessuno ad assisterlo in caso di malattia» (Cassola, *Il taglio del bosco - Racconti lunghi e romanzi brevi*) / «assistetti alla lezione senza ascoltare i professori» (Comisso, *Le mie stagioni*); *credere* (*qualcosa*: accettarla per vera; *a qualcuno*: prestargli fede): «di tante belle parole Renzo non ne credette una» / «più di tremila cinquecento, se vogliam credere al Tadino» (Manzoni, *I Promessi Sposi*, XV 54 e XXXII 27); *provvedere* (*qualcosa*: fornirla; *a qualcuno, a qualcosa*: prendersene cura), ecc.

5. Un'altra possibile partizione che interessa la totalità dei verbi è quella tra i verbi *predicativi*, che esprimono un senso compiuto (il che avviene nella grande maggioranza dei casi: *correre, dormire, leggere, mangiare*, ecc.) e i verbi *copulativi*, i quali, a somiglianza del verbo *essere* adoperato come «copula» (cfr. II.32), hanno un contenuto semantico generico e servono a collegare il soggetto a un nome o a un aggettivo (che costituisce il complemento predicativo, cfr. II.42 sgg.).

6. Tradizionalmente fra i verbi copulativi si distinguono:
a) Verbi effettivi (o copulativi propriamente detti). Tutti intransitivi (quindi sempre di forma attiva, cfr. XI.10), esprimono uno stato (*stare, restare, rimanere*, ecc.), un'apparenza (*parere, sembrare*, ecc.), una trasformazione (*divenire, diventare*, ecc.). Esempi: «questo bambino non sta mai fermo», «mi sembri turbato», «la mia irritazione e la mia insofferenza della povertà diventavano rivolta contro l'ingiustizia» (Moravia, *Il disprezzo*). Possono avere valore di verbi copulativi effettivi anche verbi abitualmente adoperati come predicativi quali *crescere* («E tu crescevi pensosa vergine» Carducci, *Per le nozze di mia figlia*, 25; si osservi invece il valore predicativo di *crescere* in quest'altro esempio: «quando nasce una figlia, si pianta un albero perché cresca con lei» Pavese, *Paesi tuoi*), *vivere, nascere, morire* («Io nacqui veneziano [...] e morrò per la grazia di Dio italiano» Nievo, *Le confessioni d'un italiano*, 13) e così via.
b) Verbi appellativi (attivi o passivi e costruiti rispettivamente col complemento predicativo dell'oggetto o del soggetto):

XI. Il verbo

chiamare, denominare, appellare, ecc.: «Mi chiamano Mimì» (G. Giacosa - L. Illica, *La Bohème,* in PUCCINI-FERRANDO 1984: 118); «fui chiamato Currado Malaspina» (Dante, *Purgatorio,* VIII 118).
c) Verbi elettivi (attivi o passivi): *eleggere, creare, nominare,* ecc.: «fu creato commessario delle tre Calabrie con poteri pienissimi» (Settembrini, *Ricordanze della mia vita*).
d) Verbi estimativi (attivi o passivi): *stimare, considerare, credere, ritenere,* ecc.: «è considerato ubriaco abituale chi è dedito all'uso di bevande alcooliche e in stato frequente di ubriachezza» (*Codice Penale,* art. 94).

Vediamo ora partitamente gli elementi costitutivi del verbo: il modo, il tempo, la persona, la diatesi, l'aspetto verbale.

Il modo

7. Indica il «tipo di comunicazione che il parlante instaura col suo interlocutore» o «l'atteggiamento che il parlante assume verso la sua stessa comunicazione» (MORETTI-ORVIETO 1983: 8). I modi veri e propri sono quelli cosiddetti *finiti: a)* l'indicativo presenta un fatto nella sua realtà («i ragazzi studiano»); *b)* il congiuntivo esprime un certo grado di allontanamento dalla realtà o dalla costatazione obiettiva di qualcosa, contrassegnando un'azione o un processo in quanto desiderato, temuto, voluto, supposto («se mi dessi retta!»); *c)* il condizionale implica l'idea di un qualche condizionamento, perlopiù indipendente dalla volontà del soggetto e che può essere reale o virtuale («mi piacerebbe fermarmi qui»); *d)* l'imperativo comporta l'intento di agire sull'interlocutore attraverso un ordine, un'esortazione, una preghiera («férmati!», «ascoltatemi!»).

Il termine di «modi verbali» è esteso – tradizionalmente ma arbitrariamente – anche a tre forme nominali del verbo (così dette perché spesso usate col valore di un nome o di un aggettivo: l'infinito, il participio, il gerundio (*modi indefiniti*). In realtà queste tre forme non esprimono di per sé alcuna modalità dell'azione, ma assumono il valore di modo del corrispondente verbo finito (GREVISSE 1980: n° 424); ad esempio: «*restaurata,* la casa potrebbe vendersi bene» (=se fosse restaurata; modo congiuntivo, richiesto dal carattere di supposizione); «*restaurata,* la casa fu venduta per cento milioni» (=dopo che fu restaurata; modo indicativo, perché si tratta di un dato presentato come reale).

Il valore dei diversi modi verbali che abbiamo indicato rappresenta un semplice dato di massima. In alcuni casi, ad esempio, l'indicativo fa le veci di un imperativo (*indicativo di cortesia*: cfr. XIII.38), in altri il condizionale indica un tempo, non una modalità («disse che sarebbe partito», cfr. XIV.58d), in altri ancora indicativo e congiuntivo si alternano in base a fattori più stilistici che sintattici (come avviene nella grande maggioranza di completive e interrogative indirette, cfr. XI.391).

Il tempo

8. Qualifica l'azione in riferimento all'asse cronologico, o assolutamente («domani andrò al mare») o relativamente a un certo termine di riferimento («andrò al mare dopo essere stato in palestra»). In questo secondo caso il tempo esprime la relazione tra due frasi di un periodo, segnalandone il rapporto di contemporaneità o di non contemporaneità (cfr. XIV.32).

È opportuno distinguere tra tempo *fisico* e tempo *linguistico* (le due nozioni sono divise anche terminologicamente in inglese [time/tense] e in tedesco [Zeit/Tempus]). Infatti il riferimento temporale espresso grammaticalmente può non corrispondere a quello reale (in una frase come la seguente: «soltanto fra un mese sarà possibile capire chi ha avuto ragione tra noi due» [cit. in BERTINETTO 1986: 420] il passato prossimo si riferisce a un evento futuro); più spesso, l'effettivo rapporto temporale tra due eventi viene definito «sulla base di informazioni strettamente pragmatiche, anziché grammaticali» (BERTINETTO 1986: 27; di qui gli esempi seguenti): «quando dormo bene, russo fragorosamente» (contemporaneità); «quando dormo bene, lavoro meglio» (anteriorità della subordinata rispetto alla reggente).

I tempi verbali si distinguono in *semplici* (se sono costituiti da una singola forma: *amo, vedevamo, riuscireste*) e *composti*, se risultano di un verbo ausiliare (cfr. XI.32) e del participio passato: *sono andato, eri amato, avendo temuto*.

La persona

9. Individuabile solo nei modi finiti, attualizza un certo valore verbale in relazione al parlante (*io*), all'interlocutore (*tu*), a una terza persona (*egli, ella*), a una pluralità che comprenda il parlante (*noi*) o l'interlocutore (*voi*) oppure che li escluda (*essi, esse*): cfr. VII.5. La 1ª, la 2ª e la 3ª persona, aventi come soggetto rispettivamente i pronomi personali *io, tu, egli / ella*, si dicono nel loro insieme persone singolari; la 4ª, la 5ª e la 6ª (soggetti, nell'ordine: *noi, voi, essi / esse*), persone plurali. In lingue come l'inglese o il francese la presenza di forme verbali distinte per indicare le varie persone è oggi molto ridotta. Così, nel presente indicativo l'inglese si limita a distinguere la 3ª persona da tutte le altre: *he speaks* 'egli parla' / *I speak, we speak*, ecc. 'io parlo', 'noi parliamo', ecc.; e il francese – almeno nella pronuncia – esprime con la stessa forma, /paRlə/, ben quattro persone: 1ª, 2ª, 3ª e 6ª (*je parle, tu parles, il parle, ils parlent*). L'italiano invece, come risulterà scorrendo le tavole dei paradigmi (cfr. XI.55 sgg.), mantiene una spiccata differenziazione tra le varie forme verbali, a somiglianza del latino. Nel presente indicativo, ad esempio, ciascuna persona dispone di una forma a sé: *io parlo, tu parli, egli parla, noi parliamo, voi parlate, essi parlano* (e si osservi che questa «autosufficienza» del sistema verbale ha contribuito a rendere facoltativo il ricorso ai pronomi personali soggetto per distinguere le varie persone [cfr. VII.5]: a differenza, istruttivamente, dell'inglese e del francese).
Peraltro anche in italiano una stessa forma può corrispondere, all'interno della medesima categoria di modo e tempo, a persone diverse: si pensi alle prime tre persone del congiuntivo presente: (che io) *parli*, (che tu) *parli*, (che egli) *parli* (diverso il quadro dell'italiano antico, cfr. XI.73a, XI.77). E questa collisione ha certo qualche responsabilità nella recente espansione dell'indicativo ai danni del congiuntivo, cfr. XIV.48.
Possono aversi, poi, omonimie tra forme appartenenti a modi e tempi diversi: *parlaste* (5ª persona del passato remoto / 5ª persona dell'imperfetto congiuntivo), *parliamo* (4ª persona del presente indicativo / 4ª persona del presente congiuntivo e dell'imperativo), *parla* (3ª persona del presente indicativo / 2ª persona dell'imperativo), *parli* (1ª, 2ª e 3ª persona del congiuntivo e 3ª persona dell'imperativo, ma anche 2ª persona del presente indicativo), e così via.
Per l'uso della seconda persona in riferimento a interlocutore generico («tu ricerchi»=si ricerca, qualcuno ricerca) cfr. VII.9; per la terza persona invece della prima («il sottoscritto»= io, ecc.) cfr. VII.13; per la quarta persona in luogo della prima cfr. VII.26; per la sesta persona con valore impersonale («dicono»=si dice) cfr. XI.95d.

La diatesi

10. La *diatesi* (o *forma* o *voce*) esprime il rapporto del verbo con soggetto e oggetto. Può essere *attiva*, quando il soggetto coincide con l'agente dell'azione («i vigili regolano il traffico»); *passiva*, quando l'agente non è il soggetto («il traffico è regolato dai vigili»); *riflessiva*, quando soggetto e oggetto coincidono («Paolo si lava»=Paolo lava Paolo, Paolo lava sé stesso).
La diatesi passiva e quella riflessiva possono aversi solo con verbi transitivi: «lavo» → «sono lavato» (passivo); «lavo» → «mi lavo» (riflessivo). Invece, con un verbo intransitivo l'ausiliare *essere* indicherebbe il passato («nasco» → «sono nato», cfr. XI.32) e il pronome personale atono darebbe luogo o a una forma non grammaticale («nasco» → *mi nasco*) oppure, in casi particolari, a un verbo intransitivo pronominale («siedo» → «mi siedo», cfr. XI.26).
L'incidenza del passivo nella narrativa contemporanea è studiata in ULLELAND 1977, che la definisce piuttosto modesta.
Per la diatesi media, mancante in italiano, si veda XI.22.

XI. Il verbo

Verbi passivi

11. La modalità fondamentale per esprimere il passivo è il ricorso all'ausiliare *essere* (cfr. XI.32) coniugato nel modo, tempo e persona propri della corrispondente forma attiva e accompagnato dal participio passato: «io amo» → «io sono amato»; «voi pregherete» → «voi sarete pregati»; «tu giudicheresti» → «tu saresti giudicato».
Altre espressioni della diatesi passiva sono:

12. I. Il cosiddetto «*si* passivante» (cfr. VII.60), vale a dire un costrutto costituito dal pronome atono *si* combinato con la 3ª e 6ª persona di un verbo transitivo attivo (di tempo semplice): «si affitta un magazzino» (=un magazzino è, viene affittato), «si affittano dei magazzini» (=dei magazzini sono, vengono affittati).
Il «*si* passivante» è d'uso molto frequente quando non sia espresso l'agente e anche quando il soggetto sia rappresentato da essere non animato. Esempi: «se vi è stata all'estero carcerazione preventiva, *si applicano* le disposizioni dell'articolo precedente» (*Codice Penale*, art. 138), «dato che mi *si presenta* l'occasione, vorrei portare Mara a conoscere la mia famiglia» (Cassola, *La ragazza di Bube*, 41). Talvolta il costrutto vale ad esprimere un dovere o un obbligo: «– Caro Franco – replicò la voce flemmatica – questi discorsi in casa mia non *si fanno*» (Fogazzaro, *Piccolo mondo antico*, 24; =non devono, non possono essere fatti). Da notare che l'espressione del complemento d'agente era abbastanza comune nella prosa dei secoli scorsi (cfr. PATOTA 1987: 216-218; di qui l'esempio che segue): «non sappiamo ciò che si mediti da' Gallispani» (Muratori).

13. Si osservi inoltre che:
a) Con un verbo già passivo avente l'ausiliare di tempo semplice, il *si* proietta l'azione al corrispondente tempo composto: «non si è mai visto nulla di simile» (=nulla di simile è mai stato visto).
b) Con un verbo intransitivo o transitivo senza oggetto espresso il *si* non ha valore passivante ma impersonale (cfr. VII.57 e XI.95a).

14. II. L'uso di *venire* (solo nei tempi semplici) in luogo di *essere*, il quale conferisce alla frase un valore dinamico, sottolineando un'azione: «'la finestra viene chiusa' parla dell'atto di chiuderla; mentre 'la finestra è chiusa', che pure è il normale passivo di 'chiude la finestra', viene più spontaneamente interpretato come copula+aggettivo, con riferimento allo stato della finestra ('la finestra è chiusa' come 'la finestra è grande'), e non all'azione di chiuderla» (LEPSCHY-LEPSCHY 1981: 137).
Talvolta il ricorso a *venire* come ausiliare non risponde a un particolare modo di presentare l'azione, ma al semplice gusto personale di chi parla o scrive, come nel seguente passo di Tomasi di Lampedusa (*Il Gattopardo*, 73-74), nel quale in luogo di *venire* avrebbe potuto figurare *essere*, almeno per le prime tre occorrenze: «la serata [...] *venne* seguita da altre egualmente cordiali; durante una di esse il generale *venne* pregato di interessarsi affinché l'ordine di espulsione per i Gesuiti non *venisse* applicato a padre Pirrone che *venne* dipinto come sovraccarico di anni e malanni».

15. Solo nell'italiano antico compare *venire* con un complemento di termine di persona per conferire «al participio seguente la forma di azione casuale, non volontaria» (FORNACIARI 1881: 162, dal quale si attinge l'esempio): «e' mi venne veduto un orto assai ameno» (Firenzuola). Si veda anche ROHLFS 1966-1969: 735.

16. III. L'uso di *andare* (limitatamente ai tempi semplici nei tipi *b* e *c* e senza possibilità d'esprimere il complemento d'agente: fatto, quest'ultimo, che ha spinto LEONE 1966 a escludere il costrutto dal novero del passivo), il quale si articola in tre sottospecie, a seconda che *andare* comporti: *a)* un generico valore passivo con «un numero ristretto di verbi, tutti dal risultato negativo: *perdere, disperdere, smarrire, distruggere, dimenticare, deludere*, ecc.» (MORETTI-ORVIETO 1983: 92; in tal caso sono in uso solo 3ª e 6ª persona): «un vecchio libro [...] che poi andò perduto» (De Amicis, *Opere*); *b)* l'idea di opportunità, dovere, necessità: «è un tentativo che va fatto» (=che conviene, che vale la pena fare); «parole, certo, che non andavano prese alla lettera» (Montano, *Carte* *nel vento*; =che non dovevano essere); *c)* «una rettifica blandamente espressa nei confronti di affermazioni precedenti», in cui «il significato originario passivo sembra slittare verso un senso impersonale, ma lasciando sfocati i contorni tra passivo e impersonale» (HERCZEG 1966: 63; di qui l'esempio che segue): «non occorre esemplificazione alcuna [...]; va solo notato che pare non esista in antico, come non esiste oggi, un uso riflessivo» (da un saggio linguistico). Su *andare* e *venire* ausiliari del passivo cfr. VAN MOLLE-MARECHAL 1974.

17. Queste varie modalità di costruzione passiva si definiscono *analitiche* in quanto ottenute mediante due distinte parole (verbo ausiliare+participio passato), e trovano un puntuale riscontro in altre grandi lingue europee (all'italiano «sono / vengo amato» corrispondono per esempio il francese «je suis aimé», lo spagnolo «yo soy amado», l'inglese «I am loved», il tedesco «ich werde geliebt»).
Ma esiste anche un passivo *sintetico* (o *organico*), ricavato dal verbo attivo attraverso una modificazione di desinenza: questo tipo di passivo era proprio, per esempio, del latino (ĀMO 'io amo'-ĀMOR 'sono amato') e del greco (*philéō* - *philéomai*) ed è oggi presente in diverse lingue, quali il neogreco, l'arabo, il georgiano.

Verbi pronominali

18. Abbiamo già incontrato, definendo la diatesi, il tipo fondamentale di verbo *pronominale* (cioè combinato con un pronome personale atono, cfr. VII.31 sgg.): il verbo riflessivo. Al tipo in cui soggetto e oggetto coincidono («mi lavo», «si veste») si riserva generalmente il nome di *riflessivo diretto*. Altre specie di verbi pronominali sono:

19. I. *Riflessivi reciproci.* «Esprimono un'azione che due o più soggetti al tempo stesso compiono e scambievolmente subiscono» (MORETTI-ORVIETO 1983: 83). La pluralità del soggetto fa sì che questa forma di riflessivo sia possibile solo con le persone plurali: 4ª, 5ª e 6ª (con la 3ª persona il riflessivo reciproco può aversi in presenza di un soggetto collettivo, come nel dantesco «vieni a veder la gente quanto s'ama», cit. in FORNACIARI 1881: 229). Esempi: «Mario e Anna si salutano» (=Mario saluta Anna e Anna saluta Mario), «amatevi come compagni di viaggio» (Manzoni, *I Promessi Sposi*, XXXVI 68), «come buoni nemici / che non s'odiano più / noi abbiamo una stessa / voce» (Pavese, *Poesie edite e inedite*).

20. Talvolta possono sorgere dubbi sul valore di un verbo riflessivo: diretto o reciproco? Si ricorre allora a un'espressione avverbiale (*reciprocamente, a vicenda, scambievolmente*, ecc.) o pronominale (*l'un l'altro, gli uni con gli altri*, cfr. VII.171b) che chiarisca il carattere reciproco dell'azione: «i congiurati si accusavano a vicenda dell'insuccesso» (il solo *si accusavano* avrebbe potuto indurre a credere che ciascuno incolpasse sé stesso, non gli altri); «s'interrogavan l'un l'altro sul numero e sulla qualità degli assalitori, eran cento, eran trecento, eran mille» (Nievo, *Le confessioni di un italiano*).

21. II. *Riflessivi indiretti* (detti anche *apparenti* o *transitivi pronominali*). L'azione verbale non si «riflette» direttamente sul soggetto, ma si svolge comunque a suo beneficio, nel suo interesse o per sua iniziativa; il pronome atono non rappresenta in questo caso un complemento oggetto bensì un complemento indiretto: «mi domando se ho sbagliato» (=domando a me stesso, non *domando me*, come nel riflessivo diretto); «mi lavo le mani».

22. Nei due ultimi esempi la presenza del pronome atono è indispensabile, dal momento che potrei fare una domanda o lavare le mani ad altri; ma non di rado il pronome è ridondante («non ti mangiare le unghie!», s'intende che si tratta delle unghie del soggetto) o superfluo («mi faccio una passeggiata»). Si tratta di pronomi intensivi (cfr. VII.40), ai quali l'italiano ricorre in assenza di una diatesi autonoma, posseduta da altre lingue: la diatesi media.

Attraverso la forma media è infatti possibile, all'interno della coniugazione verbale, indicare una più intensa partecipazione del soggetto all'azione, che resta nella sfera del soggetto stesso. Così, in greco, *lýō*, attivo, vale 'sciolgo', *lýomai*, medio, vale 'mi sciolgo', 'sciolgo per me', 'sciolgo nel mio interesse' (ed anche 'sono sciolto' poiché nel presente dei verbi greci – a

XI. Il verbo

differenza che nel futuro e nell'aoristo – la diatesi media e quella passiva coincidono).

23. III. *Intransitivi pronominali* (o *riflessivi intransitivi*). Si tratta di verbi in cui il pronome atono non ha valore riflessivo, né diretto né indiretto né reciproco, ma rappresenta una semplice componente formale del verbo, obbligatoria (come in «mi pento», che non ammette la variante *pento) o facoltativa («mi ricordo», ma anche «ricordo»). Che il pronome atono sia parte integrante del verbo, non ne rappresenti cioè la proiezione in un termine esterno, risulta chiaro qualora si consideri la non grammaticalità delle possibili sostituzioni (nei verbi con pronome atono obbligatorio): «mi pento» non corrisponde né a *pento me stesso (riflessivo diretto), né a **pento a me stesso* (riflessivo indiretto), né ovviamente a un riflessivo reciproco, trattandosi di una prima persona. Conviene distinguere questi verbi in tre gruppi:

24. 1. Verbi in cui l'uso del pronome atono è obbligatorio: *accanirsi, accorgersi, addentrarsi, arrendersi, astenersi, attardarsi, avvalersi, boriarsi, congratularsi, dolersi, estasiarsi, imbattersi, imbronciarsi, incamminarsi, infischiarsi, lagnarsi, ostinarsi, rammaricarsi, vergognarsi,* ecc. Esempi: «a volte non ci accorgiamo di vivere se non per quello che raccontiamo» (Alvaro, *Settantacinque racconti* [*Incontri d'amore - Parole di notte*]; «non voglio addentrarmi [...] in quella scienza di frontiera, affascinante e carica di rischi, che è la genetica» (L. Rizzi, nel «Giorno», 17.3.1987, 7); «al cospetto di questa natura [...] che evidentemente se ne infischiava» (Tomasi di Lampedusa, *Il Gattopardo*, 128).

25. Osserviamo:
a) Rientra in questo gruppo, piuttosto che tra i riflessivi diretti, anche *suicidarsi*: «Uccide la moglie e si suicida / Sospettava che lo tradisse» («La Repubblica», 9.6.1987, 19). Nel francesismo *suicidarsi* (interpretabile come denominale di *suicidio*, propriamente 'uccisione di sé stesso') il pronome atono, ragionando in termini astrattamente etimologici, è ridondante (come se dicessimo: 'uccidere sé stesso da sé'). Nonostante le censure dei puristi, via via più rassegnate dall'Ottocento ad oggi (cfr. per esempio RIGUTINI 1898: 157: «voce strana ed irragionevole» e TREVES 1960: 362: «si dica 'uccidersi' o si ricorra a una perifrasi, notando tuttavia che il verbo *suicidarsi* è usatissimo»), la voce è ormai perfettamente acclimata in italiano, a qualunque livello stilistico.
b) Può mancare il pronome atono nell'uso antico (cfr. BRAMBILLA AGENO 1964: 132-136), sia che il verbo condivida lo stesso significato oggi in voga («s'io *doglio* [=dolgo] no è maraviglia» Giacomo da Lentini; «l'afflitta lingua ora s'adira or *lagna*» Chiabrera, *Opere*), sia che abbia accezione diversa («E come augelli surti di rivera, / quasi *congratulando* a lor pasture» Dante, *Paradiso*; 'esprimendo gioia'). Rari gli esempi senza pronome atono nella lingua letteraria moderna: «con l'improvvisa grazia del fanciullo / che imbroncia, poi sorride, a ogni divieto» (Cesareo, *I canti di Pan*).

26. 2. Verbi in cui l'uso del pronome atono è facoltativo (ma la sua presenza può comportare una diversa costruzione e una differente sfumatura di significato): *accostare/accostarsi, affacciare/affacciarsi, approfittare/approfittarsi, crepare/creparsi, dispiacere/dispiacersi, flettere/fettersi, ricordare/ricordarsi, sbagliare/sbagliarsi, sedere/sedersi, spogliare/spogliarsi, sposare/sposarsi,* ecc. Esempi: «lei *approfittava* della mia assenza per andare con un suo vecchio innamorato» (Cassola, *La ragazza di Bube*) / «qualche tristo *s'era* già *approfittato* di tale ingenua onestà» (Bacchelli, *Il mulino del Po*); «*ricordo* ancora che si ripeteva, in casa nostra, questa sua frase» (Ginzburg, *Lessico famigliare*, 25) / «*mi ricordo* che sono ancora digiuno» (Manzoni, *I Promessi Sposi*, XXXV 23); «la contrariava il fatto che Bube parlasse di *sposare*» (Cassola, *La ragazza di Bube*, 36) / «non vedo come una signorina per bene possa cambiar vita se non *sposandosi*» (Moravia, *Gli indifferenti*, 85). Nella coppia *affacciare/affacciarsi* il primo membro si adopera, solo nei tempi semplici, nell'accezione di 'essere prospiciente' e presuppone un soggetto inanimato (casa, finestra, ecc.), mentre il secondo non ha nessuna limitazione d'uso: «l'obbligo del muro cieco per la parte che affacciava sul giardino» (Loy, *Le strade di polvere*, 3) / «la Maria si affacciò alla finestra» (ivi, 21).

27. Si osservi che:
a) Accanto all'uso intransitivo, molti dei verbi appena citati si adoperano come transitivi: «flettere una gamba», «ricordare un torto», «sposare una brava ragazza».
b) Nell'italiano antico e nella tradizione letteraria i verbi che oscillavano tra forma attiva e forma intransitiva pronominale erano molto più numerosi: *essere/essersi* («I' mi son un che, quando / Amor mi spira, noto» Dante, *Purgatorio*, XXIV 52-53; secondo R. Ambrosini [*Enciclopedia Dantesca*, II 742] la particella pronominale implicherebbe una forte individuazione del soggetto: 'esser veramente'); *stare/starsi* («Ella si sta pur com'aspr'alpe a l'aura / dolce» Petrarca, *Canzoniere*, 239 16-17); *dormire/dormirsi* («La commedia de l'arte si dormia / ebra vecchiarda» Carducci); *giacere/giacersi* («la Tirannia giacevasi da canto / e si graffiava le villose gene» Manzoni, *Opere complete*); *tacere/tacersi* («Da un pezzo si tacquero i gridi» Pascoli, *Il gelsomino notturno*, 5), ecc. Molto frequente, inoltre, nella lingua arcaica, il verbo pronominale «nelle interrogative e dubitative dipendenti da 'non sapere' ed espressioni equivalenti» (BRAMBILLA AGENO 1964: 149, da cui si cita l'esempio): «E non so che si sia malinconia» (Angiolieri).

28. 3. Verbi che ammettono, accanto all'uso come intransitivi pronominali, un parallelo impiego come transitivi con radicale cambiamento di prospettiva (a differenza, dunque, del tipo *ricordare/ricordarsi*): *abbattersi, addormentarsi, allontanarsi, alzarsi, annoiarsi, deprimersi, gonfiarsi, imbarcarsi, infiammarsi, irritarsi, meravigliarsi, offendersi, rasserenarsi, ritirarsi, rivolgersi, spaventarsi, stupirsi, svegliarsi, trattenersi, voltarsi*. Esempi: «Ricordati dei nostri fratelli, che *si sono addormentati* nella speranza della risurrezione, e di tutti i defunti che si affidano alla tua clemenza» (*Messale festivo*, 329; si noti la differenza tra i due verbi intransitivi pronominali – *ricordarsi* e *addormentarsi* – e il successivo riflessivo diretto: *affidarsi*) / «La luna che *addormenta* / i guardiani sulle frasche» (Sinisgalli, *I nuovi Campi Elisi*); «grazie alla Rai, i massoni potranno *rivolgersi* dai teleschermi agli italiani» («L'Espresso», 26.4.1987, 34) / «nessuno le *rivolgeva* il discorso» (Manzoni, *I Promessi Sposi*); «le zie hanno il sonno forte, non *si sveglierebbero* nemmeno con le cannonate» (Palazzeschi, *Sorelle Materassi*, 190) / «Giorgio dormiva, verso le dieci della mattina [...], quando il domestico venne a *svegliarlo*» (D'Annunzio, *Trionfo della morte*, 23).

29. Nell'italiano antico o letterario molti verbi di questo gruppo mantengono il valore intransitivo anche in assenza della particella pronominale. Ad esempio, *meravigliare* («io aveva preveduto e predetto questo avvenimento, e perciò non maravigliai» C. Gozzi, *Memorie inutili*), o *stupire* («Stupiano i rondinotti dell'estate / di quel sottile scendere di spille» Pascoli, *Pioggia*, 8-9; «ogni volta che Michele li vedeva, *stupiva* di stare insieme con loro» Moravia, *Gli indifferenti*, 128).

L'aspetto

30. La nozione di aspetto verbale è alquanto controversa. Seguendo la classificazione di MORETTI-ORVIETO 1979: II 213-216 e MORETTI-ORVIETO 1983: 9 (per una trattazione più ampia e organica, fondata su presupposti del tutto diversi, cfr. BERTINETTO 1986), possiamo affermare che l'aspetto contrassegna l'atto verbale secondo la prospettiva della durata, della momentaneità, della ripetitività, dell'inizio o della conclusione di un processo, della compiutezza o dell'incompiutezza dell'azione. Così, ad esempio, la differenza tra *scrivo* e *sto scrivendo* non pertiene al tempo verbale (sono entrambi presenti), ma all'aspetto, rispettivamente durativo e progressivo; e, nel passato, l'azione conclusa di *scrissi* si oppone al valore durativo di *scrivevo*.
Nella grammatica italiana l'aspetto ha un'importanza secondaria. Ma in molte lingue slave diversi valori aspettuali trovano una precisa espressione grammaticale; per esempio, in russo 'prendere' corrisponde a *primat'* o a *prinjat'* a seconda che indichi azione incompiuta o compiuta. Accanto a mezzi morfologici (come l'op-

posizione tra imperfetto e passato remoto, cfr. XI.377) o sintattici (come la perifrasi di *stare*+gerundio, cfr. XI.48c), per esprimere l'aspetto verbale l'italiano può ricorrere a mezzi lessicali (*addormentarsi*, ad esempio, ha valore ingressivo, indica l'inizio dell'azione; *dormire* ha valore durativo, indica l'azione in sé) o derivativi (mediante il suffisso *-icchiare* un verbo può designare un'azione ripetuta e attenuata, cfr. XV.61: *cantare → canticchiare, dormire → dormicchiare*).

Verbi ausiliari, servili, fraseologici

31. Nella tradizionale categoria di «ausiliari» possiamo comprendere, in accezione ampia, tutti quei verbi che, accanto a un loro uso e significato autonomi, svolgono funzione vicaria nei confronti di qualsiasi altro verbo, individuando: *a)* una determinazione morfologica (diatesi o tempo: *ausiliari* propriamente detti); *b)* un particolare valore semantico (*servili*); *c)* un dato elemento aspettuale (*fraseologici*; cfr. MORETTI-ORVIETO 1983: 12-13).

Ausiliari propriamente detti

32. Si tratta essenzialmente dei verbi *essere* e *avere*, che consentono la formazione dei tempi composti con valore di passato rispettivamente: *a)* per la maggioranza dei verbi intransitivi, per quasi tutti i verbi impersonali (cfr. XI.91 sgg.), per tutti quelli riflessivi e intransitivi pronominali (*giungo → sono giunto, pareva → era parso, mi lavo → mi sono lavato, mi accorgo → mi sono accorto*): *b)* per tutti i verbi transitivi e per un certo numero di intransitivi (*amo → ho amato, dormo → ho dormito*). Il verbo *essere* forma inoltre il passivo: *amo → sono amato*.
La scelta dell'ausiliare non comporta dubbi di sorta con i verbi transitivi (gli ausiliari *essere* e *avere* sono da sempre in distribuzione complementare rigida per indicare rispettivamente la diatesi passiva e il tempo passato), né con i verbi pronominali, almeno nell'italiano moderno.

33. Tuttavia:
a) I verbi pronominali all'infinito retti da un verbo servile o fraseologico (cfr. XI.44, XI.48) richiedono *essere* se il pronome atono precede i due verbi («si è dovuto accorgere»), *avere* se il pronome è enclitico («ha dovuto accorgersi»; per la collocazione del pronome atono cfr. VII.74).
b) Nella lingua antica – e più a lungo, al solito, nella tradizione poetica – non mancano esempi di *avere* con verbi riflessivi diretti («la donna che tanto pietosa ci s'hae mostrata» 'ci si è mostrata' Dante, cit. in *Enciclopedia Dantesca*, I 467), indiretti («s'aveva messe alcune pietruzze in bocca» Boccaccio, cit. in FORNACIARI 1881: 159, come i due esempi seguenti), reciproci («rotta s'hanno la piastra e la maglia» Berni), intransitivi pronominali («ove intorno abbarbicata s'abbia» Ariosto).
c) Nei dialetti meridionali è corrente *avere* con i verbi intransitivi e pronominali (cfr. ROHLFS 1966-1969: 729) e quest'uso può allignare, più o meno consapevolmente, anche in testi letterari: «I lupini? Non ce li abbiamo mangiati, i suoi lupini, non li abbiamo in tasca» (Verga, *I Malavoglia*, 114).
L'uso dell'ausiliare per indicare il passato è oscillante in tre casi: con gli intransitivi, con gli impersonali, con un verbo che regga un infinito.

34. I. Non è possibile «dare una regola che permetta di stabilire quale ausiliare debba essere usato con ciascun verbo» intransitivo (DARDANO-TRIFONE 1985: 200) e alcuni grammatici si rassegnano a compilare liste di verbi che richiedono *essere* o *avere* (così FOGARASI 1983: 260-261; un elenco più ampio, con un tentativo di raggruppamento fondato soprattutto su criteri semantici, in MORETTI-ORVIETO 1983: 22-29).
In generale la coniugazione con *avere* implica un soggetto attivo, o meglio «atteggia l'azione verbale in dipendenza del soggetto» (LEONE 1970: 24), mentre con *essere* ci «si limita a cogliere lo stato in cui il soggetto viene a trovarsi» (quindi «ha camminato» ma «è cresciuto»). Ma allora perché si dice «è tornato» o «l'autista ha sbandato»?
In LEONE 1970 si esamina attentamente la questione, sviluppando un'idea di M. Po-

rena e con l'intento di arrivare a un quadro di riferimento complessivo.

Il verbo intransitivo richiederebbe *essere* quando il participio può adoperarsi come attributo; richiederebbe *avere* quando l'uso attributivo non è possibile, tranne che il participio non sia sentito come aggettivo autonomo: in tal caso «l'ausiliare *avere* è necessario per restituire ad esso la sua forza verbale». Quindi:

a) Hanno l'ausiliare *essere*, tra gli altri, i verbi *accadere, arrivare, cadere, costare, morire, nascere, succedere, venire* perché i rispettivi participi passati ammettono l'uso attributivo: «gli avvenimenti accaduti quest'anno», «il treno arrivato poco fa», «la casa costata tanti sacrifici», e così via.

b) L'ausiliare *avere* figura invece in verbi come *camminare, cenare, contravvenire, dormire, giocare, piangere, sognare, viaggiare*, in quanto i rispettivi participi non possono fungere da attributi (tranne che non ammettano valore passivo: «un uomo pianto universalmente», «un giorno sognato a lungo», ecc.); non si può dire *un viandante camminato* (per 'che ha camminato'), *il bambino dormito qui* ('che ha dormito'), ecc. Ma si noti che per *cenato* l'italiano antico ammetteva il valore attivo sul modello del latino CENĀTUS ('che ha cenato'): «così me ne vo a letto mal cenato» (Burchiello, *Sonetti*).

c) Ancora *avere* si adopera con verbi quali *esagerare, navigare, riposare, sbandare*, nonostante la possibilità di un participio con valore attributivo («severità esagerata», «politico navigato», ecc.), poiché tali participi sono ormai avvertiti dai parlanti come aggettivi autonomi e l'ausiliare *avere* è necessario quando si voglia sottolinearne l'uso verbale: «sei esagerato con tuo figlio» (aggettivo) / «hai esagerato con tuo figlio» (verbo).

35. Tuttavia è solo l'uso, in questo caso particolarmente oscillante, a stabilire i confini tra i diversi gruppi. Con *bastare* (personale), ad esempio, la possibilità di un uso attributivo del participio esiste ma è remota («i soldi bastati a me basteranno anche a noi due»): ed ecco che accanto al prevalente ausiliare *essere* («i loro mezzi personali non sarebber bastati» Manzoni, *I Promessi Sposi*, I 50) si trova – o almeno si trovava fino a ieri – anche *avere*; «una lunghissima vita [...] avrebbe appena bastato ad appagar il mio cuore» (Nievo, *Le confessioni di un italiano*). Così, con *inorridire* dovrebbe essere spontaneo il ricorso a *essere*, in forza dell'uso attributivo del participio («uno spettatore inorridito»; quindi: «sono inorridito davanti a quello spettacolo»), ma *avere* può bene essere giustificato dall'intento di restituire al participio piena forza verbale (gruppo *c* della partizione del Leone): «qualunque altro anche meno superbo di lui avrebbe inorridito all'idea di dover confessare ai propri colleghi un così delicato abuso di fiducia» (De Marchi, *Demetrio Pianelli*, 18).

36. Ben pochi, dunque, i punti fermi. Si può comunque rilevare una tendenza che opera nell'italiano contemporaneo: una lenta espansione di *avere* ai danni di *essere* (cfr. SATTA 1981: 334). Talvolta *avere* può essere favorito dalla concomitanza di uso transitivo e intransitivo; così per *servire* (cfr. XI.4f) è abbastanza naturale che accanto ad *essere* figuri *avere* («una toga ormai consunta che gli aveva servito, molt'anni addietro, per perorare» Manzoni, *I Promessi Sposi*, III 17; «non ho servito a nulla, non abbiamo servito a nulla» Piovene, cit. in SATTA); e allo stesso modo *vivere* – che ammette abbastanza spesso un oggetto interno, molto raro invece in *morire* – accetta *avere* («come aveva sempre vissuto» Deledda, *L'incendio nell'oliveto*, 16), mentre non sarebbe possibile *aveva morto*, se non nell'accezione arcaica e letteraria di 'uccidere' («loro erano consapevoli di chi lo aveva morto» Levi, *Le parole sono pietre*). In particolare, per l'uso dell'ausiliare con *vivere* cfr. JACQMAIN-MEERTS 1981: 228-242. Ma altre volte una spiegazione del genere non reggerebbe; si vedano tre esempi di verbi con ausiliare *avere*, in cui ci aspetteremmo *essere* secondo il criterio del Leone (gruppo *a*): «il vestito troppo largo e donnesco che aveva appartenuto alla madre» (Moravia, *Gli indifferenti*, 96); «aveva sgusciato attraverso gole minacciose» (Tomasi di Lampedusa, cit. in SATTA 1981: 334); «salvo qualche insulto e qualche provocazione, ha prevalso la partita a biliardo» (A. Cavallari, nella «Repubblica», 11.6.1987, 1).

37. II. Con i verbi impersonali (sui quali si veda il par. 91 sgg.) è normale l'ausiliare *essere*: «mi è sembrato di sentire un rumore», «non è accaduto nulla che t'importi» (Deledda, *Romanzi e novelle*). Però, con i verbi indicanti fenomeni meteorologici (*piovere, spiovere, grandinare, tuonare, lampeggiare, gelare, sgelare*, ecc.) l'uso è oscillante. La norma tradizionale prescriveva *essere* (secondo FORNACIARI 1881: 160 i tipi *ha piovuto, ha tonato* e simili erano «modi contrarii al parlar di Firenze ed anche alla consuetudine più comune degli scrittori»); ma ormai si ha piena concorrenza di *essere* e *avere* in qualunque livello di lingua e senza apprezzabili sfumature semantiche (cfr. JACQMAIN-MEERTS 1981: 215-228; di qui gli esempi): «aveva nevicato tutta la mattina» (Moravia) / «la mattina era piovuto» (Cassola). Adoperati metaforicamente con un soggetto grammaticale, i verbi meteorologici richiedono generalmente *avere*, tranne *piovere* e *nevicare* costruiti con *essere* (JACQMAIN-MEERTS 1981: 217): «non dicevo io che Santippe, dopo aver tanto tuonato, stava per piovere?» (Panzini, cit. in LEONE 1970: 29), «qualche reale era già piovuto sul tappetino dei danzatori» (Gadda Conti, *Beati regni*).

38. III. L'ausiliare di un verbo che regga un infinito (verbo servile o fraseologico, cfr. XI.44, XI.48) tende ad essere lo stesso del verbo retto: «ho dovuto lavorare» (come si dice: «ho lavorato»), «sono dovuto uscire» (come si dice: «sono uscito»). Tuttavia:
a) Se l'infinito è un verbo intransitivo – quale che sia il suo specifico ausiliare – il verbo reggente può costruirsi anche con *avere*: «non aveva più potuto ripartire» (Levi, *Cristo si è fermato a Eboli*, 22).
b) Se l'infinito è *essere*, l'ausiliare del verbo reggente è *avere*: «avrebbe voluto esser cento braccia sotto terra» (Manzoni, *I Promessi Sposi*, IX 76).
c) Se l'infinito è passivo, l'ausiliare del verbo reggente è quello proprio dei verbi transitivi, cioè *avere*: «Agnese e Perpetua [...] avevan voluto essere impiegate ne' servizi» (Manzoni, *I Promessi Sposi*, XXX 29; così come, con un infinito attivo, si avrebbe: «avevan voluto impiegare»).

39. I verbi che possono essere costruiti sia come transitivi sia come intransitivi, con diverse sfumature di significato (cfr. XI.4f), richiedono ovviamente *avere* nel primo caso e soltanto *essere* nel secondo; per esempio: «avrebbe annegato la sua disperazione nel Cognac di cinque stelle» (De Amicis, *Opere*) / «tornando sopra una nave carica di sue mercatanzie [...] era insieme con quelle annegato» (Machiavelli, *Opere*).

40. In una sequenza di più participi costruiti con lo stesso ausiliare si esprime in genere soltanto quello iniziale: «nei venticinque anni di Pietro Leopoldo [...] furono abolite le corporazioni [...], espropriati numerosi conventi, soppresse le esenzioni fiscali» (Villari, *Storia moderna*, 309); «Psi e Psdi hanno sparato a zero contro le centrali nucleari e concordato una posizione comune» («La Nazione», 28.2.1987, 1). Se gli ausiliari sono diversi, è necessario esplicitarli tutti (ma anticamente poteva aversi omissione anche in questo caso: «egli avrebbe abbandonato la confessione e andatosene» Boccaccio, cit. in FORNACIARI 1881: 166; =e se ne sarebbe andato).

41. Quanto alla collocazione dell'ausiliare, esso di norma precede immediatamente il participio a cui si riferisce: «ho detto», «siamo andati». Tra ausiliare e participio possono interporsi elementi semanticamente «deboli», come avverbi («siamo *appena* andati», «siamo *veramente* andati») o congiunzioni («siamo *quindi* andati»). Tuttavia:
a) Nell'italiano regionale di Sicilia e di Sardegna è comune l'inversione dell'ausiliare rispetto al participio (e così pure del verbo reggente rispetto all'infinito; cfr. ROHLFS 1966-1969: 981). Un esempio dalla narrativa: «Se non vedi buona accoglienza, fa vista di nulla ma vieni via subito. *Inteso hai?*» (Deledda, *L'incendio nell'oliveto*, 22).
b) L'inversione dell'ausiliare è caratteristica anche dell'italiano letterario antico, in particolare in proposizioni subordinate («ma poi che *mangiato ebbe*» Boccaccio, cit. in ROHLFS 1966-1969: 985) ed è rimasta a lungo in uso nel linguaggio poetico («testimon vi chiamo / che qui *pagata* io *l'ho*» F. M. Piave, *La Tra-*

viata, in VERDI-BALDACCI 1975: 315).
c) Antica o poetica anche la tmesi tra ausiliare e participio: «Credei ch'al tutto *fossero / in me, sul fior degli anni, / mancati* i dolci affanni», ecc. (Leopardi, *Il risorgimento*, 1-3). Ampie notizie su inversione e tmesi dell'ausiliare nella tradizione letteraria in PATOTA 1987: 229-240.

42. È importante osservare che *avere* ha svolto funzioni di ausiliare anche storicamente, contribuendo alla formazione di due tempi semplici: il futuro e il condizionale. Il futuro italiano – come in gran parte delle lingue romanze – non è altro che una perifrasi formata dall'infinito e dal verbo latino HĂBEO 'ho' nella variante ridotta latino-volgare *AO (*SENTĪRE-AO propriamente 'ho da sentire'>*sentirò*). Il condizionale muove da una perifrasi costituita dall'infinito e dal perfetto latino HĂBUI 'ebbi', anche qui nella riduzione latino-volgare *EI (*SENTĪRE-EI>*sentirei*).

43. Nell'italiano antico e nei dialetti moderni è assai diffuso un tipo parallelo di condizionale, composto dall'infinito e dall'imperfetto latino HABĒBAM 'avevo', nella forma ridotta *EA(M) (*SENTĪRE-EA(M)>*sentirìa*). Attraverso l'influsso della poesia siciliana – in cui il condizionale in *ìa* era usuale – questo tipo verbale penetrò nella lingua letteraria (limitatamente a 1ª, 3ª e 6ª persona), persistendovi a lungo. Per esempi di *sarìa* e *avrìa*, i tipi più comuni, cfr. XI.59 e XI.67. Qui citeremo *farìa* («le parole morte / farìan pianger la gente» Petrarca, *Canzoniere*, 18 12-13), *vorrìa* («altro vorria e sperando s'appaga» Dante, *Paradiso*, XXIII 35) e ancora *schiuderìa* nel melodramma dell'Ottocento («Mi schiuderìa la tomba / affanno sì crudel!» S. Cammarano, *Luisa Miller*, in VERDI-BALDACCI 1975: 228).

Per *andare* e *venire* ausiliari del passivo cfr. XI.14-16.

Verbi servili

44. I verbi *servili* (o *modali*) costituiscono una categoria piuttosto controversa e discussa, giacché non c'è accordo tra gli studiosi né sulle unità che compongono il gruppo né sulle loro specifiche caratteristiche funzionali. Seguendo SKYTTE 1983: I 75-115, cui rinviamo per una trattazione organica, considereremo verbi servili *potere*, *dovere* e *volere* e, con alcune restrizioni, *solere* e *sapere* (nel senso di 'essere capace', 'essere in grado di').

I tratti che accomunano questi verbi sono: *a)* la reggenza diretta di un infinito (ma *sapere* regge una proposizione completiva se ha l'accezione di 'conoscere', 'riconoscere': «so di essere in torto»); *b)* l'identità di soggetti tra verbo servile e infinito; *c)* la collocazione mobile dei pronomi atoni, come proclitici prima del verbo servile o come enclitici dopo l'infinito («ti devo dire» / «devo dirti», cfr. VII.74).

45. Con altri verbi possiamo ritrovare uno o due di questi tratti, ma non tutti e tre contemporaneamente. Così, i verbi di percezione reggono l'infinito senza preposizione (tratto *a*: «lo vedo arrivare»), ma presentano normalmente un soggetto diverso rispetto a quello e non consentono la mobilità del pronome atono («lo vedo arrivare», ma non *vedo arrivarlo); un verbo come *desidero*, *oso*, *preferisco* risponde ai tratti *a* e *b*, ma non a *c* («preferisco farmi un caffè», ma non **mi preferisco fare un caffè*); un verbo come *vengo* può soddisfare le condizioni *b* e *c*, ma non *a* («vengo a ritirarlo personalmente»: identità di soggetti e mobilità del pronome atono [«lo vengo a ritirare personalmente»], ma l'infinito è retto dalla preposizione *a*); e così via.

46. Dal punto di vista semantico, questi verbi qualificano una particolare modalità dell'azione, incardinata sulla possibilità (*potere*), sulla necessità (*dovere*), sulla volontà (*volere*).
Nei verbi *dovere* e *potere* possiamo distinguere un senso «epistemico» (dal greco *epistēmē* 'conoscenza'), legato alla valutazione obiettiva di un fatto, presentato come probabile (con *dovere*) o come possibile (con *potere*), e un senso «deontico» (dal greco *déon*, *déontos* 'dovere'), proprio della «situazione in cui un'azione dipende dalla volontà, dal desiderio o dal bisogno di un altro soggetto, diverso da quello del verbo modale» (SKYTTE 1983: I 85). *Dovere*, in tal caso, indica un 'obbligo', *potere* un 'permesso'.
Esempi del senso epistemico: «parlava punto e virgola, doveva essere istruita» (Bernari, *Vesuvio e pane*; =evidentemente, probabilmente era istruita); «– Posso aver fallato; e mi scusi – rispose Renzo» (Manzoni, *I Promessi Sposi*, II 43; =forse ho fallato).

XI. Il verbo

Esempi del senso deontico: «Non capisce che non basterà che sia onesto soltanto io? dovrà essere onesto anche lei, signor marchese, davanti a me» (Pirandello, *Il piacere dell'onestà*, III 158; =avrà il dovere di essere onesto...); «Si può sapere che cosa ti ha preso?» (Pavese, *Paesi tuoi*; =è legittimo chiederti...).

47. Osserviamo inoltre:
a) Dovere+infinito può assumere il valore di un vero e proprio futuro: «Che non ci pensate a maritar la vostra Mena? [...] Oramai *deve compiere* diciotto anni a Pasqua» (Verga, *I Malavoglia*, 70; =compirà). È un valore che appare in tutta evidenza quando la perifrasi è adoperata per indicare un «futuro del passato»: «[a Napoli, Virgilio] strinse con Vario Rufo e con Plozio Tucca un'amicizia che *doveva farsi* sempre più fida e tenace» (Marchesi, *Letter. latina*, I 389; =un'amicizia che sarebbe fatta...).
b) In luogo di *dovere* può adoperarsi in molti casi *avere*+da (meno comunemente: *a)*+infinito, che indica un'azione proiettata nel futuro: «Ah! vedo che i miei ultimi anni *ho da passarli* male!» (Manzoni, *I Promessi Sposi*, XXIV 30; senso epistemico: =probabilmente li passerò); «mi dolevo di non guadagnar tanto da pagarle [a Cilia] ogni mio debito con gli agi e non più *avere a vergognarmi* rientrando» (Pavese, *Racconti*; senso deontico: =da non dovermi più vergognare).

Verbi fraseologici

48. Detti anche *ausiliari di tempo* o *aspettuali*, segnalano, in unione con un altro verbo di modo indefinito (infinito o gerundio), un particolare aspetto dell'azione (cfr. XI.30). Vediamo i costrutti più notevoli, raggruppandoli a seconda del valore aspettuale emergente:
a) Imminenza di un'azione: *stare per* («quando udirai quello che sto per dirti...» Moravia, *Gli indifferenti*, 55), *accingersi a* («mi accingeva a bussare alla porta quando udii avvicinarsi dietro ad essa un fruscio di passi» Nievo, *Le confessioni di un italiano*), *essere per* (letterario: «tutti si protendevano verso il proscenio come a una tribuna o pulpito donde una verità fosse per discendere» Bufalino, *Diceria dell'untore*, 55; talvolta il costrutto è stato adoperato in riferimento a un'azione genericamente futura, non imminente: «non disperavano che costui non fosse per ascendere un giorno al trono di Francia» Pellico, *Le mie prigioni*, 434), *essere lì per*, *esser lì lì per* («quando fu lì per lasciare andare la prima asciata, rimase col braccio sospeso in aria» Collodi, *Pinocchio*, 3; «il cappellanello [...] era stato lì lì per cascare nel trabocchetto» Nievo, *Le confessioni d'un italiano*, 45), *essere sul punto di*, *in procinto di*, ecc.
b) Inizio di un'azione: *cominciare a* («comincio a seccarmi davvero»), *mettersi a* («ella si mise a ridere d'un tenue riso» D'Annunzio, *Prose di romanzi*), *prendere a* (antiquato; «M. Pandolfo ha preso del tutto a fare più a suo modo che al mio» Della Casa, cit. in TOMMASEO-BELLINI 1865-1879: IV 1194), *darsi a* («si dette a baciarlo e a fargli mille carezze» Collodi, *Pinocchio*, 20-21), ecc.
c) Svolgimento di un'azione (aspetto progressivo): *stare*+gerundio («che stai facendo?»), *stare a*+infinito («sto a farmi la barba» Pirandello, cfr. VII.75a), *andare*+gerundio («via via la casa s'era destata: i rumori si erano andati infoltendo» Jovine, *Signora Ava*), *venire*+gerundio («Viene il vento recando il suon dell'ora / dalla torre del borgo» Leopardi, *Le ricordanze*, 50-51), ecc.
d) Continuità di un'azione (aspetto durativo): *continuare a* («l'amico non rispose e continuò a sussurrare» Pavese, cit. in MORETTI-ORVIETO 1983: 100), *seguitare a* («tutto quel chiasso ei non degnò d'un guardo / e a brucar serio e lento seguitò» Carducci, *Davanti San Guido*, 115-116), *insistere a* o *nel* («insisteva a difendere la propria causa» Morante, cit. in SKYTTE 1983: I 191), *persistere a* o *nel*, *ostinarsi a*, ecc.
e) Conclusione di un'azione (aspetto conclusivo): *finire di* («gli operai finivano di attaccare il filo di un quarto campanello» Brancati, *Il vecchio con gli stivali*), *cessare di* («Chissà se cessando di fumare io sarei divenuto l'uomo ideale e forte che m'aspettavo?» Svevo, *La coscienza di Zeno*, 31), *smettere di*, *interrompere di*, ecc.

Nell'italiano dei secoli XVIII e XIX ebbe una certa diffusione, sul modello del francese, il costrutto *venire di*+infinito per indicare un'azione appena conclusa (*vengo di dire* 'ho appena detto'). Ma le vivaci condanne dei puristi (cfr. BELLINA 1987: 51-53) impedirono che questo francesismo attecchisse nella lingua letteraria e contribuirono ad eliminarlo anche dalla lingua parlata.

Per le perifrasi aspettuali fondate su *stare* cfr. FRATTEGIANI TENCA 1985: 217-224.

La coniugazione

49. Il sistema verbale italiano è un complesso organismo che ordina le sue varie componenti in base alle categorie di modo, tempo, persona, diatesi. Così *amavate* rappresenta una voce verbale di modo indicativo, tempo imperfetto, 5ª persona, diatesi attiva; *saremmo viste*, un esempio di modo condizionale, tempo presente, 4ª persona, diatesi passiva (inoltre, come tutti i tempi composti con l'ausiliare *essere*, la forma è portatrice di un'altra informazione grammaticale: il genere femminile del soggetto).
Altri elementi esaminati nei paragrafi precedenti (carattere transitivo / intransitivo, copulativo / predicativo, aspetto verbale) non ricevono in italiano espressione formale, ma vanno ricavati sulla base di un sapere preesistente.
È consuetudine raggruppare i verbi italiani in tre coniugazioni sulla base della terminazione dell'infinito: *amare* (prima coniugazione), *temére* e *lèggere* (seconda coniugazione), *udire* (terza coniugazione). Queste tre classi di verbi corrispondono alle quattro coniugazioni tradizionalmente distinte nella morfologia latina: AMĀRE, TIMĒRE, LĔGERE e AUDĪRE.

50. Per quanto riguarda modi e tempi, il sistema verbale è notevolmente difforme dalla coniugazione latina. Tra i più significativi elementi di divergenza segnaliamo: *a*) perdita del passivo organico, cfr. XI.17; *b*) perdita del futuro organico (*AMĀRE AO sostituisce AMĀBO 'amerò', cfr. XI.42); *c*) introduzione dei tempi composti non solo per il passivo ma anche per il passato (*ho amato* in corrispondenza di AMĀVI, *sono giunto* in corrispondenza di VĒNI); *d*) introduzione del modo condizionale (per la cui formazione cfr. XI.42-43), che non ha un esatto corrispondente in latino; *e*) perdita dell'imperfetto congiuntivo (AMĀREM), che viene sostituito dal piuccheperfetto (AMĀ[VI]SSEM> *amasse*, poi *amassi*, cfr. XI.73b).

51. In un verbo possiamo riconoscere:
a) La radice, ossia l'elemento che reca l'informazione semantica: *am-* in *amare*, *prend-* in *prendere*, *guar-* in *guarire*.
b) La vocale tematica, che individua nell'infinito le tre coniugazioni (e può essere presente anche in altre forme): *a* per la prima (*am-a-re*), *e* per la seconda (*prend-e-re*), *i* per la terza (*guar-i-re*); l'insieme di radice e vocale tematica costituisce il tema del verbo.
c) La desinenza, ossia l'affisso che esprime le caratteristiche di modo, tempo e persona: ad esempio, *-re* in *ama-re* (desinenza dell'infinito presente), *-iamo* in *amiamo* (desinenza della 4ª persona dell'indicativo presente). Per la diatesi passiva e per i tempi composti l'elemento di individuazione è la presenza del participio passato, in combinazione col quale l'ausiliare segnala la diatesi («essere amato») o il tempo («avere amato», «essere giunto»).

52. Le forme accentate sulla radice (*sènto*, *ammèttere*, *vìsto*) si dicono *rizotòniche* (o *forti*); quelle accentate sulla desinenza, *rizoàtone* (o *deboli*): *sentirài*, *ammettèndo*, *vedùto*.

53. Delle tre coniugazioni italiane, l'unica attualmente produttiva è la prima: ciò significa che qualunque verbo di nuova coniazione è automaticamente inserito nella classe di *amare* (per esempio: *attualizzare*, *biografare*, *commissariare*, *criminalizzare*, ecc.: cfr. CORTELAZZO-CARDINALE 1986: 17 sgg.). Fino al Medioevo era ancora produttiva la 3ª coniugazione, nella quale sono stati accolti alcuni germanismi, come *garantire*, *guarire* o *smarrire*.

«Essere» e «avere»

54. Diamo per primi i paradigmi dei due verbi che, per essere adoperati come ausiliari di qualsiasi altro verbo, possono considerarsi le colonne portanti di tutta la coniugazione italiana.
Per *essere* e *avere* indichiamo l'accento: *a*) nelle voci sdrucciole (*avévano*); *b*) nelle

XI. Il verbo

voci con *e, o* toniche, per contrassegnarne il timbro aperto (*sèi*) o chiuso (*sóno*). Si ricordi che il dittongo *ie* (*siete*) ha sempre vocale aperta, così come il dittongo *uo* (cfr. I.117b e I.119b). Nei paradigmi successivi l'accento sarà indicato solo sulle voci proparossitone e sulle *e* e *o* toniche delle desinenze.

«*Essere*»

55. Coniugazione di «essere».

INDICATIVO

presente	*passato prossimo*
io sóno	io sóno stato
tu sèi	tu sèi stato
egli è	egli è stato
noi siamo	noi siamo stati
voi siete	voi siete stati
essi sóno	essi sóno stati

imperfetto	*trapassato prossimo*
io èro	io èro stato
tu èri	tu èri stato
egli èra	egli èra stato
noi eravamo	noi eravamo stati
voi eravate	voi eravate stati
essi èrano	essi erano stati

passato remoto	*trapassato remoto*
io fui	io fui stato
tu fósti	tu fósti stato
egli fu	egli fu stato
noi fummo	noi fummo stati
voi fóste	voi fóste stati
essi fùrono	essi fùrono stati

futuro semplice	*futuro anteriore*
io sarò	io sarò stato
tu sarai	tu sarai stato
egli sarà	egli sarà stato
noi sarémo	noi sarémo stati
voi saréte	voi saréte stati
essi saranno	essi saranno stati

CONGIUNTIVO

presente	*passato*
che io sia	che io sia stato
che tu sia	che tu sia stato
che egli sia	che egli sia stato
che noi siamo	che noi siamo stati
che voi siate	che voi siate stati
che essi sìano	che essi sìano stati

imperfetto	*trapassato*
che io fóssi	che io fóssi stato
che tu fóssi	che tu fóssi stato
che egli fósse	che egli fósse stato
che noi fóssimo	che noi fóssimo stati
che voi fóste	che voi fóste stati
che essi fóssero	che essi fóssero stati

CONDIZIONALE

presente	*passato*
io sarèi	io sarèi stato
tu sarésti	tu sarésti stato
egli sarèbbe	egli sarèbbe stato
noi sarémmo	noi sarémmo stati
voi saréste	voi saréste stati
essi sarèbbero	essi sarèbbero stati

IMPERATIVO

presente

—
sii tu
sia egli
siamo noi
siate voi
sìano essi

INFINITO

presente	*passato*
èssere	èssere stato

PARTICIPIO

presente	*passato*
essènte	stato

GERUNDIO

presente	*passato*
essèndo	essèndo stato

56. Osserviamo:
a) La 2ª e la 5ª persona dell'imperativo,

come per l'ausiliare *avere*, sono mutuate dal congiuntivo presente con valore esortativo (cfr. XIII.32; *sii* e *abbi* sono varianti antiche del congiuntivo, cfr. XI.77).
b) Il participio passato è attinto alla coniugazione di *stare* (si tratta dunque di un caso di suppletivismo). Il participio presente *essente* è di uso molto raro e limitato alla prosa argomentativa e filosofica: «l'oggetto apparendo all'intuito come essente, è lo stesso essere» (Rosmini, *Logica*).
c) Oltre alle sue funzioni di ausiliare e copulativo, *essere* si usa come predicativo nei significati fondamentali di 'esistere' e 'trovarsi': «Io sono però» (Manzoni, cfr. XI.1), «sembra d'essere fuori del mondo» (Pavese, *La bella estate*). Molto frequenti i sintagmi *c'è*, *v'è*, *ci sono*, *vi sono* (cfr. VII.45) col valore di 'avvenire', 'verificarsi': «che c'è di nuovo?», «vi sono alcune difficoltà». Letteraria, in questa accezione, l'omissione del pronome atono: «erano frequenti congressi tra lui ed il Cardinale di Vandomo» (Davila, *Storia delle guerre civili di Francia*).

Forme arcaiche

Nell'italiano antico numerose voci di *essere* risultavano o potevano risultare diverse da quelle attuali. Ne ricorderemo le più notevoli, passandole in rassegna a seconda del modo verbale di appartenenza.

57. Indicativo:
a) Presente. Nel toscano antico – come in molti dialetti moderni – la 4ª persona era *semo* («fatti sicur, ché noi semo a buon punto» Dante, *Purgatorio*, IX 47); il tipo *siamo* – attestato fin dalle origini come indicativo – valeva in precedenza solo per il congiuntivo (corrispondente al latino volgare *SIAMUS in luogo del classico SĪMUS) e ha probabilmente costituito il modello per la 4ª persona di tutte le altre coniugazioni, costantemente in *-iamo* (*amiamo*, *vediamo*, *sentiamo*). Più rara la 6ª persona *enno*, analogica sulla 3ª: «enno dannati i peccator carnali» (Dante, *Inferno*, V 38).
b) Imperfetto. Per la 1ª persona (*io*) *era* cfr. XI.72b. Nella 4ª e 5ª persona alcuni vernacoli toscani moderni presentano i tipi *èramo*, *èrate* (modellati sulle prime tre persone: ROHLFS 1966-1969: 553), dei quali non mancano, nel passato, attestazioni letterarie: «eramo a caso sopra Capobasso» (Ariosto, *Orlando Furioso*, V 59).
c) Passato remoto. La 3ª persona *fue* («ch'un chiaro e breve sole al mondo fue» Petrarca, *Canzoniere*, 308 13) può risalire al latino FŬIT (per il passaggio di ĭ a /e/ cfr. I.23). La 2ª e la 5ª persona *fusti* e *fuste*, dal latino FŬ(I)STI e FŬ(I)STIS, debbono la *u* alla 1ª persona *fui*<FŪI (e la stessa spiegazione vale anche per *fu*, *fue* in luogo di *fo*, che pure è largamente attestato fuor di Firenze) e hanno la massima diffusione nel fiorentino quattrocentesco (cfr. MANNI 1979: 143-144). Nella 6ª persona, *furo* presenta la desinenza originaria (cfr. XI.72c); accanto a *furo* e *furono*, il toscano antico aveva *foro* e *fuoro*: «né fur fedeli a Dio, ma per sé fuoro» (Dante, *Inferno*, III 39).
d) Futuro semplice. Proprie del fiorentino dugentesco le forme *serò*, *serà* (e al condizionale *serei*, *serebbe*, ecc.; cfr. CASTELLANI 1952: 114); ecco un esempio da un poemetto anonimo dell'epoca: «non te ne serò fallace» (*Detto del gatto lupesco*, in CONTINI 1960: II 289). In uso fino alla lingua poetica dell'Ottocento ed oltre i tipi *fia*, *fiano* (*fie*, *fieno*) per 3ª e 6ª persona che continuano il latino FĪET, FĪENT 'diventerà', 'diventeranno', 'sarà fatto', 'saranno fatti': «qual fia ristoro a' dì perduti un sasso», ecc. (Foscolo, *Dei Sepolcri*, 13). Un esempio di impiego scherzoso dell'arcaismo in De Marchi (*Demetrio Pianelli*, 17): «Pazienza per i suonatori! ma se mancano anche i sorbetti, numi del cielo, che *fia* di noi?».

58. Congiuntivo:
a) Presente. Piuttosto comune nell'italiano antico e popolare la 2ª pers. *sii* (per la quale cfr. XI.77), della quale non mancano esempi letterari moderni; per esempio: «[GUIDO] Forse suppone che io – [LEONE] – te ne sii già andato?» (Pirandello, *Il giuoco delle parti*, III 42). Accanto a *siano* è rimasto in uso fino ad anni recenti *sieno*, che il Manzoni sostituì sistematicamente con la forma attuale nella revisione linguistica del romanzo (cfr. SERIANNI 1986b: 47-48).
b) Imperfetto. I tipi con la *u* (*fussi*, *fusse*, ecc.: «se io fussi nato di gran ligniaggio» Cellini, *Vita*, 135) si spiegano come il passato remoto *fusti* (cfr. XI.57c).

XI. Il verbo

59. Condizionale. Accanto a *sarei* (più anticamente *serei*, cfr. XI.57d), la lingua letteraria ha conosciuto molto a lungo i tipi *saria* e *fora*, promossi dai poeti siciliani (sull'origine di *saria* cfr. XI.43; *fora* continua il piuccheperfetto indicativo latino FŬ(E)RAM): «donne mie, lungo fora a ricontarve / quanto la nova libertà m'increbbe» (Petrarca, *Canzoniere*, 89 2-3), «e teco la mortal vita saria / simile a quella che nel cielo india» (Leopardi, *Alla sua donna*, 32-33).

60. Infinito. *Essere* continua il latino ĔSSE, con l'epitesi della sillaba -RE che allinea l'infinito alla serie regolare. In Dante si trova, come forte latinismo, l'infinito sostantivato *esse* («anzi è formale ad esto beato esse» *Paradiso*, III 79).

61. Participio. Accanto a *stato*, l'italiano antico disponeva del participio legittimo, *essuto* o più comunemente *suto*, con aferesi sillabica (cfr. ROHLFS 1966-1969: 622): «se io avessi creduto mi dovesse esser suto [...], domandato l'avrei» (Boccaccio, *Decamerone*, II 6 55).

62. Gerundio. Da notare soltanto la variante aferetica *sendo*: «sendo loro obligato» (Machiavelli, *Il Principe*, 258).

«Avere»

63. Coniugazione di «avere».

INDICATIVO

presente	*passato prossimo*
io ho	io ho avuto
tu hai	tu hai avuto
egli ha	egli ha avuto
noi abbiamo	noi abbiamo avuto
voi avéte	voi avéte avuto
essi hanno	essi hanno avuto

imperfetto	*trapassato prossimo*
io avévo	io avévo avuto
tu avévi	tu avévi avuto
egli avéva	egli avéva avuto
noi avevamo	noi avevamo avuto
voi avevate	voi avevate avuto
essi avévano	essi avévano avuto

passato remoto	*trapassato remoto*
io èbbi	io èbbi avuto
tu avésti	tu avésti avuto
egli èbbe	egli èbbe avuto
noi avémmo	noi avémmo avuto
voi avéste	voi avéste avuto
essi èbbero	essi èbbero avuto

futuro semplice	*futuro anteriore*
io avrò	io avrò avuto
tu avrai	tu avrai avuto
egli avrà	egli avrà avuto
noi avrémo	noi avrémo avuto
voi avréte	voi avréte avuto
essi avranno	essi avranno avuto

CONGIUNTIVO

presente	*passato*
che io àbbia	che io àbbia avuto
che tu àbbia	che tu àbbia avuto
che egli àbbia	che egli àbbia avuto
che noi abbiamo	che noi abbiamo avuto
che voi abbiate	che voi abbiate avuto
che essi àbbiano	che essi àbbiano avuto

imperfetto	*trapassato*
che io avéssi	che io avéssi avuto
che tu avéssi	che tu avéssi avuto
che egli avésse	che egli avésse avuto
che noi avéssimo	che noi avéssimo avuto
che voi avéste	che voi avéste avuto
che essi avéssero	che essi avéssero avuto

CONDIZIONALE

presente	*passato*
io avrèi	io avrèi avuto
tu avrésti	tu avrésti avuto
egli avrèbbe	egli avrèbbe avuto
noi avrémmo	noi avrémmo avuto
voi avréste	voi avréste avuto
essi avrèbbero	essi avrèbbero avuto

IMPERATIVO

presente

—
abbi tu
àbbia egli
abbiamo noi
abbiate voi
àbbiano essi

INFINITO

presente	passato
avéte	avéte avuto

PARTICIPIO

presente	passato
avènte	avuto

GERUNDIO

presente	passato
avèndo	avèndo avuto

64. Osserviamo:
a) Piuttosto raro il participio *avente*, limitato alla lingua scritta: «tutta la testa avente l'aspetto di una effigie di legno» (D'Annunzio, *Prose di romanzi*).
b) Oltre che come ausiliare, *avere* si usa come predicativo col valore base di 'possedere', ma con estrema latitudine semantica: «ho fame» (=provo questa sensazione), «ho un appartamento» (=ne sono proprietario), «ho uno zio in America» (=sono in relazione di parentela con lui), ecc.
Per la locuzione antiquata *vi ha* 'c'è' cfr. VII.47.

Forme arcaiche

65. Indicativo:
a) Presente. Nella 1ª persona il toscano antico presenta, raramente, *abbo* («ma perch'io non l'abbo» Dante, *Inferno*, XXXII 5) e, nella lirica, *aggio* e *aio*, attinti ai poeti siciliani (per esempio: «assai v'aggio laudato», «foc'aio al cor» in Giacomo da Lentini: cfr. CONTINI 1960: I 57, I 52). Della tradizione poetica la 3ª persona *ave*, che continua fedelmente il lat. HĀBET: «de la beltà che m'ave il cor conquiso» (Petrarca, *Canzoniere*, 77 4). Parallelamente a *semo* (cfr. XI.57a), nella 4ª persona è ampiamente attestato *avemo* («lo mal ch'avem sofferto» Dante, *Purgatorio*, XI 16).
b) Imperfetto. Per (*io*) *aveva* cfr. XI.72b; per *avea*, *aveano* cfr. XI.76a. Nella 6ª persona si è adoperato *avìeno* («che membra feminine avieno ed atto» Dante, *Inferno*, XI 39), anche con l'accento sulla *e*: «ciò che i prischi Suevi e i Reti avièno» (Tasso, *Gerusalemme Liberata*).
c) Passato remoto. L'antico *èbbimo*, rifatto su *ebbi*, compare talvolta ancora oggi in forza dell'analogia, ma deve considerarsi erroneo: «al destino vagabondo ch'ebbimo poi tutti e due» (Cialente, *Le quattro ragazze Wieselberger*, 89).
d) Futuro semplice. Ad *avrò*, *avrà* (e al condizionale *avrei*, *avrebbe*, ecc.) si sono affiancate anticamente le forme *arò*, *arà* (*arei*, *arebbe*), originarie della Toscana occidentale (cfr. CASTELLANI 1952: I 48) e penetrate nel secondo Trecento in fiorentino (cfr. MANNI 1979: 141-142). Una certa diffusione è arrisa anche alle forme piene *averò*, *averà* (anche qui solidali col condizionale: *averei*, ecc.): «Ed averete tanto / quanto cherer saprete» (Francesco da Barberino, *Documenti d'amore*).

66. Congiuntivo presente. *Aggia* per 'abbia' è un sicilianismo, come l'indicativo *aggio*, cfr. XI.65a. Per *abbi* e *àbbino* cfr. XI.77.

67. Condizionale. La stessa origine e lo stesso àmbito d'uso di *saria* (cfr. XI.59) valgono per *avria*: «Fiorenza avria forse oggi il suo poeta» (Petrarca, *Canzoniere*, 117 6).

68. Participio presente. L'italiano antico conosceva il participio *abbiente* («Narcisso, abbiente XXI anno, poteva parere fanciullo e giovane» Simintendi, *Le metamorfosi d'Ovidio, volgarizzate*), che oggi è una forma cristallizzata con valore solo aggettivale o sostantivale.

69. Gerundio. Come forma parallela ad *abbiente* è da registrare *abbiendo*, su cui cfr. MASTROFINI 1814: I 47.

Verbi regolari

Come s'è già detto, i verbi regolari – ossia quelli in cui la radice si mantiene inalterata in tutto il paradigma – si possono raggruppare in tre coniugazioni.

XI. Il verbo

Prima coniugazione

70. Coniugazione di «am-are».

INDICATIVO

presente	*passato prossimo*
io am-o	io ho amato
tu am-i	tu hai amato
egli am-a	egli ha amato
noi am-iamo	noi abbiamo amato
voi am-ate	voi avete amato
essi àm-ano	essi hanno amato

imperfetto	*trapassato prossimo*
io am-avo	io avevo amato
tu am-avi	tu avevi amato
egli am-ava	egli aveva amato
noi am-avamo	noi avevamo amato
voi am-avate	voi avevate amato
essi am-àvano	essi avevano amato

passato remoto	*trapassato remoto*
io am-ai	io ebbi amato
tu am-asti	tu avesti amato
egli am-ò	egli ebbe amato
noi am-ammo	noi avemmo amato
voi am-aste	voi aveste amato
essi am-àrono	essi ebbero amato

futuro semplice	*futuro anteriore*
io am-erò	io avrò amato
tu am-erai	tu avrai amato
egli am-erà	egli avrà amato
noi am-erèmo	noi avremo amato
voi am-eréte	voi avrete amato
essi am-eranno	essi avranno amato

CONGIUNTIVO

presente	*passato*
che io am-i	che io abbia amato
che tu am-i	che tu abbia amato
che egli am-i	che egli abbia amato
che noi am-iamo	che noi abbiamo amato
che voi am-iate	che voi abbiate amato
che essi àm-ino	che essi abbiano amato

imperfetto	*trapassato*
che io am-assi	che io avessi amato
che tu am-assi	che tu avessi amato
che egli am-asse	che egli avesse amato
che noi am-àssimo	che noi avessimo amato
che voi am-aste	che voi aveste amato
che essi am-àssero	che essi avessero amato

CONDIZIONALE

presente	*passato*
io am-erèi	io avrei amato
tu am-erésti	tu avresti amato
egli am-erèbbe	egli avrebbe amato
noi am-erémmo	noi avremmo amato
voi am-eréste	voi avreste amato
essi am-erèbbero	essi avrebbero amato

IMPERATIVO

presente

—
am-a tu
am-i egli
am-iamo noi
am-ate voi
àm-ino essi

INFINITO

presente	*passato*
am-are	avere amato

PARTICIPIO

presente	*passato*
am-ante	am-ato

GERUNDIO

presente	*passato*
am-ando	avendo amato

71. Osserviamo:
a) Nei verbi con radice in consonante velare (/k/, /g/: *stanc-are*, *neg-are*) si ricorre al grafema diacritico *h* (cfr. I.135) per mantenere la pronuncia velare anche davanti a vocale anteriore. Quindi: *stanch-i*, *negherà*, ecc.
b) I verbi uscenti in *-ciare* e *-giare* perdono la *i*, che ha soltanto valore diacritico (cfr. I.144a), davanti a vocale anteriore: *rinuncerò*, *mangerai*.
c) I verbi in *-gliare* conservano la *i* davanti a *e* (indispensabile per rappresentare il valore di /ʎʎ/): *tagliare* → *taglierò*.

d) I verbi in *-iare*, in cui *i* è accentata nelle forme rizotoniche (*avvìo*, *invìo*, *oblìo*, *scìo*, ecc.) mantengono la *i*, se tonica, anche davanti a un'altra *i*: «allor che tu t'invii / d'uscirne fuori» (Martelli, *Opere*); «Oblio la strada che ricordi, / memoria la strada che oblii» (Gatto, *Osteria flegrea*); «affinché non si dimentichi l'inderogabile funzione del narrare e non si obliino coloro che a questo hanno dedicato la propria vita» («La Repubblica», 27-28.9.1987, 10).
e) I verbi in *-iare* con *i* atona nelle forme rizotoniche (*inìzio*, *òdio*, *stùdio*, *umìlio*, *vàrio*, ecc.) la perdono davanti a un'altra *i*. Tuttavia può essere opportuno scrivere *odii* (da *odiare*) per distinguerlo da *odi* (2ª persona del presente indicativo di *udire*): cfr. DARDANO-TRIFONE 1985: 207.
f) Nei verbi con radice in *e* (*allineare*, *creare*, *ideare*, *incuneare*, ecc.), la *e* si mantiene anche davanti a un'altra *e*: *allineerò*, *creeresti*, *ideerebbero*, ecc.
g) Nei verbi con radice in *gn* la 4ª persona dell'indicativo e congiuntivo presenti e la 5ª del congiuntivo presente possono mantenere la *i*, come contrassegno grafico della desinenza (*bagniamo*, *segniate*), oppure perderla, con adeguamento alla pronuncia (*bagnamo*, *segnate*: /baɲ'ɲamo/, /seɲ'ɲate/). La norma tradizionale prescrive la grafia con *i*: «assegniamo» (Soffici, *Opere*), «non sogniamo il polo» («Panorama», 31.5.1987, 44); «consegniamo comunque il problema al nuovo governo» («La Repubblica», 7.7.1987, 37); «noi stessi restiamo stupefatti, ci vergogniamo» (F. Alberoni, in «Corriere della Sera», 21.9.1987, 1). Tuttavia vanno affermandosi grafie senza *i* (cfr. SATTA 1981: 348-349; il Satta, dal canto suo, è fautore del mantenimento della *i*); e la stessa tradizione grammaticale è possibilista in proposito (è significativo che l'autorevole MIGLIORINI-TAGLIAVINI-FIORELLI 1981: XLV legittimi la doppia grafia *sogniamo* e *sognamo*, *sogniate* e *sognate*).
h) I verbi con dittongo nelle forme rizotoniche lo perdono o tendono a perderlo nelle forme rizoatone per la regola del dittongo mobile (cfr. I.56-58): *suona/sonava*; e lo stesso si dica per le altre coniugazioni: *muove/moveva*, *siede/sedeva*, *tiene/teneva*, ecc. Se /jɛ/ è preceduto da /tʃ/, il primo elemento del dittongo è assorbito nella pronuncia dal suono palatale prece-

dente e l'alternanza *ie* - *e* diventa puramente grafica: *accieca/accecare*, *inciela/incelare* (letterario); ma in *accecare* la *i* può mancare, oltre che nelle forme rizoatone («una bufera che accecava i cavalli» Loy, *Le strade di polvere*, 103), anche in quelle rizotoniche («il suo odore lo acceca di rabbia» ivi, 128).

Forme arcaiche

72. Indicativo:
a) Presente. La 2ª persona nel più antico fiorentino usciva in *-e* (*tu ame*; cfr. CASTELLANI 1952: 68-72): «E 'l duca mio a lui: – Perché pur gride?» (Dante, *Inferno*, V 21). Ma già all'inizio del Trecento si fa strada il tipo in *i*, modellato sulle desinenze delle altre coniugazioni (*tu temi*, *tu servi*). Come s'è accennato (cfr. XI.57a), la 4ª persona originariamente usciva in *-amo*, in conformità al latino -AMUS (AMĀMUS 'amiamo'; e così nelle altre coniugazioni: VIDĒMUS>*vedemo*, SENTĪMUS>*sentimo*): la generalizzazione di *-iamo* rappresenta uno dei più tipici tratti distintivi della fiorentinità dell'italiano letterario. Altre desinenze antiche: *-ano* per la 4ª persona («noi facciano»), propria del fiorentino quattro-cinquecentesco (cfr. MANNI 1979: 161-162), e *-ono* per la 6ª (*làvono* 'lavano', analogico sulle altre coniugazioni): «quanti sono che intendono le cose bene, che o non si *ricordono* o non sanno metterle in atto!» (Guicciardini, *Ricordi*, 42).
b) Imperfetto. La desinenza originaria della 1ª persona era *-a* – anche nelle altre coniugazioni – secondo l'etimo latino (AMĀBAM>[*io*] *amava*). Il tipo (*io*) *amavo*, analogico sulla 1ª persona del presente indicativo, si diffonde molto presto nel fiorentino (fine del XIV secolo: cfr. MANNI 1979: 146), ma stenta ad essere accolto nella lingua letteraria; un impulso notevole al suo successo venne dal Manzoni che lo adottò larghissimamente nella seconda edizione dei *Promessi Sposi* (cfr. SERIANNI 1986b: 46-47).
c) Passato remoto. Le desinenze arcaiche più notevoli sono quelle di 6ª persona, in particolare il tipo *amaro* (dal latino popolare AMĀRUNT in luogo del classico AMAVĒRUNT; anche nelle altre coniugazioni la 6ª persona [coniugazione debole]

usciva originariamente in -*ro*: *potero, sentiro*). Proprie del più antico fiorentino, queste forme sono affiancate e poi sommerse, già nel Trecento, dal tipo *amarono* (*poterono, sentirono*) – con epitesi della sillaba -*no* sul modello dei presenti *amano, possono, sentono* – ma sopravvivono a lungo nella lingua letteraria e in particolare in poesia. Due esempi ottocenteschi: «agli anni miei / anche *negaro* i fati / la giovanezza» (Leopardi, *A Silvia*, 50-52), «*balzâr* nel buio, giovinette anime, / senza conforti» (Carducci, *Per la morte di Napoleone Eugenio*, 13-14; per l'uso – antiquato – dell'accento circonflesso cfr. I.180b). Sulle altre desinenze che ebbero corso nel toscano antico si vedano CASTELLANI 1952: 146-156 e NENCIONI 1954.

d) Futuro semplice. Caratteristico del fiorentino il passaggio di *amarò* (da *AMARE-AO, cfr. XI.42) ad *amerò* (allo stesso modo il condizionale *amarei* è diventato *amerei*). Esempi frequenti del tipo in -*arò*, -*arei* figurano in testi antichi appartenenti ad altre aree geografiche; ad esempio: «trovarà dottrina nova», «mustrarà la misera ch'aia gran trecce avvolte» (Iacopone da Todi; cfr. CONTINI 1960: II 74 e 92).

73. Congiuntivo:
a) Presente. In origine 1ª e 3ª persona uscivano in -*e* (in conformità alle desinenze latine: ĀMEM>*ame*, ĀMET>*ame*; cfr. CASTELLANI 1952: 68-72); molto antico il conguaglio all'unica desinenza -*i*, irradiatasi dalla 2ª persona, in cui era originaria.
b) Imperfetto. Anche qui la 1ª persona terminava in -*e* (*amasse*; dal latino popolare AMĀSSEM, in luogo del classico AMAVĬSSEM, e così pure nelle altre coniugazioni): «cred'io ch'ei credette ch'io credesse» (Dante, *Inferno*, XIII 25); e anche qui la sostituzione con *i* è dovuta all'influsso della 2ª persona (che, tuttavia, non è riuscita a imporsi sulla terza: ma nel fiorentino dei secoli XIV-XVI si ebbe l'estensione della desinenza -*i* anche alla 3ª persona [cfr. MANNI 1979: 159-161]: «gli disse che *portassi* quivi cinquecento ducati d'oro di Camera» Cellini, *Vita*, 131).

Seconda coniugazione

74. Coniugazione di «tem-ere».

INDICATIVO

presente — *passato prossimo*

io tem-o — io ho temuto
tu tem-i — tu hai temuto
egli tem-e — egli ha temuto
noi tem-iamo — noi abbiamo temuto
voi tem-éte — voi avete temuto
essi tém-ono — essi hanno temuto

imperfetto — *trapassato prossimo*

io tem-évo — io avevo temuto
tu tem-évi — tu avevi temuto
egli tem-éva — egli aveva temuto
noi tem-evamo — noi avevamo temuto
voi tem-evate — voi avevate temuto
essi tem-évano — essi avevano temuto

passato remoto — *trapassato remoto*

io tem-étti (tem-éi) — io ebbi temuto
tu tem-ésti — tu avesti temuto
egli tem-ètte (tem-é) — egli ebbe temuto
noi tem-émmo — noi avemmo temuto
voi tem-éste — voi aveste temuto
essi tem-èttero (tem-érono) — essi ebbero temuto

futuro semplice — *futuro anteriore*

io tem-erò — io avrò temuto
tu tem-erai — tu avrai temuto
egli tem-erà — egli avrà temuto
noi tem-erémo — noi avremo temuto
voi tem-eréte — voi avrete temuto
essi tem-eranno — essi avranno temuto

CONGIUNTIVO

presente — *passato*

che io tem-a — che io abbia temuto
che tu tem-a — che tu abbia temuto
che egli tem-a — che egli abbia temuto
che noi tem-iamo — che noi abbiamo temuto
che voi tem-iate — che voi abbiate temuto
che essi tém-ano — che essi abbiano temuto

imperfetto — *trapassato*

che io tem-éssi — che io avessi temuto
che tu tem-éssi — che tu avessi temuto
che egli tem-ésse — che egli avesse temuto
che noi tem-éssimo — che noi avessimo temuto
che voi tem-éste — che voi aveste temuto
che essi tem-éssero — che essi avessero temuto

CONDIZIONALE

presente	passato
io tem-erèi	io avrei temuto
tu tem-erésti	tu avresti temuto
egli tem-erèbbe	egli avrebbe temuto
noi tem-erémmo	noi avremmo temuto
voi tem-eréste	voi avreste temuto
essi tem-erèbbero	essi avrebbero temuto

IMPERATIVO

presente

–
tem-i tu
tem-a egli
tem-iamo noi
tem-éte voi
tém-ano essi

INFINITO

presente	passato
tem-ére	avere temuto

PARTICIPIO

presente	passato
tem-ènte	tem-uto

GERUNDIO

presente	passato
tem-èndo	avendo temuto

75. Osservazioni:

a) Rientrano nella seconda coniugazione (e saranno descritti tra i relativi verbi irregolari) i verbi in *-rre* (*porre*, *condurre* e simili), che muovono da forme latine in -ÈRE con sincope della penultima vocale (PÒNERE>*ponre*>porre). Nell'italiano antico e nella lingua poetica forme del genere erano più numerose e comprendevano, in particolare, alcuni verbi in *-gliere* (nell'infinito, futuro e condizionale). Ricordiamo: *corre* 'cogliere' («poi stanca giaceresti sotto un rovere. / io pel prato correi diversi fiori» Lorenzo de' Medici, *Scritti scelti*), *scerre* 'scegliere' («acciò che possan [...] non fallibili scerre il vero e il bello» Parini, *Il mattino*, 712-715), *sciorre* 'sciogliere' («Né per lacrime, gemiti o lamenti / che facesse Brunel, lo volse sciorre» Ariosto, *Orlando Furioso*, IV 15), *torre* 'togliere' («ned ella a me per tutto il suo disdegno / torrà già mai [...] / le mie speranze, e i miei dolci sospiri» Petrarca, *Canzoniere*, 171 12-14).

b) Come risulta dal prospetto, i verbi della seconda coniugazione ammettono in genere accanto al passato remoto in *-etti* una forma in *-ei*. Alcune volte le due forme deboli si alternano con una forma forte (*rendetti/rendei/resi*: i verbi con passato remoto forte saranno indicati più oltre, tra gli irregolari), e in genere è quest'ultimo il tipo più in uso; altre volte, l'esistenza di passati remoti deboli è solo virtuale o arcaica (da *nascere* oggi si ha solo *nacqui*, non *nascei o *nascetti*). Per sapere se un verbo regolare ha il passato remoto in *-ei* o in *-etti* o se l'uso ammette entrambe le forme, non c'è che da ricorrere a un buon vocabolario. Qui ci limiteremo a osservare che nei verbi con radice in *t* il passato remoto in *-etti* non esiste o è molto raro (*battetti, *potetti, *riflettetti; è però comune *insistetti*: «– Chi sono? – insistette colui, con voce alquanto sgarbata» Manzoni, *I Promessi Sposi*; accanto a *insistei*: «Ma non dovevi starci una settimana? – insisté la madre» Cassola, *La ragazza di Bube*, 113-114), mentre nei verbi con radice in consonante diversa da *t* domina largamente *-etti*: per esempio, *credere* → *credetti*, *dovere* → *dovetti*, *premere* → *premetti* (FLAMM 1987: 24). Non sono rari, infine, paradigmi misti: così, lo scrittore Vasco Pratolini «usa nello *Scialo* con maggiore frequenza la forma in *-é* per la 3ª persona singolare, mentre le forme con *-ei* ed *-erono* mancano del tutto» (FLAMM 1987: 25).

c) Anche il participio passato in *-uto* concorre talvolta con un participio in *-nto*, *-sto*, *-tto*, *-so* (*perduto/perso*, *veduto/visto*), che in molti casi è l'unico esistente (*rompere* → *rotto*, non *romputo*; *tendere* → *teso*, non *tenduto*; *vincere* → *vinto*, non *vinciuto*; *prendere* → *preso*, non *prenduto*, ecc.): si vedano, anche in questo caso, le liste di verbi irregolari.

d) I verbi che nella 1ª persona del presente indicativo hanno radice in velare (/k/, /g/: *cresco*, *volgo*) assumono una conso-

XI. Il verbo

nante palatale davanti alle desinenze comincianti per *i* ed *e* (/tʃ/, /dʒ/: *cresci, volgi*).

e) I verbi in *-cere* presentano una consonante palatale (/tʃ/ o /ʃ/) davanti alla desinenza del participio passato *-uto*, quale che sia la consonante tematica della 1ª persona del presente indicativo: *conosco - conoscere - conosciuto, cresco - crescere - cresciuto*, ecc.

f) Per il dittongo mobile e per i verbi con tema in *gn* (*spegniamo/spegnamo*, ecc.), valgono le considerazioni fatte a proposito della 1ª coniugazione.

Forme arcaiche

76. Indicativo.
a) Imperfetto. Le desinenze originarie – anche nella terza coniugazione – non presentavano la labiodentale, in continuazione di forme già latino-volgari (*HABĔAM, *BIBĔAM in luogo di HABĒBAM, BIBĒBAM); i tipi *temeva* e *sentiva* – diffusisi già in epoca antica sul modello della prima coniugazione dove *v* era stabile (*amava*) – si sono imposti definitivamente solo in età moderna, dal momento che ancora nella prosa ottocentesca era molto diffuso l'imperfetto in *-ea, -ia*, almeno con alcuni verbi (cfr. SERIANNI 1986b: 25-27). Due esempi poetici del primo Novecento: «Erano stanchi! *avean* passato il mare!» (Pascoli, *Italy*, 19); «i pirofori che *ardeano* / nella verzura dell'Eremitaggio» (Gozzano, *Paolo e Virginia*, 53-54).

b) Passato remoto. Nel toscano dugentesco erano normali nella 3ª persona i tipi *vendéo* e, nella terza coniugazione: *partìo*, presto ridottisi alle forme attuali, *vendé* e *partì* (cfr. CASTELLANI 1952: 142-146, 166): «che con amore al fine *combatteo*» (Dante, *Inferno*, V 66). Sopravvivenze del tipo più arcaico si notano, al solito, nella lirica successiva; per esempio: «Come, oh Dio, *poteo* lasciarmi / per seguir chi men l'adora?» (nel secentista Francesco de Lemene, *L'usignuolo*, 21-22).

77. Congiuntivo presente. Lo schema più antico per le prime tre persone nella seconda e nella terza coniugazione era: (*che io*) *dica*, (*che tu*) *diche*, (*che egli*) *dica*, poi livellatosi nel corso del Trecento (cfr. CASTELLANI 1952: 71-72): «ed emmi a grato che tu *diche* / quello che la speranza ti 'mpromette» (Dante, *Paradiso*, XXV 86-87). Notevole, nelle tre persone singolari e nella 6ª, la forza d'attrazione esercitata dalla prima coniugazione (*parli, parlino*) su tutte le altre classi verbali, compresi gli ausiliari *essere* e *avere*: sia nell'italiano antico (cfr. ROHLFS 1966-1969: 555), sia nell'italiano popolare contemporaneo. Nel secolo scorso forme del genere erano abituali nella prosa del Leopardi: «benché tu vadi», «che tu non possi», «che tu non sappi», ecc. (*Operette morali*, 152, 165, 171). E *abbi* s'incontra ancora in Bacchelli: «Torno a pigliarmela con te, che non l'*abbi* lasciata di là» (*Il mulino del Po*, I 48). Oggi il tipo *venghi, venghino* 'venga, vengano' è considerato un forte solecismo ed è spesso adoperato con intento scherzoso: «Venghino, signori venghino al grande Luna Park del Giallo. Qui si impone però subito un drastico mutamento di tono; e di grammatica. Vengano lorsignori, vengano con fiducia allo spettacolo 'Giallo' che Enzo Tortora organizza ogni venerdì sera su Rai-Due» (B. Placido, commenti televisivi sulla «Repubblica», 11-12.10.1987, 35).

78. Imperativo. La 2ª persona della seconda coniugazione usciva originariamente in *e*, conformemente all'etimo latino (TĬME>*teme*); fin da epoca molto antica il fiorentino, a differenza degli altri dialetti toscani e, in genere, delle altre parlate centro-settentrionali, ha accolto il tipo in *-i*, modellato sulla terza coniugazione (*odi*, dal latino AUDI: cfr. CASTELLANI 1952: 41).

Terza coniugazione

79. Coniugazione di «serv-ire».

INDICATIVO

presente	*passato prossimo*
io serv-o	io ho servito
tu serv-i	tu hai servito
egli serv-e	egli ha servito
noi serv-iamo	noi abbiamo servito
voi serv-ite	voi avete servito
essi sèrv-ono	essi hanno servito

imperfetto	*trapassato prossimo*
io serv-ivo	io avevo servito
tu serv-ivi	tu avevi servito
egli serv-iva	egli aveva servito
noi serv-ivamo	noi avevamo servito

voi ser-ivate	voi avevate servito	egli serv-irèbbe	egli avrebbe servito
essi serv-ìvano	essi avevano servito	noi serv-irémmo	noi avremmo servito
		voi serv-iréste	voi avreste servito
passato remoto	*trapassato remoto*	essi serv-irèbbero	essi avrebbero servito

io serv-ii	io ebbi servito
tu serv-isti	tu avesti servito
egli serv-ì	egli ebbe servito
noi serv-immo	noi avemmo servito
voi serv-iste	voi aveste servito
essi serv-ìrono	essi ebbero servito

IMPERATIVO

presente

—
serv-i tu
serv-a egli
serv-iamo noi
serv-ite voi
sèrv-ano essi

futuro semplice	*futuro anteriore*
io serv-irò	io avrò servito
tu serv-irai	tu avrai servito
egli serv-irà	egli avrà servito
noi serv-irémo	noi avremo servito
voi serv-iréte	voi avrete servito
essi serv-iranno	essi avranno servito

INFINITO

presente	*passato*
serv-ire	avere servito

CONGIUNTIVO

PARTICIPIO

presente	*passato*
che io serv-a	che io abbia servito
che tu serv-a	che tu abbia servito
che egli serv-a	che egli abbia servito
che noi serv-iamo	che noi abbiamo servito
che voi serv-iate	che voi abbiate servito
che essi sèrv-ano	che essi abbiano servito

presente	*passato*
serv-ènte	serv-ito

GERUNDIO

imperfetto	*trapassato*
che io serv-issi	che io avessi servito
che tu serv-issi	che tu avessi servito
che egli serv-isse	che egli avesse servito
che noi serv-ìssimo	che noi avessimo servito
che voi serv-iste	che voi aveste servito
che essi serv-ìssero	che essi avessero servito

presente	*passato*
serv-èndo	avendo servito

80. Numerosi verbi della terza coniugazione ampliano il tema dell'infinito, inserendo fra radice e desinenza il suffisso -*isc*-, nelle seguenti forme: 1ª, 2ª, 3ª e 6ª persona dell'indicativo presente e del congiuntivo presente; 2ª, 3ª e 6ª persona dell'imperativo presente. Ecco uno specchietto riassuntivo delle forme in -*isc*-, per il verbo *obbedire*:

CONDIZIONALE

presente	*passato*
io serv-irèi	io avrei servito
tu serv-irésti	tu avresti servito

INDICATIVO PRESENTE	CONGIUNTIVO PRESENTE	IMPERATIVO
io obbed-isc-o	che io obbed-isc-a	—
tu obbed-isc-i	che tu obbed-isc-a	obbed-isc-i tu
egli obbed-isc-e	che egli obbed-isc-a	obbed-isc-a egli
noi obbed-iamo	che noi obbed-iamo	obbed-iamo noi
voi obbed-ite	che voi obbed-iate	obbed-ite voi
essi obbed-ìsc-ono	che essi obbed-ìsc-ano	obbed-ìsc-ano essi

81. Un recente inventario (in MORETTI-ORVIETO 1983: 70-71) fa assommare a circa cinquecento (482) i verbi della terza coniugazione con suffisso *-isc-*. Ne ricordiamo alcuni di uso più comune:
– *abbellire, abolire, agire, alleggerire, ammattire, ammonire, ammorbidire, annerire, annuire, appassire, appesantire, appiattire, approfondire, arricchire, arrossire, arrostire, arrugginire*;
– *bandire, barrire, blandire*;
– *capire, chiarire, colorire, colpire, concepire, condire, contribuire, costruire, custodire*;
– *definire, demolire, digerire, diminuire, distribuire*;
– *esaudire, esaurire, esibire, esordire*;
– *fallire, favorire, ferire, finire, fiorire*;
– *garantire, gioire, gradire, grugnire, guaire, guarire*;
– *imbandire, imbarbarire, imbastire, imbiondire, imbizzarrire, imborghesire, imbruttire, impadronirsi, impallidire, impaurire, impazzire, impedire, impensierire, inacidire, inaridire, inasprire, incenerire, indebolire, indispettire, indolenzire, indurire, infastidire, inferocire, ingelosire, ingerire, innervosire, inserire, insospettire, intimidire, intimorire, intontire, intorpidire, irrigidire, irrobustire, istituire, istruire*;
– *lambire, languire, lenire*;
– *marcire, munire*;
– *nitrire*;
– *obbedire, ordire, ostruire*;
– *patire, perire, poltrire, preferire, proibire, pulire, punire*;
– *rapire, reagire, restituire, rimbambire, rimbecillire, rimboschire, rimpicciolire* (e *rimpiccolire*), *ringiovanire, rinsecchire* (e *rinseccolire*), *riunire, riverire*;
– *sbalordire, sbiadire, sbigottire, sbollire, scalfire, scaturire, schiarire, scolorire, scolpire, scurire, seppellire, sgualcire, smarrire, smentire, snellire, sostituire, sparire, spartire, spedire, stabilire, starnutire, stordire, stupire, subire, suggerire, svanire, sveltire*;
– *tradire, tramortire, trasalire, trasferire, trasgredire*;
– *ubbidire* (come *obbedire*), *unire, usufruire*;
– *vagire*;
– *zittire*.

82. Osserviamo:
a) Alcuni verbi compresi nell'elenco appena indicato presentavano o potevano presentare forme senza ampliamento nella lingua antica e poetica; per esempio *perire* («né riparar si può ch'ella non *pèra*» Ariosto, *Orlando Furioso*, IV 59; «*pèra* lo stolto cinico / che frenesia ti chiama!» Monti, *Al signor di Montgolfier*, 43-44) o *sparire* («ecco precipita / il tempo, *spare* con risucchi rapidi / tra i sassi» Montale, *Crisalide*, 17-19).
b) Altri verbi mantengono tutt'oggi alternanza tra forme con o senza affisso *-isc-*. Ricordiamo: *applaudire* («*Applaudi*, Europa attonita / al volator naviglio» Monti, *Al signor di Montgolfier*, 35-36 / «il mondo *applaudisce*, fischia o trascura» Faldella); *assorbire* («egli *assorbe* ancora l'acqua come me il sonno» Palazzeschi, *Romanzi straordinari* / «i martiri cristiani sono tanti, che *assorbiscono* ogni notizia» Segneri, *Opere*); *inghiottire* («il veleno che ora *inghiotto*» Carducci, *Lettere* / «Mi verrebbero alle labbra parole evangeliche. Le *inghiottisco* però», ecc. Fogazzaro, *Lettere scelte*), *mentire* («Tu *menti* ch'io abbia mentito» Manzoni, *I Promessi Sposi*, IV 24 / «un governo liberale *mentisce* al proprio carattere [...] se non è un governo per l'acquisto di sempre maggiore libertà» B. Croce, *Storia d'Europa nel secolo XIX*), *nutrire* («il battaglione che veste e *nutre*» Jahier, *Ragazzo - Con me e con gli alpini* / «come il pane che li *nutrisce* dalla loro fanciullezza» Settembrini, *Dialoghi*).
Talvolta i verbi con tema ampliato in *-isc-* vengono detti *incoativi*, per analogia con i verbi latini in -SCO (AUGĒSCO, SENĒSCO, ecc.).
c) Parallelamente a diversi verbi di questo gruppo esistono forme corradicali della prima coniugazione (verbi *sovrabbondanti*, cfr. XI.123): *arrossire/arrossare, colorire/colorare, fallire/fallare, impazzire/impazzare*, ecc.

83. In latino la terminazione -SCO serviva effettivamente ad indicare l'aspetto incoativo della voce verbale, ed aveva valore distintivo rispetto alle forme per così dire 'neutre'; così, ad esempio: AUGEO 'accresco' e 'cresco' / AUGĒSCO 'comincio a crescere'. In italiano tale aspetto si rende invece con altri strumenti morfologici e sintattici (cfr. XI.48b), e l'affisso *-isc-* non riveste dunque alcun significato particolare. La suffissazione di tipo incoativo dovette infatti applicarsi, almeno in origine, ai verbi indicanti l'inizio di un processo o di una condizione (*fiorire, guarire, marcire*, ecc.), divenendo propria inoltre di quei verbi della terza coniugazione derivati mediante prefisso+suffisso da un nome o aggettivo (formazioni parasintetiche: cfr. XV.115; ad esempio: *duro* → *in-dur-ire* 'diventare duro'). Tuttavia ad essi si aggiunsero «altri verbi, che non lasciano scorgere nessun chiaro rapporto col significato del suffisso incoativo» (ROHLFS 1966-1969: 523; ad esempio *capire, preferire, punire, spedire, proibire, impedire*, e via dicendo).

Secondo molti studiosi la grande vitalità del paradigma italiano del tipo *-isco, -isci, -isce, -iàmo, -ite, -iscono* (che ha paralleli in altre lingue romanze) si spiega storicamente con l'imporsi di una tendenza livellatrice dell'accento, che all'alternarsi di forme rizotoniche e rizoatone (ad esempio FĪNIO 'finisco' / FĪNĪMUS 'finiamo') del latino volgare avrebbe sostituito un'omogenea serie rizoatona (*fin-isco, fin-iàmo, fin-ite*, ecc.: si vedano oltre al già citato ROHLFS, LAUSBERG 1976: II 253 e TEKAVČIĆ 1980: II 257-259). La 4ª e la 5ª persona delle forme verbali interessate non ricevono l'affisso *-isc-*, portatore di accento, in quanto esse sono già di per sé accentate sulla desinenza, e sarebbe impossibile sovrapporre l'una all'altra le due terminazioni toniche (*fin-isc-iàmo, *fin-isc-ìte, ecc.; cfr. ZAMBONI 1983).

84. Nel participio presente sopravvive in alcuni casi la desinenza latineggiante *-iente* (latino -IENS, -IENTIS). Così, accanto a *dormente* si usa *dormiente*: «alberi dormienti che paiono stare a quel modo da trenta secoli» (Cecchi, *Pesci rossi*) / «per i vicoli zitti del dormiente paese» (Boine, *Il peccato ed altre cose*). Solo *-iente* presentano i participi di *convenire, obbedire* e *sentire* (*senziente*, con base modificata, secondo la pronuncia scolastica del latino SENTIĒNTEM).

Qualche oscillazione nell'italiano antico, che poteva presentare *-ente* dove oggi è d'obbligo *-iente* (un esempio di participio con valore sostantivato: «il re molto bene servò alla giovane il convenente» Boccaccio, *Decameron*, X 7 48) e viceversa. Più frequente la desinenza *-iente* in participi cristallizzati, usati come aggettivi o sostantivi, in cui il rapporto col verbo si è attenuato (*partorire - partoriente*) o non è più percepibile (*patire - paziente, salire - saliente*, ecc.).

85. Diamo ora il paradigma di un verbo passivo (*essere amato*) e di un verbo riflessivo (*lavarsi*).

Si osservi che il participio concorda in genere e numero col soggetto; in presenza di soggetti di genere diverso valgono le stesse norme che regolano l'accordo dell'aggettivo (cfr. V.24): «Maria è amat*a* dai suoi figli», «Mario e Paolo si sono lavat*i*», «Anna e Paolo si sono lavat*i*» (per l'accordo del participio col riflessivo indiretto – «si sono lavat*i* le mani» / «si sono lavat*e* le mani» – cfr. XI.369).

86. In alcuni dialetti centro-meridionali (Abruzzo; Lazio e Marche meridionali; provincia di Bari: cfr. ROHLFS 1966-1969: 730) l'ausiliare *essere* con un verbo transitivo è adoperato per indicare il passato (*sono mangiato*=ho mangiato). Ecco una testimonianza letteraria di Massimo D'Azeglio, attinta alla parlata di Marino (Roma): «Il sor Checco la teneva accanto; appena a sedere gli empiva il bicchier d'acqua e poi una lagrima di vino. E non l'aveva ancora finito di vuotare che glielo riempiva, dicendo: – Bevi –. Lei poverina nel suo dialetto rispondeva: – Ma mo' proprio so' beto! –. Le ho visto cader le lacrime persino, povera zi' Anna!» (cit. in SERIANNI 1986b: 18).

87. Il paradigma dei verbi intransitivi (forme composte) corrisponde: *a*) a quello dei transitivi attivi se l'ausiliare è *avere* («ho dormito» come «ho amato»); *b*) a quello dei passivi se l'ausiliare è *essere* («sono andato» come «sono amato»).

88. Il paradigma dei verbi intransitivi pronominali coincide con quello dei riflessivi («mi accorgo», «mi sono accorto» come «mi lavo», «mi sono lavato»).

Coniugazione passiva

89.

INDICATIVO

presente	passato prossimo
io sono amato	io sono stato amato
tu sei amato	tu sei stato amato
egli è amato	egli è stato amato
noi siamo amati	noi siamo stati amati
voi siete amati	voi siete stati amati
essi sono amati	essi sono stati amati

imperfetto	trapassato prossimo
io ero amato	io ero stato amato

XI. Il verbo

tu eri amato
egli era amato
noi eravamo amati
voi eravate amati
essi erano amati

tu eri stato amato
egli era stato amato
noi eravamo stati amati
voi eravate stati amati
essi erano stati amati

passato remoto

io fui amato
tu fosti amato
egli fu amato
noi fummo amati
voi foste amati
essi furono amati

trapassato remoto

io fui stato amato
tu fosti stato amato
egli fu stato amato
noi fummo stati amati
voi foste stati amati
essi furono stati amati

futuro semplice

io sarò amato
tu sarai amato
egli sarà amato
noi saremo amati
voi sarete amati
essi saranno amati

futuro anteriore

io sarò stato amato
tu sarai stato amato
egli sarà stato amato
noi saremo stati amati
voi sarete stati amati
essi saranno stati amati

CONGIUNTIVO

presente

che io sia amato
che tu sia amato
che egli sia amato
che noi siamo amati
che voi siate amati
che essi siano amati

passato

che io sia stato amato
che tu sia stato amato
che egli sia stato amato
che noi siamo stati amati
che voi siate stati amati
che essi siano stati amati

imperfetto

che io fossi amato
che tu fossi amato
che egli fosse amato
che noi fossimo amati
che voi foste amati
che essi fossero amati

trapassato

che io fossi stato amato
che tu fossi stato amato
che egli fosse stato amato
che noi fossimo stati amati
che voi foste stati amati
che essi fossero stati amati

CONDIZIONALE

presente

io sarei amato
tu saresti amato
egli sarebbe amato
noi saremmo amati
voi sareste amati
essi sarebbero amati

passato

io sarei stato amato
tu saresti stato amato
egli sarebbe stato amato
noi saremmo stati amati
voi sareste stati amati
essi sarebbero stati amati

IMPERATIVO

presente

—
sii amato tu
sia amato egli
siamo amati noi
siate amati voi
siano amati essi

INFINITO

presente   *passato*

essere amato   essere stato amato

PARTICIPIO

presente   *passato*

(essente amato)   (stato) amato

GERUNDIO

presente   *passato*

essendo amato   essendo stato amato

Coniugazione riflessiva

90.

INDICATIVO

presente   *passato prossimo*

io mi lavo   io mi sono lavato
tu ti lavi   tu ti sei lavato
egli si lava   egli si è lavato
noi ci laviamo   noi ci siamo lavati
voi vi lavate   voi vi siete lavati
essi si lavano   essi si sono lavati

imperfetto   *trapassato prossimo*

io mi lavavo   io mi ero lavato
tu ti lavavi   tu ti eri lavato
egli si lavava   egli si era lavato
noi ci lavavamo   noi ci eravamo lavati
voi vi lavavate   voi vi eravate lavati
essi si lavavano   essi si erano lavati

passato remoto   *trapassato remoto*

io mi lavai   io mi fui lavato
tu ti lavasti   tu ti fosti lavato
egli si lavò   egli si fu lavato
noi ci lavammo   noi ci fummo lavati

voi vi lavaste	voi vi foste lavati
essi si lavarono	essi si furono lavati

futuro semplice	*futuro anteriore*
io mi laverò	io mi sarò lavato
tu ti laverai	tu ti sarai lavato
egli si laverà	egli si sarà lavato
noi ci laveremo	noi ci saremo lavati
voi vi laverete	voi vi sarete lavati
essi si laveranno	essi si saranno lavati

CONGIUNTIVO

presente	*passato*
che io mi lavi	che io mi sia lavato
che tu ti lavi	che tu ti sia lavato
che egli si lavi	che egli si sia lavato
che noi ci laviamo	che noi ci siamo lavati
che voi vi laviate	che voi vi siate lavati
che essi si lavino	che essi si siano lavati

imperfetto	*trapassato*
che io mi lavassi	che io mi fossi lavato
che tu ti lavassi	che tu ti fossi lavato
che egli si lavasse	che egli si fosse lavato
che noi ci lavassimo	che noi ci fossimo lavati
che voi vi lavaste	che voi vi foste lavati
che essi si lavassero	che essi si fossero lavati

CONDIZIONALE

presente	*passato*
io mi laverei	io mi sarei lavato
tu ti laveresti	tu ti saresti lavato
egli si laverebbe	egli si sarebbe lavato
noi ci laveremmo	noi ci saremmo lavati
voi vi lavereste	voi vi sareste lavati
essi si laverebbero	essi si sarebbero lavati

IMPERATIVO

presente

—
lavati tu
si lavi egli
laviamoci noi
lavatevi voi
si lavino essi

INFINITO

presente	*passato*
lavarsi	essersi lavato
(lavarmi, lavarti, lavarci, lavarsi)	(essermi lavato, esserti lavato, esserci lavati, esservi lavati, essersi lavati)

PARTICIPIO

presente	*passato*
lavantesi (lavantisi)	lavatosi (lavatomi, lavatoti, lavatici, lavativi, lavatisi)

GERUNDIO

presente	*passato*
lavandosi (lavandomi, lavandoti, lavandoci, lavandovi)	essendosi lavato (essendomi lavato, essendoti lavato, essendoci lavati, essendovi lavati, essendosi lavati)

Verbi impersonali

91. Si dicono «impersonali» quei verbi che non rimandano a una persona determinata e che si adoperano nei modi indefiniti o nella 3ª persona dei modi finiti.

92. Alcuni verbi sono stabilmente impersonali e non presentano di norma altro costrutto. Si tratta essenzialmente di verbi che indicano un fenomeno atmosferico (*piove, nevica, grandina, tuona; albeggia, annotta, imbrunisce*, ecc.) e di locuzioni dello stesso àmbito semantico composte da *fare* seguito da un aggettivo (*fa caldo, fa freddo*) o da un sostantivo (*fa notte, fa giorno*; toscano *fa tempaccio*). Esempi: «*Piove*. È mercoledì. Sono a Cesena» (Moretti, in MENGALDO 1981: 179); «Udite? Come *albeggi*, / la scure al figlio ed alla madre il rogo» (S. Cammarano, *Il Trovatore*, in VERDI-BALDACCI 1975: 288); «perché *faceva tempaccio* e l'acqua veniva giù a catinelle, andò diritto diritto alla casa della fata» (Collodi, *Pinocchio*, 108). Tuttavia un «verbo atmosferico» ammette costrutto personale se viene usato metaforicamente (un paio d'esempi sono citati sopra, al par. 37) e nell'uso letterario: «Ben gli ha tenuto parola il tempo di Pisa, che non fa altro che piovere senza restar mai» (Alfieri, *Lettere inedite*); «il fracasso dei tuoni di un temporale che, ora, lampeggiava alla finestra» (Moravia, *L'automa*).

93. Altri, e ben più numerosi verbi si adoperano ora nel costrutto impersonale, ora nel costrutto personale: «mi *basta* che mi creda lei» (Pirandello, *Così è [se vi pare]*, V 100) / «le cento lire [...] gli *bastarono* poco più d'una settimana» (Tozzi, *Tre croci - Giovani*); «se non ti *garba* d'andare a scuola, perché non impari almeno un mestiere?» (Collodi, *Pinocchio*) / «codesti capelli pettinati così non mi *garbano*» (Pirandello, *Novelle per un anno*).

In realtà i verbi di questo secondo gruppo hanno un soggetto anche nel costrutto apparentemente impersonale: la proposizione soggettiva, esplicita («che mi creda lei») o implicita («d'andare a scuola»), cfr. XIV.66 sgg.

Per i verbi e le locuzioni verbali che presentano costrutto impersonale (*accadere, garbare, sembrare*, ecc.; *essere chiaro, parere una vergogna, essere tardi*, ecc.) cfr. XIV.67-68, XIV.72, XIV.74.

94. Alcuni verbi, oggi personali, nella tradizione letteraria potevano costruirsi impersonalmente. Per esempio, i verbi di memoria: *ricordarsi* («mi ricorda peraltro di aver veduto più musi arrovesciati che allegri», ecc. Nievo, *Le confessioni d'un italiano*, 20) e *rimembrarsi* («Era conforto / questo suon, mi rimembra, alle mie notti» Leopardi, *Le ricordanze*, 51-52).

95. Per esprimere l'impersonale si può ricorrere anche ad altre modalità, e precisamente:

a) Pronome atono *si* con un verbo intransitivo oppure transitivo attivo (senza oggetto espresso) o passivo: «si giunge», «si dice», «si è detto» (cfr. VII.57 e XI.13b).

b) 3ª persona di un verbo in diatesi passiva (in particolare con verbi che indicano affermazione, opinione, divieto o permesso): «non è detto che [l'odio] non sia, in ultima analisi, disprezzo o fastidio di noi stessi» (Alvaro, *Il nostro tempo e la speranza*; *non è detto* è una locuzione idiomatica: 'probabilmente l'odio è...'); «Avete inteso che fu detto: – Occhio per occhio e dente per dente» (*Messale festivo*, 211); «a chiunque avesse granaglie o farine in casa, veniva proibito di comprarne» (Manzoni, *I Promessi Sposi*, XXVIII 3).

c) Pronome indefinito come soggetto generico, in particolare *uno* (cfr. VII.152b) o *qualcuno* (cfr. VII.151).

d) 2ª (cfr. VII.9) o 6ª persona di un verbo: «Bussano: va' a vedere chi è»; «s'era fatti amici fra gente di nessun conto, dicevano» (Boine, *Il peccato e altre cose*). Si veda anche VII.58-59.

Verbi difettivi

96. Di alcuni verbi, perlopiù impersonali, si adoperano soltanto poche voci: quelle mancanti sono cadute in disuso oppure non sono mai esistite.

Alla «difettività» morfologica si associano quasi sempre restrizioni lessicali o stilistiche: gran parte di questi verbi sono arcaici (e oggi si usano solo con intenzione faceta: «la tua obiezione *non mi tange*»); altri sono limitati ad alcune espressioni cristallizzate (si vedano *fervere* e *ostare*).

Ecco un quadro dei verbi difettivi in uso nell'italiano moderno e di quelli più notevoli presenti nel corso della tradizione letteraria (in particolare nel linguaggio poetico; di questi ultimi si danno solo le voci più ricorrenti; se non è diversamente indicato, tra le forme in uso va compreso l'infinito):

97. *Addirsi* – Si adopera nella 3ª e 6ª persona dei seguenti modi e tempi verbali: indicativo presente: *si addice, si addicono* («I discorsi *s'addicono* o non *s'addicono*, non in quanto vengono più o meno a proposito, ma in quanto più o meno convengono o par che convengano a chi li fa. Aggiungo 'pare', perché nel giudizio di ciò che *s'addice* o no, spesse volte il mondo commette sbagli» Tommaseo - Rigutini, *Dizionario dei sinonimi*); indicativo imperfetto: *si addiceva, si addicevano*; congiuntivo presente: *si addica, si addicano*; congiuntivo imperfetto: *si addicesse, si addicessero*. Nella lingua letteraria troviamo anche un verbo *addire* (riflessivo *addirsi*), con il significato di 'dedicare, consacrare': «a le libere muse / puro *si addisse*» (Carducci). Oggi ne sopravvive solo la forma di participio sostantivato *addetto* ('chi è incaricato di una certa funzione o attività': «gli addetti alla manutenzione degli impianti», «gli addetti ai lavori», ecc.).

98. *Aggradare* 'esser gradito' – 3ª persona del presente indicativo: *aggrada* («farò ciò che più mi *aggrada*»). Raro, anche nella lingua letteraria, l'uso di terze persone di altri tempi dell'indicativo, come «aggradò» (Boccaccio, *L'Amleto - Lettere - Il Corbaccio*), «agratava» ('aggradava', Masuccio Salernitano, *Il Novellino*), ecc.

99. *Angere* 'affliggere' – È diffuso quasi esclusivamente nella poesia, dal Petrarca all'Ottocento, nella 3ª persona del presente indicativo, *ange*: «Voi sospirate!... Che v'ange tanto?» (F. M. Piave, *Rigoletto*, in VERDI-BALDACCI 1975: 252).

100. *Arrògere* 'aggiungere' – Verbo arcaico, di qualche uso al participio passato (*arròto*) e, più spesso, alla 2ª persona dell'indicativo presente e dell'imperativo (*arròge* o *arròji*); un esempio moderno di tono scherzoso: «Socrate [...] è accusato di perniciosissima propaganda contro lo Stato. Arrogi che egli non mostra il dovuto rispetto verso Giove» (Panzini, *Romanzi d'ambo i sessi*).

101. *Calére* 'importare, stare a cuore' – Considerato d'uso poetico già nel secolo scorso (cfr. TOMMASEO-BELLINI 1865-1879: III 1479), è frequente soltanto nella 3ª persona del presente indicativo: «non ti cal d'allegria, schivi gli spassi» (Leopardi, *Il passero solitario*, 14). Rare o disusate le terze persone dell'indicativo imperfetto *caleva*, dell'indicativo remoto *calse* («agli ottimi scrittori nostri da me conosciuti non *calse* gran fatto degli ammaestramenti di scuola» Bettinelli), del congiuntivo presente *caglia* («al ciel ne *caglia*» 'a questo provveda il cielo' Leopardi, *Nelle nozze della sorella Paolina*, 22), e il participio passato *caluto*. Ricordiamo la locuzione *tenere in non cale* ('trascurare, non dare peso': «la verginità, che prima era un onore della famiglia, oggi *è tenuta in non cale*» Panzini, *La cicuta, i gigli e le rose*).

102. *Consùmere* – Indicativo passato remoto: *consunsi, consunse, consunsero*;

participio passato: *consunto*. Oggi disusato l'infinito.

103. *Delìnquere* – In uso, nel linguaggio giuridico e burocratico, il participio presente (quasi sempre sostantivato) e il presente indicativo: «la moglie possiede e il sottoscritto delinque» (Pavese, *Racconti*).

104. *Fallare* 'sbagliare' – 3ª e 6ª persona dell'indicativo presente: *falla, fallano*. Participio passato: *fallato*.

105. *Fèrvere* – Adoperato quasi solo nella 3ª e 6ª persona dell'indicativo presente e imperfetto *ferve* e *ferveva, fervono* e *fervevano*, e nel participio presente *fervente*; si trova di solito in locuzioni cristallizzate («i preparativi *fervono*», «un *fervente* ammiratore», ecc.).

106. *Ire, gire* – È il lat. ĪRE 'andare', che sopravvive oggi, in parte e popolarmente, in area toscana e centromeridionale (cfr. ROHLFS 1966-1969: 545). Nella lingua poetica della tradizione s'incontrano soprattutto le seguenti forme: indicativo presente: *giamo, ite, gite*; imperfetto: *iva, giva, già* (1ª e 3ª persona), *ìvano, gìvano*; passato remoto: *givi, gisti, gì, giste, gìrono*; futuro: *irete, iranno*; congiuntivo imperfetto: *gissi* (1ª e 2ª persona), *gisse, giste, gìssero*; participio passato: *ito, gito* (e si pensi al participio sostantivato fossile: *gita*, propriamente 'andata': «una gita in Brianza»). Esempi: «fin che chinato givi» (Dante, *Purgatorio*, XII 69; 'andai'); «poiché la madre lor temea che il cieco / incauto nume perigliando gisse / misero e solo per oblique vie» (Parini, *Il mattino*, 315-317); «Dove sei gita / che qui sola di te la ricordanza / trovo, dolcezza mia?» (Leopardi, *Le ricordanze*, 138-140); «i donzelli ivano» (Carducci, *La leggenda di Teodorico*, 37).

107. *Licére* 'esser lecito' – Di uso antiquato e poetico nella 3ª persona dell'indicativo presente *lice*: «assai felice / se respirar ti lice / d'alcun dolor» (Leopardi, *La quiete dopo la tempesta*, 51-53); anticamente si trova anche *lece*: «molto è lecito lì, che qui non lece» (Dante, *Paradiso* I 55).

108. *Lùcere* 'risplendere' – Si adoperano

solo la 3ª e la 6ª persona; come *lucere* si coniugano *rilucere* e *tralucere*, tutti d'àmbito letterario: «pei balconi / rara traluce la notturna lampa» (Leopardi, *La sera del dì di festa*, 5-6).

109. *Mólcere* 'dilettare' – Proprio della lingua letteraria del passato, era in uso solo nelle seguenti forme: 3ª persona dell'indicativo presente (*mólce*), imperfetto (*molcevo*, ecc.), futuro (*molcerò*, ecc.), 3ª e 6ª persona del congiuntivo presente (*mólca*, *mólcano*), imperfetto (*molcessi*, ecc.), gerundio presente (*molcendo*) «quando più dolce / la rima molce / l'orecchio» (Saba, *Il canzoniere*).

110. *Ostare* 'far difficoltà, impedire' – In uso la 3ª persona delle seguenti voci: indicativo presente *osta*, indicativo imperfetto *ostava*, indicativo futuro *osterà*, condizionale presente *osterebbe*; participio presente (*non*) *ostante* (cfr. MORETTI-ORVIETO 1983: 73). Più rare le seste persone come *ostano* («i fatti ci *ostano*» Mazzini, *Scritti editi e inediti*) e *ostavano* («un'introduzione sufficiente di granaglie estere, alla quale *ostavano* l'insufficienza de' mezzi pubblici e privati, la penuria de' paesi circonvicini, la scarsezza, la lentezza e i vincoli del commercio» Manzoni, *I Promessi Sposi*). Il verbo *ostare*, limitato alla lingua scritta, si adopera perlopiù in espressioni negative: «in quelli anni era molto occupato dalle sue letture di giurisprudenza, le quali potevano ben essere la cagione che dalle rime amorose lo distornava: *né osta* ch'ei fosse vecchio»; «avevo detto a Romagnoli [...] che, *senza voler ostare in nulla* a lui, tu non avevi però niuna intenzione di scioglierteine» (due esempi del Carducci, *Opere, Lettere*). Ricordiamo in particolare la locuzione *nulla osta*, dell'uso amministrativo e giuridico (ad es.: «*nulla osta* a che il processo si svolga per direttissima»), frequentemente sostantivata («dare il *nullaosta*»).
Il participio presente *ostante*, preceduto da negazione, si trova quasi sempre nella preposizione e congiunzione concessiva *nonostante* (cfr. XIV.179c) in cui viene trattato come indeclinabile (senza accordo con nomi o aggettivi plurali; ad esempio: «*nonostante* le mie accese proteste, la riunione è stata sospesa»). Tuttavia, nella lingua letteraria è stata in uso fino ad anni recenti, in accordo con sostantivi plurali, la locuzione preposizionale *non ostanti*: «la reina [...] *non obstanti* quelle [canzoni] che volontariamente avean dette più di loro, comandò a Panfilo che una ne dovesse cantare» (Boccaccio, *Decamerone*, VIII, *Conclusione*, 8); «non ostanti le gravi difficoltà delle vie e la mancanza di comunicazioni, si serviva di carrozze d'affitto» (Pirandello, *Romanzi*).

111. *Prostèrnere* 'abbattere' – Mancano il passato remoto e il participio passato. Rare e letterarie anche le altre voci: «non ti prosternere, non ti avvilire come una donna» (Machiavelli, cit. in TOMMASEO-BELLINI 1865-1879: IV 1297).

112. *Prùdere* – Sono in uso la 3ª e la 6ª persona dei seguenti modi e tempi: indicativo presente (*prude*, *prudono*), imperfetto (*prudeva*, *prudevano*), futuro (*pruderà*, *pruderanno*), congiuntivo presente (*pruda*, *prudano*), imperfetto (*prudesse*, *prudessero*); condizionale presente (*pruderebbe*, *pruderebbero*); gerundio presente (*prudendo*).

113. *Rècere* 'vomitare' – 3ª persona del presente indicativo (non comune): *rece*; rarissime le altre forme: «ed ha reciute le budella, come rece chi non ha stomaco di soffrire il caldo» (Aretino, cit. in TOMMASEO-BELLINI 1865-1879: V 101).

114. *Redimire* 'incoronare' – Latinismo aulico, usato quasi solo nel participio passato e nei tempi composti: «Te redimito di fior purpurei / april te vide su 'l colle emergere» (Carducci, *Nell'annuale della fondazione di Roma*, 1-2).

115. *Redire* e *rièdere* 'ritornare' – È attestato solo nella lingua poetica della tradizione; s'incontrano soprattutto le forme dell'indicativo presente (*riedo*, *riedi*, ecc.) e del congiuntivo presente (*rieda*, ecc.). Esempi: «e così bella riede / nel cor» (Petrarca, *Canzoniere*, 143 10-11); «Pur l'oste che dirà, s'indarno io riedo?» (Tasso, *Gerusalemme Liberata*, XIII 35); «Se Alfredo nega riedere / in seno alla famiglia» (F. M. Piave, *La Traviata*, in VERDI-BALDACCI 1975: 306).

116. *Secèrnere* – Manca del passato remoto; si usa nei modi indefiniti (participio presente *secernente*, passato *secreto*; gerundio *secernendo*), mentre, nei modi finiti, è frequente solo nella 3ª e nella 6ª persona. Un esempio del participio: «qualunque sia la massa di tessuto ghiandolare secernente, la quantità dell'insulina immessa nel sangue del cane portatore rimane costante» (Martino, *Fisiologia*, 248).

117. *Solére* – Indicativo presente: *sòglio*, *suoli*, *suole*, *sogliamo*, *solete*, *sògliono*; imperfetto: *solevo*, *solevi*, ecc.; congiuntivo presente: *sòglia*, *sogliamo*, *sogliate*, *sògliano*; imperfetto: *solessi*, ecc.; participio passato: *sòlito*; gerundio presente: *solendo*. Si noti che l'unica forma d'uso davvero corrente è *suole*, specie nella locuzione incidentale *come suol dirsi* (*come si suol dire*): «non è ch'io l'abbia, come si suol dire, sgraffignato» (Manzoni, *I Promessi Sposi*, XIV 26). Le altre voci sono limitate alla lingua scritta e vengono sostituite abitualmente da *esser solito*.

118. *Tàngere* 'toccare; riguardare' – Nell'uso poetico sono attestate soprattutto la 3ª e la 6ª persona del presente indicativo, *tange* e *tangono* («I' son fatta da Dio, sua mercé, tale, / che la vostra miseria non mi tange» Dante, *Inferno*, II 91-92). Ha valore di aggettivo o di sostantivo il participio presente *tangente*.

119. *Ùrgere* – Indicativo presente: *urge*, *urgono*; imperfetto: *urgeva*, *urgevano*; futuro: *urgerà*, *urgeranno*; congiuntivo presente: *urga*, *urgano*; imperfetto: *urgesse*, *urgessero*; condizionale presente: *urgerebbe*, *urgerebbero*; participio presente: *urgente* (con valore di aggettivo); gerundio presente: *urgendo*.

120. *Vèrtere* – Indicativo presente: *vèrte*, *vèrtono*; imperfetto: *verteva*, *vertevano*; passato remoto: *verté*, *verterono*; futuro: *verterà*, *verteranno*; congiuntivo presente: *vèrta*, *vèrtano*; imperfetto: *vertesse*, *vertessero*; condizionale presente: *verterebbe*, *verterebbero*; participio presente: *vertente*; gerundio presente: *vertendo*.

121. *Vìgere* – Indicativo presente: *vige*, *vigono*; imperfetto: *vigeva*, *vigevano*; futuro: *vigerà*, *vigeranno*; congiuntivo presente: *viga*, *vigano*; imperfetto: *vigesse*, *vigessero*; condizionale: *vigerebbe*, *vigerebbero*; participio presente: *vigente*; gerundio presente: *vigendo*. Non è in uso l'infinito.

122. Si osservi infine:
a) I verbi *ardire*, *atterrire* e *marcire* collidono in alcune forme con *ardere*, *atterrare* e *marciare* (e precisamente: 4ª persona del presente indicativo e congiuntivo, 5ª persona del congiuntivo presente e, per *ardire/ardere*, anche il participio presente); «in questi casi, per evitare possibilità di equivoci, si ricorre a verbi sinonimi quali *osare, spaventare, imputridire*» (DARDANO-TRIFONE 1985: 222).
b) Alcuni verbi sono difettivi del solo participio passato. Ricordiamo: *competere*, *concernere*, *dirimere*, *divergere*, *esimere*, *incombere*, *inerire*, *soccombere*, *splendere*, *suggere*, *transigere*.
c) Altri verbi difettivi di singole forme saranno indicati tra i verbi irregolari (vedi oltre, par. 125 sgg.).

Verbi sovrabbondanti

123. Alcuni verbi corradicali seguono due coniugazioni diverse (la prima e la terza: *scolorare/scolorire*; la seconda e la terza: *adempiere/adempire*). Possiamo distinguerli in due gruppi, a seconda che il significato muti col cambiamento di coniugazione o rimanga lo stesso.
a) Il significato si modifica o può modificarsi in coppie quali: *abbonare* («ho abbonato mio nipote a un giornale») / *abbonire* («era tornato con dei regali per abbonirla» Bacchelli, *Novelle*); *arrossare* («Il sole trascorre remoto / arrossando le spiagge» Pavese, *Lavorare stanca*) / *arrossire* («il padre di Nobis corrugò la fronte e arrossì leggermente» De Amicis, *Cuore*, 44); *fallare* («Posso aver fallato» Manzoni, cit. sopra al par. 46) / *fallire* («qua un'onestà fallirebbe, qua l'onore di una famiglia farebbe bancarotta» Pirandello, *Il piacere dell'onestà*, III 153); *imboscare* («lo hanno imboscato in un ufficio di ispettore» D'Annunzio, *Taccuini*) / *imboschire* («colui che ha vissuto la sua vita in campagna finisce coll'imboschire e mettere a vigna anche la città» Baldini, *Mi-*

chelaccio), *impazzare* («tutta Parigi impazza... è carnevale...» F. M. Piave, *La Traviata*, in VERDI-BALDACCI 1975: 317) / *impazzire* («Su, su, basta! Finiscila, perdio! Mi fai impazzire!» Pirandello, *L'uomo, la bestia e la virtù*, III 320), *sfiorare* («la discussione ha spesso sfiorato i toni di una rissa strapaesana» «L'Espresso», 26.4.1987, 114) / *sfiorire* («il suo aspetto [...] faceva a prima vista un'impressione di bellezza, ma d'una bellezza sbattuta, sfiorita, e, direi quasi, scomposta» Manzoni, *I Promessi Sposi*, IX 20), ecc.
b) I due membri della coppia presentano significato equivalente in: *adempiere* («poiché il voto era fatto, doveva adempierlo» Silone, *Vino e pane*) / *adempire* («l'accappatoio che adempiva la forma e la statura della bella defunta» Bacchelli, *Una passione coniugale*); *ammansare* («cercavano d'ammansarmi» Albertazzi, *Opere*) / *ammansire* («cercò di ammansire la sconosciuta con la cortesia» Silone, *Vino e pane*); *compiere* («la riluttanza di compiere un atto disonesto» Brancati, *Il bell'Antonio*) / *compire* («impedirgli di compire il suo dovere» Manzoni, *I Promessi Sposi*, VI 3); *dimagrare* («una cura dimagrante») / *dimagrire* («si dimagriva a vista d'occhio» Cecchi, *Corse al trotto e altre cose*); *empiere* («ad empiere questo difetto del paese» Carducci, *Opere*) / *empire* («non smetteva di empirmi il bicchiere» Pavese, *La bella estate*); *riempiere* («mescolata bene la terra con la rena si comincia a riempiere la fossa» Cellini, cit. in TOMMASEO-BELLINI 1865-1879: V 226) / *riempire* («presentiamo a Dio i nostri cuori miseri, vòti perché gli piaccia riempirli di quella carità che ripara al passato», ecc. Manzoni, *I Promessi Sposi*, XXVI 29); *starnutare* («quando il tempo si muta la bestia starnuta», proverbio toscano cit. in TOMMASEO-BELLINI 1865-1879: V 1192) / *starnutire* («il burattinaio ha starnutito» Collodi, *Pinocchio*, 32), ecc.

124. Si noti che il paradigma di *empiere/ empire* e dei composti *adempiere, compiere, riempiere* presenta nell'italiano contemporaneo alcune forme comuni alle due serie, e precisamente: indicativo presente (*empio*), congiuntivo presente (*empia*), imperativo (*empi*; non *empisco, *empisca, ecc.); imperfetto indicativo (*empivo*), futuro (*empirò*), condizionale (*empirei*), congiuntivo imperfetto (*empissi*; rara o disusata la serie *empievo, empierò*, ecc.).

Verbi irregolari

125. Si dicono «irregolari» i verbi che deflettono in modo più o meno spiccato dal modello di coniugazione cui appartengono. Nel loro insieme, i tipi fondamentali di irregolarità si riducono a due:
a) Suppletivismo vale a dire concorrenza di più radici nel corso della coniugazione, còme in *andare* (*and-* e *vad-*: suppletivismo primario, perché dipendente da due distinte basi etimologiche), o in *dovere* (*dov-, dev-, debb-, dobb-*: suppletivismo secondario, in quanto le variazioni della radice sono avvenute all'interno della stessa base etimologica, il latino DEBĒRE).
b) Alterazioni desinenziali, ossia presenza di desinenze «imprevedibili» nell'àmbito del paradigma, ad esempio *bev-vi* rispetto a *bev-etti*.
Naturalmente le «irregolarità» ci appaiono tali nel quadro della coniugazione attuale: risalendo alle basi latine o latino-volgari ci renderemmo conto che in molti casi esse «rappresentano un sistema nel sistema, il residuo di sistemi una volta esistiti, incrociati con il sistema che ha finito per prevalere» (FOGARASI 1983: 282).

126. I modi e i tempi in cui si addensano le più notevoli irregolarità, riguardanti in massima parte seconda e terza coniugazione, sono i seguenti:
a) Presente indicativo e congiuntivo. Un certo numero di verbi escono in *-go, -ga*: *valgo* (*valere*), *tengo* (*tenere*), *vengo* (*venire*), ecc. Si tratta di forme risalenti al latino volgare e rifatte su verbi in cui *-GO* era primitivo (come PLĀNGO> *piango*; cfr. ROHLFS 1966-1969: 535). In molti di questi verbi la base latina originaria ha dato luogo nell'italiano antico a un tema in consonante palatale, /ʎʎ/ o /ɲɲ/: VĂLEO >*vaglio*, TĔNEO>*tegno*, VĒNIO>*vegno*, ecc.
b) Futuro e condizionale. In diversi verbi la vocale tematica subisce sincope (*sapere* → *saperò>*saprò*, *vedere* → *vederò>*vedrò*). Se le consonanti superstiti danno luogo a un gruppo non tollerato (/l/+/r/, /n/+/r/, /tʃ/+/r/, ecc.) si ha assimilazione regressiva: *volere* → *volerò> *volrò>*vorrò*; *tenere* → *terrò*, *conduc(e)re* → *condurrò*, ecc.

c) Passato remoto. Abbastanza numerose le forme forti (limitate a 1ª, 3ª e 6ª persona: *vinsi, vinse, vinsero* rispetto a *vincesti, vincemmo, vinceste*). Ricordiamo prima di tutto i cosiddetti «perfetti sigmatici», ossia terminanti in *-si*: parte risalgono al latino (*misi*<MĪSI), parte sono frutto di analogie latino-volgari (*risposi*<RESPŌNSI invece del classico RESPŎNDI, per attrazione del supino RESPŌNSUM) o di assimilazioni (*dissi* <DĪXI). Nei numerosi perfetti latini in -UI la *u* semiconsonantica (/w/) si è mantenuta solo quando fosse preceduta da /k/: TĂCUI>*tacqui*, NŎCUI>*nocqui*; in gran parte degli altri casi è caduta, raddoppiando la consonante precedente. Di qui hanno origine quasi tutti i passati remoti con consonante doppia (*volli*<VŎLUI, *tenni*< TĔNUI e ancora: *venni*<*VĔNUI in luogo del classico VĒNI, *ruppi*<*RŪPUI invece di RŪPI, ecc.; cfr. ROHLFS 1966-1969: 581).

d) Participio passato. Da notare i participi forti in *-to* (*-nto, -tto*) e in *-so*, che spesso continuano una base latina corrispondente: *detto* (<DĬCTUM), *giunto* (<IŬNCTUM), *difeso* (<DEFĒNSUM). Le poche forme in *-sto* (*nascosto, posto, rimasto, risposto, visto* e simili) rappresentano probabilmente un incrocio tra i participi in *-so* e quelli in *-to* (ma cfr. ROHLFS 1966-1969: 624).

127. Passiamo ora in rassegna i verbi irregolari dell'italiano moderno, distinguendoli in base alla rispettiva coniugazione (i verbi composti, o comunque quelli che ripetono le caratteristiche di un altro verbo, sono indicati sotto il verbo principale; per individuarli, si consulti l'*Indice dei fenomeni e delle forme notevoli*).

Prima coniugazione

128. *Andare*. Indicativo pres. *vado* (*vo*), *vai, va, andiamo, andate, vanno*; fut. *andrò, andrai*, ecc. Congiuntivo pres. *vada, andiamo, andiate, vadano*. Condizionale pres. *andrei, andresti*, ecc. Imperativo *va'* (*va, vai*), *vada, andiamo, andate, vadano*.

129. Osservazioni:
a) Ormai rara la variante *vo*, propria della tradizione letteraria e dell'uso toscano (almeno parzialmente: cfr. ROHLFS 1966-1969: 544). Nei *Promessi Sposi* il Manzoni la introdusse largamente in luogo del precedente *vado* (cfr. VITALE 1986: 37); per esempio: «Aspettate, aspettate: vo e torno» (VII 84).
b) Anche il futuro e il condizionale non sincopato, *anderò* e *anderei*, caratteristici dell'uso toscano, furono preferiti dal Manzoni nella revisione linguistica del romanzo (cfr. VITALE 1986: 37 e SERIANNI 1981: 26-27). Ecco un esempio di un toscano nativo, il Collodi: «Oggi è impossibile: vi anderò un altro giorno» (*Pinocchio*, 61).
c) La 2ª persona dell'imperativo – come nei verbi *dare, fare, stare* – è stata sostituita nel fiorentino ottocentesco dalle corrispondenti forme dell'indicativo (con apocope postvocalica: *vai, va'*; cfr. CASTELLANI 1980: I 33). Ciò spiega l'attuale mancanza del raddoppiamento sintattico dopo questi monosillabi, tranne che essi non siano uniti a un pronome enclitico: *vattene!* ma *va' via!* (/'va'via/), cfr. I.67c. L'uso scritto novecentesco (nel quale – per una particolarità del genere – i tipografi hanno così spesso altrettanta influenza che gli scrittori) oscilla fra tre soluzioni: al conflitto tra le forme tradizionali, senza apostrofo, e quelle più recenti, con apostrofo (cfr. I.243), si aggiunge infatti la possibilità di usare le forme piene (*dai, vai*, ecc.). Esempi: I – «*Da', da'*... sì! glielo tiro io...» (Pirandello, *Il giuoco delle parti*, III 49); «Signore Gesù Cristo [...] *fa'* che sia sempre fedele alla tua legge» (*Messale festivo*, 349); «Guarirai, *sta'* sicura» (Levi, *Cristo si è fermato a Eboli*, 90); «Sei anche tu come tutte le altre, *va'* là» (Bassani, *Il giardino dei Finzi-Contini*, 226); II – «tu seguilo [...]; *fa* che il passo / su la ghiaia ti scricchioli» (Montale, *Arsenio*, 12-18); «– *Sta* attenta! – ammonì l'ombra del vecchio» (D'Annunzio, *Trionfo della morte*, 538); «*Sta* almeno in casa e prenditi da leggere la Bibbia» (Deledda, *L'incendio nell'oliveto*, 20); III – «*Fai* come credi», «*Stai* calmo» (entrambi in Cassola, *La ragazza di Bube*, 67 e 68); «*Vai* a trovare la Frances!» (Ginzburg, *Lessico famigliare*, 178). Sempre *dai*, infine, con valore di interiezione (=su, via!): «Gigetta mia, allora vediamoci solo quando a te par facile, ma qualche volta sì, *dai*» (Slataper, *Alle tre amiche*).

130. Tra le forme antiche o regionali di *andare* meritano di essere menzionati il congiuntivo presente *vàdia*, dovuto ad incrocio tra *vada* e il popolare *vadi* (cfr. XI.77): «vuo' tu andare in quella vigna per un grappolo d'uve o vuogli che vi vadia io?» (Sacchetti, *Trecentonovelle*, 109);

e il passato remoto *andiedi*, foggiato su *diedi*, che è abbastanza diffuso nei vernacoli toscani (cfr. ROHLFS 1966-1969: 579) e nell'Italia centrale in genere.

131. *Dare*. Indicativo pres. *do, dai, dà, diamo, date, danno*; pass. rem. *diedi (dètti), désti, diede (dètte), démmo, déste, diedero (dèttero)*; fut. *darò, darai*, ecc. Congiuntivo pres. *dia, diamo, diate, diano*; imperf. *déssi, déssi, désse, déssimo, déste, déssero*. Condizionale pres. *darei, daresti*, ecc. Imperativo *da' (da, dai), dia, diamo, date, diano*. Participio pres. *dante*.

132. Osservazioni:
a) Superfluo l'accento sulle forme *do, dai* e *danno*, cfr. I.177b, I.178.
b) Nel passato remoto la forma *detti*, originatasi nel fiorentino quattrocentesco (cfr. CASTELLANI 1986: 111) è oggi minoritaria rispetto a *diedi*.
c) Il participio presente è raro e limitato all'uso giuridico e burocratico: «l'accollatario assume tutti gli obblighi del dante causa derivanti dal contratto di mutuo».

133. Tra le forme arcaiche, ricordiamo la 3ª persona apocopata del passato remoto *diè* (di origine aplologica, come *virtù, piè* e simili: cfr. I.78a), sulla quale s'è modellata anche la 6ª persona *diero*: «fu al primo consiglio che diè Cristo» (Dante, *Paradiso*, XII 75); «allor che diero / quei duo le spalle alle romulee mura» (Monti, *In morte di Ugo Bassville*, I 59-60); un esempio novecentesco di *diè* nella prosa classicheggiante di Benedetto Croce: «con la definizione che diè di sé medesimo» (*Poesia di Dante*, 8). Il congiuntivo presente dì 3ª e 6ª persona nel fiorentino andava sino alla metà del Trecento era *dea* e *deano* (e anche per *stare* si avevano *stea, steano*; cfr. CASTELLANI 1952: 72-74): «Dio gli dea il buono anno a messer Domeneddio e allo abate» (Boccaccio, *Decamerone*, III 8 66). Quanto al congiuntivo imperfetto *dasse*, modellato (come *stasse*) sulle forme regolari di 1ª coniugazione (*amasse*), si tratta di una forma antiquata («fu fatto decreto che Cesare dasse la cura», ecc. Sarpi, *Istoria del concilio di Trento*), ma anche di un tipo diffuso in vernacoli toscani moderni (cfr. ROHLFS 1966-1969: 561) e, più in generale, nell'italiano dei semicolti.

134. *Fare*. Indicativo pres. *faccio (fo), fai, fa, facciamo, fate, fanno*; imperf. *facevo, facevi*, ecc.; pass. rem. *féci, facesti, féce, facemmo, faceste, fécero*; fut. *farò, farai*, ecc. Congiuntivo pres. *faccia, facciamo, facciate, facciano*; imperf. *facessi*, ecc. Condizionale pres. *farei, faresti*, ecc. Imperativo *fa' (fa, fai), faccia, facciamo, fate, facciano*. Participio pres. *facente*; pass. *fatto*. Gerundio pres. *facendo*.

135. Osservazioni:
a) La variante *fo*, che fino all'Ottocento era addirittura più comune di *faccio* (considerata voce d'àmbito poetico, cfr. SERIANNI 1981: 26-28), nell'italiano moderno ha perso terreno, diventando caratteristica dell'uso toscano, anche se non certo limitata ad esso: «Porto il mantello a ruota. E fo il notaio» (*Signorinella*, canzone di L. Bovio e N. Valente, in BORGNA 1985: 86); «– E quando torni? – gli fo, tanto per dire qualcosa» (nello scrittore napoletano D. Rea, «Il Mattino», 25.8.1986, 1).
b) I composti di *fare* (*assuefare, contraffare, liquefare, rarefare, rifare, sopraffare, stupefare*, ecc.) si adeguano in genere al paradigma del verbo semplice: «un orgasmo fantastico, che l'assuefaceva ai discorsi della sua protettrice» (Piovene, *La gazzetta nera*); «la voce pubblica, che talvolta ripete i nomi come le vengono insegnati, talvolta li rifà a modo suo» (Manzoni, *I Promessi Sposi*, XX 5). Tuttavia, *disfare* e *soddisfare* hanno sviluppato parallelamente delle forme autonome per il presente indicativo e congiuntivo: *soddìsfo, soddìsfi, soddìsfa, soddìsfano*; *soddìsfi, soddìsfino* (alla 4ª persona dell'indicativo e del congiuntivo e alla 5ª del congiuntivo la tradizione grammaticale preferisce le forme *disfacciamo, disfacciate, soddisfacciamo* e *soddisfacciate*); esiste anche – poco comune – una 1ª persona del presente indicativo *soddisfò*. Al futuro e al condizionale si oscilla tra *soddisfarò* e *soddisferò* e tra *soddisfarei* e *soddisferei*; ma *disfare* ha solo *disfarò* e *disfarei*. Esempi: «l'edificio appare come qualcosa che si disfà o che si forma» (Argan, *Arte moderna*, 238) / «a Delfo, la moltitudine dei monumenti senza più volto si disfa» (Cecchi, *Et in Arcadia ego*); «le maggioranze che fanno, disfano e rifanno i governi» («La Repubblica», 10.3.1987, 1). Un esempio di 4ª persona della coniugazione autonoma: «e così perdiamo ogni sapore della vita, ci disfiamo, non significhiamo più nulla» (Calvino, *Racconti*, 404).

136. Abbastanza numerose le varianti arcaiche rimaste disponibili nel linguaggio lirico almeno fino al secolo scorso. Per l'indicativo ricordiamo la 3ª persona del presente *face*, regolare esito del latino FACĬT («e giugne 'l tempo che perder lo face» Dante, *Inferno*, I 56); l'imperfetto sincopato *fea, feano* («e fea terror di cervi / lungi fischiar d'arco cidonio i nervi» Foscolo, *All'amica risanata*, 59-60; «tal fean de' Persi strage» Tasso, *Gerusalemme Liberata*, XX 38); il passato remoto *fé*, modellato su *diè* (cit. sopra, al par. 133) ed esteso a tutte le persone: *fei, festi, fé, femmo, feste, fero, ferono, fenno* («de l'amor mio fei Polinesso certo» Ariosto, *Orlando Furioso*, V 72; «misero appien mi festi, / Aida a me togliesti» A. Ghislanzoni, *Aida*, in VERDI-BALDACCI 1975: 468; «che tronca fé la trionfata nave» Foscolo, *Dei Sepolcri*, 135). Il congiuntivo imperfetto sincopato corrisponde al latino FECĪSSEM: «pensando ch'io 'l fessi per voglia / di manicar, di sùbito levorsi» (Dante, *Inferno*, XXXIII 59-60).

137. *Stare*. Indicativo pres. *sto, stai, sta, stiamo, state, stanno*; pass. rem. *stètti, stésti, stètte, stémmo, stéste, stèttero*; fut. *starò, starai*, ecc. Congiuntivo pres. *stia, stiamo, stiate, stiano*; imperf. *stéssi*, ecc. Condizionale pres. *starei, staresti*, ecc. Imperativo *sta'* (*sta, stai*), *stia, stiamo, state, stiano*.
Come *stare* si coniugano *ristare, soprastare, sottostare*. Seguono invece la coniugazione regolare: *constare, contrastare, costare, prestare, restare, sostare, sovrastare*; ad esempio: «quella rocca [...] contrastò contro il Barbarossa» (Panzini, *La cicuta, i gigli e le rose*; non *contrastette); «affinché si prestasse docilmente all'ufizio» (Manzoni, *I Promessi Sposi*, XXXV 12; non *prestesse).

138. Il verbo *stare* (sul quale si veda FRATTEGIANI TENCA 1985) è considerato un meridionalismo nell'accezione di 'essere' (cfr. DE MAURO 1976: II 400), in frasi come «mio zio sta al circolo», «Carlo sta assente da quindici giorni» (esempi citati in SINISCALCHI 1889: 143). Si osservi peraltro che nei valori locativi la contiguità semantica tra i due verbi è notevole e non è raro leggere *stare* in luogo di *essere* anche in scrittori settentrionali («faranno delle figure da cioccolataio, come si dice a Torino e chissà perché, dato che ci stanno i migliori cioccolatai del mondo» G. Bocca, «L'Espresso», 2.10.1988, 13), in quotidiani stampati al Nord («arrivai alle pagine dove stavano due grandi illustrazioni» «Il Gazzettino del lunedì», 24.3.1986, 3) oltre che, com'è naturale, in narratori che riproducano intenzionalmente varietà regionali: «noi qui stiamo a Roma, e parliamo Romano!» (Morante, *La Storia*, 105; la battuta è di Nino, un personaggio a cui la madre ha appena rinfacciato una «parlata zotica e indecente»).

Seconda coniugazione – Verbi in -ére

139. *Cadére*. Indicativo pass. rem. *caddi, cadesti, cadde, cademmo, cadeste, caddero*; fut. *cadrò, cadrai*, ecc. Condizionale pres. *cadrei, cadresti*, ecc.
Stessa coniugazione per *accadere, decadere, ricadere, scadere*: «il primato della Toscana [...] scadde un poco nel Cinquecento» (Carducci, *Prose*, 393).

140. Tra le forme arcaiche ricordiamo i tipi *caggio, caggia* dell'indicativo (tranne che per la 5ª persona) e del congiuntivo, insieme col participio *caggente* e col gerundio *caggendo*, tutte forme risalenti a un latino volgare *CADEO, *CADIO in luogo del classico CĂDO: «gocciole d'acqua [...] caggiono nel pilo, e caggendo passano per alcuni tartari bianchi di acqua congelata» (Caro, *Lettere familiari*). Nel futuro e nel condizionale sono sopravvissute a lungo le forme non sincopate *caderò* e *caderei*; ancora nel secolo scorso un grammatico, trattando di *cadrò* e *caderò*, diceva ch'erano «buone ambedue, ma la intera è più dolce» (MASTROFINI 1814: I 156): «Dai genitori miei trovar perdono / spero e pietà, s'io caderò in errore» (Ariosto, *Orlando Furioso*, XLIV 44).

141. Da notare che *cadere*, insieme con *potere, sapere* e *volere*, presenta uno spostamento d'accento rispetto alle basi latine classiche CADĔRE, PŎSSE, SAPĔRE e VĔLLE (le basi latino-volgari sono rispettivamente: *CADĒRE, *POTĒRE, *SAPĒRE, *VOLĒRE).

142. *Dolére* (*dolérsi*). Indicativo pres. *mi dòlgo, ti duoli, si duole, ci doliamo* (*dogliamo*), *vi dolete, si dòlgono*; pass. rem. *mi dòlsi, ti dolesti, si dòlse, ci dolemmo, vi doleste, si dòlsero*; fut. *mi dorrò, ti dorrai, si dorrà, ci dorremo, vi dorrete, si dorranno*. Congiuntivo pres. *mi, ti, si dòlga, ci doliamo* (*dogliamo*), *vi doliate* (*dogliate*), *si dòlgano*. Condizionale pres. *mi dorrei, ti dorresti*, ecc. Imperativo *duòliti, si dòl-*

XI. Il verbo

ga, doliamoci (dogliamoci), doletevi, si dòlgano.
Come *dolere* si coniuga *condolere*.

143. Dell'italiano antico le forme *doglio, dogliono* e *doglia, dogliano* di indicativo e congiuntivo, legittimi esiti del latino DŎLEO, DŎLEAT, ecc.: «se ti doglion di fatica l'ossa» (Francesco da Barberino, *Documenti d'amore*).

144. *Dovére.* Indicativo pres. *dèvo (dèbbo), dèvi, dève, dobbiamo, dovete, dèvono (dèbbono);* fut. *dovrò, dovrai,* ecc. Congiuntivo pres. *dèva (dèbba), dobbiamo, dobbiate, dèvano (dèbbano).* Condizionale pres. *dovrei, dovresti,* ecc. Imperativo (manca). Participio pres. (manca).

145. Largamente in uso, ma forse meno di quelle concorrenti, le forme con radice *debb-*: «Questo pensiero tormentò Lisa: – Debbo parlare o no?» (Moravia, *Gli indifferenti,* 150); «mi sembrerebbe bizzarra l'idea che il prossimo presidente debba essere un non democristiano» (intervista di B. Andreatta, nella «Repubblica», 18.6.1987, 3).

146. Numerose le varianti antiche, specie nel presente. Da notare *deggio, dèggiono* (indicativo) e *deggia, deggiamo, deggiate, dèggiano* (congiuntivo), ancora in uso in testi ottocenteschi: «E deggio... e posso crederlo?» (S. Cammarano, *Il Trovatore,* in VERDI-BALDACCI 1975: 280); «un'altra asseveranza deggio io fare» (Nievo, *Le confessioni d'un italiano,* 15). Da citare anche, nel presente indicativo, la 2ª persona *dei* («io son colei / che tu ricerchi e me punir tu dei» Tasso, *Gerusalemme Liberata,* II 21), la 3ª persona *dee, die* (caratteristica del più antico fiorentino, cfr. CASTELLANI 1952: 159-160) e *debbe* («Spinse amor e dolor ove ir non debbe / la mia lingua aviata a lamentarsi» Petrarca, *Canzoniere,* 345 1-2), la 6ª persona *dìono,* parallela a *die.* Segnaliamo, infine, il congiuntivo presente *dèbbia:* «E detto l'ho perché doler ti debbia!» (Dante, *Inferno,* XXIV 151).

147. *Giacére.* Indicativo pres. *giaccio, giaci, giace, giacciamo, giacete, giacciono;* pass. rem. *giacqui, giacesti, giacque, giacemmo, giaceste, giacquero.* Congiuntivo pres. *giaccia, giacciamo, giacciate, giacciano.* Imperativo *giaci, giaccia, giacciamo, giacete, giacciano.* Participio pass. *giaciuto* (raro).
Stessa coniugazione ha il composto *soggiacere.*

148. Nei secoli scorsi – come per le corrispondenti voci di *piacere* e *tacere* – si scrivevano spesso con una sola *c* alcune forme del presente indicativo e congiuntivo e dell'imperativo (in particolare: *giaciamo, giaciono, giaciate, giaciano);* per esempio: «pur nel tristo abbandono in cui giaciono» (Rovani, *Cento anni).* Oggi grafie siffatte devono considerarsi erronee.

149. *Godére.* Da notare solo il futuro e il condizionale sincopati: *godrò,* ecc.; *godrei,* ecc.

Antiquate le forme intere; per esempio: «so ch'egli *goderà* quivi la bella conversazione di lupi e di orsi» (Segneri, *Quaresimale,* 71).

150. *Parére.* Indicativo pres. *paio, pari, pare, paiamo, parete, paiono;* pass. rem. *parvi, paresti, parve, paremmo, pareste, parvero;* fut. *parrò, parrai, parrà, parremo, parrete, parranno.* Congiuntivo pres. *paia, paiamo, paiate, paiano.* Condizionale pres. *parrei, parresti,* ecc. Imperativo (manca). Participio pres. *parvente* (raro); pass. *parso.*

151. Arcaici il «perfetto sigmatico» *parsi* («che troppo empio e crudele atto gli parse» Ariosto, *Orlando Furioso,* VI 8) e il participio passato debole *paruto:* «disse ch'ella gli aveva fatto nausea, per esserli paruta troppo melata» (Boccalini, *Ragguagli di Parnaso e scritti minori).*

152. *Persuadére.* Indicativo pass. rem. *persuasi, persuadesti, persuase, persuademmo, persuadeste, persuasero.* Participio pass. *persuaso.*
La stessa coniugazione di *persuadere* si ha in *dissuadere.*

153. *Piacére.* Indicativo pres. *piaccio, piaci, piace, piacciamo, piacete, piacciono;* pass. rem. *piacqui, piacesti, piacque, piacemmo, piaceste, piacquero.* Congiuntivo pres. *piaccia, piacciamo, piacciate, piacciano.* Imperativo *piaci, piaccia, piacciamo, piacete, piacciono.*
Come *piacere* si comportano i composti: *compiacere* e *compiacersi, dispiacere, spiacere:* «costui m'ispirò fiducia e mi dispiacque solo per certa coscienziosità esagerata» (Svevo, *La coscienza di Zeno).*

154. *Potére*. Indicativo pres. *posso, puoi, può, possiamo, potete, possono*; fut. *potrò, potrai*, ecc. Congiuntivo pres. *possa, possiamo, possiate, possano*. Condizionale pres. *potrei, potresti*, ecc. Imperativo (manca).

155. Tra le forme arcaiche si ricorderanno per la 3ª persona del presente indicativo, *puote* – legittimo esito del latino volgare *PŎTET in luogo del classico PŎTEST («chi bene sa dire, puote bene sapere dittare» B. Latini, *La rettorica*) – e *puole*, forma rifatta su *vuole* e caratteristica del toscano popolare, antico (Cellini) e moderno (cfr. ROHLFS 1966-1969: 547). La 6ª persona *ponno, puonno* 'possono' è analogica sulla 3ª *può* («lagrime omai dagli occhi uscir non ponno» Petrarca, *Canzoniere*, 83 9). Accanto a *potei*, per il passato remoto hanno avuto corso anche forme in *-etti*, come *potetti* e *possetti* («poco discosto possette andare, che bisognò che gli ubbidissi» Cellini, *La Vita*). Le forme non sincopate di futuro e condizionale ebbero qualche diffusione specie nel verso, per evidenti ragioni metriche: «non poterebbe farne posar una» (Dante, *Inferno*, VII 66).

156. *Rimanére*. Indicativo pres. *rimango, rimani, rimane, rimaniamo, rimanete, rimangono*; pass. rem. *rimasi, rimanesti, rimase, rimanemmo, rimaneste, rimasero*; fut. *rimarrò, rimarrai*, ecc. Congiuntivo pres. *rimanga, rimaniamo, rimaniate, rimangano*. Condizionale pres. *rimarrei, rimarresti*, ecc. Imperativo *rimani, rimanga, rimaniamo, rimanete, rimangano*. Participio pass. *rimasto*.
Come *rimanere* si coniuga *permanere*, tranne che nel raro participio passato, che è *permaso* (antiquato *permanso*).

157. Accanto a *rimasto*, la lingua letteraria ha usato molto a lungo il participio passato *rimaso* (<lat. REMĀ(N)SUM): «m'è uopo intrar ne l'aringo rimaso» (Dante, *Paradiso*, I 18).

158. *Sapére*. Indicativo pres. *so, sai, sa, sappiamo, sapete, sanno*; pass. rem. *sèppi, sapesti, sèppe, sapemmo, sapeste, sèppero*; fut. *saprò, saprai*, ecc. Congiuntivo pres. *sappia, sappiamo, sappiate, sappiano*. Condizionale pres. *saprei, sapresti*, ecc. Imperativo *sappi, sappia, sappiamo, sappiate, sappiano*. Participio pres. *sapiente* (con valore di aggettivo o sostantivo).
Con *sapere* va il composto *risapere*.

159. Tra le forme arcaiche è notevole *saccio* 'so', attualmente ben vivo nei dialetti del Mezzogiorno, che presenta l'esito tipicamente meridionale del latino SĂPIO e che per suggestione dei poeti siciliani si incontra anche nei versificatori toscani dugenteschi (compreso Dante, che però la usa solo nelle liriche giovanili: cfr. I. Baldelli, in *Enciclopedia Dantesca*, Appendice, 62). Esito meridionale anche in *saccente* (<latino SAPIĔNTEM), presto cristallizzatosi nel valore aggettivale che s'è conservato fino ad oggi.
Su *seppi* è rifatta la 4ª persona *sèppimo*, oggi da considerarsi erronea (la troviamo – insieme con *ebbimo*, cfr. XI.65c – in F. Cialente, *Le quattro ragazze Wieselberger*, 79: «quando seppimo ch'essi avevano anche un nome»).
Solo dei primi secoli il participio *sappiente* e il gerundio *sappiendo*: «credonsi molti, molto sappiendo, che altri non sappi nulla» (Boccaccio, *Decamerone*, III 5 3).

160. *Sedére* (sedersi). Indicativo pres. *siedo (sèggo), siedi, siede, sediamo, sedete, siedono (sèggono)*. Congiuntivo pres. *sieda (sègga), sediamo, sediate, siedano (sèggano)*. Imperativo *siedi, sieda (sègga), sediamo, sedete, siedano (sèggano)*.
Come *sedere* si coniugano i composti *possedere* e *soprassedere* (ma nel secondo non sono in uso le voci formate con la radice *segg-*: «soprassiedo», non *soprasseggo*).

161. La serie *seggo, segga* è meno comune di quella costituita dalle forme base ed ha tono letterario: «Ed io pur seggo sovra l'erbe» (Leopardi, *Canto notturno...*, 117), «[FAUSTO, *porgendo da sedere a Marta*] Ecco, segga intanto, signorina» (Pirandello, *L'amica delle mogli*, VI 205): con *possedere*: «le osservazioni di G. Amantea [...] hanno dimostrato che gli animali posseggono una 'propria' riserva vitaminica» (Martino, *Fisiologia*, 39).

162. Solo arcaiche le forme *seggio, seggiono* (presente indicativo), *seggia, seggiano* (congiuntivo): «e 'l Po, dove doglioso e grave or seggio» (Petrarca, *Canzoniere*, 128 6).

163. *Tacére*. Indicativo pres. *taccio, taci, tace, tacciamo, tacete, tacciono*; pass. rem. *tacqui, tacesti, tacque, tacemmo, taceste, tacquero*. Congiuntivo pres. *taccia, tacciamo, tacciate, tacciano*. Imperativo *taci, taccia, tacciamo, tacete, tacciano*.
Con *tacere* va il composto *sottacere*.

XI. Il verbo

164. Nei primi secoli si adoperavano anche i passati remoti deboli *tacetti* («tacette allora, e poi comincia' io» Dante, *Inferno*, II 75) e *tacei* (cfr. MASTROFINI 1814: II 604).

165. *Tenére.* Indicativo pres. *tèngo, tieni, tiene, teniamo, tenete, tèngono*; pass. rem. *ténni, tenesti, ténne, tenemmo, teneste, ténnero*; fut. *terrò, terrai*, ecc. Congiuntivo pres. *tènga, teniamo, teniate, tèngano*. Condizionale pres. *terrei, terresti*, ecc. Imperativo *tieni, tènga, teniamo, tenete, tèngano*.
Stessa coniugazione per *appartenere, astenere, contenere, detenere, intrattenere, mantenere, ottenere, ritenere, sostenere, trattenere*.

166. Un tempo era considerata buona regola apocopare la 2ª persona dell'imperativo quando fosse seguita da un pronome enclitico: «– *Tienlo forte* – diceva l'altro monatto – è fuor di sé» (Manzoni, *I Promessi Sposi*, XXXIII 21); «*tienlo* a mente» (Collodi, *Pinocchio*, 24). Oggi vanno sempre più diffondendosi le forme non apocopate: «ora *tienimi* fra le braccia» (Cassola, *La ragazza di Bube*, 177); «ma tieni il cappello, *tienilo!*» (Bassani, *Il giardino dei Finzi-Contini*, 147); «*tienine* conto» (inserto pubblicitario dell'Italgas: cfr. «La Repubblica» 3.4.1986, 33, ecc.).

167. Le antiche forme etimologiche (cfr. XI.126a) *tegno, tegnono* (presente indicativo), *tegna, tegnano* (congiuntivo) sono rimaste in uso in poesia fino al primo Ottocento (cfr. MASTROFINI 1814: II 609): «io non so a che io mi tegno a che io non vegna laggiù» (Boccaccio, *Decamerone*, II 5 53); con *mantenere*: «per ch'ei lo scettro imperial mantegna» (Tasso, *Gerusalemme Liberata*, XIII 66).

168. *Valére.* Indicativo pres. *valgo, vali, vale, valiamo, valete, valgono*; pass. rem. *valsi, valesti, valse, valemmo, valeste, valsero*; fut. *varrò, varrai, varrà, varremo, varrete, varranno*. Congiuntivo pres. *valga, valiamo, valiate, valgano*. Condizionale pres. *varrei, varresti*, ecc. Imperativo *vali, valga, valiamo, valete, valgano*. Participio pass. *valso*.
Come *valere* si coniugano *avvalersi, equivalere, invalere, prevalere, rivalersi*.

169. Arcaiche le forme *vaglio, vagliono* (presente indicativo), *vaglia, vagliano* (congiuntivo): «di quel ch'io vaglio son per farti mostra» (Ariosto, *Orlando Furioso*, XX 123). Accanto a *valso* nei secoli scorsi si sono adoperati *valsuto* e, più a lungo, il participio regolare *valuto*: «gli valse non meno che quel giorno gli fosser valuti i carboni» (Boccaccio, *Decamerone*, VI 10 56). Sopravvivenze delle antiche forme possono riconoscersi oggi in due fossili, i sostantivi *vaglia* (propriamente 3ª persona del congiuntivo) e *valuta* (in origine participio sostantivato).

170. *Vedére.* Indicativo pres. *védo, védi*, ecc.; pass. rem. *vidi, vedesti, vide, vedemmo, vedeste, videro*; fut. *vedrò, vedrai*, ecc. Condizionale pres. *vedrei, vedresti*, ecc. Imperativo *védi, véda, vediamo, vedete, védano*. Participio pres. *vedente*; pass. *visto (veduto)*. Gerundio pres. *vedendo*.
Stessa coniugazione hanno *avvedersi, intravedere, prevedere, provvedere, ravvedersi, rivedere, stravedere, travedere*. Tuttavia, nel futuro e nel condizionale i verbi citati (tranne *rivedere* e anche *avvedersi*) presentano la forma non sincopata: «Dio vi *provvederà*, per il vostro meglio» (Manzoni, *I Promessi Sposi*, VIII 80). Più oscillante l'uso dei secoli scorsi: «quando sarò presso a morte, io mi *ravvedrò*» (Segneri, *Quaresimale*, 97).

171. Nel participio passato di *vedere* concorrono due forme: *veduto* e *visto* (dei composti, presentano solo la prima variante *avvedersi* e *ravvedersi*). Di massima, *visto* è di uso più comune e generale: perlopiù, in luogo di *veduto* e composti è possibile adoperare *visto* (ad esempio: «nei casi preveduti dall'art. 32 del codice penale» *Codice di Procedura Penale*, art. 587; poteva aversi anche *previsti*), mentre non è sempre vero il contrario (così, in locuzioni idiomatiche quali «cose mai viste!», «chi s'è visto s'è visto» non sarebbe possibile usare *veduto*).

172. Tra le forme arcaiche ricordiamo *veggo, veggono* (presente indicativo) e *vegga, veggano* (congiuntivo), d'uso corrente ancora verso la metà dell'Ottocento (cfr. SERIANNI 1986b: 49-50) e la serie – uscita molto prima dalla lingua viva – *veggio, veggiamo, veggiono* (indicativo), *veggia, veggiamo, veggiate, veggiano* (congiuntivo): «oh qual ti veggio / formosissima donna!» (Leopardi, *All'Italia*, 9-10). Accanto a *vidi*, nei primi secoli si adoperava *viddi* (dal latino volgare *VIDUI invece del classico VĪDI): «nove tra-

vaglie e pene quant'io viddi» (Dante, *Inferno*, VII 20); e, accanto a *visto*, si diceva *viso* (dal lat. vīsum): «che saetta previsa vien più lenta» (Dante, *Paradiso*, XVII 27).
Le forme, un tempo molto comuni, *veggendo* e *veggente* (quest'ultima oggi cristallizzata col valore di sostantivo; propriamente 'vedente'), possono corrispondere tanto al presente *veggio*, quanto a *veggo* (sul modello *leggo-leggente*, cfr. XI.75d).

173. *Volére*. Indicativo pres. *vòglio, vuoi, vuole, vogliamo, volete, vògliono*; pass. rem. *vòlli, volesti, vòlle, volemmo, voleste, vòllero*; fut. *vorrò, vorrai, vorrà, vorremo, vorrete, vorranno*. Congiuntivo pres. *vòglia, vogliamo, vogliate, vògliano*. Condizionale pres. *vorrei, vorresti*, ecc. Imperativo *vògli, vòglia, vogliamo, vogliate, vògliano*.

174. Dell'uso antico e poetico la 1ª persona del presente indicativo *vo'* o *vuo'* («per concludere in somma, io vi vo' dire» Ariosto, *Orlando Furioso*, XXIV 2) e la 2ª persona *vuogli* (un esempio del Sacchetti è stato citato sopra, al par. 130). Accanto a *volli*, legittimo esito del latino vŏlui, si è avuto nella lingua arcaica (e oggi in molti dialetti) un «perfetto sigmatico» *volsi* («vieni a veder che Dio per grazia volse» Dante, *Purgatorio*, VIII 66); su *volsi* si è modellato l'antico participio passato *volsuto*.

Seconda coniugazione – Verbi in -ere

175 *Accèndere*. Indicativo pass. rem. *accési, accendesti, accése, accendemmo, accendeste, accésero*. Participio pass. *accéso*.

176. Nell'antica lingua poetica si incontrano il passato remoto *accensi* («e spesso l'un contrario l'altro accense» Petrarca, *Canzoniere*, 48 4) e il participio *accenso* («né meno è contra al mio fratello accensa» Ariosto, *Orlando Furioso*, XXI 58).

177. *Acclùdere*. Indicativo pass. rem. *acclusi, accludesti, accluse, accludemmo, accludeste, acclusero*. Participio pass. *accluso*.
Stessa coniugazione hanno *concludere, escludere, includere, occludere, precludere, recludere*.

178. Il verbo *concludere* presenta la variante *conchiud-*, che era ancora molto comune nel secolo scorso (cfr. SERIANNI 1986b: 35-36): «la Mena avrebbe avuto la sua dote in contante, e l'affare si sarebbe conchiuso presto» (Verga, *I Malavoglia*).

179. *Accòrgersi*. Indicativo pass. rem. *mi accòrsi, ti accorgesti, si accòrse, ci accorgemmo, vi accorgeste, si accòrsero*. Participio pass. *accòrtosi*.
Il medesimo paradigma vale per *scorgere*.

180. *Affliggere*. Indicativo pass. rem. *afflissi, affliggesti, afflisse, affliggemmo, affliggeste, afflissero*. Participio pass. *afflitto*.
Come *affliggere* si comporta *infliggere*.

181. *Allùdere*. Indicativo pass. rem. *allusi, alludesti, alluse, alludemmo, alludeste, allusero*. Participio pass. *alluso*.
Stessa coniugazione per *deludere, disilludere, eludere, illudere, preludere, proludere*.

182. *Annèttere*. Indicativo pass. rem. *annettei (annèssi), annettesti, annetté (annèsse), annettemmo, annetteste, annetterono (annèssero)*. Participio pass. *annèsso*.
Analogo modello di coniugazione vale per *connettere, riannettere, riconnettere, sconnettere*.

183. *Appèndere*. Indicativo pass. rem. *appési, appendesti, appése, appendemmo, appendeste, appésero*. Participio pass. *appéso*.
Stessa coniugazione per *dipendere, sospendere, spendere, vilipendere*.

184. *Àrdere*. Indicativo pass. rem. *arsi, ardesti, arse, ardemmo, ardeste, arsero*. Participio pass. *arso*.

185. *Aspèrgere*. Indicativo pass. rem. *aspèrsi, aspergesti, aspèrse, aspergemmo, aspergeste, aspèrsero*. Participio pass. *aspèrso*.
Con *aspergere* va *cospergere* (raro).

186. *Assìdersi*. Indicativo pass. rem. *mi assisi, ti assidesti, si assise, ci assidemmo, vi assideste, si assisero*. Participio pass. *assisosi*.
È verbo di uso raro e solenne. Un esempio nella poesia antica: «qui cantò dolcemente e qui s'assise» (Petrarca, *Canzoniere*, 112 9).

187. *Assìstere.* Da notare solo il participio pass. *assistito*.
Un participio analogo hanno anche *coesistere, consistere, desistere, esistere, insistere, persistere, resistere, sussistere*.

188. *Assòlvere.* Indicativo pass. rem. *assòlsi, assolvesti, assòlse, assolvemmo, assolveste, assòlsero*. Participio pass. *assòlto*.
Lo stesso paradigma vale per *dissolvere* e *risolvere*.

189. *Risolvere* ammette anche, come forma meno comune, il participio passato *risoluto*: «mi rallegro di che? che essendo stato finora un demonio, vi siate finalmente *risoluto* di diventare un galantuomo come gli altri?» (Manzoni, *I Promessi Sposi*, XXIII 46). Limitati all'italiano antico, invece, i corrispondenti participi passati deboli di *assolvere* e *dissolvere*: «[i cittadini] non poteano il nuovo saramento fare se prima non fossono *assoluti* del vecchio» (M. Villani, *Cronica*); «il sole avea due volte *dissolute* / le nevi en gli alti poggi» (Boccaccio, *Teseida delle nozze d'Emilia*).

190. *Assùmere.* Indicativo pass. rem. *assunsi, assumesti, assunse, assumemmo, assumeste, assunsero*. Participio pass. *assunto*.
Stessa coniugazione hanno *desumere, presumere, riassumere*.

191. *Assùrgere.* Indicativo pass. rem. *assursi, assurgesti, assurse, assurgemmo, assurgeste, assursero*. Participio pass. *assurto*.

192. *Bere.* Indicativo pres. *bévo, bévi, béve, beviamo, bevete, bévono*; imperf. *bevevo, bevevi*, ecc.; pass. rem. *bévvi, bevesti, bévve, bevemmo, beveste, bévvero*; fut. *berrò, berrai*, ecc. Congiuntivo pres. *béva*, ecc.; imperf. *bevessi*, ecc. Condizionale pres. *berrei, berresti*, ecc. Imperativo *bévi, béva, béviamo, bevete, bévano*. Participio pres. *bevente*; pass. *bevuto*. Gerundio pres. *bevendo*.

193. Disusato l'infinito originario *bévere* (lat. BĪBERE), di cui *bere* rappresenta la forma sincopata: «non voglio che tu mi creda così gambero da bevere... da ritenere che il signor Altamura è a Milano» (De Marchi, *Demetrio Pianelli*, 471); «piuttosto morire che bevere quella medicina cattiva» (Collodi, *Pinocchio*, 55). Se non del tutto uscite d'uso, sono comunque rare e da evitare le forme di passato remoto debole *bevei, bevé, beverono* («diede occasione a' suoi nemici di fare del suo cranio una tazza, ove [...] tutti beverono i principali del campo» Segneri, *Quaresimale*, 311) e *bevetti, bevette, bevettero* («sollevò i baffi, poi si lisciò la barba, bevette e riprese» Manzoni, *I Promessi Sposi*, XVI 40).

194. Nell'italiano antico – e più a lungo, come sempre, nella tradizione poetica – molte voci di *bere* perdevano la labiodentale intervocalica: «*beuto* che io ebbi quattro giornate di questa santa acqua» (Cellini, *La Vita*); «e la regina intanto / da' begli occhi stranieri iva *beendo* / l'oblivïon del misero Sicheo» (Parini, *Il mezzogiorno*, 10-12). Arcaico anche il passato remoto forte *bebbi*: «con gran piacere quella acqua se bebbe» (Masuccio, *Il Novellino*).

195. *Cèdere.* Nell'italiano moderno tutte le forme sono regolari (come nei composti *accedere, decedere, incedere* e *precedere*; per *concedere* vedi oltre, par. 203).
Nella lingua antica e nella tradizione poetica sono attestati sia il passato remoto e il participio passato forti: *cèssi, cèsse, cèssero* («cessi al cortese invito» F. M. Piave, *La Traviata*, in VERDI-BALDACCI 1975: 312) e *cèsso*: «come afflitto tauro / che la giuvenca al vincitor cesso abbia» (Ariosto, *Orlando Furioso*, XXVII 111).

196. *Chièdere.* Indicativo pass. rem. *chièsi, chiedesti, chièse, chiedemmo, chiedeste, chièsero*. Participio pass. *chièsto*.
Come *chiedere* si comportano *inchiedere* e *richiedere*.

197. Arcaici i presenti con radice in velare (*chiegg-* /kjɛgg/) e in palatale (*chegg-, chiegg-* /kjɛddʒ/): *chieggo, chieggono, chieggio, chieggiono* (indicativo), *chiegga, chieggano, chieggia, chieggiano* (congiuntivo): «– Chiedi, che brami? – Chieggo ospitalità» (F. M. Piave, *Ernani*, in VERDI-BALDACCI 1975: 76); «la nova donna cui merzede cheggio» (Cavalcanti). Nel passato remoto è stata in uso anche la forma debole *chiedetti*: «quante uopo è volte / chiedette e rimandò novelli ornati» (Parini, *Il mezzogiorno*, 31-32).
Un allotropo di *chiedere* (perché anch'esso derivato dal latino QUAERERE) è *cherere*, di cui fu-

rono in uso alcune forme specie nella lirica più antica: «com'elli avvien s'un cibo sazia, / e d'un altro rimane ancor la gola, / che quel si chere e di quel si ringrazia» (Dante, *Paradiso*, III 91-93).

198. *Chiùdere.* Indicativo pass. rem. *chiusi, chiudesti, chiuse, chiudemmo, chiudeste, chiusero.* Participio pass. *chiuso.*
Stessa coniugazione per *dischiudere, racchiudere, schiudere, socchiudere.*

199. Tra le forme arcaiche, da segnalare soltanto *chiuggo, chiuggono* (indicativo), *chiugga, chiuggano* (congiuntivo), uno dei numerosi casi di rimodellamento sui verbi con radice in *-go* (cfr. XI.126a): «chiuggon le porte: / empion le mura» (Caro, *Eneide*).

200. *Cìngere.* Indicativo pass. rem. *cinsi, cingesti, cinse, cingemmo, cingeste, cinsero.* Participio pass. *cinto.*

201. *Cògliere.* Indicativo pres. *còlgo, cògli, còglie, cogliamo, cogliete, còlgono;* pass. rem. *còlsi, cogliesti, còlse, cogliemmo, coglieste, còlsero.* Congiuntivo pres. *còlga, cogliamo, cogliate, còlgano.* Participio pass. *còlto.*
Stessa coniugazione per *accogliere, incogliere* e *raccogliere.*
Per le forme arcaiche *còrre, corrò* e *correi* cfr. XI.75a.

202. *Comprìmere.* Indicativo pass. rem. *comprèssi, comprimesti, comprèsse, comprimemmo, comprimeste, comprèssero.* Participio pass. *comprèsso.*
Il medesimo paradigma vale per *deprimere, esprimere, opprimere, reprimere, sopprimere.*

203. *Concèdere.* Indicativo pass. rem. *concèssi, concedesti, concèsse, concedemmo, concedeste, concèssero.* Participio pass. *concèsso.*

204. Antiquato il passato remoto debole *concedetti* («incontanente lui vincitore alle catene de' vinti le mani concedette» Maestro Alberto) e il participio passato *conceduto,* che è stato a lungo una variante del tutto corrispondente a *concesso,* come si può ricavare dai seguenti due esempi del *Mezzogiorno* pariniano: «niuna scelta d'obbietti o lochi o tempi / era lor *conceduta*» (256-257); «a te dai Numi / concessa parte» (334-335).

205. *Condurre.* Indicativo pres. *conduco, conduci, conduce, conduciamo, conducete, conducono;* imperf. *conducevo, conducevi,* ecc.; pass. rem. *condussi, conducesti, condusse, conducemmo, conduceste, condussero;* fut. *condurrò, condurrai, condurrà, condurremo, condurrete, condurranno.* Congiuntivo pres. *conduca, conduciamo, conduciate, conducano;* imperf. *conducessi,* ecc. Condizionale pres. *condurrei, condurresti, condurrebbe, condurremmo, condurreste, condurrebbero.* Imperativo *conduci, conduca, conduciamo, conducete, conducano.* Participio pres. *conducente;* pass. *condótto.* Gerundio pres. *conducendo.*
Stessa coniugazione per *addurre, dedurre, indurre, introdurre, produrre, ricondurre, riprodurre, sedurre, tradurre.*

206. Nell'italiano antico e nella tradizione poetica sono frequenti i participi passati con *u* tonica per influsso latino (CONDŪCTUS, PRODŪCTUS, ecc.): «Ove è condutto il mio amoroso stile?» (Petrarca, *Canzoniere,* 332 13); «qual da vecchiezza è giunto / e qual da morbi al bruno Lete addutto» (Leopardi, *Appressamento della morte*).

207. *Conóscere.* Indicativo pass. rem. *conóbbi, conoscesti, conóbbe, conoscemmo, conosceste, conóbbero.*
Stessa coniugazione hanno *disconoscere, misconoscere, riconoscere* e *sconoscere.*

208. Nella lingua antica si incontrano forme con la radice *cognosc-* sul modello del latino COGNŌSCERE: «fu cognosciuta da' signori collegati questa arte» (Guicciardini, *Opere scelte*).

209. *Contèssere.* Participio pass. *contessuto* e *contèsto.*

210. Anche *intessere* ha *intessuto* e *intesto.* I due participi forti sono quelli preferiti dalla tradizione poetica: «le ricche vesti, / che con mani ingegnose / ivi novella Aracne avea conteste» (Chiabrera, *Canzonette - Rime varie - Dialoghi*); «ella stessa intesta / avea la tela» (Caro, *Eneide*).

211. *Contùndere.* Indicativo pass. rem. *contusi, contundesti, contuse, contundemmo, contundeste, contusero.* Participio pass. *contuso.*
Come *contundere* si coniuga *ottundere.*

XI. Il verbo

212. *Convèrgere.* Indicativo pass. rem. *convèrsi, convergesti, convèrse, convergemmo, convergeste, convèrsero.* Participio pass. *convèrso* (non comune).

213. *Correre.* Indicativo pass. rem. *córsi, corresti, córse, corremmo, correste, córsero.* Participio pass. *córso.*
Stessa coniugazione per *accorrere, concorrere, decorrere, discorrere, incorrere, intercorrere, occorrere, percorrere, precorrere, ricorrere, scorrere, soccorrere.*

214. *Crescere.* Indicativo pass. rem. *crébbi, crescesti, crébbe, crescemmo, cresceste, crébbero.*
Passato remoto analogo in *accrescere, decrescere, increscere, rincrescere.*

215. *Cuòcere.* Indicativo pres. *cuocio, cuoci, cuoce, cociamo, cocete, cuociono*; pass. rem. *còssi, cocesti, còsse, cocemmo, coceste, còssero.* Congiuntivo pres. *cuocia, cociamo, cociate, cuociano.* Imperativo *cuoci, cuocia, cociamo, cocete, cuociano.* Participio pass. *còtto.*

216. Nell'italiano antico potevano aversi all'indicativo e al congiuntivo presenti le forme *cuoco, cuocono, cuoca* e *cuocano*: «le buone parole non cuocono la bocca» (Paolo da Certaldo, *Libro di buoni costumi*).

217. *Decìdere.* Indicativo pass. rem. *decisi, decidesti, decise, decidemmo, decideste, decisero.* Participio pass. *deciso.*
Stessa coniugazione per *circoncidere, coincidere, incidere, recidere, uccidere.*

218. *Devòlvere.* Participio pass. *devoluto.*
Participio analogo in *evolvere* e *involvere* (raro).

219. *Difèndere.* Indicativo pass. rem. *difési, difendesti, difése, difendemmo, difendeste, difésero.* Participio pass. *diféso.*
Come *difendere* si comporta *offendere.*

220. *Dilìgere.* Indicativo pass. rem. *dilèssi, diligesti, dilèsse, diligemmo, diligeste, dilèssero.* Participio pass. *dilètto* (raro).
Con *diligere* va *prediligere.*

221. *Dipìngere.* Indicativo pass. rem. *dipinsi, dipingesti, dipinse, dipingemmo, dipingeste, dipinsero.* Participio pass. *dipinto.*

222. *Dirìgere.* Indicativo pass. rem. *dirèssi, dirigesti, dirèsse, dirigemmo, dirigeste, dirèssero.* Participio pass. *dirètto.*
Come *dirigere* si coniuga *erigere.*

223. *Discùtere.* Indicativo pass. rem. *discussi, discutesti, discusse, discutemmo, discuteste, discussero.* Participio pass. *discusso.*
Stessa coniugazione per *escutere, incutere*: «questi eredi non possono mai essere escussi che sopra i loro beni» (Boccardo, *Dizionario universale dell'economia politica e del commercio*).

224. *Distìnguere.* Indicativo pass. rem. *distinsi, distinguesti, distinse, distinguemmo, distingueste, distinsero.* Participio pass. *distinto.*
Stessa coniugazione per *contraddistinguere, suddistinguere.*

225. *Divìdere.* Indicativo pass. rem. *divisi, dividesti, divise, dividemmo, divideste, divisero.* Participio pass. *diviso.*
Con *dividere* vanno *condividere* e *suddividere.*

226. *Eccèllere.* Indicativo pass. rem. *eccèlsi, eccellesti, eccèlse, eccellemmo, eccelleste, eccèlsero.* Participio pass. *eccèlso.*

227. *Elìdere.* Indicativo pass. rem. *elisi* (raro *elidei*), *elidesti, elise* (raro *elidé*), *elidemmo, elideste, elisero* (raro *eliderono*). Participio pass. *eliso.*
Stesso paradigma per *collidere.*

228. *Emèrgere.* Indicativo pass. rem. *emèrsi, emergesti, emèrse, emergemmo, emergeste, emèrsero.* Participio pass. *emèrso.*
Con *emergere* vanno *immergere* e *sommergere.*

229. *Èrgere.* Indicativo pass. rem. *èrsi, ergesti, èrse, ergemmo, ergeste, èrsero.* Participio pass. *èrto.*
Nel passato remoto e nei tempi composti il verbo è di uso letterario: «Com'io sali' su un mulo maladetto, / subito s'erse ed anodò la schiena» (Sacchetti, *Rime*).

230. *Esìgere*. Participio pass. *esatto* (ma si adopera solo nel linguaggio burocratico, nell'accezione di 'riscosso').

231. *Espèllere*. Indicativo pass. rem. *espulsi, espellesti, espulse, espellemmo, espelleste, espulsero*. Participio pass. *espulso*.

232. *Esplódere*. Indicativo pass. rem. *esplósi, esplodesti, esplóse, esplodemmo, esplodeste, esplósero*. Participio pass. *esplóso*.

233. *Estìnguere*. Indicativo pass. rem. *estìnsi, estinguesti, estinse, estinguemmo, estingueste, estinsero*. Participio pass. *estinto*.

234. *Estòllere*. Indicativo pass. rem. *estòlsi, estòlse, estòlsero* (non si usano 2ª, 4ª e 5ª persona). Participio pass. *estòlto*.
Verbo d'àmbito spiccatamente letterario: «essa non si era mai estolta fino alle altezze del rimorso» (Bacchelli, *Novelle*)

235. *Evàdere*. Indicativo pass. rem. *evasi, evadesti, evase, evademmo, evadeste, evasero*. Participio pass. *evaso*.
Come *evadere* si coniuga *invadere*.

236. *Fèndere*. Nell'italiano moderno tutte le forme sono regolari (ma il passato remoto, *fendei* o *fendetti*, e il participio passato, *fenduto*, sono rari).

Nella lingua antica si adoperavano un passato remoto e un participio passato forti, *féssi* e *fésso*: «una saetta che venne da cielo fesse il palagio e tutti vi moriro» (Francesco da Barberino, *Reggimento e costumi di donne*); «dinanzi a me sen va piangendo Alì, / fesso nel volto dal mento al ciuffetto» (Dante, *Inferno*, XXVIII 32-33).

237. *Fìggere*. Indicativo pass. rem. *fissi, figgesti, fisse, figgemmo, figgeste, fissero*. Participio pass. *fitto*.
Lo stesso tipo di passato remoto si ritrova nei composti *configgere, sconfiggere, trafiggere*; *affiggere, crocifiggere, infiggere, prefiggere*. Quanto al participio passato, i primi tre verbi presentano la terminazione in *-itto*, gli altri quella in *-isso*: «come il ferro io gli avessi in sen *confitto*» (Pindemonte, *Le poesie originali*); «hanno *infisso* / le fiaccole nei bracci / di ferro» (D'Annunzio, *Tragedie, sogni e misteri*).

238. *Fìngere*. Indicativo pass. rem. *finsi, fingesti, finse, fingemmo, fingeste, finsero*. Participio pass. *finto*.
Come *fingere* si coniuga *infingere*.

239. *Flèttere*. Indicativo pass. rem. *flettei (flèssi), flettesti, fletté (flèsse), flettemmo, fletteste, fletterono (flèssero)*. Participio pass. *flèsso*.

240. Stessa coniugazione per *deflettere, genuflettere, riflettere*. Per quest'ultimo verbo, in particolare, si noti che il passato remoto debole e i tempi composti con *riflettuto* si adoperano generalmente per l'accezione di 'considerare'; le forme forti per l'accezione primaria di 'mandare riflessi'. Quindi: «ho riflettuto alle cose che mi hai detto» (benché in De Marchi, *Demetrio Pianelli*, 188, si legga: «dopo aver riflesso bene bene»), ma: «gli specchi brillavano nell'ombra riflessero al passaggio le loro due figure abbracciate» (Moravia, *Gli indifferenti*, 39).

241. *Fóndere*. Indicativo pass. rem. *fusi, fondesti, fuse, fondemmo, fondeste, fusero*. Participio pass. *fuso*.
Seguono lo stesso paradigma *confondere, diffondere, effondere, infondere, rifondere, trasfondere*.

242. Antiquato il participio passato debole: «l'oro ha il suo luogo, nel quale egli è *fonduto*» (Zanobi da Strata, *I morali di S. Gregorio Magno papa volgarizzati*).

243. *Fràngere*. Indicativo pass. rem. *fransi, frangesti, franse, frangemmo, frangeste, fransero*. Participio pass. *franto*.
Con *frangere* va *infrangere*.

244. *Frìggere*. Indicativo pass. rem. *frissi, friggesti, frisse, friggemmo, friggeste, frissero*. Participio pass. *fritto*.
Come *friggere* si coniugano *sfriggere* e *soffriggere*.

245. *Fùngere*. Indicativo pass. rem. *funsi, fungesti, funse, fungemmo, fungeste, funsero*. Participio pass. *funto* (raro).
Come *fungere* si coniuga *defungere*, di cui

diamo un insolito esempio di tempo composto con valore transitivo: «Dialogo / fra coloro che 'sono', perché hanno defunto / il loro ufficio provvisorio sulla terra» (Michelstaedter, *Opere*).

246. *Giùngere.* Indicativo pass. rem. *giunsi, giungesti, giunse, giungemmo, giungeste, giunsero.* Participio pass. *giunto.*
Stessa coniugazione hanno *aggiungere, congiungere, disgiungere, ingiungere, raggiungere, soggiungere, sopraggiungere.*

247. Nell'italiano antico *giungere* – come tutti i verbi di 2ª coniugazione aventi *ng* davanti alla vocale tematica (tranne *spengere*) – presentava, in luogo di *ng*, una nasale palatale /ɲɲ/ (*giugnere*; cfr. ROHLFS 1966-1969: 256): «per quel ch'i' sento ov'occhio altrui non *giugne*» (Petrarca, *Canzoniere*, 73 9).

248. *Indùlgere.* Indicativo pass. rem. *indulsi, indulgesti, indulse, indulgemmo, indulgeste, indulsero.* Participio pass. *indulto* (raro).

249. *Intrìdere.* Indicativo pass. rem. *intrisi, intridesti, intrise, intridemmo, intrideste, intrisero.* Participio pass. *intriso.*

250. *Intrùdere (Intrùdersi).* Indicativo pass. rem. *intrusi, intrudesti, intruse, intrudemmo, intrudeste, intrusero (mi intrusi,* ecc.). Participio pass. *intruso (intrusosi).*

251. *Lèdere.* Indicativo pass. rem. *lési, ledesti, lése, ledemmo, ledeste, lésero.* Participio pass. *léso.*

252. *Lèggere.* Indicativo pass. rem. *lèssi, leggesti, lèsse, leggemmo, leggeste, lèssero.* Participio pass. *lètto.*
Stessa coniugazione per *eleggere* e *rileggere.*

253. Nella lingua antica si incontra qualche raro esempio del participio passato debole *leggiuto*: «tutte quelle cose leggiutole, spaventiamocene» (G. Villani, *Cronica*).

254. *Méscere.* Nell'italiano moderno tutte le forme sono regolari (ma il passato remoto, *mescei* o *mescetti,* e il participio passato *mesciuto* sono molto rari).

Nella tradizione poetica si è adoperato il participio passato *misto*, modellato sul latino MIXTUS: «ben ch'altre volte ha di lor membra asperse / le piagge e l'onda di lor sangue mista» (Tasso, *Gerusalemme Liberata*, II 41); «di mille voci al sonito / mista la sua non ha» (Manzoni, *Il Cinque Maggio*, 17-18).

255. *Méttere.* Indicativo pass. rem. *misi, mettesti, mise, mettemmo, metteste, misero.* Participio pass. *mésso.*
Stessa coniugazione hanno *ammettere, commettere, compromettere, dimettere, frammettere, manomettere, omettere, permettere, pretermettere, promettere, ripromettersi, scommettere, smettere, sottomettere, trasmettere.*

256. Tra le forme arcaiche ricordiamo i passati remoti analogici di 1ª, 3ª e 6ª persona *messi, messe, messero* (ancora abituale nel fiorentino ottocentesco: «Poi si messe in ascolto» Collodi, *Pinocchio*, 4) e *missi, misse, missero* («si misse i soldati in tanto disordine che [...] più volte si volsono abottinare ['ammutinare'] per andarsene» Cellini, *Vita*, 113). Antico e poetico il participio passato *miso,* rifatto sul passato remoto *misi*: «dov'Eteocle col fratel fu miso» (Dante, *Inferno*, XXVI 54).

257. *Mìngere.* Indicativo pass. rem. *minsi, mingesti, minse, mingemmo, mingeste, minsero.* Participio pass. (manca).

258. *Mòrdere.* Indicativo pass. rem. *mòrsi, mordesti, mòrse, mordemmo, mordeste, mòrsero.* Participio pass. *mòrso.*
Con *mordere* va *rimordere.*

259. *Mùngere.* Indicativo pass. rem. *munsi, mungesti, munse, mungemmo, mungeste, munsero.* Participio pass. *munto.*
Il medesimo paradigma vale per *emungere* e *smungere.*

260. *Muòvere.* Indicativo pass. rem. *mòssi, movesti, mòsse, movemmo, moveste, mòssero.* Participio pass. *mòsso.*
Stessa coniugazione per *commuovere, promuovere, rimuovere, smuovere, sommuovere.*

261. Da registrare il participio arcaico latineggiante *moto*: «l'instabil suolo / di quella arena ognior da' venti mota» (Ariosto, *Orlando Furioso*, XXXVIII 39).

262. *Nàscere.* Indicativo pass. rem. *nacqui, nascesti, nacque, nascemmo, nasce-*

ste, nacquero. Participio pass. *nato*.
Con *nascere* va *rinascere*.

263. Tra le forme arcaiche ricordiamo il passato remoto debole *nascei, nascé, nascerono* (cfr. MASTROFINI 1814: II 377-378) e il participio passato *nasciuto* («tutti siamo nasciuti de la massa originalmente dannati» Aretino, *Vita di San Tommaso d'Aquino*): entrambi molto rari.

264. *Nascóndere*. Indicativo pass. rem. *nascósi, nascondesti, nascóse, nascondemmo, nascondeste, nascósero*. Participio pass. *nascósto*.

265. Stessa coniugazione ha l'arcaico *ascondere*; tuttavia, nel participio passato, *ascoso* («manda alle ascose vergini / le pure gioie ascose» Manzoni, *La Pentecoste*, 133-134) era la forma abituale in luogo di *ascosto* («forse perché bramava irsene ascosto / sotto insegne men note e men famose» Tasso, *Gerusalemme Liberata*, XIV 53).
Il participio passato *nascoso* è proprio della tradizione poetica: «per le vere ragion che son nascose» (Dante, *Purgatorio*, XXII 30).

266. *Neglìgere*. Indicativo pass. rem. *neglèssi, negligesti, neglèsse, negligemmo, negligeste, neglèssero*. Participio pass. *neglètto* (entrambi rari e letterari; il verbo è inoltre difettivo di indicativo e congiuntivo presenti e di imperativo).

267. *Nuòcere*. Indicativo pres. *nòccio, nuoci, nuoce, nociamo, nocete, nòcciono*; pass. rem. *nòcqui, nocesti, nòcque, nocemmo, noceste, nòcquero*. Congiuntivo pres. *nòccia, nociamo, nociate, nòcciano*. Imperativo *nuoci, nòccia, nociamo, nocete, nòcciano*.

268. Oltre alle consuete oscillazioni relative al dittongo mobile (*nocevo / nuocevo*, ecc., cfr. XI.71h), si osservi che nella 1ª e 6ª persona di indicativo e congiuntivo presenti e nella 2ª e 3ª persona del congiuntivo presente può comparire anche il dittongo *uo*, analogico su *nuocere, nuoci, nuoce*. Per esempio: «nuoccia» («Stampa sera», 23.2.1987, 3); «esercizi che nuocciono alla salute» (Leopardi, *Zibaldone di pensieri*).

Nell'italiano antico alcune forme di indicativo e congiuntivo potevano presentare la radice *nuoc-* /nwɔk/: «molte cose che nuocono all'altra parte» (Guidotto da Bologna, *Il fiore di rettorica*).

269. *Pàscere*. Nell'italiano moderno tutte le forme sono regolari (ma il passato remoto, *pascei* o *pascetti*, è raro).

Anticamente nel participio passato, specie in poesia, si aveva, accanto al regolare *pasciuto*, anche *pasto* (che è il latino PĀSTUM): «Voria esser stato fin di là nel Nilo, / dove m'avessi divorato e pasto / qualche serpente o qualche coccodrilo» (*Lamenti storici*).

270. *Pèrdere*. Indicativo pass. rem. *pèrsi, perdesti, pèrse, perdemmo, perdeste, pèrsero*. Participio pass. *pèrso (perduto)*.

271. Nel passato remoto si adoperano anche, ma molto meno comunemente, le forme deboli *perdei, perdé, perderono* e *perdetti, perdette, perdettero*. Esempi: «Alba la presero in duemila il 10 ottobre e la *persero* in duecento il 2 novembre dell'anno 1944» (Fenoglio, *I ventitre giorni della città di Alba*) / «[i capelli] parte li *perdette* e il resto glieli rasarono a zero con la macchinetta» (Moravia, *La ciociara*) / «per il gran ridere Rosa *perdé* ogni altro dubbio» (Albertazzi, *Opere*). Entrambi molto diffusi i due participi passati *perso* e *perduto*; in molti casi essi sono intercambiabili, in altri l'uso richiede una sola delle due forme. Così, attingendo due esempi dai *Promessi Sposi*, avremo, col participio forte: «quel signor dottor delle cause *perse*» (V 10); col participio debole: «l'uomo *si vide perduto*: il terror della morte l'invase» (XXXIII 12; non si direbbe né «delle cause *perdute*», né «si vide *perso*»).

272. *Piàngere*. Indicativo pass. rem. *piansi, piangesti, pianse, piangemmo, piangeste, piansero*. Participio pass. *pianto*.
Con *piangere* vanno *compiangere* e *rimpiangere*.

273. *Piòvere*. Indicativo pass. rem. *piòvvi, piovesti, piòvve, piovemmo, pioveste, piòvvero*. Participio pass. *piovuto*.

274. *Pòrgere*. Indicativo pass. rem. *pòrsi, porgesti, pòrse, porgemmo, porgeste, pòrsero*. Participio pass. *pòrto*.

XI. Il verbo

275. *Pórre.* Indicativo pres. *póngo, póni, póne, poniamo, ponete, póngono;* imperf. *ponevo, ponevi,* ecc.; pass. rem. *pósi, ponesti, póse, ponemmo, poneste, pósero;* fut. *porrò, porrai,* ecc. Congiuntivo pres. *pónga, poniamo, poniate, póngano;* imperf. *ponessi,* ecc. Condizionale pres. *porrei, porresti,* ecc. Imperativo *póni, pónga, poniamo, ponete, póngano.* Participio pres. *ponete;* pass. *pósto.* Gerundio pres. *ponendo.*

Stessa coniugazione hanno *anteporre, apporre, comporre, contrapporre, deporre, disporre, esporre, frapporre, giustapporre, imporre, indisporre, interporre, opporre, posporre, predisporre, preporre, presupporre, proporre, ricomporre, riproporre, scomporre, sottoporre, supporre, trasporre.*

276. Tra le forme arcaiche si noteranno il presente indicativo e congiuntivo con radice in nasale palatale (*pogn-: pogno, pogna,* ecc.), più frequente per 4ª e 5ª persona (*pogniamo, pognate, pogniate*): «ultimamente pogniamo che la ricchezza sia congiunta con una savia moderazione», ecc. (Pallavicino, *La rete di Vulcano*). Il passato remoto *puosi, puose, puosero* presenta il normale esito di ŏ tonica latina (cfr. I.23; l'etimo è il lat. volgare *pŏsui in luogo del classico pŏsui): «puose ghiove [=zolle] di terra erbosa, acciò che neuno della detta fossa s'accorgesse» (Giamboni, *Il libro de' vizî e delle virtù e il trattato di virtù e di vizi*).

277. *Prèmere.* Nell'italiano moderno tutte le forme sono regolari.

Anticamente sono attestate, accanto a quelle deboli, forme forti di passato remoto (*prèssi, prèsse, prèssero*) e di participio passato (*prèsso*): «presse il duro terren senz'alcun danno» (Ariosto, *Orlando Furioso*, XL 26). Si osservi che questo tipo di passato remoto e di participio passato è di regola in verbi come *comprimere, opprimere,* ecc. (cfr. XI.202) che, storicamente, sono dei composti di *premere.*

278. *Prèndere.* Indicativo pass. rem. *prési, prendesti, prése, prendemmo, prendeste, présero.* Participio pass. *préso.*
Stessa coniugazione hanno *apprendere, comprendere, imprendere, intraprendere, rapprendere, sorprendere.*

279. Nell'italiano antico hanno avuto qualche vitalità le forme deboli di passato remoto *prendei* e *prendetti* (cfr. MASTROFINI 1814: II 462).

280. *Propèndere.* Indicativo pass. rem. *propendei (propési), propendesti, propendé (propése), propendemmo, propendeste, propenderono (propésero).* Participio pass. *propènso* (non comune *propenduto*).

281. *Protèggere.* Indicativo pass. rem. *protèssi, proteggesti, protèsse, proteggemmo, proteggeste, protèssero.* Participio pass. *protètto.*

282. *Pùngere.* Indicativo pass. rem. *punsi, pungesti, punse, pungemmo, pungeste, punsero.* Participio pass. *punto.*
Stesso paradigma per *compungere, espungere, interpungere, trapungere.*

283. *Ràdere.* Indicativo pass. rem. *rasi, radesti, rase, rademmo, radeste, rasero.* Participio pass. *raso.*
Come *radere* si coniuga *abradere.*

284. Antiquato il passato remoto debole *radei*: «presa la piastra [...] la radei da tutte e due le bande» (Cellini, cit. in TOMMASEO-BELLINI 1865-1879: V 22).

285. *Redìgere.* Indicativo pass. rem. *redassi, redigesti, redasse, redigemmo, redigeste, redassero.* Participio pass. *redatto.*

286. Al passato remoto esistono, ma sono poco comuni, anche le forme deboli *redigei* e *redigetti.* Da considerare erroneo l'infinito *redarre,* modellato su *trarre* per l'analogia dei participi passati *tratto-redatto.*

287. *Redìmere.* Indicativo pass. rem. *redènsi, redimesti, redènse, redimemmo, redimeste, redènsero.* Participio pass. *redènto.*

288. *Règgere.* Indicativo pass. rem. *ròssi, reggesti, rèsse, reggemmo, reggeste, rèssero.* Participio pass. *rètto.*
Stessa coniugazione per *correggere* e *sorreggere.*

289. *Rèndere.* Indicativo pass. rem. *rési, rendesti, rése, rendemmo, rendeste, résero.* Participio pass. *réso.*
Con *rendere* va *arrendersi.*

290. Arcaici il passato remoto *rendei* («indi

rendei l'aspetto e l'alte cose» Dante, *Purgatorio*, XXIX 58) e il participio *renduto* («già però non m'hai / renduto onor, ma fatto ira e vergogna» Petrarca, *Canzoniere*, 49 3-4).

291. *Rìdere*. Indicativo pass. rem. *risi, ridesti, rise, ridemmo, rideste, risero*. Participio pass. *riso*.
Stessa coniugazione per *arridere, deridere, irridere, sorridere*.

292. *Rifùlgere*. Indicativo pass. rem. *rifulsi, rifulgesti, rifulse, rifulgemmo, rifulgeste, rifulsero*. Participio pass. *rifulso*.
Lo stesso passato remoto si ritrova nel verbo semplice *fùlgere*, di uso poetico, difettivo del participio passato: «Arda il duello grave ne' secoli / tra l'Asia e l'Europa, onde *fulse* / a gli ozi barbari luce e vita» (Carducci).

293. *Rispóndere*. Indicativo pass. rem. *rispósi, rispondesti, rispóse, rispondemmo, rispondeste, rispósero*. Participio pass. *rispósto*.
Come *rispondere* si coniuga *corrispondere*.

294. *Ródere*. Indicativo pass. rem. *rósi, rodesti, róse, rodemmo, rodeste, rósero*. Participio pass. *róso*.
Stessa coniugazione per *corrodere* ed *erodere*.

295. *Rómpere*. Indicativo pass. rem. *ruppi, rompesti, ruppe, rompemmo, rompeste, ruppero*. Participio pass. *rótto*.
Stessa coniugazione hanno *corrompere, dirompere, erompere, interrompere, irrompere, prorompere*.

296. Da notare, come forme arcaiche di passato remoto, il tipo debole *rompei* («E come questa imagine *rompeo* / sé per sé stessa», ecc., Dante, *Purgatorio*, XVII 31; per la desinenza di *rompeo* cfr. XI.76b) e la serie *roppi, roppe, roppero*, dovuta all'influsso della radice del presente, *romp*-: «sopra Gradasso il mago l'asta roppe» (Ariosto, *Orlando Furioso*, II 51).

297. *Scégliere*. Indicativo pres. *scélgo, scégli, scéglie, scegliamo, scegliete, scélgono*; pass. rem. *scélsi, scegliesti, scélse, scegliemmo, sceglieste, scélsero*. Congiuntivo pres. *scélga, scegliamo, scegliate, scélgano*. Imperativo *scégli, scélga, scegliamo, sce-*
gliete, scélgano. Participio pass. *scélto*.
Con *scegliere* vanno *prescegliere* e *trascegliere*.
Per le forme arcaiche *scerre, scerrò* e *scerrei* cfr. XI.75a.

298. *Scéndere*. Indicativo pass. rem. *scési, scendesti, scése, scendemmo, scendeste, scésero*. Participio pass. *scéso*.
Stessa coniugazione per *accondiscendere, ascendere, condiscendere, discendere, scoscendere* e *trascendere*.

Sulle rare forme arcaiche di passato remoto debole *scendei* e *scendetti* cfr. MASTROFINI 1814: II 531.

299. *Scìndere*. Indicativo pass. rem. *scissi, scindesti, scisse, scindemmo, scindeste, scissero*. Participio pass. *scisso*.
Stessa coniugazione ha il composto *rescindere*; *prescindere* ha invece un passato remoto regolare (*prescindei* o *prescindetti*; raro *prescissi*) e generalmente non si adopera nei tempi composti (rarissimo il participio *prescisso*).

300. *Sciògliere*. Indicativo pres. *sciòlgo, sciògli, sciòglie, sciogliamo, sciogliete, sciòlgono*; pass. rem. *sciòlsi, sciogliesti, sciòlse, sciogliemmo, scioglieste, sciòlsero*. Congiuntivo pres. *sciòlga, sciogliamo, sciogliate, sciòlgano*. Imperativo *sciògli, sciòlga, sciogliamo, sciogliete, sciòlgano*. Participio pass. *sciòlto*.
Il paradigma di *sciogliere* vale anche per *disciogliere* e *prosciogliere*.

301. Per le forme arcaiche *sciorre, sciorrò* e *sciorrei* cfr. XI.75a. Nella lingua antica poteva aversi generalizzazione della radice in palatale (*sciogl*- /ʃɔʎʎ/) nell'indicativo e congiuntivo presenti: «chiedi umilemente / che il serrame scioglia» (Dante, *Purgatorio*, IX 107-108).

302. *Scrìvere*. Indicativo pass. rem. *scrissi, scrivesti, scrisse, scrivemmo, scriveste, scrissero*. Participio pass. *scritto*.
Stessa coniugazione hanno *ascrivere, circoscrivere, coscrivere, descrivere, iscrivere, prescrivere, proscrivere, riscrivere, sottoscrivere* e *trascrivere*.

303. *Scuòtere*. Indicativo pass. rem. *scòssi, scotesti, scòsse, scotemmo, scoteste, scòssero*. Participio pass. *scòsso*.

XI. Il verbo

Stessa coniugazione per *percuotere* e *riscuotere*.

304. Nella lingua antica e nella tradizione poetica *scuotere* e, più spesso, *percuotere* ammettevano anche il passato remoto latineggiante *scussi* e *percussi*: «che 'l paladin con gran valor percusse» (Ariosto, *Orlando Furioso*, XXIII 71).

305. *Sórgere.* Indicativo pass. rem. *sórsi, sorgesti, sórse, sorgemmo, sorgeste, sórsero.* Participio pass. *sórto.*
Con *sorgere* vanno *insorgere* e *risorgere.*

306. Nell'antica lingua letteraria sono frequenti forme con *u* in luogo di *o* (per influsso del latino sūrgere): «già *surto* fuor de la sepulcral buca» (Dante, *Purgatorio*, XXI 9); «*surse* per le profonde / vie del tirreno talamo» (Foscolo, *A Luigia Pallavicini*, 69-70).

307. *Spàndere.* Indicativo pass. rem. *spansi (spandei), spandesti, spanse (spandé), spandemmo, spandeste, spansero (spanderono).* Participio pass. *spanduto* e *spanto* (rari).
Con *spandere* va *espandere* (ma il participio pass. è *espanso*).

308. *Spàrgere.* Indicativo pass. rem. *sparsi, spargesti, sparse, spargemmo, spargeste, sparsero.* Participio pass. *sparso.*
Come *spargere* si coniuga *cospargere.*

309. Arcaici i participi passati *sparto* e *cosparto*: «raunai le fronde sparte» (Dante, *Inferno*, XIV 2); «s'a colparte / distretto 'l verso o le prose consparte / ho pur talora, or me ne pento assai» (Bembo, *Gli Asolani e Le Rime*).

310. *Spègnere (Spèngere).* Indicativo pass. rem. *spènsi, spegnesti, spènse, spegnemmo, spegneste, spènsero.* Participio pass. *spènto.*

311. In Toscana la forma più comune è *spengere*; *spengere* è anche nella prosa letteraria, soprattutto di scrittori toscani («il Grillo-parlante si spense a un tratto, come si *spenge* un lume soffiandoci sopra» Collodi, *Pinocchio*, 42) o che narrano di cose toscane («Ma perché tieni la candela accesa? *Spengi.* Si può parlare anche al buio» Cassola, *La ragazza di Bube*, 21). Tuttavia è significativo il fatto che in scrittori di altre regioni, anche molto sensibili al modello toscano, predomini generalmente *spegnere*: «era il lucignolo della lucerna che, vicino a *spegnersi*, scoccava una luce tremola» (Manzoni, *I Promessi Sposi*, XXI 36); «intanto qua finite di rassettare e poi *spegnete* tutto» (Pirandello, *L'amica delle mogli*, VI 164).

312. *Spìngere.* Indicativo pass. rem. *spinsi, spingesti, spinse, spingemmo, spingeste, spinsero.* Participio pass. *spinto.*
Stessa coniugazione per *respingere* e *sospingere.*

313. *Strìngere.* Indicativo pass. rem. *strinsi, stringesti, strinse, stringemmo, stringeste, strinsero.* Participio pass. *strétto.*
Allo stesso modo si coniugano *astringere, costringere, distringere* e *restringere* (*ristringere*).

314. *Strùggere.* Indicativo pass. rem. *strussi, struggesti, strusse, struggemmo, struggeste, strussero.* Participio pass. *strutto.*
Verbo di uso poetico (o letterario come intransitivo pronominale: *struggersi* 'desiderare ardentemente'). Correntemente si adopera *distruggere*, che presenta la stessa coniugazione.

315. *Succèdere.* Indicativo pass. rem. *succedetti (succèssi), succedesti, succedette (succèsse), succedemmo, succedeste, succedettero (succèssero).* Participio pass. *succeduto (succèsso).*

316. La norma attuale, cui è bene attenersi, tende a riservare le forme deboli di passato remoto e participio passato all'accezione di 'subentrare' e quelle forti all'accezione di 'accadere', come nei seguenti due esempi, attinti da uno stesso numero di quotidiano («La Repubblica», 18.6.1987, 3 e 11): «Hans Hermann Groer, *succeduto* al cardinale Koenig, dimissionario per raggiunti limiti d'età» / «Già, onorevole, cosa è *successo* secondo lei?». Tuttavia non è raro che le forme forti si adoperino anche nella prima accezione; eccone due esempi, uno ottocentesco e uno contemporaneo: «a lunga smania *successe* stanchezza ed apatia» (Pellico, *Le mie prigioni*, 426); «ai pendii coltivati *successe* il bosco» (Cassola, *La ragazza di Bube*, 70).

317. Svèllere. Indicativo pass. rem. *svèlsi, svellesti, svèlse, svellemmo, svelleste, svèlsero*. Participio pass. *svèlto*.
Stessa coniugazione ha *divellere*.

318. Ormai antiquate le forme di indicativo e congiuntivo presenti *svelgo, svelgono* e *svelga, svelgano*: «mentre de' suoi più teneri e più verdi / arbusti or questo or quel diramo e svelgo» (Caro, cit. in MASTROFINI 1814: II 594).

319. Tèndere. Indicativo pass. rem. *tési, tendesti, tése, tendemmo, tendeste, tésero*. Participio pass. *téso*.
Stessa coniugazione hanno *attendere, contendere, distendere, estendere, fraintendere, intendere, pretendere, protendere, soprintendere, sottendere, sottintendere, stendere*.

320. Tèrgere. Indicativo pass. rem. *tèrsi, tergesti, tèrse, tergemmo, tergeste, tèrsero*. Participio pass. *tèrso*.
Con *tergere* vanno *astergere* e *detergere*: «i fianchi / delle cavalle vincitrici asterse» (Leopardi, *A un vincitore nel pallone*).

321. Tìngere. Indicativo pass. rem. *tinsi, tingesti, tinse, tingemmo, tingeste, tinsero*. Participio pass. *tinto*.
Lo stesso paradigma vale per *attingere, intingere, ritingere* e *stingere*.

322. Tògliere. Indicativo pres. *tòlgo, tògli, tòglie, togliamo, togliete, tòlgono*; pass. rem. *tòlsi, togliesti, tòlse, togliemmo, toglieste, tòlsero*. Congiuntivo pres. *tòlga, togliamo, togliate, tòlgano*. Imperativo *tògli, tòlga, togliamo, togliete, tòlgano*. Participio pass. *tòlto*.
Con *togliere* va *distogliere*.

323. Per le forme arcaiche *torre, torrò* e *torrei* cfr. XI.75a. Nell'italiano antico si ha talvolta l'estensione della radice in palatale (*togl-*/tɔʎʎ/) nell'indicativo e congiuntivo presenti: *toglio, togliono, toglia, togliano* («a quel l'avere, a questo l'onor toglia» Ariosto, *Orlando Furioso*, XXXVII 105). Da notare anche l'imperativo apocopato *to'* (ancora un esempio ariostesco: «Tommi la vita, giovene, per Dio» IV 28; 'toglimi'), il quale, nell'accezione di 'prendi!', si è trasformato in semplice interiezione (cfr. X.26).

324. Tòrcere. Indicativo pass. rem. *tòrsi, torcesti, tòrse, torcemmo, torceste, tòrsero*. Participio pass. *tòrto*.
Stessa coniugazione hanno *attorcere, contorcere, distorcere, estorcere, ritorcere, storcere*.

325. Tràrre. Indicativo pres. *traggo, trai, trae, traiamo, traete, traggono*; imperf. *traevo, traevi*, ecc.; pass. rem. *trassi, traesti, trasse, traemmo, traeste, trassero*; fut. *trarrò, trarrai*, ecc. Congiuntivo pres. *tragga, traiamo, traiate, traggano*; imperf. *traessi*, ecc. Condizionale pres. *trarrei, trarresti*, ecc. Imperativo *trai, tragga, traiamo, traete, traggano*. Participio pres. *traente*; pass. *tratto*. Gerundio pres. *traendo*.
Stessa coniugazione per *astrarre, attrarre, contrarre, detrarre, distrarre, estrarre, protrarre, ritrarre, sottrarre*.

326. *Trarre* continua il latino TRĀHERE, attraverso le forme italiane antiche *traere* e *traggere* («L'aspetto sacro de la terra vostra / mi fa del mal passato tragger guai» Petrarca, *Canzoniere*, 68 1-2). Nella lingua arcaica e nella tradizione poetica sono attestate anche le forme *traggi* 'trai' (indicativo e imperativo), *tragge* 'trae' e *traggendo* 'traendo': «Tragge Marte vapor di Val di Magra» (Dante, *Inferno*, XXIV 145); «tragge ovunque la rovina» (T. Solera, *Nabucco*, in VERDI-BALDACCI 1975: 38).

327. Ùngere. Indicativo pass. rem. *unsi, ungesti, unse, ungemmo, ungeste, unsero*. Participio pass. *unto*.

328. Vìncere. Indicativo pass. rem. *vinsi, vincesti, vinse, vincemmo, vinceste, vinsero*. Participio pass. *vinto*.
Con *vincere* vanno *avvincere, convincere, stravincere*.

329. Vìvere. Indicativo pass. rem. *vissi, vivesti, visse, vivemmo, viveste, vissero*; fut. *vivrò, vivrai*, ecc. Condizionale pres. *vivrei, vivresti*, ecc. Participio pass. *vissuto*.
La stessa coniugazione vale per *convivere, rivivere* e *sopravvivere*.

330. Tra le forme arcaiche segnaliamo il raro passato remoto debole *vivetti* («Ugolin d'Azzo che vivette nosco» Dante, *Purgatorio*, XIV 105), il futuro e il condizionale non sincopati *viverò* e *viverei* («se tu fai così, di che viverem noi?» Boccaccio, *Decamerone*, VII 2 14) e due tipi di participio passato: il regolare participio debole *vivuto* («spetta alla misericordia divina [...] che per lo più chi ha vivuto male, mal

XI. Il verbo

muoia» Segneri, *Quaresimale*, 102), e la forma *visso*, modellata sul passato remoto *vissi*: «sarò qual fui, vivrò com'io son visso» (Petrarca, *Canzoniere*, 145 13). Si osservi che il tipo che si è imposto sugli altri, *vissuto*, è il frutto di un incrocio tra *vivuto* e *visso*.

331. *Vòlgere.* Indicativo pass. rem. *vòlsi, volgesti, vòlse, volgemmo, volgeste, vòlsero.* Participio pass. *vòlto.*
Stessa coniugazione hanno *avvolgere, capovolgere, coinvolgere, involgere, rivolgere, sconvolgere, stravolgere, svolgere, travolgere.*

Terza coniugazione

332. *Apparire.* Indicativo pres. *appaio, appari, appare, appariamo, apparite, appaiono*; pass. rem. *apparvi, apparisti, apparve, apparimmo, appariste, apparvero.* Congiuntivo pres. *appaia, appariamo, appariate, appaiano.* Imperativo *appari, appaia, appariamo, apparite, appaiano.* Participio pass. *apparso.*
Come *apparire* si coniugano *comparire, disparire, riapparire, ricomparire, scomparire, trasparire* (ma quest'ultimo ha, come participio passato, *trasparito* più spesso che *trasparso*). Il verbo *sparire* segue il paradigma regolare, ma, accanto al passato remoto: *sparii, sparì, sparirono*, è in uso anche *sparvi, sparve, sparvero*: «E sparve, e i dì nell'ozio / chiuse in sì breve sponda» (Manzoni, *Il Cinque Maggio*, 55-56).

333. Invece di *apparvi* si può usare, ma è forma meno comune tranne che nei composti *comparire, ricomparire, scomparire* e *trasparire*, il passato remoto debole *apparii, apparì, apparirono*: «bianca bianca nel tacito tumulto / una casa apparì sparì d'un tratto» (Pascoli, *Il lampo*, 4-5). Ormai disusato il passato remoto «sigmatico» *apparsi* («di lei che sì dura m'apparse» Petrarca, *Canzoniere*, 304 6) e antiquate le forme ampliate con l'affisso *-isc-* (cfr. XI.80); per esempio: «quando si tratti di que' pochi [...] nella vita intera de' quali apparisca un ubbidir risoluto alla coscienza», ecc. (Manzoni, *I Promessi Sposi*, XXXII 14). Da segnalare, infine, il participio passato debole *apparito*: «una larva smorticcia era apparita su la soglia» (D'Annunzio, *Prose di romanzi*).

334. *Aprìre.* Indicativo pass. rem. *aprii (apèrsi), apristi, aprì (apèrse), aprimmo, apriste, aprirono (apèrsero).* Participio pass. *apèrto.*
Stessa coniugazione hanno *coprire, riaprire, ricoprire, riscoprire, scoprire.*

335. Le forme forti di passato remoto sono meno comuni di quelle deboli: già il Manzoni, nella revisione linguistica dei *Promessi Sposi*, passò dai tipi *apersi, copersi, scopersi* ai tipi *aprì, coprì, scoprì* (cfr. VITALE 1986: 37). Tuttavia *apersi* e simili non sono rari, non solo nella prosa letteraria tradizionale («aperse il cassettone» Fogazzaro, *Piccolo mondo antico*, 28; «apersi un libro» Svevo, *La coscienza di Zeno*, 42; «I fratelli suonarono. Aperse una ragazza» Calvino, *Racconti*, 408), ma anche nel giornalismo contemporaneo («poi scoperse la fantascienza» «Panorama», 16.3.1986, 117).

336. *Costruìre.* Ha coniugazione regolare nell'italiano moderno, così come *istruire.*

337. Nell'antica lingua letteraria ebbe un certo uso il passato remoto *costrussi (istrussi), costrusse (istrusse), costrussero (istrussero)* e il participio passato *costrutto (istrutto)*, entrambi in corrispondenza delle basi latine. Esempi: «Matilda il volse, e nutricollo, e *instrusse* / ne l'arti regie» (Tasso, *Gerusalemme Liberata*, I 59), «alcun altro Orfeo latino, colmo di sapienza riposta e ben *instrutto* d'arte poetica» (Vico, *Scienza Nuova*, 221); «Chi colle fiamme qui di Flegetonte / i fochi desti e 'l gran rogo ha *costrutto*?» (Tasso, *Rime*).

338. *Cucìre.* Indicativo pres. *cucio, cuci, cuce, cuciamo, cucite, cuciono.* Congiuntivo pres. *cucia, cuciamo, cuciate, cuciano.*

339. *Dire.* Indicativo pres. *dico, dici, dice, diciamo, dite, dicono*; imperf. *dicevo, dicevi*, ecc.; pass. rem. *dissi, dicesti, disse, dicemmo, diceste, dissero*; fut. *dirò, dirai*, ecc. Congiuntivo pres. *dica, diciamo, diciate, dicano*; imperf. *dicessi*, ecc. Condizionale pres. *direi, diresti*, ecc. Imperativo *di', dica, diciamo, dite, dicano.* Participio pres. *dicente*; pass. *detto.* Gerundio pres. *dicendo.*

340. Il medesimo paradigma vale per *benedire, contraddire, disdire, maledire, pre-*

dire, *ridire*; ma la 2ª persona dell'imperativo presente – tranne che per *ridire* – esce in *-dici*: «Benedici il Signore, anima mia» (*Messale festivo*, 430). Inoltre *benedire* e *maledire*, nella lingua popolare e in passato anche nella lingua poetica, tendono a livellarsi alla coniugazione regolare nell'imperfetto indicativo e nel passato remoto (*benedivo*, *benedivi*, ecc.; *maledii*, *maledisti*, ecc.: tutte forme oggi da evitare). Esempi dei secoli scorsi: «e la battaglia perduta vedea / e maladiva il pagan traditore» (Pulci, *Il Morgante*); «Quel vecchio maledivami!...» (F. M. Piave, *Rigoletto*, in VERDI-BALDACCI 1975: 252).

341. *Inferìre*. Indicativo pass. rem. *inferii (infèrsi)*, *inferisti*, *inferì (infèrse)*, *inferimmo*, *inferiste*, *inferirono (infèrsero)*. Participio pass. *inferito (infèrto)*.
Le forme forti di passato remoto e participio passato tendono oggi a essere riservate all'accezione di 'cagionare', 'infliggere': «i colpi che sono stati *inferti*», ma: «le conclusioni che sono state *inferite*».

342. *Morìre*. Indicativo pres. *muoio*, *muori*, *muore*, *moriamo*, *morite*, *muoiono*; fut. *morirò*, *morirai (morrò, morrai)*, ecc. Congiuntivo pres. *muoia*, *moriamo*, *moriate*, *muoiano*. Condizionale pres. *morirei*, *moriresti (morrei, morresti)*, ecc. Imperativo *muori*, *muoia*, *moriamo*, *morite*, *muoiano*. Participio pass. *morto*.

343. L'oscillazione tra forme sincopate e forme non sincopate nel futuro e nel condizionale è di antica data ed è stata talvolta sfruttata dai poeti per ragioni metriche («noi morirem; ma non morremo inulti» Tasso, *Gerusalemme Liberata*, II 86). Oggi la serie di uso più corrente e generale è *morirò*, *morirei*.

A lungo caratteristiche della lingua poetica le forme di indicativo e congiuntivo presenti *m(u)oro*, *m(u)orono*, *m(u)ora*, *m(u)orano* («mille volte il dì moro e mille nasco» Petrarca, *Canzoniere*, 164 13). Dell'italiano antico (e attualmente di molti dialetti) il passato remoto *morsi*: «così non morse, ché si vide avanti / morto il fratello» (Caro, cit. in MASTROFINI 1814: II 371).

344. *Offrìre*. Indicativo pass. rem. *offrii (offèrsi)*, *offristi*, *offrì (offèrse)*, *offrimmo*, *offriste*, *offrirono (offèrsero)*. Participio pres. *offerente*; pass. *offèrto*.
Stessa coniugazione ha *soffrire*.

345. Analogamente a quel che s'è visto per *aperse* / *aprì* (par. 335), le forme forti di passato remoto furono eliminate dal Manzoni nella seconda edizione del romanzo (cfr. VITALE 1986: 37). Ne citeremo un paio di esempi, ricorrendo anche qui al Fogazzaro («Franco si offerse per questa bisogna» *Piccolo mondo antico*, 63), a Svevo («egli le offerse di mettere a mia disposizione un appartamento» *La coscienza di Zeno*, 39) e a Calvino («Ampelio offerse le sigarette a Caisotti» *Racconti*, 410).

Oggi disusate, ma in vigore almeno fino all'Ottocento, le forme *offerire*, *offerivo*, *offeriamo* e simili (cfr. SERIANNI 1986b: 49): «io v'offerisco il potere e saper mio» (Doni, *Mondi celesti, terrestri et infernali*).

346. *Salìre*. Indicativo pres. *salgo*, *sali*, *sale*, *saliamo*, *salite*, *salgono*. Congiuntivo pres. *salga*, *saliamo*, *saliate*, *salgano*. Imperativo *sali*, *salga*, *saliamo*, *salite*, *salgano*.
Stessa coniugazione hanno *assalire* e *risalire*.

347. Tra le forme arcaiche notiamo il presente indicativo e congiuntivo con radice in palatale (*sagl*- /saʎʎ/): *saglio*, *sagliono*, *saglia*, *sagliano*, legittimi esiti delle basi latine SĀLIO, SĀLIAT, ecc. («onde 'l vostro nome in pregio saglia» Petrarca, *Canzoniere*, 104 6). Caratteristico della poesia fino al secolo scorso il passato remoto debole *salsi*, *salse*, *salsero*: «Sovra un arbore i' salsi, e te su l'erba / lasciai» (Tasso, *Gerusalemme Liberata*, XII 30), «e dei dì che furono / l'assalse il sovvenir» (Manzoni, *Il Cinque Maggio*, 77-78).

348. *Seppellìre*. Participio pass. *sepolto* (*seppellito*).
Dei due participi, quello d'uso più comune e generale è *sepolto*, che è di regola negli impieghi aggettivali e sostantivali («le civiltà sepolte», ecc.). Si oscilla tra le due forme nella locuzione intensiva «morto e sepolto (seppellito)»: «Crede che io sia ancora la Franca di cinque anni fa! Quella è morta e sepolta» (Bernari, *Per cause imprecisate*) / «bastava non conservare rancore, perché il passato fos-

XI. Il verbo

se morto e seppellito» (Pratolini, *Metello*).

349. *Udire.* Indicativo pres. *òdo, òdi, òde, udiamo, udite, òdono*; fut. *udirò, udirai (udrò, udrai)*, ecc. Congiuntivo pres. *òda, udiamo, udiate, òdano.* Condizionale pres. *udirei, udiresti (udrei, udresti)*, ecc. Imperativo pres. *òdi, òda, udiamo, udite, òdano.* Participio pres. *udente* o *udiente* (rari).

350. Nel futuro e nel condizionale le forme sincopate sono altrettanto frequenti di quelle non sincopate. A quanto pare non era così nell'Ottocento, se un grammatico riguardava *udrò* e *udrei* come tipiche della poesia (MASTROFINI 1814: II 646); e in effetti la poesia del XIX secolo mostra chiara preferenza in questo senso: «né da te dolce amico *udrò* più il verso» (Foscolo, *Dei Sepolcri*, 8); «*udrai* nel mar che mormora / l'eco de' miei lamenti» (S. Cammarano, *Lucia di Lammermoor*, per la musica di G. Donizetti, parte prima, scena quinta); «Oh no 'l destare! l'*udresti*, o Lalage, / di torbid'ire fiedere l'aere» (Carducci, *Figurine vecchie*, 9-10).

351. *Uscire.* Indicativo pres. *èsco, èsci, èsce, usciamo, uscite, èscono.* Congiuntivo pres. *èsca, usciamo, usciate, èscano.* Imperativo *èsci, èsca, usciamo, uscite, èscano.*
Lo stesso paradigma vale per *riuscire*.

352. Ormai disusate le forme rizoatone con *e*, ancora abbastanza comuni per tutto l'Ottocento: «ella *esciva* di quella famiglia Spina che [...] ha il suo stemma scolpito sotto il portico di Santa Maria Maggiore» (D'Annunzio, *Trionfo della morte*, 98); per *riescire*: «sarei *riescito* un buon soldato» (Nievo, *Le confessioni d'un italiano*, 41); «chi, chi poteva *riescire*?» (Serao, *Il romanzo della fanciulla*, 32).

353. *Venire.* Indicativo pres. *vèngo, vieni, viene, veniamo, venite, vèngono*; pass. rem. *vénni, venisti, vénne, venimmo, veniste, vénnero*; fut. *verrò, verrai*, ecc. Congiuntivo pres. *vènga, veniamo, veniate, vèngano.* Condizionale pres. *verrei, verresti*, ecc. Imperativo: *vieni, venga, veniamo, venite, vèngano.* Participio pres. *veniente*; pass. *venuto.*
Stessa coniugazione per *addivenire, avvenire, circonvenire, contravvenire, convenire, divenire, intervenire, pervenire, prevenire, provenire, rinvenire, rivenire, sconvenire, sopravvenire, sovvenire, svenire.*

354. Come avviene con *tenere* (si veda sopra, par. 166), l'imperativo dovrebbe essere apocopato nel caso sia seguito da uno o da più pronomi enclitici: «*vienci*», «*viemmi*»; «Roba mia, *vientene* con me!» (Verga, *Novelle*, I 352).

355. Le forme etimologiche (cfr. XI.126a) *vegno, vegnono, vegna, vegnano* – come le voci corrispondenti di *tenere* (si veda sopra, par. 167) – sono rimaste a lungo disponibili per il linguaggio poetico: «si querela che morte ancor non vegna» (Monti, *In morte di Ugo Bassville*, I 240); per *convenire*: «né v'è chi d'onorar ti si *convegna*» (Leopardi, *Sopra il monumento di Dante*, 10). Il passato remoto debole, raro e arcaico per *venire* («e così ragionando ne *veniro*» Ariosto, *Orlando Furioso*, VI 81), si sente talvolta (e si legge) nei composti nei quali è più labile il rapporto col verbo semplice: *intervenirono, prevenì* (quest'ultimo adoperato per esempio da E. Scalfari, nella «Repubblica», 31.8.1986, 4): ma si tratta di forme da considerare erronee.

Accordo del verbo

Nei paragrafi che seguono esamineremo due distinti problemi: *a)* l'accordo di numero tra soggetto e predicato verbale; *b)* l'accordo di numero e genere del participio accompagnato da un verbo di modo finito con il termine, o con i termini, a cui il participio si riferisce.

356. Di massima, un verbo di modo finito richiede la stessa persona del soggetto: «il tenore canta», «i tenori cantano». La presenza, tra più soggetti diversi, di un pronome di 1ª o di 2ª persona implica l'accordo verbale rispettivamente di 4ª e di 5ª persona: «Sante e *io eravamo* come fratelli» (Cassola, *La ragazza di Bube*, 16); «*tu* e i tuoi amici vi *siete* comportati male». Accordo di 5ª persona (di 6ª nel registro più formale e sostenuto), anche se tra i vari soggetti si trova il pronome allocutivo *lei*: «tutti e tre, *lei* per un verso, Fabio e la signorina Agata per un altro, *avete* fatto troppa parte al sentimento» (Pirandello, *Il piacere dell'onestà*, III 134).

In particolare, si osservi che:

357. I. Più soggetti singolari in asindeto o collegati da una congiunzione copulativa (*e*, *né*) richiedono di norma un verbo di 6ª persona: «la paura del giorno avanti, la veglia angosciosa della notte, la paura avuta in quel momento, l'ansietà dell'avvenire, *fecero* l'effetto» (Manzoni, *I Promessi Sposi*, II 45); «Urbino e Ascoli *sono* la principale attrattiva artistica delle Marche» (coordinazione copulativa affermativa); «né Clelia né Doro *vennero* alla spiaggia quel mattino» (Pavese, *La spiaggia*; coordinazione copulativa negativa). Tuttavia è possibile l'accordo alla 3ª persona, quando:
a) In una serie asindetica il soggetto o i soggetti che seguono quello iniziale si presentino come un'integrazione, un'esplicazione, un'amplificazione di esso: «quell'uggia, quell'orrore indefinito con cui l'animo combatteva da qualche tempo, *parve* che a un tratto lo soverchiasse» (Manzoni, *I Promessi Sposi*, XVII 16). Accordo al plurale, invece, se i soggetti – benché semanticamente omogenei – siano avvertiti come distinti e autonomi: «quell'impudenza, quella compiacenza di Leo [...] le *ricondussero* in mente, per contrasto e così bruscamente che ne fremette, il senso angoscioso e in certo modo incestuoso di questo suo intrigo» (Moravia, *Gli indifferenti*, 66-67); e ancora: «il ricordo, l'ansietà per il giovinetto errante nella nebbia fumosa di quella città eretica *pizzicarono* malvagiamente il cuore del Principe» (Tomasi di Lampedusa, *Il Gattopardo*, 31).
b) In una frase negativa il predicato preceda i soggetti, purché essi costituiscano un insieme semanticamente o grammaticalmente unitario: «vedo che *non v'è* ragione né gentilezza a fare il cattivo con una signora» (Carducci, *Opere*); «*non avvenne* né l'una cosa né l'altra» (Manzoni, *I Promessi Sposi*, IX 69). Più raro l'accordo al singolare quando il predicato anteposto sia affermativo: «la guerra era dietro di noi, ma sulla giacca *era rimasto* il segno della bandoliera, e l'agro della polvere nelle narici e nelle mani» (Bufalino, *Diceria dell'untore*, 38).

358. Nei secoli scorsi l'accordo al singolare in presenza di più soggetti era più frequente di quanto non accada oggi (cfr. FORNACIARI 1881: 302-303, da cui si attingono gli esempi): «il romore e il tumulto *era* grande» (Machiavelli), «né pioggia caduta, né acqua gittata, né altro umidore li *spegneva*» (Davanzati). Un esempio dal toscano popolare sarà citato al par. 381.

359. II. Due o più soggetti coordinati da una congiunzione disgiuntiva (*o*, *oppure*, *ovvero*, cfr. XIV.24) presentano in prevalenza accordo al singolare: «In ogni momento il creditore pignorante o uno dei creditori intervenuti *può* chiedere che il giudice [...] proceda a nuovo incanto» (*Codice di Procedura Civile*, art. 595); «È un bel fatto che tutte le volte che siedo in un angolo / d'una tampa a sorbire il grappino, *ci sia* il pederasta / o i bambini che strillano o il disoccupato / o una bella ragazza», ecc. (Pavese, *Poesie edite e inedite*).

360. III. L'insieme costituito da un soggetto singolare e da un complemento di compagnia richiede in genere accordo al singolare: «*può* contare intanto, signor marchese, insieme con la signorina, su la mia intera discrezione» (Pirandello, *Il piacere dell'onestà*, III 159). Tuttavia, specie se il complemento precede il verbo e se questo è un riflessivo reciproco o comunque un verbo che per sua natura coinvolge più soggetti (*amarsi*, *odiarsi*, *parlare*, ecc.) può aversi anche accordo al plurale: «con la Zamira s'erano leticati» (Gadda, *Quer pasticciaccio brutto de via Merulana*); «con mia madre non ci parlammo tutto il giorno» (Alvaro, *Settantacinque racconti* [*Incontri d'amore - Parole di notte*]).

Più oscillante, come in altri casi, la norma dell'italiano antico. Oggi, ad esempio, riuscirebbe difficilmente accettabile la 4ª persona in questo esempio dantesco: «Così disse il mio duca, e io con lui / *volgemmo* i nostri passi ad una scala» (*Purgatorio*, XVII 64-65; =volsi i miei passi).

361. IV. Con un soggetto singolare di valore collettivo (specie se seguito da un sostantivo plurale in funzione di specificazione) o con un pronome indefinito seguito da partitivo non è rara la concordanza «a senso», al plurale. Esempi: «una piccola *folla* di uomini, di donne e di bambini *erano* sulla strada» (Levi, *Cristo si è fermato a Eboli*, 15); «nemmeno in un deserto questa *gente* ti *lasciano* in pace» (Pavese, *La luna e i falò*, 64); «nell'interno *c'erano una decina* di persone» (Tabucchi, *Notturno indiano*, 65); «*un po'* di calcoli interni alla Dc *consentono* di dar corpo a una tentazione che potrebbe impadronirsi della segreteria» («La Repubblica», 20.6.1987, 2).

362. Diverso il caso di un complemento partitivo che regga una proposizione relativa: in tal caso, infatti, il pronome relativo andrebbe sempre riferito al partitivo e il verbo concordato al numero di quest'ultimo (ad esempio: «non bisogna piangere per nessuna delle cose che oggi accadono» Vittorini, cit. in BRUNET 1981: 143; =per nessuna di quelle cose le quali...). Ma talvolta si ha – nell'italiano colloquiale – l'accordo al singolare col sostantivo reggente: «Franco Bassanini, deputato della sinistra indipendente, uno di quelli che *c'è* sempre, dal lunedì al sabato compresi» («L'Espresso», 8.11.1986, 19).

363. V. Nell'italiano antico e modernamente solo in alcuni modi idiomatici o in un registro molto informale, l'anteposizione del predicato ad un soggetto plurale può comportare l'accordo al singolare (cfr. BRAMBILLA AGENO 1964: 159-176): «fu fatto beffe di loro» (Sacchetti), «comparse molti soldati» (Cellini), «non vi fu per me né divertimenti né amici» (Alfieri; il primo esempio è cit. dalla Brambilla Ageno, gli altri due da ROHLFS 1966-1969: 643). In epoca più vicina a noi: «mi viene i bordoni soltanto a pensarci!» (Collodi, *Pinocchio*, 37); «mi par mill'anni, ogni giorno, che suoni la campana per ritornarmene qua a giocare, a fare anch'io il bambino» (Pirandello, *Pensaci, Giacomino!*, VII 46); «c'è degli impresari che, se non compagni, sono nostri amici» (Calvino, *Racconti*, 453).

364. Abbiamo già osservato (si veda sopra, par. 85) che con i verbi passivi e riflessivi il participio passato si accorda nel genere e nel numero col soggetto. La concordanza non presenta incertezza anche in altri due casi:

a) Con un verbo intransitivo, se il participio ha come ausiliare *essere* si accorda col soggetto (come con i passivi: «Maria è ammirata»); se l'ausiliare è *avere*, il participio è invariabile e assume sempre la forma del maschile singolare («Maria ha dormito»). Il participio è invariabile anche in presenza di un verbo transitivo senza oggetto espresso: «Maria ha studiato».

Nell'italiano antico poteva trovarsi accordo del participio passato col soggetto anche col verbo *avere*: «ell'ha forse vernata / ove si fa 'l cristallo» (Dante, cit. da F. Brambilla Ageno, in *Enciclopedia Dantesca, Appendice*, 333).

b) Con un verbo impersonale o con un costrutto fondato sul «si passivante» (cfr. XI.12), il participio è invariabile, nella forma del maschile singolare: «è *piovuto* per due ore»; «s'era *visto* di nuovo, o questa volta era parso di vedere, unte muraglie, porte d'edifizi pubblici, usci di case, martelli» (Manzoni, *I Promessi Sposi*, XXXII 7). Il participio è femminile in espressioni come «è *fatta*!», «è *andata* bene» che sottintendono il pronome neutro *la* (cfr. VII.22).

365. Più complesso l'accordo con l'ausiliare *avere* quando vi sia un complemento oggetto. Si noti intanto che:

a) Il participio è normalmente invariabile quando faccia parte di una locuzione verbale (cfr. XI.2): «quella bella guerra di cui abbiam *fatto menzione* di sopra» (Manzoni, cit. in FORNACIARI 1881: 310); «se gli fosse capitato di litigare con la moglie in presenza dei suoi, avrebbero *preso* tutti *le parti* di lei» (Cassola, *Il traglio del bosco - Racconti lunghi e romanzi brevi*).

b) Si ha, viceversa, obbligo di accordo quando il participio si riferisca a uno dei seguenti pronomi atoni precedenti: *lo, la, li, le*. Esempi: «io vedo sempre lui che me *l'ha data*, questa libertà» (Pirandello, *Il giuoco delle parti*, III 33); «Di quei funghi si fece, in famiglia, un gran parlare: e i miei fratelli dissero alla mia nonna paterna [...] che *li avremmo cucinati* e *mangiati*» (Ginzburg, *Lessico famigliare*, 31).

366. Negli altri casi non si può indicare una norma stabile. Storicamente si osserverà col ROHLFS (1966-1969: 725) che, giacché i tempi composti con *avere* per indicare il passato muovono dalla formula tardo-latina DŎMUM CONSTRŪCTAM HĂBEO («ho una casa costruita»→«ho costruito una casa»), «appar chiaro che in origine il participio s'accordava col relativo oggetto-accusativo». Tuttavia, «col passare dei secoli s'è avuta una sorta di fossilizzazione del participio» e «col perdersi della coscienza del significato originario, l'accordo del participio non fu più strettamente osservato».

367. In effetti, l'uso più tradizionale sembra essere o essere stato quello di accordare il participio col complemento oggetto, sia che questo seguisse il participio, sia che lo precedesse (essendo rappresentato da un pronome personale o relativo). Vediamo qualche esempio per le varie possibilità:
a) Oggetto posposto: «abbiamo *scelte* le più belle [di piante]» (Pirandello, *La vita che ti diedi*, II 265); «Gioele Sanna fino a poco tempo prima aveva *frequentata* la casa» (Deledda, *L'incendio nell'oliveto*, 33); «dopo che [...] mi ebbe *portati* i saluti di mia madre» (Levi, *Cristo si è fermato a Eboli*, 75).
b) Oggetto anteposto costituito da un pronome personale: «chi ti ha *accompagnata*?» (De Marchi, *Demetrio Pianelli*, 169); «il Signore Gesù [...] ci ha *preceduti* nella dimora eterna» (*Messale festivo*, 314).
c) Oggetto anteposto costituito da un pronome relativo: «certi bottoncini di brillanti che suo padre aveva *portati* alle nozze proprie» (Fogazzaro, *Piccolo mondo antico*, 28); «Cristina, la cara creatura, affettuosa e malinconica, che io ho *vista* piangere tante volte» (D'Annunzio, *Trionfo della morte*, 108); «le molte udienze che Re Ferdinando gli aveva *concesse*» (Tomasi di Lampedusa, *Il Gattopardo*, 25).
Senza fondamento appare una norma propugnata in FORNACIARI 1881: 309 e ripresa da taluni grammatici successivi, secondo la quale «il participio passato (nei tempi composti) deve regolarmente restare invariabile e non accordarsi in numero e genere coll'oggetto plurale o femminile, quando questo gli sia posposto: deve invece accordarsi in numero e genere coll'oggetto medesimo, quando questo gli sia anteposto».

368. La tendenza attuale è quella di lasciare invariato il participio, quale che sia la posizione del complemento oggetto; tuttavia, se l'oggetto è rappresentato da un pronome personale (gruppo *b*), i casi di accordo sono ancora abbastanza frequenti (cfr. anche HALL 1958).
Si vedano i seguenti esempi, attinti dalle prime otto pagine di un qualsiasi numero di quotidiano (nella fattispecie: «Corriere della Sera», 17.6.1987):
a) Solo attestazioni di mancato accordo: «sospettano d'aver *perso voti* a vantaggio anche del Psi», «il modo in cui Villaggio ha *affrontato queste elezioni*», «senza aver *regolato certi conti* in sospeso», «le donne e gli indipendenti hanno *arrestato l'emorragia*», ecc.
b) Senza accordo: «L'uno dopo l'altro i compagni si alzavano ed indicavano le cause della sconfitta. A mezzanotte *ne* avevano già *indicato* ventisei», «è evidente che *ci hanno votato* gli italiani di ogni colore»; con accordo: «i giovani non *ci hanno seguiti*», «quei bigotti che *mi hanno ferita* e *offesa*».
c) Solo attestazioni di mancato accordo: «cercherò di mantenere le *promesse che ho fatto*», «tutta colpa della *campagna che ci hanno scatenato* contro».
Lo stesso uso degli scrittori in cui è presente l'accordo del participio passato col complemento oggetto non è uniforme. Significativo il caso del Manzoni, pur molto sensibile al problema dell'omogeneità linguistica, in cui le due possibilità coesistono; ad esempio, all'accordo di *veduto* col complemento oggetto seguente (tre casi in tutto il romanzo: «costui [...] avendo *veduta* Gertrude qualche volta passare o girandolar lì» X 83; «il protofisico Lodovico Settala, che non solo aveva *veduta* quella peste, ma», ecc. XXXI 10; «dopo aver *veduti* visi, e sentite voci amiche» XXIV 7) si contrappone, maggioritario, il participio invariabile: «ho *veduto* i miei monti!» XXI 22, ecc., in tutto 7 esempi. Si veda anche MORETTI-ORVIETO 1979: II 166-172.

369. Tuttora oscillante è l'accordo del participio passato di *essere* o di un verbo

copulativo col soggetto (caso più frequente) oppure col nome del predicato (o col complemento predicativo). Ad esempio:
a) Accordo col soggetto: «il suo *ritorno* è *stato* una piacevole sorpresa»; «intanto la *braciuola* [...] era *doventata* un carbone che non la volle neanche il gatto» (Nieri, *Cento racconti popolari lucchesi*); «lo Hamilton [...] pensava che gli *Stati Uniti* non avrebbero avuto un futuro qualora fossero *restati* un paese unicamente agricolo» (Spini, *Disegno storico*, III 37).
b) Accordo col nome del predicato (o col complemento predicativo): «l'evasione individuale del prigioniero di guerra non è *considerato un reato*» (*Novissimo Digesto Italiano*, XIII 849); «il Consiglio dei Ministri è *diventata una sede* [...] di mera ratifica o presa d'atto» («La Repubblica», 31.8.1986, 5); «i due gol in quattro minuti sono *stata una mazzata* da KO» («Corriere dello Sport-Stadio», 10.11.1986, 9).
Analoga oscillazione anche nei verbi pronominali, in cui il participio può accordarsi col soggetto («[*gli uomini*] si riunivano in crocchi, senza essersi *dati* l'intesa» Manzoni, *I Promessi Sposi*, XII 16), oppure col complemento oggetto (ancora un esempio manzoniano: «altri passeggieri s'eran *fatta una strada* ne' campi» XI 52).

Uso dei modi e dei tempi Indicativo

370. L'indicativo, tradizionalmente definito come il modo della realtà e dell'obiettività (cfr. XI.7), è il modo fondamentale delle frasi semplici ed è molto frequente anche nelle subordinate. Compare o può comparire, infatti, in oggettive (cfr. XIV.48 sgg.), soggettive (XIV.77), dichiarative (XIV.78), frasi scisse o introdotte da *che* polivalente (XIV.81-82), interrogative indirette (XIV.86), causali (XIV.93), consecutive (XIV.130), ipotetiche (XIV.151-161, XIV.164) e restrittive (XIV.165b, XIV.167b), concessive (solo in parte; XIV.174), temporali (XIV.186 sgg.), avversative (XIV.210-211), comparative (XIV.215 sgg.), aggiuntive (raramente; XIV.238), eccettuative (XIV.240), limitative (XIV.245), relative (XIV.251 sgg.), incidentali (XIV.257).

Come sappiamo, l'indicativo dispone di otto tempi: quattro semplici (presente, imperfetto, passato remoto, futuro) e quattro composti (passato prossimo, trapassato prossimo, trapassato remoto, futuro anteriore). Nei paragrafi che seguono ne passeremo in rassegna le funzioni e i valori, fondandoci soprattutto sulle frasi semplici. Un'ampia disamina del sistema temporale dell'indicativo, movente da presupposti e con obiettivi diversi dai nostri, è in BERTINETTO 1986: 323-523.

Presente

371. Nel suo valore tipico e fondamentale è il tempo che situa un'azione in prospettiva di simultaneità, «sottolineando la contemporaneità fra momento del fatto e momento della parola, dell'"esecuzione" della frase» (SERVADIO POGGIO 1984: 7): «*sono* contento», «oggi *piove*», «che cosa *fai* lì sdraiato?».
In diversi casi il dato temporale passa in secondo piano (ed emergono piuttosto valori aspettuali: presente iterativo) o addirittura si annulla, giacché il presente viene utilizzato per indicare un'azione passata o futura.

372. Distinguiamo:
a) *Presente iterativo* (o *abituale*) – Esprime un'azione che, benché còlta nel suo svolgimento attuale, è presentata come abituale ed è idealmente riferita anche al passato o al futuro: «Anna *legge* molti romanzi», «– Una sigaretta? – Grazie, non *fumo*».
b) *Presente acronico* – Affine al precedente, qualifica una situazione come «fuori dal tempo», in quanto ad essa viene attribuita validità perenne, applicabilità universale. È caratteristico, tra l'altro, di proverbi («Chi troppo *vuole*, nulla *stringe*») e frasi sentenziose («quelli che *bevono* il vino senza criticarlo, che *pagano* il conto senza tirare [...], quelli *sono* i galantuomini» Manzoni, *I Promessi Sposi*, VII 71); di norme giuridiche («chiunque *commette* un reato nel territorio dello Stato *è punito* secondo la legge italiana» *Codice Penale*, art. 6); della trattatistica scientifica («la flora batterica *provoca* la coagulazione del latte» Martino, *Fisiolo-*

gia, 78) e di quella umanistica, in cui l'oggetto di studio – anche se storicamente situabile nel passato – è riguardato in sé, al di fuori di coordinate temporali: «al principio del canto dei simoniaci, Dante *ricorda* il suo 'bel San Giovanni'» (Croce, *Poesia di Dante*, 87).
Caratteristico l'uso di un presente acronico in un periodo in cui la principale rechi un tempo storico (cfr. HERCZEG 1972c: 543-552), per esempio in una comparativa («come le pecorelle *escon* dal chiuso / [...] / sì vid'io muovere» Dante, *Purgatorio*, II 79-85) o in una relativa: «alle sue parole fu dato il peso che si *dà* alle parole di tutti i falliti» (Cicognani, cit. in HERCZEG 1972c: 547).

c) Presente in luogo del futuro (o, latinamente, presente *pro futuro*) – Modalità molto frequente nella lingua colloquiale, nella quale la nozione di futuro è spesso affidata ad elementi esterni al verbo (BERTINETTO 1986: 356-357), perlopiù avverbi o espressioni di tempo: «domattina alle 10, in piazza Grande, *facciamo* il comizio» (Tobino, cit. in MORETTI-ORVIETO 1979: I 17); «– Siediti – diceva frattanto Alberto. – *Vengo* subito» (Bassani, *Il giardino dei Finzi-Contini*, 152). Altri esempi in SERVADIO POGGIO 1984: 37-42; si veda anche XIV.56a.
Il presente *pro futuro*, ben rappresentato nella lingua antica, soprattutto in proposizioni negative (contenenti un'espressione avverbiale come *già mai non*, *più non* e simili: cfr. BRAMBILLA AGENO 1974-1975: 43-49) e nei dialetti moderni (in particolare, in quelli meridionali: cfr. ROHLFS 1966-1969: 670), sembra possibile solo quando presupponga «la certezza, quanto meno soggettiva, dell'occorrimento» (BERTINETTO 1986: 337). Una frase come «nel 1991 l'Italia *festeggia* centotrent'anni di unità nazionale» è accettabile, almeno nel registro familiare; ma una frase quale **in Italia un giorno non ci sono più differenze tra Nord e Sud*, legata a un semplice auspicio o a una previsione, è palesemente non grammaticale.

d) *Presente storico* – Può considerarsi l'inverso del presente *pro futuro* e consiste nell'uso del presente per fatti collocati nel passato. Frequente nella prosa descrittiva, storica, fiabesca, ma ben rappresentato anche nella lingua orale, il presente storico è stato variamente interpretato (SORELLA 1984). Qui basterà osservare che la sua funzione essenziale è quella di «drammatizzare» il narrato, coinvolgendovi il lettore o l'ascoltatore; «con metafora tecnologica, si potrebbe dire che il presente 'storico' rappresenta l'equivalente, per certi versi, dell'effetto 'zoom' delle riprese filmiche» (BERTINETTO 1986: 334). Esempi: «Nel corso del sec. V, l'Impero *rovina* ormai da ogni parte. Alarico *muore* poco dopo il saccheggio di Roma ed il suo successore Ataulfo *si pacifica* con Onorio, sposandone la sorella Galla Placidia» (Spini, *Disegno storico*, I 30); «23 ottobre 1956: trent'anni fa la rivolta di Budapest [...]. *Si combatte* nelle strade di Budapest, il capo degli insorti Imre Nagy *è ucciso* e non si saprà mai dove è stato sepolto» («Il Gazzettino», 23.10.1986, 1). Altri esempi in SERVADIO POGGIO 1984: 27-36.
L'effetto stilistico del presente storico è particolarmente evidente in un passo famoso dei *Promessi Sposi* (XXX 34) in cui la serie di presenti, in corrispondenza della massima tensione narrativa, è inserita in una cornice di imperfetti e passati remoti (*si cercava*, *si teneva*, *passavan*, *si potevano*; *piacque*, *passò*, *fu*):

«Sopra tutto si cercava d'aver informazione, e si teneva il conto de' reggimenti che passavan di mano in mano il ponte di Lecco, perché quelli si potevano considerar come andati, e fuori veramente del paese. *Passano* i cavalli di Wallenstein, *passano* i fanti di Merode, *passano* i cavalli di Anhalt, *passano* i fanti di Brandeburgo, e poi i cavalli di Montecuccoli, e poi quelli di Ferrari; *passa* Altringer, *passa* Furstenberg, *passa* Colloredo; *passano* i Croati, *passa* Torquato Conti, *passano* altri e altri; quando piacque al cielo, passò anche Galasso, che fu l'ultimo».

Imperfetto

373. È un tipico tempo «aspettuale»: segnala infatti un'azione incompiuta nel passato (in latino IMPERFĔCTUM vale appunto 'non compiuto', in opposizione a PERFĔCTUM); o, meglio, un'azione passata le cui coordinate (momento d'inizio, conclusione, ecc.) restano inespresse. La differenza rispetto al passato remoto può ri-

XI. Il verbo

saltare dal confronto di due esempi citati in BERTINETTO 1984: 347: «quando arrivò la notizia, Andrea *faceva* tranquillamente colazione come ogni mattina» / «quando arrivò la notizia, Andrea *fece* tranquillamente colazione come ogni mattina». Dalla prima frase (*faceva*) si ricava che un certo processo è in corso di svolgimento, «ma non siamo in grado di sapere se la colazione è stata ugualmente portata a termine»; dalla seconda (*fece*) si inferisce: «(I) che l'evento del far colazione è iniziato nel preciso istante indicato dalla proposizione dipendente, e (II) che il processo è stato portato a termine nella sua integrità».

L'opposizione tra passato remoto e imperfetto, che si ritrova in forme analoghe in altre lingue romanze, è assente invece nelle lingue germaniche. All'alternanza dell'italiano tra *conoscevo* e *conobbi*, ad esempio, l'inglese risponde con la sola forma di «past tense» («I knew him well»=lo conoscevo bene), e così il tedesco («ich kannte ihn gut»). Per esprimere i valori aspettuali propri dell'imperfetto (vedi oltre), inglese e tedesco ricorrono a varie strutture grammaticali: ricordiamo, per l'inglese, la forma progressiva («when you came in I was sleeping»=quando sei entrato dormivo) per l'aspetto durativo.

374. Distinguiamo, in particolare:
a) *Imperfetto descrittivo* – Tipico per l'appunto delle descrizioni, è forse la specie d'imperfetto in cui si colgono meglio i valori aspettuali di incompiutezza e di durativitá: «*era* il più bel chiaro di luna: l'ombra della chiesa [...] *si stendeva* bruna e spiccata sul piano erboso e lucente della piazza: ogni oggetto *si poteva* distinguere, quasi come di giorno» (Manzoni, *I Promessi Sposi*, VIII 27); «Il legno di ginepro *ardeva* nel caminetto e la piccola tavola del tè *era* pronta [...]. La luce *entrava* temperata dalle tende di broccatello rosso», ecc. (D'Annunzio, *Il piacere*, 11-12); «E tuttavia *fuggivano* i giorni. Ma il loro fuggire, seppure sembrava avere smesso di trascinarmi verso il traguardo peggiore, non *cessava* di spaventarmi» (Bufalino, *Diceria dell'untore*, 150).
b) *Imperfetto iterativo* – Sottolinea il carattere abituale, ripetuto di un'azione; è spesso accompagnato da un avverbio o da un'espressione temporale: «mio padre *s'alzava* sempre alle quattro del mattino» (Ginzburg, *Lessico famigliare*, 37); «quante volte al giorno l'immagine di quella donna *veniva* a cacciarsi d'improvviso nella sua mente, e *si piantava* lì, e non *voleva* moversi!» (Manzoni, *I Promessi Sposi*, X 90). Invece di un'azione ripetuta a intervalli regolari, l'imperfetto iterativo può segnalare la durata ininterrotta di un'azione in un dato arco di tempo, come nei seguenti titoli giornalistici: «La Juve non *perdeva* da quindici giornate» («Corriere della Sera», 19.3.1984, 10), «Un'accoppiata che non si *verificava* da sette anni» («Corriere della Sera», 22.3.1984, 24).
c) *Imperfetto narrativo* (o *storico*, o *cronistico*) – Il particolare valore di questo tempo verbale, che ha conosciuto una larga diffusione solo tra Otto e Novecento, parrebbe contravvenire alla «vocazione aspettuale» dell'imperfetto, in quanto assume spesso connotati decisamente perfettivi (BERTINETTO 1986: 381). Ciò può spiegarsi risalendo all'originario ufficio stilistico dell'imperfetto narrativo, che è probabilmente quello di «prolungare la durata dell'azione espressa dal verbo, immobilizzandola in certo modo davanti agli occhi del lettore» (così il Brunetière, cit. in GREVISSE 1980: n° 1768, a proposito del corrispondente tempo francese). Due esempi giornalistici: «Della grave situazione *si rendeva* immediatamente conto un anziano pescatore [...], il quale, vestito com'era, *si lanciava* in acqua, *sollevava* il corpo inerte del giovane e lo *portava* sulla banchina dove *tentava* disperatamente di tenerlo in vita con la respirazione bocca a bocca. Purtroppo i suoi sforzi *risultavano* vani» («Il Mattino», 28.11.1986, 21); «Nel 1887 *nasceva* a Rio de Janeiro Heitor Villa Lobos» («La Repubblica-Supplemento *Trovaroma*», 19.6.1987, 27).
d) *Imperfetto conativo* – Ha la funzione di «enunciare fatti rimasti a livello di progettazione, di desiderio, di rischio di accadimento; oppure enunciati appena» (MORETTI ORVIETO 1979: I 29; di qui il secondo esempio): «Bel lavoro mi *faceva* fare!... Un altro po' *ammazzavo* compare Santo» (Verga, *Mastro don Gesualdo*, 11); «per poco, sabato, non *avevo* un conflitto con quelli del terzo» (Vittorini).
e) *Imperfetto di modestia* – Non indica

un'azione di tempo passato, ma si adopera per esprimere «un desiderio presente con un tono garbato di apparente rinuncia: *'volevo* la tal cosa', *'cercavo* di te', *'venivo* per parlarti' invece che *'voglio, cerco, vengo'*: quasi che il soggetto volesse dire 'volevo questo, ma, se non è possibile, non importa, ne fo a meno' e simili» (RONCONI 1944-1945: 64). Forse più che di «imperfetto di modestia» sarebbe preferibile parlare di «imperfetto d'intenzione»: infatti questo tempo verbale può essere adoperato non solo per presentare in forma attenuata una richiesta o un'affermazione, ma anche per disporsi all'ascolto (così, entrando in un negozio, il commesso può rivolgercisi con un «Desiderava?» oltre con con l'usuale «Desidera?»). In sostanza, si tratta di una modalità che può confrontarsi con altri costrutti con valore «attenuato», quali l'indicativo e il condizionale di cortesia (cfr. XIII.3, XIII.38) e che può essere accostata all'imperfetto conativo. Ecco un esempio di Cassola (*La ragazza di Bube*, 32-33): «– Be' parla allora –. – Prima di tutto *volevo* dirti che vado a stabilirmi a San Donato».
Di valore affine a questo è l'imperfetto cui si ricorre nelle situazioni di imbarazzo quasi per negare, trasferendola nel passato, una realtà spiacevole. Si veda il seguente dialogo pirandelliano (*Il giuoco delle parti*, III 37) in cui il primo personaggio, Guido, manifesta il proprio disagio per essere stato sorpreso da Leone in casa della moglie di lui: «[GUIDO] Oh, Leone... *Ero* qua, a bere un bicchierino di 'Chartreuse' – [LEONE] Alle dieci e mezzo? – [GUIDO] Già... difatti... ma *stavo* per andare...».

f) *Imperfetto irreale* – È l'imperfetto – sempre sostituibile con un condizionale passato – col quale si indica l'ipotetica conseguenza di un fatto che non ha avuto luogo; è frequente nei periodi ipotetici marcati in senso colloquiale (cfr. XIV.151a).

g) *Imperfetto onirico e ludico* – Caratteristici, rispettivamente, dei resoconti di sogni («Cerveteri aveva ripreso a raccontare quel suo sogno: – *Era* una farfalla notturna, con grandi ali [...]; e io *cercavo* di sollevare con la forchetta queste ali [...]. *Facevo* per portare alla bocca i frammenti d'ala, ma tra le labbra *diventavano* una specie di cenere», ecc., Calvino, *Racconti*, 404-405) e delle finzioni messe in atto nei giochi infantili nel momento della distribuzione dei ruoli: «allora, io *ero* la guardia e tu il ladro...».

h) *Imperfetto prospettivo* (cfr. BERTINETTO 1986: 364-365) – Si adopera, in concorrenza col condizionale composto, per indicare il «futuro nel passato»: sia in proposizioni completive («Ma non so... dice che *veniva* qui con un signore...» Calvino, *Racconti*, 416), sia in proposizioni indipendenti («L'ospite giunse nel pomeriggio del 15 giugno. *Ripartiva* due giorni dopo», esempio cit. in BERTINETTO 1986: 365), sia nel discorso indiretto libero (cfr. XIV.268; «Carla [...] guardò per un istante trasognata. Una nuova vita? dunque nulla era davvero mutato? quella sua sudicia avventura *restava* una sudicia avventura e nulla più?» Moravia, *Gli indifferenti*, 326).

375. Possiamo stabilire una demarcazione abbastanza netta fra i primi tre tipi di imperfetto (descrittivo, iterativo e narrativo), che si situano sul piano della realtà o che comunque presentano un'azione come realmente accaduta, e gli altri cinque. Questi ultimi, difatti, sono accomunati dalla proprietà «di operare una traslazione del mondo reale in un altro, frutto di immaginazione (o di supposizione) da parte del locutore» (ci serviamo di un'espressione di BERTINETTO 1986: 368, pur seguendo una partizione un po' diversa).

Passato remoto e passato prossimo

376. Definire le funzioni di questi due tempi verbali non è facile, non tanto in sé, quanto per i loro rapporti reciproci. Gli stessi termini di «passato remoto» e «passato prossimo» sono da tempo discussi, dal momento che un passato «remoto» può indicare un'azione molto più recente di quel che accada con un passato «prossimo» («due anni fa *andammo* in Scozia» / «Dio *ha creato* il mondo»; cfr. MARCHESI 1983: 206 e 220); e in loro vece sono stati proposti diversi sostituti («preterito sintetico e analitico», «perfetto semplice e composto», ecc.).
In linea di massima, possiamo affermare

XI. Il verbo

che il passato remoto indica un'azione: *a)* sempre collocata in un momento anteriore rispetto a chi parla; *b)* priva di legami, obiettivi o psicologici, col presente. Il passato prossimo qualifica invece un'azione *a)* che è, sì, relativa al passato ma non è necessariamente anteriore al momento dell'enunciazione (BERTINETTO 1986: 429; ad esempio, dicendo: «se entro due ore Enrico non *se n'è andato*, gliene dirò di tutti i colori», il passato prossimo indica un'azione proiettata nel futuro rispetto al momento in cui sto parlando e valutabile come anteriore solo relativamente al *dirò* della proposizione reggente); *b)* e in cui emerge la 'rilevanza attuale' del processo (considerato psicologicamente attuale nei suoi perduranti effetti)» (BERTINETTO 1986: 437).

377. Qual è la differenza tra passato remoto, passato prossimo e imperfetto? Possiamo illustrarla ricorrendo a queste tre frasi: 1) «da giovane *leggevo* molto»; 2) «da giovane *lessi* molto»; 3) «da giovane *ho letto* molto». Come si vede, il processo descritto è lo stesso, ma cambia la prospettiva del parlante, l'atteggiamento col quale il passato viene percepito. La frase 1) sottolinea l'abitualità dell'azione, lasciandone indeterminati i contorni (=avevo l'abitudine di leggere, ero solito leggere molto); la 2) inserisce l'azione entro coordinate temporali nette, marcandone la compiutezza, lo stacco rispetto al presente; la 3) rivive il processo nei suoi riflessi successivi, collegando il fatto di «aver letto» con un implicito risultato attuale (ad esempio: «ho letto molto e: *a)* oggi mi considero istruito; *b)* ho la vista indebolita; *c)* non mi lascio attrarre dall'ultimo premio letterario», ecc.).

378. In molti casi il grado di attualità di un evento trascorso è legato alla sua dislocazione sull'asse del tempo. Si è portati a rivivere più intensamente un fatto recente che non un fatto accaduto parecchio tempo fa. Caratteristica, nell'italiano moderno, l'opposizione tra «è nato» (detto di un vivente) e «nacque» (detto di chi è morto): «Alberto Arbasino è nato nel 1930» / «Giovanni Verga nacque nel 1840».
Talvolta l'uso del passato remoto o del passato prossimo può dipendere da poche ore di differenza; si veda il seguente esempio di Cassola (*La ragazza di Bube*, 200): «Mi *chiamò* al telefono mio padre ieri sera [...]. Stamani *è passato* a prendermi con la macchina e siamo andati».
Ma va osservato che la distanza temporale rispetto al momento dell'enunciazione non costituisce mai un discrimine rigido nella scelta tra i due tempi, nonostante i tentativi di molti grammatici di stabilire norme rigide in questo senso (così FORNACIARI 1881: 172: «si usa regolarmente il passato prossimo parlando di cose avvenute dopo la mezzanotte precedente al giorno, in cui parliamo»).

379. Il quadro che abbiamo abbozzato vale soltanto per l'italiano letterario e per l'uso toscano. Infatti nel Settentrione e in parte dell'Italia centrale i parlanti anche cólti tendono a non adoperare mai il passato remoto (con un processo già sostanzialmente compiutosi in francese); mentre nelle regioni meridionali «il passato remoto è molto più tenace, anche se la tendenza verso un'espansione del passato prossimo ai danni del passato remoto è ugualmente presente» (SORELLA 1984: 8).

380. Il passato remoto regge tuttavia ancora bene nella lingua scritta. Innanzitutto, com'è naturale, nella trattatistica storico-biografica, dove l'unica alternativa sarebbe rappresentata dal presente storico («Felix Mendelssohn [...] *studiò* sotto i più valenti maestri dell'epoca e *dimostrò* fin dall'infanzia una spiccata attitudine musicale» Ciocia, *St. musica*, 148); ma anche, seppure non abitualmente, nella letteratura di consumo (cfr. SERIANNI 1986a: 62) e nella lingua giornalistica. Ecco due esempi appartenenti a quest'ultimo settore: «I francesi nei confronti del calcio italiano hanno sempre avuto complessi di inferiorità. *Cominciarono* col perdere seccamente (2-6) alla prima uscita della nostra nazionale e li abbiamo fatti poi penare sessant'anni prima di concedere loro la soddisfazione di batterci» («Il Messaggero-Sport», 22.6.1987, III); «Che cosa abbia in mente Bettino Craxi non è dato sapere. Subito dopo le elezioni [tenutesi dieci giorni prima] *parlò* di un governo di transizione [...]. Dallo stesso Psi *vennero* le indicazioni sul governo

bicolore, oggi smentite» («La Repubblica», 24.6.1987, 2).
Inoltre, l'uso del passato remoto è di regola nella prosa narrativa – anche di scrittori settentrionali e «anche nei romanzi più realistici e di tono più dimesso» (MARCHESI 1983: 222) – nelle didascalie dei dialoghi (*disse, aggiunse*, ecc.) e, in genere, a livello del narrato. Si veda, nel seguente brano di Pavese (*La luna e i falò*, 68), come ai passati remoti dello scrittore si contrapponga il passato prossimo della battuta dialogica: «*Passai* da Nuto per raccontargli anche questa. Lui *si grattò* dietro l'orecchio, *guardò* a terra e masticava amaro. – Lo sapevo, – *disse* poi, – *ha* già *tentato* un colpo così con gli zingari...».

381. Il passato remoto figura, infine, in alcune frasi proverbiali o sentenziose (passato remoto *gnomico* o *acronico*; è questo l'unico caso in cui il tempo in questione non comporti uno specifico riferimento temporale): «Prete spretato e cavolo riscaldato non fu mai bono» (vecchio proverbio toscano cit. in GIORGINI-BROGLIO 1870-1897: I 331).

382. Nella lingua poetica dei secoli scorsi «il passato remoto può fare in tutti i casi le veci del prossimo, anche se si tratti di un fatto accaduto [...] pochi momenti prima» (FORNACIARI 1881: 181; di qui il primo esempio): «Ove *nascesti*? In Argo» (Alfieri); «[ANNINA] Signora! [...] D'esser calma promettete? – [VIOLETTA] Sì, che vuoi dirmi? – [ANNINA] Prevenir vi volli... una gioia improvvisa... – [VIOLETTA] – Una gioia... *dicesti*?... – [ANNINA] Sì, o signora... – [VIOLETTA] Alfredo!... Ah, tu il *vedesti*?... ei vien!... l'affretta» (F. M. Piave, *La Traviata*, in VERDI-BALDACCI 1975: 318).

Trapassato prossimo e remoto

383. Il trapassato prossimo indica fondamentalmente un'azione anteriore rispetto a un punto d'osservazione già collocato nel passato. Spesso questo termine di riferimento temporale è espressamente contenuto nello stesso periodo, o in un periodo contiguo, ed è costituito da un passato remoto («egli rispose esattamente come aveva risposto alla contessa», ecc. Palazzeschi, *Sorelle Materassi*, 252), da un imperfetto («mio padre tornava a casa sempre infuriato, perché aveva incontrato per strada cortei di camicie nere» Ginzburg, *Lessico famigliare*, 36), da un passato prossimo («Mi sono sperduto in sciocche ciancie. Ero venuto per farle un discorso molto serio» Pirandello, *L'amica delle mogli*, VI 135) o anche da un presente storico («finalmente il maggiore Bracchi, che si era allontanato in cerca di ordini, ritorna» Rigoni Stern, cit. in BERTINETTO 1986: 449).
Il trapassato prossimo può essere adoperato senza riferimento ad altri tempi passati; e in tal caso la nozione di anteriorità si evince quasi sempre dal contesto (alcuni esempi in MORETTI-ORVIETO 1979: I 47). Per i valori aspettuali di questo tempo cfr. BERTINETTO 1986: 460 sgg.

384. Ormai raro e letterario, il trapassato remoto è addirittura disusato nell'ausiliare *essere* (*fui stato*) e nei passivi (*fui stato amato*). Ha valore temporale analogo a quello del trapassato prossimo (ma il tempo correlativo è quasi solo il passato remoto) e oggi non si incontra che nelle proposizioni temporali: «dopo che lei fu partita [...], mi buttai sul lavoro redazionale» (Calvino, *Racconti*, 479; cfr. anche XIV.187). Rientra nel trapassato remoto, con una sequenza cristallizzata delle varie componenti (inversione dell'ausiliare e interposizione tra participio e ausiliare della congiunzione) anche il modulo *giunto che fu*, tipicamente narrativo (cfr. XIV.201d).

385. Storicamente, il rapporto di frequenza fra trapassato prossimo e trapassato remoto era diverso: il primo tempo era raro in proposizioni indipendenti (Skubic, cit. in BERTINETTO 1986: 449), mentre il secondo vi era piuttosto frequente, in forza di un suo preciso valore aspettuale: la capacità di indicare «il compiersi immediato o il punto terminale di un'azione, escludendo il riferimento alla sua durata» (BRAMBILLA AGENO 1964: 299; di qui l'esempio che segue): «la giovane cominciò la sua medicina e in brieve anzi il termine l'*ebbe condotto* a sanità» (Boccaccio).

Futuro semplice e futuro anteriore

386. Il futuro semplice è il tempo che serve a collocare l'azione in un momento successivo rispetto a quello dell'enunciazione: «domani pioverà», «quando tornerai?».

In diversi casi la nozione di posteriorità coinvolge particolari valori o sfumature. Distinguiamo:

a) *Futuro iussivo*: cfr. XIII.38.

b) *Futuro attenuativo*. Rappresenta una modalità in certo modo speculare all'imperfetto di modestia (si veda sopra, par. 374e), attraverso cui «l'evento viene idealmente dislocato nel futuro del locutore, come a voler frapporre una distanza psicologica» tra l'enunciazione e la realizzazione di un fatto (BERTINETTO 1986: 487). Il futuro attenuativo presuppone nel parlante l'intento di rendere più discreta, meno diretta un'affermazione propria o di anticipare in forma cortese un'asserzione attribuita all'interlocutore. Esempi: «– *Dovrò* poi ringraziarvi anche voi –. – Di che cosa? –. – Di aver pensato al mio bene e a quello de' miei figliuoli» (De Marchi, *Demetrio Pianelli*, 357); «le *dirò* subito che per un'impresa che in breve m'arricchirà ho bisogno di una somma» (Bontempelli, cit. in MORETTI-ORVIETO 1979: I 55); «– Lei *ammetterà* che è tra gli uomini più ricercati del mondo –. – Sì, forse» («L'Europeo», 28.3.1987, 50). Caratteristiche le frasi incidentali («pure, no'l *negherò* già io, quelle idee e quelle rappresentazioni furono storicamente necessarie» Carducci, *Opere*) e le formule in cui il futuro attenuativo ha la funzione di precisare o di correggere un termine: «appena rimase solo, si trovò, *non dirò* pentito, ma indispettito d'averla data [la sua parola]» (Manzoni, *I Promessi Sposi*, XX 13).

c) *Futuro retrospettivo* (così definito in BERTINETTO 1986: 488, da cui si attinge l'esempio che segue). In un contesto al passato, indica la posteriorità di un evento rispetto a un altro (e concorre col più frequente condizionale composto, cfr. XI.395): «Dunque, questa degli incendi fu una buona estate [...]. Più tardi, Cosimo *dovrà* capire che», ecc. (Calvino).

Per il presente *pro futuro* cfr. XI.372c; per il presente in una protasi ipotetica con apodosi al futuro cfr. XIV.151b.

387. Molto frequente un impiego del futuro senza alcun valore temporale: il futuro *suppositivo* (o *epistemico*), al quale si ricorre in relazione a un avvenimento contemporaneo che si intende presentare in forma incerta, dubitativa, ipotetica. Spesso una frase col futuro suppositivo potrebbe essere realizzata con l'indicativo presente accompagnato da un avverbio come *forse, probabilmente, presumibilmente*, ecc. (si noti che avverbi del genere – a sottolineare il valore dubitativo della frase – sono spesso compresi col futuro). Esempi: «Dio sa quant'è che non avete mangiato! [...] Poverina! *Avrete* bisogno di ristorarvi» (Manzoni, *I Promessi Sposi*, XXIV 20; nella prima edizione: *avete*); «Ah sì? Avete portato con voi l'ottavino? [...] E ... *sonerete* bene, m'immagino!» (Pirandello, *Lumie di Sicilia*, VII 117); «Ieri sera mi dimenticai di caricare l'orologio... Ma dev'essere tardi. *Saranno* forse anche le due» (Cassola, *La ragazza di Bube*, 92). Cfr. anche XIII.23 e XIV.176.

Per un'ipotesi sul rapporto storico tra futuro «temporale» e futuro «suppositivo» cfr. BERTINETTO 1986: 495-498.

388. Il futuro anteriore (o composto) si usa essenzialmente per esprimere «fatti proiettati nel futuro e ipotizzati come già avvenuti anteriormente ad altri, anch'essi al futuro» (MORETTI-ORVIETO 1979: I 59; di qui l'esempio): «in qualunque momento, se avrai cambiato idea, potrai contare su di noi» (Piovene).

389. Nella sintassi latina, in presenza di due azioni posteriori non simultanee, era obbligatorio scandire la successione adoperando il futuro anteriore per quella più prossima al momento dell'enunciazione e il futuro semplice per quella più distante (ad esempio: «cum ad te venero, me certiorem his de rebus facies»=quando sarò venuto da te, mi informerai di queste cose). In italiano invece un obbligo del genere non sussiste; anzi, la norma è piuttosto quella di adoperare il futuro semplice, sia nella reggente sia nella secondaria. Ecco due esempi dai *Promessi Sposi*: «Lei mi *parlerà* della mia coscienza quando *verrò* a confessarmi da lei» (VI.4); «se *verrà* poi il caso, *informerete* più minutamente la giustizia» (XV.32).

390. Come il futuro semplice, anche il futuro anteriore può assumere valore suppositivo: «– Don Franco? – disse il marchese – È in barca – [...] – *Avrà avuto* bisogno di prender aria – osservò la marchesa nel suo naso imperturbabile» (Fogazzaro, *Piccolo mondo antico*, 17).
Per le locuzioni che indicano azione imminente cfr. XI.48a. Per il «futuro del passato» cfr. XI.395.

Congiuntivo

391. Il congiuntivo dispone di quattro tempi: presente, passato, imperfetto e trapassato. È un modo caratteristico soprattutto delle subordinate e il tempo è – se non strettamente vincolato – certo largamente condizionato dal tempo della reggente.
In alcune subordinate il congiuntivo riflette bene la componente volitiva-potenziale-dubitativa considerata tradizionalmente caratteristica di questo modo verbale (cfr. XI.7). È il caso di causali (XIV.95), consecutive (XIV.130), ipotetiche e restrittive (XIV.162-163), concessive (XIV.174), temporali (XIV.188), avversative (solo dopo *nonché*: XIV.210a), comparative (in pochi casi; XIV.219), eccettuative (XIV.240), relative (XIV.251), incidentali (XIV.257) – tutte proposizioni in cui accanto al congiuntivo si adopera in diversa misura l'indicativo – e di finali (XIV.124), proposizioni di adeguatezza (XIV.143) ed esclusive (XIV.239a), nelle quali il congiuntivo è l'unica possibilità.
In altre subordinate il congiuntivo non è portatore di specifici significati rispetto all'indicativo, ma può essere preferito ad esso per ragioni stilistiche, in quanto proprio di un registro più sorvegliato, oppure perché è richiesto da particolari reggenze. A tali caratteristiche risponde il congiuntivo che figura in oggettive (XIV.48 sgg.), soggettive (XIV.77), dichiarative (XIV.78), interrogative indirette (XIV.86), comparative di ineguaglianza (XIV.233) e limitative (XIV.245).
Sull'erosione del congiuntivo ad opera dell'indicativo – generalmente sopravvalutata rispetto all'effettiva portata del fenomeno – cfr. XIV.48.

392. Oltre che nelle subordinate, il congiuntivo compare anche in alcuni tipi di frasi semplici, e precisamente nelle interrogative con valore dubitativo (XIII.23), nelle volitive (congiuntivo esortativo: XIII.32; congiuntivo permissivo: XIII.33) e nelle ottative (XIII.34).

Condizionale

393. Due sono i tempi del condizionale: presente (condizionale semplice) e passato (condizionale composto). A differenza del congiuntivo, il condizionale ha largo impiego anche nelle frasi semplici. Lo si trova, in particolare, nelle enunciative (condizionale di cortesia: XIII.3; condizionale di dissociazione: XIII.5; condizionale con generico valore dubitativo-eventuale: XIII.4), nelle interrogative dirette (XIII.21) e nelle ottative (XIII.37).
In una frase, principale o secondaria, collegata a una subordinata ipotetica, il condizionale esprime la conseguenza prodotta dalla realizzazione di una certa ipotesi, reale o supposta («se tu dicessi questo, sbaglieresti»; cfr. XIV.162 sgg.). Il valore di protasi condizionale potrebbe essere invocato anche in assenza di apodosi (ad esempio: «vorrei un caffè»; sottinteso: «se non ti dispiace», cfr. XIII.3). Tuttavia, è preferibile non dilatare eccessivamente i confini sintattici del periodo ipotetico ricorrendo troppo spesso a una categoria di così incerta delimitazione come quella di «frase sottintesa». Se è vero che il condizionale implica di norma l'idea di un qualche condizionamento reale o virtuale (cfr. XI.7), è anche vero che esso può semplicemente servire a connotare un'azione nel senso della soggettività e della relatività; potremmo dire – ricorrendo a una metafora – che il condizionale è il modo della penombra e delle luci smorzate, laddove l'indicativo, negli stessi contesti, diffonderebbe una piena luce solare.

394. I valori che il condizionale può assumere in una frase enunciativa si ripropongono in un gran numero di subordinate; ricordiamo le oggettive (XIV.54), le interrogative indirette (XIV.89), le causali (XIV.96), le consecutive (XIV.131), le concessive (XIV.175), le temporali

XI. Il verbo

(XIV.189), le avversative (XIV.210a), le comparative (XIV.219), le eccettuative (XIV.240), le limitative (XIV.245), le relative (XIV.252), le incidentali (XIV.257).

395. Il condizionale (e precisamente, almeno oggi, il condizionale composto) rappresenta inoltre «lo strumento deputato per eccellenza» (BERTINETTO 1986: 511) ad esprimere la nozione di posteriorità rispetto a un punto prospettico collocato nel passato (altre modalità sono: l'imperfetto di *dovere* e l'infinito [cfr. XI.47a], l'imperfetto prospettivo [cfr. XI.374h], il futuro retrospettivo: cfr. XI.386c). Oltre che nelle completive (cfr. XIV.58d), il condizionale composto con questo valore compare in altre subordinate (per esempio, in relative: «[Maometto] predicò la resurrezione dei morti ed il giudizio universale, in cui ciascuno *avrebbe trovato* la propria remunerazione» Spini, *Disegno storico*, I 77), in frasi indipendenti («La mia guida si intitolava: 'India, a travel survival kit', l'avevo acquistata a Londra più per curiosità che per altro [...]. Solo più tardi *mi sarei accorto* della sua utilità» Tabucchi, *Notturno indiano*, 13), nel discorso indiretto libero (si veda un esempio di Moravia in XIV.267).

Imperativo

396. L'imperativo ha solo il tempo presente. Alcuni grammatici classificano come imperativo («imperativo futuro») anche il futuro iussivo (cfr. XIII.38).
Caratteristica dell'imperativo, non solo in italiano, è la mancanza di 1ª persona. Quando il parlante intende rivolgere una volizione (comando, preghiera, consiglio, ecc.) a sé stesso, ricorre alla 4ª persona (così fa il personaggio pirandelliano Agostino Toti, in *Pensaci, Giacomino!*, VII 25: «Non perdiamo la testa, Agostino»), oppure – più raramente – alla 2ª, trattando il proprio io come se fosse un interlocutore esterno.
La 3ª, 4ª e 6ª persona dell'imperativo sono assunte dal congiuntivo (con valore esortativo; cfr. XIII.32); la 5ª è identica alla 5ª dell'indicativo presente (e probabilmente il conguaglio tra le due forme – che erano distinte nel latino classico – risale al latino volgare: cfr. ROHLFS 1966-1969: 607); per l'evoluzione della 2ª persona nella seconda coniugazione (*teme!* → *temi!*) cfr. XI.78.

397. In alcuni verbi il congiuntivo fa le veci dell'imperativo anche nella 2ª e nella 5ª persona. Si tratta degli ausiliari *avere* ed *essere* (cfr. XI.56a), di *sapere* (*sappi* – antica forma di congiuntivo, come il seguente *vogli* – e *sappiate*: «Sappiate, mastr'Antonio, che son venuto da voi, per chiedervi un favore» Collodi, *Pinocchio*, 6) e di *volere* (*vogli* e *vogliate*, spesso usati come verbi servili per attenuare una volizione: «vogliate seguirmi!» 'seguitemi'). Anche la 5ª persona di *credere* è sostituita dal congiuntivo nell'imperativo negativo: «lasciate dire chi vuole, signori oggidiani, né crediate che sì come invecchiate voi [...] così s'invecchi il mondo» (Lancellotti).

398. Nell'imperativo negativo non si usa la 2ª persona, ma si ricorre all'infinito: «parla!» → «non parlare!».
Il tipo «non parla!» è proprio dei dialetti nordoccidentali (cfr. ROHLFS 1966-1969: 611; si pensi al soprannome scherzoso dei piemontesi: *bugia nèn*, letteralmente 'non ti muovere') e non è ignoto alla lingua letteraria del passato (esempi dal Parini e dall'Alfieri in MAZZONI 1940; si aggiunga da Fogazzaro, *Piccolo mondo antico*, 51: «consìgliati con lo zio Piero e poi parla o non parla, secondo la strada che vorrai prendere»).

399. In quanto modo tipicamente conativo (cfr. XI.7 e MENCACCI 1983), l'imperativo estrinseca una vasta gamma di valori: comando, preghiera, invito, consiglio, permesso, domanda, proibizione. A differenza di quel che si potrebbe pensare, sembra «che solo apparentemente l'imperativo esprima il comando e che, anzi, in tale impiego non sia poi tanto usato» (MENCACCI 1983: 161).
Tuttavia, non è possibile distinguere in modo troppo rigido i diversi usi, dal momento che il valore dell'imperativo muta sensibilmente in ragione del verbo adoperato («ubbidisci!» è un ordine; «ascoltami!» può essere un'invocazione), del-

l'intonazione, della presenza di elementi linguistici che potenziano il carattere volitivo del verbo (*su*, *orsù*, ecc.) o, viceversa, lo attenuino (*un po'*, *ti prego*, ecc.), e via dicendo.

400. L'originaria funzione conativa dell'imperativo non è più riconoscibile in tre casi:
a) Con segnali discorsivi come *senti*, *senta*, *guardi*, *scusi*, ecc. (cfr. X.36; per la nozione di «segnale discorsivo» cfr. IX.4 sgg.).
b) Con formule esplicative che introducono un'equivalenza, illustrano un'affermazione, argomentano una deduzione: *vedi*, *leggi*, *pensate* e simili. Esempi: «giunse una rispettosa e fredda lettera da Londra, nella quale [...] si affermava, stranamente, di preferire la modesta vita di commesso in un deposito di carbone anziché l'esistenza 'troppo curata' (*leggi*: incatenata) fra gli agi palermitani» (Tomasi di Lampedusa, *Il Gattopardo*, 31); «Talora l'utilizzazione della conoscenza avviene senza che l'intellettuale lo sappia o lo abbia voluto. *Vedi* l'uso che il nazismo fa di Nietzsche. Talora l'intellettuale sfrutta direttamente la sua conoscenza in termini di potere, *vedi* l'utilizzazione del proprio sapere che Talete fa, del resto onestamente, sulla raccolta delle olive» (U. Eco, nell'«Espresso», 12.10.1986, 242).
c) In quello che Leo Spitzer ha chiamato «imperativo gerundiale», ossia in espressioni cristallizzate, perlopiù costituite da due o più imperativi dello stesso verbo o di verbi diversi, che equivalgono a un gerundio; sono caratteristiche dei racconti, orali e scritti. Esempi: «*cammina*, *cammina*: arrivò dove la campagna coltivata moriva in una sodaglia, sparsa di felci e di scope» (Manzoni, *I Promessi Sposi*); «il naso, appena fatto, cominciò a crescere: e *cresci*, *cresci*, *cresci*, diventò in pochi minuti un nasone che non finiva mai» (Collodi, *Pinocchio*, 9). Con verbi diversi: «*prega*, *esorta*, *minaccia*; *pigia*, *ripigia*, *incalza* di qua e di là [...]; gli era finalmente riuscito di divider la calca in due, e poi di spingere indietro le due calche» (Manzoni, *I Promessi Sposi*, XIII 48); «ma l'edera [...] *spunta* di qua e *inerpica* di là, avea finito col fargli addosso tali paramenti d'arabeschi e festoni che non si discerneva più il colore rossigno delle muraglie di cotto» (Nievo, *Le confessioni d'un italiano*, 16); «*sega* qui, *cuci* là, *tampona* falle, rovesciavano le vene come guanti» (Calvino, cit. in MENCACCI 1983: 173).

401. L'imperativo può trovarsi soltanto in proposizioni principali (cfr. però XIV.31a) e precisamente nelle volitive (XIII.31) e nelle esclamative (XIII.27). La collocazione più frequente, in particolare quando l'imperativo si risolva in un segnale discorsivo, è quella di un'incidentale primaria: «È un sentimento... – un sentimento, signore mie, difficile forse a intendere. Quando si sia inteso, però, non più difficile – *credano* – a compatire» (Pirandello, *Così è* [*se vi pare*], V 30).

Infinito

402. Delle cosiddette «forme nominali del verbo» (cfr. XI.7) l'infinito – che ammette due tempi: presente e passato – è, insieme col participio, quella di più incerta collocazione tra nome e verbo.
Menzioniamo innanzitutto gli usi più chiaramente verbali.

403. L'infinito compare in un numero limitato di frasi semplici: interrogative dirette con valore dubitativo (XIII.24), esclamative (XIII.28), volitive (infinito iussivo: XIII.39) e ottative (XIII.40). In una enunciativa l'infinito, detto *narrativo* (o *descrittivo*), può indicare l'insorgenza improvvisa di un fatto, di un'azione, di una circostanza (preceduto da *ecco*: «appena tenta, nella pratica, il riarmo, ecco riproporsi le antiche contraddizioni» Bocca, *Storia dell'Italia partigiana*, 120); «segnalare l'aspetto intensivo, durativo o iterativo dell'atto verbale» (introdotto da *a*; cfr. MORETTI-ORVIETO 1979: II 17, in cui si cita il seguente esempio di Fucini: «e il cane, a guardarlo, a saltargli addosso, a scagnare come una creatura che capisse»); oppure, adoperato senza alcun segnale introduttivo, dilatare alquanto le sue funzioni, avvicinandosi di volta in volta a un infinito iussivo, esclamativo o anche dubitativo (come nella frase d'apertura del romanzo *L'Innocente* di G. D'Annunzio: «*Andare* davanti al giudice, dirgli 'Ho

XI. Il verbo

commesso un delitto [...]'. Posso andare davanti al giudice, posso parlargli così?»).

404. A parte va considerato il frequente impiego di un infinito senza soggetto, in frasi nominali: si tratta di un costrutto «che si presta alle più svariate interpretazioni e che proprio per la sua ambiguità sia sintattica che semantica è favorito come mezzo stilistico» (SKYTTE 1983: II 470; di qui gli esempi); è caratteristico di titoli di pubblicazioni o rubriche: «Essere cristiani», «Navigare dove il Po è di nuovo amico e lungo le sue sponde ritorna la vita».

405. Nelle proposizioni subordinate l'infinito figura in numerosi costrutti impliciti, e precisamente nelle proposizioni completive (XIV.35), dichiarative (XIV.78), interrogative indirette (XIV.86), causali (XIV.93b, XIV.118-119), finali (XIV.127), consecutive (XIV.139-140), di adeguatezza (XIV.143), ipotetiche (XIV.170a), concessive (XIV.184a), temporali (XIV.204-206), avversative (XIV.212), comparative (XIV.215, XIV.224, XIV.228, XIV.235), modali (XIV.237), aggiuntive (XIV.238), esclusive (XIV.239b), eccettuative (XIV.243), limitative (XIV.246-247), relative (XIV.254), incidentali (XIV.257).
L'infinito si usa poi in dipendenza di un verbo servile o fraseologico, cfr. XI.44 e XI.48; e nell'imperativo negativo di 2ª persona, cfr. XI.398.

406. Più problematico definire la natura del cosiddetto infinito sostantivato (sul quale si veda l'ampia monografia di VANVOLSEM 1983). Non basta, infatti, classificare l'infinito articolato della frase «*nel sentire* quel linguaggio così insolito» come un sostantivo e l'infinito della frase «non voglio *sentir* discorsi di questa sorte» come un verbo (entrambi gli esempi da Manzoni, *I Promessi Sposi*, XXIII 15 e III 39). Osserva il VANVOLSEM (1983: 78-81) che quel che muta tra infinito verbale e infinito sostantivato è piuttosto la prospettiva con cui l'azione viene considerata: «il primo esprime l'azione o lo stato del verbo come oggetto di pensiero», il secondo si avvicina al «nome d'azione» (quale può essere *caduta* rispetto a *cadere*), tentando «di descrivere l'azione dal di dentro, penetrandovi e puntando maggiormente sullo svolgimento stesso».

407. Generalmente, per riconoscere un infinito sostantivato si fa ricorso ad alcuni requisiti formali:
a) Presenza di un articolo o di una preposizione articolata, ovvero di un aggettivo dimostrativo, indefinito, esclamativo-relativo. Esempi: «tra *il dire* e *il fare* c'è di mezzo il mare», «che vuol dire / *quell'andare e venire*, / *quel guardarmi* così...» (G. Giacosa - L. Illica, *La Bohème*, in PUCCINI-FERRANDO 1984: 169); «*ogni goder* ch'io sento, / dico: 'Nerina or più non gode'» (Leopardi, *Le ricordanze*, 167-168); «Ohimè, che paura... *che correre*...» (Nievo, cit. in VANVOLSEM 1983: 114). Gli aggettivi possessivi, almeno nell'italiano moderno, richiedono la compresenza dell'articolo o di un altro determinatore: «pensavo [...] *al mio non importarmene* niente di niente» (Calvino, *Racconti*, 458).
b) Possibilità di essere determinati attraverso un aggettivo qualificativo, un avverbio o un'espressione avverbiale: «con *un tristissimo declinare* e *perdere* senza sua colpa» (Leopardi, cit. in VANVOLSEM 1983: 83), «*il mangiare in fretta* è dannoso alla digestione».

408. Tuttavia, per individuare un infinito sostantivato, sono insufficienti criteri puramente formali. Infatti:
a) La presenza di una preposizione articolata può conciliarsi con la natura pienamente verbale di un infinito: si pensi ai costrutti temporali impliciti, che restano tali vuoi con una preposizione semplice, vuoi con una preposizione articolata («*a sentirsi* chiamare Eccellenza, il burattinaio fece», ecc. / «*al cessare* della musica fece uno strano effetto», ecc.: cfr. XIV.204).
b) In molti complementi diretti la presenza di un articolo è facoltativa; ad esempio: «basti *dire* che don Abbondio ordinò a Perpetua di metter la stanga all'uscio» / «basterà *il dire* che, di nove dottori, otto ne prese tra i giovani alunni del seminario» (Manzoni, *I Promessi Sposi*, II 46 e XXII 27; nel secondo esempio, la prima edizione recava: «basti dire»).

409. Da notare anche che l'infinito sostantivato può reggere un complemento di specificazione con valore soggettivo («il tornar e 'l fuggir del gran pianeta» Cappello) o oggettivo: «un trasportare di roba». In quest'ultimo caso è però possibile la reggenza diretta («un trasportare roba»): ciò che – come osserva VANVOLSEM 1983: 85 – mette in evidenza la natura ancipite, «il carattere intermedio» dell'infinito sostantivato rispetto a quello con pieno valore verbale (che ammette solo la reggenza diretta: «trasportare roba», non *trasportare di roba) e rispetto al sostantivo corradicale, col quale c'è obbligo di complemento indiretto: «un trasporto di roba», non *un trasporto roba (modulo possibile solo come composto giustappositivo, cfr. XV.125).

410. Alcuni infiniti sostantivati sono da tempo lessicalizzati, vale a dire son divenuti dei veri e propri nomi, suscettibili di plurale, e con «un senso che il verbo corrispondente non possiede o non possiede più» (VANVOLSEM 1983: 68). È il caso di *avere* («la perdita degli averi»), *essere* («gli esseri umani»), *cantare* («i cantari toscani del Quattrocento»), *dispiacere* («mi hai dato molti dispiaceri»), *dovere* («i doveri degli uomini»), *mangiare* e *bere* («beatamente soddisfatto dei buoni mangiari e dei buoni beri» Russo, cit. in MORETTI-ORVIETO 1979: II 13), *parlare* («modo ancora vivo in certi parlari emiliani» Baldini, *Ariosto e dintorni*), *piaceri* («i piaceri della vita»), *vagabondare* («ritornavamo dai nostri / vagabondari infruttuosi» Montale, *Egloga*, 41-42), ecc.

Diverse altre forme del genere erano correnti in italiano antico; per esempio *abbracciare* e *baciare*: «gli amorosi baciari e i piacevoli abbracciari» (Boccaccio, *Decamerone*).

411. Si osservi da ultimo che davanti a un infinito, sostantivato o non sostantivato e preceduto da *in* e *con*, nell'italiano moderno è obbligatoria la preposizione articolata, che era facoltativa nella lingua dei secoli scorsi: «gioiva in vederci legati d'affetto» (Tarchetti), «crederono poter rinnovarla con allargarne le facoltà» (Carducci, *Prose*).

Participio

412. Già i grammatici dell'antichità classica individuarono la natura bifronte del participio, designato con questo nome (greco *metochikón*, latino PARTICĬPIUM) in quanto «parteciperebbe» delle caratteristiche di nome (e aggettivo) e di verbo.
Due i tempi del participio: presente e passato.

413. Il participio presente è raramente adoperato con funzione verbale, a differenza di quel che accadeva nell'italiano antico (oggi non si direbbe «Epicuro *negante* la eternità delle anime» come scriveva il Boccaccio, cit. in ROHLFS 1966-1969: 723, ma: «che nega» o «negatore dell'eternità»). Estraneo al parlato quotidiano, quest'uso ricorre soprattutto nella lingua giuridica e burocratica («una strutturazione [...] *rispondente* all'obiettivo di stabilizzazione dei flussi di credito»; «eventuali disponibilità di contributo *derivanti* dai conferimenti regionali» in un art. stampato sulla rivista «Credito e Artigianato», II 1984, 6-7), ma anche nella lingua letteraria: «le campane sonavano su dal castello / annunziando Cristo *tornante* dimane a' suoi cieli» (Carducci, *Sogno d'estate*, 17-18); «una grave ingiuria *ledente* il suo onore» (Moravia, *Gli indifferenti*, 74); «egli era uomo storicista, *rifiutante* malinconie» (Calvino, *Racconti*, 387). Caratteristica la presenza di participi presenti con valore verbale nelle enumerazioni nominali: «Il vero spettacolo, infatti, è sulla piazza [...]. Giovani missini *sparanti* slogan pro-Signorelli, camerata da scarcerare. Unione Inquilini *urlanti*. Demoproletari *inneggianti* al referendum» (G. Pansa, nella «Repubblica», 3.7. 1987, 9).

414. Frequente, invece, l'uso verbale del participio passato che si ha con i tempi composti di qualsiasi verbo e inoltre, come costrutto implicito, nelle subordinate causali (XIV.121), ipotetiche (XIV.170b), concessive (XIV.184b), temporali (XIV.208). Il più delle volte, tuttavia, un participio passato non esprime un rapporto sintattico così puntuale, ma si risolve in una più generica subordinazione relativa. Si vedano i seguenti esempi, tratti dall'*Enrico IV* di Pirandello: «il povero Tito aveva una bella parte *assegnata* come si legge nella storia» (II 12; =che gli era stata assegnata); «so correggere gli errori *commessi*» (II 49; =che ho commes-

so); «in modo da figurare, viva, l'immagine *effigiata* nel ritratto della sala del trono» (II 70; =che è effigiata).
Per il participio passato nelle completive, dovuto a ellissi dell'ausiliare, cfr. XIV.65; per le locuzioni participiali causali e ipotetiche cfr. XIV.111, XIV.167a; per il costrutto temporale *detto fatto* cfr. XIV.209; per i tipi *giunto che fosse, giunto che fu* cfr. XIV.108, XIV.201d.

415. Caratteristici i participi passati *assoluti*, ossia con un soggetto diverso da quello della reggente (nel caso di un verbo transitivo, si intenda il participio nel valore passivo): «il signore entrò, e *data un'occhiata* per la camera, vide Lucia rannicchiata nel suo cantuccio e quieta» (Manzoni, *I Promessi Sposi*, XXII 4; =essendo stata data un'occhiata...).

416. In casi del genere verrebbe fatto di pensare a una continuazione dell'ablativo assoluto latino. In epoca antica il participio passato non concordava necessariamente col nome (*veduto la bellezza*; anche nell'esempio manzoniano cit. sopra, la prima edizione recava: «girato un'occhiata»): ciò ha indotto molti studiosi a ritenere che il participio assoluto italiano provenga «dall'abbreviazione di un gerundio passato» (così ROHLFS 1966-1969: 726). È però un'ipotesi da scartare, dal momento che il gerundio composto non è attestato nella fase più antica dell'italiano, ma si è formato successivamente sul modello degli altri tempi composti con ausiliare e participio passato (cfr. MENONI 1982; il tipo *veduto la bellezza* è espressamente indagato in ŠKERLJ 1932).

417. Possono essere accostati al participio assoluto alcuni costrutti:
a) Nominali e aggettivali, con funzione di proposizione subordinata: *contento te, lui*, ecc. («Si erano affrettate a riconoscermi in quel morto?... Ebbene: contente loro, contentissimo io!» Pirandello, *Il fu Mattia Pascal*; =se loro sono contente...), *presente te, lui*, ecc. («il convegno si è aperto lunedì, presenti le autorità civili e religiose» =quando erano presenti), *duce* o *giudice te, lui*, ecc. (entrambi del linguaggio poetico: «lui duce appresi a trattar le armi» Metastasio; «da voi, giudice lui, vinta sarebbe» Casa: cfr. FORNACIARI 1881: 215), ecc.
b) Nominali con valore modale-descrittivo, caratteristici della prosa narrativa: «i *gomiti appoggiati* sopra il davanzale, Silvio contemplava la piazza, il cielo» (Moravia, cit. in MORETTI-ORVIETO 1979: II 152), «vedevamo gli operai del turno uscire dai cancelli coi manubri delle biciclette per mano o affollarsi ai tram, *le facce* già *disposte* al sonno» (Calvino, *Racconti*, 489). Il verbo può mancare, dando luogo a un costrutto nominale assoluto: «Un bimbo piange, il piccol dito in bocca; / canta una vecchia, il mento sulla mano» (Pascoli, *Orfano*, 3-4).

418. Sia il participio presente, sia – in misura più ridotta – il participio passato sono andati incontro a processi di sostantivazione o di aggettivazione che spesso ne hanno del tutto obliterato l'antica natura verbale. Esempi di sostantivazione (participio presente): *l'affluente, il battente, il cantante, il dirigente, la sorgente*; (participio passato): *la camminata, l'entrata, il significato, il trattato, l'udito* – Aggettivazione (participio presente): «apparente buonumore», «professore *esigente*», «persone *invadenti*», «faccia *sorridente*»; (participio passato): «ragazzo *educato*», «*finta* partenza», «*mancata* consegna», «espressione *stordita*».

419. Si noti tuttavia che:
a) Il confine tra participio pienamente verbale e participio sostantivato non è rigido. In una stessa forma possono alternarsi uso verbale e uso sostantivale; non solo nel caso – piuttosto frequente – in cui la sostantivazione abbia condotto ad un significato specifico, ormai distante da quello del verbo originario («il *battente* della porta» / «una nave *battente* bandiera panamense»; «le *sorgenti* del Nilo» / «Addio, monti *sorgenti* dall'acque» Manzoni, *I Promessi Sposi*, VIII 93); ma anche quando le due forme mantengano lo stesso significato. Ad esempio: «i *dirigenti* la nostra politica e diplomazia» (Bacchelli, *Oggi, domani e mai*; valore verbale =coloro che dirigono) / «un nucleo di *dirigenti* colti e operosi» (Gobetti, *La rivoluzione liberale*; valore nominale =funzionari con carica direttiva).
b) In diversi casi il processo di sostantivazione vale solo sul piano sincronico: *udito* e *trattato*, ad esempio, non sono storicamente i participi di *udire* e *trattare*, ma i

sostantivi latini AUDĪTUS e TRACTĀTUS, continuati per via dotta.

420. Accanto ad alcuni participi della prima coniugazione esistono – o sono esistiti nell'italiano antico – dei participi senza suffisso (o *participi accorciati*), i quali, se tuttora in uso, si adoperano come semplici aggettivi qualificativi: colmato - colmo, domato - domo, guastato - guasto, ecc. Ben vivo il valore verbale nella lingua arcaica e poetica: «di sì mortale guisa Amor m'ha *colmo*, / che già trabocco» (Monte Andrea); «perdono a tutti: mie brame ho *dome*» (F. M. Piave, *Ernani*, in VERDI-BALDACCI 1975: 82); «del capo ch'elli avea di retro *guasto*» (Dante, *Inferno*, XXXIII 3).

Diverse altre forme non hanno corrispondenza nell'italiano moderno: *calpesto* («d'ambo i lati calpesto rimbomba / di cavalli e di fanti il terren» Manzoni, *Il Conte di Carmagnola*, atto II, Coro, 3-4), *cerco* («io me la ho cerca» 'me la sono cercata' Machiavelli, *Opere*), *compro* («s'esser compra a tal prezzo indegna sono, / beltà, sei di natura inutil dono» Tasso, *Discorsi dell'arte poetica e del poema eroico*), *mostro* («là veggo Pietro / Bembo, che 'l puro e dolce idioma nostro / [...] / quale esser dee, ci ha col suo esempio mostro» Ariosto, *Orlando Furioso*, XLVI 15), ecc.

Gerundio

421. Il gerundio è un modo verbale di funzioni larghissime e non sempre definibili con precisione (ANTONINI 1973-1974). È strettamente connesso a un verbo finito, sia che i due verbi costituiscano due frasi distinte («entrò urlando»), sia che diano luogo a una sola struttura verbale (verbo fraseologico – *stare*, *andare*, *venire* – + gerundio: cfr. XI.48c). Un uso autonomo del gerundio è possibile solo in casi particolari: per esempio in titoli come «Cantando con le lacrime agli occhi» (canzone di Mascheroni e Panzeri, del 1947) o «Ballando ballando» (film di E. Scola, del 1983), in cui si fa implicito riferimento a un più ampio contesto che li determini; oppure quando il gerundio ha perso natura verbale diventando un sostantivo: si pensi ai termini musicali *calando* e *crescendo*, spesso adoperati me-

taforicamente: «eccolo mostrar un crescendo di interessamento e di zelo» (Jahier, *Ragazzo - Con me e con gli alpini*).

422. Il gerundio ha due tempi: presente e passato. Se il gerundio passato – peraltro oggi raro e limitato alla lingua scritta – contrassegna un'azione anteriore rispetto alla sovraordinata, il gerundio presente ha più ampi margini d'uso, indicando contemporaneità («*insegnandomi* la geografia, mia madre mi raccontava di tutti i paesi dov'era stato mio padre da giovane» Ginzburg, *Lessico famigliare*, 51); anteriorità («tornavano ogni pomeriggio, dapprima *preavvisando* con una telefonata, poi nemmeno», ecc. Bassani, cit. in MORETTI-ORVIETO 1975: II 180); oppure posteriorità rispetto alla reggente («pensavo che l'altro riprendesse la corsa, *sorpassandomi*» Buzzati, cit. in MORETTI-ORVIETO 1975: II 8).

423. Di norma il gerundio condivide il soggetto del verbo finito al quale si collega (si vedano tutti gli esempi finora citati). Diversità di soggetti può aversi:
a) Quando il gerundio si riferisce a un complemento oggetto o a un complemento indiretto. Si tratta di un uso frequente nell'italiano antico e poetico; si vedano due esempi danteschi (attinti da F. Brambilla Ageno, *Enciclopedia Dantesca*, *Appendice*, 303): «dicemo l'uomo facondo eziandio non parlando» *Convivio*; soggetti rispettivamente: *noi* e *uomo*); «disperato dolor che 'l cor mi preme / già pur pensando» (*Inferno*, XXXIII 5-6; soggetti: *dolore* e *io*). Strutture del genere si incontrano anche in scrittori moderni («sicuramente quando tornerò la troverò piangendo» Bernari, cit. in SATTA 1981: 326; altri esempi da Bassani, Tomasi di Lampedusa, Manzini in MORETTI-ORVIETO 1979: II 191-192); ma è preferibile evitarle, ricorrendo al participio presente oppure, più correntemente, a soluzioni alternative (nell'esempio citato: «la troverò che piange», «la troverò in lacrime», ecc.).
b) Nel *gerundio assoluto*, ossia quando il gerundio abbia un proprio soggetto espresso: «arrivando senza posa altre e altre notizie di morte da diverse parti, furo-

XI. Il verbo

no spediti due delegati a vedere e a provvedere» (Manzoni, *I Promessi Sposi*, XXXI 12). Per altri esempi cfr. XIV.120.
c) Quando uno dei due verbi, o entrambi, abbiano soggetto generico: «la pena scontata all'estero è sempre computata, tenendo conto della specie di essa» (*Codice Penale*, art. 138); «sbagliando s'impara».
E, a più forte ragione, quando vi sia identità di soggetti logici: «non *mi* restò, dopo, che passeggiare sotto la pensilina, *fumando* [...], e *battendo* ogni momento i piedi sul marciapiedi, per tenermi compagnia» (Bufalino, *Diceria dell'untore*, 193-194).

424. Dal punto di vista sintattico, sono state operate varie classificazioni da parte dei grammatici. Quanto a noi, ci sembra opportuno distinguere tre tipi di gerundio: *a)* gerundio subordinato, se esso corrisponde a una proposizione subordinata; *b)* gerundio coordinativo, se si risolve piuttosto in una coordinata; *c)* gerundio appositivo, se fa le veci di un participio presente, risultando l'apposizione di un altro termine (di norma soggetto del verbo finito, ma si veda par. 423).

425. In particolare:
a) Tra i valori più frequentemente assunti dal gerundio subordinativo c'è quello modale (o modale-strumentale: cfr. XIV.237). Ricordiamo anche il gerundio con funzione causale (XIV.120), ipotetica (XIV.170c), concessiva (XIV.184c), temporale (XIV.207), comparativa ipotetica (XIV.223), esclusiva (gerundio negativo; XIV.239b).
b) Si può parlare di «gerundio coordinativo» quando l'«atto verbale risulta semplicemente contemporaneo o successivo a quello della reggente, senza nessuna funzione circostanziale» (MORETTI-ORVIETO 1979: II 192): «Va' su sempre diritto, *leggendo* i nomi delle vie a tutte le cantonate; finirai con trovare la tua» (De Amicis, *Cuore*, 290; =e leggi). Includiamo in questo gruppo anche quello che altri grammatici classificano come «gerundio consecutivo»: «scendeva lungo il fiume una nebbia cruda e dolorosa, a finir di celare gli uomini e le cose, *facendo* quelli più astiosi e queste più ostili» (Bacchelli, *Il mulino del Po*, I 21; =e faceva; interpretando diversamente: 'così da fare').
c) Esempi di gerundio appositivo: «– Niente, niente, – rispose don Abbondio, *lasciandosi* andar tutto ansante sul suo seggiolone» (Manzoni, *I Promessi Sposi*, I 67); «[le padrone] l'ascoltavano in estasi, allucinate, *battendo* le palpebre a ognuno di quei nomi» (Palazzeschi, *Sorelle Materassi*, 196); «lo zio [...] *reggendo* la porta con una mano, coll'altra faceva grandi gesti di benvenuto» (Landolfi, *La pietra lunare*).

Nell'italiano antico il gerundio poteva essere preceduto dalle preposizioni *in* o *con* (ROHLFS 1966-1969: 721), là dove oggi si userebbero le rispettive preposizioni articolate e l'infinito (cfr. XI.411): «però pur va, e *in andando* ascolta» (Dante, *Purgatorio*); «*con levando* ogni dì grandissime prede di gente» (G. Villani, *Cronica*). Cfr. anche XIV.207.

XII. L'AVVERBIO

1. L'avverbio è una parte del discorso invariabile che serve a modificare, graduare, specificare, determinare il significato della frase.
Proprio per la sua funzione generale di modificatore e determinatore semantico, l'avverbio mostra una grandissima flessibilità d'uso, una tipologia articolata e, soprattutto, la capacità di trasmettere informazioni molto diverse tra loro. Infatti del significato di una frase può interessarci determinare l'aspetto temporale («vivi *ancora* a Roma con i tuoi?», oppure «vieni qui *subito*»), la specificazione di quantità («ho mangiato *troppo*»), le circostanze di luogo («vedi quelle case *laggiù*?»), le modalità di svolgimento di un'azione («ho pensato *attentamente*», oppure «si mise a ridere *sguaiatamente*»), il modo stesso in cui un fatto ci si presenta secondo il giudizio che ce ne facciamo («un giocatore *veramente* completo»), e così via.
Da questa grande ricchezza di significati e funzioni deriva la varietà di usi sintattici dell'avverbio: esso può riferirsi a un verbo («non potevi far *peggio*», oppure «ci vedo *bene*»); a un nome («questa musica è *molto* anni Venti»); a un aggettivo («il tuo cane ha un'espressione *quasi* umana»); a un'intera frase («*sicuramente*, nessuno potrebbe pensare di passare inosservato»).

2. Secondo la teoria grammaticale dell'antichità, la funzione precipua dell'avverbio sarebbe quella di completare e determinare il significato del verbo a cui si accompagna (PECORARO-PISACANE 1984: 143). Di qui il nome di AD-VÉRBIUM ('che si colloca presso il verbo'), ereditato dalla tradizione grammaticale moderna. Tale classificazione faceva appoggio sulla proprietà dell'avverbio di comportarsi per così dire da «aggettivo del verbo»: non è difficile, infatti, accorgersi che nella stessa lingua italiana spesso un avverbio usato in riferimento a un verbo «ottiene lo stesso effetto» – per dirla con il grammatico Prisciano (V-VI sec. d. C.) – «che ottengono gli aggettivi quando sono congiunti al nome» (dire «Andrea vive *spensieratamente*» e «Andrea ha una vita *spensierata*» non fa insomma alcuna differenza).
Se l'antica definizione è ancora efficace quando ci si attiene ad alcuni particolari usi e classi di avverbi, essa non è adatta ad una descrizione più esauriente di questa categoria grammaticale. Oggi si tende ad una nuova classificazione degli avverbi su base sintattica (avverbi che si riferiscono a una sola parte della frase, a più parti della frase, a più frasi), che ha però il difetto di non riuscire ancora a individuare con sicurezza i limiti di una categoria, come è quella avverbiale, già di per sé vastissima. Tra le notizie riguardanti la linguistica antica, si può ricordare ancora che i grammatici greci classificavano anche le interiezioni (cfr. cap. X) tra gli avverbi, mentre la tradizione latina, da cui dipende la gran parte di quella italiana, ne fa una classe a sé.

Formazione dell'avverbio

3. Da un punto di vista funzionale un avverbio composto di una sola parola indivisibile (*bene*) è del tutto equivalente ad un'espressione avverbiale formata da più parole (*a tutta birra*), o ad un altro avverbio formato con due parole fuse insieme (*in-dietro*). Per quanto riguarda questi meccanismi formativi è possibile distinguere, pur mantenendo una certa elasti-

XII. L'avverbio

cità, tra avverbi semplici (*oggi*), composti (*sotto-sopra*), derivati (*splendida-mente, penzol-oni*) e locuzioni avverbiali (*a faccia a faccia*).

Avverbi semplici

4. Rientrano in questa categoria tutte le forme non suddivisibili in unità minori (come avviene per gli avverbi composti e le locuzioni avverbiali) né analizzabili in una parte lessicale e una suffissale (come per gli avverbi derivati): ad esempio, *oggi, ieri, sempre, sopra, sotto, bene, male, tardi, ivi, più*, ecc. Gli avverbi semplici sono stati anche definiti «forme monolitiche» (ELIA 1982: 336), perché hanno conservato inalterata nel tempo la loro indipendenza formale, la loro funzione e la loro invariabilità grammaticale.

Sono avverbi semplici anche quelli che nel latino volgare furono forme composte, ma che da lunghissimo tempo si presentano come un'unica parola non più analizzabile. Solo il linguista può ritrovare in forme come *dove, assai*, ecc., le tracce di locuzioni pronunciate dai nostri antenati come DĒ ŪBI, AD SĀTIS, ecc. Dal punto di vista del loro funzionamento e della loro forma, dunque, esse appaiono del tutto analoghe a *bene, male*; rispondono a tale caratteristica: *avanti* (<ĀB ĀNTE), *davanti* (<DĒ ĀB ĀNTE), *domani* (<DĒ MĀNE), *dietro* (<DĒ RĒTRO), *allora* (<ĀD ĪLLAM HŌRAM), *donde* (<DĒ ŪNDE), *qui* (<ĒCCUM HĪC), *costà, costì* (<ĒCCUM ISTĀC, ĒCCUM ISTĪC), e diverse altre forme.

Avverbi composti

5. Gli avverbi composti sono quelli formati con due o più elementi diversi, come *dappertutto* (*da per tutto*), *indietro* (*in dietro*). Perché si possano definire «composti» è necessario che, perlomeno virtualmente, s'avverta ancora in essi il senso dell'aggregazione di elementi distinti, come ad esempio in *talora, talvolta* (*tal ora, tal volta*), *infatti* (*in fatti*, per quanto con maggior difficoltà). In molti casi l'uso grafico può rivelarsi determinante per la definizione di un avverbio composto: *dappertutto* si scrive ormai sempre unito, e viene sentito come un'unica forma; così molti antichi avverbi composti sono ormai passati nella categoria degli avverbi semplici perché la forma grafica compatta ha contribuito ad occultare la presenza di componenti distinte: *perfino* (*per fino*), *adagio* (*ad agio*), *appunto* (*a punto*), e via dicendo.

Insomma: fra la categoria degli avverbi composti e quella degli avverbi semplici i confini sono sempre aperti, e spesso l'assegnazione di un avverbio originariamente formato da due o più componenti all'una o all'altra è assai incerta. In qualche caso, nella grafia, si ha uno oscillante: *a lato / allato, per lo più / perlopiù, su per giù / suppergiù, oltre modo* e *oltre misura / oltremodo* e *oltremisura*, ecc.

Avverbi derivati

6. Si definiscono «derivati» quegli avverbi che si ottengono da altre forme mediante un suffisso. I due suffissi oggi in uso in italiano sono *-mente* e *-oni*.

7. Soffermiamoci in primo luogo sulla forma di avverbio derivato in *-mente* (*audace-mente, silenziosa-mente*, ecc.) perché è quella più importante e produttiva in italiano, ben diffusa nelle lingue romanze in genere (escluso però il rumeno: LAUSBERG 1976: II 95). La forma grammaticale da cui nasce questo avverbio è l'aggettivo, cui si aggiunge per l'appunto il suffisso *-mente*.

L'aggettivo si presenta al femminile se appartiene alla classe a due uscite: *pazzo → pazza-mente*, e mantiene la forma in *-e* negli aggettivi ad una sola uscita: *potente → potente-mente*. Se questi ultimi terminano in *-le* o in *-re* si ha apocope della vocale finale: *amorevole → amorevol-mente, banale → banal-mente, uguale → ugual-mente, celere → celer-mente, anteriore → anterior-mente*. Gli aggettivi in *-e* rimangono solo apparentemente invariati nel formare l'avverbio con *-mente*; infatti anche in questa uscita è da ravvisare un femminile, che risulta evidente nella formazione del superlativo (cfr. XII.63): *forte → forte-mente → fortissimamente*, ecc.

Ma perché gli avverbi composti in *-mente* si formano a partire proprio dal femminile degli aggettivi? La risposta sta nell'etimologia. In latino, infatti, una locuzione come SERĒNĀ MĒNTE voleva dire 'con disposizione d'animo serena', perché MÈNTE altro non era che l'ablativo del sostantivo femminile MĒNS, MĔNTIS ('mente' ma anche 'disposizione d'animo') adoperato in funzione modale. Naturale, dunque, che l'aggettivo concordasse con esso al femminile. Da locuzioni del genere si sviluppò nelle lingue romanze il fortunato tipo avverbiale *-mente*.

8. Due osservazioni:
a) Nella lingua più antica si potevano avere, in parallelo con forme spagnole e francesi corrispondenti, due o addirittura tre aggettivi femminili concordati con un solo *mente*: *villana ed aspramente, onesta e pacifica e discretamente* (cfr. MIGLIORINI 1963b: 149): segno che ancora a quei tempi si manteneva il senso della composizione e, forse, del significato originario di questi costrutti. Esaurita la loro vitalità, gli avverbi composti con più d'un aggettivo tornarono di moda nel Cinquecento sotto l'influenza dello spagnolo (dove essi si sono continuati, al contrario che in italiano e in francese, fino ad oggi), ma anche questa loro nuova parabola si concluse presto.
b) Nei poeti di fine Ottocento si incontra talvolta la tmesi dell'avverbio in *-mente*, con la componente aggettivale che chiude un verso e quella nominale che apre il successivo (per esempio in Pascoli, *La via ferrata*, 1-2: «Tra gli argini su cui mucche *tranquilla-* / *mente* pascono»). Si tratta di una ripresa dotta dell'uso antico, e più specificamente di un ricordo dantesco: «così quelle carole *differente-* / *mente* danzando» (*Paradiso*, XXIV 16-17).

9. Mentre nel francese colloquiale hanno potuto prender piede forme in *-ment* derivate da un sostantivo, come *diablement* (da *diable* 'diavolo'), *bêtement* (da *bête* 'stupido'), in italiano l'avverbio in *-mente* è quasi sempre costruito sull'aggettivo.

10. Formazioni da basi diverse si ritrovano:
a) Nel linguaggio pubblicitario che, sempre teso com'è alla ricerca di nuove regole estranee alla lingua comune, fa storia a sé; ad esempio: *lanamente* (da *lana*) in «per una casa lanamente intima» (cit. in CARDONA 1972: 53).
b) Nell'italiano antico, in particolare con base rappresentata da un altro avverbio: «tu scusi e accusi te *insiememente*» (Dante, *Convivio*).
Alcuni avverbi muovono da una base participiale (*sentita-mente, conseguentemente*): ma ci troviamo, a ben vedere, di fronte a un uso aggettivale del participio.

11. Presentano apocope della vocale finale dell'aggettivo (cfr. I.76), oltre agli avverbi con aggettivo in *-le* o in *-re* già menzionati, anche *benevolmente, malevolmente, leggermente* (da *benevol(a)mente*, ecc.).

12. Una particolarità della lingua arcaica: nei più antichi testi toscani si può osservare che, degli aggettivi in *-le*, perdono la vocale finale nel formare l'avverbio con *mente* solo quelli parossitoni (*iguàle* → *iguàl-mente*). Mantengono la vocale, quasi sempre, gli aggettivi proparossitoni (*sìmile* → *sìmile-mente*). Un esempio dantesco: «sì ch'ogni parte ad ogni parte splende / distribuendo *igualmente* la luce: / *similemente* a li splendor mondani / ordinò general ministra e duce» (*Inferno*, VII 75-78). Questa differenza di trattamento era già scomparsa dalla lingua parlata agli inizi del Quattrocento (CASTELLANI 1980: I 254-279); successive riprese letterarie della forma in *-emente* possono essere dovute a ragioni metriche: «già mi prostro *umilemente*» (Parini, *L'impostura*, 6).

13. Occupano un posto particolare *parimenti* e *altrimenti*. *Parimenti* deve la sua uscita in *-menti* ad armonizzazione con l'aggettivo *pari*, e tuttora oscilla con *parimente*. *Altrimenti* si è formato per analogia con *parimenti*, e ha ormai del tutto soppiantato le più antiche forme *altramente* e *altrimente* (nella seconda già s'era fatta sentire l'influenza di *pari-*).

14. Si osservi che:
a) Non si può riferire un avverbio in *-mente* ad un altro avverbio in *-mente*: dunque non **studia grandemente attentamente* ma «studia *molto attentamente*», oppure «studia *con grande attenzione*» (LEPSCHY-LEPSCHY 1981: 87).
b) Il significato dell'avverbio in *-mente* non sempre corrisponde a quello dell'aggettivo da cui esso deriva: *finalmente* non vuol dire 'in maniera *finale*' ma 'alla fine', *solamente* non vuol dire 'in maniera *sola, solitaria*' ma si avvicina alle accezioni dell'avverbio *soltanto*, e via dicendo.
c) In alcuni casi non si può risalire facilmente dall'avverbio in *-mente* all'aggettivo che ne è alla base. Così, ad esempio, *malamente* («nell'amara domenica in cui si fanno i conti di ciò che *malamente* si è speso, o di quanto *malamente* si è guadagnato», «Stampa Sera», 13.4.1987, 21) si forma sull'aggettivo *malo* 'cattivo, tristo',

XII. L'avverbio

che è oggi quasi del tutto disusato e si trova solo in forme ed espressioni cristallizzate come *mala parata, mala lingua, in malo modo, a mal partito*. *Meritamente* si forma sull'aggettivo latineggiante *mèrito* (<MĔRITUS, da MERĒRE 'meritare, acquistare benemerenze'): nonostante sia la forma più sorvegliata ed elegante, proprio per la sua irregolarità morfologica gli si è affiancato sin da epoca antica *meritatamente*, sentito come più regolare e semanticamente trasparente.

15. Il secondo tipo di derivazione dell'avverbio è quello con il suffisso *-oni*, che si può aggiungere ad una base nominale (*ginocchi-oni*) o verbale (*ruzzol-oni*). Oltre alla sua particolare specializzazione di significato, di cui si dirà tra breve (cfr. XII.22), osserveremo che questo tipo di avverbio, al contrario di quello in *-mente*, vitalissimo, non ha alcuna produttività nella lingua d'oggi. Alcuni avverbi in *-oni* si trovano come locuzioni costruite con *a* (*a balzelloni, a tentoni*, ecc.).

Locuzioni avverbiali

16. Le locuzioni avverbiali sono unità costituite da due o più parole disposte in una serie fissa, equivalenti ad avverbi: *a poco a poco, per caso, tutt'a un tratto*, ecc. Si tratta di una categoria dilatabile quasi all'infinito e dai confini non sempre netti. Tra i tipi più caratteristici citiamo quelli formati:
a) con una preposizione: *a stento, con sforzo, senza ira, di sicuro*, ecc. (tuttavia, la natura avverbiale del sintagma si fa più incerta o viene addirittura meno quando tra preposizione e sostantivo si frappongono uno o più attributi: *con ogni sforzo, con ogni possibile sforzo, senza la minima ira*, ecc.);
b) con doppia preposizione *a*: *a faccia a faccia, a pezzo a pezzo*;
c) con le preposizioni *di* [...] *in*: *di bene in meglio, di tanto in tanto, d'ora in ora*;
d) con duplicazione del sostantivo: *passo passo*;
e) con duplicazione dell'aggettivo: *bel bello*;
f) con duplicazione dell'avverbio stesso: *or ora, quasi quasi*.

17. Le locuzioni avverbiali hanno spesso il loro corrispondente in un avverbio: *per ogni dove=dovunque; per caso=casualmente*, ecc. Tuttavia questa corrispondenza è in molti casi illusoria, o si rivela valida solo per alcuni usi particolari vuoi della locuzione vuoi dell'avverbio. Vediamo alcuni esempi:

collegialmente	=	*in gruppo, insieme*
debitamente	=	*nella maniera dovuta, come si deve*
letteralmente	=	*alla lettera*
numericamente	=	*per numero*
parzialmente	=	*in parte*

Già limitandoci a queste cinque coppie di corrispondenze avverbio-locuzione, tra le tantissime che si potrebbero citare, notiamo che le aree di significato coperte dai due termini a confronto si sovrappongono solo in parte.
Se due politici, al momento di salutarsi, dicono «riuniamoci domani *insieme*, con tutta la commissione» o «riuniamoci domani *collegialmente*, ecc.» la differenza è solo di registro espressivo. Ma nessuno si sognerebbe di dire *andiamo in vacanza collegialmente* per «andiamo in vacanza *insieme / in gruppo*». Possiamo interpretare un filosofo *alla lettera* o *letteralmente*, ma mai diremmo *sono distrutto alla lettera* per «sono *letteralmente* distrutto» ('stanchissimo'). E così «i nostri avversari sono inferiori *per numero / numericamente*» è una commutazione che funziona; andrà meno bene con «una cifra *numericamente* non memorizzabile / non memorizzabile *per numero*». Ancora: «ho letto solo *parzialmente / in parte* la tua relazione» ma non *ti sei comportato un po' in parte con lui*. L'accordo o l'incongruenza vanno dunque ricercati volta per volta, tenendo ben desto l'orecchio alla mutazione anche minima del significato.

Tipi di avverbio

18. Dal momento che, come abbiamo visto, gli avverbi sono essenzialmente dei modificatori del significato, è del significato che ci si può servire quale criterio per riconoscerli e classificarli. Distingueremo dunque: I. Avverbi qualificativi; II. Avverbi di tempo; III. Avverbi di luogo;

IV. Avverbi di quantità; V. Avverbi di giudizio, di affermazione e di negazione; VI. Avverbi interrogativi ed esclamativi; VII. Avverbi presentativi.

I. Avverbi qualificativi

19. Specificano le modalità di svolgimento di un'azione, e per questo si chiamano anche *avverbi di modo*.
Si adoperano con questa funzione in primo luogo gli avverbi derivati in *-mente*. Alcuni esempi antichi e moderni: «così parlava, e gli occhi avea al ciel fissi / *devotamente*» (Petrarca, *I trionfi*); «fu *umanissimamente* ricevuto, e ne' consigli domandati *saviamente* e *amorevolmente* consigliato» (Machiavelli, *Opere*); «Facile! – dissero insieme que' due, per cui la cosa era divenuta tanto *stranamente* e *dolorosamente* difficile» (Manzoni, *I Promessi Sposi*, VI 31); «Qualcuno si potrebbe innamorare di te solo a vedere la tua cucina? Chissà: forse il lettore, che era già *favorevolmente* predisposto» (Calvino, *Se una notte d'inverno un viaggiatore*, 144).

20. Gli avverbi qualificativi in *-mente* possono anche esprimere un aspetto, un punto di vista particolare dal quale si considera un evento: «la lettera dello studio Albertini *tecnicamente* veniva giudicata come il tentativo di chi non era riuscito ad accompagnare il rialzo» («La Repubblica», 25.5.1986, 2); «[la disumanità della guerra nucleare] è, mi pare, fuori discussione [...] *scientificamente*, *praticamente* possibile, *umanamente* no, come spiega un idealismo tradotto in soldoni» (G. Bocca, nell'«Espresso», 4.5.1986, 48).

21. Nell'ultima frase citata l'avverbio *praticamente* è adoperato nella sua accezione propria ('nella pratica'). Comunissimo ne è invece l'uso colloquiale, nel senso di 'in sostanza' («con agosto l'estate è *praticamente* finita») o di 'più o meno' («*praticamente* tutti i nostri ragazzi fanno uso di computer a scuola e a casa», «Il Cooperatore Paolino», 5.1986, 25; oppure: «con Mario mi vedo *praticamente* tutti i giorni»).

22. Gli avverbi derivati in *-oni* (ormai disusato il suffisso *-one*), tutti qualificativi, si adoperano quasi solo per descrivere certe posizioni del corpo umano. Sono, inoltre, forme di particolare espressività, perché non indicano mai una posizione o andatura equilibrata ed abituale (come il camminare o il sedersi), ma tutta una serie di posture e movimenti in vario modo «irregolari».
Per le posizioni del corpo o di alcune sue membra disponiamo di *bocconi*, *carponi*, *ginocchioni*, *gomitoni*, *ciondoloni*, *dondoloni* e *penzoloni*; per l'andatura, di *balzelloni*, *saltelloni*; per un movimento ritardato o reso poco controllabile da un attrito, di *struscioni*, *strofinoni*, *sdruccioloni*; per un movimento «rotolante» di *rotoloni*, *rovescioni*; se impediti nella vista ci moveremo *a tastoni*, *a tentoni*. Qualche esempio: «la macchina fatale s'avanza *balzelloni*, e serpeggiando» (Manzoni, *I Promessi Sposi*, XIII 18); «gettandosi *ginocchioni* per terra, abbracciava i ginocchi di quella donnina misteriosa» (Collodi, *Pinocchio*); «cadde rovescio col capo *penzoloni*» (Praga, *Memorie del presbiterio*).

23. Forme dell'uso toscano antico e moderno: la locuzione *andare a giostroni* 'andare in giro sfaccendati, senza meta'; il lucchese *chinoni* («a sta' chinoni mi son fatto sentì la vita!», NIERI 1901: 52). Qualche altro esempio dialettale: milanese *in setton* 'seduto nel letto', triestino *de scondon* 'di nascosto', napoletano e tarantino *a nnatune* 'a mo' di chi nuota', tutti casi che testimoniano della grande vitalità di questo tipo avverbiale in molte varietà locali (ROHLFS 1966-1969: 890).

24. Frequentemente un avverbio qualificativo è rappresentato da un aggettivo maschile singolare trattato come un avverbio, secondo una modalità già ben delineata nella lingua antica: «la fante piagneva *forte*, come colei che aveva di che» (Boccaccio, *Decamerone*, VII 8 20). Eccone gli usi più caratteristici:
a) In unione con un verbo, l'aggettivo avverbiale qualificativo ha dato luogo a numerose frasi cristallizzate come *guardare storto*, *parlare chiaro*, *andare forte*, *mirare alto*, *vedere chiaro*, *ridere amaro*, *masticare amaro*, *ingollare amaro*, *picchiare sodo*, *lavorare sodo*, *vestire leggero*, *vestire pesante*, *tenere duro*: «Pisa rischia *grosso*»

XII. L'avverbio

(«Il Mattino di Padova», 24.3.1986, 16); *Bere giusto* (titolo di un libro dell'enologo Luigi Veronelli; con una coppia di aggettivi: «neppure nell'ora della decisione il capo del governo regio osa *dire chiaro e netto* ciò che l'avvocato Duccio Galimberti ha gridato su una piazza il 25 luglio: guerra al Tedesco» (Bocca, *Storia dell'Italia partigiana*, 6).

L'aggettivo avverbiale sembrerebbe in espansione nella lingua d'oggi, sotto la pressione della lingua della pubblicità, da cui vengono continuamente inviti a *vestire giovane, bere genuino*, e via dicendo. A partire dai primi del Novecento s'è poi diffuso nel linguaggio politico il tipo *votate socialista* (MIGLIORINI 1963b: 268-292).

b) Aggettivi in funzione avverbiale qualificativa compaiono nelle indicazioni di tempo e di ritmo che i musicisti pongono in capo alle partiture, come *adagio, allegro, allegretto, andante, andantino*, ecc.

In qualche caso tra l'aggettivo avverbiale e l'avverbio corrispondente non vi è identità di significato: *parlare italiano* 'parlare la lingua italiana' / *parlare italianamente* 'parlare da italiano, come si conviene a un italiano'; *parlare forte* 'ad alta voce' / *parlare fortemente* 'con calore e animosità'.

25. Locuzioni avverbiali con valore qualificativo. Citeremo, prima di tutto, una serie di frasi in cui compaiono locuzioni avverbiali qualificative:

«Ma sa che suo papà è innamorato pazzo della Chanteuse del Cabaret? – [...] – Ma dice *sul serio*? Papà innamorato?» (Pirandello, *Questa sera si recita a soggetto*, I 307); «il signor Palomar è disposto a seguire questi consigli *con fiducia* [...] ossia: cerca di immaginare tutte queste cose come le sentinelle qualcuno che potesse concentrarsi a guardare il giardino Zen *in solitudine* e *in silenzio*» (Calvino, *Palomar*, 93-94); «si pigliava il pane, la farina, e l'altra roba da mangiare, *a violenza*, nelle botteghe» (Morante, *La Storia*, 295); «egli andava *al passo* sulla sua bicicletta frusciante, e la sorella coi piedi nudi gli teneva dietro *a fatica*» (Alvaro, *Settantacinque racconti* [*Incontri d'amore - Parole di notte*]).

Questi esempi sarebbero facilmente moltiplicabili, fondandoci ora sulla somiglianza semantica ora su quella formale, ora su entrambe. Prendiamo *sul serio*: nella sua area semantica possiamo collocare *per davvero* (o al contrario *per scherzo*); per il tipo formativo, la locuzione è affine a *sul faceto, sullo scherzoso*. Con *in solitudine* e *in silenzio* possiamo richiamare, sia per significato sia per forma, *in pace*, ecc. (o al contrario *in compagnia*, ecc.). *A violenza*, con la preposizione *a* avente valore strumentale, ci ricorda *a forza, a schiaffi, a spintoni*, ecc. (e formalmente richiama *a stento, a fatica*, ecc.). Descrivono il modo in cui si svolge un movimento, come *al passo: a rotta di collo, a briglia sciolta, a spron battuto, a tutto gas* (si noti, incidentalmente, che molte di queste locuzioni sono nate quando il principale mezzo di trasporto su terra era il cavallo).

26. Vi sono altri tipi particolari di locuzioni avverbiali qualificative che meritano un discorso a sé:

a) Espressioni ellittiche formate con la preposizione articolata *alla* seguita da un aggettivo femminile: *alla* (sottinteso: *maniera, moda, foggia*) *antica, alla svelta*, ecc. Caratteristico l'impiego con aggettivo etnico (*alla spagnola, alla francese, all'americana*) che compare spesso nelle ricette culinarie: *bistecca alla fiorentina, mele all'inglese, baccalà alla cubana*. Non c'è quasi ristorante che non abbia da proporre la sua specialità, indicata col nome dello *chef* ideatore (*spaghetti alla Eduardo*) o con quello del locale (*involtini alla Drago d'oro, insalata alla Spuntino*); altre volte ci si richiama al nome di un personaggio famoso: *bistecca alla Bismarck, tournedos alla Rossini*. Si indica il modo di cottura nel tipo *salsicce alla brace, pollo al mattone*; il principale condimento, nel tipo *tortellini alla panna, trenette al pesto*.

Hanno un posto a parte *filar via all'inglese* ('andarsene senza salutare') e *pagare alla romana* ('dividere la spesa in parti uguali per ciascun commensale'; gli inglesi adoperano nello stesso senso *dutch treat* e *to pay dutch*, letteralmente 'trattenimento all'olandese' e 'pagare all'olandese').

Si ricorderanno da ultimo: *alla carlona, alla rinfusa, alla bell'e meglio*.

b) Assai comune e produttivo è il tipo *a*

faccia a faccia, a corpo a corpo, nel quale la ripetizione della preposizione *a* è richiesta dalla norma tradizionale, anche se oggi sempre più di frequente si ode e si legge *faccia a faccia, corpo a corpo* (due esempi letterari non recenti: «per un istante stettero *faccia a faccia*, curvi, attaccati alla poltrona» Moravia, *Gli indifferenti*, 115; «giunta *faccia a faccia* con lui sollevò il velo» Tomasi di Lampedusa, *Il Gattopardo*, 297).

La fortuna del sintagma con una sola *a*, che dipende dal modello francese *tête à tête, coup à coup*, è anche dovuta a ragioni di carattere funzionale: innanzitutto al frequente uso sostantivato («c'è stato un *corpo a corpo* selvaggio»; «durante il *faccia a faccia* con il commissario Nash», «La Repubblica», 31.5.1986, 30); poi alla reinterpretazione della preposizione *a* tra due sostantivi come *su* (*colpo a colpo*=*colpo su colpo*) e al significato generale di 'che si sovrappone, che corrisponde *a*', 'che segue subito' (*testa a testa, ruota a ruota*) con uno sviluppo semantico cui forse non è estranea l'influenza del tipo inglese *cheek to cheek* (letteralmente 'guancia a guancia').

c) Possiamo considerare locuzioni avverbiali qualificative anche quelle che si leggono nei listini delle automobili, nelle fatture commerciali: «auto *su strada*», e «chiavi *in mano*», espressioni che di recente s'è cominciato ad usare anche per altri prodotti: «La Siemens è in grado di offrire consulenza, installazione 'chiavi in mano' ed assistenza globale» (cit. in CORTELAZZO-CARDINALE 1986: 43); offerte di vendita *I.V.A. inclusa / I.V.A. esclusa*, e ancora *tutto compreso* (nelle tariffe di ristoranti, escursioni turistiche, ecc.).

27. Una gran varietà di espressioni qualificative più o meno stereotipate (alle quali accenniamo qui, benché non siano tutte propriamente avverbiali o formate con avverbio) è disponibile per rispondere alla domanda «Come va?» (e «Come andiamo?», «Come stai / sta?», ecc.). Talvolta si risponde in modo automatico, con formule che appartengono alle abitudini individuali del parlante; tra le più comuni: «Bene», «Non c'è male» («Non c'è malaccio»), «Così così», ecc. La scelta di un'espressione più o meno marcata è fortemente condizionata dalla situazione comunicativa, dal nostro grado di conoscenza dell'interlocutore: risponderemo «Abbastanza bene» – anche se afflitti da un mal di denti o da preoccupazioni economiche – per tagliar corto con qualcuno che conosciamo appena. L'uso di formule più semanticamente caratterizzate implica invece che si voglia davvero comunicare qualcosa sulle nostre condizioni fisiche o psichiche: «Da cani», «Splendidamente», «Magnificamente», «Non è mai andata così bene / male», «A gonfie vele», «D'incanto» sono tutte espressioni che, con maggiore o minore enfasi, assolvono a qualcosa di più che a un semplice obbligo sociale, segnalato appunto dalle cosiddette «interrogative di cortesia» (cfr. XIII.15).

Nella locuzione *da poveri vecchi*, di diffusione già ottocentesca («[TERESA] E così, come va? – [CIAPO] Da poveri vecchi!» Franceschi, *Dialoghi*, 262), chi risponde sottolinea un elemento contestuale significativo, la propria età avanzata (specialmente con un interlocutore più giovane). Altre espressioni stereotipiche, anch'esse di tono rassegnato ma non legate all'età dell'interpellato, sono: «Si tira avanti», «Finché dura», «Come Dio vuole», ecc. (un esempio in cui la risposta convenzionale è variata originalmente è nel seguente passo manzoniano: «– Come sta? dica: Come sta? – Come Dio vuole, e come, per sua grazia, voglio anch'io – rispose, con volto sereno, il frate» *I Promessi Sposi*, XXXVI 61).

II. *Avverbi di tempo*

28. Determinano il tempo di svolgimento di un'azione.

Vediamo, innanzitutto, quegli avverbi e locuzioni avverbiali che hanno come unità di misura relativa la durata di un giorno (situando un'azione nella giornata in corso, in quella precedente o seguente a quella in corso, ecc.):

l'altro ieri ← *ieri* ← OGGI → *domani* → *dopodomani*

Queste forme, come si vede, hanno un raggio d'azione piuttosto limitato: rispetto alla giornata in corso (*oggi*) esse posso-

XII. L'avverbio

no determinare un tempo non più lontano nel passato di due giorni (progressivamente: *ieri, l'altro ieri, ier l'altro*, o, meno comune, *avantieri*) né più lontano nel futuro di due giorni (progressivamente: *domani, doman l'altro* o *dopodomani* o, meno comune, *posdomani*). Per porzioni di tempo superiori dovremo utilizzare le locuzioni *x giorni fa / or sono* e *fra / di qui a / in capo a x giorni* (o fare ricorso ai giorni della settimana o del mese, spostandoci su altre unità di misurazione del tempo). Suddivisioni minori dell'unità-giorno sono quelle composte con *mattina, pomeriggio, sera, notte*. Quando ci si riferisce alla giornata in corso non s'adopera *oggi*, ma *questa* (o la forma abbreviata *sta-*, cfr. VII.121d) in *questa mattina, questa sera, questa notte* (*stamattina, stasera, stanotte*); mentre si dice *oggi pomeriggio*. Si avrà invece *domani mattina* (o *domattina*) / *pomeriggio / sera / notte, ieri mattina*, ecc., *ier l'altro mattina*, ecc.

29. Assai vario è in questo caso il quadro dialettale. In primo luogo si tenga presente che quasi tutto il Meridione d'Italia e la Sardegna non presentano il tipo *domani* (<DĒ MĀNE) ma continuano l'antico avverbio latino CRĀS (*crai*). *Crai* compare anche nel toscano più antico, mentre il còrso ha *crassera* 'domani sera' (ROHLFS 1966-1969: 920; per la situazione del sardo cfr. BLASCO FERRER 1984: 22, 35). Ne consegue il tipo *poscrai* per *dopodomani* (*posdomani*). In secondo luogo: se, come abbiamo visto, l'italiano letterario non si spinge oltre il limite di due giorni a partire da quello in corso, in più di un dialetto del Meridione esiste (o esisteva) un sistema suffissale che consente di giungere addirittura al quinto giorno rispetto all'*oggi*. Un esempio napoletano: *craje, pescraje, pescrigno, pescrotte, pescruozzo*.

30. Per indicare l'anno precedente a quello in corso sono disponibili *l'anno scorso, un anno fa, l'altr'anno* (mentre *l'altro giorno* non vuol dire 'ieri' ma genericamente 'qualche giorno fa').
Per un numero di anni superiore ad uno prima dell'anno in corso si adoperano le locuzioni con *fa / or sono* (quest'ultima d'uso più formale) *due anni fa / or sono*, ecc. (letteraria l'anteposizione di *or sono*: «le signore ch'io conobbi *or sono* dodici anni a Bologna» Foscolo, *Epistolario*).
Per l'anno successivo a quello in corso diremo *l'anno prossimo / fra un anno / l'anno venturo*. Per un numero di anni maggiore di *uno* nel futuro si adopera la locuzione con *tra* o *fra*: *fra un anno, fra due anni, fra cent'anni*; oppure *di qui a due anni*, ecc.
Le stesse regole valgono per l'unità-settimana, l'unità-mese, l'unità-secolo e via dicendo.

31. *Oggi, ieri, domani* si usano anche per indicare genericamente il tempo presente, passato, futuro: si pensi al titolo del settimanale di cronaca «Oggi», o a frasi come: «il più è fatto, adesso dobbiamo guardare al *domani*».

32. Altri avverbi di tempo:
a) Ancora esprime la continuità di un'azione: «la fronte, gli occhi e la bocca recavano *ancora* le tracce di una bellezza sfiorita» (Silone, *Vino e pane*). È tipico il suo uso nelle frasi interrogative, specialmente negative, per manifestare il proprio stupore o la propria insofferenza nei confronti del prolungarsi di un'azione: «Possibile che tu non abbia *ancora* finito?»; «*Ancor* non sei tu paga / di riandare i sempiterni calli? / *Ancor* non prendi a schivo, *ancor* sei vaga / di mirar queste valli?» (Leopardi, *Canto notturno...*, 5-8). Nell'uso antico e letterario *ancora* può significare inoltre 'anche': «Mi dovevan gli anni almeno / far di gelo ancora il cor» (F. M. Piave, *Ernani*, in VERDI-BALDACCI 1975: 73).
b) Già indica un evento compiuto, un tempo che ormai è giunto a compimento: «le decisioni sono *già* state prese»; «Sono *già* le dieci e mezzo. A momenti sarà qui il Direttore» (Pirandello, *Sei personaggi in cerca d'autore*, I 22); «era *già* l'ora che volge il disio / ai naviganti» (Dante, *Purgatorio*, VIII 1-2). Se si ha la mente rivolta al futuro, *già* indica il nostro prevedere o presentire un evento, come se *fin da ora* lo vedessimo bell'e compiuto: «*già* m'immagino come andrà a finire».
Si adopera anche come avverbio olofrastico positivo (cfr. XII.52): «– Cos'è poi finalmente? Era ben un'altra cosa quelle galanterie che t'hanno fatte [...] – *Già*, è vero: se non c'è altro di male.» (Manzoni, *I Promessi Sposi*, XVII 59).
c) Mai si adopera per indicare un evento

che non si svolge in nessun tempo: «non l'ho *mai* visto così allegro»; o come avverbio olofrastico negativo (cfr. XII.52): «Ebbene, no! questo no! questo, *mai*! Li sopportava da vivi; ma la soperchieria di averli anche morti nelle sue terre, *mai*» (Pirandello, *Novelle per un anno*). Anticamente *mai* aveva anche valore affermativo (con vari significati: 'una volta', 'in qualsiasi tempo', 'in qualsiasi modo') e poteva unirsi a *sempre*, potenziandone il significato: «io *sempremai* poscia farò ciò che voi vorrete» (Boccaccio, *Decamerone*, VIII 2 28). Questo uso affermativo è in parte sopravvissuto modernamente, ad esempio nel rafforzamento di *tanto*, *quanto* («chissà *quante mai* cose avrai da fare!») o in una interrogativa, specie retorica (cfr. XIII.10): «Hai tu *mai* sentito affanno di cuore? Hai tu *mai* avuto paura? Non sai le parole che fanno piacere in que' momenti?» (Manzoni, *I Promessi Sposi*, XX 51).

d) *Ora* indica in primo luogo un'azione che si svolge nel tempo presente («che stai facendo *ora*?»), ma si usa anche per un evento passato da poco o imminente («C'è Mario? – È andato via *ora*»; «*ora* dovremo stare attenti»). Per il passato recente si ha spesso la ripetizione *or ora*: «L'albero a cui tendevi / la pargoletta mano, / [...] nel muto orto solingo / rinverdì tutto *or ora*» (Carducci, *Pianto antico*, 1-6). Nell'uso italiano attuale *ora* è sinonimo di *adesso*; *mo* (o *mo'*) si ha solo nei dialetti.

Adesso in epoca antica aveva il triplice senso di 'sùbito', 'sempre', 'ora'. La sua presenza nel lessico della poesia toscana dei primi secoli sarà dovuta all'influsso dei poeti siciliani, dove è attestato con il senso di 'sùbito' in accordo col provenzale *ades* («o gente in cui fervore aguto *adesso* / ricompie forse negligenza e indugio / da voi per tiepidezza in ben far messo» Dante, *Purgatorio*, XVIII 106-108). Già nel Cinquecento il grammatico vicentino Giovan Giorgio Trissino qualificò *adesso* per 'ora' come voce non fiorentina e il Manzoni lo sostituì poi quasi sempre con *ora* nelle correzioni ai *Promessi Sposi*.
Mo 'ora', 'or ora', 'tra poco', pur non essendo di schietta origine fiorentina, ha avuto una certa fortuna nella lingua letteraria, e si trova spesso in Dante («su per la viva luce passeggiando / menava io li occhi per li gradi, / *mo* su, *mo* giù e *mo* recirculando», *Paradiso*, XXXI 46-48). Vive oggi nei dialetti del Centromeridione e in Lombardia (dove è attestato sin da epoca antica).

e) *Ormai* (composto di *ora*+*mai*) indica un evento giunto a maturazione (in molti usi è sinonimo di *già*): «hai ventiquattro anni finiti, ed è *ormai* tempo di lasciare le bizzarrie» (Cantù, *Novelle lombarde*). È frequente anche la forma piena *oramai*: «*oramai* imbruniva sui colli e nelle valli» (Comisso, *Il grande ozio*).

f) *Presto* può indicare 'prima del tempo stabilito' in opposizione a *tardi*, o riferirsi a un evento che si svolgerà entro breve tempo: «ti scriverò *presto*!».

g) *Prima*, *precedentemente*, *dopo*, *poi* precisano se un evento si svolge, sull'asse lineare del tempo, in un momento anteriore o posteriore rispetto a un punto di riferimento dato: «se vieni a cena da me lunedì, fammelo sapere *prima*»; «di questo parleremo *dopo*».

h) *Sempre*, *talvolta*, *talora* si adoperano per indicare lo svolgersi continuato e senza fine («fa *sempre* così») o a intermittenza irregolare di un evento («due occhi incavati eran per lo più chinati a terra, ma *talvolta* sfolgoravano, con vivacità repentina» Manzoni, *I Promessi Sposi*, IV 7; «più che da intravederli *talora* in distanza, curvi a lavorare [...], non eravamo mai riusciti» Bassani, *Il giardino dei Finzi-Contini*, 93). *Sempre* è usato anche come sinonimo di *ancora* («vivi *sempre* a Roma?»).

i) *Spesso*, *sovente* indicano il ripetersi di un'azione in modo abbastanza frequente, comunque più frequente di *talora*, *talvolta*.

33. Locuzioni avverbiali di tempo: *sul presto* / *sul tardi*, *d'ora in ora*, *di quando in quando*, *di giorno in giorno*, *d'un tratto*, *tutt'a un tratto*, *di botto*, *in tempo*, *per tempo*, *di buon'ora*, *una volta*, *un tempo*, *prima o dopo*, *prima o poi*, *in un batter d'occhio*, *in men che non si dica*, *nel frattempo*, *nel frattanto* (più comune il solo *frattanto*), ecc. Ricordiamo in particolare:

a) *Alla fine*, *alla fin fine* oltre a indicare propriamente la fine di un'azione, servono a presentare un fatto che si compia dopo una serie abbastanza lunga di altri eventi (anche sottintesi: «vedrai che il nuovo ambiente di lavoro, *alla fin fine*, ti piacerà»). Frequente è il loro uso dopo una proposizione concessiva, come in questo esempio di Pirandello: «Si sa che certe specie di pazzia sono contagiose. Quella del Paleari, per quanto in prima mi ribellassi, *alla fine* mi s'attaccò» (*Il fu Mattia Pascal*, 141).

b) La locuzione *di notte*, se segue un nome in funzione aggettivale, assume il senso particolare di 'nella vita mondana notturna' (ci si riferisce di solito alle sale da ballo, ai ristoranti e ai luoghi di divertimento in genere), come traduzione della locuzione «turistica» inglese *by night*: «Comincia il processo alla *Milano di notte*» («Corriere della Sera», 9.6.1986, 19); «Scoprite *Roma di notte!*» (da un annuncio pubblicitario).

c) Le locuzioni *un giorno*, *un tempo*, *una volta*, poste all'inizio di una narrazione, servono come indici temporali indefiniti di tutta la narrazione (è, per intenderci, il «c'era una volta» delle fiabe), situandola nel passato assoluto senza legami di continuità col presente del narratore.

d) Tra le locuzioni avverbiali con doppia preposizione *a* (cfr. XII.16b e XII.26b) vanno menzionate le locuzioni temporali *a mano a mano* (o *man mano*) e *a poco a poco*, che indicano lo sviluppo progressivo di un'azione. Anche qui, come nel caso dei costrutti paralleli *a corpo a corpo*, *a faccia a faccia*, c'è una certa tendenza ad eliminare la prima *a*; tuttavia l'uso scritto più sorvegliato, non solo letterario, è abbastanza ancorato al modulo tradizionale. Esempi: «Tu, piccola sposa, crescesti: / *man mano* intrecciavi i capelli, / *man mano* allungavi le vesti» (Pascoli); «*a mano a mano* che scompare l'innamoramento emergono le due personalità di fondo ed i loro contrasti» (F. Alberoni, in «Corriere della Sera», 11.8.1986, 1; altri esempi di *a mano a mano* in Martino, *Fisiologia*, 44; Levi, *Cristo si è fermato a Eboli*, 45); «*a poco a poco* s'era abituato alla vita chiusa, all'obbedienza cieca, alla disciplina» (Deledda, *Romanzi e novelle*; un altro esempio di *a poco a poco* in Cassola, *La ragazza di Bube*, 29). Ma, come per *faccia a faccia*, la prima *a* manca nei casi – peraltro rarissimi – di uso sostantivato: «La storia / [...] / detesta *il poco a poco*» (Montale, *La storia*, 14).

III. Avverbi di luogo

34. Specificano il luogo d'un'azione, la collocazione di un oggetto nello spazio, la distanza di un oggetto dagli interlocutori. Rispetto a un luogo, già noto o anche ignoto, essi possono indicare ad esempio se qualcosa o qualcuno si trovano *fuori* o *dentro*, *dietro* o *davanti*, *sopra* o *sotto*, *vicino* o *lontano* in relazione ad esso: «vieni *fuori*», «fatti *vicino*», «forse *laggiù* troverà i suoi amici», ecc. *Via* esprime genericamente l'allontanamento da un luogo: «– C'è Mario? – È andato *via* poco fa».

35. In italiano quasi tutti gli avverbi semplici di luogo si limitano a collocare nello spazio in relazione ai parametri orizzontale / verticale, esterno / interno, anteriore / posteriore, superiore / inferiore, ecc., senza specificare alcun altro aspetto della rappresentazione spaziale. Altre lingue presentano uno schema più complesso. In tedesco, ad esempio, i prefissi (e suffissi) *hin* e *her* specificano se l'oggetto della rappresentazione spaziale è in allontanamento (*hin*) o in avvicinamento (*her*) rispetto a chi parla: così *hinaus* 'fuori, via di qui' e *heraus* 'fuori (verso qui)', *dahin* 'verso là' e *daher* 'da là', ecc.
Alcuni avverbi di luogo mettono in risalto quale sia la distanza di un luogo o di un oggetto rispetto agli interlocutori. Si tratta di avverbi perfettamente speculari rispetto ai pronomi e aggettivi dimostrativi *questo*, *codesto*, *quello*, con i quali possono anche combinarsi (cfr. VII.122).

36. I. *Qui*, *qua* (e i composti *quaggiù*, *qua sotto*, *qua sopra*) identificano un luogo prossimo, con riguardo al fatto che esso si trova vicino a chi parla, meno vicino o anche lontano da chi ascolta.

37. Antiquato l'avverbio locativo *quivi*. A differenza di *qui*, che indica un luogo vicino a chi parla, *quivi* indica nell'italiano antico o nella lingua letteraria un luogo puntuale di cui si sia già fatta menzione: «le donne parenti e vicine *nella casa del morto* si ragunavano e *quivi* [...] piagnevano» (Boccaccio, *Decamerone*, VII 8 20); «fra Cristoforo attraversò il villaggio, salì per una viuzza a chiocciola, e pervenne *su una piccola spianata*, davanti al palazzotto [...]. Regnava *quivi* un gran silenzio» (Manzoni, *I Promessi Sposi*, V 20). Ecco un altro esempio del

Boccaccio, in cui *qui* e *quivi* sono adoperati entrambi: «quantunque *quivi* [nei «nostri luoghi in contado», citati poco prima] così muoiano i lavoratori come *qui* [a Firenze, dove Pampinea sta parlando] fanno i cittadini» (*Decamerone*, I *Introduzione* 68). Oggi le funzioni di *quivi* sono svolte soprattutto da *lì*.

38. II. *Lì*, *là* (e i composti *laggiù*, *lassù*) identificano un luogo distante con riguardo al fatto che esso si trova lontano sia da chi parla sia da chi ascolta.

39. III. *Costì*, *costà* (e i composti *costaggiù*, *costassù*) identificano un luogo distante con riguardo al fatto che esso si trova lontano da chi parla, ma vicino a chi ascolta («– Dimmi, bambino, che cosa fai *costaggiù*? – Non lo vedi? Piango!» Collodi, *Pinocchio*, 78). Il loro uso nella lingua parlata è oggi limitato alla Toscana.

40. Pur essendo per gran parte equivalenti, *lì* e *là* (come *qui* - *qua* e *costì* - *costà*) non sono sempre intercambiabili: *lì* è usato (come *qui* e *costì*) di preferenza per un luogo puntuale, definito con precisione, mentre *là* (come *qua* e *costà*) indica piuttosto un luogo come area, senza una determinazione precisa (ROSSINI 1979; VANELLI 1981 e, per *costì* / *costà*, BRODIN 1970: 99-100). L'opposizione 'puntualità' / 'arealità', pur non emergendo sempre con nettezza, appare evidente nelle costruzioni con preposizione. Diremo infatti *di là dal fiume*, *dal confine*, ecc. perché, così facendo, suddividiamo lo spazio in aree (distinte dall'oggetto «di confine» menzionato: *di là da x* presuppone sempre, implicitamente, *di qua da x*); non sarebbe corretto dire **di lì dal fiume*. Diremo invece *passare di lì* con il preciso riferimento ad un luogo puntuale (meno appropriato, per quanto non scorretto, *passare di là*) che viene attraversato o sfiorato. Nella suddivisione dello spazio domestico, ogni locale essendo intuitivamente un'area, diremo «vado *di là* in cucina», «vieni *di qua* in salotto».

41. Si osservi ancora:
a) La lingua antica e letteraria disponeva di alcuni avverbi sintetici per esprimere concetti simili: *indi* 'di là', *quindi* 'di qui', *quinci* 'di qui'; ad esempio: «*quinci* non passa mai anima buona», «or può sicuramente *indi* passarsi» (Dante, *Inferno*, III 127 e *Purgatorio*, XVI 18). Usati correlativamente, *quinci* e *quindi* potevano significare 'da un lato e da un altro', 'di qua e di là': «qui si conviene usare un poco d'arte / – cominciò 'l duca mio – in accostarsi / or *quinci*, or *quindi* al lato che si parte» (Dante, *Purgatorio*, X 9-11); «mirava il ciel sereno, / le vie dorate e gli orti, / e *quinci* il mar da lungi, e *quindi* il monte» (Leopardi, *A Silvia*, 23-25).
b) Tra gli avverbi di luogo di uso soprattutto antico ricordiamo inoltre *lunge*, *lungi* 'lontano', che ha una certa vitalità anche nella lingua letteraria moderna («Un bacio. Ed è lungi. Dispare / giù in fondo» Gozzano, *L'assenza*, 1-2), in particolare come elemento di locuzioni preposizionali («lungi da me l'intenzione di offenderti!»; «Lunge da lei per me non v'ha diletto!» F. M. Piave, *La Traviata*, in VERDI-BALDACCI 1975: 304) o di locuzioni congiuntive in frasi con valore avversativo o consecutivo (cfr. XIV.213a).

42. Numerosi i costrutti preposizionali con avverbio di luogo: oltre ai già citati *di là*, *di qua*, *di lì* abbiamo *per di qua* e *per di là*. *In* può precedere solo *qua*, *costà* e *là* (non si può dire **in lì*, **in qui*, **in costì*; FORNACIARI 1881: 253-254).

43. Alcune locuzioni avverbiali di luogo sono costruite con preposizione come *di qua* e *di là* (spesso coordinata a *di su* e *di giù* con valore generico: «*di qua*, *di là*, *di su*, *di giù* li mena» (Dante, *Inferno*, V 43); «un vino molto giovane, che grilla e gorgoglia e ribolle [...] e gocciola *di qua e di là*» (Manzoni, *I Promessi Sposi*, XI 25). Valore locativo indeterminato ha anche *in giro*: «di questi uccelli, egli sa solo quel che ha sentito dire *in giro*» (Calvino, *Palomar*, 63; con un significato simile si adopera *nell'aria*, *per aria*: «qualcosa *per aria* c'è di sicuro» Manzoni, *I Promessi Sposi*, VI 23).
Ricordiamo l'espressione di senso traslato *prendere* (o *portare*) *in giro*: «non mi piace che tu prenda in giro le cose sacre» (Moravia, *La noia*).

44. Tra le locuzioni avverbiali di luogo va poi considerato a parte il tipo con dupli-

XII. L'avverbio

cazione del sostantivo (adoperato sempre in connessione con un verbo di moto come *andare, camminare, navigare*) che esprime un moto «rasente luogo» (MIGLIORINI 1973: 313-319): *navigare riva riva, costa costa, terra terra, camminare muro muro*. Per una distanza minima, anche metaforicamente, si ha *pelo pelo*: *passare pelo pelo* e *farcela pelo pelo* ('a stento, per un soffio, per un capello' e proprio 'per un pelo').
Per *ci, vi, ne* cfr. VII.45, VII.52.

IV. Avverbi di quantità

45. Definiscono una quantità senza misurarla con tutta esattezza, ma con riguardo essenzialmente all'abbondanza o scarsità di essa: *più, meno, molto, poco, appena*, ecc.
Alla base dell'opposizione abbondanza / scarsità sta spesso, implicitamente, il concetto di «adeguatezza»: gli avverbi che esprimono il concetto di adeguatezza quantitativa sono *abbastanza* e *sufficientemente*. Abbiamo poi, nell'uso colloquiale, *pari pari* e altre locuzioni come *per un pelo, pelo pelo*, ecc., già esaminate nel loro valore locativo (cfr. XII. 44). Tutti gli altri avverbi di quantità possono esprimere, per eccesso o per difetto, il concetto di inadeguatezza quantitativa: in una scala di valori progressiva si situano *pochissimo, poco, appena, abbastanza, piuttosto, molto, moltissimo, troppo*, e poi tutta una serie di sfumature intermedie nelle locuzioni *un po', un po' troppo, un po' pochino, appena un po', appena appena*.
Gli avverbi di quantità si adoperano appunto nelle proposizioni di adeguatezza (cfr. XIV.143), che hanno un antecedente come *troppo, troppo poco, abbastanza* nella sovraordinata, e l'infinito con *per* o *da* o il congiuntivo con *perché* nella subordinata: «è una notizia *troppo* bella *per* essere vera!», «è un tecnico *abbastanza* esperto *perché* gli si affidi la progettazione dello scavo».
Ecco una serie di frasi in cui compaiono avverbi e locuzioni avverbiali di quantità: «qualche lume in distanza: cascine, automobili / che si sentono *appena*» (Pavese, *Lavorare stanca*); «fate con questi ingredienti una pasta *piuttosto* soda, lavoratela *moltissimo* con le mani e lasciatela *un poco* in riposo» (Artusi, *La scienza in cucina*, 313); «non si può mai *abbastanza* raccomandare a' furbi di professione di conservar sempre il loro sangue freddo» (Manzoni, *I Promessi Sposi*, XV 57); «il rossetto sulle tue guance arde e scotta *al pari* / del sole sulle guance della bella stagione» (Bertolucci, *La camera da letto*, 103).
Nell'ultima frase citata (Bertolucci) la locuzione *al pari di* indica una comparazione fra due termini. Numerosi altri avverbi (ad esempio *tanto* e *quanto*) si adoperano nel formare le proposizioni comparative, cui sono dedicate specifici paragrafi della presente *Grammatica* (cfr. XIV.214 sgg.).

46. Nell'uso più recente, specie orale e giornalistico, va diffondendosi un uso intensivo di *abbastanza*, da evitare nello scritto formale: «la popolazione italiana [...] dà una dimostrazione di solidarietà e di umanità *abbastanza* straordinarie» («La Repubblica», 16-17.11.1986, 29='assolutamente, decisamente straordinarie'); «ciò, a nostro parere, è *abbastanza* scandaloso» («Corriere della Sera», 7.3.1987, 1).

47. Vediamo ora alcuni dei più notevoli avverbi di quantità:
a) *Affatto*, 'del tutto' si può adoperare, secondo il suo valore originario, in frasi affermative: «la forma estetica è *affatto* indipendente dall'intellettiva» (Croce, *Estetica come scienza dell'espressione e linguistica generale*). Essendosi diffuso sempre più come rafforzativo della negazione («oggi non fa *affatto* caldo»), si trova anche da solo come negativo col senso di 'per niente', 'punto', 'in nessun modo': «Disturbo? – *Affatto*» (nell'uso più sorvegliato è bene servirsi comunque di un avverbio o pronome negativo: «nient'affatto»).
b) *Altrettanto* è l'avverbio quantitativo della reciprocità, e s'adopera di frequente nelle risposte a frasi augurali come «Buon appetito» («Grazie, altrettanto!»), «Buone feste» («Altrettanto a te!»).
c) *Assai*, 'molto' può significare anche 'abbastanza', con un'accezione prossima al valore etimologico (<lat. ĂD SĂTIS): «non pianger più; non hai tu pianto *as-

sai?» (Petrarca, cit. in FORNACIARI 1881: 267). Caratteristico è il suo uso con i verbi *sapere*, *importare*, nel senso antifrastico di 'non saperne nulla', 'non tenere in alcun conto': «*sai assai* tu, di come va il mondo!»; «m'*importa assai* dei suoi discorsi!».
Nella lingua antica si aveva anche *sapere molto* col medesimo valore antifrastico di 'sapere assai'; ma già nell'Ottocento questa forma doveva essere sentita come arcaica, se il Manzoni sostituì proprio un *sapere molto* con un *sapere assai* nelle sue correzioni ai *Promessi Sposi*: «so *assai* io» [edizione 1827: «so *molto* io»] dove lo è andato a pigliare». Si noterà che in queste locuzioni il soggetto è di regola posposto.
d) *Troppo* è l'avverbio che più comunemente indica eccedenza (o eccessiva scarsità: *troppo poco*). In alcune espressioni rafforza l'aggettivo con senso superlativo: «troppo bello!» (='bellissimo!'). Da notare l'uso esclamativo («è troppo!») e quello con litote intensiva (come in «non sto troppo bene»='non sto bene', «non mi sembra troppo giusto»='mi sembra sbagliato').

48. Tra le locuzioni avverbiali di quantità possiamo ricordare ancora *press'a poco*, *all'incirca*, *su per giù*, *più o meno*, *né più né meno*, *né tanto né poco* (colloquialmente: «non mi piace *né tanto né poco*»='non mi piace affatto').

49. Rientrano in questa categoria, ma come indicatori di quantità ben determinate, i numerali distributivi: *due per volta*, *tre per volta*, ecc. (indefinitamente, *un po' per volta*); *due alla volta*. Con ripetizione del numerale si può avere *uno per uno*, *due per due*; *a uno a uno*, *a due a due* (per *a uno a uno* contro *uno a uno* valgono le stesse considerazioni che abbiamo fatto a proposito di *a faccia a faccia* contro *faccia a faccia*: cfr. II.26b).
Oggi non si usa più dire *a due*, *a tre*, assolutamente, come in un famoso esempio dantesco («come le pecorelle escon del chiuso / *a una*, *a due*, *a tre*, e l'altre stanno», *Purgatorio*, III 79-80; o, in unione con *insieme*: «intanto badava agli operai che entravano *a due*, *a tre insieme* e n'eran già entrati più di duecento», De Amicis, *Cuore*, 193).

V. Avverbi di giudizio, avverbi di affermazione e di negazione

50. Affermando o negando, presentando come probabile o improbabile un evento, gli avverbi di giudizio trasmettono un'informazione sull'atteggiamento del parlante in merito a quanto sta comunicando. Vediamo alcuni esempi: «*forse* è questo racconto che è un ponte sul vuoto» (Calvino, *Se una notte d'inverno un viaggiatore*, 82); «a quest'ora *probabilmente* non troveremo nessuno»; «il caldo – che *sicuramente* troveremo in Messico – è un altro elemento da tenere in grande considerazione» («Panorama», 4.5.1986, 229); «La stella. È *ovviamente* Cha-Bum Kim e e porta tutti i segni distintivi» («Guerin sportivo», 4-10.6.1986, 83); «E tu *certo* comprendi / il perché delle cose, e vedi il frutto / del mattin, della sera, / del tacito, infinito andar del tempo. / Tu sai, tu certo, a qual suo dolce amore / rida la primavera» (Leopardi, *Canto notturno di un pastore errante dell'Asia*).
Assai frequente è la ripetizione di un aggettivo con *davvero*, per ribadire enfaticamente un giudizio: «bello, bello *davvero*»; «una strana visita, strana *davvero*, monsignore illustrissimo!» (Manzoni, *I Promessi Sposi*, XXIII 1).
In tutti gli esempi elencati qui sopra, l'avverbio di giudizio serve a segnalare la probabilità o la certezza che chi pronuncia la frase attribuisce agli eventi in essa descritti. *Forse* e *probabilmente* sono classificabili come avverbi di dubbio; *ovviamente*, *certo*, *davvero* come avverbi di affermazione.

51. Il più frequente avverbio di giudizio è un avverbio negativo: *non*. L'impiego del semplice *non* rappresenta la modalità fondamentale per trasformare in negativa una frase affermativa: «ho fame»→«*non* ho fame» (ma come avverbio olofrastico si deve ricorrere a *no*, vedi oltre).
Il *non* è sempre anteposto al verbo (quando non si adoperi in frasi nominali, ad esempio: «addome trattabile, non dolente alla palpazione superficiale», in una cartella clinica). In diversi casi, *non* è puramente fraseologico: così in proposizioni esclamative («che cosa *non* hanno fatto

XII. L'avverbio

quel padre e quella madre per salvarlo!» D'Annunzio, *Trionfo della morte*, 284; =quante cose hanno fatto...), oggettive rette da un verbo di timore («si assicura che sia chiusa la porta del sotterraneo-laboratorio, per *il timore che* il dannato profumo di limoncella non scappi», ecc. Piovene, *Madame la France*), interrogative retoriche (cfr. XIII.10), comparative (cfr. XIV.234 sgg.), ecc.

52. I due avverbi che si adoperano più comunemente per dare una risposta affermativa o negativa ad un'interrogativa totale (cfr. XIII.7a) sono *sì* / *no*. Si parla in questi casi di «uso olofrastico» dell'avverbio, poiché *sì* e *no*, reinterpretando come esistente / non esistente, vero / non vero quanto detto nella frase interrogativa, si comportano come sostituenti di frase (pro-frasi): «– Hai visto il film? – Sì» (che sta per «ho visto il film», «l'ho visto»); «– T'è piaciuto il concerto? – No» («il concerto non m'è piaciuto»).

53. In particolare:
a) *Sì* e *no* sostituiscono un'intera frase, o, per meglio dire, un sintagma verbale, anche quando non siano adoperati nelle risposte: «La Caritas non vuole l'obiezione fiscale. 10 mila religiosi *sì*» (=10 mila religiosi, *invece, la vogliono*; «Il Manifesto», 23.5.1986, 6); «a te piacerà pure, a me *no*».
b) In una frase come «ti piace *o no*?», *no* evita la ripetizione del verbo preceduto da negazione («ti piace *o non ti piace*?»): «ma che riuscissero *o no*, hanno tentato» («La Stampa», 30.7.1986, 9). Quando il costrutto interessa un sostantivo (o un aggettivo, o un participio), si passa dal tipo «studenti *e non studenti*» al tipo brachilogico «studenti *e no*» (si pensi al titolo del romanzo di Vittorini *Uomini e no*): «una quantità di medici, giovani *e no*» (D'Agata, *Il medico della mutua*, 9). Talvolta ci si limita all'ellissi del sostantivo o del verbo da ripetere: «dimmi se ti piace *o non* (ti piace)», «studenti *e non* (studenti)», «confessioni di preti sposati *e non*» («La Repubblica», 29.8.1986, 6). In luogo di *o no* si adopera anche *o meno* («ecco due cose le quali non so se mi garbassero *o meno*» Nievo, *Le confessioni di un italiano*), locuzione molto diffusa ma da evitare almeno nello scritto e nel parlato più formale.

c) Talvolta una frase negativa può essere preceduta da *no* con valore di enfatizzazione: «Ma l'amore *no*. / L'amore mio *non può* / disperdersi nel vento con le rose» (canzone di Galdieri-D'Anzi, del 1942, in BORGNA 1985: 246); «Eppoi *no*, né il sacrificio né la morte aggiungono nulla a una vita» (Serra, *Esame di coscienza di un letterato*, 44).

d) In una frase principale *sì* e *no* possono anticipare una coordinata con valore avversativo: «Caro ragazzo, *sì*, certo, incontriamoci, *ma* non aspettarti nulla» (Pasolini, *Frammento epistolare*, 1-2); «– È una cosa amara – disse il deputato – [...] ma non si deve credere che Stalin abbia potuto distorcere la natura dello Stato socialista. – Sì – disse Calogero – questo anche Krusciov lo dice; *ma* io non capisco più niente» (Sciascia, *Gli zii di Sicilia*, 92). Caratteristico l'uso di *sì* e di *no* posposti a un singolo termine della sovraordinata cui segua una coordinata avversativa: «due però erano i libri che don Ferrante anteponeva a tutti [...] l'uno, il 'Principe' e i 'Discorsi' del celebre segretario fiorentino; *mariolo sì*, diceva don Ferrante, *ma* profondo: l'altro, la 'Ragion di Stato' del non men celebre Giovanni Botero; *galantuomo sì*, diceva pure, *ma* acuto» (Manzoni, *I Promessi Sposi*, XXVII 52); «se la vecchia signora di marmo l'avesse realmente veduta, realmente incontrata in quel punto, si sarebbe senz'altro, *piegata no*, impaurita *no*, *ma* posta in difesa» (Fogazzaro, *Piccolo mondo antico*, 95).

e) Molto frequente la ripetizione dell'avverbio, che conferisce più forza all'affermazione o alla negazione di un concetto: «– Chi siete – io chiesi – siete il becchino? – Rispose la voce: «– *No, no*. Faccio il soldato» (Vittorini, *Conversazione in Sicilia*, 160); «– Non è vero – soggiunse voltatosi verso la classe – che egli la merita per questo? – *Sì, sì* – risposero tutti a una voce» (De Amicis, *Cuore*, 146). Altre modalità rafforzative si hanno con le espressioni *sì che* (oppure *certo che*) / *no che* (*non*), seguite dal predicato nominale o verbale presente nell'interrogativa: «– *Credete* voi [...] che Dio ha data alla sua Chiesa l'autorità di rimettere e di ritenere [...]? – *Sì che lo credo*»; «– È *tua moglie*? – Oh caro padre! *no che non è mia moglie*» (entrambi gli esempi in Manzoni, *I Pro-

messi Sposi, XXXVI 63 e XXXV 21).

f) Sissignore, nossignore (raramente con stacco grafico *sì signore, no signore*) sono oggi di tono polemico o ironico, come già in questo esempio del Manzoni: «Ci vuol tanto a fare il galantuomo tutta la vita, com'ho fatt'io? *No signore*: si deve squartare, ammazzare, fare il diavolo ...» (*I Promessi Sposi*, XXIII 60); *signorsì, signornò* (e le forme con aferesi *gnorsì, gnornò*) sono anch'esse enfatiche o scherzose, quando non siano usate in ambiente militare per rispondere a un ordine.

g) La forma *ni*, che è una commistione di *sì* e *no*, è usata, quasi sempre scherzosamente, più come sostantivo che come avverbio olofrastico: «eh, già, sì o no... per lei è semplice: sì o no, e se invece dicesse: ni?» (Moravia, *Racconti*); «Come i metalmeccanici hanno seppellito l'epoca dei '*ni*'» («Corriere della Sera», 28.6.1986, 1).

h) Tra gli usi particolari di *sì* e *no* ricordiamo: 1) Con funzione aggettivale, le locuzioni *momento sì / momento no* 'momento favorevole, propizio' / 'momento sfavorevole': «Klaus analizza il *momento-sì* di tutti: 'è logico che le cose vadano meglio'» («Corriere dello Sport-Stadio», 10.11.1986, 10); 2) Adoperati come sostantivi, *sì / no* significano 'risposta affermativa, assenso' / 'risposta negativa, rifiuto'; ad esempio: «il vecchio antifascismo dell'esilio, della cospirazione, del silenzio e dello sdegno che ha opposto al regime un *no* di principio, rifiutandone l'esperienza; e il nuovo antifascismo, nato dentro il fascismo, arrivato al *no* dopo aver partecipato» (Bocca, *Storia dell'Italia partigiana*, 15); 3) Con riferimento al «sì» pronunciato dagli sposi all'altare, *sì* può assumere il significato di 'matrimonio': «lo scrittore-pastore sardo Gavino Ledda parla del suo *sì* a una ragazza di 20 anni più giovane» («Oggi», 29.10.1986, 44-45).

i) Negli ultimi tempi hanno preso piede, come avverbi olofrastici positivi in luogo di *sì*, *certo*, le forme *esattamente, esatto*. Da alcune interviste giornalistiche: «– Prove che la Cassazione, però, ritenne insufficienti – *Esattamente*»; «– C'è un precedente in merito, dalla stessa sezione della Cassazione, sulle Unità Comuniste Combattenti – *Esatto*» («La Repubblica», 6.6.1986, 6; due interviste differenti); «– C'è un altro sodalizio che procede bene, quello con Laura Battaglia – *Esatto*. Trovo magnifico il lavoro di coloritura che ha fatto» («L'Espresso», 8.6.1986, 83). Recente anche l'uso di *assolutamente* con valore affermativo («Sei sempre dello stesso parere? – Assolutamente»): un modo che forse risente dell'ingl. *absolutely*, adoperato in contesti analoghi.

54. Numerose particelle avverbiali concorrono a rafforzare la negazione (*particelle completive* della negazione). Il tratto semantico saliente che ci permette di spiegarne l'origine comune è il concetto di 'quantità esigua, infinitesimale': *punto* e *mica* ad esempio, che sono le due più comuni nella lingua letteraria, volevano dire in origine 'punto' (lat. PŬNCTUM) e 'briciola' (lat. MĪCA). Così come in francese la particella rafforzativa *pas* può soppiantare del tutto la negazione *ne* che la precede («il [*ne*] vient *pas*», 'non viene', che inteso alla lettera secondo l'etimologia sonerebbe «non viene [nemmeno un] passo»), anche *mica* può essere adoperato come forma negativa indipendente nei tipi «*mica* male», «*mica* l'ho detto io», che hanno però, a differenza dei paralleli francesi, un certo rilievo enfatico. Per *affatto* cfr. XII.47a.

55. Tutte queste particelle completive (e anche l'avverbio temporale *mai*, cfr. XII.32c), se usate dopo il verbo – come avviene normalmente – richiedono la compresenza dell'avverbio negativo *non*, alla stregua dei pronomi indefiniti negativi (cfr. VII.193). Il mancato rispetto di questa norma è caratteristico dell'italiano settentrionale: «– Peso *mica* tanto – disse il curato ridendo» (Fogazzaro, *Piccolo mondo antico*, 10).

56. Diverse altre particelle completive erano note alla lingua antica. Ricorderemo *fiore*, nel senso negativo di 'punto', 'affatto': «uom che *non* ha vita *fiore*» (Guittone d'Arezzo, cit. in TOMMASEO-BELLINI 1865-1879: III 217). Nell'uso lucchese *goccia* («*un* ci veggo *goccia*», cit. in NIERI 1901: 89), cui corrispondono *nutta* (Piemonte, <NON GŬTTA 'non una goccia') *negota* (Bergamo, <NĚ GŬTTA 'neppure una goccia') e in antico veneziano *gozo* 'goccia' (per tutte queste notizie vedi ROHLFS 1966-1969: 968). Al concetto di 'briciola' corrispondono nel Setten-

XII. L'avverbio

trione *brisa, brica. Filu* letteralmente 'neanche un filo' è forma salentina.

VI. Avverbi interrogativi ed esclamativi

57. *a)* Gli avverbi interrogativi introducono una frase interrogativa diretta. Distinguiamo: I. avverbi interrogativi di luogo (*dove?*); II. avverbi interrogativi di tempo (*quando?*); III. avverbi interrogativi qualificativi (*come?*); IV. avverbi interrogativi di misura (*quanto?*); V. avverbi interrogativi di causa (*perché?*).
Accanto a *dove* esistono altri tre avverbi interrogativi di luogo, tutti di uso solo letterario: *ove*, che come *dove* esprime lo stato in luogo («ove sei, che più non odo / la tua voce sonar [...]?» Leopardi, *Le ricordanze*, 144-145), *donde* e *onde*, indicanti entrambi il moto da luogo («Onde venisti? quali a noi secoli / sì mite e bella ti tramandarono?» Carducci, *Alla regina d'Italia*, 1-2).
Invece di *perché?* si può adoperare anche *come mai?.* Questa locuzione, esistente da tempo in italiano (per esempio: «Come mai sei rimasto colle gambe attanagliate fra codesti ferri arrotati?» Collodi, *Pinocchio*, 71), è oggi in forte espansione: rispetto a *perché* esprime «una maggiore disponibilità preventiva ad ascoltare e accettare le spiegazioni dell'interlocutore» (SABATINI 1985: 166).
Mai rafforza anche *perché* e *quando*: ma qui l'intenzione è quasi sempre polemica: «perché mai dovrei darti una mano?», «quando mai hanno fatto qualcosa per me?».
Si noti che tutte queste forme si considerano avverbi interrogativi soltanto nelle frasi interrogative dirette (cfr. XIII.6 sgg.), mentre svolgono la funzione di congiunzioni nelle interrogative indirette (cfr. XIV 83 sgg.): «*quando* potrò rivederla?» (avverbio) → «vorrei sapere *quando* potrò rivederla» (congiunzione).
Dove, ove, donde e *onde* possono fungere da congiunzioni relative, cfr. VII.247.
b) Molti avverbi interrogativi figurano anche in una frase esclamativa (cfr. XIII.26); così gli avverbi di luogo («*dove* siamo capitati!»), i qualificativi («*come* era stellato il cielo stanotte [...] e l'aria tiepida e profumata» Palazzeschi, *Romanzi straordinari*), gli avverbi di misura («– Oh quanto me ne rallegro! – disse don Abbondio, facendo una gran riverenza a tutt'e due in comune» Manzoni, *I Promessi Sposi*, XXIII 43). Eccezionalmente può avere valore esclamativo anche *quando*; per esempio: «quando si dice la combinazione!».

VII. Avverbi presentativi

58. Si riducono in sostanza al solo *ecco* (le cui funzioni nell'italiano contemporaneo sono ampiamente illustrate in SPITI VAGNI 1983). L'avverbio *ecco* si adopera per annunciare, mostrare, indicare, «presentare», insomma, un evento. È il segno linguistico della ostensione, e assai spesso ha la funzione di richiamare l'attenzione sul contesto quando qualche nuovo evento interviene a modificarlo (se, attendendo il treno in compagnia di un amico, scorgiamo per primi il convoglio in lontananza potremo segnalare la modificazione del contesto con una frase ostensiva come «*Ecco* il treno», «*Eccolo* che arriva», ecc.).
Avverbio di forte rilievo enfatico, spesso situato in inizio di frase, *ecco* ha la caratteristica di collegarsi con i pronomi atoni *mi, ti, ci, vi, lo* («*eccoci* finalmente a casa»; «vuoi le prove? *eccotele*») e anche con il prefisso iterativo *ri-* («*rieccomi* a voi»; si noti l'equivalenza fra «*rieccolo* che torna» e «*eccolo* che *ritorna*»). Con *-ti* e *-telo* adoperati impersonalmente si può avere il dativo etico del tipo «*eccoti* il castello» ('ecco il castello'), «*eccotelo*» ('eccolo'; cfr. II.54).

59. Vediamo ora alcuni usi di *ecco*:
a) Preceduto quasi sempre dalla congiunzione copulativa, *ecco* sottolinea la subitanea apparizione di un personaggio o un evento inatteso: «Ed *ecco*, quasi al cominciar de l'erta, / una lonza leggera e presta molto» (Dante, *Inferno*, I 31-32); «e subito *ecco* m'empie la visione / di campagne prostrate nella luce» (Sbarbaro, [*Talora nell'arsura della via*], 3-4).
Assai simile a queste costruzioni sintattiche in cui *ecco* designa la quasi-simultaneità di due azioni è il tipo in cui esso si combina con *quando* (cfr. XIV.192): «sta-

vo andando a dormire, *quand'ecco* che mi arriva la tua telefonata».
b) *Ecco* può sottolineare un dato di fatto, spesso con intenzione polemica o ironica: «*ecco* i bei risultati del tuo lavoro!»; «Ci davan poi ad intendere che la carestia è per tutto. *Ecco* come fanno, per tener quieta la povera gente di campagna» (Manzoni, *I Promessi Sposi*, XI 61).
c) Per rispondere ad un richiamo, ad una esortazione, *ecco* si adopera con funzione olofrastica per rassicurare l'interlocutore del proprio arrivo, o anche della propria presenza: «– Mario, vieni con noi? – *Eccomi*!» (='vengo subito'); «– Ma allora, ti decidi o no a venire? – *Ecco, ecco*» (='sì, sì, vengo subito', 'un momento di pazienza, arrivo', ecc.); «– Mario, ci sei? – *Eccomi*!» (che, a seconda del contesto, può significare 'sono qui' oppure 'sto venendo', ecc.).
d) Riferito ad un discorso che segue o precede, *ecco* introduce o conclude riassumendo una spiegazione: «[...] sai cosa facciamo intanto? – Cosa? – *Ecco*: ti insegno i primi elementi di astrologia» (esempio cit. in SPITI VAGNI 1983: 36); «chi è peccatore, pianga i propri peccati; *ecco* la contrizione» (Passavanti, *Lo specchio della vera penitenza*). Si può dire appartenga a questo tipo, per quanto con forme e sviluppi propri, l'*ecco* di tanti titoli giornalistici, che enuncia il tema dell'articolo: «*Ecco* in cifre il trionfo dell'Ascoli» («La Gazzetta dello Sport», 19.6.1986, 19); «Hit parade del cattivo gusto: *ecco* i 'magnifici sei'» («Annabella», 21.6.1986, 45).
e) Costruito con participio passato, *ecco* presenta il compimento di un'azione, particolarmente nella frase cristallizzata *ecco fatto*: «due altre azioni così, ed *ecco* bell'e *serviti* i nostri avversari!»; «Ti manca molto per finire? *Ecco fatto*».
f) Assai frequente è poi la costruzione di *ecco*+infinito: «alle quattro in punto di ogni pomeriggio [...], *ecco* spuntare invariabilmente Perotti»; «quasi un secolo più tardi, *ecco* riproporsi la fama sinistra di un secondo squartatore»; «improvvisamente, dal portone rimasto mezzo aperto [...] *ecco* irrompere nel portico una raffica di vento» (esempi citati in SPITI VAGNI 1983: 55; nei primi due *ecco*+infinito sottolinea il ripetersi di un'azione ad inter-

valli; nel terzo il costrutto traduce l'immediatezza dell'azione). Un esempio di *ecco*+preposizione *a*+infinito: «*Eccoli* gli operai sul prato verde / *a mangiare*: non sono forse belli?» (Penna, *Tutte le poesie*, 46).
g) Simile al tipo *ecco fatto* è *ecco qui* (o *ecco qua*) con cui presentiamo all'interlocutore un oggetto richiesto (– Vorrei un analgesico – '*Ecco qui*'). Più in generale, *ecco* si combina con gli avverbi di luogo *lì, là, qui, qua*, ecc., con i quali completa e precisa spazialmente la propria funzione ostensiva: «*ecco là* tua figlia», «*ecco laggiù* il promontorio», «*ecco qui* il libro che cercavamo».
h) *Ecco* in posizione iniziale regge assai di frequente una proposizione introdotta da *che*: «*ecco* che viene tuo fratello». Specie nella lingua letteraria può aversi facilmente l'ellissi della congiunzione: «*ecco* le porte del tempio di Giano si chiusero» (Giamboni, *Volgarizzamento delle storie contra i pagani di Paolo Orosio*); «*ecco* dietro la traccia / d'un fievole sibilo d'ale, / io la inseguo per monti, per piani, / nel mare, nel cielo» (Pascoli, *La felicità*, 3-6).

60. Numerosissimi sono poi gli usi fraseologici di *ecco* (come segnale discorsivo):
a) Per manifestare esitazione (o anche per una pausa di riflessione, di «messa a fuoco» del discorso): «io... *ecco*... vorrei vederci chiaro»; «*ecco*, cioè: sono molto occupato (e preoccupato)» (Sanguineti, *Segnalibro*, 327).
b) Per rafforzare un'asserzione: «È questo, *ecco*, che non mi va giù del tuo comportamento».
c) Prima di rivolgere una domanda: «Sì, *ecco*... sei stata a Thruscross Grange. Sei salita nella mia vecchia stanza?» (da un romanzo rosa, cit. in SPITI VAGNI 1983: 40).
d) Con uso quasi interiettivo, per incalzare l'interlocutore: «[SÀRCOLI] Ma lei previde che questa pubblicazione avrebbe acceso in noi giovani...? – [***] ... tutta questa fiamma? No, questo forse... – [SÀRCOLI] *Ecco! Ecco!* Lei non lo poteva prevedere» (Pirandello, *Quando si è qualcuno*, IX 261).
e) Alla fine di una frase, *ecco* si adopera come segnale di brusca interruzione del discorso, spesso nella locuzione *ecco tutto*: «un bel mattino non mi avrebbe più

visto, *ecco tutto*» (Pavese, *La luna e i falò*).

61. L'avverbio ĔCCUM sostituì nel latino volgare d'Italia il più antico ĔCCE, ed ebbe una straordinaria importanza nella costruzione di nuove forme che trassero origine da costrutti presentativi assai diffusi nella lingua parlata. Basterà scorrere quest'elenco di aggettivi, avverbi, pronomi italiani per rendersene conto:

ĔCCUM	ĬSTUM	*questo*
»	ĬLLUM	*quello*
»	TĬBI ĬSTUM	*codesto*
»	HĪC	*qui*
»	ISTĪC	*costì*
»	ISTĀC	*costà*
»	ILLĀC	*colà*
»	ISTĪNC	*costinci*
ĔCCUM	HĪNC	*quinci*
»	ĬBI	*quivi*
»	ĬNDE	*quindi*
»	*ISTŪI	*costui*
»	*ILLŪI	*colui*
»	TĂNTUM	*cotanto*
»	TĀLEM	*cotale*
»	SĪC	*così*

62. Le forme *vedi, senti, guarda,* ecc., la cui caratteristica principale è di articolare il discorso o dare indicazioni sullo svolgimento della comunicazione (cfr. MANILI 1983: 3 e qui indietro, IX.4 sgg.) hanno spesso una funzione presentativa simile a quella di *ecco*.
Per la forma interiettiva *ve'* ('vedi', 'guarda') cfr. X.30.

Gradi e alterazioni dell'avverbio

63. Come degli aggettivi, anche degli avverbi si può formare il comparativo o il superlativo; ma non di tutti. Tra quelli che lo ammettono vi sono innanzitutto gli avverbi di tempo e di luogo.
Il comparativo di maggioranza e di minoranza degli avverbi si forma, come negli aggettivi, con *più / meno: più presto, meno lontano*. Il superlativo si forma aggiungendo il suffisso *-issimo* agli avverbi semplici: *prestissimo, lontanissimo*. Negli avverbi derivati in *-mente* il superlativo si ricava dal grado superlativo dell'aggettivo femminile singolare: *fortemente → fortissima-mente, stranamente → stranissima-mente*.
Non hanno né comparativo né superlativo gli avverbi qualificativi in *-oni*.

64. Come gli aggettivi loro corrispondenti (cfr. V.79), alcuni avverbi hanno forme organiche di comparativo e superlativo (limitatamente a *bene, male, grandemente*):

bene	meglio	ottimamente *o* benissimo
male	peggio	pessimamente *o* malissimo
molto	più	moltissimo
poco	meno	pochissimo
grandemente	maggiormente	massimamente

65. Alcuni avverbi, e tra questi più comunemente *bene, male, poco, presto, tardi, forte, piano* possono essere alterati mediante suffisso: *benino, benone, malaccio,* ecc. Ecco alcuni esempi: «– Come va? – Non c'è *malaccio*, grazie»; «Il colonnello aveva fatto molte osservazioni, e il capitano Montanari le aveva pigliate *maluccio*» (Visconti Venosta, *Ricordi di gioventù*); «tornammo a casa *tardino*, perché c'eravamo trattenuti a parlare coi Rossi»; «T'è piaciuto di vedere quelle città. E hai fatto bene. Ti sei divertito: hai fatto bene, bene e *benone*» (Pea, *La figlioccia e altre donne*).

66. La locuzione *non c'è male* (da cui si origina quella con suffisso peggiorativo *non c'è malaccio*) non deriva in realtà dall'avverbio *male*, bensì dal sostantivo *male* (col suo grado peggiorativo *malaccio*) nel senso medico di 'malattia, malessere'. Persasi consapevolezza del significato primitivo, *male* e *malaccio* sono stati riformulati come avverbi. Ma si noterà che, per quanto riguarda il grado alterato *malaccio*, esso è adoperato solo antifrasticamente in *non c'è malaccio* ('va abbastanza bene'; tipo che abbiamo già visto sopra: cfr. XII.27): non si dice *hai fatto malaccio il tuo dovere, *oggi sto malaccio, segno che un vero e proprio avverbio *malaccio* non esiste.

67. Anche certe locuzioni avverbiali presentano comparativo e superlativo: ad esempio *per tempo* → *più per tempo* → *per tempissimo*: («la mattina *per tempissimo* ritornò sul luogo e accanto alla fiera abbattuta trovò i due orsacchiotti», «Epoca», 16.4.1987, 8). Spesso il grado superlativo viene usato in funzione aggettivale: *a posto* può essere sia locuzione avverbiale di luogo («mettilo *a posto*») sia aggettivo («un tipo *a posto*»='uno serio, onesto, come si deve'), ma *a postissimo* è quasi solo aggettivo («un tipo *a postissimo*»).

Posizione dell'avverbio

68. L'avverbio (determinatore) si trova di solito vicino alla parola o al gruppo di parole cui si riferisce (determinato). In generale, l'avverbio tende a collocarsi prima dell'aggettivo («*troppo* bello», «*incredibilmente* bravo») e dopo il verbo («si diverte *spensieratamente*»). Per quanto riguarda il verbo, osserviamo che di solito l'inversione avverbio+verbo corrisponde a procedimenti di messa in rilievo enfatica (specie nella lingua poetica): «*molto* si prodigò per il bene della patria»; «*sempre* scendi invocata, e le secrete / vie del mio cor *soavemente* tieni» (Foscolo, [*Alla sera*], 7-8); «poi disse: *bene* ascolta chi la nota» (Dante, *Inferno*, XV 99).

69. Le locuzioni avverbiali con *bene* e il verbo *stare*, come «sto bene» o l'impersonale «sta bene» ('va bene, d'accordo') presentavano anticamente un ordine diverso: si diceva, cioè, «bene sta» (da qui trae origine il sostantivo *benestare* 'benessere' o 'assenso, approvazione'); anche nelle costruzioni personali, come forma di saluto: «Avendola già Federigo reverentemente salutata, disse: – Bene stea Federigo» (Boccaccio, *Decamerone*, V 9 20).

70. Quando l'avverbio, più che a una singola componente, si riferisce a un'intera frase, la sua posizione di norma è mobile. Negli esempi che seguono, *astutamente* e *lentamente* possono addirittura collocarsi, senza apprezzabili differenze di significato, in tutte le sedi possibili:

«Giovanni *astutamente* convinse tutti»
«*Astutamente* Giovanni convinse tutti»
«Giovanni convinse *astutamente* tutti»
«Giovanni convinse tutti *astutamente*»

«*Lentamente* cominciò a far notte»
«Cominciò *lentamente* a far notte»
«Cominciò a far notte *lentamente*».

71. Inoltre:
a) Gli avverbi di giudizio occupano di preferenza la posizione iniziale:

«*stranamente*, Mario sta dormendo»
«*probabilmente* verrò a chiamarti»

b) Molto spesso non è la posizione in sé e per sé, ma la combinazione della posizione e di una particolare prosodia (graficamente, di una particolare punteggiatura) a chiarire la funzione dell'avverbio, come nelle due frasi seguenti (il primo è un avverbio qualificativo, il secondo un avverbio di giudizio):

«Mario sta ridendo *stranamente*»
«Mario sta ridendo, *stranamente*»

c) Con molti avverbi di tempo la collocazione a destra o a sinistra del verbo è semanticamente rilevante:

«*domani* farò quel che mi hai detto»
«farò *domani* quel che mi hai detto»

Nella prima frase *domani* è un semplice indice temporale dell'azione 'farò quel che mi hai detto'; nella seconda frase, invece, la sua posizione segnala che l'indice temporale 'domani' è selezionato tra altri indici temporali possibili: «farò *domani* (e non *dopodomani*, *fra una settimana*, ecc.) quel che mi hai detto».
d) L'avverbio di quantità *assai* precede l'aggettivo in tutto il Centrosettentrione d'Italia, mentre lo segue nel Meridione, dove ad *assai bello* corrisponde popolarmente *bello assai*. La posposizione di *assai* è naturalmente possibile anche nella lingua letteraria, come collocazione marcata, di forte rilievo espressivo (per un esempio manzoniano cfr. V.72).

XIII. SINTASSI DELLA PROPOSIZIONE

1. Nel cap. II sono stati definiti i concetti di sintagma, proposizione, periodo (cfr. II.9 sgg.). Qui esamineremo le frasi costituite da una sola proposizione (o *frasi semplici*).
Le frasi semplici sono *autonome* (o *indipendenti*), in quanto non dipendono da altre proposizioni ma danno vita, da sole, a un messaggio di senso compiuto: «Vattene!», «L'Inter è in vantaggio per 2 a 1».
Naturalmente, una frase semplice può non esaurirsi in sé stessa, ma fungere da nucleo di una frase complessa e svilupparsi in una o più subordinate; in tal caso si parla propriamente di proposizione *principale* (o *reggente* o *sovraordinata*): cfr. XIV.4.
A seconda del tipo di messaggio che viene espresso distinguiamo le frasi semplici in enunciative, interrogative, esclamative, volitive (e ottative).

Frasi enunciative

2. Dette anche *dichiarative*, consistono in un'asserzione (affermativa o negativa), in una constatazione, in una descrizione e si costruiscono generalmente con l'indicativo; a differenza delle interrogative e delle volitive non comportano necessariamente una reazione da parte dell'interlocutore (TEKAVČIĆ 1980: II 420): «il cane è un mammifero», «non sei stato gentile», «piove». Nelle situazioni comunicative reali, tuttavia, le pure asserzioni che prescindano dal destinatario (atti locutivi: cfr. II.17) sono rare. In genere, una qualsiasi enunciazione presuppone nel parlante un intento, magari latente. «Piove», ad esempio, potrebbe implicare «l'intenzione di comunicare all'interlocutore anche l'idea 'Quindi [non] possiamo andare a passeggio' o 'Perciò, se vuoi uscire, prendi l'ombrello'» e via dicendo. Peraltro, «le intenzioni con cui il parlante formula una frase possono essere così svariate, che non risulta tanto assurdo concludere che qualsiasi frase può significare qualsiasi cosa» (STATI 1976: 106-107).

3. In alcuni casi una frase enunciativa contiene un ordine o una preghiera: ha cioè funzione conativa. Ciò può avvenire con l'indicativo («imperfetto di modestia»: cfr. XI.374e) o, più spesso, con il condizionale (detto anch'esso *di cortesia*, o *di modestia*), nell'intento di attenuare la perentorietà della richiesta: «vorrei un caffè»; «la copertina, gradirei che fosse gialla o turchina piuttosto che bianca» (Giusti, *Epistolario*).
In casi del genere, l'enunciativa potrebbe essere interpretata come l'apodosi di un periodo ipotetico con protasi sottintesa (=vorrei, gradirei..., se lei non avesse niente in contrario). Si veda però XI.393.

4. Il condizionale compare in accezioni molto simili a questa, vale a dire per presentare un qualsiasi dato in forma attenuata, dubitativa, potenziale, in diversi altri casi (cfr. MORETTI-ORVIETO 1979: I 130 sgg.; di qui traiamo i brani addotti col solo nome dell'autore). Per esempio:
a) Per velare un rifiuto o per ridurre un'affermazione a «sommesso parere personale» (Moretti-Orvieto): «veramen-

te, signora marchesa, io avrei già pranzato» (Fogazzaro, cit. in ROHLFS 1966-1969: 677); «– Io – dice il Francese agli altri – con questi del comitato non mi comprometterei troppo» (Cancogni).
b) Per indicare stupore, perplessità, imbarazzo: «però non avrei immaginato tanto» (Silone); «mi piacciono tutt'e due e non saprei quale scegliere» (Ginzburg).

5. Due usi notevoli del condizionale in proposizioni enunciative sono caratteristici del linguaggio giornalistico. Il primo, che si avvicina al «condizionale di modestia» s'incontra nelle inserzioni pubblicitarie («diplomato impiegherebbesi...», «35enne esaminerebbe proposte...»: cfr. JACQMAIN 1973: 115-123). Il secondo, di uso già ottocentesco, è il cosiddetto *condizionale di dissociazione*, mediante il quale il cronista segnala che la notizia riferita non proviene da fonte sicura o comunque non è stata controllata.
Eccone due esempi, uno del secolo scorso: «il governo italiano *si sarebbe dichiarato* pronto a discutere», ecc. (da un giornale milanese del 1863, cit. in MASINI 1977: 95); e uno contemporaneo: «secondo le notizie rimbalzate da Bonn i ministri degli Esteri della Comunità *avrebbero già approvato* la bozza di documento da sottoporre ai Capi di Stato e di governo della Comunità riuniti a Venezia» («Il Mattino», 11.6.1980, 14).
Il «condizionale di dissociazione» si adopera spesso anche in àmbiti lontani dal giornalismo, per esempio nella trattatistica scientifica: «affine alla pellagra *sarebbe* pure una malattia caratteristica del cane, detta [...] 'blacktongue' ('lingua nera')» (Martino, *Fisiologia*, 35).
Un altro tipo di condizionale che può comparire nella frase semplice è il condizionale composto che si adopera per esprimere il «futuro del passato», cfr. XI.395.

Frasi interrogative – I. Totali e parziali

6. Contengono una domanda e, graficamente, terminano col punto interrogativo: «Chi sei?», «Hai visto Anna?».
Queste interrogative, che costituiscono una frase semplice, sono chiamate *interrogative dirette*; quando le interrogative dipendono da una frase reggente («dimmi chi sei», «non so se hai visto Anna») sono dette *interrogative indirette* (cfr. XIV.83 sgg.).

7. A seconda del rapporto che si stabilisce tra le varie componenti della frase le interrogative si distinguono in:
a) *Totali* (o *connessionali*), quando la domanda verte sul legame tra soggetto e predicato: «Hai visto Anna?» (=l'hai vista o non l'hai vista?), «Vuoi un gelato?» (=lo vuoi o non lo vuoi?). A queste interrogazioni si risponde «sì» o «no» (in inglese si parla appunto di *yes or no questions*: cfr. TEKAVČIĆ 1980: II 420).
Talvolta l'avverbio olofrastico (sul quale cfr. XII.52-53) può restare inespresso: «– Vieni anche tu a teatro? – Purtroppo ho già un impegno» (sottinteso: *no*); «– Ti è piaciuto il film? – Abbastanza» (sottinteso: *sì*). Se la risposta è *grazie* («– Vuoi un gelato? – Grazie!») si può restare incerti in merito alle intenzioni dell'interlocutore, specie in assenza di una mimica adeguata, e si ripete la domanda con la formula: «Grazie sì o grazie no?».
b) *Parziali* (o *nucleari*), quando il legame soggetto-predicato non è messo in discussione, ma si sollecita un'informazione particolare su un altro elemento della frase (soggetto, oggetto o complemento indiretto): «Chi parla?» (=qualcuno parla, ma chi?), «Che cosa hai ottenuto?» (=qualcosa hai ottenuto, ma che cosa?), «Di che ti preoccupi?» (=ti preoccupi di qualcosa, ma di che?).
Mentre le interrogative totali non hanno contrassegni particolari se non l'intonazione (e in pochi casi un segnale formale o l'inversione sintattica: cfr. XIII.16-17), quelle parziali sono sempre introdotte da specifici elementi interrogativi, pronomi e aggettivi (*chi, quale, che cosa*, ecc.: cfr. VII.248 sgg.) o avverbi (*come, dove, perché*, ecc.; cfr. XII.57), eventualmente preceduti da preposizioni o locuzioni preposizionali: «Da dove vieni?», «Fin quando dovremo aspettare?».

8. Un particolare tipo di interrogativa è quella *alternativa* (o *disgiuntiva*), con la quale si prospettano due possibilità di scelta: «Sei di Pisa o sei di Lucca?». Si

tratta sempre di interrogative parziali.
Non sono alternative, ma semplici interrogative totali quelle proposizioni interrogative, caratteristiche dell'immediatezza del parlato, in cui la risposta dell'interlocutore è anticipata da chi domanda: «Stasera mi spettano quindici lire, sì o no?» (Pavese, *Paesi tuoi*; risposta attesa: *sì*, trattandosi di un'interrogativa retorica, cfr. XIII.10).

Frasi interrogative – II. Reali e fittizie

In base al carattere dell'interrogazione possiamo distinguere:

9. I. *Interrogative reali.* Costituiscono il tipo fondamentale e si hanno ogni volta che si domanda qualcosa che non sappiamo e che ci interessa conoscere: «Che ora è?», «Come ti chiami?», «Aspetti da molto?».

10. II. *Interrogative retoriche.* Sono «frasi che non presuppongono una reale mancanza di informazione, ma che richiedono enfaticamente all'interlocutore un assenso o un diniego già implicito nella domanda» (MARCHESE 1978: 126): «gettate tutta la colpa addosso a me. Posso parlar meglio?» (risposta implicita: *no*; Manzoni, *I Promessi Sposi*, II 23); «Madre, tenera madre non m'avesti ognora?» (risposta implicita: *sì*, S. Cammarano, *Il Trovatore*, in VERDI-BALDACCI 1975: 278). Altre volte l'interrogativa non è totale, ma parziale: «Se consideri le colpe, Signore, / Signore, chi potrà sussistere?» (*nessuno*: *Messale festivo*, 79); «Chi non si duol? che non soffrimmo? intatto / che lasciaron quei felli?» (*nessuno, niente*; Leopardi, *Sopra il monumento di Dante*, 117-118).
L'interrogativa retorica che presuppone come risposta «sì» ha in genere forma negativa (cfr. FORNACIARI 1881: 391; si veda per l'appunto l'esempio del *Trovatore* citato sopra).

11. Quale che sia la risposta attesa, le interrogative retoriche possono essere marcate da particolari segnali. Ricordiamo: (*non*) *è vero, nevvero* o soltanto *vero* («– Nonna – disse Ferruccio, sempre in ginocchio, stringendola alla vita – cara nonna... mi volete bene, non è vero?» De Amicis, *Cuore*, 221), un'interiezione in posizione finale («Voi avete avuto qua sotto, ho saputo, un grave investimento, eh?» Pirandello, *Vestire gli ignudi*, IV 178), *forse, forse che* (*non*) («Ma *forse che* tutti i ripari umani vi mancavano?» Manzoni, *I Promessi Sposi*, XXVI 8; «*forse che* il partito comunista [...] *non* cerca, o non ha il diritto di cercare, il consenso dei cittadini?» «La Nazione», 28.2.1987, 2), ecc.
Nell'uso parlato alcuni di questi segnali si adoperano come semplice intercalare («com'è bello qui, *vero*?, c'è una vista straordinaria, *no*?»).

12. Alcune affinità con le interrogative retoriche presentano le *interrogative didascaliche*, con le quali chi sta trattando un certo argomento davanti a un uditorio, reale o immaginario, rivolge a sé stesso una domanda per vivacizzare l'esposizione, quasi fingendo che l'interrogazione proceda dal pubblico. Esempi: «[per Protagora] l'oggetto è necessariamente connesso col soggetto. Ma che cosa è il soggetto per Protagora? di che natura è l'uomo posto come natura delle cose?» (Lamanna, *Filosofia*, I 40). Talvolta alla domanda segue una risposta puntuale: «Fuggì a Tolosa, a Lione, a Parigi, dove ebbe qualche tregua, e pubblicò il suo primo lavoro [...]. Cosa è questo primo lavoro? Una commedia, il *Candelaio*» (De Sanctis, *Storia letter.*, II 745).

13. Più in generale, possiamo parlare di *interrogative narrative* per tutte quelle interrogazioni che, in un racconto, non hanno altro scopo che sollecitare l'attenzione del lettore. A questa procedura si ricorre frequentemente nelle fiabe: «Intanto, durante la notte, lo zecchino germoglia e fiorisce, e la mattina dopo, di levata, ritornando nel campo, che cosa trovi? Trovi un bell'albero carico di tanti zecchini d'oro» (Collodi, *Pinocchio*, 38).

14. III. *Interrogative diffratte.* Con questo attributo, preso a prestito dall'ottica (e che altri ha già utilizzato nella critica testuale), intendiamo qualificare quelle interrogative totali che, come il raggio luminoso in determinate condizioni fisiche, «deviano» il loro corso e dissimulano il

contenuto reale della richiesta per ragioni di cortesia. Dicendo: «mi passi (*o*: mi passeresti) il sale?» oppure «sa l'ora?» poniamo formalmente una domanda che nel primo caso equivale a un ordine («passami il sale!»: frase volitiva, cfr. XIII.29) e nel secondo fa le veci di una domanda diversa («che ora è?»).
In entrambe le situazioni non ci aspettiamo per risposta un semplice *sì*, ma l'esecuzione dell'azione richiesta (rispettivamente: l'arrivo del sale e la lettura dell'orologio; si parla infatti anche di «domande-fare»: CRISARI 1975: 34 sgg.).

15. IV. *Interrogative fàtiche* (o *di cortesia*). Strettamente apparentate alle interrogative retoriche, didascaliche e narrative, consistono in formule che ricorrono in apertura di dialogo, per avviare in qualche modo la conversazione, specie in situazioni formali: «Come va?» (anche rivolto ad estranei, sul modello dell'angloamericano «how do you do?»), «Anche lei qui?», «È già tornato dal suo viaggio?» e simili.
Nel primo caso la domanda verte su un dato che non si sa – la salute dell'interlocutore – ma che non ci sta davvero a cuore di conoscere (e infatti, soprattutto se non si è in confidenza, si risponde in modo automatico o generico: «Bene», «Non c'è male» e simili: cfr. XII.27). Negli altri due, l'interrogazione è un semplice truismo, giacché ciò che si domanda è implicito nella presenza stessa dell'interlocutore. Ecco un esempio letterario in cui il carattere di ovvietà proprio dell'interrogativa fàtica è espressamente sottolineato: «– Anche lei qui, commissario? – una voce melodiosa che faceva una domanda cretina; non era nello stile di Lucilla Opitz, però era proprio lei» (Rugarli, *La troga*, 174).
Una classificazione dei vari tipi di domande più complessa e articolata della nostra, fondata sui principi della linguistica pragmatica, si legge in STATI 1982.

Segnali di interrogazione

16. Abbiamo già accennato agli indicatori che è possibile incontrare in un'interrogativa retorica (cfr. XIII.11). Vediamo ora due tipi di segnale che possono comparire in qualsiasi interrogativa diretta, reale o fittizia: le particelle introduttive e l'inversione del soggetto (i due procedimenti possono essere compresenti):
a) Caratteristiche del fiorentino le formule introduttive *o* e *che* (anche combinate; cfr. ROHLFS 1966-1969: 757, da cui attingiamo il terzo esempio citato): «O Melampo dov'è?», «Che gli è venuto male?» (entrambi in Collodi, *Pinocchio*, LXXXI), «O che mi conosci?» (Fucini).
b) In italiano moderno il sostantivo che sia soggetto di un'interrogativa si pospone obbligatoriamente al verbo se la frase è introdotta da un pronome o da un avverbio interrogativo: «Che cosa (quando) mangia il tuo cane?» (e non *Che cosa [quando] il tuo cane mangia?*).
È possibile anche anticipare il soggetto all'inizio della frase, conferendogli così particolare rilievo: «Il tuo cane, che cosa mangia?» (si noti anche, sul versante grafico, la virgola che isola il sintagma messo in evidenza).

17. In assenza di un pronome, aggettivo o avverbio interrogativo si può avere l'inversione dell'ordine abituale soggetto-predicato, in genere con l'inserimento tra l'uno e l'altro dei restanti elementi della frase: «*Verrà* in vacanza con te *tuo fratello*?». Ma la curva prosodica (cui corrispondono graficamente il punto interrogativo ed eventualmente la virgola dopo il soggetto) basta a garantire lo statuto interrogativo di una sequenza che ripeta l'ordine della frase enunciativa: «Tuo fratello verrà in vacanza con te?» (o: «Tuo fratello, verrà in vacanza con te?»).
Ormai antiquato, in frasi interrogative di questo tipo, l'uso di posporre al predicato un pronome che richiami il soggetto già espresso: «e *il desiderio* di saper tutto *sarà esso* appagato nella vita futura?» (Fogazzaro, *Piccolo mondo antico*, 119).
In alcuni casi la collocazione del soggetto in posizione iniziale o finale di frase comporta diverse sfumature di significato. Con «Pietro canta?» metto in dubbio il fatto che Pietro canti; dicendo «canta Pietro?» con normale tono ascendente sulla seconda parola chiedo se a cantare sia Pietro o qualcun altro (TEKAVČIĆ 1980: II 422).

18. Se il soggetto è rappresentato da un pronome personale, esso viene normalmente omesso: «che cosa fai?». Nell'italiano antico e nella tradizione letteraria si aveva frequentemente la posposizione: «come dite voi coteste parole?» (Boccaccio, *Decamerone*, I 1 51), «non volevate voi che ella s'imprimesse?» (Varchi, cit. in FREEDMAN 1983: 188; nello stesso articolo si leggono alcune ipotesi sulla distribuzione del pronome personale nei vari tipi di frase in italiano antico), «Esito ancor? ma, oh ciel, non lo degg'io?» (A. Somma, *Un ballo in maschera*, in VERDI-BALDACCI 1975: 388).

Nella seconda edizione dei *Promessi Sposi* il Manzoni eliminò diversi pronomi personali posposti a cui era ricorso specie nel parlato solenne e retoricamente impostato del Cardinale (per esempio: «E non ve *l'ho io detto*? E *dovevo io dirvelo*?» XXVI 7 diventa «E non ve *l'ho detto*? E *dovevo dirvelo*?»; altre volte il pronome viene mantenuto: «*Avrebbero essi cercata* quella via irregolare, se la legittima non fosse loro stata chiusa?» XXVI 20).

Modernamente, la posposizione del pronome può connotare un tipo di prosa aulica o formulare. Si veda il seguente esempio, di intonazione scherzosa, tratto dagli *Indifferenti* di Moravia (94): «– Vediamo – disse con facile parola la madre, a cui un po' per il vino, un po' per l'eccitamento tutto questo pareva molto comico: – vediamo... *ha lei* una buona posizione?».

19. In altre lingue la presenza di segnali formali o l'inversione della sequenza soggetto-predicato sono procedimenti obbligatori e sistematici per formare una frase interrogativa. Alla prima modalità ricorre per esempio il latino, limitatamente alle interrogative totali, con diverse particelle a seconda che l'interrogativa sia reale o retorica («*estne* hic liber novellus?» 'è nuovo questo libro?'); alla seconda, l'inglese (con i verbi ausiliari: «is this book new?»), il francese («ce livre est-il neuf?»), il tedesco («ist dieses Buch neu?»).

Modi verbali delle interrogative

20. Accanto all'indicativo, che rappresenta il modo più frequente per ogni tipo di interrogativa («Chi è stato?» interrogativa reale; «Ti credi forse infallibile?» interrogativa retorica, ecc.), sono possibili altre soluzioni; e precisamente:

21. I. Condizionale. Compare innanzitutto nell'interrogativa che coincide con l'apodosi di un periodo ipotetico («Che sarebbe la Chiesa, se codesto vostro linguaggio fosse quello di tutti i vostri confratelli?» Manzoni, *I Promessi Sposi*, XXV 50).

Alcuni grammatici considerano affini a queste diverse espressioni di cortesia che, come molte enunciative al condizionale (cfr. XIII.3), possono essere descritte come apodosi di un periodo ipotetico con protasi ellittica (ROHLFS 1966-1969: 677): «*Potrei* avere un bicchier d'acqua?» (sottinteso: se lo chiedessi, se fosse possibile e simili); «Una casa di cavalieri, di gran signoroni, qui di Milano, casa ***, *sapreste* insegnarmi dove sia?» (Manzoni, *I Promessi Sposi*, XXXIV 22); «[SILIA] Tanta vita diversa da questa che io non posso più soffrire, qua. Sòffoco! – [GUIDO] Ma che vita *vorresti*, scusa?» (sottinteso: se potessi sceglierne un'altra; Pirandello, *Il giuoco delle parti*, III 28).

Altre volte il condizionale ha valore genericamente dubitativo, con varie sfumature. Può segnalare l'incredulità di fronte a un'affermazione altrui («Ma insomma posso sapere che cosa è accaduto? Perché *sarei* sfidato? Perché *dovrei* sfidare?» Pirandello, *Il giuoco delle parti*, III 76; «– Ho saputo un monte di belle cose... e prima di tutto che siamo rovinati –. – *Vorrebbe* dire? – chiese la fanciulla interdetta» Moravia, *Gli indifferenti*, 13); o di fronte alle intenzioni che si indovinano nell'interlocutore (ancora un esempio dal *Giuoco delle parti*, III 108: «[SPIGA] [...] non s'è ancora svegliato. – [FILIPPO] Questa non è l'ora sua. – [SPIGA] E che *vorresti* tenerlo in orario anche oggi?»); oppure può sottolineare l'ovvietà di un'interrogazione retorica: «Ah! se v'avessero provocato, offeso, tormentato, vi direi (e *dovrei* io dirvelo?) d'amarli, appunto per questo» (Manzoni, *I Promessi Sposi*, XXVI 22).

22. II. Congiuntivo. Si usa per le domande dubitative, in particolare col verbo *es-*

sere, o in forma assoluta (e in tal caso il presente è molto più raro dell'imperfetto: «Ma sia vero?» Fucini, «Fosse una cantina?» Barrili, entrambi citati in ROHLFS 1966-1969: 686); oppure «introdotto dalla congiunzione *che*, dove si sottintende un *sarebbe vero, è possibile*» (Rohlfs): «*Che sia giù in cabina?*» (Quarantotti Gambini), «*Che* gli *sia successo* qualcosa quando gridava?» (Pavese: entrambi gli esempi in SCHMITT-JENSEN 1970: 684).

23. Le frasi dubitative col verbo *essere* si costruiscono più comunemente col futuro *sarà* («Sarà vero?», «Sarà una cantina?»), il quale con valore analogo può adoperarsi anche da solo, ma con intonazione discendente, non ascendente come nelle interrogazioni: «E come andrà a finire? C'è lo Stellone, si dice. Sarà» (Tomasi di Lampedusa, *Il Gattopardo*, 277). Si tratta, come per il futuro che compare nelle «concessive indipendenti» (cfr. XIV.176), di futuri suppositivi, cfr. XI.387.

Il futuro con valore dubitativo compare anche con altri verbi, in interrogative retoriche: «E lor signori mi *vorranno* negar l'influenze? Mi *negheranno* che ci sian degli astri?» (Manzoni, *I Promessi Sposi*, XXXVIII 53).

24. III. Infinito. Pure l'infinito contrassegna una frase dubitativa, esprimendo «stati d'animo di perplessità, anche per moti più o meno contenuti di meraviglia, di risentimento, di indignazione, di rimprovero e simili» (MORETTI-ORVIETO 1979: 21): «che dire?», «L'invase, anche pel padre, una immensa pietà. – Biasimarlo? Anch'egli soffre», ecc. (D'Annunzio, *Trionfo della morte*, 111); «come fingere, con lui, la fiducia e la forza?» (Morante, cit. in SKYTTE 1983: II 481).

25. Spesso la frase interrogativa è priva di predicato verbale (frase nominale: cfr. II.14). I casi più ricorrenti si hanno quando si adopera una formula per sollecitare l'interlocutore a concludere un discorso o a chiarire il suo pensiero («Allora?», «Dunque?»), oppure in contesti ellittici: «[MADDALENA] Ma com'è? Ditemi almeno com'è? – [MAURIZIO] Ma... un bell'uomo [...] – [MADDALENA] *Ma i sentimenti?* io dico per i sentimenti!» (Pirandello, *Il piacere dell'onestà*, III 128); «– E adesso, come sei? –. – Brutta. Una zitella col naso rosso. *E tu?*» (Bassani, *Il giardino dei Finzi-Contini*, 76).

Frasi esclamative

26. Qualunque frase enunciativa può diventare esclamativa quando l'assertione sia contrassegnata da un sentimento particolare (di sorpresa, ammirazione, disappunto, sdegno, ecc.). Nel parlato, la differenza è affidata a una diversa prosodia (per alcuni esempi di intonazione esclamativa cfr. FOGARASI 1983: 97-100); nello scritto, dall'uso del punto esclamativo invece di un segno sospensivo (punto, punto e virgola o due punti).

Esistono comunque degli specifici elementi introduttori di una proposizione esclamativa: pronomi o aggettivi («*Che bella sorpresa!*»; cfr. VII.248 sgg.), avverbi («*Com*'è tardi!»; cfr. XII.57b), oppure il *se* con valore asseverativo, che serve a enfatizzare una risposta affermativa: «– Conoscerai dunque anche Geppetto! – domandò al burattino. – *Se lo conosco!* È il mio povero babbo» (Collodi, *Pinocchio*, 78-79).

La distinzione tra enunciazione ed esclamazione, com'è intuibile, è assai fluttuante; da ciò deriva, nell'uso scritto, una sostanziale intercambiabilità di segni interpuntivi, in particolare in frasi nominali («Buon giorno, dottore!» / «Buon giorno, dottore.») e con interiezioni, primarie o secondarie (cfr. X.1): «mah!» / «mah.», «basta!» / «basta.», ecc.

Oltre che con l'indicativo, le frasi esclamative si costruiscono con i seguenti modi verbali:

27. I. Imperativo. Ha valore esclamativo quando è adoperato non con funzione conativa (come nelle frasi volitive, cfr. XIII.31), ma per esprimere un augurio o un'imprecazione: «Divertitevi!», «Vivi felice, se felice in terra / visse nato mortal» (Leopardi, *Ultimo canto di Saffo*); «il ladro / le mani alzò con amendue le fiche, / gridando: – Togli, Dio, ch'a te le squadro!» (Dante, *Inferno*, XXV, 1-3).

Possono essere incluse tra gli imperativi esclamativi formule come *guarda* (*un po'), senti, vedi, dai,* poi diventate interiezioni o semplici connettivi fraseologici (cfr. IX.4 sgg., X.36). In questi casi «l'imperativo è impiegato fuori dal proprio àmbito funzionale 'primario', senza peraltro perdere [...] la sua forza d'appello» (MENCACCI 1983: 167).

28. II. Infinito. Esprime una vasta gamma di sfumature semantiche, dalla riflessione nostalgica all'ira violenta; può essere accompagnato dal soggetto, in costrutti enfatici: «*Pensare* che qui una volta venivano re e teologi, poeti e soldati» (Bacchelli, cit. in MORETTI-ORVIETO 1980: 20); «*Io fare* il diavolo! *Io ammazzare* tutti i signori!» (Manzoni, *I Promessi Sposi*, XVII 6).
Caratteristica, nel dialogo, la funzione di riprendere letteralmente ciò che è stato detto da un altro e che suscita meraviglia o sdegno: «– E ti ama al punto di volerti sposare –. – *Sposarmi*! lui! – ella esclamò» (Morante, cit. in SKYTTE 1983: II 476); «[AIDA] Pur... se tu m'ami... ancor s'apre una via di scampo a noi – [RADAMES] Quale? – [AIDA] Fuggir... – [RADAMES] *Fuggire*!» (A. Ghislanzoni, *Aida*, in VERDI-BALDACCI 1975: 465).

29. III. Congiuntivo. Il congiuntivo imperfetto, adoperato assolutamente o preceduto da *se*, figura in alcune frasi con generico valore elativo: «*sapesse* come dorme!» (=dorme profondamente; Pratolini); «Caro te, che vitaccia. *Sapessi* quante ne ho passate.» (=ne ho passate tante; Pavese: entrambi gli esempi sono attinti da SCHMITT-JENSEN 1970: 683); «Oh, lei non è come gli amici del mondo! Ciarloni! [...]. Eran pronti a dare il sangue per me [...]. E ora, *se vedesse* come si ritirano...» (=si ritirano tutti quanti, si ritirano precipitosamente; Manzoni, *I Promessi Sposi*, V 11). Altre volte si ha piuttosto un'intonazione deprecativa: «*se* ci *vedessero* ora, così conciati!» (ma si potrebbe anche pensare a una protasi ipotetica con ellissi dell'apodosi: «se ci vedessero così conciati, si meraviglierebbero», e simili).

Frasi volitive e ottative

30. In questo gruppo rientrano tutte le frasi in cui il parlante mira a modificare una situazione esistente, attraverso un ordine, un consiglio, un'esortazione o un'invocazione (frasi *volitive*, dette anche *esortative* o *iussive*: «Sta' zitto!», «Non prendertela»), oppure esprimendo un desiderio (frasi *ottative* o *desiderative*: «Come sarebbe bello!»).
Nel loro insieme, queste frasi ammettono diverse soluzioni sintattiche: possono essere costruite con tutti e quattro i modi verbali finiti (imperativo, congiuntivo, condizionale e anche indicativo) e con l'infinito.
Per il comando si ricorderà che esistono – in italiano come in molte altre lingue – numerose espressioni concorrenti, che muovono dal desiderio di non sollecitare troppo direttamente il nostro interlocutore. In GALLI DE' PARATESI 1964: 144-145 si enumerano nove formule diverse per sostituire la frase volitiva «Dammi quel libro» attenuandone il tono perentorio, in parte col ricorso a interrogative diffratte (cfr. XIII.14: «Mi dai quel libro, per favore?», «Ti dispiacerebbe darmi quel libro?», ecc.).
Ma vediamo i singoli modi (e tempi) che si adoperano nelle frasi di questo tipo:

31. I. Imperativo. È il modo più frequente per esprimere una volizione: «Fermati!», «Non aggiungere altro». Molto differenziate le specie di volizione, che vanno dall'ordine secco e arrogante («escimi di tra' piedi, villano temerario, poltrone incappucciato» Manzoni, *I Promessi Sposi*, VI 16), alla supplica del fedele («Mostraci, Signore, la tua misericordia – E donaci la tua salvezza» *Messale festivo*, 301).

32. II. Congiuntivo. Il congiuntivo presente supplisce per le persone diverse dalla 2ª e dalla 5ª all'imperativo (*congiuntivo esortativo*). Alla serie «da' / date qualcosa ai poveri» corrisponde, per la 3ª, 4ª e 6ª persona e per la forma allocutiva, la serie: «dia / diamo / diano qualcosa ai poveri».
In area centromeridionale (da Roma in giù) il congiuntivo esortativo – come in genere qualsiasi congiuntivo, specie indipendente – tende ad essere rappresentato dal congiuntivo imperfetto (ROHLFS 1966-1969: 682). Si veda il commento ironico di un cronista del «Corriere della Sera» (12.12.1986, 2) alle seguenti dichiarazioni

di un deputato romano: «Questo Visentini è il ministro della bella vita o, come si dice a Roma, dei quartieri alti. *Pensasse* (come si dice sempre a Roma, ndr) a quello che fa alle Finanze».
Il congiuntivo volitivo può essere introdotto da *che*, in particolare per esprimere il «comando indiretto» (così definito in SCHMITT-JENSEN 1970: 685, da cui attingiamo il primo esempio), cioè quello rivolto a una persona diversa dal soggetto del congiuntivo stesso, o comunque mediato attraverso un terzo interlocutore: «Preparami il bagno per tempo, domattina; *che il cavallo sia pronto* appena scendo, avvisa» (Pratolini); «– Dice che può provare – tradusse – ma non garantisce –. – Non ha importanza, *che provi* ugualmente» (Tabucchi, *Notturno indiano*, 70).
L'idea di volizione è fortemente attenuata, quasi non percepibile, in alcune formule stereotipe quali «s'aggiunga che...», «basti pensare a...», «lo stesso *si dica* della musica di Rachmaninov e del suo virtuosismo pianistico» (Ciocia, *St. musica*, 205); «*mi sia consentito*, a questo punto, soffermarmi brevemente sull'attuale e reale ampiezza epidemiologica della infezione da Hiv» (F. Balsano, nella «Repubblica», 15-16.2.1987, 8).

33. Affine al congiuntivo esortativo è il congiuntivo che chiameremo *permissivo*: è anch'esso un congiuntivo presente che si alterna con l'imperativo alla 2ª e alla 5ª persona; è accompagnato dall'avverbio *pure* e può connotarsi come forma di cortesia («padre, padre, *venga pure* avanti: qui non si fanno aspettare i cappuccini» Manzoni, *I Promessi Sposi*, V 22), ora come espressione distaccata o ironica: «*se li tengano pure*, i loro soldi: non ne ho bisogno»; «le faccende degli italiani ora sembrano minime, sì, *tornino pure* in Italia» (Bocca, *Storia dell'Italia partigiana*, 361).

34. Il congiuntivo presente e imperfetto si adopera inoltre per esprimere un desiderio: o assolutamente («fosse vero!», «povero Merlo, non l'avesse mai detto» Collodi, *Pinocchio*, 37; «ti rapisca il vento / de l'Apennino, o molle pianta, amore / d'umili tempi» Carducci, *Alle fonti del Clitumno*, 30-32), oppure preceduto da un'interiezione («oh! foss'io teco; e perderci nel verde» Pascoli, *Romagna*, 12; si noti anche l'infinito ottativo, di cui diremo tra poco); da *che* («Ch'ella mi creda libero e lontano» G. Civinini - C. Zangarini, *La fanciulla del West*, in PUCCINI-FERRANDO 1984: 357); da *almeno* («– Almeno tacesse – pensava – ma no, deve parlare» Moravia, *Gli indifferenti*, 60; *almeno* può anche essere posposto al verbo o interposto tra ausiliare e participio: «Avesse almeno fatto carriera!» Rugarli, *La troga*, 185); da *magari* («Magari piangesse! Lo dice anche il dottore» D'Annunzio, *Tragedie, sogni e misteri*); da *se* («Perché, Signore, ci lasci vagare lontano dalle tue vie? [...]. Se tu squarciassi i cieli e scendessi!» *Messale festivo*, 356); da *voglia / volesse il cielo che* («voglia il cielo che non venga un giorno in cui si penta di non avermi ascoltato» Manzoni, *I Promessi Sposi*, VI 8; «volesse il cielo che tutti i politici e amministratori italiani cercassero il consenso capeggiando pericolose battaglie moralizzatrici e anticrimine!» «La Repubblica», 14.1.1987, 4) e da altre formule meno comuni.

35. Caratteristico della lingua antica l'uso del *se* 'deprecativo', «cioè della congiunzione impiegata in formule (alquanto rigide) di scongiuro o di asserzione a forte enfasi desiderativa» (U. Vignuzzi, in *Enciclopedia Dantesca*, V 115); il modo è in grande prevalenza il congiuntivo: «E *se tu mai* nel dolce mondo *regge*, / dimmi: perché quel popolo è sì empio / incontr'a miei in ciascuna sua legge?» (Dante, *Inferno*, X, 82-84; =così possa tu tornare...).

36. Due annotazioni:
a) Quanto al valore dei tempi, si può notare che, di massima, l'alternanza tra congiuntivo presente e congiuntivo imperfetto riflette il tipo di desiderio, che si presenta alla coscienza del parlante ora come realizzabile (congiuntivo presente), ora come irrealizzabile (congiuntivo imperfetto): cfr. ROHLFS 1966-1969: 685.
Degli elementi introduttori che abbiamo appena menzionato, alcuni richiedono – o presentano abitualmente – il congiuntivo presente (*che*), altri, il congiuntivo imperfetto (*magari, se*). *Voglia / volesse il cielo che* ammette entrambi i tempi (più precisamente, *voglia* richiede il congiuntivo presente, come nell'esempio manzo-

niano citato sopra; *volesse* può costruirsi sia col presente sia con l'imperfetto).

b) La presenza di un elemento introduttore, generalmente facoltativa, diventa obbligatoria quando il verbo sia usato alla 1ª persona con soggetto espresso: «A te, Signore, elèvo l'anima mia, Dio mio, in te confido, *che io non sia confuso*. Non trionfino su di me i miei nemici» (*Messale festivo*, 14; si noti la mancanza del *che* prima della 6ª persona *trionfino*).

Alcuni grammatici interpretano il congiuntivo volitivo e ottativo come risultato di un'ellissi («fosse vero!»=«vorrei che fosse vero», ecc.). Ma è ipotesi non necessaria, se si tien conto che il congiuntivo ha come suo valore costitutivo quello di segnalare «all'ascoltatore che le cose potrebbero essere diverse da quel che sono e che il parlante ha un atteggiamento affettivo anziché obiettivo verso questa possibilità» (HALL 1974-1975: 110).

37. III. Condizionale. Ricorre con valore ottativo in frasi che, come in altri casi (cfr. XIII.3, XIII.21), potrebbero essere considerate apodosi di un periodo ipotetico con protasi sottintesa: «Un'ora sola ti vorrei» (titolo di una canzone di Marchetti e Bertini del 1938); «Oh! Signorina! Penso ai casi miei, / a piccole miserie, alla città... / Sarebbe dolce restar qui, con Lei!...» (Gozzano, *La Signorina Felicita*, 274-276). La frase può essere introdotta da un avverbio, specie *come* e *quanto*: «– Come vorrei un bel vestito di seta pura! – diceva mia sorella a mia madre» (Ginzburg, *Lessico famigliare*, 65).

Il condizionale composto, riferito al passato, si usa per i desideri irrealizzati: «Peccato – gli ha detto sarcastico Donaldson – avrei proprio voluto vedere in quale nuova incarnazione si presentava il vostro ministro degli esteri» («La Repubblica», 3.2.1987, 9).

38. IV. Indicativo. Può sostituire l'imperativo o il congiuntivo esortativo (a seconda della persona), quasi dissimulando il carattere conativo di una frase e presentandola come un'enunciazione neutra, che non sembra riguardare direttamente l'interlocutore (*indicativo di cortesia*; cfr. LEONE 1976): «– La signora desidera? – *Mi dà* due etti di grana e un bocconcino»; «Magni finisce di scrivere, stacca la ricetta e la consegna al mutuato. – Prendi queste compresse. *Ne fai* sciogliere una in bocca quando avverti il bruciore. Ciao.» (D'Agata, *Il medico della mutua*, 95).

Ha valore iussivo anche l'indicativo futuro che, a seconda dei casi, può fungere da variante attenuata rispetto al modo imperativo («Me lo direte, me l'avete a dire» Manzoni, *I Promessi Sposi*, VIII 7; «Ci andrai tu, Nina mia: metti dunque lo scialle e avverti Annarosa» Deledda, *L'incendio nell'oliveto*, 20) oppure «può assumere il senso di un imperativo categorico» (MENCACCI 1983: 158; «Onorerai il padre e la madre»).

39. V. Infinito. Oltre a far le veci dell'imperativo nella formula negativa («parla!» – «non parlare!»), l'infinito presente può trovarsi in frasi affermative e negative di carattere impersonale (*infinito iussivo*). Si tratta di «un'alternativa dell'imperativo personale, che si usa quando ci si rivolge a un pubblico in generale» (SKYTTE 1983: II 469): «tenere la destra» (in indicazioni stradali), «cuocere a vapore» (in una ricetta di cucina); «Se lei vuole guarire, immobilità assoluta, non alzarsi, non camminare, lavorare meno» (Buzzati, cit. in MORETTI-ORVIETO 1980: II 19). Si veda anche MENCACCI 1983: 159.

Caratteristico il ricorso a questo tipo di infinito in titoli giornalistici che riproducono il pensiero di qualcuno in forma sommaria e «spersonalizzata»: «Andreotti: – Fare chiarezza anche per capire il passato» («Il Gazzettino del lunedì», 24.3.1986, 2; =si deve fare, facciamo chiarezza); «Le minacce all'Italia: – Non perdere la testa – commenta il presidente del Consiglio» («Corriere della Sera», 15.12.1986, 1).

40. L'infinito può anche avere valore ottativo: «Volare... oh, oh!... / cantare... oh, oh, oh, oh! / nel blu dipinto di blu» (canzone di Modugno e Migliacci, del 1958, cfr. BORGNA 1985: 144): «– Morire, morire – era l'invocazione di Giulia negli ultimi termini dell'amore sensuale – morir con te!» (Bacchelli). L'infinito composto indica desiderio irrealizzato: «averlo saputo, che esistevano a Ferrara delle lettere inedite del Carducci!» (Bassani; questi ultimi due esempi in MORETTI-ORVIETO 1980: II 20).

Per le cosiddette «concessive indipendenti» («*crollasse il mondo*, andrò dritto per la mia strada») cfr. XIV.176; per le incidentali («Buon giorno – *disse Lina* – come sta?») cfr. XIV.256 sgg.

XIV. SINTASSI DEL PERIODO

1. La sintassi del *periodo* (o della *frase complessa*) studia i rapporti che si stabiliscono tra le varie proposizioni di una struttura comunicativa orale o scritta.
Seguendo la partizione e la terminologia più tradizionali e diffuse (o almeno relativamente diffuse; per una diversa classificazione cfr. TEKAVČIĆ 1980: II 424-425), possiamo distinguere tre diversi tipi di relazione fra due o più proposizioni di un periodo:

2. I. *Coordinazione* (o *paratassi*). Le proposizioni, collegate mediante congiunzione coordinativa, mantengono la propria autonomia sintattica e semantica, ossia individuano ciascuna una frase grammaticalmente compiuta e dotata di senso: «Mario *legge* il giornale e *guarda* la televisione» (coordinazione di proposizioni principali); «Chiunque *sottrae* un minore [...] ovvero lo *ritiene* contro la volontà del medesimo genitore o tutore, è punito», ecc. (*Codice Penale*, art. 573; coordinazione di proposizioni dipendenti; per la definizione di «principale» e «dipendente» vedi oltre).
Perché vi sia coordinazione tra due proposizioni è necessaria la presenza di due distinti predicati (negli esempi citati, rispettivamente *legge* e *guarda*, *sottrae* e *ritiene*). Se la congiunzione coordinativa collega due soggetti o due complementi avremo una sola proposizione: «Mario *e* Paolo leggono il giornale», oppure «Mario legge i giornali *e* i libri gialli».
Quando il soggetto della proposizione coordinata cambia, è opportuno non sottintenderlo, almeno nello scritto accurato: «sono andata da Anna e [lei] mi ha detto che era tutto rimandato». Esempi di omissione del soggetto sono tuttavia frequenti nel parlato e nello scritto informali (e sono sempre ammissibili, a condizione che non ne scapiti la chiarezza) e nell'italiano antico, come nel seguente passo del Machiavelli, che il FORNACIARI (1881: 425) giudicava – forse troppo severamente – «oscuro» e «vizioso»: «non stette Andrea con quella molto, che fu fatto da lei morire, e *si maritò* ad un altro suo cugino principe di Taranto».

3. II. *Subordinazione* (o *ipotassi*). Le proposizioni, collegate mediante congiunzione subordinativa, sono in rapporto gerarchico: una (detta *principale*) è autonoma; l'altra, o le altre (dette *secondarie*, *rette* o *subordinate*), dipendono da essa, sia grammaticalmente sia semanticamente: «Mario legge il giornale (proposizione principale) per tenersi aggiornato» (proposizione secondaria; da solo, il segmento *per tenersi aggiornato* sarebbe incompleto). La reggente può anche seguire la proposizione retta: «quando avrò finito (proposizione secondaria), ti telefonerò» (proposizione principale).
Una proposizione secondaria può a sua volta reggerne un'altra e quest'ultima una terza, senza altro limite che l'armonia o la chiarezza del periodo.
Si veda, ad esempio, l'inizio del IV capitolo dei *Promessi Sposi*. Disponendo gerarchicamente le varie proposizioni che lo costituiscono, avremo:

> *Il sole non era ancor tutto apparso all'orizzonte,*
> (Proposizione principale; reggente della secondaria di primo grado)
>
> *quando il padre Cristoforo uscì dal suo convento di Pescarenico,*
> (Proposizione secondaria di primo grado; reggente della secondaria di secondo grado)
>
> *per salire alla casetta*
> (Proposizione secondaria di secondo grado; reggente della secondaria di terzo grado)
>
> *dove era aspettato.*
> (Proposizione secondaria di terzo grado).

La successione di principale e secondarie può non essere lineare: subito dopo una congiunzione coordinativa o subordinativa – quindi prima che quella proposizione coordinata o subordinata si concluda – può incunearsi un'altra proposizione dipendente.
Ecco un altro esempio manzoniano (*I Promessi Sposi*, inizio del cap. V):

> *Il qual padre Cristoforo si fermò ritto sulla soglia*
> (Proposizione principale)
>
> *e, [appena ebbe data un'occhiata alle donne,] dovette accorgersi*
> (Proposizione coordinata alla principale e reggente delle due secondarie di primo grado)
>
> *appena ebbe data un'occhiata alle donne*
> (Prima proposizione secondaria di primo grado)
>
> *che i suoi presentimenti non eran falsi.*
> (Seconda proposizione secondaria di primo grado).

4. Quattro precisazioni importanti:
a) Come si può ricavare dalle definizioni che abbiamo indicato, il termine *principale* è riservato alla proposizione reggente che sia insieme una frase semplice. Il termine *reggente* (col sinonimo *sovraordinata*) qualifica una proposizione, principale o secondaria, che ne regga un'altra.
b) Quando da una stessa proposizione dipendono autonomamente due distinte subordinate (si veda, nel secondo esempio citato, la frase *dovette accorgersi*, che regge sia la temporale *appena ebbe data...* sia l'oggettiva *che i suoi presentimenti...*), le due dipendenti devono considerarsi dello stesso rango (nel nostro caso, entrambe subordinate di primo grado).
c) La nozione di «autonomia» o «indipendenza» di una proposizione è di natura piuttosto grammaticale che semantica, giacché molte volte il senso effettivo del messaggio scaturisce dall'intero periodo (per esempio, nella frase «quando avrò finito, ti telefonerò», in cui la circostanza espressa dalla subordinata rappresenta un complemento essenziale della principale).
d) La scelta tra costrutto paratattico e costrutto ipotattico può essere equivalente sul piano logico-semantico: «la differenza – osserva giustamente TEKAVČIĆ 1980: II 423 – riguarda il lato formale, quasi mai il contenuto del messaggio: dire 'il tempo è brutto e non esco di casa', è perfettamente sinonimo, quanto al messaggio trasmesso, a 'poiché il tempo è brutto, non esco di casa' o 'non esco di casa perché il tempo è brutto'», ecc.

5. III. *Giustapposizione* (o *asindeto*). Le proposizioni sono accostate senza alcun

legame formale (ma graficamente il confine di frase è indicato in genere da un segno interpuntivo). Si tratta di un costrutto molto frequente, sia nel parlato corrente (e nella sua riproduzione letteraria), sia nella prosa d'arte, in particolare in quella novecentesca.
Qualche esempio. «Chi è? te lo dico io chi è! è un perfetto imbecille!» (Ginzburg, *Lessico famigliare*, 36; qui potremmo parlare di «giustapposizione assoluta», dal momento che le tre proposizioni non si prestano ad essere collegate con segnali formali, né di coordinazione né di subordinazione); «Le nostre mogli non possono più farne a meno; sono nelle sue mani, felici di starci; la seguono come affascinate; non sanno più né parlare, né vestirsi, né muoversi senza di lei» (Pirandello, *L'amica delle mogli*, VI 182; in questo caso la giustapposizione potrebbe risolversi per esempio in una struttura coordinativa sostituendo il punto e virgola, che scandisce graficamente i vari membri, con opportune congiunzioni: «*infatti* sono nelle sue mani [...] *e* la seguono», ecc., o simili); «Tu non ricordi; altro tempo frastorna la tua memoria» (Montale, *La casa dei doganieri*, 10-11; la giustapposizione allinea due proposizioni in evidente rapporto subordinativo: «tu non ricordi, perché...»).

6. Nella sequenza scritta, per l'individuazione dei periodi si potrebbe tener conto del punto fermo. Ma si tratterebbe di un confine puramente convenzionale: molte volte la scelta tra il punto e il punto e virgola (o i due punti) è legata all'abitudine o al gusto individuali; ed è noto che l'uso contemporaneo tende a largheggiare nel punto rispetto ad altri segni di pausa (cfr. I.209-210).
Si potrà dunque parlare di giustapposizioni (o meglio di *stile giustappositivo*) anche in presenza di membretti sintattici separati dal punto, secondo una modalità tipica di D'Annunzio nel *Notturno* (cfr. BALDELLI 1982: 646; «Gli uomini camminano senza rumore, fasciati di caligine. / I canali fumigano. / Dai ponti non si vede se non l'orlo di pietra bianca per ciascun gradino», ecc.) e largamente imitata in séguito.

7. In linea di massima, la presenza di un periodo ampio, ricco di subordinate, è caratteristica del linguaggio scritto e in particolare della prosa argomentativa di tipo letterario, artistico, storico, filosofico, giuridico.
Si veda, come esempio, il seguente brano di Natalino Sapegno (*Letter. italiana*, 198-199):

«Quegli elementi di arguta moralità e di pacata riflessione, quegli spunti di affettuosa ironia e di scherzo, che costituiscono la trama delle satire e, in parte, delle commedie; quella vivacità e quel calore abbandonato e spontaneo dei sentimenti, che s'effonde nelle liriche; quella ricca materia di figure e vicende umane, felicemente osservate e ritratte nelle commedie con un gusto vivo e profondo degli intrighi fantastici; quel tono infine di superiore e sorridente equilibrio dello scrittore di fronte a se stesso e al mutevole oggetto della sua arte, che risulta da tutte le opere minori dell'Ariosto: *tornano anche nel capolavoro bensì*, ma come elementi secondari di una composizione troppo più vasta e aerata, dove nessuno di essi è in grado di acquistare una posizione predominante e di accentrare in sé l'ispirazione poetica, e tutti insieme, e non soli, cospirano a intessere i fregi di una tela infinitamente più mutevole e varia e librata in un'atmosfera più chiara e meno terrestre».

Prima di arrivare al punto fermo dobbiamo leggere ben 163 parole; la proposizione principale (da noi stampata in corsivo) è «ritardata» rispetto all'inizio del periodo, in cui si susseguono sei soggetti (tutti costituiti dall'aggettivo dimostrativo *quello* e da un sostantivo: *quegli elementi*, *quegli spunti*, ecc.); prima della principale si snodano tre proposizioni relative limitative (cfr. XIV.249; *che costituiscono*, *che s'effonde*, *che risulta*); dopo la principale vi è ancora spazio per una relativa esplicativa (cfr. XIV.249) introdotta dall'avverbio *dove* (*dove nessuno di essi è in grado*), che regge a sua volta due infiniti (*di acquistare [...] e di accentrare*) ed è coordinata a un'altra relativa (*e tutti insieme cospirano*).
Naturalmente la complessa architettura sintattica è soltanto uno degli elementi che contrassegnano il carattere decisamente letterario di questo brano; carattere affidato anche all'abbondante e varia aggettivazione (*arguta moralità*, *pacata riflessione*, *calore abbandonato e spontaneo*, ecc.), a figure di forma (l'anafora del dimostrativo *quello*, già ricordata: *quegli*

elementi, quegli spunti, quella vivacità, ecc.) e di pensiero (le metafore conclusive della «tela» e dell'«atmosfera»).

8. Se è indubbio che l'ipotassi rappresenta la dimensione propria dell'elaborazione letteraria, non vale necessariamente e automaticamente l'inverso, vale a dire che la paratassi o la giustapposizione siano indizio di stile «ingenuo» o «primitivo». Anzi, è stato addirittura affermato che, almeno nei testi colti, «la strutturazione asindetica implica sempre una fase anteriore di chiarificazione dei rapporti che solitamente vengono indicati dalle congiunzioni»; in diversi casi la non esplicitazione dei rapporti logici tra le proposizioni, propria della giustapposizione, «costituisce pertanto uno stadio più avanzato rispetto all'ipotassi, volto a potenziare la tensione espressiva» (TRIFONE 1986: 238).

Paraipotassi

9. Oltre a coordinazione, subordinazione, giustapposizione c'è una quarta possibilità di collegamento tra due proposizioni, caratteristica in particolare dell'italiano antico: la *paraipotassi*.
Il Sorrento, che ha coniato il termine, definisce il fenomeno come «la coordinazione d'una sovraordinata a una precedente sua subordinata, di solito avverbiale o participiale» (SORRENTO 1950: 27); per esempio: «*credendo* abbracciare e baciare loro, *ed* e' abbracciava le pentole» (subordinata gerundiale); «poi *quando* questo fatto avrai, *ed* io ti dirò il rimanente» (subordinata temporale); «*s*'io dissi falso, *e* tu falsasti conio» (subordinata condizionale); «*poiché* ti piace d'esser cavaliere, *e* a me piace» (subordinata causale); «*sì come* i corsari tolgono la roba d'ogni uomo, *e* così facciam noi» (subordinata comparativa; tutti gli esempi in SORRENTO 1950: 28).
Si aggiunga a questi tipi la *paraipotassi relativa* (così definita in GHINASSI 1971), in cui alla subordinata prolettica segue una proposizione introdotta da un pronome relativo: «uno artigiano *andando* spesso a vicitare uno signore, sanza altro proposito dimandare, *al quale* il signore do-

mandò quello che andava facendo» (Leonardo da Vinci, cit. in GHINASSI 1971: 49).
L'origine della paraipotassi è stata variamente spiegata. Scarso credito trova ormai l'ipotesi del Sorrento, secondo il quale il fenomeno dipenderebbe dal contrasto tra riflessione ed emotività, sicché «la forma inizialmente ipotattica si allinea e connette strettamente alla forma paratattica» (SORRENTO 1950: 72). È più probabile, invece, «che la congiunzione abbia funzione di accompagnamento e di sottolineatura di rapporti correlativi» (Brambilla Ageno, in *Enciclopedia Dantesca*, *Appendice*, 441) o che la paraipotassi intervenga a ristabilire l'ordine naturale, principale+dipendente, nei casi di subordinata anteposta (DURANTE 1981: 113-118).
Accanto ad *e*, l'italiano antico si serviva come congiunzione paraipotattica anche di *sì*: «veggendo Paris la regina Elena, *sì* andò verso lei» (da un testo fiorentino del XIII secolo, qui rammodernato graficamente, cit. in SCHIAFFINI 1954: 290).
Esili le sopravvivenze del fenomeno nella letteratura contemporanea (cfr. SORRENTO 1950: 64-68, da cui si attingono gli esempi): «se la tua Dea è morta, *e* tu tagliati il ventre» (Panzini), «se non volete essere giudicati, *e* voi non giudicate» (Bacchelli). Oggi la paraipotassi non è più tollerata, almeno nello scritto e nel parlato non troppo informale; verrebbe anzi considerata un grave errore di grammatica.

Anacoluto

10. Col tradizionale termine di *anacoluto* (dal greco *anakólouthos* 'che non segue, inconseguente') ci si riferisce alla frattura di una sequenza sintattica, a un'irregolarità nella costruzione della frase, a un «cambio di progetto» che interviene nel corso della strutturazione del discorso (per servirci di un'espressione adoperata dalla linguistica testuale).
Il concetto di «anacoluto» presta il fianco a facili critiche, e ad una, in particolare: l'irregolarità, la deviazione rispetto a una norma codificata spesso ha valore solo relativo, per una data fase storica e per un dato livello di lingua. Oggi risulterebbe

«anacolutico» un fenomeno come la paraipotassi, che era invece «normale» nell'italiano dei primi secoli (variabile diacronica); e ancora, un costrutto fondato sul *che* polivalente (per il quale cfr. XIV.82; ad esempio: «mangia che ti fa bene»), improprio nel registro elevato, sarebbe però adeguato nel registro informale e nell'uso letterario che ricerchi la mimèsi dell'oralità (variabile diafasica).

Ricorderemo un solo tipo di anacoluto, che è forse quello più caratteristico e frequente, ben rappresentato nell'italiano scritto da semicolti (il cosiddetto «italiano popolare») e nella prosa che lo riproduca. Si tratta dell'anacoluto che nasce dall'impulso ad «esprimere la preminenza del soggetto logico, ponendolo in primo piano, ad apertura di frase, e subordinandovi, poi [...], il discorso che intorno al soggetto si muove» (CORTELAZZO 1972: 139; di qui i due esempi seguenti): «*io* il morale è alto e sono sempre allegro», «ma *quel lavoro* non vi fu baruffe».

Ed ecco tre esempi di scrittori in cui la movenza sintattica colloquiale è sfruttata con consapevolezza artistica: «*quelli che moiono*, bisogna pregare Iddio per loro» (Manzoni, *I Promessi Sposi*, XXXVI 30); «*il primo* che va in giro di notte gli faremo la pelle» (Verga, *Novelle*, I 249); «*io*, la mia patria or è dove si vive» (Pascoli, *Romagna*, 51).

Non rara la presenza di anacoluti di questo tipo nei proverbi, che spesso cristallizzano un detto popolare: «Chi pecora si fa, il lupo se la mangia», «Chi s'aiuta, Iddio l'aiuta», «Tanti galli a cantar non fa mai giorno», ecc.

Coordinazione

11. In base al tipo di collegamento che si stabilisce tra due o più proposizioni coordinate distinguiamo tra coordinazione *copulativa*, *avversativa* e *sostitutiva*, *disgiuntiva*, *conclusiva*, *esplicativa*. A parte si vedranno i *nessi correlativi*.

Coordinazione copulativa

12. Presuppone due proposizioni semanticamente omologhe che «sommino» il loro contenuto, affermativo («Giorgio esce *e* compra il giornale») o negativo («non sei il primo *né* sarai l'ultimo a sbagliare»). Il rapporto tra i due elementi coordinati può essere indicato come A+B.

13. Le congiunzioni copulative fondamentali sono *e* e *né*.

Quanto alla forma, *e* può assumere una *d* eufonica davanti a vocale (*ed avere*); tuttavia l'uso contemporaneo, almeno quello orale, tende a riservare questa variante, così come avviene per *a* / *ad*, ai casi di incontro con la stessa vocale: *ed essere* (e *ad amare*: cfr. SABATINI 1985: 157). Già il Manzoni, correggendo la lingua dei *Promessi Sposi*, era intervenuto in questo senso: cfr. SERIANNI 1986b: 29.

Arcaica la forma eufonica *ned* («questa lode, o mio caro, è troppo esclusiva, *ned* io sono il solo che la meriti» Monti, *Epistolario*); ancora possibile ma assai rara *od*, variante della congiunzione disgiuntiva *o* (cfr. XIV.24; «roviniamo / *od* il padrone od io» Alfieri, *Volgarizzamenti*).

Se gli elementi coordinati sono due, la congiunzione *e* si colloca di norma solo davanti al secondo membro; «tu suoni *e* io canto»; se sono più di due, l'*e* si pone usualmente solo tra il penultimo e l'ultimo elemento della serie: «fu crocifisso per noi sotto Ponzio Pilato, morì *e* fu sepolto» (*Messale festivo*, 304). Può essere ripetuta con intento enfatico, specie in poesia (polisindeto): «*e* resiste *e* s'avanza *e* si rinforza» (Tasso, cit. in FORNACIARI 1881: 284).

La congiunzione *e* – oltre che svolgere funzione copulativa – può attivare un rapporto avversativo o conclusivo: cfr. IX.3c.

Il *né* può collegare una proposizione negativa a una precedente proposizione affermativa (ma è costrutto letterario, invece di *e non*: «qualche uccello di mare se ne va; / *né* sosta mai» Montale, [*S'è rifatta la calma*], 18-19) oppure a un'altra negativa.

In quest'ultimo caso l'italiano corrente ricorre alla sequenza *né... né* soprattutto per singoli membri frastici («né bello né brutto»; «né Lopez, né Terni amavano la montagna» Ginzburg, *Lessico famigliare*, 53).

Se il collegamento avviene tra due o più proposizioni, la correlazione *né... né* è poco frequente e di tono sostenuto: «né per la fretta dimandare er'oso, / né per me lì potea cosa vedere: / così m'andava timido e pensoso» (Dante, *Purgatorio*, XX 149-151). La prima frase, in tal caso, ha più spesso *non* o un altro elemento negativo: «Io non voglio, né so né devo, fare il moralista» (Pascoli, *Prose*).

14. Il collegamento copulativo tra proposizioni subordinate (studiato in HERCZEG 1972c: 512-524) può fondarsi non solo sulle congiunzioni *e* o *né*, ma anche sulla ripresa della specifica congiunzione subordinativa, che sarà presente o assente in base a fattori logici e stilistici.
Con una subordinata introdotta da una locuzione congiuntiva avente *che* come secondo elemento, la coordinata può essere collegata ad essa con il solo *che*: «ho saputo i nomi dei due commissari *dopo che* essi erano stati insediati *e che* avevano già espulso le autorità civili italiane» (da un giornale, cit. in HERCZEG 1972: 518).

15. Nei secoli scorsi era possibile adoperare il *che* anche quando la prima subordinata fosse introdotta non da una locuzione congiuntiva con *che*, ma da una qualsiasi congiunzione semplice o composta («elegantemente» secondo MOISE 1878: 988 n. 2); per esempio: «non può, pertanto, uno signore prudente, né debbe, osservare la fede *quando* tale osservanza li torni contro *e che* sono spente le cagioni che la fecino promettere» (Machiavelli, *Il Principe*, 283).

16. Di uso arcaico o popolare anche la ripetizione dell'avverbio negativo *non* in una frase introdotta da *né* («né io non vi ho ingannata» Boccaccio, cit. in ROHLFS 1966-1969: 763) e la giuntura pleonastica *e né* invece del semplice *né*: «né freno il corso e né la sete spengo» (Bembo, *Gli Asolani e Le Rime*).

17. Ricordiamo infine un uso apparentemente anomalo della congiunzione copulativa, non raro nella tradizione lirica otto-novecentesca: l'attacco di una poesia con un *e* o con un *né*, quasi a suggerire una continuità ideale, «del detto col non detto» (CONTINI 1968: 279); dal Foscolo («Né più mai toccherò le sacre sponde»), al Carducci («Né vi riveggo mai, toscani colli»), al Pascoli («E s'aprono i fiori notturni»), al Luzi («E la musica ansiosa che bruiva», cit. in SATTA 1981: 460).

Questo modulo ha largamente attecchito anche in altri settori, come i titoli di canzoni («E la barca tornò sola», del 1954: cfr. BORGNA 1985: 129), di film («E Johnny prese il fucile» [ingl. «Johnny got his gun»] di D. Trumbo [1970]), di romanzi («E le stelle stanno a guardare» [ingl. «The stars look down»] di A. J. Cronin [1935]; dal romanzo anche un film di C. Reed, del 1939) e, in particolare, di articoli giornalistici. Si vedano, in proposito, i seguenti esempi, tutti raccolti da uno stesso numero di quotidiano («La Repubblica», 9.4.1987): «E la Dc ha lasciato Craxi» 1, «E in aula parlò l'ispettore Derrick» 3, «E da Rimini arriva l'homo craxianus» 6, «E sull'inquinamento di altri due acquedotti Comune sotto inchiesta» 31, «E pullman 'selvaggio' invade tutta la città» 33, «E gli 'Amici del mare' ora dichiarano guerra a cartacce e rifiuti» 35.

18. Sono da menzionare qui altre congiunzioni copulative quali *anche, pure, altresì, inoltre* (con valore aggiuntivo) o *nemmeno, neanche, neppure* (con valore negativo: si tratta di forme composte da *né* e da un elemento intensificatore).
Raramente le congiunzioni di questa serie collegano, da sole, due proposizioni (per esempio: «viene una signorina, porta nuovi discorsi, si parla, *anche* si discute» Slataper, *Il mio Carso*). In genere, esse si appoggiano come «particelle correlative» (TEKAVČIĆ 1980: II 427) ad un'altra congiunzione («lei può far alto e basso nel monastero; *e anche* la gente di fuori le porta un gran rispetto» Manzoni, *I Promessi Sposi*, IX 16); oppure sottolineano il rapporto che lega un singolo membro frastico ad un altro elemento, espresso o sottinteso: «Vengo *anch'io*?» (sottinteso: con te o con altri); «di costui non possiam dare né il nome, né il cognome, né un titolo, e *nemmeno una congettura* sopra nulla di tutto ciò» (Manzoni, *I Promessi Sposi*, XIX 37).
Collocazione: *anche* e le tre negative in genere si antepongono, specie se riferite a un pronome o a un nome («anche noi», «neppure una parola»; invece *pure* noi» o «noi pure»).
Quanto al livello d'uso, basterà notare che *altresì* è caratteristica della lingua

scritta, in particolare dello stile giuridico e burocratico: «agli effetti della recidiva [...] si tien conto *altresì* delle condanne per le quali è intervenuta una causa di estinzione del reato o della pena» (*Codice Penale*, art. 106).

Coordinazione avversativa e sostitutiva

19. Tra due proposizioni o tra due membri frastici coordinati può sussistere contrapposizione: parziale, quando il secondo elemento introduca un contrasto, un dato inatteso rispetto al primo, ma in modo che i due termini coesistano mantenendo ciascuno la sua validità (*A però B*: «è tardi, però non ho sonno»; coordinazione *avversativa*); o totale, quando il secondo elemento neghi, annulli il primo, sostituendosi ad esso (*non A bensì B*: «non sbadigliava per il sonno, bensì per la fame»; coordinazione *sostitutiva*, cfr. TEKAVČIĆ 1980: II 430-434).

20. La congiunzione fondamentale per questo tipo di coordinazione è *ma* (sempre in posizione iniziale), che non solo è la più frequente nell'uso, ma è l'unica che possa svolgere funzioni sia avversative («pecco, è vero, *ma* pecco per non peccare più oltre» Tomasi di Lampedusa, *Il Gattopardo*, 38), sia sostitutive («Signore Gesù Cristo [...] non guardare ai nostri peccati, *ma* alla fede della tua Chiesa» *Messale festivo*, 348).
Ma può sommarsi ad altre congiunzioni avversative o sostitutive con effetto di intensificazione: «ma però», «ma bensì». Rara, o addirittura non accettabile, la combinazione di altre due congiunzioni avversative tra loro: **è tardi, tuttavia però non ho sonno*.

21. Altre congiunzioni avversative:
a) Però – Ha grande libertà di dislocazione nella frase; oggi è frequente anche in sede iniziale, mentre nella norma ottocentesca il suo uso preferenziale era «dopo una o più parole» (MOISE 1878: 1000). Un esempio contemporaneo di posposizione: «La casa di via Pastrengo era molto grande [...]; era *però* molto buia», ecc. (Ginzburg, *Lessico famigliare*, 31). In posizione finale assume un forte rilievo espressivo: «E se non sentiva tutto il rimorso che la predica voleva produrre [...], ne sentiva *però*» (Manzoni, *I Promessi Sposi*, XXVI 24).

Nell'italiano antico *però* poteva avere anche valore conclusivo ('perciò', 'pertanto'): «Tempo non mi parea da far riparo / contra colpi d'Amor: *però* m'andai / secur, senza sospetto» (Petrarca, *Canzoniere*, 3 5-7).

b) Tuttavia – È caratteristica, anche se non certo esclusiva, della lingua scritta (come *peraltro* e *nondimeno*, con cui condivide accezioni e modalità d'uso). Presuppone in genere un periodo piuttosto ampio e articolato e una certa pausa tra le due proposizioni coordinate (che graficamente è spesso indicata dal punto e virgola o dal punto fermo); può trovarsi in posizione iniziale oppure no e ha valore di avversativa attenuata. Esempi: «Le osservazioni del Tullio sono state ripetute ed ampiamente confermate anche da sperimentatori stranieri (Jellinek, Dohlman, Huizinga); *tuttavia*, quanto al significato di queste reazioni l'opinione degli Autori non sembra ancora concorde» (Martino, *Fisiologia*, 653-654); «Lo vidi due volte [...]. Non so *tuttavia* ricordare una sola parola che disse quel giorno, nel suo salotto» (Ginzburg, *Lessico famigliare*, 36).
c) Peraltro (o *per altro*) – Di uso molto antico, valeva in origine 'per il resto' (come nel seguente esempio del Boccaccio cit. in FABI 1954: 59: «uomo molto ricco e savio ed avveduto per altro, ma avarissimo senza modo»). Ben presto *peraltro* ha assunto valore avversativo, incontrando in anni recenti molta fortuna nella prosa letteraria e giornalistica: «alle concessioni del Cremlino, limitate *peraltro* al terreno economico», ecc. (da una rivista di cultura, cit. in FABI 1954: 61).
d) Nondimeno (antiquata la grafia *non di meno*): «Ella ancora sbiancò, invece di arrossire. Ed era *nondimeno* tranquilla, quando gli rispose» (Pratolini, *Lo scialo*).
e) Pure – Ha anch'essa valore attenuato e non è frequente, almeno nel parlato; occupa sempre la posizione di apertura, come il composto *eppure*: «Ho sempre avuto la sensazione che il mondo, nel complesso, fosse qualcosa di allarmante, ecc. [brano tratto dalle *Memorie* di H. Macmillan, cui segue un commento del gior-

nalista]. *Pure*, quest'uomo riluttante verso il mondo era straordinariamente versatile come attore politico», ecc. («La Repubblica», 31.12.1986, 12).
f) Eppure (antiquato *e pure*) – È di largo impiego, sia orale sia scritto: «capisco le tue ragioni, *eppure* non riesco a convincermi»; «Niente come il volo simboleggia il progresso. *Eppure* c'è ancora chi teme che siano sconvolti gli orizzonti conosciuti» («Stampa sera», 29.12.1986, 3).
g) Sennonché (meno comune *se non che*; da evitare *senonché*) – Si adopera per introdurre una circostanza che limiti un'affermazione precedente (per *se non che*, congiunzione subordinativa eccettuativa, cfr. XIV.241c). Ha forte autonomia sintattica e spesso si trova ad inizio di frase, dopo una pausa forte (graficamente indicata per mezzo del punto fermo, dei due punti o del punto e virgola): «è un punto di vista di produttore, non d'utente. Sennonché, se il critico intende l'opera d'arte, ciò rappresenta soltanto l'oggettività del suo operare», ecc. (Contini, *Varianti e altra linguistica*, 5).
h) Di uso limitato, perché letterarie o francamente arcaiche, diverse altre congiunzioni che hanno o possono avere valore avversativo come *epperò* («lo sposo [...] era giovine assai ragguardevole, epperò molto serio per la età sua» Cantoni, *Opere*) o *nonpertanto* («giunto nonpertanto a Granata, trovarono che vi si era fatto un pronunciamento contro il pronunciamento» Nievo, *Novelliere campagnuolo e altri racconti*).

22. La congiunzione sostitutiva oggi più comune dopo *ma è bensì*. Si tratta di un uso relativamente recente; in passato *bensì* era adoperato soprattutto con valore avverbiale ('certamente', 'senza dubbio'). A questa accezione si richiamano per esempio tutte le 20 occorrenze di *bensì* nei *Promessi Sposi* («per fare un matrimonio ci vuole bensì il curato, ma non è necessario che lo voglia» VI 31, ecc.).
Altre forme:
a) Ormai rare – e decisamente letterarie – le congiunzioni sostitutive rappresentate da *sì* («Non domandarci la formula che mondi possa aprirti / *sì* qualche storta sillaba e secca come un ramo» Montale, [*Non chiederci la parola*], 9-10), con le congiunzioni composte *sibbene* o *sì bene* («quella sproporzionata felicità non voleva additare le imbecillità dell'uomo, *sibbene* la bontà del rasoio» Moravia, *Gli indifferenti*, 277) e *sì invece* («[il modo in cui bisogna trattare le parti strutturali della Commedia] non è di prenderle come schietta poesia, ma nemmeno di respingerle come poesia sbagliata, *sì invece* di rispettarle come necessità pratiche dello spirito di Dante, e poeticamente soffermarsi in altro» Croce, *Poesia di Dante*, 66).
b) Arcaico è *anzi* sostitutivo, quando contrapponga tra loro due membri frastici; in questa accezione, *anzi* piacque – come tante altre forme antiquate – all'ottocentista Vittorio Imbriani: «non ci trovava gusto, anzi soltanto rimorsi» (*Dio ne scampi dagli Orsenigo*, 15). Pienamente vitale è invece *anzi* con valore avverbiale ('al contrario', 'viceversa'), per correggere l'assunto di una frase precedente: «non era irritato; anzi, sembrava del suo solito umore».

Coordinazione disgiuntiva

23. Si parla di coordinazione *disgiuntiva* (o *alternativa*) quando tra i due elementi esiste un rapporto di esclusione reciproca (*A o B*).
Conviene tuttavia distinguere i casi in cui l'alternativa è radicale («Roma o morte», motto garibaldino; in latino si userebbe AUT), quelli in cui la scelta è presentata come sostanzialmente equipollente («passerò le vacanze a Rimini o a Riccione»; latino VĔL o -VĔ) e quelli in cui si integra, si corregge o si precisa un'affermazione precedente («Lorenzo *o*, come dicevan tutti, Renzo» Manzoni, *I Promessi Sposi*, II 7; «E invece avevano ancora tante cose da dirsi! *O meglio*, era lui che avrebbe dovuto dir qualcosa...» Cassola, *La ragazza di Bube*, 29; in latino, ancora VĔL o -VĔ).

24. Delle congiunzioni disgiuntive, che vanno sempre anteposte alla frase o al singolo elemento coordinato, quella fondamentale è *o* (per la variante *od* cfr. XIV.13). *O* può essere ripetuta prima di ogni membro coordinato («O miseri o codardi / figliuoli avrai» Leopardi, *Nelle* *nozze della sorella Paolina*, 16-17). Ma la ripetizione è rara quando le unità coordinate sono più di due («[la legge può trasferire allo Stato determinate imprese] che si riferiscano a servizi pubblici essenziali *o* a fonti di energia *o* a situazioni di monopolio», ecc. *Costituzione*, art. 43; manca la disgiuntiva davanti al primo membro *a servizi pubblici*) e non è possibile con le interrogative dirette o indirette («scherzi o fai sul serio?», cfr. SATTA 1981: 459).

a) Accanto a *o* si possono adoperare i composti *oppure* e *ovvero* (rarissime le scrizioni *o pure*, *o vero*), che tornano utili o sono addirittura indispensabili in periodi complessi, propri del linguaggio scritto, per contrassegnare i termini principali di una coordinazione disgiuntiva rispetto ai termini accessori, distinti da *o*. Si veda il seguente esempio dal *Codice Penale* (art. 43): «[il delitto] è colposo, o contro l'intenzione, quando l'evento, anche se preveduto, non è voluto dall'agente e si verifica a causa di negligenza o imprudenza o imperizia, *ovvero* per inosservanza di leggi, regolamenti, ordini o discipline». L'*ovvero* serve a distinguere le due fondamentali matrici del delitto colposo: la negligenza e l'inosservanza di una legge; gli *o* individuano, all'interno della definizione, alternative secondarie («negligenza o imprudenza o imperizia»), oppure semplici equivalenze terminologiche («colposo, o contro l'intenzione»).

b) Più ricercato di *ovvero* è *ovverosia* (rari *ovvero sia*, *o vero sia*): «quanto al signor Conte, alla signora Contessa, e al buon Monsignore, essi erano troppo in alto coi pensieri, ovverosia troppo occupati della propria grandezza, per badare a simili minuzzoli» (Nievo, *Le confessioni d'un italiano*, 95).

c) Un'altra congiunzione disgiuntiva composta con *o* è *ossia*, che può usarsi soltanto per indicare una scelta equipollente o una correzione: «Ti accompagnavo io a scuola in coteste occasioni. *Ossia*, è vero, ti seguivo dalla finestra» (Pratolini, *La costanza della ragione*).

Da questo valore disgiuntivo attenuato si è svolto il valore esplicativo di *ossia*, che è quello più frequente (cfr. XIV.27; valore esplicativo possono avere anche *ovvero* e *ovverosia*).

Coordinazione conclusiva

25. Si ha quando la proposizione coordinata si presenta come una deduzione logica o anche come una sintesi conclusiva di ciò che è stato detto in precedenza (*A quindi B*).

Per quanto riguarda le congiunzioni adoperate in questo tipo di coordinazione notiamo:

a) Le quattro più usuali (tutte di collocazione variabile) sono *dunque*, *quindi*, *perciò*, *pertanto* (quest'ultima, di registro formale). Esempi: «È come uno che è partito per un viaggio dopo aver lasciato la propria casa [...] e ha ordinato al portiere di vigilare. Vigilate *dunque*, poiché non sapete quando il padrone di casa ritornerà» (*Messale festivo*, 357); «Don Abbondio in vece non sapeva altro ancora se non che l'indomani sarebbe giorno di battaglia; *quindi* una gran parte della notte fu spesa in consulte angosciose» (Manzoni, *I Promessi Sposi*, II 1); «l'aedo è l'uomo che ha veduto [...] e *perciò* sa» (Pascoli, *Prose*); «L'intelligenza ha per oggetto suo specifico il solido inorganizzato [...]. *Pertanto* l'intelligenza è inadatta a comprendere la vita, che è continuità, mobilità, compenetrazione reciproca» (Lamanna, *Filosofia*, III 199).

b) Della tradizione letteraria ma anche dell'uso vivo, specie toscano, è *sicché* (per la sua funzione di congiunzione subordinativa consecutiva cfr. XIV.136a): «[Gli uomini di modi semplici] sono privi delle maniere del mondo non per bontà, o per elezione propria, ma perché ogni loro desiderio e studio d'apprenderle ritorna vano. *Sicché* ad essi non resta altro, se non adattare l'animo alla loro sorte e guardarsi soprattutto di non voler nascondere o dissimulare quella schiettezza o quel fare naturale che è loro proprio» (Leopardi, *Pensieri*, XIX); «– Lo so dov'è andata tua madre. A spigolare [...]. È andata a spigolare – ripeté – *Sicché* prima di buio non torna» (Cassola, *La ragazza di Bube*, 10). Si veda anche HERCZEG 1973: 212-214.

c) Di tono sostenuto *onde*, che era ancora ben viva nell'Ottocento: «per rabbia di non poterla vincer con tutti, ne ammazzò uno: *onde*, per iscansar la forca, si fece frate» (Manzoni, *I Promessi Sposi*, XVIII

48; si noti che *onde* è stata introdotta nella seconda edizione, modellata sull'uso vivo fiorentino del tempo: la prima edizione recava *di che*).

d) Arcaico *laonde*: «Minerva è il principio degli ordini civili, nati alle sollevazioni de' clienti: *laonde*, deve esser nata lunga età dopo Opi» (Vico, *Scienza Nuova*, 250). *Laonde* era considerata un'anticaglia già nel secolo scorso: si leggano un passo del Nievo, di evidente intonazione scherzosa («ai signori sindaci parve con quel decreto aver sufficientemente operato per l'immediata utilità della fedelissima Patria, *laonde* tornarono a partorir proclami» *Le confessioni d'un italiano*, 32), e soprattutto il seguente brano del *Demetrio Pianelli* di De Marchi: «[Demetrio] non si sarebbe mai permesso, per esempio, nemmeno una timida osservazione sui molti *laonde*, che il cavaliere seminava ne' suoi periodi e nelle sue relazioni al Ministero, e fingeva di non capire lo scherzo, quando qualche burlone degli altri uffici gli domandava notizie del *cavalier Laonde*» (134).

e) Valore conclusivo ha pure l'espressione *per la qual cosa*, ormai rara e di tono un po' libresco: «Quest'arte che i Nevari coltivano è un'arte soprattutto religiosa. Per la qual cosa, se non vogliamo intendere il significato, non dobbiamo giudicarla secondo il nostro modo» (Tucci, *Nepal*, 21). Per l'arcaico *per che* 'perciò' cfr. XIV.101.

Coordinazione esplicativa

26. La coordinazione *esplicativa* (o *dichiarativa*) introduce una frase o un membro frastico che spieghi, precisi, riformuli ciò che è stato affermato in precedenza (*A cioè B*).
Alle congiunzioni di questo gruppo appartengono anche *infatti* e *difatti*, che però possono avere funzione argomentativa, ricavando da un dato particolare la causa che l'ha determinato: «Paolo non c'era: *infatti* mi aveva detto di non sentirsi bene».

27. La vera e propria coordinazione esplicativa ha luogo mediante *cioè* – la congiunzione più comune – *ossia*, *ovvero* e varie altre locuzioni congiuntive o espressioni (*vale a dire*, *per essere precisi*, *se vogliamo*, ecc.).

Cioè (su cui si veda FERRINI 1985) svolge diverse funzioni nella lingua contemporanea ed è stata addirittura considerata un simbolo del linguaggio giovanile degli anni Settanta e Ottanta, guardato con fastidio, ma anche con favore (secondo DURANTE 1981: 274, *cioè* «riflette quell'ansia di spiegare e di spiegarsi che è sinonimo di disponibilità al dialogo»). Tra le funzioni di generico connettivo testuale (cfr. IX.4 sgg.) ricordiamo quella di apertura del dialogo (cfr. STAMMERJOHANN 1977: 119), di segnale di «ritrattazione» («no... cioè... sì»: cfr. FERRINI 1985: 79) e di interrogazione assoluta, usata in modo un po' brusco per richiedere spiegazioni («cioè?»: cfr. FERRINI 1985: 83).

La collocazione di *cioè* non è rigidamente vincolata: la congiunzione può trovarsi prima della frase o del membro frastico cui si riferisce («scrivo queste cose in italiano, *cioè le traduco* in un'altra lingua» Camon, cit. in FERRINI 1985: 57), oppure situarsi in posizione interna, generalmente dopo un elemento verbale («voleva prima raggiungere il suo scopo: *porre cioè* un ostacolo insormontabile fra lui e la moglie» Pirandello, *Novelle per un anno*).

Molti puristi del secolo scorso ritenevano che *cioè* andasse sempre anteposta «alla parola indicante ciò di cui si parla» (BARUCCHI 1897: 63): sul modello del latino ID EST di cui è una traduzione.
Nell'italiano antico il senso della composizione di *cioè* era ancora avvertito e si potevano avere variazioni di persona e di tempo nel verbo *essere*, come *ciò sono* («in questa si contiene tre scienze, *ciò sono* Gramatica, Dialettica, Rettorica» Brunetto Latini, *La rettorica*) o *ciò fu* («uscì d'una piccola fonte uno gran fiume, *ciò fu* d'una piccola discordia nella parte guelfa una gran concordia con la parte ghibellina» Compagni, *Cronica*).

Infine, citiamo due esempi di *ossia* e *ovvero* come esplicative: «tra i diritti naturali c'è [...] quello di proprietà, *ossia* del libero uso di ciò che è necessario per vivere» (Lamanna, *Filosofia*, III 28); «per rimanere vigili e presenti a se stessi, *ovvero* per riuscire a distinguere la realtà esterna da quella interna» («La Repubblica», 30.12.1986, 11).

XIV. Sintassi del periodo

Nessi correlativi

28. In alcuni casi l'elemento che introduce una coordinazione ha un corrispettivo precedente: si dice allora che le due frasi o i due elementi coordinati sono marcati da *nessi correlativi*.

I nessi correlativi sono costituiti formalmente da varie parti del discorso (verbi: *sia ... sia*; avverbi-congiunzioni: *non solo ... ma anche*; congiunzioni-avverbi: *nonché ... non*). I membri che formano la struttura correlativa possono essere iterati (*sia ... sia*) o variati (*nonché ... non*).

In genere, i nessi correlativi contrassegnano una coordinazione copulativa, anche quando siano parzialmente composti da congiunzioni avversative (*ma*) o disgiuntive (*o*). Vediamo i tipi più frequenti:

a) *Sia ... sia, sia ... che*. La correlazione è ottenuta col congiuntivo presente del verbo *essere*, usato con valore concessivo. Il *che* al secondo membro, piuttosto diffuso e ormai accettato anche da grammatici tradizionalisti (per esempio GABRIELLI 1985: 482), talvolta potrebbe ingenerare confusione, specie in periodi complessi (si veda il secondo dei due brani seguenti). Esempi: «la bocca l'abbiamo anche noi, *sia* per mangiare, *sia* per dir la nostra ragione» (Manzoni, *I Promessi Sposi*, XVI 36); «sembra più logico supporre che questi versi siano stati composti da Orazio, ma siano stati poi soppressi da lui, *sia* per la loro infelice compagine stilistica, *sia perché* in essi il giudizio su Lucilio era improntato a una crudezza che, ecc.» (Paratore, *Lett. latina*, 416).

Una serie nominale introdotta da *sia per* (+complemento di causa) [...] *sia per* può essere sostituita da *fosse, sia stato* (+sostantivo) [...] *fosse, sia stato*: «sul punto di uscire col morto, fosse distrazione, fosse una cattiva suggestione dello spirito malvagio [...] fatto sta che il buon prete [...] lasciò il vecchio sulla sedia» (De Marchi, cit. in HERCZEG 1959: 302; =sia per distrazione, sia per cattiva suggestione...).

Quando la correlazione interessa due frasi dipendenti con verbo al congiuntivo, *sia ... sia* si sostituisce la sequenza *sia che ... sia che*: «proprio nelle parole di questo [del Petrarca, come personaggio del *Secretum*] risuona l'accento più intimo della confessione, *sia che* egli descriva i legami infrangibili delle passioni [...], *sia che* rappresenti la sua accidia, ecc.» (Sapegno, *Lett. italiana*, 88; =sia quando ... sia quando); «ma *sia che* non avesse capito [...], *sia che* preferisse fingere di non capire [...] si avanzò nel mezzo della stanza» (Moravia, cit. in MORETTI 1983: 86; sia perché ... sia perché). Invece di *che*, dopo *sia* può trovarsi la congiunzione o la locuzione congiuntiva specificamente richiesta dal tipo di subordinazione (e in tal caso può venir meno l'obbligo del congiuntivo): «nella Dc [...] tutti parlano di nuovo governo sia nell'ipotesi di un cambio indolore a Palazzo Chigi – la cosiddetta 'staffetta' – *sia se* si arriverà a una rottura nel pentapartito» («Corriere della Sera», 21.2.1987, 2).

Strutture correlative con valore analogo sono:

– *o che ... o che*: «O che tra faggi e abeti erma su i campi / smeraldini la fredda ombra si stampi / [...] / o che fosheggi immobile», ecc. (Carducci, *Il comune rustico*, 1-4);

– *che ... o*: «che si giochi o si faccia sul serio» («La Nazione», 28.2.1987, 5); se l'alternativa è radicale, il secondo membro può essere rappresentato da *o no* (cfr. XII.53b): «siamo infatti contrari a tutti i direttorii, che ne facciamo parte o no» («Stampa sera», 23.2.1987, 2).

Nel caso di membri correlativi retti da un unico verbo e da un unico soggetto è possibile anticipare al primo posto il verbo e collegare i due membri mediante *o*: «nella vita di ogni uomo, *lo destinasse* la sua condizione al grande cavallo da guerra *o* ai pazienti buoi dell'aratro, c'era almeno una donna importante» («Storia illustrata», settembre 1986, 34).

b) *Vuoi ... vuoi*. È di uso più limitato rispetto a *sia*: «qualcuno di memoria lunga [...] vuoi per malizia, vuoi per divertirsi alle sue spalle, ha tirato fuori l'unica pagina nera della sua esistenza» («Il Gazzettino», 23.10.1986, 3).

c) *Non solo ... ma (anche)*. Serve a imprimere particolare rilievo al secondo elemento della correlazione: «non solo ho perso il treno, ma mi hanno anche rubato i bagagli». Numerose le varianti: con *solamente* o *soltanto* invece di *solo* e *ancora* invece di *anche* («la realtà non soltanto era recente ma presente ancora» D'Annunzio, *Prose di ricerca, di lotte, di co-

mando); con doppia negazione al primo membro («mio padre, non solo non amava la musica, ma la odiava» Ginzburg, *Lessico famigliare*, 46; qui la coordinata ha valore sostitutivo); con *altresì* al secondo membro («nell'importanza che spetta a Dante, poeta non solo e uomo di pensiero [...], ma altresì uomo d'azione» Croce, *La poesia di Dante*, 1): o, ancora, ma limitatamente all'italiano antico, con *non tanto* 'non solo' come il latino NŌN TĀNTUM («Quando il domandò se doveva perdonare sette volte, rispose: – Non tanto sette volte, ma settanta volte sette» Cavalca, cit. in TOMMASEO-BELLINI 1865-1879: VI 28).

d) *Nonché*. Costituisce un elemento correlativo in alcuni tipi di frase, tutti di carattere letterario. Col valore di 'non solo' può avere come membro correlato *ma* («parendo loro aver posta nel mondo tanta bontà e vaghezza [...] che quella stanza dovesse essere *non che* tollerata, ma sommamente amata da qualsivoglia animale» Leopardi, *Operette morali*, 138; =non solo tollerata, ma...); oppure, più spesso, può introdurre il secondo membro di una correlazione (in tal caso il primo membro è di regola privo di contrassegni): «con un viso da far morire in bocca a chi si sia una preghiera, *non che* un consiglio», ecc. (Manzoni, *I Promessi Sposi*, V 29; =non solo un consiglio, ma anche una preghiera).

Quando gli elementi correlati sono due verbi, *nonché* assume il significato di 'non', 'non solo non' e regge una proposizione subordinata avversativa (cfr. XIV.211-212) col congiuntivo («non che gli approvi, io piuttosto gli abbomino» Leopardi, *Poesie e prose*; =non solo non li approvo, ma...) o con l'infinito: «la regola del capoverso, *nonché* contraddire o annullare quella del 1° comma, ne costituiva solo un'attenuazione» (*Novissimo Digesto Italiano*, XVIII 821; =non contraddiceva, ma costituiva solo...).

In tutti o quasi tutti i suoi usi tradizionali – di cui abbiamo dato un'esemplificazione – *nonché* segnala insomma il membro di minor peso di una correlazione, dando implicitamente maggior rilievo all'altro membro. Già nel secolo scorso si è però diffuso un impiego banalizzato di *nonché*, che ormai non viene adoperato quasi più per indicare una gradazione di concetti, bensì come semplice sinonimo di *e*: «la ventilazione polmonare collabora a questo complicato metabolismo assicurando l'indispensabile apporto di ossigeno, *nonché* l'eliminazione dell'acido carbonico liberato nelle combustioni intraorganiche» (Martino, *Fisiologia*, 6).

Per le sequenze correlative *e ... e*, *né ... né* cfr. XIV.13; per le serie pronominali (*alcuni ... altri*, *tale ... quale*, *l'uno ... l'altro*, ecc.) cfr. VII.157, VII.165c, VII.171. Per la sequenza *in tanto ... in quanto*, in cui il secondo membro introduce una proposizione causale, cfr. XIV.106. Per la correlazione comparativa (*così ... come*, *tanto ... quanto*, ecc.) cfr. XIV.215, XIV.226.

Subordinazione

29. Come si è già accennato (cfr. XIV.3), una proposizione subordinata si caratterizza per la mancanza di autonomia, ossia per la necessità di dipendere da una proposizione reggente, che può essere una frase semplice o, a sua volta, rinviare a un'altra proposizione.

30. Alcune subordinate sono apparentemente prive di reggente. Ciò avviene:
a) Per ellissi dell'intera proposizione reggente; ad esempio, in molte battute di dialogo, reale o immaginato: «– Perché non sei venuto al cinema? –. – Perché ero stanco» (proposizione subordinata con ellissi della reggente: «non ci sono venuto»).
b) Per ellissi del verbo *essere* nella reggente, in alcune locuzioni nominali, aggettivali o avverbiali seguite da una proposizione soggettiva (descrivendo paralleli costrutti francesi, GREVISSE 1980: n° 271 parla di «principali incomplete»): *fortuna che* («fortuna... che una volta tanto la memoria mi ha funzionato» Bassani, *Dietro la porta*); *meno male che* («meno male che il buon pensiero mi è venuto sul principio di questo sciagurato lavoro» Manzoni, *I Promessi Sposi*, *Introduzione*, 10); *peccato che* («peccato che né tu né io sappiamo suonare il pianoforte» Tozzi, *Le Novelle*); *possibile che* («possibile che suo genero sia venuto qua a inventarci tutta una storia?» Pirandello, *Così è [se vi*

pare], V 45), ecc. Per reggenze nominali di proposizioni oggettive quali *con la clausola che*, ecc., cfr. XIV.47.

31. Le subordinate si dicono:
a) Esplicite, se contengono un verbo di modo finito (indicativo, congiuntivo, condizionale).

Il quarto modo finito, l'imperativo, non può comparire in una subordinata. Qualche raro esempio se ne incontra però nell'italiano antico (cfr. BRAMBILLA AGENO 1982, da cui si cita): «altro consiglio a te porger non posso / *se non che* [...] *sta'* fermo in quella che ha tuo cor rapido» (=rapito; Sacchetti).

b) Implicite, se contengono un verbo di modo indefinito (infinito, participio, gerundio).

Le proposizioni esplicite, attualizzando l'azione attraverso un preciso rapporto di tempo e di persona e individuando una ben determinata funzione sintattica nel periodo, presentano una gamma di realizzazioni più articolata delle proposizioni implicite. Ad esempio:

SUBORDINATA IMPLICITA	SUBORDINATA ESPLICITA
arrivato il treno, (la folla si avvia verso il binario)	VARIANTI DI TEMPO quando arriva quando arrivò quando è arrivato, ecc. VARIANTI DI RAPPORTO SINTATTICO quando è arrivato poiché è arrivato se è arrivato, ecc.

Oppure:

SUBORDINATA IMPLICITA	SUBORDINATA ESPLICITA
(penso, pensavo, pensa) di fare presto	VARIANTI DI TEMPO (penso) che farò presto (pensavo) che avrei fatto presto, ecc. VARIANTI DI PERSONA (penso) che farò presto (pensa) che farà presto, ecc.

32. In particolare, il costrutto esplicito è in grado di indicare le tre relazioni temporali che possono darsi tra reggente e subordinata (contemporaneità: «non so se dici la verità», «non sapevo se dicessi la verità» – anteriorità della subordinata: «non so se tu abbia detto la verità», «non sapevo se tu avessi detto la verità» – anteriorità della reggente e, quindi, posteriorità della subordinata: «non so se dirai la verità», «non sapevo se avresti detto la verità»).

Il costrutto implicito ha minore latitudine temporale. L'infinito nella sua forma verbale (non come funzione semantica) può indicare contemporaneità («penso di essere saggio») o anteriorità («penso di essere stato saggio»), ma non posteriorità; così come il gerundio (contemporaneità: «arrivando, ho visto qualcosa di nuovo»; anteriorità: «essendo arrivato presto, si fermò fuori del paese»). Il participio passato – quello presente ha raramente funzione verbale, cfr. XI.413 – indica soltanto anteriorità («arrivato in paese, andò subito a casa sua»).

Per quanto riguarda l'infinito è notevole la differenza con il latino, che ammetteva le tre relazioni: oltre alla contemporaneità e all'anteriorità, come l'italiano («puto me sapientem esse» 'credo di essere saggio', «puto me sapientem fuisse» 'credo di essere stato saggio'), anche la posteriorità («puto me sapientem fore» 'credo che sarò saggio').

33. Le proposizioni implicite possono non essere introdotte da congiunzioni («*arrivato* il treno, Maria partì», «sento *arrivare* qualcuno», «*incontrando* il portinaio, lo saluto»). Invece, una congiunzione o una locuzione congiuntiva è di regola come elemento introduttore delle subordinate esplicite, tranne pochi casi, di cui i più importanti sono i seguenti:
a) omissione del *che* nelle completive («penso tu abbia ragione»; cfr. XIV.59);
b) omissione del *se* nelle ipotetiche («non fosse stato per le ragioni politiche, l'istinto suo, credo, era di abbracciarsi col mondo intero» Morante, *La Storia*, 24);
c) omissione di una congiunzione concessiva («lo aspetterò, dovessero passare altri tre anni» Cassola, cit. in SCHMITT-JENSEN 1970: 351; cfr. XIV.176).

34. Vari sono i criteri di classificazione delle subordinate. Il procedimento che gode maggior fortuna presso i grammatici consiste nel ricondurre la struttura del periodo a quella della frase semplice, individuando negli elementi costitutivi di questa (soggetto, oggetto, complementi indiretti, attributi) altrettanti modelli utilizzabili per descrivere la funzione della frase nel periodo.
Si vedano le seguenti coppie:

FRASE SEMPLICE	Aspetto *il tuo arrivo* - complemento oggetto
FRASE COMPLESSA	Aspetto *che tu arrivi* - proposizione oggettiva
FRASE SEMPLICE	*La tua partenza* è indispensabile - soggetto
FRASE COMPLESSA	È indispensabile *che tu parta* - proposizione soggettiva
FRASE SEMPLICE	*Alla mia partenza* pioveva - complemento indiretto
FRASE COMPLESSA	*Quando partii*, pioveva - proposizione temporale («proposizione-complemento»)
FRASE SEMPLICE	Il *còrso* Napoleone divenne imperatore dei Francesi - attributo
FRASE COMPLESSA	Napoleone, *che era còrso*, divenne imperatore dei Francesi - proposizione relativa («attributiva»)

Lo schema indicato corrisponde alla suddivisione operata da TEKAVČIĆ 1980: II 436. Ma non sono troppo difformi le classificazioni di FORNACIARI 1881: 358 sgg. (soggettive, oggettive, attributive e avverbiali; queste ultime sono quelle «che modificano il senso della proposizione principale determinando la maniera e le circostanze dell'azione espressa dal principal verbo») o di HERCZEG 1959, che riprende la partizione proposta vent'anni prima dal Sandfeld per il francese, distinguendo quattro grandi gruppi: *a*) proposizioni completive; *b*) proposizioni interrogative indirette (entrambe corrispondenti a un sostantivo); *c*) relative (riconducibili al valore di un aggettivo); *d*) avverbiali. In realtà, nessuna tipologia è in grado di rendere soddisfacentemente ragione delle varie subordinate. Nel corso della nostra esposizione, noi tratteremo in modo autonomo ogni proposizione secondaria, evitando di collocarla forzatamente entro categorie generali pur non mancando di sottolineare eventuali analogie con le parti della frase semplice (a cominciare dalle prime subordinate che esamineremo: le completive).

Proposizioni completive

35. Con questo termine indichiamo due proposizioni che svolgono, nel periodo, rispettivamente la funzione di complemento oggetto (proposizione *oggettiva*: «penso che tu sia sincero», affine a «penso qualcosa») o di soggetto (proposizione *soggettiva*: «è bello vivere qui», affine a «la vita qui è bella»).

Le completive sono tra le subordinate più frequenti e usuali in qualunque livello di italiano. Ammettono i due costrutti, implicito, con l'infinito presente o passato, ed esplicito, con indicativo, congiuntivo, condizionale. Il costrutto implicito presuppone identità di soggetto tra reggente e secondaria («penso di essere forte») oppure una reggente con modo indefinito o verbo impersonale («non bisogna *pensare* di aver sempre ragione»; «*sembra* di essere in America»).

Diversità di soggetti può sussistere quando il verbo reggente sia un verbo volitivo (cfr. XIV.42), in certi usi regionali del Mezzogiorno (cfr. ROHLFS 1966-1969: 712 n.) e nell'italiano antico. Si veda, a quest'ultimo proposito, la seguente oggettiva coordinata di G. B. Marino, *Adone*, IX 186: «Così parla all'augel malvagio e brutto / la dea, *sdegnando* un stil sì rauco udire, / e i chiari onor del domator del flutto, / dov'ella ebbe il natal, tanto *avilire*» (=sdegnando che l'augello avvilisca...).

36. Osserviamo:
a) Quando si ha identità di soggetto – grammaticale o logico – il costrutto esplicito è meno comune dell'implicito; ma si trova, con l'indicativo, nel registro colloquiale («ogni tanto dice *che è malato*» Calvino, cit. in SCHMITT-JENSEN 1970: 181) oppure quando si voglia dare particolare rilievo all'oggettiva: «io le dico *che ho bisogno* d'attaccarmi con l'immaginazione alla vita altrui» (Pirandello, *L'uomo dal fiore in bocca*, III 12).
b) Il costrutto esplicito non si adopera con le soggettive quando il soggetto logico della reggente si identifichi col soggetto grammaticale della completiva (**mi sembra che io sia stato chiaro*).
c) Si adopera invece senza possibilità di scelta, con soggettive e oggettive, quando l'azione della completiva è posteriore: «gli pareva *che non avrebbe esitato*, se fosse stato di giorno, all'aperto, in faccia alla gente: buttarsi in un fiume e sparire» (Manzoni, *I Promessi Sposi*, XXI 52).
d) Obbligo di costrutto esplicito si ha, ancora, con le soggettive se la completiva ha un suo soggetto particolare anche generico e il verbo reggente è assolutamente impersonale: «pare che abbian fatta la grida apposta per me» (Manzoni, *I Promessi Sposi*, III 24); invece, se il verbo reggente diventa personale, assumendo come soggetto il soggetto della completiva, sono possibili entrambe le costruzioni: «la grida sembra essere stata fatta...», «la grida sembra che sia stata fatta...».
e) In presenza di due o più completive coordinate si può avere identità di costrutto, esplicito o implicito, oppure alternanza: «a lui pareva *di stare* in una favola *e che* la favola *fosse* vera» (Bacchelli, *Il mulino del Po*, I 76).

Proposizioni oggettive

37. In base al tipo di reggenza le oggettive possono essere distinte in tre gruppi, a seconda che siano rette da un verbo («*sento* che mi nascondi qualcosa»), da un sostantivo («*la sensazione* che tu mi nasconda qualcosa mi tormenta»), da un aggettivo («dormimmo [...] *ansiosi* che la luce del giorno ci rivelasse la terra rumena» P. Levi, cit. in SCHMITT-JENSEN 1970: 201).
Questa tripartizione, cui ricorriamo per comodità descrittiva, rivela l'insufficienza della nozione di «proposizione oggettiva» come omologa all'oggetto della frase semplice, dal momento che a una reggenza sostantivale o aggettivale sarebbe arduo applicare un complemento oggetto. D'altra parte, la stessa difficoltà si ritrova anche in molte reggenze verbali con verbi intransitivi («mi accorgo che spendiamo troppo») o transitivi con oggetto espresso («ti avverto che i soldi sono finiti»).

38. La reggenza verbale è di gran lunga la più comune. Nella sovraordinata possono comparire verbi transitivi, intransitivi o intransitivi pronominali, appartenenti ad aree semantiche disparate. Ricordiamo, tra gli altri, i verbi che esprimono

un'affermazione («*diceva* di essere uno studente»), un giudizio («*penso* che tu debba ritornare»), una percezione («*sentiva* la pioggia battere sui vetri»), una volontà («*vuoi* che tutto questo finisca?»), un tentativo («*prova* a fare qualche esame!»), un sentimento («*mi rallegro* di ritrovarvi in buona salute»).
L'etichetta di «oggettiva» – proprio per il grandissimo numero di costrutti cui si applica – non esclude che molte subordinate possano essere interpretate diversamente. Delle frasi appena citate, ad esempio, la penultima potrebbe essere considerata finale (=datti da fare per...) e l'ultima, causale (=mi rallegro dal momento che...).
Nel corso della presentazione che segue classificheremo le oggettive in base ai requisiti formali del verbo reggente (causativo: I; transitivo con possibilità di reggere un costrutto implicito o esplicito: II; intransitivo dello stesso tipo: III; transitivo che ammetta solo il costrutto implicito: IV; intransitivo dello stesso tipo: V). Per quanto riguarda i costrutti impliciti, segnaleremo di volta in volta la mancanza o la presenza di preposizione («voglio *parlare*», «penso *di parlare*», «provo *a parlare*»). Alternanze del genere sfuggono a interpretazioni d'insieme e rientrano nella naturale varietà di reggenze che caratterizza, in italiano come in molte altre lingue, i singoli verbi.
La tipologia qui proposta utilizza alcuni spunti e parte dei materiali di SKYTTE 1983, semplificandone però i criteri di classificazione e adottando un diverso punto di vista.

39. I. I due verbi causativi, *fare* e *lasciare*, non hanno significato autonomo, ma modificano il valore del verbo contenuto nell'oggettiva; «in molti casi è addirittura possibile sostituire» questo sintagma «con un verbo singolo, cioè con una sola radice» (SKYTTE 1976: 364; cfr. anche SKYTTE 1983: I 54 sgg.): *far capire*=persuadere, *lasciare stare*=smettere, ecc.
Il costrutto del tipo «far fare qualcosa a / da qualcuno» presenta una specie di cooperazione tra i due soggetti, quello grammaticale del verbo causativo e quello logico (cfr. II.23) dell'infinito, giacché il primo mette in moto l'azione del secondo:

«io [soggetto grammaticale] faccio che *x* [soggetto logico] faccia qualcosa» → «io faccio fare qualcosa a / da *x*».
Le varie modalità di realizzazione di questo costrutto sono analiticamente descritte in SKYTTE 1983: I 57-75. Qui ci limiteremo a due osservazioni:
a) Il soggetto logico è rappresentato da un complemento indiretto, introdotto da *a* o *da* (con diverse sfumature semantiche: «lo farò vedere *al* dottor Rossi», «lo farò vedere *dal* dottor Rossi»; nel sistema pronominale: *gli, le / da lui, da lei*, ecc.: cfr. SKYTTE 1983: I 57).
b) Se il soggetto logico è un sostantivo, esso di norma segue il sintagma causativo+infinito, ma potrebbe anche precederlo; se è un pronome atono, lo precede in ogni caso o almeno – se si ha enclisi pronominale nel verbo causativo (cfr. VII.74) – precede l'infinito. Così, la frase «ciò faceva pregustare al malizioso cugino [...] un piacere affettuoso» (Morante), sostituendo il soggetto logico con un pronome diventerebbe: «ciò gli faceva pregustare»; e la frase «dovrai farlo sapere anche a Remo» (Cassola; entrambi gli esempi sono citati in SKYTTE 1983: I 61) si trasformerebbe in «glielo dovrai far sapere» o «dovrai farglielo sapere».

40. La completiva retta da *fare* e *lasciare* ammette anche la forma esplicita (ma in molti casi la presenza dell'infinito è cristallizzata: *lasciamo andare / perdere / stare, facciamo fare*, ecc.). Con *lasciare* il costrutto esplicito (sempre col verbo al congiuntivo) è abbastanza frequente ed è sostanzialmente intercambiabile con quello implicito: «nel carcere non si deve far niente, e lasciar che il tempo passi» (Pavese; =e lasciar passare il tempo); «lascio che dica e le rispondo a smorfie» (Pavese; =la lascio dire: esempi attinti da SCHMITT-JENSEN 1970: 142). Con *fare* è invece raro e, soprattutto, non ha lo stesso valore, giacché in tal caso *fare* (*sì*) *che* assume piuttosto valore consecutivo (cfr. XIV.128 sgg.) sottolineando in modo particolare l'intervento del soggetto nell'azione.
Ecco un esempio in cui il costrutto esplicito ha lo stesso valore di quello implicito: «un tic [...] faceva che volgesse o alzasse a ogni attimo il capo» (Ortese, cit. in SCH-

XIV. Sintassi del periodo

MITT-JENSEN 1970: 140; =un tic gli faceva volgere...) e uno in cui il carattere consecutivo è più marcato: «O Dio, grande e misericordioso, fa' che il nostro impegno nel mondo non ci ostacoli nel cammino verso il tuo Figlio» (*Messale festivo*, 17; in termini puramente grammaticali la sostituzione resta tuttavia possibile: «non farci ostacolare dal nostro impegno», ecc.).

41. II. Un certo numero di verbi transitivi ammette sia il costrutto esplicito sia quello implicito; ad esempio: «[certi giocatori] quando perdono si sgolano per *dimostrare che* il vincitore *ha giocato* male» (Moravia, *Nuovi racconti romani*) / «il bambino le *dimostrava* in ogni atto *di ricambiare* la sua passione» (Morante, cit. in SKYTTE 1983: I 123).

Col costrutto implicito l'infinito è generalmente retto da *di*, ma talvolta richiede la reggenza assoluta senza preposizione («preferisco aspettare qui»). Ciò sembra valere, in particolare, per i verbi *affermare*, *considerare*, *credere*, *ritenere* e *trovare*, «se il verbo è costruito con predicato dell'oggetto» (SKYTTE 1983: I 126, da cui si attingono gli esempi): «affermate *di non avere* un recapito» (Morante) ma: «si è affermato necessario *eseguire* quelle azioni» (Croce). Cfr. anche GIOVANARDI 1984. Ecco una lista di verbi di questo gruppo; accanto a ciascuno di essi è indicata l'eventuale reggenza assoluta nel costrutto implicito:

accettare
affermare (anche col solo inf.)
aggiungere
ammettere
annunciare
aspettare
asserire
avvertire
comunicare
confessare
considerare (anche col solo inf.)
credere (anche col solo inf.)
desiderare (anche col solo inf.)
determinare
dichiarare (anche col solo inf.)
dimenticare
dimostrare
dire (anche col solo inf.)
dubitare
esclamare
giurare
ignorare
immaginare
informare
intendere
mostrare
negare
ostentare
pensare
preferire (anche col solo inf.)
promettere
raccontare
ricordare
rispondere
ritenere (anche col solo inf.)
sognare
sospettare
sperare (anche col solo inf.)
spiegare
stimare (anche col solo inf.)
temere
trovare (anche col solo inf.)

42. Affini a questi sono altri verbi, tutti indicanti una volizione (un ordine, un suggerimento, ecc.), con i quali nel costrutto implicito (che richiede sempre *di* davanti all'infinito) l'oggettiva può avere un diverso soggetto; il destinatario della volizione è espresso nella reggente per mezzo di un complemento di termine: «mi impongo di tacere» (identità di soggetti); «gli impongo di tacere» (diversità di soggetti). Si osservi che, se manca un complemento di termine, il destinatario sottinteso è sempre diverso dal soggetto della reggente: «il tribunale ordinava di bruciar robe» (Manzoni, *I Promessi Sposi*, XXXI 34; sottinteso: agli incaricati). Ecco i più comuni di questi verbi:

comandare
concedere
consentire
imporre
ingiungere
intimare
ordinare
permettere
proibire
raccomandare
suggerire
vietare

A questi si aggiungano verbi dichiarativi (come *avvertire* o *dire*) quando siano usati con valore volitivo: «perciò le dicevo di badare alle conseguenze» (Pirandello, *Il piacere dell'onestà*, III 157).

43. Anche alcuni verbi di percezione (*osservare*, *sentire*, *udire*, *vedere* e pochi altri), costruibili con i modi finiti o con l'infinito, ammettono nel costrutto implicito un soggetto diverso da quello della reggente: «sento qualcuno bussare» / «sento

che qualcuno bussa». Può aversi anche un'altra soluzione: il soggetto della completiva diventa oggetto del verbo reggente, introducendo una proposizione relativa: «sento qualcuno che (=il quale) bussa».
Con altri due verbi di percezione, *ascoltare* e *guardare*, non è possibile il costrutto esplicito: «guardo cadere la neve» / «guardo la neve che cade» ma non *«*guardo che cade la neve*».

Regionale o antiquata la presenza di *a* davanti all'infinito nel costrutto implicito: «gli parve di sentire la madre *a chiamarlo*», «disse di aver veduto zio Predu *a fumare*» (Deledda, *L'incendio nell'oliveto*, 49 e 55); «faceva di tutto per farsi vedere *a piangere* dalla gente», «per sentire *a recitare* dei sonetti» (De Marchi, *Demetrio Pianelli*, 31 e 270).

44. III. Riuniamo qui alcuni verbi intransitivi o intransitivi pronominali con i quali, come coi due gruppi precedenti, sono possibili entrambi i costrutti, esplicito e implicito (ad esempio: «*s'accorgeva che* la sua allegria *era* impacciata e malsicura» Tozzi, *Tre croci - Giovani*; «Tobia *s'accorse di avermi fatto* effetto» Fenoglio, cit. in SKYTTE 1983: I 158). Nel costrutto implicito richiedono il *di* (ma con *persuadersi* e *vergognarsi* l'infinito può essere retto anche da *a*: cfr. SKYTTE 1983: I 161). Si tratta, fra gli altri, di:

accontentarsi
accorgersi
congratularsi
convincersi
dimenticarsi
dolersi
gioire
pentirsi

persuadersi
rallegrarsi
rammaricarsi
ricordarsi
spaventarsi
stupirsi
vantarsi
vergognarsi

45. IV. Altri verbi, transitivi, ammettono solo il costrutto implicito con *di* («cerco *di smettere* il fumo»), con *a* («provo *a smettere* di fumare») o con reggenza assoluta («quei vigliacchi non osano *assalirci*» Misasi, *L'Assedio di Amantea*). Per esempio:

adorare (+*di* o col solo inf.)
cercare (+*di* o col solo inf.)
finire (+*di* o col solo inf.)
interrompere (+*di*)
osare (+*di* o col solo inf.)
provare (+*di*, +*a*)
rifiutare (+*di*)
smettere (+*di*)
tentare (+*di* o col solo inf.)
terminare (+*di*)
trascurare (+*di*)
usare (+*di* o col solo inf.)

46. V. Verbi intransitivi o intransitivi pronominali che ammettono soltanto il costrutto implicito con *di* («non mancò d'*informarmi*»), con *a* («mi impegno *a riuscire*») o con reggenza assoluta («con un respiro franco e pieno, ardì *svincolarsi*» Manzini cit. in SKYTTE 1983: I 151):

ardire (+*di* o col solo inf.)
degnarsi (+*di* o col solo inf.)
impegnarsi (+*di*, +*a*)
mancare (+*di*)
offrirsi (+*di*, +*a*)
rifiutarsi (+*di*, +*a*)
sentirsi (+*di*)
sforzarsi (+*di*, +*a*), ecc.

Naturalmente, partizioni del genere non possono essere troppo rigide: vi sono verbi che, a seconda dei casi, sono transitivi o intransitivi («godo l'usufrutto» / «godo dei tuoi successi»).

47. Invece che da un verbo, una proposizione oggettiva può essere introdotta da un aggettivo o da un sostantivo. Queste strutture ricalcano il carattere delle reggenze verbali e, come quelle, consentono il più delle volte la scelta tra costrutto esplicito e implicito.
Si vedano le seguenti coppie di frasi (attinte rispettivamente da SCHMITT-JENSEN 1970: 202, 209, 293, 300 e SKYTTE 1983: II 326, 370, 375): «ero *contento che fosse finita*» (Pavese) / «uno è *contento di girare* se vede bei posti» (Vittorini); «tornai *convinto che* quel giorno non *avrei visto* Ceresa» (Pavese) / «scantona via *convinto di aver udito* ululare tutte insieme le anime del Purgatorio» (Vittorini); «Elisa Ismani perse *la speranza che tacesse*» (Buzzati) / «*la speranza di giungere* [...] a conoscere nella sua piena realtà la poesia shakespeariana» (Croce), «sorrise compiaciuto *all'idea che avessi data* tanta importanza alla sua lettera» (Pavese) / «*l'idea di non avere* a svolgere carte oliate e divorar panini gravidi lo rasserenò» (Moravia).

XIV. Sintassi del periodo

Molto frequente la reggenza nominale nella scrittura giornalistica, grazie all'elevata funzionalità «del costrutto, che si può inserire facilmente in vari contesti» (DARDANO 1986: 340). Ecco due esempi di subordinata oggettiva, tratti da uno stesso numero del quotidiano «La Repubblica» (30.12.1986, 3 e 9): «*con la clausola che* d'ora in poi per ogni circoscrizione giudiziaria almeno un pretore *svolga* esclusivamente la funzione di pubblica accusa»; «*con la previsione che* due differenti società *si sarebbero sviluppate* in America, una bianca ed una nera, una ricca ed una povera».

Per un ricco inventario di reggenze nominali e aggettivali cfr. SCHMITT-JENSEN 1970: 197 sgg., 250 sgg. e SKYTTE 1983: II 322 sgg., 350 sgg.

Modi verbali del costrutto esplicito

48. Le oggettive esplicite ammettono sia l'indicativo sia il congiuntivo. L'alternanza tra questi due modi non riflette rigidamente l'opposizione tra certezza e incertezza, oggettività e soggettività, secondo i valori propri di indicativo e congiuntivo (cfr. XI.7). Spesso «è solo una questione di scelta fra il seguire la tradizione letteraria (congiuntivo) o la popolarità dell'espressione (indicativo)» (MORETTI-ORVIETO 1979: I 11); una «popolarità» che risale ad epoca antica se nel trecentista Franco Sacchetti si legge una frase come «credo ch'avete assai malinconia» (cfr. AGENO 1961: 8).

Alcuni grammatici parlano di una presunta 'morte del congiuntivo' nell'italiano d'oggi, o almeno di un suo accentuato declino dai tradizionali domini di completive, interrogative indirette (cfr. XIV.83 sgg.), ipotetiche (cfr. XIV.162 sgg.). Ma in realtà il congiuntivo è ben saldo nell'italiano scritto, anche senza pretese letterarie (cfr. SERIANNI 1986a: 59-61).

Quanto all'italiano parlato, si deve osservare che un reale regresso in favore dell'indicativo è in atto soltanto (e non in tutte le regioni) per la seconda persona («credo che hai» invece di «credo che [tu] abbia»). Infatti: *a*) il congiuntivo presente è indifferenziato per le prime tre persone ([che io] *abbia*, [che tu] *abbia*, [che egli] *abbia*) e un *abbia* senza soggetto sarebbe spontaneamente assegnato alla terza persona («credo che abbia»=credo che egli / ella abbia; fuori discussione la prima persona, con la quale è normale ricorrere al costrutto implicito, cfr. XIV.36a: «credo di avere»); *b*) per indicare la seconda persona senza possibilità di equivoci si dovrebbe dunque esplicitare il soggetto («credo che *tu* abbia»): un'esplicitazione che non è usuale nell'italiano corrente contemporaneo, tranne che in casi particolari (cfr. VII.6).

Nella lingua letteraria e nel parlato non troppo informale, il modo dell'oggettiva è condizionato dal tipo di verbo reggente. In SCHMITT-JENSEN 1970: 125 sgg. si distingue opportunamente tra: *a*) verbi che richiedono normalmente il congiuntivo; *b*) verbi che richiedono l'indicativo; *c*) verbi in cui l'alternanza di modo corrisponde a diverse accezioni di significato; *d*) verbi in cui tale alternanza sembra priva di fondamenti semantici.

Seguiremo anche noi questa partizione, con qualche differenza, limitandoci ai primi tre gruppi, i più significativi.

49. Richiedono il congiuntivo soprattutto i verbi che indicano una volizione (ordine, preghiera, permesso), un'aspettativa (desiderio, timore, sospetto), un'opinione o una persuasione. Ricordiamo:

accettare	immaginare
amare	lasciare
aspettare	negare
assicurarsi	ordinare
attendere	permettere
augurare	preferire
chiedere	pregare
credere	pretendere
curarsi	raccomandare
desiderare	rallegrarsi
disporre	ritenere
domandare	sospettare
dubitare	sperare
esigere	supporre
fingere	temere
illudersi	volere

Qualche esempio: «voglio soltanto *augurarvi che* il tempo vi *sia* propizio» (Alvaro, *Il nostro tempo e la speranza*); «la legge *dispone che* la pena *sia* aumentata o diminuita entro limiti determinati», ecc. (*Codice Penale*, art. 63); «posso *pretende-*

re che mio figlio, qua, *non metta* più piede!» (Pirandello, *La signora Morli, una e due*, VI 304); «non *sospettava ch*'essi ne *sapesser* più di lui» (Manzoni, *I Promessi Sposi*, VIII 79).
Si noti che *dubitare* usato all'imperativo negativo può richiedere l'indicativo nella subordinata: «Non dubitare che i conti li regolo anche da me solo» (Pratolini, cit. in SCHMITT-JENSEN 1970: 148).

50. Reggono di norma l'indicativo molti verbi di giudizio o di percezione, quali:

accorgersi	promettere
affermare	ricordare
confermare	riflettere
constatare	rispondere
dichiarare	sapere
dimostrare	scoprire
dire	scrivere
giurare	sentire
insegnare	sostenere
intuire	spiegare
notare	udire
percepire	vedere

Esempi: «Gli estetizzanti *affermano che* la verità *è* nella contemplazione estetica e non già nel concetto» (Croce, *Logica come scienza del concetto puro*); «O Dio [...] così *hai insegnato che* non *è* mai lecito separare ciò che tu hai costituito in unità» (*Messale festivo*, 841); «l'intelletto, senza esperienza, giunge a *sapere che può* esserci qualcosa» (Lamanna, *Filosofia*, III 123); «avevano saputo subito in Municipio del mio arrivo, e *avevano sentito che* io *ero* un dottore» (Levi, *Cristo si è fermato a Eboli*, 14).

51. Altri verbi presentano vuoi l'indicativo vuoi il congiuntivo, con specializzazione di significato. Attingiamo dalla lista di SCHMITT-JENSEN 1970: 164 sgg. alcune forme (di lì anche gli esempi citati):

ammettere (+indic. 'riconoscere'; +congiunt. 'supporre', 'permettere')
badare (+indic. 'osservare'; +congiunt. 'aver cura', 'fare attenzione')
calcolare (+indic. 'dedurre'; +congiunt. 'supporre')
capire, *comprendere* (+indic. 'rendersi conto', come atto di pura comprensione intellettuale: «capivo che anche lei se n'era accorta» Pavese; +congiunt. 'trovare naturale', attraverso una valutazione soggettiva, aderendo effettivamente all'azione verbale: «per te, che sai giocare, capisco che le americane non abbiano molto senso» Pavese)
considerare (+indic. 'tener conto'; +congiunt. 'supporre')
decidere (+indic. 'rendersi conto'; +congiunt. 'disporre')
pensare (+indic. 'riflettere': «e pensare che erano costrette a cucir loro le camicie» Palazzeschi; +congiunt. 'supporre': «mi parve una sciocchezza pensare che qualcosa potesse andare male» Fondagni).

Per le reggenze nominali e aggettivali cfr. SCHMITT-JENSEN 1970.
Qui basterà osservare che in molti casi il modo dell'oggettiva è lo stesso che si avrebbe con un verbo sinonimico; per esempio: «[mia madre] aveva paura che la gente venisse a farle visita quando lei voleva andare a spasso» (Ginzburg, *Lessico famigliare*, 18; con reggenza verbale: «temeva che la gente venisse...»).

52. Un verbo che usualmente regga l'indicativo può tuttavia richiedere il congiuntivo qualora:
a) Assuma senso volitivo; si veda il seguente esempio di M. Soldati (cit. in SCHMITT-JENSEN 1970: 186): «si era limitato a *scrivermi che aveva* piacere di vedermi *e che non mancassi* di andare a trovarlo quando venivo a Roma» (entrambe le oggettive sono rette da *scrivere*, un verbo che richiede in genere l'indicativo; tuttavia la seconda completiva è al congiuntivo perché non contiene una semplice enunciazione, bensì un'esortazione, un invito: si potrebbe parlare in questo caso anche di proposizione finale).
b) Assuma senso eventuale, specie in riferimento a un soggetto indeterminato: «alcuni *dicono che* egli *sia stato* fucilato [...]. Altri *sostengono che sia morto* ad Amburgo nel '45» (Montale, cit. in SCHMITT-JENSEN 1970: 182); di solito per accentuare «il valore restrittivo dell'opinione» (MORETTI-ORVIETO 1979: I 93, da cui si attinge l'esempio): «i ragazzi *dicono che* il suo farmacista genitore *stia* sperimentando in corpore di lui gli effetti di un nuovo sciroppo purgativo» (Vittorini).
c) Si trovi in una frase negativa: «*non dico che deva* andar lui in giro, in carrozza, ad acchiappar tutti i birboni» (Manzoni, *I*

Promessi Sposi, XIV 13); «in quell'estate eravamo quasi felici, *non ricordo che avessimo* mai litigato» (Pavese, cit. in SCHMITT-JENSEN 1970: 215).
d) Si trovi in una frase interrogativa retorica: «chi mi *dice che* l'economia rurale borghese *non sia* suscettibile di miglioramenti?» (Bacchelli, *Il diavolo al Pontelungo*). Tuttavia, l'indicativo sarebbe possibile e, in altre frasi, sarebbe addirittura una scelta obbligata: «[SILIA] Deve finire! deve finire! [*Quasi aggressiva*] Capisci che così non può più durare?» (Pirandello, *Il giuoco delle parti*, III 27).
e) L'oggettiva sia anteposta alla reggente: «Che il mare fosse da quella parte, l'avevo detto io a Gosto» (Pavese, cit. in SCHMITT-JENSEN 1970: 115). Per la presenza del pronome anaforico nella sovraordinata cfr. VII.43.
Secondo HERCZEG 1971: 14 questa prolessi (che si ritrova nelle soggettive e nelle interrogative indirette) «procede dallo stile parlato diretto ed ha per fondamento il desiderio del parlante di comunicare prima i fatti e gli eventi concreti, e poi far seguire la considerazione logica».

53. Viceversa, qualunque verbo o qualunque costrutto che richieda il congiuntivo può costruirsi con l'indicativo futuro (o, se è un passato, col condizionale composto) quando l'oggettiva indica azione posteriore rispetto alla reggente (cfr. SCHMITT-JENSEN 1970: 145-146): «– Anche voi – riprese Renzo – *credo che potrete* farmi un piacere» (Manzoni, *I Promessi Sposi*, XXXIV 22).
L'indicativo (imperfetto) può trovarsi anche in completive di secondo grado dipendenti da un verbo all'imperfetto congiuntivo; ecco un esempio in cui a una proposizione finale contenente un verbo che regge normalmente il congiuntivo (*sembrasse*, cfr. XIV.77a) seguono due soggettive coordinate (*cadeva, confermava*): «[la mozione di sfiducia ha fatto anticipare il chiarimento]: perché altrimenti non *sembrasse* né che il governo *cadeva* per iniziativa dell'opposizione né che la Dc gli *confermava* la fiducia» («La Nazione», 28.2.1987, 1).

54. Oltre che col congiuntivo e con l'indicativo un'oggettiva in rapporto di contemporaneità o di anteriorità con la reggente può costruirsi col condizionale quando coincida con l'apodosi di un periodo ipotetico («credo che avremmo commesso un errore tragico se in passato non avessimo tempestivamente affermato una posizione critica» A. Natta, intervista alla «Repubblica», 3.2.1987, 3); oppure, in genere, là dove si userebbe il condizionale in una frase enunciativa: «penso che faresti bene a parlargli».

Tempi del costrutto esplicito

55. Il tempo verbale della reggente condiziona il tempo dell'oggettiva, sia pure senza la rigorosità della «consecutio temporum» latina. Se l'oggettiva è di modo indicativo si ha il quadro offerto dal seguente prospetto (il quale, oltre che per le oggettive di primo grado, vale, in generale, per tutte le subordinate che si costruiscono con l'indicativo tranne le ipotetiche, cfr. XIV.145 sgg.):

CONTEMPORANEITÀ

PROPOSIZIONE REGGENTE	PROPOSIZIONE OGGETTIVA
Indic. Pres.: *dico* Imperativo: *di'* Condizionale: *direi* Congiunt. Pres.: *dica*	Indic. Pres. *che sbaglia*
Imperfetto: *dicevo* Pass. Remoto: *dissi* Pass. Prossimo: *ho detto* Trapass. Prossimo: *avevo detto* Condiz. Passato: *avrei detto* Congiunt. Trapassato: *avessi detto*	Indic. Pres. o Imperfetto: *che sbaglia, che sbagliava*

Proposizione Reggente	Proposizione Oggettiva
Indic. Futuro: *dirò*	Indic. Pres. o Futuro: *che sbaglia,* *che sbaglierà*

ANTERIORITÀ

PROPOSIZIONE REGGENTE	PROPOSIZIONE OGGETTIVA
Indic. Pres.: *dico* Imperativo: *di'* Condizionale: *direi* Congiunt. Pres.: *dica*	Imperfetto, Pass. Remoto, Pass. Prossimo, Trapass. Prossimo: *che sbagliava, che sbagliò, che ha* *sbagliato, che aveva sbagliato*
Imperfetto: *dicevo* Pass. Remoto: *dissi* Pass. Prossimo: *ho detto* Trapass. Prossimo: *avevo detto* Condiz. Passato: *avrei detto* Congiunt. Trapassato: *avessi detto*	Pass. Prossimo o Trapass. Prossimo: *che ha sbagliato,* *che aveva sbagliato*
Indic. Futuro: *dirò*	Imperfetto, Pass. Remoto, Pass. Prossimo o Trapass. Prossimo: *che sbagliava, che sbagliò, che ha* *sbagliato, che aveva sbagliato*

POSTERIORITÀ

PROPOSIZIONE REGGENTE	PROPOSIZIONE OGGETTIVA
Indic. Pres.: *dico* Imperativo: *di'* Condizionale: *direi* Congiunt. Pres.: *dica*	Futuro: *che sbaglierà*
Imperfetto: *dicevo* Pass. Remoto: *dissi* Pass. Prossimo: *ho detto* Trapass. Prossimo: *avevo detto* Condiz. Passato: *avrei detto* Congiunt. Trapassato: *avessi detto*	Futuro, Condiz. Passato: *che sbaglierà,* *che avrebbe sbagliato*
Indic. Futuro: *dirò*	Futuro: *che sbaglierà*

Un ottimo quadro analitico della concordanza dei tempi nelle varie subordinate in MORETTI-ORVIETO 1979: I 67-76.

56. Non tutte le relazioni sopra indicate, teoricamente possibili, hanno la stessa frequenza d'uso; d'altra parte, specie con alcuni verbi, possono aver luogo altre relazioni qui trascurate.
In particolare:
a) È piuttosto comune nella lingua parlata il presente invece del futuro, in frasi in cui l'idea della posteriorità è ricavabile dal contesto oppure è affidata a un avverbio temporale: «so *che arriva domani* col treno delle dieci»; «ti prometto *che prima del tuo ritorno ho finito*» (esempio tratto, come i seguenti, da MORETTI-ORVIETO 1979: I 68 sgg.), «sapevo *che* tuo figlio *si laurea presto*».
b) Viceversa, il futuro può comparire in relazioni di contemporaneità o di anteriorità con valore ipotetico-eventuale: «penso che sarai affamato»; «credo che ormai avrete capito la lezione».

57. Ed ecco il prospetto della concordanza dei tempi con un'oggettiva al congiun-

XIV. Sintassi del periodo

tivo (anche in questo caso applicabile alla maggior parte delle subordinate che richiedano lo stesso modo; per le condizionali cfr. XIV.145 sgg.):

CONTEMPORANEITÀ

PROPOSIZIONE REGGENTE	PROPOSIZIONE OGGETTIVA
Indic. Pres.: *immagino* Imperativo: *immagina* Indic. Futuro: *immaginerò* Condizionale: *immaginerei*	Congiunt. Pres.: *che egli faccia bene*
Indic. Imperfetto: *immaginavo* Pass. Prossimo: *ho immaginato* Pass. Remoto: *immaginai* Trapass. Prossimo: *avevo immaginato* Condiz. Passato: *avrei immaginato*	Congiunt. Imperfetto: *che facesse bene*

ANTERIORITÀ

PROPOSIZIONE REGGENTE	PROPOSIZIONE OGGETTIVA
Indic. Pres.: *immagino* Imperativo: *immagina* Indic. Futuro: *immaginerò*	Congiunt. Passato: *che egli abbia fatto bene*
Imperfetto: *immaginavo* Pass. Remoto: *immaginai* Pass. Prossimo: *ho immaginato* Trapass. Prossimo: *avevo immaginato*	Congiunt. Trapassato: *che avesse fatto bene*
Condizionale: *immaginerei*	Congiunt. Passato, Imperfetto o Trapassato: *che egli abbia fatto bene*, *che facesse bene*, *che avesse fatto bene*

POSTERIORITÀ

PROPOSIZIONE REGGENTE	PROPOSIZIONE OGGETTIVA
Indic. Pres.: *immagino* Indic. Futuro: *immaginerò*	[si ricorre all'Indic. Futuro: cfr. XIV. 53]
Imperfetto: *immaginavo* Pass. Remoto: *immaginai* Pass. Prossimo: *ho immaginato* Trapass. Prossimo: *avevo immaginato* Condizionale: *immaginerei* Condiz. Passato: *avrei immaginato*	[si ricorre al Condizionale Passato: vedi oltre]

Anche qui, un quadro più articolato in MORETTI-ORVIETO 1979: I 115-120 e 147-152.

58. Notiamo:
a) L'anteriorità rispetto a un presente o a un futuro può essere espressa con l'imperfetto congiuntivo, «quando il fatto potenziale del passato ha valore durativo» (MORETTI-ORVIETO 1979: I 115; «penso che da bambino *non godesse* di buona salute») e con il congiuntivo trapassato «quando il fatto potenziale si iscrive in un

passato anteriore ad un altro nel contesto» («gli investigatori *ritengono che* l'assassino, che probabilmente ha compiuto il massacro sotto l'effetto di sostanze stupefacenti, *avesse avuto* qualche occasione di conoscere il prof. Aprile», «La Nazione», 28.2.1987, 5).
b) Come nelle oggettive all'indicativo, l'idea di anteriorità o posteriorità può essere espressa non da un particolare tempo verbale ma dal contesto o da un avverbio temporale: «pensavo che *da bambino non fosse* felice» (anteriorità); «credo che *parta domani*» (posteriorità).
c) Talvolta si può avere un tempo diverso da quello atteso per effetto di un particolare «punto di vista» del parlante. Si vedano i seguenti esempi (da DARDANO-TRIFONE 1985: 312): «ho temuto che quella notizia ti *potesse* dispiacere» (col normale imperfetto congiuntivo richiesto dalla contemporaneità nel passato); «ho temuto che questa notizia ti *possa* dispiacere» (il congiuntivo presente si deve all'attualità del fatto, marcata «anche attraverso l'uso del pronome dimostrativo *questa* invece di *quella*»).
d) Per indicare il «futuro del passato» oggi è di regola il condizionale composto: «credevo che saresti venuto l'indomani». Il tempo che si è adoperato più spesso, fino ad anni recenti, è stato però il condizionale presente (cfr. BERTINETTO 1986: 513 e soprattutto BRAMBILLA AGENO 1964: 350), normale ad esempio nei *Promessi Sposi* («il guardiano [...] disse che si farebbe» IV 44; «visto finalmente uno che veniva in fretta, pensò che questo [...] gli risponderebbe subito, senz'altre chiacchiere» XVI 8, ecc.) e ancora nella prosa novecentesca più sensibile alla tradizione letteraria («lo sapevano bene a che ora tornerebbe» Palazzeschi, cit. in MORETTI-ORVIETO 1979: I 143).
Non persuade, come si osserva opportunamente nel cit. MORETTI ORVIETO, l'opinione di alcuni grammatici che considerano in uso, con questa funzione, entrambi i tempi del condizionale, con una diversa distribuzione: il «futuro del passato» sarebbe «espresso dal condizionale presente per indicare fatti che hanno poi avuto realizzazione, o dal condizionale passato per indicare quelli che non hanno avuto realizzazione».

e) Se nella reggente figura il condizionale presente di un verbo indicante volontà, desiderio, opportunità (come *volere, desiderare, pretendere, esser conveniente* e simili; un'ampia lista in MORETTI-ORVIETO 1979: I 148), la dipendente si costruisce col congiuntivo imperfetto più spesso che col congiuntivo presente. Esempi: «E che vorrebbe ch'io facessi?» (Manzoni, *I Promessi Sposi*, II 20); «Io, figlia, non pretenderei che mia madre salisse per me novanta, cento scalini» (Pirandello, *Così è [se vi pare]*, V 28).

Costrutti particolari

Il costrutto oggettivo esplicito può presentare due varianti:

59. I. Omissione del *che*: «dicono sia fratello di una prostituta» (Calvino), «temo esca di prigione» (Pavese; i due esempi sono citati in SCHMITT-JENSEN 1970: 112 e 145), «immagino conosca molta gente, a B» (Sciascia, *Il giorno della civetta*, 65).
L'ellissi del *che* è particolarmente frequente in subordinate di secondo grado dipendenti da una sovraordinata introdotta da *che* (congiunzione o pronome relativo) oppure da una congiunzione composta con *che* (*affinché, perché*). Si vedano questi due esempi: «altrimenti si aprirebbero situazioni che non nascondo sarebbero difficili» («La Repubblica», 19.2.1987, 3; =che non nascondo che...); «in secondo luogo Marx mi ha insegnato – perché credo sia lui ad averlo inventato – il metodo dei modelli nelle scienze umane e sociali» («L'Espresso», 16.11.1986, 171; =perché credo che sia lui...).
A ragioni analoghe (evitare l'accumulo di troppi *che*) risponde l'ellissi della congiunzione subordinante quando la completiva regga a sua volta una secondaria introdotta da *che*, come nel seguente esempio di Collodi (*Pinocchio*, 11): «[un carabiniere], sentendo tutto quello schiamazzo, e credendo si trattasse di un puledro che avesse levata la mano al padrone, si piantò coraggiosamente a gambe larghe in mezzo alla strada».
Tuttavia l'ellissi del *che* sembra inusitata in frasi interrogative quali «che vuoi che

faccia?», «che cosa vuoi che ti dica?» (cfr. NILSSON-EHLE 1947: 84 n. 21).
Il modo di queste oggettive prive di congiunzione introduttiva è generalmente il congiuntivo. Accanto ad esso può figurare il condizionale, con valore di «futuro del passato» («una città in cui si credeva piomberebbe Cesare» Ferrero, cit. in NILSSON-EHLE 1947: 67) o di apodosi di periodo ipotetico (con protasi espressa: «credo non servirei un re, se non quando dovessi scegliere tra lui e il canagliume democratico» Fogazzaro, in NILSSON-EHLE cit.; o sottintesa, come nell'esempio giornalistico riportato sopra: «situazioni che non nascondo sarebbero difficili»).
Con l'indicativo l'ellissi del *che* è possibile solo nel futuro (cfr. NILSSON-EHLE 1947: 67-69: «spero non avrai moglie» Deledda).

60. Nell'italiano antico l'omissione del *che* era più diffusa e poteva interessare anche le oggettive all'indicativo di qualsiasi tempo. Il fenomeno, caratteristico della lingua poetica dugentesca («pensando tanto m'amava» Anonimo, cit. in DARDANO 1969: 272 n. 375), raggiunge la sua acme nel Quattrocento.

61. Fuori d'Italia, l'omissione della congiunzione completiva è oggi caratteristica dell'inglese («he says he'll come»=dice che verrà) e del tedesco («er sagt, er wird kommen»).

62. Un fenomeno in qualche modo speculare rispetto a questo è la ripetizione del *che* subordinante dopo l'inserimento di una dipendente di secondo grado, non raro nella prosa antica, specie popolare: «il Cardinale disse a mio padre *che*, se lui mi mandava là, *che* mi faria lettere di favore e d'aiuto» (Cellini, *Vita*, 43).

63. II. Invece di *che* la congiunzione introduttiva può essere *come* (e allora il verbo va preferibilmente al congiuntivo, anche se la reggenza richiede abitualmente l'indicativo: si vedano gli esempi che seguono): «ma quello che mi stupì moltissimo fu di *vedere come* immediatamente Maria *pendesse* dal labbro di Adamic» (Soldati, cit. in SCHMITT-JENSEN 1970: 659), «è desolante *constatare come* nessuno *voglia* intendere il messaggio in bottiglia di Leonardo Sciascia» («La Repubblica», 18.1.1987, 10).
Altri costrutti notevoli sono: I. il cosiddetto «accusativo con l'infinito»; II. l'oggettiva participiale.

64. I. Ad imitazione del latino, in cui l'oggettiva – così come la soggettiva – si costruisce con l'infinito e col soggetto obbligatoriamente espresso in accusativo («puto te bonum esse»=ritengo che tu sia buono), anche l'italiano ha conosciuto largamente nel passato e mantiene tuttora in alcuni casi «un costrutto infinitivo con soggetto proprio» (SKYTTE 1978: 281). Qualche esempio: «Deucalione e Pirra, affermando seco medesimi *niuna cosa potere* maggiormente *giovare* alla stirpe umana che di essere al tutto spenta», ecc. (Leopardi, *Operette morali*, 140); «altri sentenziavano *non essere* altro, *il problema meridionale*, che un caso particolare della oppressione capitalistica» (Levi, *Cristo si è fermato a Eboli*, 220); «non dubitando *esser la faccenda* ormai sistemata» (Morante, cit. in SKYTTE 1978: 287).
Nella lingua dei primi secoli l'accusativo con infinito si può incontrare «dopo verbi del giudicare, del sentire, del pensare, del volere, e dopo verbi impersonali» (ROHLFS 1966-1969: 706): «sapere adunque dovete in Lombardia essere un famosissimo monistero» (Boccaccio). Oggi il costrutto si realizza sostanzialmente all'interno della stessa categoria di reggenze, ma dopo un numero assai ridotto di verbi (poco più di una ventina secondo SKYTTE 1978: 293) ed è limitato alla lingua scritta, in particolare alla prosa saggistica e accademica.

65. II. Per ellissi dell'ausiliare una proposizione oggettiva può essere rappresentata dal semplice participio passato, concordato col soggetto della stessa completiva: «dichiaro aperto il dibattito» (=che il dibattito è aperto); «vorrò rispettate allo scrupolo tutte le apparenze» (Pirandello, *Il piacere dell'onestà*, III 155); «credo, però, venuto il momento di ripensare la questione» («La Repubblica», 10.3.1987, 2).

Proposizioni soggettive

66. Nella presentazione delle soggettive seguiremo la falsariga già tracciata per le oggettive, esaminando in successione tipo di reggenza (XIV.67-76) e alternanza indicativo-congiuntivo nel costrutto esplicito (XIV.77). Per quanto riguarda uso dei tempi, uso del condizionale, omissione del *che*, costrutto di accusativo+infinito, costrutto participiale, la sintassi delle soggettive corrisponde puntualmente a quella, già descritta, delle oggettive.

Una proposizione soggettiva può essere introdotta da un verbo, da un aggettivo o da un sostantivo: negli ultimi due casi per ellissi di *essere* (cfr. XIV.30b).

Distinguiamo cinque fondamentali tipi di reggenza:

67. I. Verbi come *sembrare, parere, risultare, apparire*, accompagnati o no da un aggettivo in funzione predicativa («sembra che ci sia qualche difficoltà», «sembra opportuno rinviare l'incontro»). Nel costrutto implicito l'infinito è di regola preceduto dalla preposizione *di*:

a) quando il verbo reggente è assolutamente impersonale (cioè senza soggetto, né grammaticale né logico): «sembra di sognare»; «pareva di vivere in un blocco di ghiaccio» (Manzini, cit. in SKYTTE 1983: II 283);

b) quando il verbo ha un soggetto logico: «mi sembra di essere tornata bambina» (Pratolini, cit. in FALCINELLI 1985: 30; di qui i due esempi successivi, anch'essi da Pratolini); «mi pareva di vedere Liliana al braccio di mio padre» (tuttavia, senza *di*: «si scuote all'improvviso e le sembra emergere da un lungo svenimento»).

Se *sembrare* e *parere* sono costruiti personalmente, di norma rifiutano il *di*: «il clima sembra vietare la vita» (da un giornale, cit. in FALCINELLI 1985: 26); «egli non pareva interessarsi affatto alle costumanze [...] che lo aspettavano» (Morante, cit. in SKYTTE 1983: II 319).

68. II. Un certo numero di verbi impersonali che ammettono un soggetto logico. Nel costrutto implicito l'infinito può essere retto dalla preposizione *di* («non mi va *di dormire*»), essere giustapposto al verbo reggente («bisogna *riflettere* con calma») o ammettere entrambe le costruzioni: «a ogni richiesta ci toccava *partire* e andare a casa del nonno», «ci era già toccato *di correre* a casa del nonno» (i due esempi, di S. Strati, sono attinti da FALCINELLI 1985: 75 e 76).

Ecco una lista di questi verbi (in massima parte desunta da SKYTTE 1983: II 276 sgg.). Se mancano indicazioni, si intende che il costrutto implicito è possibile con o senza *di* davanti all'infinito:

accadere (+*di*)
andare (+*di*: «mi va di...»)
avvenire (+*di*)
bastare
bisognare (+inf.)
capitare (+*di*)
convenire (+inf.)
costare
dispiacere
dolere
fare+oggetto
 («fa pena, rabbia...»)
giovare
importare
interessare
occorrere
piacere
premere
rincrescere
riuscire (+*di*)
seccare
spettare
stupire
succedere
toccare
valere la pena
venire (+*di*)

Esempi: «ero stanco morto e *non mi andava di stare* a sentire Raul» (Moravia, *Nuovi racconti romani*); «*basterebbe fargli* le domande senza animosità» (Pratolini, cit. in FALCINELLI 1985: 56); «*mi verrebbe*, creda, *d'andarla* a prendere a calci» (Pirandello, *L'uomo dal fiore in bocca*, III 14). Di uso solo letterario *giovare* 'piacere' (secondo il latino IUVĀRE): «Noi per le balze e le profonde valli / natar giova tra' nembi» (Leopardi, *Ultimo canto di Saffo*, 14-15).

69. Si noti che:

a) La sostituzione con il costrutto esplicito non è possibile con i verbi *costare, spettare* e *toccare*.

b) *Riuscire* e *venire* possono essere accompagnati da un aggettivo predicativo (e in tal caso l'infinito soggettivo non richiede più obbligatoriamente *di*): «anche ai più esperti tiratori *riesce difficile colpire* un bersaglio che non c'è quasi mai» (Tomasi di Lampedusa), «mi *è venuto spontaneo di designare* altre volte la storia morale con un suo sinonimo» (Croce); entrambi gli esempi in SKYTTE 1983: II 284 e 285).

c) Altre reggenze sono disusate o regionali. Si vedano due esempi del secolo scorso, in autori che ricorrono per il resto a una lingua particolarmente viva e 'moderna': «*tocca* ai preti *a trattar* male co' poveri?» (Manzoni, *I Promessi Sposi*, II 28); «per me quando il morto piange, è segno che gli *dispiace a morire*» (Collodi, *Pinocchio*, 53).

XIV. Sintassi del periodo

70. Si comportano in modo analogo alcuni verbi impersonali passivi indicanti un permesso o un divieto: *essere concesso, dato, negato, permesso, proibito, vietato* (cfr. SKYTTE 1983: II 286-287). Possono essere costruiti con la preposizione *di* o assolutamente: «Donde venni non so; né dove vada / *saper m'è dato*» (Pascoli); «saranno, pare, proprio gli americani a rinunciare al viaggio in Italia, in quale misura *non è dato* per ora *di sapere*» («Qui Touring», 2-7.6.1986, 5).

71. III. Un verbo che venga usato come impersonale: *si dice, è stato affermato, si aspetta, si suppone,* ecc. Il costrutto è di norma esplicito.
Esempi: «*si dice che abbia lasciato* un messaggio per Hussein nelle mani di Craxi e di Andreotti» («La Repubblica», 13.1.1987, 7); «*può darsi che* così *stiano* veramente le cose» («La Nazione», 28.2.1987, 2).

72. IV. Il verbo *essere* con valore impersonale accompagnato da un aggettivo o da un avverbio in funzione predicativa: *è facile, giusto, possibile, impossibile,* ecc.; *è bene, male, meglio, molto, troppo,* ecc. In generale, sono possibili entrambi i costrutti, esplicito o implicito (ma con *molto* si ha solo l'esplicito: «è molto che ci siano rimasti i paglierìcci» de Céspedes, cit. in SCHMITT-JENSEN 1970: 199). Il costrutto implicito perlopiù non richiede la preposizione: «*è veramente giusto renderti* grazie, *è bello cantare* la tua gloria, Padre santo, unico Dio vivo e vero» (*Messale festivo*, 333); «non *era possibile tenere* lo sguardo su un punto vicino alla superficie» (Brignetti, cit. in FALCINELLI 1985: 54); «*meglio era sposar* te, bionda Maria!» (Carducci).

73. In questo gruppo esempi di reggenza preposizionale spesseggiano nell'italiano dei secoli scorsi e non possono dirsi del tutto desueti neppure nella prosa contemporanea: «i quali fatti combinati è affatto impossibile alla mente umana *d'intendere*» (Vico, *Scienza nuova*, 137); «voglio avvertirla d'una cosa che le sarà utile *di sapere*» (Manzoni, *I Promessi Sposi*, XIX 12); «con Gaetanina Galante era difficile *di averla* vinta» (Serao, *Il romanzo della fanciulla*, 43); «è penoso *di vedere* come soffre» (Fogazzaro, *Piccolo mondo antico*, 214); «dal suo sguardo interrogativo tanto suggestivo e attraente, ma nel quale non era facile *di leggere*» (Palazzeschi, *Sorelle Materassi*, 119); «Don Fabrizio cominciò a sperare che non sarebbe stato necessario *di uscire* dal letto tiepido» (Tomasi di Lampedusa, *Il Gattopardo*, 124).

74. V Diversi sintagmi sostantivali formati col verbo *essere*: *è un caso* (+*che*), *è il caso* (+*che* o +*di* e inf.), *è un guaio* (+*che*), *il guaio è* (+*che* o +inf.), *è un peccato, una fortuna, una vergogna,* ecc. (+*che* o +inf.), *è tempo, è ora* (+*che* o +*di* e inf.).
Esempi: «mica *è un caso che* da quel giorno alla manifestazione non *ti ho cercato* mai», «non *è il caso di inventarsi* il trasporto della passione» (entrambi gli esempi da un romanzo cit. in FALCINELLI 1985: 78 e 79); «noi siamo nati in un tempo in cui *era vergogna essere* soldato, *pena essere* uomo, *miseria essere* italiano» (Alvaro, cit. in MORETTI-ORVIETO 1979: II 32); «*È ora di lasciare* il canneto / stento che pare s'addorma / e di guardare le forme / della vita che si sgretola» (Montale, *Ossi di seppia*).

75. Possono rientrare in questa serie anche particolari strutture che non hanno, in sé, un significato specifico, ma servono a introdurre la subordinata che segue dandole il rilievo di una constatazione obiettiva; il costrutto è sempre esplicito: *è che, c'è che, gli è che* (proprio dell'uso toscano e letterario), *il fatto è che, è un fatto che, fatto sta che, com'è che* (reggenza interrogativa), ecc.
Esempi: «*è che* in quell'età non si ha un'esatta nozione del tempo» (Alvaro, *Il nostro tempo e la speranza*); «Che cosa c'è? *C'è che* mi sono innamorato di te» (canzone di Gino Paoli, del 1963); «*gli è che* D'Annunzio ha troppo perduto nell'ammirazione per il suo superuomo per potergli far vivere accanto una forte coscienza», ecc. (Michelstaedter, *Opere*; disusato *egli è che*: «egli è che noi ragazzi siamo tutti così!» Collodi, *Pinocchio*, 56); «*è un fatto che* l'inflazione è passata dal 16 al 4 per cento» («Stampa sera», 23.3.1987, 3); «*com'è che* sai il mio nome?» (Collodi, *Pinocchio*, 35).

76. L'espressione *non è che* si presenta spesso nella variante ellittica *non che*: «non che egli desse nulla a vedere di questo stato d'animo» (Calvino, *Racconti*, 333). Il modo di queste soggettive è il congiuntivo, ma una soggettiva negativa può avere anche l'indicativo: «non è che non mi piaccia (piace) il vino, però mi dà subito alla testa».
HERCZEG 1959: 301 classifica le frasi introdotte da *non che* tra le proposizioni causali, interpretando il *che* come *perché*.

Modi verbali delle soggettive

77. Come per le oggettive, l'alternanza tra indicativo e congiuntivo nel costrutto esplicito non è rigida, ma dipende dal livello di lingua (scritto / parlato, formale / informale) oltre che dal tipo di reggenza. Sulla scorta di SCHMITT-JENSEN 1970: 129 sgg. – cui rinviamo per un esame più ampio e articolato – distinguiamo:
a) Reggenze che richiedono abitualmente il congiuntivo. Si tratta dei verbi impersonali dell'apparenza (*sembra, pare, appare*) e di quelli che indicano necessità o convenienza (*bisogna, occorre, vale la pena*, ecc.) o un moto dell'animo (*piace, dispiace, secca, stupisce, fa*+oggetto: *fa paura, fa pena, fa rabbia*, ecc.). Inoltre, della grande maggioranza dei sintagmi aggettivali e sostantivali.
Esempi: «*bisogna che* tu *mi aiuti*, bisogna che tu *gli parli*, che tu *gli faccia* sentire la tua voce» (D'Annunzio, *Trionfo della morte*, 97); «*mi fece rabbia e piacere che ci vedesse*» (Pratolini, cit. in SCHMITT-JENSEN 1970: 132); «dell'Arcivescovo *mi dispiace che si sia* imbrodolato in banchetti politici» (Tommaseo, *Il secondo esilio*) – Con reggenza aggettivale: «*non è escluso che* la cosa *possa* interessare il brigadiere» (Pratolini, cit. in FALCINELLI 1985: 70) – Con reggenza sostantivale: «*il suo sogno è che* la Biennale *contribuisca* a risolvere i problemi di Venezia» (da un giornale, cit. in FALCINELLI 1985: 82).
b) Reggenze che richiedono abitualmente l'indicativo. Sono verbi che esprimono una certezza, una constatazione, una risultanza obiettiva (*si sa, si afferma, risulta, consta, è che, fatto sta che*, ecc.) e delle corrispondenti locuzioni aggettivali e sostantivali (*è chiaro, certo, innegabile; il bello, il brutto, il guaio è che*, ecc.).
Esempi: «*si vedeva che la sapeva* più lunga degli altri» (Verga, *I Malavoglia*, 66); «*il bello è che* lì per lì *non me ne sono accorta*» (Pratolini, cit. in FALCINELLI 1985: 63). Per i casi in cui il modo è condizionato non dal verbo reggente ma da fatti sintattici e semantici – del tutto analoghi a quelli già esaminati per le oggettive – cfr. XIV.52-53.

Proposizioni dichiarative

78. Di natura affine alle completive, le proposizioni dichiarative consentono di precisare o di illustrare un elemento della sovraordinata: sia esso pronome o aggettivo dimostrativo («Tu *questo* hai della rondine [...]: / *che* a me, che mi sentiva ed era / vecchio, *annunciavi* un'altra primavera» Saba, *A mia moglie*, 73-76); pronome o aggettivo indefinito («era mio obbligo fare davanti a loro questa dichiarazione [...]; perché a carico d'un pubblico ufficiale non si creda in paese *una tale enormità: che* per gelosia o per altro *io impedisca* a una povera madre di veder la figliuola» Pirandello, *Così è* [*se vi pare*], III 38); avverbio («*così* anche avveniva delle lettere, *che* il porto di una di esse nei confini del Friuli si *pagava* soldi tre» Nievo, *Le confessioni d'un italiano*, 35); sostantivo: «espresse *una proposta*: ridurre tutti gli investimenti».
Per la loro funzione nel periodo, le dichiarative possono essere avvicinate all'apposizione nella frase semplice.
Come le completive, ammettono i due costrutti: esplicito (introdotto da *che*+indicativo o congiuntivo) e implicito (infinito, preceduto o non preceduto dal *di*).
Anche per l'uso dei modi nel costrutto esplicito le dichiarative sono assai simili alle completive, facendosi condizionare in primo luogo dal verbo della sovraordinata. Avremo quindi: «a volte mi sorprendevo a *sperare* appunto questo: che neve e gelo non si *sciogliessero* più» (Bassani, cit. in SCHMITT-JENSEN 1970: 325; come si direbbe: «*speravo* [...] che non si *sciogliessero*», cfr. XIV.49); «nell'ipotesi che si volessero bene, una cosa *era certa:* che cotesto bene non lo *godevano*», ecc.

(Cecchi, *Corse al trotto e altre cose*; nella corrispondente soggettiva si avrebbe: «*era certo* che non lo *godevano*», cfr. XIV.77b).

79. Graficamente, il confine tra reggente e dichiarativa è quasi sempre segnato dai due punti (si vedano tutti gli esempi finora citati); ma è più comune la virgola quando la dichiarativa sia introdotta da *cioè, e cioè*: «sulle prime non osò credere; si sforzò anzi di non capire ciò che diventava sempre più evidente, *cioè che* Demetrio l'amava» (De Marchi, *Demetrio Pianelli*, 452); «ricordando quello che Micòl mi aveva detto, *e cioè che* nessuno mi credeva» (Bassani, cit. in FERRINI 1985: 56).

Altre subordinate introdotte da «che»

80. Oltre che per introdurre completive e dichiarative esplicite, il *che* – secondo un grammatico ottocentesco la «principalissima tra le congiunzioni, a cagione dei molti officj ch'ella esercita nel discorso» (MOISE 1878: 1040) – compare in diverse locuzioni congiuntive, che esamineremo a suo luogo, e in due importanti tipi sintattici: la frase scissa e la subordinazione generica.

81. Frase scissa (o spezzata). Risulta dalla suddivisione di una frase semplice «in due frasi, di cui la prima, col verbo *essere*, mette in forte rilievo il 'nuovo', mentre la seconda contiene il 'noto'» (SABATINI 1985: 163): «è Mario che canta», «è per il tuo bene che ti parlo».
A rigore, il *che* del primo esempio è un pronome relativo, non una congiunzione (e solo in questo caso sarebbe possibile anche il costrutto «relativo implicito»: «è Mario a cantare»). Ma l'analogia del procedimento di «messa in rilievo», che consente di anticipare un qualsiasi elemento della frase sul quale verta il contenuto 'nuovo' dell'informazione consiglia una descrizione unitaria del fenomeno.
La frase scissa ricevette un forte impulso dall'influsso francese nel Settecento (cfr. MIGLIORINI 1963a: 543), benché anche l'italiano antico conoscesse costrutti molto simili (cfr. DURANTE 1981: 204-205). Oggi è assai frequente nel parlato e nello scritto di qualsiasi livello: ormai del tutto spente le riserve dei puristi che parlavano di «noiosa tiritera» per il costrutto *è a voi che parlo*, paragonandolo a «uno starnuto che dia il tono al periodo» (così ROMANELLI 1910: 130).
Il modo verbale è generalmente l'indicativo (cfr. SCHMITT-JENSEN 1970: 612, da cui si attinge il primo esempio che segue): «Non è senza una ragione profonda che la prima strage della Grande Rivoluzione s'inizia il 10 agosto» (Rèpaci); «[l'incremento degli alberghi di terza e quarta categoria si registra soprattutto negli anni Cinquanta]. Ed è stato in quel periodo che si è radicato il successo della maggior parte delle stazioni di vacanza marine e montane dell'Italia centrale e settentrionale» («Qui Touring», 2-7.6.1986, 23).

82. Nell'italiano di registro colloquiale antico e moderno, ma con larghissime attestazioni anche letterarie, si ricorre spesso a *che* per collegare una dipendente a una subordinata (perlopiù con l'indicativo): si parla di *che* subordinante generico, o *che* polivalente.
Abbastanza spesso si istituisce tra le due proposizioni un evidente rapporto causale: «copritevi, *che* fa freddo», «La fatica ch'io duro è vana cosa, / *che* più ritorni quanto più ti scaccio» (Saba, *Il canzoniere*).
In altri casi sarebbe possibile cogliere un rapporto temporale («vado a lavorare *che* è ancora notte fonda»), finale («l'Emilia a volte mi chiamava dalle finestre, dal terrazzo, *che* salissi, facessi, le portassi qualcosa» Pavese, *La luna e i falò*, 84), consecutivo («è un funambolo, un equilibrista *che* quelli del circo di Pechino, al confronto, risultano dei dilettanti», E. Biagi, nella «Repubblica», 26.2.1987, 8).
Ma il più delle volte il tentativo di catalogare secondo rigidi schemi logico-grammaticali questa funzione di *che* è arbitrario (si vedano, per l'italiano antico, le riflessioni di AGOSTINI 1978: 372-373).
Caratteristica la frequenza del *che* polivalente nel parlato dei *Promessi Sposi* («ascoltatemi bene, *che* vedrò di farvela intendere» VI.31; «è chiara, *che* l'intenderebbe ognuno» VI.38) e nella prosa del Verga: «intanto l'avvocato chiacchierava e chiacchierava *che* le parole andavano

come la carrucola di un pozzo» (*I Malavoglia*, 269).
L'accettabilità di questo uso di *che* nella lingua scritta oscilla, non solo in base al livello di lingua adoperato (sorvegliato o non sorvegliato), ma anche a seconda dei vari costrutti. Il *che* temporale, ad esempio, è appropriato anche in contesti formali ed è anzi l'unica possibilità in frasi che indicano la durata di un'azione in rapporto a una data unità di tempo (*ora*, *giorno*, *anno*, ecc.): «è un'ora che ti aspetto», «erano dieci anni che si combatteva inutilmente».
Per l'uso di *che* subordinante generico nell'italiano popolare cfr. CORTELAZZO 1972: 93-95 e BERRUTO 1983: 53-55. Utile anche ALISOVA 1965.

Proposizioni interrogative indirette

83. Esplicitano un dubbio, una domanda, un quesito contenuti nella sovraordinata: «non so che cosa vuoi fare», «gli chiese da dove venisse».
Come le interrogative dirette (cfr. XIII.7) anch'esse si distinguono in totali o connessionali (sempre introdotte da *se*) e in parziali o nucleari (introdotte da un particolare pronome o avverbio interrogativo in funzione di congiunzione: *chi*, *quale*; *quando*, *perché*, ecc.). Nelle interrogative parziali il soggetto è generalmente posposto al verbo («non so che cosa *mangia il tuo cane*»). Tuttavia, a differenza delle interrogative dirette, in cui la sequenza predicato-soggetto è obbligatoria (cfr. XIII.16b), nelle indirette si ha spesso possibilità di scelta. Si vedano questi due esempi di successione soggetto-predicato nei *Promessi Sposi*: «quand'ebbe capito bene cosa il dottore volesse dire» (III 37; o, indifferentemente, «cosa volesse dire il dottore»); «sa il cielo quando il podestà avrebbe preso terra» (V 59; oppure: «quando avrebbe preso terra il podestà»).
Le congiunzioni interrogative – più spesso di quel che accada con i corrispondenti avverbi adoperati nelle frasi semplici – possono essere introdotte da singole preposizioni o locuzioni preposizionali, condizionate dall'elemento reggente: «in esse [nelle Scritture] non si parla, a proposito del Messia, *di come e quando* nascerà» («Stampa sera», 29.12.1986, 10); «[di R. Kipling] si ricorda quello splendido racconto *su come* il gatto entrò nella vita dell'uomo ottenendone i vantaggi» (Pugnetti, *Guida al gatto*, 20).
Un po' meno comune l'uso dell'articolo o della preposizione articolata davanti alla congiunzione interrogativa, come in questi due esempi dalle *Confessioni d'un italiano* del Nievo: «questo spiega *il perché* nel secolo passato fosse tanta penuria di notizie statistiche» (89); «per dare un'idea *del cosa* fosse allora questo ceto mezzano campagnuolo» (39).
Tradizionalmente le interrogative indirette sono considerate molto affini alle completive, se non addirittura una loro sottospecie: «l'interrogazione indiretta [...] si può riguardare come una subordinata oggettiva» (FORNACIARI 1881: 393; si aggiunga: «o soggettiva»). La differenza consiste nei diversi segnali di subordinazione (*che* per soggettive e oggettive, *se* o singoli pronomi e congiunzioni nelle interrogative; in una zona di confine si trova *come*, il quale – lo abbiamo già visto [cfr. XIV.63] – può sostituire *che* nell'oggettiva esplicita); e, soprattutto, nel fatto che, mentre le completive «contengono un'enunciazione, le interrogative indirette riferiscono un dubbio, un interrogativo» (AGOSTINI 1978: 370).

84. Un'apparente interrogativa indiretta introdotta da *che* può aversi in dipendenza da *chissà*: «chissà che fra qualche giorno Giovanni Spadolini di ritorno da Washington non possa organizzarsi una visita a Mosca» («La Repubblica», 20.2.1987, 13). Il costrutto si alterna con *chissà se* («chissà se quest'incontro ci porterà fortuna!» Svevo, *Senilità*) e con *chissà*+qualsiasi altra congiunzione interrogativa («chissà quando ci rivedremo!», «chi sa come la concerà il marito!» Palazzeschi, *Poesie*). In tutti i casi, comunque, la proposizione non ha valore di interrogativa ma di esclamativa: si pensi alla curva prosodica con cui si pronunciano le varie frasi e, nella scrittura, all'uso del punto esclamativo.

85. L'interrogativa indiretta può dipendere da un verbo della sovraordinata – che è il caso più comune – ma anche da un sostantivo («lo prese *il dubbio* se restare o partire»), o da un aggettivo («*pensoso e dubitoso* s'ancora ei spirassero l'aure»

XIV. Sintassi del periodo

Carducci, *Sogno d'estate*, 32). In tutti i casi l'elemento reggente – verbale, nominale o aggettivale – indica un'operazione dell'intelletto (*sapere, credere, pensare, chiedere; domanda, incertezza, quesito; curioso, indeciso*, ecc.) o una percezione (*vedere, scorgere, sentire*, ecc.).

È possibile, ma non è molto frequente specie nell'italiano contemporaneo, l'ellissi dello specifico verbo reggente: «io pensai una fiata di entrare via dentro nell'eremo, se forse Iddio mi facesse trovare alcuni santi Padri occulti» (Cavalca, cit. in TOMMASEO-BELLINI 1865-1879: V 735; =per vedere se Iddio...); «fece un rapido esame, se avesse peccato contro qualche potente, contro qualche vendicativo» (Manzoni, *I Promessi Sposi*, I 27; nella prima edizione: «per ricercare se avesse peccato»).

Di uso corrente l'ellissi dell'interrogativa, che viene ad essere rappresentata dal solo elemento introduttore: «al modo del fanciullo che fa le bizze, urla e strepita senza sapere *perché*» (Palazzeschi, *Sorelle Materassi*, 215); «Il reggimento era partito davvero. Non si sapeva *per dove*» (Alvaro, *Vent'anni*).

86. Si distinguono le interrogative indirette esplicite (con verbo di modo finito: indicativo, congiuntivo, condizionale) e le implicite (con l'infinito presente).

L'alternanza di modi che si ha nel costrutto esplicito ricorda da vicino quella già descritta per le completive. Anche in questo caso i due modi fondamentali, indicativo e congiuntivo, non corrispondono in genere a un diverso grado di certezza ma, semmai, a un livello stilistico più o meno formale o a semplici variazioni libere (significativo il seguente esempio di C. Alvaro, cit. in MORETTI-ORVIETO 1979: I 107, in cui di tre interrogative coordinate due sono all'indicativo e una al congiuntivo: «gli chiedeva quanti *erano* in casa, se *avesse* il padre e la madre, se *era* fidanzata»).

Un'alternanza di indicativo e congiuntivo dislocata sull'asse certezza (oggettività) / incertezza (soggettività) può rinvenirsi in questi due esempi, attinti in SCHMITT-JENSEN 1970: 647: «ognuno lo sa perché fa il partigiano» (Calvino; inaccettabile *perché faccia); «costui sapeva perfino chi fosse» (Pavese; di fronte a un possibile indicativo, il congiuntivo contrassegna un fatto che non è generalmente noto, se non al soggetto dell'azione).

87. È possibile individuare alcuni fattori che favoriscono l'uso del congiuntivo rispetto all'indicativo (cfr. SCHMITT-JENSEN 1970: 645-674). Il più spiccato è la presenza di una sovraordinata negativa o di valore negativo, sia essa anteposta o posposta all'interrogativa:

a) Sovraordinata anteposta: «e i capelli *non* si sa più di che colore *siano*...: un orrore!...» (Moravia, *Gli indifferenti*, 11); «era chiamato da tutti 'Bacega', ma *nessuno* sapeva bene come si *chiamasse*, di dove *venisse*, che idee *avesse*, in che casa *abitasse*» («Il Gazzettino», 23.10.1986, 3). Un esempio con l'indicativo: «*Non* domandate, amici, perché *tace* / anche il biondo battello sotto il sole» (Penna, *Croce e delizia*).

b) Sovraordinata posposta: «in primavera crescevano, nel nostro giardino, molte rose: e come mai *crescessero non so*, dato che nessuno di noi si sognava mai di annaffiarle» (Ginzburg, *Lessico famigliare*, 51); «perché *si sparì non si è* ben *capito*» («La Nazione», 28.2.1987, 5). Con l'indicativo: «quando e come *s'iniziarono* le trattative, è incerto» (Montanelli, *L'Italia in camicia nera*, 97).

88. Come per le completive (cfr. XIV.53), il congiuntivo può essere sempre sostituito dall'indicativo futuro se l'azione della subordinata è posteriore alla reggente: «non so quando riuscirò a liberarmi». Inoltre si preferisce l'indicativo imperfetto, per esigenze di variazione, in un'interrogativa dipendente da una sovraordinata all'imperfetto congiuntivo: «la strada se la farebbe poi insegnare, in luogo dove nessuno *sapesse chi era*, né il perché la domandasse» (Manzoni, *I Promessi Sposi*, XVI 4; si noti, invece, l'usuale congiuntivo *domandasse* nell'interrogativa coordinata).

89. Il condizionale si può trovare quando l'interrogativa coincida con l'apodosi di un periodo ipotetico («mi piacerebbe tanto sapere come sarebbe questa casa, se lei invece l'avesse messa su per sé» Pirandel-

lo, *L'amica delle mogli*, VI 132); e, in genere, con gli stessi valori che avrebbe in una frase indipendente: «mi chiedo che cosa faresti tu al mio posto» (apodosi sottintesa: «se ti ci trovassi»), «non so quando le sarebbe comodo ricevermi» (condizionale di cortesia), ecc.
Il condizionale passato, ancora una volta in piena sintonia con la sintassi delle completive, contrassegna un'azione posteriore rispetto a un tempo storico della reggente (ormai antiquato in questa funzione il condizionale presente): «una volta restò dal remare per [...] vedere come la povera donna se la sarebbe cavata da un passo difficile, cosa avrebbe fatto di una certa carta pericolosa a giuocare e pericolosa a tenere» (Fogazzaro, *Piccolo mondo antico*, 12).

90. Il costrutto implicito ha un'accentuata connotazione dubitativa e richiede il medesimo soggetto della reggente (ma entrambe le proposizioni possono avere soggetto generico: cfr. MORETTI-ORVIETO 1979: II 83). Di massima, è introdotto dagli stessi elementi che figurano nel costrutto esplicito: «mi chiedo dove andare», «ci siamo parlati, abbiamo discusso che fare» («La Repubblica», 20.2.1987, 3). Per espressioni quali *avere (a) che fare, esserci di che preoccuparsi*, ecc., cfr. VII.254.

91. Le interrogative indirette, esplicite o implicite, possono includere due possibilità di scelta (interrogative alternative). Il primo membro è sempre introdotto da *se*, il secondo da *o, oppure* (se l'alternativa è radicale, la coordinata può ridursi all'avverbio olofrastico: *o no, oppure no*; per *o non, o meno* cfr. XII.53b). Esempi: «è difficile per ora dire *se* si tratti di una riconciliazione 'politica' *oppure* soltanto di un gesto di 'ecumenismo islamico'» («La Repubblica», 28.1.1987, 10); «ora si tratta di capire *se* Craxi accetterà *o no* la dichiarazione di morte del suo governo» («Stampa sera», 23.2.1987, 1).

Proposizioni causali

92. Indicano la causa, il movente, la ragione che determina il fatto espresso dalla reggente: «non sono partito *perché avevo già visto* San Marino», «non sono partito *avendo già visto* San Marino».
Le causali possono essere classificate nell'àmbito di un gruppo di subordinate «che esprimono le diverse modalità del rapporto logico causa (A) – conseguenza (B)» (TEKAVČIĆ 1980: II 448). E precisamente (in tondo sono stampate le proposizioni reggenti, in corsivo le subordinate):

	CAUSA	CONSEGUENZA
causale	*dato che me lo chiedi*	ti dirò tutto (poiché A [allora] B)
finale	*è uscita*	*per fare spese* (A affinché B)
consecutiva	*ho tanta fame*	*che mangerei per due* (A cosicché B)
ipotetica	*se ti va*	possiamo uscire (se A [allora] B)
concessiva	*benché legga poco*	è sempre molto informato (benché A [tuttavia] B)

93. Le proposizioni causali si dicono:
a) Esplicite, se contengono un modo finito (indicativo e, in casi particolari, congiuntivo o condizionale). Possono seguire la reggente oppure precederla: la precedono specie quando introducono la cosiddetta «causa cògnita», vale a dire una circostanza preesistente all'azione della reggente, di cui la causale «risulta il naturale, logico presupposto [...]. In altre parole: il costrutto serve a riferire un fatto già noto, cui consegue un effetto prevedibile e scontato» (MORETTI 1982a: 195).
La collocazione della causale prima o dopo la reggente può rispondere a un differente punto di vista. Nella frase «poiché molte cose non vanno, o vanno male, si sente parlare sempre più spesso di Grande Riforma» (Scalfari, cit. in MORETTI 1982a: 195) si muove da un dato noto – e ritenuto noto per i lettori – risalendo da esso al fatto che viene presentato come

conseguenza. Scrivendo «si sente parlare [...] perché molte cose non vanno», lo stesso concetto sarebbe stato presentato diversamente, con minore insistenza sul nesso di causalità: la causa è quella, ma potrebbe essere anche un'altra; in ogni modo, non si tratta di un dato considerato noto, prevedibile, scontato per chi legga.

b) Implicite, se contengono un modo indefinito (infinito, gerundio, participio passato). Hanno in genere collocazione piuttosto libera rispetto alla reggente, precedendola, incuneandosi tra soggetto e predicato («parecchi metalli e metalloidi [...], per essere contenuti in minima concentrazione nell'organismo animale, furono chiamati dal Bertrand 'gli infinitamente piccoli chimici'» Martino, *Fisiologia*, 23) oppure seguendola: «Senti forse anche tu qualche dovere verso me per avermi salvata?» (Pirandello, *Come prima meglio di prima*, IV 39).

94. Invece che da una frase verbale, una proposizione causale – come altre subordinate – può essere rappresentata da una frase nominale: «una larga campagna informativa, sia pure lodevole *perché intesa* a cautelare il cittadino contro questa importante malattia, può, se mal condotta, generare conseguenze catastrofiche» (F. Balsano, nella «Repubblica», 15-16.2.1987, 8).

Causali esplicite

95. Costruite di norma con l'indicativo, ammettono il congiuntivo quando:

a) In una frase negativa o dipendente da una sovraordinata negativa introducono una causa fittizia, cui normalmente segue la causa reale in una coordinata avente il verbo all'indicativo: «Adesso era lieto di non aver cercato di abbracciare Cate, *non perché temesse* di venir respinto, *ma perché* tutto il caso di quella sera *si era svolto* sotto un segno di franchezza» (Pavese, cit. in SCHMITT-JENSEN 1970: 517); «quelli se n'andavano, *non tanto perché fosser soddisfatti, quanto perché* gli alabardieri e la sbirraglia, stando alla larga da quel tremendo forno delle grucce, *si facevan* però vedere altrove», ecc. (Manzoni, *I Promessi Sposi*, XII 34).

Nel registro informale la causa fittizia può essere espressa mediante l'indicativo: «Non ho tentato il suicidio *perché ero* depresso all'idea di nuovi interrogatori sull'Irangate [...]. Quel che mi ha veramente portato alla disperazione è stata la coscienza di avere fallito nei miei doveri verso il paese» («La Repubblica», 3.3.1987, 13).

b) In una correlazione si indicano «due cause ciascuna delle quali ha la stessa possibilità di essere quella reale» (MORETTI 1982a: 192; di qui l'esempio che segue): «chiamano 'sor maé' chiunque stia loro sul naso, o perché sospettino che vada per stuzzicarli, o perché riconoscano in lui un ceto diverso e distinto» (Bartolini). Un esempio in cui la causale è coordinata a una diversa subordinata (finale): «l'artiglieria cosacca, forse per non disperder colpi nella poca luce, *forse perché non lo consentisse* la posizione, lì dov'egli era non arrivava» (Bacchelli, *Il mulino del Po*, I 39).

c) Si avvicinano al valore di una completiva: «il popolo [...] soffrirebbe maggiormente *perché* alla vittima del delitto *si fossero* aggiunte altre vittime» (da un'arringa di L. F. Paletti; =soffrirebbe che...); «si sentiva poi lusingata *del fatto che* entrambi quei personaggi ci *chiamassero* tutti per nome» (Ginzburg, *Lessico famigliare*, 105; =si sentiva lusingata che...).

96. Il condizionale compare in causali con valore eventuale, desiderativo, potenziale o, più in generale, con intento attenuativo (in modo analogo a quel che avviene per le completive): «la disturbo *perché avrei* da chiederle un favore» (condizionale di cortesia); «solo al processo, domani, verranno messe a fuoco le sfumature della vicenda, importanti *perché* non di violenze fisiche *si sarebbe trattato*, ma di violenze psicologiche per costringere la ragazza ai rapporti sessuali» («La Repubblica», 28.1.1987, 14; condizionale di dissociazione).

Più di rado il condizionale si trova in una causale che coincide con l'apodosi di un periodo ipotetico della possibilità: «nessuno concluda da ciò che il notaio fosse un furbo inesperto e novizio, perché s'ingannerebbe» (Manzoni, *I Promessi Sposi*,

XV 55; protasi sottintesa: «se concludesse così»).

97. Le causali esplicite sono introdotte da svariate congiunzioni e locuzioni congiuntive. Di esse, qualificano in particolare una «causa cognita» *poiché*, *giacché*, *siccome*, *dal momento che* e le locuzioni formate da participio passato +*che* (*dato che*, ecc.).
Vediamo le più comuni di queste congiunzioni, cominciando dalle tre fondamentali: *che* (o *ché*), *perché*, *poiché*:

98. I. Che. Di uso molto largo nel parlato (in cui il valore causale sfuma spesso in un più generico segnale di subordinazione, cfr. XIV.82), tende ad essere evitata nello scritto appena sorvegliato, dove si ricorre piuttosto alla variante grafica *ché*, sentita come forma ridotta di *perché* (*giacché*, *poiché*): «Sono gente da farle un servizio da bestie, / *ché* non vanno a contarla» (Pavese, *Lavorare stanca*); «io sull'autobus non c'ero, *ché* ricorderei uno per uno i viaggiatori che c'erano» (Sciascia, cit. in MORETTI 1982a: 193).
Che fa parte di quasi tutte le congiunzioni causali, o per esservi stata inglobata in seguito a univerbazione (*per che*>*perché*, *già che*>*giacché*) o come elemento di una locuzione congiuntiva.

99. II. Perché. È forse la congiunzione causale più diffusa in qualunque livello di lingua. Oggi compare generalmente in una secondaria posposta alla reggente; nell'italiano antico e nell'uso letterario può adoperarsi anche in formula proletica: «Ma perché frode è de l'uom proprio male, / più spiace a Dio» (Dante, *Inferno*, XI, 25-26); «perché tu avevi nascosto da noi il tuo volto, ci hai messo in balìa della nostra iniquità» (*Messale festivo*, 356).

100. A differenza delle altre congiunzioni causali, *perché* può fungere anche da avverbio o congiunzione interrogativa («*Perché* non rispondi?», «Non capisco *perché* tu non risponda»). Questa collisione è evitata in molte altre lingue, che distinguono nettamente tra funzione interrogativa (lat. *cur*, franc. *pourquoi*, ingl. *why*, ted. *warum*) e funzione causale (lat. *quod*, *quia*, franc. *parce que*, ingl. *because*, ted. *weil*, ecc.).

101. Nell'italiano antico *perché* (*per che*) poteva adoperarsi come congiunzione coordinativa conclusiva, col valore di 'perciò', 'quindi': «Giovanna o altri non ha di me cura, / per ch'io vo tra costor con bassa fronte» (Dante, *Purgatorio*, V 89-90).

102. III. Poiché. Poco comune nella lingua di tutti i giorni, è usuale nello scritto, in causali anteposte (per esprimere, come abbiamo detto, una «causa cognita») o posposte alla reggente. In questi ultimi casi, «più frequenti di quanto non si creda», *poiché* «perde quasi il carattere 'primario' di antefatto e sembra tendere a svolgere una più generica funzione esplicativa: *poiché*=*perché*=*infatti*» (MORETTI 1982a: 196). Esempi di *poiché* in causali posposte: «imponente è anche l'azione costruttiva delle piante, poiché permette la formazione di depositi che con il tempo possono accrescersi» (Cuscani Politi, *Geografia generale*, 305); «la richiesta è sempre sostenuta poiché l'investimento è senza dubbio dei migliori» (D'Agata, *Il medico della mutua*, 56).

103. Originariamente *poiché* (come *giacché*) aveva valore temporale: un valore ben attestato in italiano antico, che è durato a lungo nella tradizione letteraria (e che graficamente trova spesso espressione nella separazione delle due componenti): «ma poi che mangiato ebbe, il monaco da capo il riprese» (Boccaccio, *Decamerone*, III 8 46); «ella, poi che fu libera, adunò tutti i vasi sparsi per le stanze» (D'Annunzio, *Prose di romanzi*).

104. IV. Dal momento che. È di largo uso, ma di diffusione solo novecentesca: «Anche lei non aveva alcun timore dal momento che lui non ne aveva» (Moravia, *Romanzi brevi*).

105. V. Giacché. È forse più comune nell'uso scritto che nella lingua corrente: «giacché la cosa si deve fare, si farà presto» (Manzoni, *I Promessi Sposi*, XIX 31); «giacché ci tocca aspettare, si potrebbe prendere qualcosa al bar» (Cassola, *La ragazza di Bube*, 185).

106. VI. In quanto (che). Normalmente introduce una causale posposta alla reggente; ormai rara e di sapore libresco la presenza del *che*: «Il testamento olografo costituisce la forma più semplice e segreta di testamento, in quanto che il testatore può tenere nascosto non soltanto il contenuto della disposizione, ma perfino il fatto che egli abbia testato» (*Novissimo Digesto Italiano*, XVIII 823); «In Germania [...] l'indulgenza era mal vista, in quanto la si considerava un espediente per estorcere denaro dal paese e portarlo a Roma» (Spini, *Disegno storico*, II 80). Caratteristica della prosa argomentativa la correlazione *in tanto* (nella reggente)... *in quanto*: «questa visione della romanità redentrice del genere umano *in tanto* poteva trovare così ampio respiro nella mente di un pensatore e di uno storico greco, *in quanto* la classe dirigente dello Stato romano si presentava loro come un ceto armonico», ecc. (Paratore, *Letteratura latina*, 92).

107. VII. *Per il fatto che*, *per la ragione che* e altre locuzioni congiuntive formate da un elemento causale (*per*, *grazie a*, *a motivo di*, ecc.) e da un sostantivo. Si tratta di «un gruppo aperto e suscettibile sempre di nuovi apporti» (MORETTI 1982a: 205; di qui l'esempio che segue); la causale è generalmente posposta: «Le donne salivano da lui e ne scendevano appagate. Non soltanto perché era un bell'uomo [...]. Ma per il fatto che possedeva tanti libri» (Bevilacqua).

108. VIII. *Siccome*. In forte espansione nell'uso vivo (cfr. SABATINI 1985: 165), introduce una causale anteposta alla reggente: «Da noi, siccome non avevamo posto in casa, dormiva all'albergo» (Ginzburg, *Lessico famigliare*, 163).

109. *Siccome* aveva in origine valore comparativo (modernamente questa accezione sopravvive solo nell'uso letterario: «Avrei voluto sentirmi scabro ed essenziale / siccome i ciottoli che tu volvi» Montale, [*Avrei voluto*], 1-2). La fase intermedia di questo sviluppo si coglie bene nel Nievo, ove sono frequenti causali introdotte da *siccome* correlate a un *così* nella successiva reggente, secondo un modulo tipico della comparazione d'analogia (cfr. XIV.215): «ma *siccome* durante la fiera pochi avevano voglia di trasandare i propri negozi per quelli del pubblico, *così* a sbrigar questi s'era stimato piucché bastevole il giro di ventiquattr'ore» (Nievo, *Le confessioni d'un italiano*, 28).

110. IX. *Tanto più che*. Introduce una causa che potenzia il contenuto della sovraordinata: «non poteva più farlo senza ricordarsi del male che v'era attaccato, tanto più che suo padre, uomo molto pio, l'aveva allevato nel timor di Dio» (Bacchelli, *Il mulino del Po*, I 91; =si sarebbe ricordato comunque del male, ma a tener vivo il ricordo interveniva l'educazione ricevuta).

111. X. Locuzioni participiali: *dato che*, *visto che*, *considerato che* (*visto e considerato che*), *atteso che*, *posto che* e simili: «Atteso che quelli non fiatavano, egli ha cercato di scusarli verso di me» (Silone, cit. in MORETTI 1982a: 203); «Visto e considerato che non ho neppure un soldo di mio», ecc. (Pirandello, *Novelle per un anno*).

La grande diffusione di costrutti del genere nell'italiano contemporaneo può ricavarsi ad esempio dalla seguente dichiarazione di un imprenditore al giornale radio (riportata nella «Repubblica», 28.1.1987, 4), in cui si noterà il ricorrere di due sintagmi di questo tipo a breve distanza l'uno dall'altro: «Personalmente preferirei vedere meno litigiosità, ma *dato che* questa litigiosità è arrivata, mi pare, ad un livello piuttosto notevole, penso che se si deve stare un anno in litigiosa attesa delle elezioni, allora tanto vale farle, *visto che* poi quattro anni di legislatura sono un record per l'Italia».

112. XI. Da ricordare anche la locuzione a base gerundiale *essendo che*, di uso letterario: «nessuno di tanti titoli gli era poi utile a nulla [...] essendo che, a memoria d'uomo, lo avevano sempre chiamato il Gran Magro» (Bufalino, *Diceria dell'untore*, 18).

113. Possono avere occasionalmente valore causale altre congiunzioni o locuzioni congiuntive che di norma esprimono rapporti sintattici diversi: *come* («Come egli taceva sopra pensiero, Ippolita gli domandò: – Tu credi dunque, Giorgio, che io non ti ami?» D'Annunzio, *Trionfo della morte*, 9); *quando* (specie anticamente: «e fu da l'altre conosciuta, quando / avea scritto de fuor: 'Senno d'Orlando'» Ariosto, *Orlando Furioso*, XXXIV 83; «[il gatto] contrae con la casa un'amicizia misteriosa. Non è da meravigliarsene, quando nei naturalisti si legge che la tigre, bisavola del gatto, è in tutto il creato fra gli animali più casalinghi» Cecchi, *Saggi*, 376-377); *nella misura in cui*, espressione semanticamente generica, usata più spesso con valore condizionale (cfr. XIV.167b), e che fu in gran voga negli anni Settanta e poi assurse «ironicamente a esempio tipico di linguaggio astratto e stereotipato» (CORTELAZZO-CARDINALE 1986: 117): «[il sec. XIX] era soprattutto un secolo meraviglioso, nella misura in cui restavano ancora tanti campi inesplorati ed era sufficiente chinarsi per raccogliere dei tesori» («L'Espresso» 16.11.1986, 177); *nel senso che*, formula originariamente esplicativa, adoperata come nesso causale specie nel linguaggio politico e giornalistico: «il chiarimento c'è già stato ed è in termini di principio, *nel senso che* si tratta di questioni che vanno tenute distinte» (dichiarazione di C. Martelli riportata nella «Stampa», 25.3.1987, 1; =in quanto si tratta...).

114. Da segnalare due particolari costrutti con valore intensivo, che MORETTI 1982a: 200 sgg. riconduce opportunamente alla subordinazione causale (di lì si attingono i due prossimi esempi): *a) (così)*+elemento predicativo (aggettivo, participio o sostantivo)+*come*+verbo *essere* («Amelia – bruna com'era – pareva sporca» Pavese; =dato che era bruna, essendo bruna); *b)* predicativo (preceduto o no da preposizione)+*che*+verbo *essere*: «lui, dal canto suo, da quel furbone che è, già adora i pezzi grossi» (Moravia).
In particolari contesti questo costrutto può assumere valore concessivo: «così piccolo com'era aveva di quelle occhiate che facevano dire agli altri: – Va là, che tu non ci morrai nel tuo letto, come tuo padre –» (Verga, *Novelle*, I 213; =benché fosse così piccolo).

115. Di uso soprattutto antico, ma non ignota alla lingua letteraria moderna, è la struttura *come*+pronome dimostrativo (*quello, colui, tale*)+proposizione relativa: «andava di giorno in giorno di male in peggio, *come colui ch'aveva* il male della morte» (Boccaccio, *Decamerone*, I 1 21; =perché aveva); «[il Petrarca], come quegli che vide sol da lontano e senza passioni la vita dei Comuni d'Italia, allargò il nome e l'affetto di patria» (Carducci, *Prose*, 337; =in quanto vide).

116. Valore causale (o meglio: temporale-causale) hanno anche i sintagmi costituiti da un avverbio di tempo (in particolare *adesso* e *ora*) e da *che*: «bene, adesso che lo so, avverto i miei parenti» (Calvino, *Racconti*, 136); «lui [...] preferisce, ora che ha tempo, fare la spesa di persona» («Panorama», 15.2.1987, 72).

117. Nella prosa italiana antica si adoperavano diverse altre congiunzioni causali (per una rassegna sistematica cfr. EHRLIHOLZER 1965). Perdurano sino all'Ottocento – ma spesso erano già allora giudicate pedantesche – le due serie:
a) *perocché, perciocché, imperocché* («i due contendenti allora si porsero in fretta la mano, perocché intesero troppo bene che cosa quel terzo venuto volesse» Carducci, *Prose*, 270-271);
b) *conciossiaché, conciossiacosaché, concioffossecosaché* (o *con ciò sia che*, ecc.: «né in lui il sapere scompagnavasi dalla carità, conciossiaché fermamente credeva, che solo con una tal concordia della mente col cuore si possa senza delitto accostare il letto d'un infermo» Nievo, *Novelliere campagnuolo e altri racconti*). Nei primi secoli un tempo storico della reggente si rifletteva nel tempo del congiuntivo di *essere*: «con ciò fosse cosa che tutte le donne carolar sapessero [...], comandò la reina che gli strumenti venissero» (Boccaccio, *Decamerone, Introduzione*, 106). Da notare che il modo abitualmente richiesto è il congiuntivo, probabilmente favorito dalle componenti *sia, fosse* e, soprattutto, dal valore concessivo proprio in origine di queste congiunzioni (cfr. ROHLFS 1966-1969: 695).
Di uso più episodico altre forme quali *mercecché* («Gli umili sono appunto coloro ai quali Iddio volentieri dà la sua grazia, mercecché gli umili sono servi fedeli» Segneri, cit. in MOISE 1878: 985), *stanteché, secondoché*, ecc.

Causali implicite

Si costruiscono con:

118. I. *Per*+infinito (due esempi al par. 93b). In genere, si ha identità di soggetti tra reggente e causale implicita; ma si può trovare, almeno nell'uso scritto, anche divergenza (il soggetto dell'infinito causale,

se è espresso, deve sempre essere posposto): «*i vescovi, o per essersi il clero* mescolato ai nazionali conquistati e per essere in parte nazionale esso stesso, o per tener fronte ai feudatari della campagna, si aiutarono del popolo e soffiarono nelle ceneri ancor calde del municipio» (Carducci, *Prose*, 270); «*si è gridato* allo scandalo, da destra e da sinistra, *per avere Craxi* osato ignorare nell'aula di Montecitorio il tema della famosa 'staffetta'» («La Nazione», 28.2.1987, 2).
Da notare che, nell'italiano moderno, l'infinito causale è quasi sempre di tempo passato, per evitare confusione con il più vitale costrutto finale implicito (*per essere*=affinché sia, fosse, cfr. XIV.127a). Nell'esempio carducciano citato sopra il secondo infinito causale («per essere in parte nazionale») è sintatticamente trasparente perché coordinato ad un altro infinito causale che è, per l'appunto, un infinito composto («per essersi mescolato»).

119. Talvolta l'infinito è introdotto da congiunzioni o locuzioni congiuntive diverse da *per*, come *a* («lui gli diceva ch'era un asino ad aver lasciato che lo prendessero» Vittorini, cit. in SKYTTE 1983: II 420), *con* («persino sua madre, col sentirgli dir sempre a quel modo, aveva quasi dimenticato il suo nome di battesimo» Verga, *Novelle*, I 212), *per il fatto di* («per il fatto di aver avuto ragione quella volta, pretende di averla sempre»), ecc.

120. II. Gerundio, presente o passato (anche in questo caso il soggetto, se espresso, va posposto al gerundio semplice; talvolta si interpone tra gerundio e participio passato se il gerundio è composto): «Ma Gesù, conoscendo la loro malizia, rispose: – Ipocriti, perché mi tentate?» (*Messale festivo*, 277); «[l'incremento del turismo è un fenomeno] che il Touring ha previsto, favorito e salutato con piacere, essendo il turismo-conoscenza da sempre la sua bandiera» («Qui Touring» 2-7.6.1986, 5); «ti restan pochi minuti di vita, avendo tu ricusato di bevere la medicina, che ti avrebbe guarito dalla febbre!...» (Collodi, *Pinocchio*, 56).
Il soggetto del gerundio può coincidere con quello della reggente (come nel primo esempio), oppure essere diverso (come negli altri due; si parla in questo caso di *gerundio assoluto*).

121. III. Participio passato: «rinfrancati dal calore, i mughetti odoravano più forte che mai» (Manzini; identità di soggetti); «circondata da mattina a sera dalle due donne di servizio [...], non mi capitava mai di trovarla sola in ozio» (Chiara; diversità di soggetti: i due esempi sono citati in MORETTI-ORVIETO 1979: II 139 e 140).

Proposizioni finali

122. Indicano il fine, lo scopo, l'intenzione verso i quali si orienta la proposizione reggente: «è emigrato *per fare* fortuna»; «prego di pregare fervorosamente per me *affinché mi siano* abbreviate le pene del Purgatorio» (Viani, *Il cipresso e la vite*). Un esempio con reggenza nominale: «poi tutti via, giusto *in tempo per evitare* l'acquazzone che accompagna finora tutti i raduni» («Corriere dello Sport», 21.7.1986, 4).
Come abbiamo osservato a suo luogo (cfr. XIV.38), molti costrutti completivi, espliciti («mi scrive che vada a trovarlo») o impliciti («prova a fare qualche esame!») potrebbero rientrare a buon diritto in questa sezione. Per opportunità descrittiva, classificheremo qui come finali solo quelle proposizioni che, in forma esplicita, siano introdotte o possano essere introdotte da una congiunzione espressamente finale: quindi *affinché*, *perché*, ecc., ma non *che*.

123. Parallelamente al *ché* causale, con accento grafico, può anche trovarsi, ma raramente, un *ché* finale: «dietro questo pensiero, più visione che pensiero, c'era sommessa, nascosta, *ché* il capitano non gliela scoprisse, la preoccupazione che non aveva mangiato in caserma» (Sciascia, *Il giorno della civetta*, 36).

124. Le finali possono essere:
a) Esplicite, se contengono il congiuntivo, presente (in dipendenza da un presente o da un futuro della reggente) o imperfetto (in dipendenza da un passato);
b) Implicite, se contengono l'infinito presente.

Inoltre:
c) Non hanno collocazione obbligata rispetto alla reggente; tuttavia, l'anteposizione è meno usuale della posposizione ed è oggi pressoché limitata al costrutto implicito (cfr. GREGO-BOLLI 1982: 133; di qui l'esempio che segue): «per prenderla in giro mio padre le diceva: – Te si 'na montanara» (Camon).
d) Il costrutto implicito è di regola quando vi sia identità di soggetti tra reggente e finale e attualmente sembra, nel quadro complessivo della subordinazione finale, la soluzione più frequente (cfr. VAGNI 1974: 332); anche perché spesso, nella lingua parlata, il costrutto esplicito viene trasformato in implicito mediante un verbo causativo (cfr. SABATINI 1985: 166): «te lo dico perché tu ci vada» → «te lo dico per fartici andare».
Il costrutto implicito è normale se l'infinito ha un soggetto generico («un posto ideale per fare carriera») e può trovarsi anche in presenza di soggetti diversi, specie se il soggetto della finale implicita coincide con un complemento diretto o indiretto della sovraordinata («le cose ch'eran mancate *a me per essere* lui, e quelle ch'eran mancate *a lui per esser* me, io le sentivo allora come un'ingiustizia» Calvino, *Racconti*, 228; si veda anche HERCZEG 1960: 85); in particolare nell'italiano antico: «Io vorrei – soggiunse la greca – che tu me la mostrassi, per vederla come è fatta» (Bandello, cit. in HERCZEG 1972c: 271).

125. I verbi che possono fungere da reggenti rappresentano una categoria aperta (cfr. HERCZEG 1972c: 243). Spiccano, tuttavia, per la loro frequenza i verbi indicanti movimento (cfr. VAGNI 1974: 334; *andare, correre, partire, tornare, venire*, ecc.) o consiglio, preghiera, esortazione (*ammonire, consigliare, esortare, persuadere, pregare, supplicare*, ecc.).

126. Le finali esplicite sono introdotte da una congiunzione o locuzione congiuntiva. Le principali sono:
a) *Perché*. È la congiunzione più frequente e usuale; la discriminazione rispetto al *perché* causale è affidata al diverso modo verbale: «vorrei sapere se, a minacciare un curato, *perché non faccia* un matrimonio, c'è penale» (Manzoni, *I Promessi Sposi*, III 19: finale; invece: «*perché non fa* un matrimonio», causale).
b) *Affinché*. Ha il vantaggio su *perché* di avere esclusivamente valore finale, ma è di uso quasi soltanto scritto: «Ermanno Tedeschi, a nome del gruppo liberale, sollecita l'amministrazione ad adoperarsi *affinché* si realizzi al più presto un incontro tra gli amministratori comunali e il dissidente russo» («Stampa sera», 29.12.1986, 4).
c) *Acciocché*. Di uso libresco e poco comune: «Sto poco bene! – disse lui, e acciocché ella più facilmente glielo credesse, ripeté la frase più volte» (Svevo, *Corto viaggio sentimentale*). Anticamente si adoperava anche il solo *acciò*: cfr. FORNACIARI 1847: 144-145.
d) *A fare sì che, a che*: «la giunta è impegnata a far sì che non si torni indietro» (da un giornale cit. in GREGO BOLLI 1982: 137); «aveva mansione speciale di vegliare a che non patissero gli alberi sotto i quali si battezzava e si sposava in nome di 'libertà, uguaglianza e fraternità'» (Bacchelli, *Il mulino del Po*, I 30). La locuzione *a che*, di diffusione tardo-ottocentesca, suscitò la censura dei grammatici del tempo (FANFANI-ARLIA 1881: 9; FORNACIARI 1881: 377, ecc.).

127. Anche le finali implicite richiedono un elemento introduttore, e precisamente:
a) *A* e *per*. Si adoperano selettivamente a seconda del verbo reggente: «andava lui stesso a far la spesa ogni mattina» (Bassani; non si potrebbe dire *per far la spesa), «si lancia a testa bassa per scappare dalla porta» (Codignola; e non *a scappare: entrambi gli esempi in GREGO BOLLI 1982: 142 e 141). Diverse volte la reggenza ammette entrambe le soluzioni («vengo a mangiare» / «vengo per mangiare»; «era lì a piangere l'uomo che conosceva da sempre» «Corriere della Sera», 21.2.1987, 1 / «era lì per piangere...») e allora l'uso di *per* sembra accentuare la componente finalistica dell'azione (GREGO BOLLI 1982: 143).
In alcuni costrutti infinitivali preceduti da *a* o *per* il valore finale è obliterato: o perché essi assumono funzione attributiva («*a complicare* il quadro c'erano poi le po-

sizioni dei liberali e dei socialisti», «La Repubblica», 30.12.1986, 3; =c'erano le posizioni, *che complicavano*); o perché indicano, più che il risultato di un'intenzione, una semplice successione spaziale o temporale: «la strada più breve [...] sbocca a Taracoth nella valle della Tuliganga *per proseguire* verso Giumla» (Tucci, *Nepal*, 18); o, infine, perché sono diventati semplici modi fraseologici usati come preposizioni incidentali: «il gentiluomo pensò che quella soddisfazione sarebbe (*per dirla con un'eleganza moderna*) una bella pagina nella storia della famiglia» (Manzoni, *I Promessi Sposi*, IV 48); «beh, tanto *per fare un esempio*, voleva sposarmi» (Moravia, cit. in VAGNI 1974: 333); «*a dirla francamente* non è proprio di essere scoperte che ho paura» (Moravia, *Le ambizioni sbagliate*); «questa storia del quadrimestre non va; anzi a noi, *per esser sinceri*, non è mai piaciuta» (D. Pieraccioni, nella «Nazione», 28.2.1987, 4); «come altre società europee, *per non parlare* degli Usa e dell'Urss, l'Italia diverrà prima o poi una società multirazziale e multireligiosa» («La Stampa», 25.3.1987, 1).
Lascia perplessi la categoria definita da HERCZEG 1959: 307 – e da altri linguisti prima di lui – della «finalità provvidenziale». Si tratterebbe di casi in cui «lo scopo da effettuarsi nella frase subordinata non è sottoposto alla volontà delle singole persone agenti», dal momento che la finale «esprime la destinazione prescritta e voluta da forze superiori» (ad esempio: «dormiva male la notte per alzarsi il giorno dopo stanco e svogliato»). A noi sembra che frasi del genere ricadano senza difficoltà nell'àmbito della pura successione temporale, già esaminato, eventualmente con implicazioni conclusive (=dormiva male e quindi, in séguito a ciò, si alzava stanco).

b) *Di*. Si usa da sola («ti prego di ripensarci», «vi consiglio di affrettarvi»), oppure come componente di locuzioni congiuntive più o meno complesse, quali: *al fine di* («chi commette il fatto è punibile soltanto se ha agito al fine di procurare a sé o ad altri un vantaggio o di recare ad altri un danno» *Codice Penale*, art. 489); *allo scopo di* («il Consiglio dei ministri ha approvato il pacchetto-Giustizia presentato dal ministro Rognoni allo scopo di evitare il referendum» «La Repubblica», 30.12.1986, 1); *nell'intento di* («la Società di geografia, fondata da Ismail al Cairo, nell'intento di preparare scorte ed ogni aiuto pratico alle spedizioni europee», ecc. Ungaretti, *Il deserto e dopo*).

Il verbo *pregare* poteva costruirsi fino al secolo scorso anche con *a*: «prego gli scrittori del 'Preludio' a darmi un po' di posto» (Carducci, cit. in SERIANNI 1986b: 18 n. 36).

c) *Da*. Ha valore finale in dipendenza da verbi come *dare, lasciare, offrire, porgere, portare* (cfr. SKYTTE 1983: I 235: «va a cercare la lettera, gliela dà da leggere» Buzzati) o da sostantivi e aggettivi per indicare la funzione, l'utilizzazione o la destinazione di ciò che essi esprimono: «casa da vendere», «libro da leggere», «macchina da scrivere»; «il pensiero [...] si slancia ancora una volta nel futuro degli uomini; e ad essi lega fidente le proprie colpe da espiare, le proprie speranze da raccogliere, i propri voti da compiere» (Nievo, *Le confessioni d'un italiano*, 16). Il valore di queste ultime espressioni è propriamente a metà tra il finale e il consecutivo: «ti do un bel libro da leggere» può corrispondere sia a «ti do un bel libro *affinché* tu lo legga», sia a «ti do un libro *così* bello *che* merita che tu lo legga».

In sintagmi del genere, una certa tradizione grammaticale considera corretti solo quelli in cui il sostantivo è soggetto dell'infinito (che in tal caso ha valore passivo: «casa da vendere»=casa che deve essere venduta; «colpe da espiare»=colpe che devono essere espiate), in base alla persuasione che il *da* conferisca valore passivo all'infinito. Ma si tratta di un'interpretazione infondata (cfr. LEONE 1972 e SKYTTE 1983: II 398 sgg.).

d) *Onde*. Propria della lingua scritta o del parlato formale: «Il sabato poi, quando arrivava il giornale, don Franco spingevasi sino ad accendere mezz'ora [...] onde spiattellare le sue idee, e non andare a letto a mo' dei bruti, come compare Cipolla o compare Malavoglia» (Verga, *I Malavoglia*, 65); «per spezzare la opposizione, si lanciò in una campagna di discorsi nell'Ovest, onde fare appello al popolo contro i suoi avversari» (Spini, *Disegno storico*, III 360).

Onde può costruirsi anche col congiuntivo: «Mi chiami onde in gran fretta si vada / qualche passo più in là sull'ampia terra» (Saba, *Il canzoniere*).
Nonostante il suo radicamento nell'uso, *onde* con valore finale ha suscitato forte avversione da parte dei puristi dell'Ottocento ed oltre. Il marchese Basilio Puoti avrebbe attaccato un cartello nella stanza in cui faceva lezione con la scritta: «Chi usa *onde* in iscambio di *affinché* o di *per* è un solenne ciuco» (la notizia in FANFANI-ARLIA 1881: 326, accompagnata dal commento: «Quanti Marchesi Puoti ci vorrebbero ora!»).

Proposizioni consecutive

128. Indicano la conseguenza dell'azione o del fatto contenuto nella reggente: «è così alto che deve farsi fare tutto su misura».
Rispetto alle finali, manca l'elemento di volontarietà, di intenzionalità caratteristico di quelle: nella frase «cammino lentamente per non stancarmi» (proposizione finale), il rapporto logico tra reggente e secondaria è strettamente sottoposto alla volontà del soggetto; dicendo «cammino lentamente in modo da non stancarmi» (proposizione consecutiva), la secondaria presenta lo stesso fatto in termini obiettivi neutri, in apparenza indipendenti rispetto alla sfera d'azione del soggetto. Più marcata l'affinità delle consecutive con le proposizioni causali: di fronte a un medesimo nesso di causa-effetto, le une accentuano la causa (cfr. TEKAVČIĆ 1980: II 453: «*poiché è molto vecchio*, non esce più di casa», causale); le altre, la conseguenza («è tanto vecchio *che non esce più di casa*», consecutiva).
Le consecutive possono essere esplicite o implicite.

129. I. Le esplicite contengono un modo finito (indicativo, congiuntivo, condizionale). Sono introdotte da *che*, da congiunzioni composte o locuzioni congiuntive formate con *che* (*sicché*, *a tal punto che*, ecc.).

130. Il modo abituale è l'indicativo. Il congiuntivo compare quando la consecutiva assume una connotazione di eventualità o di potenzialità: «voi avete un mestiere e io so lavorare: andiamo tanto lontano che colui non senta più parlar di noi» (Manzoni, *I Promessi Sposi*, III 9); e anche, abbastanza spesso, in frasi negative («scherzava sulla penetrazione dell'amico, non tanto spensieratamente però che non si sentisse la voce rauca» Pavese, cit. in SCHMITT-JENSEN 1970: 620) o introdotte da *in modo* (*tale*) *che* (ma non è davvero una regola fissa, specie nel registro informale: «dissi al comandante di regolare le attività di volo in modo tale che tutti gli aerei dovevano far ritorno a terra» «Stampa sera», 29.12.1986, 5).

131. Il condizionale, come per altre subordinate (cfr. XIV.54, XIV.89, ecc.), figura là dove figurerebbe anche in un'enunciativa: «la mia spossatezza era così completa [...] che non avrei potuto fare venti passi di più» (Soffici, cit. in HERCZEG 1973: 207).

132. II. Le consecutive implicite contengono un infinito presente o, più raramente, passato. Sono introdotte dalle congiunzioni *da*, *per*, *di* o da locuzioni congiuntive formate con tali elementi.
Il costrutto implicito è frequente in caso di identità di soggetti («benché gravissimo, l'incidente di Sarajevo non era tale da non potere essere composto pacificamente» Spini, *Disegno storico*, III 325), ma può aversi anche se l'infinito ha un soggetto generico («un profumo da perdere la testa» Manzini) o se riprende in questa funzione un complemento indiretto della sovraordinata («rispose don Nicola con una franchezza da non lasciar dubbi» Silone; entrambi gli esempi in MORETTI-ORVIETO 1979: II 61).

133. Seguendo AGOSTINI 1978: 381 (e HERCZEG 1973) possiamo distinguere due tipi fondamentali di costrutti consecutivi. Quelli 'forti' sono caratterizzati dalla presenza di un antecedente «strettamente legato a un sintagma della sovraordinata» (*così*, *tanto*, *a tal punto*, ecc.): «il rapporto di consequenzialità tra le due proposizioni è reso così particolarmente evidente» proprio da quell'elemento prolettico il quale, creando nella sovraordinata «uno stato d'indeterminatezza, provoca una sorta di tensione emotiva che esige una risoluzione nella subordinata». Nei costrutti 'deboli', invece, la sovraordinata «ha una sua autonomia semantica, esprime cioè un contenuto in sé compiuto» ed è collegata alla consecutiva mediante una congiunzione composta o una locuzione congiuntiva (*sicché, cosicché, tanto che*, ecc.). La debolezza del legame sintattico può essere riflessa dalla punteggiatura, che presenta spesso un segno di pausa forte (punto e virgola, due punti, punto fermo) tra sovraordinata e consecutiva.

134. Talvolta il rapporto consecutivo è risolto in una giustapposizione in cui la proposizione che dal punto di vista logico svolge funzione di consecutiva precede la sovraordinata, ove si trova l'antecedente (perlopiù *tanto* o *a tal punto*): «il Signor Conte di Fratta era un uomo d'oltre a sessant'anni il quale pareva avesse svestito allor allora l'armatura, tanto si teneva rigido e pettoruto sul suo seggiolone» (Nievo, *Le confessioni d'un italiano*, 18;=il Conte si teneva tanto rigido che pareva...); «il pane scendevano a venderlo una volta al mese, tant'erano fuorimano» (Pavese, *La luna e i falò*, 57).
Tranne questo caso particolare, la consecutiva si colloca obbligatoriamente dopo la reggente.

135. Vediamo ora quali sono gli antecedenti fondamentali:
a) *Così*. Di uso larghissimo, può modificare un aggettivo, un participio o un avverbio: «il coltellino della macchina aveva un tremolio indistinto, un movimento *così lieve che* pareva un soffio» (Serao, *Il romanzo della fanciulla*, 44), «m'interrogò con lo sguardo, *così amorosamente che* mi sentii morire» (Ortese, cit. in HERCZEG 1973: 208).
Nell'italiano dei secoli scorsi *così* poteva riferirsi al solo predicato verbale, in assenza di aggettivo o avverbio (come oggi *tanto*, cfr. HERCZEG 1973: 210): «il fean così, che più che dar, di loro / l'una all'altra parea chieder ristoro» (Pindemonte, *Poesie*).
Antiquato *sì*, che già nell'Ottocento era caratteristico di poesia e prosa elevata (cfr. SERIANNI 1986b: 44-45): «sta natura ognor verde, anzi procede / per sì lungo cammino / che sembra star» (Leopardi, *La ginestra*, 292-294).

b) *Tanto*. Può essere avverbio – ed è allora sostanzialmente equivalente a *così* – oppure aggettivo: «stropicciava un orecchio del cane *con tanta forza che* la povera bestia guaiva, onorata, senza dubbio, ma sofferente» (Tomasi di Lampedusa, *Il Gattopardo*, 49).
Propria del registro colloquiale l'intensificazione attraverso *così tanto*: «gli aveva dato appuntamento al pomeriggio per vendergli del metallo, *così tanto metallo*, diceva, *che* ne avrei potuto comperare anch'io un carico» (Chiara, cit. in MORETTI 1982b: 150).

c) *Tale*. Si usa come aggettivo, senza articolo o con l'articolo indeterminativo (raramente determinativo; «tale paura che...», «una tale paura che...», «tale una paura che...», ecc., cfr. VII.165b).

d) *Talmente*. Modifica un aggettivo, un participio o un avverbio (che non esca in *-mente*: quindi «talmente presto», ma non *talmente elegantemente*): «la vita psichica inconscia è talmente forte che può dominare la nostra vita cosciente» («Stampa sera», 23.2.1987, 11).

136. In mancanza di un antecedente, una consecutiva esplicita può essere introdotta da:
a) *Sicché, cosicché* (o *così che*; ormai rara la grafia *sì che*): «[le lodi del vino] venivano, com'era giusto, frammischiate alle sentenze di giurisprudenza economica; *sicché* le parole che s'udivan più sonore e più frequenti, erano: 'ambrosia' e 'impiccarli'» (Manzoni, *I Promessi Sposi*, V 65); «un'ombra umida invadeva la via affollata *così che* non se ne vedeva il fondo» (Moravia, *Gli indifferenti*).
b) *Talché, tantoché* (o *tal che*, solo letterario, e *tanto che*). Se *talché* è relativamente raro (cfr. MORETTI 1982b: 155-156), *tantoché* è piuttosto comune e secondo HERCZEG 1973: 214 avrebbe «conservato, in confronto a *cosicché* (*sicché*) la sua carica emotiva, perché è più palese l'accenno all'intensità dell'azione principale che non con *cosicché* (*sicché*)»: «il fine di questi ragionamenti, espressi o suggeriti, è la confusione mentale dei giovani, talché i simpatizzanti per il fascismo lascino cade-

re le esitazioni a lottare contro i partigiani» (Bocca, *Storia dell'Italia partigiana*, 225); «le cose minacciavano di farsi serie per Gerolimino, tanto che dovette correre a cercarsi un avvocato di grido in città» (Panzini, cit. in HERCZEG).
c) *Onde*: «questo suo debole non poteva non mortificare l'orgoglio dei familiari [...], *onde* tutti presero a gridargli 'scemo!', 'stupido!' sotto il muso» (Landolfi, *La pietra lunare*).
d) Locuzioni formate con i sostantivi *modo, maniera, punto*: *in modo che, in tal modo che, in maniera che, di maniera che, al punto che, a tal punto che*, e simili (vari esempi in HERCZEG 1973: 217-221).
Meno usate – perché letterarie o antiquate – le espressioni *a (al) segno che, di (o in) guisa che* e l'ellittica *a tale che*: «ma oggi la cosa è venuta *a tale che* gli uditori, anche forzati, a fatica possono bastare alle occorrenze degli autori» (Leopardi, *Pensieri*, XX).

137. Non sono rare le consecutive introdotte da *che* e prive di antecedente, o più esattamente il cui antecedente è ridotto a un semplice sintagma costituito da articolo indeterminativo+sostantivo: «si mise a giuocar a tarocchi *con uno zelo, con un brio, con una beatitudine* in viso, *che* non si turbavano né di spropositi né di strapazzate» (Fogazzaro, *Piccolo mondo antico*, 11; =con un tale zelo...); «*una vessazione che* non ti dico» (Pirandello, *Vestire gli ignudi*, IV 170).

138. Viceversa, la correlazione logica tra due frasi è talvolta così evidente che, in presenza di un antecedente, può mancare il *che* e aversi così un costrutto giustappositivo: «Andiamo a piedi – gli disse subito Giovanna – Sono stata tanto ferma, ho voglia di camminare» (Cassola, cit. in MORETTI 1982b: 149 n. 8).

139. Le consecutive implicite provviste di antecedente sono introdotte dalla congiunzione *da*: «[la grande emigrazione biellese ebbe origine] dalla ricerca di soluzioni alternative *tali da ripristinare* le precedenti condizioni di iniziativa e autonomia individuale» (V. Castronovo, in «Storia illustrata», settembre 1986, 60); «Padre santo, hai *tanto* amato il mondo *da mandare* a noi, nella pienezza dei tempi, il tuo unico figlio come salvatore» (*Messale festivo*, 333).

140. Negli altri casi si trovano, con notevole parallelismo rispetto al costrutto esplicito:
a) *Così da, sì da, tanto da*: «i ghiacciai [...] scavavano le valli, lungo le quali scorrono, sì da ridurle con le pareti ripide e il fondo arrotondato» (Cuscani Politi, *Geografia generale*, 287).
b) *Fino (sino) a, fino (sino), al punto di*: «... tristi tutti fino a morirne...» (Pirandello, *Come tu mi vuoi*, IV 271).
c) *In modo da* (o *di*), *al punto di* (o *da*), *al (a) segno di*: «Nora allora le diede da tenere le forbici in modo da avere libera anche l'altra mano» (Cassola, cit. in HERCZEG 1973: 225).

141. Per indicare un legame 'debole' si adopera il solo *da*, specie in frasi cristallizzate: «mi annoio da morire», «la cosa era da ridere» (Sciascia, cit. in SKYTTE 1983: II 396), «non è tipo da porgere l'altra guancia» («La Repubblica», 18.2.1987, 3).

142. Si possono includere tra le consecutive – piuttosto che tra le finali negative – alcune proposizioni introdotte da verbi come *impedire, salvare, trattenere+dal*+infinito: «Non avete nessun altro motivo che *vi trattenga dal mantener* la promessa che avete fatta a Renzo?» (Manzoni, *I Promessi Sposi*, XXXVI 63; =nessun motivo tale che non manteniate...).
Il verbo *impedire*, in particolare, può costruirsi col complemento di termine e l'infinito retto da *di* (è questa, anzi, la reggenza più usuale: «impedirò a mio figlio di fare altre sciocchezze») e, nell'uso letterario, con *che*+congiuntivo: «mirano e tacciono eternamente; e, potendo, impediscono che altri non vegga» (Leopardi, *Pensieri*, XXIV).

Proposizioni di adeguatezza

143. Con questo termine (ripreso da TEKAVČIĆ 1979: II 455) indichiamo un tipo di proposizione affine alla consecutiva in cui la conseguenza non è realizzata, ma collegata a un certo rapporto di intensità.

Nella reggente si trova un avverbio quantitativo (*troppo, poco, troppo poco, abbastanza, alquanto*, ecc.) o il corrispondente aggettivo e la dipendente è introdotta da *perché* col congiuntivo, se esplicita, o da *per* e *da* con l'infinito presente o passato, se implicita.

a) Esempi del costrutto esplicito – Con avverbio nella sovraordinata: «e poi trovava d'esser *troppo adulto perché* mio padre avesse ancora il diritto di prenderlo a schiaffi» (Ginzburg, *Lessico famigliare*, 44); con aggettivo: «in questi sei ultimi mesi [...] *troppe cose* sono state fatte senza consultarci *perché* adesso si possa chiedere a un membro della vecchia classe dirigente di svilupparle e portarle a compimento» (Tomasi di Lampedusa, *Il Gattopardo*, 209).

b) Esempi del costrutto implicito: «Oh sì, l'animale sarà / *abbastanza ignaro / per* non morire prima di toccarti» (Cardarelli, *Poesie*); «le macchine sono ormai *abbastanza* perfezionate da potere eseguire con notevole approssimazione un progetto fatto da un artista» (Argan, *Arte moderna*, 246).

144. Ricordiamo qui, per il loro valore logico-semantico, alcuni tipi di proposizione formalmente affini alle consecutive in cui la conseguenza annunciata dalla reggente non arriva a realizzarsi nella subordinata: «fui preso da un intrepido, fulmineo amore per lei, *tanto che per poco non* m'inginocchiai sulla pedana da ballo» (Bufalino, *Diceria dell'untore*, 96); «era così commosso *che fu lì lì per* piangere» («che fu sul punto di piangere», «che per un pelo non pianse», e simili).

Proposizioni ipotetiche

145. Dette anche *condizionali*, indicano l'ipotesi, la condizione da cui dipende o potrebbe dipendere ciò che viene espresso nella reggente. L'insieme di sovraordinata e di subordinata condizionale prende il nome di *periodo ipotetico* e le due proposizioni sono designate individualmente come *apodosi* e *protasi*.

146. L'apodosi può essere indipendente («se ti andasse, potremmo andare al cinema»), oppure essere a sua volta una proposizione dipendente: «penso che potremmo andare al cinema, se ti andasse». In questo secondo caso la protasi è spesso incuneata nell'apodosi, collocandosi tra la congiunzione subordinativa e il resto della frase: «le previsioni degli esperti sostengono che, *se non interverranno fattori traumatici*, l'Unione Indiana entro 25 anni sarà il terzo Paese più ricco del mondo» («Il Mattino», 28.11.1986, 3). Ma può aversi anche un ordine diverso, ad esempio 'protasi' - 'sovraordinata' - 'apodosi dipendente': «se tre bianchi camminassero per Harlem di notte, credete che non rischierebbero proprio nulla?» («La Repubblica», 30.12.1986, 9).

147. Di norma la protasi è introdotta da una congiunzione o locuzione congiuntiva (*se*, la più comune, *qualora, nel caso che*, ecc.). Ma si può avere anche ellissi dell'elemento introduttore e quindi giustapposizione di protasi e apodosi. Per un esempio di protasi con ellissi della congiunzione cfr. XIV.33b; qui ricorderemo caratteristici periodi di intonazione volitiva in cui la protasi corrisponde a una frase semplice con imperativo e l'apodosi assume un avverbio che marchi il contrasto con la proposizione precedente (*se no* o *sennò, diversamente, altrimenti*): [«se mi toccate, chiamo gente»] → «non mi toccate, se no chiamo gente» (Prisco, cit. in MORETTI 1983: 41); [«se non ti alzi, paghi la multa»] → «Mariettella, alzati: se no paghi la multa» (Serao, *Il romanzo della fanciulla*, 8).

148. La protasi logica di un periodo ipotetico può essere rappresentata da una proposizione non condizionale; per esempio da una finale: «occorrerebbero pagine e pagine *per elencare* tutte le opere in cui compare almeno un gatto» (Pugnetti, *Guida al gatto*, 22; =occorrerebbero [...] se volessimo elencare...) – oppure da un'interrogativa diretta: «Cadeva una posizione? Colpa dei soldati! Un reggimento si sbandava? Tutti vigliacchi» (Silvestri, cit. in HERCZEG 1976d; 447; =se cadeva una posizione, la colpa era dei soldati...).

149. Talvolta la protasi non è espressa

formalmente, ma si ricava dal contesto, come in questo esempio di A. Tabucchi: «la sua voce non aveva un tono interrogativo, forse non era una domanda, era solo una constatazione, a suo modo, comunque *sarebbe stata una domanda* alla quale non avrei potuto rispondere» (*Notturno indiano*, 38; =se fosse stata una domanda, sarebbe stata una domanda alla quale...).

150. A seconda del modo presente nell'apodosi e nella protasi, il periodo ipotetico è stato tradizionalmente distinto in *reale* (indicativo: «se hai sbagliato, devi correggerti»), *possibile* (congiuntivo nella protasi, condizionale nell'apodosi: «se avessi sbagliato, dovresti correggerti»), *irreale* (stessi modi del tipo precedente; ma qui l'ipotesi è palesemente irrealizzabile: «se i topi volassero, assomiglierebbero a pipistrelli»), *misto* (contaminazione di modi reali e possibili-irreali; per esempio: indicativo nella protasi e condizionale nell'apodosi: «Peccato che fosse un mutuato. *Se era* un pagante, forse *ti saresti fatto* un cliente» D'Agata, *Il medico della mutua*, 25; oppure congiuntivo nella protasi e indicativo nell'apodosi: «Cardetti ha fatto bene a presentare le dimissioni [...], ma *se* ora [...] *insistesse*, *deve* rendersi conto che ci sono altri, nel partito, pronti a prendere il suo posto» «Stampa sera», 23.2.1987, 5 – «in fe' d'Ercole, *se* io non *avessi provato*, io non *poteva* mai credere» Leopardi, *Operette morali*, 148).
Tuttavia, una partizione del genere è insoddisfacente. Sia perché contamina criteri tipologici diversi (uno formale: il modo verbale usato; e uno logico: il carattere reale, possibile o irreale nell'ipotesi), sia – e soprattutto – per l'impossibilità di tracciare confini netti. Dicendo «se fossi ricco, viaggerei molto», formulo un'ipotesi possibile o irreale? Non solo: l'indicativo, il modo della realtà, può adoperarsi per ipotesi chiaramente irreali, in quanto riferite al passato (come nell'esempio di D'Agata, cit. sopra). Distingueremo quindi i vari tipi di periodo ipotetico essenzialmente in base al modo verbale che essi presentano (un'ampia trattazione di queste proposizioni, fondata su criteri parzialmente diversi dai nostri, in HERCZEG 1976d; ivi, 448-450, per la coordinazione di più subordinate ipotetiche).

I. Indicativo in apodosi e protasi

151. La protasi è introdotta quasi soltanto dalla congiunzione *se*. Sono possibili tutti i tempi dell'indicativo (ma è raro il passato remoto). Inoltre:
a) Con l'imperfetto e il trapassato prossimo ci si riferisce quasi sempre a un'ipotesi non realizzata («irrealtà nel passato»). Si tratta di un costrutto tipico del registro colloquiale, benché in espansione (cfr. SABATINI 1985: 167): «se lo sapevo, non venivo».
Oltre che nel parlato, questo uso dell'indicativo irreale – di origine molto antica e con paralleli in altre lingue (come il francese) – compare sovente nella prosa narrativa. Ma è ben vitale anche il modulo più tradizionale per l'irrealtà nel passato (congiuntivo trapassato nella protasi, condizionale presente o passato nell'apodosi), che deve considerarsi la norma nella prosa argomentativa ed è largamente diffuso in quella colloquiale: «lui mi ha detto che *se non avessi accettato* il suo regalo, *gli avrei dato* un dolore da morire...» (Cassola, *La ragazza di Bube*, 22); «*se* 1983 anni fa *ci fossero stati* gli anticoncezionali, oggi *sarei* disoccupato» (da un fumetto, cit. in SERIANNI 1986a: 60).
Naturalmente un periodo ipotetico con imperfetto o trapassato può indicare circostanze pienamente reali; in tal caso *se* ha spesso «un sottosenso temporale che si accosta a *ogniqualvolta*» (HERCZEG 1976d: 399; di qui l'esempio che segue): «se invece ero rimasto in branda [...], lo sentivo dall'altra parte del tramezzo che si schiariva la voce o tossicchiava» (Cancogni). Si ha inoltre l'imperfetto qualora l'apodosi sia una proposizione che dipenda da una reggente con un tempo storico: «ero deciso, se entro oggi non lo vedevo, di andare a cercarlo» (Volpini, cit. in HERCZEG 1976d: 400) e, ancora, nel discorso indiretto libero (cfr. XIV.268): «*se* il signor Pianelli *voleva* fare il lord e mandare in lusso la moglie, *non era* bello niente affatto che i conti li facesse pagare

XIV. Sintassi del periodo

agli amici» (De Marchi, *Demetrio Pianelli*, 14).

b) Per indicare un'ipotesi proiettata nel futuro, è frequente l'uso dell'indicativo presente nella protasi: «*se non cambiamo* il maestro, *continueremo* a non mandare i nostri figli a scuola» («Il Gazzettino», 23.10.1986, 4). Ma, a differenza del francese moderno, dove una norma del genere ha assunto carattere di obbligatorietà (cfr. GREVISSE 1980: n° 2688.2), in italiano è possibile anche il futuro nella condizionale: «*se* Vagliensteino *vorrà fare* il bell'umore, *saprà* ben lui farlo rigar diritto, con le buone o con le cattive» (Manzoni, *I Promessi Sposi*, V 55). Per la situazione nell'italiano antico cfr. BRAMBILLA AGENO 1974-1975: 29-43.

In molti casi la proposizione introdotta da *se*+indicativo assume valori particolari, non specificamente ipotetici. E precisamente:

152. I. Temporale-iterativo. Contrassegna un'azione ripetuta, tipicamente imperfettiva; il tempo abituale è il presente o l'imperfetto: «*se ripenso* agli anni della mia giovinezza, mi accorgo di quante cose sono cambiate» (=quando ripenso, ogni volta che ripenso); «*se tendevo* l'orecchio alla piazza, il tempo si fermava» (Pavese, cit. in SCHMITT-JENSEN 1970: 458).

153. II. Causale. La condizionale contiene non tanto un'ipotesi quanto un dato di fatto – o almeno un concetto presentato come tale – dal quale scaturisce necessariamente una certa conseguenza: «Carissimi, *se Dio ci ha amato*, anche noi dobbiamo amarci gli uni gli altri» (*Messale festivo*, 854; =giacché Dio ci ha amato...); «*se 'sapere' è coscienza* che l'io' ha di qualcosa che è 'altro' da esso, questo qualcosa dev'essere preesistente alla rappresentazione» (Lamanna, *Filosofia*, III 31).

154. III. Concessivo. Frequentemente la protasi è negativa e l'apodosi può contenere una congiunzione o un avverbio con valore avversativo (*tuttavia, almeno, perlomeno*, ecc.): «il fascismo, soprattutto la guerra e la tragedia dell'8 settembre '43, *se non cancellarono* (perché nella storia nulla si cancella), oscurarono i meriti storici della dinastia» (D. Bartoli, in «Storia illustrata», settembre 1986, 12); «vuolsi raccomandare la lettura di quelle opere, che *se non comprendono* tutta la scienza, almeno ne fanno accessibile a molti una considerevol parte» (Cattaneo, *Scritti economici*).

Spesso la sequenza *se non ... almeno (perlomeno)* introduce serie nominali in correlazione: «le modalità del ricovero in ospedale rivelano la forte preoccupazione, *se non* dello stesso Reagan, *perlomeno* della 'first lady'» («La Repubblica», 4-5.1.1987, 9).

155. IV. Completivo. Si ha dopo verbi che ammettono il costrutto completivo (generalmente col congiuntivo, se esplicito): «le dispiace *se do* un'occhiata al suo giornale?» (=che dia un'occhiata); «Non ti maravigliar *s'io piango*, Tosco» (Dante, *Purgatorio*).

156. V. Avversativo. Il *se* introduce una proposizione che si contrappone a un'altra, istituendo con questa un rapporto piuttosto coordinativo che subordinativo: «*se* Atene piange, Sparta non ride» (detto popolare; =Atene piange, ma Sparta...); «*se* prima chi aveva un posto nell'industria doveva considerarsi fra i più fortunati, oggi non è più così» («Il Mattino», 28.11.1986, 8).

157. Il *se* concessivo e avversativo può introdurre una proposizione col condizionale (l'apodosi ha l'indicativo): «la sua ripetizione, se proprio non sonerebbe tautologica, non appare almeno necessaria» (esempio citato, come il seguente, in LEONE 1974a: 116; =benché non suoni tautologica...); «se dopo la catastrofe di Porto Grande gli ateniesi avrebbero potuto costituire ancora un motivo di timore per i siracusani, dopo l'Asinaro l'indipendenza e la tranquillità di Siracusa erano viceversa assicurate» (=mentre dopo la catastrofe...). Si veda anche HERCZEG 1976d: 411.

158. Il *se* con valore causale, concessivo, avversativo può essere sostituito, nella grande maggioranza dei casi, dalla locuzione *se è vero che, se è vero come è vero che*. Ecco due esempi, il primo con valore causale, il secondo con valore concessivo: «e se era vero, come era vero, che il denaro non consentiva il divorzio dal denaro», ecc. (Moravia, cit. in SCHMITT-JENSEN 1970: 204; =dato che il denaro...); «se è vero che una tessera di partito non garantisce alcuna competenza professionale, è anche vero che essa non garantisce (necessariamente) alcuna incompetenza» («Corriere della Sera», 7.3.1987, 1; =benché una tessera non garantisca...).

159. VI. Restrittivo. Corrisponde a una proposizione eccettuativa (cfr. XIV.240): «se non si ferma in tempo, quel ragazzo finirà male»; «Di picciol bene in pria sente sapore; / quivi s'inganna, e dietro ad esso corre, / se guida o fren non torce suo amore» (Dante, *Purgatorio*, XVI 90-92).

160. VII. Ipotetico apparente. Si ha in quelle proposizioni che, «anche se contengono fatti incontestati, sono deliberatamente presentate con sfumatura e tono ipotetici» (LEONE 1958: 23; cfr. anche HERCZEG 1953): «se c'è una cosa che detesto, è proprio quella di disturbare la gente» (Bassani, cit. in MORETTI 1983: 33);

«ma se fu oculata ed attiva la missione del primo Sindacato, assai più proficui riuscirono i susseguenti» (Nievo, *Le confessioni d'un italiano*, 32).

161. VIII. Fraseologico. Compare in numerose espressioni incidentali aventi generico carattere attenuativo e diffuse nello stile dialogico, quale che ne sia il registro: «lei, *se ben ricordo*, è vissuto molto all'estero», «in una vecchia casa di Cesenatico che, *se non m'inganno*, è sempre la stessa» (Moretti, *Tutti i ricordi*); «*se ti piace*, il tuo castel / questa notte occuperemo» (F. M. Piave, *Ernani*, in VERDI-BALDACCI 1975: 74). Diversi altri esempi in MORETTI 1983: 37-38.
Per un'esauriente rassegna dei valori che può assumere la protasi indicativale in Dante cfr. F. Brambilla Ageno, in *Enciclopedia Dantesca, Appendice*, 409-415.

II. Congiuntivo in protasi, condizionale in apodosi

162. Per le condizionali indipendenti introdotte da *se* l'abituale corrispondenza dei tempi è la seguente:

CONTEMPORANEITÀ	
PROTASI	APODOSI
Congiuntivo Imperfetto *se volessi*	Condizionale Presente *riuscirei*
Congiuntivo Trapassato *se avessi voluto*	Condizionale Passato *sarei riuscito*
ANTERIORITÀ	
PROTASI	APODOSI
Congiuntivo Trapassato *se fosse rimasto qui,*	Condizionale Presente *il mio Santino sarebbe ancora vivo* (Cassola, cit. in MORETTI-ORVIETO 1979: I 105)

163. Diverso il quadro per le altre congiunzioni ipotetiche (*ove, qualora*, ecc.) e per le congiunzioni «condizionali-restrittive».
Queste ultime – benché tradizionalmente descritte nell'àmbito del periodo ipotetico – «non presentano ipotesi, ma solo condizioni», indicando «un'esigenza che dev'essere soddisfatta perché un fatto qualsiasi possa verificarsi» (BRAMBILLA AGENO 1981: 6). Si tratta essenzialmente di *purché, sempreché, solo che, per poco che, a condizione che, a patto che*.
A differenza di *se*, tutte le altre congiunzioni ipotetiche o condizionali-restrittive richiedono, di massima, il solo congiuntivo. È però sempre possibile l'indicativo futuro: «la conferenza sull'energia salterà solo *nel caso che* altre forze parlamentari *riterranno* opportuno non farla» («La Repubblica», 10.2.1987, 8).

XIV. Sintassi del periodo

PROTASI	CONTEMPORANEITÀ	APODOSI
Congiuntivo Presente o Imperfetto *purché lo voglia* *purché lo volesse* *qualora lo voglia* *qualora lo volesse*		Condizionale Presente *riuscirebbe*
Congiuntivo Trapassato *purché fosse stato in buona fede* *qualora fosse stato in buona fede*		Condizionale Passato *sarebbe stato scusato*

PROTASI	ANTERIORITÀ	APODOSI
Congiuntivo Passato o Trapassato *purché sia stato in buona fede* *qualora sia stato in buona fede* *purché fosse stato in buona fede* *qualora fosse stato in buona fede*		Condizionale Presente *lo scuserei*

Periodo ipotetico misto

164. Presenta una certa varietà di realizzazioni: indicativo imperfetto nella protasi e condizionale passato nell'apodosi; congiuntivo imperfetto nella protasi e indicativo presente o imperfetto nell'apodosi (tre esempi sono stati citati al par. 150); apodosi imperativale e protasi con indicativo o congiuntivo («se ti sembra che stia sbagliando, dimmelo!»), ecc.

Degno di nota il tipo con protasi al congiuntivo presente o passato introdotta da *se*, caratteristico in particolare di proposizioni che indichino azione iterata, in riferimento alla «validità generalizzatrice dei contesti di diritto che contengono l'esteriorizzazione di una norma» (HERCZEG 1976b: 148; di qui l'esempio che segue): «la libertà provvisoria non può essere concessa se l'imputato ne abbia già goduto in altro procedimento», ecc. Ma non mancano esempi in cui il congiuntivo presente ha generico valore eventuale: «si sentiva che nulla ci salverà dallo spavento, *se Dio non abbia* pietà di noi e delle nostre notti» (Cecchi, *Saggi*, 291).

Congiunzioni ipotetiche e condizionali-restrittive

165. La congiunzione fondamentale, *se*, può essere rafforzata in vario modo, assumendo diverse sfumature di significato:

a) Se anche (col congiuntivo; più raramente con l'indicativo) ha valore di ammissione ipotetica. Dà «risalto all'antitesi con la sostanza dell'enunciato, e spesso carica l'espressione di forti valori affettivi» (MORETTI 1983: 47; di qui l'esempio che segue): «se anche volessimo fare qualcosa, noi, quaggiù, cosa possiamo fare?» (Dessì).

Da notare che l'inversione dei due elementi (*anche se*) dà luogo di norma a una locuzione concessiva, non ipotetica: «gente pratica, dico, che sa far di conto anche se non ha studiato» (Panzini, *Romanzi d'ambo i sessi*, =benché non abbia studiato: proposizione concessiva – Invece, dicendo «se anche non ha studiato» avremmo avuto piuttosto un'ipotetica con valore avversativo, cfr. XIV.156).

b) Se pure (*seppure*; con l'indicativo; raramente col congiuntivo) può introdurre un'ipotetica di forte impronta dubitativa: «forse era il suo nome, se pure ne aveva avuto uno di sorte» (P. Levi, cit. in MORETTI 1983: 50).

c) Se mai (*semmai*) ha valore analogo a *se pure* ma regge prevalentemente il congiuntivo: «lo pregava insieme di dir loro che, se mai, in qualunque tempo, avessero creduto che potesse render loro qualche servizio, la povera giovine sapeva pur troppo dove stesse» (Manzoni, *I Promessi Sposi*, XXVI 33).

166. Altre congiunzioni (tutte col congiuntivo):
a) Casomai (caso mai). Di uso limitato, accentua il carattere ipotetico-eventuale proprio della condizionale: «adesso Ugo faceva in modo da riserbargli il solito tavolo, riparato dal vento, casomai dovesse spirare» (Pratolini, *Lo scialo*). Ormai in disuso *casomai che* («affari segreti che non si vorrebbero lasciar capire a un terzo, casomai che la lettera andasse persa» Manzoni, *I Promessi Sposi*, XXVII 21) o il semplice *caso* («caso poi fossero tanto ineducati da non volere scappare, allora scapperei io, e così la farei finita...» Collodi, *Pinocchio*, 43).
b) Ove, dove, laddove. Sono forme caratteristiche della lingua scritta o del parlato formale: «dove poi non fosse vero il presupposto sul quale abbiam ragionato fin ora [...], ben si vede il tutt'altro discorrerne che ci bisogna» (D. Bartoli, *Pensieri sacri*); «a me pare che l'episodio abbia una portata di carattere più generale [...] che, ove risultasse fondata, potrebbe portare forse ad una conclusione parzialmente diversa» (A. Asor Rosa, nella «Repubblica», 28.10.1987, 10).
c) Qualora. È abbastanza comune, specie nell'italiano scritto e, in particolare, sembra «prediletta nei testi di tipo eminentemente giuridico-ufficiale» (HERCZEG 1976b: 150). Può tornare utile per introdurre una subordinata in presenza di un'altra condizionale col *se*: «se il colpevole volontariamente desiste dall'azione, soggiace soltanto alla pena per gli atti compiuti *qualora* questi costituiscano per sé un reato diverso» (*Codice Penale*, art. 56; la presenza di due *se* in successione avrebbe creato qualche impaccio alla scioltezza del passo).
d) Quando. Imprime alla proposizione un'accentuata connotazione temporale: «ciò non deve destare meraviglia quando si pensi che egli [l'uomo] ha sconvolto il suolo e il sottosuolo di vaste aree continentali», ecc. (Cuscani Politi, *Geografia generale*, 307). Seguito da *anche, quando* assume valore concessivo, così come s'è visto per *anche se* (cfr. XIV.165a).
e) Purché, sempreché. Equivalenti come significato, hanno diversa frequenza d'uso (*sempreché* è meno comune e adoperato prevalentemente nella lingua scritta): «farò finta di niente, purché l'incidente non si ripeta»; «la Regione emana per le seguenti materie norme legislative [...] sempreché le norme stesse non siano in contrasto con l'interesse nazionale e con quello di altre regioni» (*Costituzione*, art. 117).

167. Locuzioni congiuntive (col congiuntivo, tranne *nella misura in cui*, che regge prevalentemente l'indicativo):
a) Ammesso che, concesso che, dato che, posto che: «voi non potete escludere, dato che l'avvocaticchio facesse sul serio la sua parte di revisore [...], che esso Turiddu in quei momenti non si sentisse avvilito di darsi a conoscere tanto bestia» (Baldini, *Il doppio Melafumo*). Con l'espressione *dato* (o *ammesso*) *e non concesso che* si «accetta momentaneamente come vera una ipotesi per controbattere le altrui argomentazioni o sviluppare le proprie» (MORETTI 1983: 27; di qui l'esempio che segue): «i metalmeccanici, ammesso e non concesso che ottengano ciò che adesso vanno chiedendo, porterebbero in busta paga per i loro rappresentanti la metà» (da un giornale).
Tutte queste espressioni possono assumere valore concessivo, specie se accompagnate da *anche* o *pure*: «anche ammesso che tu avessi ragione, hai fatto male a comportarti così (=anche se avevi, pur avendo).
Un deciso slittamento verso la proposizione concessiva comportano costrutti quali *ammettiamo, mettiamo, poniamo (pure) che*: «ammettiamo un momento, per assurdo, che io possa dimenticare quello che lei ha fatto... Ammettiamolo... Ma ora, come si fa ad annunziare al commendatore una cosa simile?» (Moravia, cit. in MORETTI 1983: 16; =anche se posso dimenticare, pur potendo dimenticare).
Dato che e *posto che*+indicativo introducono una proposizione causale, cfr. XIV.111.
b) A condizione che, a patto che, solo che, per poco che; nell'eventualità che, nell'ipotesi che, nel caso che; nella misura in cui. Le prime quattro hanno valore restrittivo, come *purché*; l'espressione *nella misura in cui* – della quale abbiamo già ricordato il valore causale (cfr. XIV.111) – indica propriamente la correlazione pro-

porzionale tra un'ipotesi e l'effetto che ne dipende (ma nell'abuso che se ne è fatto in anni recenti è stata spesso adoperata come semplice variante di *se*). Esempi: «di queste galline, sette le mangeremo noi, e una la daremo a te, *a condizione* [...] *che* tu faccia finta di dormire» (Collodi, *Pinocchio*); «con violente contraddizioni [...] quali si palesano *sol che* si consideri che in questa geografia [la «geografia della giustizia»] s'incontrano tribunali pletorici e ingovernabili» («Il Mattino», 28.11.1986, 1); «è possibile che la proibizione dell'incesto un giorno scompaia, *nella misura in cui* si saranno trovati nuovi mezzi per assicurare la coesione sociale» («L'Espresso», 16.11.1986, 175).

Le locuzioni composte con *che* possono perdere la congiunzione, ma è uso raro tranne che con alcune di esse: «sarebbe stato difficile, *nel caso* lo avesse richiesto, negargli, alla fine del suo mandato, un incarico pieno» («La Repubblica», 28.3.1987, 2).

c) In quanto. Normalmente causale (cfr. XIV.106), assume valore restrittivo nella prosa argomentativa, specie filosofica e giuridica: «le confessioni religiose diverse dalla cattolica hanno diritto di organizzarsi secondo i propri statuti, *in quanto* non contrastino con l'ordinamento giuridico italiano» (*Costituzione*, art. 8).

168. Da notare il costrutto participio passato+*che*+congiuntivo («giunto che fosse»), parallelo al modulo «giunto che fu» (cfr. XIV.201d); ha anch'esso una forte connotazione temporale: «Sperava un certo posto più alto, quando fosse vacato [...]. *Ottenuto che l'avesse*, si poteva esser certi che non si sarebbe più curato degli anni», ecc. (Manzoni, *I Promessi Sposi*, XIX 21; =se l'avesse ottenuto, quando l'avesse ottenuto); «*oltrepassato* però *che si fosse* questo suo preludio orgoglioso, la casa era tutta grazia e moine» (Tomasi di Lampedusa, cit. in SCHMITT-JENSEN 1970: 629).

169. In luogo di una specifica congiunzione o locuzione congiuntiva, una proposizione ipotetica può essere introdotta dall'espressione avverbiale *niente niente* o *nulla nulla* (*che*), corrispondente a 'se solo', 'se appena': «niente niente che il senso allenti, la fede rià la parola» (Magalotti, *Lettere sopra i buccheri*); «il cappellano di Fratta invece era un salterello allibito e pusillanime che avrebbe dato la benedizione col mescolo di cucina nulla nulla che al Conte fosse saltato questo grillo» (Nievo, *Le confessioni d'un italiano*, 44).

170. La protasi di un periodo ipotetico può assumere forma implicita. I modi indefiniti che si adoperano in questo caso sono:

a) Infinito, preceduto da *a* («a sentire gli storici l'impero romano fu distrutto dalle tasse più che dai barbari» G. Bocca, nell'«Espresso», 9.11.1986, 15; =se sentiamo...; «a sospettare si fa peccato, ma qualche volta si indovina», «La Nazione», 28.2.1987, 1); o da *pur di*, con valore restrittivo, corrispondente a *purché*+congiuntivo nel costrutto esplicito («sarebbero capaci di lasciarti annegare pur di non bagnarsi le scarpe» Castelletana, cit. in SKYTTE 1983: II 446).

b) Participio passato: «L'amore, secondo il Betmann, è una malattia [...]. A volte, non curata in tempo, diventa cronica» (Deledda, *Romanzi e novelle*; =se non è curata in tempo). Il participio può essere accompagnato da *se, ove, una volta*, ecc.: «i membri del Governo [...] hanno diritto, e *se richiesti* obbligo, di assistere alle sedute» (*Costituzione*, art. 64).

c) Gerundio presente o – più raramente – passato: «stando alle voci di piazza, numerose e imprecise anche allora, era nato in un paese della bassa padovana» («Il Gazzettino», 23.10.1986, 3; =se stiamo...); «speravo, ottenendo quel rinvio, di poter poi restare a Grassano definitivamente» (Levi, *Cristo si è fermato a Eboli*, 141; =se avessi ottenuto...).

171. Il periodo ipotetico costruito con congiuntivo e condizionale («della possibilità» o «dell'irrealtà» secondo la terminologia tradizionale) è soggetto a numerose incertezze di esecuzione da parte dei parlanti italiani per effetto della presenza, nei rispettivi dialetti, di periodi ipotetici con modi verbali diversi da quelli della norma corrente (o per una spinta alla semplificazione linguistica: BERRUTO 1983: 59-60). Sulla scorta di ROHLFS 1966-1969: 744 e 746, ricorderemo i due principali tipi dialettali: «se potessi facessi» (caratteristico dell'Italia meridionale, in particolare della Sicilia) e «se potrei farei» (qua e là nel Mezzogiorno e presente anche in Toscana). Per l'italiano popolare cfr. CORTELAZZO 1972: 103-105.

Proposizioni concessive

172. Indicano «il mancato verificarsi dell'effetto che dovrebbe o potrebbe conseguire a una determinata causa (reale o supposta)» (AGOSTINI 1978: 386): «benché sia ricco, vive poveramente».
La concessiva introduce in sostanza un elemento inatteso, una frattura logica rispetto a un dato rapporto di causa-effetto che avrebbe più naturale espressione in una proposizione causale (come, ad esempio: «[vive poveramente] perché non ha soldi per tirare avanti», «perché ha perso il lavoro», ecc.). Alla circostanza enunciata nella proposizione concessiva (che introduce una condizione potenzialmente causale: il fatto di essere ricco), corrisponde invece nella sovraordinata un effetto imprevisto, non il «vivere comodamente», bensì il «vivere poveramente».
Il rapporto concessivo appartiene a un livello più complesso e astratto di quello al quale si situano gli altri legami di subordinazione. Nel passaggio dal latino alle lingue romanze le congiunzioni concessive «sono le ultime a comparire e a fissarsi come tali» (AGOSTINI 1978: 386) e le proposizioni concessive sono le meno frequenti tanto nel parlato informale quanto nelle scritture di semicolti. A livello popolare, infatti, l'accostamento di due fatti contrastanti viene usualmente espresso attraverso una coordinazione avversativa (cfr. XIV.19 sgg.): «vive poveramente, ma è ricco».

173. Le concessive si dicono:
a) Esplicite, se contengono un modo finito (congiuntivo, indicativo, condizionale). Possono essere introdotte da una congiunzione, da una locuzione congiuntiva o anche da un avverbio o pronome indefinito;
b) Implicite, se contengono l'infinito, il participio o il gerundio.

174. Il modo fondamentale del costrutto esplicito è il congiuntivo (nei suoi quattro tempi). L'indicativo – sempre in concorrenza col congiuntivo – si trova soprattutto dopo *anche se* («sono più ricchi gli italiani, anche se non sempre lo sanno» «Il Mattino», 28.11.1986, 8; meno frequente il congiuntivo: «anche se la percentuale degli incidenti ferroviari non sia forse minore di quella degli incidenti di volo, salendo in treno, chi lo mette in programma?» Baldini, cit. in MORETTI 1983: 47) e *con tutto che* (cfr. DARDANO-TRIFONE 1985: 304-305).
Dopo *benché* (e anche dopo altre congiunzioni) può aversi l'indicativo quando la concessiva, posposta alla sovraordinata, risulti quasi un'aggiunta autonoma al discorso (e infatti è separata da una pausa o, graficamente, da un segno interpuntivo marcato); in tal caso *benché* assume il valore di una congiunzione avversativa (*ma, tuttavia*): «una mia amica, che voleva prender uno contro la volontà de' suoi parenti, facendo in quella maniera, ottenne il suo intento [...]; benché la poveretta se ne pentì poi, in capo a tre giorni» (Manzoni, *I Promessi Sposi*, VI 33).
Una certa tolleranza per l'indicativo si osserva nel registro familiare («forse votava comunista anche lui, benché accuratamente evitava di dichiararlo» Sciascia, cit. in MORETTI 1983: 23) e nell'italiano antico («ed ei, quantunque molto gli dispiace, / forza è che al suo valor vinto si renda» Alamanni, cit. in MOISE 1878: 992).
Sempre possibile, inoltre, con *benché* o con qualsiasi altra congiunzione, l'indicativo futuro per contrassegnare un'azione posteriore rispetto alla reggente: «ah, ma mi congratulo lo stesso, *benché* forse per me ne *dipenderà* la perdita d'una cara compagnia» (Pirandello, *Il giuoco delle parti*, III 86).

175. Il condizionale compare nei casi in cui comparirebbe in una frase enunciativa (cfr. XIV.131, ecc.): «farò un solo esempio, benché se ne potrebbero fare centomila» (Moravia, cit. in MORETTI 1983: 23; valore eventuale, che presuppone un'apodosi sottintesa: «se ne potrebbero [...] se si volesse»); «allora il sillabario servì, benché non avrebbe creduto mai che fosse impresa di tanto impegno e fatica» (Bacchelli, *Il mulino del Po*, I 90; valore attenuativo, come nelle frasi semplici che indicano «stupore, perplessità, imbarazzo», cfr. XIII.4b).

Meno rigida, anche in questo caso, la norma operante nei secoli scorsi. Il seguente passo del Leopardi (*Operette morali*, 139), per esempio, sarebbe oggi giudicato scorretto: «immagini perplesse e indeterminate, delle quali esso medesimo, se bene avrebbe voluto farlo [...] non poteva produrre alcun esempio reale» (=sebbene avesse voluto).

176. Un costrutto esplicito è talvolta privo di congiunzione introduttiva (si parla allora di *concessive indipendenti*; cfr. HERCZEG 1976c: 227-233, MORETTI 1983: 12 sgg., 82 sgg.). Il predicato verbale è in genere rafforzato mediante *anche* o *pure* ed è costituito da un futuro semplice o anteriore oppure da un congiuntivo; nella proposizione che funge da sovraordinata figura quasi sempre una congiunzione avversativa. Rispetto alle corrispondenti proposizioni introdotte da congiunzioni, le concessive indipendenti hanno una più forte componente emotiva, sottolineando il distacco dell'interlocutore da una circostanza che viene, sì, «concessa», ma che si considera ininfluente o irrilevante.
Esempi: «Venezia sarà bellissima, non discuto, però non mi ci trovo» (Bassani, cit. in MORETTI 1983; 13; =benché Venezia sia bellissima...); «avesse dovuto aspettare non cinque minuti, ma cinquanta secoli, non sarebbe uscito di lì senza aver parlato prima coll'amabile sposina» (De Marchi, *Demetrio Pianelli*, 479).
Per il collegamento copulativo tra due o più concessive esplicite cfr. HERCZEG 1976c: 223-227.

177. Accanto alle concessive verbali hanno notevole diffusione le concessive nominali, ossia i costrutti in cui la congiunzione concessiva modifica un'espressione sostantivale o aggettivale. Si possono distinguere i casi di ellissi del verbo *essere* («benché vecchio, è ancora in gamba»= benché sia vecchio...) e di ellissi di un verbo presente nella sovraordinata («taccio d'una quantità di altri passi che pure rivelano, sebbene con minore evidenza, l'arte dello scrittore fiorentino» Monteverdi, cit. in HERCZEG 1976c: 236; =sebbene la rivelino con minore evidenza).
Per le espressioni concessive introdotte da *con* cfr. VIII.95bis; per le correlazioni formate da *sia che*, *fosse* e simili cfr. XIV.28a; per il valore concessivo di *stesso* cfr. VII.142b; di *tutto* cfr. VII.189.

178. Le concessive possono collocarsi prima o dopo la sovraordinata. In genere la posposizione indica un certo rilassamento del legame concessivo (HERCZEG 1976c: 198). Piuttosto frequente è l'inserimento di una concessiva tra soggetto e predicato della sovraordinata: si vedano i due esempi di Collodi e Manzoni citati al paragrafo successivo («gli stessi giandarmi, sebbene [...], piangevano», «suo padre, quantunque [...], è il primo»).

Congiunzioni concessive esplicite

179. Il costrutto esplicito può essere introdotto da numerose congiunzioni o locuzioni congiuntive. Ricordiamo:
a) *Benché, sebbene, quantunque* (letterarie le grafie *ben che, se bene*). Hanno lo stesso valore e differiscono soltanto per la diversa frequenza d'uso, decrescente da *benché* a *quantunque*. Esempi: «benché suonasse così male, e cantasse con un filo di voce, era però bellissimo sentirlo, diceva mia madre» (Ginzburg, *Lessico famigliare*, 45); «gli stessi giandarmi, sebbene fossero di legno, piangevano come due agnellini di latte» (Collodi, *Pinocchio*, 34); «laggiù a Milano, contan molto [...] e in Monza anche di più, perché suo padre, quantunque non ci stia, è il primo del paese» (Manzoni, *I Promessi Sposi*, IX 16).
b) *Malgrado (che)*. Il *che* viene volentieri omesso: «malgrado che scoraggito e disingannato nell'arte sua egli voglia negare il suo ingegno, pure ne ha e molto» (Gualdo, *Romanzi e novelle*); «malgrado l'attore abbia fatto tagliare una scena [...], il film sta ottenendo un enorme successo» («L'Espresso», 16.11.1986, 137).

La locuzione è modellata sul francese ed è stata a lungo combattuta dai puristi (ma anche *malgré que* in Francia non è considerato corretto, cfr. GREVISSE 1980: n° 2522). In FANFANI-ARLIA 1881: 281 si parla di «spropositone patano», comprendendo nella condanna anche il costrutto preposizionale «malgrado il freddo» invece di «a malgrado del freddo» (o, meglio, «nonostante il freddo», dato che *malgrado*, propriamente 'cattivo gradimento', dovrebbe riservarsi a essere animato «che dimostri gradimento o *sgradimento*»).

c) *Nonostante (che)* (raro *non ostante*). Proviene dalla preposizione omonima che a sua volta è un ablativo assoluto latino cristallizzato (NŌN OBSTĂNTE AMĪCO 'non opponendosi l'amico': cfr. ROHLFS 1966-1969: 870). Anche in questo caso il *che* può essere omesso: «l'avete perfino nominato senatore di Roma, nonostante che la nostra costituzione proibisca di eleggere a quella dignità un re o un principe regnante» (Silone, *L'avventura di un povero cristiano*); «come è possibile avere una università meno funzionale, nonostante sia raddoppiato il personale?» («La Repubblica», 27.1.1987, 16).

d) *Seppure* (o *se pure*), *quand'anche*, *ancorché* (o *ancor che*, *ancora che*, letterari), *con tutto che* (o *contuttoché*; antiquato *tutto che*), *ad onta (del fatto) che*. *Seppure* e *quand'anche* hanno una componente ipotetica che le avvicina piuttosto ad *anche se* che non a *benché*: «se pure egli, per un miracolo, avesse ora riacquistato la vista, né questo bene sommo [...] né l'amore d'alcun'altra donna, avrebbe potuto compensarlo della perdita dell'amore di lei» (Pirandello, cit. in HERCZEG 1976c: 218), «quand'anche le mie cortesie fossero state superflue, sarei lieto lo stesso d'averle fatte» (Tomasi di Lampedusa, cit. in MORETTI 1983: 63). Più netta impronta concessiva hanno *ancorché* e i meno comuni *con tutto che*, *ad onta che*: «nella sua coscienza nulla ci è, non fede, non moralità, non patria, e non amore, e non arte, ancorché di tutto questo tratti» (De Sanctis, *Storia letter.*, II 715); «padron 'Ntoni si è affrettato a far allestire la sua barca; contuttoché mastro Turi Zuppiddo avanza ancora cinquanta lire da lui» (Verga, *I Malavoglia*); «gliel'aveva furiosamente strappata di mano [una lettera] ad onta che il foglio ne fosse tutto ingiallito e muffato dagli anni» (Di Breme).
Seppure può avere valore nettamente condizionale e reggere l'indicativo (cfr. XIV.165b). Raro è invece l'indicativo se la proposizione è concessiva (cfr. HERCZEG 1976c: 219-220) e ancora più inusuale – e comunque non raccomandabile – l'indicativo con *ancorché* (cfr. MORETTI 1983: 25).

e) *Per quanto*. È locuzione piuttosto diffusa; se si collega a un sostantivo, *quanto* si comporta da aggettivo, concordando con esso in genere e numero: «per quanto non fosse d'accordo, finì con l'accettare»; «si è o non si è cristiani e, per quante fossero le colpe di quella donna, si deve lasciar morire su una strada tre poveri innocenti?» (De Marchi, *Demetrio Pianelli*, 172).

180. Per *se* con valore concessivo cfr. XIV.154; per *ammettiamo*, *mettiamo che* cfr. XIV.167a; per *anche se* cfr. XIV.165a. Speculare ad *anche se* è il costrutto negativo *neanche* (*nemmeno*, *neppure*) *se* con la variante colloquiale *manco se* (il *se* può essere omesso); come con *anche se*, si può avere indicativo o congiuntivo, quest'ultimo generalmente all'imperfetto o al trapassato: «centinaia di gigantografie che lo ritraggono con lo sguardo del 'tombeur de femmes' di professione [...] manco fosse l'Humphrey Bogart di 'Casablanca'» («L'Espresso», 16.11.1986, 121).

181. Diversi altri elementi introduttori di proposizione concessiva figuravano nell'italiano antico: *abbenché*, *avvegnaché* (o *avvegna che*: «Avvegna che la subitana fuga / dispergesse color per la campagna / [...] / i' mi ristrinsi alla fida compagna» Dante, *Purgatorio*, III 1-4), *comeché* (o *come che*: «i vecchi, come che siano ordinariamente prudenti più che i giovani [...] sono anco poi più parlatori, avari, difficili, timidi» Castiglione, *Il cortegiano*), *quando bene* («quelle [cose] che non puoi fare che non sieno, o che non sieno state, abbi per certo che si sanno, quando bene tu non te ne avvegga» Leopardi, *Pensieri*, VIII), ecc. Ampi materiali in MILTSCHINSKY 1917.

182. Hanno valore concessivo anche tre costrutti con sfumatura elativa formati rispettivamente da *per*+aggettivo (o participio)+*che*+congiuntivo dei verbi *essere*, *sembrare*, *parere* («per ricco che sia»=benché sia ricco, benché sia ricchissimo); da *per*+avverbio+*che*+congiuntivo di qualsiasi verbo («per tardi che sia»); da *per*+infinito+*che*+congiuntivo di qualsiasi verbo («per lavorare che facesse»).
Esempi: «qualunque dose, per piccola che sia, comporta un rischio» («La Repubblica», 15-16.2.1987, 9); «cartelli, se-

XIV. Sintassi del periodo

mafori, vetrine, insegne luminose, manifesti, per studiati che fossero a colpire l'attenzione, mai fermavano il suo sguardo» (Calvino, *Racconti*, 134); «per presto che si arrivasse, si era sicuri di trovarli già sul campo» (Bassani, *Il giardino dei Finzi-Contini*, 90).

Ormai in disuso un costrutto parallelo, ben vivo nella lingua antica: quello formato da *per*+sostantivo+*che*+congiuntivo (di qualsiasi verbo): «per parole che Gurone dica, la donzella non prende nullo conforto» (*La Tavola Ritonda* o *L'istoria di Tristano*; =per quante parole dica...).

In tutte queste espressioni il *per* può essere omesso (sembra anzi sia stato questo il costrutto originario, normale dal XIII al XV secolo: cfr. ŠKERLJ 1959: 111): «bene che vada», «in ogni uomo, birbante che sia, c'è sempre un poeta» (Baldini, cit. in MORETTI 1983: 80). L'omissione di *per* è la regola nel caso di coppie aggettivali o sostantivali alternative: «grossa o piccina che sia la tenuta, la mezzadria è una corda» (Pratolini, cit. in HERCZEG 1976c: 229); «daremo un riconoscimento ai 'segnalati' che ne saranno ritenuti più degni, individui o istituzioni che siano» («Qui Touring» 2-7.6.1986, 7).

183. Alcuni aggettivi e pronomi indefiniti collettivi (*chiunque, qualunque, qualsiasi, checché*) e avverbi o espressioni avverbiali di qualità o di luogo (*comunque, come che, ovunque, dovunque, da ogni parte* e simili) possono introdurre una proposizione relativa con valore concessivo: «comunque sia andata – disse – tocca a noialtri rimediare» (Pavese, *Prima che il gallo canti*); «ma, come che si svolga la passerella della Conferenza, quale compromesso legislativo è possibile?» («La Repubblica», 11.2.1987, 2). Per esempi della serie pronominale cfr. VII.180 sgg.
Il modo verbale, oltre al congiuntivo, può essere l'indicativo futuro: «sembra invece che, comunque andranno in concreto i voti, prevalga la disaffezione, lo scetticismo» (da un articolo di giornale, cit. in MORETTI 1983: 72). Per il resto, l'uso dell'indicativo dà alla frase il carattere di una semplice proposizione relativa; si osservi la sottile differenza tra: «critica qualunque cosa faccio» (=tutto ciò che faccio; proposizione relativa) e «critica qualunque cosa io faccia» (=tutto ciò che faccio, anche se non merita critiche; proposizione relativa-concessiva).

Per le espressioni *quale che sia, quali che siano* – che rappresentano di per sé una relativa-concessiva – cfr. VII.168.

Concessive implicite

184. Il costrutto implicito richiede i seguenti modi verbali:
a) Infinito, preceduto da *per* (è la soluzione più comune: «per essere povera gente, l'hanno portato [al cimitero] con onoranza» Giuliani, *Delizie de parlar toscano*;=benché siano...); o da *nemmeno a, neppure a, neanche a, manco a* (che presuppongono una reggente negativa: «non voleva neanche a pregarlo» Calvino, *Il sentiero dei nidi di ragno*), *a costo di, a rischio di* («gli diceva sempre che non ci sarebbe rimasta, a costo di farsi ammazzare!» Tozzi, *Con gli occhi chiusi - Bestie - Gli egoisti*), *pur senza* (che introduce una concessiva negativa: «pur senza rinunziare alla sua parte di oracolo al di sopra della mischia, D'Annunzio non risparmiava strali al fascismo» Montanelli, *L'Italia in camicia nera*, 145).
Nemmeno a può ridursi al semplice *a* in formule rafforzative del verbo reggente: «non c'era un pesce a pagarlo» (Pavese, cit. in MORETTI 1983: 97; =nemmeno a pagarlo).
La locuzione (*pur*) *senza*, oltre che l'infinito, può reggere il congiuntivo, introdotto da *che*; nell'un caso e nell'altro il costrutto si avvicina a una proposizione esclusiva (cfr. XIV.239): «questo è un pensiero che mi raggiunge ogni tanto, *senza che* speciali motivi lo *chiamino*» (Marotta, *L'oro di Napoli*, 53; =anche se non lo chiamano...).
b) Participio passato, con valore attributivo e quasi sempre preceduto da un elemento introduttore: «per quanto festeggiato, non era del tutto sereno»; «questa conclusione, benché trovata da povera gente, c'è parsa così giusta, che abbiam pensato di metterla qui, come il sugo di tutta la storia» (Manzoni, *I Promessi Sposi*, XXXVIII 68).
c) Gerundio, spesso preceduto da *pure* o

anche: «in casa nostra c'era anche un'altra cosa che veniva sempre velata di un vago mistero [...]; ed era il fatto che Turati e la Kuliscioff, non essendo marito e moglie, vivessero insieme» (Ginzburg, *Lessico famigliare*, 47); «pure non rinunziando ancora alla prassi tradizionale degli interventi armati nelle repubbliche centro-americane, l'amministrazione Coleridge giungeva ad un soddisfacente compromesso col Messico» (Spini, *Disegno storico*, III 374).
Ricca esemplificazione di costrutti concessivi impliciti in MORETTI 1983: 96-100.

Proposizioni temporali

185. Precisano quale relazione di tempo sussista con la proposizione reggente, che può indicare un'azione contemporanea a quella della subordinata («quando piove, le strade sono un pantano»), anteriore («voglio uscire prima che faccia notte») o posteriore («che cosa farai dopo aver preso il diploma?»).

186. Le temporali si dicono:
a) Esplicite, se contengono un modo finito (indicativo, congiuntivo, condizionale);
b) Implicite, se contengono l'infinito, il gerundio (presenti o passati) o il participio passato.

187. Nel costrutto esplicito l'indicativo ammette tutti i tempi, compreso il trapassato remoto, disusato in altre proposizioni, che serve a indicare azione anteriore rispetto a un tempo storico nella reggente (cfr. XI.384): «quand'ebbero cenato, la volpe disse all'oste» (Collodi, *Pinocchio*, 40; ma nella lingua parlata si preferirebbero altre soluzioni, come il costrutto implicito o la nominalizzazione del verbo: «dopo aver cenato», «dopo cena»).

188. Rispetto all'indicativo, che è il modo più comune e più 'neutro', il congiuntivo introduce una sfumatura di eventualità, contrassegna il carattere incerto, ipotetico di una circostanza temporale. È di regola dopo la locuzione *prima* (*avanti*, *anzi*) *che*; non si ha con *mentre* (tranne nell'accezione, antiquata, di 'finché'), con *dacché* e *da quando* e con alcune espressioni che indicano una sequenza temporale immediata («la bocca *non era ancora* finita di fare, *che cominciò* subito a ridere e a canzonarlo» Collodi, *Pinocchio*, 10).
Il congiuntivo può alternarsi con l'indicativo negli altri casi: «a ogni bomba che cadeva lui s'approfondiva in questa fessura di roccia *finché arrivò* in un punto in cui non vedeva più nessuna luce» (Calvino, *Racconti*, 72; è un dato di fatto: arrivò realmente in quel punto) / «[lo Stato] deve avocare a sé l'esercizio del commercio con gli altri Stati, *finché* l'economia interna *non sia stata* organizzata in modo da produrre tutto il necessario» (Lamanna, *Filosofia*, III 28; riferimento eventuale: non si può stabilire se e quando la produzione dello Stato diverrà autosufficiente). *Quando*+congiuntivo si avvicina al valore di una proposizione ipotetica (cfr. XIV.166d).

189. Come in molte altre subordinate, il condizionale si adopera con gli stessi valori che assumerebbe in una frase indipendente; per esempio: «Maledetto! – disse tra sé – che tu m'abbia a venir sempre tra' piedi, *quando* meno *ti vorrei*!» (Manzoni, *I Promessi Sposi*, XIV 23; condizionale ottativo).

190. Le temporali hanno collocazione libera, prima o dopo la sovraordinata.
In alcuni casi «la proposizione che è formalmente (ma non logicamente) principale esprime un'azione durativa [...] nella quale viene a incidere l'azione della subordinata introdotta da *quando* o *che*, che rappresenta dal punto di vista logico l'evento principale» (AGOSTINI 1978: 393; *subordinazione inversa*): «la barca stava per prender il largo, quando un vocione mugghiò dal portico» (Fogazzaro, *Piccolo mondo antico*, 9;=quando la barca [...], un vocione mugghiò); «era così chinato, quando s'accorse d'aver qualcuno alle spalle» (Calvino, *Racconti*, 135).

Temporali esplicite

191. Conviene distinguere i vari elementi introduttori del costrutto esplicito a seconda che: *a*) siano fungibili per più relazioni (contemporaneità e posteriorità); *b*) contrassegnino abitualmente una relazione specifica (contemporaneità, anteriorità o posteriorità).

192. Il posto d'onore tra le congiunzioni temporali spetta senza dubbio a *quando* che, oltre a un'elevata frequenza d'uso, è in grado di istituire rapporti di contemporaneità (e si ha allora coincidenza di tempi tra reggente e temporale: «quando lo vide, si fermò») o di posteriorità (la subordinata ha, normalmente ma non necessariamente, un tempo composto: «quand'*ebbero cenato*, la volpe disse» Collodi cit.; «quando tu *sarai tornato* al mondo, / e riposato della lunga via / [...] / ricorditi di me, che son la Pia» Dante, *Purgatorio*, V 130-133); oppure indica azione ripetuta (in particolare con presente e imperfetto: «quando *m'invitava* a cena, a volte lo pregavo di portare anche Ileana e il suo cane» Volpini, cit. in HERCZEG 1959: 290).

Rafforzato da *ecco*, *quando* sottolinea la concomitanza delle azioni svolte da temporale e sovraordinata (cfr. XII.59a). *Quando* può essere retta da una preposizione, condizionata dal verbo che si trova nella sovraordinata («mi *ricordo di quando* eravamo bambini», «*penso a quando* sarai sposata»), oppure legata a un particolare rapporto sintattico: *da quando* (cfr. XIV.198) o *per quando*; con quest'ultima locuzione si introduce una temporale vista come lo scopo, il punto d'arrivo dell'azione indicata dalla principale: «un viso che aveva tenuto sempre in serbo per quando si trovasse alla presenza di don Filippo IV» (Manzoni, *I Promessi Sposi*, XIII 35).

193. Rispetto a *quando*, *come* instaura una più rapida e immediata relazione temporale tra due eventi (ma è di uso poco comune e caratteristico della lingua scritta): «e come la Longa se ne tornava in casa colla Lia in collo, le comari si affacciavano sull'uscio per vederla passare» (Verga, *I Malavoglia*, 63; azione contemporanea); «come il Giannattasio ebbe il denaro del mutuo, trattò dell'acquisto di quel casamento e de' terreni annessi» (Imbriani, *Sette milioni rubati o La Croce Sabauda*; azione posteriore). Il valore temporale di *come* discende dalla sua funzione fondamentale, quella comparativa; infatti il rapporto temporale di contemporaneità – ch'è quello più spesso realizzato da *come* – potrebbe definirsi «una specie di comparazione quantitativa sul piano cronologico» (MÄDER 1968: 44).

194. Nell'àmbito della relazione di contemporaneità si possono individuare (sulla scorta di MÄDER 1968 e AGOSTINI 1978: 391, ma semplificando la loro classificazione) congiunzioni e locuzioni congiuntive che qualificano, solo o soprattutto, relazioni *simultanee* (ossia che avvengono nello stesso momento o in periodi di tempo corrispondenti: *quando, come, mentre, allorché, nel momento in cui*, ecc.); relazioni *incoative* (contemporaneità a partire da un dato punto di riferimento: *da quando, dacché, dal momento in cui*); relazioni *terminative* (contemporaneità vista in relazione a un certo punto d'arrivo nel tempo: *finché, fin quando, fino al momento in cui*).

Vediamo ora partitamente i vari gruppi.

195. I. Relazioni simultanee. Dopo *quando*, la congiunzione più diffusa è *mentre* («mentre cresceva, il turismo andava anche diversificandosi», «Qui Touring» 2-7.6.1986, 23); antiquata la locuzione *mentre che*: «spegni, stolta, spegni questo tuo fuoco, mentre ch'egli è sul principio dello abbruciare» (Firenzuola, *Opere*).

Allorché e *allorquando* risultano dalla fusione dell'avverbio temporale *allora* e di una congiunzione subordinante; sono abbastanza comuni, ma non nel parlato: «allorché dalla contemplazione teorica si passa all'azione e alla pratica, si ha quasi il sentimento del generare» (Croce, *Filosofia della pratica economica ed etica*).

Non rare le locuzioni congiuntive formate da articolo o preposizione articolata+ sostantivo indicante 'tempo'+*in cui* (o *in che*, o anche solo *che*, forme ben radicate nell'uso corrente e insieme caratteristiche della tradizione letteraria): *al tempo in cui, nel momento in cui, il giorno in cui*, ecc.: «nel momento in cui uscirete per scendere al lido, un razzo avviserà gli inglesi di far sbarcare le provviggioni [sic]» (Misasi, *L'assedio di Amantea*); «nel momento / in che Ernani vorrai spento, / se uno squillo intenderà / tosto Ernani morirà» (Piave, *Ernani*, in VERDI-BALDACCI 1975: 79).

196. Espressioni del genere in proposizioni al congiuntivo imprimono alla frase un deciso valore ipotetico: «il giorno che dovessimo uscire dal club dei maggiori paesi industriali [...] ne sarebbe scosso tutto l'equilibrio della nostra politica estera» («La Repubblica», 24.2.1987, 4;=se dovessimo uscire...).

197. Una relazione temporale può essere espressa anche dal semplice *che*, non solo nel registro informale (ed è, allora, uno dei tanti aspetti del *che* polivalente, cfr. XIV.82), ma anche nella lingua letteraria: «la luna è nata che le stelle in cielo / declinano» (Saba, *Il canzoniere*).

198. II. Relazioni incoative. Tutti gli elementi introduttori sono formati con la preposizione *da*; *dacché* (antiquata la grafia *da che*) – a differenza di *da quando* e *dal momento in cui* – appartiene al linguaggio scritto o al parlato formale: «sono passati quasi due mesi dacché l'Avanti!' proclamò ufficialmente aperta la crisi politica per effetto dello spappolamento della maggioranza» («La Repubblica», 27.1.1987, 4); «ma io, da che tu sei tornata, ti guardo continuamente ed ogni giorno sorprendo in te un segno nuovo» (D'Annunzio, *Trionfo della morte*, 6). *Da quando* può essere rafforzato mediante *fin* (*sin*): «l'intervento armato della Francia era deciso *fin da quando* si era avuta notizia della fuga» (Villari, *Storia moderna*, 430).

199. III. Relazioni terminative. L'elemento di base è *fino* (raramente nella variante *sino*): *finché* (letterario *fin che*: «questo non accadrà mai più fin ch'io viva» De Amicis, *Cuore*, 345), *fino a che*, *fintantoché* (*fin tanto che*), *fin quando*, *fino a quando*, *fino al momento in cui*. Si può adoperare un *non* fraseologico (si veda un esempio al par. 188; tranne che *finché* non abbia il significato di 'per tutto il tempo che': «l'azienda andò bene finché fu direttore lui», cfr. SATTA 1981: 598).

200. I rapporti di anteriorità sono indicati essenzialmente dalle locuzioni congiuntive *prima che*, *avanti che* (poco comune), *anzi che* (arcaico): «Prima che il gallo canti» (raccolta di C. Pavese); «uno degli ultimi pomeriggi, avanti che io dovessi partire, s'era andati a certi boschi» (Cecchi, *America amara*). Un esempio con uno specifico complemento di tempo prima della locuzione: «*trenta giorni prima che* scada il termine il Presidente della Camera dei deputati convoca in seduta comune il Parlamento», ecc. (*Costituzione*, art. 85).
Degno di nota un costrutto caratteristico delle narrazioni (in prosa o in versi): alla principale negativa (perlopiù rafforzata da *ancora*) segue una temporale introdotta da *che* o da *quando*. All'esempio del Collodi cit. al par. 188 si aggiunga qui il dantesco «Non era ancor di là Nesso arrivato / quando noi ci mettemmo per un bosco» (*Inferno*, XIII 1-2).
Con valore simile si può avere una principale affermativa con l'avverbio *appena*: «aveva appena formulato questo pensiero, che lo vide togliersi con tranquillità la giacca» (Moravia, cit. in HERCZEG 1959: 293).

201. Diverse le modalità per indicare che l'azione della reggente è posteriore rispetto alla subordinata:
a) Temporale introdotta da *appena*, *non appena*. Sottolinea il succedersi ravvicinato di due azioni: si veda il seguente esempio (in cui la prima temporale ha valore terminativo): «la versatilità di un'opinione pubblica pronta a plebiscitare un sistema fin quando questo va a braccetto con l'ordine, la pace sociale e la buona gestione del quotidiano, e pronta a sconfessarlo seccamente *non appena diventa* sinonimo di scioperi, crisi e rovesci» («Il Messaggero», 16.2.1987, 5). (*Non*) *appena* può introdurre una frase nominale: «non s'accorgeva ancora d'aver sonno [...], ma appena a letto si sarebbe addormentata di schianto» (Calvino, *Racconti*, 328).
b) Temporale introdotta da *dopo che* (o *dopoché*): «di intese programmatiche, tuttavia, si discuterà dopo che gli alleati prenderanno atto che i patti di luglio vanno rispettati» («Corriere della Sera», 21.2.1987, 2).
c) Temporale introdotta da *una volta che*:

«una volta che abbiate estinto i debiti, tutto si appianerà».

d) Participio passato+*che*+indicativo («giunto che fu»). È modulo tipicamente narrativo: «mangiato che l'ebbe e ripulitosi la bocca, chiuse gli occhi daccapo», «arrivato che sarai sotto la Quercia grande, troverai disteso sull'erba un povero burattino mezzo morto» (Collodi, *Pinocchio*, 37 e 51).

202. Le locuzioni *ogniqualvolta (che)* e *tutte le volte che* indicano un'azione ripetuta: «ogniqualvolta io alzavo gli occhi, subito incontravo nello specchio i suoi che mi fissavano» (Moravia, *Il disprezzo*).

203. Tra le formule temporali d'uso raro o antiquato ricordiamo *intanto che* per la contemporaneità ('per tutto il tempo che'): «siedi ancor tu, intanto che io mi sarò vestito» Gelli, cit. in MOISE 1881: 1031) e, per la posteriorità, *tosto che* («Posasi in esso, come fera in lustra, / tosto che giunto l'ha; e giugner puollo» Dante, *Paradiso*, IV 127-128), *poi che* e *giacché* (cfr. XIV.103).

Temporali implicite

Ammettono i seguenti costrutti:

204. I. Infinito preceduto da preposizione, quasi sempre articolata (*al, nel, col, sul*; l'ultima quasi solo in poche espressioni cristallizzate in riferimento al tempo cronologico), per indicare una relazione di contemporaneità. Il tempo è sempre il presente. Esempi: «a sentirsi chiamare Eccellenza, il burattinaio fece subito il bocchino tondo» (Collodi, *Pinocchio*, 34); «al cessare della musica fece uno strano effetto il batter della pioggia furiosa contro i vetri» (De Marchi, *Demetrio Pianelli*, 64); «nel chinarsi perse l'equilibrio e cadde»; «con l'apparire della sensibilità nella vita animale la lenta evoluzione inconscia della natura ha raggiunto il suo termine e il suo scopo» (Lamanna, *Filosofia*, III 34); «si parlava molto de' due bravacci ch'erano stati veduti nella strada, sul far della sera» (Manzoni, *I Promessi Sposi*, XI 31).

205. Nell'italiano dei secoli scorsi l'infinito poteva essere retto anche dalla preposizione semplice *in* (molto raramente da *con*): «I Giganti in veder que' due ragazzi / [...] / disser: Per Giove, costoro son pazzi» (Forteguerri, *Il Ricciardetto*). Altri esempi in DARDANO 1969: 265-267. Per qualche tenue sopravvivenza nell'italiano moderno cfr. SKYTTE 1983: II 522.

206. II. Infinito presente o passato preceduto da *prima di (sul punto di), dopo (di)*, per esprimere rispettivamente le relazioni di anteriorità e posteriorità: «prima di passare telefonerò»; «i motivi possono altresì essere trasmessi [...] al cancelliere il quale, dopo avervi apposta l'indicazione del giorno in cui li riceve e la propria sottoscrizione, li unisce agli atti del procedimento» (*Codice di procedura penale*, art. 201).

Il costrutto temporale infinitivo richiede identità di soggetti tra reggente e secondaria.

Per *fino a*, che introduce piuttosto un costrutto consecutivo che non temporale, cfr. XIV.140b. Si veda anche SKYTTE 1983: II 438-439.

207. III. Gerundio. È tra i costrutti temporali più comuni per le relazioni di contemporaneità (gerundio presente). Il gerundio passato, che indica un'azione già compiuta, è raro (avendo nella maggioranza dei casi valore causale, cfr. XIV.120): gli si preferisce il participio passato. Esempi: «camminando, guardavo le vetrine»; «celebrando il memoriale del tuo Figlio [...], nell'attesa della sua venuta ti offriamo, Padre, in rendimento di grazie questo sacrificio vivo e santo» (*Messale festivo*, 330); «qui comparve nella stanza la padrona, la quale [...], avendo veduto chi le entrava in casa, aveva sceso le scale, di corsa» (Manzoni, *I Promessi Sposi*, XXIV 70).

Il soggetto del gerundio può essere lo stesso della reggente (come negli esempi citati), oppure può essere diverso (*gerundio assoluto*): «passando le ore, sempre più si convinceva che Francesco gli aveva data un'informazione sbagliata» (Buzzati, cit. in MORETTI-ORVIETO 1979: II 195).

Nell'italiano antico il gerundio assoluto si adoperava in molti contesti che oggi non lo ammetterebbero; per esempio: «e stando essa e Biancofiore in questi ragionamenti, sopravvenne Cloelia» (Boccaccio, cit. in HERCZEG 1972c: 145;=mentre stavano...).

Dell'uso antico è anche il gerundio retto da preposizione, in particolare *in* e *con*: «in soggiornando», «con lavando» (cfr. ROHLFS 1966-1969: 721 e SEGRE 1963: 125-127).

208. IV. Participio passato. Può presentare lo stesso soggetto della reggente («preceduti dalla Vittorina, ci dirigemmo verso la stalla» Bassani, cit. in MORETTI-ORVIETO 1979: II 138), oppure soggetto diverso (*participio assoluto*: «adesso, taciutasi la voce, tutto rientrava nell'ordine, nel disordine consueto» Tomasi di Lampedusa, *Il Gattopardo*, 17). Non di rado è preceduto dagli elementi introduttori di una temporale esplicita, quali (*non*) *appena* («appena arrivato, andò subito a dormire»), *una volta* («il furto [...] gli sarebbe stato commissionato da uno sconosciuto che lui, una volta consegnata la vettura, non ha più rivisto» «La Nazione», 28.2.1987, 1), *dopo* (ormai antiquato, tranne che in formule cristallizzate come *dopo mangiato*; «noi [...] dopo perso somme di denaro, resteremo alla discrezione dell'ex-patrizio proprietario» Foscolo, *Epistolario*).

209. Caratteristica delle narrazioni la locuzione *detto (e) fatto*: «– Questo legno è capitato a tempo, voglio servirmene per fare una gamba di tavolino –. *Detto fatto*, prese subito l'ascia», ecc. (Collodi, *Pinocchio*, 3); «Essendo ancora presto, era meglio che facessimo un giretto. *Detto e fatto*, inforcammo la motoretta e via» (Moravia, *Nuovi racconti romani*).

Proposizioni avversative

210. Indicano un dato o una circostanza che contrasta con la proposizione reggente: «tu insisti, mentre dovresti tacere». Formalmente le avversative presentano una certa affinità con le temporali, con le quali hanno in comune i principali congiunzioni introduttive del costrutto esplicito (*quando*, *mentre*), oltre alla libertà di collocazione rispetto alla reggente. Ma come valore logico-semantico corrispondono piuttosto a una coordinata avversativa (cfr. XIV.19 sgg.): «tu insisti, ma dovresti tacere» (oppure, ricorrendo a una struttura più letteraria: «nonché insistere, tu dovresti tacere», cfr. XIV.28d).

Possono essere:
a) Esplicite, se contengono un modo finito (indicativo o condizionale: quest'ultimo nei casi in cui comparirebbe in una frase semplice; può aversi il congiuntivo dopo *nonché*, cfr. XIV.28d).
b) Implicite, se contengono l'infinito, presente o passato.

211. Un'avversativa esplicita è introdotta dalle congiunzioni *quando* («su questo punto abbiamo avuto una polemica con il Psi, che ci rimprovera di cercare scorciatoie nell'eurosinistra, *quando* il problema sarebbe soprattutto italiano» A. Natta, intervista alla «Repubblica», 3.2.1987, 3), *mentre* («un terzo auspica l'organizzazione di una rete informativa [...] *mentre* quasi uno su due non desidera alcuna informazione», «Stampa sera», 23.2.1987, 6 – antiquato *mentre che*: «un cassettone col marmo bianco ci fa balenare l'immagine di una camera da letto; *mentre che* alla parete in fondo un sofà [...] non ci lascia immaginare una stanza da bagno, bensì», ecc. Palazzeschi, *Sorelle Materassi*, 29) e *laddove*, di tono più formale («Kant [...] ebbe torto a parlare di fede razionale, di una fede fondata sulla ragione pratica; *laddove* la fede è sistema che trasferisce l'uomo nella sfera della realtà divina, soprasensibile e sopranazionale» Lamanna, *Filosofia*, III 13).
Poco usate *ove* e *dove* («una donnaccia, la zingara, toccò con la punta dell'indice il lembo della giacca all'ingegnere, che credette ad un borseggio, dove si trattava di venerazione» Faldella, *Sant'Isidoro*), e *nonché* (cfr. XIV.28d). Per le avversative-ipotetiche introdotte da *se* cfr. XIV.156.

212. Nel costrutto implicito l'infinito può essere preceduto da *anziché* («sarà più agevole riproporre il problema [...] anziché minacciare velleitariamente di mandare a monte l'incontro di Venezia», «La Repubblica», 24.2.1987, 4), *invece di* («fatto sta che i tre torsoli, invece di esser gettati fuori dalla finestra, vennero posati sull'angolo della tavola» Collodi, *Pinocchio*, 22), *in luogo di* («in luogo di migliorare le coltivazioni [i nobili] si stremavano a esigere diritti di passaggio su vecchie strade e su guadi abbandonati» Bacchelli, *Non ti chiamerò più padre*), *lungi da* o *dal* che, meglio di quel che accada con le altre locuzioni congiuntive, si presta a introdurre infiniti con soggetto diverso da quello della reggente («lungi dall'essere la mia una posizione contraria alla mobilitazione anti-Aids, suggerirei piuttosto di modificare i metodi», «La Repubblica», 15-16.2.1987, 8), *nonché* (cfr. XIV.28d).

213. Notiamo:
a) In dipendenza dal verbo *essere* (o *sembrare, parere*, ecc.) la locuzione *lungi da* – come *lontano da* – imprime alla subordinata valore consecutivo: «la Chiesa abbracciava l'intera massa dei battezzati, ancorché questa fosse composta da persone la cui condotta era ben lungi dal corrispondere agli ideali evangelici» (Spini, *Disegno storico*, II 85;=la cui condotta non era tale da...); «il suo lavoro non è poi così lontano dall'incarnare, a mio avviso, tutto quel che ci può essere di più detestabile nella pittura contemporanea» («Il Messaggero», 16.2.1987, 5).
b) Arcaico il costrutto esplicito con *anziché* o *invece che* (*anzi che, in vece che*): «la vera regola di cibare gl'infermi si è poco e spesso, altrimenti, in vece che cresca in essi il diletto col caricarli, cresce la ripienezza e con la ripienezza la noia» (Segneri, *Opere*).
c) In molti casi una subordinata avversativa implicita (raramente esplicita) è intercambiabile con una comparativa introdotta da *più che, piuttosto che*; così, nell'esempio di Bacchelli citato sopra: «piuttosto che migliorare le coltivazioni...».

Proposizioni comparative

214. Introducono un paragone rispetto alla proposizione reggente: «è un tipo più sveglio di quel che sembri».
Includiamo tra le comparative:
a) Le strutture nominali (cfr. V.56), considerando «la stretta connessione esistente tra la proposizione comparativa e il paragone 'nominale' (cioè con ellissi o 'cancellazione' del verbo)» e riguardandoli dunque «come due aspetti di una stessa struttura sintattica» (AGOSTINI 1978: 395).
b) Le proposizioni introdotte da *come, secondo che, nel modo in cui* (o *come se, quasi che*; «fa' come credi», «si comporta come se la colpa fosse mia»), che altri grammatici descrivono come tipi sintattici autonomi, parlando di 'proposizioni modali': ma in realtà è più economico considerarle comparative di analogia (cfr. par. 215 sgg.) con ellissi dell'elemento correlativo: «fa' (così) come credi», ecc.
Conviene distinguere, sulla scorta dello Schwarze (ripreso da AGOSTINI 1978: 395 sgg.) tra comparazione *di analogia* (reale o ipotetica), quando si istituisce un rapporto di somiglianza, e comparazione *di grado*, se si stabilisce una relazione quantitativa (che può essere di uguaglianza, di maggioranza, di minoranza, di proporzionalità).

Comparazione di analogia

215. Si ha quando «la subordinata serve a mettere in risalto la conformità generica, senza accennare alla grandezza, al vigore, al grado di intensità» (HERCZEG 1977: 325). Possiamo distinguere comparative verbali e comparative nominali (consistenti in una frase nominale, magari rappresentata da un semplice sostantivo: «urlar li fa la pioggia *come cani*» Dante, *Inferno*, VI 19).
Le comparative verbali sono introdotte in primo luogo da *come* (antiquato: *siccome*). Il modo è l'indicativo o il condizionale (costrutto esplicito), oppure, nel costrutto implicito, l'infinito – che presuppone di norma un altro infinito nella sovraordinata – o il gerundio (nella comparativa ipotetica, cfr. XIV.222).
Nella reggente può trovarsi come correlativo l'avverbio *così* (il quale può anche collocarsi immediatamente prima di *come*, per sottolineare «la stretta conformità tra le due proposizioni»: HERCZEG 1977: 327).
Quanto alla posizione, che di massima è libera, si noterà che le comparative tendono ad anteporsi alla sovraordinata quando questa contenga un elemento correlativo (quindi: *come... così, come... altrettanto*, ecc.).
Esempi: «Hai ucciso ancora, / come sempre, come uccisero i padri, come uccisero / gli animali che ti videro per la prima volta» (Quasimodo, *Giorno dopo giorno*); «a Venezia, come non si può sentire se

non per modi musicali così non si può pensare se non per imagini» (D'Annunzio, *Prose di romanzi*); «pensò di dir qualcosa a proposito delle vecchie muraglie grigie, così come aveva fatto Dino il giorno in cui lo aveva conosciuto» (Cassola, cit. in HERCZEG 1977: 327).
La correlazione *come* [...] *così* è caratteristica della lingua scritta ed è utilizzata nella tradizione letteraria per istituire similitudini anche molto complesse. Un celebre esempio dantesco (*Inferno*, V, 40-43): «E come li stornei ne portan l'ali / nel freddo tempo, a schiera larga e piena / così quel fiato li spiriti mali / di qua, di là, di giù, di su li mena».
Di àmbito letterario è pure la comparazione introdotta dall'indefinito *quale* (generalmente richiamata dal correlativo *tale* nella sovraordinata): cfr. VII.165c.

216. In luogo di *così come* membro correlativo della sovraordinata può adoperarsi *anche* (ma è modo poco comune: «come il corpo si è sviluppato in bellezza e salute, anche la sua anima non ha subìto fratture da portarne il segno» Pratolini, cit. in HERCZEG 1977: 326), oppure *altrettanto* («come nessuno darebbe fiducia ad un medico incerto nella diagnosi, altrettanto accade quando il meteorologo è indeciso nella prognosi», «Stampa sera», 29.12.1986, 10).
Anche *come* si alterna con diverse locuzioni congiuntive formate con *modo*, tutte molto meno comuni e alcune desuete: «Narciso [...] scappa fuori *a modo che* fa il fiore, il quale, appena sbocciato, cade ed è pesto» (Salvini, *Discorsi accademici*); «l'estetica e la critica che egli fece, *nei modi in cui* allora si poteva, fu affar suo» (Croce, *Poesia di Dante*, 22). Altri esempi in HERCZEG 1977: 337-338.

217. Di carattere particolare le comparative *incidentali* o *parentetiche*: introdotte da *come* (anticamente anche da *siccome*) e prive di qualsiasi elemento correlativo nella sovraordinata, «hanno funzione di commento al discorso e indicano la 'conformità' di quello che si sta dicendo a quanto è, è stato, o sarà detto, scritto, visto, creduto, voluto, saputo (e simili) da chi parla o da altri, o a quanto avviene o suole o deve avvenire» (AGOSTINI 1978: 397; cfr. anche HERCZEG 1977: 335-336).
Ecco alcuni passi dei *Promessi Sposi* che esemplificano le principali funzioni del costrutto.
Una comparativa incidentale serve essenzialmente:
a) per attribuire a un soggetto determinato la responsabilità di un'affermazione («[era rimasta] celibe, per aver rifiutati tutti i partiti che le si erano offerti, *come diceva lei*, o per non aver mai trovato un cane che la volesse, *come dicevan le sue amiche*» I 65);
b) per sottolineare l'ovvietà, la notorietà o, viceversa, l'incertezza di un dato («una chiesa di cappuccini, asilo, *come ognun sa*, impenetrabile allora a' birri» IV 29; «persona appartenente a una famiglia, *come pare*, molto potente» IX 3);
c) per richiamare il già detto («[al podestà sarebbe toccato] a fare star a dovere don Rodrigo, *come s'è visto di sopra*» V 30);
d) per indicare l'equivalenza di due espressioni («Lorenzo o, *come dicevan tutti*, Renzo» II 7);
e) per introdurre una parola o un'espressione di uso raro o particolare, o comunque non abituale nel linguaggio di chi parla o scrive («la funzione, la pompa, il concorso, e soprattutto la predica del cardinale avevano, *come si dice*, esaltati tutti i suoi buoni sentimenti» XXIV 42).

218. Rientrano nelle comparative di analogia le proposizioni che indicano dissomiglianza, diversità rispetto all'idea espressa nella sovraordinata; contengono un aggettivo come *diverso*, *differente* o anche *altro* e si costruiscono o mediante *da come*, raramente *di come* («sono infatti convinto che l'azione politica italiana [...] sia molto diversa da come viene raccontata e interpretata sulle pagine dei nostri quotidiani», «Stampa sera», 23.2.1987, 3), oppure mediante *da*, raramente *di*, con un pronome dimostrativo che riprende un sostantivo della sovraordinata («né il mio semplice racconto rispetto alla storia ha diversa importanza di quella che avrebbe una nota apposta da ignota mano contemporanea alle rivelazioni d'un antichissimo codice» Nievo, *Le confessioni d'un italiano*, 14), o si presenta nella forma invariabile *quello*, *quel* con valore neutro («ha diversa importanza di quel che avrebbe...»); altra reggenza: *rispetto a*.

219. Il modo abituale delle comparative di analogia è l'indicativo; il condizionale serve ad esprimere una sfumatura eventuale, come nel seguente esempio di comparativa incidentale: «La poveretta [...] aveva già prese le sue misure, e fatto, com'ora si direbbe, il suo piano» (Manzoni, *I Promessi Sposi*, IX 67).

Può usarsi il congiuntivo nelle comparative introdotte da *secondo (che)*, *a seconda che* e simili, le quali «contengono un'alternativa rispetto al contenuto della proposizione principale» (HERCZEG 1977: 336), qualora si accentui il carattere eventuale dell'alternativa. Si vedano i due esempi seguenti, il primo con l'indicativo, il secondo col congiuntivo: «subito dietro [...] erano le zie, che stavano sedute o in piedi *a seconda che esigeva* la Messa» (Palazzeschi, *Sorelle Materassi*, 317); «Dio ha data alla sua Chiesa l'autorità di rimettere e di ritenere, *secondo che torni* in maggior bene, i debiti e gli obblighi che gli uomini possono aver contratti con lui» (Manzoni, *I Promessi Sposi*, XXXVI 63).

220. Nelle comparative nominali, il sostantivo o il sintagma nominale richiama un termine della sovraordinata, che può essere un verbo (si veda l'esempio dantesco cit. sopra, XIV.215), un altro sostantivo (ancora un esempio manzoniano: «*questo nome* fu, nella mente di don Abbondio, *come* nel forte d'un temporale notturno, *un lampo* che illumina momentaneamente e in confuso gli oggetti», *I Promessi Sposi*, I 20) oppure, e più spesso, un aggettivo («ai lati il basso continuo dei conventi [...], pachidermici, *neri come la pece*» Tomasi di Lampedusa, *Il Gattopardo*, 37).

Se il membro nominale o aggettivale della reggente è introdotto da *così*, si ha una correlazione del tutto equivalente a quella, più usuale, rappresentata da *sia... sia* (cfr. XIV.28): «sia fatta la tua volontà, come in cielo, così in terra» (dal «Padre Nostro»).

Antiquata la correlazione *sì... che*: «sì la prima che la seconda volta un'ombra di corruccio passò sul viso della Carabelli» (Fogazzaro, *Piccolo mondo antico*, 16).

221. Talvolta la comparativa si risolve in una subordinata di altra natura, in particolare in una temporale (prevalentemente con l'indicativo: «ci ha tutte abburattate, sa? *come quando* si entra in una stazione: tàn-tàn, tàn-tàn, che non si finisce mai d'infilare scambi! Siamo stordite!» (Pirandello, *Così è [se vi pare]*, V 65), in una relativa (con indicativo o congiuntivo e introdotta da *chi* o da *uno che*: «Fausto rimase immobile, come uno che abbia perduto la memoria» Cassola, cit. in HERCZEG 1977: 332), in una finale («ella li guardò uno dopo l'altro, *come per spronarli* a parlare» Moravia, *Gli indifferenti*, 155). Altri particolari in HERCZEG 1977: 329-334.

222. Gli ultimi due tipi di comparativa (quelli introdotti da *come uno che* e da *come per*) presentano un'evidente sfumatura ipotetica. Una più marcata connotazione in tal senso è affidata agli elementi introduttori *come se*, *quasi che* (di uso meno corrente) o anche soltanto *come*, seguiti dal congiuntivo (*comparative ipotetiche*).

Esempi: «era sempre *come se raccontasse* quella storia per la prima volta» (Ginzburg, *Lessico famigliare*, 27); «in questi 2500 anni in campo musicale c'è stato ben poco [che procedesse da musiciste]. *Quasi che* un maligno decreto della natura *avesse vietato* alla donna l'attitudine a esercitare le due più alte attività possibili nella musica» (P. Isotta, «Storia illustrata», settembre 1986, 36); «restò un po' lì, inghiottendo, *come avesse* la saliva cattiva» (Calvino, *Racconti*, 329).

223. Nella forma implicita la comparativa ipotetica si costruisce col gerundio introdotto da *come* o, nel registro elevato, da *quasi*: «ritirò le mani anche lui, e, *come fuggendo*, corse a governare la bestia» (Manzoni, *I Promessi Sposi*, IX 7); «così al viso mio s'affisar quelle / anime fortunate tutte quante / *quasi obliando* d'ire a farsi belle» (Dante, *Purgatorio*, II 73-75).

224. Un particolare tipo di comparativa ipotetica è quello costituito da *come*+infinito e in genere dipendente da una principale col verbo *essere*: «andar via presto *era come proclamare* che la festa non era riuscita» (Tomasi di Lampedusa, cit. in

SKYTTE 1983: II 461 [con diversa interpretazione del costrutto]; =come se si proclamasse...). Se l'infinito è *dire*, la proposizione assume valore esplicativo: «tutte le disgrazie che possono capitare alla gente, come dire furti, omicidi, suicidi, incidenti stradali» (Moravia, *Racconti romani*; =cioè furti...).

225. La collocazione abituale di comparative nominali e di comparative rappresentate da una diversa subordinata è dopo la proposizione reggente.

Comparazione di grado

226. Il rapporto *di eguaglianza* è fondato sulla correlazione: *tanto* (nella sovraordinata) – *quanto* (nella comparativa, normalmente posposta). Distinguiamo:

227. I. Comparative verbali. Hanno di norma, nel costrutto esplicito, l'indicativo, ma ammettono anche il condizionale: «Marchetto cognominato il Conciaossi era tanto amato dalla gente minuta quanto era odiato il cancelliere» (Nievo, *Le confessioni d'un italiano*, 20); «perciò Catone si tiene come a distanza da tutti: risponde tanto quanto è necessario» (Croce, *Poesia di Dante*, 104). Oltre che con gli avverbi *tanto* e *quanto*, come nei due esempi citati, le comparative verbali si costruiscono con i corrispondenti aggettivi e pronomi indefiniti quantitativi (cfr. VII.211d).
Nella sovraordinata può mancare *tanto*: «i sentimenti di Tosca, al contrario, erano i suoi propri, animosi e guerrieri, beceri quanto lei era becera», ecc. (Pratolini, cit. in HERCZEG 1977: 338).
Invece che da *quanto*, la comparativa può essere introdotta da *come* (si veda un esempio di Bassani, citato qui sotto).

228. Nel costrutto implicito figura l'infinito, possibile solo in presenza di un altro infinito nella sovraordinata. In una frase come: «niente le faceva tanto piacere come sentirmi sbagliare» (Bassani, cit. in MORETTI-ORVIETO 1979: II 54) siamo in presenza di un costrutto esplicito ellittico (=niente le faceva tanto piacere come [le faceva piacere] sentirmi sbagliare).

229. Se la sovraordinata è negativa, *tanto* si colloca in genere dopo il predicato: «non è tanto [...] quanto». Meno comunemente, *tanto* è anteposto, come nei seguenti esempi: «[il loro tremore nel cospetto delle autorità] *non tanto era* effetto di pusillanimità, *quanto* della secolare reverenza e del timore che dimostra sempre la gente illetterata per chi ne sa più di lei» (Nievo, *Le confessioni d'un italiano*, 43); «ella *non tanto s'impietosiva* sul piccolo morto, *quanto* su sé medesima» (D'Annunzio, *Trionfo della morte*, 471).

230. II. Comparative nominali. Gli elementi correlativi sono *tanto... quanto* («tanto l'Iberia quanto la Gallia sono state province romane») o *tanto... che* («tanto il signor Conte che Monsignore non uscivano dalle loro stanze che per impancarsi al fuoco di cucina» Nievo, *Le confessioni d'un italiano*, 70).

231. III. Comparative rappresentate da una diversa subordinata parallela a una subordinata nella reggente, specie causale negativa (col congiuntivo; vedine un esempio al par. 95a) o finale implicita («provò cento posizioni, non tanto per dormire, quanto per vegliare sopportabilmente» Fenoglio, cit. in HERCZEG 1977: 340).

232. La comparazione *di maggioranza* o *di minoranza* (che nel suo insieme si definisce comparazione *di ineguaglianza*) è fondata rispettivamente sugli avverbi *più* (*piuttosto*) e *meno*.
Quando la comparativa è rappresentata da un elemento nominale, essa viene a coincidere con il secondo termine di paragone (cfr. V.56). Se la congiunzione introduttiva è *che*, può figurare l'avverbio fraseologico *non*: «i processi e le inchieste in corso interessano più per le cavillose questioni giuridiche, procedurali, burocratiche che ne nascono, che non per il loro reale contenuto» («La Repubblica», 14.1.1987, 4).

233. Una comparativa verbale esplicita ammette il congiuntivo, l'indicativo (oggi caratteristico del livello meno formale; ma un tempo l'indicativo era adoperato senza restrizioni di sorta) o il condiziona-

XIV. Sintassi del periodo

le se si vuol «far sentire la presenza dell'ipotesi nell'azione della subordinata» (HERCZEG 1977: 343).
Con congiuntivo e condizionale ricorre spesso quel *non* fraseologico che abbiamo già incontrato nei costrutti nominali e la cui presenza – nonostante vari tentativi di spiegazione (l'ultimo in NAPOLI-NESPOR 1979) – è da considerarsi imprevedibile. Invece, nell'italiano antico «l'uso del *non* nelle comparative d'ineguaglianza costituiva una regola rigorosa», anche nelle proposizioni con l'indicativo che, d'altronde, rappresentavano la norma (cfr. ULLELAND 1965: 72-74 e AGOSTINI 1978: 398).

234. Tra gli elementi introduttori del costrutto esplicito ricordiamo:
a) (*Più, meno*) *di quanto (non)*. È forse la soluzione più frequente: «i suoi confratelli lo avevano messo a giorno della situazione politica che era molto più tesa di quanto non apparisse alla calma distaccata di villa Salina» (Tomasi di Lampedusa, *Il Gattopardo*, 38); «la politica [...] è molto più vicina alla gente reale che popola questo nostro straordinario Paese di quanto non ritengano gli intellettuali» («Stampa sera», 23.2.1987, 3).
b) (*Più, meno*) *di quel che (non)*. Costrutto equivalente al primo (il pronome «doppio» *quanto* è rappresentato da *quel che*): «colui, o che avesse già avuta la peste, o che la temesse meno di quel che amava i mezzi ducatoni, accennò a Renzo che glielo buttasse» (Manzoni, *I Promessi Sposi*; l'indicativo *amava* è favorito dalla presenza degl'imperfetti congiuntivi precedenti *avesse* e *temesse*, per un'esigenza di variazione affine a quella che rende possibile l'indicativo in completive di secondo grado dipendenti da un verbo che richiede il congiuntivo, cfr. XIV.53a).
c) (*Più, meno*) *che (non)*: «le sue frasi si fermavano a mezzo, a lasciare intendere che egli sapeva molto più che non dicesse» (Levi, *Cristo si è fermato a Eboli*, 46); «ognuno [...] tenta d'ingannarli e di danneggiarli a profitto proprio più che non farebbe con altri» (Leopardi, *Pensieri*, XIX).
d) (*Più, meno*) *di come*: «la situazione era meno nera di come sembrava» (Montanelli, *L'Italia in camicia nera*, 91).

e) (*Più, meno*) *di quando*. La comparativa ingloba una temporale: «si svegliò più stanco di quando era andato a dormire».

235. Nel costrutto implicito la comparativa è rappresentata da un infinito introdotto da *più che, piuttosto che* (*di*): «i mendicanti pativano la fame più tosto che mangiare la carne cotta in quelle pentole» (D'Annunzio, *Prose di romanzi*).
In luogo di *più* e *meno* la comparazione può incardinarsi su espressioni dotate di valore comparativo (*in prevalenza, soprattutto*) o su comparativi organici (aggettivi o avverbi: *maggiore, minore, meglio, peggio*, ecc.; se la subordinata non segue immediatamente il comparativo, in luogo del semplice *che* può trovarsi *piuttosto che*): «la fanciulla non s'accorgeva di provar dalla sua presenza *maggior diletto che* non ne provasse le prime volte» (Nievo, *Le confessioni di un italiano*, 94); «il 'Quartiere delle Gabbie' era molto *peggio di come* me lo ero immaginato» (Tabucchi, *Notturno indiano*, 15); «è *meglio* [...] soffrire operando il bene *piuttosto che* fare il male» (*Messale festivo*, 169).

236. Nella comparazione *di proporzionalità* «il grado non è presentato nella sua relatività generica ('più', 'meno', 'eguale'), bensì secondo una prospettiva proporzionale» (AGOSTINI 1978: 400). Distinguiamo:
a) Proporzione diretta, di equivalenza (*via via che... –, di mano in mano che... –, man mano che... –, a misura che... –*), di progressione crescente (*più... più, quanto più... tanto più*), di progressione decrescente (*meno... meno, quanto meno... tanto meno*). Nei rapporti di progressione le due frasi possono essere collegate mediante *e* (in tal caso la comparativa perde la sua qualità di subordinata diventando coordinata alla reggente).
Esempi: «dapprincipio agì come suo luogotenente; ma poi, via via che la sua forza cresceva e gli entusiasmi per Fiume s'intiepidivano, cominciò a prendere da lui le distanze» (Montanelli, *L'Italia in camicia nera*, 11); «l'istmo di Gibilterra ingigantisce, va su, man mano che ci avviciniamo» (Barilli, *Il libro dei viaggi*); «la signora andava ripigliando fiato a misura che ne perdeva il vento» (Fogazzaro, *Piccolo*

mondo antico, 11)»; «devi sapere che l'Io è come le mosche: più lo scacci e più ti ronza d'intorno» (Giusti, *Cronaca dei fatti di Toscana*).
b) Proporzione inversa (*più... meno, tanto più... quanto meno, meno... più, tanto meno... quanto più*): «più l'umanità si fa grossa [...] meno diventa trasparente per se stessa» («L'Espresso», 16.11.1986, 175); «tanto più si travagliano con questo desiderio da se medesimi, quanto meno sono afflitti dagli altri mali» (Leopardi, *Poesie e prose*).
Il rapporto di proporzionalità può essere variato in uno dei suoi termini attraverso un avverbio non quantitativo (come *più* o *meno*), ma qualitativo: «meno ci vedono insieme, *meglio* è» (Pratolini, *Lo scialo*). Diversi altri esempi in HERCZEG 1977: 350-353.

Proposizioni modali

237. Indicano il modo di svolgimento di un'azione e richiedono il gerundio, presente o, raramente, passato («camminava *appoggiandosi* al bastone»; «si divertiva, credo, a spaventarli, *parlando* ad alta voce per strada mentr'era con loro» Ginzburg, *Lessico famigliare*, 36); oppure l'infinito retto da *con*: «il maestro cercava di radunare i bandisti *col battere* la bacchetta sopra uno dei leggii a stecche» (Oriani).
Le proposizioni modali hanno grande libertà di collocazione all'interno del periodo.
Come s'è già osservato, altri grammatici includono tra le proposizioni modali anche i costrutti espliciti introdotti da *come, secondo che*, ecc., da noi descritti tra le proposizioni comparative (cfr. XIV.214b).
Se il gerundio è negativo, la modale si risolve in una proposizione esclusiva, cfr. XIV.239b.
Il valore modale è tra quelli più spesso assunti dal gerundio, in ogni livello di lingua. Ad esso si può accostare il valore strumentale, semanticamente molto vicino e talvolta indistinguibile (cfr. MORETTI-ORVIETO 1979: II 184, da cui si trae l'esempio che segue): «gli era stato facile assicurarsi le mie ore libere *ingaggiandomi* nella squadra di calcio della Fiaccola» (Tomizza).

Proposizioni aggiuntive

238. Con questo termine indichiamo quelle proposizioni che aggiungono una circostanza accessoria al contenuto della sovraordinata. Sono introdotte da *oltre a* e *oltre che* e hanno generalmente l'infinito, presente o passato: «desideravo rivedere James Ensor, che, *oltre ad esser* un grande pittore, è un uomo curioso e istruttivo» (Ungaretti, *Il deserto e dopo*), «cos'altro ti ha detto, *oltre che dichiarare* le sue generalità?» (Bigiaretti, cit. in SKYTTE 1983: II 448).
Più raramente, almeno nell'italiano contemporaneo, le aggiuntive presentano un modo verbale finito (indicativo o condizionale); sono introdotte da *oltre che*: «*oltre che* io non *pretendo* dare ispirazioni, ben mi parrebbe peccato lo staccare anche per un momento il vostro pennello da quelle tele» (Guasti, *Scritti d'arte*), «passeggiare innanzi e indietro, tutto quel tempo, *oltre che sarebbe stato* poco efficace aiuto contro il rigore del sereno, era un richieder troppo da quelle povere gambe» (Manzoni, *I Promessi Sposi*, XVII 19).

Proposizioni esclusive

239. Introducono un'esclusione rispetto alla reggente, sottolineando il mancato verificarsi di una circostanza: «viaggiò tutta la notte senza fermarsi mai». Possono collocarsi prima o dopo la sovraordinata o incunearsi al suo interno.
Inoltre:
a) Nel costrutto esplicito sono introdotte da *senza che* e richiedono il congiuntivo: «senza che me ne accorgessi mi rendeva allegra» (Pratolini, cit. in SCHMITT-JENSEN 1970: 509); «non mi stancavo di domandarmelo, senza però che bastasse l'impazienza a svegliarmi» (Bufalino, *Diceria dell'untore*, 13).
b) Il costrutto implicito comporta o l'infinito retto da *senza* o il gerundio negativo: «ritornò nella propria casa *senza aver parlato* col figlio» (Morante, cit. in SKYTTE

1983: II 432), «la carrozza attendeva lì davanti al portone del 'Guarini', ore e ore, *non spostandosi* che per cercare l'ombra» (Bassani, cit. in MORETTI-ORVIETO 1979: II 187).
Le proposizioni esclusive possono assumere valore concessivo, soprattutto se accompagnate da *pur(e)*, cfr. XIV.184a.
Talvolta corrispondono a una secondaria negativa coordinata: «se trattasi di condannato all'ergastolo, *senza che sia intervenuta* alcuna causa di revoca, la pena rimane estinta» (*Codice Penale*, art. 177; =se trattasi [...] e se non è intervenuta...).

Proposizioni eccettuative

240. Introducono una restrizione, un condizionamento rispetto alla reggente, avvicinandosi di volta in volta a una coordinata avversativa (come nella frase cit. in DARDANO-TRIFONE 1985: 309: «ci conosciamo da molti anni, se non che ci vediamo raramente»; =ma ci vediamo...) o, spesso, a un'ipotetica («puoi ripassare domani, a meno che tu non abbia già qualche impegno»=se non hai già...).
Possono essere esplicite (se sono costruite con indicativo, congiuntivo, condizionale) o implicite (con l'infinito).
Si collocano preferibilmente dopo la reggente o si inseriscono al suo interno (ma le eccettuative introdotte da *se non che* vanno sempre posposte).
Nel costrutto esplicito l'indicativo è molto comune dopo *se non che*, meno frequente dopo altri elementi, che sottolineano in varia misura il carattere eventuale della circostanza espressa. Il condizionale figura nei consueti contesti che prevedono la sua presenza in una frase semplice: «potrebbe vivere come tutti in una grande città, tranne che si sentirebbe troppo solo» (esempio cit. in MORETTI-ORVIETO 1979: I 145).

241. Tra le locuzioni congiuntive che introducono un'eccettuativa esplicita ricordiamo:
a) Eccetto che, salvo che, tranne che (rari *eccettoché, salvoché*): «le deliberazioni di ciascuna Camera e del Parlamento non sono valide se non è presente la maggioranza dei loro componenti, e se non sono adottate a maggioranza dei presenti, *salvo che* la Costituzione *prescriva* una maggioranza speciale» (*Costituzione*, art. 64).
b) Fuorché, a meno che (non) (rari *fuor che, ammenoché*). In *a meno che* può aversi l'ellissi del *che* (e allora il *non* fraseologico diventa obbligatorio): «davanti al piatto della bistecca, non si pensa più affatto al macellaio; *a meno non* sia per diffidarlo, se la bistecca è troppo tigliosa» (Cecchi, *Corse al trotto e altre cose*).
c) Se non che: «né la teneva a giacere, ma sorretta, a sedere sur un braccio, col petto appoggiato al petto, come se fosse stata viva; *se non che* una manina bianca a guisa di cera *spenzolava* da una parte» (Manzoni, *I Promessi Sposi*, XXXIV 49).
Il congiuntivo o il condizionale possono essere determinati dal tipo di reggenza presente nella sovraordinata; ad esempio: «non chiedevano altro, in fondo, *se non che se ne ricordassero*» (Alvaro, cit. in MORETTI-ORVIETO 1979: I 106; =*chiedevano solo che se ne ricordassero*, col congiuntivo normale nelle completive rette da un verbo volitivo, cfr. XIV.49); «Don Abbondio in vece non sapeva altro ancora *se non che* l'indomani *sarebbe* giorno di battaglia» (Manzoni, *I Promessi Sposi*, II 1; =*sapeva solo che l'indomani sarebbe* [o *sarebbe stato*]..., col condizionale che ci si aspetta per indicare azione posteriore rispetto al passato, cfr. XIV.58d).
La forma con universazione, *sennonché*, è oggi adoperata come congiunzione coordinativa, cfr. XIV.21g.
d) Che e *se non*. Figurano in dipendenza di frasi negative quali «non resta, non rimane (altro)», «non (ci) manca (altro)» e simili: «non ci mancava altro, per finire di compromettermi, che lui si mostrasse!» (Pirandello, *Il giuoco delle parti*, III 77).

242. Nell'italiano dei secoli scorsi alcune locuzioni congiuntive presentavano *se* in luogo di *che*, ad esempio: «lodato sia Iddio, che finite sono [le 'miserie degli infelici amori'] (*salvo se io non volessi a questa malvagia derrata fare una mala giunta, di che Iddio mi guardi*)» (Boccaccio, *Decamerone*, IV 10 3).
Per il *se* restrittivo cfr. XIV.159.

243. Il costrutto implicito presuppone identità di soggetti tra reggente ed eccettuativa (o soggetto generico in entrambe o in una di esse) ed è introdotto dalle stesse locuzioni congiuntive adoperate per il costrutto esplicito: ma *a meno che* e *se non che* sono sostituite rispettivamente da *a meno di* e *se non*. Per il resto, si hanno alternanze condizionate dal tipo di reggenza. Ad esempio:

PROPOSIZIONE ECCETTUATIVA	REGGENZE VERBALI CORRISPONDENTI
a) «sono disposto a tutto, tranne che *a tradire* un amico»	«non sono disposto *a tradire* un amico»
b) «non rimpiango nulla della mia giovinezza, tranne (che) *di avere* interrotto gli studi»	«rimpiango *di avere* interrotto gli studi»
c) «posso ammettere qualunque cosa tranne che *mancare* di parola (tranne *mancare...*, tranne *il mancare...*)»	«non posso ammettere (*il*) *mancare* di parola»

Più numerose che nel costrutto esplicito le reggenze introdotte da *che* o *se non*: «Non ci resta che piangere» (titolo di un film del 1984, di M. Troisi e R. Benigni), «[la repubblica veneta], col risolversi troppo tardi alla guerra, altro non avea fatto che dare ai più potenti un plausibile motivo di accelerare la sua ruina» (Cuoco, *Saggio storico sulla rivoluzione napoletana del 1799*), «il collaborazionismo maltrattato dal padrone non può che ripetergli le sue dichiarazioni di fedeltà» (Bocca, *Storia dell'Italia partigiana*, 119).

244. Antiquato l'uso della preposizione *di* davanti all'infinito: «non restava che *di toccare* un altro tasto» (De Marchi, *Demetrio Pianelli*, 272).

Proposizioni limitative

245. Esprimono una limitazione rispetto alla reggente, sottoponendola a un particolare punto di vista («*per quanto ne so*, non ci sono più treni per Napoli a quest'ora») o indicandone uno specifico àmbito di validità («facile *a dirsi*»; ma non *a compiersi, a realizzarsi*, ecc.).
Nel costrutto esplicito si adoperano indicativo, congiuntivo e condizionale (quest'ultimo, come in tanti altri casi, col valore che avrebbe in una frase semplice). Gli elementi introduttori sono:
a) Per quanto, a quanto, meno comune *quanto* (+indicativo o congiuntivo): «sicuro di aver riparato, per quanto stette in me, al male commesso» (Nievo, *Le confessioni d'un italiano*, 15); «il Piano commerciale non è stato tirato in ballo. Né a livello di Giunta né a livello di Consiglio, a quanto ci consta» («Il Giorno», 17.3.1987, 19).

b) Per quel che (o anche *a quel che, da quel che, per quel*+aggettivo quantitativo+*che*) +indicativo o congiuntivo: «per quel che so (per quel ch'io sappia, per quel poco che ne so, a quel che vedo), di soldi ce ne sono abbastanza»; «da quel che mi pare d'aver capito – disse il padre – non son cose di cui io mi deva intendere» (Manzoni, *I Promessi Sposi*, V 37).
Seguito da un verbo come *concerne, si riferisce, riguarda* e simili, *per quanto* (*per quel che*) costituisce una locuzione preposizionale con valore limitativo: «per quel che concerne la materia e l'instrumento letterario; più puro, più elegante, più regolare degli altri italici apparisce [...] il dialetto che si parlava in Firenze» (Carducci, *Prose*).
c) Che+congiuntivo: «che si sappia, soltanto una famiglia, di origine ucraina, ci ha ripensato» («La Repubblica», 25.2.1987, 8).

246. Il costrutto implicito richiede l'infinito introdotto da (*in*) *quanto a* (l'infinito può essere articolato): «in quanto allo scappare, pensate se aveva bisogno di consigli» (Manzoni, *I Promessi Sposi*, XVI 1); «quanto a sposare, non mi passerebbe nemmeno per l'anticamera del cervello» (Cassola, cit. in SKYTTE 1983: II 445).

247. Altri costrutti infinitivali con valore limitativo sono costituiti da:
a) Aggettivo+*a* (*per, in*) +infinito di forma attiva (con o senza articolo): *abile, abituato, atto, duro, incline, indispensabile, restio*, ecc. (larga esemplificazione in SKYTTE 1983: II 332 sgg.). Esempi: «sono abituato a mangiare presto»; «un

concetto atto a classificare certi regimi e certe età» (Croce, *La storia come pensiero e come azione*); «oggi siamo inclini a rifiutare o ignorare i grandi scrittori del nostro tempo» (Vittorini, *Diario in pubblico*).

Alcuni aggettivi (*bello, brutto, facile, difficile, strano*, ecc.) possono reggere un verbo con valore passivo, introdotto dalle preposizioni *a* o *da*. Si hanno allora quattro costrutti in concorrenza:

I. aggettivo+*a*+infinito: «gli orsi sono belli ad accarezzare» (Pratolini, *Cronache di poveri amanti*);

II. aggettivo+*a*+infinito composto col *si* passivante: «sono cose difficili a spiegarsi» (Moravia, cit. in SKYTTE 1983: II 347);

III. aggettivo+*da*+infinito: «quell'uva tanto brutta da vedere quanto buona da mangiare» (Tomasi di Lampedusa, cit. in SKYTTE 1983: II 346);

IV. aggettivo+*da*+infinito composto col *si* passivante: «il disegno era più facile *da concepirsi* che *da eseguirsi*» (Manzoni, *I Promessi Sposi*, XVI 18).

Talvolta un aggettivo presenta presso lo stesso scrittore più costrutti diversi. È il caso di *difficile*, che nei *Promessi Sposi* – dunque in un testo dalla lingua particolarmente sorvegliata e omogenea – compare con tre distinte reggenze: «un pretesto qualunque [...] non era difficile *a trovarsi*» (IX 77); «quella storia pareva più spinosa, più difficile *da raccontarsi*» (XVIII 23); «non è difficile *a capire* come le sue buone ragioni potessero, anche nella sua mente, esser soggiogate dalle cattive degli altri» (XXXII 13).

b) *A*+infinito (con o senza articolo): «*a vederlo* pareva morto, ma non dev'essere ancora morto perbene, perché [...] ha lasciato andare un sospiro» (Collodi, *Pinocchio*, 50-51).

c) *Per*+infinito, in corrispondenza di una sovraordinata contenente una forma dello stesso verbo: «E le resistenze ci sono? – Per esserci, ci sono» («La Repubblica», 31.12.1986, 9); «il maresciallo pensava: – Per parlare, sai parlare, meglio di Terracini» (Sciascia, *Il giorno della civetta*, 41).

d) Infinito semplice, in alcune formule proprie del registro colloquiale: «ballare non ballava ancora» (Pavese, cit. in MORETTI-ORVIETO 1979: II 85).

Proposizioni relative

248. Svolgono nel periodo una funzione analoga alla funzione dell'attributo o dell'apposizione nella frase semplice, predicando una certa qualità di un elemento della sovraordinata, detto *antecedente*. L'antecedente è rappresentato nella relativa da un pronome o congiunzione relativi (cfr. VII.217-240, VII.247) e consiste in un nome, in un pronome o in un'intera frase (cfr. VII.234-236). I pronomi «doppi» (cfr. VII.241-246) inglobano un pronome o aggettivo precedente, dimostrativo o indefinito: «va' da *chi* è in grado di darti un consiglio» (=da colui il quale). Funziona come pronome «doppio» anche l'indefinito *chiunque* (col corrispondente aggettivo *qualunque*; cfr. VII.180 sgg.): «non credere a chiunque promette di aiutarti» (=a tutti quelli che promettono).

249. Le relative possono distinguersi in *limitative* (o *restrittive*, o *determinative* o *attributive*) e in *esplicative* (o *aggiuntive* o *appositive*). Le prime introducono una determinazione indispensabile per individuare il significato dell'antecedente che, senza la relativa, resterebbe sospeso: «scegli i libri che ti servono» (=scegli alcuni libri particolari, non dei libri qualsiasi). La relativa esplicativa, invece, «fornisce una predicazione aggiuntiva, non necessaria alla compiutezza semantica dell'antecedente» (AGOSTINI 1978: 403): «voi, che siete stati in guerra, non dovreste parlare così» (il dato espresso dalla relativa può restare inespresso, è un di più rispetto al contenuto comunicativo della frase). La distinzione tra relativa limitativa ed esplicativa è parallela a quella tra aggettivo restrittivo e descrittivo (cfr. V.32). Alcuni criteri formali che consentono di individuare i due tipi di relative sono indicati in ALISOVA 1965, specie 311 sgg.

250. Una proposizione relativa può essere esplicita (se è costruita con indicativo, congiuntivo, condizionale) o implicita (con l'infinito).

251. L'indicativo è il modo di gran parte delle relative esplicative e delle relative limitative che enuncino un fatto in termini oggettivi, reali, descrittivi; il congiuntivo

attribuisce alla frase una coloritura eventuale, accostandola a una finale, a una consecutiva o a una condizionale (ha invece l'indicativo la relativa con valore causale). Ecco un'esemplificazione delle relative orientate verso altri domini sintattici (ma si tenga presente che spesso i diversi valori sfumano l'uno nell'altro):
a) Valore finale (o finale-consecutivo): «fanno entrare sua sorella *che lo consoli*» (Calvino, cit. in MORETTI-ORVIETO 1979: I 109);
b) Valore consecutivo: «non c'è gruppo italiano all'estero [...] *che non si segnali* per le stragi di fauna che da esso si irradiano» («Corriere della Sera», 21.3.1987, 6). La sfumatura consecutiva è forse quella che più ricorre nelle relative 'eventuali'. Tra gli antecedenti più frequenti ricordiamo: 1) un superlativo relativo («per me [...] la cucina di Fratta ed il suo focolare sono *i monumenti più solenni che* abbiano mai gravato la superficie della terra» Nievo, *Le confessioni d'un italiano*, 17); 2) un pronome o aggettivo indefinito negativo («nell'immagine del mondo disegnata dallo 'Art Nouveau' non c'è *nulla che* riveli la chiara consapevolezza della problematica sociale inerente allo sviluppo industriale» Argan, *Arte moderna*, 249); l'aggettivo indefinito può essere sottinteso, come nell'esempio dal «Corriere della Sera» già citato: «non v'è storico che non lo dica» («La Stampa», 25.3.1987, 3; =non v'è nessuno storico che...).
c) Valore causale: «la colpa della mancata riuscita veniva riversata prima sul nipote *che non aveva voglia* di studiare, quindi sui professori *che non sapevano* insegnare» (Palazzeschi, cit. in ALISOVA 1965: 308); «del resto, tu *che sei letterato*, ricorderai certamente come inizia l''Edmenegarda' di Giovanni Prati» (Bassani, *Il giardino dei Finzi-Contini*, 101: =in quanto letterato, dal momento che sei un letterato).
d) Valore condizionale: «credo che gli italiani colmeranno gli eventuali vuoti *che dovessero verificarsi* nell'afflusso dall'estero» («Qui Touring», 2-7.6.1986, 7; =gli italiani colmeranno i vuoti, se questi vuoti si verificassero); «*a chi volesse* configurarsi una Circe vista dall'interno, consiglierei la biografia di una sciamana tibetana», ecc. (E. Zolla, in «Corriere della Sera», 21.3.1987, 3).

252. Il modo condizionale compare negli usi consueti: «c'è già *chi vorrebbe* un referendum per abrogare parte della riforma sanitaria del '78» («Stampa sera», 23.2.1987, 2; valore attenuativo); «nel novembre del '43 si è ascoltata la voce di una fantomatica 'radio Muti' *che*, a sentire i fascisti, *trasmetterebbe* da località ignote dell'Italia del Sud» (Bocca, *Storia dell'Italia partigiana*, 226; condizionale di dissociazione).

253. Nella coordinazione copulativa non è necessario ripetere i pronomi e le congiunzioni relative: «può essere eletto Presidente della Repubblica ogni cittadino *che abbia* compiuto cinquanta anni d'età *e goda* dei diritti civili e politici» (*Costituzione*, art. 84).
La ripetizione è preferita – oltre che in periodi complessi e ogni volta che la chiarezza lo consigli – quando i pronomi svolgano funzioni sintattiche diverse: «tra altri monti *che* [soggetto] si spiegano, a uno a uno, allo sguardo, e *che* [oggetto] l'acqua riflette capovolti» (Manzoni, *I Promessi Sposi*, I 6; ma è possibile anche l'omissione del secondo relativo: «una splendida creatura nera e rosa, *che* [oggetto] nessuno vede mai [...] e [sottinteso: *che*, soggetto] ha ottenuto, per meglio salvare la sua ritrosia, di non andare che una volta sola alla settimana, anziché tutti i giorni, a firmare il registro del Municipio» Levi, *Cristo si è fermato a Eboli*, 21) – O, ancora, quando i verbi delle relative, pure in presenza di pronomi nella medesima funzione sintattica, hanno soggetti differenti: «gli vennero alle mani i seguenti versi [...] *che rilesse* con piacere e *ch'io riferisco* per saggio del suo stile satirico» (Fogazzaro, *Piccolo mondo antico*, 29).
Una relativa può anche essere coordinata a una frase nominale o addirittura a un singolo elemento frastico: «paragonatelo [il gatto] al *cane, buonissimo* figliuolo, *ma che* per un bocconcino farebbe in terra le croci con la lingua» (Cecchi, *Saggi*, 378), «il dottor Sperandio – *bel nome* per un dottore *e che* dava di per sé un buon consiglio ai malati – non aveva nulla nella sua figura», ecc. (Nievo, *Le confessioni d'un italiano*, 83-84).

253 bis. Ad alcune relative che indicano

la particolare modalità di svolgimento di un'azione («della maniera in cui...», «per il modo col quale...», ecc.) possono corrispondere proposizioni introdotte da *come* preceduto dalla preposizione adatta: «il pensiero *di come* l'avrebbero trattata» (Moravia); «non sembrava più ebbro di whisky [...]; anzi, sembrava severo e lucido, *per come* la stava osservando» (Montefoschi, *Lo sguardo del cacciatore*, 62).

Relative implicite

254. Le relative implicite, introdotte da *a*, si possono avere in dipendenza:
a) Di un numerale ordinale, di un sostantivo o aggettivo che indichi la posizione in una certa serie (*ultimo*, *penultimo*, ecc.) o l'esclusività (*unico*, *solo*), di un pronome o aggettivo indefinito (specie quantitativo o negativo): «lo zar Alessandro fu *il primo a tentare* di costruire lo strumento destinato a mantenere l'ordine internazionale e interno» (Villari, *Storia moderna*, 432; =fu il primo che tentò...); «saremmo noi *gli ultimi a ricordarlo* con qualche emozione» («L'Espresso», 16.11.1986, 197); «*pochi sono rimasti a invocare* la 'memoria storica' per giustificare certi fatti ignobili come 'autodifesa' o come 'militanza antifascista'» («Il Giorno», 17.3.1987, 1).
b) Di un sintagma contenente il dato 'nuovo' della frase, messo in evidenza col verbo *essere* prima o dopo la relativa implicita ('frase scissa', cfr. XIV.81): «sono stati loro [...] *a chiamarmi*, ad avere fiducia nel vecchio Walter» («La Domenica del Corriere», 27.9.1986, 27); «*a trarlo da quella situazione che sembrava senza uscita fu la questione fiumana*» (Montanelli, *L'Italia in camicia nera*, 84).
Inoltre il costrutto implicito compare in presenza di un pronome relativo in complemento indiretto quando l'infinito abbia valore potenziale-eventuale: «un'orchestra swing di trenta elementi *con la quale rivisitare* il repertorio di Duke Ellington e di Count Basie» («L'Espresso», 16.11.1986, 123; =con la quale si possa rivisitare); «pochi dispongono di un ufficio, nel palazzo, *in cui ricevere* a loro agio postulanti, delegazioni, piccoli o grandi elettori» («L'Espresso», 9.11.1986, 13=in cui possano ricevere).

255. Quanto alla collocazione, le relative introdotte da un pronome doppio e quelle di forma implicita possono essere anteposte o posposte alla sovraordinata; quelle introdotte da *che*, *il quale* sono sempre posposte o incuneate all'interno della reggente («La peste, *che il tribunale della sanità aveva temuto* che potesse entrar con le bande alemanne nel milanese, c'era entrata davvero, com'è noto» Manzoni, *I Promessi Sposi*, XXXI 1).

Proposizioni incidentali

256. Dette anche *parentetiche*, consistono in frasi perlopiù molto brevi inserite in forma di inciso all'interno di un'altra frase («nessuno, *mi sembra*, ha avanzato obiezioni»), oppure a conclusione di essa («nessuno ha avanzato obiezioni, *mi sembra*»).
Nello scritto, sono segnalate soprattutto dalla virgola, dal trattino, dalle parentesi (cfr. I.220d). Rara la mancanza di interpunzione o la presenza di segni diversi, come il punto fermo: «né è a credere che fra me e lei potessero correre dei sensi amorosi. *Almeno io non me ne accorsi*» (Cardarelli, *Villa Tarantola*).
Possiamo distinguere tra incidentali *primarie* (quando la frase è priva di una congiunzione introduttiva, come nel paio d'esempi finora citati) e incidentali *secondarie*, quando la frase è formalmente collegata al periodo attraverso una congiunzione coordinativa («chi non provava o almeno non sembrava più provare alcuna inquietudine era la mamma» Moravia, *La romana*) o subordinativa.
Quest'ultimo tipo di incidentale è frequente soprattutto con quelle subordinate che si usano spesso incuneate nella sovraordinata, come le finali (in particolare i costrutti fraseologici introdotti da *a* o *per*, cfr. XIV.127a), le ipotetiche (cfr. XIV.161), le concessive (cfr. XIV.178), le comparative (cfr. XIV.217), le relative (cfr. XIV.255).

257. Molto varia la gamma dei possibili modi verbali: si va dall'indicativo, il più comune, al congiuntivo (specie nelle ipotetiche e nelle concessive), al condizionale («la circostanza, *altri direbbe la sventu-*

ra, di aver vissuto in questi anni» Nievo, *Le confessioni d'un italiano*, 14), a modi indefiniti, come l'infinito (in finali implicite e in limitative) o il gerundio («ma perché lei, *volendola dire*, si vede che ci s'è buttata proprio a corpo perduto!» Pirandello, *L'innesto*, VI 11).

258. Numerose anche le caratteristiche sintattico-semantiche delle incidentali. Possono servire tra l'altro ad attenuare un'affermazione («lo scrittore inglese aveva conosciuto a Londra un medium con poteri, *pare*, straordinari» «L'Espresso», 16.11.1986, 152), a realizzare un'epanortosi («ma lei, a questa notizia, *o dovrei dire sesamo e strenna*, che la sera sembrava offrirci, oppose un acquiescente, inerte profilo» Bufalino, *Diceria dell'untore*, 172); a sottolineare un comando, un consiglio, una scusa («È vero, mi perdoni... Un equivoco... Io non l'aveva riconosciuta... sennò, *creda pure*... Quel velo!» Imbriani, *Dio ne scampi dagli Orsenigo*), ad introdurre la didascalia in una battuta di dialogo: «– Piano, – *disse Agnese*. – E i testimoni?» (Manzoni, *I Promessi Sposi*, VI 40).

259. A proposito di didascalie, andrà notato che generalmente il verbo precede il nome, in quanto la sequenza abituale in italiano prevede l'ordine «noto» (in questo caso un verbo del dire, implicito nella presenza stessa di un dialogo)+«nuovo» (ossia il nome del singolo personaggio a cui, tra due o più interlocutori possibili, deve attribuirsi quella battuta).

Per la stessa ragione, diciamo «verrò io» e non «io verrò» (nel senso di 'non muoverti tu, perché verrò io da te') o «segue lettera» e non «lettera segue»: cfr. SABATINI 1985: 162.

È possibile tuttavia anche l'ordine inverso (nome+verbo), specie se il nome è rappresentato da un pronome personale: «– Che hai? – ripeté Ippolita toccandogli una mano [...]. – Che ho? – *egli rispose*. – Amo» (D'Annunzio, *Trionfo della morte*, 9); «– Leo – *egli proruppe* additando l'uomo; – il nostro Leo» (Moravia, *Gli indifferenti*, 29); «– Noi non siamo cristiani, – *essi dicono*, – Cristo si è fermato a Eboli» (Levi, *Cristo si è fermato a Eboli*, 9).

L'ordine nome+verbo sembrerebbe preferito quando l'incidentale è inserita in un discorso diretto senza indicatori grafici (trattini o virgolette): «Medea e Giasone, *egli narra*, contaminati dal sangue sparso, accorrono da lei [Circe] che sola può cancellarne la traccia» (E. Zolla, in «Corriere della Sera», 21.3.1987, 3); «le piccole vittime, *egli dice*, venivano fatte cadere nel fuoco dalle braccia di una statua bronzea del dio Cronos» (S. Moscati, nella «Stampa», 25.3.1987, 3).

Frase nominale

260. Si definisce *frase nominale*, come si è già visto (cfr. II.14), qualunque frase priva di predicato verbale: «Mani in alto!», «– Le rose Lidia! le violette Lidia! – [diceva mia madre passeggiando per il giardino, e rifacendo il verso a quella sua compagna di scuola]» (Ginzburg, *Lessico famigliare*, 51); «per l'Italia meridionale altra giornata di avversità atmosferiche, con precipitazioni anche nevose a bassa quota» («Il Giorno», 17.3.1987, 4).

Quando in un periodo complesso si ha forte prevalenza delle frasi nominali sulle frasi verbali e queste ultime tendono a ridursi a costrutti giustappositivi e coordinativi o a subordinazioni elementari (relative e completive), parliamo di *stile nominale*.

Si veda, ad esempio, questa didascalia teatrale di L. Pirandello (*Come prima, meglio di prima*, IV 6):

«Nella sala, il solito arredo delle vecchie pensioni di provincia, disposto con meticolosa simmetria. Una stufa di porcellana; un canapè d'antica foggia, con poltroncine e seggiole imbottite, adorni di cuscini e ricamini fatti in casa; una mensola non meno antica con un grande specchio dalla grossa cornice rameggiata e dorata, coperta da una garza celeste, ingiallita, a riparo delle mosche; vasetti con fiori di carta; una cantoniera con ninnoli di vecchia maiolica; oleografie volgari, un po' annerite, alle pareti, e un'antica pèndola che batte le ore e mezz'ore con un languido suono di campana lontana».

261. Carattere particolare hanno le frasi monorematiche e monosintagmatiche che fungono da interiezioni («sì», «che vergogna!», ecc.) e le frasi propriamente ellittiche, cioè quelle che «sono attualiz-

zate dal contesto nel quale è contenuto l'elemento in esse sottinteso» (GARAVELLI MORTARA 1971: 278): «[Chi era al telefono?] – Tua moglie» (=al telefono *era* tua moglie), «[andò a Parigi], e da Parigi a Londra» (=e da Parigi *andò* a Londra).
Di là da casi del genere, non è possibile considerare 'ellittiche' le frasi nominali nel loro insieme, come fanno alcuni grammatici. Un'interpretazione simile discende dalla convinzione – in gran parte valida per il latino, ma arbitraria per l'italiano e per le altre lingue romanze – «che ogni enunciato autentico debba essere provvisto di un verbo e che le frasi prive di esso risultino difettose o 'ellittiche'» (come si osserva in GARAVELLI MORTARA 1971: 274).

262. Lo stile nominale, pur non ignoto alla prosa antica (cfr. TRIFONE 1986), ha conosciuto una grande espansione tra Otto e Novecento sia nella prosa letteraria (molto raffinata l'utilizzazione dei costrutti nominali nel *Notturno* di G. D'Annunzio), sia nel linguaggio giornalistico, legato a esigenze di brevità e immediatezza comunicativa e variamente condizionato da fattori extra-linguistici (riflesso dei dispacci telegrafici nel giornalismo otto- e primonovecentesco, titolazione, ecc.).

263. Parallela all'espansione della frase nominale è la tendenza al prevalere del nome sul verbo. Ciò avviene soprattutto attraverso l'uso del sostantivo astratto corradicale (nei giornali, ad esempio, «il tipo *dichiarazioni del ministro*, *decreto del governo* supera quantitativamente – e non solo nei titoli – il corrispondente tipo verbale: *il ministro dichiara*, *il governo decreta*»: DARDANO 1986: 301; cfr. anche HERCZEG 1972c: 525-533) o col ricorso a un verbo semanticamente generico (*avere*) che regga un sostantivo di significato specifico («ebbe un fremito di orrore» Serao, invece di *fremette d'orrore*; «ebbe un ricordo quasi fisico, preciso, di un comando brusco» Pavese, invece di *si ricordò*, ecc.: entrambi gli esempi da HERCZEG 1967: 106 e 112).
La tendenza a dare maggior rilievo al nome piuttosto che al verbo – e la parallela riduzione dello spessore semantico di quest'ultimo, che talvolta parrebbe ridur-

si alla funzione grammaticale di indicare il modo e il tempo dell'azione – non è fenomeno esclusivo dell'italiano contemporaneo, ma si ritrova in altre lingue europee. Anzi, in tedesco è così pronunciato, che un linguista è arrivato a ipotizzare «un'influenza tedesca sui costrutti verbali italiani», motivata dall'«importanza che il tedesco ha avuto in Italia nel campo degli studi, specialmente della filosofia e della storia, durante tutto il secolo passato e fino ai nostri giorni» (GIUSTINIANI 1982: 12).

Una tipologia esauriente della frase nominale è ardua – se non impossibile – per la pressoché infinita gamma di realizzazioni con le quali si presenta questo tipo sintattico, «che sembra fatto apposta, nella sua proteiforme natura, per dare adito alle approssimazioni e alle soluzioni di comodo» (GARAVELLI MORTARA 1971: 271). Un interessante tentativo di classificazione è in GARAVELLI MORTARA 1971 e nel parallelo GARAVELLI MORTARA 1973. Si vedano anche la monografia di G. Herczeg, fondata sulla lingua letteraria (HERCZEG 1967), e il denso capitolo sullo stile nominale nel linguaggio giornalistico di DARDANO 1986: 300-320. Sulla genesi cinque-secentesca di alcuni costrutti nominali contemporanei cfr. DURANTE 1981: 184-198.

Tipi di discorso

Nel riferire il pensiero altrui (o anche il nostro) possiamo ricorrere a tre fondamentali strutture linguistiche:

264. I. *Discorso diretto*. È la riproduzione fedele – o che si presenta come tale – di quel che è, è stato o sarà detto da altri o dallo stesso narratore; nella scrittura è normalmente selezionato da specifici indicatori grafici (virgolette o trattini, cfr. I.227, I.232; due esempi privi di indicatori sono stati citati qui sopra, al par. 259). Esempi: «– La mia eccitazione non è buona – urlavo io. – Proviene dal veleno che accende le mie vene!» (Svevo, *La coscienza di Zeno*, 35); «Pinocchio guardò il bicchiere, storse un po' la bocca, e poi dimandò con voce di piagnisteo: – È dolce o amara?» (Collodi, *Pinocchio*, 54).
Il discorso diretto può essere inserito immediatamente nel testo, specie nel testo scritto, dove è agevolmente riconoscibile grazie agli indicatori grafici; ma il più delle volte è accompagnato da un verbo del di-

re, o in forma incidentale (come nell'esempio di Svevo: *urlavo*) o in sede introduttiva (come in Collodi: *dimandò*). Il verbo del dire può restare implicito, perché rappresentato da un verbo d'altro genere («Bube *inghiottì* in fretta: – Che cosa c'è? Ma roba pronta, perché ho poco tempo.» Cassola, *La ragazza di Bube*, 61) o perché sottinteso («*Allora il monetier.* – Così si squarcia / la bocca tua per tuo mal come suole» Dante, *Inferno*, XXX 124-125).

265. II. *Discorso indiretto*. È la parafrasi del contenuto di un discorso, «senza riguardo allo stile e alla forma della supposta enunciazione 'originale'» (MORTARA GARAVELLI 1985: 34).

In questa riformulazione l'intervento del narratore è inevitabile e la sua presa di posizione può essere anche rilevabile linguisticamente, per esempio mediante il condizionale di dissociazione (cfr. XIII.5): «fonti bene informate affermano che il ministro *si dimetterebbe* domani».

Sintatticamente, il discorso indiretto si presenta come una proposizione subordinata, perlopiù oggettiva o interrogativa indiretta. Spesso è possibile passare dal discorso diretto al discorso indiretto (o viceversa) attraverso il semplice adeguamento sintattico (per la corrispondenza dei tempi cfr. XIV.55, XIV.57). Per esempio:

DISCORSO DIRETTO	DISCORSO INDIRETTO
Gli disse: – Sono stanco – (frase enunciativa)	Gli disse di essere (che era) stanco
Gli disse: – Sei stanco? – (frase interrogativa)	Gli chiese se fosse (era) stanco
Gli urlò: – Esci immediatamente! – (frase volitiva)	Gli urlò di uscire (che uscisse) immediatamente

266. Con altri tipi di frase semplice (come l'esclamativa: «Disse: – Come si sta bene qui!») e in genere con le frasi complesse, il passaggio al discorso indiretto non è automatico e richiede una riscrittura più o meno ampia. In particolare, sono «intraducibili» le interiezioni – comprese le formule di saluto – e i vocativi, mentre gli elementi deittici spazio-temporali si modificano in base al diverso punto di vista. Si vedano questi tre esempi:

DISCORSO DIRETTO	DISCORSO INDIRETTO
– Che discorsi son questi, signor mio? – proruppe Renzo tra l'attonito e l'adirato (Manzoni, *I Promessi Sposi*, I 18)	Renzo proruppe tra l'attonito e l'adirato, *chiedendo* che discorsi fossero *quelli* (o meglio: «che discorsi fossero mai quelli», «che razza di discorsi fosse quella» e simili)
– Buon giorno –, dissi. – Come mai tanto concorso da queste parti, oggi? – (Bassani, *Il giardino dei Finzi-Contini*, 81)	*Diede il* buon giorno (oppure: «salutò») *e chiese* come mai *ci fosse* tanto concorso da *quelle* parti, *quel giorno*.
– Tu te ne vai a Baccattina. Stanotte ci sto io qui – fece Thiu Jonbattista (Ledda, *Padre padrone*, 41)	Thiu Jonbattista *gli disse* che *poteva* andarsene a Baccattina (oppure: «gli ordinò di andarsene») e che *quella notte* (oppure: «e aggiunse che quella notte») ci sarebbe stato *lui, lì*.

Talvolta vengono mantenuti gli elementi deittici del discorso diretto, come nel seguente esempio di R. Bacchelli (*Il mulino del Po*, I 17): «accorse a liberarlo il giovanotto, esclamando a gran voce che *stasera si scialava, bistecche e braciuole*».

267. III. *Discorso indiretto libero*. Caratteristico soprattutto della prosa narrativa novecentesca, consiste in un resoconto indiretto, privo però di servitù sintattiche e contenente una serie di modalità proprie del discorso diretto (frasi interrogative ed esclamative, interiezioni, frasi ellittiche); tra i tempi verbali è frequente l'indicativo imperfetto, «strumento fondamentale» di questo istituto sintattico, con la funzione di «trasferire la responsabilità del racconto dal narratore all'interno della stessa realtà narrata» (TRIFONE 1977: 15), e così del condizionale composto, per esprimere il «futuro del passato». Ma una definizione soddisfacente non può esaurirsi in un inventario di tratti grammaticali, essendo ancor più significative le componenti stilistiche (cfr. HERCZEG 1963), tanto che si può definire il discorso indiretto libero come «un vero e proprio atteggiamento dell'autore nei confronti dei suoi personaggi», che si traduce in «una sorta di ambiguità oggettivo-soggettiva in cui è difficile distinguere con sicurezza dove l'autore parli per conto suo o per conto del proprio personaggio» (CANE 1969: 15).

Eccone un esempio, dagli *Indifferenti* di A. Moravia (176):

«– Ed ora? – domandò Leo alla madre, vedendola dopo molti sforzi chiudere la porta; – cosa facciamo? –.
– Aspettiamo – fu la risposta. Tacquero tutti e tre: Mariagrazia guardava l'amante con occhi disincantati e amari; tanta fretta la travolgeva. Tra poco Leo sarebbe partito, sarebbe scomparso nella notte piovosa lasciandola alla sua casa fredda, al suo letto vuoto; sarebbe andato altrove; in casa di Lisa per esempio, già, sicuro, in casa di Lisa dove da tanto tempo era aspettato. Chissà come si sarebbero divertiti quella notte quei due, chissà come avrebbero riso di lei!».

Allo scambio di battute tra Leo e Mariagrazia segue un commento dello scrittore («Tacquero [...] travolgeva»). Poi i due piani – quello del narratore e quello del personaggio – si intersecano e comincia il discorso indiretto libero con i suoi connotati tipici: condizionale passato (*sarebbe partito, sarebbe scomparso*, ecc.), inserti asseverativi (*già, sicuro*) ed esclamativi (*chissà come...*), forte rilievo emotivo («alla sua casa *fredda*», «al suo letto *vuoto*»).

Un'ampia disamina dei vari tipi di «discorso riportato» in MORTARA GARAVELLI 1985.

XV. LA FORMAZIONE DELLE PAROLE

1. Il lessico di una lingua si arricchisce di continuo in due modi:
a) attingendo parole di provenienza straniera (che possono essere non adattate, mantenendo in tutto o in parte caratteristiche grafiche, fonetiche e morfologiche della lingua di provenienza come gli anglicismi italiani *shopping*, *spot* e *shiftare*; o adattate, vale a dire perfettamente acclimate e riconoscibili come forestiere solo da parte del linguista: ad esempio, due parole di età rinascimentale: *cocchio*, dall'ungherese, e *caimano*, da un idioma amerindio attraverso lo spagnolo);
b) creando nuove parole da una base lessicale già esistente secondo modelli formativi ben determinabili.

2. Il primo meccanismo, che rappresenta il rinnovamento *esogeno* di una lingua, interessa la lessicologia (e quindi non verrà trattato nella presente *Grammatica*); il secondo (fonte *endogena* di innovazione linguistica) si colloca a metà tra lessico e grammatica: di esso daremo le coordinate essenziali, limitandoci ai meccanismi formativi tuttora «vivi» nella coscienza del parlante.
Spieghiamoci con un esempio. Il suffisso -*ista* (cfr. XV.20) è un suffisso *vivo* (o *produttivo*). Ciò vuol dire che sono molto numerose le parole anche effimere ricavabili con -*ista* e dotate di un buon grado di trasparenza per qualsiasi parlante: si pensi ai *saccopelisti* di qualche anno fa (giovani turisti che, per evitare le spese di albergo, dormivano all'aperto, a Venezia e in altri centri monumentali: «la ribellione dei 'saccopelisti' diventa lo show di Ferragosto», «Corriere della Sera», 11.8.1986, 4) e ai *titolisti* (nell'accezione polemica di 'giornalisti' che scrivono titoli ad effetto, non corrispondenti al contenuto dell'articolo, «La Repubblica», 31.8.1986, 7).
Invece il suffisso -*ardo*, di origine germanica, è stato produttivo quasi solo nel Medioevo, affiggendosi anche a parole di origine latina come *testardo* o *codardo* (cfr. ROHLFS 1966-1969: 1108; ben poche le parole successive, come *dinamitardo* e *patriottardo*, risalenti alla fine del secolo scorso: dalle quali dipenderà l'occasionale *ottantanovardo* 'rivoluzionario', adoperato da Mussolini e riesumato scherzosamente da E. Galli della Loggia, in «Panorama», 26.10.1986, 74). Ma quel che conta è che oggi -*ardo* non serve più a formare neologismi: è diventato un suffisso *fossile*.

3. Nell'àmbito dell'innovazione linguistica endogena si possono distinguere i seguenti procedimenti:
a) Suffissazione. Consiste nel modificare una base mediante un affisso che segua la base stessa (detto appunto «suffisso»): *foresta* → *forestale*, *nazionale* → *nazionalizzare*.
b) Alterazione. È una particolare forma di suffissazione «con la quale il significato della parola di base non muta nella sua sostanza, ma soltanto per alcuni particolari aspetti (quantità, qualità, giudizio del parlante)» (DARDANO-TRIFONE 1985: 334): *ragazzo* → *ragazzetto*, *parola* → *parolaccia*.
c) Prefissazione. È un procedimento che potremmo dire speculare rispetto alla

suffissazione, perché l'affisso precede la base modificata (e prende il nome di «prefisso»): *felice* → *infelice, tensione* → *ipertensione*.
d) Sviluppo di formazioni parasintetiche. Si tratta di parole (quasi solo verbi) che utilizzano contemporaneamente il meccanismo della prefissazione e della suffissazione partendo da una base nominale o aggettivale (eccezionalmente, sfruttando un'altra parte del discorso): *barca* → *sbarcare, acido* → *inacidire*.
e) Composizione. È la combinazione di due o più parole distinte che danno vita a una parola nuova: *aspirapolvere, cerebroleso, cassa-pensioni*.
Si noti che nei suffissati e negli alterati la vocale finale della base di norma si elide davanti alla vocale iniziale dell'affisso: *ragazz(o)-etto ragazzetto*. La vocale non si elide quando la base è ossitona: *caffè* → *caffeuccio, virtù* → *virtuoso*. *Tribale* (invece di *tribuale) si deve all'influsso dell'inglese *tribal*.
Nei composti la vocale si può conservare: *portaombrelli* e *portombrelli, radioestesista* e *radiestesista*.

4. I primi quattro procedimenti costituiscono nel loro insieme la *derivazione*; rispetto alla composizione la differenza fondamentale sta nel fatto che la prima associa una parola autonoma e un elemento che non potrebbe sussistere da solo (-*ale* di *nazionale*, *in-* di *infelice*, ecc.), mentre la seconda riunisce due parole che hanno corso di per sé (*aspira[re]* e *polvere*) oppure che, pur non potendo usarsi autonomamente, sono portatrici di un preciso significato lessicale (come *cerebro* 'cervello' in *cerebroleso*).

La distinzione tra derivazione e composizione non è tuttavia sempre agevole: si vedano le considerazioni e le proposte operative di TEKAVČIĆ 1980: III 13 sgg. e DARDANO 1978a: 157 sgg. In particolare, è assai labile il confine tra prefissazione e composizione: alcune forme che registreremo tra i prefissi, come *neo-, pan-, pseudo-* (cfr. XV.89, XV.105, XV.106) sono trattate in altri testi nell'àmbito della composizione (magari a titolo di «prefissoidi»: cfr. XV.121). Una distinzione basata sui princìpi della grammatica trasformazionale, in un'ottica diversa da quella adottata dalla presente *Grammatica*, è in DARDANO 1978a: 111-117.

La più ampia trattazione dei processi di derivazione e composizione nell'italiano contemporaneo è quella di DARDANO 1978a, studio condotto in una prospettiva rigorosamente sincronica (molti dei meriti del saggio rifluiscono in DARDANO-TRIFONE 1985: 329-343 che, tra le grammatiche italiane, è quella che dà maggiore spazio a questi fenomeni). Invecchiato, ma ancora utile specie per la ricchissima esemplificazione, TOLLEMACHE 1945. Per i riferimenti storici cfr. TEKAVČIĆ 1980: III 13-165 e soprattutto ROHLFS 1966-1969: III 339-474.

5. Nello studio della formazione delle parole si deve tener conto di due fattori: la motivazione del procedimento formativo e la sua trasparenza:
a) Il fatto che sia possibile un certo rapporto formale tra due parole non basta per innescare un processo di derivazione: la relazione che c'è tra *gatto* e *gattone* non sussiste, com'è ovvio, tra *matto* e *mattone*. In altri termini: è necessario che il rapporto intercorrente tra base e derivato sia «motivabile» semanticamente (*gatto* → *gattone* 'grosso gatto'; invece *matto* 'folle' – *mattone* 'laterizio').
Talvolta la motivazione, ricostruibile storicamente, si è successivamente obliterata. Così, nel latino dei cristiani il termine VOCĀTIO era chiaramente connesso con VOCĀRE 'chiamare' (la *vocazione* è propriamente una «chiamata» dell'uomo da parte di Dio); ma nell'italiano moderno *vocazione* è un derivato *lessicalizzato*, non essendo più riconducibile a una base *vocare. Su questo punto cfr. anche III.63, in cui si esemplificano vari tipi di motivazione sussistenti nei derivati in -*tore*.
b) Per *trasparenza* s'intende l'analizzabilità da parte del parlante di un qualsiasi derivato o composto, cioè la possibilità, anche di fronte a una parola nuova, di individuarne le componenti. Così, ad esempio, data la base *fisioterapia*, chiunque sarà in grado di interpretare correttamente il derivato *fisioterapista* come 'tecnico che applica la fisioterapia' grazie al frequente valore «professionale» del suffisso -*ista* (cfr. XV.20).

6. Tuttavia in molti casi l'evidenza del processo formativo non è sufficiente per risalire al significato, che deve essere acquisito autonomamente.

Qualche esempio. In *giornalaio / giornalista* il rapporto perfettamente evidente tra base (*giornale*) e suffisso (*-aio, -ista*) ci consente di ricostruire soltanto una nozione generica (= qualcuno si occupa professionalmente di giornali); solo l'uso vivo – non prevedibile *a priori* – sancisce la precisa differenza tra chi vende i giornali (*giornalaio*) e chi li redige (*giornalista*).
Nella composizione si può avere una trasparenza ridotta per ragioni socioculturali: tutti sono in grado di analizzare *apriscatole*, ma soltanto chi ha qualche rudimento di greco può isolare in *proctologo* le componenti *procto-* e *-logo* risalendo al significato di '(medico) specialista delle malattie dell'intestino retto'. In altri casi di composti scientifici la trasparenza è scarsa anche per chi conosca il greco: in *cenozoico* non ci serve a molto individuare *ceno-* 'recente' e *-zoico* 'relativo alla vita animale', se non abbiamo qualche nozione di geologia; e l'*idrofobia* non corrisponde, come significato reale, a quello suggerito dalla composizione (= paura dell'acqua), che indica solo uno dei sintomi, e neppure il più caratteristico, della malattia.

Suffissazione

7. Tra le varie proposte avanzate per classificare le modalità di questo complesso meccanismo di derivazione (cfr. TEKAVČIĆ 1980: III 18-22), la più persuasiva è forse quella «funzionale» del Leumann, che «combina la categoria sintattica della base ('di partenza') e quella della parola formata ('d'arrivo')» (Tekavčić).
Tutti i suffissi possono così classificarsi secondo due punti di vista: denominali, deaggettivali, deverbali, deavverbiali (a seconda che la base di partenza sia un nome, un aggettivo, un verbo o un avverbio); nominali, aggettivali, verbali, avverbiali (a seconda che la parola d'arrivo sia un nome, un aggettivo, un verbo o un avverbio). Ad esempio, *-aio* di *giornalaio* sarà un suffisso nominale (perché *giornalaio* è un nome) denominale (perché la base è *giornale*, un altro nome); *-abile* di *amabile*, un suffisso aggettivale deverbale (la base è *amare*); *-are* di *saltare* un suffisso verbale denominale (la base è *salto*) e così via.
Riassumiamo le varie possibilità nel seguente specchietto:

SUFFISSI	NOMINALI	AGGETTIVALI	VERBALI	AVVERBIALI
DENOMINALI	vino → vinaio	noia → noioso	salto → saltare	ginocchio → ginocchioni
DEAGGETTIVALI	bello → bellezza	blu → bluastro	grande → grandeggiare	veloce → velocemente
DEVERBALI-	respirare → respirazione	amare → amabile	mordere → mordicchiare	ruzzolare → ruzzoloni
DEAVVERBIALI	pressappoco → pressappochismo	[sopra → soprano] (antiq.; si trova in toponimi come *Petralia Soprana*)	indietro → indietreggiare	[insieme → insiememente (antiq.)

Questi meccanismi di trasformazione hanno carattere sincronico (tranne nei due casi posti entro parentesi quadre), ossia ricostruiscono il rapporto che naturalmente si presenta alla coscienza linguistica del parlante contemporaneo. Sull'asse della storia le cose possono andare diversamente: *saltare* ad esempio non è denominale da *salto*, ma continua il latino SALTĀRE, e così *amabile* può essere stato ricavato da *amare*, ma anche dal latino AMĀBILIS, ad opera dei dotti. Gli etimi che forniremo per i vari suffissi (e prefissi) produttivi vanno dunque riferiti all'affisso in sé, non ai singoli derivati, che saranno qui considerati come se fossero sempre di formazione indigena.

8. Nel passaggio da una base a un deriva-

to possono intervenire alcune modificazioni fonetiche:
a) Nella consonante finale della radice: *amico → amicizia* (/k/ → /tʃ/), *sociologo → sociologia* (/g/ → /dʒ/), *sapiente → sapienza* (/t/ → /ts/), *borghese → borghesia* (/s/ → /z/).
b) Nella sequenza fonica del derivato, il quale può presentarsi in veste latineggiante, più o meno discosta dalla base, che ha avuto un trattamento popolare: *figlio → filiale* (lat. FĪLIUS → FILIĀLIS), *Subiaco → sublacense* (lat. SUBLĀQUEUM → SUBLACĒNSIS). In alcuni casi la divaricazione è così pronunciata che si deve parlare di due formazioni indipendenti: così per *oggi-odierno* (chiaramente correlati nel latino HŎDIE → HODIĔRNUS).

9. Nei derivati da una base esotica terminante in consonante (sia questa terminazione rilevabile dalla grafia: *Quebec*; o soltanto dalla pronuncia: *Voltaire* [vol'tɛR], all'italiana [vol'tɛr]), tale consonante si presenta ora scempia ora doppia, senza che sia possibile indicare una norma stabile. Così, a *hegeliano* e *soreliano* (da Hegel e Sorel) si affiancano il disusato *heghelliano* (Oriani) e il corrente *sorelliano* («riecheggiando la tesi sorelliana e paretiana delle 'élites'» Montanelli, *L'Italia in camicia nera*, 37); *muratiano* (da Murat) convive con *murattiano*, *cavouriano* («il conflitto tra la concezione politica cavouriana e quella garibaldina» Spini, *Disegno storico*, III 178) con *cavourriano* («l'antica cornice cavourriana della libera Chiesa in libero Stato» E. Scalfari, nella «Repubblica», 1.10.1987, 4), *volteriano* con *volterriano*, ecc. Altri derivati sembrano stabili; con la doppia ricordiamo *nicciano* (da Nietzsche: può alternarsi con la forma non adattata *nietzschiano*; disusato *nicceano*), *quebecchese* («gli antagonismi tra quebecchesi di lingua francese e quebecchesi di lingua inglese» «Il Giorno», 17.3.1987, 3), *saragattiano* (da Saragat); con la scempia: *bergsoniano* («eguale ambiguità è nell'intuizione bergsoniana» Lamanna, *Filosofia*, III 201), *ciadiano* (da Ciad; «un attacco ciadiano» «La Stampa», 25.3.1987, 4), *wagneriano* («polemiche post-wagneriane» Ciocia, *St. musica*, 185).
I derivati da un nome straniero terminante in *-w* possono adattare graficamente *w* in *v* (ferma restando in ogni caso la pronuncia [v]: cfr. I.154):*Basedow → basedowiano* e *basedoviano* («gli occhi sporgenti e penetranti, da basedoviano» Rugarli, *La troga*, 223).
Per l'alternanza tra dittongo (nella base) e vocale semplice (nei derivati; regola del «dittongo mobile»: *nuovo → novità*) cfr. I.56.
Passiamo ora in rassegna i principali suffissi produttivi dell'italiano (per i suffissi di sostantivi e aggettivi numerativi: *-ina, -ario, -enne, -etto,* ecc., cfr. VI.44-47).

Suffissi nominali denominali

10. *-aglia* (cfr. lat. -ĀLIA, desinenza plurale neutra: MORTĀLIA 'le cose mortali'). Ha valore collettivo-spregiativo (*ragazzo → ragazzaglia*). Condivide in gran parte la sfera d'uso dei suffissi *-ame* (*ferrame, ragazzame*) e *-ume* (*ragazzume*).

11. *-aio, -aro, -ario; -aiolo* e relativi femminili (per i primi tre cfr. lat. -ĀRIUS, col quale si formavano aggettivi di relazione e aggettivi sostantivati: per esempio TABELLĀRIUS agg. 'relativo alla corrispondenza' e TABELLĀRIUS sost. masch. 'portalettere'; *-aiolo* nasce da un incrocio tra i suffissi latini -ĀRIUS e -ŎLUS, quest'ultimo non più produttivo in italiano ma rintracciabile in *figliolo, bracciolo* e simili. *-aio* rappresenta il normale esito toscano e serve a formare soprattutto nomi di mestiere (*orologio → orologiaio*). In alcuni casi ha valore locativo-collettivo (*pollo → pollaio* 'recinto dove sono alloggiati i polli').
Per i nomi di mestiere *-aio* è in declino, specie di fronte ad *-ista*, talvolta preferito anche per attività tradizionali (*fiorista / fioraio* e anche *alimentarista* rispetto a *fornaio* e *droghiere*) e normale nei neologismi (*cuccettista, pianellista, tapparellista*; cfr. JACQMAIN 1973: 54-56 e vedi oltre, XV.20). Se *-aio*, pur riferendosi a persona, non contrassegna un lavoratore, assume in genere una connotazione spregiativa: *parola → parolaio, pantofola → pantofolaio*.
Per quanto riguarda gli altri suffissi si osservi:

a) *-aro* è la variante non toscana e si incontra in forme non analizzabili del lessico tradizionale (come *calamaro* e *palombaro*; derivati trasparenti sono invece *campanaro*, *montanaro*, *zampognaro*) o in neologismi recenti, di provenienza soprattutto romanesca, ma anche settentrionale.

Ricordiamo, tra i primi, *borgataro*, *gruppettaro*, *rockettaro* (già raccolti in CORTELAZZO-CARDINALE 1986: 31, 88, 148); più recenti ma con ogni probabilità effimeri, *lookettaro* (dall'ingl. *look* 'aspetto, modo di vestire': «il re dei lookettari Roberto d'Agostino», «L'Europeo», 8.11.1986, 88) e *panchinaro* 'calciatore che funge abitualmente da riserva, restando in «panchina»' («Il panchinaro Baldieri rilancia la Roma», «Corriere della Sera», 3.11.1986, 13).

Tra i secondi: *casaro* 'addetto alla preparazione dei formaggi' (proprio dell'Italia nord-orientale: cfr. ZOLLI 1986: 91) e *paninaro* 'frequentatore di «paninerie» (o fast-foods)', in origine appartenente al linguaggio giovanile milanese.

Si noti che in *rockettaro*, *lookettaro* e simili tra la base e il suffisso *-aro* si ha un *interfisso* (o *antisuffisso*, secondo la terminologia di A. Prati) *ett*, irradiatosi probabilmente da *gruppettaro* (derivante da *gruppetto* 'gruppuscolo extraparlamentare').

b) Il latineggiante *-ario* compare, oltre che in aggettivi (*ferrovia* → *ferroviario*), in nomi professionali (*biblioteca* → *bibliotecario*), in nomi comuni con valore collettivo (*vocabolo* → *vocabolario*) e nel linguaggio giuridico o burocratico per designare chi è titolare di un certo diritto, chi «riceve» in opposizione a chi «dà» qualcosa (si pensi a coppie come *locatario-locatore*, *donatario-donatore* o *donante, destinatario-mittente*).

c) Quanto ad *-aiolo*, si osserverà che il suffisso figura, oltre che in nomi di mestiere (come *armaiolo* o *boscaiolo*), in formazioni espressive connotate negativamente: alcune tradizionali (*borsaiolo*; *forcaiolo*; *firmaiolo*, nel gergo militare), altre più recenti, e spesso occasionali: *crisaiolo* 'fomentatore di una crisi di governo', *cottaiolo* 'facile ad innamorarsi', *mostraiolo* 'espositore itinerante', ecc. Di irradiazione romanesca è la variante *-arolo* di *bombarolo* e *tombarolo* 'saccheggiatore di tombe etrusche' (su *-aiolo* si veda FANFANI 1985, da cui abbiamo tratto gli esempi meno ovvi).

12. *-ata*. Si origina dal participio passato latino della 1ª coniugazione e oltre che deverbali – cfr. XV.32 – forma denominali di vario tipo. Con nomi di parti del corpo può indicare un'azione compiuta da un determinato organo (*occhio* → *occhiata*) o, in particolare, un colpo dato (*mano* → *manata*) o subìto (*pancia* → *panciata*). Al di fuori dell'anatomia, si ritrova l'idea di 'colpo, botta' (*bastonata*), ma anche la nozione di 'quantità approssimativa contenuta da un recipiente' (*cucchiaiata*). Caratteristico il valore spregiativo che *-ata* assume se viene affisso a una base già segnata negativamente: *mascalzone* → *mascalzonata* (= azione da mascalzone), *porco* → *porcata*, *stupido* → *stupidata* (settentrionale) o anche *quarantotto* → *quarantottata* («non credeva al potenziale rivoluzionario dei socialisti, e considerava le loro agitazioni come delle 'quarantottate' senza costrutto» Montanelli, *L'Italia in camicia nera*, 56). Per il valore di *quarantotto* cfr. XV.44.

In formazioni estemporanee *-ata* può assumere il valore di 'gita in un certo luogo o con un certo veicolo'. Per esempio: «perché non vi risolvete a fare una Brusugliata?» (= un viaggio a Brusuglio; Manzoni, *Lettere*, III 363); «– Buona lagata! – gridò lo zio dalla terrazza vedendo il battello e Luisa seduta sulla prora» (Fogazzaro, *Piccolo mondo antico*); «che cosa ne diresti, tu, di combinare un'automobilata fino a Venezia?» (Bassani, *Il giardino dei Finzi-Contini*, 144).

Sulle funzioni di *-ata* (denominale e deverbale) cfr. HERCZEG 1972b e TORRICELLI 1975.

13. *-ato* (cfr. lat. -ĀTUS in CŎNSUL → CONSULĀTUS e simili). Si trova essenzialmente: *a)* in sostantivi indicanti una carica e il territorio o l'àmbito su cui si esercita la relativa giurisdizione (*duca* → *ducato*); *b)* in sostantivi che indicano un particolare stato giuridico (*celibato*) o l'insieme di persone che condividono una determinata condizione (*episcopato*, *laicato*, *padronato*; *rabbinato* 'insieme dei rabbini', *par-*

tigianato 'movimento partigiano': «l'esercito dice no anche a Cuneo, culla del partigianato» Bocca, *Storia dell'Italia partigiana*, 11); *c*) nella terminologia chimica, ove *-ato* designa convenzionalmente un gruppo di sali derivati da ossiacidi (*cloro* → *clorato*; sale dell'acido *clorico*).

14. *-ema* (tratto dalla terminazione di *fonema*, che a sua volta ripete il gr. *phṓnēma*). Suffisso caratteristico di linguistica e semiologia, ha avuto grande diffusione negli ultimi anni per indicare «la più piccola unità significante in qualsiasi aspetto del linguaggio e dell'espressione» (JANNI 1986: 71): *fonema, morfema, lessema, semantema*. E vi è chi ha parlato di *vestema* a proposito della *salopette*, il caratteristico indumento giovanile in voga negli ultimi anni Settanta (I. Baldelli, in «Corriere della Sera», 7.7.1979, 3).

15. *-eria*. Frutto dell'applicazione di *-ìa* (cfr. XV.24) a parole formate con -ārius, originariamente prestiti dal francese, è il suffisso più frequente per indicare negozi e attività commerciali; la base è quasi sempre costituita dal nome che designa il prodotto venduto o lavorato (*latte* → *latteria*) o l'attività dell'esercente (*falegname* → *falegnameria*). *-eria* può avere anche valore collettivo, in riferimento a cose (*fucileria*) o persone (*fanteria, tifoseria*).

Fuori di Toscana il suffisso si presentava un tempo nella variante *-arìa* (si pensi all'odonimo veneziano *Frezzarìa*, alla *Datarìa* della Curia romana o alla *Ciociaria*). Una mediazione non toscana si deve ammettere anche per *Bulgaria* (invece di *Bulgheria*, attestata in italiano antico: cfr. MIGLIORINI 1975b: 492). Per *hostaria* cfr. I.138d.

16. *-eto, -eta*. Come il lat. -ĒTUM (OLĪVA → OLIVĒTUM), i due suffissi hanno valore locativo-collettivo e indicano un'area caratterizzata da una determinata specie vegetale: *arancio* → *aranceto, faggio* → *faggeto, pino* → *pineta*. Rari i derivati che non hanno come base un nome di pianta o d'albero: *sasso* → *sasseto, sepolcro* → *sepolcreto*.

17. *-iere, -iero*. È suffisso d'origine francese (*-ier*), ma risalente – come l'indigeno *-aio, -aro* – al lat. -ĀRIUS. Serve anch'esso in primo luogo a indicare un mestiere o una professione; la base può essere rappresentata dallo strumento di lavoro (*pompa* → *pompiere*) o dal luogo in cui la mansione si svolge (così il *portiere* e l'*usciere* sono – o erano – addetti alla sorveglianza di un ingresso. In *ingegnere* e *ragioniere* si deve risalire al valore che *ingegno* e *ragione* avevano nell'italiano antico: rispettivamente 'congegno, macchina' e 'conto, contabilità'. Altri sostantivi in *-iere* si riferiscono a strumenti (*braciere*) o ad animali (*formichiere*) e presentano un più generico rapporto con la base da cui derivano (la *brace*, contenuta dal braciere; le *formiche*, di cui si nutre il formichiere).

Una variante di *-iere* è *-iero*, dovuto all'attrazione della classe di maschili più produttiva, quella dei nomi in *-o*. Oggi forma alcuni sostantivi (come *messaggero, passeggero, guerrigliero*) e più numerosi aggettivi (*mattiniero, salottiero, vacanziero*, ecc.).

Per l'oscillazione *-iere* / *-iero* / *-ieri* cfr. III.48.

18. *-iera*. È il femminile di *-iere, -iero* ma, a differenza di esso, si riferisce raramente a esseri animati, indicando in genere oggetti che servono a contenere qualcosa (*zucchero* → *zuccheriera*); talvolta ha una sfumatura collettiva (la *specchiera* è più grande e più decorata del semplice *specchio*; la *dentiera* è costituita da più *denti* artificiali; per altri esempi di opposizione tra maschile e femminile in cui il femminile sia marcato come accrescitivo cfr. III.34).

Come si sarà ricavato dagli esempi citati, in *-iere, -iero* o *-iera* la *i* può essere assorbita da un suono palatale precedente, conservandosi solo graficamente (*consigliere* /konsiʎˈʎere/) o scomparendo del tutto (*messaggero*).

19. *-ile* (cfr. lat. -ĪLE, neutro del suffisso aggettivale -ĪLIS: OVĪLE 'ovile'). Di uso limitato, ha valore locativo-collettivo, specie in riferimento a stalle o recinti che servono a custodire animali: *cane* → *canile, porco* → *porcile*. Tra i derivati tratti da un nome comune ricordiamo *arenile, fienile, pontile*. Con *-ile* si formano anche aggettivi: *giovane* → *giovanile, consorzio* → *consortile*, ecc.

20. *-ista*. Tratto dal greco attraverso il latino (ad esempio: greco *baptistḗs*, lat. BAPTĪSTA propriamente 'battezzatore'), è – come abbiamo già notato – tra i suffissi più produttivi per indicare chi svolge un'attività (studio, lavoro, sport, ecc.): *grecista, barista, tennista*), segue una determinata ideologia (*socialista, calvinista*), ha un certo atteggiamento o si segnala per certe caratteristiche (*disfattista, ballista* 'millantatore'). La sua diffusione nell'italiano d'oggi può spiegarsi (con DARDANO 1978a: 84) in quanto:

a) i derivati in *-ista* sono facilmente applicabili a qualsiasi base (così, tra gli esempi citati, troviamo basi costituite da parole non adattate: *bar, tennis*, o da un nome proprio: *Calvino*); molto frequenti, inoltre, le formazioni occasionali (per esempio, in un resoconto giornalistico sul congresso radicale del novembre 1986, in cui si dibatté lo scioglimento del partito, si legge: «La divisione tra 'cessazionisti' e 'continuisti' è saltata», «La Repubblica», 2-3.11.1986, 5);

b) sono «obiettivi», cioè non marcati stilisticamente (*linguista* è uno studioso di fenomeni linguistici; *linguaio* o *linguaiolo*, un grammatico pedante);

c) costituiscono sovente un sistema a tre uscite, con *-ismo* e *-istico* (*calvinismo, calvinista, calvinistico*). Talvolta il suffisso aggettivale *-istico* assume una connotazione spregiativa (*elettoralistico* di fronte a *elettorale*, *intellettualistico* di fronte a *intellettuale*); anche per questo in luogo dell'aggettivo in *-istico* può comparire la corrispondente forma sostantivale in *-ista*, specie in formazioni d'àmbito politico-ideologico: «il movimento femminista», «le sezioni comuniste» (un'ampia trattazione di *-ista, -istico* in MIGLIORINI 1963b: 99-144).

21. Tra i suffissi nominali denominali vanno menzionati anche alcuni affissi usati con valore convenzionale nel linguaggio delle scienze. Oltre ad *-ato* (chimica), di cui abbiamo già detto, si ricorderanno, sempre nella chimica, *-oso* e *-ico* (per indicare la diversa valenza di un elemento, rispettivamente più bassa o più alta: *cloroso-clorico, solforoso-solforico*), *-uro* (per i sali binari: *cloruro, solfuro*), *-ina* (per le più varie sostanze organiche: *adrenalina, efedrina, stricnina*; è frequente anche nei nomi brevettati di medicinali, cfr. PATOTA 1985). E ancora, nella medicina: *-ite* (= infiammazione acuta: *nevrite, epatite*), *-osi* (= stato patologico, acuto o cronico, ma non infiammatorio: *nevrosi, epatosi*), *-oma* (= tumore: *epitelioma, sarcoma*) – nella mineralogia: *-ite* (= denominazione di un singolo minerale: *azzurrite, bauxite, grafite*).

Si noti che i derivati medici presentano una formazione abbastanza regolare, dal momento che la base è perlopiù costituita dall'organo o dal distretto anatomico colpito da un certo processo morboso (di regola nella forma grecizzante: *epatite*, non **fegatite, nevrite* o *neurite*, ma non *nervite, ecc.). Invece, in mineralogia il rapporto tra base e suffisso è molto meno prevedibile: in *azzurrite* la base è *azzurro* (dal colore del minerale in questione), in *bauxite*, il centro di *Les Baux*, in Francia (per i giacimenti), in *grafite*, la radice greca *graph-* di *gráphō* 'scrivo' (perché se ne ricavano le matite).

Suffissi nominali deaggettivali

22. *-eria* (cfr. XV.15). Come suffisso deaggettivale forma nozioni astratte, in genere connotate spregiativamente: *sudicio* → *sudiceria, tirchio* → *tirchieria*; la base può essere anche un sostantivo usato aggettivalmente: *porco* → *porcheria, civetta* → *civetteria*.

23. *-ezza, -izia*. Sono i due fondamentali suffissi degli astratti e risalgono – il primo per tradizione ininterrotta, il secondo per via libresca – al lat. -ĪTIAM (MŎLLIS → MOLLĬTIA 'mollezza'). Talvolta in italiano si hanno i due allotropi, quello popolare (*giustezza, stoltezza*) e quello dotto (*giustizia, stoltizia*), con accezioni e àmbiti d'uso più o meno differenziati.

24. *-ìa, -ia*. I due suffissi (*-ìa* di *follia* e *-ia* di *perfidia*) risalgono al greco *-ía* (per esempio: *phílos* 'amico' → *philía* 'amicizia'): il primo, che è l'unico ad essere realmente produttivo, mantiene l'accento greco; il secondo presuppone la mediazione del latino (il che spiega la ritrazione dell'accento dalla penultima breve alla terzultima: cfr. I.183). La frequenza di suffissati in *-ìa* è dovuta anche al fatto che alla serie deaggettivale (*allegro* → *allegrìa*, *pazzo* → *pazzìa*) e denominale (*tiranno* → *tirannìa*) si affiancano le formazioni in *-erìa* e i composti dotti con secondo elemento grecizzante (*filosofia*, *astronomia*, ecc., cfr. XV.129).

25. *-ismo*, *-esimo*. Altro suffisso di origine classica (cfr. greco *christianismós*, latino CHRISTIANĬSMUS), rappresentato in italiano da un allotropo dotto (con ĭ=/i/ e col gruppo /zm/ conservato) e da uno popolare (con ĭ > /e/ e con epentesi tra sibilante e nasale). Indica un atteggiamento, un orientamento ideologico, un insieme di valori culturali o anche di fenomeni fisici (*pessimo* → *pessimismo*, *materiale* → *materialismo*, *pagano* → *paganesimo*) e forma derivati, oltre che da basi aggettivali, da basi nominali (*Dante* → *dantismo*, *vulcano* → *vulcanismo*) e da basi composite (cfr. DARDANO 1978a: 68; *per bene* → *perbenismo*). I più vitali sono i derivati in *-ismo*, anche per le interrelazioni con *-ista* e *-istico* (cfr. XV.20c).
Mentre alcuni suffissi derivativi sono tipicamente italiani, *-ismo* e *-ista* sono di diffusione internazionale. La serie *socialismo-socialista*, per esempio, trova puntuale corrispondenza in francese (*socialisme-socialiste*), spagnolo (*socialismo-socialista*), inglese (*Socialism-Socialist*), tedesco (*Sozialismus-Sozialist*), neogreco (*sosialismós-sosialistḗs*), russo (*socializm-socialist*).

26. *-ità*, *-età*, *-tà* (cfr. lat. -TĀTEM: BREVITĀTEM, nominativo BRĔVITAS). È suffisso caratteristico di sostantivi astratti e, quanto alla forma, è il punto d'arrivo della trafila (*brev*)*itate* > (*brev*) *itade* > (*brev*)*ità* (cfr. I.78a). La sequenza usuale è *-ità* (*attivo* → *attività*, *obeso* → *obesità*); si ha *-ietà* quando la base esce in *-io* (*empio* → *empietà*; la *i* è soltanto grafica in *socio* → *società* /ˈsɔtʃo/ → /sotʃeˈta/); *-tà* compare in pochi fossili la cui radice termina con *l*, *r* o *n*: *umile* → *umiltà*, *libero* → *libertà* (ma il suffisso produttivo anche in parole del genere resta *-ità*: *esile* → *esilità*, *prospero* → *prosperità*, ecc.).
Da evitare *complementarietà*, che si legge spesso («dalla donna che vuole sostituire la complementarietà rigida dei ruoli con un rapporto paritario», «Il Messaggero», 3.11.1986, 15) invece di *complementarità*, tratto regolarmente da *complementare* (e lo stesso si dica per *interdisciplinarietà* in luogo di *interdisciplinarità*, e simili).

27. *-itudine* (cfr. lat. -ITŪDINEM: ALTITŪDINEM, nominativo ALTITŪDO). Suffisso raro, di carattere latineggiante, indica nozioni astratte: *grato* → *gratitudine*, *mansueto* → *mansuetudine*. Ha avuto un qualche rilancio in anni recenti grazie alla fortuna di *negritudine* («ch'io sappia, nessuno ha fatto della 'negritudine' un carattere dell'arte di Apuleio» Montale, *Sulla poesia*); su *negritudine* sono stati modellati due occasionali denominali: *Casalinghitudine* (titolo di un libro di Clara Sereni, apparso nel 1987, che contiene la storia di una generazione raccontata attraverso il cibo, cioè da un'ottica 'casalinga') e *gattitudine* (nel sottotitolo di una rivista apparsa nello stesso anno: «Tuttogatto – Rivista mensile di varia Gattitudine», n° 1, maggio 1987).

Suffissi nominali deverbali

28. *-aggio*. È un suffisso di origine francese o provenzale ma risalente in ultima analisi al latino (per esempio *viaggio* è dal provenzale antico *viatge*, che continua il lat. VIĀTICUM, propriamente 'provvista per il viaggio'). Nelle parole di origine medievale (oltre a *viaggio* ricordiamo *omaggio*, *coraggio*, *retaggio*) il derivato è raramente analizzabile, diversamente dalle formazioni moderne, tratte da verbi della 1ª coniugazione (*imballare* → *imballaggio*, *montare* → *montaggio*) e indicanti spesso un'operazione di tipo tecnico (si fa il *lavaggio* di un'automobile in un'officina o quello della biancheria con la lavatrice, ma non si parlerebbe di *lavaggio* di un neonato o di un grappolo d'uva). Talvolta il derivato in *-aggio* muove da una base nominale: «Più che il conto del *minutaggio* che ci viene riservato dai telegiornali, facciamo in modo che il partito abbia idee» (da un discorso di G. Orsello, nel «Messaggero», 19.1.1980, 2).

29. *-ando*, *-anda* (cfr. lat. -ĂNDUS, desinenza del gerundivo: AMĂNDUS 'da amare, che deve essere amato'). Come il gerundivo latino, esprime l'idea del dovere, della necessità, o anche solo l'imminenza di qualcosa: *esecrare* → *esecrando* (= che deve essere esecrato), *monacare* → *monacanda* (= che sta per farsi monaca), *maturare* → *maturando* (= che si accinge a sostenere gli esami di maturità). Discreta vitalità hanno queste formazioni in molti linguaggi settoriali (dagli *arruolandi* nell'esercito agli *operandi* di una clinica), anche come aggettivi («sezione *designanda*», nella terminologia giudiziaria); le ritroviamo anche in coniazioni effimere di intonazione scherzosa: «Paolo Pillitteri [...] dato ormai da tutti come l'*incoronando* sindaco di Milano» («Panorama», 30.11.1986, 58).

30. -*ante*, -*ente*. Suffissi derivati dal participio presente latino (AMĂNTEM, LEGĔNTEM; nominativi ĂMANS e LĔGENS); consentono di ricavare da una base verbale un sostantivo riferito a una persona che compie una certa azione ('agente': *cantare* → *cantante*), ma anche a un prodotto suscettibile di un dato uso (*colorare* → *colorante*) o a una nozione astratta (*muovere* → *movente*). In qualche caso non c'è rapporto evidente tra -*ante*, -*ente* e un verbo di base: ciò avviene perché il suffisso è stato apposto a un nome (*braccio* → *bracciante*: cfr. III.80b) o perché il derivato ha forma latineggiante rispetto al verbo (come *confidente*, che dipende dal lat. CONFIDĔNTEM, invece di **confidante*, come ci aspetteremmo, da *confidare*). Molti derivati in -*ante*, -*ente* sono usati come aggettivi: *abbondare* → *abbondante*, *trasparire* → *trasparente* («una cena abbondante», «un velo trasparente»).

31. -*anza*, -*enza*. Continuano i latini -ĀNTIA, -ĒNTIA, tratti dal tema del participio (IGNORĂNTIA, da IGNŎRANS, IGNORĂNTIS) e indicano nozioni astratte: *abbondare* → *abbondanza*, *conoscere* → *conoscenza*. In un certo numero di casi la base non è un verbo ma un aggettivo, spesso derivato da un antico participio presente: *cittadino* → *cittadinanza*, *innocente* → *innocenza* (base modificata; cfr. lat. ĬNNOCENS, INNOCĔNTIS → INNOCĔNTIA).

Nella poesia delle origini gli astratti in -*anza*, -*enza* erano molto frequenti, sul modello della lirica francese e provenzale («la dia / che noi fermammo la dolze *amanza*» Giacomino Pugliese, «de la sua *piagenza* / mill'altre avrian disire» Chiaro Davanzati, *Rime*). La scomparsa di formazioni del genere dalla tradizione lirica posteriore si deve in gran parte al Petrarca che, di tutto il «suffissame transalpino» (CONTINI 1970: 177), mantenne il solo *rimembranza*.

32. -*ato*, -*ata*, -*ito*, -*ita*, ecc. (suffissi del participio passato usati in forme sostantivali). Esprimono una vasta gamma di nozioni astratte, più raramente concrete: *lavare* → *lavata*, *abitare* → *abitato*, *udire* → *udito*, *scrivere* → *scritta*, *tenere* → *tenuta*.

33. -*io*. Di origine non sicurissima (forse dal lat. -ĒRIUM: ROHLFS 1966-1969: 1077), è un tipico suffisso frequentativo-intensivo che contrassegna un'azione ripetuta, specie in riferimento all'impressione auditiva che se ne trae: *mormorare* → *mormorio*, *miagolare* → *miagolio*. Sulla presenza di questi derivati nel Manzoni e in altri scrittori dell'Ottocento cfr. PUPPO 1961.

34. -*ino*, -*ina* (cfr. lat. -ĪNUS, in origine suffisso aggettivale: ĒQUUS 'cavallo' → EQUĪNUS 'equino'; e oggi in italiano *sale* → *salino*, *cane* → *canino*, ecc. Dall'idea di relazione e di somiglianza «è nata quella dell'approssimazione, di ciò che è meno compiuto e più piccolo»: ROHLFS 1966-1969: 1094; di qui il valore diminutivo, che è quello fondamentale, cfr. XV.73). -*ino* è suffisso deverbale in nomi indicanti un'attività ed ha spesso una connotazione negativa o almeno limitativa: *spazzare* → *spazzino* (al quale oggi si preferiscono altri termini: «netturbino», «operatore ecologico», ecc.), *imbiancare* → *imbianchino* (di fronte a *pittore* o *decoratore*), *trafficare* → *traffichino*. Non mancano i derivati da base non verbale: *postino*, *bagnino*, *crocerossina* o anche *repubblichino*, «termine spregiativo usato dall'Alfieri ed esumato», negli anni Quaranta, dal socialista U. Calosso (cfr. BALDELLI 1964: 341). Su -*ino* si veda anche oltre, XV.52.

35. -*mento* (cfr. lat. -MĔNTUM; TURBĀRE → TURBAMĔNTUM). Con -*zione*, -*sione* è il suffisso fondamentale per ricavare sostantivi da una base verbale. Indica una

certa azione e il risultato che ne consegue: *pagare → pagamento*. La base può essere un verbo della 1ª coniugazione (e il derivato uscirà in *-amento*) o delle altre due (terminazione *-imento*: *giacere → giacimento, svenire → svenimento*).
Nell'italiano contemporaneo *-mento* tende a regredire in favore di *-zione*, del suffisso zero (cfr. XV.63) o di altre soluzioni: cfr. DARDANO 1978a: 46-47, dal quale si traggono le coppie *ispiramento* (antiquato) / *ispirazione*, *inviamento* (antiquato) / *invio* e *giudicamento* (antiquato) / *giudizio*.

36. *-one, -ona*. Come *-ino*, è un suffisso tipicamente alterativo (cfr. XV.78) e ha origine «nei nomi latini in *o, -onis*, con i quali si esprimeva una particolare caratteristica di una persona» (NĀSO, NĀSŌNIS, propriamente 'dal naso caratteristico'); «di qui deve essersi sviluppata ben presto l'idea di una grossezza inconsueta» (ROHLFS 1966-1969: 1095), con la conseguente specializzazione accrescitiva. Come suffisso deverbale *-one* forma sostantivi apprezzativi connotati sfavorevolmente dalla mancanza di moderazione: *mangiare → mangione, chiacchierare → chiacchierona*. Hanno base nominale alcuni derivati esocentrici come *baffone* (non 'grosso baffo' ma 'che ha grossi baffi'), *fifone, straccione*.

37. *-toio, -torio, -toia, -toria* (cfr. lat. -ŌRIUM, nella forma -TŌRIUM propria di sostantivi tratti da participi passati: DORMĪRE → DORMITŌRIUM; *-toio* rappresenta l'esito popolare, *-torio* quello dotto). Indicano il luogo dove si compiono determinate azioni (*lavare → lavatoio, parlare → parlatorio*) o lo strumento impiegato (*innaffiare → innaffiatoio, mangiare → mangiatoia*). Più frequenti dei sostantivi sono gli aggettivi derivati: *accusatorio, proibitorio*.

38. *-ura*. È un suffisso che già in latino serviva a ricavare deverbali dal participio passato (SCRĪPTUM → SCRIPTŪRA). Esempi italiani: *tirare → tiratura, cucire → cucitura, cuocere → (cotto) → cottura, tingere → (tinto) → tintura, cogliere → (colto) → coltura*.

39. *-zione, -sione*. Derivano dai suffissi latini di origine participiale (PUNĪTUS → PUNĪTO, accusativo PUNITIŌNEM, ACCĒNSUS → ACCĒNSIO, accusativo ACCENSIŌNEM) e condividono gli àmbiti d'uso di *-mento*. Per *-zione* le uscite regolari sono *-azione* (1ª coniugazione: *collocare → collocazione*), *-izione* (soprattutto 3ª coniugazione: *vestire → vestizione*; ma anche *iscrivere → iscrizione*, ecc.). In altri casi la terminazione varia: *-ezione, -ozione, -uzione, -nzione, -pzione* (in una serie di derivati da verbi di 2ª e 3ª coniugazione: *erigere → erezione, promuovere → promozione, distribuire → distribuzione, sancire → sanzione, optare → opzione*). Un forte incremento dei sostantivi in *-zione* nella lingua contemporanea è dovuto alle basi verbali in *-ificare* (*elettrificare → elettrificazione*) e in *-izzare* (*nazionalizzare → nazionalizzazione*). Alcuni verbi di 2ª e 3ª coniugazione presentano la variante *-sione*, promossa dal participio passato: *dividere → (diviso) → divisione*; oppure dipendente da una forma latina: *scandire → scansione* (lat. SCĂNSIO, SCANSIŌNIS).
In alcuni casi due forme suffissate in *-mento* e in *-zione* hanno sviluppato diversi significati: si pensi al *regolamento* vigente in una ditta e alla *regolazione* del traffico; al *trattamento* di una bronchite e alla *trattazione* di un argomento.
Per *-atore, -atrice* cfr. III.61 sgg.

Suffissi aggettivali denominali

40. *-ale*. Suffisso di origine latina (MŎRS → MORTĀLIS, accusativo MORTĀLEM), ben rappresentato in italiano: *forma → formale, posta → postale*. Negli ultimi decenni i derivati in *-ale* hanno conosciuto un forte incremento per influenza angloamericana: *direzionale, figurale, inerziale*, ecc. (cfr. BALDELLI 1964: 343). Non sono rari i casi di base modificata, specie per intromissione del latino (come *nome → nominale*, e non *nomale*, su NOMINĀLIS). Anche le basi in *-za* (*potenza, stanza, provvidenza*, ecc.) presentano derivati in *-ziale* (*potenziale, stanziale, provvidenziale*) per influenza delle forme latine o italiane antiche: POTĔNTIA o *potenzia*, ecc.

41. *-ano* (cfr. lat. -ĀNUS, con cui si formavano aggettivi di relazione: SĬLVA →

SILVĀNUS). È oggi scarsamente produttivo (*paese* → *paesano*, *ergastolo* → *ergastolano*), tranne che negli etnici (vedi oltre). Frequente è invece la variante -*iano*, usata in particolare per ottenere un aggettivo di relazione da un antroponimo: *Verga* → *verghiano*, *Kant* → *kantiano*. In TEKAVČIĆ 1980: III 69 si fa osservare la differenza tra *montiano* (da Vincenzo *Monti*) e *montano* (da *monte*) e tra *ascoliano* (da G. I. *Ascoli*) e *ascolano* (dalla città di *Ascoli*).

42. -*are* (cfr. lat. -ĀRIS: VŬLGUS → VULGĀRIS, accusativo VULGĀREM). Come -*ale*, è anch'esso molto frequente: *sole* → *solare*, *popolo* → *popolare*; un esempio con base modificata si ha in *famiglia* → *familiare* (accanto a *famigliare*; sul lat. FAMILIĀRIS).

43. -*ato*, -*ata*, -*uto*, -*uta*. Entrambi i suffissi avevano in latino origine participiale ma potevano essere usati come denominali (CORŌNA → CORONĀTUS, CŎRNU → CORNŪTUS). In italiano -*uto* si è specializzato per indicare la presenza di una caratteristica molto marcata (*riccio* → *ricciuto*, *linguaccia* → *linguacciuto*). -*ato* ha una maggiore latitudine d'uso; tra i valori più ricorrenti rammentiamo: 'dotato di qualcosa' (*ala* → *alato*), 'simile a qualcosa' (*velluto* → *vellutato*), 'che ha subìto qualcosa' (*terremoto* → *terremotato*).

44. -*esco*. Di etimo discusso, fu usato in origine come aggettivo di relazione (*Dante* → *dantesco*, *guerra* → *guerresco*), talvolta connotato negativamente. Oggi il valore spregiativo è quello abituale, come si può ricavare dalle seguenti coppie di derivati, in cui il primo membro è stilisticamente neutro: *filosofo* → *filosofico* / *filosofesco*, *città* → *cittadino* / *cittadinesco*, *papa* → *papale* / *papesco*, *popolo* → *popolare* / *popolaresco*. Negli aggettivi derivati dalle centinaia in riferimento a un secolo, -*esco* ha valore obiettivo: *trecentesco*, *novecentesco*. Negli aggettivi tratti da un singolo anno memorabile per qualche avvenimento, può invece serbare una sfumatura spregiativa: «toni quarantotteschi» (in politica, toni di eccessiva polemica, come quelli usati nella campagna elettorale del 1948; ad un altro *quarantotto*, il 1848, si richiama invece la *quarantottata* cit. sopra, XV.12); «atteggiamenti sessantotteschi» (in relazione al 1968, l'anno della contestazione studentesca e giovanile).

45. -*ico*. È tra i più produttivi suffissi aggettivali dell'italiano moderno (cfr. MIGLIORINI 1963b: 168-195 e DARDANO 1978a: 76) e ha la sua origine in modelli latini e greci (per esempio: gr. *philosophikós*, lat. PHILOSŎPHICUS 'filosofico'). Caratteristico di formazioni dotte, può facilmente applicarsi a parole di qualunque tipo e provenienza (*nord* → *nordico*, *film* → *filmico*). Talvolta la base è modificata, o perché ridotta (*strabismo* → *strabico*; come se si partisse da **strabo*) o perché ampliata (specie nella serie *automa* → *automatico*, *programma* → *programmatico*). Frequenti i casi di suppletivismo, con una base che continua popolarmente il latino e un derivato cólto in -*ico* con radice greca: *uomo-antropico*, *acqua-idrico*, *sangue-ematico*, *pesce-ittico*.

46. -*ivo* (cfr. lat. -ĪVUS, suffisso di aggettivi: AESTĪVUS 'dell'estate, estivo'). Forma aggettivi da basi nominali: *bosco* → *boschivo*, *abuso* → *abusivo*. Spesso si hanno deverbali che muovono dal participio passato (*disperdere* → (*disperso*) → *dispersivo*), talora rappresentato dalla forma latineggiante: *difendere* → *difensivo* (non **difesivo*, perché sul modello di DEFĒNSUS).

47. -*izio*, -*izia* (cfr. lat. -ĪCIUS, di cui -*izio* rappresenta un esito semidotto; popolarmente si è avuto -*eccio*: *pecora* → *pecoreccio*). Compare in pochi derivati come *tribuno* → *tribunizio*, *impiegato* → *impiegatizio*, *cardinale* → *cardinalizio*.

48. -*oide* (cfr. gr. -*oeidēs*, derivato da *êidos* 'modello'). Si affigge a sostantivi e ad aggettivi per indicare somiglianza, affinità: *tifo* → *tifoide*, *matto* → *mattoide*. Ha una certa produttività nel linguaggio politico e giornalistico: *socialista* → *socialistoide*, *anarchico* → *anarcoide*, *intellettuale* → *intellettualoide*.

49. -*oso*, -*osa*. Come il lat. -ŌSUS (AESTUS 'calore' → AESTUŌSUS 'bollente') forma aggettivi di relazione che sottolineano la

XV. La formazione delle parole

presenza di una certa qualità: *fumo* → *fumoso*, *costo* → *costoso*.
-oso è piuttosto frequente in voci gergali (tutti aggettivi sostantivati) come *fangose* 'scarpe', *buiosa* 'prigione' («con un grosso branco / d'altri randagi feritori ladri, / dormia nella buiosa» Zanella, *Poesie*) o come i dialettali *spumosa* 'sigaretta' (Taranto), *leccoso* e *lamposo* (propriamente *liccusu* 'zucchero' e *lampusu* 'olio'; Palermo).
Una prova recente della produttività di *-oso* viene dalla pubblicità, che ha lanciato un'automobile come *sciccosa*, *comodosa*, *risparmiosa*, *scattosa*, *viaggiosa* (cfr. BRUNI 1986: 181).

50. Suffissi geografici. Per ricavare un aggettivo da un nome geografico il suffisso più frequente è *-ese* (cfr. lat. -ĒNSIS), che interessa nella forma popolare e usuale (appunto *-ese*) o in quella dotta e rara (*-ense*) quasi il 70% degli etnici italiani (*Milano* → *milanese*, *Ivrea* → *eporediense*, dal nome latino della città piemontese: EPORĔDIA).

51. Sul modello di nomi di lingue straniere in *-ese* (*francese*, *inglese*, *giapponese*, ecc.), *-ese* è stato applicato scherzosamente a basi non geografiche, come in *burocratese*, *sindacalese*, *sinistrese* (per alludere al linguaggio considerato tipico dei burocrati, dei sindacalisti o dei simpatizzanti di partiti di sinistra; esempi in CORTELAZZO-CARDINALE 1986: 33, 162, 163; ma sarebbe facile aggiungere altre formazioni, più o meno effimere, come: «posto d'onore al *computerese*, nuovo slang, misto d'inglese e di termini tecnici prodotti dal computer», K. Menoni, in *Ling. divulgazione*, 111).

52. Altri suffissi geografici di largo uso sono *-ino* (ha la stessa origine dell'*-ino* di *caprino*, cfr. XV.34) che sfiora l'8% degli etnici (*Mestre* → *mestrino*), *-ano*, quasi altrettanto diffuso (*Roma* → *romano*), *-itano*, *-etano* (di origine greco-latina, cfr. ROHLFS 1966-1969: 1138): *Palermo* → *palermitano*, *Napoli* → *napoletano* (per i dati quantitativi cfr. CAPPELLO-TAGLIAVINI 1981: XVIII).
Raro *-ìaco*, che forma etnici da nomi in *-ia*, *-io* (*Austria* → *austriaco*, *Bosnia* → *bosniaco*), talvolta in concorrenza con altri suffissi: così a *Egitto* corrisponde *egiziaco*, come variante aulica rispetto a *egiziano* (entrambi da una base classicheggiante *Egizio*) e a *Siria siriaco*, che fa riferimento alla Siria antica, alla regione geografica o alla lingua, accanto a *siriano*, in rapporto allo Stato arabo moderno. Nella lingua poetica italiana si è usato *adriaco* per 'adriatico' (dal nome della città di *Adria*): «Forse ei ripensa la sua Sinigaglia / sì bella a specchio dell'adriaco mare» (Carducci, *Il canto dell'amore*, 115-116).

53. Oltre che da toponimi, il suffisso *-ino* può anche derivare aggettivi (o aggettivi sostantivati) da antroponimi. Si pensi a denominazioni di ordini e congregazioni religiose (i *Filippini*, da San Filippo Neri; le *Orsoline*, da Sant'Orsola; i *Pallottini*, dal beato V. Pallotti, ecc.) o a formazioni d'àmbito storico-politico come *umbertino* (da Umberto I), *crispino* (da F. Crispi), *salandrino* (da A. Salandra: «nazionalisti, liberali salandrini e anche popolari della destra» Montanelli, *L'Italia in camicia nera*, 152).
Diversi suffissi aggettivali denominali sono stati o saranno citati in altri gruppi: così *-ario* (*ferroviario*: XV.11b), *-evole* (*amichevole*: XV.56), *-iero* (*vacanziero*: XV.17), *-ile* (*giovanile*: XV.19), *-ino* (*salino*: XV.34), *-istico* (*riformistico*: XV.20c), *-torio* (*accusatorio*: XV.37).

Suffissi aggettivali deaggettivali

54. I derivati di questo gruppo rientrano piuttosto nell'alterazione che nella suffissazione vera e propria. Per alcuni suffissi rimandiamo appunto ai paragrafi 73, 74, 77 (*-ino*: *caro* → *carino*; *-otto*: *vecchio* → *vecchiotto*; *-astro*: *blu* → *bluastro*). Qui ricorderemo quattro suffissi di valore attenuativo e precisamente: *-iccio* (cfr. lat. -ĪCIUS), *-igno* (cfr. lat. -ĪNEUS O -ĪGNUS), *-ognolo* (dalla fusione del lat. -ŌNEUS e del suffisso atono -ŬLUS) e *-occio* (di origine non del tutto chiara). Esempi: *bianco* → *bianchiccio*, *malato* → *malaticcio*, *aspro* → *asprigno*, *giallo* → *giallognolo*, *grasso* → *grassoccio*. In qualche caso la base è un sostantivo: *massa* → *massiccio*, *ferro* → *ferrigno*, *sangue* → *sanguigno*.

Suffissi aggettivali deverbali

55. *-abile*, *-ibile* (cfr. lat. -ĀBILIS, -ĪBILIS di AMĀBILIS 'amabile', da AMĀRE, e di COMPREHENSĪBILIS 'comprensibile' da COMPREHĚNDERE; i due suffissi italiani riprendono per via dotta i suffissi latini: basti osservare il mancato passaggio della ī di -ĪBILIS al normale esito di *e* chiusa, cfr. I.23). Formano aggettivi che indicano possibilità o opportunità e che, se transitivi, hanno senso passivo (*amare* → *amabile* 'che può essere amato, che è degno di essere amato', *deperire* → *deperibile* 'che può deperire'). Con *-abile* si ottengono derivati dalla 1ª coniugazione (*cantare* → *cantabile*), con *-ibile* dalle altre due (*prevedere* → *prevedibile*, *credere* → *credibile*, *esaudire* → *esaudibile*). Da notare alcuni aggettivi tratti da basi nominali (cfr. DARDANO 1978a: 58): *carrozza* → *carrozzabile*, *papa* → *papabile*.

56. *-evole* (cfr. lat. -ĪBILIS, di cui *-evole* costituisce lo sviluppo popolare). Meno produttivo di *-abile* e *-ibile*, ne condivide in gran parte il significato e le possibilità derivative (*mutare* → *mutabile*, *mutevole*; *maneggiare* → *maneggiabile*, *maneggevole*). Può avere valore passivo (se affisso a verbi transitivi: *biasimare* → *biasimevole*) o attivo (con base verbale sia transitiva: *incantare* → *incantevole*; sia intransitiva: *piacere* → *piacevole*). Può essere affisso a una base nominale (*amico* → *amichevole*, *ragione* → *ragionevole*); se la base è un nome proprio, il derivato acquista in genere valore spregiativo o scherzoso, come in *boccaccevole* («in italiano si scriveva con una certa andatura un po' boccaccevole e fiorita» Panzini, *Romanzo d'ambo i sessi*) o nell'occasionale *venezievole* del Nievo («v'avevano anche dei nobiluzzi, venezievoli in città pei tre mesi d'inverno, che tornati fra i loro merli inferocivano peggio che mai», *Le confessioni d'un italiano*, 36). Per *-ante*, *-ente* (*abbondante*, *trasparente*) cfr. XV.30; per *-ivo* (*dispersivo*) cfr. XV.46.

Suffissi verbali denominali e deaggettivali

57. *-are*, *-ire*. Rappresentano le desinenze degl'infiniti di 1ª e 4ª coniugazione latina (AMĀRE, AUDĪRE), le uniche due coniugazioni rimaste produttive nelle lingue romanze (cfr. XI.49, XI.53). I derivati sono numerosissimi e di vario tipo: verbi transitivi (*bacio* → *baciare*, *colpo* → *colpire*), intransitivi (*viaggio* → *viaggiare*, *fiore* → *fiorire*), tratti da basi italiane e straniere (*flirt* → *flirtare*, *zoom* → *zoomare* o *zumare*), da basi nominali (tutte quelle finora citate) o aggettivali (*secco* → *seccare*, *chiaro* → *chiarire*).

58. *-eggiare* (cfr. lat. volgare -IDIĀRE tratto dal greco *-ízein*, dal quale deriva anche, con fonetica non popolare, *-izzare*). Forma derivati perlopiù intransitivi che indicano un modo d'essere, un atteggiamento: si parte da basi nominali (*guerra* → *guerreggiare*) o aggettivali (*folle* → *folleggiare*). Quando il verbo è transitivo, *-eggiare* assume lo stesso valore di *-izzare* (cfr. XV.60): *signoreggiare*, *amareggiare*.

59. *-ificare* (cfr. lat. -FICĀRE in FORTIFICĀRE e simili, tratto dalla radice di FĂCERE 'fare'). È un suffisso causativo e dà al derivato il senso di 'dare a qualcosa o a qualcuno le caratteristiche espresse dalla base': *beato* → *beatificare*, *pari* → *parificare*, *sapone* → *saponificare*. Esempi di base modificata per riduzione (come s'è già osservato a proposito di *strabismo* → *strabico*: cfr. XV.45): *identico* (non *idento) → *identificare*, *elettrico* (non *elettro) → *elettrificare*.

60. *-izzare*. Altro comunissimo suffisso causativo in grande espansione nei neologismi. Accanto ai derivati tradizionali, come *scandalizzare* e *formalizzare*, possiamo ricordare *gamba* → *gambizzare*, *indice* (in accezione economico-statistica) → *indicizzare*, *IRI* → *irizzare*. Rari i verbi intransitivi, come *fraternizzare*, *ironizzare* (dalla base ridotta *ironico*), *agonizzare*.

Suffissi verbali deverbali

61. Anche qui, come per i suffissi aggettivali deaggettivali, siamo in una zona di confine tra suffissazione e alterazione. I suffissi verbali deverbali dell'italiano sono pochi e di limitata produttività. Ricordiamo prima di tutto *-ellare*, con le varianti ampliate *-erellare* *-arellare* (cfr. lat. -

ILLĀRE), che modifica in senso diminutivo-frequentativo l'azione espressa dal verbo semplice: *saltare* → *saltellare* (=fare ripetutamente piccoli salti), *cantare* → *canterellare* o *cantarellare*. Valore molto simile hanno *-icchiare*, *-acchiare* (cfr. lat. -ICULĀRE, -ACULĀRE, in formazioni tarde o latino volgari): *mordere* → *mordicchiare*, *bruciare* → *bruciacchiare*; e *-ettare* (parallelo ai diminutivi in *-etto*, cfr. XV.71): *picchiare* → *picchiettare*.

Suffissi avverbiali e deavverbiali

62. I suffissi deavverbiali coincidono con quelli che compaiono in categorie già esaminate: *pressappoco* → *pressappochismo* (con *-ismo*: cfr. XV.25), *indietro* → *indietreggiare* (con *-eggiare*: cfr. XV.58), ecc. Per i due suffissi avverbiali *-mente* e *-oni* cfr. XII.6-15.

Formazioni a suffisso zero

63. Con questa denominazione si indicano i nomi deverbali che non hanno alcun suffisso ma in cui alla radice della base verbale si affigge direttamente la desinenza maschile o femminile: *conteggiare* → *conteggio*, *deliberare* → *delibera* (accanto a *deliberazione*). Si tratta di formazioni caratteristiche del linguaggio burocratico e tecnico, a lungo osteggiate dai puristi (che, nell'Ottocento, giudicavano parole del genere «mozziconi», «spezzoni», «cani senza coda»: cfr. SERIANNI 1981: 66). Particolarmente numerosa la serie di deverbali da basi in *-ificare*: *bonifica* e *bonifico*, *modifica*, *qualifica*, ecc. (solo in alcune regioni si ha *giustifica* per 'giustificazione scolastica'). Sul problema della classificazione dei deverbali a suffisso zero cfr. DARDANO 1978a: 44-45. Un ampio regesto di forme utili in TOLLEMACHE 1954.
Alcuni grammatici parlano di «suffisso zero» anche per i fenomeni di sostantivazione di originari aggettivi (*il bello* 'la bellezza') o di participi (*la cantante*).

Alterazione

64. La possibilità di contrassegnare una base lessicale mediante un suffisso, precisandone il significato in relazione alla dimensione (grande-piccolo: *paese* → *paesone*, *paesetto*) e, insieme, al valore (positivo-negativo: *paese* → *paesino*, *paesaccio*) è senza dubbio fra i tratti più tipici dell'italiano.

Non a torto il grammatico settecentesco D. M. Manni celebrava «la copia immensa di accrescitivi e di diminutivi, di vezzeggiativi e di peggiorativi, che rendono il parlar nostro quanto abbondevole, altrettanto grazioso ed espressivo: nel che, facciasi giustizia al vero, ha sormontato di gran lunga la lingua nostra le glorie della madre» (MANNI 1824: 51-52). La ricca gamma di alterati, non che in latino, non ha riscontri neanche in altre lingue europee che ricorrono di norma a perifrasi (così francese e inglese: *petit chien*, *small dog* rispetto all'italiano *cagnetto*, *cagnolino* o *canino*) o a una serie suffissale molto meno ampia (i suffissi diminutivi del tedesco sono ad esempio solo *-chen* e *-lein*: da *Hund* 'cane' si ha *Hündchen*).

65. A differenza della suffissazione, l'alterazione non modifica la categoria di appartenenza della base (un nome resta un nome, un aggettivo resta un aggettivo e così via).
Un tratto caratteristico dell'alterazione è nella possibilità di affiggere più suffissi alterativi alla stessa base, dando luogo a formazioni ora stabili, ora effimere: *libro* → *librettino* (*-etto*+*-ino*), *cane* → *cagnolino* (*-olo*+*-ino*; base modificata, cfr. XV.71), *uomo* → *omaccione* (*-accio*+*-one*), *casa* → *casucciaccia* (*-uccia*+*-accia*; Giusti, *Epistolario*), *faccia* → *facciottone* (*-otta*+*-one*; «la vitalità del suo facciottone ironico» «Stampa sera», 23.2.1987, 7), *scrupolo* → *scrupolettucciaccio* (*-etto*+*-uccio*+*-accio*; Redi, cit. in MIGLIORINI 1963a: 484).
Gli alterati hanno quasi sempre un valore affettivo che cambia a seconda della base lessicale di partenza e del contesto d'uso. Così *-uccio* (cfr. XV.75) ha tono vezzeggiativo nel *tesoruccio* scambiato tra due innamorati o rivolto da una mamma al bambino, ma spregiativo in *borghesuccio* («uno di quei turisti borghesucci che vanno alla corrida con la macchina fotografica e che gridano olè» D. Mainardi, nel «Giornale», 21.8.1986, 2). Ed *-ello* è connotato favorevolmente in *paesello* o *alberello*, ma non in *storiella* («quanto a Gianni Schicchi [...] non si ha storia, ma una

storiella, che Dante tratta gravemente per storia» Contini, *Varianti e altra linguistica*, 450).

66. È importante distinguere tra alterati *vivi* (sempre riconducibili alla base di partenza ad opera dei parlanti: gli unici di cui ci occuperemo nei presenti paragrafi), *lessicalizzati* e *apparenti*. Dei secondi fanno parte quelle forme che, pur essendo in origine degli alterati, hanno assunto successivamente un significato del tutto autonomo rispetto alla base: per esempio *rosone*, propriamente accrescitivo di *rosa*, si è specializzato in accezione artistica («il rosone delle chiese romaniche»). Gli alterati apparenti invece sono formati mediante un suffisso che non ha valore alterativo ma genericamente relazionale: le *manette* non sono 'piccole mani', bensì degli 'strumenti per [costringere] le mani', il *gallinaccio* non è una 'gallina brutta o cattiva' ma – popolarmente – una 'specie di gallina, il tacchino'.

67. Le modalità di alterazione non sono prevedibili: data una certa base non possiamo indicare astrattamente quali alterati – tra i numerosi tipi virtualmente disponibili – siano effettivamente in uso. Ad esempio, rispetto ai suffissi diminutivi *-ino* ed *-etto* un sostantivo o un aggettivo può presentarne entrambi (*muso* → *musino*, *musetto*), solo il primo (*caro* → *carino*; non **caretto*) o solo il secondo (*muro* → *muretto*; non **murino*). Ed è soltanto l'uso ad aver selezionato, in riferimento a bambini, la coppia *maschietto-femminuccia* («i due bambini, un maschietto e una femminuccia, vivono con la madre» «Corriere della Sera», 21.2.1987, 1) invece di **maschiuccio* e **femminetta* (che esiste, ma non si adopererebbe in questa accezione).

68. Si possono però avere restrizioni, semantiche o fonetiche:
a) Una certa forma alterata «è esclusa (o almeno evitata nella maggior parte dei casi) quando si sono avute lessicalizzazioni omofone» (DARDANO 1978a: 100). Ad esempio, il diminutivo di *cavallo* sarà solo *cavallino* o *cavalluccio*, dal momento che *cavalletto* ha già un significato autonomo ('struttura di legno, ecc.') e per l'accrescitivo di *matto* è indisponibile *mattone*.
b) Se la base termina con una sequenza fonetica analoga a quella di un determinato suffisso, l'alterato ricorrerrà difficilmente a tale suffisso. Così, nelle parole in *-to*, *-ta*, *-te* non ci aspettiamo un diminutivo in *-etto*, *-etta* (come si avrebbe in **gattetto*, **biscottetto*, **grottetta*, **cantetto*; ancor meno prevedibile nelle parole uscenti in *-etto*, **fazzolettetto*, **polpettetta*). Ma non è una regola assoluta: si pensi alle *ballatette* dei poeti due-trecenteschi o al *saltetto* usato poco più di un secolo fa dal Pellico («i saltetti ch'ei fece per correre a me mi commossero deliziosamente»: *Le mie prigioni*, 429; citiamo ancora: *attempatetto* e *turbatetto* nel Boccaccio, *altetto* nell'Alfieri, *soprabitetto* nel Carducci, cfr. SIGG 1954: 21 e 134, e *gentetta* in Pavese, *La luna e i falò*, 170).
Un altro esempio. Nelle parole in *-ino*, *-ina*, *-ine* sarà il diminutivo omofono a essere inatteso: *vino* → *vinello*, *vinetto*, non **vinino*; *collina* → *collinetta*, non **collinina*. Però anche qui non si può generalizzare, ricordando tra l'altro *piccinino* («un tumulto di bambini / piccinini» Valeri, *Poesie*), *rondinini* («la cena de' suoi rondinini» Pascoli, *X Agosto*, 8) o *Tinino*, nome di un figlio di Liolà nell'omonima commedia di Pirandello.

69. I suffissi alterativi possono essere suddivisi in base al loro «valore linguistico obiettivo» (DARDANO 1978a: 97), indipendentemente dalle particolari connotazioni affettive che essi assumono nel discorso, in due grandi raggruppamenti: *a*) diminutivi; *b*) accrescitivi (ci limitiamo, come per i derivati, ai tipi fondamentali; per gli alterati verbali cfr. XV.61).

Suffissi alterativi diminutivi

70. *-ello*, *-ella* (cfr. lat. -ĔLLUS, affiancatosi già in epoca antica a -ŬLUS, destinato a soccombere nelle lingue romanze: AGNULUS-AGNĔLLUS 'agnello'). Come gli altri suffissi alterativi in genere, serve a ricavare alterati da basi nominali (*finestra* → *finestrella*) o aggettivali (*misero* → *miserello*). È particolarmente diffuso nel Mezzogiorno (dove compare – in regionalismi, in toponimi o in antroponimi – in luogo di

-ino o *-etto* di altre regioni). Ricordiamo le *sfogliatelle* e la *speranziella* napoletane (cfr. ZOLLI 1986: 153) o i caratteristici nomi di luogo in *-ello* che si affiancano a un toponimo non alterato per indicare, almeno in origine, un insediamento secondario, una frazione rispetto al centro principale: *Aliano* e *Alianello* (Matera), *Stornara* e *Stornarella* (Foggia), *Marigliano* e *Mariglianella* (Napoli), *Soriano* e *Sorianello* (Catanzaro), ecc.

71. *-etto, -etta* (di origine discussa: cfr. ROHLFS 1966-1969: 1141). È, con *-ino*, il suffisso diminutivo di più larga produttività in italiano: *casa → casetta, povero → poveretto, cane → cagnetto* (base modificata: ma in realtà si deve partire da *cagna*, in quanto madre dei cuccioli). Caratteristica la diversa frequenza d'uso di *-etto* rispetto a *-ino* a Roma e a Firenze (ma i due tipi si contrappongono anche in altre zone): a Roma prevale *-etto* («che freschetto, stasera!»), a Firenze, *-ino* («che freschino!»).

72. *-icchio, -icchia* (cfr. lat. -ĪCULUS). Il suffisso è oggi produttivo solo in alcuni dialetti toscani (ad esempio: pisano e lucchese *solicchio* 'sole debole'; Valdichiana: *qualchedunicchio*, cfr. SIGG 1954: 232 e 239-240) e soprattutto in area meridionale, dove può assumere colorito spregiativo: *avvocaticchio, dottoricchio*. Leonardo Sciascia ha fatto conoscere *ominicchio* (con doppio diminutivo: *uomo+-ino+-icchio*): in un suo romanzo, un capomafia divide l'umanità in cinque categorie, dagli *uomini* ai *quaquaraquà*, definendo *ominicchi* quelli «che sono come i bambini che si credono grandi, scimmie che fanno le stesse mosse dei grandi...» (*Il giorno della civetta*, 100). Più recente *governicchio*, di diffusione giornalistica, per 'governo poco autorevole (o destinato a breve durata)': «e se invece si facesse un governicchio, che campi alla meglio in attesa di elezioni anticipate? Che fareste?» («La Repubblica», 13-14.7.1986, 3).

73. *-ino, -ina* (per l'origine cfr. XV.34): *paese → paesino, grande → grandino*. È forse il suffisso diminutivo fondamentale e anche quello più radicato, oltre che nell'uso toscano, nella prosa letteraria scritta da toscani. Da SIGG 1954: 34 si ricava per esempio che su 165 diversi alterati diminutivi in *Sorelle Materassi* di Palazzeschi ben 76 sono formati con *-ino*; e così nella *Velia* di Cicognani (100 su 177), in *Natio borgo selvaggio* di Paolieri (104 su 219), ecc. Anche il Manzoni, nella revisione dei *Promessi Sposi*, privilegiò gli alterati in *-ino* rispetto a quelli in *-etto* e in *-ello*: nella prima edizione le proporzioni erano rispettivamente 90-189-105; nella seconda, 212-161-52 (cfr. SIGG 1954: 79). Caratteristica la diffusione di *-ino*, come di altri diminutivi, nel linguaggio infantile (DARDANO 1978a: 101), sia esso usato dagli stessi bambini o dagli adulti che si rivolgono a bambini (è il cosiddetto «baby talk»): «Niente, *bellino*, mio, non aver paura [...]. Gli vuoi bene tu a 'Giamì' è vero? Eh, ti porta anche lui le chicche, i *giocattolini*» (Pirandello, *Pensaci, Giacomino!*, VII 87).
Con *-ino* è frequente il cumulo di suffissi: *fiore → (fiorello) → fiorellino, figlia → figlietta → figliettina, giovane → giovanotto → giovanottino*.

74. *-otto, -otta* (variante di *-etto*: cfr. ROHLFS 1966-1969: 1143). È diminutivo quando indica i piccoli di alcuni animali (*aquila → aquilotto, lepre → leprotto*: cfr. III.78); in altri casi ha valore genericamente attenuativo e corrisponde a una perifrasi con *alquanto* (*piuttosto*)+la base nominale o aggettivale: *vecchio → vecchiotto, bassa → bassotta*. Può formare etnici, specie in area settentrionale: *Chioggia → chioggiotto, Valsugana → valsuganotto*.

75. *-uccio, -uccia* (cfr. lat. -ŪCEUS, raro suffisso aggettivale di relazione). Come si è accennato, può avere connotazione vezzeggiativa o spregiativa. Nei dialetti settentrionali e meridionali si presenta nella forma *-uzzo, -uzza*, cristallizzata in toponimi, nomi e cognomi (*Maruzza, Santuzza; Iacomuzzi, Marinuzzi*).

Suffissi alterativi accrescitivi

76. *-accio, -accia* (cfr. lat. -ĀCEUS, suffisso aggettivale che indicava affinità, somiglianza: PAVONĀCEUS 'simile alla coda del

pavone'; è rappresentato in italiano anche dal suffisso derivativo -*aceo*, di forma dotta e con funzione simile a quella del latino: *viola* → *violaceo, farina* → *farinaceo*). È il più comune suffisso peggiorativo italiano: *tipo* → *tipaccio, donna* → *donnaccia*. Di valore molto più attenuato i derivati da base aggettivale: *povero* → *poveraccio* (cfr. DARDANO 1978a: 104).
Nell'uso toscano l'alterazione con -*accio* può avere connotazione non peggiorativa, ma familiare-scherzosa. Nel febbraio del 1980 il comico Roberto Benigni ebbe a usare in televisione l'appellativo di *Wojtylaccio*, in riferimento a papa Giovanni Paolo II. Ne seguì una denuncia, ma Benigni si difese affermando: «In Toscana, aggiungere *accio* a un nome o a un cognome non ha senso offensivo, ma piuttosto familiare, affettuoso» (dal resoconto del «Messaggero», 12.4.1980).
Singoli alterati in -*accio* di segno non spregiativo si trovano anche fuor di Toscana: si pensi a *praticaccia* («per l'esazione delle cedole di rendita o per altre operazioni di questo genere, in cui Demetrio aveva una certa praticaccia» De Marchi, *Demetrio Pianelli*, 178; =una discreta pratica) o a formazioni occasionali, come nel seguente esempio, ancora dal *Demetrio Pianelli*, 395: «– Brutto maccabeo! – grugnì il buon *Bianconaccio* [il cognome del personaggio è *Bianconi*] col viso in brace».

77. -*astro*, -*astra* (cfr. lat. -ĀSTRUM, nominativo -ĀSTER, affisso a sostantivi che indicavano somiglianza: PINĀSTER 'pino selvatico'; di qui si sviluppò già in latino una connotazione spregiativa: ROHLFS 1966-1969: 1127). Di uso molto più limitato di -*accio*, ne condivide il valore peggiorativo (*poeta* → *poetastro*; «Lascio tali cose ai molti *politicastri* che giocano fra il potere e gli schieramenti» B. Visentini, nella «Repubblica», 19.11.1986, 8); talvolta si ha una sfumatura scherzosa (*bambinastro, cuginastro*). Forme lessicalizzate sono *figliastro, fratellastro, sorellastra, pollastro*. Se la base è un aggettivo, -*astro* ne attenua semplicemente il valore: *sordo* → *sordastro, grigio* → *grigiastro*.

78. -*one*, -*ona* (per l'origine cfr. XV.36). Si usa normalmente come accrescitivo obiettivo, cioè senza alcuna implicazione di valore: *libro* → *librone*. Anche i femminili possono assumere -*one*: *barca* → *barcone, donna* → *donnone* e *donnona*.
Sfumatura spregiativa o ironica hanno gli accrescitivi in -*one* che indicano il fautore accanito di una parte politica: «– È un *fascistone* – soggiunse – e bisogna stare attenti» (Comisso, *Capricci italiani*); «non sentiva simpatia per il Controllore col quale aveva scambiato un paio di visite in tutto e che aveva fama di '*tedescone*'» (Fogazzaro, *Piccolo mondo antico*, 78).

79. Da notare che prima dei suffissi diminutivi -*ino* ed -*ello* può figurare, senza che se ne possa prevedere la comparsa, l'interfisso (cfr. XV.11a) *ic*, di origine piuttosto complessa (cfr. TEKAVČIĆ 1980: III 94): *conto* → *conticino, fiume* → *fiumicello*. I due suffissi presentano sistematicamente la variante ampliata -*cino*, -*cello* quando la base termina in -*one*, -*ona*: *leone* → *leoncino, bastone* → *bastoncello, corona* → *coroncina*.
Una rassegna dei suffissi alterativi italiani con indicazioni statistiche sulla loro frequenza d'uso in TRENTA LUCARONI 1983.

Prefissazione

80. Oltre alla posizione dell'affisso, che precede la base, la prefissazione si distingue dalla suffissazione per due tratti essenziali (DARDANO 1978a: 118): *a*) come l'alterazione, non determina mutamenti nella categoria d'appartenenza della base; *b*) «mentre il suffisso non è mai autonomo, il prefisso può esserlo» (per esempio *mal*- in *maldicente*) o non esserlo (*pre*- in *preallarme*).
È opportuno distinguere i prefissi in nominali e verbali, a seconda che siano affissi a un nome o a un verbo. I primi, più numerosi, possono essere ulteriormente suddivisi in base a criteri semantici.
Dalle liste che seguono – limitate anche questa volta alle principali formazioni produttive – risulterà che spesso una stessa nozione può essere rappresentata da un prefisso indigeno, di immediata evidenza per il parlante (*avanti-, con-, fuori-*, ecc.), da uno latineggiante (*ante-, extra-*) o da uno grecizzante (*sin-, meta-*). In gene-

rale, possiamo osservare che le formazioni più produttive nella lingua d'oggi sono quelle con prefisso dotto, greco-latino.

Prefissi nominali e aggettivali di tipo spazio-temporale

81. Indicano una relazione nello spazio (*extra-* in *extraterritoriale*) o nel tempo (*post-* in *postclassico*). Spesso il valore spazio-temporale non si percepisce più: un ente *parastatale* è «presso» lo Stato solo idealmente, in quanto struttura pubblica controllata dallo Stato, una faringite *subacuta* è «sotto» la faringite acuta metaforicamente, per il decorso attenuato e di più lenta risoluzione.

82. *Ante-*, *anti-* (cfr. lat. ĀNTE 'davanti'), *avanti* o *avan-*, *pre-* (lat. PRAE 'davanti'): *anteguerra*, *antemeridiano*; *anticamera*, *antipasto*; *avantielenco*, *avanspettacolo*; *prebarba*, *prebellico*.

83. *Con-* (cfr. lat. CŬM 'insieme con'), *sin-* (cfr. gr. *sýn* 'con'). Indicano unione, compagnia, collegamento; in *con* la *n* si assimila in tutto o in parte alla consonante iniziale della base, diventando *m* davanti a *b*, *p*, *m* (*comprova*), *l* o *r* rispettivamente davanti a un'altra *l* o a un'altra *r* (*collaterale*, *correo*) e si riduce a *co-* davanti a vocale (*coautore*; su modello inglese *co-* si è esteso, in neologismi, anche alla posizione preconsonantica: *cobelligerante*, *cofirmatario*, *cogestione*, *coproduzione*, ecc.: cfr. CORTELAZZO-ZOLLI 1979: I 247). *sin-* (varianti fonetiche: *sim-*, *sil-*, *sir-*, *sis-*) è caratteristico anche se non esclusivo di parole tecniche e scientifiche: *sinartrosi*, *simpetalo*, *sillogismo*.

84. *Contro-*, *contra-* (cfr. lat. CŎNTRA), *anti-* (cfr. gr. *antí* 'contro'). Hanno in qualche caso valore spaziale (*controsoffitto*), ma più spesso indicano opposizione, antagonismo: *controcorrente*, *contraddire*; *antidroga*, *antimicotico*, *anticiclonico*.

85. *Extra-* (cfr. lat. ĔXTRA 'fuori'), *fuori-*: *extraterritoriale*, *extralinguistico*; *fuoriserie*, *fuoribordo*.

86. *Inter-* (cfr. lat. ĪNTER 'tra'). Oltre al valore originario (= in mezzo a: *interbellico*, *intermascellare*), indica collegamento, relazione tra due o più concetti (*intersindacale*, *interclassismo*) o reciprocità (*intercambiabile*, *interdipendenza*).

87. *Intra-*, *entro-* (cfr. lat. ĪNTRA e ĪNTRO 'dentro, all'interno'; il primo prefisso ha forma latineggiante, il secondo popolare), *endo-* (cfr. gr. *éndon* 'dentro'). Dei tre prefissi, *entro-* è poco produttivo, *intra-* e *endo-*, più frequenti, sono propri del linguaggio scientifico: *intramuscolare*, *intracerebrale*; *entroterra*; *endoscopia*, *endolinfa*.

88. *Multi-* (cfr. lat. MŬLTUM 'molto'), *poli-* (cfr. gr. *polýs* 'molto'). Indicano molteplicità, abbondanza: *multilaterale*, *multimilionario*, *multirazziale*; *policentrico*, *poliestere*, *poliglotta*.

89. *Neo-* (cfr. gr. *néos* 'recente'), *paleo-* (cfr. gr. *palaiós* 'antico'). *Neo-*, di uso molto largo, può valere, assolutamente, 'nuovo, recente' (*neoformazione*, *neolaureato*), o, più spesso e con particolare riferimento a ideologie, contrassegnare la ripresa recente di concetti anteriori (*neopositivismo*, *neofascismo*, *neoimpressionismo*); *paleo-* si adopera in relazione a fasi originarie (*paleogeografia*, *paleozoologia*), oppure, con forte carica polemica, ad atteggiamenti ideologici ritenuti superati (*paleomarxismo*, *paleomaschilismo*).

90. *Oltre-*, *ultra-* (cfr. lat. ŬLTRA 'di là da, oltre', continuato rispettivamente per via popolare e dotta), *meta-* (cfr. gr. *metá* nel significato di 'oltre'), *iper-* (cfr. gr. *hypér* 'sopra, oltre'): *oltrecortina*, *oltretomba*; *ultrasuono*, *ultravioletto*; *metagalassia*, *metalinguaggio*; *iperbarico*, *iperuranio*. I prefissati con *ultra-* e *iper-* sfumano facilmente, tranne che in formazioni strettamente tecniche, nel valore intensivo (cfr. XV.97, XV.102).

91. *Para-* (cfr. gr. *pará* 'presso, accanto'). Indica somiglianza, affinità; talvolta può avere una sfumatura limitativa: *parastatale*, *paranormale*, *paraletteratura*.

92. *Post-* (cfr. lat. PŎST 'dopo'), *retro-* (cfr. lat. RĔTRO 'dietro'). Hanno valore spaziale (*post-* specie nel lessico anatomico e in quello della fonetica: *postipofisi, postalveolare; retro-*, nella grande maggioranza dei casi: *retrobottega, retroguardia, retromarcia*) o temporale, e in tal caso i significati sono opposti (*post-* = dopo, posteriormente: *postmoderno, postclassico; retro-=* prima, ante riormente: *retroattivo, retrodatazione*). Sulla fortuna di *post-* nell'italiano d'oggi cfr. BRUNI 1986: 162.

93. *Sopra-, sovra-* (cfr. lat. SŬPRA 'sopra'), *super-* (cfr. lat. SŬPER; a differenza di *sopra-* è forma dotta). Indicano superiorità, preminenza, eccedenza rispetto alla norma e spesso è difficile distinguere tra valore spaziale e valore intensivo. Nella ricca serie di prefissati di questo gruppo (studiati in MIGLIORINI 1963b: 61-98) possiamo ricordare le formazioni in cui il prefisso mantiene il valore originario (*soprabito* 'indumento che si indossa sopra l'abito', *superattico, sovrappasso*) e quelle in cui il prefisso indica addizione, eccesso (*soprattassa* 'tassa che si aggiunge a un'altra', *sovraffollamento, superdose*).

94. *Sotto-* (cfr. lat. SŬBTUS 'di sotto'), *sub-* (cfr. lat. SŬB 'sotto'), *infra-* (cfr. lat. ĬNFRA 'sotto'), *ipo-* (cfr. gr. *hypó* 'sotto'): *sottogruppo, sottopassaggio* (derivati esocentrici: *sottosuolo, sottoscala*); *subacqueo, subcosciente, sublinguale* (semplice valore attenuativo in *subacuto, subdesertico, subtotale*); *infrasuono, infrascritto* (*infra-* equivale a *intra-* 'entro, all'interno' in *infrasettimanale*); *ipoderma, ipogeo*.

95. *Vice-* (cfr. lat. VĬCE 'in vece di'), *pro-* (cfr. lat. PRŌ 'davanti, in luogo di'). Indicano cariche e funzioni: *vicequestore, vicedirettore; prorettore, proconsole*. *Pro-* si ricollega al valore di 'davanti' (in senso temporale) quando indica 'parentela remota' (perché intervallata da una o più generazioni: *progenitore, prozio, pronipote*) o, in biologia, 'stadio anteriore, primitivo' (*profase, proscimmia*).

Prefissi nominali e aggettivali di tipo valutativo

96 Alcuni prefissi, apposti a basi nominali e aggettivali, hanno la funzione di qualificarle (sull'asse 'favorevole'-'contrario' o 'vero'-'falso': *rivoluzionario - antirivoluzionario - pseudorivoluzionario*) oppure di graduarne l'intensità semantica, da un valore massimo allo zero: *superoccupato-sottoccupato-disoccupato; ipertrofia-emiatrofia-atrofia*, ecc.

97. *Arci-* (cfr. gr. *archi-*, dalla radice di *árchein* 'comandare, essere a capo'), *super-, extra-, stra-* (allotropo popolare di *extra-*), *ultra-*. Indicano la massima intensità di qualcosa, in genere con apprezzamento positivo. Di qui il frequente impiego nella pubblicità, un impiego che per *super* risale addirittura agli anni Venti (cfr. MIGLIORINI 1963b: 80-87): *Supercinema, extramorbido, ultrabbronzante*; si veda anche l'uso assoluto: «benzina super», «qualità extra». Di tutti questi prefissi elativi, *arci-* (che può indicare, con valore obiettivo, il grado superiore di una gerarchia: *arciprete, arciduca*) e *stra-* sono adoperati, limitatamente, nel linguaggio familiare (*arciricco, straricco, arcinoto*) e anche, per mimèsi popolare, in quello dotto (si pensi alle correnti letterarie novecentesche di *strapaese* e di *stracittà*). Gli altri, in particolare *super-* e *ultra-*, hanno una sfera d'uso più ampia e si incontrano, oltre che nella pubblicità, nei linguaggi scientifici e tecnici (*supernova, superfluido, ultracentrifuga, ultrasensibile*), nonché nel linguaggio politico e giornalistico, debordando, di lì, nell'uso comune: *superburocrate, supercarcere, ultrasinistra*.

98. *Ben(e)-, mal(e)-, eû-* (cfr. gr. *eu* 'bene'), *caco-* (cfr. gr. *kakós* 'cattivo'). Formano derivati con evidente funzione apprezzativa: *benpensante, maldisposto, eugenetica, euritmico, cacofonia*.

99. *Bi(s)-* (cfr. lat. BĬS 'due volte'), *di-* (cfr. gr. *dís*, corradicale di BĬS). Sono prefissi iterativi: *biovulare, bipolare, dimorfismo, dicromatico*. Non mancano casi di alternanza tra prefisso greco e prefisso latino: *disillabo / bisillabo, disaccaride / bisaccaride*.

100. *Dis-* (cfr. gr. DĪS- prefisso indicante separazione, dispersione), *dis-* (cfr. lat. *dys-* prefisso negativo). Benché distinti per origine e per significato, i due prefissi

tendono ormai a confluire in un'unica nozione, in cui si può riconoscere l'idea di negazione (*discontinuo* 'non continuo'; *disamore, disidratato, disinformazione, disomogeneo*) o l'idea di alterazione, modificazione in peggio (specie in voci del lessico medico: *disfunzione, disendocrino, dismetabolismo*).

101. *In-* (cfr. lat. ĬN- prefisso negativo), *a-* (cfr. gr. *a-*, corradicale del lat. ĬN; è il cosiddetto «alfa privativo»), *non-*. Nei derivati con *in-* si ha assimilazione parziale o totale quando la base comincia per *b, m, p* (*in-* > *im-*: *immite, impoetico*) o per *l* e *r* (*in-* > *il-* e *ir-*: *illegittimo, irregolare*); *a-* diventa *an-* quando la base comincia per vocale: *anaerobio*. I tre prefissi indicano negazione, privazione di qualcosa, con alcune sfumature. *In-* e *non-* (di uso molto meno frequente e spesso dipendente dall'inglese: cfr. CORTELAZZO-ZOLLI 1983: III 808) valgono per la negazione assoluta: *incostante* 'non costante', *inessenziale, noncurante, non violenza* (da notare che la grafia oscilla tra separazione e universazione; altra possibilità è l'uso del trattino: *non-intervento*). *A-* può esprimere negazione assoluta (*aperiodico, apolitico*) o, in derivati esocentrici, mancanza (*acefalo* 'senza testa', *acarpo, anemia*).
Qualche volta la stessa base può ammettere come prefissi negativi sia *in-* sia *a-*, con specializzazioni di significato. Si pensi ad *amorale* 'che prescinde da norme morali' e *immorale* 'che offende norme morali': «le azioni meramente economiche (né morali né immorali, amorali)» (Croce, *Filosofia della pratica economica ed etica*).

102. *Iper-*. Indica aumento, sovrabbondanza ma, a differenza degli altri prefissi elativi (*arci-, super-*, ecc.), *iper-* è spesso connotato sfavorevolmente: «gli *iper-* medici [*ipertensione, iperemia*, ecc.] suggeriscono qualche cosa di patologico, e in generale *iper-* fa intendere che v'è alcunché al di là della misura» (MIGLIORINI 1963b: 71). Esempi al di fuori del lessico medico: *ipercritica, ipercorrettismo*; senza sfumature negative: *ipermetria* e il recente *ipermercato*.

103. *Ipo-, sotto-*. Sono antonimi di *iper-* ed esprimono inferiorità, insufficienza: *ipotensione, ipoplasia, ipovitaminosi*; *sottoccupazione, sottosviluppo, sottoprodotto*.

104. *Mini-* (estratto da *minigonna*, dall'ingl. *mini-skirt*: cfr. CORTELAZZO-ZOLLI 1983 III 758), *maxi-* (da *maxigonna*: cfr. CORTELAZZO-ZOLLI 1983 III 733), *mega-* (cfr. gr. *mégas* 'grande'). Si tratta di prefissi di introduzione recente, ma di grande prolificità: *mini-* vale 'piccolo, di piccolo formato', spesso figuratamente: *minicorrente, minimarcia, miniladro* (esempi giornalistici citati in DARDANO-TRIFONE 1985: 345); *maxi-* (*maxicorteo, maxiprocesso, maxi-accordo*, tutti e tre in uno stesso numero di quotidiano: «Il Mattino», 28.11.1986, 1, 5, 8) e *mega-* (*megashow, megadirigenti, megacrescita*: esempi citati in JANNI 1986: 124) ne sono gli antonimi.

105. *Pan-* (cfr. gr. *pân* 'tutto'), *omni-, onni-* (cfr. lat. ŎMNIS 'tutto'). Valgono, a seconda dei casi, 'tutto, completamente, da ogni parte, da ogni punto di vista'; *pan-* può diventare *pam-* davanti a *b, m, p*: *panartrite, panslavismo, pampsichismo*; «questo è dovuto al tipo di cultura idealistica, cioè al tipo di cultura *panfilosofica, panideologica* cui non è estranea sicuramente anche la cultura marxista» (P. Ostellino, in *Ling. divulgazione*, 43); *onnipresente, onnivoro, onnicomprensivo, omnidirezionale*.

106. *Pseudo-* (cfr. gr. *pseûdos* 'menzogna, falsità'). Indica qualità apparente, mera somiglianza e ha valore descrittivo nella terminologia scientifica (*pseudofrutto, pseudomembrana*), quasi sempre spregiativo in altri casi (*pseudocristiano, pseudoragionamento*).

107. *S-* (cfr. lat. ĔX-, di cui riflette uno dei valori, l'idea di allontanamento, di separazione; ma potrebbe esservi confluito anche DĬS-: cfr. TEKAVČIĆ 1980: III 125). Come prefisso nominale e aggettivale ha quasi sempre funzione negativo-sottrattiva: *scontento* 'non contento', *smisurato, sgradevole*; *svantaggio* 'mancanza di vantaggio'; *sdentato* 'senza denti'. La capacità del prefisso di ribaltare il significato della base cui è apposto dà ragione della sua produttività anche attraverso coniazioni

occasionali; per esempio: «le cifre dello sboom» (in riferimento al calo demografico; «Il Mondo», 10.11.1986, 54).
Alcuni fossili presentano *s-* intensivo (*sbirro* 'birro', *sbarra* 'barra': cfr. ROHLFS 1966-1969: 1012), con un valore rimasto vivo per i verbi, specie parasintetici (cfr. XV.119).

108. *Semi-* (cfr. lat. SĔMI- prefisso col valore di 'metà'), *emi-* (cfr. gr. *hémi-*, corradicale di SĔMI). Valgono 'a metà'; *semi-* può indicare, genericamente: 'in parte', 'non completamente' e, a differenza di *emi-* che è proprio della terminologia scientifica, si usa anche nel linguaggio comune: *semifreddo, semiconvitto, semigratuito; emiparassita, emisfero, emiplegia*.

Prefissi verbali

109. I prefissi che possono precedere una base verbale sono quasi tutti utilizzabili anche come prefissi nominali (cfr. XV.81-108). Nel suo insieme, non si tratta di un meccanismo molto produttivo (cfr. DARDANO 1978a: 136): diversi derivati possono essere ricondotti dalla coscienza linguistica del parlante sia a un verbo semplice (*servire* → *asservire*) sia a un nome (*servo* → *asservire*; cfr. XV.116). Inoltre, è relativamente alto il numero di forme lessicalizzate (*comprendere*, ad esempio, è semanticamente autonomo rispetto a *prendere* e non si presta a essere analizzato come 'prendere insieme'). Tra i prefissi verbali in cui la trasparenza del rapporto col verbo semplice non è sempre evidente ricordiamo, oltre a *con-* (e alle relative varianti fonetiche, cfr. XV.83: *porre* → *comporre, legare* → *collegare, abitare* → *coabitare*), *a-*: *consentire* → *acconsentire, girare* → *aggirare, porre* → *apporre*. Vediamo ora i principali e più produttivi prefissi verbali:

110. *Contra-, contro-*: *contrapporre, contraddistinguere; controbilanciare, controindicare*. *Contro-* appare in molti neologismi, che si presentano «più frequentemente nella forma di nominalizzazioni di prefissati verbali (reali o virtuali): *controdichiarazione, controinformazione*» (DARDANO 1978a: 134).

111. *De-* (cfr. lat. DĒ-, prefisso indicante separazione o allontanamento), *dis-, s-*. I tre prefissi condividono una generica funzione negativa, con diverse specializzazioni di significato. *De-* ha soprattutto valore sottrattivo (*concentrare* → *deconcentrare* 'togliere concentrazione', *decalcificare, decentralizzare, destabilizzare*) ed è in espansione rispetto a *s-* e *dis-*: «*decolorare* e *decongelare* hanno (o sembrano avere) una maggiore specificità rispetto a *scolorare* e *scongelare*» (DARDANO 1978b: 63). *Dis-* ha valore sottrattivo (*disaggregare, disincentivare*) o negativo (*disapprovare* 'non approvare', *dischiudere, dispiacere*). Per *s-* bisogna distinguere, oltre alla funzione negativa (*scontentare* 'non contentare', *scaricare* antonimo di *caricare*), una funzione peggiorativa (TEKAVČIĆ 1980: III 126; *sparlare* 'parlare male', *sgovernare, sragionare*). Un altro valore di *s-*, di segno opposto a tutti gli altri, è quello intensivo: *sbattere, sbeffeggiare* o anche *scancellare*, forma a torto considerata di livello popolare («Medea e Giasone [...], contaminati dal sangue sparso, accorrono da lei, che sola può *scancellarne* la traccia col sangue espiatorio d'un porcellino» E. Zolla, «Corriere della Sera», 21.3.1987, 3).

112. *Inter-*. Il significato di base è 'in mezzo'; «a tale significato si ricollegano tre espansioni semantiche: collegamento, comunanza, reciprocità» (DARDANO 1978a: 134): *interfogliare, interporre*. Con valore analogo si usano altri prefissi, di limitata produttività: *infra-* o *fra-* e *tra-*: *inframmettere, frapporre, trapassare*.

113. *Ri-, re-* (cfr. lat. RĔ-; prefisso con varie funzioni tra cui spiccava quella iterativa: VĔHERE 'portare' → REVĔHERE 'portare di nuovo, riportare'; dei due prefissi italiani, *ri-* costituisce l'esito popolare, *re-*, quello dotto). Il valore fondamentale è 'di nuovo': *rifare, risentire, rinascere*. *Re-*, molto meno frequente, compare in forme dotte (*reduplicare, refluire*) o lessicalizzate (*restringere*); ma subentra a *ri-* quando la vocale del verbo semplice è *i-* (cfr. DARDANO 1978a: 132): *reinserire, reintegrare* (si può avere anche elisione, come in *rimbarcare* e *rincarnare*). Davanti alle vocali *a, o, e, u, ri-* mantiene in genere la vocale: *riavere,* *riottenere, rieducare, riutilizzare*. L'elisione dinnanzi ad *a-* è presente in alcune forme lessicalizzate con generico valore intensivo (*rassicurare*) o scadute a semplici varianti di una forma semplice, uscita d'uso (*raffigurare* e *raffreddare* rispetto ad *affigurare* e *affreddare*); oppure nell'italiano antico: cfr. SERIANNI 1972: 122.

114. *Stra-*: *stravincere, strafare*.

Formazioni parasintetiche

115. Alcuni derivati possono risultare dall'affissione simultanea di uno o più prefissi e di uno o più suffissi a una base nominale (*barca* → *s-barc-are*) o aggettivale (*grande* → *in-grand-ire*). Questi derivati, detti *parasintetici* (o *parasìnteti*), consistono in nomi, aggettivi o verbi. I nomi e gli aggettivi sono costituiti in massima parte da formazioni ottenute col prefisso *s-* e il suffisso *-ato* (cfr. F. Tollemache, in *Enciclopedia Dantesca, Appendice*, 490): *faccia* → *sfacciato*, *pietà* → *spietato*.
Molto più numerosi i verbi, che costituiscono anzi un settore in espansione nell'italiano d'oggi, a danno di precedenti derivati aggettivali (cfr. DARDANO 1978a: 36). Si vedano per esempio le seguenti coppie di verbi, il primo deaggettivale – e antiquato –, il secondo parasintetico, ben vivo nell'uso: *acerbare* / *inacerbire*, *dolcire* / *addolcire*, *serenare* / *rasserenare*.
I verbi parasintetici appartengono tutti alla 1ª o alla 3ª coniugazione, e possono essere distinti a seconda del prefisso con cui si formano:

116. *A-* (cfr. lat. ĂD; ha la proprietà di raddoppiare la consonante iniziale della base e davanti a vocale si presenta nella variante eufonica *ad-*). Dà luogo a formazioni di significato assai vario, anche se accomunate dalla caratteristica di indicare un'azione, un cambiamento di stato (stessa latitudine di valori per i parasintetici formati con *in-*: vedi oltre). Esempi: *punta* → *appuntire*, *dente* → *addentare*, *occhio* → *adocchiare*, *ira* → *adirare*, *celere* → *accelerare*.

117. *De-, dis-*. Danno al verbo valore negativo-sottrattivo e si affiggono soprattutto a basi nominali: *caffeina* → *decaffeinare*, *morale* (come sostantivo maschile, 'stato d'animo') → *demoralizzare*, *merito* → *demeritare*; *sale* → *dissalare*, *colpa* → *discolpare*, *obbligo* → *disobbligare*.

118. *In-* (cfr. lat. ĬN; davanti a vocale può diventare *inn-*, esito caratteristico delle formazioni più antiche; altre varianti condizionate dalla consonante successiva: *il-, ir-, im-*): *amore* → *innamorare* (un esempio senza raddoppiamento di *n* è *orgoglio* → *inorgoglire*), *burro* → *imburrare*, *sapore* → *insaporire*, *vecchio* → *invecchiare*, *languido* → *illanguidire*, *pigro* → *impigrire*, *rigido* → *irrigidire*; più recente *pasticca* [di farmaco psicotropo] → *impasticcarsi* («ci si 'impasticca' in solitudine e nel cerchio chiuso della solidarietà di gruppo» «Stampa sera», 23.2.1987, 4; cfr. anche CORTELAZZO-CARDINALE 1986: 93). La fusione di due prefissi, *re-* e *in-*, si nota in *patria* → *rimpatriare*, *bocca* → *rimboccare*.

119. *S-*. Anche i parasintetici, come gli altri prefissati con *s-* (cfr. XV.107), riflettono i diversi valori del prefisso, intensivo (*bollente* → *sbollentare*, *pennello* → *spennellare*, *largo* → *slargare*) o sottrattivo con varie sfumature ('togliere qualcosa': *macchia* → *smacchiare*; 'togliere da qualcosa': *carcere* → *scarcerare*; 'togliersi da qualcosa': *barca* → *sbarcare*, ecc.).
Di molto minore produttività i prefissi *di-* (*razza* → *dirazzare*), *tra-, tras-* e *trans-* (*bordo* → *trasbordare*), *per-* (*notte* → *pernottare*), sui quali cfr. DARDANO 1978a: 30-31.

Composizione

120. È senza dubbio il settore più complesso nell'àmbito della formazione delle parole e anche quello che più recalcitra a una classificazione unitaria.
Una distinzione fondamentale – non tanto per ragioni etimologiche, quanto per il vario grado di trasparenza dei diversi formati (cfr. XV.5b) – deve esser fatta tra i composti con elementi indigeni (*apriscatole, cassaforte*) e i composti con elementi in tutto o in parte esogeni, quasi soltanto greco-latini (*misantropia*, con due ele-

menti grecizzanti, *burocrazia*, con un elemento moderno – e precisamente francese: *bureau* – e uno greco).

121. La proliferazione degli elementi formativi scientifici nell'italiano d'oggi (come in molte altre lingue moderne) li ha quasi trasformati in prefissi e suffissi, suscettibili di essere preposti o posposti a «qualsiasi termine del lessico che semanticamente lo consenta» (MIGLIORINI 1963b: 19-60; il Migliorini avanza però qualche riserva sull'elasticità di applicazione di questi elementi come suffissi: 34-35). Esempi del genere possono essere *elettro-* in *elettromotore, elettrotreno*, e *-teca* in *discoteca, paninoteca*; in casi del genere si può parlare rispettivamente di *prefissoidi* e di *suffissoidi*.
Anche il Tekavčić (1980: III 15), sulla scia del Migliorini, colloca le parole con elementi formativi scientifici in un gruppo a sé, distinto da derivazione e composizione. Un interessante tentativo di ricondurre in una prospettiva unitaria composti con elementi indigeni (*asciugamano*) e con elementi dotti (*antropofago*) secondo i principi della grammatica trasformazionale è in DARDANO 1978a: 141-147 e viene ripresa in DARDANO-TRIFONE 1985: 341, da cui citiamo: «una caratteristica fondamentale accomuna questi due composti: la frase che 'sta sotto' ad entrambi ha un predicato verbale: (qualcosa) *asciuga la mano* → *asciugamano*; (qualcuno) *mangia (l')uomo* → *antropofago*».
Nel corso della nostra presentazione passeremo in rassegna i composti indigeni (con elemento verbale: XV.123-124; con elementi nominali o aggettivali: XV.125-126) e successivamente i composti con elementi greco-latini (XV.127-133); seguirà un paragrafo dedicato a modalità compositive particolari (XV.134-135).

122. Si osservi che, affinché si possa parlare di composizione, non è indispensabile l'univerbazione grafica. Rientrano a pieno diritto nel fenomeno anche gruppi di parole staccate (*parola chiave, lotta di classe*), purché vengano percepite come unità sintattiche e semantiche (dette «unità lessicali superiori»: cfr. DARDANO 1978a: 115-116). Ciò che consente di definire *lotta di classe* un composto e non un insieme libero di parole sono soprattutto due elementi: *a*) la stabilità dei significati (*classe* = classe sociale e non, per esempio, classe scolastica; non potrei servirmi, se non facendo un gioco di parole, dell'espressione *lotta di classe* per indicare una rissa tra la IV A e la IV B di un liceo scientifico); *b*) l'impossibilità di introdurre nella sequenza un qualsiasi altro elemento (**lotta aspra di classe, *lotta degli operai di classe*).

Composti indigeni formati da un verbo e da un nome

123. Si tratta di un tipo molto produttivo, oggi come ieri. L'elemento verbale è seguito da un sostantivo con funzione di complemento oggetto, singolare (*copricapo*) o plurale (*coprivivande*).
Sulla natura di questo elemento verbale non c'è accordo tra gli studiosi, che pensano a un imperativo, a un indicativo o, come forse è preferibile, al puro tema verbale (bibliografia in DARDANO 1978a: 148 n. 11).
Altri tipi di composti con base verbale (*cartasuga*, con verbo in seconda posizione; *batticuore*, con sostantivo in funzione di soggetto) hanno poca importanza nell'italiano contemporaneo.
I composti di questa serie risultano da un verbo della 1ª coniugazione (*lavapiatti, portavalori*), della 2ª (*perditempo, spremilimoni*), della 3ª (*apriscatole, copricapo*) e, di norma, sono privi d'articolo (arcaiche e rarele poche forme articolate citate in TOLLEMACHE 1945: 206: *battiloro, bevilacqua* 'astemio', ecc.).
Dal punto di vista semantico possono riferirsi a una persona (*portavalori*), a una cosa (*spremilimoni*) o cambiare termine di riferimento a seconda dei contesti: «altrimenti la nostra ultima *lavapiatti* fila su due piedi» (una persona; Montale, *Farfalla di Dinard*); «un *lavapiatti* elettrico e una macchina da fare il bucato» (un elettrodomestico; Bacchelli, *Oggi, domani e mai*).
Ecco una lista esemplificativa di questi composti (più ricchi elenchi in TOLLEMACHE 1945: 191-206 e in DARDANO 1978a: 149-153):

XV. La formazione delle parole

accendi- (accendisigari)
appendi- (appendiabiti)
appoggia- e poggia- (appoggiatesta, poggiatesta
apri- (apribottiglie)
asciuga- (asciugacapelli)
aspira- (aspirapolvere)
attacca- (attaccabottoni)
bacia- (baciamano)
batti- (battipanni)
buca- (bucaneve)
cambia- (cambiavalute)
canta- (cantastorie)
cava- (cavadenti)
conta- (contachilometri)
copri- (copritermosifone)
ferma- (fermacravatta)
gira- (giramondo)
guarda- (vale 'conservare, custodire' come il francese *garder* che è alla base di quasi tutti questi composti, cfr. DARDANO 1978a: 152 n.; guardacaccia)
guasta- (guastafeste)
lancia- (lanciafiamme)

lava- (lavastoviglie)
mangia- (ha spesso valore traslato: mangianastri, mangiapreti)
metti- (mettibocca)
para- (parafulmini)
passa- (passatempo)
pesa- (pesalettere)
porta- (portapacchi)
posa- (posacenere)
reggi- (reggicalze)
rompi- (rompighiaccio)
ruba- (rubacuori)
salva- (salvatacco)
scalda- (scaldabagno)
schiaccia- (schiaccianoci)
segna- (segnaprezzo)
spremi- (spremilimoni)
stira- (stiracalzoni)
taglia- (tagliacarte)
tappa- (tappabuchi)
tendi- (tendicollo)
tira- (tiralinee)
trincia- (trinciapollo)
trita- (tritarifiuti)
vuota- (vuotamele)

124. Molto rari, e in genere effimeri, i composti con due elementi verbali. Eccone un paio di esempi dal linguaggio della pubblicità automobilistica: *lavatergilunotto* («Corriere della Sera», 20.6.1979) e *tergilavalunotto* («Corriere della Sera», 21.10.1979).

Composti indigeni formati da nomi e aggettivi

125. È opportuno suddividere tutti i composti di questo tipo a seconda che siano fondati sulla coordinazione delle componenti (*altopiano, pescecane, gialloblù*) o che presuppongano un rapporto di subordinazione, il quale può essere espresso attraverso una preposizione (*a*: pallavolo; *da*: sala da ballo; *di*: capodanno, ecc.: ma cfr. VIII.4a) oppure essere risolto nella giustapposizione dei due elementi (*agopuntura*, 'puntura con l'ago'; *capostazione* 'capo *della* stazione', *carro attrezzi* 'carro *con* attrezzi', *angolo cottura* 'angolo *per la* cottura', ecc.; o ancora, nel linguaggio poetico antico, *frondichiomato* 'coperto *di* fronde': «i boschi / oltra l'usato lor frondichiomati» Chiabrera, *Canzonette - Rime varie - Dialoghi*).

126. In particolare, tra i composti coordinativi possiamo distinguere quelli costituiti con:

a) Aggettivo+Nome: *altopiano, bassorilievo, buon senso, gentildonna, libero arbitrio, terzordine.*

b) Nome+Aggettivo: *camposanto, cassaforte, fico secco, girotondo, pastasciutta.*

c) Nome+Nome. È un gruppo affine ai due precedenti, giacché uno dei due nomi funge in realtà da determinatore dell'altro, così come un aggettivo è determinatore del nome. La funzione aggettivale è generalmente svolta dal secondo elemento, a differenza di quel che avviene nei composti greco-latini (cfr. V.127-129): *cartamoneta, scolaro modello, famiglia tipo* (tutti composti che equivalgono a sintagmi, reali o virtuali, costituiti da un nome e da un aggettivo: **carta monetaria, scolaro esemplare, famiglia tipica*). Dal linguaggio giornalistico attingiamo

gol partita 'gol che vale, che decide la partita' («Toninho Cerezo, gol partita a due minuti dal termine» «Alto Adige», 1.12.1986, 15).
Qualche volta la funzione di determinatore è, per dir così, reciproca, può cioè essere svolta indifferentemente dal primo o dal secondo elemento; per esempio in *cassapanca, poltrona letto, studente lavoratore, diritto-dovere*. Potremmo dire, insomma, che la cassapanca è «una cassa che è anche una panca e una panca che è anche una cassa» (DARDANO-TRIFONE 1985: 343).
d) Aggettivo+Aggettivo. Sequenza molto comune, specie in alcuni campi semantici (per esempio gli aggettivi etnici: «la guerra *franco-prussiana*», «un dizionario *italo-spagnolo*»). Il primo elemento assume la terminazione in *-o*, se è un aggettivo della prima classe, in *-e*, se è un aggettivo della seconda, e presenta molto spesso decurtazione sillabica: cfr. V.21.
Gli aggettivi in *-le, -re* tendono a perdere la vocale finale (*nazionalpopolare*, cfr. I.84). Si noti che le forme decurtate recano di norma la vocale finale *-o*, quale che sia la desinenza della forma intera: *cerebro-spinale* (cerebrale+spinale), *sociopolitico* (sociale+politico), ecc.
Caratteristiche le coppie aggettivali che indicano un colore: *gialloblù, grigioverde, verde cupo*; «gli occhi *azzurro-torbido*» (Tomasi di Lampedusa, *Il Gattopardo*, 41); «l'aria grigioazzurra della sera» (Montefoschi, *Lo sguardo del cacciatore*, 31). Uno dei due elementi può essere costituito da un nome in funzione aggettivale: *verde pisello, biondo cenere*; «un contadino con la camicia *blu altomare*» (L. Viani, *Il cipresso e la vite*).
Altri esempi: *agrodolce, sordomuto, dolcemorbido* (nel linguaggio pubblicitario).
e) Avverbio+Aggettivo. Sovente l'aggettivo è rappresentato da un participio presente o passato; inoltre, più spesso che un avverbio, come primo elemento può aversi un aggettivo con valore avverbiale: *sempreverde, altoparlante*. In questa serie sono numerose le formazioni letterarie, riecheggianti modelli greco-latini: *biancovestito* («venivano tre fanciulle biancovestite» Baldini, *Il libro dei buoni incontri di guerra e di pace*), *dolcesorridente* («Discenderai al Niente pel tuo sentiero umano / e non avrai per mano la dolcesorridente» Gozzano, *Le due strade* [dai *Colloqui*], 57-58), *molleappoggiato* («lui molle-appoggiato col gomito all'un lato della bassa lucente spinetta» Boine, *Il peccato ed altre cose*).

Composti scientifici con elementi greco-latini

127. Al greco (e in misura minore al latino) hanno attinto in età moderna tutte le lingue occidentali, e non solo esse, per la coniazione di infiniti termini tecnici e scientifici.
Alcuni elementi formativi scientifici sono diventati di uso così comune e familiare da prestarsi a occasionali coniazioni scherzose. Così, su *-logo* 'esperto, cultore di qualche disciplina' (*archeologo, ematologo, sismologo*) si sono modellati il *dietrologo* e il *tuttologo*, ormai abbastanza stabili nell'uso (cfr. CORTELAZZO-CARDINALE 1986: 61 e 194) e gli effimeri *giovanologo* ('chi pretende di interpretare i comportamenti giovanili', «Panorama» 17.8.1986, 26), *giocologo* ('esperto di giochi matematici'; «Da questa sera sette lezioni del giocologo Ennio Peres», «La Repubblica», 31.8.1986, 18).
Se gli ingredienti di questi composti sono greci, la loro combinazione spesso è tutta moderna, quando non sia addirittura arbitraria (come per *macroscopico*, che presuppone nel greco *makrós* 'lungo' il significato di 'grande' che non esiste: cfr. JANNI 1986: 122).
Il composto greco tipico – continui una forma classica o sia una coniazione moderna – presenta di norma una sequenza determinatore-determinato, inusuale nei composti italiani: per esempio *antropofago* (= mangiatore di uomini; si pensi invece al composto nostrano *mangiapreti*) o *elioscopio* (=[strumento per] osservare il sole, osservatore del sole; di fronte a *mirasole* 'girasole').
Ecco due liste esemplificative di composti di questo tipo, in cui l'elemento fisso è anteposto (*prefissoide*, secondo la terminologia del Migliorini: cfr. XV 121) o posposto (*suffissoide*).

XV. La formazione delle parole

128. Primi elementi:

	COMPOSTI CON PREFISSOIDI	
	GRECO + GRECO	GRECO + LATINO (O ITALIANO)
auto- (= da sé)	autografia	autofinanziamento
filo- (= amore)	filantropo	filofrancese
idro- (= acqua)	idrolisi	idrorepellente
lito- (= pietra)	litofita	litoincisione
miso- (= odio)	misantropo	misostorico
mono- (= un solo)	monoteismo	monocamera
piro- (= fuoco)	pirofilo	piroscissione

Tra i primi elementi di origine latina si possono ricordare *quadri-* (*quadridimensionale, quadrilatero*), *ovi-* (*ovidotto, oviforme*), *roto-* (*rotocompressore, rotonave*).

129. Secondi elementi:

	COMPOSTI CON SUFFISSOIDI	
	GRECO + GRECO	LATINO (O ITALIANO) + GRECO
-crazia (= potere)	democrazia	partitocrazia
-fagia (= mangiare)	aerofagia	
-fobia (= terrore)	agorafobia	claustrofobia
-fonia (= suono)	stereofonia	
-grafia (= scrittura)	dattilografia	
-logia (= studio)	zoologia	sociologia
-mania (= fissazione)	megalomania	eroinomania
-metria (= misurazione)	stechiometria	planimetria
-patia (= sofferenza)	cardiopatia	vasculopatia
-scopia (= osservazione)	microscopia	radioscopia

Come secondi elementi di origine latina ricordiamo *-cida* (*moschicida, uxoricida*), *-colo* (*terricolo, silvicolo*), *-ficio* (*caseificio, calzaturificio*), *-forme* (*aeriforme, filiforme*), *-voro* (*carnivoro, onnivoro*).

130. I significati posti tra parentesi hanno valore di massima. Si osservi inoltre che il rapporto tra i due elementi del composto può essere rappresentato nella maggioranza dei casi da un sintagma costituito da soggetto+complemento di specificazione (*filantropo*=amico degli uomini; *zoologia* = studio degli animali), ma anche da una sequenza composta da soggetto+un altro complemento (di mezzo in *dattilografia* = scrittura per mezzo delle dita; di luogo in *litofita* = pianta [vivente] sulla roccia, ecc.).

Oltre alle combinazioni greco + greco e greco+latino (o italiano) si può avere una combinazione greco + lingua straniera moderna (per esempio *autogoal*).
Le componenti *filo* e *filia* possono figurare anche al secondo posto, in formazioni estranee al greco classico ma molto comuni nelle lingue moderne (cfr. JANNI 1986: 44-48): *bibliofilo, bocciofilo, zoofilia*. Si osserverà, anzi, che *filo* e *filia* sono abitualmente posposti, tranne che in àmbito politico-ideologico (*filoinglese* accanto ad *anglofilo*; ma solo *filocomunista, filofranchista*, ecc.).
Un'ampia indagine sui composti con *-mane, -mania* in FANFANI 1986.

131. Caratteristiche a sé hanno molti composti della terminologia medica, in quanto: *a*) possono combinare componenti plurime, con un procedimento rarissimo in altri settori (*epatolienografia* 'indagine radiologica che interessa fegato e milza'); *b*) presentano la sequenza determinatore-determinato non solo in formazioni ottenute con elementi greci o latini (come la recente serie in *-leso*: *motuleso*, *cranioleso*, *cerebroleso*, ecc.), ma anche in composti che risentono dell'influsso anglosassone, più o meno diretto: *virus-epatite* 'epatite da virus', *mielosoppressione*, *penicillino-resistente*, *farmaco-dipendente* (su cui si è coniato lo scherzoso *video-dipendente*).

132. Da alcuni composti possono ricavarsi serie compositive autonome. Accanto all'*auto-* di *autografia*, che abbiamo già visto, esiste un altro *auto-*, quello estratto da *automobile* e che è presente in formazioni quali *autoraduno* (=raduno delle auto: composto subordinativo) o *autocisterna* (composto coordinativo, costituito da nome+nome).
Altri esempi:

foto-¹ (luce) →	fotografia → fotosintesi fotofobia	foto-² (= fotografia):	fotoamatore fotoromanzo fotomontaggio
radio-¹ (raggio) →	radiofonia → radiologia radioestesia	radio-² (= radiofonia):	Radiocorriere radiocronaca radiointervista
tele-¹ (lontano) →	televisione → telefono telegramma	tele-² (= televisione):	teleabbonato telediffusione telegiornale

133. Talvolta l'elemento prefissale è costituito da una parola intera (*video*: *videocassetta*, *videoregistratore*) o da una sua variante ridotta (*cinema* → *cine*: *cineamatore*, *cineclub*).

Conglomerati e acronimi

Ai margini della composizione si collocano due particolari tipi di formazione:

134. I. I conglomerati (così denominati in DARDANO 1978a: 144) sono spezzoni di frasi che hanno finito con l'essere trattate come una sola parola (sempre maschile invariabile). Nello scritto, i conglomerati possono essere univerbati («un continuo *tiremmolla*»), presentare collegamento delle varie componenti mediante trattino («Il Cremlino esalta Najibullah / ma sul fragile *cessate-il-fuoco* / sceglie la cautela del silenzio» «La Repubblica», 17.1.1987, 10) oppure risultare di unità grafiche autonome («il *va e vieni* della gente forestiera» Pavese, *La luna e i falò*, 14).

135. II. Per «acronimi» intendiamo quelle formazioni – di diffusione soprattutto giornalistica o pubblicitaria e sovente effimere – ottenute dalla giustapposizione di parti staccate di parole, unite in modo spesso imprevedibile: *Confcommercio* (= Confederazione del Commercio), *cantautore* (= cantante + autore), *ecologia* (= economia+ecologia, cit. in JANNI 1986: 55), *Palacongressi* 'Palazzo dei Congressi' («il Palacongressi è un via vai confuso», «La Nazione», 28.2.1987, 2), *Romaratona* 'gara podistica organizzata a Roma nel maggio 1986', ecc. Per la pubblicità si possono menzionare alcuni termini inventati dalla società di consulenza finanziaria Fideuram: si tratta di nomi di animali immaginari come l'*elepardo* («combina le doti di potenza dell'elefante e di agilità del leopardo»), il *rinovallo* (rinoceronte+cavallo), il *leoguro* (leone+canguro), ecc.: cfr. MEDICI 1986: 105-106.
Ulteriori esempi di acronimi in DARDANO-TRIFONE 1985: 345-346.

INDICE DELLE ABBREVIAZIONI BIBLIOGRAFICHE

INDICE DELLE ABBREVIAZIONI BIBLIOGRAFICHE

Riuniamo in un'unica lista alfabetica le opere e gli studi critici citati nel corso della *Grammatica*: le prime, da cui si sono attinti gli esempi linguistici, recano in tondo il nome dell'autore e in corsivo il titolo dell'opera (es.: Palazzeschi, *Sorelle Materassi*); nei secondi, addotti a commento e illustrazione dei vari fenomeni, il nome dell'autore è in maiuscoletto ed è seguito dall'anno dell'edizione (es.: MIGLIORINI 1973).

Nel presente elenco non si troveranno altre fonti utilizzate nel testo; e precisamente:
- testi poetici, opere in versi e simili: tutti facilmente individuabili dal titolo del componimento e dal verso (Foscolo, *Dei Sepolcri*, 22), oppure da titolo, canto e verso (Dante, *Inferno*, VI 28) o da titolo, canto e ottava (Tasso, *Gerusalemme Liberata*, II 36). Qualche eccezione è stata fatta per testi di poesia contemporanea, meno facilmente reperibili. Per le opere più note non si dà conto, di norma, delle edizioni da cui si cita: si intende che si sono scelti testi criticamente attendibili in particolare: per la *Commedia* l'edizione di G. Petrocchi, per il *Canzoniere* del Petrarca quella di G. Contini, con alcuni rammodernamenti grafici, per l'*Orlando Furioso* quella di S. Debenedetti e C. Segre);
- giornali e periodici di informazione (sono individuati dal titolo della testata, tra virgolette, seguito dalla data di pubblicazione e dalla pagina);
- codici civile, penale e di procedura civile e penale (si cita l'articolo, attingendolo all'edizione Franchi-Feroci-Ferrari, Milano, Hoepli 1964);
- costituzione della Repubblica italiana (si cita l'articolo).

AEBISCHER 1950: Paul A., *Sosta ore una*, «LN», XI, 37-39.
AGENO 1956: Franca A., *Particolarità nell'uso antico del relativo*, «LN», XVII, 4-7.
AGENO 1961: Franca A., *Indicativo in dipendenza di «credere» e sinonimi*, «LN», XXII, 6-8.
Vd. anche BRAMBILLA AGENO.
«AGI»: «Archivio Glottologico Italiano».
Agnelli, *Addio, addio mio ultimo amore*: Susanna A., –, Milano, Mondadori, 1985.
AGOSTINI 1978: Francesco A., *Proposizioni indipendenti - Proposizioni subordinate*, in *Enciclopedia Dantesca - Appendice*, 369-408.
AIS: Karl Jaberg - Jakob Jud, *Sprach- und Sachatlas Italiens und der Südschweiz*, Zofingen 1928-1940.
Alberghi in Italia TCI: Touring Club Italiano, *Alberghi in Italia*, Milano 1985.
ALINEI 1984: Mario A., *Il sistema allocutivo dei saluti in Italiano, Inglese e Olandese*, nel suo vol. *Lingua e dialetti: struttura, storia e geografia*, Bologna, Il Mulino, 23-36.
ALISOVA 1965: Tatiana A., *Relative limitative e relative esplicative nell'italiano popolare*, «SFI», XXIII, 299-323.
ALISOVA 1967: Tatiana A., *Studi di sintassi italiana*, «SFI», XXV, 223-313.
ALTIERI BIAGI 1987: Maria Luisa A. B., *La grammatica del testo*, Milano, A.P.E. Mursia.
AMBROSINI 1978: Riccardo A., *«Il» e «lo» nell'italiano, soprattutto antico*, «Linguistica e Letteratura», III, 2, 9-33.
ANTONINI 1974-1975: Anna A., *Il problema del gerundio*, «SGI», IV, 85-107.
Argan, *Arte moderna*: Giulio Carlo A., *L'arte moderna 1770/1970*, Firenze, Sansoni, 1970.

ARTHUR 1969 e 1970: Ingrid A., *Osservazioni sull'uso e sul non uso dell'articolo davanti ai nomi di isole e di gruppi insulari*, «Studia Neophilologica», XLI, 253-297 e XLII, 105-156.

ARTHUR 1972 e 1973: Ingrid A., *Osservazioni sull'uso dell'articolo determinativo davanti ai nomi di città (e di centri minori)*, «Studia Neophilologica», XLIV, 366-410 e XLV, 124-157, 226-277.

Artusi, *La scienza in cucina*: Pellegrino A., *La scienza in cucina e l'arte di mangiar bene*, Milano, Mondadori, 1971 (1ª ediz. 1891).

AURIGEMMA 1982: Luisa A., *L'aggettivazione nelle opere giovanili di Vittorini*, «Critica Letteraria», X, n. 34, 91-154.

«AUSP»: «Annali dell'Università per Stranieri di Perugia».

Bacchelli, *Il mulino del Po*: Riccardo B., –, Milano, Mondadori, 1958 (1ª ediz. 1938-1940).

BALDELLI 1964: Ignazio B., cap. XIII («Il Novecento»), in Bruno Migliorini - I. B., *Breve storia della lingua italiana*, Firenze, Sansoni.

BALDELLI 1971: Ignazio B., *Medioevo volgare da Montecassino all'Umbria*, Bari, Adriatica Editrice.

BALDELLI 1977: Ignazio B., *Il «Cantico»: problemi di lingua e di stile*, «Atti del IV Convegno Intern. sul tema 'Francesco d'Assisi e Francescanesimo dal 1216 al 1226' (Assisi, 15-17 ottobre 1976)», Assisi, 77-99.

BALDELLI 1982: Ignazio B., *La lingua della prosa italiana del Novecento*, in *Letteratura italiana contemporanea*, diretta da G. Mariani e M. Petrucciani, Roma, Lucarini, III, 641-670.

BARBIERI 1972: Giovanna B., *Le strutture della nostra lingua*, Firenze, La Nuova Italia.

BARUCCHI 1897: Luigi B., *Quel che non si deve dire*, Torino, Petrini.

BASCETTA 1962: Carlo B., *Il linguaggio sportivo contemporaneo*, Firenze, Sansoni.

BATTISTI-ALESSIO 1950-57: Carlo B. - Giovanni A., *Dizionario etimologico italiano*, Firenze, Barbèra.

BECCARIA 1968: Gian Luigi B., *Spagnolo e spagnoli in Italia*, Torino, Giappichelli.

BELARDI 1959: Walter B., *Elementi di fonologia generale*, Roma, Edizioni dell'Ateneo.

BELLINA 1987: Massimo B., *Girolamo Tagliazucchi, Luigi Angeloni e le origini della lessicografia puristica ottocentesca*, «SLI», XIII, 40-62.

BENVENISTE 1971: Emile B., *Problemi di linguistica generale*, Milano, Il Saggiatore.

BERRETTA 1984: Monica B., *Connettivi testuali in italiano e pianificazione del discorso*, in *Linguistica testuale*, a cura di L. Coveri, Roma, Bulzoni, 237-254.

BERRETTA 1985a: Monica B., *«Ci» vs. «gli»: un microsistema in crisi?*, in *Sintassi e morfologia della lingua italiana d'uso. Teorie e applicazioni descrittive*, a cura di A. Franchi De Bellis e L. M. Savoia, Roma, Bulzoni.

BERRETTA 1985b: Monica B., *I pronomi clitici nell'italiano parlato*, in *Gesprochenes Italienisch in Geschichte und Gegenwart*, a cura di G. Holtus e E. Radtke, Tubinga, Narr, 185-223.

BERRETTA 1990: Monica B., *«E a me chi mi consola?»*, «IO», V, 31-35.

BERRUTO 1983: Gaetano B., *L'italiano popolare e la semplificazione linguistica*, «Vox Romanica», XLII, 37-79.

BERTINETTO 1981: Pier Marco B., *Strutture prosodiche dell'italiano*, Firenze, Accademia della Crusca.

BERTINETTO 1986: Pier Marco B., *Tempo, aspetto e azione nel verbo italiano. Il sistema dell'indicativo*, Firenze, Accademia della Crusca.

Bertolucci, *La camera da letto*: Attilio B., –, Milano, Garzanti, 1984.

BIANCHI 1939: Enrico B., *Gatta*, «LN», I, 45.

BLASCO FERRER 1984: Eduardo B. F., *Storia linguistica della Sardegna*, Tubinga, Niemeyer, 1984.

Bocca, *Storia dell'Italia partigiana*: Giorgio B., –, Roma-Bari, Laterza, 1975.

Boccaccio, *Decamerone*: si cita giornata, novella e paragrafo secondo l'ediz. di V. Branca, Firenze, Accademia della Crusca, 1976.

BORGNA 1985: Gianni B., *Storia della canzone italiana*, Roma-Bari, Laterza.

BORTOLINI-TAGLIAVINI-ZAMPOLLI 1971: U. B. - C. T. - A. Z., *Lessico di frequenza della lingua italiana contemporanea*, IBM Italia, Milano.

BOSTRÖM 1972: Ingemar B., *La morfosintassi dei pronomi personali soggetto della terza persona in italiano e in fiorentino*, Stoccolma, Almqvist & Wiksell.

BRAMBILLA AGENO 1964: Franca B. A., *Il verbo nell'italiano antico*, Milano-Napoli, Ricciardi.

BRAMBILLA AGENO 1974-1975: Franca B. A., *Presente 'pro futuro': due norme sintattiche dell'italiano antico*, «SGI», IV, 29-49.
BRAMBILLA AGENO 1981: Franca B. A., *Nota sulle proposizioni introdotte da 'purché'*, «SGI», X, 5-13.
BRAMBILLA AGENO 1982: Franca B. A., *Imperativo in secondaria*, «LN», XLIII, 1-2. Vd: anche AGENO.
BRINKER 1974: Jacques M. B., *L'aggettivo di colore nell'italiano moderno*, FMSIC, I, 5-19.
BRODIN 1970: Greta B., *Termini dimostrativi toscani*, Lund, Gleerup.
BRUGNOLO 1984: Furio B., *Ancora sull'anteposizione del possessivo nelle allocuzioni*, «SLI», X, 162-172.
BRUNET 1978: Jacqueline B., *Grammaire critique de l'italien*, 1 (*Le pluriel*), Parigi, Università di Parigi VIII, Vincennes.
BRUNET 1979: Jacqueline B., *Grammaire critique de l'italien*, 2 (*L'article*), Parigi, Università di Parigi VIII, Vincennes.
BRUNET 1980: Jacqueline B., *Grammaire critique de l'italien*, 3 (*Le possessif*), Parigi, Università di Parigi VIII, Vincennes.
BRUNET 1981: Jacqueline B., *Grammaire critique de l'italien*, 4 (*Le démonstratif, les numéraux, les indéfinis*), Parigi, Università di Parigi VIII, Vincennes.
BRUNET 1982: Jacqueline B., *Grammaire critique de l'italien*, 5 (*Le genre et la formation du féminin*), Parigi, Università di Parigi VIII, Vincennes.
BRUNET 1983: Jacqueline B., *Grammaire critique de l'italien*, 6 (*L'adjectif*), Parigi, Università di Parigi VIII, Vincennes.
BRUNET 1984: Jacqueline B., *Grammaire critique de l'italien*, 7 (*La comparaison*), Parigi, Università di Parigi VIII, Vincennes.
BRUNET 1985: Jacqueline B., *Grammaire critique de l'italien*, 8 (*Les pronoms personnels*), Parigi, Università di Parigi VIII, Vincennes.
BRUNI 1984: Francesco B., *L'italiano. Elementi di storia della lingua e della cultura*, Torino, UTET.
Bufalino, *Diceria dell'untore*: Gesualdo B., –, Palermo, Sellerio, 1981.
BUSTORF 1974: Wolfgang B., *Riflessioni sui cosiddetti 'riempitivi' italiani*, FMSIC, I, 21-25.
Calvino, *Palomar*: Italo C., –, Torino, Einaudi, 1983.
Calvino, *Racconti*: Italo C., –, Torino, Einaudi, 1973 (1ª ediz. 1958).
Calvino, *Se una notte d'inverno un viaggiatore*: Italo C., –, Torino, Einaudi, 1979.
CAMILLI-FIORELLI 1965: Amerindo C., *Pronuncia e grafia dell'italiano*, terza edizione riveduta a cura di Piero F., Firenze, Sansoni.
CANE 1969: Eleonora C., *Il discorso indiretto libero nella narrativa italiana del Novecento*, Roma, Silva.
CANEPARI 1979: Luciano C., *Introduzione alla fonetica*, Torino, Einaudi.
CANEPARI 1980: Luciano C., *Italiano standard e pronunce regionali*, Padova, CLEUP.
CAPPELLO-TAGLIAVINI 1981: Teresa C. - Carlo T., *Dizionario degli etnici e dei toponimi italiani*, Bologna, Pàtron.
CARDONA 1972: Giorgio R. C., *L'innovazione linguistica in pubblicità*, «Sipra», III, 49-53.
Carducci, *Prose*: Giosue C., –, Bologna, Zanichelli, 1957.
Cassola, *La ragazza di Bube*: Carlo C., –, Torino, Einaudi, 1960.
CASTELFRANCHI-ATTILI 1979: Cristiano C. - Grazia A., *«Da»: analisi semantica di una proposizione italiana*, «SGI», VIII, 189-233.
CASTELFRANCHI-PARISI-CRISARI 1974: Cristiano C. - Domenico P. - Maurizio C., '*Con*', FMSIC, I, 27-45.
CASTELLANI 1952: Arrigo C., *Nuovi testi fiorentini del Dugento e dei primi del Trecento*, Firenze, Sansoni.
CASTELLANI 1979: Arrigo C., *Neopurismo e glottotecnica: l'intervento linguistico secondo Bruno Migliorini*, in *L'opera di Bruno Migliorini nel ricordo degli allievi*, con una bibliografia dei suoi scritti a cura di M. L. Fanfani, Firenze, Accademia della Crusca, 23-32.
CASTELLANI 1980: Arrigo C., *Saggi di linguistica e filologia italiana e romanza*, Roma, Salerno.
CASTELLANI 1985: Arrigo C., *Duecento*, in *Studi linguistici e filologici per Carlo Alberto Mastrelli*, Pisa, Pacini, 107-116.
CASTELLANI 1986: Arrigo C., *Consuntivo della polemica Ascoli-Manzoni*, «SLI», XII, 105-129.
CASTELLANI 1990: Arrigo C., *«Lo è»*, «SLI», XVI, 103-112.
CASTELLANI POLLIDORI 1966: Ornella C. P., *Ricerche sui costrutti col possessivo in italiano*, «SLI», VI, 3-48, 81-137
CASTELLANI POLLIDORI 1967-1970: Ornella

C. P., *Ricerche sui costrutti col possessivo in italiano*, «SLI», VII, 37-98.
CASTELLANI POLLIDORI 1985: Ornella C. P., *A proposito di un 'a' di troppo ('avere a che fare')*, «SLI», XI, 27-49.
Cecchi, *Saggi*: Emilio C., *Saggi e vagabondaggi*, Milano, Mondadori, 1962.
Cellini, *Vita*: si cita la pagina dell'ediz. di B. Maier, Novara, De Agostini, 1962.
Cesari, *Bellezze della Commedia*: Antonio C., *Bellezze della Commedia di Dante Alighieri*, Verona, Libanti, 1824-1826.
Chabod, *L'idea di nazione*: Federico C., –, Roma-Bari, Laterza, 1978.
CHIAPPELLI 1954: Fredi C., *Note sul tipo «Mi lavo le mani», «Levati il cappello»*, «LN», XV, 56-59.
CHIARIONI 1981: Tullio C. (con la collaborazione di E. Nardi), *Le disvitaminosi*, in *Trattato di Patologia medica e Terapia*, a cura di M. Bufano, vol. 4, Padova, Piccin, 1981.
Cialente, *Le quattro ragazze Wieselberger*: Fausta C., –, Milano, Mondadori, 1976.
Ciocia, *St. musica*: Giuseppe C., *Lineamenti di una storia della musica*, Torino, S.A.I.E., 1958.
Collodi, *Pinocchio*: si cita la pagina dell'ediz. critica di O. Castellani Pollidori, Pescia, Fondaz. Collodi, 1983.
CONTINI 1960: *Poeti del Duecento*, a cura di G. C., Milano-Napoli, Ricciardi, 1960.
Contini, *Un'idea di Dante*: Gianfranco C., –, Torino, Einaudi, 1976.
Contini, *Varianti e altra linguistica*: Gianfranco C., –, Torino, Einaudi, 1970.
CORTELAZZO 1972: Manlio C., *Avviamento critico allo studio della dialettologia italiana. III. Lineamenti di italiano popolare*, Pisa, Pacini.
CORTELAZZO 1983: Manlio C., *Aspetti, problemi e tendenze dell'italiano contemporaneo*, in «Atti del secondo Convegno degli Italianisti in Finlandia», Helsinki 1983.
CORTELAZZO-CARDINALE 1986: Manlio C. - Ugo C., *Dizionario di parole nuove 1964-1984*, Torino, Loescher.
CORTELAZZO-ZOLLI 1979 sgg.: Manlio C. - Paolo Z., *Dizionario etimologico della lingua italiana*, Bologna, Zanichelli (si citano i voll. finora apparsi: I-IV).
CRISARI 1975: Maurizio C., *Sugli usi non istituzionali delle domande*, «Lingua e Stile», X, 29-56.
Croce, *Estetica*: Benedetto C., –, Bari, Laterza, 1965 (1ª ediz. 1902).

Croce, *Poesia di Dante*: Benedetto C., *La poesia di Dante*, Bari, Laterza, 1958 (1ª ediz. 1920).
Cuscani Politi, *Geografia generale*: Pietro C. P., –, Milano, Garzanti, 1965.
D'ADDIO 1974: Wanda D'A., *La posizione dell'aggettivo italiano nel gruppo nominale*, *FMSIC*, I, 79-103.
D'Agata, *Il medico della mutua*: Giuseppe D'A.–, Milano, Feltrinelli, 1964.
D'Annunzio, *Forse che sì, forse che no*: Gabriele D'A., –, Milano, Treves, 1910.
D'Annunzio, *L'innocente*: Gabriele D'A., –, Milano, Mondadori, 1959 (1ª ediz. 1892).
D'Annunzio, *Il piacere*: Gabriele D'A., –, Roma, Il Vittoriale degli Italiani, 1939 (1ª ediz. 1889).
D'Annunzio, *Trionfo della morte*: Gabriele D'A., –, Roma, Il Vittoriale degli Italiani, 1942 (1ª ediz. 1894).
DARDANO 1969: Maurizio D., *Lingua e tecnica narrativa nel Duecento*, Roma, Bulzoni.
DARDANO 1978a: Maurizio D., *La formazione delle parole nell'italiano di oggi*, Roma, Bulzoni.
DARDANO 1978b: Maurizio D., *(s)Parliamo italiano?*, Roma, Curcio.
DARDANO 1986: Maurizio D., *Il linguaggio dei giornali italiani*, Roma-Bari, Laterza.
DARDANO-TRIFONE 1985: Maurizio D. - Pietro T., *La lingua italiana*, Bologna, Zanichelli.
D'Arrigo, *Horcynus Orca*: Stefano D'A., –, Milano, Mondadori, 1975.
De Amicis, *Cuore*: Edmondo De A., –, a cura di L. Tamburini, Torino, Einaudi, 1974 (1ª ediz. 1886).
De Amicis, *L'idioma gentile*: Edmondo De A., –, Milano, Treves, 1905.
De Amicis, *Vita militare*: Edmondo De A., –, in *Romanzi e racconti italiani dell'Ottocento*, a cura di A. Baldini, Milano, Garzanti, 1945, I, 1-436 (1ª ediz. 1880).
DE FELICE 1954: Emidio De F., *Contributo alla storia della preposizione «da»*, «SFI», XII, 245-296.
DE FELICE 1958: Emidio De F., *La preposizione italiana «a»*, «SFI», XVI, 243-409.
DE FELICE 1982: Emidio De F., *I nomi degli italiani*, Roma-Venezia, SARIN-Marsilio.
DE FELICE 1986: Emidio De F., *Dizionario dei nomi italiani*, Milano, Mondadori.
Deledda, *L'incendio nell'oliveto*: Grazia D., –, Milano, Treves, 1931 (1ª ediz. 1917).
De Marchi, *Demetrio Pianelli*: Emilio De M., –, Milano, Treves, 1935 (1ª ediz. 1890).

DE MAURO 1976: Tullio De M., *Storia linguistica dell'Italia unita*, Roma-Bari, Laterza.

De Sanctis, *Storia letter.*: Francesco De S., *Storia della letteratura italiana*, a cura di N. Gallo, Torino, Einaudi, 1962 (1ª ediz. 1870-1872).

Dizionario della Musica: Dizionario della Musica e dei Musicisti - Lessico, Torino, UTET, 1983-1984.

Dossi, *La desinenza in A*: Carlo D., –, a cura di D. Isella, Torino, Einaudi, 1981 (1ª ediz. 1878).

D'OVIDIO 1933: Francesco D'O., *Le correzioni ai «Promessi Sposi» e la questione della lingua*, Napoli, Guida.

DURANTE 1970: Marcello D., *I pronomi personali in italiano contemporaneo*, «Bollettino del Centro di Studi filologici e linguistici siciliani», XI, 180-202.

DURANTE 1981: Marcello D., *Dal latino all'italiano moderno*, Bologna, Zanichelli.

EHRLIHOLZER 1965: Hans-Peter E., *Der sprachliche Ausdruck der Kausalität im Altitalienischen*, Winterthur, Keller.

ELIA 1982: Annibale E., *Avverbi ed espressioni idiomatiche di carattere locativo*, «SGI», XI, 327-379.

ELWERT 1976: W. Theodor E., *Versificazione italiana dalle origini ai giorni nostri*, Firenze, Le Monnier.

Enciclopedia dantesca: –, Roma, Istituto dell'Enciclopedia Italiana, 1970-1978.

FABBRI 1987: Andrea F., *Un costrutto di recente diffusione nell'italiano: il tipo «affascinato dalla, e invischiato nella, regola»*, «LN», XLVIII, 17-19.

FABI 1954: Angelo F., *Fortuna di 'peraltro'*, «LN», XV, 59-62.

FACHE 1973: Charles F., *L'aggettivazione dei nomi in -ista*, «LN», XXXIV, 84-88.

FALCINELLI 1985: Marina F., *La completiva soggettiva nell'italiano contemporaneo*, Perugia, Edizioni dell'Università per Stranieri.

FANFANI 1985: Massimo L. F., *Storia e funzioni del suffisso -aiolo: su crisaiolo e termini analoghi*, «LN», XLVI, 15-25, 64-79, 113-119.

FANFANI 1986: Massimo L. F., *Megalomania*, «LN», XLVII, 61-74.

FANFANI-ARLIA 1881: Pietro F. - Costantino A., *Lessico dell'infima e corrotta italianità*, Milano, Carrara.

FERRINI 1985: Silvana F., *«Cioè» nell'italiano contemporaneo*, Perugia, Edizioni dell'Università per Stranieri.

FIORELLI 1951: Piero F., *Una sibilante e due campane*, «LN», XII, 81-86.

FIORELLI 1953: Piero F., *Tre casi di chiusura di vocali per proclisia*, «LN», XIV, 33-36.

FIORELLI 1964: Piero F., *Córso di pronùnzia italiana*, Padova, Radar.

FLAMM 1987: Hans W. F., *Dovei o dovetti?*, «LN», XLVIII, 20-25.

FMSIC: Fenomeni morfologici e sintattici dell'italiano contemporaneo, a cura di M. Medici e A. Sangregorio, Roma, Bulzoni, 1974.

FOGARASI 1983: Miklós F., *Grammatica italiana del Novecento*, Roma, Bulzoni.

Fogazzaro, *Piccolo mondo antico*: Antonio F., –, Milano, Mondadori, 1957 (1ª ediz. 1895).

FOLENA 1958: Gianfranco F., *Giovanni Ventitré*, «LN», XIX, 120-121.

FOLENA 1985: Gianfranco F., *L'espressionismo epistolare di Paolo Giovio*, in *L'espressionismo linguistico nella letteratura italiana*, Roma, Accademia dei Lincei, 1985, 121-159.

FORNACIARI 1847: Luigi F., *Discorsi*, Lucca, Giusti.

FORNACIARI 1881: Raffaello F., *Sintassi italiana* (ristampa anastatica con presentazione di G. Nencioni, Firenze, Sansoni, 1974).

Franceschi, *Dialoghi*: Enrico L. F., *In città e in campagna. Dialoghi di lingua parlata*, Torino, Tipogr. - Libr. S. Giuseppe degli Artigianelli, s. d. (1ª ediz. 1868).

FRANCESCHI 1973: Temistocle F., *Nota sulla struttura fonologica dell'italiano*, «Studi Urbinati», XLVII, 161-222.

FRATTEGIANI TENCA 1985: Maria Teresa F. T., *«Stare» nell'italiano contemporaneo*, Perugia, Edizioni dell'Università per Stranieri.

FREEDMAN 1983: Alan F., *«Vuoi tu murare?». The Italian Subject Pronoun*, «SGI», XII, 167-188.

FRESCAROLI 1968: Antonio F., *La punteggiatura corretta, la punteggiatura efficace*, Milano, De Vecchi.

Fruttero e Lucentini, *La donna della domenica*: Carlo F. e Franco L., –, Milano, Mondadori, 1972.

GABRIELLI 1961: Aldo G., *Dizionario linguistico moderno*, Milano, Mondadori.

GABRIELLI 1976: Aldo G., *Si dice o non si dice? Guida pratica allo scrivere e al parlare*, Milano, Mondadori, 1976.

GABRIELLI 1985: *Come parlare e scrivere meglio. Guida pratica all'uso della lingua italiana* [diretta da A. Gabrielli], Milano, Selezione dal Reader's Digest.
Gadda, *Quer pasticciaccio*: Carlo E. G., *Quer pasticciaccio brutto de Via Merulana*, Milano, Garzanti, 1973 (1ª ediz. 1957).
GADDA 1958: Carlo E. G., *I viaggi la morte*, Milano, Garzanti.
GALLI DE' PARATESI 1964: Nora G. de' P., *Semantica dell'eufemismo*, Torino, Giappichelli.
GALLI DE' PARATESI 1985: Nora G. de' P., *Lingua toscana in bocca ambrosiana*, Bologna, Il Mulino.
GARAVELLI MORTARA 1971: Bice G. M., *Fra norma e invenzione: lo stile nominale*, «SGI», I, 271-315.
GARAVELLI MORTARA 1973: Bice G. M., *Lineamenti di una tipologia dello stile nominale nella prosa letteraria contemporanea*, in *Storia linguistica dell'Italia del Novecento*, a cura di M. Gnerre, M. Medici e R. Simone, Roma, Bulzoni.
Vd. anche: MORTARA GARAVELLI.
GHINASSI 1957: Ghino G., *Il volgare letterario nel Quattrocento e le Stanze del Poliziano*, Firenze, Le Monnier.
GHINASSI 1971: Ghino G., *Casi di 'paraipotassi relativa' in italiano antico*, «SGI», I, 45-60.
GIACOMELLI 1951: Raffaele G., *Le palatali sibilanti italiane e la loro trascrizione fonetica*, «LN», XV, 76-85.
Ginzburg, *Lessico famigliare*: Natalia G., –, Torino, Einaudi, 1963.
GIORGINI-BROGLIO 1870-1897: Giovan Battista G. - Emilio B., *Novo vocabolario della lingua italiana secondo l'uso di Firenze*, Firenze, Cellini.
GIOVANARDI 1984: Claudio G., *Aspetti della subordinazione nel linguaggio dei giornali italiani: di o + infinito*, Roma, s.e.
GIUSTINIANI 1982: Vito R. G., *La guerra dei nomi e dei verbi nell'italiano moderno*, «Lingua e storia in Puglia», fasc. 16, 1-16.
GOIDANICH 1940: Pier Gabriele G., *Saggi linguistici*, Modena, Società Tipografica Editrice Modenese.
GORĂSCU 1976: Adriana G., *Chi siamo noi?*, «Revue Roumaine de Linguistique», XXI, 479-482.
GRAZIUSO-GHINASSI 1976: Luciano G., *Kappa 'ironico'* (con una nota di Ghino G.), «LN», XXXVII, 119-120.

GREGO BOLLI 1982: Giuliana G. B., *La funzione della finale nell'italiano scritto contemporaneo*, «AUSP», II, 131-158.
GREVISSE 1980: Maurice G., *Le bon usage*, Parigi, Duculot.
GUALDO 1985: Riccardo G., *Osservazioni sul linguaggio dei «verdi»*, «SLI», XI, 258-272.
Guicciardini, *Ricordi*: si cita la pagina dell'ediz. di R. Spongano, Firenze, Sansoni, 1951.
Guida Rapida TCI, II: *Nuova guida rapida, Italia settentrionale*, seconda parte, Milano, Touring Club Italiano, 1973.
Guida Rapida TCI, V: *Nuova guida rapida, Italia meridionale e Sicilia*, Milano, Touring Club Italiano, 1976.
HALL 1958: Robert A. H. jr., *Statistica sintattica: l'accordo del participio passato coniugato con* avere, «LN», XIX, 95-100.
HALL 1974-1975: Robert A. H. jr., *Il congiuntivo indipendente*, «SGI», IV, 109-114.
HERCZEG 1953: Giulio H., *Proposizioni formalmente ipotetiche*, «LN», XIV, 94-98.
HERCZEG 1955: Giulio H., *Valore stilistico dell'inversione del soggetto nella prosa moderna*, «LN», XVI, 119-122.
HERCZEG 1957: Giulio H., *L'apposizione in funzione di reggente di proposizioni subordinate* (con una nota di G. Folena), «LN», XVIII, 17-23.
HERCZEG 1959: Giulio H., *Sintassi delle proposizioni subordinate nella lingua italiana*, «Acta Linguistica Academiae Scientiarum Hungaricae», IX, 261-333.
HERCZEG 1960: Giulio H., *Costruzioni 'illogiche' con l'infinito*, «LN», XXI, 84-89.
HERCZEG 1963: Giulio H., *Lo stile indiretto libero in italiano*, Firenze, Sansoni.
HERCZEG 1966: Giulio H., *La locuzione perifrastica* 'andare+*participio passato*', «LN», XXVII, 58-64.
HERCZEG 1967: Giulio H., *Lo stile nominale in italiano*, Firenze, Le Monnier.
HERCZEG 1971: Giulio H., *Proposizioni completive (e interrogative indirette) prolettiche*, «LN», XXXII, 10-15.
HERCZEG 1972a: Giulio H., *Contributi all'uso dell'articolo determinativo in italiano*, «Acta Linguistica Academiae Scientiarum Hungaricae», XXII, 119-139.
HERCZEG 1972b: Giulio H., *La funzione del suffisso* -ata. *Sostantivi astratti verbali*, «SGI», II, 191-260.
HERCZEG 1972c: Giulio H., *Saggi linguistici e stilistici*, Firenze, Olschki.

HERCZEG 1973: Giulio H., *Sintassi delle proposizioni consecutive nell'italiano contemporaneo*, «SGI», III, 207-232.

HERCZEG 1976a: Giulio H., *Asmara o L'Asmara?*, «LN», XXXVII, 38-44.

HERCZEG 1976b: Giulio H., *'Se' / 'quando' + presente / passato del congiuntivo*, «AGI», LXI, 146-155.

HERCZEG 1976c: Giulio H., *Sintassi delle proposizioni concessive nell'italiano contemporaneo*, «SGI», V, 195-242.

HERCZEG 1976d: Giulio H., *Sintassi delle proposizioni ipotetiche nell'italiano contemporaneo*, «Acta Linguistica Academiae Scientiarum Hungaricae», XXVI, 397-455.

HERCZEG 1977: Giulio H., *Sintassi delle proposizioni comparative nell'italiano contemporaneo*, «Acta Linguistica Academiae Scientiarum Hungaricae», XXVII, 325-354.

«ID»: «L'Italia dialettale».

Imbriani, *Dio ne scampi dagli Orsenigo*: Vittorio I., –, Roma, Sommaruga, 1883.

Imbriani, *Studi letterari*: Vittorio I., *Studi letterari e bizzarrie satiriche*, a cura di B. Croce, Bari, Laterza, 1907.

«IO»: «Italiano e oltre».

JACQMAIN 1973: Monique J., *Il linguaggio della pubblicità*, Firenze, Sansoni.

JACQMAIN-MEERTS 1981: Monique J. - Elisabeth M., *Problemi di ausiliare*, «SGI», X, 215-242.

JAKOBSON 1971: Roman J., *Perché 'mamma' e 'papà'?*, nel suo vol. *Il farsi e il disfarsi del linguaggio*, Torino, Einaudi, 129-141.

JANNI 1986: Pietro J., *Il nostro greco quotidiano*, Roma-Bari, Laterza.

KARCEVSKI 1941: Serge K., *Introduction à l'étude de l'interjection*, «Cahiers F. de Saussure», I, 57-75.

KLAJN 1972: Ivan K., *Influssi inglesi nella lingua italiana*, Firenze, Olschki.

KLAJN 1975: Ivan K., *Intorno alla definizione del pronome*, «Linguistica», XV, 79-91.

KLAJN 1976: Ivan K., *Sulle funzioni attuali del pronome «esso»*, «LN», XXXVII, 26-32.

Lamanna, *Filosofia*: E. Paolo L., *Nuovo sommario di filosofia*, Firenze, Le Monnier, 1962-1965.

LAUSBERG 1976: Heinrich L., *Linguistica romanza. I, Fonetica; II, Morfologia*, Milano, Feltrinelli.

LEONE 1957: Alfonso L., *I nomi in -co e -go*, «LN», XVIII, 87-91.

LEONE 1958: Alfonso L., *Proposizioni condizionali oggettive*, «LN», XIX, 19-24.

LEONE 1961: Alfonso L., *Gli aggettivi numerali composti di «uno»*, «LN», XXII, 129-131.

LEONE 1963: Alfonso L., *Elisione e troncamento*, «LN», XXIV, 24-27.

LEONE 1966a: Alfonso L., *Alcune considerazioni sulla formazione del femminile*, «LN», XXVII, 64-68.

LEONE 1966b: Alfonso L., *Ancora su 'andare + participio passato'*, «LN», XXVIII, 117-121.

LEONE 1969: Alfonso L., *Norme ortografiche: perché po' ma piè?*, «LN», XXX, 117-118.

LEONE 1970: Alfonso L., *Una regola per gli ausiliari*, «LN», XXXI, 24-30.

LEONE 1972: Alfonso L., *Il tipo 'carta da scrivere'*, «LN», XXXIII, 1-5.

LEONE 1974a: Alfonso L., *Se + condizionale*, «LN», XXXV, 113-117.

LEONE 1974b: Alfonso L., *Fiorentina contro Milan*, «LN», XXXV, 47-54.

LEONE 1976: Alfonso L., *Indicativo di cortesia*, «LN», XXXVII, 117-119.

LEONE 1978: Alfonso L., *Ancora su «esso» e i pronomi personali*, «LN», XXXIX, 121-124.

Leopardi, *Operette morali*: si cita la pagina dell'ediz. di G. Getto (G. Leopardi, *Opere*), Milano, Mursia, 1967.

Leopardi, *Pensieri*: si cita il numero d'ordine, secondo l'edizione cit. di G. Getto.

LEPSCHY 1978: Giulio L., *Saggi di linguistica italiana*, Bologna, Il Mulino.

LEPSCHY-LEPSCHY 1981: Anna Laura L. e Giulio L., *La lingua italiana*, Milano, Bompiani.

Levi, *Cristo si è fermato a Eboli*: Carlo L., –, Torino, Einaudi, 1960 (1ª ediz. 1945).

LICHEM 1985: Klaus L., *Connettivi e demarcativi. Aspetti diacronici preliminari*, in *Linguistica storica e cambiamento linguistico*, a cura di L. Agostiniani, P. Bellucci Maffei, M. Paoli, Roma, Bulzoni, 211-223.

Ling. divulgazione: 3° Convegno nazionale «Il linguaggio della divulgazione» (23-24 aprile 1985), Raccolta degli atti, Milano, Selezione dal Reader's Digest, 1986.

LISSONI 1831: Antonio L., *Aiuto allo scrivere purgato*, Milano, Pogliani.

«LN»: «Lingua Nostra».

LOI CORVETTO 1983: Ines L. C., *L'italiano regionale di Sardegna*, Bologna, Zanichelli.

LOY, *Le strade di polvere*: Rosetta L., –, Torino, Einaudi, 1987.

Machiavelli, *Dialogo intorno alla nostra lingua*: si cita la pagina dell'ediz. di O. Castellani Pollidori (*Niccolò Machiavelli e il «Dialogo intorno alla nostra lingua»*), Firenze, Olschki, 1978.

Machiavelli, *Il Principe*: si cita la pagina dell'ediz. di M. Martelli (N. Machiavelli, *Tutte le opere*), Firenze, Sansoni, 1971.

MÄDER 1968: Rolf M., *Le proposizioni temporali in antico toscano*, Berna, Lang.

MALAGOLI 1912: Giuseppe M., *Ortoepia e ortografia italiana moderna*, Milano, Hoepli.

MALAGOLI 1946: Giuseppe M., *L'accentazione italiana*, Firenze, Sansoni.

MALCOVATI 1949: Enrica M., *Accentazione italiana di grecismi e latinismi*, «LN», X, 62-63.

MANILI 1983: Patrizia M., *Per un'indagine su vedi, senti, guarda (e forme collegate)*, Perugia, Edizioni dell'Università per Stranieri.

MANNI 1824: Domenico M. M., *Lezioni di lingua toscana*, Milano, Silvestri.

MANNI 1979: Paola M., *Ricerche sui tratti fonetici e morfologici del fiorentino quattrocentesco*, «SGI», VIII, 115-171.

Manzoni, *I Promessi Sposi*: si citano capitolo e paragrafo dell'ediz. di L. Caretti, Torino, Einaudi, 1971.

Manzoni, *Lettere*: si cita dall'ediz. di C. Arieti, Milano, Mondadori, 1970.

MARASCHIO 1981: Nicoletta M., *Appunti per uno studio della punteggiatura*, in *Studi di linguistica italiana per Giovanni Nencioni*, Firenze, s.e., 185-209.

MARASCHIO 1982: Nicoletta M., *L'italiano del doppiaggio*, in Accademia della Crusca, *La lingua italiana in movimento*, Firenze, 135-158.

MARCHESE 1978: Angelo M., *Dizionario di retorica e di stilistica*, Milano, Mondadori.

MARCHESI 1983: Bianca M. M., *Il preterito in alcuni prosatori italiani contemporanei*, «AUSP», 4, 199-244.

Marchesi, *Letter. latina*: Concetto M., *Storia della letteratura latina*, Milano-Messina, Principato, 1959-1960.

MARIOTTI 1981: Antonella M., *Funzioni sintattiche della preposizione «con»*, «SGI», X, 245-292.

Marotta, *L'oro di Napoli*: Giuseppe M., –, Milano, Bompiani, 1956 (1ª ediz. 1947).

MARRI 1987: Fabio M., *Grammatiche per il nostro tempo*, «Filologia e Critica», XII, 260-278.

Martino, *Fisiologia*: Gaetano M., *Elementi di fisiologia umana*, Milano-Messina, Principato, 1942.

MASINI 1977: Andrea M., *La lingua di alcuni giornali milanesi dal 1859 al 1865*, Firenze, La Nuova Italia.

MASTROFINI 1814: Marco M., *Teoria e prospetto ossia dizionario critico dei verbi italiani coniugati*, Roma, De Romanis.

Mazzini, *Lettere*: si cita dall'ediz. di L. Salvatorelli (G. Mazzini, *Opere*), Milano, Rizzoli, 1967, vol. I.

MAZZONI 1940: Guido M., *Noli me tangere - Non mi toccare*, «LN», II, 126-127.

MEDICI 1976: Mario M., *Varianti di interiezioni nei Promessi Sposi*, «LN», XXXVII, 32-38.

MEDICI 1986: Mario M., *La parola pubblicitaria*, Venezia, Marsilio.

MEDICI-MIGLIORINI 1959: Mario M., *Superlativo di sostantivi* (con una nota di Bruno M.), «LN», XX, 120-123.

MENARINI 1947: Alberto M., *Ai margini della lingua*, Firenze, Sansoni.

MENCACCI 1983: Osvaldo M., *L'imperativo nell'italiano contemporaneo*, «AUSP», Suppl., n. 4, 143-188.

MENGALDO 1981: *Poeti italiani del Novecento*, a cura di Pier Vincenzo M., Milano, Mondadori.

MENONI 1982: Viviana M., *Formazione e storia del gerundio composto nell'italiano antico*, «SGI», XI, 5-88.

Messale festivo: *Messale festivo dei fedeli*, Testo ufficiale della Conferenza Episcopale Italiana, a cura di Giancarlo Boffa, Roma, Coletti, 1984.

MEYER-LÜBKE 1890: Wilhelm M.-L., *Italienische Grammatik*, Lipsia, Reisland (si citano i paragrafi).

MEYER-LÜBKE 1927: Wilhelm M.-L., *Grammatica storica della lingua italiana*, ridotta da Matteo Bartoli e Giacomo Braun, Torino, Loescher.

MIGLIORINI 1938: Bruno M., *Lingua contemporanea*, Firenze, Sansoni.

MIGLIORINI 1957: Bruno M., *Saggi linguistici*, Firenze, Le Monnier.

MIGLIORINI 1963a: Bruno M., *Storia della lingua italiana*, Firenze, Sansoni.

MIGLIORINI 1963b: Bruno M., *Saggi sulla lingua del Novecento*, Firenze, Sansoni.

MIGLIORINI 1968: Bruno M., *Dal nome proprio al nome comune*, Firenze, Olschki (ristampa anastatica dell'ediz. 1927).

MIGLIORINI 1973: Bruno M., *Lingua d'oggi e di ieri*, Caltanissetta-Roma, Sciascia.
MIGLIORINI 1975a: Bruno M., *Parole e storia*, Milano, Rizzoli.
MIGLIORINI 1975b: Bruno M., *Il suffisso -erello, -arello*, in *Scritti in onore di G. Bonfante*, Brescia, Paideia, 489-493.
MIGLIORINI-TAGLIAVINI-FIORELLI 1981: Bruno M. - Carlo T. - Piero F., *Dizionario d'ortografia e di pronunzia*, Torino, ERI.
MILTSCHINSKY 1917: Margarete M., *Der Ausdruck des konzessiven Gedankes in den altnorditalienischen Mundarten*, Halle a.S., Niemeyer.
MOISE 1878: Giovanni M., *Grammatica della lingua italiana*, Firenze, Tipografia del Vocabolario.
Montale, *L'opera in versi*: Eugenio M., –, Torino, Einaudi, 1980.
Montanelli, *L'Italia in camicia nera*: Indro M., –, Milano, Rizzoli, 1976.
Montefoschi, *Lo sguardo del cacciatore*: Giorgio M., –, Milano, Rizzoli, 1987.
MORANDI 1879: Luigi M., *Le correzioni ai Promessi Sposi e l'unità della lingua*, Parma, Battei.
Morante, *L'isola di Arturo*: Elsa M., –, Torino, Einaudi, 1957.
Morante, *La Storia*: Elsa M., –, Torino, Einaudi, 1974.
Moravia, *Gli indifferenti*: Alberto M., –, Milano, Bompiani, 1972 (1ª ediz. 1929).
MORETTI 1982a: G. Battista M., *Riflessioni sul costrutto causale esplicito nella lingua italiana contemporanea*, «AUSP», 2, 187-216.
MORETTI 1982b: G. Battista M., *Riflessioni sul costrutto consecutivo esplicito in italiano*, «AUSP», 3, 145-170.
MORETTI 1983: G. Battista M., *Riflessioni sulla concessione e sulla ammissione nell'italiano contemporaneo*, Perugia, Edizioni dell'Università per Stranieri.
MORETTI-ORVIETO 1979: G. Battista M. - Giorgio R. O., *Grammatica italiana - Il verbo*, 2 voll., Perugia, Benucci.
MORETTI-ORVIETO 1983: G. Battista M. - Giorgio R. O., *Grammatica italiana*, vol. III («Il verbo: morfologia e note generali di sintassi»), Perugia, Benucci.
Morselli, *Dissipatio H. G.*: Guido M., –, Milano, Adelphi, 1977.
MORTARA GARAVELLI 1985: Bice M. G., *La parola d'altri*, Palermo, Sellerio.
Vd. anche: GARAVELLI MORTARA.

MULJAČIĆ 1974: Zarko M., *Sul posto degli affissi nel proibitivo nell'italiano contemporaneo*, *FMSIC*, I, 225-231.
NANNUCCI 1858: Vincenzo N., *Teorica dei nomi della lingua italiana*, Firenze, Tipografia Baracchi.
NAPOLI-NESPOR 1979: Donna Jo N. - Marina N., *Negazioni nelle comparative*, in *La grammatica. Aspetti teorici e didattici*, a cura di F. Albano Leoni e M. R. Pigliasco, Roma, Bulzoni, II, 367-400.
NAVA 1978: G. Pascoli, *Myricae*, a cura di Giuseppe N., Roma, Salerno Editrice.
NENCIONI 1954: Giovanni N., *Fra grammatica e retorica*, Firenze, Olschki.
NENCIONI 1982: Giovanni N., *Autodiacronia linguistica: un caso personale*, in Accademia della Crusca, *La lingua italiana in movimento*, Firenze, presso l'Accademia.
NICULESCU 1974: Alessandro N., *Strutture allocutive pronominali reverenziali in italiano*, Firenze, Olschki.
NIERI 1901: Idelfonso N., *Vocabolario lucchese*, Lucca, Giusti, 1901 (ristampa anastatica Bologna, Forni, 1981).
Nievo, *Le confessioni d'un italiano*: si cita la pagina dell'ediz. con premessa di G. Innamorati, s. l., Salani, 1958 (1ª ediz., postuma, 1867).
NILSSON-EHLE 1947: Hans N.-E., *Les propositions complétives juxtaposées en italien moderne*, Lund-Copenhagen, Gleerup-Munskgaard.
Palazzeschi, *Sorelle Materassi*: si cita la pagina dell'ediz. Mondadori (Aldo P., *I romanzi della maturità*, Milano 1969, 7-365; 1ª ediz. 1934).
PANNACCI-GIAPPESI 1983: Rita P. Bernet - Angela G. Toni, *La congiunzione «per»*, Perugia, Edizioni dell'Università per Stranieri.
Paratore, *Lett. latina*: Ettore P., *Storia della letteratura latina*, Firenze, Sansoni, 1964.
Pascoli, *Prose*: G. P. –, vol. I, Milano, Mondadori, 1971.
Pasolini, *Ragazzi di vita*: Pier Paolo P., –, Milano, Garzanti, 1971 (1ª ediz. 1955).
PASQUALI 1968: Giorgio P., *Lingua nuova e antica*, Firenze, Le Monnier.
PATOTA 1984: Giuseppe P., *Ricerche sull'imperativo con pronome atono*, «SLI», X, 173-246.
PATOTA 1985: Giuseppe P., *Sulla formazione dei nomi dei medicinali*, «SLI», XI, 273-283.
PATOTA 1987: Giuseppe P., *L'Ortis e la prosa del secondo Settecento*, «SGI», XIII, 97-247.

Pavese, *La luna e i falò*: Cesare P., –, Torino, Einaudi, 1954 (1ª ediz. 1950).
Pavese, *Lettere*: Cesare P., *Lettere 1924-1944*, Torino, Einaudi, 1966.
PECORARO-PISACANE 1984: Walter P. - Chiara P., *L'avverbio*, Bologna, Zanichelli.
Pellico, *Le mie prigioni*: si cita dall'ediz. di C. Curto (Silvio P., *Opere scelte*), Torino, UTET, 1978 (1ª ediz. 1832).
Penna, *Tutte le poesie*: Sandro P., –, Milano, Garzanti, 1970.
Perrotta, *Disegno storico*: Gennaro P., *Disegno storico della letteratura greca*, Milano, Principato, 1959.
PESTELLI GORI 1944-45: Valeria P. G., *Sull'uso dell'articolo nella Divina Commedia*, «LN», 28-44.
PETROCCHI 1887-1891: Policarpo P., *Nòvo dizionàrio universale della lingua italiana*, Milano, Treves (ristampa: 1919).
PETROCCHI 1919: A. Manzoni, *I Promessi Sposi*, commentati da Policarpo P., Firenze, Sansoni.
PETROLINI 1971: Giovanni P., *Tabù nella parlata di Parma e del suo contado*, Parma, Nuova Step Editrice.
PETRUCCI 1977: Livio P., *Ancora qualche osservazione sul kappa 'politico'*, «LN», XXXVIII, 114-117.
Pirandello, *Il fu Mattia Pascal*: si cita dall'ediz. Mondadori (Milano 1979; 1ª ediz. 1904).
Pirandello, *Teatro* (titolo originale: *Maschere nude*): si cita il titolo della commedia seguito dal volume in cifre romane dell'ediz. Mondadori (Milano 1958, dieci voll.) e dalla pagina in numeri arabi.
PISSINOVA 1984: Nevena P., *Alcuni italianismi nel bulgaro contemporaneo*, «SLI», X, 251-256.
POGGI 1981: Isabella P., *Le interiezioni: studio del linguaggio e analisi della mente*, Torino, Boringhieri.
POGGI SALANI 1971: Teresa P. S., *Il tipo caffè caffè*, «LN», XXXII, 67-74.
POGGI SALANI 1976: Teresa P. S., *Note sull'italiano di Milano e in particolare sulla e tonica*, in *Studi di fonetica e fonologia*, a cura di R. Simone, U. Vignuzzi, G. Ruggiero, Roma, Bulzoni.
PUCCINI-FERRANDO 1984: *Tutti i libretti di Puccini*, a cura di Enrico M. F., Milano, Garzanti.
Pugnetti, *Guida al gatto*: Gino P., –, Milano, Mondadori, 1978.
PUPPO 1961: Mario P., *Un uso linguistico manzoniano: i sostantivi frequentativi in -io*, «LN», XXII, 110-114.
RENZI 1976: Lorenzo R., *Grammatica e storia dell'articolo italiano*, «SGI», V, 5-42.
RENZI 1982: Lorenzo R., *Il vero plurale dell'articolo «uno»*, «LN», XLIII, 63-68.
RIGUTINI 1898: Giuseppe R., *I neologismi buoni e cattivi più frequenti nell'uso odierno*, Firenze, Barbera.
ROBINS 1981: Robert H. R., *Storia della linguistica*, Bologna, Il Mulino.
ROHLFS 1966-1969: Gerhard R., *Grammatica storica della lingua italiana e dei suoi dialetti*, Torino, Einaudi (si citano i paragrafi).
ROHLFS 1972: Gerhard R., *Studi e ricerche su lingua e dialetti d'Italia*, Firenze, Sansoni.
Roma TCI: *Roma e dintorni*, Guida d'Italia del Touring Club Italiano, Milano 1977.
ROMAGNOLI 1986: Anna Maria R., *La paròla ché* [sic] *conquìsta*, Milano, Mursia.
ROMANELLI 1910: Giuseppe R., *Lingua e dialetti*, Livorno, Giusti.
RONCAGLIA 1939: Aurelio R., *Ancora «gatta»*, «LN», I, 111.
RONCONI 1944-1945: Alessandro R., *L'imperfetto di modestia e l'imperfetto irreale*, «LN», VI, 64-66.
ROSSINI 1979: Giorgio R., *«Lì» e «là»*, «LN», XL, 123-126.
RUGARLI, *La troga*: Giampaolo R., –, Milano, Adelphi, 1988.
RUGGIERI 1959: Ruggiero M. R., *Sul tipo «arme» per «arma», «ale» per «ala» e simili*, «LN», XX, 8-14.
SABATINI 1987: Alma S., *Raccomandazioni per un uso non sessista della lingua italiana*, Roma, Presidenza del Consiglio dei Ministri.
SABATINI 1980: Francesco S., *Linee di tendenza dell'italiano contemporaneo e problemi di norma*, in *La lingua italiana in Finlandia*. Atti del primo Convegno degli insegnanti di italiano in Finlandia, Turku.
SABATINI 1985: Francesco S., *L'«italiano dell'uso medio»: una realtà tra le varietà linguistiche italiane*, in *Gesprochenes Italienisch in Geschichte und Gegenwart*, a cura di G. Holtus e E. Radtke, Tubinga, Narr, 154-184.
Sacchetti, *Il trecentonovelle*: si cita dall'ediz. di A. Lanza, Firenze, Sansoni, 1984.
SANGUINETI 1969-1971: *Poesia italiana del Novecento*, a cura di Edoardo S., Torino, Einaudi.

Sanguineti, *Segnalibro*: Edoardo S., *Segnalibro. Poesie 1951-1981*, Milano, Feltrinelli, 1982.

Sant'Alfonso de' Liguori, *Brevi avvertimenti*: S. A. de' L., *Brevi avvertimenti di grammatica e aritmetica*, a cura di R. Librandi, Napoli, D'Auria, 1984 (1ª ediz.: metà del XVIII sec.).

Santoni Rugiu, *Parole di vita veloce*: Antonio S. R., –, Verona, Essedue Edizioni, 1986.

Sapegno, *Letter. italiana*: Natalino S., *Disegno storico della letteratura italiana*, Firenze, La Nuova Italia, 1964.

SARZANA 1977: Pietro S., *Le varianti di 'Senilità'*, «SFI», XXXV, 357-393.

SATTA 1981: Luciano S., *La prima scienza. Grammatica italiana per il biennio delle scuole medie superiori*, Messina-Firenze, D'Anna.

Satta, *Il giorno del giudizio*: Salvatore S., –, Milano, Adelphi, 1979.

SCHERMA 1983: Vincenzo S., *Sulle funzioni della punteggiatura: spunti applicativi*, «Orientamenti pedagogici», XXX, 391-422.

SCHIAFFINI 1954: Alfredo S., *Testi fiorentini del Dugento e dei primi del Trecento*, Firenze, Sansoni (ristampa anastatica).

SCHMID 1976: Heinrich S., *It. Teodò! 'Oh Theodor!': vocativus redivivus*, in *Mélanges offerts à C. T. Gossen*, Berna-Liegi, Francke-Marche Romane, 1976, 827-864.

SCHMITT-JENSEN 1970: Jorgen S. J., *Subjonctif et hypotaxe en italien*, Odense University Press.

Sciascia, *Gli zii di Sicilia*: Leonardo S., –, Torino, Einaudi, 1977 (1ª ediz. 1950).

Sciascia, *Il consiglio d'Egitto*: Leonardo S., –, Torino, Einaudi, 1963.

Sciascia, *Il giorno della civetta*: Leonardo S., –, Torino, Einaudi, 1961.

Sciascia, *La scomparsa di Majorana*: Leonardo S., –, Torino, Einaudi, 1975.

Segneri, *Quaresimale*: Paolo S., –, Milano, Borroni e Scotti, 1853 (1ª ediz. 1679).

SEGRE 1963: Cesare S., *Lingua, stile e società. Studi sulla storia della prosa italiana*, Milano, Feltrinelli.

Serao, *Il romanzo della fanciulla*: si cita dall'ediz. di F. Bruni, Napoli, Liguori, 1985 (1ª ediz. 1885).

SERIANNI 1972: Luca S., *Ricerche sul dialetto aretino nei secoli XIII e XIV*, «SFI», XXX, 59-191.

SERIANNI 1981: Luca S., *Norma dei puristi e lingua d'uso nell'Ottocento*, Firenze, Accademia della Crusca.

SERIANNI 1982a: Luca S., *Vicende di «niuno» e «nessuno» nella lingua letteraria*, «SLI», VIII, 27-40.

SERIANNI 1982b: Luca S., *«Mio padre!» / «Padre mio!». Sull'anteposizione dell'aggettivo possessivo nelle allocuzioni*, «SLI», VIII, 137-154.

SERIANNI 1985: Luca S., *Lingua medica e lessicografia specializzata nel primo Ottocento*, in *La Crusca nella tradizione letteraria e linguistica italiana*, Firenze, Accademia della Crusca, 255-287.

SERIANNI 1986a: Luca S., *Il problema della norma nell'italiano contemporaneo*, «AUSP», 7, 47-69.

SERIANNI 1986b: Luca S., *Le varianti fonomorfologiche dei «Promessi Sposi» 1840 nel quadro dell'italiano ottocentesco*, «SLI», XII, 1-63.

Serra, *Esame di coscienza di un letterato*: Renato S., –, Roma, Newton Compton, 1973 (scritto nel 1915).

SERVADIO POGGIO 1984: Bianca S. P., *Il presente*, Perugia, Edizioni dell'Università per Stranieri.

«SFI»: «Studi di Filologia Italiana».

«SGI»: «Studi di Grammatica Italiana».

SGRILLI 1974: Paola S., *Influsso delle lingue speciali sul lessico della critica letteraria*, in *Italiano d'oggi. Lingua non letteraria e lingue speciali*, Trieste, LINT, 355-380.

SIGG 1954: Marguerite S., *Die Diminutivsuffixe im Toskanischen*, Berna, Francke.

SIMONINI 1978: Augusto S., *Il linguaggio di Mussolini*, Milano, Bompiani.

SINISCALCHI 1889: M. S., *Idiotismi, voci e costrutti errati di uso più comune nel Mezzogiorno d'Italia*, Trani, Vecchi.

ŠKERLJ 1932: Stanko Š., *Costrutti participiali del tipo 'veduto la bellezza'*, «ID», VIII, 117-178.

ŠKERLJ 1959: Stanko Š., *Ancora sul costrutto 'per ricco che sia'*, «LN», XX, 109-113.

SKYTTE 1976: Gunver S., *I costrutti infinitivi con i verbi fattitivi e di percezione*, «SGI», V, 355-400.

SKYTTE 1978: Gunver S., *Il cosiddetto costrutto dotto di accusativo con l'infinito in italiano moderno*, «SGI», VII, 281-315.

SKYTTE 1983: Gunver S., *La sintassi dell'infinito in italiano moderno*, «Revue Romane», num. supplem. 27.

«SLI»: «Studi Linguistici Italiani».

SOBRERO 1978: Alberto A. S., *I padroni della lingua*, Napoli, Guida.
SORELLA 1983: Antonio S., *Per un consuntivo degli studi recenti sul presente storico*, «SGI», XII, 307-319.
SORELLA 1984: Antonio S., *Sull'alternanza passato prossimo/passato remoto nella prosa italiana moderna*, «Cultura e Scuola», 90, 7-21.
SORRENTO 1950: Luigi S., *Sintassi romanza*, Milano-Varese, Cisalpino.
Spini, *Disegno storico*: Giorgio S., *Disegno storico della civiltà*, Roma, Cremonese, 1963.
SPITI VAGNI 1983: Maria Grazia S. V., *«Ecco» nell'italiano contemporaneo*, Perugia, Edizioni dell'Università per Stranieri.
STAMMERJOHANN 1977: Harro S., *Elementi di articolazione dell'italiano parlato*, «SGI», VI, 109-120.
STATI 1976: Sorin S., *La sintassi*, Bologna, Zanichelli.
STATI 1982: Sorin S., *Il dialogo. Considerazioni di linguistica pragmatica*, Napoli, Liguori.
Svevo, *La coscienza di Zeno*: Italo S., –, Milano, Dall'Oglio, 1966 (1ª ediz. 1923).
Tabucchi, *Notturno indiano*: Antonio T., –, Palermo, Sellerio, 1984.
TAGLIAVINI 1969: Carlo T., *Introduzione alla glottologia*, Bologna, Pàtron.
TAGLIAVINI 1972: Carlo T., *Le origini delle lingue neolatine*, Bologna, Pàtron.
Tarchetti, *Fosca*: Iginio U. T., –, Milano, Mondadori, 1979 (1ª ediz. 1869).
TEKAVČIĆ 1980: Pavao T., *Grammatica storica dell'italiano*, Bologna, Il Mulino.
Testi pratesi: L. Serianni, *Testi pratesi della fine del Dugento e dei primi del Trecento*, Firenze, Accademia della Crusca, 1977.
TOGNELLI 1963: Iole T., *Introduzione all'«Ars punctandi»*, Roma, Ateneo.
TOLLEMACHE 1945: Federigo T., *Le parole composte nella lingua italiana*, Roma, Rores.
TOLLEMACHE 1954: Federigo T., *I deverbali italiani*, Firenze, Sansoni.
Tomasi di Lampedusa, *Il Gattopardo*: Giuseppe T. di L., –, Milano, Feltrinelli, 1959.
TOMMASEO 1935: Niccolò T., *Dizionario dei sinonimi della lingua italiana*, Napoli, Bideri (si cita il numero dell'articolo; 1ª ediz. 1830-1832).
TOMMASEO-BELLINI 1865-1879: Niccolò T. - Bernardo B., *Dizionario della lingua italiana*, Torino, Unione Tipografico-Editrice Torinese.

TORRICELLI 1975: Patrizia T., *Il valore del suffisso -ATA nella derivazione nominale italiana*, «ID», XXXVIII, 190-204.
TRABALZA-ALLODOLI 1934: T. e A., *La grammatica degl'Italiani*, Firenze, Le Monnier.
TRAINA 1967: Alfonso T., *L'alfabeto e la pronunzia del latino*, Bologna, Pàtron.
Trenta Lucaroni 1983: Wanda T. L., *Nomi e aggettivi alterati*, Perugia, Edizioni dell'Università per Stranieri.
TREVES 1950: Marco T., *Le anomalie d'accento nelle parole italiane d'origine letteraria*, «LN», XI, 99-103.
TREVES 1960: Eugenio T., *... Si dice? ... Dubbi ed errori di lingua e di grammatica*, Milano, Ceschina.
TRIFONE 1977: Pietro T., *La coscienza linguistica del Verga*, «Quaderni di Filologia e Letteratura siciliana», 4, 5-29.
TRIFONE 1986: Pietro T., *Aspetti dello stile nominale nella 'Cronica' trecentesca di Anonimo Romano*, «SLI», XII, 217-239.
TRONTI 1979: *Il Politico. Antologia di testi a cura di Mario T.*, Milano, Feltrinelli.
TROPEA 1976: Giovanni T., *Italiano di Sicilia*, Palermo, Aracne.
Tucci, *Nepal*: Giuseppe T., *Nepal: alla scoperta del regno dei Malla*, Roma, Newton Compton, 1977.
UGOLINI 1855: Filippo U., *Vocabolario di parole e modi errati*, Firenze, Barbera, Bianchi e comp.
ULLELAND 1965: Magnus U., *Il periodo comparativo nel toscano antico*, «Studia Neophilologica», XXXVII, 51-95.
ULLELAND 1977: Magnus U., *Osservazioni sul passivo in italiano*, in *Italianistica scandinava. Atti del secondo congresso degli italianisti scandinavi*, Turku, 95-146.
VAGNI 1974: Francesco V., *La proposizione finale nell'italiano contemporaneo*, FMSIC, II, 329-337.
VANELLI 1981: Laura V., *Ancora su «lì» / «là» (e «qui» / «qua»)*, «LN», XLII, 72-77.
VAN MOLLE-MARECHAL 1974: Patrick V. M.-M., *'Andare' e 'venire' ausiliari del passivo*, FMSIC, II, 357-372.
VANVOLSEM 1983: Serge V., *L'infinito sostantivato in italiano*, Firenze, Accademia della Crusca.
VERDI-BALDACCI 1975: *Tutti i libretti di Verdi*, a cura di Luigi B., Milano, Garzanti.
Verga, *I Malavoglia*: Giovanni V., –, Milano, Mondadori, 1973 (1ª ediz. 1881).
Verga, *Mastro don Gesualdo*: Giovanni V.,

–, Milano, Mondadori, 1963 (1ª ediz. 1889).
Verga, *Novelle*: si cita dall'ediz. di G. Tellini, Roma, Salerno Editrice, 1980.
VIANI 1858: Prospero V., *Dizionario di pretesi francesismi*, Napoli, Rossi-Romano.
Vico, *Scienza nuova*: Giambattista V., *Principj di una scienza nuova intorno alla natura delle nazioni*, Napoli, 1725.
Villari, *Storia moderna*: Rosario V., –, Roma-Bari, Laterza, 1985.
VITALE 1986: Maurizio V., *La lingua di Alessandro Manzoni*, Milano, Cisalpino-Goliardica.
Vittorini, *Conversazione in Sicilia*: Elio V., –, Torino, Einaudi, 1979 (1ª ediz., con altro titolo: 1941).
VOGEL 1982: Irene V., *La sillaba come unità fonologica*, Bologna, Zanichelli.
VOLPATI 1955: Carlo V., *Coppie di nomi di due generi*, «LN», XVI, 2-5.
YAGUELLO 1980: Marina Y., *Le parole e le donne*, Napoli, Lerici.
ZAMBONI 1983: Alberto Z., *Note aggiuntive alla questione dei verbi in -isco*, «SGI», XII, 231-237.
ZINGARELLI 1983: *Il nuovo Zingarelli. Vocabolario della lingua italiana*, Undicesima ediz. a cura di M. Dogliotti e L. Rosiello, Bologna, Zanichelli.
ZOLLI 1971: Paolo Z., *L'influsso francese sul veneziano del XVIII secolo*, Venezia, Istituto veneto di scienze, lettere ed arti.
ZOLLI 1976: Paolo Z., *Le parole straniere*, Bologna, Zanichelli.
ZOLLI 1986: Paolo Z., *Le parole dialettali*, Milano, Rizzoli.

GLOSSARIO E DUBBI LINGUISTICI

GLOSSARIO E DUBBI LINGUISTICI

Oltre che un tradizionale *Glossario* esplicativo, le pagine che seguono sono una guida «amichevole» alla consultazione della *Grammatica*.
Gli aspetti dell'italiano descritti nell'opera hanno una prima illustrazione nelle voci del *Glossario*, complete di un rinvio ai capitoli (in numeri romani) e ai paragrafi (in numeri arabi); al lettore la scelta di approfondire l'argomento o di accontentarsi della spiegazione essenziale del *Glossario*, che dunque si presenta come una piccola, autonoma grammatica dell'italiano alfabeticamente ordinata (i casi in cui alla voce indicizzata si accompagna il semplice rinvio al capitolo e al paragrafo sono quelli in cui la glossa sarebbe stata una semplice ripetizione di ciò che si dice nella *Grammatica*).
Le trascrizioni fonetiche sono fra parentesi quadre; quelle fonematiche sono fra sbarrette oblique.
Poiché si è cercato di dare alle spiegazioni un tono discorsivo, le abbreviazioni sono rare. L'unica costante è v. per *vedi*; inoltre, nell'àmbito di ciascuna glossa, è stata sempre abbreviata la parola indicante la voce glossata: così, nell'illustrazione della voce NOME, una n. indica la parola *nome* (o *nomi*).
Si è inoltre raccolta una serie di dubbi linguistici (i più ricorrenti) che possono venire in mente a un italiano, o a uno straniero che studi l'italiano, alle soglie del Duemila (i testi delle spiegazioni sono facilmente riconoscibili, perché racchiusi entro riquadri). Non è quasi mai possibile rispondere con un sì o con un no; ma si è cercato di offrire gli elementi per un orientamento e non si è rinunciato a un consiglio o a un auspicio.

L'asterisco prima di una forma indica che quella forma non è accettabile (**io avere*). Nelle traslitterazioni dal greco non si indicano le vocali brevi e lunghe. Qualche volta abbiamo citato giudizi di Aldo Gabrielli (attingendoli al suo repertorio *Il museo degli errori*, Milano, Mondadori, 1977) e di Giovanni Nencioni (dal volume con sua presentazione *La Crusca risponde*, Firenze, Le Lettere, 1995). Gli esempi letterari sono cavati dal *Grande dizionario della lingua italiana* fondato da S. Battaglia, Torino, UTET, 1961 ss. o dalla *Letteratura italiana Zanichelli. CD-ROM dei testi della letteratura italiana*, a cura di P. Stoppelli e M. Picchi, Bologna, Zanichelli, 1995[2].
Accanto alla letteratura abbiamo tenuto conto dell'uso giornalistico, che riteniamo specchio attendibile dell'italiano scritto contemporaneo nei suoi vari registri. Questo non significa né che ciò che scrivono i giornali faccia testo (nemmeno linguisticamente), né che le questioni grammaticali possano essere risolte a colpi di maggioranza. Ma indubbiamente, se una forma condannata dalla grammatica non ha il sostegno nemmeno episodico degli scriventi professionali dei nostri tempi – quali sono appunto i giornalisti – non c'è che da prendere atto della sua obsolescenza: *si tout le monde a tort* – direbbero i nostri cugini d'oltralpe – *tout le monde a raison*.

In questo Glossario, *il carattere corsivo è riservato alle forme (parole, locuzioni ecc.) della lingua italiana; il maiuscoletto grassetto contrassegna invece categorie e termini grammaticali, linguistici ecc.*

a: § 1. *A* (forme articolate: *al, allo, alla; ai, agli, alle*) è una preposizione propria (VIII. 7) che stabilisce collegamenti di vario genere fra due elementi della stessa frase o tra due frasi diverse (VIII. 33. 40). § 2. Quando collega due elementi della stessa frase, *a* può introdurre un complemento di termine («dici *a* me?», VIII. 34), di relazione («il due sta al quattro come il quattro sta all'otto», VIII. 34b) di vantaggio e svantaggio («sarà utile *a* te», VIII. 34c), di moto a luogo, reale o figurato («Vado *a* casa», VIII. 35. 37), di pena («condannare *a* morte», VIII. 36), di distanza («È *a* cento metri da qui», VIII. 38), di fine («uscire *a* passeggio», VIII. 39), di stato in luogo («Leopardi visse *a* Recanati», VIII. 41), di età («*a* dodici anni», VIII. 42), di tempo determinato («*alle* tre», VIII. 43), di modo e maniera («*a* bassa voce», VIII. 44), di strumento («riscaldamento *a* gasolio», VIII. 45), di qualità («valigia *a* doppio fondo», VIII. 46. 47), distributivo («*a* uno *a* uno», VIII. 48), di limitazione («bravo *a* parole», VIII. 49), di prezzo e misura (vendere *a* mille lire il chilo», VIII. 50). § 3. All'interno della frase *a* è usata anche in locuzioni avverbiali del tipo *a corpo a corpo, a faccia a faccia* (XII. 26b. 33d, e il riquadro **AVVERBIALI CON DOPPIA PREPOSIZIONE, LOCUZIONI**). § 4. È limitata all'Italia meridionale l'abitudine, da evitare, di premettere *a* al complemento oggetto di un verbo transitivo («canzonare a te», II. 39) o a un infinito con valore oggettivo dipendente da un verbo di percezione («aveva visto il padre *a* litigare», XIV. 43). § 5. Quando collega due frasi diverse, *a* può introdurre una proposizione completiva implicita («mi persuado *a* fare qualcosa», XIV 44-46), una causale implicita («Hai sbagliato a dargli ascolto», XIV. 119), una finale implicita («L'ho mandato a comprare del latte», XIV. 127), una condizionale implicita («A pensarci prima, sarei partito», XIV. 170), una temporale implicita («*a* sentirlo piangere, si commosse», XIV. 204), una relativa implicita («lo zar Alessandro fu il primo *a* tentare [= che tentò] di costruire lo strumento destinato a mantenere l'ordine internazionale e interno», XIV. 254), una limitativa implicita («abituato *a* mangiare presto», XIV. 247ab).

a che: locuzione congiuntiva subordinante finale, XIV. 126d.

a condizione che: locuzione congiuntiva subordinante condizionale-restrittiva, XIV. 163. 167b.

a corpo a corpo (*a mano a mano*): v. il riquadro **AVVERBIALI CON DOPPIA PREPOSIZIONE, LOCUZIONI**.

a costo di: locuzione congiuntiva subordinante concessiva, XIV. 184a.

a far(e) sì che: locuzione congiuntiva subordinante finale, XIV. 126d.

a La Spezia / alla Spezia: v. la voce **PREPOSIZIONI**, e in particolare il riquadro **PREPOSIZIONI DAVANTI A TITOLI E NOMI, USO DELLE**.

a me mi (*piace*): v. il riquadro **PERSONALI (RIDONDANTI), PRONOMI**.

a meno che (*di*) (*non*): locuzione congiuntiva (con *di*, preposizionale) subordinante eccettuativa, XIV. 241b. 243.

a misura che: locuzione congiuntiva subordinante comparativa, XIV. 236a.

a patto che: locuzione congiuntiva subordinante condizionale-restrittiva, XIV. 163. 167b.

a piazza di Spagna / in piazza di Spagna: v. **ODÒNIMI, STATO IN LUOGO NEGLI**.

a rischio di: locuzione preposizionale; può introdurre una proposizione concessiva implicita, XIV. 184a.

a te ti (*piace*): v. il riquadro **PERSONALI (RIDONDANTI), PRONOMI**.

a via Cavour / in via Cavour: v. **ODÒNIMI, STATO IN LUOGO NEGLI**.

abbacino / abbàcino: I. 188b.

abbastanza: avverbio di quantità (XII. 45-46); può anticipare, in una frase reggente, una proposizione subordinata di adeguatezza: «Non è abbastanza grande per poter uscire da solo», XIV. 143).

abbenché: congiunzione subordinante concessiva, XIV. 181.

abbi, abbiate (*avere*): XI. 56a. 397.

abbiendo (*avere*, arcaico): XI. 69.

abbiente (*avere*, arcaico): XI. 68.

abbo (*avere*, arcaico): XI. 65a.

abbonare / abbonire: verbo sovrabbondante, XI. 123a.

ABBONDANZA E PRIVAZIONE, COMPLEMENTI DI: sono complementi indiretti che indicano ciò che si ha in abbondanza o ciò di cui si è privi, in senso proprio o figurato. Entrambi sono introdotti dalla preposizione *di*; il c. di privazione può introdotto anche dalla preposizione *senza*. Esempi: «la nostra regione abbonda *d'acqua*», abbondanza; «manchi *di iniziativa*», privazione (VIII. 15. 137c).

ABBREVIAZIONI: possono aversi a. di una parola per contrazione, per compendio e per sequenza consonantica. Le a. per contrazione consistono nelle lettere iniziali e finali della parola abbreviata (*f. lli* = fratelli; il punto si colloca al centro dei due gruppi grafici, ma se l'abbreviazione riduce a due o a tre le lettere superstiti, il punto si pone alla fine oppure si sopprime: *dr.*, *dr*; v., al proposito, il riquadro SIGLE, PUNTO DI CHIUSURA NELLE); le a. per compendio riproducono una o più lettere iniziali della parola abbreviata (*S. P. M.* = Sue Proprie Mani; *dott.* = dottore); le a. per sequenza consonantica sono date dalla consonante iniziale seguita da una o più consonanti (*ps.* = poscritto), I. 211-212.

ABITUALE, PRESENTE: V. ITERATIVO, PRESENTE.

ABLATIVO ASSOLUTO: costruzione sintattica latina che, secondo alcuni studiosi, trova la sua continuazione nel participio assoluto italiano (XI. 415-416). L'a. a. latino cristallizzato NON OBSTANTE ('non opponendosi') ha dato in italiano la preposizione e congiunzione subordinante concessiva *nonostante* (XIV. 179c).

abradere: verbo irregolare di 2ª coniugazione in *-ere*, XI. 283.

acacie / acace: v. NOME, § 13 e il riquadro NOMI IN *-CIA*, *-GIA*, PLURALE DEI.

accadere: verbo irregolare di 2ª coniugazione in *-ére*, XI. 139; XIV. 68.

accedere: verbo irregolare di 2ª coniugazione in *-ere*, XI. 195.

accelerare / accellerare: la forma corretta è la prima: basta riflettere al fatto che si tratta di un derivato dell'agg. *celere* (non **cellere*). Naturalmente, gli errori hanno una loro spiegazione. Nel nostro caso le varie forme di questo verbo sono andate soggette, almeno nell'Italia centro-meridionale, a due convergenti tendenze fonetiche: in *accèlero*, *accèleri* e in altre forme accentate sulla terzultima ha agito la tendenza a raddoppiare la consonante immediatamente successiva all'accento (come è avvenuto storicamente in MACHINAM > *màcchina*, ATOMUM > *àttimo*, CHOLERAM > *còllera*, ecc.); in *accelerare*, *accelerato* e altre forme di cinque sillabe, dotate oltre che dell'accento principale sulla penultima anche di un accento secondario sulla seconda (quasi *accélerère*), ha agito la tendenza a raddoppiare la consonante posta dopo l'accento secondario (come è avvenuto in ACADEMIAM > *àccadèmia*, PEREGRINUM > *péllegrìno*, SEPELIRE > *séppellìre* ecc.). Ma in grammatica spiegare non significa giustificare: è solo la norma linguistica, che dipende dalla valutazione della comunità di parlanti e dal prestigio della tradizione, che può eventualmente legittimare certe tendenze fonetiche. E in questo caso non possono esserci dubbi: **accellerare* è un errore marchiano. (v. PARASINTETICHE, FORMAZIONI; in particolare, XV. 116)

accendere: verbo irregolare di 2ª coniugazione in *-ere*, XI. 175-176.

ACCENTO: § 1. Occorre distinguere tra l'a. espiratorio (che riguarda la lingua parlata) e l'a. grafico (che riguarda la lingua scritta). § 2. L'a. espiratorio (d'ora in poi semplicemente a.) è la particolare forza espiratoria che, nella catena parlata, una sillaba (detta *tonica*, cioè accentata) assume rispetto alle altre *atone* (= non accentate). § 3. L'a. è presente in ogni parola italiana di due o più sillabe: per esempio, nella parola *corallo*, l'a. cade sulla seconda sillaba, che è quella tonica, mentre la prima e la terza sono atone. § 4. Le parole formate da una sola sillaba possono avere anch'esse un a. (per esempio: *sì, no*), ma spesso ne sono prive: sono i cosiddetti *clitici*, che per la pronuncia si appoggiano alla parola che segue (in tal caso si parla di parole *proclitiche*: *di* Roma, *a* questo, *ti* dirò) o a quella che precede (in tal caso si parla di parole *enclitiche*, che si scrivono unite alla parola accentata: dim*mi*, fabbrica*melo*) (I. 170-171). § 5. A differenza di altre lingue, in cui occupa una posizione fissa, in italiano l'a. è libero e mobile (I. 172); comunque, è possibile dare alcune norme pratiche che, nella lettura, consentono di prevedere la sillaba su cui esso cade in base al suffisso o alla terminazione della parola (I. 174-176). § 6. L'a. può cadere sull'ultima sillaba (in tal caso la parola si dice tronca o ossitona: *partì*), sulla penultima sillaba (la parola è piana o parossitona: *pane*), sulla terzultima sillaba (la parola è sdrucciola o proparossitona: *tavolo*), sulla quartultima sillaba (la parola è bisdrucciola: *verìficano*), sulla quintultima e sestultima sillaba (parola trisdrucciola e quadrisdrucciola: *fàbbricamelo*, *fàbbricamicelo*) (I. 173). § 7. Alcuni termini omografi, cioè scritti allo stesso modo, vengono distinti solo in base alla diversa posizione dell'a. (per esempio: «non *àltero* i fatti» / «un animo *altèro*»: una lista di queste coppie di parole è in I. 173). § 8 Quando l'a. espiratorio è rappresentato nella scrittura, prende il nome di a. grafico, che non compare su tutte le parole. I casi in cui è obbligatorio o opportuno segnarlo sono relativamente pochi; il loro elenco completo è in I. 177-178. § 9. L'a. grafico prende la forma di a. acuto (´) quando contrassegna le due vocali chiuse *é* e *ó* (come in *cómpito* e in *perché*) e la forma di a. grave (`) quando contrassegna tutte le altre vocali (come in *città*, *caffè*, *così*, *portò*, *virtù*, I. 179). Un terzo tipo di a. grafico, quello circonflesso (^), è di impiego facoltativo e limitato a pochi casi (I. 180). § 10. Nelle parole di almeno tre sillabe (solo se ossitone) e in quelle di almeno quattro sillabe (di tutti i tipi, quanto alla posizione dell'a.), accanto all'a. *principale*, esiste un a. *secondario*, che imprime alla sillaba su cui cade una qualche forza espiratoria, tale da distinguerla dalle sillabe propriamente atone: così, nella parola *pomodoro*, l'a. principale cade sulla sillaba *do* e quello secondario cade sulla sillaba *po* (I. 181-182). § 11. Molti dei dubbi sulla posizione dell'accento in italiano (risolti in I. 183-189, ma si veda anche il riquadro ACCENTO NELLE PAROLE DI ORIGINE GRECA) riguardano parole dotte di origine greca, ma trasmesse a noi attraverso il latino classico o medievale (o moderno, come nel caso dei termini scientifici); vi sono poi casi di anticipazione arbitraria della sillaba accentata (per esempio: *alcàlino* in luogo di *alcalìno*) segnalati in I. 189. § 12. Oltre a queste oscillazioni, proprie della lingua comune, nella lingua della tradizione poetica si hanno fenomeni di arretramento (chiamato sìstole: *pièta* invece di *pietà*) o di avanzamento (chiamato diàstole: *umìle* invece di *ùmile*) (I. 190).

ACCENTO GRAFICO SUI POLISILLABI OSSITONI: v. il riquadro POLISILLABI OSSITONI, ACCENTO GRAFICO SUI.

ACCENTO NELLE PAROLE DI ORIGINE GRECA (*edèma* / *èdema*): in molte parole del lessico medico di origine greca, arrivate a noi attraverso l'intermediario latino (si tratta spesso del latino scientifico moderno), l'accento oscilla per effetto del diverso sistema accentuativo vigente nelle due lingue classiche (altri esempi sono offerti da coppie come *alopecìa-alopecìa*, *anchilòsi-anchìlosi*, *arterioscleròsi-arteriosclèrosi*, *flogòsi-flògosi*: il primo elemento è accentato latinamente, il secondo grecamente). Nel caso di *edèma-èdema*, al lat. OEDĒMA con accento sulla penultima lunga, si contrappone il gr. *óidema*, con accento sulla terzultima. Si tratta di pronunce ugualmente diffuse e legittime. Volendo suggerire una scelta, per i casi in cui l'uso non abbia decisamente optato per una delle due possibilità, si può propendere per la pronuncia latina, riflettendo che storicamente è stato proprio il latino scientifico a diffondere quei vocaboli nel lessico medico e, di lì, nel lessico comune. (v. I. 183-186).

ACCIDENTALE, VARIANTE: v. I. 5 e la voce VARIANTI FONETICHE.

accingersi: verbo fraseologico che, in unione con *a* + infinito, indica l'imminenza di un'azione: «accingersi a partire», XI. 48a.

acciocché: congiunzione subordinante finale, VI. 133; XIV. 126c.

---

acclimare / *acclimatare*: la seconda è la forma corrente, non c'è dubbio, insieme con i vari derivati (*acclimatazione* ecc.). Ma la prima è meglio formata e sarebbe auspicabile che si divulgasse di più nell'uso. Il verbo è un parasìnteto, ossia un verbo ricavato da una base, in questo caso da un nome, per affissione di un prefisso e di un suffisso. Il nome è *clima*, di qui *acclimare*; il diffusissimo *acclimatare* è l'adattamento del francese *acclimater*, tratto regolarmente da *climat*: ma *climat* non è che l'italiano *clima*. (v. **PARASINTETICHE, FORMAZIONI**).

accludere: verbo irregolare di 2ª coniugazione in *-ere*, XI. 177.

accogliere: verbo irregolare di 2ª coniugazione in *-ere*, XI. 201.

accondiscendere: verbo irregolare di 2ª coniugazione in *-ere*, XI. 298.

accontentarsi: XIV. 44.

ACCORCIATI, PARTICIPI: participi di verbi di 1ª coniugazione privi di suffisso, frequenti in italiano antico, usciti dall'uso o usati come semplici aggettivi in quello moderno: per esempio *colmo* 'colmato', *domo* 'domato', *guasto* 'guastato', *calpesto* 'calpestato', *compro* 'comprato', *mostro* 'mostrato', XI. 420.

ACCORDO: concordanza morfologica fra due o più elementi della stessa frase, relativa al genere (maschile o femminile), al numero (singolare o plurale), alla persona verbale (1ª, 2ª, 3ª, 4ª, 5ª e 6ª). Le norme che regolano l'a. fra uno o più soggetti (o fra l'insieme costituito da un soggetto singolare e da un complemento di compagnia, tipo «*io con lui* feci / facemmo questo») e il predicato verbale sono esposte in II. 33, XI. 356-363; le norme che, in costrutti di vario tipo, regolano l'a. di genere e di numero del participio con il soggetto o con il termine (o i termini) a cui il participio stesso si riferisce (tipo «La sua partenza è stata / è stato un dispiacere», e altri) sono esposte in XI. 85. 364-369. 416. Il caso specifico della desinenza di genere e di numero del participio nei costrutti impersonali con *si* (tipo «si è parlato troppo», «si è andate all'estero») è discusso in VII. 57. L'a. dell'aggettivo qualificativo con uno o più nomi (tipo «Maria ha capelli e ciglia biond*i* / biond*e* e sim.») è trattato in V. 24; l'a. dei numerali composti con *uno* con un sostantivo («quarantun anni / anno»; «ottantuno sche-

de» / «schede ottantuna») è illustrato in VI. 15 (v. anche il riquadro *UNO*, **NUMERALI COMPOSTI CON**). Altri casi che suscitano dubbi riguardano l'a. al maschile o al femminile con i pronomi allocutivi *ella*, *lei* (tipo «Lei, professore, è stato sempre molto stimato / è stata sempre molto stimata», VII. 90), con il pronome indefinito *qualcosa* (tipo «qualcosa è accaduto / accaduta», VII. 154), con l'indefinito *tutto* (tipo «Carla è un tipo tutta / tutto casa e chiesa», VII. 189).

accorgersi: verbo irregolare di 2ª coniugazione in *-ere*, XI. 179; XIV. 44.50.

accorrere: verbo irregolare di 2ª coniugazione in *-ere*, XI. 213.

accostare / accostarsi: XI. 26.

accrescere: verbo irregolare di 2ª coniugazione in *-ere*, XI. 214.

ACCRESCITIVI, SUFFISSI: i s. a. cambiano e precisano il significato di un nome o di un aggettivo aumentandone la grandezza (XV. 69). Alcuni di essi, oltre al valore propriamente accrescitivo, possono avere una connotazione spregiativa o ironica, e in tal caso sono *peggiorativi*. Eccone la lista: -*accio* e -*accia* (*lavoraccio*, *avaraccia*, XV. 76); -*astro* e -*astra* (*giovinastro*, *verdastro*, *dolciastra*, XV. 77), -*one* e -*ona* (ma spesso anche i femminili assumono la forma in -*one* e quindi il genere maschile: *librone*, *donnona*, *donnone*, *cattivona*, XV. 78).

ACCUSATIVO CON L'INFINITO: costruzione della proposizione oggettiva e soggettiva propria del latino, largamente imitata nell'italiano antico (caratteristico l'uso latineggiante delle forme oblique dei pronomi personali *me* e *te* in funzione di soggetto: «Vo' [...] che confessi me solo esser felice», Ariosto, VII. 10e), praticata, in misura ridotta e solo in testi di registro elevato, anche nell'italiano moderno (XIV. 64. 66).

ACCUSATIVO DI RELAZIONE: v. II. 37 e la voce **OGGETTO, COMPLEMENTO**, § 2b.

acerrimo: superlativo di *acre*, V. 69. 70ad.

acme femm. / masch. Il sostantivo *acme* è femminile, come femminile è il greco *akmé* 'punta' (poi 'fase culminante di una malattia') da cui deriva. Nonostante l'uso letterario («l'acme grandiosa di tutta la festa» Soffici; «un'acme sentimentale» Pavese), da qualche tempo ha preso piede un maschile ingiustificato, che si spiega – come per il francese *acmé*, che presenta la stessa oscillazione di genere – con la non trasparenza della finale -*e*, in una parola di uso raro o specialistico, per determinare il genere. Nell'uso giornalistico, la forma spuria è prevalente, ma non mancano esempi della forma etimologica, che si può sperare riesca ancora a imporsi. In due annate del «Corriere della Sera» (1994 e 1995), gli esempi di *acme* maschile sono 6, quelli di *acme* femminile 2: «l'acme tragica» (19.2.1994) e «l'offensiva, che ha avuto la sua *acme* una decina d'anni fa» (17.7.1995). (v. III. 29).

acro: V. 14.
ACRONICO, PRESENTE: v. XI. 372b e la voce **PRESENTE INDICATIVO**, § 2.
ACRONIMO: vocabolo che risulta dalla pronuncia di lettere o sillabe iniziali adoperate in funzione di sigla (per esempio *SAUB* = «Struttura Amministrativa Unificata di Base»; *SINDIFER* = «Sindacato Dirigenti Ferrovie [dello Stato]». In luogo di lettere o sillabe iniziali possono figurare raggruppamenti vari di consonanti e vocali messe insieme allo scopo di favorire la pronunciabilità dell'a. (*SINASCEL* = «Sindacato Nazionale Scuola Elementare») o, infine, tronconi di parole che mantengono una buona trasparenza (dette anche *parole macedonia*, come *Palacongressi*), XV. 135.
ACUTO, ACCENTO: v. I. 179 e la voce **ACCENTO**, § 8.
ACUTO, SUONO: I. 13.
ad / *a*: sull'aggiunta di una *d* eufonica alla congiunzione *a*, v. XIV. 13. v. anche il riquadro *D EUFONICA*.
ad onta (*del fatto*) *che*: locuzione congiuntiva subordinante concessiva, XIV. 179d.
ADATTATE, PAROLE: parole provenienti da una lingua straniera (dette, per questo, *prestiti*) e adattate alla grafia, alla fonologia e alla morfologia della lingua che le accoglie (sono esempi di parole adattate all'italiano *treno*, adattato dall'inglese *train*, o *ascensore*, adattato dal francese *ascenseur*). Le parole adattate si distinguono da quelle non adattate (o *prestiti non adattati*), che mantengono la forma che hanno nella lingua di provenienza, senza adattamenti grafici, fonetici e morfologici: è, per esempio, il caso del tedesco *bitter* o dello spagnolo *desaparecido* (XV. 1).
addio: formula di saluto, X. 38.
addirsi: verbo difettivo di 3ª coniugazione, XI. 97.
addivenire: verbo irregolare di 3ª coniugazione, XI. 353.
addurre: verbo irregolare di 2ª coniugazione in -*ere*, XI. 205.
ADEGUATEZZA, PROPOSIZIONI DI: proposizioni subordinate affini alle consecutive, che esprimono l'intensità della conseguenza piuttosto che la sua realizzazione. Nella forma esplicita sono introdotte da *perché* con il verbo al congiuntivo: «L'articolo era troppo difficile *perché io lo capissi del tutto*»; nella forma implicita sono introdotte da *per* o *da* con il verbo all'infinito: «Non è abbastanza grande *per poter uscire da solo*» (XII. 45, XIV. 143-144).
adempiere / *adempire*: verbo sovrabbondante, XI. 123b-124.
adesso: avverbio di tempo (XII. 32d); in unione con *che*, locuzione congiuntiva subordinante temporale-causale («*Adesso che* lo so, ci starò attento»), XIV. 116.

aeroporto / *aereoporto*: l'unica forma corretta è la prima (e lo stesso vale per *aeroplano*, non *aereoplano). Si tratta di parole formate col prefissoide *aero-* nel significato primario di 'aria' (*aeroplano*, ma anche *aeronautica*, *aerostato*, *aerosol*) e nel significato secondario di 'relativo agli aeroplani' (*aeroporto*, ma anche *aerostazione*, *aeromodellismo*). *Aereo* non è che l'agg. sostantivato *aereo*, estratto dal sintagma *apparecchio aereo*. (v. **COMPOSIZIONE**, XV. 120-135).

AFERESI: caduta di uno o più suoni all'inizio di parola (per esempio *state* da *estate*, ricorrente nell'italiano antico e letterario, IV. 14).

affatto / *niente affatto*: il valore originario di *affatto* è 'del tutto': si tratta di un avverbio che rafforza il significato del verbo che lo accompagna. Tuttavia, per il frequente uso in frasi negative («Oggi non fa affatto caldo»), *affatto* ha finito con l'essere adoperato anche da solo, col valore di 'per niente', 'in nessun modo' («Hai caldo?» – «Affatto», cioè 'non ho caldo'). Mentre nella lingua parlata la cosa non suscita inconvenienti perché il contesto, l'intonazione, la mimica di chi parla in genere eliminano ogni possibile equivoco, nella lingua scritta è bene attenersi alla tradizione, adoperando *affatto* con valore negativo insieme a *non* o *niente*. L'uso di *affatto* con valore positivo, del resto, è possibile ancora oggi, persino nell'uso giornalistico. Nella «Repubblica» del 23.2.1993, il musicologo Dino Villatico, recensendo uno spettacolo lirico, scriveva: «Le scene, in sé assai belle, sono di Michael Yeargan, i costumi, *affatto tradizionali* [cioè 'molto tradizionali'], di Peter J. Hall, ma proprio dalla fedeltà tradizionale dei costumi e il resto della rappresentazione nascono le prime contraddizioni». (v. XII. 47a).

AFFERMAZIONE, AVVERBI DI: v. XII. 18. 50-53 e la voce **AVVERBIO**, §§ 5, 10 e 16.

affiggere: verbo irregolare di 2ª coniugazione in *-ere*, XI. 237.

affinché: congiunzione subordinante finale; XIV. 126b.

AFFISSO: l'a., detto anche morfema modificante, è un elemento privo di significato autonomo, usato per formare, da una parola già esistente detta *base*, una parola nuova detta *derivato*. Se l'affisso viene premesso alla parola base, prende il nome di *prefisso* (per esempio, *dis-* in *disdire*); se invece viene aggiunto alla parola base, prende il nome di *suffisso* (per esempio, *-ile* in *primaverile*); se infine l'affisso è interposto tra la parola base e il suffisso, prende il nome di *interfisso* (per esempio, *-ic-* in *posticino*, da una base *post-* seguita dal suffisso *-ino*) (XV. 3, 79).

affliggere: verbo irregolare di 2ª coniugazione in *-ere*, XI. 180.

AFFRICATE ALVEOLARI: sono tali la *z* sorda, come in *alzare*, e la *z* sonora, come in *zero*, I. 36). Nella pronuncia settentrionale, emiliano-romagnola in particolare, questi suoni vengono resi, rispettivamente, come *s* sorda e *s* sonora: *alzare* viene pronunciato [al´sare] e *zero* viene pronunciato [´zɛro] o [´zero] (I. 90); nella pronuncia meridionale, la *z* sorda posta tra due vocali viene resa come *z* sonora: *nazione* viene pronunciato [na´dzjone] o [nadzi´one] (I. 102); in tutta Italia, infine, la *z* iniziale tende a essere pronunciata sempre sonora: per esempio, *zio* viene pronunciato [´dzio] anziché [´tsio] (I. 130).

AFFRICATE ALVEOPALATALI: sono tali la *c* palatale, come in *cena*, e la *g* palatale, come in *giallo* (I. 36). Nella pronuncia settentrionale questi suoni vengono resi, rispettivamente, quasi come una *z* sorda e una *z* sonora: *cena* viene pronunciato [´tsena] e *giallo* viene pronunciato [´dzallo] (I. 89); nella pronuncia toscana i medesimi suoni, se sono fra due vocali, vengono resi, rispettivamente, come *s* palatale sorda e sonora: *la cena* = [la ´ʃena], *libro giallo* = [´libro ʒallo]; la pronuncia della *c* palatale come *s* palatale sorda è estesa a Roma e a parte dell'Umbria e delle Marche (I. 93).

AFFRICATE: v. I. 35. 43 e la voce **CONSONANTI**, § 1.

AGENTE, COMPLEMENTO D': § 1. Il c. d'a. è un complemento indiretto che indica l'essere animato che compie l'azione in una frase passiva: «Andrea è stato invitato *da Wanda*», «Il piccolo è attirato *dai gattini*» (II. 44. 52). § 2. Quando l'agente è rappresentato non da un essere animato ma da una cosa o da un'entità astratta, si parla di *complemento di causa efficiente*: «La porta è stata aperta *dal vento*» (II. 52, VIII. 6i. 55). § 3. Il c. d'a. è normalmente introdotto dalla preposizione *da* (VIII. 6i. 55); nell'italiano antico erano usate anche *di* (che tuttora può introdurre un c. di c. e.: VIII. 31) e *per* (VIII. 110), e il c. d'a. era espresso anche in presenza di una forma passiva con il *si* passivante (XI. 12). § 4. Nella lingua letteraria, in quella di registro formale e nel linguaggio burocratico il c. d'a. è introdotto anche da locuzioni preposizionali come *da (per) parte di, a (per) opera di*; per esempio: «*Da parte delle opposizioni* sono state rilevate alcune inadempienze governative».

AGGETTIVALI DEAGGETTIVALI, SUFFISSI: v. XV. 7-9. 54 e la voce **SUFFISSO**.
AGGETTIVALI DENOMINALI, SUFFISSI: v. XV. 7-9. 40-53 e la voce **SUFFISSO**.
AGGETTIVALI DEVERBALI, SUFFISSI: v. XV. 7-9. 55-56 e la voce **SUFFISSO**.
AGGETTIVALI, PREFISSI: V. **NOMINALI E AGGETTIVALI, PREFISSI**.
AGGETTIVI + A (*DA*, *IN*, *PER*) + INFINITO (tipo *abituato a mangiare*): XIV. 247.
AGGETTIVI GIUSTAPPOSTI: I. 234c.
AGGETTIVO SOSTANTIVATO: v. V. 45-55 e la voce **AGGETTIVO**, § 8. Per l'uso del partitivo con gli a. s. v. IV. 76.
AGGETTIVO: § 1. L'a. è una parola variabile che si accompagna a un nome per indicarne una qualità (in tal caso è un a. *qualificativo*: «una *vecchia* bicicletta») o per determinarlo meglio (in tal caso è un a. *determinativo*: «voglio la *mia* bicicletta, non un'altra», V. 1-2a). § 2. Gli a. qualificativi sono potenzialmente infiniti, costituiscono cioè una «lista aperta» che può arricchirsi continuamente di nuove unità (V. 3). Una particolare sottocategoria degli a. qualificativi è rappresentata dagli a. *di relazione*, così detti perché esprimono una relazione, un rapporto immediato con il nome da cui derivano (per esempio *romano* = di Roma; *solare* = del sole; *ferroviario* = della ferrovia, *estivo* = dell'estate; le caratteristiche specifiche in V. 4-7). § 3. Gli a. determinativi, che rappresentano una lista chiusa, si distinguono a loro volta in *possessivi, numerali, dimostrativi, indefiniti, interrogativi, dimostrativi, esclamativi* (esempi e caratteristiche in V. 2b-3). § 4. All'interno di una frase, l'a. è *attributivo* se è direttamente collegato a un nome («Ho comprato un'automobile *veloce*»), è *predicativo* se è collegato al nome per mezzo del verbo *essere* (la cosiddetta «copula») ed è parte di un predicato nominale («Quell'automobile è *veloce*»), è *avverbiale* se, trattato come indeclinabile, modifica semanticamente il verbo, proprio come un avverbio («L'automobile correva *veloce*», V. 8). § 5. In base al modo in cui caratterizza il nome, l'a. può essere *descrittivo* («Le *vecchie* tubature hanno ceduto») o *restrittivo* («Le tubature *vecchie* hanno ceduto»; più ampi particolari in V. 32-42). § 6. La flessione dell'aggettivo ricalca quella del nome, ma presenta meno particolarità (V. 17). Si hanno a. *a quattro desinenze* (caro / cara / cari / care, prima classe, V. 9-10), *a due desinenze* (veloce / veloci, seconda classe, V. 11-14) e *a tre desinenze* (entusiasta / entusiasti / entusiaste, terza classe, V. 15-16). Completano il quadro gli a. *invariabili* (come *pari, rosa, viola*, V. 18-19) e quelli *composti*, che nella flessione mutano soltanto il secondo elemento aggettivale (emiliano-romagnol*o* / emiliano-romagnol*a* / emiliano-romagnol*i* / emiliano-romagnol*e*, V. 20-23). § 7. Le norme che regolano l'accordo dell'a. con il nome (o i nomi) a cui si riferisce sono descritte in V. 24-25; quelle che regolano la posizione dell'a. rispetto al nome sono descritte in V. 26-31. § 8. Spesso l'a. viene usato come un nome a tutti gli effetti (per esempio *l'invidioso*, *il cattivo*, *i vecchi*): si dice, allora, che è *sostantivato*. Il caso opposto, rappresentato dal nome usato come a., è meno ricorrente (V. 43-44; più comuni esempi di sostantivazione dell'a. sono trattati in V. 45-55). § 9. I concetti espressi da un a. qualificativo possono essere graduati secondo una scala d'intensità, in cui si distinguono tre *gradi* o livelli: *positivo, comparativo* e *superlativo*. Al grado *positivo* (V. 56) la qualità è espressa senza precisarne l'intensità e senza fare riferimento a termini di confronto: «Anna è simpatica»; al grado *comparativo* (V. 57) la qualità attribuita dall'a. a un essere animato, a una cosa o a un'entità astratta, detti *primo termine di paragone*, viene messa a confronto con quella posseduta da un termine di riferimento detto *secondo termine di paragone* o *complemento di paragone* (V. 56-59, XIV. 214 sgg.). Se la qualità è presente più nel primo che nel secondo termine di paragone, si ha un c. di *maggioranza* («Anna è più simpatica di Claudia», V. 57-58); se la qualità è presente meno nel primo che nel secondo termine di paragone, si ha un c. di *minoranza* («Anna è meno simpatica di Claudia», V. 57-58); se la qualità è presente in misura uguale nei due termini messi a confronto, si ha un c. di *uguaglianza*: «Anna è (tanto) simpatica quanto (come) Claudia», V. 59). Si ha, infine, il grado *superlativo* (V. 60-68) se

la gradazione della qualità è espressa al massimo livello; o in modo *assoluto*, cioè sciolto da qualsiasi termine di riferimento (come in «Anna è *simpaticissima*») o in modo *relativo*, cioè facendo riferimento a un gruppo circoscritto di persone o di cose (come in «Anna è *la più simpatica* delle mie amiche»). Alcune particolarità nella formazione del superlativo (superlativi in *-errimo* e in *-entissimo*; superlativi formati dall'a. al grado positivo raddoppiato o preceduto da *molto, assai, particolarmente, davvero, veramente, proprio, sul serio, tutto* e altri aggettivi o locuzioni) sono descritte in V. 69-78; altre particolarità, che riguardano i cosiddetti comparativi e superlativi *organici* o *sintetici* (*buono > migliore > ottimo, cattivo > peggiore > pessimo, grande > maggiore > massimo, piccolo > minore > minimo, molto > più*), sono descritte in V. 79-81; altre ancora, riguardanti alcune forme latine di comparativi e superlativi organici sopravvissute come «fossili» nell'italiano (*anteriore, citeriore, esteriore-estremo, inferiore-infimo, interiore-intimo, posteriore-postremo-postumo, poziore, primo, recenziore, superiore-supremo-sommo, ulteriore-ultimo, viciniore*) sono descritte in V. 82-86.

aggia (*avere*, arcaico): XI. 66.

aggio (*avere*, arcaico): XI. 65a.

aggiungere: verbo irregolare di 2ª coniugazione in *-ere*, XI. 246-247; XIV. 41.

AGGIUNTIVE, PROPOSIZIONI: aggiungono un fatto, una circostanza in più a quanto viene espresso dalla reggente. Nella forma implicita (quella esplicita non è usata nell'italiano contemporaneo) sono introdotte da *oltre a* e *oltre che*, e il modo verbale è l'infinito: «*oltre a essere un grande scrittore*, è anche un ottimo traduttore» (XIV. 238).

AGGIUNTIVE, RELATIVE: V. **ESPLICATIVE, RELATIVE**.

aggiunto: v. VIII. 1 e la voce **PREPOSIZIONE**, § 1.

aggradare: verbo difettivo di 1ª coniugazione, XI. 98.

AGUZZE, PARENTESI: v. I. 202 e la voce **PARENTESI**.

aio (*avere*, arcaico): XI. 65a.

al di là di: locuzione preposizionale, VIII. 24.

al punto che (*di*): locuzione congiuntiva (con *di*, preposizionale) subordinante consecutiva, XIV. 136d. 140c.

al segno che (*di*): locuzione congiuntiva (con *di*, preposizionale) subordinante consecutiva, XIV. 136d. 140c

ala: plur. *ali* (ant. *ale*), III. 88-89.

ALBANESE: un confronto con l'albanese è in I. 172.

ALBERI: il genere dei nomi degli a. è indicato in III. 16.

alcalìno / alcàlino: I. 189.

alchimìa: I. 185a.

alcunché: pronome indefinito singolativo, VII. 146. 159.

alcuno: aggettivo e pronome indefinito singolativo (VII. 146. 147. 152c. 156-158), usato anche per rendere al plurale l'articolo indeterminativo (tipo «c'è un albero» / «ci sono alcuni alberi» IV. 63).

ALFABETO: v. I. 7-8. 20-21. 106-111 e la voce **GRAFEMA**.

alla: + aggettivo femminile, in locuzioni avverbiali tipo *alla svelta*, XII. 26a.

alla (*fin*) *fine*: v. *fine, alla.*

allievo: I. 59.

ALLOCUTIVI, PRONOMI: § 1. Si chiamano a. i pronomi personali usati per rivolgere la parola a qualcuno: *tu* e *voi* (pronomi a. *naturali*), *lei, ella* e *loro* (pronomi a. *reverenziali* o *di cortesia*). Insieme ai possessivi corrispondenti (*tuo, vostro, suo, loro*) i pronomi a. formano un sistema pronominale e aggettivale autonomo (VII. 84) detto, appunto, *allocutivo*. § 2. Nel corso dei secoli il sistema allocutivo italiano, fin dalle origini diverso da quello latino (VII. 85), ha avuto delle trasformazioni, la cui storia è ricostruita in VII. 86-87. § 3. Gli àmbiti e le particolarità d'uso delle forme che compongono il sistema allocutivo attuale sono illustrati in VII. 88-89 e 91-98. § 4. Per l'accordo dell'aggettivo e del participio con i pronomi a. *ella* e *lei* riferiti a un uomo (tipo «Lei, profes*sore*, è stat*o* attent*o*» / «Ella, professore, è stat*a* attent*a*») v. VII. 90 e la voce **ACCORDO**.

ALLOCUZIONI: per la mancanza dell'articolo nelle a. (come in «*Senatore*, ci dica...» v. IV. 72l; per le a. formate col dimostrativo *quello* v. VII. 132b.

ALLÒFONO: variante di realizzazione di un fonema determinato dal contesto fonetico; è detta anche «variante combina-

allògrafo

toria». Sono esempi di a. la *n* velare (*tengo*, [ŋ]) e la *n* dentale (*tendo*, [n]), I. 6.

ALLÒGRAFO: variante di un grafema, condizionata dal contesto (ad esempio i due a. del sigma greco, σ e ς, il secondo riservato alla posizione finale), oppure determinata da tradizioni storico-culturali (ad esempio *c* e *q* come primo elemento del nesso labiovelare sordo in italiano: *cuore* e *quota*, I. 115).

ALLONTANAMENTO O SEPARAZIONE, COMPLEMENTO DI: V. **LUOGO, COMPLEMENTI E DETERMINAZIONI DI**, § 4.

allorché: congiunzione subordinante temporale, XIV. 195.

allorquando: congiunzione subordinante temporale, XIV. 195.

ALLÒTROPO: forma che presenta lo stesso etimo di un'altra, ma se ne differenzia per aver avuto una diversa evoluzione fonetica o semantica: sono a., ad esempio, *obbedire* e *ubbidire*, entrambi provenienti dalla base latina OBOEDIRE (I. 86; V. 11), oppure *cifra* e *zero*, entrambi provenienti dall'arabo *sifr*.

alludere: verbo irregolare di 2ª coniugazione in *-ere*, XI. 181.

almeno: avverbio composto; può introdurre un congiuntivo ottativo («*almeno tacesse!*», XIII. 34) o collegarsi, nella reggente, a una proposizione concessiva: « se non potevi telefonare, potevi *almeno* scrivermi!», XIV. 154.

alopècia / alopecìa: v. ACCENTO, § 10, e il riquadro ACCENTO NELLE PAROLE DI ORIGINE GRECA (v. anche I. 185a).

alquanto: aggettivo e pronome indefinito quantitativo, VII. 205-206. 208.

ALTE, VIRGOLETTE: v. I. 227-229 e la voce VIRGOLETTE.

ALTERATO: V. **ALTERAZIONE**.

ALTERAZIONE: particolare tipo di suffissazione, per mezzo della quale il significato della parola di base non cambia nella sostanza, ma viene alterato, acquistando particolari sfumature in relazione alla quantità, alla qualità, al valore. Per esempio, la parola *casa* ha vari *alterati*, che designano sempre lo stesso oggetto, ma ne precisano alcuni aspetti: *casina*, *casetta*, *casettina*, *casuccia* (= una casa piccola), *casona* (= una casa grande), *casaccia* (una casa brutta), XV. 3b. 64-79.

ALTERNATIVA, COORDINAZIONE: V. **DISGIUNTIVA, COORDINAZIONE**.

ALTERNATIVE, INTERROGATIVE: v. XIII. 8; XIV. 91 e le voci **INTERROGATIVE DIRETTE, PROPOSIZIONI**, § 1 e **INTERROGATIVE INDIRETTE, PROPOSIZIONI**.

ALTERNATIVE, INTERROGATIVE: v. XIII. 8; XIV. 91 e le voci **INTERROGATIVE DIRETTE, PROPOSIZIONI**, § 1 e **INTERROGATIVE INDIRETTE, PROPOSIZIONI**.

alto-: il plurale dei nomi composti con *a.-* è indicato in III. 143a.

alto: V. 34.

altresì: congiunzione copulativa (XIV. 18), usata anche nel nesso correlativo «non solo...ma altresì» (XIV. 28c).

altrettale: aggettivo dimostrativo, raro e letterario, VII. 137.

altrettanto: aggettivo e pronome indefinito quantitativo, VII. 205-207; avverbio quantitativo, VII. 47b.

altri: pronome indefinito singolativo, VII. 173.

altrimenti: avverbio derivato, XII. 13.

altro: aggettivo e pronome indefinito singolativo, VII. 146. 149. 157. 169-172; XIV 218.

altroché: forma olofrastica composta da *altro* e *che* usata in risposte affermative, VII. 170.

altrui: aggettivo e pronome indefinito singolativo, VII. 146. 174.

ambedue: aggettivo e pronome numerativo, VI. 42.

ambo: aggettivo e pronome numerativo, VI. 42.

americani / Americani (gli): v. il riquadro ETNICI, MAIUSCOLE NEGLI, e I. 194h.

AMERINDIANE, LINGUE: un confronto fra l'italiano e le l. a. è in III. 7.

ammansare / ammansire: verbo sovrabbondante, XI. 123b.

ammettere: verbo irregolare di 2ª coniugazione in *-ere*, XI. 255; XIV. 41-51.

---

ampissimo / amplissimo: il superlativo di *ampio* presenta due forme: una, regolare: *ampissimo* («con la sottana ampissima» Palazzeschi, «il cerchio ampissimo» Gozzano) e una modellata sulla base latineggiante, oggi disusata, *amplo* (lat. AMPLUS). Entrambe le forme sono da considerarsi corrette, ma quella più comune, e dunque più raccomandabile, è la seconda (v. V. 64.)

> Un altro caso di forma latineggiante che si è imposta su quella regolare è *templi* invece di *tempi* (v. il riquadro *tempio*).

ANACOLUTO: tradizionalmente si definisce a. l'interruzione di una costruzione che si determina per l'intromissione di una seconda costruzione: insomma, una frattura sintattica del tipo «io speriamo che me la cavo» (XIV. 10).

ANÀFORA: § 1. In retorica, ripetizione di una parola o di un gruppo di parole all'inizio di più frasi o versi successivi: «*Per me si va* ne la città dolente, / *per me si va* ne l'etterno dolore, / *per me si va* tra la perduta gente» (Dante, Inferno, III 1-3), XIV. 7. § 2. In linguistica testuale (cfr. IX. 5) per a. si intende il riferimento «all'indietro», ossia a qualcosa di cui si è già parlato; v. VII. 125 e le voci ANAFORICI, AGGETTIVI E PRONOMI e DIMOSTRATIVI, AGGETTIVI E PRONOMI, § 2. Alla nozione di a. si oppone quella di *catàfora*, riferimento «in avanti», a qualcosa di cui si parlerà in séguito (v. VII. 125).

ANAFORICHE, RIPRESE: v. IX. 10. 11a.

ANAFORICI, AGGETTIVI E PRONOMI: sono così chiamati i pronomi personali e, soprattutto, i pronomi e gli aggettivi dimostrativi usati in funzione anaforica, cioè per richiamare qualcuno o qualcosa menzionato in precedenza. Possono svolgere questa funzione *egli* (VII. 16), *lo* (VII. 43), *questo* e *quello* (VII. 125), *costui* (VII. 134), *colui* (VII. 135), *tale* (VII. 136), *detto*, *anzidetto* e sim. (VII. 139), *esso* (VII. 140c), *stesso* (VII. 142c), *tanto* (VII. 211c).

ANALISI GRAMMATICALE: per a. g. si intende, tradizionalmente, la scomposizione di una produzione linguistica nei suoi elementi portatori di significato lessicale o grammaticale, fino all'attribuzione di questi ultimi a una delle categorie di riferimento rappresentate dalle parti del discorso (II. 1-2. 4).

ANALISI LOGICA: per a. l. si intende l'esame dei costituenti della frase, cioè di tutti gli elementi che all'interno della frase svolgono una funzione sintattica (soggetto, predicato, complemento, attributo, apposizione), II. 1. 6.7.

ANAPTISSI: V. EPÈNTESI.

anastomòsi / anastòmosi: V. ACCENTO, § 10, e il riquadro ACCENTO NELLE PAROLE DI ORIGINE GRECA.

ANÀSTROFE: V. INVERSIONE.

anche: congiunzione coordinante copulativa (XIV. 18); può essere membro correlativo di una proposizione comparativa («come il corpo vuole nutrimento, *anche* l'anima lo vuole», XIV. 216); se accompagna un gerundio («*anche* facendo...») ha valore subordinante concessivo (XIV. 184c); preceduta da *se* (*se anche*) dà luogo a una locuzione congiuntiva subordinante ipotetica (XIV. 165a); seguita da *se* (*anche se*) dà luogo a una locuzione congiuntiva subordinante concessiva (XIV. 165a. 167a. 174).

anchilòsi / anchìlosi: v. ACCENTO, § 10, e il riquadro ACCENTO NELLE PAROLE DI ORIGINE GRECA.

ancora: avverbio di tempo, XII. 32a; XIV. 200.

ancorché: congiunzione subordinante concessiva, XIV. 179d.

andare: verbo irregolare di 1ª coniugazione, XI. 128-130. Con determinati verbi e tempi verbali, può essere usato come ausiliare del passivo in luogo di *essere* (*andò perduto*, XI. 16). In unione con un gerundio, è un verbo fraseologico che indica lo svolgimento di un'azione: «i rumori si erano andati infoltendo», XI. 48c. Usato impersonalmente, può reggere una proposizione soggettiva esplicita («non mi va che tu parta») o implicita («non mi va di partire»), XIV. 68.

anderò, anderei (*andare*): XI. 129b.

ANFIBOLOGIA: discorso o espressione suscettibili di essere interpretati in modi diversi. Può essere stilisticamente neutra («il timore dei nemici»; solo il contesto può chiarire se il complemento di specificazione abbia valore soggettivo o oggettivo) oppure marcata, soprattutto in senso ironico-scherzoso (giochi di parole, indovinelli, ecc.).

angere: verbo difettivo di 2ª coniugazione in *-ere*, XI. 99.

ANIMALI, VERSI DEGLI: le onomatopee che riproducono i versi degli animali sono illustrate in X. 47-48.

annegare: verbo transitivo e intransitivo, XI. 4f.

annettere: verbo irregolare di 2ª coniugazione in *-ere*, XI. 182.

annominazione

ANNOMINAZIONE: sinonimo, a seconda degli autori, di *figura etimologica* o di *paronomasia*.

> anòdino / anodìno: l'etimo di questo aggettivo, adoperato un tempo in medicina col valore di 'calmante' e oggi nell'uso comune in quello traslato di 'generico, vago, insignificante', è il greco *anódynos*, giunto a noi, come la stragrande maggioranza delle parole di origine greca, attraverso la mediazione del latino ANÒDYNUS. L'accento dovrebbe cadere sulla terzultima sillaba, come avveniva nelle due lingue classiche; ma l'influenza delle numerosissime parole italiane in *-ìno* (*latino, bovino, genuino*) ne ha favorito lo slittamento sulla penultima sillaba. Entrambe le accentazioni sono accettabili; quella più sorvegliata (preferibile, trattandosi di parola d'uso ricercato, che presuppone una certa consapevolezza linguistica in chi l'adopera) è la prima. (v. I. 189).

ANTECEDENTE DI UN PRONOME RELATIVO: per la definizione di a. di un pronome relativo v. VII. 217, XIV. 248, la voce RELATIVI, PRONOMI, e il riquadro RELATIVI, PRONOMI, USO DEI. § 1; più ampie indicazioni sul rapporto, sulla posizione reciproca e sulla concordanza morfosintattica fra antecedente e pronome r. sono in VII. 218-220).

anteporre: verbo irregolare di 2ª coniugazione in *-ere*, XI. 275.

ANTERIORE, FUTURO: V. FUTURO ANTERIORE.

anteriore: v. V. 82-83 e la voce AGGETTIVO, § 9.

ANTICO INDIANO: un confronto con l'a. i. è in IV. 1.

antiporta / antiporto: III. 33.

ANTISUFFISSO: V. INTERFISSO.

ANTÒNIMO: si dice a. un termine che abbia significato opposto rispetto a un altro (per esempio, *bello* e *brutto* sono a.; altri esempi in V. 2). È nozione speculare a quella di *sinonimo*.

Antonio / Anton: I. 80c.

ANTONOMÀSIA: l'a. è una figura retorica che consiste nell'adoperare un nome comune con un significato molto specifico o, al contrario, nell'adoperare un nome proprio particolarmente famoso come se fosse un nome comune (per esempio, *la pillola* è, per a., quella anticoncezionale, ed *ercole* indica, per a., una persona di grande forza, III. 38).

ANTROPÒNIMO: nome proprio di una persona; può distinguersi in primo nome (per i cristiani si può anche parlare di «nome di battesimo»: *Carlo, Geneviève*), cognome (*Ferri, Dupont*), soprannome (il *Caravaggio*, Guglielmo il *Conquistatore*). Nell'antica Roma l'a. era tripartito e si articolava in «praenomen» (Gaio), «nomen» (Giulio) e «cognomen» (Cesare), III. 3.

anzi: congiunzione coordinante sostitutiva, XIV. 22b.

anziché, anzi che: congiunzione subordinante avversativa («sarebbe meglio sfogarsi, *anziché* accumulare rancore», XIV. 212-213a); anticamente, anche congiunzione subordinante temporale (XIV. 188. 200).

anzidetto: forma usata come aggettivo dimostrativo nel linguaggio burocratico, VII. 139.

apersi, aperse / aprii, aprì: v. il riquadro *aprire* e XI. 334-335.

APERTA, SILLABA: V. LIBERA, SILLABA.

APICI: v. I. 227. 230 e la voce VIRGOLETTE.

APLOLOGIA: caduta di una sillaba in una sequenza che presenti in successione la stessa sillaba o una sillaba simile (per esempio, in *suso* > *su* o in *pietade* > *pietà*: quest'ultima prodottasi in contesti in cui il sostantivo era seguito dalla preposizione di: «pietade di me» e simili), I. 78a; XI. 133.

APOCOPE: detta anche *troncamento*, consiste nella caduta di un elemento fonico in fine di parola (I. 76-77): può trattarsi di una sillaba (in tal caso si ha a. *sillabica*: *grande* > *gran*, I. 76-81) o di una vocale (in tal caso si ha a. *vocalica*: *signore* > *signor*, I. 82-87). I casi di a. obbligata o usuale sono descritti in I. 79-80. 82-84; i casi di a. facoltativa sono descritti in I. 78. 85-86. Altri casi si registrano. negli infiniti e in usi allocutivi (*andà, dottó*, tratto centromeridionale, I. 99), nelle preposizioni articolate (*a', de'*, IV. 80), nel numerale *uno* (*un*, VI. 14), nell'infinito seguito da un pronome atono (*amar*ti, VII. 73), nel dimostrativo *quello* (*quel*, VII. 119), nell'indefinito *uno* e composti (*un, alcun* ecc., VII. 147), in *quale* e *tale* (*tal modo, certo qual modo* VII. 148. 248), nella 2ª persona dell'imperativo di tenere e venire seguita da enclitica (*tienlo, vienci*, XI. 166. 354), in alcuni aggettivi che fungono da base di avverbi in *-mente* (*benevolmente*, XII. 11).

APÒDOSI: v. XIII. 21. 37; XIV. 89. 96. 145 sgg. e la voce CONDIZIONALI, PROPOSIZIONI.

APOSTROFO: segno che indica l'elisione (*l'uomo*) e talvolta l'apocope (*sta' zitto*, I. 72. 87.99. 242-245), nonché la riduzione delle cifre indicanti un anno (*il '68*, I. 246), adoperabile anche in fin di rigo (v. sotto).

> APOSTROFO IN FIN DI RIGO: l'opportunità di evitare, nei testi a stampa, l'apostrofo in fin di rigo risponde a criteri di estetica tipografica. Dal punto di vista linguistico non c'è motivo di considerare erronea una scansione *dell'* | *oro* (abituale nelle stampe dei secoli scorsi e oggi praticata di tanto in tanto). Si può naturalmente inglobare nel rigo la prima sillaba della parola successiva (*dell'o* | = *ro*); quel che va davvero evitato è l'arbitraria reintegrazione della vocale finale elisa, che creerebbe sequenze inaccettabili in italiano (**dello* | *oro*). (v. I. 167).

apparire: verbo irregolare di 3ª coniugazione, XI. 332-333; XIV. 67. 77a.

appartenere: verbo irregolare di 2ª coniugazione in *-ére*, XI. 165.

APPELLATIVI, VERBI: v. II. 34. 43; V. 8; XI. 6b e la voce VERBO, § 7.

appena: avverbio di quantità, XII. 45; XIV. 200; può introdurre una proposizione temporale, XIV. 201a.

appendere: verbo irregolare di 2ª coniugazione in *-ere*, XI. 183.

applaudire: XI. 82b.

apporre: verbo irregolare di 2ª coniugazione in *-ere*, XI. 275.

APPOSITIVO, GERUNDIO: v. XI. 424.425c e la voce GERUNDIO, § 2.

APPOSITIVO, NOME: V. APPOSIZIONE.

APPOSIZIONE: è un nome che accompagna un altro nome (o un elemento con valore nominale) per meglio descriverlo e determinarlo. Come l'attributo, l'apposizione non ha un ruolo autonomo all'interno della frase, ma dipende dal termine che accompagna; può essere a. del soggetto, del c. oggetto, di qualsiasi c. indiretto e della parte del predicato nominale. Quando l'a. è data da un unico nome, è detta *semplice*: «*l'ingegner* Marino è desiderato al telefono»; quando al singolo nome che fa da apposizione si aggiungono altri elementi, si parla di a. *composta*: «quello è Pruzzo, il grande *centravanti* della Roma anni Settanta» (II. 6. 46-49).

apprendere: verbo irregolare di 2ª coniugazione in *-ere*, XI. 278.

approfittare / *approfittarsi*: XI. 26.

> *aprire* (verbo irregolare di 3ª coniugazione): l'alternativa tra forme forti o rizotòniche (accentate sulla radice [gr. *rhiza*]: *apèrsi*) e deboli o rizoàtone (accentate sulla desinenza: *aprìi*) riguarda anche il verbo *coprire* e i suoi composti: *ricoprire, scoprire, riscoprire*. Le più correnti (e consigliabili) sono oggi quelle deboli; ma quelle forti, altrettanto comuni in passato, non possono dirsi uscite d'uso (e quindi erronee). Ecco un recente esempio giornalistico di *aperse*: «si aperse la discussione sulle presunte stravaganze del pittore» («Corriere della Sera» 3.9.1995). (v. XI. 334-335).

aquila / *aquilotto*: III. 36.

ARABO: un confronto con l'a. è in I. 7. 172, III. 83 e XI. 17.

> *arancia* / *arancio*: a differenza di altre coppie come *mela*/*melo*, *pera*/*pero*, *albicocca*/*albicocco*, in italiano il femminile designa il frutto e il maschile l'albero, in questo caso il frutto è stato spesso denominato, fin da epoca antica, con il maschile (probabilmente per il parallelo di un altro diffusissimo agrume, il *limone*, in cui una stessa forma ha da sempre indicato l'albero e il frutto). È preferibile mantenere la distinzione, tuttora largamente rispettata da larghi strati di parlanti, anche se la generalizzazione di *arancio* non può considerarsi scorretta (v III. 11).

arancioni: 'appartenenti a una comunità religiosa', V. 51.

arca / arco: III. 31.
ardere: verbo irregolare di 2ª coniugazione in *-ere*, XI. 184. 122a.
ardire: XI. 122a; XIV. 46.
arei (*avere*, arcaico): XI. 65d.
ARGOMENTO, COMPLEMENTO DI: è un complemento indiretto che indica l'argomento o la materia di cui si parla, si scrive, si tratta. È introdotto dalle preposizioni *di, su, circa, sopra* e dalle locuzioni preposizionali *a proposito di, riguardo a, intorno a*. Esempi: «abbiamo parlato a lungo *di politica*», « Ho letto un libro *sulla scoperta* dell'America» (II. 61; VIII. 13. 102).
aria (*per, nell'*): locuzione avverbiale di luogo, XII. 42.
arma: plur. *armi* (ant. *arme*), III. 88-89.
ARMENO: un confronto fra l'italiano e l'a. è in III. 2.
Arno: l'uso dell'articolo determinativo con l'idronimo A. è illustrato in IV. 44a.
arò (*avere*, arcaico): XI. 65d.
arrendersi: verbo irregolare di 2ª coniugazione in *-ere*, XI. 289.
arridere: verbo irregolare di 2ª coniugazione in *-ere*, XI. 291.
arrivedello: formula di saluto (toscano), X. 39.
arrivederci, arrivederla: formule di saluto, X. 39.
arrogere: verbo difettivo di 2ª coniugazione in *-ere*, XI. 100.
arrossare / arrossire: verbo sovrabbondante, XI 123a.
arrosto: aggettivo invariabile, V. 18f.
arterioscleròsi / arteriosclèrosi: v. **ACCENTO**, § 10, e il riquadro **ACCENTO NELLE PAROLE DI ORIGINE GRECA**.
ARTICOLATE, PREPOSIZIONI: v. IV. 77-85; VIII. 14; IX. 411 e la voce **PREPOSIZIONE**, § 5.
ARTICOLAZIONE, LUOGO DI: v. I. 35 e la voce **CONSONANTI**, § 3.
ARTICOLAZIONE, MODO DI: v. I. 35 e la voce **CONSONANTI**, § 4.
ARTICOLO: § 1. L'a. è una parte variabile del discorso che precede il nome, concorda con esso in genere e numero e lo qualifica in vario modo: «*un* caffè con *lo* zucchero in *una* tazzina». I due tipi (*determinativo* e *indeterminativo*) e le varie forme di a. (gli uni e le altre descritti in IV. 1-5; v. anche la voce **ELISIONE** e i riquadri annessi) sono rappresentabili nello schema che segue:

	DETERMINATIVO		INDETERMINATIVO	
	masch.	femm.	masch.	femm
sing.	il, lo (l')	la (l')	un, uno	una, un'
plur.	i, gli	le		

Costituiscono casi particolari le forme da usare coi nomi stranieri (IV. 6-8), con le sigle (IV. 9-12; v. riquadro in fondo alla voce), con la parola *dei*, plurale di *dio* (IV. 13). § 2. L'etimo dell'a. determinativo, le forme e gli usi antichi sono illustrati in IV. 14-16. § 3. Quanto alla sintassi dell'a. determinativo, sono da segnalare una sua possibile funzione dimostrativa (IV. 17-20), l'uso coi primi nomi (IV. 21-23, v. anche il riquadro in fondo alla voce), coi cognomi (IV. 24-32), coi titoli onorifici o professionali (IV. 32-34), con *Dio* e *Cristo* (IV. 35), coi nomi propri di luogo (IV. 36-48), con i possessivi (IV. 49-59), con le espressioni di tempo (IV. 60-61). § 4. L'etimo e gli usi correnti dell'articolo indeterminativo, il suo plurale rappresentato dal cosiddetto *a. partitivo* («*un* amico / *degli* amici») sono illustrati in IV. 62-64 (sull'a. partitivo si veda anche IV. 76); gli usi particolari sono illustrati in IV. 65-71; V. 61; VII. 149. 179. 192. 206a; XI. 407a. § 5. I casi di omissione dell'a. determinativo o indeterminativo (come in «Giovanni Rossi, *dottore* in lettere», *per pietà, avere sete, carte da gioco, lavorare in fabbrica, parlare inglese, borsa di pelle* e altri) sono descritti in II. 46; IV. 72-74. § 6. Una preposizione semplice (*di, a, da, in, con, su, per, tra, fra*) unita a un articolo determinativo dà luogo a una preposizione *articolata*, che può avere forma *analitica* (la preposizione e l'a. restano separati: *per + il = per il*) o *sintetica* (la preposizione e l'a. si presentano uniti: *di + il = del*, IV. 77-85; VIII. 7).

ARTICOLO CON I PRIMI NOMI, USO DELL': l'impiego dell'articolo con i primi nomi (o, per i Cristiani, «nomi di battesimo») è limitato all'italiano regionale settentrionale per i maschili. I femminili ricevono invece l'articolo anche nell'uso toscano (e per questa via sono ben rappresentati nella tradizione letteraria). Il tipo *la Maria* è comunque limitato all'uso familiare: non si userebbe l'articolo per una donna del passato (*l'*Elena* di Troia), né per una donna contemporanea illustre, o con la quale comunque non si abbia consuetudine (*l'*Elisabetta* d'Inghilterra). Talvolta si sente adoperare l'articolo anche nella sequenza nome femminile + cognome (*la Maria Celani*), mentre al maschile un uso del genere sarebbe possibile solo in àmbito burocratico (per esempio, in un'aula di tribunale: *il Carlo Grotti*, o anche *il Grotti Carlo*). (v. IV 21-23).

ARTICOLO DAVANTI A *I* SEMICONSONANTICA, USO DELL': davanti a una *i* semiconsonantica (cioè atona e seguita da un'altra vocale: *iato, ieri, iettatore, Ionio*) si dovrebbe oscillare tra l'articolo eliso (parallelo all'articolo che usiamo davanti a una vocale, e in particolare davanti alla *u* semiconsonantica: *l'iato* come *l'uomo*) e l'articolo *il*, che adoperiamo davanti a consonante semplice (*il iato*). In effetti, la tradizione grammaticale e l'uso degli scrittori fino al primo Novecento sembrano limitarsi a queste due possibilità: *l'iato* (come nel settecentista Anton Maria Salvini e in Italo Calvino), *il* o *un iato* (come in Foscolo e Gramsci). Tuttavia, negli ultimi decenni si è affermato l'uso dell'articolo pieno *lo* e *uno* e non c'è che da prendere atto di questa generalizzazione. Nelle annate del «Corriere della Sera» comprese tra 1992 e 1995 ricorre soltanto, con 9 esempi, *lo* (o *uno*) *iato*. (v. IV. 5a).

ARTICOLO DAVANTI A SIGLE, USO DELL': davanti alle sigle comincianti per una consonante l'uso dell'articolo è oscillante, sia per il rapido declino di molte sigle che non favorisce la stabilizzazione del relativo articolo, sia per la frequente interferenza della pronuncia inglese, nel caso di sequenze angloamericane. In particolare: § 1. Se la sigla è pronunciata come una sola parola, l'uso dell'articolo segue la norma generale (*la FIAT* come *la fiamma*, *un PIN* [=*Personal Identification Number* 'codice d'identificazione personale'] come *un pino*); § 2. Se la sigla è pronunciata per lettere distinte e la prima lettera ha il nome cominciante per consonante (come *b* 'bi', *t* 'ti' ecc.), avremo *la* al femminile e *il* al maschile: *la BNL* (*bi-enne-elle*), *il PM* (*pi-emme*); § 3. Se il nome della prima lettera comincia per vocale (come *s* 'esse', *l* 'elle' ecc.), c'è grande incertezza. Per il femminile, si può oscillare tra la forma piena e la forma elisa dell'articolo («L'assicurazione ha modificato l'importo della RCA / dell'RCA»); per il maschile, tra *il* e *l'* (*il* FBI e *l'*FBI, oppure *il* LSD e *l'*LSD). (v. IV. 9. 12).

ARTICOLO DAVANTI A *W*, USO DELL': nelle parole, tutte d'origine straniera, comincianti con *w-*, questa lettera può corrispondere a due suoni distinti: la semiconsonante di *uomo* (come in *whisky*) o la consonante di *vario* (come in *wafer*). Nel secondo caso l'uso dell'articolo è semplice: si adopera l'articolo debole *il*, *i* (e l'indeterminativo *un*) richiesti davanti a una parola iniziante per consonante semplice; quindi *il wafer, il Wagner*. L'uso è stabile anche per i derivati italiani da parole angloamericane, nei quali *w-* si pronuncia sempre [v]: *washingtonia* 'genere di piante' (pronuncia: *vasc-*). Le incertezze sorgono davanti ai forestierismi non adattati in cui *w-* si pronuncia come semiconsonante. L'astratta logica grammaticale vorrebbe che davanti a *whisky* o *Webster* figurasse lo stesso articolo eliso *l'* che tutti adopereremmo davanti a una parola come *uomo*. In realtà l'uso tende a preferire *il*, probabilmente perché all'occhio del lettore italiano la lettera *w* è una consonante, qualunque sia il valore fonetico che ha nella lingua straniera di partenza. Per lo stesso motivo si dice *uno swatch*, anche se la sequenza dei suoni è la stessa di *suocero* [swɔtʃ]: anche in questo caso la lettera *w* viene percepita, indipendentemente dalla pronuncia, come una consonante e quindi, in combinazione con *s*, richiede l'articolo *lo* come in *svogliato* o *svolazzo*. (v. IV. 8).

articolo / *articolessa*: III. 37.

ASCENDENTI, DITTONGHI: v. I. 54 e la voce **DITTONGO**.

ascendere: verbo irregolare di 2ª coniugazione in -*ere*, XI. 298.

ascondere: verbo irregolare di 2ª coniugazione in -*ere*, XI. 265.

ascrivere: verbo irregolare di 2ª coniugazione in -*ere*, XI. 302.

asindeto: v. I. 220a; V. 42; XI. 357; XIV. 5. 6. 8 e la voce **FRASE**, § 5.

---

asma (*masch.* / *femm*): come altri vocaboli in -*ma*, risalenti in ultima origine a parole greche neutre in -*ma* (*enigma*, *poema*, *schema*, ecc.), anche *asma* è di genere maschile: *asma allergico*. Ma è molto diffuso (anche presso i medici) il genere femminile, dovuto all'attrazione esercitata dalla massa dei femminili uscenti in -*a* (v. III. 26).

---

aspergere: verbo irregolare di 2ª coniugazione in -*ere*, XI. 185.

---

asperrimo: al regolare superlativo di *aspro* si affianca la forma latineggiante rifatta su ASPERRIMUS (esempi paralleli sono *miserrimo* e *saluberrimo*, accanto a *miserissimo* e *salubrissimo*, in verità poco usati). Si tratta di forme rare, che tuttavia possono ricorrere o in uno scritto stilisticamente sostenuto ovvero con intenzione faceta. Due esempi giornalistici possono illustrare queste due possibilità: «Sono quattro fantasmi di personaggi scespiriani che penetrano intimamente in un quotidiano *miserrimo* e desolato portando dentro di loro solo lontani echi della propria storia» («Corriere della Sera» 11.11.1995; in una recensione); «la santa alleanza sui pedali fra i due eroi del ciclismo nostrano [Bartali e Coppi], nemici *asperrimi* in patria» (stessa testata, 1.11.1995). (v. V. 70c).

ASPETTO VERBALE: v. V. 35; XI. 30 e le voci *fraseologici, verbi* e **VERBO**, § 14.

ASPETTUALI, VERBI: V. **FRASEOLOGICI, VERBI**.

ASPIRATA: I. 134.

assai: avverbio di quantità (XII. 47c. 71d), spesso usato per intensificare un aggettivo di grado positivo («*assai* alto» = *altissimo*, V. 72), adoperato anche, in pas-sato, come aggettivo e pronome indefinito quantitativo, VII. 214.

assalire: verbo irregolare di 3ª coniugazione, XI. 346.

ASSEVERATIVO, VALORE: è il valore assunto dalla congiunzione *se* quando, in una frase esclamativa, enfatizza una risposta affermativa: «-Lo conosci: -*Se* lo conosco!», XIII. 26.

assidersi: verbo irregolare di 2ª coniugazione in -*ere*, XI. 186.

ASSIMILAZIONE PARZIALE: si ha a. p. quando la distanza articolatoria tra due consonanti consecutive si riduce senza annullarsi, come avviene nell'assimilazione regressiva o progressiva, che è *totale*: per esempio, nel toponimo *Mombello* la nasale di *Mon-*, originariamente dentale [n], si assimila parzialmente alla *b* di -*bello*, diventando una nasale labiale [m] (I. 80).

ASSIMILAZIONE: processo per il quale, nell'incontro tra due consonanti diverse, una diventa uguale all'altra; l'a. è *regressiva* se la seconda consonante rende simile a sé la prima (lat. ADMITTO > it. *ammetto*), è *progressiva* se la prima consonante rende simile a sé la seconda (lat. UNDA > dial. centromerid. *onna*), I. 64. 98; XI. 126b; XV. 83. 101.

ASSIMILAZIONE CON I PRONOMI ATONI (*tiemmi* / *tienimi*; *viemmi* / *vienimi*): nell'imperativo di *tenere* e *venire*, la norma tradizionale – oggi largamente, e forse irrimediabilmente, disattesa – richiedeva l'apocope della vocale finale in presenza di un pronome atono, con successiva assimilazione nel caso dei nessi -*nm*- e -*nl*-: *tiemmi, tiello, vienci*, invece delle forme piene *tienimi, tienilo, vienici*. Entrambe le serie sono da considerarsi accettabili (v. XI. 166. 354).

---

assise: nome plurale, III. 151d.

assistere: verbo irregolare di 2ª coniugazione in -*ere* (XI. 187), di uso transitivo e intransitivo (XI. 4g).

---

assolutamente: va sempre più diffondendosi l'uso dell'avverbio isolato con funzione olofrastica, di pari passo con altre espressioni brachilogiche (come *affatto* per 'nient'affatto' [vedi] o *gra-*

zie! in risposta a un'offerta o a un invito: e in tal caso l'interlocutore può vedersi costretto a riformulare la domanda: «Grazie sì o grazie no?»). Due esempi da interviste apparse sul «Corriere della sera»: «È giusto che l'Italia partecipi alla missione militare di pace? – Assolutamente [= assolutamente sì]. Nonostante il ruolo dell'Italia e della Germania nell'ultima guerra, io credo che entrambi questi Paesi debbano prendere parte alla missione» (23.11.95); «Non ha nulla da rimproverare agli investigatori e ai magistrati? – Assolutamente [= assolutamente no]. Anzi l'impegno di tutti ci dà ancor più coraggio» (12.9.95). In casi del genere non è in gioco la grammatica, ma solo l'opportunità di scegliere la soluzione più chiara ed esplicita. Del resto, anche nelle interviste, le formule più ricorrenti sono quelle complete: «Sarebbe pronto a "licenziare" uno dei suoi assessori? –Assolutamente sì»; «È vero che sostituirà Vianello a Pressing? – Assolutamente no» («Corriere della sera», 30.12.1995 e 27.12.1995). (v. XII. 53i).

ASSOLUTO, GERUNDIO: V. **GERUNDIO ASSOLUTO.**

ASSOLUTO, PARTICIPIO: V. **PARTICIPIO ASSOLUTO.**

ASSOLUTO, SUPERLATIVO: v. V. 60. 63-70. 86 e la voce **AGGETTIVO**, § 9.

assolvere: verbo irregolare di 2ª coniugazione in *-ere*, XI. 188-189.

assorbire: XI. 82b.

assuefare: verbo irregolare di 1ª coniugazione, XI. 135b.

assumere: verbo irregolare di 2ª coniugazione in *-ere*, XI. 190.

assurgere: verbo irregolare di 2ª coniugazione in *-ere*, XI. 191.

astenere: verbo irregolare di 2ª coniugazione in *-ére*, XI. 165.

astergere: verbo irregolare di 2ª coniugazione in *-ere*, XI. 320.

ASTERISCO: segno d'interpunzione di uso raro e particolare, illustrato in I. 240.

astrarre: verbo irregolare di 2ª coniugazione in *-ere*, XI. 325.

ASTRATTI, NOMI: v. III. 6 e la voce **NOME**, § 3. Il fenomeno della mancanza dell'articolo coi n. a. nell'italiano antico e poeti-

co è descritto in IV. 74a.

astringere: verbo irregolare di 2ª coniugazione in *-ere*, XI. 247. 313.

ATMOSFERICI, VERBI: V. **METEOROLOGICI, VERBI.**

ATONI, PRONOMI: il quadro dei p. a. (per l'uso dei quali, v. VII. 31-83, e il riquadro **NEGATIVO, IMPERATIVO**), è il seguente:

	maschile	femminile
1ª persona	*mi*	*mi*
2ª persona	*ti*	*ti*
3ª persona	*gli, lo*	*le, la*
4ª persona	*ci*	*ci*
5ª persona	*vi*	*vi*
6ª persona	*loro (gli), li*	*loro (gli), le*
riflessivo singolare e plurale	*si*	*si*

ATONO, -A: 'non accentato' (I. 181).

attendere: verbo irregolare di 2ª coniugazione in *-ere*, XI. 319; XIV. 49.

ATTENUATIVO, FUTURO: futuro usato per attenuare un' affermazione propria («Le *dirò* [invece che «Le dico»] che non la penso allo stesso modo») o per anticipare in forma cortese un'affermazione attribuita all'interlocutore («Ammetterà [invece che «Ammette», «Deve ammettere»] che è strano»), XI. 386.

atterrare: XI. 122a.

atterrire: XI. 122a.

atteso che: locuzione congiuntiva subordinante causale, XIV. 111.

attingere: verbo irregolare di 2ª coniugazione in *-ere*, XI. 247. 321.

ATTIVI, VERBI: v. II. 24. 44; XI. 10 e la voce **VERBO**, §§ 8 e 17.

attorcere: verbo irregolare di 2ª coniugazione in *-ere*, XI. 324.

attrarre: verbo irregolare di 2ª coniugazione in *-ere*, XI. 325.

ATTRIBUTIVA, FUNZIONE: v. V. 8 e la voce **AGGETTIVO**, § 4.

ATTRIBUTIVE, RELATIVE: V. **LIMITATIVE, RELATIVE.**

ATTRIBUTO: è un aggettivo o un participio che si riferisce a un nome o a un altro termine usato come nome, con cui concorda in genere, numero e funzione sintattica. L'a. non dispone di un ruolo autonomo nella frase: può essere a. del soggetto, del c. oggetto, di un c. indiret-

ausiliari di tempo, verbi

to qualsiasi, della parte del predicato nominale, dell'apposizione. Possono essere a.: a) gli aggettivi di qualunque tipo e i numerali: «una *bella* ragazza», «la *mia* ragazza», «la *quarta* ragazza», ecc.; b) i participi che non abbiano valore di verbo: «una ragazza *scostante*; «una ragazza *impegnata*; c) alcuni avverbi in espressioni particolari: «una ragazza *così così*» (II. 6. 45).

AUSILIARI DI TEMPO, VERBI: V. **FRASEOLOGICI, VERBI**.

AUSILIARI, VERBI: la scelta dell'ausiliare non presenta difficoltà in tre casi: con i verbi transitivi (che richiedono *avere* per il passato ed *essere* per il passivo: *ho mangiato*, *sono mangiato*), con i verbi impersonali (ausiliare *essere*: *mi è sembrato*) e con i verbi pronominali (ausiliare *essere*: *mi sono lavato*, *mi sono accorta*). Con i verbi intransitivi e con i verbi cosiddetti meteorologici (*piovere*, *nevicare* ecc.) l'uso è oscillante e, nei casi dubbi, non resta che ricorrere al vocabolario. Nella sequenza verbo servile o fraseologico + infinito, l'ausiliare del verbo reggente tende a essere lo stesso di quello richiesto dal verbo retto (*ho dovuto lavorare* come si dice *ho lavorato*; *sono dovuta uscire* come si dice *sono uscita*). Tuttavia: § 1. Se l'infinito è un verbo intransitivo, il verbo reggente può costruirsi anche con *avere* (*ho dovuto uscire*); § 2. Se l'infinito è *essere*, l'ausiliare del verbo reggente è *avere* (*avrebbe dovuto essere a casa*); § 3. Se l'infinito è passivo, l'ausiliare è quello proprio dei verbi transitivi, cioè *avere* (*avrebbe dovuto essere avvisato*); § 4. Se il verbo servile regge un infinito pronominale, cioè combinato con un pronome atono, l'ausiliare del verbo reggente sarà *essere* se il pronome è anticipato (*non ci sono potuto entrare*), *essere* o *avere* se il pronome è posticipato (*non sono potuto entrarci* o *non ho potuto entrarci*). v. VII. 74; XI. 31-43. 86 e le voci **VERBO**, §§ 11 e 12; *avere*; *essere*.

avambraccio / *avambracci*: III. 118a.

avanti che: locuzione congiuntiva subordinante temporale, XIV. 188. 200.

avantieri: avverbio di tempo, XII. 28.

avanzare: verbo transitivo e intransitivo, XI. 4f.

ave (*avere*, arcaico): XI. 65a.

avemo (*avere*, arcaico): XI. 65a.

avente (*avere*, arcaico): XI. 64a.

avere: § 1. Verbo ausiliare adoperato per formare i tempi composti dei verbi attivi transitivi (*ho amato*, *aveva visto*, XI. 32b) e di un certo numero di verbi intransitivi, talvolta in concorrenza con *essere* (indicazioni dettagliate sulla scelta dell'ausiliare con i singoli verbi in XI. 33-43; v. anche **AUSILIARI, VERBI**. § 2). Quando non è ausiliare, il verbo *a*. si usa come verbo predicativo, con un ampio spettro di significati (da *possedere*: «ho una casa», a *provare*: «ho freddo»), XI. 64b. § 3. Con *da* (meno comunemente, con *a*) + infinito, *a*. indica un'azione futura: «i miei ultimi anni ho da passarli male!», XI. 47b. § 4. La coniugazione completa è in XI. 63; forme particolari sono riportate e analizzate in XI. 56. 63-64a; forme arcaiche sono riportate e analizzate in XI. 65-69.

averei (*avere*, arcaico): XI. 65d.

averò (*avere*, arcaico): XI. 65d.

avièno (*avere*, arcaico): XI. 65b.

avrìa (*avere*, arcaico): XI. 67.

avvalersi: verbo irregolare di 2ª coniugazione in -*ére*, XI. 168.

avvedersi: verbo irregolare di 2ª coniugazione in -*ére*, XI. 170.

avvegnaché (o *avvegna che*): congiunzione composta usata nell'italiano antico per introdurre una proposizione concessiva esplicita (XIV. 181).

avvenire: verbo irregolare di 3ª coniugazione, XI. 353; XIV. 68. Può avere valore di aggettivo («il tempo *avvenire*», V. 18e).

avvenne / *avvenì*: v. **VENIRE, COMPOSTI DI**.

AVVERBIALE, FUNZIONE: dell'aggettivo, V. 8; XII. 24.

AVVERBIALI, LOCUZIONI: le l. a. sono combinazioni di due o più parole con funzione di avverbio (XII. 3. 16-17). Possono essere formate in vario modo, e precisamente: con una preposizione (*a stento*, XII. 16), con doppia preposizione (*a faccia a faccia*, XII. 16; per l'uso con una sola preposizione, v. il riquadro qui sotto), con le preposizioni *di... in* (*di bene in meglio*, XII. 16), duplicando un sostantivo (*passo passo*, XII. 16), duplicando un aggettivo (*bel bello*, XII. 16), duplicando un avverbio (*or ora*, XII. 16), con la preposizione articolata *alla* seguita da un aggettivo femminile (*all'antica*, XII. 26). Guardando al significato, è possibile distinguere tra l. a. *qualificative* o *di modo* (*a stento*, XII. 25. 26), *di tempo* (*sul presto*, XII. 28. 30. 33), *di luogo* (*di qua*, XII. 42. 43. 44), *di quantità* (*all'incirca*, XII. 45. 48. 49), *di giudizio* (in particolare, di affermazione = *di sicuro*; negazione = *neanche per idea*; dubbio = *quasi quasi*), *interrogative* (*da dove?*).

> AVVERBIALI CON DOPPIA PREPOSIZIONE, LOCUZIONI (*a poco a poco* / *poco a poco*): in casi del genere (*a corpo a corpo*, *a mano a mano*, *a faccia a faccia*), la doppia preposizione è richiesta dalla norma tradizionale in quanto elemento introduttore della locuzione avverbiale. Si tratta di un uso proprio dello stile più sorvegliato, ma il tipo *faccia a faccia*, diffusissimo, non può essere considerato erroneo. L'omissione della prima *a* è stata favorita nei primi due casi dalla frequente sostantivazione di quelle locuzioni: «un serrato faccia a faccia», «un violento corpo a corpo». Anche le locuzioni *mano a mano* e *poco a poco*, per le quali non è possibile invocare giustificazioni del genere, sono largamente in uso da tempo. La prima ricorre ad esempio in un passo di Ippolito Nievo («un forno in cui si rattizzi mano a mano la fiamma»), la seconda è considerata corretta dal grammatico Francesco Soave (1770). (v. XII. 26b. 33d)

AVVERBIALI, SUFFISSI: v. XII. 6-15; XV. 7. 62 e le voci AVVERBIO, §§ 3 e 4 e SUFFISSO.

AVVERBIO: § 1. L'a. è una parte invariabile del discorso che, aggiunta a un verbo, a un aggettivo, a un nome, a un altro a., a una frase, serve a modificarne in tutto o in parte il significato (XII. 1-2). § 2. Dal punto di vista della formazione (XII. 3) possiamo distinguere gli a. in *semplici* (che hanno una forma propria e autonoma, non derivata da altre parole, come *oggi*, XII. 4), *composti* (formati da due o più elementi diversi che in origine erano distinti, come *talora* [< *tal ora*], XII. 5) e *derivati* (che hanno origine da un'altra parola, trasformata in a. con l'aggiunta di un suffisso, nella fattispecie *-mente* e *-oni*, XII. 6). § 3. Il suffisso *-mente* è proprio degli a. che si formano da un aggettivo (p. es. *raro* > *raramente*; i meccanismi di formazione e le relative particolarità, gli usi e i significati sono descritti in XII. 7-9. 11-12. 14; per formazioni da basi non aggettivali v. XII. 10; casi particolari sono gli a. *parimenti* e *altrimenti*, XII. 13. § 4. Il suffisso *-oni* è proprio degli a. che si formano da una base nominale, p. es. *ginocchi-oni*, o verbale, p. es. *ruzzol-oni*, XII. 15. § 5. Dal punto di vista del significato, gli a. possono essere suddivisi in: *qualificativi* o *di modo*; *di tempo*; *di luogo*; *di quantità*; *di giudizio* (di affermazione e di negazione, di dubbio); *interrogativi* ed *esclamativi*; *presentativi*. § 6. Sono *qualificativi* o *di modo* gli a. in *-mente* (XII. 19-21) e in *-oni* (XII. 22-23), gli aggettivi in funzione avverbiale (*andava forte*, parlava *chiaro*, XII. 24), alcuni altri avverbi come *bene*, *male*, *volentieri*, *insieme*, *invano*, *così*, *come*, *comunque*, ecc. § 7. Sono *di tempo* gli a. *ieri*, *oggi*, *domani*, *dopodomani*, *posdomani*, *ancora* (XII. 32a), *già* (XII. 32b), *mai* (XII. 32c), *ora* e *adesso* (XII. 32d), *ormai*, *oramai* (XII. 32e), *presto* e *tardi* (XII. 32f), *prima*, *precedentemente*, *dopo*, *poi* (XII. 32g), *sempre*, *talvolta*, *talora* (XII. 32h), *spesso* e *sovente* (XII. 32i). § 8. Sono di luogo gli avverbi *fuori*, *dentro*, *dietro*, *davanti*, *sopra*, *sotto*, *vicino*, *lontano* (XII. 34-35), *qui*, *qua*, *quaggiù*, *qua sotto*, *qua sopra* (XII. 36), *quivi* (XII. 37), *lì*, *là*, *laggiù*, *lassù*, *costì*, *costà*, *costaggiù*, *costassù* (XII. 38-40), gli antichi e letterari *indi*, *quindi*, *quinci* (XII. 41a), *lunge* e *lungi* (XII. 41b), *ci* e *vi* (VII. 45), *ne* (VII. 52). § 9. Sono di quantità gli a. *appena*, *meno*, *molto*, *più*, *poco*, *piuttosto*, *sufficientemente* e altri a. in *-mente* (XII. 45), *abbastanza* (XII. 45-46), *affatto* (XII. 47a), *altrettanto* (XII. 47b), *assai* (XII. 47c), *troppo* (XII. 47d). § 10. Sono di *giudizio* gli a. di affermazione *appunto*, *certamente*, *certo*, *davvero*, *esattamente*, *indubbiamente*, *ovviamente*, *proprio*, *sicuramente*; l'a. di negazione *non*; gli a. di dubbio *forse*, *eventualmente*, *magari*, *possibilmente*, *probabilmente*, *quasi* (XII. 50-51). § 10 bis. *Sì* e *no*, tradizionalmente classificati come avverbi di affermazione e di negazione, sono in realtà «parole olofrastiche»: non modificano, come gli avverbi, l'elemento grammaticale al quale si riferiscono, ma si comportano come sostituenti di una frase di risposta (XII. 52; i loro usi, e forme particolari come *sissignore, nossignore, signorsì, signornò, ni, esattamente* e *esatto* in luogo di *sì, punto* e *mica* particelle completive della negazione *non*, sono descritti in XII. 53-56). § 11. Sono interrogativi gli a. *dove? ove?, onde?,* a. i. di luogo; *quando?* e *quando mai?*, a. i. di tempo; *come?* e *come mai?*, a. i. qualificativi; *quanto?*, a. i. di misura; *perché?* e *perché mai?*, a. i. di causa (XII. 57a). § 12. Tutti gli a. interrogativi, tranne perché e perché mai, compaiono anche in frasi esclamative; in tal caso sono a. esclamativi (XII. 57b). § 13. Gli a. presentativi si riducono, in sostanza, a *ecco* (usi e particolarità sono descritti in XII. 58-61) e a *vedi, ve', senti, guarda* (XII. 62). § 14. Anche gli avverbi, come gli aggettivi, possono avere il grado comparativo e il superlativo (per esempio forte > più forte > fortissimo, XII. 63); *bene, male, molto, poco, grandemente* presentano, come i corrispondenti aggettivi *buono cattivo, molto, piccolo, grande*, un comparativo e un superlativo organici: nella fattispecie, bene ha *meglio* e *ottimamente*; male ha *peggio* e *pessimamente, molto* ha *più* (e il normale *moltissimo*), *poco* ha *meno* (e il normale *pochissimo*), XII. 64. § 15. Alcuni a. possono avere forme alterate per mezzo di un suffisso (per esempio, *bene > benino > benone*, XII. 65). § 16. Quanto alla posizione, l'a. tende a collocarsi prima dell'aggettivo («Ha una casa *molto* bella») e dopo il verbo («Sonia parla *molto*»); quando modifica un'intera frase, esso è mobile; questioni particolari riguardanti la posizione degli a. di giudizio, degli a. di tempo e dell'a. di quantità *assai* sono analizzate e trattate in XII. 71.

AVVERSATIVE, CONGIUNZIONI: v. IX. 3c; XIV. 20.21 e la voce CONGIUNZIONE, §§ 5 e 6.

AVVERSATIVE, PROPOSIZIONI: indicano un elemento o una circostanza che contrasta con quanto è espresso nella reggente. Possono avere forma esplicita o implicita. § 3. Le a. esplicite sono introdotte da *quando, mentre* (anche rafforzate da *invece*), *laddove*, e il modo verbale è l'indicativo («dà tutte le colpe a Marco, *quando è lei la vera responsabile*») o, in alcuni casi, il condizionale («si compiace di ciò che fa *mentre se ne dovrebbe vergognare*»). Le a. implicite sono introdotte da *anziché, invece di, in luogo di, lungi da, nonché* seguite dall'infinito: «dovremmo darci da fare tutti, *anziché protestare soltanto*» (XIV. 210-213).

AVVERSATIVO, VALORE: è il valore che può assumere la congiunzione *se* in alcune proposizioni concessive e avversative, XIV. 157

avvincere: verbo irregolare di 2ª coniugazione in *-ere*, XI. 328.

avvocato / avvocata / avvocatessa: III. 44-45a. v. il riquadro NOMI PROFESSIONALI FEMMINILI.

avvolgere: verbo irregolare di 2ª coniugazione in *-ere*, XI. 331.

AZIONE (DI UN VERBO): V. CONCLUSIONE; CONTINUITÀ; IMMINENZA; INCOMPIUTEZZA; INIZIO; SVOLGIMENTO DI UN'AZIONE.

babbo: per la concorrenza con *papà* v. III. 74-75b; per le modalità d'uso v. IV. 55.

BABY TALK: espressione inglese che indica il tipo di lingua usato dagli adulti quando parlano con bambini piccoli, XV. 73.

badessa: femminile di *abate*, III. 73a.

bagniamo / bagnamo: v. il riquadro *-gniamo / -gnamo*.

balza / balzo: III. 32.

banca / banco: III. 34-35a.

banconota (plur. *banconote*): III. 138.

Barbera (*il / la B.*): III. 22. e v. anche il riquadro VINI.

BARITONESI: ritrazione dell'accento (I. 189).

BARRA OBLIQUA: V. SBARRETTA.

BASE (di un sintagma preposizionale): v. VIII. 1 e la voce PREPOSIZIONE, § 1.

BASE (lessicale): v. XV. 1 e la voce FORMAZIONE DELLE PAROLE, § 1.

BASSE, VIRGOLETTE: v. I. 227-229 e la voce VIRGOLETTE.

BASSO, SUONO: I. 13.

basso-: il plurale dei nomi composti con *b.-* è indicato in III. 143a.

belga (plur. *belgi*): III. 93. Per l'uso delle maiuscole e minuscole con i nomi etni-

ci, v. la voce ETNICI, MAIUSCOLE NEGLI, e I. 194h.
bello: I. 79; V. 34-35; VII. 109; XIV. 247a.
Benàco: I. 189.
benché: congiunzione subordinante concessiva, XIV. 174. 179a.

benché + indicativo: la congiunzione concessiva *benché* vuole normalmente il congiuntivo (come *quantunque* e *sebbene*; l'indicativo è invece richiesto da anche *se*). L'indicativo tuttavia può ricorrere, anche nello scritto sorvegliato, quando la proposizione concessiva sia presentata come un'aggiunta rispetto alla sovraordinata (e in tal caso è separata da un segno interpuntivo più forte della semplice virgola: il punto e virgola o il punto fermo) o sia proiettata nel futuro. Ecco un esempio di Luigi Pirandello: «Per quanto pratichi con loro, non riesci mai a imparare che diavolo covino nel fondo; sempre distratti e come assenti; *benché poi*, quando meno te l'aspetti, *li vedi* montare su le furie per certe cose da nulla». (v. XIV. 174).

bene: avverbio qualificativo, XII. 27. 64-65. 69.
benedire: verbo irregolare di 3ª coniugazione, XI. 340. v. anche DIRE, COMPOSTI DI.
beneficentissimo: superlativo di *benefico*, V. 69. 70bd.
benevolentissimo: superlativo di *benevolo*, V. 69. 70bd.
Bengàsi: I. 189.
bensì: congiunzione coordinante sostitutiva, XIV. 22.
bere: verbo irregolare di 2ª coniugazione in *-ere*, XI. 192-194.
berretta / berretto: III. 32.
bevere: 'bere', XI. 193.
BIDIVERGENTE, COPPIA: I. 2.
BILABIALI: I. 40.
bilancia / bilancio: III. 39.
BISDRUCCIOLI, VOCABOLI: v. I. 172 e la voce ACCENTO, § 6.
boccaporto (plur. *boccaporti*): III. 138.
bove: variante toscana e letteraria di *bue*, III. 112a.
Borsa / borsa: v. il riquadro OMÒNIMI, GRAFIA DEGLI.
braccio (plur. *bracci / braccia*): III. 118a.

BRACHILOGIA: forma di abbreviazione, IV. 36b.
Brenta (*il / la B.*): III. 20.
brindisi: nome terminante in *-i* eccezionalmente maschile, III. 27.
brioscia, -sce: forma adattata del francese *brioche, -ches*, III. 132c.
brisa: 'mica', XII. 56.
brodo / broda: III. 37.
buca / buco: III. 34-35b.
budello (plur. *budelli / budella*): III. 118b.
bue (plur. *buoi*): III. 112a.
BULGARO: sulla presenza dell'italianismo *ciao* in b. v. X. 43.
buonanotte: formula di saluto, X. 42.
buonasera: formula di saluto, X. 41.
buondì: formula di saluto, X. 40.
buongiorno: formula di saluto, X. 41.
buono: V. 32. 34. 79.
BUROCRATICO, LINGUAGGIO: alcuni aspetti del l. b. sono descritti in IV. 15; VI. 11; VII. 89. 123. 139. 227.
busta / busto: III. 31.
c: i due diversi valori, velare (*casa*) e palatale (*cera*), del grafema *c* sono illustrati in I. 122.
ca': I. 80d. 245.
cadauno: aggettivo e pronome indefinito collettivo, VII. 178. 186-187.
cadere: verbo irregolare di 2ª coniugazione in *-ére*, XI. 139-141.
cadùco: I. 189.
caggio (*cadere*, arcaico): XI. 140.
cagna: femminile di *cane*, III. 73b.
calare: verbo transitivo e intransitivo, XI. 4f.
calcagno (plur. *calcagni / calcagna*): III. 118c.
CALCO: fenomeno per il quale una lingua ne influenza un'altra facendo cambiare di significato una parola già esistente in questa (c. *semantico*, come *parlamento* 'assemblea', dall'inglese *parliament*; significato italiano precedente: 'discorso'), oppure favorendo la creazione di un composto nuovo coniato con elementi indigeni (c. *traduzione* o *formale*, come *grattacielo*, dall'inglese *sky* 'cielo' e *scraper* 'che gratta'), VI. 22.
calere: verbo difettivo di 2ª coniugazione in *-ére*, XI. 101.
calpesto: 'calpestato', participio accorciato di *calpestare*, XI. 420. v. anche ACCORCIATI, PARTICIPI.
camera / camerino: III. 36.

Camera / camera: v. il riquadro OMÒNIMI, GRAFIA DEGLI.
camicie / camice: v. NOME, § 13 e il riquadro NOMI IN *-CIA*, *-GIA*, PLURALE DEI.
camione, -i: forma adattata di *camion, -ons*, III. 132c.
cammina cammina: XI. 400c.
campionissimo: V. 66.
canapa / canapo: III. 39.
candela / candelo: III. 33.
capitale (*il / la c.*): III. 40.

capo-: per formare il plurale delle parole composte con *capo-* , bisogna tener conto del rapporto tra i due elementi del composto: *capo-* può indicare (1. 'colui che è a capo', 'capo di' (*capogruppo* = capo del gruppo, *capostazione* = capo della stazione). § 2. 'capo di altre persone con la stessa mansione' (*capocuoco* = capo dei cuochi, *caporedattore* = capo dei redattori). § 3. 'preminente', in riferimento perlopiù non a persone ma a cose (*capolavoro* = lavoro che spicca su altri dello stesso genere, *capoluogo* = luogo, città a cui fa capo l'amministrazione di altri luoghi). Per le parole femminili il plurale si forma sempre mantenendo invariato *capo-* : nel caso 1 il plurale è identico al singolare (*la capogruppo – le capogruppo*); impossibile *le capegruppo*); in § 2 la desinenza plurale è assunta dal secondo elemento (*la caporedattrice – le caporedattrici*; non *le caperedattrici*). Per i maschili, nonostante un certo margine d'oscillazione, la situazione è la seguente: in § 1 *capo-* assume la desinenza del plurale e il secondo elemento resta invariato (*il capogruppo – i capigruppo*); in §§ 2 e 3 *capo-* resta invariato e va al plurale il secondo elemento (*il capocuoco – i capocuochi, il capoluogo – i capoluoghi*). (v. III. 139).

caposaldo (plur. *capisaldi / caposaldi*): III. 141b.
capovolgere: verbo irregolare di 2ª coniugazione in *-ere*, XI. 331.
capro, caprone: maschili di capra, III. 69a.
carbone / carbonella: III. 36.

carcere (*il / la c.*): A differenza delle parole uscenti in *-o* (spontaneamente avvertite dai parlanti come maschili) e in *-a* (avvertite come femminili), quelle terminanti in *-e* sono ambigue. Questo spiega perché in un certo numero di casi si siano avute oscillazioni di genere nel corso del tempo. In particolare, il lat. CARCER, maschile, è rappresentato in italiano dal maschile *il carcere* (oggi la forma abituale), e dal femminile *la carcere* (forse anche per attrazione del sinonimo *la prigione*); e di questa incertezza c'è traccia tuttora nel plurale che è, stabilmente, *le carceri*. (v. III. 29).

CARDINALI, NUMERALI: v. VI. 2-3. 10-31 e la voce NUMERALI, §§ 2 e 3.
caro: il tipo *caro lei / voi / te* è descritto in VII. 91; il tipo *caro mio / mio caro* è descritto in VII. 109.
carro (plur. *carri / carra*): III. 121.
casa / ca': I. 80d.
casomai: congiunzione subordinante ipotetica, XIV. 166a.
cassetta / cassetto: III. 32.
CASTELLO: l'uso dell'articolo con i toponimi composti con *castello* è illustrato in IV. 46.
CATAFORICA, FUNZIONE: v. VII. 125 e le voci CATAFORICI, AGGETTIVI E PRONOMI e DIMOSTRATIVI, AGGETTIVI E PRONOMI, § 2.
CATAFORICI, AGGETTIVI E PRONOMI: sono così chiamati i pronomi personali e, soprattutto, i pronomi e gli aggettivi dimostrativi usati in funzione cataforica, cioè per anticipare la menzione di qualcuno o qualcosa (generalmente un'intera frase) che sarà espresso o chiarito in seguito («Il problema è *questo, lo* so bene: non andiamo più d'accordo»; *questo* e *lo* anticipano la frase «non andiamo più d'accordo»). Possono o potevano svolgere questa funzione *lo* (VII. 43b), *questo* e *quello* (VII. 125), anticamente *costui* (VII. 134) e *colui* (VII. 135), *tale* (VII. 136), *sottoscritto* (VII. 139).
catalano: un confronto fra l'italiano e il c. è in III. 100.
catauno: variante antica di *cadauno*, VII. 187.
cattivo: V. 79.
catuno: variante antica di *cadauno*, VII. 187.
CAUSA EFFICIENTE, COMPLEMENTO DI: v. AGENTE, COMPLEMENTO D'.

CAUSA, COMPLEMENTO DI: è un complemento indiretto che indica la causa dell'azione o della condizione espressa dal verbo. È introdotto dalle preposizioni *per, di, da, con* e dalle locuzioni preposizionali *a causa di, a motivo di, per via di, a cagione di*. Esempi: «non sono potuto uscire *per la febbre*», «A causa di un'agitazione sindacale, il programma previsto non andrà in onda» (II. 58; VIII. 6f. 17. 56. 95. 111).

CAUSALE, VALORE: è il valore che può assumere la congiunzione *se* in alcune proposizioni, XIV. 153.

CAUSALI, PROPOSIZIONI: indicano la causa per cui avviene il fatto espresso dalla reggente: «Esco *perché è bel tempo*». Possono avere forma esplicita o implicita. Le c. esplicite sono introdotte da *perché, poiché, giacché, siccome, come, che, ché, per il fatto che, per il motivo che, dal momento che, dato che, visto che, considerato che, in quanto che*; il modo verbale è l'indicativo, ma in alcuni casi possono aversi il congiuntivo («sbaglia non *perché non studi*, ma perché è distratto») e il condizionale («Le telefonerò, *perché vorrei esporle un progetto*»). Le c. implicite possono essere costruite: a) con *per* + l'infinito, perlopiù passato («stava male *per aver mangiato troppo*»; b) con il gerundio, presente o passato: «*conoscendo mio padre*, so che si arrabbierà»; c) con il participio passato: «*svegliato dal telefono*, non riuscì a riaddormentarsi» (XIV. 92-121).

CAUSATIVI, SUFFISSI: suffissi caratteristici di verbi causativi. Sono tali -*ificare* e -*izzare* (per esempio, *parificare* e *scandalizzare*), XV. 59-60.

CAUSATIVI, VERBI: detti anche *fattitivi*, sono quei verbi che indicano un'azione non compiuta direttamente dal soggetto, ma fatta compiere da altri: per esempio, *scandalizzare*, VII. 74; XIV. 39-40.

cavallo / *caval*: I. 80b.

cavelle: pronome indefinito collettivo arcaico, VII. 190a.

cavolo: termine usato come alterazione eufemistica del più triviale *cazzo*, per rafforzare l'interrogativo *che* (VII. 253) oppure in funzione d'interiezione primaria (X. 33).

cazzo: termine triviale, spesso usato per rafforzare l'interrogativo *che* (VII. 253).

CECO: un confronto fra l'italiano e il c. è in I. 172 e in IV. 1.

cedere: verbo irregolare di 2ª coniugazione in -*ere*, XI. 195.

cediglia: I. 202.

celeberrimo: superlativo di *celebre*, V. 69. 70ad.

cenato: 'che ha cenato', participio passato di *cenare* con valore attivo, XI. 34b.3.

cennato: forma usata come aggettivo dimostrativo nel linguaggio burocratico, VII. 139.

cento: l'omissione di c. in sequenze di più centinaia indicanti secoli (tipo «visse fra Sei e Settecento») è illustrata in VI. 21.

cerco: 'cercato', participio accorciato di *cercare*, XI. 420. V. anche ACCORCIATI, PARTICIPI.

certo: il termine può essere, a seconda del contesto, aggettivo qualificativo (V. 34), aggettivo e pronome (solo al plurale) indefinito singolativo (VII. 146. 149. 160-162. 166) e avverbio di affermazione (XII. 51).

certuni: aggettivo e pronome indefinito singolativo, VII. 146. 163.

cervello (plur. *cervelli* / *cervella*): III. 118d.

cessare: verbo fraseologico che, in unione con *di* + infinito, indica la conclusione di un'azione: «cessarono di sparare», XI. 48.

charter / *charters* (*i*): v. il riquadro NOMI STRANIERI, PLURALE DEI.

ché: congiunzione subordinante causale e finale, I. 177b; XIV. 98. 123.

che: § 1. È una parola tra le più ricorrenti in italiano; può avere molti valori e significati. § 2. La distinzione funzionale fondamentale è fra *che* congiunzione e *che* pronome e aggettivo. § 3. Come congiunzione, *che* può introdurre: a) un secondo termine di paragone: «è più largo che lungo», V. 58; molte proposizioni indipendenti, e precisamente: b) in italiano antico, una proposizione dopo un'interiezione primaria, X. 2; c) un'interrogativa totale: «che, me lo presti?», XIII. 16a; d) un'interrogativa dubitativa al congiuntivo: «che sia impazzito?», XIII. 22); e) un congiuntivo esortativo che esprima comando indiretto: «che la carrozza sia pronta alle sette!», XIII. 32; f) un congiuntivo otta-

che

tivo: «che sia la volta buona!», XIII. 34; g) un'esclamativa introdotta da *chissà*: «chissà che questa settimana non vinciamo!», XIV. 84. Inoltre, *che* può: h) introdurre una coordinata a una proposizione dipendente: «la polizia è arrivata dopo che era cominciato il comizio e che erano scoppiati i disordini», XIV. 14-15; l) essere il secondo elemento di una correlazione introdotta da *sia* o da altri elementi: «si viaggia bene sia in treno che in aereo», XIV. 28ad; m) avere valore di subordinante generico: «vado a lavorare che ancora non è giorno», XIV. 10. 82; n) introdurre molte proposizioni subordinate esplicite, e precisamente: o) una completiva: «dico che hai ragione», XIV. 33a. 35-77; p) una frase scissa: «è per il tuo bene che ti parlo», XIV. 81; q) una causale (ma il valore causale sfuma spesso in quello subordinante generico): «affrettati, che è tardi», XIV. 98»; r) una consecutiva: «era così agitato che non ha cenato», XIV. 129. 137; s) una condizionale (in locuzioni congiuntive subordinanti condizionali): «nel caso che arrivi prima, telefona», XIV. 167 sgg.; t) una concessiva (in locuzioni congiuntive subordinanti concessive): «è al lavoro, nonostante che abbia la febbre», XIV. 179bcd; u) una temporale («è un'ora che lo aspetto», XIV. 195. 197. 200. 201d); v) una comparativa: «è meglio arrivare in anticipo che fare la fila», XIV. 220. 230-235; w) un' eccettuativa: «non pensa ad altro che a risparmiare», XIV. 241d; x) una limitativa: «che io sappia, Carlo ha cambiato scuola», XIV. 245c. § 4. Oltre che congiunzione, *che* può essere pronome indefinito singolativo («Ha un *che* di buono», VII. 146. 155), pronome relativo («Grazie del libro *che* mi hai regalato», VII. 217-222. 225. 230-236), aggettivo e pronome interrogativo ed esclamativo («*Che* giornale leggi?», «*Che* leggi?», «*Che* storia è questa!», «*Che* hai fatto!», VII. 248-251. 253-256).

CHE ESCLAMATIVO: l'uso di *che* esclamativo seguito da un aggettivo è difficilmente giustificabile dal punto di vista della grammatica: *che* ha il valore di 'quale', ma non quello di 'come è' («Che giornale leggi?» = quale giornale; ma «Che bello!» non può essere sostituito da **quale bello!*). Si tratta probabilmente di uno spagnolismo penetrato nel Cinque o nel Seicento nel Ducato di Milano e di lì poi passato nell'italiano comune (spagnolo «¡Qué bonito!» (ital. di Milano «Che bello!»). L'attuale frequenza di questo costrutto in ogni registro stilistico renderebbe vana qualsiasi opposizione da parte dei grammatici. (v. VII. 251).

CHE POLIVALENTE: nell'italiano colloquiale, antico e moderno, sono usuali proposizioni come «Spicciati, che facciamo tardi», «Aspetta, che te lo dico», in cui il *che* fa le veci di una specifica congiunzione causale o finale (= Spicciati, perché rischiamo di far tardi; Aspetta affinché te lo dica). Come risulta dal carattere artificioso delle alternative proposte, nell'uso parlato – ossia nell'àmbito in cui frasi del genere sono effettivamente immaginabili e pronunciabili – il *che* polivalente è del tutto normale. Il *che* è normale anche nello scritto quando si adopera come pronome relativo invariabile con valore temporale: «l'anno che ti ho conosciuto» (altrettanto accettabile del più formale «l'anno in cui ti ho conosciuto»). Da evitare invece, nello scritto ma anche nel parlato colloquiale, il *che* invariabile a cui segua un pronome atono con funzione di complemento: «l'armadio *che ci ho messo [in cui ho messo; che contiene] gli asciugamani», «suo suocero, **che gli hanno fatto* [a cui, al quale hanno fatto; che ha subìto] un'operazione». Le eccezioni sono possibili in contesti che arieggino l'immediatezza del parlato, ma vanno riservate a chi abbia grande padronanza linguistica, come F. Ceccarelli, autore del seguente esempio giornalistico: «non è mai bello vedere la fine politica di uno che bene o male lo applaudivano quasi tutti» («La Stampa», 30.4.1993). (v. XIV. 82).

checché: pronome indefinito collettivo (VII. 178. 185); introduce una proposizione relativa al congiuntivo con valore concessivo: «Farò a modo mio, *checché* tu ne dica», XIV. 183.

checchessia: pronome indefinito collettivo, VII. 178. 185.
cherere (*chiedere*, arcaico): XI. 197.
chi: il termine può essere, a seconda del contesto, pronome relativo «doppio» («Non sopporto *chi* si lamenta sempre», v. VII. 183. 241-242 e la voce RELATIVI, PRONOMI), pronome indefinito («devono fare *chi* due, *chi* tre, *chi* quattro ore di strada», VII. 243), pronome interrogativo ed esclamativo («*Chi* ha suonato?», «*Chi* si rivede!», VII. 248. 252).
chicca / *chicco*: III. 32.
chicchessia: pronome indefinito collettivo, VII. 178. 184.
chiedere: verbo irregolare di 2ª coniugazione in -*ere*, XI. 196-197.
chieggio, chieggo (chiedere, *arcaico*): XI. 197.
chierico / *chierica*: III. 39.
Chiesa / *chiesa*: v. il riquadro OMÒNIMI, GRAFIA DEGLI.
chimono (*il* / *i c.*): III. 132d.
chissà (seguito da una proposizione esclamativa): XIV. 84.
chiudere: verbo irregolare di 2ª coniugazione in -*ere*, XI. 198-199.
chiunque: pronome indefinito collettivo (VII. 178. 183); può introdurre una proposizione relativa al congiuntivo con valore concessivo: «*Chiunque* sia stato, la pagherà cara», XIV. 183.
choc: v. *shock*.
ci: può essere, a seconda del contesto, pronome personale atono di 4ª persona, con valore di complemento oggetto e complemento di termine (*ci* vede = vede noi; *ci* parla = parla a noi, VII. 31-34) nonché avverbio di luogo (con varie funzioni e sfumature di significato, VII. 45-51).

ci (*ci dico*): l'estensione del pronome atono *ci* alla terza e sesta persona (in luogo di *gli*, *le dico*, *dico loro*) è un tratto fortemente popolare, che squalificherebbe chi lo adoperasse in un testo scritto e che va evitato anche nel parlato informale. v. VII. 49.

ci (*ci ho freddo*): in molti usi idiomatici il verbo *avere* si presenta combinato con l'elemento *ci*. Si tratta di modi esclusivi della lingua parlata, che sarebbe difficile trasferire nello scritto non solo per ragioni stilistiche, ma anche per difficoltà grafiche. Come rendere l'elisione della vocale *i* di *ci* davanti al verbo *avere*? Non si può scrivere *c'ho* (che corrisponderebbe a una pronuncia [ˈkɔ]), e mantenendo intatta la particella si suggerirebbe una pronuncia inesistente: [tʃi ˈa] invece di [ˈtʃa]. (v. VII. 45).

-*cia*: per il plurale dei nomi in -*cia* v. NOME, § 13. e il riquadro NOMI IN -*CIA*, -*GIA*, PLURALE DEI.
ciao: formula di saluto, X. 43.
ciascheduno: aggettivo e pronome indefinito collettivo, VII. 178. 186.
ciascuno: aggettivo e pronome indefinito collettivo, VII. 147. 178. 186.
ciglio (plur. *cigli* / *ciglia*): III. 118e.
ciliare / *cigliare*: v. -*iglia*- / -*ilia*-.
ciliegie / *ciliege*: v. NOME, § 13. e il riquadro NOMI IN -*CIA*, -*GIA*, PLURALE DEI.
cine: variante ridotta di cinema utilizzata come elemento prefissale (*cineamatore*, *cineclub*, ecc.) XV. 133.
CINESE: un confronto con il c. è in I. 171.
cingere: verbo irregolare di 2ª coniugazione in -*ere*, XI. 200.
cinghiala: femminile di *cinghiale* usato in senso spregiativo, III. 76b.
cinquantun anni / *cinquantun anno*: v. il riquadro UNO, NUMERALI COMPOSTI CON.
ciò: pronome dimostrativo «neutro», equivalente a 'questa cosa', VII. 118. 133.
cioè: congiunzione coordinante escplicativa, XIV. 27.
circoncidere: verbo irregolare di 2ª coniugazione in -*ere*, XI. 217.
CIRCONFLESSO, ACCENTO: v. I. 180 e la voce ACCENTO, § 8.
circonvenire: verbo irregolare di 3ª coniugazione, XI. 353.
circoscrivere: verbo irregolare di 2ª coniugazione in -*ere*, XI. 302.
citato: forma usata come aggettivo dimostrativo nel linguaggio burocratico, VII. 139.
citeriore: v. V. 82-83 e la voce AGGETTIVO, § 9.

CITTÀ (*la* / *il Milano*): i nomi di città, sia quelli uscenti con la terminazione -*a* tipica dei femminili sia gli altri, sono normalmente femminili: l'*antica* Roma, ma anche l'*operosa* Milano, la Torino *barocca*, l'*attivissima* Birmingham. L'eccezione più importante è *Il Cairo*, sempre maschile (per effetto dell'articolo *il*, che fa stabilmente parte del nome). Qualche volta, non solo nell'uso familiare, alcuni nomi di città in *-o* (come il *Milano* che abbiamo messo a lemma) possono essere trattati come maschili: «una vasta e misteriosa congiura di tutto Milano contro lui» (De Marchi). Il genere dei nomi di c. è indicato in III. 12. L'uso dell'articolo con i nomi di c. è descritto in IV. 37-40.

club / clubs (*i*): v. il riquadro **NOMI STRANIERI, PLURALE DEI.**
-co: per il plurale dei n. in *-co*, v. **NOME**, § 13.
codardìa: I. 189.
codesto: aggettivo e pronome dimostrativo, VII. 118. 122-123. 133.

codesto / questo: il pronome e aggettivo dimostrativo *codesto*, limitato all'uso toscano, indica vicinanza, reale o ideale, a chi ascolta e si contrappone a *questo* (vicinanza a chi parla) e a *quello* (lontananza da entrambi). Ad esempio: «Sono nuovi codesti guanti?» (si intende i guanti indossati dal nostro interlocutore; nel resto d'Italia si direbbe *questi guanti* o, nel caso potessero sorgere equivoci, *questi tuoi guanti* o semplicemente *i tuoi guanti*). Appartiene invece all'uso nazionale, limitatamente allo scritto formale specie burocratico, l'impiego di *codesto* nella corrispondenza: «Questo ufficio ha più volte sollecitato codesta Direzione generale affinché...». In tal caso *codesto* non sarebbe sostituibile senza ingenerare confusione tra emittente e destinatario del messaggio. Ormai raro, e fortemente letterario, l'uso di *codesto* in funzione anaforica, cioè per richiamare qualcosa che sia stato detto in precedenza, come nel seguente esempio dell'antropologo Alfonso Di Nola («Corriere della Sera», 9.5.1993): «Giovanni Paolo II è intervenuto in codesta legittimazione del satanismo più volte (= nella legittimazione di cui ho appena parlato)». (v. VII. 118. 122-123. 133).

codestui: v. *cotestui*.
COERENZA: in linguistica testuale, è il requisito che garantisce a un testo unità e continuità a diversi livelli di organizzazione testuale: tematico, logico, semantico e stilistico, IX. 5.
COESIONE: in linguistica testuale, è il requisito che garantisce a un testo unità e stabilità sul piano formale, attraverso le concordanze morfologiche, i coesivi (ripetizione, sostituzione, riformulazione, ellissi) e i connettivi, IX. 5.
coesistere: verbo irregolare di 2ª coniugazione in *-ere*, XI. 187.
cogliere: verbo irregolare di 2ª coniugazione in *-ere*, XI. 75. 201.
COGNITA, CAUSA: XIV. 93ª.
COGNOMI: l'uso dell'articolo coi c. maschili è descritto in IV. 25-27. 29-30; l'uso dell'articolo coi c. femminili è descritto in IV. 24-28. 31b.
coincidere: verbo irregolare di 2ª coniugazione in *-ere*, XI. 217.
coinvolgere: verbo irregolare di 2ª coniugazione in *-ere*, XI. 331.
colei: pronome dimostrativo, VII. 118.
COLLETTIVI, INDEFINITI: v. VII. 145. 178-190 e la voce **INDEFINITI, AGGETTIVI E PRONOMI**, § 3.
COLLETTIVI, NOMI: v. **NOME**, § 3. Le modalità di accordo del verbo con un soggetto rappresentato da un n. c. (la cosiddetta «concordanza a senso») sono descritte in XI. 361. V. anche **ACCORDO**.
collidere: verbo irregolare di 2ª coniugazione in *-ere*, XI. 227.

collutorio / colluttorio: la forma legittima è la prima, conforme all'etimo latino (da COLLUTUS, part. passato di COLLUERE 'sciacquare'). Fino a qualche anno fa la forma con erroneo raddoppiamento della *t* era alquanto diffusa; ma la correzione effettuata dalle case farmaceutiche nelle confezioni e nella pubblicità ha determinato un'inversione di tendenza. Esaminando l'intera annata 1995 del «Corriere della Sera» attraverso il relativo archivio elettronico su CD-ROM, la forma corretta *collutorio* risulta maggioritaria su quella scorretta (3 esempi contro 1).

colmo: 'colmato', participio accorciato di

colmare, XI. 420. V. anche ACCORCIATI, PARTICIPI.
COLORE, AGGETTIVI DI: V. 18b; XV. 126d.
coloro: pronome dimostrativo, VII. 118.
COLPA, COMPLEMENTO DI: è un complemento indiretto che indica la colpa di cui qualcuno si è reso responsabile o è accusato. È introdotto dalle preposizioni *di* e *per*: «è accusato *di associazione mafiosa*» (VIII. 11. 111).
coltello / coltella / coltellessa: III. 37.
colui: pronome dimostrativo, VII. 118. 132e.
COMANDO, VERBI DI: V. VOLIZIONE, VERBI DI.
COMBINATORIA, VARIANTE: v. I. 6 e la voce VARIANTI FONETICHE.
come mai: locuzione avverbiale interrogativa, XII. 57a.
come: § 1. Avverbio interrogativo ed esclamativo: «come stai?», XII. 57a. § 2. Congiunzione che può introdurre: a) un secondo termine di paragone («ho un auto veloce come la tua», V. 59; b) un condizionale ottativo: «come vorrei andare in vacanza!», XIII. 37; molte proposizioni subordinate, e precisamente: c) un'oggettiva: «notiamo come lo scrittore abbia rinunciato alla sua attività», XIV. 63; d) una proposizione o un costrutto causale: «assonnato com'era, non si accorse di nulla», XIV. 113-115; e) una temporale: «come arrivi, avvisami», XIV. 193; f) una comparativa: «non fa così freddo come pensavo», XIV. 214b sgg.
comeché (o *come che*): congiunzione subordinante concessiva, XIV. 181. 183.
cominciare: verbo fraseologico che, in unione con *a* + infinito, indica l'inizio di un'azione: «cominciò a parlare», XI. 48b.
COMMENTO: la funzione di c. che alcuni segni d'interpunzione possono assumere è illustrata in I. 207.
COMMERCIALE, LINGUAGGIO: alcuni aspetti del l. c. sono descritti in VII. 96a; VIII. 30; XII. 26c.
commettere: verbo irregolare di 2ª coniugazione in *-ere*, XI. 255.
commuovere: verbo irregolare di 2ª coniugazione in *-ere*, XI. 260.
COMPAGNIA E UNIONE, COMPLEMENTO DI: è un complemento indiretto che indica l'essere animato (compagnia), l'oggetto o l'entità astratta (unione) insieme alla quale si compie o si subisce l'azione o ci si trova nella condizione espressa dal verbo. Può essere introdotto dalla preposizione *con* e dalle locuzioni preposizionali *insieme con, insieme a, assieme a, in compagnia di, in unione con, unitamente a* ecc. Esempi: «farò una passeggiata *con mio cugino*»; «unitamente alla scheda elettorale le verrà consegnata una seconda scheda» (II. 60; VII. 7. VIII. 6g. 90. 130; XI. 360).
COMPARATIVE IPOTETICHE, PROPOSIZIONI: V. XIV. 222-224 e la voce COMPARATIVE, PROPOSIZIONI, § 5.
COMPARATIVE, PROPOSIZIONI: § 1. Stabiliscono un rapporto comparativo (di uguaglianza, maggioranza, minoranza o analogia) con la proposizione reggente. § 2. Le c. di *uguaglianza* hanno solo forma esplicita; sono introdotte da *come, tanto, quale*; il modo verbale è l'indicativo («è proprio *come me lo immaginavo*»), ma in alcuni casi può aversi il condizionale («gli ho parlato così *come avrei fatto con te*»). § 3. Le c. di *maggioranza* e di *minoranza* possono avere forma esplicita e implicita. Le esplicite sono introdotte da *che, di quanto, di quello che, di come*; il modo verbale è l'indicativo («il mare era più pulito *di quanto dicevano*»), il congiuntivo («è più generosa *di quanto pensassi*»), o il condizionale («i mezzi pubblici funzionano peggio *di quanto avrei immaginato*»). Le implicite sono introdotte da (*più*) *che*, (*piuttosto*) *che, piuttosto di*, e hanno il verbo all'infinito («preferisco leggere [*piuttosto*] *che guardare* la televisione»). § 4. Le cosiddette c. di *analogia* sono introdotte da *come, secondo che, nel modo in cui* (o *che*); il modo verbale è l'indicativo («fa' *come ti pare*») o il condizionale («le cose non vanno *nel modo in cui vorrei*»). § 5. Le cosiddette c. *ipotetiche* sono introdotte da *come se, quasi, quasi che, come*; il modo verbale è, per la forma esplicita, il congiuntivo («mi guardava *come se mi conoscesse*»); la forma implicita presenta il gerundio introdotto da *come* o *quasi* («si nascondeva, *quasi vergognandosi*») (XIV. 109. 214-236).
COMPARATIVO, GRADO: v. V. 57-59 e la voce aggettivo, § 9; XII. 63-67 e la voce avverbio, § 14.

comparire: verbo irregolare di 3ª coniugazione, XI. 332-333.

competere: verbo difettivo (del solo participio passato) di 2ª coniugazione in *-ere*, XI. 122b.

compiacere, compiacersi: verbo irregolare di 2ª coniugazione in *-ére*, XI. 153.

compiangere: verbo irregolare di 2ª coniugazione in *-ere*, XI. 272.

compiere / compire: verbo sovrabbondante, XI. 123b-124.

complementarità / complementarietà: v. il riquadro *-ità / -ietà*.

COMPLEMENTO: è un nome (o un'altra parte del discorso usata con valore di nome) che completa il soggetto, il predicato o un altro costituente della frase: «il fratello *di Giovanni*, un giovane *sui trent'anni*, ha acquistato *un'auto* sportiva». Esistono quattro criteri di classificazione dei c.: il primo si fonda sul significato e distingue fra c. *essenziali* (indispensabili al senso del termine completato: «Francesca d e s i d e r a *gli spaghetti*») e c. *circostanziali* (non indispensabili, ma accessori: «Francesca mangia *con appetito*»); il secondo si fonda sulla natura e funzione dei c. e distingue fra c. *non avverbiali* (che non sono avverbi e non possono essere sostituiti da avverbi: «La madre *di Marcello* ha invitato *le amiche*») e c. *avverbiali* (che, a mo' di avverbio, modificano il senso del termine da cui dipendono: «h a i n v i t a t o le amiche *in campagna*»); il terzo si fonda sulla natura dell'elemento da cui i c. dipendono e distingue fra c. *del nome* (dipendenti dal soggetto, «Il cane *di Marco*...») e c. *del verbo* (dipendenti dal predicato «abbaia *con insistenza*»); il quarto si basa sul modo di collegamento e distingue fra c. *diretti* (collegati al termine da cui dipendono senza preposizioni: «Biancaneve mangiò *la mela*» e c. *indiretti* (collegati al termine da cui dipendono tramite una preposizione: «le scarpe *di Marco*») (II. 6; VIII. 6).

COMPLESSA, FRASE: v. XIV. 1 e la voce **FRASE**, § 2.

COMPLETIVE, PARTICELLE: V. **PARTICELLE COMPLETIVE DELLA NEGAZIONE**

COMPLETIVE, PROPOSIZIONI: sono tali (XIV. 35-36) le oggettive (v. XIV. 37-65 e la voce **OGGETTIVE, PROPOSIZIONI**) e le soggettive (v. XIV. 66-76 e la voce **OGGETTIVE, PROPOSIZIONI**).

comporre: verbo irregolare di 2ª coniugazione in *-ere*, XI. 275.

COMPOSIZIONE: consiste nell'unire due o più parole già esistenti in modo da formarne una nuova, detta *parola composta* o *composto*. Le parole composte possono essere distinte in *composti veri e propri*, *unità lessicali superiori*, *parole macedonia* e *conglomerati*. I *composti veri e propri* sono parole formate dall'unione di due elementi distinti che vengono a costituire un tutto unico: *capo + classe = capoclasse*; le *unità lessicali superiori* sono parole staccate sul piano formale, ma strettamente legate sul piano semantico: *conferenza stampa*, *decreto legge*, *ferro da stiro*; si parla di *conglomerati* quando più parole vengono saldate insieme in modo da formare un tutto unico: *fuggifuggi*, *dormiveglia*, *saliscendi*; infine, le *parole macedonia* (o acronimi o tamponamenti di parole) sono parole formate da pezzi di parole fuse le une nelle altre: *cantautore* (XV. 3-4. 120-135).

COMPOSTE, CONGIUNZIONI: v. IX. 2 e la voce **CONGIUNZIONE**, § 3.

COMPOSTE, PAROLE: v. VIII. 4ª; XV. 3-4. 120-135. e la voce **COMPOSIZIONE**. Inoltre: il fenomeno del dittongo mobile nelle p. c. è descritto in I. 58a; la divisione in sillabe delle p. c. è illustrata in I. 66; dell'uso del trattino nelle p. c. si parla in I. 234ef; la formazione del plurale delle p. c. è trattata in III. 137-150.

COMPOSTI, AVVERBI: v. XII. 3. 5 e la voce **AVVERBIO**, § 2.

COMPOSTI, TEMPI: v. XI. 8. 50-51 e la voce **VERBO**, § 3.

COMPOSTO, FUTURO: V. **FUTURO ANTERIORE**.

comprendere: verbo irregolare di 2ª coniugazione in *-ere*, XI. 278.

comprimere: verbo irregolare di 2ª coniugazione in *-ere*, XI. 202.

compro: 'comprato', participio accorciato di *comprare*, XI. 420. v. anche **ACCORCIATI, PARTICIPI**.

compromettere: verbo irregolare di 2ª coniugazione in *-ere*, XI. 255.

compungere: verbo irregolare di 2ª coniugazione in *-ere*, XI. 282.

computer / computers (i): v. il riquadro **NOMI STRANIERI, PLURALE DEI**.

COMUNI, NOMI: v. III. 3-5 e la voce **NOME**, § 3.

comunque: avverbio di qualità; può introdurre una proposizione relativa con valore concessivo: «comunque vada, ti sarò vicino», XIV. 183.

con: § 1. *Con* (forme articolate: *col, collo, colla; coi, cogli, colle*) è una preposizione propria (VIII. 7) che stabilisce collegamenti di vario genere tra due elementi della stessa frase e, più raramente, tra due frasi diverse (VIII. 89). § 2. Quando collega due elementi della stessa frase, *con* può introdurre un complemento di compagnia e unione («Rimango con voi», VIII. 90), di relazione («sposata con un americano», VIII. 92), di modo («agite con prudenza», VIII. 93), di mezzo e strumento («Lego il pacco con una corda», VIII. 94), di causa («con questo caldo si suda molto», VIII. 95), un complemento indiretto che esprime corrispondenza o coincidenza («la mia opinione coincide con la tua», VIII. 91) nonché un complemento indiretto di valore concessivo («con tutto il rispetto, non sono d'accordo», VIII. 95 bis). § 3. Quando collega due frasi diverse, *con* (nella forma articolata *col, con il, collo, con lo*) può introdurre una proposizione causale implicita («col camminare così, finirai per stancarti», XIV. 119), una temporale implicita («con l'avvicinarsi della primavera, aumenta il rischio di allergie», XIV. 204), una modale («spaventava gli studenti col ricordare l'esame imminente», XIV. 237). Usi antichi .(*con* + infinito o gerundio: *con amare, con amando*) sono descritti in XI. 411.425; XIV. 205. 207; un uso particolare (la locuzione *due con*) in VIII. 5.

con tutto che: locuzione congiuntiva subordinante concessiva, XIV. 179d.

CONATIVA, FUNZIONE: quando lo scopo della comunicazione riguarda in particolare il destinatario, come accade in un'arringa, un comando, un discorso politico, una legge, una predica, un regolamento ecc., si dice che la lingua è usata in f. c. (X. 35; XI. 7. 399).

CONATIVO, IMPERFETTO: v. XI. 374d e la voce **IMPERFETTO INDICATIVO**.

concedere: verbo irregolare di 2ª coniugazione in *-ere*, XI. 203-204.

concernere: verbo difettivo (del solo participio passato) di 2ª coniugazione in *-ere*, XI. 122b.

CONCESSIVE INDIPENDENTI, PROPOSIZIONI: proposizioni concessive prive di congiunzione introduttiva: «*sarà anche bravissimo*, ma è un presuntuoso», XIV. 176.

CONCESSIVE, ESPRESSIONI: v. VIII. 95 bis e la voce *con*, § 2.

CONCESSIVE, PROPOSIZIONI: introducono un fatto nonostante il quale si verifica quanto viene enunciato nella reggente; in altre parole «concedono», ammettono un'opposizione rispetto alla reggente: «*Benché abbia studiato molto*, non ha superato l'esame». Possono avere forma esplicita o implicita. Le c. esplicite sono introdotte da *benché, sebbene, quantunque, nonostante, malgrado, ancorché, per quanto, nonostante (che), malgrado (che), quand'anche, anche quando, anche se, con tutto che* (per l'omissione della congiunzione v. XIV. 33ª) o da pronomi e aggettivi indefiniti o avverbi come *chiunque, qualunque, checché, comunque*; il modo verbale è il congiuntivo, ma in alcuni casi possono aversi l'indicativo (segnatamente, quando la c. è introdotta da *anche se* e *con tutto che*: «non l'ho contraddetto, *anche se aveva torto marcio*») e il condizionale («pianta pure le rose, *benché a mio parere sarebbe meglio aspettare*». Le c. implicite possono essere costruite: a) con *pure* o *anche* + gerundio («*pur apprezzando il rock*, preferisco la musica classica»); b) con *pure, benché, sebbene, quantunque* + participio passato («*benché scoraggiato*, tentai lo stesso»); c) con *per, nemmeno a, neppure a, manco a, a costo di, a rischio di* + infinito («lo farò, *a costo di dargli un dispiacere*») (XIV. 172-184).

CONCESSIVO, VALORE: è il valore che può assumere la congiunzione *se* in alcune proposizioni, XIV. 154.

concesso che: locuzione congiuntiva subordinante ipotetica, XIV. 167a.

conchiudere: v. *concludere*.

conciossiaché, conciossiacosaché, concioffossecosaché: congiunzioni subordinanti causali arcaiche, VII. 133. XIV. 117b.

concludere: verbo irregolare di 2ª coniugazione in *-ere*, XI. 177-178.

CONCLUSIONE DI UN'AZIONE: per i verbi fraseologici che indicano c. di un'a. v. XI. 48e e la voce **FRASEOLOGICI, VERBI**.

CONCLUSIVO, ASPETTO: V. **CONCLUSIONE DI UN'AZIONE**.

CONCORDANZA DEI TEMPI: la scelta del tempo verbale da usare nelle proposizioni oggettive e in molte delle altre subordinate in relazione al tempo della proposizione reggente è illustrata in XIV. 55-58; per le proposizioni condizionali v. XIV. 145-164.

CONCORDANZA DI NUMERO E DI GENERE: V. **ACCORDO**.

concorrere: verbo irregolare di 2ª coniugazione in *-ere*, XI. 213.

CONCRETI, NOMI: v. III. 6 e la voce **NOME**, § 3.

condiscendere: verbo irregolare di 2ª coniugazione in *-ere*, XI. 298.

condividere: verbo irregolare di 2ª coniugazione in *-ere*, XI. 225.

CONDIZIONALE, MODO: §1. Il c. è un modo verbale finito che implica l'idea di un condizionamento, spesso indipendente dalla volontà di chi parla: «*Desidererei sapere una cosa*» (XI. 7). § 2. Esso non esisteva in latino (XI. 50d); la sua formazione nelle lingue e nei dialetti romanzi è illustrata in XI. 42-43. Forme antiche e particolari (c. in *-ìa*, tipo *sarìa*, e in *-ra*, tipo *fora*) sono descritte in XI. 43. 59. 67; irregolarità nella formazione sono segnalate in XI. 126b. § 3. Il c. dispone di due tempi, il presente e il passato (*amerei* e *avrei amato*; v. XI. 393 e la voce **VERBI**, § 3); si trova abitualmente in una frase, principale o secondaria, collegata a una subordinata ipotetica (la cosiddetta *apodosi* del periodo ipotetico: «Se dicessi questo, *sbaglieresti*») e in vari altri tipi di proposizioni principali e subordinate, il cui elenco completo è in XI. 393-394. In diversi ambiti sintattici, ma nelle proposizioni completive in particolare, il c. passato esprime il futuro in dipendenza da un passato: «credevo che *saresti venuto* l'indomani» (XI. 395).

CONDIZIONALI, PROPOSIZIONI: § 1. Indicano la condizione da cui dipende o potrebbe dipendere ciò che viene espresso nella reggente: «*Se gli affitti fossero meno cari*, cambierei casa volentieri». § 2. Proposizione condizionale (detta anche *protasi*) e proposizione reggente (detta anche *apodosi*) esprimono nel loro insieme un'ipotesi, e formano il *periodo ipotetico*. A seconda che l'ipotesi sia certa, possibile o irreale il periodo ipotetico è detto della *realtà*, della *possibilità* o dell'*irrealtà*. I modi canonici di rendere questi tre tipi fondamentali sono così rappresentabili:

TIPO	PROTASI	APODOSI
realtà	se + indic. (tutti i tempi) / *se lo hai fatto*,	indic. (tutti i tempi) / imperat. *hai sbagliato / chiedi scusa*
possibilità	se + cong. imperf. *se dicessi così*,	condiz. presente *sbaglieresti*
irrealtà	se + cong. imperf. o trapass. *se fossi (stato) un animale*,	condiz. pres. e pass. *vorrei (avrei voluto) essere un cane*.

§ 3. Esistono anche i periodi ipotetici *misti*, derivanti da contaminazioni tra i vari tipi: per esempio, indicativo nella protasi e condizionale nell'apodosi («Se lo sapevo, non sarei venuto») oppure congiuntivo nella protasi e l'indicativo nell'apodosi («Se l'avessi saputo, non venivo»). § 4. Oltre che da *se*, le condizionali esplicite al congiuntivo possono essere introdotte da *qualora, quando, purché, casomai, ove, laddove, ammesso che, concesso che, dato che, posto che, a condizione che, a patto che, nell'ipotesi che, nell'eventualità che*. § 5. Le condizionali implicite possono essere costruite con il gerundio, il participio passato (da solo o preceduto da *se*) oppure con l'infinito presente preceduto dalla preposizione *a*: «*lavorando di meno* non saresti così stanco», «*amministrata meglio*, la città sarebbe più vivibile», «*a vederlo*, non sembra infelice» (XI. 393; XIV. 145-171. 251d [proposizioni relative con valore condizionale]).

condolere: verbo irregolare di 2ª coniugazione in *-ére*, XI. 142.

condurre: verbo irregolare di 2ª coniugazione in *-ere*, XI. 205-206.

configgere: verbo irregolare di 2ª coniugazione in *-ere*, XI. 237.

confondere: verbo irregolare di 2ª coniugazione in *-ere*, XI. 241.

congiungere: verbo irregolare di 2ª coniugazione in *-ere*, XI. 246-247.
CONGIUNTIVE, LOCUZIONI: v. IX. 2 e la voce **CONGIUNZIONE**, § 3.
CONGIUNTIVO IMPERFETTO: V. **IMPERFETTO CONGIUNTIVO**.
CONGIUNTIVO PRESENTE: V. **PRESENTE CONGIUNTIVO**.
CONGIUNTIVO: § 1. Il c. è un modo verbale finito che presenta come incerto, sperato, ipotizzabile, dubbio o soggettivo ciò che è espresso dal verbo (XI. 7). § 2. Dispone di quattro tempi: presente, passato, imperfetto e trapassato (*che io ami, abbia amato, amassi* e *avessi amato*; v. XI. 391 e la voce **VERBI**, § 3); è il modo tipico delle proposizioni dipendenti (si chiama così proprio perché «congiunge» alla principale subordinate di vario tipo, il cui elenco completo è in XI. 391), ma s'incontra anche in proposizioni indipendenti (l'elenco completo in XI. 392).

> **CONGIUNTIVO, USO DEL**: Si parla molto, negli ultimi anni, di una presunta «morte del congiuntivo» nella lingua italiana. In realtà le cose sono molto più complesse. In moltissimi casi l'alternativa tra indicativo e congiuntivo è esistita fin dalle origini dell'italiano, in funzione di diverse sfumature espressive o, più spesso, di un diverso registro stilistico (più o meno formale, più o meno colloquiale). È il caso della protasi del periodo ipotetico dell'irrealtà nel passato («Se l'avessi saputo, non sarei partito»), in cui accanto al congiuntivo imperfetto è sempre esistita la possibilità di ricorrere all'indicativo imperfetto: vd. **IRREALE IMPERFETTO**. Altre volte, la scelta del modo verbale è condizionata dal verbo reggente. Una proposizione oggettiva retta da un verbo di giudizio o di percezione vuole normalmente l'indicativo («Mi ricordo che tu sei stato in America», non **sia stato*), da un verbo volitivo, il congiuntivo («Mi auguro che tu rifletta alle mie parole», non **rifletti*). Quel che è innegabile è che, specie in dipendenza dei verbi d'opinione, si registra sempre più spesso nel parlato o nello scritto informale la tendenza a usare l'indicativo: «Penso che ha ragione»; una tendenza che è bene contrastare in tutte le situazioni che richiedono un certo controllo linguistico, ossia nella scrittura formale o argomentativa (per esempio, in una tesi di laurea, in una relazione professionale, in un esposto al commissariato) e nel parlato sorvegliato. (v. anche XIV. 48-54).

CONGIUNZIONE: § 1. La c. è una parte invariabile del discorso che serve a collegare due elementi di una proposizione o due o più proposizioni di un periodo. § 2. Le c. possono essere classificate in base ai due diversi parametri della *forma* e della *funzione*. § 3. Dal punto di vista della forma, possiamo distinguerle in *semplici* (formate da una sola parola: *e, o, ma, come, che,* né ecc.) e *composte* (formate da due o più parole unite insieme: *oppure* = o pure, *neanche* = né anche); ai due gruppi vanno aggiunte le *locuzioni congiuntive*, formate da più parole scritte separatamente: *per il fatto che, di modo che, dal momento che* ecc. § 4. Dal punto di vista della funzione possiamo distinguerle in *coordinative* o *coordinanti* (che collegano due o più elementi di pari valore: per esempio, due complementi: «mi fermerò a C r o t o n e *e* a T i n d a r i», o due proposizioni dello stesso tipo: «sono arrivato di corsa *ma* il treno era già partito») e *subordinative* o *subordinanti* (che collegano due proposizioni di diverso valore, una reggente e l'altra subordinata: «ti ho criticato *perché* avevi torto». § 5. Secondo il rapporto che stabiliscono tra gli elementi collegati, le c. coordinative si distinguono in: a) *copulative*, che segnalano un collegamento puro e semplice; distinte a loro volta in *positive* (*e*; rientrano nella medesima categoria le c. con valore *aggiuntivo* come *anche, pure, altresì, inoltre*) e *negative* (*né, neppure, neanche, nemmeno*); b) *disgiuntive*, che uniscono due elementi dei quali uno esclude o si pone in alternativa all'altro (*o, oppure, ovvero, ossia, ovverosia, altrimenti*); c) *avversative* e *sostitutive*, che uniscono due parole o proposizioni che si contrappongono (*ma, però, tuttavia, nondimeno, pure, eppure, peraltro, anzi, piuttosto, bensì, sennonché*); d) *conclusive*, che uniscono due parole o proposizioni, la seconda delle quali esprime la conseguenza o la conclusione logica della prima (*dunque, quindi, pertanto, perciò, allora, ebbene, onde, per la qual cosa*); e) *dichiarative* o *esplicative*, che introducono una parola o una proposizione che spiega quanto s'è detto precedentemente: *cioè, infatti, ossia, vale a dire, per essere precisi* ; f) *correlative*, che stabiliscono una relazione tra due parole o proposizioni, mettendole in reciproca corrispondenza: *e ... e, né ... né, o ... o, sia ... sia; non solo ... ma, non solo ... ma anche, o che ... o che, vuoi ... vuoi*. § 6. Un elenco schematico delle congiunzioni (e locuzioni congiuntive) subordinative, distinte a seconda del tipo di dipendenza stabilito, è quello che segue: d i c h i a r a t i v e: *che, come*; c a u s a l i: *perché, poiché, giacché, siccome, come, che, ché, dato che, per il fatto che, per il motivo che, dal momento che, per la ragione che, considerato che, essendo che*; f i n a l i: *perché, affinché, che, acciocché, onde, in modo che, allo scopo di, al fine di, pur di*; c o n s e c u t i v e: *che, sicché, cosicché, talché*; c o n d i z i o n a l i: *se, qualora, quando, purché, casomai, ove, dove, laddove, ammesso che, concesso che, dato che, posto che, nell'ipotesi che, a condizione che, a patto che, solo che, nell'eventualità che*; c o n c e s s i v e: *benché, sebbene, quantunque, nonostante, malgrado, ancorché, per quanto, malgrado (che), con tutto (che), anche se*; t e m p o r a l i: *quando, come, prima che, dopo che, allorché, mentre, finché, ogni volta che, fino a che*; a v v e r s a t i v e: *mentre, quando, laddove*; c o m p a r a t i v e: *come, quanto, che*; m o d a l i: *come, secondo che, nel modo che, come se, quasi che*; e s c l u s i v e: *senza, senza che*; e c c e t t u a t i v e: *salvo che, a meno che (non), eccetto che, tranne che, fuorché*; l i m i t a t i v e: *quanto a, per quello che, secondo che, secondo quanto*; i n t e r r o g a t i v e: *se, come, quando, perché, quanto* (IX. 1-3).

CONGLOMERATI: i c. sono spezzoni di frasi trattate come se fossero una sola parola (XV. 134). Al plurale rimangono invariati: per esempio, *il cessate il fuoco* / *i cessate il fuoco* (III. 150c).

CONIUGAZIONE: v. XI. 49-53, 55 (c. di *essere*). 63 (c. di *avere*). 70 (1ª c.). 74 (2ª c.). 79 (3ª c.). 89 (c. passiva). 90 (c. riflessiva) e la voce **VERBO**, §§ 15-17.

connettere: verbo irregolare di 2ª coniugazione in *-ere*, XI. 182.

CONNETTIVI: in linguistica testuale le congiunzioni, gli avverbi, le locuzioni avverbiali e d'altro genere, alcuni verbi e alcune frasi, i segni d'interpunzione si dicono c.; la loro funzione è quella di garantire la *coesione* testuale, legando insieme segmenti o blocchi di testo ed esprimendo legami logici e sintattici di vario tipo (IX. 3; XIV. 27).

conoscere: verbo irregolare di 2ª coniugazione in *-ere*, XI. 207-208.

CONSECUTIO TEMPORUM: V. **CONCORDANZA DEI TEMPI**.

CONSECUTIVE, PROPOSIZIONI: indicano la conseguenza dell'azione o del fatto espresso nella reggente. Possono avere forma esplicita o implicita. Le c. esplicite sono introdotte da *che, sicché, cosicché, talché, così che, tanto che, di modo che, al punto che, a tal segno che*; il modo verbale è l'indicativo («È così antipatico *che tutti lo evitano*»), ma in alcuni casi possono aversi il congiuntivo («gli ingesseranno la gamba *in modo che possa camminare*») e il condizionale («sono così stanco *che mi addormenterei*»). Le c. implicite sono introdotte da *da, per, di, tanto da, così da, in modo da, al punto di* (o *da*) e simili, e hanno il verbo all'infinito: «si è commosso *al punto di piangere*» (XIV. 82. 128-142. 251b [proposizioni relative con valore finale]).

considerato che: locuzione congiuntiva subordinante causale, XIV. 111.

consiliare / *consigliare* (agg.): v. il riquadro *-iglia-* / *-ilia-*.

consistere: verbo irregolare di 2ª coniugazione in *-ere*, XI. 187.

CONSONANTI: § 1. Si dicono c. quei suoni che si realizzano quando, nell'ambito del processo fonatorio, l'aria proveniente dai polmoni incontra un ostacolo. Il canale espiratorio può chiudersi per un istante (e avremo allora le c. *occlusive*) o soltanto restringersi (e avremo allora le c. *costrittive*). Il quadro è completato dalle *affricate*, che risultano dalla fusione di una consonante occlusiva e di una costrittiva. Per esempio: [k] è un'occlusiva; [f] è una costrittiva; [ts] è un'affricata indicata dal grafema *z* , risultante dalla combinazione di un'occlusiva dentale sorda [t] e di una costrittiva [s]. § 2. Per definire compiutamente una consonante bisogna tenere conto anche di altri parametri. § 3. In base al *luogo* in cui l'articolazione si produce distingueremo le *bilabiali* se intervengono le labbra (*p, b, m*); le *labiodentali* se si usano le labbra e i denti (*f, v*); le *dentali* se la lingua si appoggia ai denti (precisamente, agli incisivi) superiori (*t, d*); le *alveolari* se la lingua tocca gli alveoli degli incisivi superiori (*s* [chiamata anche, con definizione abbreviata, *sibilante*], *l, r,*); le *alveopalatali* e *palatali* se il suono si produce all'altezza del palato duro (*c* e *g* palatali: *cera, gesso; l* e *n* palatali: *figlio, gnomo*); *velari* se la lingua si ritira verso il velo palatino o palato molle (*c* e *g* velari: *casa, gatto*). § 4. In base al *modo* in cui l'articolazione si produce distingueremo le *sorde* (quando vengono pronunciate, le corde vocali sono in posizione di riposo: è sorda la *c* di *casa*) e le *sonore* (quando vengono pronunciate, le corde vocali entrano in vibrazione, così come accade con tutte le vocali: è sonora la *g* di *gatto*); le *orali* (quando vengono pronunciate, l'aria polmonare esce solo dalla cavità orale) e le *nasali* (quando vengono pronunciate, l'aria polmonare esce anche dalle cavità nasali, come nel caso della *m* e della *n*). Più ampi particolari in I. 35-47.

constare: verbo di 1ª coniugazione, XI. 137.

consumere: verbo difettivo di 2ª coniugazione in *-ere*, XI. 102.

contendere: verbo irregolare di 2ª coniugazione in *-ere*, XI. 319.

contenere: verbo irregolare di 2ª coniugazione in *-ére*, XI. 165.

contessere: verbo irregolare di 2ª coniugazione in *-ere*, XI. 209.

CONTINENTI: per il genere dei nomi dei c., v. III. 12; l'uso dell'articolo con i nomi dei c. è descritto in IV. 41.

continuare: verbo fraseologico che, in unione con *a* + infinito, indica la continuità di un'azione: «continuò a leggere», XI. 48d.

CONTINUE, CONSONANTI: v. COSTRITTIVE, CONSONANTI.

CONTINUITÀ DI UN'AZIONE: per i verbi fraseologici che indicano c. di un'a. v. XI. 48d e la voce FRASEOLOGICI, VERBI.

contorcere: verbo irregolare di 2ª coniugazione in *-ere*, XI. 324.

contraddire: verbo irregolare di 3ª coniugazione, XI. 340 v. anche il riquadro *DIRE*, COMPOSTI DI.

contraddistinguere: verbo irregolare di 2ª coniugazione in *-ere*, XI. 224.

contraffare: verbo irregolare di 1ª coniugazione, XI. 135b.

contrapporre: verbo irregolare di 2ª coniugazione in *-ere*, XI. 275.

contrarre: verbo irregolare di 2ª coniugazione in *-ere*, XI. 325.

contrastare: verbo di 1ª coniugazione, XI. 137.

contravvenire: verbo irregolare di 3ª coniugazione, XI. 353.

contavvenne / contravvenì: v. il riquadro *VENIRE*, COMPOSTI DI.

contro: preposizione impropria, VIII. 5. 7. 136a.

contundere: verbo irregolare di 2ª coniugazione in *-ere*, XI. 211.

CONVENEVOLI: XII. 27; XIII. 5.

convenire: verbo irregolare di 3ª coniugazione, XI. 353.

convenne / convenì: v. il riquadro *VENIRE*, COMPOSTI DI.

convergere: verbo irregolare di 2ª coniugazione in *-ere*, XI. 212.

convincere: verbo irregolare di 2ª coniugazione in *-ere*, XI. 328.

convivere: verbo irregolare di 2ª coniugazione in *-ere*, XI. 329.

COORDINATE, PROPOSIZIONI: v. XII. 53d; XIV. 11-28 e la voce FRASE, § 4.

COORDINATIVE, CONGIUNZIONI: v. IX. 1ª; XIV. 11-28 e la voce CONGIUNZIONE, § 4.

COORDINATIVI, COMPOSTI: XV. 125-126.

COORDINATIVO, GERUNDIO: v. XI. 424.425b e la voce GERUNDIO, § 2.

COORDINAZIONE: v. XIV. 2. 8. 11-28 e la voce FRASE, § 4.

COORDINAZIONI ASINDETICHE: v. FRASE, §§ 4-5. L'uso della virgola nelle c. a. è illustrato in I. 220a.

COORDINAZIONI SINDETICHE: v. FRASE, §§ 4-5. L'uso della virgola nelle c. s. è illustrato in I. 220a.

coppa / coppo: III. 32.

coppia: sostantivo numerativo, VI. 42.

coprire: verbo irregolare di 3ª coniugazione, XI. 334-335.

COPULA: v. II. 32 e la voce PREDICATO, § 3.
COPULATIVA, COORDINAZIONE: v. XIV. 11-18 e la voce FRASE, § 4.
COPULATIVE, CONGIUNZIONI: v. VII. 6d; XI. 357; XIV. 13-18 e la voce CONGIUNZIONE, § 5.
COPULATIVI, VERBI: v. II. 34-43, XI. 5-6 e la voce VERBO, § 7. Le norme che regolano l'accordo di genere e di numero del participio dei v. c. col soggetto o col complemento predicativo (tipo «La guerra è *considerata* / *considerato* un crimine») sono illustrate in XI. 369.
CORDE VOCALI: I. 13.
corno (plur. *corni* / *corna*): III. 118f.
corpo (*a corpo a corpo*): locuzione avverbiale qualificativa, XII. 26b. 33d, e v. anche il riquadro AVVERBIALI CON DOPPIA PREPOSIZIONE, LOCUZIONI.
correggere: verbo irregolare di 2ª coniugazione in -*ere*, XI. 288.
CORRELATIVI, NESSI: v. XIV. 28 e la voce FRASE, § 5.
correre: verbo irregolare di 2ª coniugazione in -*ere*, XI. 213.
corrispondere: verbo irregolare di 2ª coniugazione in -*ere*, XI. 293.
corrodere: verbo irregolare di 2ª coniugazione in -*ere*, XI. 294.
corrompere: verbo irregolare di 2ª coniugazione in -*ere*, XI. 295.
CORSIVO: le convezioni che regolano l'uso del *corsivo* sono illustrate in I. 228.
CÒRSO: un confronto con il c. è in XII. 29.
CORTESIA, CONDIZIONALE DI: è un c. usato in una frase indipendente enunciativa con l'intento di attenuare una richiesta che altrimenti risulterebbe brusca: «*vorrei* un caffè», XIII. 3.
CORTESIA, INTERROGATIVE DI: V. FÀTICHE, INTERROGATIVE.
cosa / *coso*: III. 37.
cosa: pronome interrogativo ed esclamativo, VII. 248. 256.
coscrivere: verbo irregolare di 2ª coniugazione in -*ere*, XI. 302.
così così: XII. 27.
così: avverbio qualificativo; in costrutti del tipo *così grande com'è* introduce una proposizione causale (XIV. 114); può essere l'antecedente di una proposizione consecutiva (XIV. 135a. 140a) e il correlativo di una proposizione comparativa (XIV. 215).

cosicché: congiunzione subordinante consecutiva, XIV. 136a.
cosiffatto, *così fatto*: aggettivo dimostrativo, VII. 137.
cosmopolita: I. 189.
cospargere: verbo irregolare di 2ª coniugazione in -*ere*, XI. 308-309.
cospergere: verbo irregolare di 2ª coniugazione in -*ere*, XI. 185.
costà, costaggiù, costassù: avverbio di luogo, XII. 39-40.
costare: verbo di 1ª coniugazione, XI. 137.
costei: pronome dimostrativo, VII. 118. 134.
costì: avverbio di luogo, XII. 39-40.
COSTITUENTI IMMEDIATI, ANALISI IN: II. 21.
costoro: pronome dimostrativo, VII. 118. 134.
costringere: verbo irregolare di 2ª coniugazione in -*ere*, XI. 247. 313.
COSTRITTIVE, CONSONANTI: v. I. 35 e la voce CONSONANTI, § 1.
costruire: verbo anticamente irregolare di 3ª coniugazione, XI. 336-337.
costui: pronome dimostrativo, VII. 118. 134.
cotale: aggettivo e pronome dimostrativo (VII. 137) e indefinito singolativo (VII. 175).
cotanto: aggettivo e pronome indefinito quantitativo di uso arcaico, VII. 215.g
cotesto: 'codesto', VII. 121c.
cotestui, cotestei, cotestoro: pronomi dimostrativi di uso arcaico, VII. 140a.
covelle: pronome indefinito collettivo arcaico, VII. 190a.
crai: avverbio di tempo arcaico e dialettale, XII. 29.
credere: verbo transitivo e intransitivo, XI. 4g.
crediate: 5ª persona del congiuntivo presente di *credere*, usata per l'imperativo negativo: «non crediate che...», XI. 397.
crepare / *creparsi*: XI. 26.
crescere: verbo irregolare di 2ª coniugazione in -*ere*, XI. 214.
cricchi: onomatopea dantesca, X. 48.
Cristo: l'uso dell'articolo con la parola C. è illustrato in IV. 35.
crocifiggere: verbo irregolare di 2ª coniugazione in -*ere*, XI. 237.
croissant / *croissants* (*i*): v. il riquadro NOMI STRANIERI, PLURALE DEI.
CRONISTICO, IMPERFETTO: V. NARRATIVO, IMPERFETTO.

crusca / *cruschello*: III. 36.
cucire: verbo irregolare di 3ª coniugazione, XI. 338.
cui: pronome relativo (v. VII. 221. 223. 226-227. 237-239 e la voce RELATIVI, PRONOMI, § 2). Anticamente, c. era anche pronome interrogativo: v. VII. 257.
CULTISMI: V. DOTTE, PAROLE.
cuocere: verbo irregolare di 2ª coniugazione in *-ere*, XI. 215-216.
cuoio (plur. *cuoi* / *cuoia*): III. 118g.

> D EUFONICA: per alcune preposizioni e congiunzioni si può scegliere, davanti a parola cominciante per vocale, tra forma semplice e forma terminante per *d* (detta «eufonica» perché ha la funzione di evitare lo iato; ma potrebbe anche risalire alle corrispondenti basi latine). Nell'italiano moderno questa possibilità è limitata a due casi: *a-ad* e *e-ed* (ormai pedantesca la forma *od*). Il grande linguista Bruno Migliorini consigliava di riservare *ad* e *ed* ai casi in cui la parola successiva cominciasse con la stessa vocale: quindi *ad andare* (ma *a essere*), *ed era* (ma *e ora*); e questa norma è oggi abbastanza largamente applicata nell'editoria. In ogni caso, la *d* eufonica non può usarsi davanti a pausa («Vado spesso a Parigi e, ogni [erroneo *ed, ogni*] volta, mi sembra di esserci per la prima volta») né davanti a nomi stranieri comincianti per *h* aspirata: *a Haydn*, non **ad Haydn*. (v. XIV. 13).

da' / *da* / *dai*: 2ª persona dell'imperativo di *dare*, XI. 129c. v. il riquadro IMPERATIVO (2ª PERSONA), FORME DIVERSE DI.
dà / *da*: I. 177b.
da: § 1. *Da* (forme articolate: *dal, dallo, dalla; dai, dagli, dalle*) è una preposizione propria (VIII. 7) che stabilisce collegamenti di vario genere tra due elementi della stessa frase o tra due frasi diverse (VIII. 51.60.63). § 2. Quando collega due elementi della stessa frase, *da* può introdurre un complemento di moto da luogo («arrivo da Bari», VIII. 52-53), moto a luogo, moto per luogo e stato in luogo («verrò da te», «passo dalla finestra», «sono dalla zia», VIII. 68-69), origine o provenienza («l'Arno nasce dal monte Falterona», VIII. 54), agente e causa efficiente («la porta è stata aperta da Marco o dal vento», VIII. 55), causa («tremo dal freddo», VIII. 56), tempo («lo aspetto da molte ore», VIII. 57), stima e prezzo («ha comprato un motorino da un milione», VIII. 61), modo («comportarsi così non è da te, è da villani», VIII. 62.65; in questo caso *da* rifiuta l'articolo, IV. 72c), fine («un cavallo da corsa», VIII. 63; in questo caso *da* rifiuta l'articolo, IV. 72c), qualità («una donna dai capelli rossi», VIII. 64), limitazione («sordo da un orecchio», VIII. 66), predicativo («ero così da ragazzo», VIII. 67; in questo caso *da* rifiuta l'articolo, IV. 72c). § 3. Quando collega due frasi diverse, *da* può introdurre una proposizione finale implicita («Prestami un libro da leggere in viaggio», XIV. 127c), una consecutiva implicita («È così simpatico da essere invitato a tutte le feste», XIV. 132. 139-142), una proposizione di adeguatezza implicita («è abbastanza ricco da poter vivere di rendita», XIV. 143), una causale (nella locuzione congiuntiva *dal momento che*: «dal momento che non accetta nessuno, lo farò io», XIV. 104), una temporale (nelle locuzioni congiuntive *dacché* [= *da che*], *da quando, dal momento in cui*: «da quando è tornato, non è più lui», XIV. 198). § 4. Tranne che in pochissimi casi, *da* non si elide davanti a parola che inizia per vocale, per evitare possibili equivoci con *di* (*da amare* / *d'amare* [= *di amare*], I. 75).

da La Spezia / *dalla Spezia*: v. il riquadro PREPOSIZIONI DAVANTI A TITOLI E NOMI, USO DELLE.
da ogni parte: locuzione avverbiale di luogo; può introdurre una proposizione relativa con sfumatura concessiva, XIV. 183.
da poveri vecchi: locuzione avverbiale di qualità usata come formula di risposta, XII. 27.
dacché: congiunzione subordinante temporale, XIV. 188. 198.
dal momento che: locuzione congiuntiva subordinante causale, XIV. 104.
DANESE: un confronto con il d. è in IV. 1.
dare: verbo irregolare di 1ª coniugazione, XI. 131-133. § Nella forma riflessiva *darsi*, in unione con *a* + infinito, è un

verbo fraseologico che indica l'inizio di un' azione: «si dette a baciarlo», XI. 48.

> DARE, PASSATO REMOTO DI: delle due serie di forme disponibili per il passato remoto di *dare*, quella oggi più comune e diffusa è la prima, che continua la base latina DEDI, DEDIT, DEDERUNT. *Detti* è una forma analogica diffusasi nel XV secolo e restata caratteristica dell'uso toscano. (v. XI. 132b).

> DATE (*li* 22 settembre / [*il*] 22 settembre): il *li* che si trova talvolta prima di una data nella corrispondenza burocratica e commerciale (spesso scritto erroneamente con l'accento: *lì*) non è altro che l'antica forma dell'articolo maschile plurale: «né tanti augelli albergan per li boschi» (Petrarca). Si tratta di un'anticaglia inutile, che non c'è ragione di mantenere in vita: meglio adoperare *il*, e meglio ancora sopprimere senz'altro l'articolo. (v. IV. 15. 60).

DATIVO ETICO: complemento indiretto affine al complemento di termine; esprime il coinvolgimento affettivo di una persona, generalmente rappresentata dal pronome atono *mi*: «che *mi* combini? *mi* ti ammali?», II. 54; VII. 41: XII. 58.
dato che: locuzione congiuntiva subordinante causale, XIV. 183.
dato: termine che può essere usato con valore di aggettivo indefinito (come «in un dato momento», VII. 162.
davanti: preposizione impropria (VIII. 7. 136b) e avverbio di luogo (XII. 34-35).
davvero: avverbio di affermazione (XII. 50), usato anche per intensificare un aggettivo di grado positivo («è *davvero* buono», V. 77).
de I Promessi Sposi / *dei Promessi Sposi*: v. il riquadro PREPOSIZIONI DAVANTI A TITOLI E NOMI, USO DELLE.
dea: femminile di *dio*, III. 73c.
debbo (*dovere*): v. XI. 145, e il riquadro DOVERE, TEMI DEL PARADIGMA DI.
DEBOLI, FORME VERBALI: V. RIZOATONE, FORME.
decadere: verbo irregolare di 2ª coniugazione in *-ére*, XI. 139.
decedere: verbo irregolare di 2ª coniugazione in *-ere*, XI. 195.
decidere: verbo irregolare di 2ª coniugazione in *-ere*, XI. 217.
decorrere: verbo irregolare di 2ª coniugazione in *-ere*, XI. 213.
decrescere: verbo irregolare di 2ª coniugazione in *-ere*, XI. 214.
dedurre: verbo irregolare di 2ª coniugazione in *-ere*, XI. 205.
deflettere: verbo irregolare di 2ª coniugazione in *-ere*, XI. 240.
defungere: verbo irregolare di 2ª coniugazione in *-ere*, XI. 245.
deggio (*dovere*, arcaico): XI. 146.
dei (plur. di *dio*): III. 102; l'uso dell'articolo con la parola *d.* è descritto in IV. 13.
DEITTICA, FUNZIONE: v. VII. 125 e la voce DIMOSTRATIVI, AGGETTIVI E PRONOMI, § 2.
DEITTICO, VALORE: possono assumere valore d. i pronomi personali e, soprattutto, gli aggettivi e pronomi dimostrativi che indicano qualcuno o qualcosa che si trova nel contesto extralinguistico: «Ti piace *questa* giacca, o preferisci *quella* laggiù?» (VII. 1); talvolta possono avere valore d. *lui* e *lei* (VII. 16), *loro* (VII. 29), *questo* e *quello* (VII. 125), *costui* (VII. 134), *colui* (VII. 135), *presente* (VII. 139).
del, dello, della, dei, degli, delle, dell': articolo partitivo, v. IV. 62. 76 e la voce ARTICOLO, § 4.
DELIMITAZIONE, SEGNALI DI: segnali di apertura e di chiusura posti all'inizio e alla fine di un testo o di una sua parte. Per esempio: «*Eh*, io vado a casa, *va bene?* », IX. 6. 12. 13.
delinquere: verbo difettivo di 2ª coniugazione in *-ere*, XI. 103.
deludere: verbo irregolare di 2ª coniugazione in *-ere*, XI. 181.
DEMARCATIVI: V. DELIMITAZIONE, SEGNALI DI.
DENOMINAZIONE, COMPLEMENTO DI: è un complemento indiretto affine al complemento di specificazione, che può essere introdotto dalla preposizione *di*. Precisa, con l'aggiunta di un nome proprio di luogo o di persona, di mese o di giorno, parole generiche come *città, isola, penisola, comune, repubblica, regno, principato; nome, cognome, soprannome, pseudonimo; mese, giorno*. Esempi: «la città *di Bari*», «l'isola *di Sicilia*», «il soprannome *Chicco*», «il mese *di maggio*», «il giorno *di sabato*» (VIII. 12).

DENTALI, CONSONANTI: v. I. 41 e la voce **CONSONANTI**, § 3.

dentro: preposizione impropria (VIII. 7. 136b) e avverbio di luogo, XII. 34-35.

DEONTICO: si chiama *valore d.* una particolare sfumatura di significato che possono assumere i verbi *dovere* e *potere*, descritta in XI. 46.

deporre: verbo irregolare di 2ª coniugazione in *-ere*, XI. 275.

deprimere: verbo irregolare di 2ª coniugazione in *-ere*, XI. 202.

deputato / deputata / deputatessa: v il riquadro **NOMI PROFESSIONALI FEMMINILI**.

deridere: verbo irregolare di 2ª coniugazione in *-ere*, XI. 291.

DERIVATI DA BASE STRANIERA: la grafia dei d. da b. s. (tipo *shakespeariano / scespiriano*) è descritta in I. 148.

DERIVATI, AVVERBI: v. XII. 3. 6-16 e la voce **AVVERBIO**, § 2.

DERIVATO: V. **DERIVAZIONE**.

DERIVAZIONE: formazione di una parola nuova, detta *derivato*, tramite l'aggiunta a una parola *base* di un *affisso*, che può essere anteposto alla base (in tal caso è un *prefisso*, come *dis-* in *disdire*) o posposto alla base (in tal caso un *suffisso*, come *-ile* in *primaverile*), XV. 4. 7-119.

DESCRITTIVO, AGGETTIVO: v. V. 32 e la voce **AGGETTIVO**, § 5.

DESCRITTIVO, IMPERFETTO: v. XI. 374a e la voce **IMPERFETTO INDICATIVO**.

DESCRITTIVO, INFINITO: V. **NARRATIVO, INFINITO**.

descrivere: verbo irregolare di 2ª coniugazione in *-ere*, XI. 302.

DESIDERATIVE, PROPOSIZIONI: V. **OTTATIVE, PROPOSIZIONI**.

DESIGNATUM: il *d.* (o *referente* o *denotatum*) è il dato extralinguistico, reale o immaginario, al quale rinvia il significato di un segno linguistico (III. 32).

DESINENZA: elemento finale di una parte variabile del discorso, dotato di varie funzioni distintive (II. 2). In particolare, in alcune forme dell'articolo, nel nome, nell'aggettivo e in molti pronomi la d. distingue il genere (maschile e femminile) e il numero (singolare e plurale): il gatt*o*, quell*o* ner*o* / l*a* gatt*a*, quell*a* ner*a* / i gatt*i*, quell*i* ner*i* / l*e* gatt*e*, quell*e* ner*e*; nel verbo la d. distingue il modo, il tempo e la persona verbale (miagol*avano*, indicativo imperfetto, 6ª persona; XI. 51c).

desistere: verbo irregolare di 2ª coniugazione in *-ere*, XI. 187.

desso: pronome dimostrativo di uso antico, VII. 140b.

desumere: verbo irregolare di 2ª coniugazione in *-ere*, XI. 190.

detenere: verbo irregolare di 2ª coniugazione in *-ére*, XI. 165.

detergere: verbo irregolare di 2ª coniugazione in *-ere*, XI. 320.

DETERMINATIVE, RELATIVE: V. **LIMITATIVE, RELATIVE**.

DETERMINATIVI, AGGETTIVI: v. V. 2b e la voce **AGGETTIVO**, §§ 1 e 3.

DETERMINATIVO, ARTICOLO: v. IV. 1-61 e la voce **ARTICOLO**, §§ 1-3. 5-6.

determinato: termine che può essere usato con valore di aggettivo indefinito (come «in un determinato momento», VII. 162.

DETERMINATO: V. **BASE**.

DETERMINATORE (in un sintagma): v. **AGGIUNTO**.

detrarre: verbo irregolare di 2ª coniugazione in *-ere*, XI. 325.

detti, dette, dettero: v. **DARE, PASSATO REMOTO DI**.

detto: forma usata come aggettivo dimostrativo nel linguaggio burocratico, VII. 139.

dev- (*dovere*): v. il riquadro **DOVERE, TEMI DEL PARADIGMA DI**

devolvere: verbo irregolare di 2ª coniugazione in *-ere*, XI. 218.

di': imperativo di *dire*, I. 243.

di: § 1. *Di* (forme articolate: *del, dello, della; dei, degli, delle*) è una preposizione propria (VIII. 7) che stabilisce collegamenti di vario genere tra due elementi della stessa frase o tra due frasi diverse (VIII. 9. 22). § 2. Quando collega due elementi della stessa frase, *di* può introdurre un complemento di specificazione («il suono del campanello», VIII. 10), colpa («non incolparmi del tuo ritardo», VIII. 11), pena («è stato multato di centomila lire», VII. 11), denominazione («la città di Genova», VIII. 12), di argomento («parlare di politica», VIII. 13), materia («una borsa di pelle», VIII. 14), abbondanza o privazione («pieno / privo di ironia», VIII. 15), qualità («un uomo di spirito», VIII. 15

bis), misura («una piscina di dieci metri», VIII. 16), causa («piange di gioia», VIII. 17), limitazione («pronto di riflessi», VIII. 18), partitivo («un chilo di pane», VIII. 19), paragone («più, meno alto di me»), fine («mi servirà di lezione», VIII. 21), moto da luogo («vado via di casa», VIII. 23a), moto per luogo («passo di là», VIII. 23c), moto a luogo («vado di là», VIII. 23d), stato in luogo («resterò di là», VIII. 23d), origine o provenienza («sono di Cuneo», VIII. 25), modo e maniera («agire di forza», VIII. 26), tempo («d'inverno», VIII. 27-28), mezzo e strumento («spalmare di vernice», VIII. 29). Completano questo quadro alcuni usi antichi di *di* illustrati in VIII. 30-32. § 3. Quando collega due frasi diverse, *di* può introdurre una proposizione completiva implicita («penso di rinunciare», XIV. 41-42. 44-47. 67-68. 70. 73-74), una dichiarativa implicita («di questo ti accuso: di aver mentito», XIV. 78), una finale implicita («la prego di tacere», XIV. 127b), una consecutiva implicita («è persona meritevole di essere perdonata», XIV. 132. 140. 142), una condizionale implicita (nella locuzione preposizionale *pur di*: «farei qualsiasi cosa pur di starmene a casa», XIV. 140a); anticamente poteva introdurre anche un'eccettuativa implicita (XIV. 244).

di guisa che: locuzione congiuntiva subordinante consecutiva, XIV. 136.

di là da: locuzione preposizionale, VIII. 7. 24.

di La Spezia / della Spezia: v. il riquadro PREPOSIZIONI DAVANTI A TITOLI E NOMI, USO DELLE.

di maniera che: v. *in maniera che*.

di mano in mano che: introduce una proposizione subordinata comparativa, XIV. 236a.

di nuovo: formula di saluto, X. 44.

diabete (*il d.*): III. 29.

DIACRITICI, SEGNI: alcuni grafemi possono avere solo funzione diacritica, cioè distintiva. L'esempio più tipico è l'*h*, senza la quale una parola come *ghiro* diventerebbe *giro* e avrebbe tutt'altro significato. Ma è diacritica anche la *i*, quando serve a indicare il valore palatale di *c* davanti ad *a*, *o*, *u* (*mancia, mangio / manca, mango*), I. 114.

DIACRONICO: relativo al mutamento linguistico nel corso del tempo, XIV. 10.

DIAFASICO: relativo al variare della comunicazione linguistica a seconda della situazione; per esempio, due frasi come «Che hai detto?» e «Le dispiace ripetere?», equivalenti per significato, si collocano a diversi livelli d., rispettivamente 'informale' e 'formale', XIV. 10.

DIASTOLE: fenomeno di avanzamento dell'accento caratteristico della lingua poetica: *umìle* invece di *ùmile*, I. 190.

DIATESI VERBALE: v. XI. 10 e la voce VERBO, § 8.

diàtriba / diatrìba: l'accentazione originaria, conforme all'etimologia, è la prima. Ma la parola non si usa nell'accezione del greco *diatribé* 'occupazione del tempo, conversazione' (giuntoci come di consueto attraverso la mediazione del lat. DIÀTRIBA), bensì in quella di 'discorso vivacemente polemico, recriminazione', sviluppatasi nel francese *diatribe*. Proprio al francese si deve la pronuncia piana, ormai in uso da due secoli e da considerarsi pienamente accettabile. (v. I. 187).

diavolo / diavola / diavolessa: III. 44-45b.

diavolo: termine spesso usato per rafforzare gli interrogativi *chi* e *che* (VII. 252-253).

dice: 'si dice', v. VII. 59.

DICHIARATIVA, COORDINAZIONE: V. ESPLICATIVA, COORDINAZIONE.

DICHIARATIVE, PROPOSIZIONI INDIPENDENTI: V. ENUNCIATIVE, PROPOSIZIONI.

DICHIARATIVE, PROPOSIZIONI: servono a spiegare un elemento (nome, pronome, avverbio) contenuto nella reggente: «Q u e s t o mi addolora, *che tu mi menta*». Possono avere forma esplicita e implicita. Le d. esplicite sono introdotte da *che*, e il modo verbale è, a seconda dei casi, l'indicativo, il congiuntivo o il condizionale: «sono convinto del fatto *che hai agito* onestamente», «speravano solo questo, *che la guerra finisse*», «questo temevano: *che qualcuno li avrebbe traditi*». Le d. implicite sono introdotte da *di* e hanno il verbo all'infinito: «di una cosa ti rimprovero: *di non avermi creduto*» (XIV. 78-79).

DIDASCALICHE, INTERROGATIVE: V. XIII. 12

e la voce INTERROGATIVE DIRETTE, PROPOSIZIONI, § 1.
DIDASCALICO, PLURALE: v. VII. 27 e la voce PLURALE.
diè (*dare*): I. 177c e XI. 133.
diece: 'dieci'(arcaico), VI. 23b.
diedi, diede diedero: v. DARE, PASSATO REMOTO DI.
DIERESI: è il fenomeno, frequente nella versificazione, per cui due vocali che formano dittongo contano per due sillabe anziché per una (I. 61).
dietro: può essere, a seconda dei contesti, avverbio di luogo (XII. 34-35) e preposizione impropria (VIII. 136b).
difatti: congiunzione coordinante dichiarativa, XIV. 26.
difendere: verbo irregolare di 2ª coniugazione in *-ere*, XI. 219.
DIFETTIVI, NOMI: v. III. 151-153 e la voce NOME, § 14.
DIFETTIVI, VERBI: v. XI. 96-122 e la voce VERBO, § 18.
differente (da, da come): introduce una proposizione comparativa di analogia, XIV. 218.
diffondere: verbo irregolare di 2ª coniugazione in *-ere*, XI. 241.
DIGRAMMA: gruppo di due grafemi che rappresenta un unico fonema (per esempio, *ch* in *chilo*, I. 114. 139-146).
diligere: verbo irregolare di 2ª coniugazione in *-ere*, XI. 220.
dimagrare / dimagrire: verbo sovrabbondante, XI. 123b.
dimettere: verbo irregolare di 2ª coniugazione in *-ere*, XI. 255.
DIMINUTIVI, SUFFISSI: i s. d. cambiano e precisano il significato di un nome o di un aggettivo diminuendone la grandezza. Alcuni di essi, oltre al valore propriamente diminutivo, possono avere una connotazione apprezzativa, di simpatia o tenerezza, e in tal caso sono *vezzeggiativi*, o anche una connotazione spregiativa o ironica, e in tal caso sono *peggiorativi*. Eccone la lista: *-ello* e *-ella* (*alberello, miserella*, XV. 70); *-etto* e *-etta* (*zainetto, piccoletta*, XV. 71); *-icchio* e *-icchia* (*governicchio, pitturicchia*, XV. 72); *-ino* e *-ina* (*tavolino, bellina*; nella lingua comune si trovano anche avverbi alterati in *-ino*: *benino, prestino*, XV. 73); *-otto* e *-otta* (*aquilotto, vecchiotta*, XV. 74); *uccio* e *-uccia* (*calduccio, casuccia*; nei dialetti settentrionali e meridionali si presenta nella forma *-uzzo*, *-uzza*, XV. 75). I suffissi *-ino* e *-ello* possono essere preceduti da interfissi (cioè da affissi intermedi tra la base e il suffisso) come *-ic-* e *-ol-* per quel che riguarda *-ino*: *posticino, topolino*; e *-ic-*, *-er-* o *-ar-* per quel che riguarda *-ello*: *campicello, pazzerello* o *pazzarello* (XV. 79).
dimolto: aggettivo e pronome indefinito quantitativo dell'uso toscano, VII. 210.
DIMOSTRATIVI, AGGETTIVI E PRONOMI: § 1. I pronomi e gli aggettivi d. indicano la collocazione di qualcuno o di qualcosa nello spazio e nel tempo, in base all'opposizione vicino / lontano (materialmente o psicologicamente) rispetto a chi parla o ascolta: «*Questa* camicia non mi piace»; «Ti ricordi *quell'*estate?» (V. 2b; VII. 118). § 2. Quella appena descritta è la funzione *deittica* dei d.; altre due funzioni sono la *anaforica* (quando il d. rinvia a un qualsiasi elemento menzionato in precedenza: «Nel sottoscala c'era una grande porta a vetri. Oltre *questa* porta c'era un corridoio lungo e stretto») e la *cataforica* (quando il d. anticipa un elemento – anche un'intera frase – menzionato o spiegato successivamente: «Il problema è *questo*: non hai lavorato bene», VII. 125). § 3. I tre d. fondamentali sono *questo, codesto* e *quello*, che possono essere sia pronomi sia aggettivi (VII. 122-124); le loro varianti formali antiche e moderne (*quel, quei, cotesto, sto / 'sto*) sono illustrate in VII. 119-121; i loro usi particolari (segnatamente, di *questo* e *quello*) sono descritti in VII. 127-132. Si veda anche il riquadro *codesto / questo*. § 4. A *questo* e a *quello* si aggiungono *questi* e *quegli*, di uso esclusivamente pronominale (VII. 126; per *questi*, v. anche il riquadro). § 5. Altri dimostrativi sono *ciò* (solo pronome, con valore «neutro» equivalente a 'questa cosa', VII. 133), *costui, costei, costoro* (solo pronomi, riferiti a persona, VII. 134); *colui, colei, coloro* (solo pronomi, riferiti a persona, VII. 135); *tale* (pronome e aggettivo, VII. 136); *simile, siffatto, cosiffatto, altrettale e cotale* (solo aggettivi, VII. 137-138). Completano il quadro alcuni termini usati come aggettivi d. nel linguag-

gio burocratico (*detto, anzidetto, predetto*, ecc.; la serie completa in VII. 139), alcune forme arcaiche o letterarie (*cotestui, cotestei, cotestoro*, VII. 140a; *desso*, VII. 140b; *esso* 140c; *esto* 140d) e, infine, i due d. di identità *stesso* e *medesimo* (pronomi e aggettivi, VII. 141-144). § 6. La sequenza sintattica *come* + d. + proposizione relativa (tipo «andava di giorno in giorno di male in peggio, *come colui che* aveva il male della morte»») è descritta in XIV. 115.

DIMOSTRATIVO, VALORE: i casi in cui l'articolo determinativo ha valore d. sono illustrati in IV. 17-19; V. 49.

dinamo (*la d.*): III. 127.

diniego: I. 59.

dinnanzi : avverbio di luogo e preposizione impropria, VIII. 136b.

Dio: dopo parola terminante per vocale, la *d* iniziale di *Dio* va pronunciata intensa (I. 65e); l'uso dell'articolo determinativo è illustrato in IV. 35; la posizione dell'aggettivo possessivo è descritta in VII. 132; la possibilità di sostituire il termine *Dio* con *Quello* o *Colui* è illustrata in VII. 132e. V. anche *dea* e *dei*.

dipendere: verbo irregolare di 2ª coniugazione in -*ere*, XI. 183.

dipingere: verbo irregolare di 2ª coniugazione in -*ere*, XI. 221.

dire: verbo irregolare di 3ª coniugazione, XI. 339-340.

DIRE, COMPOSTI DI: il verbo *benedire*, con *maledire, contraddire, disdire, predire, ridire*, segue la coniugazione del verbo semplice *dire*. Le forme corrette sono dunque *benedicevo, benediceva* ecc. e, al passato remoto, *benedissi* (non *benedivo, benedii*, peraltro attestate nell'italiano antico e oggi nel registro trascurato e dovute al modello dei verbi regolari della coniugazione in -*ire*). Irregolare l'imperativo che, in tutti questi verbi tranne che in *ridire*, esce in -*dici*: «Benedici questa casa, o Signore!». (v. XI. 430).

DIRETTO, DISCORSO: v. XIV. 264 e la voce **DISCORSO, TIPI DI**, § 2.

direttore / *direttrice*: v il riquadro **NOMI PROFESSIONALI FEMMINILI**.

dirigere: verbo irregolare di 2ª coniugazione in -*ere*, XI. 222.

dirimere: verbo difettivo (del solo participio passato) di 2ª coniugazione in -*ere*, XI. 122b.

dirompere: verbo irregolare di 2ª coniugazione in -*ere*, XI. 295.

DISCENDENTI, DITTONGHI: V. **DITTONGO**.

discendere: verbo irregolare di 2ª coniugazione in -*ere*, XI. 298.

dischiudere: verbo irregolare di 2ª coniugazione in -*ere*, XI. 198.

disciogliere: verbo irregolare di 2ª coniugazione in -*ere*, XI. 300.

disconoscere: verbo irregolare di 2ª coniugazione in -*ere*, XI. 207.

discorrere: verbo irregolare di 2ª coniugazione in -*ere*, XI. 213.

DISCORSIVI, SEGNALI: la linguistica testuale definisce s. d. tutti gli elementi che hanno la funzione di organizzare la presentazione di un testo; sono sia i **SEGNALI DI DELIMITAZIONE** (v.) sia i **CONNETTIVI** (v.); IX. 4-13; XI. 400a; XII. 60.

discorso / *discorsa* / *discorsessa*: III. 37.

DISCORSO, TIPI DI: § 1. Quando in un discorso si vogliono riferire il pensiero o le parole pronunciate da una persona, si possono usare tre diverse strutture linguistiche: il d. *diretto*, il d. *indiretto* e il d. *indiretto libero*. § 2. Il d. *diretto* riproduce fedelmente le parole pronunciate; solitamente è accompagnato da un verbo di *dire*: «Carlo disse all'improvviso: *"Ti devo confessare una cosa"*». § 3. Il d. *indiretto* riferisce il pensiero o le parole di una persona attraverso il racconto fatto da un narratore, che subordina il discorso altrui a un verbo di *dire*: «Carlo disse all'improvviso *che mi doveva confessare una cosa*». § 4. Il d. *indiretto libero* riporta in forma indiretta il discorso di un personaggio, mantenendo alcune caratteristiche del discorso diretto (frasi interrogative, esclamative, ellittiche, interiezioni, puntini di sospensione). Mancano il verbo di *dire* e la congiunzione *che*, tipici del d. indiretto, come se il discorso riportato non avesse più bisogno di collegarsi, sintatticamente, al resto del racconto. Il procedimento fonde insieme il d. diretto e quello indiretto, evitando però sia i segnali grafici e le interruzioni tipiche del discorso diretto sia le strutture subordinative di quello indiretto (XIV. 264-268).

discreto: V. 34.

discutere: verbo irregolare di 2ª coniugazione in *-ere*, XI. 223.
disdire: verbo irregolare di 3ª coniugazione, XI. 340. v. anche: *DIRE*, COMPOSTI DI.
disegniamo / disegnamo: v. il riquadro *-gniamo / -gnamo*.
disfaccio / disfo / disfò: v. il riquadro *soddisfare*.
disfare: verbo irregolare di 1ª coniugazione, XI. 135b. v. anche il riquadro *soddisfare*.
disgiungere: verbo irregolare di 2ª coniugazione in *-ere*, XI. 246-247.
DISGIUNTIVA, COORDINAZIONE: v. XIV. 23-24 e la voce FRASE, § 4.
DISGIUNTIVE, CONGIUNZIONI: v. XIV. 24 è la voce CONGIUNZIONE. Le norme che regolano l'accordo del verbo in presenza di più soggetti collegati da una c. d. (tipo «Alla riunione interverrà il direttore *o* un dirigente dal lui delegato») sono illustrate in XI. 359.
DISGIUNTIVE, INTERROGATIVE: V. ALTERNATIVE, INTERROGATIVE.
disilludere: verbo irregolare di 2ª coniugazione in *-ere*, XI. 181.
dispari: v. V. 18a.
disparire: verbo irregolare di 3ª coniugazione, XI. 332-333.
dispiacere / dispiacersi: verbo irregolare di 2ª coniugazione in *-ére*, XI. 26. 153.
disporre: verbo irregolare di 2ª coniugazione in *-ere*, XI. 275.
DISSOCIAZIONE, CONDIZIONALE DI: è un c. tipico del linguaggio giornalistico, usato in una frase indipendente enunciativa con l'intento di segnalare che la notizia riferita non è sicura: «il ministro *si sarebbe incontrato* con esponenti dell'opposizione», XIII. 5.
dissolvere: verbo irregolare di 2ª coniugazione in *-ere*, XI. 188-189.
dissuadere: verbo irregolare di 2ª coniugazione in *-ére*, XI. 152.
DISTANZA, COMPLEMENTO DI: indica la distanza che separa un luogo da un altro, una cosa o una persona da altre cose o da altre persone. Quando è retto da verbi come distare, essere lontano e simili non è preceduto da preposizioni; negli altri casi è introdotto dalle preposizioni *a*, *tra* (o *fra*). Esempi: «Ostia dista *ventotto chilometri* da Roma», « troverai il bivio per Mondovì *tra seicento metri*» (VIII. 127).

distendere: verbo irregolare di 2ª coniugazione in *-ere*, XI. 319.
distinguere: verbo irregolare di 2ª coniugazione in *-ere*, XI. 224.
distogliere: verbo irregolare di 2ª coniugazione in *-ere*, XI. 322.
distorcere: verbo irregolare di 2ª coniugazione in *-ere*, XI. 324.
distrarre: verbo irregolare di 2ª coniugazione in *-ere*, XI. 325.
DISTRIBUTIVO, VALORE: possono avere v. d. l'articolo determinativo («*la* domenica dorme fino a mezzogiorno», IV. 20) e le preposizioni *a* («a uno a uno», VIII. 48), *su* («ventiquattro ore su ventiquattro», VIII. 104), *per* («in fila per due», VIII. 120).
distringere: verbo irregolare di 2ª coniugazione in *-ere*, XI. 247. 313.
distruggere: verbo irregolare di 2ª coniugazione in *-ere*, XI. 314.
dito (plur. *diti / dita*): III. 118h.
DITTONGO: gruppo fonico in cui s'incontrano una vocale e una semivocale ([i] e [u] precedute da vocale) o una semiconsonante ([j] , [w]). È detto *ascendente* se costituito da semiconsonante + vocale (*ie* in *piede*, *uo* in *fuoco*), *discendente* se costituito da vocale + semivocale (*ei* in *direi*, *eu* in *neurologo*), I. 49-55. v. anche la voce MOBILI, DITTONGHI.
divellere verbo irregolare di 2ª coniugazione in *-ere*, XI. 317.
divenire: verbo irregolare di 3ª coniugazione, XI. 353.
divenne / diveni: v. anche: *VENIRE*, COMPOSTI DI.
divergere: verbo difettivo (del solo participio passato) di 2ª coniugazione in *-ere*, XI. 122b.
diverso: agg. qualificativo usato anche come aggettivo e pronome indefinito quantitativo, VII. 212; la sequenza *d. da, da come, da quello / di, di come, di quello* introduce una proposizione comparativa di analogia («È molto *diverso da come* me lo avevano presentato», XIV. 218).
dividere: verbo irregolare di 2ª coniugazione in *-ere*, XI. 225.
DIVISIONE SILLABICA: V. SILLABA.
dò: 'do', I. 177b.
dobb- (*dovere*): v. il riquadro *DOVERE*, TEMI DEL PARADIGMA DI.
dogaressa: femminile di *doge*, III. 73d.

dolere, dolersi

dolere, dolersi: verbo irregolare di 2ª coniugazione in *-ére*, XI. 142-143.
domani: avverbio di tempo, XII. 28-31.
domo: participio accorciato di *domare*, XI. 420. V. anche **ACCORCIATI, PARTICIPI**.
don: titolo di rispetto di religiosi e, nell'Italia meridionale e insulare (specie un tempo), anche di laici, I. 78b; IV. 34.
donare: sul costrutto antico *d. qualcuno* v. XI. 4d.
donde: termine di uso letterario; può essere, a seconda del contesto, congiunzione relativa (VII. 247) e avverbio interrogativo di luogo (XII. 57a).
donna: l'uso del determinatore *d.* prima del termine professionale maschile per formare il femminile del nome di professione (tipo *donna poliziotto*) è descritto in III. 55.
dopo che: locuzione congiuntiva subordinante temporale, XIV. 201b.
dopo di: locuzione preposizionale; può introdurre una proposizione temporale implicita, XIV. 206.
dopo: preposizione impropria (VIII. 7. 137d) e avverbio di tempo (XII. 32g).
dopodomani: : avverbio di tempo, XII. 28-29.
«**DOPPIE**», **CONSONANTI**: V. **INTENSE, CONSONANTI**.
doppio: numerale moltiplicativo, VI. 41a.
dormirsi: forma intransitiva (antica e letteraria) di *dormire*, XI. 26b.
DOTTE, PAROLE: a differenza delle parole popolari, le p. d. (dette anche *latinismi* o *cultismi*) sono termini latini rimasti esclusi dall'uso parlato, cioè dal latino volgare; abbandonate per secoli, queste parole sono state riprese direttamente dai testi latini scritti e riutilizzate dai dotti quando il processo di formazione delle lingue romanze si era ormai concluso. Tra i tanti esempi possibili scegliamo l'aggettivo *agibile*, che ripropone la struttura fonetica del latino AGIBILE(M), da cui si è avuta anche, attraverso la trafila popolare, la forma *agevole* . La particolare collocazione dell'accento in alcune p. d. è illustrata in I. 184-188.
dottore / *dottora* / *dottoressa*: III. 52. v il riquadro **NOMI PROFESSIONALI FEMMINILI**.
dove: può essere, a seconda del contesto, congiunzione relativa (VII. 247), avverbio interrogativo ed esclamativo di luogo (XII. 57), congiunzione ipotetica (XIV. 166b) e congiunzione subordinante avversativa (XIV. 211).
dovere: verbo servile, irregolare di 2ª coniugazione in *-ére*, XI. 44-46. 144-146. La posizione dei pronomi atoni *mi, ti, si* ecc. con un infinito retto da d. (tipo «devo difender*mi* / *mi* devo difendere») è illustrata in VII. 74.

DOVERE, TEMI DEL PARADIGMA DI: nel paradigma del verbo *dovere* convivono fin dalle origini temi diversi: *dev*- e *dov*- (*devo, dovevo*) da un lato, *debb*- e *dobb*- (*debbo, dobbiamo*) dall'altro. Le forme alternanti attualmente in uso sono intercambiabili: adoperare l'una o l'altra può dipendere dalle personali abitudini di chi parla o scrive e non è raro che la stessa persona ricorra ora alla prima ora alla seconda serie di forme. (v. XI. 145).

---

dovunque: avverbio di luogo; può introdurre una proposizione relativa con sfumatura concessiva, XIV, 183.
dua: 'due' (arcaico), VI. 23a.
DUBBIO, AVVERBI DI: v. XII. 51 e la voce **AVVERBIO**, §§ 5, 10 e 16.
DUBITATIVO, INFINITO: v. XI. 403, XIII. 24 e la voce **INFINITO**, § 2.
DUE PUNTI: sono il segno d'interpunzione esplicativo e dimostrativo per eccellenza. Collegano due segmenti di testo fortemente separati fra loro dal punto di vista sintattico, ma uniti dal punto di vista del significato: la parte di testo che segue i due punti illustra, chiarisce o dimostra ciò che è stato detto nella parte che precede. Più ampi particolari ed esempi in I. 222-223; XIV. 79.
duegento: '200' (toscano), VI. 23c.
duetto: sostantivo numerativo, VI. 42.
dugento: '200' (toscano e letterario), VI. 23c.
dunque: congiunzione coordinante conclusiva, XIV. 25a.
duo: 'due', VI. 23a.
duo: sostantivo numerativo, VI. 42.
DUPLICAZIONE: per la d. del verbo all'imperativo in locuzioni del tipo *cammina cammina* v. XI. 400c; per la d. del nome in locuzioni avverbiali del tipo (*camminare*) *riva riva* v. XII. 44.

duplice: numerale moltiplicativo, VI. 41b.
durante: preposizione impropria, VII. 137d.
DURATIVO, ASPETTO: V. **CONTINUITÀ DI UN'AZIONE**.
e': v. *ei*.
è / e: I. 177b.
e: § 1. Congiunzione coordinante che alla prevalente funzione c o p u l a t i v a (XIV. 13) ne affianca altre, e precisamente: *aggiuntiva* («Siamo andati a vedere un film e a mangiare una pizza»), *esplicativa* («Mario fuma troppo e [= e perciò] ha sempre la tosse»), *avversativa* e *conclusiva* («dice di essere timida, ed [= ma invece] è sfacciata» e «muoio dal sonno e [= quindi] andrò a letto subito», IX. 3c), *rafforzativa* («il lavoro è bell'e fatto», VI. 28), *correlativa* («prendo questo e quello [= sia questo, sia quello]», VII. 127b), *paraipotattico* (XIV. 9), di *segnale d'apertura* : «E tu questo lo chiami studiare?» «E le stelle stanno a guardare» (XIV. 17). § 2. La ripetizione della congiunzione e in una sequenza di elementi coordinati prende il nome di *polisìndeto*: «e resiste e s'avanza e si rinforza», (XIV. 13). § 3. Infine, l'uso di *e* nel tipo «le magnifiche sorti e progressive» è illustrato in V. 41.
e: la diversa pronuncia, aperta (come in *pèlle*) e chiusa (come in *pésce*), della *e* è descritta in I. 18-21. 116-118.

e / o: è formula di fortuna relativamente recente, certo promossa dal modello angloamericano *and / or* e si adopera per indicare «che la coordinazione di due elementi (singole parole o interi enunciati) può essere interpretata, a scelta del lettore, in due modi diversi: come aggiunzione o come alternativa» (G. Nencioni). Dicendo, ad esempio, «se il nome del predicato è costituito da un aggettivo, concorda in genere e/o in numero col soggetto», individuiamo due possibilità: 1. il nome del predicato si accorda sia nel genere sia nel numero (*Anna è simpatica*: femminile singolare); 2. il nome del predicato si accorda solo nel numero (*Anna e Giulio sono simpatici*: plurale, perché i soggetti sono due, ma maschile, mentre i soggetti sono di due generi diversi). Come osserva ancora Nencioni, l'anglicismo *e / o* «può essere usato anche in italiano (sia perché è ben traducibile, sia perché ne accresce le possibilità logiche), ma con discrezione, cioè nelle situazioni che gli convengono». Sarebbe goffo e pedantesco adoperare questa formula in una frase attinta dalla banale esperienza quotidiana come «dopo cena leggo romanzi e/o giornali».

-e- / -ie-: v. il riquadro **MOBILI, DITTONGHI**.
èbbimo (*avere*, arcaico): XI. 65c.
EBRAICO: un confronto con l'e. è in I. 172.
ecc.: l'uso della virgola prima di *ecc.* è descritto in I. 220a.
eccellere: verbo irregolare di 2ª coniugazione in *-ere*, XI. 226.
eccetto che: locuzione congiuntiva subordinante eccettuativa, XIV. 241a.
ECCETTUATIVE, PROPOSIZIONI: indicano una circostanza che condiziona e potrebbe impedire quanto viene espresso nella reggente. Possono avere forma esplicita e implicita. Le e. esplicite sono introdotte da *eccetto che, salvo che, tranne che, fuorché, a meno che* (*non*), e il modo verbale è il congiuntivo («verrò in aereo, *salvo che* [*non*] *ci sia uno sciopero*») oppure l'indicativo, quando sono introdotte da *se non che* («è intelligente, *se non che ha poca voglia di studiare*»). Le e. implicite sono introdotte da *tranne che, eccetto che, salvo che, fuorché, se non, che*, e il modo verbale è l'infinito: «Sono disposto a tutto, *tranne che chiedergli scusa*» (XIV. 240-244).
ecco: avverbio presentativo (XII. 58-61); può avere anche valore di interiezione (X. 36); insieme con il participio *fatto*, forma la frase cristallizzata *ecco fatto* (XII. 59e); può rafforzare la congiunzione subordinante temporale *quando* (XIV. 192); determina l'enclisi dei pronomi atoni *mi, ti, ci, vi* ecc.(*eccomi*, VII. 69).
eco: preferibilmente femminile al singolare (*un'eco*, III. 23), preferibilmente maschile al plurale (*gli echi*, 98-99b).
ed: sull'aggiunta di una *d* eufonica alla congiunzione v. XIV. 13. e il riquadro *D* **EUFONICA**.
edèma / èdema: v. **ACCENTO**, e il riquadro **ACCENTO NELLE PAROLE DI ORIGINE GRECA**.

edìle: I. 189.
EFFETTIVI, VERBI: v. II. 43; V. 8; XI. 6a e la voce **VERBO**, § 7.
effondere: verbo irregolare di 2ª coniugazione in *-ere*, XI. 241.
egli: pronome personale di 3ª persona maschile; v. VII. 4. 16-18. 22 e la voce **PERSONALI, PRONOMI**, § 2.
egli / lui: v. il riquadro **PERSONALI, PRONOMI (3ª PERSONA)**.
eglino: pronome personale di 6ª persona maschile, arcaico (VII. 30).
eh: interiezione (X. 12), spesso usata come demarcativo di frasi interrogative (IX. 6; XIII. 11).
ei, e': 'egli', 'essi', pronomi personali di 3ª e di 6ª persona maschile, arcaici (VII. 20.30).
el: 'egli', pronome personale di 3ª persona maschile, arcaico (VII. 20).
eleggere: verbo irregolare di 2ª coniugazione in *-ere*, XI. 252.
ELETTIVI, VERBI: v. II. 34. 43; XI. 6c e la voce **VERBO**, § 7.
elidere: verbo irregolare di 2ª coniugazione in *-ere*, XI. 227.
ELISIONE: è la perdita della vocale finale non accentata di una parola davanti alla vocale iniziale della parola seguente. Nello scritto l'e. è normalmente segnalata dall'apostrofo: *lo uovo > l'uovo*; più ampi particolari in I. 72-75. 87. Casi di e. illustrati in dettaglio: negli articoli femminili (*l'isola, un'isola*, IV. 4) e maschili (*l'uomo, gl'Italiani*, IV. 5), nei numerali cardinali (*cent'anni*, VI. 10.16) e ordinali (*venti + esimo > ventesimo*, VI. 33), nei pronomi personali atoni (*l'amava*, VII. 34), in *quello* e *questo* (*quell'altro, quest'anno*, VII. 119), in *alcuna* (VII. 147), in *quanto* (*quant'altro*, VII. 248), in una base lessicale davanti alla vocale iniziale dell'affisso (*ragazzo + etto > ragazzetto*, XV. 3e), nel prefisso *ri-* davanti a parola cominciante per *a* (*ri + assicurare > rassicurare*, XV. 113).

ELISIONE CON NOMI MASCHILI COMINCIANTI PER VOCALE (*lo amore / l'amore*): a differenza di quel che avviene con i femminili (v. sotto), davanti a una parola maschile cominciante per vocale l'elisione è obbligatoria, nel parlato e nello scritto. Il tipo **lo amore* non può essere giustificato neppure per evitare un eventuale apostrofo in fin di riga (v. IV. 5a. e il riquadro **APOSTROFO IN FIN DI RIGO**).

ELISIONE CON NOMI FEMMINILI COMINCIANTI PER VOCALE (*la urgenza / l'urgenza*): davanti a un nome femminile cominciante per vocale è normale l'elisione nel parlato (solo i lombardi dicono *la una* e non *l'una* per indicare le ore 13), mentre lo scritto tende spesso a ripristinare la forma piena dell'articolo. Si tratta di una tendenza più generale: anche con le preposizioni semplici, ad esempio, non indichiamo graficamente l'elisione che spesso realizziamo parlando (e quindi scriviamo piuttosto *di essere, di impresa* che non *d'essere, d'impresa*). Ma è preferibile, quando l'uso non sia stabilizzato, evitare di introdurre, scrivendo, regole diverse da quelle che applichiamo parlando. Meglio dunque *l'urgenza, dell'opera, all'unione*. (v. IV. 5a)

ella: pronome personale di 3ª persona femminile (v. VII. 4. 16-18 e la voce **PERSONALI, PRONOMI**, § 2) usato anche come pronome allocutivo (VII. 84. 89-90).
ella / lei: v. il riquadro **PERSONALI, PRONOMI (3ª PERSONA)**.
elle: pronome personale di 6ª persona femminile, arcaico (VII. 30).
elleno: pronome personale di 6ª persona femminile, arcaico (VII. 30).
ellino: pronome personale di 6ª persona maschile, arcaico (VII. 30).
ELLISSI: fenomeno che consiste nel sottintendere un elemento della frase ricavabile dal contesto, per esempio il soggetto: «- È arrivato Gianni? – È arrivato (sottint. *Gianni*)» o il predicato: «- Chi ha telefonato? – Gianni (sottint. *ha telefonato*». Fatti particolari legati all'e. illustrati in dettaglio sono: a) l'uso della virgola nelle e. (I. 220f); b) l'articolo apparentemente riferito a toponimi nelle e. («la [corsa] Milano-Sanremo», IV. 40); c) il valore intensivo dell'articolo indeterminativo in alcune e. («ho una fame...», IV. 69); d) l'interpretazione del congiuntivo volitivo e ottativo come risultato di un'e. («fosse vero! = *vorrei che* fosse vero», XIII. 36). Si descrivono

inoltre i seguenti casi di e.: del nome nell'uso sostantivato dell'aggettivo («disegna una [linea] retta», V. 48-49); della parola *lire* in espressioni numeriche («ha il resto di centomila [lire]?», VI. 24b); con numerali ordinali («ingrana la terza [marcia]», VI. 38); della preposizione in composti giustappositivi («sala [dei] professori», VIII. 4); dell'ausiliare in una sequenza di participi («abbiamo mangiato e [abbiamo] bevuto molto», XI. 40), di *che* in frasi introdotte da *ecco* («ecco [che] le porte del tempio di Giano si chiusero», XII. 59h); della proposizione reggente («Perché non mi hai telefonato? – [Non ti ho telefonato] Perché ero stanco», XIV. 30); del *che* nelle oggettive («penso [che] sia lui», XIV. 59); di uno specifico verbo reggente di una proposizione interrogativa indiretta («fece un esame di coscienza, [per vedere] se avesse commesso un'ingiustizia», XIV. 85) o di un'interrogativa indiretta («lo ha fatto senza sapere perché», XIV. 85).

ELLITTICA, FRASE: frase in cui il soggetto o il predicato non sono espressi: «- Vengo. – Anch'io» (II. 12-13).

ello: pronome personale di 3ª persona maschile, arcaico (VII. 20).

eludere: verbo irregolare di 2ª coniugazione in *-ere*, XI. 181.

emergere: verbo irregolare di 2ª coniugazione in *-ere*, XI. 228.

empiere / empire: verbo sovrabbondante, XI. 123b-124.

emungere: verbo irregolare di 2ª coniugazione in *-ere*, XI. 259.

ÈNCLISI: § 1. Si chiama *e.* il fenomeno per cui un pronome personale atono (cioè privo d'accento) si appoggia, nella pronuncia, alla parola che lo precede, che generalmente è un verbo; verbo e pronome sono univerbati, cioè uniti nella grafia: guarda*mi*, aiutar*lo*, vedendo*lo* ecc. (v. I. 170; VII. 69-83 e la voce PERSONALI, PRONOMI, § 4). Casi particolari di e. illustrati in questa *Grammatica* sono in VII. 15 (e. del pronome *tu* in *vedestù* e simili) e in VII. 103d (e. dell'aggettivo possessivo in *mógliata* e simili).

ENCLITICHE: v. I. 170 e le voci ACCENTO e ÈNCLISI.

ENFASI: in linguistica l'e. è un meccanismo di messa in rilievo di un costituente della frase, o attraverso una particolare curva prosodica o attraverso un costrutto che sottolinei, perlopiù mediante richiami pronominali, l'elemento marcato (per esempio: «L'hai presa tu, la macchina?»; «Di questo non me ne importa niente», VII. 39).

ennesimo: numerale ordinale, VI. 37.

enno (*essere*, arcaico): XI. 57a.

entrambi: aggettivo e pronome numerativo, VI. 42.

ENUNCIATIVE, PROPOSIZIONI: dette anche *dichiarative*, sono proposizioni indipendenti che consistono in una constatazione, descrizione o asserzione. Hanno il modo indicativo («oggi i giornali non escono») e, in alcuni casi, il condizionale («preferirei non uscire»). Più ampi particolari in XIII. 2-5.

EPANORTOSI: figura retorica che consiste nel modificare o anche nel capovolgere un'asserzione precedente (e che risponde a calcolati effetti retorici, a differenza della correzione di un lapsus involontario): «la mia speranza – *ma dovrei dire piuttosto la mia illusione* – era di venire a trovarvi prima dell'estate», XIV. 258.

EPENTESI: aggiunta di un suono non etimologico all'interno di parola: per esempio, *v* in *Genova* dalla base latina GENUAM (I. 97-98).

EPISTEMICO: § 1. Si chiama *valore e.* una particolare sfumatura di significato che possono assumere i verbi *dovere* e *potere*, descritta in XI. 46. § 2. Il *futuro e.* (o *suppositivo*) è, invece, un futuro (semplice o anteriore) usato per presentare un avvenimento contemporaneo in forma incerta, dubitativa, ipotetica: «Riposati, *sarai stanco*», XI. 387. 390.

EPISTOLARE, STILE: insieme di tratti stilistici che tradizionalmente caratterizzano o hanno caratterizzato il modo di scrivere una lettera. Alcuni aspetti dello s. e. riguardanti, in particolare, l'uso dei possessivi («Come ho scritto nella mia del... / Con molti cordiali saluti, Suo...») sono illustrati in VII. 112. 116a.

EPITESI: aggiunta di uno o più suoni non etimologici in fine di parola: per esempio, la sillaba *-re* aggiunta all'infinito latino ESSE in *essere* (XI. 60) e la sillaba *-no* aggiunta alle antiche forme di passato remoto *amaro, potero, sentiro* in

epperò

amarono, poterono, sentirono e simili (XI. 72c).
epperò: congiunzione coordinante avversativa, XIV. 21h
eppure: congiunzione coordinante avversativa, XIV. 21f.
equivalere: verbo irregolare di 2ª coniugazione in *-ére*, XI. 168.
èramo, èrate (*essere*, arcaico): XI. 57b.
ergere: verbo irregolare di 2ª coniugazione in *-ere*, XI. 229.
erigere: verbo irregolare di 2ª coniugazione in *-ere*, XI. 222.
erodere: verbo irregolare di 2ª coniugazione in *-ere*, XI. 294.
erompere: verbo irregolare di 2ª coniugazione in *-ere*, XI. 295.
esattamente , esatto: avverbio olofrastico, XII. 53i.
escire: v. *uscire*.
ESCLAMATIVE, PROPOSIZIONI: § 1. Sono proposizioni indipendenti che contengono un'esclamazione; nello scritto hanno come segnale grafico il punto esclamativo, e nel parlato hanno l'intonazione discendente tipica della frase esclamativa (XIII. 26). § 2. Il modo verbale è l'indicativo («com'*è* tardi!»); possono aversi anche l'imperativo («divertitevi!»), l'infinito («io *fare* una cosa del genere!»), il congiuntivo («*sapessi*!», XIII. 26-29). § 3. L'uso dell'articolo determinativo in alcune p. e. è illustrato in IV. 17c.
ESCLAMATIVI, AGGETTIVI E PRONOMI: Gli aggettivi e pronomi e. si usano per fare un'esclamazione in relazione a tre categorie fondamentali: la qualità (che bel viaggio abbiamo fatto!), la quantità (quanti monumenti splendidi ci sono!), l'identità (Chi si rivede!). Le forme degli aggettivi e pronomi e. coincidono con le forme degli interrogativi: *che, quale, chi, che cosa o cosa, quanto* (V. 2b.; VII. 248-257; XIII. 26); v. anche **INTERROGATIVI, AGGETTIVI E PRONOMI** e il riquadro *che esclamativo*.
ESCLAMATIVI, AVVERBI: v. XII. 18. 57; XIII. 26 e la voce **AVVERBIO**, §§ 5 e 12.
ESCLAMATIVO, INFINITO: v. XI. 403; XIII. 28 e la voce **INFINITO**, § 2.
ESCLAMATIVO, PUNTO: V. **PUNTO ESCLAMATIVO**.
ESCLAMAZIONE: V. **INTERIEZIONE**.
escludere: verbo irregolare di 2ª coniugazione in *-ere*, XI. 177.

ESCLUSIVE, PROPOSIZIONI: esprimono un'esclusione rispetto a quanto viene detto nella reggente, e mettono in risalto il mancato verificarsi di una circostanza. Possono avere forma esplicita e implicita. Le e. esplicite sono introdotte da *senza che* o *che*, e il modo verbale è il congiuntivo («mi hanno rubato il portafoglio *senza che me ne accorgessi*»). Le e. implicite sono costruite con *senza* + l'infinito o col gerundio negativo: se n'è andata *senza salutare*», «mi ha fissato *non dicendo nemmeno una parola*» (XIV. 239).
escutere: verbo irregolare di 2ª coniugazione in *-ere*, XI. 223.
esigere: verbo irregolare di 2ª coniugazione in *-ere*, XI. 230.
esimere: verbo difettivo (del solo participio passato) di 2ª coniugazione in *-ere*, XI. 122b.
ESISTENZIALI, FRASI: VII. 46.
esistere: verbo irregolare di 2ª coniugazione in *-ere*, XI. 187.
ESOCENTRICI, COMPOSTI: si dicono e. quei composti che fanno riferimento a un nucleo esterno a sé: per esempio *pellerossa* '(uomo) dalla pelle rossa', *lingua di gatto* 'biscotto', *piede d'elefante* 'sacco per alpinisti'; essi si oppongono ai c. *endocentrici*, che fanno riferimento a un nucleo interno a sé: per esempio *vagone letto* 'tipo di *vagone*', *cassaforte* 'tipo di *cassa*', ecc., III. 141c.
ESORTATIVE, PROPOSIZIONI: V. **VOLITIVE, PROPOSIZIONI**.
ESORTATIVO, CONGIUNTIVO: forma di c. presente usata nelle proposizioni volitive per esprimere un comando o un'esortazione rivolti a una 3ª, 4ª o 6ª persona, che mancano nell'imperativo: «chi ha finito se ne *vada*», «*corriamo*!», «quelli che non hanno i documenti *vengano* qui», XIII. 32.
ESOTISMI: V. **NOMI STRANIERI**.
espandere: verbo irregolare di 2ª coniugazione in *-ere*, XI. 307.
espellere: verbo irregolare di 2ª coniugazione in *-ere*, XI. 231.
ESPIRATORIO, ACCENTO: V. **ACCENTO**.
ESPLICATIVA, COORDINAZIONE: V. XIV. 26-27 e la voce **FRASE**, § 4.
ESPLICATIVE, CONGIUNZIONI: v. XIV. 26-27 e la voce **CONGIUNZIONE**, § 5.
ESPLICATIVE, RELATIVE: V. XIV. 249 e la

voce RELATIVE, PROPOSIZIONI, § 2.
ESPLICITE, PROPOSIZIONI SUBORDINATE: V. XIV. 31a e la voce FRASE, § 7.
esplodere: verbo irregolare di 2ª coniugazione in *-ere*, XI. 232.
ESPLOSIVE, CONSONANTI: V. OCCLUSIVE, CONSONANTI.
esporre: verbo irregolare di 2ª coniugazione in *-ere*, XI. 275.
esprimere: verbo irregolare di 2ª coniugazione in *-ere*, XI. 202.
espungere: verbo irregolare di 2ª coniugazione in *-ere*, XI. 282.
essa: pronome personale di 3ª persona femminile (v. VII. 4. 16. 18-19 e la voce PERSONALI, PRONOMI, § 2).
esse: pronome personale di 6ª persona femminile (v. VII. 4. 29 e la voce PERSONALI, PRONOMI, § 2).
esserci, esservi: VII. 45.
essere: § 1. Verbo ausiliare adoperato per formare il passivo (*sono amato* XI. 32b), i tempi composti di tutti i verbi riflessivi e intransitivi pronominali (*mi sono lavato* e *mi sono pentito*, XI. 32a) nonché i tempi composti di molti verbi intransitivi e di quasi tutti i verbi impersonali (*sono andato* e *è piovuto*; ma talvolta c'è concorrenza con *avere*: indicazioni dettagliate sulla scelta dell'ausiliare con i singoli verbi in XI. 33-43). In alcuni dialetti centromeridionali *e*. è usato anche in luogo di *avere* come ausiliare di verbi transitivi (tipo *sono mangiato*, XI. 86) § 2. Quando non è ausiliare, il verbo *e*. può svolgere altre due funzioni (II. 32. 56c): può costituire un puro legame, detto *copula* e privo di un significato specifico, fra il soggetto e la parte del predicato nominale («Gianni è un avvocato», funzione *copulativa*) oppure può essere un verbo predicativo col significato autonomo di *esistere, esserci, trovarsi, stare* («*Sarò* a Bologna il dodici», funzione *predicativa*). § 3. Seguito da *per, lì per, lì lì per, e*. è un verbo fraseologico che indica l'imminenza di un'azione: «*Ero lì lì* per farcela», XI. 48a. § 4. La coniugazione completa è in XI. 55. § 5. Forme particolari (*essente, siate, sii, stato*) sono riportate e analizzate in XI. 56a. b. § 6. Forme arcaiche (*enno, èramo, èrate, essuto, fia, fiano, fie, fieno, fo, fora, foro, fue, fuoro, furo, fusse, fussi, fuste, fusti, saria, semo, sendo, serebbe, serei, serò, sieno, sii, suto*) sono analizzate in XI. 57-62.
essersi: forma intransitiva (antica e letteraria) di *essere*, XI. 26b.
essi: pronome personale di 6ª persona maschile (v. VII. 4. 29 e la voce PERSONALI, PRONOMI, § 2).
esso: può essere pronome personale di 3ª persona maschile (v. VII. 4. 16. 18-19 e la voce PERSONALI, PRONOMI, § 2) e aggettivo dimostrativo (v. VII. 140c e la voce DIMOSTRATIVI, AGGETTIVI E PRONOMI, § 5).
essuto (*essere*, arcaico): XI. 61.
estendere: verbo irregolare di 2ª coniugazione in *-ere*, XI. 319.
esteriore: v. V. 82-83 e la voce AGGETTIVO, § 9.

---

esterrefatto / esterefatto: la forma corretta è la prima: si pensi alla base latina EXTERRERE 'atterrire', ma soprattutto ai numerosi vocaboli italiani appartenenti a questa famiglia (*terrore, terrorismo, terrorizzare, terribile, atterrire*).

ESTIMATIVI, VERBI: v. II. 34. 43; V. 8; XI. 6d e la voce VERBO, § 7.
estinguere: verbo irregolare di 2ª coniugazione in *-ere*, XI. 233.
esto: aggettivo e pronome dimostrativo arcaico, VII. 140d.
estollere: verbo irregolare di 2ª coniugazione in *-ere*, XI. 234.
estorcere: verbo irregolare di 2ª coniugazione in *-ere*, XI. 324.
estrarre: verbo irregolare di 2ª coniugazione in *-ere*, XI. 325.

---

estremo / più estremo: *estremo* è un antico superlativo latino, EXTREMUS, ormai non più avvertito come tale in italiano. È dunque possibile adoperare *estremo*, nell'accezione di 'eccessivo, grande, radicale', al comparativo: «nuovi casi più generali, più forti, più estremi» (Manzoni). *Estremo*, invece, non ammette gradazioni nel significato di 'ultimo' (*l'estremo saluto, essere alle estreme risorse*), che è un significato non graduabile in quanto si riferisce a una posizione determinata in una serie numerica: non si può essere più o meno ultimi, ma solo ultimi o qualcosa d'altro (penultimi, terzultimi, primi, secondi, terzi). Alcuni di questi aggettivi ammettono però un superlativo enfatico: *i primissimi interventi* sono quelli più urgenti, *le ultimissime* sono le notizie inserite in un giornale immediatamente prima della stampa. (v. V. 82-83 e la voce AGGETTIVO, § 9).

ETÀ, COMPLEMENTO DI: è un complemento indiretto che indica l'età di qualcuno o di qualcosa. È introdotto, a seconda dei casi, dalle preposizioni *di* , *su*, *a* e dalle locuzioni preposizionali *all'età di*, *intorno a*. Esempi: «un uomo *di* (*sui*) *cinquant'anni*», «si è sposata *intorno ai vent'anni* e ha avuto un figlio *all'età di ventiquattro anni*» (VIII. 16. 42).

ETICO, DATIVO: V. DATIVO ETICO.

ETNICI, AGGETTIVI: particolari aggettivi qualificativi (rientrano nella sottocategoria degli *a. di relazione*) che indicano una provenienza geografica: *italiano*, *inglese*, *romano*, *milanese* ecc. L'uso della maiuscola negli a. e. è illustrato in I. 194h; l'uso dell'articolo con gli a. e. che anticamente designavano un artista (tipo «il Veronese») è descritto in IV. 22a; la collocazione finale degli a. e. in sintagmi con due aggettivi (tipo *Comunità economica europea*) è illustrata in V. 40; l'uso sostantivato degli a. e. è analizzato in V. 52.

ETNICI, MAIUSCOLE NEGLI: con gli etnici (o nomi di popoli), la minuscola è oggi obbligatoria se si tratta di aggettivi («le strade *francesi*»), decisamente preferita in riferimento a un singolo individuo («un *greco* ha vinto il Nobel della letteratura»), mentre si alterna con la maiuscola nel plurale. Qualche volta la maiuscola può servire a distinguere un popolo antico dal moderno: «i *Romani* conquistarono le Gallie» / «ai *romani* piace la pastasciutta» (e così per i *Greci* antichi e i *greci* moderni, per *Liguri*/*liguri*, *Siculi*/*siculi* ecc.). (v. I. 194h).

EUFEMISTICHE ESPRESSIONI: parole o perifrasi che sostituiscono termini o espressioni triviali, VII. 132c. 161.

evadere: verbo irregolare di 2ª coniugazione in *-ere*, XI. 235.

evìto: pronuncia antica sostituita dalla moderna *èvito*, I. 188b.

evolvere: verbo irregolare di 2ª coniugazione in *-ere*, XI. 218.

fa' / fa / fai: 2ª persona dell'imperativo di *fare*, XI. 129c. v. il riquadro IMPERATIVO (2ª PERSONA), FORME DIVERSE DI.

fa (in locuzioni avverbiali del tipo *due anni fa* e simili): XII. 30.

fa niente / non fa niente: l'omissione dell'avverbio negativo in presenza di un pronome indefinito negativo è caratteristica del parlato settentrionale e, di lì, è passata largamente nella scrittura (testi letterari e giornalistici). Si tratta di un modo tipicamente colloquiale, da evitare nello scritto argomentativo e nel parlato sorvegliato. Lo stesso si dica della parallela soppressione di *non* in presenza dell'avverbio *mica* («Ho mica fame»). (v. VII. 194).
Un processo analogo, diffuso però nell'italiano di tutte le regioni, è la soppressione dell'elemento negativo nelle frasi contenenti *affatto* (vedi il riquadro).

faccia (*a faccia a faccia*): locuzione avverbiale qualificativa, XII. 26b. 33d. v. anche il riquadro AVVERBIALI CON DOPPIA PREPOSIZIONE, LOCUZIONI.

facillimo: superlativo di *facile*, oggi disusato, V. 70c.

fallare / fallire: verbo sovrabbondante , XI. 123a. In particolare, *fallare* è un verbo difettivo di 1ª coniugazione, XI. 104.

famiglia / famiglio: III. 39.

famigliare / familiare: v. *-iglia-* / *-ilia-*.

fan / fans (*i*): v. il riquadro NOMI STRANIERI, PLURALE DEI.

fare: verbo irregolare di 1ª coniugazione, XI. 134-136; XIV. 39-40. 68. 77a (nel tipo *fa pena*, *fa rabbia* e simili). Per i composti di f. si veda, in particolare, XI. 135.b e il riquadro *soddisfare*.

FÀTICA, FUNZIONE: si dice f. la funzione linguistica attivata per avviare, mantenere o interrompere la comunicazione, nonché per verificare il funzionamento del canale comunicativo («Pronto?», «Mi sono spiegato?», «Non ho capito bene», VII. 32).

FÀTICHE, INTERROGATIVE: v. XIII. 15 e la voce INTERROGATIVE DIRETTE, PROPOSIZIONI, § 1.

fatta (nell'espressione *di tal f.* e simili): VII. 138.
FATTITIVI, VERBI: V. **CAUSATIVI, VERBI**.
fatto: v. *ecco*.
fattora, fattoressa, fattrice: III. 66b.
fé: 'fede' , I. 177b e 'fece', XI. 136.
femmina: per il tipo *aquila femmina, volpe femmina* e sim., v. III. 77-79.
FEMMINILE, FORMAZIONE DEL: v. III. 30. 81 e la voce **NOME**, §§ 9-12.
fendere: verbo irregolare di 2ª coniugazione in *-ere*, XI. 236.
ferrovia (plur. *ferrovie*): III. 138.
fervere: verbo difettivo di 2ª coniugazione in *-ere*, XI. 105.
fia, fiano, fie, fieno (*essere*): XI. 57d.
fiasca / fiasco: III. 34-35c.
ficodindia / fico d'India (plur. *fichidindia / fichi d'India*): III. 150a.
figgere: verbo irregolare di 2ª coniugazione in *-ere*, XI. 237.

> *figlio di / figlio a*: come con gli altri nomi di parentela (*madre, padre, genero, cognato, zia* ecc.), la preposizione richiesta è *di*. La reggenza con *a* poteva aversi nell'italiano antico ed è sopravvissuta oggi in alcuni dialetti. (v. VIII. 34e).

figliale / filiale: v *-iglia- / -ilia-*.
figura / figuro: III. 37.
filiale / figliale: v *-iglia- / -ilia-*.
film / films (i): v. il riquadro **NOMI STRANIERI, PLURALE DEI**.
filme, -i: forma adattata dell'inglese *film, -ms*, III. 132c.
filo (plur. *fili / fila*): III. 118i.
fin da quando, fino a quando: locuzione congiuntiva subordinante temporale, XIV. 198-199.
finale (il / la f.): III. 40-41
FINALI, PROPOSIZIONI: indicano il fine, l'obiettivo verso il quale tende l'azione espressa nella reggente: «dico questo perché tu lo sappia». Possono avere forma esplicita o implicita. Le f. esplicite (piuttosto rare) sono introdotte da *perché, affinché, che, onde, in modo che*; il modo verbale è il congiuntivo. Le f. implicite (molto più usate delle esplicite) sono introdotte da *per, a, di, onde, in modo che, allo scopo di, al fine di, pur di* e simili, e hanno il verbo all'infinito: «ogni scusa è buona *per fare chiasso*».

(XIV. 82. 122-127. 148.201. 251a [proposizioni relative con valore finale]).
finalissima: V. 66.
finalmente: XII. 14b.
finché (*fino a che*): congiunzione(locuzione congiuntiva) subordinante temporale, XIV. 199.
fine (il / la f.): III. 40-41a.
fine, alla (alla fin): locuzione avverbiale temporale, XII. 33a.
FINE, COMPLEMENTO DI: è un complemento indiretto che indica lo scopo dell'azione o della condizione espressa dal verbo. È introdotto dalle preposizioni *per, di, a, in, da* e dalle locuzioni preposizionali *al fine di, allo scopo di, con il fine di, con lo scopo di, in vista di* ecc. Esempi: «Fu stabilito un giorno *per il colloquio*», «mi sei *di aiuto*» (IV. 72e; VIII. 21. 39. 63. 88. 118).
fine, fino (aggettivo): V. 13.
fingere: verbo irregolare di 2ª coniugazione in *-ere*, XI. 238.
finire: verbo transitivo e intransitivo, XI. 4f; XIV. 45. Può essere un verbo fraseologico che, in unione con *di* + infinito, indica la conclusione di un'azione: «finisco di annoiarti», XI. 48.
FINITI, MODI: si dicono *finiti* i modi verbali che presentano desinenze personali (come l'indicativo, il congiuntivo, il condizionale e l'imperativo); essi si oppongono ai modi cosiddetti *indefiniti* (le forme nominali del verbo: infinito, participio, gerundio), in cui le desinenze personali mancano (XI. 7).
FINNICO: un confronto con il f. è in I. 8. 172; IV. 1.
fino a, fino al punto di: locuzione preposizionale; può introdurre una proposizione consecutiva implicita, XIV. 140b.
fintantoché (*fin tanto che*): congiunzione (locuzione congiuntiva) subordinante temporale, XIV. 199.
fiore: 'affatto'(arcaico), XII. 56.
FITTIZIE, INTERROGATIVE: V. **INTERROGATIVE DIRETTE, PROPOSIZIONI**.
FIUMI, NOMI DI: il genere dei n. di f. è indicato in III. 20; l'uso dell'articolo coi n. di f. è illustrato in IV. 44.
flettere / flettersi: verbo irregolare di 2ª coniugazione in *-ere*, XI. 26. 239.
flogòsi / flògosi: v. **ACCENTO**, § 10, e il riquadro **ACCENTO NELLE PAROLE DI ORIGINE GRECA**.

fo (*fare*): XI. 135a.

fondamento (plur. *fondamenti* / *fondamenta*): III. 118l.

fondere: verbo irregolare di 2ª coniugazione in *-ere*, XI. 241-242.

FONEMA: è un suono (o *fono*) che in una lingua determinata ha la caratteristica di opporsi ad altri suoni per distinguere parole diverse: per esempio, se nella parola *pala* sostituiamo il suono *p* con *g* o con *s*, otteniamo altre parole come *gala* e *sala*. Nell'uso scientifico le trascrizioni *fonematiche* (= dei fonemi) si collocano entro sbarrette; l'accento viene indicato da un apice prima della sillaba accentata e l'eventuale maiuscola non viene rispettata: quindi *p* = /p/ ; *pala* = / ´pala / (più ampi particolari in I. 2-3; i f. dell'italiano sono analizzati in I. 12-53. 62; il rapporto tra f. e grafemi è illustrato in I. 112-146).

FONEMATICA: V. **FONOLOGIA**.

FONETICA SINTATTICA: V. **SINTATTICA, FONETICA**.

FONETICA: disciplina della linguistica che studia gli aspetti fisici che riguardano i suoni articolati (o *foni*) del linguaggio verbale (I. 1).

FONETICO, ALFABETO: per evitare gli equivoci insiti negli alfabeti delle singole lingue, è necessario rifarsi a un a. f. convenzionale, in cui ciascun simbolo corrisponde a un unico suono; il più diffuso è quello dell'API (Association Phonétique Internationale, I. 9).

FONIATRIA: branca della medicina che studia la fisiopatologia dell'articolazione dei suoni del linguaggio verbale (I. 2) e, per estensione, la fisiopatologia della comunicazione *tout court* (I. 1).

FONO: suono articolato del linguaggio verbale, considerato nel suo aspetto fisico, acustico e articolatorio (I. 1).

FONOLOGIA: branca della linguistica che studia i suoni articolati del linguaggio verbale non già nei loro aspetti fisici, ma in quanto *fonemi*, elementi di un sistema dotati di capacità distintiva (I. 2).

FONOSIMBOLO: V. **ONOMATOPEA**.

FONOSINTASSI: V. **SINTATTICA, FONETICA**.

FONOSINTATTICO, RADDOPPIAMENTO: è il fenomeno per cui, nella realizzazione orale di una frase, la consonante finale (di provenienza latina) di alcune parole non cade, come succede comunemente, ma si assimila alla consonante iniziale della parola successiva. Per esempio, nella sequenza *a dire*, derivante da una base latina AD DI(CE)RE, la *-d* finale di *ad* non cade, ma si assimila alla *d* iniziale di *dire* determinando la pronuncia [ad´dire] (più ampi particolari in I. 64-69).

fonte (*il* / *la f.*): III. 40-41

fora (*essere*): XI. 59.

FORESTIERISMI: V. **NOMI STRANIERI**.

FORMAZIONE DELLE PAROLE: § 1. È l'insieme delle trasformazioni in base alle quali da una parola già esistente (detta *base*) si formano parole nuove, o per *derivazione* o per *composizione*. § 2. Si parla di *derivazione* quando la parola nuova viene formata con l'aggiunta di un *prefisso* anteposto alla parola base (*dis-* in *disdire*) o di un *suffisso* aggiunto alla fine della parola base (*-ile* in *primaverile*). § 3 Si parla di *composizione* quando due o più parole distinte si uniscono, dando vita a una parola nuova (*fuori* + *strada* = *fuoristrada*). Le parole composte possono essere *parole composte vere e proprie* (come *aspirapolvere*), *conglomerati* (come *fuggi-fuggi*), *parole macedonia* (come *fantascienza*) e *unità lessicali superiori* (come *macchina da cucire*).

foro (*essere*): XI. 57c.

forse: avverbio di dubbio, XII. 50-51; in unione con *che* e *che non* forma il segnale di un' interrogativa diretta retorica (XIII. 11).

FORTI, FORME VERBALI: V. **RIZOTONICHE, FORME**.

FORTI, PARTICIPI: V. **PARTICIPIO PASSATO**.

FORTI, PASSATI REMOTI: p. r. accentati sulla radice, come *vìnsi*, e non sulla desinenza, come *vincésti*, XI. 126c.

fossa / *fosso*: III. 34-35d.

fra (nome): v. *frate*.

fra (preposizione): v. *tra* e *fra*.

fraintendere: verbo irregolare di 2ª coniugazione in *-ere*, XI. 319.

fral: 'fra il', IV. 81.

frammettere: verbo irregolare di 2ª coniugazione in *-ere*, XI. 255.

FRANCESE: confronti con il f. sono in I. 8. 17. 44. 172; III. 48. 131; IV 49; V. 85; VI. 31. 36c; VII. 5. 58. 94. 96c. 99. 107. 113. 124. 176. 190b. 224. 255; VIII. 134; IX. 13; X. 3. 36. 47; XI. 9. 17. 379; XII. 8. 9.

26b; XIII. 19; XIV. 81. 100. 151ab. 179b; XV. 25. 64.

francesi / Francesi (i): v. il riquadro ETNICI, MAIUSCOLE NEGLI, e I. 194h.

frangere: verbo irregolare di 2ª coniugazione in *-ere*, XI. 243.

frapporre: verbo irregolare di 2ª coniugazione in *-ere*, XI. 275.

FRASE: § 1. La f. è una sequenza di parole contenuta tra due pause forti, al cui interno c'è un predicato nella forma di un verbo di senso compiuto (II. 9. 10. 16). § 2. Si distinguono due tipi di f.: la f. *semplice* o *proposizione*, in cui più parole si uniscono intorno a un unico predicato («Di notte il cane di Marco, un bellissimo alano, *abbaia*», XIII. 1) e la f. *complessa* o *periodo*, data dall'unione di più proposizioni collegate insieme sullo stesso piano o su piani diversi («Di notte il cane di Marco, un bellissimo alano, *abbaia* [Principale] ‖ e *guaisce* [Coordinata], *fa* molto rumore [Giustapposta] ‖ per *avvertire* [Subordinata di 1°] ‖ che qualcosa non *va* [Subordinata di 2°]», XIV. 1). § 3. All'interno del periodo c'è sempre una proposizione autonoma sul piano semantico e sintattico (correntemente si dice che «si regge da sola»): è la frase *principale*, segnata P nell'esempio precedente. Quando il periodo si compone di questa sola frase, esso è detto *uniproposizionale*, e la frase è detta *indipendente*; in altri casi, alla frase principale se ne aggiungono altre, ad essa collegate da rapporti di *coordinazione*, *giustapposizione* o *subordinazione* (un quarto tipo di rapporto tra frasi, caratteristico dell'italiano antico, è la *paraipotassi*, XIV. 9). § 4. Si ha *coordinazione* (o *paratassi*) quando due frasi sono poste sullo stesso piano e sono collegate da congiunzioni coordinanti (*e, né, ma, o, oppure*, ecc.): un esempio di proposizione *coordinata* alla principale è la frase segnata C nell'esempio precedente. (XIV. 2). In base al tipo di collegamento che si stabilisce tra due o più proposizioni coordinate (XIV. 11), si distingue tra coordinazione *copulativa* (XIV. 12-18), *avversativa* e *sostitutiva* (XIV. 19-22), *disgiuntiva* (XIV. 23-24), *conclusiva* (XIV. 25) ed *esplicativa* (XIV. 26-27); completano il quadro della coordinazione i cosiddetti *nessi correlativi* (XIV. 28). § 5. Si ha *giustapposizione* (o *asindeto*) quando due frasi sono poste sullo stesso piano e sono collegate non da congiunzioni coordinanti ma da segni di interpunzione (virgola, punto, punto e virgola, due punti): un esempio di proposizione *giustapposta* alla principale e alla coordinata è la frase segnata [G] nell'esempio precedente. (XIV. 5-6. 8). § 6. Si ha *subordinazione* quando due frasi non sono poste sullo stesso piano; una (la *secondaria* o *subordinata*), priva di autonomia semantica e sintattica, richiede la presenza dell'altra (la *reggente* o *sovraordinata*), alla quale è collegata da una congiunzione, una preposizione o un altro elemento subordinante (*perché, quando, che, per*, ecc.). Il rapporto di subordinazione si dice *di 1° grado* quando una proposizione dipende direttamente dalla frase principale; *di 2° grado* quando una proposizione dipende da una subordinata di 1° grado, a sua volta dipendente dalla principale, e così via, fino a una subordinazione di n° grado. Un esempio di subordinata di 1° grado è la frase segnata S 1°, un esempio di subordinata di 2° grado è la frase segnata S 2° nell'esempio precedente (XIV. 29-30. 34). § 7. Le subordinate si dicono *esplicite* se contengono un verbo di modo finito (indicativo, congiuntivo, condizionale: «sono contento *che tu sia qui*») e *implicite* se contengono un verbo di modo indefinito (infinito, gerundio, participio: «sono contento *di essere qui*», XIV. 31-33).

FRASEOLOGICI, VERBI: verbi che, in unione con un altro verbo all'infinito o al gerundio, segnalano un aspetto particolare dell'azione, per esempio la sua imminenza (*mi accingo* a studiare), il suo inizio (*comincio* a studiare), il suo svolgimento (*sto* studiando), la sua conclusione (*ho finito* di studiare) o anche la sua continuità (*continuo* a studiare). L'elenco completo dei verbi f. e delle loro reggenze è in XI. 48.

FRASEOLOGICO, VALORE: è quello di una parola o di una frase semanticamente superflua in un determinato contesto; tale è, talvolta, il valore dell'avverbio di negazione *non*: «che cosa *non* ha fatto,

pur di arrivare!», «state zitti finché *non torno*» (XII. 51; XIV. 199. 232-233) e di alcune proposizioni introdotte da *se*: «lei, *se non ricordo male*, è un professore» (XIV. 161).
frate / *fra*: I. 80a e III. 74-75a.
FRAZIONARI, NUMERALI: v. VI. 5. 40 e la voce **NUMERALI**, §§ 1 e 5.
freccie / *frecce*: v. **NOME**, § 13 e il riquadro **NOMI IN -CIA, -GIA, PLURALE DEI**.
FRICATIVE, CONSONANTI: V. **COSTRITTIVE, CONSONANTI**.
friggere: verbo irregolare di 2ª coniugazione in *-ere*, XI. 244.
Friùli: I. 189.
fronte (*il* / *la f.*): III. 40-41c.
FRUTTI: il genere dei nomi dei f. è indicato in III. 11.
fue (*essere*, arcaico): XI. 57c.
Führer / **Führers* (*i*): v. il riquadro **NOMI STRANIERI, PLURALE DEI**.
fuggire: verbo transitivo e intransitivo, XI. 4f.
fulgere: verbo irregolare di 2ª coniugazione in *-ere*, di uso poetico, XI. 292.
FUMETTI, LINGUAGGIO DEI: X. 32.
fungere: verbo irregolare di 2ª coniugazione in *-ere*, XI. 245.
fuorché: congiunzione subordinante eccettuativa, XIV. 241b.
fuori: può essere, a seconda dei contesti, avverbio di luogo (XII. 34-35) e preposizione impropria (VIII. 136c).
fuoro, furo (*essere*, arcaico): XI. 57c.
fuso (plur. *fusi* / *fusa*): III. 118m.
fusse, fussi, fuste, fusti (*essere*, arcaico): XI. 57c. 58b.
FUTURO ANTERIORE: il f. a. è un tempo dell'indicativo che indica un'azione già avvenuta in relazione a un'altra proiettata nel futuro: «Quando lo *avrai provato*, non potrai più farne a meno» (XI. 388-389). Come il futuro semplice, il f. a. può assumere valore suppositivo (XI. 390).
FUTURO COMPOSTO: V. **FUTURO ANTERIORE**.
FUTURO NEL PASSATO: l'idea del f. nel p. è resa con il condizionale passato («Ieri era ieri; l'indomani sarebbero partiti tutti», XI. 395) nonché con la perifrasi costituita da un tempo passato del verbo *dovere* seguito da un infinito («l'indomani dovevano partire tutti», XI. 47a).
FUTURO SEMPLICE: V. **FUTURO**.

FUTURO: § 1. Il f. è un tempo dell'indicativo che colloca l'azione in un momento successivo rispetto a quello in cui si parla: «Domani nevicherà» (XI. 386). § 2. L'italiano non ha mantenuto la forma che questo tempo aveva in latino (XI. 50b), ma ne ha sviluppata una diversa (XI. 42). § 3. Alcune irregolarità nella formazione del f. sono descritte in XI. 126b. Usi particolari del f. (*iussivo, attenuativo, retrospettivo*) sono illustrati in XI. 386; per il f. *suppositivo* o *epistemico* v. XI. 387. 390 e la voce **EPISTEMICO**. Oltre che col f. indicativo, l'idea del f. può essere espressa dalla perifrasi *dovere* + infinito (XI. 47a) e, in alcuni casi, dal presente indicativo: v. XIV. 151b, XI. 372, e la voce **PRESENTE**, § 2.
g: i due diversi valori del grafema *g*, velare (*gatto*) e palatale (*gesso*) sono illustrati in I. 122.
gatta / *gatto*: III. 79b.
genere (nell'espressione *di tal g.* e simili): VII. 138.
GENERE (grammaticale): v. III. 1. 9-29. 36. 78 e la voce **NOME**, §§ 5-12.
gente (con valore di pronome indefinito): VII. 177.
genuflettersi: verbo irregolare di 2ª coniugazione in *-ere*, XI. 240.
GEOGRAFICI, SUFFISSI: XV. 50-53. 74.
GEORGIANO: un confronto con il g. è in XI. 17.
GERMANISMI: XI. 53.
GERUNDIALE, IMPERATIVO: espressione cristallizzata in cui l'imperativo, ripetuto due o più volte, equivale a un gerundio, come in *cammina, cammina*, XI. 400c.
GERUNDIO ASSOLUTO: si dice a. un g. che abbia un soggetto diverso da quello della frase reggente: arrivando senza posa altre e altre notizie [...], furono spediti due delegati a vedere e a provvedere (XI. 423b). Generalmente il g. a. ha il valore di una proposizione causale implicita, come nell'esempio citato (XIV. 120), o temporale implicita (XIV. 207).
GERUNDIO: § 1. Il g., forma nominale del verbo che può avere molte funzioni e significati (XI. 7. 421), dispone di due tempi, il presente e il passato (*amando* e *avendo amato*, XI. 422). § 2. Di norma è collegato a una frase dotata di un verbo di modo finito, con cui esso è in

stretto rapporto e di cui condivide il soggetto: «*Andando* (= mentre andava) in giro senza una meta, incontrò un vecchio amico», XI. 423. Il rapporto instaurato dal g. col verbo dell'altra frase può essere di tipo subordinativo, coordinativo e appositivo (XI. 424-425); il g. subordinativo può avere a sua volta un valore temporale, come nell'esempio citato (XIV. 207), causale (XIV. 120), ipotetico (XIV. 170c), comparativo ipotetico (XIV. 223), concessivo (XIV. 184c), modale (XIV. 237). § 3. Quando è retto dai verbi fraseologici *stare, andare, venire*, il g. indica svolgimento di un'azione («stava, andava, veniva *facendo*», XI. 48c). § 4. I pronomi atoni *mi, ti, si* ecc. vengono normalmente aggiunti al g., in posizione enclitica (come in «vedendo*lo*», VII. 78).

ghiaccia / *ghiaccio*: III. 33.

già: avverbio di tempo, XII. 32b; può assumere valore di interiezione, X. 36.

-gia: per il plurale dei nomi in *-gia* v. NOME, § 13 e il riquadro NOMI IN *-CIA*, *-GIA*, PLURALE DEI.

giacché: congiunzione subordinante causale, XIV. 98. 103. 105.

giacere: verbo irregolare di 2ª coniugazione in *-ére*, XI. 147-148.

giacersi: forma intransitiva (antica e letteraria) di *giacere*, XI. 26b.

Gianni / *Gian*: I. 80c.

GIAPPONESE: un confronto con il g. è in III. 83.

ginocchio (plur. *ginocchi* / *ginocchia*): III. 122a.

GIORNI DELLA SETTIMANA: i nomi dei g. della s. sono illustrati in III. 19.

giorno!: formula di saluto, X. 42.

giorno, un: locuzione avverbiale di tempo, XII. 33c.

Giovanni / *Giovan*: I. 80c.

girare: verbo transitivo e intransitivo, XI. 4f.

gire: v. *ire*.

giro, in: locuzione avverbiale di luogo, XII. 43.

giù, di: locuzione avverbiale di luogo, XII. 43.

giudice / *giudicessa*: III. 80c. v il riquadro NOMI PROFESSIONALI FEMMINILI.

GIUDIZIO, AVVERBI DI: v. XII. 18. 50-53. 69a e la voce AVVERBIO, §§ 5, 10 e 16.

giungere: verbo irregolare di 2ª coniugazione in *-ere*, XI. 246-247.

giusta: preposizione, VIII. 137b.

giustapporre: verbo irregolare di 2ª coniugazione in *-ere*, XI. 275.

GIUSTAPPOSIZIONE: V. ASINDETO.

gl, gli: i diversi valori (*siglare, glicine, figli*) del digramma *gl* e del trigramma *gli* sono descritti in I. 139b. 141.

gli: § 1. Articolo determinativo maschile plurale; v. IV. 1 sgg. e la voce ARTICOLO. § 2. Pronome personale di 3ª (e di 6ª) persona; può valere 'egli' (VII. 22); 'a lui', 'a loro' (VII. 31. 34b. 36. 38).

---

gli / *le* («ho visto tua madre e *gli* / *le* ho parlato»): l'uso di un'unica forma pronominale atona, *gli*, per maschile e femminile, discende addirittura dall'etimo latino (l'unica forma dativale ILLI, comune a maschile, femminile e neutro) ed è largamente attestato nel corso della nostra storia linguistica. Ciò non vuol dire, però, che la norma contemporanea l'abbia accolto: si tratta di una forma di livello popolare, non tollerata nello scritto, che è opportuno evitare anche nell'uso orale. (v. VII. 38).

---

gli / *loro* («ho visto i tuoi e *gli* ho parlato / ho parlato *loro*»): a differenza di *gli* per 'le', l'uso di *gli* per 'loro' è largamente accettato e, anzi, è raccomandabile nel registro colloquiale. Oltre al frequente impiego degli scrittori, antichi e moderni, c'è da tener conto di una ragione strutturale: tutti gli altri pronomi personali atoni si presentano come monosillabi anteposti al verbo (*mi parli, ci parli, vi parli*, ecc.); solo *loro* è bisillabico e posposto al verbo (*parlo loro*), e ciò contribuisce a ridurne l'uso. (v. VII. 36).

---

gn: i due diversi valori del digramma *gn* (*montagne, wagneriano*) sono analizzati e descritti in I. 139a. 140.

-gniamo / *-gnamo*: nei verbi con tema uscente in *-gn* (come, oltre a *bagnare, sognare, vergognarsi, regnare* ecc.) alla quarta persona di indicativo e congiuntivo e alla quinta del congiuntivo (*bagniate* / *bagnate*) la *i* della desinenza viene assorbita dal suono palatale pre-

cedente. Può essere opportuno mantenerla graficamente per ribadire la solidarietà di quelle forme con tutti gli altri indicativi e congiuntivi in -*iamo*, nei quali la *i* ha conservato la sua piena riconoscibilità fonetica (*amiamo* [aˊmjamo]) o è indispensabile come segno diacritico (*leggiamo* [ledˊdʒamo]). La norma grammaticale è comunque tollerante in proposito, sicché forme come *bagnamo* o *bagnate* non potrebbero essere considerati errori. (v. XI. 71g).

gnorsì, gnornò: forme con aferesi di *signorsì, signornò*, XII. 53f.

-*go*: per il plurale dei n. in -*go*, v. NOME, § 13.

gobbo / gobba: III. 39.

goccie / gocce: v. nome, § 13 e il RIQUADRO NOMI IN -CIA, -GIA, PLURALE DEI.

godere: verbo irregolare di 2ª coniugazione in -*ére*, XI. 149

gonnella (in espressioni come *sergente in g.*): v. III. 59.

GRAFEMA: è un simbolo grafico, correntemente chiamato *lettera*, che riproduce un suono di una lingua. L'insieme dei g. costituisce l'*alfabeto*. Le scritture alfabetiche, compresa quella dell'italiano, non rappresentano mai con assoluta fedeltà i suoni delle rispettive lingue (I. 7-9). I g. dell'italiano sono analizzati e inventariati in I. 108-138; quelli provenienti da alfabeti stranieri sono analizzati e inventariati in I. 147-159.

GRAFEMATICA: la g. (o *grafemica*) è quella disciplina della linguistica che studia i grafemi in quanto elementi funzionali del sistema di scrittura di una determinata lingua, I. 9.

GRAFFE, PARENTESI: V. PARENTESI.

GRAFICO, ACCENTO: V. ACCENTO.

GRAMMATICALE, ANALISI: V. ANALISI GRAMMATICALE.

GRAMMATICALE, GENERE: v. III. 9-10 e la voce NOME, § 5.

GRAMMATICALE, SOGGETTO: v. II. 23 e la voce SOGGETTO.

grande: V. 34. 79.

grandemente: XII. 64.

gratis / a gratis: si tratta della forma contratta dell'ablativo lat. GRATIIS col senso di 'graziosamente, liberalmente'. La presenza di *a* (dovuta forse al parallelismo con l'espressione speculare *a pagamento*) è uno strafalcione. A quanto pare, si tratta di un errore tenace, se già nel 1977 Aldo Gabrielli scriveva: «Questo curioso *a gratis* me lo sento ronzare intorno, qui nel Settentrione, con molta frequenza, anche su bocche di cultura più che elementare».

GRAVE, ACCENTO: v. I. 179 e la voce ACCENTO, § 8.

grazie sì, grazie no: XIII. 7a.

greci / Greci (*i*): v. il riquadro ETNICI, MAIUSCOLE NEGLI, e I. 194h.

GRECISMI: § 1. Le parole origine greca presentano particolarità nella pronuncia (pronuncia tenue di *z*, come in *azoto*), suscitano incertezze per quel che riguarda la collocazione dell'accento (*mìmesi* o *mimèsi*, I. 183-187; XV. 24) e l'individuazione del genere (*l'asma allergico / allergica*, *il / la patricida*, III. 26.80g). § 2. I composti scientifici con elementi greco-latini (come *sociologia*) sono descritti in XV. 127-133.

GRECO MODERNO: V. NEOGRECO.

GRECO: confronti con il g. sono in I. 172, IV. 14, V. 46, XI. 17. 22.

grido (plur. *gridi / grida*): III. 118n.

gru (*il / la g.*, e ant. *grua, grue*): III. 79e.

guaìna: I. 189.

guarda: imperativo cristallizzato con funzione di avverbio presentativo (XII. 62); nel parlato può svolgere la semplice funzione di articolare il discorso («guarda, ecco, non so che dire», X. 36; XIII. 27).

guarire: verbo transitivo e intransitivo, XI. 4f.

guasto: participio accorciato di *guastare*, XI. 420. v. anche ACCORCIATI, PARTICIPI.

GUTTURALI, CONSONANTI: V. VELARI, CONSONANTI.

h: § 1. È il grafema diacritico per eccellenza; non indica un suono specifico (tranne che nelle interiezioni, in cui può rappresentare un'aspirata: *ah, oh*, X. 5) ma la pronuncia velare di *c* e *g* davanti a *i* ed *e*, come in *chicchessia* (I. 134-137; XI. 71a). § 2. I rari casi in cui *h* compare senza valore diacritico sono illustrati in I. 137. § 3. L'uso dell'articolo davanti a parole straniere inizianti per h è descritto in IV. 7.

i: articolo determinativo maschile plurale; v. IV. 1 sgg. e la voce ARTICOLO.

i: i valori del grafema *i* sono illustrati in I. 142-146; l'uso della *i* nel plurale dei nomi in *-cia*, *-gia* è trattato in III. 96; l'uso della *i* nella 4ª persona del presente indicativo e congiuntivo dei verbi in *-gnare* (tipo *bagniamo* / *bagnamo*; v. il riquadro *-gniamo* / *-gnamo*) è descritto in XI. 71g.v. anche il riquadro ARTICOLO DAVANTI A *I* SEMICONSONANTICA, USO DELL'.

i lungo: v. *j*.

ialìno: I. 187.

-iare (verbi in): sul mantenimento e la perdita della *-i-* (secondo l'opposizione *invio, invii* / *inizio* – *inizi*) v. XI. 71de.

iato: si ha i. quando due o più vocali, incontrandosi, non formano dittongo o trittongo, si pronunciano separatamente e appartengono a due sillabe diverse: m*ae*stro, b*ea*to, Lu*cia* ecc (I. 60).

iato (lo / *l'* / *il i.*): v. il riquadro ARTICOLO DAVANTI A *I* SEMICONSONANTICA, USO DELL'.

Iddio: IV. 13. V. anche *Dio*.

IDEOGRAMMA: I. 7.

idolessa: femminile letterario di *idolo*, III. 45c.

IDRONIMO: nome proprio di fiume, III. 3.

-ie- / *-e-*: v. il riquadro MOBILI, DITTONGHI.

ier l'altro: locuzione avverbiale di tempo, XII. 28.

ieri: avverbio di tempo, XII. 28-31.

iettatore (lo / *l'* / *il i.*): v. il riquadro ARTICOLO DAVANTI A *I* SEMICONSONANTICA, USO DELL'.

-iglia- / *-ilia-*: in alcune parole derivate da una base in *-iglio* o in *-iglia* si può essere incerti sulla grafia da adottare (e anche sulla relativa pronuncia): *famiglia* [*familiare, familiarità, familiarizzare* o *famigliare* ecc.?], *consiglio* [*consiliare* o *consigliare?*], *figlio, figlia* [*filiale* o *figliale?*], *ciglio, sopracciglio* [*ciliare, sopracciliare* o *cigliare, sopraccigliare?*]. La ragione dell'incertezza è presto detta: le basi nominali sono parole «popolari», cioè rampollate direttamente dal latino per trasmissione diretta, attraverso l'uso delle varie generazioni che si sono succedute dall'antichità fino ad oggi, apportando alle parole ereditarie varie modificazioni fonetiche; i derivati sono parole «dotte», tratte dai libri, più vicine al modello latino originario (FA-MILIA, CONSILIUM ecc.). Tuttavia, l'accostamento alla parola base ha favorito lo sviluppo di forme parallele con *l* palatale (graficamente *-gli-*): *famigliare* e simili accanto a *familiare*. Entrambe le serie sono accettabili e come tali sono registrate dai dizionari. Quelle più diffuse – e quindi anche più consigliabili, non essendo in gioco un'opposizione che coinvolga la correttezza grammaticale – sono quelle di tipo «dotto», col gruppo *l* + *i* semiconsonantica conservato. Per convincersene, basta una verifica sull'annata 1995 del «Corriere della Sera»: *figliale* non compare mai; *famigliare* ricorre 39 volte (contro 1004 esempi di *familiare*); *consigliare*, nel sintagma *gruppo consigliare*, ricorre 4 volte (ma di *gruppo consiliare* si parla in ben 51casi). (v. XV. 42).

---

il: § 1. Articolo determinativo maschile singolare; v. IV. 1 sgg. e la voce ARTICOLO. § 2. Anticamente *il* valeva come pronome atono (VII. 35).

il Carlo, la Maria: v. il riquadro ARTICOLO CON I PRIMI NOMI, USO DELL'.

il FBI / *l'FBI*: v. il riquadro ARTICOLO DAVANTI A SIGLE, USO DELL', e IV. 9. 12.

il LSD / *l'LSD*: v. il riquadro ARTICOLO DAVANTI A SIGLE, USO DELL', e IV. 9. 12.

il / *lo walkman* o *il* / *lo whisky*: v. il riquadro ARTICOLO DAVANTI A *W*, USO DELL', e IV. 8.

il XII / ** XIIº (secolo)*: v. il riquadro SECOLI, USO DEI NUMERALI CON I.

il '500 (secolo) / *il 1500* (anno): v. il riquadro SECOLI, USO DEI NUMERALI CON I.

il '500 / *il Cinquecento*: SECOLI, USO DEI NUMERALI CON I.

illudere, illudersi: verbo irregolare di 2ª coniugazione in *-ere*, XI. 181.

imboscare / *imboschire*: verbo sovrabbondante, XI. 123a.

immergere: verbo irregolare di 2ª coniugazione in *-ere*, XI. 228.

IMMINENZA DI UN'AZIONE: per i verbi fraseologici che indicano i. di un'a. v. XI. 48a e la voce FRASEOLOGICI, VERBI.

impari: V. 18a.

impazzare / *impazzire*: verbo sovrabbondante, XI. 123a.

IMPERATIVO: § 1. L'i. è un modo verbale finito che comporta l'intento di agire sull'interlocutore attraverso un'ordine,

imperciocché

un'esortazione, una preghiera («Ascolta!», XI. 7). § 2. Diversamente che nell'italiano antico (v. XIV. 31a), in quello moderno è modo proprio delle sole proposizioni principali § 2. Sul piano formale l'i. ha solo il tempo presente e la 2ª e la 5ª persona verbale (*ama, amate*); forme di comando alternative (come per esempio il congiuntivo esortativo) sono illustrate in XI. 396 e XIII. 32. § 3. Forme antiche e particolari d'i. (desinenza arcaica di 2ª persona nella seconda e terza coniugazione, tipo *teme* e *sente*; imperativo di *avere, essere, sapere* e *volere* mutuato dal congiuntivo, tipo *abbi, abbiate* ecc.) sono descritte in XI. 56a. 78. 397. § 4. Più ampi particolari sull'uso di questo modo sono in XI. 397-401. § 5. Nell'italiano attuale i pronomi atoni *mi, ti, si* ecc. vengono aggiunti all' i. affermativo (giacitura enclitica, come in «di*mmelo*», VII. 70. 82); con l'i. negativo si ha oscillazione fra anteposizione esplicito (giacitura proclitica, come in «non *me lo dire*») e posposizione al verbo (giacitura enclitica, come in «non dir*melo*», v. VII. 71, e il riquadro **NEGATIVO, IMPERATIVO**). Il diverso uso antico (i. proclitico e *tragico*) è illustrato in VII. 72.

imperciocché: congiunzione subordinante causale antica, VII. 133.

IMPERATIVO (2ª PERSONA), FORME DIVERSE DI: nella 2ª persona dell'imperativo dei verbi *andare, dare, fare* e *stare* si fronteggiano oggi ben tre diverse forme. Le forme originarie, in continuazione delle basi latine classiche o volgari, erano *va, da, fa* e *sta*. Ma nel fiorentino di fine Ottocento tali forme furono sostituite dalle corripondenti voci dell'indicativo: *vai* (o meglio, secondo la tendenza toscana a ridurre il dittongo discendente *ai* alla prima componente: *vai* (*va'*), *dai* (*da'*), *fai* (*fa'*), *stai* (*sta'*). L'uso scritto novecentesco oscilla tra le tre serie, con qualche preferenza per la prima (forme apostrofate). In ogni modo, tutte queste forme sono da considerare corrette. (v. XI. 129c).

IMPERFETTO CONGIUNTIVO: per la formazione di questo tempo verbale l'italiano ha mutuato dal latino non la forma omologa, ma quella del piuccheperfetto (più ampi particolari in XI. 50e. 73b).

IMPERFETTO INDICATIVO: § 1. Indica un'azione passata considerata nel suo svolgimento, il cui inizio e la cui conclusione restano inespresse («*Fumavo* molto», XI. 373). § 2. Le desinenze arcaiche dell'i. sono illustrate in XI. 57b. 65b. 72b. 76a. § 3. Tipi particolari d'i. (*descrittivo, iterativo, narrativo, conativo, di modestia* o *d'intenzione, irreale, onirico e ludico, prospettivo*) sono descritti in XI. 374-375; per l'uso dell'i. nel discorso indiretto libero v. XIV. 267.

imperocché: congiunzione subordinante causale antica, XIV. 117.

IMPERSONALI, FRASI: frasi prive di soggetto verbale (VII. 22).

IMPERSONALI, VERBI: v. XI. 91-95 e la voce **VERBO**, § 17. Sull'ausiliare da usare con i v. i. si veda XI. 37; sull'accordo del participio passato con i v. i. si veda XI. 364b; l'alternativa fra costrutto esplicito e costrutto implicito di una proposizione completiva dipendente da un v. i. (tipo «sembra che questa sia una bugia» / «questa sembra essere una bugia» è illustrata in XIV. 36d.

IMPLICATA, SILLABA: v. I. 23. 162 e la voce **SILLABA**.

IMPLICITE, PROPOSIZIONI SUBORDINATE: v. XIV. 31b e la voce **FRASE**, § 7.

imporre: verbo irregolare di 2ª coniugazione in *-ere*, XI. 275.

impostore / impostora: III. 66a.

IMPRECAZIONE, FORMULE DI: v. X. 33 e la voce **INTERIEZIONE**, § 3.

imprendere: verbo irregolare di 2ª coniugazione in *-ere*, XI. 278.

imprimere: verbo irregolare di 2ª coniugazione in *-ere*, XI. 202.

IMPROPRIE, PREPOSIZIONI: v. VIII. 7. 135-138 e la voce **PREPOSIZIONE**, §§ 3 e 4.

in: § 1. *In* (forme articolate: *nel, nello, nella; nei, negli, nelle*) è una preposizione propria (VIII. 7) che stabilisce collegamenti di vario genere tra due elementi della stessa frase e, più raramente, tra due frasi diverse (VIII. 70. 82). § 2. Quando collega due elementi della stessa frase, *in* può introdurre un complemento di stato in luogo («rimarrò in casa», VIII. 71. 85), di moto a luogo, reale o figurato («trasferirsi in Francia», «andare in fumo», VIII. 84. 86-87; con molti nomi, come risulta anche dagli esempi, non è ammessa la forma articolata della preposizione: IV. 72d), predicativo («prendere in moglie», VIII. 73), di tempo determinato («nato nel 1956», VIII. 74), di strumento («viaggio in treno», VIII. 77), di modo («camminare in fretta», VIII. 79), di stima («tenere in grande considerazione», VIII. 81), di quantità («si gioca in sei», VI. 29; VIII. 81), di tempo continuato («finirò in tre settimane», VIII. 83), di fine («Ha ricevuto in dono un anello», VIII. 88), di materia («una statua in bronzo», VIII. 75), di limitazione («disinvolto nella conversazione», VIII. 76), di valore intermedio tra limitazione e strumento («peccare in qualcosa», VIII. 78), nonché un complemento indiretto retto da verbi come *credere, confidare, sperare* («credo in Dio», VIII. 72). § 3. Quando collega due frasi diverse, *in* (nella forma articolata *nel, nello*) può introdurre una proposizione temporale implicita («nel chinarsi, perse l'equilibrio», XIV. 204). § 4. Usi antichi e particolari (*in* + infinito o gerundio: *in amare, in amando*) sono descritti in XI. 411.425; XIV. 205. 207).

in luogo di: locuzione preposizionale; può introdurre una proposizione avversativa implicita, XIV. 212.

in maniera che, di maniera che: locuzione congiuntiva subordinante concessiva, XIV. 136d.

in modo (*tale*) *che, in* (*tal*) *modo che*: locuzione congiuntiva subordinante concessiva, XIV. 130. 136d.

in modo da (*di*): locuzione preposizionale; può introdurre una proposizione consecutiva implicita, XIV. 140c.

in piazza di Spagna / a piazza di Spagna: v. il riquadro ODÒNIMI, STATO IN LUOGO NEGLI.

in quanto (*che*): locuzione congiuntiva subordinante causale (XIV. 106) e condizionale-restrittiva (XIV. 167c).

in su: VIII. 106.

in tanto [...] *in quanto*: nesso correlativo causale, XIV. 106.

in via Cavour / a via Cavour: v. ODÒNIMI, STATO IN LUOGO NEGLI.

incedere: verbo irregolare di 2ª coniugazione in *-ere*, XI. 195.

inchiedere: verbo irregolare di 2ª coniugazione in *-ere*, XI. 196.

INCIDENTALI, PROPOSIZIONI: sono brevi proposizioni inserite all'interno di un'altra frase, di cui interrompono la struttura senza influenzarla e senza avere alcun legame sintattico con le altre proposizioni del periodo. Si distinguono i. *primarie* (prive di congiunzioni introduttive: «anche tu, *mi pare di capire*, sei d'accordo») e i. *secondarie* (collegate al periodo per mezzo di una congiunzione coordinativa o subordinativa: «era commosso, *e non faceva niente per nasconderlo*, dagli applausi del pubblico»). Possono avere forma esplicita e forma implicita, e sono espresse attraverso i modi verbali più vari: indicativo, congiuntivo, condizionale, infinito, gerundio (XIV. 256-259). v. anche INCISI.

incidere: verbo irregolare di 2ª coniugazione in *-ere*, XI. 217.

incinto: V. 19.

INCISI: l'uso della virgola negli i. è illustrato in I. 220d; l'uso del trattino negli i. è illustrato in I. 232.

includere: verbo irregolare di 2ª coniugazione in *-ere*, XI. 177.

INCOATIVI, VERBI: sono così chiamati, per analogia con i verbi latini in -SCO (AUGESCO, SENESCO, ecc.) i verbi della 3ª coniugazione con tema ampliato in *-isc-*, tipo *finisco* (XI. 80-83).

incogliere: verbo irregolare di 2ª coniugazione in *-ere*, XI. 201.

incolore, incoloro: V. 11.

incombere: verbo difettivo (del solo participio passato) di 2ª coniugazione in *-ere*, XI. 122b.

INCOMPIUTEZZA DI UN'AZIONE: aspetto verbale indicato dall'imperfetto indicativo, XI. 373

incorrere: verbo irregolare di 2ª coniugazione in *-ere*, XI. 213.

increscere: verbo irregolare di 2ª coniugazione in *-ere*, XI. 214.

incutere: verbo irregolare di 2ª coniugazione in *-ere*, XI. 223.

INDEFINITI, AGGETTIVI E PRONOMI: § 1. Rientrano nella categoria degli i. molte forme, diverse per usi e significati, che hanno in comune la caratteristica di accompagnare o di sostituire un nome evitando di determinarne con precisione la quantità («Ho *molti* libri»), oppure la qualità («Comprerò un vestito qualunque») oppure l'identità («Ho co-

indefiniti, modi

nosciuto un tale»). Gli i. vengono distinti in quattro gruppi: *singolativi, collettivi, negativi* e *quantitativi*. (V. 2b; VII. 145). § 2. Gli i. *singolativi* considerano il nome che accompagnano o sostituiscono come un'unità, qualcosa di singolo: «È venuto a cercarti un *tale*» (quadro d'insieme: VII. 146; varianti formali: VII. 147-148; uso dell'articolo con gli i. singolativi: VII. 149). Rientrano nel gruppo degli i. singolativi: *qualche* (VII. 150), *qualcuno* (VII. 151), *qualcheduno* (VII. 152a), *uno* (VII. 152b), *alcuno* (VII. 152c. 156-158), *qualcosa* o *qualche cosa* (VII. 153-154), *che* (VII. 155), *alcunché* (VII. 159), *certo* (VII. 160-162), *certuni* e *taluno* (VII. 163), *tale* (VII. 164-165), *quale* (VII. 166-168), *altro* (VII. 169-172), *altri* (VII. 173), *altrui* (VII. 174), *cotale* (VII. 175), *tizio* (VII. 175-176). I pronomi indefiniti *uno* e *qualcuno* possono essere usati come soggetti generici per esprimere una forma verbale impersonale («In certe situazioni *uno* non sa che dire [= non si sa che dire]», XI. 95c. § 3. Gli i. *collettivi* alludono alla totalità di persone o cose designate dal nome accompagnato o sostituito: «*Ogni* mese parto per Cagliari» (quadro d'insieme: VII. 178; uso dell'articolo con gli i. collettivi: VII. 179). Rientrano nel gruppo degli i. collettivi: *qualunque, qualsiasi, qualsivoglia* (VII. 180-182), *chiunque* (VII. 183), *chicchessia* (VII. 184), *checchessia* e *checché* (VII. 185); *ciascuno, ognuno, ciascheduno* e *cadauno* (VII. 186-187), *ogni* (VII. 188; variante arcaica *ogne*, VII. 190b), *tutto* (VII. 189), *covelle* (arcaico, VII. 190a). § 4. Gli i. negativi danno valore negativo alla frase in cui si trovano: «Non pratico *nessuno* sport» (quadro d'insieme: VII. 191; uso dell'articolo con gli i. negativi: VII. 192; uso della seconda negazione con gli i. negativi [tipo «*non* è venuto *nessuno*» / «*nessuno* è venuto»]: VII. 193-194; uso affermativo degli i. negativi [tipo «c'è *nessuno*?»]: VII. 195). Rientrano nel gruppo degli i. negativi: *nessuno* (VII. 196), *veruno* (VII. 197), *niente* e *nulla* (VII. 198-199), le forme ormai disuete *niuno* (VII. 201) e *nullo* (VII. 202), la voce toscana e letteraria *punto* (VII. 203), il nesso *non uno* (VII. 204). § 5.

Gli i. *quantitativi* alludono a un'indeterminatezza che riguarda la quantità o il numero, mai la qualità o l'identità: «Ho mangiato *poca* (*molta, tutta la*) carne e *poche* (*parecchie, tutte le*) patate» (quadro d'insieme: VII. 205; uso dell'articolo con gli i. quantitativi VII. 206a; alterazione degli i. quantitativi [tipo *moltissimo*]: VIII. 206b; valore neutro degli i. quantitativi [tipo *un poco, un po'* di pane]: VII. 206c; significato degli i. quantitativi: VII. 207). Rientrano nel gruppo degli i. quantitativi: *poco* (VII. 205. 206c), *troppo* (VII. 205), altrettanto (VII. 207), *alquanto* (VII. 208), *parecchio* (VII. 209), *molto* (VII. 210), *tanto* (VII. 211), l'arcaico *cotanto* (VII. 215), la locuzione *più d'uno* (VII. 216), nonché alcuni aggettivi e avverbi occasionalmente usati come i. quantitativi: *diverso* e *vario* (VII. 212), *più* (VII. 213) e, fino al secolo scorso, *assai* (VII. 214).

INDEFINITI, MODI: v. XI. 7 e la voce **FINITI, MODI**.

indi: avverbio di luogo, XII. 41a.

INDICATIVO IMPERFETTO: V. **IMPERFETTO**.

INDICATIVO PRESENTE: V. **PRESENTE INDICATIVO**.

INDICATIVO: L'i. può considerarsi il modo verbale finito della realtà, con il quale si presenta un fatto come obiettivo, senza sfumature di dubbio («*È* proprio così», XI. 7). È il modo verbale fondamentale, proprio delle frasi semplici e frequente anche in quelle subordinate (l'elenco completo delle proposizioni in cui ricorre è in XI. 370). L'i. dispone di otto tempi: il presente, l'imperfetto, il passato remoto, il futuro semplice, il passato prossimo, il trapassato prossimo, il trapassato remoto e il futuro anteriore (*amo, amavo, amai, amerò, ho amato, avevo amato, ebbi amato, avrò amato*: v. XI. 370 e la voce **VERBI**, § 3). Le caratteristiche e gli usi dei singoli tempi verbali sono illustrate in XI. 371-390 e alle voci **FUTURO ANTERIORE, FUTURO, IMPERFETTO INDICATIVO, PASSATO PROSSIMO, PASSATO REMOTO, PRESENTE INDICATIVO**.

INDIPENDENTE, PROPOSIZIONE: v. XIII. 1 e la voce **FRASE**, § 3.

INDIRETTI, COMPLEMENTI: v. II. 6; VIII. 6 e la voce **COMPLEMENTO**.

INDIRETTO LIBERO, DISCORSO: v. XIV. 268 e la voce **DISCORSO, TIPI DI**, § 4.

INDIRETTO, COMPLEMENTO: v. II. 6; VIII. 6 e la voce **COMPLEMENTO**.

INDIRETTO, DISCORSO: v. XIV. 265-267 e la voce **DISCORSO, TIPI DI**, § 3.

indisporre: verbo irregolare di 2ª coniugazione in *-ere*, XI. 275.

indulgere: verbo irregolare di 2ª coniugazione in *-ere*, XI. 248.

indurre: verbo irregolare di 2ª coniugazione in *-ere*, XI. 205.

---

inerente a qualcosa / inerente qualcosa: il verbo *inerire* (come altri verbi di significato affine, anch'essi ricorrenti in àmbito giuridico-burocratico: *afferire, attenere, pertenere*) è intransitivo e richiede il complemento di termine: «gli obblighi inerenti a una legge», «le questioni afferenti, o attinenti, al processo». La reggenza col complemento oggetto, grammaticalmente non giustificabile, si deve forse alla suggestione di altri participi che reggono un complemento diretto e sono in uso nello stesso settore linguistico, come *ledente* («norme ledenti l'interesse di terzi»), *configurante* («atto configurante un illecito amministrativo»), *implicante* («condizione implicante l'estinzione dell'usufrutto»): tutti participi di verbi transitivi, in cui la reggenza diretta è legittima.

---

inerire: verbo difettivo (del solo participio passato) di 3ª coniugazione, XI.. 122b.

inferiore: v. V. 82 e la voce **AGGETTIVO**, § 9.

inferire: verbo irregolare di 3ª coniugazione, XI. 341.

infervóro / infèrvoro: I. 188b.

infiggere: verbo irregolare di 2ª coniugazione in *-ere*, XI. 237.

infimo: v. VI. 82-83 e la voce **AGGETTIVO**, § 9.

infingere: verbo irregolare di 2ª coniugazione in *-ere*, XI. 238.

INFINITIVE, PROPOSIZIONI: V. **ACCUSATIVO CON L'INFINITO**.

INFINITO: § 1. L'i. è una forma nominale del verbo che dispone di due tempi, il presente e il passato (*amare* e *avere amato*, XI. 7. 402). § 2. Può avere valore verbale (come in «Credo di *avere* torto», in cui è predicato verbale di una proposizione oggettiva) e nominale (come in «Non è piacevole *avere* torto», in cui è soggetto di un predicato nominale: si parla, in tal caso, di *uso sostantivato* dell'i. o, semplicemente, di *i. sostantivato*). Gli usi verbali dell'i. (*dubitativo, esclamativo, iussivo, ottativo, narrativo* o *descrittivo*) sono illustrati in XI. 403-405 e in XIII. 24. 28. 39-40 (per la costruzione *ecco* + i. narrativo, tipo «*ecco arrivare* Paola», v. anche XII. 59f.); gli usi nominali dell'i. sono descritti in XI. 406-410. § 3. Generalmente i pronomi atoni *mi, ti, si* ecc. vengono aggiunti all'i., in posizione enclitica (come in «parlar*gliene*, veder*lo*», VII. 73; giaciture diverse, proprie dell'uso antico e moderno (come in «non *glielo* posso dire») sono descritte in XI. 74-77.

---

inflativo / inflattivo: si tratta di un anglicismo recente (da *inflative*, a sua volta derivato dal lat. INFLATUS 'gonfiato') e, come per l'antonimo *deflativo* (tratto da *deflazione*, sul modello dell'ingl. *deflation*), la forma corretta richiede una sola *t*. *Inflattivo* e *deflattivo* sono stati attratti dalla serie di *attivo, cattivo* e dovrebbero essere eliminati (come sta accadendo per l'errato *colluttorio*: v. il riquadro). Per ora, la loro diffusione è notevole: in quattro annate consecutive del «Corriere della Sera» (1992-1995) si trovano solo esempi di *inflattivo* (21 in tutto) e di *deflattivo* (5). Il carattere tecnico della parola, e quindi il suo uso raro e occasionale, fa sperare che sia ancora possibile ripristinare la forma corretta, con una sola *t*. (v. XV. 46).

---

infliggere: verbo irregolare di 2ª coniugazione in *-ere*, XI. 180.

infondere: verbo irregolare di 2ª coniugazione in *-ere*, XI. 241.

infrangere: verbo irregolare di 2ª coniugazione in *-ere*, XI. 243.

ingegnere / ingegnera: v il riquadro **NOMI PROFESSIONALI FEMMINILI**.

inghiottire: v. XI. 82b.

ingiungere: verbo irregolare di 2ª coniugazione in *-ere*, XI. 246-247.

INGLESE: confronti con l'i. sono in I. 6. 8. 44. 172; III. 2. 56. 70. 131; IV. 49. 74a. 85; VI. 31; VII. 5. 94. 96c. 99. 100. 107.

113. 124. 176. 224. 233. 255; VIII. 134; IX. 13; X. 36. 47; XI. 8. 9. 17. 373; XII. 26b. 33b; XIII. 19; XIV. 61. 100; XV. 3. 25. 64. 131.

inglesi / Inglesi (*gli*): v. il riquadro ETNICI, MAIUSCOLE NEGLI, e I. 194h.

inizia / si inizia: v. *iniziare*.

> *iniziare*: tradizionalmente il verbo *iniziare* si è sempre adoperato come transitivo (*iniziare il pranzo*) o come intransitivo pronominale (*il pranzo si inizia*). Da qualche decennio *iniziarsi* è andato in crisi, a vantaggio del verbo semplice (*il pranzo inizia*). Anche se alcuni scriventi più sensibili alla norma letteraria continuano a usare *iniziarsi*, è facile prevedere che *iniziare* si generalizzerà anche come intransitivo: molti altri verbi, un tempo adoperati come pronominali, sono stati sostituiti dai verbi semplici (*dormirsi* (*dormire*, *giacersi* (*giacere*, *tacersi* (*tacere* ecc.). (v. XI. 4e).

INIZIO DI UN'AZIONE: per i verbi fraseologici che indicano i. di un'a. v. XI. 48b e la voce FRASEOLOGICI, VERBI.

innanzi: preposizione impropria, VIII. 136b.

inoltre: congiunzione coordinante copulativa, XIV. 18.

insapore, insaporo: V. 11.

insieme: preposizione impropria (VIII. 7. 138) e avverbio qualificativo (v. AVVERBIO, § 6).

> *insieme con / insieme a*: benché una certa tradizione grammaticale guardi (o abbia guardato) con sospetto alla locuzione preposizionale *insieme a*, entrambe, attestate da molti secoli nella nostra lingua e altrettanto frequenti nell'uso, sono da considerarsi corrette. (v. VIII. 138).

insistere: verbo irregolare di 2ª coniugazione in *-ere*, XI. 187. In unione con *a* o *nel* + infinito, è un verbo fraseologico che indica la continuità di un'azione: «insisteva a (nel) rispondere a tono», XI. 48d.

insorgere: verbo irregolare di 2ª coniugazione in *-ere*, XI. 305.

intanto che: locuzione congiuntiva subordinante temporale, XIV. 203.

integerrimo: superlativo di *integro*, V. 69. 70ad.

intendere: verbo irregolare di 2ª coniugazione in *-ere*, XI. 319; XIV. 41.

INTENSE, CONSONANTI: i. vale per «doppie»; l'elenco delle consonanti che in posizione intervocalica si pronunciano i. è in I. 47b.

INTENSIFICATORI, AGGETTIVI: a. qualificativi che non indicano una precisa qualità o un concetto, ma intensificano il concetto o l'immagine espressi dal nome: «una *buona* decina di metri»., V. 34-37.

INTENSIFICAZIONE DI UN AGGETTIVO POSITIVO: passaggio di un a. dal grado positivo al grado superlativo (V. 71). Oltre che con l'aggiunta di specifici suffissi (*-issimo, -errimo, -entissimo*), può ottenersi premettendo all'a. un avverbio di quantità o qualificativo o l'aggettivo *tutto* («*molto / particolarmente / tutto* stanco», V. 72-73) o reduplicando l'a. («*stanco stanco*», V. 74). La reduplicazione intensiva può interessare anche un nome: «un caffè *caffè*», V. 75).

INTENSIVI, PRONOMI: si dicono i. i pronomi atoni *mi, ti, si, ci, vi* usati per esprimere una particolare partecipazione emotivo – affettiva all'azione: «*mi* faccio una risata», VII. 40-41. 61; XI. 22. V. anche MEDIA, DIATESI.

INTENZIONE, IMPERFETTO D': v. XI. 374e e la voce IMPERFETTO INDICATIVO, § 3.

intercorrere: verbo irregolare di 2ª coniugazione in *-ere*, XI. 213.

interdisciplinarità / interdisciplinarietà: v. il riquadro *-ità / -ietà*.

INTERFISSO: affisso intermedio fra la base e il suffisso, come *-ic-* nei diminutivi con il suffisso *-ino* (*post-ic-ino*, XV. 79) e *-ett-* in alcuni derivati con il suffisso *-aro* (*rock-ett-aro*, XV. 11a).

INTERFISSO: v. XV. 3 e la voce AFFISSO.

INTERIETTIVE, LOCUZIONI: v. X. 1 e la voce INTERIEZIONE, § 2.

INTERIEZIONE: § 1. Tradizionalmente considerata una delle nove parti del discorso, in realtà l'i. è una parola che realizza da sola il significato di un'intera frase: per esempio, un «Ehi!» rivolto a qualcuno che ci spinge in un autobus affollato equivale a un'intera frase del tipo «Faccia attenzione!», «Non mi spinga», ecc. § 2. Le i. possono essere distinte in: a) *primarie* o *proprie*, che hanno solo valore di interiezione; b) *secondarie* o *improprie*, che sono sostantivi, aggettivi, avverbi o verbi utilizzabili anche come i.; c) *locuzioni interiettive*, formate da gruppi di parole o da intere brevi proposizioni usate in funzione esclamativa. § 3. Le più importanti i. primarie sono *ah* X. 4. 37, *ahi* X. 7, *alt* X. 1, *bah* X. 8, *beh* o *be'* X. 9, *boh* X. 10, *deh* X. 11, *eh* X. 12, *ehi* X. 13, *ehm* X. 14, *ih* X. 15, *mah*, *ma* X. 16, *marsch*, *marsc*, *marc* (o *marsc'*, *marc'*) X. 17, *neh* X. 18, *o* X. 19, *oh* X. 20, *ohi*, *oi* X. 21, *ps*, *pst*, *psst* X. 22, *puah* X. 23, *sciò* X. 24, *st*, *sst* (o *ss*, *sss*, *ssss*) X. 25, *to'* X. 26, *uff*, *uffa* (o *auff*) X. 27, *uh* X. 28, *uhm* X. 29, *veh*, *ve'* X. 30, e ancora *bum*, *etcì*, *mmm*, *mhmm*, *zac*, *zacchete* (di evidente origine onomatopeica, X. 31), *grr*, *gulp*, *mumble*, *sigh*, *slurp*, *sob* (provenienti dalla lingua dei fumetti, X. 32), *cavolo*, *cacchio*, *caspio*, *caspita*, *caspiterina*, *madosca*, *maremma*, *perdinci*, *perdiana*, *perdirindina* (alterazioni eufemistiche di formule oscene o blasfeme, X. 33). § 4. Le i. secondarie sono una categoria aperta, dal momento che il numero delle parole utilizzabili in un determinato contesto come i. è ampliabile all'infinito. Molte sono tratte dalla gamma dei nomi di animali (*cane!*, *porco!*, *maiale!*, *verme!*, *pecora!*, *serpente!*, *vipera!*, *oca!*, *gallina!*, *vacca!*, *asino!*, *somaro!*, *pollo!*, *troia!*, *micio!*, *micia!*, *baccalà!*, *sanguisuga!*, *tartaruga!*, *bestia!*, *animale!* X. 34); altre sono generalmente usate in funzione conativa (cioè con lo scopo di agire sul destinatario del discorso: *zitto!*, *voce!*, *fuori!*, *dentro!*, *basta!*, *coraggio!*, *animo!*, *su!*, *suvvia!*, *andiamo!*, *pietà!*, *perdono!*, *scusa!*, *scusi!*, *bene!*, *bravo!*, *giusto!*, *esatto!*, *male!*, *vergogna!*, *sciocco!*, *maledetti!*, *accidenti!*, *acciderba!*, *accidempoli!*, *accipicchia!*, *acci...!* X. 35); alcune di queste e altre sono usate in funzione fàtica (cioè per attivare, mantenere e verificare il funzionamento della comunicazione: *pronto? sì? senti*, *senta*, *scusa*, *scusi*, *per favore*); alcune di queste e altre, infine, sono usate come segnali discorsivi messi in atto dal parlante per pianificare il discorso: *senti*, *senta*, *vedi*, *guarda*, *ecco*, *insomma*, *già*, *sfido*, *no?* (X. 36-37; v. anche **DISCORSIVI, SEGNALI**). § 5. Le più importanti locuzioni interiettive sono: *Dio mio!*, *per amor di Dio!*, *santo cielo!*, *per amor del cielo!*, *povero me! guai a te!*, *per carità!*, *al diavolo!*, *Dio ce ne scampi e liberi!*, *basta così!*. § 6. Particolari tipi di interiezione sono rappresentati dalle *formule di saluto* (v. X. 38-46 e la voce **SALUTO, FORMULE DI**) e dalle *onomatopee* (v. X. 47-49 e la voce **ONOMATOPEA**).

interiore: v. V. 82-83 e la voce **AGGETTIVO**, § 9.

interporre: verbo irregolare di 2ª coniugazione in *-ere*, XI. 275.

interpungere: verbo irregolare di 2ª coniugazione in *-ere*, XI. 282.

INTERPUNZIONE: v. **PUNTEGGIATURA**.

INTERROGATIVE DIRETTE, PROPOSIZIONI: § 1. Sono proposizioni indipendenti che contengono una domanda; nello scritto hanno come segnale grafico il punto interrogativo, e nel parlato hanno l'intonazione ascendente tipica della frase interrogativa (XIII. 6). Possono essere *parziali* (se la domanda riguarda solo uno degli elementi della frase: «chi ha suonato?», XIII. 7b), *totali* (se la domanda riguarda tutto l'insieme della frase («vuoi un panino?», XIII. 7a), *alternative* o *disgiuntive* (se la domanda offre due possibilità di scelta: «preferisci vino bianco o rosso?», XIII. 8), *reali* (se la domanda è reale, come negli esempi precedenti, XIII. 9), *fittizie* (se la domanda è fittizia: «ti ho mai nascosto la verità? Evidentemente no», a loro volta distinguibili in *retoriche*, *didascaliche* e *narrative*, *diffratte*, *fàtiche* o *di cortesia* (più ampi particolari ed esempi in XIII. 10-15). § 2. Tutte le i. d. possono essere marcate dai cosiddetti *segnali di interrogazione*, quali le formule *o* o *che* («*che*, non ti ricordi?») e la collocazione del soggetto a destra del verbo, tipica soprattutto della lingua di registro elevato: «vuoi *tu* prendere come legittimo sposo...?» (XIII. 16-19). § 3. Il modo verbale è l'indicativo («Chi *è stato*?»); possono aversi anche il condizionale («*potrei* avere un bicchier d'acqua?») o il congiuntivo («Che gli *sia successo* qualcosa?», XIII. 20-25).

INTERROGATIVE INDIRETTE, PROPOSIZIONI: esprimono una domanda o un dubbio in forma indiretta, e in dipendenza da una proposizione reggente: «Dimmi *perché ti sei comportato così*». Come le interrogative dirette, anche le indirette si distinguono in *parziali* (introdotte da un aggettivo, un pronome o un avverbio interrogativo) e *totali* (introdotte da *se*), *semplici* e *alternative*. Possono avere forma esplicita e forma implicita. Le i. i. esplicite hanno il verbo all'indicativo («mi domando *che cosa ho fatto di male*»), al congiuntivo («nessuno sa *dove sia finito*») o al condizionale («non so *se verrebbe volentieri*»). Le i. i. implicite hanno il verbo all'infinito presente («Non so *a chi rivolgermi*») (VII. 249-250; XII. 52.57a; XIV. 83-91. 148).

INTERROGATIVI, AGGETTIVI E PRONOMI: § 1. Gli aggettivi e pronomi i. si usano per fare una domanda o per esprimere un dubbio in relazione a tre categorie fondamentali: la qualità («*Quali* dolci preferisci?»), la quantità («*Quanti* dolci hai mangiato?»), l'identità («*Che cosa* sono questi? – Sono dolci», V. 2b; VII. 248; XIII. 7b). § 2. La serie degli i. è composta dalle forme seguenti: *che* (aggettivo e pronome: «Che piatto preferisci?» e «Che preferisci?» VII. 249. 253-255), *quale* (aggettivo e pronome: «Quale libro preferisci?» e «Quale preferisci?», VII. 250), *chi* (pronome: «Chi è arrivato?», VII. 252), *che cosa* o *cosa* (pronome: «Che cosa desidera?», VII. 256), *quanto* (aggettivo e pronome: «Quante candeline sono?» e «Quante sono?», VII. 257).

INTERROGATIVI, AVVERBI: v. XII. 18. 57; XIII. 7 e la voce **AVVERBIO**, §§ 5 e 11.

INTERROGATIVO, PUNTO: V. **PUNTO INTERROGATIVO**.

interrompere: verbo irregolare di 2ª coniugazione in -*ere*, XI. 295. In unione con *di* + infinito, è un verbo fraseologico che indica la conclusione di un'azione: «ha interrotto di parlare», XI. 48e.

intervenire: verbo irregolare di 3ª coniugazione, XI. 353.

intervenne / intervenì: v. il riquadro **VENIRE, COMPOSTI DI**.

INTERVOCALICO, -A: 'fra due vocali', come la s in *casa*.

intessere: verbo irregolare di 2ª coniugazione in -*ere*, XI. 210.

intimo: v. VI. 82-83 e la voce **AGGETTIVO**, § 9.

intingere: verbo irregolare di 2ª coniugazione in -*ere*, XI. 247. 321.

INTONAZIONE: § 1. Può essere definita come l'insieme delle manifestazioni acustiche che segnalano all'interlocutore i confini delle varie frasi e le intenzioni comunicative del locutore: ad esempio, la caratteristica i. *ascendente* segnala un'intenzione interrogativa da parte del locutore («che hai fatto?» = ‿‿ ^ ^ ?), mentre l'intonazione *discendente* segnala un'intenzione esclamativa da parte del locutore («che hai fatto!» = ^^ ^ ‿ !), I. 214-215. § 2. Quando è intesa come *cadenza* o *calata* o *accento*, l'i. contraddistingue le singole varietà regionali dell'italiano (I. 27).

INTRANSITIVI PRONOMINALI, VERBI: i v. i. p. sono descritti in XI. 23-29; l'uso del pronome *si* nei v. i. p. è illustrato in VII. 61; il paradigma della loro coniugazione è in XI. 90. Notizie sintetiche sui v. i. p. sono alla voce **VERBI**, § 10.

INTRANSITIVI, VERBI: v. XI. 3-4 e la voce **VERBI**, § 6. Per la scelta dell'ausiliare, per il paradigma della coniugazione e per la formazione dei tempi composti dei v. i. («*ho* dormito» ma «*sono* partito») si vedano XI. 34-36 e XI. 88. L'accordo del participio passato con i v. i. («Maria ha dormit*o* e poi è partit*a*») è illustrato in XI. 364a. Alcuni v. i. possono reggere sia il costrutto esplicito sia il costrutto implicito di una proposizione oggettiva (tipo «*gioiva che gli altri soffrissero*» / «*gioiva di* veder soffrire gli altri») sono indicati in XIV. 44; altri v. i., che ammettono solo il costrutto implicito (tipo «non *mancò d'*informarmi») sono indicati in XIV. 46.

intraprendere: verbo irregolare di 2ª coniugazione in -*ere*, XI. 278.

intrattenere: verbo irregolare di 2ª coniugazione in -*ére*, XI. 165.

intravedere: verbo irregolare di 2ª coniugazione in -*ére*, XI. 170.

intridere: verbo irregolare di 2ª coniugazione in -*ere*, XI. 249.

introdurre: verbo irregolare di 2ª coniugazione in -*ere*, XI. 205.

intrudere: verbo irregolare di 2ª coniugazione in -*ere*, XI. 250.

invadere: verbo irregolare di 2ª coniugazione in -*ere*, XI. 235.

invalere: verbo irregolare di 2ª coniugazione in *-ére*, XI. 168.
INVARIABILI, NOMI: n. che mantengono la stessa forma al singolare e al plurale. Il loro elenco è in III. 124-129; v. anche la voce **NOME**, § 13.
invece che: locuzione congiuntiva avversativa arcaica, XIV. 213b.
invece di: locuzione preposizionale; può introdurre una proposizione avversativa implicita (XIV. 212).
invidiare: sul costrutto antico *i. a qualcuno* v. XI. 4d.
involgere: verbo irregolare di 2ª coniugazione in *-ere*, XI. 331.
involvere: verbo irregolare di 2ª coniugazione in *-ere*, XI. 218.
io: pronome personale di 1ª persona, usato in funzione di soggetto (v. VII. 4-6. 8-9. 12. 13) e, anticamente, anche in funzione di complemento indiretto (VII. 15). Il suo uso sostantivato è illustrato in VII. 11.
io e te: v. il riquadro *te / tu*.
io e tu: v. il riquadro *te / tu*.
Ionio (*lo / l' / il I.*): v. il riquadro **ARTICOLO DAVANTI A *I* SEMICONSONANTICA, USO DELL'**.
IPERÒNIMO: l'i. è un nome che include, nel suo significato, nomi di significato meno ampio detti *ipònimi*: per esempio, *fiore* è i. di *rosa, giglio, viola*, iponimi rispetto a *fiore* e *coipònimi* fra loro. Esempi di iperonimi segnalati in questa grammatica sono *monte, fiume, lago* rispetto a *monte Amiata, fiume Po, lago Trasimeno*, ecc.(II. 48); *vino* rispetto a *Barbaresco, Chianti, Tocai* (III. 22); *bestia, animale* rispetto a *cane, maiale, pecora*, ecc. (X. 34).
IPÒNIMO: V. **IPERÒNIMO**.
IPOTASSI: V. **SUBORDINAZIONE**.
IPOTETICO, PERIODO: V. **CONDIZIONALI, PROPOSIZIONI**.
ire, gire: verbo difettivo di 3ª coniugazione, arcaico, XI. 106.
IRREALE, IMPERFETTO: v. XI. 374f; XIV. 151a il riquadro sottostante, e la voce **IMPERFETTO INDICATIVO**.

IRREALE, INDICATIVO (*se lo sapevo, non venivo*): accanto al tipo canonico adoperato per esprimere l'irrealtà nel passato (congiuntivo trapassato nella protasi, condizionale passato nell'apodosi: «se l'avessi saputo, non sarei venuto»), è sempre esistita la possibilità di adoperare l'indicativo imperfetto, o in entrambi i membri del periodo ipotetico, o solo nella protasi («se lo sapevo, non sarei venuto»), o solo nell'apodosi («se l'avessi saputo, non venivo»). A differenza di quel che si potrebbe credere, non si tratta d'un uso recente; anzi, nei secoli scorsi costrutti del genere erano adoperati anche nella poesia più eletta, per esempio dal Petrarca: «Ma s'io v'era con saldi chiovi fisso, / non devea specchio farvi per mio danno, / a voi stessa piacendo, aspra e superba» [= se fossi stato fissato con saldi chiodi (nel vostro cuore), lo specchio (in cui vi compiacete di rimirarvi) non avrebbe dovuto rendervi così crudele verso di me]. Nell'italiano contemporaneo l'indicativo irreale è caratteristico del registro colloquiale, mentre il sistema congiuntivo-condizionale è più adatto per il discorso sostenuto e per la prosa argomentativa. (v. XIV. 151a).

IRREALE, PERIODO IPOTETICO: v. XIV. 150 e la voce **CONDIZIONALI, PROPOSIZIONI**, § 2.
irridere: verbo irregolare di 2ª coniugazione in *-ere*, XI. 291.
irrìto: I. 188b.
irrompere: verbo irregolare di 2ª coniugazione in *-ere*, XI. 295.
-isc-: affisso verbale presente nei verbi di 3a coniugazione detti *incoativi*, XI. 80-83.
iscritto (*in, per i.*): forma prostetica di *scritto*, I. 71.
iscrivere: verbo irregolare di 2ª coniugazione in *-ere*, XI. 302.
isola / isolotto: III. 36.
ISOLE: il genere dei nomi di i. è indicato in III. 12; l'uso dell'articolo coi nomi di i. è descritto in IV. 42.
istesso: variante arcaica di *stesso*, VII. 144.
istruire: verbo anticamente irregolare di 3ª coniugazione, XI. 336-337.

-ità / -ietà (*complementarità / complementarietà*): la forma corretta è la prima, regolarmente derivata dall'agg. *complement-are* (come in *familiare-familiarità, peculiare-peculiarità*). *Complementarietà* si deve all'attrazione di altri astratti in *-ietà* come *contrarietà* e

> *precarietà*, tratti da basi aggettivali in - *ario* (*contr-ario*, *prec-ario*). L'uso è oscillante (nel «Corriere della Sera» 1995 figurano 8 *complementarità* e 10 *complementarietà*) e proprio per questo la forma corretta ha ancora buone possibilità di affermarsi, se sostenuta dall'uso della grande stampa e dell'editoria. (v. XV. 26).

italiani / *Italiani* (*gli*): v. il riquadro ETNICI, MAIUSCOLE NEGLI, e I. 194h.
italianissimo: V. 68.
ITALIANO POPOLARE: V. POPOLARE, ITALIANO.
ITERATIVO, IMPERFETTO: v. XI. 374b e la voce IMPERFETTO INDICATIVO, § 3.
ITERATIVO, PRESENTE: v. XI. 372a e la voce PRESENTE INDICATIVO, § 2.
IUSSIVO, FUTURO: v. XI. 386a; XIII. 38 e la voce FUTURO.
IUSSIVO, INFINITO: v. XI. 403; XIII. 39 e la voce INFINITO, § 2.
j: grafema straniero, I. 147-152; l'uso dell'articolo davanti a parole comincianti per *j* è illustrato in IV. 5a.

> *j* = *i lungo* / *gei*: il nome della lettera dell'alfabeto è, in italiano, soltanto 'i lungo' (distinta dalla 'i' e dalla 'i greca' o 'ypsilon', cioè *y*). Tale lettera, che in passato poteva trovarsi in posizione intervocalica (*notajo*) o finale (*varj*), sopravvive in pochi nomi propri e compare soprattutto in parole di provenienza inglese (come *jingle*, *jet-set*, *jumbo*; trascurabili i forestierismi d'altra origine). Se a questo aggiungiamo la diffusa familiarità con l'angloamericano, è facile spiegare (non giustificare) la pronuncia [´dʒei], che si sente spesso nelle compitazioni: *Majno*, *emme-a-gei-enne-o*. Non ci sarebbe nulla di male a ribattezzare l'*i* lunga, una lettera attualmente avventizia nell'alfabeto nazionale, con un nome preso da un'altra lingua, ma finché questo non avverrà sarà bene mantenerle il nome legittimo. (v. I. 106. 151).

jeans: (*il* / *i j.*): III. 132a.
jiddisch / *yiddish*: I. 149.
k: grafema straniero, I. 147-150. 153, usato anche in antichi documenti italiani (I. 135).

kamikaze (*il* / *i k.*): III. 132d.
l'amore / **lo amore*: v. il riquadro ELISIONE CON NOMI MASCHILI COMINCIANTI PER VOCALE.
l'FBI / *il FBI*: v. il riquadro ARTICOLO DAVANTI A SIGLE, USO DELL', e IV. 9. 12.
l'LSD / *il LSD*: v. il riquadro ARTICOLO DAVANTI A SIGLE, USO DELL', e IV. 9. 12.
l'urgenza / *la urgenza*: v. il riquadro ELISIONE CON NOMI FEMMINILI COMINCIANTI PER VOCALE.
l' / *lo* / *il walkman*: v. il riquadro ARTICOLO DAVANTI A W, USO DELL', e IV. 8.
l'XI / **XI°* (*secolo*): v. il riquadro SECOLI, USO DEI NUMERALI CON I.
LÀ, LAGGIÙ, LASSÙ: avverbio di luogo, I. 70. 177b; XII. 38-40. 43.
la: § 1. Articolo determinativo femminile singolare; v. IV. 1 sgg. e la voce ARTICOLO. § 2. Pronome personale di 3ª persona femminile e, nell'uso toscano e letterario, anche «neutro», tonico (VII. 22) e atono (VII. 31-34. 44. 89; XI. 365b).

> *la* + *cognome di donna* (*la Bonino* / *Bonino*): con un cognome «femminile» (abbiamo esemplificato attraverso quello dell'europarlamentare Emma Bonino) la norma tradizionale impone l'obbligo dell'articolo. Nel maschile, invece, si oscilla tanto per i nomi storici (*Verdi* – *il Manzoni*), quanto per quelli contemporanei («Ti ha cercato Bianchi per quella fattura» – «Ti ha cercato il Bianchi»; l'articolo è abbastanza diffuso in Toscana e nell'Italia settentrionale, inusitato nel resto d'Italia). La distinzione tra obbligo dell'articolo per i cognomi femminili e facoltatività per quelli maschili è alquanto in crisi (come sono in crisi, più in generale, le rigide codificazioni legate al sesso delle persone). Già da tempo, del resto, l'articolo con i femminili era omesso nell'uso scolastico («Si è giustificata Bianchi?») e avviando una telefonata («Pronto. Parla Bianchi», direbbe una donna con questo cognome). Oggi l'omissione è pressoché generale nell'uso giornalistico, specie nei titoli (anche per ragioni di brevità). Se si vuole indicare il sesso del portatore di un cognome evitando l'articolo, è sempre possibile naturalmente esplicitare il nome: tra «Bonino interviene

sul problema degli immigrati» e «la Bonino interviene» si può optare per «Emma Bonino interviene». (v. IV. 24).

la Maria, il Carlo: v. il riquadro ARTICOLO CON I PRIMI NOMI, USO DELL'.
la urgenza / l'urgenza: v. il riquadro ELISIONE CON NOMI FEMMINILI COMINCIANTI PER VOCALE.
labbro (plur. *labbri / labbra*): III. 118o.
LABIALI, VOCALI: V. VELARI, VOCALI.
LABIOVELARE, NESSO: si dicono l. i nessi /kw/ o /gw/, formati da una velare sorda o sonora e dalla semiconsonante /w/: q*ua*ndo, c*uo*re, g*ue*rra (I. 50).
LABIOVELARI, VOCALI: V. VELARI, VOCALI.
laddove: congiunzione subordinante avversativa, XIV. 211.
LAGHI: il genere dei nomi di l. è indicato in III. 20; l'uso dell'articolo coi nomi di l. è descritto in IV. 43.
lama (il l.): III. 126.
lancia / lancio: III. 39.
laonde: congiunzione coordinante conclusiva arcaica, XIV. 25d.
LATERALE PALATALE: altro modo di indicare la consonante costrittiva palatale /ʎ/ (il suono rappresentato dal digramma *gl* in *figlio*, I. 39), la cui pronuncia in posizione intervocalica, intensa nell'italiano normale ([ˈfiʎʎo], I. 47b), è tenue nell'italiano regionale settentrionale ([ˈfiʎo], ˈfiljo, accanto alla variante depalatalizzata ˈfilljo], I. 88) e passa a [jj] nell'italiano regionale centrale ([ˈfijjo], I. 94).
laterale: altro modo di indicare la consonante costrittiva alveolare *l*, I. 137.
LATINISMI: V. DOTTE, PAROLE.
LATINO VOLGARE: il termine e il concetto stesso di l. v. sono di controversa definizione. Schematizzando, definiremo come v. la varietà *parlata* del latino, realtà linguisticamente disomogenea per epoca, àmbito territoriale e livello stilistico, che si oppone al latino classico, varietà *scritta* identificabile nel latino adoperato dagli scrittori della cosiddetta *aetas aurea* (50 a. C. – 50 d. C. ca.), I. 188a; XI. 126a; 141; XII. 4. 61.
LATINO: i casi più notevoli di confronto con il latino sono in I. 22-24. 47b. 57. 64. 65e. 107. 120bis. 122. 127. 132. 136. 183-188. 190; II. 6; III. 28. 73. 83. 100. 108. 109; IV. 1. 14. 64; V. 30. 46. 67-70. 85;

VI. 13. 23; VII. 7. 10be. 85. 103a. 140. 174. 190b; VIII. 3. 13. 59; XI. 9. 17. 42-43. 49-50. 57-62. 65-69. 83. 126. 366. 389. 416; XII. 7. 29; XIII. 19; XIV. 32. 100; XV. 10 sgg.
lavatore / lavatora / lavatrice: III. 66.
le: § 1. Articolo determinativo femminile plurale; v. IV. 1 sgg. e la voce ARTICOLO. § 2. Pronome personale di 6ª persona femminile e, nell'uso toscano e letterario, anche «neutro», tonico (VII. 22) e atono (VII. 31-34. 38; XI. 365b).
le / gli: v. il riquadro *gli / le*.
leccornìa: I. 189.
ledere: verbo irregolare di 2ª coniugazione in *-ere*, XI. 251.
LEGGE DELLA PENULTIMA: I. 183 legge prosodica del latino ricordata in I. 183.
LEGGE TOBLER-MUSSAFIA: insieme di condizioni sintattiche che in italiano antico comportavano l'obbligo dell'enclisi del pronome atono (in altre parole, l'adozione del tipo «Fecemi» in luogo del tipo «Mi fece»), VII. 81.
leggere: verbo irregolare di 2ª coniugazione in *-ere*, XI. 252-253.
leggi: imperativo di *leggere* usato come formula esplicativa, XI. 400b.
lei: pronome personale di 3ª persona femminile (v. VII. 4. 16-18. 21. 23 e la voce PERSONALI, PRONOMI, § 2) usato anche come pronome allocutivo (VII. 84. 90-91). Per il tipo «il di *lei* padre» v. VII. 105 e la voce POSSESSIVI, AGGETTIVI E PRONOMI, § 2.
lei / ella: v. il riquadro PERSONALI, PRONOMI (3ª PERSONA).
lei [...] *gli / le*: v. il riquadro PERSONALI (RIDONDANTI), PRONOMI.
Lemàno: I. 189.
lenzuolo (plur. *lenzuoli / lenzuola*): III. 118p.
lepre (il / la l.): III. 79c.
LESSICALIZZAZIONE: si chiama l.: a) il processo attraverso il quale un sintagma o una sequenza di parole diventa un solo elemento lessicale (per es., la locuzione avverbiale *in silenzio* è un sintagma che equivale all'avverbio *silenziosamente*); b) il processo attraverso il quale una forma grammaticale o una forma derivata si specializzano come termini autonomi, indipendenti dalla forma base: così l'infinito *dispiacere* è diventato da tempo un nome a tutti gli effetti (*il di-*

lettera (dell'alfabeto)

spiacere, i dispiaceri, XI. 410) e il tecnicismo *rosone* non è più riconducibile alla base *rosa*, di cui era, originariamente, l'accrescitivo (XV. 5a. 66. 77. 109. 113).

LETTERA (dell'alfabeto): v. **GRAFEMA**.

li: § 1. Antica forma di articolo determinativo maschile plurale, IV. 15. § 2. Pronome atono maschile plurale, VII-31-34. 39. 365b. v. anche il riquadro **DATE**.

lì: avverbio di luogo, I. 177b; XII. 38-40; XIV. 144 (nella locuzione *essere lì* (*lì*) *per*).

LIBERA, SILLABA: v. I. 23. 161 e la voce **SILLABA**.

LIBERA, VARIANTE: v. I. 5 e la voce **VARIANTI FONETICHE**.

licére: verbo difettivo di 2ª coniugazione in *-ére*, XI. 107.

Lied (il), Lieder (i): v. il riquadro **NOMI STRANIERI, PLURALE DEI** e III. 131.

lieva: 'leva', I. 59.

LIGURE, ONOMASTICA: alcune grafie notevoli nell'o. l. sono descritte in I. 157.

LIMITATIVE, PROPOSIZIONI: esprimono una limitazione rispetto a quanto viene affermato nella reggente: il fatto espresso nella principale è legato a un particolare punto di vista o ristretto a un determinato àmbito. Possono avere forma esplicita e implicita. Le l. esplicite sono introdotte da *per quanto, per quello che, secondo che, secondo quanto*, e il modo verbale è l'indicativo («*per quanto ne so*, l'ultimo autobus è già passato»). Le limitative implicite sono introdotte da *per* e *in quanto a*, e il verbo è all'infinito: «*quanto a fargli un prestito*, non ne ho alcuna intenzione» (XIV. 245-247).

LIMITATIVE, RELATIVE: v. I. 220e; XIV. 249 e la voce **RELATIVE, PROPOSIZIONI**, § 2.

LIMITAZIONE, COMPLEMENTO DI: è un complemento indiretto che indica entro quali limiti o in quale àmbito è valida l'affermazione che si fa. È introdotto dalle preposizioni *di, in, per, a* e dalle locuzioni preposizionali *in quanto a, quanto a, limitatamente a, in fatto di, relativamente a, rispetto a* ecc. Esempi: «Valeria sarà brava *in matematica*, ma *quanto all'italiano* è una frana», «Ti aiuterò *limitatamente alle mie possibilità*» (VIII. 18. 49. 66. 76. 114-116. 137b).

LINGUISTICI, ATTI: per la linguistica prag-

matica qualsiasi atto di comunicazione è un a. l., cioè un'azione compiuta per mezzo della lingua in una situazione e con uno scopo dati. Un a. l. può essere descritto come *locutorio* o *locutivo* (= formulare qualsiasi enunciato, per esempio «chiedo scusa»), *illocutorio* o *illocutivo* (= fare qualcosa dicendo; l'atto illocutorio connesso all'enunciato «chiedo scusa» è *scusarsi*), *perlocutorio* o *perlocutivo* (= l'atto di ottenere una modificazione del contesto o dell'atteggiamento dell'interlocutore attraverso il dire qualcosa o il fare qualcosa dicendo; l'atto perlocutorio connesso all'enunciato «chiedo scusa» è *l'interlocutore prende atto delle scuse*).

liquefare: verbo irregolare di 1ª coniugazione, XI. 135b.

LIQUIDE: modo tradizionale di indicare le consonanti costrittive alveolari *l* e *r* (I. 137). Il ricorso all'apocope in forme con vocale finale preceduta da l. (*sol, signor* ecc.) è illustrato in I. 86b.

lo: § 1. Articolo determinativo maschile singolare; v. IV. 1 sgg. e la voce **ARTICOLO**. § 2. Pronome personale atono di 3ª persona maschile (VII. 31-34. 43; XI. 365b).

*lo amore / l'amore: v. il riquadro **ELISIONE CON NOMI MASCHILI COMINCIANTI PER VOCALE**.

LOCUTORI, ATTI: v. II. 17; XIII. 2 e la voce **LINGUISTICI, ATTI**.

LOCUZIONI AVVERBIALI: v. **AVVERBIALI, LOCUZIONI**.

LOCUZIONI CONGIUNTIVE: v. **CONGIUNTIVE, LOCUZIONI**.

LOCUZIONI INTERIETTIVE: v. **INTERIETTIVE, LOCUZIONI**.

LOCUZIONI PREPOSIZIONALI: v. **PREPOSIZIONALI, LOCUZIONI**.

LOCUZIONI VERBALI: v. **VERBALI, LOCUZIONI**.

LOGICA, ANALISI: v. **ANALISI LOGICA**.

LOGICO, SOGGETTO: v. II. 23 e la voce **SOGGETTO**.

lontano: preposizione impropria (VIII. 7. 136h) e avverbio di luogo (XII. 34-35). Nella locuzione preposizionale *lontano da* introduce una proposizione consecutiva implicita («non è lontano dall'aver visto giusto», XIV. 213a).

loro: la forma *l.* può assumere, a seconda del contesto, i diversi valori di: a) pronome personale di 6ª persona (VII. 4), soggetto (loro fanno così, VII. 29) e complemento di termine (Ho detto loro quel che pensavo, VII. 36-37); b) pronome allocutivo di 6ª persona (Buonasera. *Loro* hanno prenotato?, VII. 845.92); c) aggettivo e pronome possessivo («- È la *loro* macchina? – Sì, è proprio la *loro*», VII. 99 sgg.

loro / gli: v. il riquadro *gli / loro*.

loro [...] *gli*: v. il riquadro PERSONALI (RIDONDANTI), PRONOMI.

lorsignori: pronome allocutivo, VII. 93.

lùcere: verbo difettivo di 2ª coniugazione in *-ere*, XI. 108.

LUDICO, IMPERFETTO: v. XI. 374g e la voce IMPERFETTO INDICATIVO.

lui: pronome personale di 3ª persona maschile (v. VII. 4. 16-18. 21. 23 e la voce PERSONALI, PRONOMI, § 2). Per il tipo «il di *lui* padre» v. VII. 105 e la voce POSSESSIVI, AGGETTIVI E PRONOMI, § 2.

lui / egli: v. il riquadro PERSONALI, PRONOMI (3ª PERSONA).

lui [...] *gli*: v. il riquadro PERSONALI (RIDONDANTI), PRONOMI.

lunge, lungi: avverbio di luogo, XII. 41b; XIV. 212-213a.

lunghesso: v. VII. 140c.

lungo: preposizione impropria, VIII. 136d. L'uso dell'articolo con gli odonimi composti con l. (tipo *Lungotevere*) è descritto in IV. 44c.

LUOGO, AVVERBI DI: v. VII. 45. 52. 122; XII. 18. 34-44. 59g e la voce AVVERBIO, § 8.

LUOGO, COMPLEMENTI E DETERMINAZIONI DI: §1. Esprimono le diverse collocazioni nello spazio di un essere animato, una cosa o un'azione. Tradizionalmente si distinguono quattro tipi fondamentali di complementi di luogo, tutti indiretti: *stato in luogo; moto a luogo; moto da luogo; moto per luogo*. § 2. Il c. di *stato in luogo* indica il luogo in cui si svolge un'azione, si verifica una situazione o è collocato qualcuno o qualcosa. Solitamente dipende da verbi legati a un'idea di stato o permanenza. È introdotto dalle preposizioni *in, a, su, da, per, tra, sopra, sotto, fuori, dentro* e dalle locuzioni preposizionali *nei pressi di, nei dintorni di, all'interno di, accanto a, vicino a* ecc. Esempi: «abita *in campagna*», «sono rimasto chiuso all'interno dell'ascensore». (II. 56; IV. 72d; VIII. 6c. 23d. 41. 68-69. 71. 85. 97. 99. 127); § 3. Il c. di *moto a luogo* indica il luogo verso il quale si muove qualcuno o qualcosa o verso cui è diretta un'azione. Dipende da verbi il cui significato è legato a un'idea di movimento. È introdotto dalle preposizioni *in, a, da, per, su, verso, sopra, sotto, dentro* e dalle locuzioni preposizionali *in direzione di, alla volta di* ecc. Esempi: «è tornato in patria», «vado a Lecce». (II. 56; IV. 72d; VIII. 6c. 23bd. 35. 84-86. 99-100. 117). § 4. Il c. di *moto da luogo* indica il luogo da cui ci si muove o da cui proviene un'azione. Dipende da verbi di movimento. È introdotto dalle preposizioni *da* e *di*. Esempi: «sono appena arrivata da Berlino», «esce di prigione». Mette conto aggiungere che quando il c. di moto da luogo precisa da chi o da che cosa ci si allontana o ci si separa, in senso proprio o figurato, viene detto c. *di allontanamento* o *separazione*. Esempi: «mi hanno allontanato *dal gruppo*», «esule *dalla patria*» (II. 56; IV. 72d; VIII. 6c. 23ab. 52-53). § 5. Il c. di *moto per luogo* indica il luogo attraverso il quale si passa o attraverso il quale ci si muove per compiere un'azione. Dipende da verbi di movimento. È introdotto dalle preposizioni *per, attraverso, in, da* e dalla locuzione preposizionale *in mezzo a*. Esempi: «passerò *per il centro storico*», «un varco *in mezzo alla neve*» (VIII. 23c. 68-69. 101. 108. 127). § 6. Altre determinazioni di luogo sono illustrate in VIII. 136.

ma: 'mamma', I. 81.

ma: congiunzione coordinante avversativa e sostitutiva, XIV. 20.

---

ma però: contro *ma però* c'è una diffusa ostilità, che tuttavia non è giustificata. Si tratta di un rafforzamento intensivo della congiunzione avversativa che non ha, in sé, nulla di strano o di irregolare. Si potrà solo osservare che, in una prosa particolarmente sostenuta, in cui ogni parola sia frutto di attenta calibratura, la sequenza di due congiunzioni con lo stesso valore potrà apparire ridondante: ma è una questione di stile, o meglio di sensibilità stilistica individuale, non di lingua. Quanto alla lingua, il *ma però* potrebbe invocare a discarico

magari

molti testimoni illustri. Eccone alcuni: «Annibale, tanto eccellente capitano, *ma però* di natura feroce ed alieno da ogni umanità» (Castiglione); «Va contra gli altri e rota il ferro crudo; / *ma però* da lei pace non impetra» (Tasso); «dopo i debiti, *ma però* brevi, complimenti» (Galileo); «l'ostacolo veniva ad essere maggiore; *ma però* era assai minore il pericolo» (Alfieri); «Non era un conto che richiedesse una grande aritmetica; *ma però* c'era abbondantemente da fare una mangiatina» (Manzoni); «Pietro non comprese, *ma però* le domandò» (Tozzi). (v. XIV. 20).

magari: avverbio di dubbio (v. AVVERBIO, § 10); può introdurre un congiuntivo ottativo (XIII. 34).
maggio: 'maggiore', V. 80.
MAGGIORANZA, GRADO COMPARATIVO DI: v. V. 57-58 e la voce AGGETTIVO, § 9.
maggiore: comparativo organico di *grande*, V. 79-81.
maggiormente: XII. 64.
maglia / maglio: III. 31.
mai: avverbio di tempo (XII. 32c), usato anche per rafforzare gli interrogativi *chi* e *che* (VII. 252-253) nonché nella locuzione congiuntiva subordinante ipotetica *se mai* (XIV. 165c). v. anche *come mai*.
maiala: femminile di *maiale* usato in senso spregiativo, III. 76b.
MAIESTATICO, PLURALE: v. VII. 26a e la voce PLURALE.
MAIUSCOLE: le norme che regolano l'uso delle maiuscole sono illustrate in I. 191-200; VII. 89.
malaccio, non c'è: XII. 65-66.
male: avverbio qualificativo, XII. 64-66.
maledicentissimo: superlativo di *malèdico*, V. 69. 70bd.
maledire: verbo irregolare di 3ª coniugazione, XI. 340. v. anche DIRE, COMPOSTI DI.
malevolentissimo: superlativo di *malèvolo*, V. 69. 70bd.
malgrado (*che*): congiunzione subordinante concessiva, XIV. 179b.
mamà: v. *mammà*.
mamma: l'uso dell'articolo davanti alla parola m. è illustrato in IV. 55.
mamma (*mia / la mia*): v. il riquadro NOMI DEI GENITORI.

mana, -e: v. *mano*.
manager / managers (*i*): v. il riquadro NOMI STRANIERI, PLURALE DEI.
mancare: verbo transitivo e intransitivo, XI. 4f.
manco a: locuzione preposizionale; può reggere una proposizione concessiva implicita, XIV. 184a.
manco se: locuzione congiuntiva subordinante concessiva, XIV. 180.
mano: nome femminile terminante in -*o* (III. 23. 98-99ab), usato nella locuzione avverbiale qualificativa *a mano a mano* (XII. 33d).
-*mano*: la formazione del plurale dei nomi composti con -*mano* è illustrata in III. 146.
manomettere: verbo irregolare di 2ª coniugazione in -*ere*, XI. 255.
mantenere: verbo irregolare di 2ª coniugazione in -*ére*, XI. 165.
marciare: v. XI. 122a.
marcire: v. XI. 122a.
MARI: il genere dei nomi di m. è indicato in III. 20.
Maria: nella sequenza *Ave Maria* la *m* iniziale viene pronunciata intensa, I. 65e.
Marsala (*il / la M.*): v. III. 22. v. il riquadro VINI.
maschio: per il tipo *aquila maschio, volpe maschio* e sim., v. III. 77-79.
massa / masso: III. 34-35e.
massì: I. 70.
massimamente: avverbio; superlativo di *grandemente*, XII. 64.
massimo: superlativo organico di *grande*, V. 79-81. V. anche AGGETTIVO, § 9.
MATERIA, COMPLEMENTO DI: è un complemento indiretto che indica la materia, la sostanza, l'elemento di cui è fatta una determinata cosa (o, negli usi figurati, una persona). È introdotto dalle preposizioni *di* e (meno comunemente) *in*. Esempi: «un servizio di piatti *di porcellana*», «un servizio di posate in argento» (IV. 72f; VIII. 14. 75).
MATRONIMICO: nome proprio derivato dal nome della madre (un esempio di cognome matronimico è *Di Maria*, VIII. 25).
me': 'meglio' (arcaico), I. 81.
me: pronome personale di 1ª persona, usato in funzione di complemento diretto e indiretto (VII. 4. 10) e, nell'uso

colloquiale settentrionale, anche di soggetto (VII. 14).

me [...] *mi*: v. il riquadro PERSONALI (RIDONDANTI), PRONOMI.

meco: 'con me', VII. 7.

medesimo: aggettivo e pronome dimostrativo, VII. 141-143.

MEDIA, DIATESI: la d. m., posseduta da alcune lingue antiche e moderne, marca la partecipazione affettiva del soggetto all'azione. L'italiano, che non ha una d. m. autonoma, per questa funzione adopera i pronomi intensivi: «mi sento la messa», VII. 40-41. 61; XI. 22.

mediante: preposizione impropria, VIII. 7. 137a.

medichessa: femminile di *medico*, III. 45d. v il riquadro NOMI PROFESSIONALI FEMMINILI.

meglio: avverbio qualificativo, comparativo di *bene* (XII. 64), adoperato anche, nell'Italia centromeridionale, nell'accezione di 'migliore' (V. 62, e il riquadro *migliore / meglio*).

MELODICO, ACCENTO: V. MUSICALE, ACCENTO.

membro (plur. *membri / membra*): III. 118q.

meno: avverbio di quantità (XII. 45) e olofrastico, usato al posto di *no* nella locuzione *o meno* (XII. 53b). È il comparativo di *poco* (XII. 64); è usato per formare il comparativo di minoranza («Gianni è meno capace di Carlo», V. 58) e il superlativo relativo («è il meno capace dei giocatori»; V. 61); può anticipare una proposizione comparativa («è stato meno scorbutico di quanto pensassi», XIV. 232-236).

mentire: XI 82b.

mentre: congiunzione subordinante temporale (XIV. 195) e concessiva (XIV. 211).

meravigliare: 'meravigliarsi', XI. 29.

mercecché: congiunzione subordinante causale antica, XIV. 117.

meritamente / meritatamente: entrambe le forme sono corrette, e la seconda è quella abituale. Ma *meritamente* è un'eleganza non del tutto uscita d'uso (ed era la forma normale fino al secolo scorso): la base è il lat. MERITUS, participio di MEREO, col significato di 'meritato, benemerito, giusto'. (v. XII. 14c).

mescere: verbo irregolare di 2ª coniugazione in *-ere*, XI. 254.

MESI: il genere dei nomi dei m. è indicato in III. 19.

METAFONESI: fenomeno per il quale una vocale tonica si chiude per effetto di /i/ o /u/ presenti nella sillaba finale; sconosciuta al fiorentino (e quindi alla lingua letteraria), la m. è largamente diffusa in molti dialetti italiani, con caratteristiche che variano da zona a zona, I. 31.

METALINGUISTICA, FUNZIONE: si dice m. la funzione della lingua attivata per parlare della lingua stessa, come accade nelle definizioni grammaticali o lessicografiche: «*fare* è un verbo irregolare di 1a coniugazione», II. 26; IV. 72n; VII. 132f; X. 12.

METALLI: il genere dei nomi dei m. è indicato in III. 17.

METÀTESI: in linguistica storica, spostamento di un suono o di un gruppo di suoni da una sede all'altra nella stessa parola, come in *sempre* (lat. SEMPER; m. di *r*).

meteorologia / metereologia: l'unica forma corretta è la prima (la base è *meteora* nell'accezione di 'fenomeno che avviene nell'atmosfera'). La metatesi (ossia lo scambio nella successione di due suoni) si spiega con l'eccezionalità in italiano della sequenza *-eoro-*, che viene popolarmente sostituita con quella più abituale *-ereo-* (di *stereometria*, *stereotipo* e di forme come *aereo*, *cinereo*, *funereo*). (v. anche XV. 127-128).

METEOROLOGICI, VERBI: v. XI. 37. 92 e la voce VERBI, § 17.

metro: 'metropolitana', nome invariabile al plurale, III. 127.

mettere: verbo irregolare di 2ª coniugazione in *-ere*, XI. 255-256. Nella forma riflessiva *mettersi*, in unione con *a* + infinito, è un verbo fraseologico che indica l'inizio di un' azione: «si mise a parlare», XI. 48b.

mezza (sostantivo femminile), VI. 40.

mezza-: il plurale dei nomi composti con *m.-* è indicato in III. 143b.

MEZZO E STRUMENTO, COMPLEMENTO DI: è un complemento indiretto che indica il mezzo (l'essere animato) o lo strumento (la cosa concreta o l'entità astratta) mediante il quale si compie l'azione espressa dal verbo. Può essere introdotto dalle preposizioni *con, per, a, di, mediante, tramite, attraverso* e dalle locuzioni preposizionali *per mezzo di, ad opera di, grazie a*. Esempi: «Apri *con la chiave*», «Ti manderò il pacco *per posta* o *tramite corriere*» (II. 59; VIII. 6h. 29. 45. 77. 94. 109. 137a).

> *mezzo*: le incertezze nell'uso di questo aggettivo sono due: § 1. Quando precede in funzione di avverbio un altro aggettivo o un participio: una cagnetta *mezzo morta* (o *mezza morta*) di spavento? § 2. Quando segue un sostantivo per indicare la 'metà' di una certa misura; il piccolo problema si pone soprattutto per le ore: le tre *e mezzo* o le tre *e mezza*? La forma grammaticalmente consigliabile sarebbe quella invariata, trattandosi di un aggettivo usato in funzione di avverbio. Ma la tendenza ad accordare *mezzo* con l'aggettivo contiguo (caso 1) o col sostantivo sottinteso *ora* (caso 2) è forte, operante fin da epoca antica e rappresentata da ottimi scrittori. Entrambe le scelte sono da considerarsi accettabili. (v., V. 23 e VI. 5. 40b). L'uso dell'articolo davanti a un toponimo preceduto da m. («mezza Roma») è illustrato in IV. 39.

mezzosangue (*il* / *i m.*): III. 143c.
mezzosoprano (*il m.*): III. 60.
mi: pronome personale atono di 1ª persona, usato in funzione di complemento oggetto e complemento di termine (VII. 31-34. 39-42). Per *a me mi* [...], v. il riquadro PERSONALI (RIDONDANTI), PRONOMI.
mica: XII. 54.
mie: aggettivo e pronome possessivo invariabile, proprio dell'uso toscano quattrocentesco, VII. 103b.
migliore: comparativo organico di *buono*, V. 79-81. v. anche AGGETTIVO, § 9.

> *migliore* / *meglio* (come aggettivi): l'uso dell'avverbio *meglio* (e di *peggio*) davanti al nome (*il meglio vestito, i peggio compagni*) è oggi avvertito come popolare e, pur non potendosi considerare un vero e proprio errore in forza del suo radicamento nella tradizione, va riservato al registro colloquiale.

-mila: suffisso usato per i multipli di *mille*, III. 112, VI. 23f.
Milano (*la* / *il M.*): v. il riquadro CITTÀ.
MILITARI, MANSIONI: il genere dei nomi delle m. m. è indicato in III. 14.
millanta: numerale di fantasia arcaico, VI. 23g.
mimèsi / *mìmesi*: v. accento, § 10, e il riquadro ACCENTO NELLE PAROLE DI ORIGINE GRECA.
ministro / *ministra*: v il riquadro NOMI PROFESSIONALI FEMMINILI.
mingere: verbo irregolare di 2ª coniugazione in *-ere*, XI. 257.
MINIMA, COPPIA: V. UNIDIVERGENTE, COPPIA.
minimo: superlativo organico di *piccolo*, V. 79-81. v. anche AGGETTIVO, § 9.
MINORANZA, GRADO COMPARATIVO DI: v. V. 57-58 e la voce AGGETTIVO, § 9.
minore: comparativo organico di *piccolo*, V. 79-81. v. anche AGGETTIVO, § 9.
mio: aggettivo e pronome possessivo, VII. 99 sgg.
misconoscere: verbo irregolare di 2ª coniugazione in *-ere*, XI. 207.
miserrimo: superlativo di *misero*, che convive con *miserissimo*, V. 69. 70acd.
MISTO, PERIODO IPOTETICO: v. XIV. 150 e la voce CONDIZIONALI, PROPOSIZIONI, § 3.
MITOGRAMMA: I. 7.
mo': 'modo', I. 245.
mo, mo': 'ora', avverbio di tempo, XII. 32d.

> MOBILI, DITTONGHI: nella tradizione grammaticale italiana vige la regola del cosiddetto dittongo *mobile*: i dittonghi *ie* e *uo*, originariamente possibili solo in sillaba accentata, tendono a ridursi fuori d'accento alle vocali semplici *e* e *o*; quindi, nelle forme verbali accentate sulla desinenza (o rizoàtone), il dittongo dovrebbe essere eliminato: *muove*, ma *movendo, moviamo* (e così, similmente, *tiene-tenevo; piede-pedestre, pedone-pedata; fuoco-focolare, focaccia*). La regola del dittongo mobile, come altri tratti costitutivi della grammatica italiana, è andata soggetta ai condizionamenti dell'analogia. L'attrazione esercitata dalle forme rizotòniche (accentate sulla radice, e quindi dittongate) è decisiva in molti casi: aggettivi di grado superlativo (*nuovissimo*), alterati (*cuoricino*)

ecc. Nei paradigmi verbali le forme rizoatone in *o* sono appena più resistenti, ma appaiono in forte declino nello stesso uso letterario di scrittori considerati esemplari (*cuoceva* Bacchelli, *muoveva* Calvino, *scuotendo* Bassani, *muoviamo* Montale, *suonar* Palazzeschi ecc.). Per quanto riguarda l'alternanza tra *ie* e *e* il processo è ormai compiuto: la vocale semplice si è imposta in alcune forme lessicalizzate, cioè avvertite come autonome rispetto alla base originaria (*pedata*, *sedile*) e in pochi verbi della coniugazione irregolare: *sedeva* (ma *siede*), *veniva* (ma *viene*). Negli altri casi la forza dell'analogia ha abbattuto ogni argine: non sarebbero accettabili forme come *presedendo, *metevo, *alleterai (in luogo di *presiedendo*, *mietevo*, *allieterai*), tutte ossequenti alla regola del dittongo mobile. (v. I. 56-59; XI. 71h).

MODALI, PROPOSIZIONI: indicano il modo in cui si svolge un'azione. Hanno solo la forma implicita, con il verbo al gerundio presente o all'infinito introdotto da *con*: «camminava *appoggiandosi a un bastone*» (XIV. 237).

MODALI, VERBI: V. **SERVILI, VERBI**.

MODELLO, ITALIANO: V. **PRONUNCIA MODELLO**.

MODESTIA, CONDIZIONALE DI: è un c. usato in una frase indipendente enunciativa con l'intento di attenuare un'affermazione che altrimenti risulterebbe brusca: «non *sarei* troppo d'accordo », XIII. 3-4.

MODESTIA, IMPERFETTO DI: v. XI. 374e e la voce **IMPERFETTO INDICATIVO**.

MODESTIA, PLURALE DI: V. VII. 26c e la voce **PLURALE**.

MODI VERBALI: V. XI. 7 e la voce **VERBO**, §§ 2-4.

MODO O MANIERA, COMPLEMENTO DI: è un complemento indiretto che indica il modo in cui si compie un'azione o si verifica un fatto. Può essere introdotto dalle preposizioni *con*, *di*, *a*, *per*, *in*, *secondo*, *senza* e dalle locuzioni preposizionali *alla maniera di*, *al modo di* ecc., Esempi: «La vedrò *con piacere*», «Vivere *secondo natura*» (II. 59; VIII. 6e. 26. 44. 65. 79. 93. 103).

MODO, AVVERBI DI: V. **QUALIFICATIVI, AVVERBI**.

molcere: verbo difettivo di 2ª coniugazione in *-ere*, XI. 109.

mollìca: I. 189.

MOLTIPLICATIVI, NUMERALI: V. VI. 6. 41 e la voce **NUMERALI**, §§ 2 e 6.

molto: può essere, a seconda del contesto, avverbio di quantità («Lavora *molto*», XII. 45. 64; V. 79), usato anche per intensificare un aggettivo di grado positivo («È *molto* buono», V. 72) nonché aggettivo e pronome indefinito quantitativo («C'è *molta* gente? – Sì, ce n'è *molta*», VII. 205-206. 210).

MOMENTANEE, CONSONANTI: V. **OCCLUSIVE, CONSONANTI**.

monitor / monitors (*i*): v. il riquadro **NOMI STRANIERI, PLURALE DEI**.

MONOREMATICA, FRASE: frase nominale costituita da una sola parola: «esatto!» (II. 15; XIV. 261).

MONOSILLABI: § 1. I m. sono parole formate da una sola sillaba, come *e*, *ma*, *gru*. § 2. L'elenco dei m. che producono raddoppiamento fonosintattico è in I. 65ad. § 3. Le norme che regolano il fenomeno dell'elisione nei m. sono illustrate in I. 74. § 4. Per la presenza e la mancanza dell'accento grafico nei m. si veda I. 177b. § 5. Il plurale dei nomi m. terminanti con vocale tonica (tipo *le virtù*) è invariato rispetto al singolare (III. 125).

MONOSINTAGMATICA, FRASE: frase nominale costituita da un solo sintagma: «che vergogna!» (II. 20; XIV. 261).

Monte / Mon: I. 80d.

MONTI: il genere dei nomi di m. è indicato in III. 20; l'uso dell'articolo coi nomi di m. è descritto in IV. 43.

MONUMENTI: l'uso dell'articolo coi nomi di m. è descritto in IV. 46.

mordere: verbo irregolare di 2ª coniugazione in *-ere*, XI. 258.

morire: verbo irregolare di 3ª coniugazione, XI. 342-343.

mostro: participio accorciato di *mostrare*, XI. 420. V. anche **ACCORCIATI, PARTICIPI**.

MOTIVAZIONE (nella formazione delle parole): III. 63, XV. 5.

MOTO A, DA, PER LUOGO, COMPLEMENTO DI: V. **LUOGO, COMPLEMENTI E DETERMINAZIONI DI**, §§ 3-5.

mungere: verbo irregolare di 2ª coniugazione in *-ere*, XI. 259.

munificentissimo

munificentissimo: superlativo di *munifico*, V. 69. 70bd.
muovere: verbo irregolare di 2ª coniugazione in *-ere*, XI. 260-261.
muro (plur. *muri* / *mura*): III. 118r.
MUSICALE, ACCENTO: I. 171.
MUSICALI, INDICAZIONI: le i. m. formate da un aggettivo avverbiale (tipo *adagio*, *allegro* ecc.) sono descritte in XII. 24b.
N **PALATALE**: V. **NASALE PALATALE**.
NAHUATL: un confronto fra l'italiano e il n. è in III. 83.
nailon: v. *nylon*.
NARRATIVE, INTERROGATIVE: v. XIII. 13 e la voce **INTERROGATIVE DIRETTE, PROPOSIZIONI**.
NARRATIVO, IMPERFETTO: v. XI. 374b e la voce **IMPERFETTO INDICATIVO**.
NARRATIVO, INFINITO: v. XI. 403 e la voce **INFINITO**, § 2.
NARRATIVO, PLURALE: v. VII. 28 e la voce **PLURALE**.
NASALE PALATALE: v. I. 39. 88 e la voce **CONSONANTI**, § 3. L'uso dell'articolo davanti a parole comincianti per n. p. (tipo *lo gnomo*) è illustrato in IV. 5c.
NASALI, CONSONANTI: v. I. 14. 86b e la voce consonanti, § 4.
nascere: verbo irregolare di 2ª coniugazione in *-ere*, XI. 262-263.
nascondere: verbo irregolare di 2ª coniugazione in *-ere*, XI. 264-265.
nascoso (*nascondere*, arcaico): v. XI. 265.
né: congiunzione coordinante copulativa, I. 21. 177b; XIV. 13. 16. 17.
ne: oltre che avverbio di luogo, può essere pronome personale di 3ª persona, maschile, femminile e «neutro» (= 'di lui', 'di lei', 'di ciò'), VII. 52-55. v. anche il riquadro **PERSONALI (RIDONDANTI), PRONOMI**.
*ne I Promessi Sposi / *nei* Promessi Sposi: per l'uso delle preposizioni davanti a titoli inizianti con un articolo, v. il riquadro **PREPOSIZIONI DAVANTI A TITOLI E NOMI, USO DELLE**.
neanche a: locuzione congiuntiva subordinante concessiva, XIV. 184a.
neanche se: locuzione congiuntiva subordinante concessiva, XIV. 180.
neanche: congiunzione coordinante copulativa, XIV. 18.
NEDERLANDESE: V. **OLANDESE**.
NEGATIVI, INDEFINITI: V. **INDEFINITI, PRONOMI E AGGETTIVI**.

NEGATIVO, IMPERATIVO (*non ditemi* / *non mi dite*): l'imperativo negativo con pronome anteposto è il costrutto sostenuto dalla tradizione grammaticale e, a quanto pare, prevalente anche oggi in gran parte d'Italia. Il tipo *non ditemi*, modellato sull'imperativo affermativo in cui la posposizione del pronome è obbligatoria, è comunque altrettanto accettabile. (v. VII. 71).

NEGAZIONE, AVVERBI DI: v. XII. 18. 50-56 e la voce **AVVERBIO**, §§ 5, 10 e 16.
NEGAZIONE, USO DELLA DOPPIA: l'uso della n. in presenza di un indefinito negativo (tipo «*Nessuno* è venuto» / *Non* è venuto *nessuno*») è illustrato in VII. 193-194.
negligere: verbo irregolare di 2ª coniugazione in *-ere*, XI. 266.
nel caso che: locuzione congiuntiva subordinante condizionale, XIV. 163. 167b.
nel senso che: locuzione congiuntiva subordinante causale, XIV. 113.
nell'eventualità che: locuzione congiuntiva subordinante condizionale, XIV. 167b.
nell'ipotesi che: locuzione congiuntiva subordinante condizionale, XIV. 167b.
nella misura in cui: locuzione congiuntiva subordinante causale (XIV. 113) e condizionale (XIV. 163. 167b).
nemmeno: congiunzione coordinante copulativa, XIV. 18.
nemmeno a: locuzione congiuntiva subordinante concessiva, XIV. 184a.
NEOGRECO: un confronto con il n. è in XI. 17; XV. 25.
neppure: congiunzione coordinante copulativa, XIV. 18.
neppure a: locuzione congiuntiva subordinante concessiva, XIV. 184a.
nessuno: aggettivo e pronome indefinito negativo, VII. 147. 191-196.
NEUTRO: i riflessi (o relitti) del genere n. latino in italiano sono illustrati in III. 2. In determinati contesti possono o potevano avere un valore assimilabile al genere n. l'aggettivo sostantivato (V. 46-48); i pronomi personali *egli*, *gli*, *la* (VII. 22), *lo* (VII. 43), *ci* (VII. 48), i pronomi dimostrativi *questa*, *quella* (VII. 129), *stesso* e *medesimo* (VII. 143).
ni: avverbio olofrastico e sostantivo, XII. 53g.
niente: pronome indefinito negativo, VII. 198-199. Per l'uso di n. nella doppia ne-

gazione o da solo, v. VII. 193-194c. d. f. Con valore affermativo, a VII. 195.

niuno: aggettivo e pronome indefinito negativo, poetico e disusato, VII. 201.

-nl- > -ll-: v. il riquadro ASSIMILAZIONE CON I PRONOMI ATONI.

-nm- > -mm-: v. il riquadro ASSIMILAZIONE CON I PRONOMI ATONI.

no: parola olofrastica, XII. 52-53; può essere anche interiezione (X. 37), segnale di un'interrogazione retorica (XIV. 11), secondo membro di un'interrogativa alternativa (XIV. 91).

noi: pronome personale di 4ª persona (VII. 4. 24-28. 98).

noi [...] **ci**: v. il riquadro PERSONALI (RIDONDANTI), PRONOMI.

noialtri: VII. 8.

NOME: § 1. Il n. (o *sostantivo*) è una parte variabile del discorso che serve a indicare persone, animali, cose, idee, sentimenti, fenomeni, sensazioni, azioni, fatti reali o irreali (III. 1). § 2. Possono assumere la medesima funzione del nome anche le altre parti del discorso: in tal caso, si dice che il loro uso è *sostantivato* (III. 8). § 3. I n. possono essere suddivisi in varie classi. Da un punto di vista semantico, si possono distinguere n. *comuni* e n. *propri* (rispettivamente, *uomo, nazione / Giovanni, Cina*, III. 3-5); n. *concreti* e n. *astratti* (rispettivamente, *bambino, gatto / infanzia, bestialità*, III. 6); n. *individuali* e n. *collettivi* (rispettivamente, *atleta, ape / squadra, sciame*, III. 3. 82). § 4. Utilizzando i parametri morfologici del genere e del numero, i n. possono essere classificati come *maschili* e *femminili*, e *singolari* e *plurali*; sempre in base a criteri di ordine morfologico, essi possono essere ulteriormente distinti in *primitivi, derivati, alterati* e *composti* (rispettivamente, *acqua, annacquare, acquetta, acquaforte*). § 5. Riguardo all'opposizione di genere fra maschile e femminile, occorre distinguere fra *genere naturale* o *reale* (che effettivamente corrisponde al sesso dell'essere indicato, come accade nei n. maschili *pittore, lupo* e nei n. femminili *pittrice, lupa*) e *genere grammaticale*, che solo per convenzione stabilisce che siano maschili n. come *libro, cielo* e femminili n. come *penna, nuvola* (III. 9-10). § 6. L'elenco dei n. che, con diverse oscillazioni ed eccezioni, tendono a collocarsi nel genere grammaticale femminile è in III. 11-15; l'elenco dei n. che, con diverse oscillazioni ed eccezioni, tendono a collocarsi nel genere grammaticale maschile è in III. 16- 22. § 7. Nella maggior parte dei casi il genere è individuabile in base alla desinenza (III. 22 bis): sono riconoscibili come maschili i n. che terminano in *-o* o in consonante (come *carro* o *bar*, con le relative oscillazioni ed eccezioni, III. 23-24); sono riconoscibili come femminili i n. che terminano in *-a*, in *-i*, in *-tà* e in *-tù* (come *carrozza, artrosi, bontà, virtù*, con le relative oscillazioni ed eccezioni, III. 25-28). Completano la serie i n. in *-e* che, per desinenza, possono essere sia maschili sia femminili (si pensi alle oscillazioni e alle incertezze provocate da *acme* e *carcere*, III. 29). § 8. I n. di cosa non subiscono trasformazioni nel genere, e rimangono sempre o maschili (per esempio, *treno, dispetto*) o femminili (per esempio, *medicina, fedeltà*). In alcuni n. il passaggio dal maschile al femminile è apparente, perché riguarda parole con radici diverse, casualmente omofone (come in *arco / arca*; l'elenco completo in III. 31); in altri n. il passaggio dal maschile al femminile nella medesima radice comporta un cambiamento di significato (come in *balzo / balza*; l'elenco completo in III. 32-33). Altri casi in cui al cambiamento più o meno occasionale nel genere corrisponde un cambiamento più o meno netto nel significato sono descritti in III. 34-42). § 9. A differenza dei n. di cosa, quelli che indicano esseri animati possono avere entrambi i generi. In linea di massima, si passa dal maschile al femminile attraverso il cambiamento della desinenza o con l'aggiunta di speciali suffissi. § 10. I meccanismi che regolano questo passaggio, descritti, con le relative eccezioni e particolarità, in III. 43-67, sono schematizzabili nel modo che segue:

MASCHILE		FEMMINILE	
-o, -a, -e	*(nonno, avvocato,collega, profeta, padrone, studente)*	**-a, -essa**	*(nonna, avvocatessa, collega, padrona, studentessa)*
-tore	*(lettore)*	**-trice**	*(lettrice)*
-sore	*(difensore)*	**-(d)itrice**	*(difenditrice)*

§ 11. Alcuni n. di esseri animati, comuni e propri, formano il femminile aggiungendo alla parola base il suffisso diminutivo *-ina, -ella, -etta* (*eroe / eroina, Antonio / Antonella / Antonietta*) oppure formano il maschile aggiungendo alla parola base il suffisso accrescitivo *-one* (*capra / caprone*; altri esempi e particolarità in III. 68-72). § 12. Completano il quadro: a) alcuni n. che formano il femminile in modo non prevedibile (*abate, cane, dio, doge, re* III. 73); b) i cosiddetti n. *indipendenti*, in cui maschile e femminile si formano da due radici diverse (*frate / suora, genero / nuora*, ecc.; altri esempi e particolari in III. 74-76); c) i cosiddetti n. *di genere promiscuo* (per esempio *aquila* e *delfino*), in cui un'unica forma designa sia il maschio sia la femmina, distinguibili solo aggiungendo la parola *maschio* o *femmina* o la perifrasi *il maschio / la femmina del*(*la*): *un'aquila maschio / femmina* oppure *il maschio / la femmina dell'aquila*; altri esempi e particolari in III. 77-79); d) i n. *di genere comune*, che hanno una sola forma sia per il maschile sia per il femminile: il genere, in questo caso, si ricava dal contesto linguistico, nella fattispecie dall'articolo o dall'aggettivo che accompagna il sostantivo (*il / la cantante; il / la birbante; il / la coniuge; il / l'artista; il / la matricida; il / la pediatra; il / l'atleta*; altri esempi e particolarità in III. 80). § 13. L'opposizione fra singolare e plurale è marcata dal cambiamento della desinenza del n. (III. 82). I meccanismi che regolano questo passaggio sono schematizzabili nel modo che segue:

CLASSE	SINGOLARE	PLURALE
1ª	maschili in *-a* (*problema*) femminili in *-a* (*collina*)	*-i* (*problemi*) *-e* (*colline*)
2ª	maschili e femminili in *-o* (*ragazzo, mano*)	*-i* (*ragazzi, mani*)
3ª	maschili e femminili in *-e* (*cane, azione*)	*-i* (*cani, azioni*)

In particolare: per il plurale dei n. maschili in *-a*, v. III. 86. 91; dei n. femminili in *-a*, v. III. 87-89; dei n. di genere comune in *-iatra, -ista, -cida* e degli altri n. di genere comune in *-a*, v. 90; dei n. in *-ca* e in *-ga*, v. III. 92-93; dei n. femminili in *-ìa*, v. III. 94-95; dei n. femminili in *-cia* e in *-gia* v. III. 96; dei n. in *-ìo*, v. I. 180a e III. 101-102; dei n. in *-io*, v. III. 103-105; dei n. in *-co* e in *-go*, v. III. 106-108; dei n. come *uovo – uova*, v. III. 109; dei n. in *-e*, v. III. 111-113; dei n. in *-cie*, in *-gie* e in *-glie*, v. III. 114-115. Costituiscono gruppo a sé: a) i n. *con doppio plurale* o *sovrabbondanti* (come *braccio > bracci / braccia*; l'elenco completo in III. 117-122); b) i n. con doppia forma di plurale (come *orecchio / orecchia > orecchi / orecchie*, ecc.; l'elenco completo in III. 123); c) i n. invariabili al plurale (come *la città / le città*; *la gru / le gru*, ecc.; altri esempi in III. 124-129). Le indicazioni relative alla formazione del plurale dei n. stranieri sono in III. 130-132; quelle relative alla formazione del plurale dei n. propri sono in III. 133-136; infine, le indicazioni relative alla formazione del plurale dei n. composti sono in III. 137-150. § 14. Esistono, infine, n. *difettivi*, cioè privi di singolare (*i calzoni, le forbici*, ecc.; l'elenco completo e le relative particolarità in III. 151) o di plurale (*l'ovest, l'epatite*, ecc.; l'elenco completo e le relative particolarità in III. 152).

NOME DEL PREDICATO, ACCORDO DEL: prescindendo dall'ordinaria amministrazione (se il nome del predicato è un aggettivo, concorderà in genere e/o in numero col soggetto: *Anna è simpatica, Anna e Giulio sono simpatici*), i casi di più frequente incertezza sono i seguenti: § 1. Se il nome del predicato è un sostantivo con forme diverse per maschile e femminile, concorderà nel genere col soggetto: *Anna è infermiera* (per il tipo *Anna è avvocato* v. **NOMI PROFESSIONALI FEMMINILI**) § 2. Se il soggetto è plurale, il nome del predicato va, in linea di massima, al plurale: *Anna e Giulio sono infermieri*. Tuttavia, può aversi il singolare con un nome collettivo («i ragazzi erano un gruppo molto affiatato») e con un nome astratto o comunque non numerabile («i suoi dolci sono una squisitezza», «questi bambini sono un disastro») § 3. In frasi in cui soggetto e predicato nominale sono equivalenti dal punto di vista logico, l'accordo può farsi indifferentemente al singolare o al plurale, trattando come soggetto di volta in volta uno dei due membri dell'enunciato: «l'orario di apertura [sogg.] è le quattro [predicato]», «l'orario di apertura sono [predicato] le quattro [sogg.]»; «l'argomento della lezione è (sono) i carboidrati». (v. II. 32. 45 e la voce **PREDICATO**, § 3).

NOMI COMPOSTI: V. **COMPOSTE, PAROLE**.

NOMI D'AGENTE: n. che designano chi compie un'azione, come per esempio *aratore* 'colui che ara', III. 61.

NOMI DEI GENITORI, ARTICOLO E POSSESSIVO CON I (*mia mamma* o *la mia mamma? mio papà* o *il mio papà?*): la forma propria della tradizione letteraria richiede, con le due varianti affettive dei nomi dei genitori, l'articolo davanti al possessivo. Ma oggi questa norma è largamente disattesa, tranne che in Toscana (dove però non si usa *papà*, ma *babbo: il mio babbo*). Avrà agito probabilmente il modello di *padre* e *madre*, nei quali l'assenza dell'articolo è generale nell'italiano contemporaneo (*mio padre, mia madre*). Fatto sta che i tipi *mia mamma, mio papà* devono considerarsi pienamente accettabili, sia per la loro diffusione attuale, sia perché sarebbe vano pretendere di legiferare grammaticalmente in un àmbito come questo, così intimamente legato agli affetti familiari. (v. IV. 52).

NOMI FEMMINILI IN -A: la formazione del plurale dei n. f. in -a è illustrata in III. 87.

NOMI FEMMINILI IN -E: la formazione del plurale dei n. f. in -e è illustrata in III. 111. 113.

NOMI IN -I: la formazione del plurale dei n. in -i è illustrata in III. 129.

NOMI IN -CIA E -GIA, PLURALE DEI: nel plurale dei sostantivi in -cia e -gia (con accento sulla penultima: *camìcia, valìgia* ecc.), la *i* non ha valore fonetico (ossia non corrisponde a un suono effettivamente pronunciato; lo stesso vale per il singolare) né diacritico (ossia non serve a indicare la pronuncia della consonante precedente, come avviene invece per il singolare). Potrebbe dunque essere eliminata senza danno. Ma in alcuni casi può far comodo per distinguere due omògrafi (le *camicie* che si portano sotto la giacca e il *camice* indossato dal medico); in altri tende a sopravvivere per il prestigio della corrispondente forma latina (*provincie*, come il lat. PROVINCIAE); in altri ancora (**faccie, *foggie*) sarebbe considerata erronea da qualsiasi insegnante. Per mettere un po' d'ordine, alcuni hanno proposto a suo tempo una norma ragionevole, che consente di orientarsi in ogni caso e di evitare forme universalmente giudicate scorrette. La *i* va mantenuta quando la *c* e la *g* sono precedute da vocale (*acacia – acacie, ciliegia – ciliegie*), va eliminata quando la *c* e la *g* sono precedute da consonante (*goccia – gocce, spiaggia – spiagge* e quindi anche *provincia – province*). (v. III. 96).

NOMI MASCHILI IN -A: la formazione del femminile dei n. m. in -a è illustrata in III. 46; la formazione del plurale è illustrata in III. 86; l'elenco dei n. m. in -a invariabili al plurale è in III. 126.

NOMI MASCHILI IN -E: la formazione del femminile dei n. m. in -e è illustrata in III. 47-49; la formazione del plurale è illustrata in III. 111-113.

NOMI MASCHILI IN -O: la formazione del femminile dei n. m. in -o è illustrata in III. 43-45; la formazione del plurale è illustrata in III. 98-100.

NOMI MASCHILI IN -SORE: la formazione del femminile dei n. m. in -sore è illustrata in III. 67.

NOMI MASCHILI IN -TORE: la formazione del femminile dei n. m. in -tore è illustrata in III. 61-66.

NOMI PROFESSIONALI FEMMINILI (*la presidentessa / la presidente / il presidente*): quando si parla del femminile di nomi di professione entra in gioco, oltre alla grammatica, l'ideologia. Nel caso di *presidentessa*, così come in quelli paralleli di altri nomi in *-essa* (*avvocatessa, deputatessa* e persino *poetessa* e *studentessa*), un opuscolo ufficiale pubblicato dalla Presidenza del Consiglio dei ministri nel 1993 e curato da Alma Sabatini contro il «sessismo» linguistico prescriveva di ricorrere a nomi epiceni – ossia con un'unica forma per femminile e maschile (*la presidente, la studente, la poeta*) – oppure ai «regolari» femminili in *-a* (*avvocata, deputata*). Questo perché il suffisso *-essa* ha una connotazione tradizionalmente sfavorevole, ironica. Tuttavia, c'è da restare molto perplessi di fronte all'estremismo delle proposte: se è possibile che l'uso ufficiale consolidi tendenze già esistenti (*la presidente*), è ben difficile che possa imporre forme puramente artificiali, scalzando un uso ben consolidato (*la studente* invece di *studentessa*). Tanto più che nemmeno l'opuscolo della Sabatini propone di eliminare forme come *dottoressa* e *professoressa*. Ma perché alcuni sostantivi indicanti cariche, uffici, titoli hanno una forma femminile (*presidente – presidentessa*) e altri no? Dobbiamo distinguere tre casi: § 1. Alcune forme (*presidentessa, ambasciatrice, governatrice*), entrate da tempo in italiano, hanno designato in un primo tempo soprattutto la «moglie» di un uomo che rivestisse una data carica; solo successivamente, con la presenza sempre più larga delle donne in ranghi professionali tradizionalmente maschili, forme del genere sono passate a indicare le titolari di un certo ufficio. § 2. Altri titoli (in particolare *dottoressa* e *professoressa*, ma anche *studentessa* e *poetessa*), relativi ad attività da molto tempo svolte da donne, sono di uso stabile e generale. § 3. Il gruppo più numeroso è costituito da nomi maschili (*avvocato, ingegnere, questore*) il cui femminile, se esiste è o era legato a usi particolari (*Avvocata* come epiteto della Madonna ecc.). Di qui le oscillazioni nell'indicare ad esempio una donna che perori una causa in tribunale: *l'avvocato* Maria Rossi, *l'avvocatessa* Maria Rossi e, da qualche tempo, anche *l'avvocata* Maria Rossi. I suggerimenti che possono essere proposti, alla luce della struttura della lingua italiana e delle tendenze socioculturali in atto, sono i seguenti: a) mantenere tutti i femminili già in uso (*dottoressa, direttrice*) e generalizzare gli epiceni di uso stabile (*la preside*) o maggioritario (*la presidente*); b) optare, nel caso di forme con maschile in *-o* (*avvocato*) o in *-iere* (*ingegnere*) per le regolari forme in *-a*. Queste ultime sono parole che all'inizio possono sembrare bizzarre, ma sono grammaticalmente ben formate e non è difficile abituarcisi. Del resto, alcuni giornali (per esempio, «l'Unità») hanno adottato già un criterio simile: «Elisabetta, 30 anni, *la sindaca* che ha osato sfidare la 'ndrangheta», [alla conferenza stampa] «oltre *alla ministra* Finocchiaro, hanno partecipato *le ministre* Turco e Bindi» (entrambi gli esempi nel numero dell'8.3.1997). (v. anche III. 50-60).

NOMI PROPRI: V. **NOME**, § 3. Per il plurale dei n. p. v. III. 133-136; l'uso dell'articolo coi n. p. è descritto in IV. 70-71.

NOMI STRANIERI: i modi di formazione del plurale dei n. s. non adattati sono descritti in III. 130-132; l'uso dell'articolo davanti a n. s. comincianti con un suono estraneo all'italiano è descritto in IV. 70-71; le trasformazioni fonetiche che subiscono i derivati da n. s. uscenti in consonante (tipo *volteriano* o *volterriano*) sono illustrate in XV. 9.

NOMI STRANIERI, PLURALE DEI: come comportarsi col plurale di nomi stranieri non adattati in italiano? Il problema riguarda gli anglicismi (come quello che abbiamo messo a lemma), ma anche i francesismi (*le tournée* o *le tournées*?), gli spagnolismi (*i silo* o *i silos*?), i germanismi (*i Lied* o *i Lieder*?). Più stabile il quadro offerto da esotismi provenienti da lingue meno familiari, che – anche quando terminano in vocale – tendono a rimanere invariati al plurale: *i pope* o *gli ukase* russi, *gli ayatollah* iraniani, ecc. In generale, bisogna distinguere tra forestierismi saldamente impiantati in italiano, per i quali è decisamente preferibile il plurale invariato (*gli sport, i film, i computer*) e gli esotismi di uso specialistico che presuppongono, in chi li usa, una conoscenza almeno sommaria della lingua di appartenenza. Se qualcuno, parlando di Baviera e Sassonia, vuol fare ricorso al termine tedesco *Land*, benissimo; ma non può ignorare che il plurale tedesco è *Länder*, con tanto di maiuscola e puntini sulla *a* (e se lo ignora, niente di male: ma allora, non foss'altro che per evitare una figuraccia, deve ricorrere all'italiano *regioni*). Anche i non molti francesismi ancora in circolazione presuppongono in chi li adopera una certa cultura (proprio perché si tratta in gran parte di termini astratti, scelti non per necessità ma per il loro prestigio): quindi *le débâcles* (con gli accenti al posto giusto e la *s* del plurale; diversamente, non mancano termini italiani come *disfatta, sconfitta, disastro, sfacelo*), *gli escamotages* (o *escamotaggi, espedienti, trovate, giochi di bussolotti*), *le querelles* (o *dispute, diatribe, controversie, polemiche*). Tornando agli anglicismi, che sono il grosso dei forestierismi non solo per quantità ma anche per frequenza d'uso, la forma invariata – generalmente raccomandata anche dai principali dizionari – è largamente presente nella stampa (che pure, talvolta, si lascia andare a inutili snobismi: «dopo tante violenze e tanti incidenti mortali in diversi sports»: «Corriere della Sera», 4.2.1995); quindi *i charter, i club, i computer, i film, i flash, gli hobby, i manager, i monitor, i puzzle, gli scoop, gli yuppie*. (v. III. 130-132).

NOMI USATI COME AGGETTIVI: il tipo «Claudia è *civetta*» è descritto in V. 43-44.

NOMINALE, FRASE: si dice n. qualunque frase priva di predicato: «mani in alto!» «edizione straordinaria!» (II. 14; XIV. 94. 177. 220. 250. 260-263).

NOMINALE, PARTE: V. **NOME DEL PREDICATO**.

NOMINALE, SINTAGMA: V. **SINTAGMA**.

NOMINALE, STILE: si parla di s. n. quando in un periodo sono presenti numerose frasi nominali, e le frasi verbali sono collegate mediante coordinazione, giustapposizione o strutture subordinative elementari, quali proposizioni oggettive, soggettive, relative (XIV. 260).

NOMINALI DEAGGETTIVALI, SUFFISSI: v. XV. 7-9. 22-27 e la voce **SUFFISSO**.

NOMINALI DEAVVERBIALI, SUFFISSI: v. XV. 7-9. 62 e la voce **SUFFISSO**.

NOMINALI DENOMINALI, SUFFISSI: v. XV. 7-9. 10-21 e la voce **SUFFISSO**.

NOMINALI DEVERBALI, SUFFISSI: v. XV. 7-9. 28-39 e la voce **SUFFISSO**.

NOMINALI E AGGETTIVALI, PREFISSI: prefissi che servono per formare nomi ed aggettivi. I p. di tipo *spazio-temporale* (XV. 81) indicano una relazione nello spazio e nel tempo (come *extra-* in *extraterrestre* e *post-* in *postmoderno*: l'elenco completo è in XV. 82-95); i p. di tipo *valutativo* (XV. 96) qualificano un nome o un aggettivo in senso positivo o negativo, vero o falso (come *ben* in *benpensante*, *mal* in *maldisposto*, *pseudo-* in *pseudoragionamento*) oppure ne graduano l'intensità (come *stra-* in *straricco* e *sotto-* in *sottosviluppo*: l'elenco completo è in XV. 97-108). v. anche la voce **PREFISSO**.

NOMINALIZZATO, AGGETTIVO: V. **SOSTANTIVATO, AGGETTIVO**

NOMINATIVO: forme e nomi italiani derivati dal n. anziché dall'accusativo latino sono indicati in I.190 e III. 73.

non: avverbio di negazione, XII. 51. 55; XIV. 13. 16.

NON ADATTATE, PAROLE: V. **ADATTATE, PAROLE**.

non c'è male: locuzione avverbiale qualificativa, XII. 27.

non darmelo / non me lo dare: v. il riquadro **NEGATIVO, IMPERATIVO**.

non è vero: struttura interrogativa parentetica che chiede conferma di un'asserzione, determinando una frase interrogativa retorica: «mi vuoi bene, *non è vero*?», XIII. 11.

non me lo dire / non dirmelo: v. il riquadro **NEGATIVO, IMPERATIVO**.

non solo: locuzione avverbiale usata in correlazione con *ma anche*, XIV. 28c.

non uno: 'nessuno', VII. 204.

nonché, non che: congiunzione correlativa (XIV. 28d) e subordinante soggettiva (XIV. 76).

nondimeno: congiunzione coordinante avversativa, XIV. 21d.

nonniente: VII. 200.

nonnulla: VII. 200.

nonostante: congiunzione subordinante concessiva (XIV. 179c). v. anche XI. 110 e la voce **ABLATIVO ASSOLUTO**.

nonpertanto: congiunzione coordinante avversativa arcaica, XIV. 21h.

nontiscordardimé / nontiscordardimie: v. il riquadro **POLISILLABI OSSITONI, ACCENTO GRAFICO SUI**.

nosco: 'con noi' (arcaico), VII. 7.

nossignore: avverbio olofrastico, XII. 53f.

nostro: aggettivo e pronome possessivo, VII. 99 sgg.; nell'espressione «il n.» significa 'autore di cui si parla' (VII. 114c).

NOTO: in linguistica pragmatica, il «noto» è l'argomento conosciuto (XIV. 259) su cui l'emittente dà una o più informazioni sconosciute al destinatario (il «nuovo», XIV. 254b. 259): «il giornale di oggi [= noto] dedica due pagine al derby [= nuovo]».

notte!: formula di saluto, X. 42.

novantun anni / novantun anno: v. il riquadro UNO, NUMERALI COMPOSTI CON.

NUCLEARI, INTERROGATIVE: V. PARZIALI, INTERROGATIVE.

nui: 'noi', VII. 25.

nulla: pronome indefinito negativo, VII. 191. 198-199; la locuzione avverbiale *nulla nulla* (*che*): introduce una proposizione ipotetica al congiuntivo (XIV. 169).

nullo: come aggettivo e pronome indefinito negativo è ormai disusato, VII. 202.

NUMERALI: § 1. I n. sono aggettivi (e anche nomi) che esprimono una quantità numerabile e traducibile in cifre: «*due* case» (agg.), «un *paio* di case» (nome). § 2. Possiamo distinguere tra n. *cardinali* (quelli fondamentali, con i quali si può esprimere qualsiasi numero: *due, cinquanta, seimilasettecentoquarantasette*, VI. 2-3), n. *ordinali* (che indicano l'ordine di successione: *primo, ventesimo, cinquantunesimo*, VI. 4), n. *frazionari* (che indicano la parte di un tutto: *tre quarti, un decimo, otto centesimi*, VI. 5), n. *moltiplicativi* (che indicano di quante volte un numero sia maggiore di un altro: *doppio, quintuplo*, centuplo, VI. 6), *sostantivi e aggettivi numerativi* (sostantivi e aggettivi che indicano un numero definito: *paio, terzetto, decina*, VI. 7). § 3. I numerali *cardinali* (VI. 10-11) sono infiniti e invariabili, tranne *uno* (variante apocopata *un*), che ha il femminile *una* (variante elisa *un'*, VI. 12-15). Si considerano *primitivi* i cardinali compresi tra *uno* e *dieci*, oltre a *venti, cento* e *mille*; *derivati* i nomi delle decine terminanti in *-anta* e i nomi delle migliaia terminanti in *-mila*, (quindi: *cinquanta, settanta, ottomila*); *composti* tutti gli altri (quindi: *sessanta-nove, due-cento-cinquanta-sei*; più ampi particolari, anche su forme e usi antichi o regionali in VI. 16-31). § 4. I numerali *ordinali* sono comuni aggettivi variabili in genere e numero: «i prim*i* classificati», «il second*o* tempo», «la quart*a* classe» (più ampi particolari in VI. 32-39). § 5. I numerali *frazionari* – i suffissati in – *esimo, mezzo* ecc. – sono illustrati in VI. 40. § 6. I *moltiplicativi* si distinguono in due serie: a) *doppio* e le forme in *-plo* (*triplo, quadruplo, quintuplo* ecc.); b) le forme in *-plice* (*duplice, triplice, quadruplice* ecc., VI. 41). § 7. I *sostantivi e aggettivi numerativi* sono forme parallele ai numerali veri e propri, in particolare ruotanti intorno ai numeri 2 e 3: *paio, coppia, duo, duetto; terzetto, triade, terno, terna* ecc., VI. 42-47. Si vedano inoltre i riquadri SECOLI; USO DEI NUMERALI CON I; ORDINE, NUMERO D'; UNO, NUMERALI COMPOSTI CON, e la voce *zero*.

NUMERATIVI, SOSTANTIVI E AGGETTIVI: v. VI. 7. 42-47 e la voce NUMERALI, §§ 2 e 7.

NUMERI: le norme che regolano la rappresentazione grafica dei numeri (in cifre o in lettere) sono illustrate in VI. 3.

NUMERO: in grammatica il n. è quella particolare categoria che serve ad esprimere la quantità degli elementi coinvolti in una qualsiasi produzione linguistica, che possono essere uno (in tal caso il n. è singolare: *un mantello*) o più d'uno (in tal caso il n. è plurale: *molti mantelli*), III. 1. 82-83.

nuocere: verbo irregolare di 2ª coniugazione in *-ere*, XI. 267-268.

nuotare: verbo in cui il dittongo *uo* fuori accento evita la confusione con *notare*, I. 58).

nuovamente: formula di saluto, X. 44.

nuovo, di: formula di saluto, X. 44.

nuro: 'nuora', nome femminile in *-o*, arcaico, III. 23.

nutrire: XI. 82b.

nylon / nailon / naylon: I. 149.

ò: variante grafica di *ho*, oggi di uso raro e di tono popolare, I. 137.

o: § 1. Congiunzione coordinante disgiuntiva (XIV. 24), usata anche in nessi correlativi (XIV. 28), per introdurre il secondo membro di un'interrogativa alternativa («vai a Roma *o* a Napoli?», XIV.

91) nonché nel tipo «questo *o* quello» (VII. 127a). § 2. Interiezione (X. 19), usata in fiorentino come elemento introduttore di frasi interrogative (XIII. 16a).

o: la diversa pronuncia, aperta (come in *pòrta*) e chiusa (come in *póllo*), della *o* è descritta in I. 18-21. 116.119-120.

-o- / -uo-: v. il riquadro **MOBILI, DITTONGHI**.

> *o no / o non / o meno*: l'unica espressione da sempre esistita in italiano, e quella più raccomandabile anche in forza di una buona vitalità attuale, è la prima, in cui l'avverbio *no* svolge la consueta funzione olofrastica, rappresenta cioè un'intera frase (come avviene anche nelle espressioni *come no?*, *o no?*, *se no*); già in Dante leggiamo: «non disceser venti / o visibili o no». Il tipo *o non* rappresenta una forma ellittica, derivata da una frase come «tutti gli studenti, promossi o non promossi» per cancellazione dell'elemento ripetuto. Di fortune ottocentesche il tipo *o meno*, calcato sul lat. SI MINUS, SIN MINUS 'se no' e forse nato in ambiente burocratico. (v. XII. 53b).

> *obiettivo / obbiettivo*: l'alternanza tra le due forme, sia per il sostantivo ('scopo') sia per l'aggettivo ('equanime'), è quella tra una forma dotta, più vicina alla base latina OBIECTIVUS, e una popolare, con raddoppiamento della *b* davanti a *i* semiconsonantica. Entrambe le forme sono accettabili; ma quella più comune, e quindi più raccomandabile, è la prima: dall'annata 1993 del «Corriere della Sera» si ricava che a 214 esempi di *obbiettivo* se ne contrappongono ben 3266 di *obiettivo*.

OBLIQUI, COMPLEMENTI: V. **INDIRETTI, COMPLEMENTI**.

occhiale: una delle due parti degli *occhiali*; un singolo tipo di *occhiali*, III. 151a.

occludere: verbo irregolare di 2ª coniugazione in *-ere*, XI. 177.

OCCLUSIVE, CONSONANTI: v. I. 35 e la voce **CONSONANTI**, § 1.

occorrere: verbo irregolare di 2ª coniugazione in *-ere*, XI. 213; XIV. 68. 77a.

oco, ocone: III. 79a.

od: sull'aggiunta di una *d* eufonica alla congiunzione *o* v. XIV. 13. v. anche il riquadro *D* **EUFONICA**.

oddio: I. 70.

odònimo: nome di una strada o, per estensione, di un quartiere, di una zona urbana e simili, I. 194b; VIII. 85d. L'uso dell'articolo con gli o. è illustrato in IV. 44c. 45.

> **ODÒNIMI, STATO IN LUOGO NEGLI**: per indicare lo stato in luogo negli odònimi (cioè nelle denominazioni stradali), l'uso più generale richiede *in*, ma è abbastanza diffuso anche *a*, in origine proprio dell'italiano romano e meridionale. La diffusione del tipo *a via Cavour* dipende dal modello dei topònimi (o nomi di città), in cui *a* è più diffuso e corrente di *in*: *a Firenze*, *a Milano* (rispetto a formule come «Attilio Colombo, notaio in Milano»). (v. VIII. 85d).

offendere: verbo irregolare di 2ª coniugazione in *-ere*, XI. 219.

offerire: v. *offrire*.

> *offrire* (verbo irregolare di 3ª coniugazione): nel passato remoto, l'alternativa tra le due serie *offersi*, *offerse* e *offrii*, *offrì* è da sempre esistita in italiano (parallelamente, *soffersi*, *sofferse* / *soffrii*, *soffrì*; e v. anche. *aprire*, con le forme *apersi* / *aprii*). Solo nell'ultimo secolo la bilancia ha piegato decisamente verso le forme deboli, più regolari. Istruttiva un'occhiata al «Corriere della Sera» del 1995: *offrii* batte *offersi* per 4-0 e la 3ª persona *offrì* batte *offerse* per 106 a 3; generale è *soffrì* rispetto a *sofferse*. (v. XI. 344-345).

OGGETTIVE, PROPOSIZIONI: svolgono, nel periodo, la funzione di complemento oggetto della proposizione reggente. Possono avere forma esplicita e implicita. Le o. esplicite sono introdotte da *che* e il modo verbale è, a seconda dei casi, l'indicativo, il congiuntivo o il condizionale: «ti dico *che non lo conosco*», «penso *che non si sia comportato bene*», «credo *che sarebbe divertente*». Le o. implicite sono introdotte da *di* (che in alcuni casi può mancare) e hanno il verbo all'infinito: «Riferisce *di non aver vi-*

sto niente», «Sento *le campane suonare*» (XIV. 37-65).

OGGETTIVO VALORE: il v. o. dell'aggettivo possessivo è descritto in VII. 102; il v. o. del complemento di specificazione è descritto in XI. 409.

OGGETTO, COMPLEMENTO: § 1. Secondo la definizione tradizionale, il c. o. (o, più precisamente, c. o. *diretto*) è l'elemento della frase su cui l'azione – compiuta dal soggetto ed espressa dal predicato nella forma di un verbo transitivo attivo – ricade direttamente, cioè senza che il complemento sia legato al verbo da preposizioni: «Gianni mangia *la pasta*» (II. 6). § 2. Costrutti particolari: a) il c. *dell'oggetto interno*, rappresentato da un nome con la stessa radice del verbo reggente, solitamente intransitivo («vivere *la vita*», II. 35.36); b) il letterario *accusativo di relazione*, un complemento che dipende, senza preposizioni, da un aggettivo o da un participio e ne restringe il valore, esprimendo condizioni fisiche o spirituali: «donne la più parte, coperte *il volto* (= coperte per quel che riguarda il volto) di ampi zendali» (II. 37); c) il c. oggetto *partitivo*, preceduto dalle forme articolate della preposizione *di*, che indicano una quantità o un numero non definiti: «prenderò *del pane* e *dei grissini*» (II. 38). § 3. Altri fatti particolari sono descritti in II. 39 (usi regionali), II. 40-41 (posizione del c. oggetto), VII. 238 (c. oggetto rappresentato da *cui*), XI. 365-368 (accordo del participio di un verbo transitivo con il soggetto e col c. oggetto, tipo «Hai lava*to la macchina?* – Sì, *l'*ho lava*ta*»).

oggi: avverbio di tempo, XII. 28-31.

ogne, variante arcaica di *ogni*, I. 190b.

ogni: aggettivo indefinito collettivo, VII. 178. 186. 188

ogniqualvolta: locuzione congiuntiva subordinante temporale, XIV. 151a. 202.

ognuno: pronome indefinito collettivo, VII. 186.

OLANDESE: un confronto con l'o. è in I. 172.

OLOFRASTICO: si dice di una singola forma che equivalga per significato a una frase compiuta (e che in tal caso si definisce *frase monorematica*, II. 15; V. 65; VII. 6a. 17). Le parole o. per eccellenza sono *sì* e *no*, tradizionalmente classificate come avverbi, ma che in realtà equivalgono a un'intera frase: «Hai capito quello che ti ho detto? – *Sì*», XII. 52-53; XIII. 7a.

oltre: preposizione impropria (VIII. 7. 136e); in unione con *che* o *a* introduce una proposizione aggiuntiva implicita («Oltre che [a] essere bravo, è anche simpatico», XIV. 238).

oltre misura / *oltremisura*: v. il riquadro **UNIVERBAZIONE** e XII. 5..

oltre modo / *oltremodo*: v. il riquadro **UNIVERBAZIONE** e XII. 5.

omettere: verbo irregolare di 2ª coniugazione in *-ere*, XI. 255.

OMÒFONO: si dice di una parola che presenti la stessa pronuncia di un'altra; le due parole possono coincidere nella grafia (si parla allora di *omònimi*: *canto* 'canzone' e 'angolo'), oppure divergere: *anno* e *hanno* (sostantivo e verbo) , I. 136. 180b.

OMÒGRAFO: si dice di una parola che presenti la stessa grafia di un'altra; le due parole possono divergere nella pronuncia (*botte*: con /o/ 'tino', con /ɔ/ 'percosse'), oppure no (negli *omònimi*), I. 178. 180b.

OMÒNIMI, GRAFIA DEGLI: Nel caso degli omònimi (parole identiche nella grafia e nella pronuncia, ma di significato distinto) l'uso della maiuscola è fortemente consigliabile perché ha valore distintivo: ad esempio, «i dipendenti dello *Stato*» / «sono *stato* dipendente pubblico»; «la *Camera* dei deputati» / «la *camera* da letto»; «la *Borsa* di Milano» / «la *borsa* di Teresa»; «la *Chiesa* cattolica» / «la *chiesa* di corso Umberto». (v. I. 195).

OMÒNIMO: v. I. 178. 180b e la voce **OMÒFONO**.

onde: Può essere, a seconda dei contesti, avverbio interrogativo ed esclamativo (XII. 57a) o congiunzione subordinante relativa (VII. 247), conclusiva (XIV. 25c), finale (XIV. 127d), consecutiva (XIV. 136c).

onde + infinito: la proposizione finale implicita introdotta da *onde* («Si passò una mano sulla fronte onde prestargli attenzione» Pratolini), pur essendo attestata fin dai primi secoli, è stata a lungo il bersaglio dei puristi nell'Ottocento. In realtà, *onde* con l'infinito non può davvero dirsi un errore; e le riserve che può suscitare sono stilistiche, come osserva Giovanni Nencioni: «Oggi, a dir vero, quel costrutto sente un po' di muffito e di stereotipo, forse per esser divenuto formulare nei linguaggi settoriali». (v. XIV. 127d).

ONIRICO, IMPERFETTO: v. XI. 374g e la voce IMPERFETTO INDICATIVO.

ONOMATOPEA: sequenza fonica che tende a riprodurre o a evocare un suono naturale. Può essere costituita da una successione di suoni (*brrr, crac, clop, miao, drin, cip cip, tic tac, bau bau, din don dan*) oppure da una serie di sillabe (*patapùm, patatrac, patapumfete, taratatà, coccodè, chicchirichì*), fino a diventare una parte autonoma del discorso, trasformandosi in un nome o un verbo: per esempio, il *chioccolìo* e il *chioccolare* della fontana, in *tintinnìo* e il *tinninnare* dei sonagli, il *gracidìo* e il *gracidare* delle rane (I. 41; X. 31-32. 47- 49).

opporre: verbo irregolare di 2ª coniugazione in *-ere*, XI. 275.

opprimere: verbo irregolare di 2ª coniugazione in *-ere*, XI. 202.

oppure: congiunzione coordinante disgiuntiva, XIV. 24c.

or sono (nel tipo *due anni or sono*): XII. 30.

ora che: locuzione congiuntiva subordinante causale, XIV. 116.

ora: avverbio di tempo (I. 36a; XII. 32d); in unione con *che* introduce una proposizione temporale-causale: «*Ora che* lo so, ci starò attento», XIV. 116.

ORALE, DISCORSO: v. PARLATA, LINGUA.

ORALI, CONSONANTI: v. I. 14 e la voce CONSONANTI, § 4.

oramai, ormai: avverbio di tempo, XII. 32e.

ORDINALI, NUMERALI: v. VI. 4. 32-39 e la voce NUMERALI, §§ 2 e 4.

ORDINE, NUMERO D': i numeri ordinali che corrispondono al numero d'ordine di papi e re si leggono con i corrispondenti aggettivi ordinali. Luigi XV (= Luigi quindicesimo); il tipo *Luigi quindici*, col numerale cardinale secondo il modello francese, è accettabile specie in riferimento a periodizzazioni storiche e a movimenti artistici: *stile Luigi XV* (=Luigi quindici). (v. VI. 36c).

orecchio / orecchia: III. 123b.

ORGANICI, COMPARATIVI E SUPERLATIVI: v. V. 79-85; XIV. 235 e la voce AGGETTIVO, § 9.

ORIGINE E PROVENIENZA, COMPLEMENTO DI: è un complemento indiretto che indica l'origine o la provenienza di una persona o di una cosa, in senso proprio o figurato e, a differenza del complemento di moto da luogo, non indica movimento. È introdotto dalle preposizioni *da* e *di*. Esempi: «Alessandro Manzoni nacque *da Giulia Beccaria*»; «le patate sono originarie *dell'America*» (VIII. 25. 54).

ORÒNIMO: nome di un monte o di una catena montuosa, V. 80.

ORTOGRAFIA: I. 10.

ORTOGRAFICHE, RIFORME: le r. o. proposte da G. G. Trissino nel Cinquecento e da A. M. Salvini nel Settecento sono ricordate in I. 21.

ossequente / ossequiente: la forma corretta è la prima, tratta dal participio presente del lat. OBSEQUI: OBSEQUENS, -ENTIS 'compiacente, deferente'. La variante con *i* si deve all'interferenza di *ossequio*, parola più nota. Trattandosi, però, di vocabolo ricercato, che presuppone adeguata consapevolezza linguistica in chi la usa, bisogna essere *ossequenti*, e non **ossequienti*, all'etimo latino. Del resto, la forma legittima è minoritaria, ma ancora vitale. Nel «Corriere della Sera» del 1995 ce ne è un esempio («un soldatino ossequente» 11.3.1995), contro 5 della forma spuria.

ossia: congiunzione coordinante disgiuntiva (XIV. 24c) e esplicativa (XIV. 27).

OSSITONE, PAROLE: v. I. 65b. 172 e la voce ACCENTO, § 6. Per il plurale delle p. o. v. III. 124.

osso (plur. *ossi / ossa*): III. 118s.

ostare: verbo difettivo di 1ª coniugazione, XI. 110.

ostinarsi: verbo fraseologico che, in unione con *a* + infinito, indica la continuità di un'azione: «si ostinava a ripetere la stessa cosa», XI. 48d.

ottantun anni / ottantun anno: v. il riquadro UNO, NUMERALI COMPOSTI CON.

OTTATIVE, PROPOSIZIONI: dette anche desiderative, sono proposizioni indipendenti che esprimono un desiderio o un augurio. Il modo verbale è il congiuntivo; possono aversi anche il condizionale («come *sarebbe* bello partire!») e l'infinito («volare...oh, oh!», XIII. 30-40).

OTTATIVO, INFINITO: v. XI. 403, XIII. 40 e la voce INFINITO, § 2.

ottenere: verbo irregolare di 2ª coniugazione in -*ére*, XI. 165.

ottimamente: avverbio qualificativo, superlativo di *bene*, XII. 64.

ottimo: superlativo organico di *buono*, V. 79-81. V. anche AGGETTIVO, § 9.

ottundere: verbo irregolare di 2ª coniugazione in -*ere*, XI. 211.

ove: può essere, a seconda dei contesti, avverbio interrogativo ed esclamativo (XII. 57a) o congiunzione subordinante relativa (VII. 247), ipotetica (XIV. 166b), avversativa (XIV. 211).

ovunque: avverbio di luogo; può introdurre una proposizione relativa con valore concessivo, XIV. 183.

ovvero: congiunzione coordinante disgiuntiva (XIV. 24a) e esplicativa (XIV. 27).

ovverosia: congiunzione coordinante disgiuntiva (XIV. 24b).

ovviamente: avverbio di affermazione, XII. 50-51.

PAESI, NOMI DI: l'uso dell'articolo coi n. di p. è illustrato in IV. 37-40.

paio / par: sostantivo numerativo, I. 86b; VI. 42.

PALATINO, VELO: I. 35.

PALATO MOLLE: V. PALATINO, VELO.

PALAZZO: l'uso dell'articolo coi toponimi composti da p. (tipo *Palazzo Venezia*) è illustrato in IV. 46.

palcoscenico (plur. *palcoscenici*): III. 141a.

panna / panno: III. 32.

pantalone: una delle due parti dei *pantaloni*; un singolo tipo di *pantaloni*, III. 151a.

papà: per la concorrenza con *babbo* v. III. 74-75b; l'uso dell'articolo con b. è illustrato in v. IV. 55. Per l'uso del possessivo con o senza articolo (*papà mio / il mio*), v. il riquadro NOMI DEI GENITORI.

papessa: femminile di *papa*, III. 46. v il riquadro NOMI PROFESSIONALI FEMMINILI.

PAPI, NUMERO D'ORDINE DEI: v. il riquadro ORDINE, NUMERO D'.

PARAFONICO: si dice di una forma che derivi da un'altra per alterazione di uno o più suoni; il travestimento può essere dovuto a ragioni eufemistiche (per esempio, si usa *caspita* per evitare *cazzo*), oppure all'intento di creare giochi di parole, ecc. XV. 33. 35.

PARAGONE, COMPLEMENTO DI: un aggettivo o un avverbio al grado comparativo istituisce sempre un confronto tra due cose, due esseri animati o due qualità: «il coniglio è più veloce *della tartaruga*; meglio questo *che niente*». Il secondo termine di tale confronto, in corsivo negli esempi, è detto c. di paragone. Può essere introdotto dalla preposizione *di* o, in un numero minore di casi, dalla congiunzione *che*, nonché dalla congiunzione *come* e dall'avverbio *quanto*: «Questo appartamento è grande *come l'altro*» (VIII. 20).

PARAGRAFEMATICI, SEGNI: sono così chiamati i segni che servono a completare quel che viene indicato per mezzo dei grafemi: punteggiatura, accenti, apostrofi, uso della maiuscola, divisione delle parole (I. 10).

PARAIPOTASSI: v. XIV. 9 e la voce FRASE, § 3.

PARALINGUISTICO: si dice di qualsiasi aspetto della comunicazione linguistica che si collochi al di fuori della successione fonematica: tratti soprasegmentali, varianti facoltative, ecc. (IX. 10).

PARASINTETICHE, FORMAZIONI: parole (generalmente verbi: XI. 4f) per formare le quali si aggiungono contemporaneamente un prefisso e un suffisso a una base nominale o aggettivale, per esempio *s-barc-are* (dalla base *barca*), XV. 3d. 115-119.

PARASINTETICI, VERBI: V. PARASINTETICHE, FORMAZIONI.

PARATASSI: V. COORDINAZIONE.

parecchio: aggettivo e pronome indefinito quantitativo, VII. 205-206. 209.

PARENTELA, NOMI DI: V. SINGENIONIMI.

PARENTESI: si distinguono le p. *tonde*, rispettivamente aperta e chiusa ( ), le p. *quadre* [ ], le p. *aguzze* < > e le p. *graffe* { }; il loro uso è illustrato in I. 202. 235-239.

parere: verbo irregolare di 2ª coniugazio-

ne in -*ére*, XI. 150-151; XIV. 67. 77a. La posizione dei pronomi atoni *mi, ti, si* ecc. con un infinito retto da p. (tipo «parve riscuoter*si*») è illustrata in VII. 74.
pari: V. 74.
parimenti: XII. 13.
Parlamento / *parlamento*: v. il riquadro OMÒNIMI, GRAFIA DEGLI.
PARLATA, LINGUA: IX. 7. 10.
parodo (*il* / *la p.*): III. 23.
PAROLE MACEDONIA: V. ACRONIMI.
PAROSSITONE, PAROLE: v. I. 172 e la voce accento, § 6.
PARTE NOMINALE: V. NOME DEL PREDICATO.
PARTI DEL DISCORSO: la tradizionale definizione e classificazione delle p. del d. è illustrata, anche nei suoi aspetti storici, in II. 2. 4.
PARTICELLE COMPLETIVE DELLA NEGAZIONE: come *punto* e *mica*, concorrono a rafforzare la negazione, XII. 54-56.
PARTICIPIO ASSOLUTO: il p. a. è un participio passato concordato con un soggetto diverso da quello della frase reggente. La sequenza ha il valore di una proposizione temporale implicita («il signore entrò, e *data un'occhiata* per la camera, vide Lucia rannicchiata nel suo cantuccio e quieta», XIV. 208. 415-417). Se il soggetto del p. a. è rappresentato da un pronome personale di 1ª o 2ª persona, è richiesto l'uso delle forme oblique *me* e *te* in luogo di *io* e *tu* («rivolgendosi ogni volta a persone diverse, *te compreso*», VII. 10).
PARTICIPIO: § 1. Il p. è una forma nominale del verbo che dispone di due tempi, presente e passato (*amante* e *amato*, XI. 7. 412). § 2. Nell'italiano contemporaneo il p. presente (che è sempre attivo) ha valore di aggettivo («un colore *brillante*») o di sostantivo («*i dipendenti* dell'azienda», XI. 418); l'antico valore verbale si mantiene quasi soltanto nel linguaggio giuridico-burocratico («i proventi *derivanti* dalla nuova tassazione» = *che derivano*, XI. 413). Il p. passato, che, a seconda dei verbi, può essere attivo o passivo (*andato* = *che è andato*, intransitivo attivo; *amato* = *che è* [*stato*] *amato*, transitivo passivo), mantiene anche un valore verbale: si usa nella formazione dei tempi composti (come in *ho amato*, XI. 51) nonché nella formazione dei verbi passivi (come in *sono amato*, XI. 51); può corrispondere a una frase relativa («Questo è il libro [che è stato] *scelto* da Maria», XI. 414) e può essere il predicato verbale di molte proposizioni subordinate implicite (causali, XIV. 121, ipotetiche, XIV 170b, concessive, XIV 184b, temporali, XIV. 208). § 3. I pronomi atoni *mi, ti, si* ecc. vengono normalmente aggiunti al participio, in posizione enclitica («i proventi derivanti*gli* / derivati*gli*», VII. 79-80). § 4. Particolarità e irregolarità nella formazione del p. passato sono descritte in XI. 75c. 126d. § 5.

PARTICIPIO, ACCORDO DEL: sono numerosi i casi di incertezza, e precisamente: § 1. accordo del participio di un verbo composto con l'ausiliare *avere* col complemento oggetto posposto («ho *letto* i libri più belli» – «ho *letti* i libri più belli»: nettamente prevalente, e quindi anche preferibile, la prima soluzione). § 2. accordo del participio di un verbo composto con *avere* con l'oggetto anteposto, costituito da un pronome personale o relativo («ci ha *visto*» – «ci ha *visti*»; «la casa che ho *comprato*» – «la casa che ho *comprata*»). § 3. accordo del participio di *essere* o di un verbo copulativo col soggetto o col nome del predicato ovvero col complemento predicativo («il suo discorso è *stato*, è *risultato* una sorpresa» – «è stata, è risultata una sorpresa»). § 4. accordo del participio di un verbo pronominale col soggetto o col complemento oggetto, sia esso anteposto o posposto («la meta che ci siamo *prefissati* o *prefissate* [se il soggetto è femminile]» – «la meta che ci siamo *prefissata*»). § 5. accordo di genere, maschile o femminile, col pronome allocutivo *lei*, *ella* riferito a un uomo («lei, signor Rossi, è *stato convocato* ufficialmente» – «lei, signor Rossi, è *stata convocata*»).
La possibilità di scelta per i §§ 2, 3, 4 è esistita da sempre in italiano e le restrizioni talvolta suggerite dalle grammatiche non hanno fondamento. Anche in uno scrittore particolarmente sensibile al problema dell'omogeneità linguistica come Alessandro Manzoni si

partitivo, articolo

possono cogliere alternative: «le cose che m'hanno *fatto*» – «le ciarle che avrebbe *fatte*»; «[gli uomini] si riunivano in crocchi, senza essersi *dati* l'intesa» – «altri passeggeri s'eran *fatta* una strada ne' campi». Quanto al punto 5, il richiamo al genere naturale, fortissimo con gli aggettivi (chi direbbe: «lei, signor Rossi, non è *sincera con me*»?), è più debole con i participi. In un registro particolarmente formale, limitatamente alla lingua scritta, può essere opportuno l'accordo al femminile; ma, in tal caso, anche altri tratti dovrebbero adeguarsi al medesimo registro: *ella* in luogo di *lei*, maiuscole reverenziali anche all'interno di parola (*Ella, Suo, comunicarLe*) ecc.
Per l'accordo del p. passato v. XI. 85. 364-369. 416 e la voce **ACCORDO**.

PARTITIVO, ARTICOLO: v. IV. 62-64. 76 e la voce articolo, § 4.

PARTITIVO, COMPLEMENTO: è un complemento indiretto introdotto dalle preposizioni *di*, *tra* o *fra*. Specifica il tutto di cui il termine reggente indica la parte: «ho comprato un chilo [= la parte] *di pane* [= il tutto, c. partitivo]» (VII. 206c; VIII. 19. 129; XI. 362).

PARTITIVO, USO DEL (*con degli amici* / *con amici*): le preposizioni articolate plurali in funzione di partitivo possono essere sempre usate solo nei casi diretti: soggetto (*degli amici ti cercano*) e complemento oggetto (*cerca degli amici*). Quanto ai casi indiretti, l'uso del partitivo è impossibile con *di* (**il conforto di degli amici*; si può dire solo *il conforto degli amici* o *il conforto di amici*), lecito – ma non sempre consigliabile per ragioni di chiarezza o di eufonia – con altre preposizioni: *con degli amici* («l'ho vista ieri con degli amici», ma anche *con amici, con alcuni amici*), *a delle persone* («ho parlato a delle persone per quell'affare», ma anche *a certe persone, ad alcune persone*). (v. IV. 62).

PARTITIVO, VALORE: il v. p. del secondo termine di riferimento nel superlativo relativo («è il più grande *dei fratelli*») è illustrato in V. 61; il v. p. del pronome *ne* è illustrato in VII. 53.

PARZIALI, INTERROGATIVE: v. XIII. 7b; XIV. 83 e le voci **INTERROGATIVE DIRETTE, PROPOSIZIONI**, § 1 e **INTERROGATIVE INDIRETTE, PROPOSIZIONI**.

pascere: verbo irregolare di 2ª coniugazione in *-ere*, XI. 269.

passare: verbo transitivo e intransitivo, XI. 4f.

PASSATO PROSSIMO: il p. p. indica un'azione che si colloca nel passato ma che, nella percezione di chi parla o scrive, perdura nel presente: «La casa in cui viviamo *è stata ristrutturata* da poco» (XI. 376-377). Occorre precisare che l'azione designata dal p. p. è sentita come vicina non tanto da un punto di vista cronologico quanto da un punto di vista psicologico (XI. 378): un parlante emotivamente coinvolto in ciò che racconta non dirà «Mio nonno combatté in Russia», ma piuttosto «*ha combattuto* in Russia», ricorrendo al p. p. invece che al passato remoto (una più ampia illustrazione dei diversi àmbiti d'uso di p. p., imperfetto e passato remoto è in XI. 377-382).

PASSATO REMOTO: § 1. Il p. r. indica un'azione che si colloca nel passato ed è priva di legami, obiettivi e psicologici, col presente (XI. 376-377), indipendentemente dalla misura di tempo effettivamente trascorso (XI. 378): si usa il p. r. per indicare non solo un'azione lontana («Giacomo Leopardi *nacque* a Recanati nel 1798»), ma anche un'azione vicina nel tempo, se la si vuole presentare come un evento compiuto, guardato con distacco (come in «Ieri ricevemmo visite»; un'ampia illustrazione dei diversi àmbiti d'uso di p. r., passato prossimo e imperfetto è in XI. 377-382).

PASSIVANTE, SI: si chiama p. il pronome atono *si* usato per formare il verbo passivo, solo alla 3ª e alla 6ª persona: «Dalla finestra *si vedeva* (= era visto) un gatto», «Dalla finestra *si vedevano* (= erano visti) dei gatti» (v. VII. 60; XI. 12-13 e la voce **VERBO**, § 9.

PASSIVI, VERBI: i v. p. sono descritti in II. 24. 44; XI. 10-17. 50a. 51c; il paradigma della loro coniugazione è in XI. 89. Notizie sintetiche sui v. p. sono alla voce **VERBO**, §§ 8-9.

pasto: participio passato di *pascere*, XI. 269.

pastore / pastora: III. 66a. v il riquadro NO-
MI PROFESSIONALI FEMMINILI.
PATRONIMICO: nome proprio derivato dal nome del padre (un esempio di cognome patronimico è *Di Paolo*, VIII. 25)
pavonessa: femminile di *pavone*, III. 49.
peccare (nel tipo «p. in presunzione»): VIII. 78.
peggio: avverbio qualificativo, comparativo di *male*, XII. 64.
peggiore: comparativo organico di *cattivo*, V. 79-81. V. anche AGGETTIVO, § 9.
pei: v. *pel*.
pel: 'per il', IV. 79.
pellerossa (plur. *pellirosse / pellerossa*): III. 141c.
pello, pella, pelle: v. *pel*.
pelo pelo: locuzione avverbiale di luogo, XII. 44.
pelo, per un: locuzione avverbiale di quantità, XII. 45.
PENA, COMPLEMENTO DI: è un complemento indiretto che indica la pena o la condanna che viene inflitta a una persona. Può essere introdotto, a seconda dei casi, dalle preposizioni *a*, *con*, *di* o *per*. Esempi: «una condanna *all'ergastolo*», «è stato punito *con la confisca* dei beni" ecc. (VIII. 11. 36. 111).
pendolo / pendola: III. 39.
pennello / pennellessa: III. 37.
pentito (sostantivo): V. 49.
pentola / pentolo: III. 34-35f.
per: § 1. *Per* è una preposizione propria (VIII. 7) che stabilisce collegamenti di vario genere tra due elementi della stessa frase o tra due frasi diverse (VIII. 107. 116). § 2. Quando collega due elementi della stessa frase, *per* può introdurre un complemento di moto per luogo («passerò per Bologna», VIII. 108), moto a luogo e stato in luogo («parto per Reggio», «era seduto per terra», VIII. 117), mezzo e strumento («il pacco arriverà per posta o per corriere», VIII. 109), causa («È arrossito per la vergogna», VIII. 111-112), pena («condannato per furto», VIII. 111), prezzo («l'ho venduto per poche lire», VIII. 113), sostituzione («sono venuto io per lui», VIII. 114), limitazione («È troppo difficile per me», VIII. 115-116), fine («un impianto per la depurazione dell'acqua», VIII. 118), vantaggio o svantaggio («prega per noi», VIII. 119), distributivo («in fila per tre», VIII. 120-121), tempo determinato e continuato («Il vestito sarà pronto per martedì», «ho parlato per due ore», VIII. 122), predicativo («lo prenderanno per matto», VIII. 123) e, anticamente, d'agente (VIII. 110). § 3. Quando collega due frasi diverse, *per* può introdurre una proposizione causale implicita («È stato arrestato per aver guidato senza patente», XIV. 118), una finale implicita («Vado in montagna per riposarmi», XIV. 127a), una proposizione di adeguatezza implicita («Non è abbastanza istruito per apprezzare queste cose», XIV. 142b), una proposizione concessiva, esplicita («per bravo che sia, non vale quanto te», XIV. 182) o implicita («per essere un dilettante, se la cava bene», XIV. 184a); una proposizione limitativa implicita («Per parlare, sa parlare», XIV. 147ac). § 4. Usi antichi e particolari di *per* sono illustrati in IV. 15-16; VII. 186.

per cui = *perciò* (*per questa ragione*): un tempo i grammatici guardavano con diffidenza a *per cui* (= per la qual cosa, perciò) in quanto *cui*, riferendosi sempre a persona, animale o cosa singolare o plurale, non potrebbe assumere il valore neutro proprio di *che*. In realtà il costrutto può essere difeso non solo prendendo atto della sua diffusione attuale, ma anche riflettendo alla sua origine: si tratta infatti di un'ellissi di frasi come *motivo, ragione per cui*, nelle quali l'uso del pronome è regolare. (v. VII. 239).

per il fatto che: locuzione congiuntiva subordinante causale, XIV. 107.
per il fatto di: locuzione preposizionale; può introdurre una proposizione causale implicita, XIV. 119.
per la qual cosa: locuzione congiuntiva coordinante conclusiva, XIV. 25e.
per la ragione che: locuzione congiuntiva subordinante causale, XIV. 107.
per lo meno / perlomeno: v. il riquadro UNIVERBAZIONE, e XII. 5.
per lo più / perlopiù: v. il riquadro UNIVERBAZIONE, e XII. 5.
per quanto: locuzione congiuntiva subordinante concessiva, XIV. 179e.

peraltro, per altro: congiunzione coordinante avversativa, XIV. 21c. v. anche il riquadro **UNIVERBAZIONE**, e XII. 5.
perché: può essere, a seconda dei contesti, avverbio interrogativo (anche rafforzato con *mai*, XII. 57a) o congiunzione subordinante (IX. 3c) causale (XIV. 98-99. 101), finale (XIV. 126a), interrogativa, di adeguatezza (XIV. 143).
perciò: congiunzione coordinante conclusiva, VII. 133; XIV. 25a.
perciocché: congiunzione subordinante causale antica, XIV. 117.
percorrere: verbo irregolare di 2ª coniugazione in *-ere*, XI. 213.
percuotere: verbo irregolare di 2ª coniugazione in *-ere*, XI. 303.
perdere: verbo irregolare di 2ª coniugazione in *-ere*, XI. 270-271.
perduto / perso (*perdere*): XI. 271.
PERFETTI SIGMATICI: sono così chiamati i passati remoti *forti* (cioè accentati sulla radice) che presentano una desinenza *-si* (con *s*, donde il nome di s.): XI 126c. 151 (*parsi*). 333 (*apparsi*).
PERFETTIVO, ASPETTO: aspetto di compiutezza assunto da un participio preceduto dalla sequenza *bell'e*: «bell'e fatto», V. 35.
PERIODO: V. COMPLESSA, FRASE
perire: verbo irregolare di 3ª coniugazione, XI. 82a.
PERLOCUTORIO, ATTO: v. II. 17 e la voce **LINGUISTICI, ATTI**.
perlomeno / per lo meno: IV. 16; XIV. 154. v anche il riquadro **UNIVERBAZIONE** e XII. 5.
perlopiù / per lo più: IV. 16. v. anche il riquadro **UNIVERBAZIONE** e XII. 5.
permanere: verbo irregolare di 2ª coniugazione in *-ére*, XI. 156.
permettere: verbo irregolare di 2ª coniugazione in *-ere*, XI. 255; XIV. 42. 49 (*essere permesso*).
PERMISSIVO, CONGIUNTIVO: forma di c. presente usata nelle proposizioni volitive per esprimere un invito o un'esortazione (in forma attenuata o ironica: «venga pure avanti»; «si tengano pure i loro soldi») rivolti a una 3ª, 4ª o 6ª persona, che mancano nell'imperativo, XIII. 33.
però: congiunzione coordinate avversativa, XIV. 21a.
perocché: congiunzione subordinante causale arcaica, XIV. 117.

PERSIANO: un confronto con il p. è in I. 172 e III. 2.
persistere: verbo irregolare di 2ª coniugazione in *-ere*, XI. 187. In unione con *a* o *nel* + infinito, è un verbo fraseologico che indica la continuità di un'azione: «persisteva a (nel) cercarlo», XI. 48d.
perso: v. *perduto*
PERSONA VERBALE: v. XI. 9 e la voce **VERBO**, § 2.
persona: nome che può essere usato col valore di un pronome indefinito (VII. 177).
PERSONALI, PRONOMI: § 1. In ogni comunicazione linguistica c'è una persona che parla (*io*, 1ª persona), una persona che ascolta (*tu*, 2ª persona) e, quasi sempre, una o più persone, animali o cose coinvolte nel processo comunicativo, diverse da chi parla e da chi ascolta (*lui, lei, esso*, 3ª persona; *loro, essi, esse*, 6ª persona). Inoltre, chi parla può includere nel discorso qualcun altro oltre a sé (*io + tu / lui / lei / voi / loro = noi*, 4ª persona) oppure può includere qualcun altro oltre a chi ascolta (*tu + tu / lui / lei / loro = voi*, 5ª persona). I pronomi p. hanno la funzione di rappresentare tutte queste persone o di sostituire i loro nomi (VII. 4u-5; usi e particolarità in VII. 6-8; XII. 18). § 2. I pronomi p. usati in funzione di soggetto sono:

1ª p.	io	4ª p.	noi
2ª p.	tu	5ª p.	voi
3ª p.	egli, lui, esso, ella, lei, essa	6ª p.	loro, essi, esse

I pronomi p. usati in funzione di complemento sono di due tipi: tonici (con accento) e atoni (senza accento):

	p. p. compl. tonici	p. p. comp. atoni
1ª p.	me	mi
2ª p.	te	ti
3ª p.	lui, lei	gli, le (termine) lo, la (oggetto)
3ª p. riflessivo	sé	si
4ª p.	noi	ci
5ª p.	voi	vi
6ª p.	loro, essi, esse	gli, loro (termine) li, le (oggetto)
6ª p. riflessivo	sé	si

Più ampie notizie e illustrazioni di altre forme, usi antichi o particolari dei pronomi p. soggetto e dei pronomi p. complemento tonici sono in VII. 9-30; più ampie notizie e illustrazioni di usi antichi o particolari dei pronomi p. complemento atoni sono in VII. 31-50. 56-61. Il quadro è completato dalla forma atona *ne*, le cui funzioni sono illustrate in VII. 52-55. § 3. I pronomi p. atoni possono essere usati anche in combinazione o in sequenza. Il caso più comune è dato da un pronome p. atono di qualsiasi persona con valore di complemento di termine (in una forma leggermente diversa dal punto di vista fonetico: *me, te, glie, se, ce, ve, glie, se*) seguito da un pronome p. atono di 3ª persona con valore di complemento oggetto (*lo, la, li, le*): «*me lo* presenti?», «*te li* ricordi?», VII. 62-68. § 4. Nell'italiano moderno, diversamente che in quello antico (VII. 81-83), i pronomi p. atoni si trovano prima del verbo («*Ti* crederà», posizione proclitica, VII. 69); soltanto in cinque casi si trovano dopo il verbo, con cui formano un'unica parola (posizione enclitica): con un imperativo (Aiuta*mi*», VII. 70-72), con un infinito («Sono qui per aiutar*ti*»; VII. 73-77); con un gerundio («Vedendo*la*, mi sono emozionato», VII. 78), con un participio passato (Parlato*le*, se ne andò», VII. 79) con un participio presente (solo nella prosa scientifica e burocratica: «il bollettino riferente*si* alla questione in oggetto», VII. 80). I pronomi p. atoni hanno collocazione enclitica anche dopo l'avverbio *ecco* («Ecco*telo*», VII. 69; XII. 58).

PERSONALI, PRONOMI (3ª PERSONA): l'alternativa tra *egli* e *lui* (e tra *ella* e *lei*) in funzione di soggetto è uno dei temi storicamente più dibattuti della grammatica italiana, fin dal Cinquecento. Oggi non possono esserci più dubbi sulla legittimità di usare *lui* come soggetto, non solo nel registro colloquiale. Schematizzando, possiamo dire che *egli* si adopera solo in funzione anaforica, cioè quando serve per richiamare una persona di cui si sia parlato in precedenza (come càpita soprattutto nell'italiano scritto di tipo argomentativo; nel parlato, si preferisce o omettere senz'altro il pronome, o ripetere il nome già detto). Ad esempio: «Dopo la pace di Amiens, Napoleone si accinse a rafforzare il proprio potere all'interno della Francia. Già forte dell'appoggio dell'esercito, egli [ma, specie nel discorso orale, potremmo ripetere Napoleone o eliminare il pronome] si adoperò a legare a sé la borghesia e il clero». Il pronome *lui* si adopera invece per sottolineare un elemento della frase («Io vado via, lui [=quanto a lui] non so») o quando contiene il dato nuovo dell'informazione (e in tal caso è posposto al verbo: «È stato lui!»; o, se il verbo manca, all'elemento nominale: «Beato lui!»). *Lei* si adopera in tutti i casi in cui si adopererebbe il maschile; mentre, a differenza di *egli*, *ella* è ormai rarissimo anche con valore anaforico. (v. VII. 16-18).

PERSONALI (RIDONDANTI), PRONOMI (*a me mi piace, a Gianni non gli piace*): la doppia espressione del pronome, prima nella forma tonica poi in quella atona, ovvero la sua ridondanza (in presenza di un nome precedente, come nel secondo esempio) risponde a esigenze di messa in rilievo proprie della lingua parlata. Anche nel discorso orale, peraltro, l'immediata successione dei due pronomi può disturbare (mentre sono normali frasi del tipo «A me di tutta questa faccenda non m'importa nulla», in cui l'*a me* iniziale mette in evidenza il tema, quasi si dicesse 'quanto a me...'). Nel parlato formale e nella scrittura, soprattutto in quella di tipo argomentativo che presuppone una produzione e una ricezione più meditate, questa ridondanza d'informazione può essere fuori luogo. Tutti avvertiamo che la presenza del pronome non è più accettabile in una frase come la seguente: «Dal negozio nullo, rilevabile dal giudice in ogni stato e grado del procedimento, *ne discende la mancanza di qualsiasi effetto giuridico». (v. VII. 42).

persuadere, persuadersi: verbo irregolare di 2ª coniugazione in *-ére*, I. 189, XI. 152. La reggenza sintattica di *p.* è indicata in XIV. 44. Sull'uso antico *p. a qualcuno* v. XI. 4d.

pertanto: congiunzione coordinante conclusiva, XIV. 25a.

pervenire: verbo irregolare di 3ª coniugazione, XI. 353.

peso e misura, complemento di: precisa il peso o la misura di qualcosa o qualcuno. Generalmente non è preceduto da preposizione; può essere preceduto da *di* e *su*: «la mia barca pesa *una tonnellata* ed è lunga *quattordici metri*», «un sacco di patate sui venti chili» (II. 62. VI. 27. VIII. 16. 50. 81. 105d).

pessimamente: avverbio qualificativo, superlativo di *male*, XII. 64.

pessimo: superlativo organico di *cattivo*, V. 79-81. V. anche AGGETTIVO, § 9.

piacere: verbo irregolare di 2ª coniugazione in *-ére*, XI. 148. 153; XIV. 68. 77a.

PIANE, PAROLE: V. PAROSSITONE, PAROLE.

pianeta (*il / la p.*): III. 40-41.

piangere: verbo irregolare di 2ª coniugazione in *-ere*, XI. 272.

piano: avverbio qualificativo, XII. 65.

Piave (*il / la P.*): III. 20.

piccolo: V. 34. 79.

piè: I. 78a. 177c.

pigiama (plur. *pigiama / pigiami*): III. 127.

pillola / pillolo: III. 38.

pineta / pineto: III. 33.

piovere: verbo meteorologico (XI. 37), irregolare di 2ª coniugazione in *-ere*, XI. 273.

più: avverbio di quantità (XII. 45), comparativo di *molto* (XII. 64), adoperato anche come aggettivo e pronome indefinito quantitativo (VII. 213). È usato per formare il comparativo di maggioranza («Gianni è più capace di Carlo», V. 58) e il superlativo relativo («è il più capace dei giocatori», V. 61); può anticipare una proposizione avversativa («più che correre, Luigi cammina», XIV. 213c) e una proposizione comparativa («è stato più gentile di quanto pensassi», XIV. 232-236).

più d'uno: locuzione usata in funzione di aggettivo e pronome indefinito quantitativo, VII. 216.

piuttosto: avverbio di quantità (XII. 45); può anticipare una proposizione avversativa («piuttosto che correre, Luigi cammina», XIV. 213c e una proposizione comparativa (XIV. 232-235).

PLURALE: V. NUMERO; *ANTICO IN *-A* (tipo *la vespa / le vespa*): III. 120; *DEI NOMI FEMMINILI SINGOLARI IN *-E* (tipo *la parte / le parte*): III. 113; *DI MODESTIA: è così definito l'uso del pronome *noi* in luogo di *io* per affettazione di umiltà (particolari in VII. 26c); *DIDASCALICO: è così definito l'uso del pronome *noi* in luogo di *io* da parte di un insegnante durante una lezione (particolari in VII. 27); FORMAZIONE DEL*: V. NOME, §§ 13 e 14; *MAIESTATICO: è così definito l'uso del pronome *noi* in luogo di *io* nelle allocuzioni solenni di un'altissima autorità civile o religiosa (particolari in VII. 26a); *NARRATIVO: è così definito l'uso del pronome *noi* in luogo di *io* all'interno di un testo narrativo (particolari in VII. 28).

---

pneumatico (*lo / il*): la norma grammaticale richiede, davanti ai nessi consonantici complessi (dall'usuale *st-* di *stato* all'insolito *bd-* di *bdellio* 'tipo di gommoresina') l'articolo *lo* (*gli*; *uno*). Nel caso di *pneumatico* è decisamente più frequente l'articolo *il* (*i*; *un*), nonostante la fastidiosa eccezione che si crea nell'àmbito delle parole comincianti per *p*+ consonante diversa da *l* e *r* (nessuno considererebbe accettabili **il psicologo*, o **il pterigio*). Ma con questa parola l'articolo *il* è tanto radicato che c'è chi, facendo confusione, può arrivare a ritenere *lo pneumatico* uno svarione. È quel che è accaduto a un lettore del «Corriere della Sera» che ha rimproverato al giornale proprio questo uso; ma il «Corriere» ha avuto buon gioco a rispondere che, pur trattandosi di una «consuetudine ormai entrata nel linguaggio comune e spesso da noi avallata», la grammatica richiede per l'appunto *lo* (11.3.1995). In effetti, scorrendo l'annata 1995, le forme corrette *lo* e *uno pneumatico* risultano minoritarie ma non assenti (5 esempi contro 36 dell'imperversante *il*, e *un pneumatico*: 1.2, 16.9, 16.10 due volte, 22.11). Si tratta dunque di una battaglia difficile, ma che può essere ancora vinta. (v. IV. 5d).

---

po': variante apocopata di *poco* (I. 245), usata come pronome indefinito quantitativo con valore «neutro» («*un po'* di pane», VII. 206c).

Po: idronimo; l'uso dell'articolo con *Po* è illustrato in IV. 44a.

poco: § 1. Può essere, a seconda del contesto, avverbio di quantità («Lavora *poco*», XII. 45. 64-65) e aggettivo o pronome indefinito quantitativo («C'è *poca* gente. – Sì, ce n'è *poca*», VII. 205-206. 210). Nell'una e nell'altra funzione può anticipare una proposizione di adeguatezza (XIV. 143). § 2. *a poco a poco / poco a poco*: locuzione avverbiale qualificativa, XII. 33d. v. anche il riquadro **AVVERBIALI CON DOPPIA PREPOSIZIONE, LOCUZIONI**.

poi: avverbio di tempo, XII. 32g.

poiché: congiunzione subordinante causale, XIV. 102-103.

POLACCO: un confronto con il p. è in I. 8.172; X. 47.

POLISILLABI OSSITONI: sono le parole di più sillabe accentate sull'ultima che producono raddoppiamento fonosintattico: «*finì* là» = / fi 'ni 'lla /, I. 65b.

POLISILLABI OSSITONI, ACCENTO GRAFICO SUI (*ventitré / ventitre*): la regola per la quale l'accento tonico va segnato su tutte le parole polisillabiche (cioè di due o più sillabe) accentate sull'ultima non ammette eccezioni: quindi *ventitré*, *trentatré* ecc. e anche *nontiscordardimé* e *viceré*. (v. I. 177a).

POLISINDETO: v. XIV. 13 e la voce **E**, § 2.

politico: aggettivo sostantivato, V. 47. 49.

POLIVALENTE, CHE: v. il riquadro **CHE POLIVALENTE**, la voce *che*, e XIV. 82.

POLIVALENTI, GRAFEMI: sono p. i grafemi che nella scrittura rappresentano più fonemi, come *c* che, a seconda dei contesti, può indicare l'occlusiva velare sorda /k/ (*casa*) e l'affricata palatale sorda /t/ (*cesto*), I. 113.

poltronissima: V. 66.

pomodoro (plur. *pomodori / pomidoro / pomidori*): III. 150a.

pope (*il / i p*): III. 132d.

POPOLARE, ITALIANO: è così chiamato l'i. dei semicolti, cioè quello imperfettamente acquisito da coloro che hanno per madrelingua il dialetto. Alcuni tratti dell'i. p. sono illustrati in XIV. 10. 171.

POPOLARI, PAROLE: sono le parole del latino parlato che, accolte di generazione in generazione, hanno subito i vari mutamenti fonetici che dal latino volgare hanno condotto alle lingue romanze. v. anche **DOTTE, PAROLE** (I. 25. 47b).

porca: femminile di *porco* usato in senso spregiativo, III. 76b.

porgere: verbo irregolare di 2ª coniugazione in *-ere*, XI. 274.

porre: verbo irregolare di 2ª coniugazione in *-ere*, XI. 275-276.

Porta / Por: I. 80d.

PORTOGHESE: un confronto con il p. è in IV. 62; VII. 124; X. 47.

poscrai: avverbio di tempo arcaico o dialettale, XII. 28-29.

posdomani: avverbio di tempo, XII. 28-29.

POSITIVO, GRADO: v. V. 56 e la voce **AGGETTIVO**, § 9.

posporre: verbo irregolare di 2ª coniugazione in *-ere*, XI. 275.

possedere: verbo irregolare di 2ª coniugazione in *-ére*, XI. 160.

POSSESSIVI, AGGETTIVI E PRONOMI: § 1. I pronomi e gli aggettivi p. (V. 2b) hanno una doppia funzione semantica: attraverso la radice indicano, in senso lato, il *possessore* («il *tuo* quaderno» = il possessore del quaderno sei *tu*); attraverso la desinenza indicano, in senso lato, il *posseduto* («prendo il tuo *quaderno* e la matita» = il quaderno appartiene a te, la matita non necessariamente). § 2. Alle forme comuni dei p. (che sono *mio, tuo, suo, nostro, vostro, loro*, descritte in VII. 99-103) va aggiunto *proprio*, i cui ambiti d'uso sono illustrati in VII. 104. 106. Nella lingua della tradizione il p. di 3ª persona era spesso sostituito dal sintagma *di lui, di lei* preceduto dall'articolo (tipo «il di lui padre», VII. 105). § 3. La diversa collocazione dell'aggettivo p. (prima o dopo il «posseduto»: «sei il *mio* amore» / «sei l'amore *mio*») negli usi italiani antichi, moderni e regionali è minutamente illustrata in VII. 107-110. § 4. Gli usi particolari dell'aggettivo p. sono descritti in VII. 111-113; gli usi particolari (perlopiù sostantivati) del pronome p. sono descritti in VII. 114-116. § 5. Per l'uso dell'articolo con l'aggettivo p. si veda IV. 49-59 e la voce **ARTICOLO**, § 3.

POSSIBILITÀ, PERIODO IPOTETICO DELLA: V. XIV. 150 e la voce **CONDIZIONALI, PROPOSIZIONI**, § 2.

posteriore: v. V. 82 e la voce AGGETTIVO, § 9.
POSTERIORI, VOCALI: V. VELARI, VOCALI.
posto che: locuzione congiuntiva subordinante causale (XIV. 111) e condizionale (XIV. 167).
postremo: v. V. 82 e la voce AGGETTIVO, § 9.
potere: verbo servile, irregolare di 2ª coniugazione in *-ére*, XI. 44-46. 141. 154-155). La posizione dei pronomi atoni *mi, ti, si* ecc. con un infinito retto da p. (tipo «posso difender*mi* / *mi* posso difendere») è illustrata in VII. 74.
povero (aggettivo): V. 32. 33.
poziore: v. V. 84 e la voce AGGETTIVO, § 9.
PRAGMATICA, COMPETENZA: la nozione di c. p. è illustrata in II. 17.
praticamente: avverbio qualificativo, XII. 21.
precedentemente: avverbio di tempo, XII. 32g.
precedere: verbo irregolare di 2ª coniugazione in *-ere*, XI. 195.
precludere: verbo irregolare di 2ª coniugazione in *-ere*, XI. 177.
precorrere: verbo irregolare di 2ª coniugazione in *-ere*, XI. 213.
predetto: forma usata come dimostrativo nel linguaggio burocratico, VII. 139.
PREDICATIVA, FUNZIONE (dell'aggettivo): v. V. 8 e la voce AGGETTIVO, § 4.
PREDICATIVI, AGGETTIVI: II. 32.
PREDICATIVI, VERBI: v. II. 33; XI. 5 e la voce VERBI, § 7. L'uso di *essere* in funzione di v. p. è illustrato in XI. 56c; l'uso di *avere* in funzione di v. p. è illustrato in XI. 64b (v. anche le voci ESSERE, § 2 e AVERE, § 2).
PREDICATIVO, COMPLEMENTO: § 1. Si distingue fra c. *predicativo del soggetto* e c. *predicativo dell'oggetto*. § 2. Il c. *predicativo del soggetto* è un nome o un aggettivo riferito al soggetto che completa il significato del predicato: «Maria sorrideva *felice*». I verbi che lo richiedono obbligatoriamente si dicono *copulativi*, a loro volta distinguibili in *effettivi* (*è diventato* grande), *appellativi* passivi (*fu soprannominato* il Grande), *elettivi* passivi (*è stato eletto* delegato»), *estimativi* passivi (*è considerato* un delinquente) (II. 6. 34. 42. 43). § 3. Il c. predicativo dell'oggetto è un nome o un aggettivo riferito al c. oggetto che completa il significato del predicato: «Ho visto Franca *contenta*». Lo richiedono in particolare quei verbi appellativi attivi, elettivi attivi, estimativi attivi che nella forma passiva sono completati dal c. predicativo del soggetto: lo soprannominarono *il Grande*, lo hanno eletto *delegato*, lo considerano *un delinquente* (II. 44). § 4. Per la distinzione tra c. predicativo e attributo si veda II. 45; altri costrutti predicativi sono segnalati in V. 8; VIII. 32. 73. 123. 132.
PREDICATO: § 1. Il p. è un verbo che generalmente segue il soggetto e su questo dice qualcosa; riceve dal soggetto le desinenze della persona, del numero e, talvolta, del genere: «gli operai *erano arrivati*». Può indicare l'azione compiuta o subita dal soggetto («Marta *studia*», «Francesca *è derisa* da tutti») nonché lo stato, la qualità, il modo di essere attribuiti al soggetto: «la pasta *è buonissima*», «Marcello *sembra simpatico*». § 2. Si distinguono un p. *nominale* e un p. *verbale*. § 3. Il p. *nominale* è dato dall'unione di due elementi: una forma del verbo *essere* (la *copula*) e un aggettivo o un sostantivo che la completa (il *nome* o la *parte del p. nominale*): «Gianni è [C] uno studente [PN]. (v. il riquadro NOME DEL PREDICATO, ACCORDO DEL). § 4. Il p. *verbale* è costituito da qualsiasi verbo *predicativo* (cioè da un verbo non *copulativo*, in vario modo avvicinabile alla copula: v. le voci PREDICATIVI, VERBI, e COPULATIVI, VERBI): «Susanna è partita» (II. 6. 9. 31-34; V. 8).
prediligere: verbo irregolare di 2ª coniugazione in *-ere*, XI. 220.
predire: verbo irregolare di 3ª coniugazione, XI. 340.
predisporre: verbo irregolare di 2ª coniugazione in *-ere*, XI. 275.
prefato: forma usata come dimostrativo nella lingua dei secoli passati, VII. 139.
prefiggere: verbo irregolare di 2ª coniugazione in *-ere*, XI. 237.
PREFISSATO: V. PREFISSAZIONE.
PREFISSAZIONE: derivazione di una parola nuova, detta *prefissato*, tramite un *prefisso* anteposto alla parola base: *dire* > *dis-dire*, *pre-dire*, *ri-dire* (XV. 3c. 4. 80-114).
PREFISSO: § 1. Il p. è un affisso che viene premesso alla parola base per formare

un derivato (come *dis-* in *disdire*, da una base *dire*, XV. 3). Se il derivato è un nome o un aggettivo, il p. si dice *nominale* o *aggettivale* (XV. 80-108); se il derivato è un verbo, il p. si dice *verbale* (XV. 109-114): per esempio, *dis* è un p. nominale (*disinformazione*), aggettivale (*discontinuo*) e verbale (*disconoscere*). § 2. L'uso del trattino dopo alcuni prefissi (tipo *anti-apartheid*) è illustrato in I. 234d. § 3. Di seguito si dà l'elenco di tutti i prefissi e primi elementi, seguiti dall'indicazione del luogo in cui vengono illustrati: *a-* (XV. 109. 116), *a-* negativo (XV. 101), *afro* (V. 21), *anglo-* (V. 21), *ante-*, *anti-* (XV. 82), *anti-* (V. 18c; XV. 84), *arci-* (V. 78; XV. 97), *austro-* (V. 21), *auto* ('da sé', XV. 128. 132), *auto-* ('automobile', XV. 132), *avanti-*, *avan-* (XV. 82), *bene-* (XV. 98), *bis-* (XV. 99), *caco-* (XV. 98), *co-* (XV. 83), *con-* (XV. 83. 109), *contro-*, *contra-* (XV. 84. 110), *de-* (XV. 111. 117), *di-* (XV. 119), *di-* ('due volte', XV. 99), *dis-* (XV. 100. 111. 117), *emi-* (XV. 108), *endo-* (XV. 86), *entro-* (XV. 87), *eu-* (XV. 98), *extra-* (XV. 85. 97), *filo-* (XV. 128), *foto-* (XV. 132), *fra-* (XV. 112), *franco-* (V. 21), *fuori-* (XV. 85), *idro-* (XV. 128), *in-* (XV. 118), *in-* (negativo, XV. 101), *indo-* (V. 21), *infra-* (XV. 94. 112), *inter-* (XV. 86. 112), *intra-* (XV. 87), *iper-* (XV. 90. 102), *ipo-* (XV. 94. 103), *italo-* (V. 21), *lito-* (XV. 128), *male-* (XV. 98), *maxi-* (XV. 104), *mega-* (XV. 104), *meta-* (XV. 90), *mini-* (XV. 104), *miso-* (XV. 128), *mono-* (XV. 128), *multi-* (XV. 88), *neo-* (XV. 4. 89), *nippo-* (V. 21), *non-* (XV. 101), *oltre-* (XV. 90), *omni-*, *onni-* (XV. 105), *ovi-* (XV. 128), *paleo-* (XV. 89), *pan-* (XV. 4. 105), *para-* (XV. 91), *per-* (XV. 119), *piro-* (XV. 128), *poli-* (XV. 88), *post-* (XV. 92), *pre-* (XV. 82), *pro-* (XV. 95), *pseudo-* (XV. 4. 106), *quadri-* (XV. 128), *radio-* (XV. 132), *retro-* (XV. 92), *ri-*, *re-* (XV. 113. 118), *roto-* (XV. 128), *s-* (XV. 107. 111. 115. 119), *semi-* (XV. 108), *siculo-* (V. 21), *sin-* (XV. 83), *sopra-*, *sovra-* (XV. 93), *sotto-* (XV. 94), *stra-* (XV. 97. 114), *sub-* (XV. 94), *super-* (XV. 93. 97), *tele-* (XV. 128), *tosco-* (V. 21), *tra-*, *tras-*, *trans-* (XV. 112. 119), *ultra-* (XV. 90. 97), *vice-* (XV. 95).

PREFISSOIDE: elemento che svolge la stessa funzione del prefisso, ma, a differenza di questo, deriva da una parola che in greco o in latino aveva un suo significato autonomo: p. es. *tele* (che in greco vale 'lontano') in *telescopio*, XV. 4. 121. 127.

PREGHIERE: il genere dei nomi di p. è indicato in III. 21.

prelodato: forma usata come dimostrativo nella lingua dei secoli passati, VII. 139.

preludere: verbo irregolare di 2ª coniugazione in *-ere*, XI. 181.

premere: verbo irregolare di 2ª coniugazione in *-ere*, XI. 277.

premettere: verbo irregolare di 2ª coniugazione in *-ere*, XI. 255.

prendere: verbo irregolare di 2ª coniugazione in *-ere*, XI. 278-279. In unione con *a* + infinito, è un verbo fraseologico che indica l'inizio di un' azione: «prese a parlare», XI. 48b.

PRENOME: è il «primo nome» della sequenza nome + cognome: *Carlo* Rossi, *Maria* Bianchi. L'uso dell'articolo coi p. è descritto in IV. 21-23.

preporre: verbo irregolare di 2ª coniugazione in *-ere*, XI. 275.

PREPOSIZIONALI, LOCUZIONI: v. VIII. 7 e la voce **PREPOSIZIONE**, § 3.

PREPOSIZIONE: § 1. La p. è una parte invariabile del discorso che, premessa a un nome, a un pronome, a un avverbio, a un verbo all'infinito, mette ciascuno di questi elementi in relazione sintattica con altri costituenti frasali o anche, nel caso dell'infinito, con un'altra frase («la casa *di* Marco», «lavoro *per* vivere»): ne deriva un rapporto di tipo subordinato fra una *base* (il costituente che precede la preposizione: nel primo esempio citato, *la casa*) e un *aggiunto* (il costituente che segue la preposizione: nello stesso esempio, *Marco*). L'insieme costituito dalla preposizione e dalla parola che la segue (nel nostro caso, la sequenza *di Marco*) è detto *sintagma preposizionale* o *complemento* (VIII. 1-3. 6). § 2. I casi di ellissi della p. (cioè di p. sottintesa, tipo *sala* [dei] *professori*) e di un suo uso assoluto (cioè privo dell'aggiunto, come in «Uomini *contro*») sono illustrati in VIII. 4-5. § 3. Una distinzione fondamentale è fra p. *proprie* (che possono essere usate soltanto come p.: per esempio, *di*), p. *improprie* (costituite da aggettivi, verbi o avverbi adoperati in funzione di p.: per esempio, *contro*) e *locuzioni preposizionali* (formate da una locuzione avverbiale + una p.: per esempio, *in cima a*; oppure formate da un verbo o un avverbio preceduto o seguito da una p.: per esempio, *contrariamente a*), VIII. 7. § 4. Sono preposizioni proprie *di* (VIII. 9-32); *a* (VIII. 33-50), *da* (VIII. 51-69), *in* (VIII. 70-88), *con* (VIII. 89-95 bis) *su* (VIII. 96-106), *per* (VIII. 107-123), *tra* e *fra* (VIII. 124-134); sono preposizioni improprie *davanti, dentro, dietro, fuori, lontano, lungo, mediante, oltre, secondo, senza, sopra, sotto, verso, vicino* (VIII. 135-137); sono locuzioni preposizionali *insieme con, insieme a, indipendente(mente) da* (VII. 138). § 5. Le p. proprie elencate nel paragrafo precedente si presentano come *semplici*; quando si combinano con un articolo determinativo diventano p. *articolate*, e possono avere forma *analitica* (la preposizione e l'a. restano separati: *per + il = per il*) o *sintetica* (la preposizione e l'a. si presentano uniti: *di + il = del*, IV. 77-85; VIII. 7). § 6. Tutte le p. proprie semplici e molte p. improprie sono raccolte in questo *Glossario* in ordine alfabetico.

PREPOSIZIONI DAVANTI A TITOLI E NOMI, USO DELLE: di fronte a un titolo o a un nome di città o di ditta cominciante con un articolo (*I Promessi Sposi*, *La Spezia*, Ristorante *Il Caminetto* ecc.) ci si può trovare in dubbio ogni volta che la sequenza sia preceduta da preposizione. Nella lingua parlata (e anche in quella scritta, almeno in tutti i casi in cui non sorgano equivoci) la soluzione più semplice è anche la più raccomandabile: la preposizione si fonde con l'articolo iniziale («La stesura *dei* "Promessi Sposi"», «Sono partita *dalla* Spezia questa mattina», «Abbiamo cenato *al* "Caminetto"»). Nei casi in cui sia necessario rispettare l'integrità della denominazione si hanno varie alternative, nessuna priva di inconvenienti: § 1. Adoperare la preposizione semplice, così come si farebbe davanti a un cognome (*di Lo Surdo*): *di* "*I Promessi Sposi*", *a* "*Il Caminetto*" (inconveniente: creare delle sequenze che non esistono, né sono mai esistite, nella lingua parlata); § 2. Scindere la preposizione articolata nelle sue componenti: *de* "*I Promessi Sposi*", *da La Spezia*, appoggiandosi all'esistenza nell'italiano antico e poetico di forme scisse delle preposizioni articolate (inconveniente: non si riesce ad evitare del tutto la controindicazione del punto 1 [*a* "*Il Caminetto*"] e comunque si dà vita a forme puramente artificiali, estranee all'italiano di oggi); § 3. Ricorrere a un aggettivo o a un'apposizione che separi preposizione e denominazione: *del romanzo* "*I Promessi Sposi*", *al ristorante* "*Il Caminetto*" (inconveniente: in diversi casi la soluzione ha il sapore dell'espediente e comunque non riesce a risolvere tutti i casi: con *La Spezia*, ad esempio, non potrei dire **dalla città La Spezia*, perché sarei obbligato a usare la preposizione *di*, ricadendo in pieno nel nostro piccolo problema). (v. IV. 84).

prescegliere: verbo irregolare di 2ª coniugazione in *-ere*, XI. 297.
prescindere: verbo irregolare di 2ª coniugazione in *-ere*, XI. 299.
prescrivere: verbo irregolare di 2ª coniugazione in *-ere*, XI. 302.
PRESENTATIVI, AVVERBI: v. XII. 18. 58-62 e la voce **AVVERBIO**, §§ 5 e 13.
PRESENTE CONGIUNTIVO: alcune desinenze arcaiche o popolari proprie del p. c. sono illustrate in XI. 73a. 77; irregolarità nella formazione del p. c. di alcuni verbi sono illustrate in XI 126b.
PRESENTE INDICATIVO: § 1. Il p. i. esprime simultaneità tra l'enunciazione di chi parla e il fatto enunciato («Oggi *fa* freddo»: avverto la sensazione nel momento in cui sto parlando, XI. 371). § 2. Molte volte esso si adopera anche in riferimento a eventi che non sono simultanei rispetto all'enunciazione. È il caso del presente *iterativo* o abituale («Non *fumo*», XI. 372a), del presente *acronico* o atemporale («Chi troppo *vuole*, nulla *stringe*», XI. 372b), del presente *pro fu-*

turo o in luogo del futuro («Ci *vediamo* domani», XI. 372c; XIV 56a. 151b), del presente *storico* («Stavamo percorrendo la statale: all'improvviso ci *sorpassa* un camion», XI. 372d). § 3. Le desinenze arcaiche del p. i. sono illustrate in XI. 72a; le irregolarità nella formazione del p. i. di alcuni verbi sono illustrate in XI 126b.
PRESENTE: forma usata come dimostrativo nel linguaggio burocratico, VII. 139.
presidente (*il* / *la p.*) / *presidentessa*: III. 53. v il riquadro NOMI PROFESSIONALI FEMMINILI.
prestare: verbo di 1ª coniugazione, XI. 137.
PRESTITI: V. ADATTATE, PAROLE.
presto: avverbio di tempo, XII. 32f.
presumere: verbo irregolare di 2ª coniugazione in -*ere*, XI. 190.
presupporre: verbo irregolare di 2ª coniugazione in -*ere*, XI. 275.
PRESUPPOSIZIONE, RAPPORTI DI: II. 13.
pretendere: verbo irregolare di 2ª coniugazione in -*ere*, XI. 319; XIV. 49.
pretermettere: verbo irregolare di 2ª coniugazione in -*ere*, XI. 255.
PRETONICO: V. PROTONICO.
prevalere: verbo irregolare di 2ª coniugazione in -*ére*, XI. 168.
prevedere: verbo irregolare di 2ª coniugazione in -*ére*, XI. 170.
prevenire: verbo irregolare di 3ª coniugazione, XI. 353.
prevenne / *prevenì*: v. il riquadro VENIRE, COMPOSTI DI.
PREZZO, COMPLEMENTO DI: è un complemento che indica quanto costa una cosa o un essere animato. Quando è retto da verbi come *costare* e *pagare* non è preceduto da preposizione; negli altri casi, specie se retto da verbi come *affittare, vendere, comprare* ecc., è introdotto dalle preposizioni *a* o *per*: la riparazione costa *duecentomila lire*, «ho affittato un costume *per* (*a*) centomila lire» (VIII. 16. 50. 113).
prigione (*il* / *la p.*): III. 40. 41d-42.
prima che: locuzione congiuntiva subordinante temporale, XIV. 188-200.
prima di: locuzione preposizionale; può introdurre una proposizione temporale implicita, XIV. 206.
prima: preposizione impropria (VIII. 137d) e avverbio di tempo (XII. 32g).

PRIMARIE, INTERIEZIONI: v. X. 1 e la voce INTERIEZIONE, § 2.
primo: v. V. 82-83 e la voce AGGETTIVO, § 9.
PRINCIPALE, ACCENTO: V. ACCENTO.
PRINCIPALE, PROPOSIZIONE: v. XIII. 1; XIV. 3-4 e la voce FRASE, § 3.
privato (aggettivo sostantivato): v. V. 47.
PRIVAZIONE, COMPLEMENTO DI: V. ABBONDANZA E PRIVAZIONE, COMPLEMENTO DI.
PRO FUTURO, PRESENTE: V. XI. 372c; XIV. 56a. 151b e la voce PRESENTE INDICATIVO.
PRO-FRASI: V. SOSTITUENTI DI FRASE.
probabilmente: avverbio di dubbio, XII. 50-51.
PRÒCLISI: si chiama p. il fenomeno per cui un pronome personale privo d'accento si appoggia, nella pronuncia, alla parola che lo segue, che generalmente è un verbo: «Questo non *mi* piàce», «Quello *ci* guàrda», ecc. (v. I. 170; VII. 69-83 e la voce PERSONALI, PRONOMI, § 4).
PROCLITICA: parola che presenta *pròclisi*.
produrre: verbo irregolare di 2ª coniugazione in -*ere*, XI. 205.
PRODUTTIVITÀ: capacità di generare nuove parole, che possono essere verbi (XI. 53), nomi o aggettivi (XV. 2).
PROGRESSIVO, ASPETTO: V. SVOLGIMENTO DI UN'AZIONE.
proludere: verbo irregolare di 2ª coniugazione in -*ere*, XI. 181.
promettere: verbo irregolare di 2ª coniugazione in -*ere*, XI. 255; XIV. 41. 50.
promuovere: verbo irregolare di 2ª coniugazione in -*ere*, XI. 260.
PRONOME: Il p. è tradizionalmente definito una parte variabile del discorso che sostituisce un nome o un altro elemento usato come nome: «Ho incontrato Gabriella. *La* conosci (= conosci Gabriella?)», VII. 1). Per quanto concerne i p. atoni, v. la voce ATONI, PRONOMI. Molte forme pronominali, oltre che sostituire un nome, possono accompagnarlo a mo' di attributo: si parla, in tal caso, di *aggettivi pronominali* (VII. 2-3). Il quadro d'insieme dei p. e degli aggettivi pronominali (v. anche le singole voci: PERSONALI, PRONOMI; POSSESSIVI, AGGETTIVI E PRONOMI; DIMOSTRATIVI, AGGETTIVI E PRONOMI etc.) è il seguente:

pronominali, verbi

	pronomi (e aggettivi pronominali)
personali (p.)	*io, tu, egli, noi, voi, essi*, ecc.
possessivi (p. e a. p.)	*mio, tuo, suo, nostro, vostro, loro*, ecc.
dimostrativi (p. e a. p.)	*questo, codesto, quello, stesso, medesimo*, ecc.
indefiniti (p. e a. p.)	*qualche, qualcuno, uno, nessuno*, ecc.
relativi (p.)	*chi, che, il quale*, ecc.
interrogativi (p. e a. p.)	*chi, che*, ecc.
esclamativi (p. e a. p.)	*chi, che*, ecc.

PRONOMINALI, VERBI: i v. p. sono descritti in VII. 31; XI. 18-29; la scelta dell'ausiliare con i v. p. è illustrata in XI. 32a. 33; il paradigma della loro coniugazione è in XI. 90. Notizie sintetiche sui v. p. sono, in questo *Glossario*, alla voce **VERBO**, § 10.

pronto: formula telefonica di apertura, X. 36.

PRONUNCIA ITALIANA MODELLO: è quella realizzata dal parlante che, seguendo la norma, evita pronunce caratterizzate geograficamente o socialmente (I. 27-28).

PRONUNCIA ITALIANA REGIONALE: è quella influenzata dai singoli dialetti locali o regionali; i tratti più significativi delle pronunce italiane regionali sono illustrati in I. 29-34 (vocalismo) e in I. 88-105 (consonantismo).

PROPAROSSITONE, PAROLE: v. I. 119c. 172 e la voce **ACCENTO**, § 6.

propendere: verbo irregolare di 2ª coniugazione in *-ere*, XI. 280.

proporre: verbo irregolare di 2ª coniugazione in *-ere*, XI. 275.

PROPOSIZIONE: v. **FRASE**; per le singole proposizioni v. alle voci relative (ad esempio, per la p. finale, v. **FINALE, PROPOSIZIONE**).

PROPRI, NOMI: v. **NOMI PROPRI**.

PROPRIA, PREPOSIZIONE: v. **PREPOSIZIONE**.

PROPRIO, NOME: v. III. 5 e la voce **NOME**, §§ 3 e 11. La formazione del femminile nei n. p. è descritta in III. 71-72.

proprio: può essere, a seconda del contesto, avverbio di affermazione, usato per intensificare un aggettivo di grado positivo («È *proprio* buono», V. 77) nonché aggettivo e pronome possessivo (Ognuno faccia il *proprio* dovere, VII. 104-106)

proprio / *suo* (*loro*): *proprio* può sostituire l'aggettivo possessivo di 3ª e 6ª persona a condizione che si riferisca al soggetto della frase; ed è più comune di *suo* se la frase ha soggetto indefinito o implicito: «ognuno ama i propri figli», «amare i propri figli». È sempre consigliabile usare *proprio* per evitare equivoci: «Carlo vide Mario con la propria moglie» (cioè con la moglie di Carlo; dicendo «vide Mario con sua moglie» si potrebbe pensare alla moglie di Mario). (v. V. 104. 106).

prorompere: verbo irregolare di 2ª coniugazione in *-ere*, XI. 295.

prosciogliere: verbo irregolare di 2ª coniugazione in *-ere*, XI. 300.

proscrivere: verbo irregolare di 2ª coniugazione in *-ere*, XI. 302.

PROSPETTIVO, IMPERFETTO: v. XI. 374h e la voce **IMPERFETTO INDICATIVO**.

PROSSEMICI, TRATTI: I. 1.

prosternere: verbo difettivo di 2ª coniugazione in *-ere*, XI. 111.

PRÒSTESI: sviluppo di un suono o di una sillaba non etimologici all'inizio di una parola, come in *per ischerzo*, I. 71.

PROTASI: v. XIV. 145 sgg. e la voce **CONDIZIONALI, PROPOSIZIONI**.

proteggere: verbo irregolare di 2ª coniugazione in *-ere*, XI. 281.

protendere: verbo irregolare di 2ª coniugazione in *-ere*, XI. 319.

PROTONICO (o **PRETONICO**): detto di vocale o sillaba poste prima dell'accento (*i* in *finestra*; *a* ed *e* in *pagherò*).

protrarre: verbo irregolare di 2ª coniugazione in *-ere*, XI. 325.

provare: verbo transitivo e intransitivo, XI. 4f; XIV. 45.

provenire: verbo irregolare di 3ª coniugazione, XI. 353.

provenne / *provenì*: v. il riquadro **VENIRE, COMPOSTI DI**.

PROVERBIALI, FRASI: IV. 72g; XI. 381; XIV. 10.

province / *provincie*: v. **NOME**, § 13 e il riquadro **NOMI IN -CIA, -GIA, PLURALE DEI**.

provvedere: verbo irregolare di 2ª coniugazione in *-ére* (XI. 170) di uso transitivo e intransitivo (XI. 4g).

prudere: verbo difettivo di 2ª coniugazione in *-ere*, XI. 112.

pungere: verbo irregolare di 2ª coniugazione in *-ere*, XI. 282.

punta / punto: III. 39.

PUNTEGGIATURA: le funzioni della p. sono illustrate in I. 201-207 e in XIV. 6. La descrizione dei vari segni interpuntivi è in I. 208-241. Per i singoli segni di p. si vedano le voci relative.

PUNTI CARDINALI: il genere dei nomi dei p. c. è indicato in III. 18.

PUNTI DI SOSPENSIONE: usati nel numero fisso di tre, costituiscono un segno d'intepunzione che indica che il discorso viene sospeso, senza essere portato a termine (più ampi particolari ed esempi in I. 224-226).

PUNTI, DUE: V. **DUE PUNTI**.

PUNTO E VIRGOLA: è un segno d'intepunzione più forte della virgola e meno forte del punto (v. anche il riquadro sotto). I segmenti di testo che collega sono autonomi l'uno rispetto all'altro, ma il secondo continua il significato del primo, come nell'esempio che segue, tratto dal *Gattopardo* di G. Tomasi di Lampedusa: «Non che fosse grasso: esa soltanto immenso e fortissimo; la sua testa sfiorava (nelle case abitate dai comuni mortali) il rosone anteriore dei lampadari; le sue dita sapevano accartocciare come carta velina le monete da un ducato; e fra villa Salina e la bottega di un orefice era un frequente andirivieni per la riparazione di forchette e cucchiai che la sua contenuta ira, a tavola, gli faceva spesso piegare a cerchio» (altri particolari in I. 221).

PUNTO E VIRGOLA, USO DEL: in generale, il punto e virgola non segna la chiusura di un periodo, come il punto (o punto fermo), ma condivide in gran parte le funzioni della virgola, alla quale va preferito in due casi: § 1. Per introdurre una coordinata introdotta da un connettivo «forte», che segna cioè uno stacco logico-sintattico abbastanza marcato con l'enunciato che precede, o svolgendo la deduzione logica di un ragionamento (come avviene spesso con *quindi*, *perciò*, *pertanto*), o precisando, riformulando ciò che è stato appena affermato (come avviene spesso con *infatti*): «Don Abbondio in vece non sapeva altro ancora se non che l'indomani sarebbe giorno di battaglia; quindi una gran parte della notte fu spesa in consulte angosciose». § 2. In generale, quando si debbano collegare due frasi coordinate complesse o per conferire a una frase particolari sottolineature emotive. Un esempio di Benedetto Croce: «Certo, non si può far di meno, e nessuno ha mai fatto di meno, dell'aiuto dei commenti nel leggere Dante; ma il consiglio di gettarli via è buono tutte le volte (e sono assai frequenti) che invece di fornire i soli dati giovevoli alla interpretrazione storico-estetica, esibiscono cose inopportune ed estranee». Qui il punto e virgola risponde innanzitutto a ragioni intonative (spezzando con una pausa più forte un periodo sintatticamente elaborato e quindi favorendo i ritmi della lettura), ma realizza anche una procedura retorica, concentrando l'attenzione del lettore sulla proposizione coordinata avversativa che contiene il consiglio paradossale di «gettare via» i commenti che, per Croce, ostacolerebbero la comprensione della genuina poesia di Dante. (v. I. 221).

PUNTO ESCLAMATIVO: è un segno d'interpunzione che indica l'esclamazione; suggerisce l'intonazione discendente caratteristica delle esclamazioni. Si mette alla fine di una frase esclamativa. Più ampi particolari ed esempi in I. 214-217.

PUNTO INTERROGATIVO: è un segno d'interpunzione che indica l'interrogazione diretta; suggerisce l'intonazione ascendente caratteristica delle domande. Si mette alla fine di una frase interrogativa diretta. Più ampi particolari ed esempi in I. 214-217.

PUNTO: detto anche p. *fermo*, è un segno d'interpunzione che collega due segmenti di testo separati da una pausa forte, come per esempio due periodi (I. 209-211). Per l'uso del p. nelle abbreviazioni v. I. 211-213 e la voce **ABBREVIAZIONI**.

punto: può essere, a seconda del contesto, avverbio rafforzativo della negazione («Non le piacque *punto*», XII. 54) nonché aggettivo e pronome indefinito negativo, di uso toscano e letterario (VII. 203).

pur senza

pur senza: locuzione congiuntiva subordinante concessiva, XIV. 184a.
purché: congiunzione subordinante ipotetica, XIV. 163. 166e.
pure: congiunzione coordinante copulativa (XIV. 18) e avversativa (XIV. 21e), che compare in diverse locuzioni congiuntive e preposizionali: *se p.*, condizionale (XIV. 165b), *p. se*, concessiva (XIV. 167a), *p. senza*, concessiva (XIV. 184a. 239b); da sola, può introdurre un gerundio con valore concessivo («pur volendo, non posso», XIV. 184c).
purosangue (plur. *purosangue*): III. 143c.
puzzle / puzzles (i): v. il riquadro **NOMI STRANIERI, PLURALE DEI**.
q: il valore del grafema *q* è illustrato in I. 115.
qua, quaggiù, qua sopra, qua sotto: avverbio di luogo, XII. 36. 40. 43.
QUADRE, PARENTESI: v. I. 238-239 e la voce **PARENTESI**.
QUADRISDUCCIOLE, PAROLE: v. I. 172 e la voce **ACCENTO**, § 6.

---

qual è / qual'è: la forma corretta è la prima, senza apostrofo (e indipendentemente dal genere maschile o femminile a cui *quale* si riferisce: «qual è la verità?», «qual è il trucco?»). Infatti, l'omissione di *e* in *quale* rappresenta un troncamento (o apocope), non un'elisione. La differenza ortografica tra i due fenomeni (simili quanto alla loro sostanza fonetica) consiste in ciò: il troncamento crea forme autonome, che potrebbero essere adoperate davanti a parole comincianti vuoi per vocale vuoi per consonante (*qual era*, ma anche – sia pure, oggi, solo in tono scherzoso – *qual meraviglia!*), l'elisione invece crea forme condizionate dall'iniziale vocalica della parola seguente (un condizionamento espresso dall'apostrofo). Per la stessa ragione non si deve apostrofare l'articolo indeterminativo *un* davanti a un maschile (*un uomo*, così come diciamo *un gatto*), ma solo davanti a un femminile (*un'anima*, perché non si può avere **un donna*). (v. I. 87).

---

qualche: aggettivo indefinito singolativo, VII. 146. 149. 150. 168.

qualcheduno: pronome indefinito singolativo, VII. 146. 152a.
qualcosa, qualche cosa: pronome indefinito singolativo, VII. 146. 153-154.

---

qualcosa è accaduto / accaduta: l'oscillazione di genere riguarda solo il participio (con un aggettivo partitivo l'accordo non può essere che al maschile: *qualcosa di nuovo*). Nel primo caso – forse quello più frequente nell'uso – il pronome indefinito viene trattato come una parola sola; nel secondo, viene percepita la presenza del sostantivo femminile *cosa*, che condiziona il genere del participio successivo.

---

qualcuno: pronome indefinito singolativo, VII. 146. 151. 168.
quale: può essere: a) aggettivo e pronome indefinito singolativo (VII. 146. 165c. 166-168. 240; in questa funzione può introdurre una proposizione comparativa, XIV. 215); b) pronome relativo, se preceduto dall'articolo determinativo (*il, la, i, le q.*, VII. 217-221. 224-229. 240. 246); c) aggettivo interrogativo ed esclamativo (VII. 248.250).
QUALIFICATIVI, AGGETTIVI: v. V. 2a e la voce **AGGETTIVO**, §§ 1 e 2.
QUALIFICATIVI, AVVERBI: v. XII. 18-27 e la voce **AVVERBIO**, §§ 5 e 6.
QUALIFICATIVI, AVVERBI: v. XII. 18. 19-27 e la voce **AVVERBIO**, §§ 5 e 6.
QUALITÀ VOCALICA: I. 22.
QUALITÀ, COMPLEMENTO DI: è un complemento indiretto che indica una qualità o una caratteristica di qualcuno o di qualcosa. È introdotto dalle preposizioni *di* e (meno comunemente) *a, da, con*. Esempi: «un medico *di grande umanità*», «una ragazza *dagli occhi verdi*» (VIII. 15 bis. 46-47-64).
qualora: congiunzione subordinante ipotetica, XIV. 163. 166c.
qualsiasi: aggettivo indefinito collettivo, VII. 178-182; XIV. 183.

---

qualsiasi / qualunque: nell'uso attuale i due indefiniti si usano indifferentemente in funzione di aggettivo (in *qualsiasi ruolo*, in *qualunque ruolo*) e in una proposizione relativa concessiva con un verbo diverso da *essere* («qualsiasi cosa tu dica, la appoggerò»,

> «qualunque cosa tu dica, la appoggerò»). Se il predicato della relativa è *essere*, l'uso più avvertito esclude *qualsiasi*, che ha inglobato in sé il congiuntivo di quello stesso verbo (= quale si sia). Ancora una volta bisogna dare atto che la lingua dei giornali è a un buon livello grammaticale: nel «Corriere della Sera» del 1995, di fronte a migliaia di relative costruite con *qualunque sia* (o *fosse*), gli esempi non impeccabili non superano la trentina; eccone uno: «Pestare il piede a qualcuno, di qualsiasi pelle sia [o: *di qualsiasi pelle* o, meglio: *di qualunque pelle sia*], provoca sempre la stessa reazione in chi subisce» (21.11.1995). (v. VII. 181).

qualsivoglia: aggettivo indefinito collettivo, VII. 178-182.
qualunque: aggettivo indefinito collettivo, VII. 168. 178-181; XIV. 183.
quand'anche: locuzione congiuntiva subordinante concessiva, XIV. 179d.
quando bene: locuzione congiuntiva subordinante concessiva antica, XIV. 181.
quando: può essere, a seconda dei contesti, avverbio interrogativo ed esclamativo (anche rafforzato con *mai*, XII. 57a), congiunzione subordinante interrogativa, causale (XIV. 113), ipotetica (XIV. 166d), temporale (XIV. 192. 200), avversativa (XIV. 211).
QUANTITÀ DELLE VOCALI: la q. delle v. latine è illustrata in I. 22; la q. delle v. italiane è illustrata in I. 26.
QUANTITÀ, AVVERBI DI: v. XII. 18. 45-49 e la voce AVVERBIO, §§ 5 e 9.
QUANTITATIVI, INDEFINITI: v. VII. 145. 205-216 e la voce INDEFINITI, AGGETTIVI E PRONOMI, §§ 1 e 5.
quanto: § 1. Può essere, a seconda dei contesti, pronome relativo relativo (VII. 244-245), correlativo di *tanto* (VII. 211d), aggettivo e pronome interrogativo ed esclamativo (VII. 248. 257), avverbio interrogativo ed esclamativo (XII. 57a). § 2. Come avverbio può introdurre un secondo termine di paragone («Luigi è capace quanto Marco», V. 59), una proposizione comparativa di uguaglianza («Tanto è simpatico lui quanto è antipatica lei», XIV. 226 sgg.), una proposizione limitativa (anche con le locuzioni congiuntive *per q.*, *a. q.*, XIV. 245-246),
un condizionale ottativo («quanto vorrei una vacanza!», XIII. 37).
quantunque: congiunzione subordinante concessiva, XIV. 179a.
quarantun anni / *quarantun anno*: v. il riquadro UNO, NUMERALI COMPOSTI CON.
QUARTIERI: l'uso dell'articolo con i n. di q. è illustrato in IV. 47.
quasi che: locuzione congiuntiva subordinante comparativo-ipotetica, XIV. 214b. 222-223.
quegli: pronome dimostrativo singolare, VII. 118. 126. 127c.
quei: pronome dimostrativo singolare antico, VII. 121b.
quel: pronome dimostrativo singolare antico, VII. 121a.
quello: aggettivo e pronome dimostrativo, VII. 118-120. 122-129. 131-132; adoperato nella locuzione congiuntiva subordinante comparativa *di quel che (non)* (XIV. 234b) e nella locuzione congiuntiva subordinante limitativa *per quel che* (XIV. 245-246.

> *questi* (pronome dimostrativo singolare): il pronome maschile singolare *questi*, di uso alquanto sostenuto (quindi da riservare alla lingua scritta e, anche lì, sempre sostituibile con *questo*), va soggetto ad alcune restrizioni: §1. Si usa solo in riferimento a persona, non ad animale o cosa. § 2. Si usa solo con valore anaforico, cioè per richiamare qualcuno di cui si sia parlato in precedenza, non con valore cataforico, cioè in riferimento a qualcuno di cui si parlerà in seguito, né con valore deittico, ossia per indicare qualcuno nello spazio (non sarebbe accettabile per la grammatica – oltre che per il galateo – un **questi, chi è?* detto guardando uno sconosciuto). § 3. Va usato solo per il soggetto (sarebbe sbagliata una frase come «Nel 1294 Celestino V rinunciò al papato e *a questi succedette Bonifacio VIII»). (v. VII. 118. 126. 127c).

questo: aggettivo e pronome dimostrativo, VII. 118. 122-130. 133. v. anche il riquadro *codesto* / *questo*.
qui: avverbio di luogo, XII. 36. 40.
quinci: avverbio di luogo, XII. 41a.
quindi: § 1. Avverbio di luogo, XII. 41a. §

racchiudere

2. Congiuzione coordinante conclusiva, XIV. 25a.
quivi: avverbio di luogo, XII. 37
racchiudere: verbo irregolare di 2ª coniugazione in *-ere*, XI. 198.
raccogliere: verbo irregolare di 2ª coniugazione in *-ere*, XI. 201.
RADDOPPIAMENTO FONOSINTATTICO: v. **FONOSINTATTICO, RADDOPPIAMENTO**.
radere: verbo irregolare di 2ª coniugazione in *-ere*, XI. 283-284.
RADICE: v. II. 2; XI. 51a e la voce **VERBO**, § 16.
raggiungere: verbo irregolare di 2ª coniugazione in *-ere*, XI. 246-247.
rapprendere: verbo irregolare di 2ª coniugazione in *-ere*, XI. 278.
rarefare: verbo irregolare di 1ª coniugazione, XI. 135b.
ravvedersi: verbo irregolare di 2ª coniugazione in *-ére*, XI. 170.
RE, NUMERO D'ORDINE DEI: v. il riquadro **ORDINE, NUMERO D'**.
REALI, INTERROGATIVE: v. XIII. 9 e la voce **INTERROGATIVE DIRETTE, PROPOSIZIONI**, § 1.
REALTÀ, PERIODO IPOTETICO DELLA: v. XIV. 150 e la voce **CONDIZIONALI, PROPOSIZIONI**, § 2.

---

reboante / roboante: la forma corretta è la prima, antico participio del lat. REBOARE 'rimbombare'. Il diffuso *roboante* si spiega con l'assimilazione della prima alla seconda vocale, un fenomeno molto comune nell'evoluzione linguistica delle parole popolari. Solo che, trattandosi di parola dotta e per giunta di uso ricercato, chi l'adopera dovrebbe dare prova di maggiore sensibilità etimologica e attenersi alla variante *reboante*. L'uso giornalistico mostra che si tratta di una battaglia difficile, ma non ancora persa: nel «Corriere della Sera» del 1995 la forma corretta, singolare e plurale, ricorre 3 volte (per esempio, «saranno di scena con il loro reboante show al Palalido», 28.10.1995), contro 36 esempi di quella spuria.

---

recenziore: v. V. 84 e la voce **AGGETTIVO**, § 9.
recere: verbo difettivo di 2ª coniugazione in *-ere*, XI. 113.
recidere: verbo irregolare di 2ª coniugazione in *-ere*, XI. 217.
recludere: verbo irregolare di 2ª coniugazione in *-ere*, XI. 177.
reda: 'erede', femminile invariabile arcaico, III. 80c.
redarre: v. il riquadro *redigere / redarre*.
redigere: verbo irregolare di 2ª coniugazione in *-ere*, XI. 285-286.

---

redigere / redarre: nessun dubbio: la forma corretta è la prima; la seconda è dovuta all'attrazione del verbo *trarre*, favorita dalla comune terminazione in *-atto* dei due participi passati (*redatto – tratto*). Si tratta certamente di un errore ben più grave di *roboante* per *reboante*, come dimostra il maggiore controllo linguistico che si esercita nel reprimerlo: nella stessa annata del «Corriere della Sera» (1995), gli esempi corretti sono una valanga: 79 *redigere* contro 2 *redarre*. (v. XI. 286).

---

redimere: verbo irregolare di 2ª coniugazione in *-ere*, XI. 287.
redimire: verbo difettivo di 3ª coniugazione, XI. 114.
redire: verbo difettivo di 3ª coniugazione, XI. 115.
REDUPLICAZIONE INTENSIVA: V. 74-75.
rege: 're', arcaico, III. 73e
REGGENTE: (di un sintagma preposizionale): v. **BASE**.
REGGENTE, PROPOSIZIONE: v. XIV. 4a e la voce **FRASE**, § 6.
reggere: verbo irregolare di 2ª coniugazione in *-ere*, XI. 288.
regina: femminile di *re*, III. 73e.
REGIONALISMO: forma o costrutto diffusi in un'area regionale e caratteristici non solo dei rispettivi dialetti ma anche dell'italiano parlato in quella zona. Il r. è generalmente noto oltre i confini regionali (per esempio *boiler* 'scaldabagno', settentrionale; *pedalino* 'calzino', romanesco; *carnezziere* 'macellaio', siciliano), XV. 70.
REGIONI: il genere dei nomi di r. è indicato in III. 12; l'uso dell'articolo coi nomi di r. è illustrato in IV. 41.
regola / regolo: III. 32.
regniamo / regnamo: v. il riquadro *-gniamo / -gnamo*.
reina: variante arcaica di *regina*, III. 73e.
RELATIVE, CONGIUNZIONI: sono indicati come c. r. gli avverbi di luogo *dove, ove, donde* e *onde* quando equivalgono a un

complemento di luogo formato da un pronome relativo: «Sono stato in un posto *dove* (= in cui) non c'era nemmeno l'acqua corrente», VII. 247.

RELATIVE, PROPOSIZIONI: § 1. Sono frasi aperte da un pronome o un avverbio relativo che richiama un elemento della reggente, detto *antecedente*: «Ho conosciuto M a r c o [antecedente], *che è molto simpatico*»; possono essere *limitative* e *esplicative*. § 2. Le r. limitative precisano il significato dell'antecedente, che altrimenti rimarrebbe incompiuto («ti presterò il libro *che ho letto*»); le r. esplicative danno un'informazione aggiuntiva, non indispensabile («ti presto volentieri questo libro, *che ha vinto un premio*»). § 3. Tutte le r. possono avere forma esplicita e implicita. Le r. esplicite hanno il verbo all'indicativo («Aspetto il treno che parte alle tre»), al congiuntivo («Voglio prendere un treno che parta alle tre») o al condizionale («Senza lo sciopero, avrei preso il treno che sarebbe partito alle tre»). Le r. implicite sono introdotte da un pronome relativo con funzione di complemento indiretto (*cui, di cui, con cui* ecc.) oppure dalla preposizione *da*, e il modo verbale è sempre l'infinito: «il professore cerca uno studente *cui* affidare la ricerca», «questo è il quadro *da restaurare* (= che deve essere restaurato», XIV. 248-255).

RELATIVI, PRONOMI: § 1. Il pronome r. sostituisce un nome che lo precede e mette in relazione (donde il nome di *relativo*) due frasi. Nella prima, che è la sovraordinata, c'è il termine che il pronome r. sostituisce, detto *antecedente*; la seconda frase, che è una subordinata, è sempre aperta dal pronome r. e prende il nome di proposizione relativa: «Ho ubbidito al *medico* [antecedente], *che* [= il medico, pronome r.] mi aveva proibito le sigarette» (VII. 217; più ampie indicazioni sul rapporto, sulla posizione reciproca e sulla concordanza morfosintattica fra antecedente e pronome r. sono in VII. 218-220; e v. anche il riquadro sotto. § 2. Le forme del pronome r. si distinguono in *invariabili* (*che / cui*) e *variabili* (*il quale, la quale, i quali, le quali*; quadro d'insieme: VII. 221). Delle forme invariabili, *che* si usa per il soggetto (Ho visto una giacca *che* costa poco) per il complemento oggetto (Ho visto una giacca *che* vendono a poco) VII. 222), *cui* (preceduta dalle varie preposizioni *di, a, da* ecc.) si usa per i complementi indiretti (Ho risolto il problema di cui ti avevo parlato, VII. 223). La forma variabile *il quale*, preceduta dal semplice articolo determinativo (che è parte integrante del pronome r., diversamente che in italiano antico: cfr. VII. 240) può essere soggetto (Parleremo degli immigrati, *i quali* hanno molte difficoltà di vita o, molto raramente, complemento oggetto («C'è un'entrata secondaria, varcando la quale si arriva in spiaggia»); con le varie preposizioni articolate assume il valore di complemento indiretto («È il funzionario al quale ho parlato», VII. 224). I diversi ambiti e modalità d'uso di *che*, *cui* e *il quale* sono descritti in VII. 225-230; usi e costrutti particolari, antichi e moderni, sono illustrati in VII. 231-239. La serie dei relativi è completata: a) dai pronomi r. «doppi» *chi* e *quanto* (anticamente anche *quale*, VII. 246), che assumono in sé la duplice funzione morfosintattica di antecedente e di pronome r.: Non sopporto *chi* (= colui, colei, coloro + che) parla male di tutti; Farò *quanto* (= quello + che) chiedi (VII. 241-245).

RELATIVI, PRONOMI, USO DEI: nell'italiano moderno l'antecedente, cioè l'elemento contenuto nella frase sovraordinata al quale il pronome relativo si riferisce, deve essere collocato immediatamente prima del relativo stesso. Soprattutto scrivendo bisogna evitare collocazioni che, oltretutto, possono riuscire ambigue. Ecco due esempi giornalistici, da non imitare (rispettivamente «Corriere della Sera» 17.9.1995 e 26.9.1995): «Il linguaggio specialistico produce parole che spesso fanno inorridire i puristi, che magari sembrano poco utili» (sembrano poco utili i puristi? Bisognava o ripetere l'antecedente – *parole che magari* ecc.– oppure ricorrere a una relativa coordinata: *e che magari* ecc.); «[Brigitte Bardot] è ora una sessantenne impegnata nella difesa dei diritti degli animali, il cui prestigio è aumentato nel corso di innumerevoli battaglie» (il prestigio degli animali? Anche qui era meglio ripetere l'antecedente, magari ricorrendo a un sinonimo: *una personalità il cui prestigio* ecc.). (v. VII. 220a-b).

RELATIVO, SUPERLATIVO: v. V. 60.62. 86 e la voce AGGETTIVO, § 9. Particolari usi dell'articolo davanti al s. r. sono illustrati in IV. 75.

RELAZIONE, AGGETTIVI DI: v. V. 4-7. 31 e la voce AGGETTIVO, § 2.

REMA: dato un qualsiasi argomento (detto, con termine tecnico, *tema*), il r. è ciò che si dice di tale argomento: v. anche TEMA (VII. 42).

rendere: verbo irregolare di 2ª coniugazione in -*ere*, XI. 289-290.

reprimere: verbo irregolare di 2ª coniugazione in -*ere*, XI. 202.

rescindere: verbo irregolare di 2ª coniugazione in -*ere*, XI. 299.

resistere: verbo irregolare di 2ª coniugazione in -*ere*, XI. 187.

respingere: verbo irregolare di 2ª coniugazione in -*ere*, XI. 247. 312.

restare: verbo di 1ª coniugazione, XI. 137.

restringere: verbo irregolare di 2ª coniugazione in -*ere*, XI. 247. 313.

RESTRITTIVA, FUNZIONE (dell'aggettivo qualificativo): v. V. 32 e la voce AGGETTIVO, § 5.

RESTRITTIVE, CONGIUNZIONI (o locuzioni congiuntive) CONDIZIONALI: sono *purché, sempreché, solo che, per poco che, a condizione che, a patto che*, XIV. 163.

RESTRITTIVE, RELATIVE: v. LIMITATIVE, RELATIVE.

RESTRITTIVO, VALORE: il v. r. di alcune proposizioni introdotte da *se* è illustrato in XIV. 159.

RETORICHE, INTERROGATIVE: v. XIII. 10-11; XIV. 52d e la voce INTERROGATIVE DIRETTE, PROPOSIZIONI, § 1.

RETROSPETTIVO, FUTURO: v. XI. 386c e la voce FUTURO, § 3.

REVERENZIALE, MAIUSCOLA: maiuscola usata non per ragioni ortografiche, ma per ragioni di cortesia linguistica con particolari nomi comuni (il *Papa*, il *Presidente*, il *Dottor* Rossi, I. 199) e coi pronomi allocutivi reverenziali (*Ella, Lei, Loro*, VII. 89).

REVERENZIALI, PRONOMI ALLOCUTIVI: v. VII. 84 e la voce ALLOCUTIVI, PRONOMI, § 1.

riannettere: verbo irregolare di 2ª coniugazione in -*ere*, XI. 182.

riapparire: verbo irregolare di 3ª coniugazione, XI. 332-333.

riaprire: verbo irregolare di 3ª coniugazione, XI. 334-335.

riassumere: verbo irregolare di 2ª coniugazione in -*ere*, XI. 190.

ricadere: verbo irregolare di 2ª coniugazione in -*ére*, XI. 139.

richiedere: verbo irregolare di 2ª coniugazione in -*ere*, XI. 196.

ricomparire: verbo irregolare di 3ª coniugazione, XI. 332-333.

ricomporre: verbo irregolare di 2ª coniugazione in -*ere*, XI. 275.

RICOMPOSIZIONE: I. 188a.

ricondurre: verbo irregolare di 2ª coniugazione in -*ere*, XI. 205.

riconnettere: verbo irregolare di 2ª coniugazione in -*ere*, XI. 182.

riconoscere: verbo irregolare di 2ª coniugazione in -*ere*, XI. 207.

ricoprire: verbo irregolare di 3ª coniugazione, XI. 334-335.

ricordare / ricordarsi: v. XI. 26. 94; XIV. 41. 44. 50.

ricorrere: verbo irregolare di 2ª coniugazione in -*ere*, XI. 213.

ridere: verbo irregolare di 2ª coniugazione in -*ere*, XI. 291. Sull'uso antico *r. qualcuno* v. XI. 4d.

ridire: verbo irregolare di 3ª coniugazione, XI. 340. v. anche il riquadro DIRE, COMPOSTI DI.

RIDONDANZA PRONOMINALE, FENOMENI DI: VII. 39. 42.

ridurre: verbo irregolare di 2ª coniugazione in -*ere*, XI. 205.

riedere: verbo difettivo di 2ª coniugazione in -*ere*, XI. 115.

riempiere / riempire: verbo sovrabbondante, XI. 123b-124.

riescire: v. *riuscire*.

RIFARE: verbo irregolare di 1ª coniugazione, XI. 135b.

RIFLESSIVI DIRETTI, VERBI: i v. r. d. sono descritti in XI. 10. 18. 20; la scelta dell'ausiliare con i v. r. d. è illustrata in XI. 33; il paradigma della loro coniugazione è in XI. 90. Notizie sintetiche sui v. r. d. sono alla voce VERBO, §§ 8 e 10.

RIFLESSIVI INDIRETTI, VERBI: i v. r. i. sono descritti in XI. 21-22; l'accordo del participio passato dei v. r. i. è illustrato in XI. 368; il paradigma della loro coniugazione è in XI. 90. Notizie sintetiche sui v. r. i. sono alla voce VERBO, § 10.

RIFLESSIVI INTRANSITIVI, VERBI: v. INTRANSITIVI PRONOMINALI, VERBI.

RIFLESSIVI RECIPROCI, VERBI: i v. r. r. sono descritti in XI. 19-20; il paradigma della loro coniugazione è in XI. 90. Notizie sintetiche sui v. r. r. sono alla voce VERBO, § 10.

RIFLESSIVI, PRONOMI: si dicono r. i pronomi personali (VII. 4) *sé*, tonico (VII. 23) e *si*, atono (VII. 56).

riflettei / *riflessi*: v. *riflettere*

---

riflettere (verbo irregolare di 2ª coniugazione in *-ere*): il passato remoto debole (o rizoatono) in *-ei* (*riflettei*) si adopera nell'italiano moderno col valore di 'considerare', quello forte (o rizotonico) in *-ssi* (*riflessi*) col valore di 'mandare riflessi'. Lo stesso vale per i due participi passati *riflettuto* e *riflesso*. (v. XI. 240; XIV. 50).

---

rifondere: verbo irregolare di 2ª coniugazione in *-ere*, XI. 241.

rifulgere: verbo irregolare di 2ª coniugazione in *-ere*, XI. 292.

rileggere: verbo irregolare di 2ª coniugazione in *-ere*, XI. 252.

rilùcere: verbo difettivo di 2ª coniugazione in *-ere*, XI. 108.

rimanere: verbo irregolare di 2ª coniugazione in *-ére*, XI. 156-157.

rimembrarsi: XI. 94.

rimordere: verbo irregolare di 2ª coniugazione in *-ere*, XI. 258.

rimpiangere: verbo irregolare di 2ª coniugazione in *-ere*, XI. 272.

rimuovere: verbo irregolare di 2ª coniugazione in *-ere*, XI. 260.

rinascere: verbo irregolare di 2ª coniugazione in *-ere*, XI. 262.

rincrescere: verbo irregolare di 2ª coniugazione in *-ere*, XI. 214; XIV. 68.

rinvenire: verbo irregolare di 3ª coniugazione, XI. 353.

rinvenne / *rinvenì*: v. il riquadro VENIRE, COMPOSTI DI.

riprodurre: verbo irregolare di 2ª coniugazione in *-ere*, XI. 205.

ripromettere, ripromettersi: verbo irregolare di 2ª coniugazione in *-ere*, XI. 255.

riproporre: verbo irregolare di 2ª coniugazione in *-ere*, XI. 275.

risalire: verbo irregolare di 3ª coniugazione, XI. 346.

risapere: verbo irregolare di 2ª coniugazione in *-ére*, XI. 158.

riscoprire: verbo irregolare di 3ª coniugazione, XI. 334-335.

riscrivere: verbo irregolare di 2ª coniugazione in *-ere*, XI. 302.

riscuotere: verbo irregolare di 2ª coniugazione in *-ere*, XI. 303.

risolvere: verbo irregolare di 2ª coniugazione in *-ere*, XI. 188-189.

risorgere: verbo irregolare di 2ª coniugazione in *-ere*, XI. 305.

rispondere: verbo irregolare di 2ª coniugazione in *-ere*, XI. 293.

ristare: verbo irregolare di 1ª coniugazione, XI. 137.

ristringere: v. *restringere*.

risuscitare: verbo transitivo e intransitivo, XI. 4f.

ritenere: verbo irregolare di 2ª coniugazione in *-ére*, XI. 165; XIV. 41. 49.

ritingere: verbo irregolare di 2ª coniugazione in *-ere*, XI. 247. 321.

ritorcere: verbo irregolare di 2ª coniugazione in *-ere*, XI. 324.

ritrarre: verbo irregolare di 2ª coniugazione in *-ere*, XI. 325.

riuscire: verbo irregolare di 3ª coniugazione, XI. 351-352; XIV. 68.

rivalersi: verbo irregolare di 2ª coniugazione in *-ére*, XI. 168.

rivedere: verbo irregolare di 2ª coniugazione in *-ére*, XI. 170.

rivenire: verbo irregolare di 3ª coniugazione, XI. 353.

rivivere: verbo irregolare di 2ª coniugazione in *-ere*, XI. 329.

rivolgere: verbo irregolare di 2ª coniugazione in *-ere*, XI. 331.

RIZOÀTONO (o ARIZOTÒNICO): accentato non sulla radice, ma sulla desinenza o sul suffisso, come *vincésti*, *casétta*, I. 56a; XI. 52.

rizotònico: accentato sulla radice, come *vìnsi*, *càsa*, I. 56a; XI. 52.

roccaforte (plur. *roccaforti, roccheforti*): III. 141b.

rodere: verbo irregolare di 2ª coniugazione in *-ere*, XI. 294.

romani / *Romani* (*i*): v. il riquadro ETNICI, MAIUSCOLE NEGLI e I. 194h.

ROMENO: V. RUMENO.
rompere: verbo irregolare di 2ª coniugazione in *-ere*, XI. 295-296.
rubare: sul costrutto antico *r. qualcuno* v. XI. 4d.
RUMENO: un confronto fra l'italiano e il r. è in III. 2. 100, in IV. 1, in VII. 190b e in XII. 7.
RUMORE: fenomeno acustico consistente in una vibrazione irregolare aperiodica, I. 15.
russi / Russi (i): v. il riquadro **ETNICI, MAIUSCOLE NEGLI**, e I. 194h.
RUSSO: confronti con il russo sono in I. 44. 172; III. 2. 79c; VII. 94. 107; XI. 30; XV. 25.
s **COMPLICATA**: è così chiamata la *s* seguita da una consonante, come in *sbirro*; l'uso dell'articolo davanti a parole comincianti per s c. è illustrati in IV. 5b.
s-: la pronuncia del nesso composto dal prefisso *s-* e [tʃ] (come in *scervellato*) è illustrata in I. 45; la pronuncia del nesso composto dal prefisso *s-* e [dʒ] (come in *sgelare*) è illustrata in I. 46.
s: i due diversi valori ([s] e [z]) del grafema *s* sono descritti in I. 123-125.
saccio (*sapere*, arcaico e dialettale): XI. 159.
salire: verbo irregolare di 3ª coniugazione, XI. 346-347.
saluberrimo: superlativo di *salubre*, che convive con *salubrissimo*, V. 69. 70acd.
salùbre: I. 189.
SALUTO, FORMULE DI: le f. di s. sono particolari tipi di interiezioni secondarie. Le più comuni sono *addio* (X. 38), *arrivederci*, *arrivederla* (varianti toscane popolari: *arrivederlo*, *arrivedello*, X. 39), *buondì* (X. 40), *buongiorno* e *buonasera* (X: 41), *buonanotte* (e le varianti ridotte *giorno! sera! notte!*, X. 42), *ciao* (X. 43), *nuovamente, di nuovo* (X. 44), *salute* (X. 45), *salve* (X. 46).
salve: formula di saluto, X. 46.
salvo che: locuzione congiuntiva subordinante eccettuativa, XIV. 241a.
santo / san: I. 79.
Santo: la pronuncia intensa di [s] in *Spirito Santo* è illustrata in I. 65e.
sapere: verbo servile, irregolare di 2ª coniugazione in *-ére*, XI. 44-46. 141. 158-159. La posizione dei pronomi atoni *mi, ti, si* ecc. con un infinito retto da s. (tipo «so difender*mi* / *mi* so difendere») è illustrata in VII. 74. Può reggere una proposizione oggettiva esplicita all'indicativo («Sapeva che quella era la verità», XIV. 50) o implicita all'infinito: «Sapeva di aver fatto bene» XIV. 41).
sappi, sappiate (*sapere*): XI. 397.
SARDA, ONOMASTICA: alcune grafie notevoli nell'o. s. sono descritte in I. 133. 157.
saria (*essere*, arcaico): XI. 59.
sbagliare / sbagliarsi: XI. 26.
SBARRETTA: segno d'interpunzione (/) di uso raro e particolare, illustrato in I. 241.
scadere: verbo irregolare di 2ª coniugazione in *-ére*, XI.139.

---

scancellare: nonostante le apparenze, si tratta di un verbo di pura lingua italiana, tratto da *cancellare* attraverso il prefisso *s-* con valore intensivo che si ritrova in *sbeffeggiare* e *strascinare*. Uno dei tanti esempi letterari: «Per scancellare questa macchia» (Panzini). (v. XV. 111).

---

scegliere: verbo irregolare di 2ª coniugazione in *-ere*, XI. 297.
scendere: verbo irregolare di 2ª coniugazione in *-ere*, XI. 298.
scherzare: sul costrutto *s. qualcuno* v. XI 4e.
schiudere: verbo irregolare di 2ª coniugazione in *-ere*, XI. 198.
scindere: verbo irregolare di 2ª coniugazione in *-ere*, XI. 299.
sciogliere: verbo irregolare di 2ª coniugazione in *-ere*, XI. 300-301.
scioperissimo: V. 66.
SCISSA, FRASE: è una frase semplice (per esempio: «Mario canta») che per ragioni di messa in rilievo viene *scissa*, spezzata in due: a una reggente con il verbo *essere* seguito dal «tema» (l'argomento al centro della frase: nell'esempio citato, *Mario*) segue una frase aperta dal pronome relativo *che* seguito dal «rema» (ciò che si dice dell'argomento al centro della frase): «è Mario che canta» (XIV. 81).
scleròsi / sclèrosi: v. **ACCENTO**, § 10, e il riquadro **ACCENTO NELLE PAROLE DI ORIGINE GRECA**.
scommettere: verbo irregolare di 2ª coniugazione in *-ere*, XI. 255.

scomparire: verbo irregolare di 3ª coniugazione, XI. 332-333.
scomporre: verbo irregolare di 2ª coniugazione in *-ere*, XI. 275.
sconfiggere: verbo irregolare di 2ª coniugazione in *-ere*, XI. 237.
sconnettere: verbo irregolare di 2ª coniugazione in *-ere*, XI. 182.
sconoscere: verbo irregolare di 2ª coniugazione in *-ere*, XI. 207.
sconvenire: verbo irregolare di 3ª coniugazione, XI. 353.
sconvolgere: verbo irregolare di 2ª coniugazione in *-ere*, XI. 331.
scoop / scoops (*gli*): v. il riquadro **NOMI STRANIERI, PLURALE DEI**.
scoprire: verbo irregolare di 3ª coniugazione, XI. 334-335; XIV. 50.

> *scordarsi*: nella sua variante pronominale, il verbo *scordare* ammette tanto la reggenza indiretta (quella grammaticalmente più regolare: *scordarsi di qualcosa*), quanto quella diretta (*scordarsi qualcosa*), ormai acclimata da tempo in italiano: «per non me lo scordare» (Galileo; oggi diremmo «per non scordarmelo»); «di un ordine che in viaggio mi scordai» (Montale). (v. XIV. 41. 44).

scorgere: verbo irregolare di 2ª coniugazione in *-ere*, XI. 179.

> *scorrazzare / scorazzare*: la forma corretta è la prima, come appare chiaro pensando che si tratta di un derivato di *correre*, che nessuno scriverebbe con una sola *r*. (v. XV. 3. 7).

scorrere: verbo irregolare di 2ª coniugazione in *-ere*, transitivo e intransitivo, XI. 4f. 213.
scoscendere: verbo irregolare di 2ª coniugazione in *-ere*, XI. 298.
SCRITTURE, TIPI DI: I. 7.
scrivere: verbo irregolare di 2ª coniugazione in *-ere*, XI. 302.
scrofa: nome difettivo del maschile, indicante la femmina del maiale o del cinghiale, III. 76b.
scuotere: verbo irregolare di 2ª coniugazione in *-ere*, XI. 303-304.
SDRUCCIOLE, PAROLE: V. PROPAROSSITONE, PAROLE.

se non che: locuzione congiuntiva subordinante eccetuativa, XIV. 240.241c.
se: § 1. Congiunzione subordinante condizionale (XIV. 33b. 84. 147. 151-162. 164. 165) e interrogativa indiretta (XIV. 83). § 2. Compare nella locuzione congiuntiva subordinante eccettuativa *se non* (XIV. 241d) e in alcune locuzioni eccettuative antiche (XIV. 242). § 2. In frasi indipendenti, *se* può introdurre una proposizione esclamativa («Accidenti, se è divertente!», XIII. 26. 29) e un congiuntivo ottativo («se potessi parlare!», XIII. 34). § 3. Caratteristico della lingua antica l'uso del *se deprecativo* (XIII. 35).
se lo sapevo non venivo: v. **IRREALE, INDICATIVO**.
sé: pronome riflessivo tonico, v. I. 177b; VII. 4. 23.

> *sé stesso / se stesso*: la norma ortografica per la quale il pronome *sé* dovrebbe perdere l'accento se seguito da *stesso* è un'inutile complicazione. La forma *sé* va accentata, come avviene per altri monosillabi, perché può confondersi in certi contesti con la congiunzione *se*. Non vale osservare che la presenza di *stesso* elimina quest'ambiguità: con la stessa logica dovremmo togliere l'accento a *sì* quando costituisce un'unica frase, perché il contesto ci impedisce di pensare al pronome riflessivo *si*. L'uso degli accenti deve rispondere a criteri di massima funzionalità e può sempre essere perfezionato. Ora, se è vero che l'uso attuale è fortemente sbilanciato in favore di *se stesso*, d'altra parte, la forma con accento è contemplata, accanto all'altra, da tutti i grandi dizionari dell'italiano contemporaneo; e uno di essi, il prestigioso *Vocabolario della lingua italiana* Zingarelli, dall'ediz. 1996, registra molto opportunamente la forma *sé stesso* come "preferibile" rispetto all'altra (in una rubrica intitolata *Errori comuni*). C'è da sperare che una norma del genere sia accolta nelle redazioni delle case editrici e dei giornali.

sebbene: congiunzione subordinante concessiva, XIV. 174. 179a.
secento: '600' (toscano), VI. 23d.

secernere: verbo difettivo di 2ª coniugazione in *-ere*, XI. 116.

seco: 'con sé' (arcaico), VII. 7.

SECOLI, NOMI DEI: per quanto l'uso della maiuscola sia tuttora oscillante in italiano (la maiuscola è veramente obbligatoria e irrinunciabile solo con i nomi propri: *Paolo*, *Vienna*, *Tex*), è bene adoperarla con i nomi dei secoli. v. I. 194

SECOLI, USO DEI NUMERALI CON I: § 1. Con i nomi dei secoli che vanno dall'XI in poi si possono adoperare gli ordinali (*l'XI secolo* – senza cerchietto in esponente: *XI°*: undicesimo secolo o decimoprimo), i cardinali decurtati della cifra delle migliaia (*il '500*) o le lettere (*il Cento*, *il Cinquecento*: preferibile l'iniziale maiuscola). § 2. Attenzione a non confondere tra 1500, il singolo anno che chiude il XV secolo, compreso tra 1° gennaio e 31 dicembre, e '500, il secolo XVI. (v. VI. 4. 33. 36a).

---

secoloro: 'con loro', VII. 7.

SECONDARIA, PROPOSIZIONE: v. XIII. 3 e la voce **FRASE**, §§ 6 e 7.

SECONDARIE, INTERIEZIONI: v. X. 1 e la voce **INTERIEZIONE**, §§ 2 e 4.

SECONDARIO, ACCENTO: v. I. 181-182 e la voce **ACCENTO**, § 9.

secondo: preposizione impropria (VIII. 7. 137b); in unione con *che* introduce una proposizione comparativa di analogia (XIV. 214b. 219).

---

secondo / *a seconda di*: la prima forma, che continua il lat. SECUNDUM, è quella tradizionalmente preferita dai puristi; ma *a seconda di*, da tempo attestata in italiano, non può certo dirsi errore e semmai può essere evitata – come osserva Giovanni Nencioni – perché «ha un sapore invecchiato e paludato e, usata propriamente, avrebbe anche un significato più specifico o più intenso di *secondo*: cioè 'conformemente a, nello stesso senso di', tanto che si usava anche isolatamente in locuzioni come *andare a seconda* 'seguire la corrente', *veleggiare a seconda* 'con vento favorevole' ecc.». (v. VIII. 137b).

SECONDO TERMINE DI PARAGONE: v. V. 56-61 e la voce **AGGETTIVO**, § 9. L'omissione dell'articolo col s. t. di p. in italiano antico è descritta in IV. 74b.

secondoché: congiunzione subordinante causale antica, XIV. 117.

sedere / *sedersi*: XI. 26. 160-162.

sedurre: verbo irregolare di 2ª coniugazione in *-ere*, XI. 205.

seggo: variante meno comune di *siedo*, XI. 161.

SEGMENTATRICE, FUNZIONE: sulla f. s. della punteggiatura in genere, v. I. 204; sulla f. s. dei due punti, v. I. 222d.

SEGNALI DI INTERROGAZIONE: v. XIII. 16-19 e la voce **INTERROGATIVE DIRETTE, PROPOSIZIONI**, § 2.

SEGNALI DISCORSIVI: v. **DISCORSIVI, SEGNALI**.

seguitare: verbo fraseologico che, in unione con *a* + infinito, indica la continuità di un'azione: «seguitò a leggere», XI. 48d.

sembrare: VIII. 74; XIV. 67. 77a.

SEMICONSONANTI: si dicono s. i due foni /j/ e /w/ (*jod* e *uau*), che non sono articolabili da soli ma soltanto in unione con altre vocali: *ieri*, *buono* (I. 48-50).

SEMIMINIMA, COPPIA: v. **BIDIVERGENTE, COPPIA**.

SEMIVOCALI: si dicono s. /i/ e /u/ non accentate e precedute da vocale: *altrui*, *causa* (I. 51-53).

semmai: congiunzione subordinante ipotetica, XIV. 165c.

semo (*essere*, arcaico): XI. 57a.

SEMPLICE, FRASE: v. XIII. 1 e la voce **FRASE**, § 2.

SEMPLICI, AVVERBI: v. XII. 3-4 e la voce **AVVERBIO**, § 2.

SEMPLICI, CONGIUNZIONI: v. IX. 2 e la voce **CONGIUNZIONE**, § 3.

SEMPLICI, PREPOSIZIONI: v. VIII. 7 e la voce **PREPOSIZIONE**, §§ 5 e 6.

SEMPLICI, TEMPI: v. XI. 8 e la voce **VERBI**, § 3.

sempre: avverbio di tempo, XII. 32h.

sempreché: congiunzione subordinante condizionale-restrittiva, XIV. 163. 166e.

sempremai: avverbio di tempo antico, XII. 32c.

sendo (*essere*, arcaico): XI. 62.

sennonché: congiunzione coordinante avversativa, v. XIV. 21g.

---

sennonché / *senonché*: nettamente da preferire la prima forma, che rispetta le regole fonetiche e grafiche previste nelle univerbazioni (v. **UNIVERBAZIONE**). Quando un elemento che produce il raddoppiamento fonosintattico, combinandosi con altri elementi, crea una parola unica la consonante doppia è obbligatoria. Del resto, tutti scriviamo *seppure* e *semmai* rispettando la regola che vuole consonante doppia dopo *se*. Nell'uso giornalistico la forma corretta è minoritaria, ma non assente: il «Corriere della Sera» del 1995 offre 15 esempi di *sennonché* e 99 di *senonché*. (v. I. 67-70).

senti, senta: espressione interiettiva, spesso usata come semplice connettivo fraseologico (X. 36; XII. 62; XIII. 27).
senza che: locuzione congiuntiva subordinante esclusiva, XIV. 239a.
senza: preposizione impropria (VIII. 5. 7. 137c); può introdurre una proposizione esclusiva implicita («L'abbracciai senza dire una parola», XIV. 239b).
separo / sèparo: I. 188a.
seppellire: verbo irregolare di 3ª coniugazione, XI. 348.
seppimo (*sapere*, arcaico): XI. 159.
seppure (*se pure*): congiunzione subordinante ipotetica (XIV. 165b) o concessiva (XIV. 174. 179d).
sera!: formula di saluto, X. 42.
serotino: I. 187.
serpe (*il / la s.*): III. 79c.
SERVILI, VERBI: i v. s. sono descritti in XI. 44-47; la scelta dell'ausiliare con i v. s. è illustrata in XI. 38; la posizione dei pronomi atoni *mi, ti, si* ecc. con un infinito retto da un v. s. (tipo «posso difender*mi* / *mi* posso difendere») è illustrata in VII. 74-75. Notizie sintetiche sui v. s. sono, in questo *Glossario*, alla voce **VERBO**, § 13.
servire: verbo transitivo e intransitivo, XI. 4f. 36.
sessantun anni / sessantun anno: v. il riquadro *UNO*, **NUMERALI COMPOSTI CON**.
settemplice: numerale moltiplicativo, VI. 41b.
settantun anni / settantun anno: v. il riquadro *UNO*, **NUMERALI COMPOSTI CON**.
sfiorare / sfiorire: verbo sovrabbondante, XI. 123a.
sfriggere: verbo irregolare di 2ª coniugazione in *-ere*, XI. 244.

shock / choc / shoc: I. 149.
short / shorts (*gli*): v. il riquadro **NOMI STRANIERI, PLURALE DEI**.
sì: § 1. Parola olofrastica (I. 177b; XII. 52-53), usata anche come formula telefonica di apertura (X. 36). § 2. Nell'italiano antico *sì* è presente come connettivo paraipotattico (XIV. 9), congiunzione coordinante sostitutiva (XIV. 22a), antecedente di una proposizione consecutiva (XIV. 135a. 140), elemento correlativo di una proposizione comparativa (XIV. 220).
si: pronome riflessivo atono («Marco *si* lava», VII. 31. 34), usato anche per formare verbi passivi («Dalla finestra *si* vedevano gli alberi», XI. 12.13, v. anche le voci **PASSIVANTE, SI** e **VERBO**, § 9), costrutti impersonali («*Si* fa così », XI. 95a) e per esprimere la 4ª persona verbale (ma con il verbo alla 3ª persona, tipo «Noi si va al cinema», VII. 24).
sia: forma del presente congiuntivo di *essere* usata nei nessi correlativi *sia...sia, sia...che* (XIV. 28ad).
sibbene: congiunzione coordinante sostitutiva, XIV. 22a.
SIBILANTE PALATALE: è il fonema /ʃ/, reso graficamente col nesso *sc* (come in *scena*), I. 39.88.
SIBILANTE: v. I. 39. 91. 103. 124 e la voce **CONSONANTI**, § 3.
sicché: può essere, a seconda del contesto, congiunzione coordinante conclusiva (XIV. 25b) e congiunzione subordinante consecutiva (XIV. 136a).
siccome: congiunzione subordinante causale, XIV. 108-109. 215. 217.
SICILIANA, ONOMASTICA: alcune grafie notevoli nell'o. s. sono descritte in I. 157.
sieno (*essere*, arcaico): XI. 58a.
siffatto, sì fatto: aggettivo dimostrativo, VII. 137.
SIGLE: § 1. Nelle s. i nomi delle lettere vengono compitati (Pds = *pi di esse*) o, specie quando costituiscano una sequenza pronunciabile, letti come una parola a sé (Fiat = *fiat*); v. I. 111c). § 2. Le lettere possono presentarsi tutte maiuscole, seguite o non seguite dal punto fermo (C.G.I.L, CGIL), oppure può presentarsi maiuscola solo l'iniziale (Cgil); v. I. 194g). § 3. In alcune s. l'indicazione del plurale è affidata al raddoppiamento delle lettere che le compon-

gono: per esempio, FF.SS. (v. I. 213. e III. 84). § 4. L'uso dell'articolo davanti alle s. è illustrato in IV. 9. 12.

SIGLE, PUNTO DI CHIUSURA NELLE (*dr.* o *dr?*): dal momento che *dr.* è la sigla di *d[otto]r* il punto di chiusura non avrebbe ragion d'essere. E lo stesso dovrebbe valere per gli anglolatinismi *sr.* e *jr.* (= *senior* e *junior*) e per il *cfr.* che si usa nelle citazioni bibliografiche (= *confer*, cioè 'vedi, confronta'). La ragione per la quale non si scrive quasi mai *dr*, *sr*, *jr* e *cfr* è presto detta: ha agito la forza dell'analogia con la grande maggioranza delle sigle in cui il punto è giustificato dal troncamento (*dott.*, *avv.*, *ten. col.* ecc.). Tutte queste sigle hanno, in effetti, una caratteristica comune: non sono pronunciabili (se non con occasionale intento scherzoso: «È in casa il dott?»). Le sigle che si scrivono o si possono scrivere senza punto sono invece trattate come una sola parola («un vino DOC») oppure sono pronunciate lettera per lettera (CNR = ci-enne-erre). In sostanza, il punto fermo dopo *dr.*, *dott.* o *cfr.* è un segnale che va interpretato: la sigla non può essere letta come una sola parola («il dr. Bianchi» [dr]), né lettera per lettera («il di-erre Bianchi»), ma sostituita dalla parola intera («il dottor Bianchi»). (v. I. 211a-b).

SIGMATICI, PERFETTI: V. **PERFETTI SIGMATICI**.
signorsì, signornò: parole olofrastiche, XII. 53f.
sii (*essere*, congiuntivo arcaico): XI. 58a.
sii, siate (*essere*, imperativo): XI. 55. 56a. 397.
SILLABA: unità fonica costituita da un fonema vocalico o da un gruppo di fonemi (comprendente necessariamente una vocale) pronunciati con un'unica emissione di voce. Può essere *aperta* (o *libera*) se termina in vocale, come le due sillabe di *ca-ne*; *chiusa* (o *implicata*) se termina in consonante, come la prima sillaba di *gat-to*. Secondo il numero di sillabe che compongono una parola, distinguiamo i *monosillabi*, che hanno una sola sillaba (*è, di*) e i *polisillabi*, che hanno due o più sillabe, a loro volta suddivisibili in *bisillabi* (di due sillabe: *ca-ne, gat-to*), *trisillabi* (tre sillabe: *I-ta-lia*), *quadrisillabi* (*re-fe-ren-dum*, I. 160-163; le norme relative alla divisione in sillabe sono in I. 164-169).

SILLABICA, SCRITTURA: I. 7.
sili / silos (i): spesso la -*s* finale è usata impropriamente anche per il singolare, che dovrebbe essere *il silo* (III. 132b). v. anche il riquadro **NOMI STRANIERI, PLURALE DEI**.
simile: può essere usato come aggettivo dimostrativo (VII. 137).
sindaco / sindaca: v il riquadro **NOMI PROFESSIONALI FEMMINILI**.
SINCOPE: caduta di uno o più suoni all'interno di una parola, come quella che si verifica in *morrò* (< *mor(ir)ò*). Si illustrano casi di s., di s. mancata o di s. facoltativa in I. 189; XI. 126b. 129b. 136. 140. 149. 155. 170. 343. 350.
SINDETICO: detto di coordinazione ottenuta mediante congiunzioni, si oppone ad *asindetico* (v. **ASÌNDETO**), I. 220a.
SINEDDOCHE: figura retorica consistente nel designare qualcosa mediante un termine che abbia col termine proprio un rapporto d'inclusione (parte per il tutto o viceversa: *tetto* per «casa», *l'America* per «gli Stati Uniti»; **IPERONIMO** (v.) per **IPONIMO** (v.) o viceversa: *i mortali* per «gli uomini», *salvare la pelle* per «il corpo, la vita», e così via, III. 118r).
SINERESI: è il fenomeno, frequente nella versificazione, per cui due vocali in iato contano per una sillaba anziché per due (I. 61).
SINGENIONIMO: nome di parentela (per esempio, *babbo, zia, consuoceri*). L'uso dell'articolo con i s. è illustrato in IV. 50-51.
SINGOLATIVI, INDEFINITI: v. VII. 145-177 e la voce **INDEFINITI, AGGETTIVI E PRONOMI**, § 2.
SINO-TIBETANE, LINGUE: un confronto fra l'italiano e le l. s. è in III. 7.
sinodo (*il / la s.*): I. 23.
SINTAGMA: si dice s. un'unità sintattica di livello inferiore a quello della frase, composta da due o più unità grammaticali e lessicali (per esempio, articolo + nome = *il padre*; preposizione + nome: *di Gianni*; verbo + verbo = *sta arrivando*; preposizione + nome = a *Milano*). La frase «il padre di Gianni sta arrivando a Milano» è scomponibile in un s.

nominale complesso (*il padre di Gianni*: il s. è nominale perché il suo nucleo – *padre* – è un nome) e in un s. *verbale complesso* (*sta arrivando a Milano*: il s. è verbale perché il suo nucleo – *sta arrivando* – è un verbo); i due s. complessi sono a loro volta scomponibili in sintagmi semplici, nominali, verbali o preposizionali: *il padre + di Gianni*; *sta arrivando + a Milano* (II. 6. 18. 42. 47).

SINTATTICA, FONETICA: è l'insieme dei fenomeni fonetici che si realizzano non nella singola parola ma tra una parola e l'altra, nell'àmbito della catena parlata, come il raddoppiamento *fonosintattico*, la *prostesi*, l'*elisione* e l'*apocope* (I. 63).

SINTATTICO, RADDOPPIAMENTO: v. **FONOSINTATTICO, RADDOPPIAMENTO**

sissignore: parola olofrastica, XII. 53f.

SISTOLE: fenomeno di arretramento dell'accento caratteristico della lingua poetica: *pièta* invece di *pietà*, I. 190.

SLOVACCO: un confronto con lo s. è in I. 172.

SLOVENO: un confronto con lo s. è in I. 15.

smettere: verbo irregolare di 2ª coniugazione in -*ere*, XI. 255. In unione con *di* + infinito, è un verbo fraseologico che indica la conclusione di un'azione: «smettere di fumare», XI. 48e; XIV. 45.

smungere: verbo irregolare di 2ª coniugazione in -*ere*, XI. 259.

smuovere: verbo irregolare di 2ª coniugazione in -*ere*, XI. 260.

socchiudere: verbo irregolare di 2ª coniugazione in -*ere*, XI. 198.

soccombere: verbo difettivo (del solo participio passato) di 2ª coniugazione in -*ere*, XI. 122b.

soccorrere: verbo irregolare di 2ª coniugazione in -*ere*, XI. 213.

soddisfare (*soddisfaccio* / *soddisfo* / *soddisfò*): i composti di *fare* si adeguano in genere al verbo semplice (*assuefaccio* come *faccio* ecc.). Solo *soddisfare* e *disfare* hanno sviluppato, accanto alle forme regolari, forme autonome per il presente indicativo e congiuntivo, da considerare altrettanto accettabili: *soddisfo*, *soddisfi*, *soddisfa*, *soddisfano*; *soddisfi*, *soddisfino* (alla 4ª persona di indicativo e congiuntivo e alla 5ª del congiuntivo la tradizione grammaticale preferisce le forme *soddisfacciamo*

e *soddisfacciate*). La forma *soddisfò*, rara, è modellata su *fo*, variante toscana o letteraria di *faccio*. (v. XI. 135b).

sofferire: v. *soffrire*.

soffersi, *sofferse* / *soffrii*, *soffrì*: v. il riquadro *offrire*.

soffriggere: verbo irregolare di 2ª coniugazione in -*ere*, XI. 244.

soffrire: verbo irregolare di 3ª coniugazione, XI. 344-345, e v. riquadro *offrire*.

SOGGETTIVE, PROPOSIZIONI: svolgono, nel periodo, la funzione di soggetto della proposizione reggente. Possono avere forma esplicita e implicita. Le s. esplicite sono introdotte da *che* e il modo verbale è, a seconda dei casi, il congiuntivo, l'indicativo o il condizionale: «pare *che Piero si sposi*», «si sa *che il colpevole è lui*», «è ovvio *che sarebbe d'accordo con noi*». Le s. implicite hanno il verbo all'infinito, con o senza *di*: «è ora *di smettere*», « conviene *rimandare*» (II. 25; XIV. 30b. 66-76).

SOGGETTIVO VALORE: il v. s. dell'aggettivo possessivo è descritto in VII. 102; il v. s. del complemento di specificazione è descritto in XI. 409.

SOGGETTO: può essere descritto come il punto di partenza di una frase. In genere esso è un nome o un pronome che precede (e in alcuni casi segue) il verbo; rappresenta l'argomento principale di cui parla il verbo, al quale dà la desinenza di persona, di numero e, in alcuni casi, di genere: «*gli operai* er*ano* arriv*ati*». Il s. può indicare: a) nelle frasi con verbo attivo, chi o che cosa compie l'azione espressa dal predicato: «*Marta* studia»; b) nelle frasi con verbo passivo o riflessivo, chi o che cosa subisce l'azione espressa dal predicato: «*Francesca* è derisa da tutti», «*Andrea* si lava»; c) nelle frasi con verbo che indica uno stato o un modo di essere, a chi o a che cosa è attribuito un determinato stato o una qualità: «*la pasta* è buonissima», «*Marcello* sembra simpatico». I tratti elencati aiutano a descrivere quello che viene tradizionalmente definito come il s. *grammaticale*, che è cosa diversa dal soggetto *logico*, identificabile nell'agente(«Francesca è invidiata *da tutti*») o nell'esperiente(«*a Marco* piacciono i fichi»), II. 6. 9. 12. 22-30; XI. 365-368. 423a.

soggiacere: verbo irregolare di 2ª coniugazione in *-ére*, XI. 147.
soggiungere: verbo irregolare di 2ª coniugazione in *-ere*, XI. 246-247.
sogniamo / sognamo: v. il riquadro *-gniamo / -gnamo*.
solere: verbo servile, difettivo di 2ª coniugazione in *-ére*, XI. 44-46. 117.
solo che: locuzione congiuntiva subordinante condizionale-restrittiva, XIV. 163. 167b.
somigliare: sul costrutto antico *s. qualcuno* v. XI. 4d.
sommergere: verbo irregolare di 2ª coniugazione in *-ere*, XI. 228.
sommo: v. V. 82 e la voce AGGETTIVO, § 9.
sommuovere: verbo irregolare di 2ª coniugazione in *-ere*, XI. 260.
sonetto / sonettessa: III. 37.
SONORIZZAZIONE: trasformazione di una consonante sorda in sonora. Nel passaggio dal latino all'italiano il fenomeno della s. ha interessato le tre occlusive (*p, t, k*) e la *s*, tutte in posizione intervocalica (= tra due vocali) o intersonantica (= tra vocale e *r*): LACUM > *lago*, MATREM > *madre*, VISUM > *viso* / ´*vizo* / (III. 73a).
SONORO, SUONO: v. I. 13c e la voce CONSONANTI, § 4.
sopprimere: verbo irregolare di 2ª coniugazione in *-ere*, XI. 202.
sopra: preposizione impropria (VIII. 7. 136f) e avverbio di luogo (XII. 34-35).
sopracciliare / sopraccigliare: v il riquadro *-iglia- / -ilia-*.
sopraffare: verbo irregolare di 1ª coniugazione, XI. 135b.
sopraggiungere: verbo irregolare di 2ª coniugazione in *-ere*, XI. 246-247.
SOPRANNOME: v. ANTROPONIMO. L'uso dell'articolo coi s. è illustrato in IV. 22a.
soprano (*il s.*): III. 60.
soprassedere: verbo irregolare di 2ª coniugazione in *-ére*, XI. 160.
soprastare: verbo irregolare di 1ª coniugazione, XI. 137.
sopravvenire: verbo irregolare di 3ª coniugazione, XI. 353.
sopravvenne / sopravvenì: v. il riquadro VENIRE, COMPOSTI DI.
sopravvivere: verbo irregolare di 2ª coniugazione in *-ere*, XI 329.
soprintendere: verbo irregolare di 2ª coniugazione in *-ere*, XI. 319.

SORDO, SUONO: v. I. 13a e la voce CONSONANTI, § 4.
sorgere: verbo irregolare di 2ª coniugazione in *-ere*, XI. 305-306.
sorprendere: verbo irregolare di 2ª coniugazione in *-ere*, XI. 278.
sorreggere: verbo irregolare di 2ª coniugazione in *-ere*, XI. 288.
sorridere: verbo irregolare di 2ª coniugazione in *-ere*, XI. 291.
sorta (nell'espressione *di tal s.* e simili): v. VII. 138.
sospendere: verbo irregolare di 2ª coniugazione in *-ere*, XI. 183.
sospingere: verbo irregolare di 2ª coniugazione in *-ere*, XI. 247. 312.
SOSTANTIVATO, AGGETTIVO: v. V. 45-55 e la voce AGGETTIVO, § 8.
SOSTANTIVATO, INFINITO: v. XI. 406-410 e la voce INFINITO, § 2.
SOSTANTIVATO, USO: v. III. 33 e la voce NOME, § 2. In particolare, per l'u. s. dell'aggettivo, v. V. 45-55; per l'u. s. dell'infinito, v. XI. 406-410; per l'u. s. del participio, v. XI. 418-420; per l'u. s. di locuzioni avverbiali originariamente con doppio *a*, tipo un *faccia a faccia*, v. XII. 26b.
SOSTANTIVAZIONE: la s. è il fenomeno per cui parti del discorso diverse dal nome (cioè un aggettivo, V. 45-55; un infinito, XI. 406-410; un participio, XI. 418-420; una locuzione avverbiale, XII. 26b) assumono il valore e la funzione di un nome: per esempio, «Non supporto *i presuntuosi*», «*Dormire* (= il sonno) fa bene», «Ha lasciato l' *amante*», «Hanno avuto *un faccia a faccia*» (III. 8).
sostare: verbo di 1ª coniugazione, XI. 137.
sostenere: verbo irregolare di 2ª coniugazione in *-ére*, XI. 165.
SOSTITUENTI DI FRASE: v. XII. 52 e la voce AVVERBIO, § 10 bis.
SOSTITUTIVA, COORDINAZIONE: v. XIV. 19-22 e la voce FRASE, § 4.
SOSTITUTIVE, CONGIUNZIONI: v. XIV. 22 e la voce CONGIUNZIONE, § 5.
sottacere: verbo irregolare di 2ª coniugazione in *-ére*, XI. 163.
sottendere: verbo irregolare di 2ª coniugazione in *-ere*, XI. 319.
sottintendere: verbo irregolare di 2ª coniugazione in *-ere*, XI. 319.
SOTTINTESO, SOGGETTO: v. II. 12 e la voce ELLISSI.
sotto: preposizione impropria (VIII. 7.

136f) e avverbio di luogo (XII. 34-35).

sottomettere: verbo irregolare di 2ª coniugazione in *-ere*, XI 255.

sottoporre: verbo irregolare di 2ª coniugazione in *-ere*, XI. 275.

sottoscritto: forma usata come aggettivo e pronome dimostrativo nel linguaggio burocratico, VII. 139.

sottoscrivere: verbo irregolare di 2ª coniugazione in *-ere*, XI. 302.

sottostare: verbo irregolare di 1ª coniugazione, XI. 137.

sottrarre: verbo irregolare di 2ª coniugazione in *-ere*, XI. 325.

sovente: avverbio di tempo, XII. 32i.

SOVRABBONDANTI, GRAFEMI: I. 115.

SOVRABBONDANTI, VERBI: v. XI. 123-124 e la voce VERBO, § 19.

SOVRAORDINATA, PROPOSIZIONE: V. REGGENTE, PROPOSIZIONE.

sovrastare: verbo di 1ª coniugazione, XI. 137.

sovvenire: verbo irregolare di 3ª coniugazione, XI. 353.

sovvenne / sovvenì: v. il riquadro VENIRE, COMPOSTI DI.

spagnoli / Spagnoli (gli): v. il riquadro ETNICI, MAIUSCOLE NEGLI, e I. 194h.

SPAGNOLO: confronti con lo s. sono in I. 8. 44. 172. 214; IV. 19. 49. 62; V. 85; VI. 31; VII. 58. 107. 124. 190b. 224; X. 47; XI. 17; XII. 8; XV. 25.

spandere: verbo irregolare di 2ª coniugazione in *-ere*, XI. 307.

---

sparare a qualcuno / sparare qualcuno: el significato corrente di 'scaricare un'arma da fuoco contro qualcuno' il verbo *sparare* è intransitivo in riferimento al bersaglio (sparare *a un uomo*, *a un'ombra*; invece, sparare *un colpo*); l'uso transitivo, comune in alcune regioni ma estraneo all'italiano sorvegliato, continua forse accezioni arcaiche in cui *sparare* aveva il significato di 'sventrare', 'squarciare'. (v. XI 4e).

---

spargere: verbo irregolare di 2ª coniugazione in *-ere*, XI. 308-309.

sparire: verbo irregolare di 3ª coniugazione, XI. 332-333.

specie (*la / le s.*): III. 114. Per l'espressione *di questa s.* e simili v. VII. 138.

SPECIFICAZIONE, COMPLEMENTO DI: è un complemento indiretto introdotto dalla preposizione *di*. La sua funzione è di precisare un termine che altrimenti resterebbe generico: 1. Dario si rinfresca all'ombra > 2. Dario si rinfresca all'ombra *di un albero* > 3. Dario si rinfresca all'ombra *di un albero di datteri* (la seconda frase ha una determinazione in più rispetto alla prima; la terza ha una determinazione in più rispetto alla seconda e due determinazioni in più rispetto alla prima, II. 55; VIII. 6a. 10).

spegnere: verbo irregolare di 2ª coniugazione in *-ere*. v. XI. 310-311 e il riquadro sottostante.

---

spegnere / spengere: entrambe le forme sono corrette. *Spengere* è una variante poco usata fuori di Toscana, diffusasi dal Cinquecento in sostituzione del precedente *spegnere*. Mentre in altri casi (*piagnere-piangere, giugnere-giungere* ecc.) la forma con *-gn-*, propria del fiorentino arcaico, è stata abbandonata anche dal resto d'Italia, *spengere* non è riuscita a varcare i confini della regione. (v. XI. 311).

---

spendere: verbo irregolare di 2ª coniugazione in *-ere*, XI. 183.

spengere: v. *spegnere*.

spesso: avverbio di tempo, XII. 32i.

SPEZZATA, FRASE: V. SCISSA, FRASE.

spiacere: verbo irregolare di 2ª coniugazione in *-ére*, XI. 153.

spingere: verbo irregolare di 2ª coniugazione in *-ere*, XI. 247. 312.

splendere: verbo difettivo (del solo participio passato) di 2ª coniugazione in *-ere*, XI. 122b.

spogliare / spogliarsi: XI. 26.

sport / sports (gli): v. il riquadro NOMI STRANIERI, PLURALE DEI.

sposare / sposarsi: XI. 26.

SQUADRE DI CALCIO: il genere dei nomi delle s. di c. è indicato in III. 13; il plurale dei composti aggettivali relativi alle s. di c. (tipo *giallorosso*) è indicato in III. 144; l'uso dell'articolo coi nomi delle s. di c. è descritto in IV. 40.

sta' / sta / stai (stare): XI. 129c. v. il riquadro IMPERATIVO (2ª PERSONA), FORME DIVERSE DI.

staio (plur. *stai / staia*): III. 118t.

stantechè: congiunzione subordinante causale antica, XIV. 117.

stanza / stanzino: III. 36.
stare: verbo irregolare di 1ª coniugazione, XI. 137-138. È un verbo fraseologico che in unione con *per* + infinito indica l'imminenza di un'azione («sto per partire», XI. 48a), mentre in unione con un gerundio o con *a* + infinito indica lo svolgimento di un'azione («sto parlando», «non stare a lamentarti», XI. 48c). La posizione dei pronomi atoni *mi, ti, ci, vi*, ecc. in perifrasi con s. (tipo «sto per sposar*mi* / *mi* sto per sposare») è descritta in VII. 75a.
starnutare / starnutire: verbo sovrabbondante, XI. 123b.
starsi: 'stare', XI. 27b.
STATI: il genere dei nomi di s. è indicato in III. 12; l'uso dell'articolo coi nomi di s. è descritto in IV. 41.
Stato / stato : v. il riquadro OMÒNIMI, GRAFIA DEGLI.
STATO IN LUOGO, COMPLEMENTO DI: V. LUOGO, COMPLEMENTI E DETERMINAZIONI DI, § 2.
stendere: verbo irregolare di 2ª coniugazione in *-ere*, XI. 319.
stesso: aggettivo e pronome dimostrativo, VII. 141-143. Può essere usato per rafforzare un pronome personale (come in *io stesso*, VII. 8). v. anche il riquadro *sé stesso / se stesso*.
STILE EPISTOLARE: V. EPISTOLARE, STILE.
STILE NOMINALE: V. NOMINALE, STILE.
STILE TELEGRAFICO: V. TELEGRAFICO, STILE.
STIMA, COMPLEMENTO DI: è un complemento che esprime la valutazione che si dà di qualcosa o di qualcuno, sul piano materiale o su quello morale; è retto da verbi come *stimare, valutare, considerare, apprezzare, valere* ecc., e non è introdotto da preposizione; quando si indica una stima approssimativa, si ricorre alla preposizione *su* o alla locuzione preposizionale *intorno a*. Esempi: «un paesaggio di Van Gogh stimato *un miliardo*», «è apprezzato *molto* dai colleghi», «un anello che vale *sul milione*» (VIII. 61. 80. 105c).
stingere: verbo irregolare di 2ª coniugazione in *-ere*, XI. 247. 321.
stiratora: III. 66c.
sto, 'sto: 'questo', VII. 121d.
storcere: verbo irregolare di 2ª coniugazione in *-ere*, XI. 324.
STORICO, IMPERFETTO: V. NARRATIVO, IMPERFETTO.

STORICO, PRESENTE: V. XI. 372d e la voce PRESENTE INDICATIVO, § 2.
STRADE, NOMI DI: V. ODÒNIMO.
STRANIERI, NOMI: V. NOMI STRANIERI.
STRANIERISMI: V. NOMI STRANIERI.

stratego / stratega: la forma legittima, corrispondente al greco *strategós*, è la prima; ma nonostante che tutti i dizionari la registrino e che ricorra abbastanza spesso nell'accezione storica («Pericle fu stratego ateniese»), la forma dominante nell'accezione più comune di 'abile nel raggiungere uno scopo' è *stratega*. Nel «Corriere della Sera» del 1995 *stratega* è l'unica forma documentata, con 88 esempi. Si tratta di una falsa ricostruzione, dovuta all'attrazione di altri grecismi in *-a* (come *atleta, ipocrita*), ma anche di parole d'origine latina come *auriga* e *collega*. (v. III. 81).

stravedere: verbo irregolare di 2ª coniugazione in *-ére*, XI. 170.
stravincere: verbo irregolare di 2ª coniugazione in *-ere*, XI. 328.
stravolgere: verbo irregolare di 2ª coniugazione in *-ere*, XI. 331.
stregone: maschile di *strega*, III. 68-69b.
strido (plur. *stridi / strida*): III. 122.
stringere: verbo irregolare di 2ª coniugazione in *-ere*, XI. 247. 313.
strofa / strofe: III. 123-123a.
struggere: verbo irregolare di 2ª coniugazione in *-ere*, XI. 314.
struggersi: v. *struggere*.
STRUMENTO: V. MEZZO E STRUMENTO, COMPLEMENTO DI.
studente / studentessa: v il riquadro NOMI PROFESSIONALI FEMMINILI.
stupefare: verbo irregolare di 1ª coniugazione, XI. 135b.
stupire, stupirsi: XI. 29.
sù: 'su', I. 177b.
su: § 1. *Su* (forme articolate: *sul, sullo, sulla; sui, sugli, sulle*) è una preposizione propria (VIII. 7) che stabilisce collegamenti di vario genere tra due elementi della stessa frase e, più raramente, tra due frasi diverse (VIII. 96-97. 105). § 2. Quando collega due elementi della stessa frase, *su* può introdurre un complemento di stato in luogo («prendi il vaso *sul davanzale*», VIII. 98-99), di moto a luogo («vado *sul balcone*», VIII. 100),

di moto per luogo («naviga sulla rotta tropicale», VIII. 101), di argomento («un libro su Cristoforo Colombo», VIII. 102), di modo («un vestito su misura », VIII. 103), distributivo («ventiquattro ore su ventiquattro», VIII. 104), di tempo determinato (verrò sul tardi, VIII. 105a), di tempo continuato («per riparare il guasto ci vorranno sulle tre ore», VIII. 105b), di prezzo (costa sulle centomila lire, VIII. 105c), di peso o misura (pesa sui cinquanta chili, una botte sui trenta litri, VIII. 105d), di età (un uomo sulla cinquantina, VIII. 105e). Usi antichi e particolari (*in* + *su*) sono descritti in VIII. 106. § 3. Quando collega due frasi diverse, *su* (nella forma articolata *sul, sullo*) può introdurre una proposizione temporale implicita («arrivammo sul far della sera», XIV. 204). § 4. Per i valori avverbiali di *su* v. XII. 42.

su «La Gazzetta di Parma» / sulla «Gazzetta di Parma»: v. il riquadro PREPOSIZIONI DAVANTI A TITOLI E NOMI, USO DELLE.

su per giù / suppergiù: v. il riquadro UNIVERBAZIONE, e XII. 5.

SUBMINIMA, COPPIA: V. BIDIVERGENTE, COPPIA.

subódoro / subodóro: I. 188b.

SUBORDINANTE GENERICO, CHE: v. XIV. 82, la voce *che*, § 3 e il riquadro CHE POLIVALENTE.

SUBORDINANTI, CONGIUNZIONI: V. SUBORDINATIVE, CONGIUNZIONI.

SUBORDINATIVE, CONGIUNZIONI: v. IX. 1b e la voce CONGIUNZIONE, §§ 4 e 6.

SUBORDINATIVI, COMPOSTI: V. COMPOSTE, PAROLE.

SUBORDINATIVO, GERUNDIO: v. XI. 424. 425a e la voce GERUNDIO, § 2.

SUBORDINAZIONE INVERSA (nelle temporali): XIV. 190.

SUBORDINAZIONE: v. XIV. 3. 8. 29-255 e la voce FRASE, § 6.

succedere: verbo irregolare di 2ª coniugazione in -*ere*, XI. 315-316; XIV. 68.

succeduto / successo: il verbo *succedere* dispone di due forme di participio passato: una debole (o rizoatona) in -*uto* e una forte (o rizotonica) in -*sso*, parallele alle due forme di passato remoto, *succedei* e *successe*. È bene, secondando l'uso prevalente e sfruttando l'alternanza per individuare due significati diversi, riservare le forme deboli al significato di 'subentrare' («Vittorio Emanuele III, *succeduto* a Umberto I nel 1900, favorì una diversa politica estera») e le forme forti al significato di 'accadere' («Che cosa è *successo*?»). In ogni modo, le forme deboli non possono essere adoperate nel significato di 'accadere' (*che cosa è *succeduto*?). (v. XI. 316).

succubo / succube: la forma preferita dalla tradizione grammaticale è *succubo*, tratto dal corrispondente femminile, il lat. SUCCUBA 'concubina'; il diffuso *succube* dipende dal francese. L'uso giornalistico mostra prevalenza di *succube* (19 esempi nel «Corriere della Sera» del 1995), ma è discreta la vitalità delle forme etimologiche (8 esempi): «il protagonista è un giovane poeta e sognatore, *succubo* del padre padrone» (21.11.1995); «la stampa italiana è accusata di essere *succuba* della televisione» (31.3.1995). (v. V. 14).

suddetto: forma usata come aggettivo dimostrativo del linguaggio burocratico, VII. 139.

suddistinguere: verbo irregolare di 2ª coniugazione in -*ere*, XI. 224.

suddividere: verbo irregolare di 2ª coniugazione in -*ere*, XI. 225.

suesposto: forma usata come aggettivo dimostrativo del linguaggio burocratico, VII. 139.

sufficientemente: avverbio di quantità, XII. 45.

SUFFISSATO: V. SUFFISSAZIONE.

SUFFISSAZIONE: derivazione di una parola nuova, detta *suffissato*, tramite un *suffisso* aggiunto alla parola base: *idea* > *ide-ale; ideale* > *ideal-izzare; idealizzare* > *idealizz-azione*.

SUFFISSO ZERO, FORMAZIONI A: v. XV. 63 e la voce SUFFISSO, § 1.

SUFFISSO ZERO, FORMAZIONI A: v. XV. 63 e la voce SUFFISSO, § 4.

SUFFISSO: § 1. È un affisso che viene aggiunto alla parola base per formare un derivato, come -*ile* in *primaverile*, dalla base *primavera* (XV. 3a). § 2. In base alla categoria a cui appartiene la parola di partenza (nome, aggettivo, verbo,

suffisso

avverbio) i s. possono essere *denominali, deaggettivali, deverbali, deavverbiali*; in base alla categoria a cui appartiene la parola di arrivo (nome, aggettivo, verbo, avverbio) i s. possono essere *nominali, aggettivali, verbali, avverbiali* (*-oso* è un s. *aggettivale denominale*, perché forma un aggettivo come *noioso* partendo da un nome come *noia*, XV. 7-9). § 3. Avremo dunque: s. *nominali denominali* (l'elenco in XV. 10-21), s. *nominali deaggettivali* (l'elenco in XV. 22-27), s. *nominali deverbali* (l'elenco in XV. 28-39), s. *aggettivali denominali* (l'elenco in XV. 40-53), s. *aggettivali deaggettivali* (l'elenco in XV. 54), s. *aggettivali deverbali* (l'elenco in XV. 55. 56), s. *verbali denominali* e *deaggettivali* (l'elenco in XV. 57-60), s. *verbali deverbali* (l'elenco in XV. 61), suffissi nominali e verbali deavverbiali (l'elenco in XV. 62). § 4. Completano il quadro i cosiddetti *deverbali a suffisso zero*, formati dalla radice di un verbo con l'aggiunta non di un suffisso, ma della desinenza maschile o femminile: il *registr*o (< *registrare*), la *deliber*a (< *deliberare*), XV. 63. § 5. Di seguito si dà l'elenco di tutti i suffissi, seguiti dall'indicazione del luogo in cui vengono illustrati: *-abile* (XV. 55), *-acchiare* (XV. 61), *-accio* (XV. 76), *-aceo* (XV. 76), *-aggio* (XV. 28), *-aglia* (XV. 10), *-aio* (XV. 10), *-aiolo* (XV. 10c), *-ale* (V. 4; XV. 40), *-ame* (XV. 10), *-ando* (XV. 29), *-ano* (V. 4; XV. 41. 52, in nomi geografici), *-anta* (VI. 23g), *-ante* (III. 80; XV. 30), *-anza* (XV. 31), *-ardo* (XV. 2), *-are* (s. aggettivale, XV. 42), *-are* (desinenza verbale, XV. 57), *-arellare* (XV. 61), *-aria, -arìa* (XV. 15), *-ario* (in sostantivi e aggettivi numerativi, VI. 45), *-ario* (s. nominale, XV. 11b), *-aro* (XV. 10a), *-arolo* (XV. 11c), *-asta* (V. 16), *-astro* (XV. 77), *-ata* (suff. nominale, XV. 12. 32), *-ato* (suff. aggettivale, XV. 43. 115), *-ato* (suff. nominale, XV. 13. 32), *-cida* (XV. III. 80e. 90; V. 16; XV. 129), *-colo* (XV. 129), *-crazia* (XV. 129), *-eggiare* (XV. 58), *-ellare* (XV. 61), *-ello* (XV. 70. 73), *-ema* (in voci linguistiche, XV. 14), *-ema* (in voci mediche, I. 186), *-ennale* (in aggettivi numerativi, VI. 46), *-enne* (in sostantivi numerativi, VI. 46), *-ente* (in *violente* e simili, antico: V. 10), *-ente* (s. nominale, XV. 30), *-entissimo* (V. 69-70), *-enza* (XV. 31), *-erellare* (XV. 61), *-erìa* (XV. 15. 22), *-errimo* (V. 69-70), *-esco* (XV. 44), *-ese* (XV. 50-51), *-esimo* (nei numerali, VI. 32-33), *-esimo* (nei sostantivi, XV. 25), *-essa* (III. 52-54); *-estre, -estro* (V. 14), *-età* (XV. 26; per i suoi influssi sul suffisso *-ità*, v. il riquadro sotto), *-etano* (XV. 52), *-eto* (XV. 16), *-ettare* (XV. 61), *-etto* (s. diminutivo, XV. 67-68. 71. 73), *-etto* (in sostantivi numerativi, VI. 47), *-evole* (XV. 26), *-ezza* (XV. 23), *-fago, -fagìa* (III. 107d; XV. 129), *-ficio* (XV. 129), *-filo, -filìa* (XV. 130), *-fobìa* (XV. 129), *-fonìa* (XV. 129), *-forme* (XV. 129), *-fugo* (III. 107e), *-grafia* (XV. 129), *-ìa, -ia* (XV. 15. 24), *-ìaco* (XV. 52), *-iale* (XV. 40), *-iano* (V. 6; XV. 41), *-iatra* (III. 80f. 90), *-ibile* (XV. 55), *-icchiare* (XV. 61), *-icchio* (XV. 72), *-iccio* (XV. 54), *-ich* (in cognomi slavi VII. 153), *-ico* (V. 4; XV. 21. 45), *-iera* (XV. 18), *-iere, -ieri, -iero* (III. 48; V. 10; XV. 17), *-ificare* (XV. 59), *-igno* (XV. 54), *-ile* (XV. 19), *-ina* (in chimica, XV. 21), *-ina* (in sostantivi numerativi, VI. 44), *-ina* (nella formazione del femminile, III. 70-71), *-ino* (s. aggettivale, XV. 34. 52-53), *-ino* (s. diminutivo, XV. 67-68. 73), *-io* (XV. 33), *-ire* (XV. 57), *-ismo* (V. 4; XV. 20c. 25), *-issimo* (V. 63-68; XII. 63), *-ista* (III. 80d. 90; V. 4. 6. 16; XV. 2. 5b. 16. 20), *-istico* (V. 4; XV. 20c), *-ita* (V. 16), *-ità* (XV. 26; vedi riquadro sotto), *-itano* (XV. 52), *-ite* (XV. 21), *-ito* (XV. 32), *-itudine* (XV. 27), *-ivo* (XV. 46), *-izia* (XV. 23), *-izio* (XV. 47), *-izzare* (XV. 58. 60), *-leso* (XV. 131), *-logo, -logìa* (III. 107d; XV. 127. 129), *-mane, -manìa* (XV. 129-130), *-mente* (s. avverbiale, XII. 7-14. 20), *-mento* (XV. 35), *-metrìa* (XV. 129), *-milia* (nei multipli di *mille*, antico, VI. 23f), *-occio* (XV. 54), *-ognolo* (XV. 54), *-oide* (XV. 48), *-oma* (XV. 21), *-one* (s. alterativo, XV. 78), *-one* (s. nominale, XV. 36), *-oni* (s. avverbiale, XII. 15. 22. 63), *-osi* (I. 186; XV. 121), *-oso* (V. 4; XV. 21, in chimica, e 49), *-otto* (XV. 74), *-patìa* (XV. 129), *-scopìa* (XV. 129), *-sore* (III. 67), *-tà* (XV. 26), *-toio* (XV. 37), *-tora* (III. 65-66), *-tore* (III. 61-63), *-torio* (XV. 37), *-trice* (III. 61-66), *-uccio* (XV. 65. 67-68. 75), *-ume* (XV. 10), *-ura* (XV. 38), *-uro* (XV. 21),

-uto (XV. 43), *-uzzo* (XV. 75), *-voro* (XV. 129), *-zione* (XV. 35. 39).

SUFFISSOIDI: elemento che svolge la stessa funzione del suffisso, ma, a differenza di questo, deriva da una parola che in greco o in latino aveva un suo significato autonomo: p. es. *grafia* (che in greco vale 'scrittura') in *ortografia*, XV. 121. 127.

suggere: verbo difettivo (del solo participio passato) di 2ª coniugazione in *-ere*, XI. 122b.

sui: 'suoi' (arcaico), VII. 103c.

suicidarsi: il verbo *suicidarsi*, come il francese *se suicider* da cui deriva, è stato considerato tautologico, perché il pronome riflessivo è già inglobato in *suicider* (da *suicide*, composto del lat. SUI e del tema latino *-cide* che vuol dire 'uccidere'): non ci si può uccidere due volte! In realtà, bisogna addurre due elementi, decisivi, di discolpa: § 1. In *suicider-suicidare* la presenza del riflessivo è solo etimologica, non è più trasparente per la coscienza linguistica dei parlanti; § 2. Il verbo *suicidarsi* dice qualcosa di diverso rispetto a *uccidersi* o *ammazzarsi*, facendo riferimento all'intenzionalità del gesto: «uno può *uccidersi* e *ammazzarsi* per una disgrazia o sventatezza indipendente da una volontà di sopprimersi, ma, se si usano le parole propriamente, non può *suicidarsi* involontariamente» (Nencioni). (v. XI. 25a).

sullodato: forma usata come aggettivo dimostrativo nella lingua dei secoli passati, VII. 139.

suo: aggettivo e pronome possessivo, VII. 99 sgg. L'uso dell'articolo con i titoli onorifici formati con *suo* (tipo *Sua Eccellenza*) è illustrato in IV. 59.

suo (*loro*) / *proprio*: v. il riquadro *proprio* / *suo* (*loro*).

suonare: verbo transitivo e intransitivo, XI. 4f.

SUONO (in linguistica): v. **FONO**.

SUONO: fenomeno acustico consistente in una vibrazione regolare periodica, I. 15.

suora / *suor*: I. 86a; III.74-75a.

superiore: v. V. 82-83 e la voce **AGGETTIVO**, § 9.

SUPERLATIVO, GRADO: per il g. s. dell'aggettivo v. V. 56. 60-70 e la voce **AGGETTIVO**, § 9; per il g. s. dell'avverbio v. XII. 63-67 e la voce **AVVERBIO**, § 12. V. anche le voci **ASSOLUTO, SUPERLATIVO** e **RELATIVO, SUPERLATIVO**.

SUPPLETIVISMO: si definisce s. la presenza di più radici nella coniugazione di un verbo (per esempio, *vado* / *and*avo in *andare*, XI. 125a, *sono* / *stat*o in *essere*, XI. 56b) o nella formazione di aggettivi relativi a nomi della stessa famiglia semantica (per esempio, *uom*o / *antrop*ico, *acqu*a / *idr*ico, *sangu*e / *emat*ico, XV. 45).

suppergiù / *su per giù*: v. il riquadro **UNIVERBAZIONE**, e XII. 5.

supporre: verbo irregolare di 2ª coniugazione in *-ere*, XI. 275; XIV. 49.

SUPPOSITIVO, FUTURO: V. **EPISTEMICO**, § 2.

supremo: v. V. 82 e la voce **AGGETTIVO**, § 9.

sur: 'su' (arcaico), VIII. 96b.

sussistere: verbo irregolare di 2ª coniugazione in *-ere*, XI. 187.

suto (*essere*, arcaico): XI. 61.

svellere: verbo irregolare di 2ª coniugazione in *-ere*, XI. 317-318

svenire: verbo irregolare di 3ª coniugazione, XI. 353.

svolgere: verbo irregolare di 2ª coniugazione in *-ere*, XI. 331.

SVOLGIMENTO DI UN'AZIONE: per i verbi fraseologici che indicano s. di un'a. v. XI. 48c e la voce **FRASEOLOGICI, VERBI**.

tacere: verbo irregolare di 2ª coniugazione in *-ére*, XI. 148. 163-164.

tacersi: XI. 27b.

taffetà (*il* / *i t.*): III. 28.

TAILANDESE: un confronto con il t. è in X. 47.

talaltro: pronome indefinito singolativo, usato in correlazione con *tale* VII. 165.

talché: congiunzione subordinante consecutiva; XIV. 136b.

tale: può essere, a seconda del contesto, aggettivo e pronome dimostrativo («*Tale* notizia è stata diffusa dalle agenzie di stampa», VII. 136) e aggettivo e pronome indefinito singolativo (VII. 164-165), usato anche come antecedente di una proposizione consecutiva («La paura fu *tale* che scappai», XIV. 135c).

talmente: antecedente di una proposizione consecutiva (XIV. 135d).

talora: avverbio di tempo, XII. 32h.

taluno

taluno: aggettivo e pronome indefinito singolativo, VII. 146. 147. 163.
talvolta: avverbio di tempo, XII. 32h.
tangere: verbo difettivo di 2ª coniugazione in *-ere*, XI. 118.
tanto più che: locuzione congiuntiva subordinante causale, XIV. 110.
tanto: § 1. Può essere, a seconda del contesto, avverbio di quantità («ti amo *tanto*»; può introdurre una proposizione comparativa di uguaglianza: «tanto è simpatico lui *quanto* è antipatica lei», XIV. 226 sgg.) e aggettivo e pronome indefinito quantitativo («- C'è *tanta* gente. – Sì, ce n'è *tanta*», VII. 205-206. 211). Nell'una e nell'altra funzione può anticipare una proposizione consecutiva («mangiai *tanto* [*tanta* pasta] da scoppiare», XIV. 135b. 140). § 2. Anticamente valeva 'soltanto', XIV. 28c.
tantoché: congiunzione subordinante consecutiva, XIV. 136b.
tappa / tappo: III. 31
tardi: avverbio di tempo, XII. 32f. 65.
TASSONOMIA (dei nomi): III. 10.
tè: I. 177b.
te: pronome personale di 2ª persona, usato in funzione di complemento diretto e indiretto (VII. 4. 10) e, nell'uso colloquiale, anche di soggetto (v il riquadro sotto).

---

te / tu: l'espansione recente di *te* con funzione di soggetto ai danni di *tu* – che può essere avvertita come una sgrammaticatura da molti, e quindi va controllata – può essere accostata all'espansione, ben altrimenti diffusa, dell'originaria forma obliqua *lui* ai danni di *egli* (v. *lui / egli*). Oggi nel registro colloquiale l'uso soggettivo di *te* è particolarmente frequente nella sequenza *io* e *te* (cioè quando il pronome si trova al secondo posto; diversamente regge ancora bene il *tu*: *tu ed io*) nell'Italia centrosettentrionale e in Sardegna; il *tu* resiste invece nel Mezzogiorno (si pensi alla canzone napoletana *Io, mammata e tu*). (v. VII. 14).

---

te [...] *ti*: v. il riquadro **PERSONALI (RIDONDANTI), PRONOMI.**
teco: 'con te', VII. 7.
tedeschi / Tedeschi (i): v. il riquadro **ETNICI, MAIUSCOLE NEGLI**, e I. 194h.

TEDESCO: confronti fra l'italiano e il t. sono in I. 44. 172. 234f; III. 2. 131; IV. 14. 49. 74a; V. 47. 51. 85; VI. 31; VII. 5. 58. 94. 100. 124; IX. 13; X. 47; XI. 8. 17. 373; XII. 35; XIII. 19; XIV. 61. 100; XV. 25. 64.
teenager / teenagers (i): v. il riquadro **NOMI STRANIERI, PLURALE DEI.**
tegno: 'tengo', XI. 167.
TELEGRAFICO, STILE: IV. 72i; VII. 82.
TEMA: è l'argomento posto al centro di una produzione linguistica di senso compiuto: «Giacomo Leopardi [tema] nacque nel 1798 a Recanati», II. 13; VII. 42.
TEMA: V. **REMA.**
TEMATICA, VOCALE: v. XI. 51b e la voce **VERBI**, § 16.

---

tempio (plur. *templi*): come per il superlativo di *ampio* (v. *ampissimo / amplissimo*), anche per il plurale di *tempio*, la forma più diffusa e più raccomandabile è quella latineggiante: *templi* (lat. TEMPLUM), invece che *tempi*. La ragione che ha sfavorito *tempi* è la possibile confusione con l'omonimo, il plurale di *tempo*. (v. III. 104).

TEMPO CONTINUATO, COMPLEMENTO DI: V. **TEMPO, COMPLEMENTI E DETERMINAZIONI DI**, § 3.
TEMPO DETERMINATO, COMPLEMENTO DI: V. **TEMPO, COMPLEMENTI E DETERMINAZIONI DI**, § 2.
TEMPO VERBALE: v. XI. 8; XIV. 32 e la voce **VERBO**, §§ 2-4.
TEMPO, AVVERBI DI: V. **TEMPORALI, AVVERBI.**
TEMPO, COMPLEMENTI E DETERMINAZIONI DI: § 1. Indicano le diverse circostanze di tempo in cui avviene l'azione espressa dal verbo. Si distinguono due tipi principali: il c. di *tempo determinato* e il c. di *tempo continuato*. § 2. Il c. di *tempo determinato* indica il momento o l'epoca in cui si verifica l'azione o la circostanza espressa dal verbo. È introdotto dalle preposizioni *a, in, di, per, su, tra, durante* (che possono anche mancare) o dalle locuzioni preposizionali *al tempo di, prima di, dopo di*. Esempi: «ci rivedremo *a settembre*», «Piero telefonerà *tra un'ora*» (II. 56; IV. 72c; VIII. 6d.27-28. 43. 57. 74. 105a. 122. 128. 137d) § 3. Il c.

di *tempo continuato* indica per quanto tempo dura il fatto, l'azione, la circostanza espressa dal verbo. È introdotto dalle preposizioni *per, in, da* (che possono anche mancare) o dalla locuzione preposizionale *fino a*: «ti abbiamo aspettato (*per*) un'ora», «mi sono trasferito *da un anno*» (II. 56; IV. 72c; VIII. 6d. 83. 105b. 122).

TEMPORALE-ITERATIVO, VALORE: è proprio di alcune proposizioni introdotte da *se*: «*se* (= *quando, ogni volta che*) ripenso alla casa vecchia, mi viene nostalgia», XIV. 152.

TEMPORALI, AVVERBI: v. XII. 18. 28-33. 69c; XIV. 58b e la voce **AVVERBIO**, §§ 5, 7 e 16.

TEMPORALI, PROPOSIZIONI: § 1. Stabiliscono quale relazione di tempo esista con la proposizione reggente: di contemporaneità, anteriorità o posteriorità. § 2. Le t. esplicite che esprimono *contemporaneità* sono introdotte da *quando, mentre, allorché, allorquando, al tempo in cui, nel momento che* («*Quando ascolto la musica* sono contento»); il modo verbale è l'indicativo, ma in alcuni casi può aversi il congiuntivo. Le implicite si costruiscono con il gerundio presente («ascolta la radio *studiando*») o con *al, nel, col, sul* + l'infinito («*nel cadere* si lussò una spalla»). § 3. Le t. esplicite che esprimono *anteriorità* sono introdotte da *prima che* («siamo venuti via *prima che il film finisse*»); il modo verbale è il congiuntivo. Le implicite si costruiscono con *prima di* + l'infinito («parlane con tuo padre, *prima di decidere*»). § 4. Le t. esplicite che esprimono *posteriorità* sono introdotte da *dopo che* («guarderò la televisione *dopo che avrò finito il lavoro*»); il modo verbale è l'indicativo, ma in alcuni casi può aversi il congiuntivo. Le implicite si costruiscono con *dopo* + l'infinito passato («*dopo aver lavorato*, si addormentò»), oppure col participio passato, preceduto o no da *una volta* («*[una volta] terminato lo spettacolo*, gli attori lasciarono il teatro») (XI. 384; XIV. 82. 185-209).

tendere: verbo irregolare di 2ª coniugazione in *-ere*, XI. 319.

tenere: verbo irregolare di 2ª coniugazione in *-ére*, XI. 165-167.

TENUI, CONSONANTI: I. 47ac. 88.

tergere: verbo irregolare di 2ª coniugazione in *-ere*, XI. 320.

TERMINE, COMPLEMENTO DI: detto anche *c. oggetto indiretto*, è l'elemento della frase su cui l'azione espressa dal predicato ricade *indirettamente*, cioè per mezzo della preposizione *a*: «Ho regalato un bel libro *a Simona*». La preposizione manca se il c. di termine è rappresentato da un pronome personale atono, che equivale a un pronome tonico preceduto da *a* («*mi* [= a me] ha parlato»); la preposizione può mancare se il c. di termine è rappresentato dal pronome relativo *cui*: «Ha incontrato Franco, *cui* aveva già detto tutto» (II. 53; VII. 237; VIII. 6b. 34).

TESTO: la linguistica testuale definisce t. una produzione linguistica orale o scritta dotata di senso compiuto, fatta da un emittente e accolta da un ricevente in un contesto determinato, con l'intenzione e con l'effetto di comunicare (IX. 5).

TESTUALE, LINGUISTICA: scuola linguistica sviluppatasi negli ultimi decenni che pone al centro della processo comunicativo il *testo*, di cui studia l'organizzazione interna, i requisiti e i rapporti col contesto extratestuale, IX. 5.

ti: pronome personale atono di 2ª persona, usato in funzione di complemento oggetto e complemento di termine (VII. 31-34. 39-42).

tiello / tienlo / tienilo: v. il riquadro **ASSIMILAZIONE CON I PRONOMI ATONI**.

tiemmi / tienmi / tienimi: v. il riquadro **ASSIMILAZIONE CON I PRONOMI ATONI**.

tigre: (*il / la t.*): III. 79d.

tingere: verbo irregolare di 2ª coniugazione in *-ere*, XI. 247. 321.

tintore / tintora: III. 66a.

tipo (nell'espressione *di questo t.* e simili): VII. 138.

TITOLI DI LIBRI: le varie particolarità riguardanti i t. di l. e di opere d'arte sono illustrate in IV. 72h. 84; VIII. 13; XIV. 17.

TITOLI PROFESSIONALI E ONORIFICI: le varie particolarità riguardanti i t. p. e o. sono illustrate in I. 83; IV 32-34. 58.

tivvù, tivù: I. 67d.

tizio: pronome indefinito singolativo, VII. 175-176.

TMESI: § 1. Fenomeno proprio della lingua

antica o poetica, consistente nella separazione di due parole che costituiscono abitualmente un nesso unitario mediante interposizione di altri elementi (per esempio, t. di aggettivo e sostantivo: «questa / *bella* d'erbe *famiglia* e d'animali», cit. in V. 27; t. di antecedente e pronome relativo: «Allor fu la *paura* un poco queta / *che* nel lago del cor m'era durata», cit. in VII. 219-220; t. di ausiliare e participio passato: «Credei ch'al tutto *fossero* / in me, sul fior degli anni, / *mancati* i dolci affanni», cit. in XI. 41c). § 2. Spezzatura di una parola in fin di verso, perlopiù ottenuta ripristinando l'antica autonomia delle sue componenti. Un esempio pascoliano di t. dell'avverbio in -*mente* (cit. in XII. 8): «Tra gli argini su cui mucche *tranquilla* / *mente* pascono».

TOBLER-MUSSAFIA, LEGGE: V. **LEGGE TOBLER-MUSSAFIA**.

togliere: verbo irregolare di 2ª coniugazione in -*ere*, XI. 322-323.

TONDE, PARENTESI: V. **PARENTESI**.

TONICO, -A: accentato.

TOPONIMO: nome di luogo, in particolare di un centro abitato, III. 3. L'uso dell'articolo con i t. è illustrato in IV. 36-50.

torcere: verbo irregolare di 2ª coniugazione in -*ere*, XI. 324.

torre / *tor*: I. 80d.

torre: v. *togliere*.

tosti 'toasts': III. 132c. Per il plurale di toast v. anche il riquadro **NOMI STRANIERI, PLURALE DEI**.

tosto che: locuzione congiuntiva subordinante causale antica, XIV. 203.

tot: aggettivo indefinito quantitativo, VII. 211.

TOTALI, INTERROGATIVE: v. XIII. 7a; XIV. 83 e le voci **INTERROGATIVE DIRETTE, PROPOSIZIONI**, § 1 e **INTERROGATIVE INDIRETTE, PROPOSIZIONI**.

tra e *fra*: § 1. Queste due preposizioni proprie (VIII. 7), identiche per significato e funzioni (VIII. 125) indicano una posizione intermedia, nello spazio e nel tempo, tra due o più punti di riferimento (VIII. 124). § 2. *Tra* e *fra* possono introdurre un complemento di stato in luogo («una fattoria tra i campi», VIII. 127), di moto a luogo («vieni fra noi», VIII. 127), di moto per luogo («passò tra due ali di folla», VIII. 127), di distanza («ci incontreremo fra dieci chilometri», VIII. 127), una determinazione di tempo («tornerò tra un mese», VIII. 128), un complemento partitivo (anche come secondo termine di riferimento del superlativo relativo: «è il migliore fra tutti», V. 61; VIII. 129), di relazione e compagnia («è una discussione fra colleghi», «è felice quando può stare tra i suoi nipoti», VIII. 130), di causa («fra tanti impegni, non ha mai tempo per la famiglia», VIII. 131). § 3. Usi antichi e particolari di *tra* e *fra* sono illustrati in VIII. 133-134.

tournée / *tournées* (*le*): v. il riquadro **NOMI STRANIERI, PLURALE DEI**.

tradurre: verbo irregolare di 2ª coniugazione in -*ere*, XI. 205.

trafiggere: verbo irregolare di 2ª coniugazione in -*ere*, XI. 237.

TRAGICO, IMPERATIVO: v. VII. 72 e la voce **IMPERATIVO**, § 5.

tral: 'tra il', IV. 81.

tralùcere: verbo difettivo di 2ª coniugazione in -*ere*, XI. 108.

transigere: verbo difettivo (del solo participio passato) di 2ª coniugazione in -*ere*, XI. 122b.

---

transigere / *transare*: nessun dubbio: l'unica forma corretta è la prima; la seconda nasce da una retroformazione su *transazione*, secondo il modello *operare-operazione*. Ma l'uso della forma legittima è schiacciante: nelle annate 1993-1995 del «Corriere della Sera» *transigere* ricorre 34 volte contro un solo esempio di *transare*, che si spera resti isolato («Bossi e Gianfranco Fini potrebbero *transare*» 28.9.1994).

TRANSITIVI, VERBI: i v. t. sono descritti in XI. 3-4; la scelta dell'ausiliare con i v. t. è illustrata in XI. 32; un elenco di v. t. che reggono una proposizione oggettiva esplicita o implicita è in XI. 41-43; un elenco di v. t. cge ammettono solo una proposizione oggettiva implicita è in XI. 45.

TRAPASSATO PROSSIMO: il t. p. indica un'azione anteriore rispetto a un tempo già passato («Spiegai che che il giorno pri-

ma non *mi ero mosso* da casa», XI. 383), concorrendo, in quest'uso, col trapassato remoto, che però oggi, diversamente che nel passato, è raro e letterario (XI. 384-385).
TRAPASSATO REMOTO: diversamente che nel passato, il t. r. è oggi raro e letterario; indica un'azione anteriore rispetto a un tempo già passato («Dopo che *ebbe mangiato*, andò a dormire», concorrendo, in quest'uso, col trapassato prossimo, XI. 384-385).
trapungere: verbo irregolare di 2ª coniugazione in *-ere*, XI. 282.
trarre: verbo irregolare di 2ª coniugazione in *-ere*, I. 80e; XI. 325-326.
trascegliere: verbo irregolare di 2ª coniugazione in *-ere*, XI. 297.
trascendere: verbo irregolare di 2ª coniugazione in *-ere*, XI. 298.
trascrivere: verbo irregolare di 2ª coniugazione in *-ere*, XI. 302.
trasfondere: verbo irregolare di 2ª coniugazione in *-ere*, XI. 241.
trasmettere: verbo irregolare di 2ª coniugazione in *-ere*, XI. 255.
TRASPARENZA (nella formazione delle parole): III. 63; XV. 5. 120.
trasparire: verbo irregolare di 3ª coniugazione, XI. 332-333.
trasporre: verbo irregolare di 2ª coniugazione in *-ere*, XI. 275.
trattenere: verbo irregolare di 2ª coniugazione in *-ére*, XI. 165.
TRATTINO: segno d'interpunzione; chiamato anche *lineetta*, ha due lunghezze diverse: -e –; il suo uso è illustrato in I. 232-234.
travedere: verbo irregolare di 2ª coniugazione in *-ére*, XI. 170.
travolgere: verbo irregolare di 2ª coniugazione in *-ere*, XI. 331.
tre: numerale cardinale; non richiede l'accento grafico, a differenza dei composti tipo *ventitré, trentatré*, ecc (v. il riquadro POLISILLABI OSSITONI, ACCENTO GRAFICO SUI).
trentun anni / trentun anno: v. il riquadro UNO, NUMERALI COMPOSTI CON.
TRIANGOLO VOCALICO: I. 17.
TRIGRAMMA: gruppo di tre grafemi he rappresentano un unico fonema (per esempio, *sci* in *lascia*, I. 114. 139-146).
triplice: numerale moltiplicativo, VI. 41a.
triplo: numerale moltiplicativo, VI. 41a.

TRISDRUCCIOLE, PAROLE: v. I. 172 e la voce ACCENTO, § 6.
triste, tristo: V. 12.
TRITTONGO: gruppo fonico in cui s'incontrano una semiconsonante (/j/, /w/), una vocale e una semivocale (in genere /i/: *iei* in *miei, uoi* in *suoi*), oppure due seminconsonanti e una vocale (*iuo* in *aiuola*, I. 55).
troia: nome difettivo del maschile, indicante la femmina del maiale o del cinghiale, III. 76b.
TRONCAMENTO: v. APOCOPE.
TRONCHE, PAROLE: v. OSSITONE, PAROLE.
troppo: può essere, a seconda del contesto, avverbio di quantità («Lavora *troppo*», XII. 47d.), nonché aggettivo e pronome indefinito quantitativo («C'è *troppa* gente. – Sì, ce n'è *troppa*», VII. 205-206). Nell'una e nell'altra funzione può anticipare una proposizione di adeguatezza (XIV. 143).
ts: grafia esotica per *z*, I. 44. 133.
tu: pronome personale di 2ª persona, usato in funzione di soggetto (v. VII. 4-6. 8-9); anticamente, poteva presentare collocazione enclitica in forme come *vedestù* e simili (VII. 15). È anche pronome allocutivo (VII. 84-88).
tuo: aggettivo e pronome possessivo, VII. 99 sgg. Nell'uso toscano quattrocentesco valeva come forma di possessivo invariabile (VII. 103b).
TURCO: un confronto fra l'italiano e il t. è in I. 8; III. 83.
tuttavia: congiunzione coordinante avversativa, XIV. 21b. 154.
tutte le volte che: locuzione congiuntiva subordinante temporale, XIV. 202.
tutto: aggettivo e pronome indefinito collettivo (VII. 178-179. 189), usato anche per intensificare un aggettivo di grado positivo («È *tutto* matto», V. 73). Per la mancanza dell'articolo davanti a un toponimo preceduto da t., come in «Ho visto *tutta* Roma», v. V. 39.
tutto che: locuzione congiuntiva subordinante concessiva antica, XIV. 179d.
tutù (*il / i t.*): III. 28.
tv: v. I. 67d.
tz: grafia per *z, zz*, I. 133.
uccidere: verbo irregolare di 2ª coniugazione in *-ere*, XI. 217.
udire: verbo irregolare di 3ª coniugazione, XI. 349-350; XIV. 43. 50.

UGUAGLIANZA, COMPARATIVO DI: v. V. 57-59 e la voce **AGGETTIVO**, § 9.

ukase: (*l'* / *gli u.*): III. 132d.

ulteriore: v. V. 82-83 e la voce **AGGETTIVO**, § 9.

ultimo: v. V. 82-83 e la voce **AGGETTIVO**, § 9.

una volta che: locuzione congiuntiva subordinante temporale, XIV. 201c. *ungere*: verbo irregolare di 2ª coniugazione in *-ere*, XI. 247. 327.

UNCINATE, PARENTESI: V. **AGUZZE, PARENTESI**.

UNGHERESE: un confronto con l'u. è in I. 8. 172.

UNIDIVERGENTE, COPPIA: I. 2-3. 47a. 48. 62. 124d.

UNIONE: V. **COMPAGNIA E UNIONE, COMPLEMENTO DI**.

UNITÀ LESSICALI SUPERIORI: v. V. 37; VIII. 46; XV. 122 e la voce **FORMAZIONE DELLE PAROLE**, § 3.

> **UNIVERBAZIONE**: fusione – manifestata anche dalla grafia – di due parole originariamente autonome (per esempio *palco scenico > palcoscenico*) Di massima, si può dire che le congiunzioni e gli avverbi costituiti da più unità distinte tendono a formare una sola parola quando il valore delle singole componenti diventa opaco per la coscienza linguistica comune. Ma i tempi e i modi di questo processo non sono uniformi e non è sempre possibile essere netti, prescrivendo la forma univerbata (per es. *tuttavia* non *tutta via) o viceversa quella scissa (per es. *ragion per cui*, non *ragionpercui). Essendo di uso corrente entrambi i sistemi grafici, nei casi dubbi non c'è che da consultare un buon dizionario. (v. I. 11. 67-70. 192. 233; IX. 2).

uno: § 1. Numerale cardinale, VI. 12-15. § 2. Pronome indefinito singolativo, VII. 146-147. 152b. 171bd. 204.

> *UNO*, **NUMERALI COMPOSTI CON** (*ventun anni* / *ventun anno*): nei numerali composti con *uno* (*ventuno*, *trentuno* ecc.) accompagnati da un sostantivo, il sostantivo va obbligatoriamente al plurale quando precede il numerale (*anni ventuno*). Se invece è collocato dopo il numerale, può essere plurale – è l'uso attualmente più frequente, e preferibile – oppure singolare, accordandosi con *-uno*. (v. VI. 15).

uomo (plur. *uomini*): III. 100. Anticamente u. era usato anche come soggetto generico e indeterminato (VII. 58. 177).

-uo- / *-o-*: v. il riquadro **MOBILI, DITTONGHI**.

uovo (plur. *uova*): III. 109.

urgere: verbo difettivo di 2ª coniugazione in *-ere*, XI. 119.

urlo (plur. *urli* / *urla*): III. 118u.

uscire: verbo irregolare di 3ª coniugazione, XI. 351-352.

utènsile / *utensìle*: I. 189.

UVULARE, VIBRANTE: I. 5. 37.

> *v* = *vu* / *vi*: Il nome della lettera dell'alfabeto è «vu»; per influenza dei nomi di altre lettere («bi», «ci» ecc.) si è diffusa anche la variante «vi», che tende a essere sempre più accettata accanto all'altra. (v. I. 106).

va' / *va* / *vai*: 2ª persona dell'imperativo di *andare*, XI. 129c. v. il riquadro **IMPERATIVO (2ª PERSONA), FORME DIVERSE DI**.

vaglio (*valere*): XI. 168.

valere: verbo irregolare di 2ª coniugazione in *-ére*, XI. 168-169.

valigie / *valige*: v. **NOME**, § 13 e il riquadro **NOMI IN *-CIA*, *-GIA*, PLURALE DEI**.

valle / *val*: I. 80d. IV. 44b.

valùto / *vàluto*: I. 188b.

VANTAGGIO E SVANTAGGIO, COMPLEMENTO DI: è un complemento indiretto che indica a vantaggio di chi o di che cosa, e a discapito di chi o di che cosa si verifica l'azione o la condizione espressa dal verbo. È introdotto dalla preposizione *per* e dalle locuzioni preposizionali *a vantaggio di*, *a* (o *in*) *favore di*, *in difesa di*, *a svantaggio di*, *a danno di*, *a discapito di*, *contro* ecc. Può anche essere espresso da un pronome personale atono (*mi*, *ti*, *si*, *gli*, *le* ecc.); in tal caso manca la preposizione. Esempi: «L'ho fatto *per te*», «Una manifestazione *contro il razzismo*», «*Ti* (= per te) preparo un risotto» (VIII. 34c. 88. 119).

VARIANTI FONETICHE: I. 4-6.

vario: agg. qualificativo usato anche co-

me aggettivo e pronome indefinito quantitativo, VII. 212.
vedere: verbo irregolare di 2ª coniugazione in *-ére*, XI. 170-172; XIV. 43. 50.
vedi, ve': espressione interiettiva, spesso usata come semplice connettivo fraseologico, X. 36; XI. 400b; XII. 62; XIII. 27.
veduto / *visto* (*vedere*): XI. 171.
veggio, veggo (*vedere*): XI. 172.
vegno: 'vengo', XI. 355.
VELARI, CONSONANTI: v. I. 42 e la voce CONSONANTI, § 3.
velo / *veletta*: III. 36.
venire: verbo irregolare di 3ª coniugazione, XI. 353-355. Può sostituire l'ausiliare *essere* nella formazione dei verbi passivi (solo nei tempi semplici, come in «io vengo amato», XI. 14). In unione con un gerundio, è un verbo fraseologico che in indica lo svolgimento di un'azione: «la piazza si veniva facendo via via più affollata», XI. 48c. Usi particolari di v. nell'italiano antico sono illustrati in XI. 15.

VENIRE, COMPOSTI DI: nel passato remoto di *intervenire* (come negli altri composti di *venire*: *avvenire, prevenire, sovvenire* ecc.) l'unica forma corretta è quella che si richiama al verbo semplice: *intervenne* (e *intervennero*), come *venne* e *vennero*. Le forme deboli, cioè accentate sulla desinenza, si devono all'analogia dei verbi della terza coniugazione in *-ire* (*udì-udirono*). Un'occhiata al «Corriere della Sera» del 1995 è abbastanza rassicurante: *intervenì* e *intervenirono* sono sfuggiti solo tre volte alla penna del redattore («Nessuno intervenì» 21.9, «intervenirono Fabio Fazio, Red Ronnie» ecc. 14.3, «loro intervenirono soltanto un'ora dopo» 14.3), contro ben 75 esempi delle forme corrette *intervenne, intervennero*. Ma è bene non abbassare la guardia: con un altro composto di *venire, prevenire*, a 2 *prevenne* si contrappone l'errato *prevenirono* del 7.10.1995. (v. XI. 355).

---

ventitré / *ventitre*: v. il riquadro POLISILLABI OSSITONI, ACCENTO GRAFICO SUI.
ventun anni / *ventun anno*: v. il riquadro UNO, NUMERALI COMPOSTI CON.
venzette: '27' (toscano), VI. 23e.

ver: 'verso' (arcaico), I. 81.
VERBALE, PREDICATO: v. PREDICATO, § 4.
VERBALI DEAVVERBIALI, SUFFISSI: v. XV. 7-9. 62 e la voce SUFFISSO, §§ 2 e 3.
VERBALI DENOMINALI E DEAGGETTIVALI, SUFFISSI: v. XV. 7-9. 57-60 e la voce SUFFISSO, §§ 2 e 3.
VERBALI DEVERBALI, SUFFISSI: v. XV. 7-9. 61 e la voce SUFFISSO, §§ 2 e 3.
VERBALI, LOCUZIONI: v. IV. 72b; XI. 2. 365a.
VERBALI, PREFISSI: v. XV. 80. 109-114 e la voce PREFISSO, § 1.
VERBO: § 1. Il v. è una parte variabile del discorso che fornisce informazioni sul soggetto; indica, di volta in volta, l'azione che il soggetto compie o subisce («*Marco* pesca le trote» / «*Le trote* sono pescate da Marco»), l'esistenza o lo stato del soggetto («*C'è Marco*»), il rapporto tra il soggetto e il nome del predicato («*Marco* è un pescatore», XI. 1-2). Il v. intrattiene col soggetto un rapporto speciale anche dal punto di vista morfosintattico: riceve dal soggetto le desinenze di persona e di numero e, in alcuni casi, di genere («*Marta* dorme», «*gli operai erano* arrivati»; v. la voce ACCORDO). § 2. Oltre che quelle relative al soggetto, il v. fornisce molte altre informazioni. In particolare chiarisce: a) l'atteggiamento di chi parla verso ciò che dice o verso l'interlocutore (informazione fornita dal *modo*: per esempio, un dato è presentato come certo usando l'indicativo [«*Mangerò* qualcosa»], e come possibile usando il congiuntivo [«E se *mangiassi* qualcosa?»] o il condizionale [«*Mangerei* volentieri qualcosa»]); b) il rapporto cronologico fra il momento in cui si parla e l'azione espressa dal v. (informazione fornita dal *tempo*: «Il treno *è* in partenza (presente) / *partirà* in ritardo (futuro) / *è partito* in ritardo (passato)»; c) a chi si riferisce quanto espresso dal verbo (informazione fornita dalla *persona*, che può indicare chi parla [*io*, prima persona], chi ascolta [*tu*, seconda persona], una terza o sesta persona diversa da chi parla e da chi ascolta [*lui, lei, loro*], una quarta persona [*noi* = io + altri] o una quinta persona [*voi* = tu + altri]). § 3. I vari modi (XI. 7) e tempi (XI. 8.) del v.

sono rappresentabili nello schema che segue:

modo	tempo	
	semplice	composto
INDICATIVO (8 tempi)	presente imperfetto passato remoto futuro semplice	pass. prossimo trapass. prossimo trapass. remoto futuro anteriore
CONGIUNTIVO (4 tempi)	presente imperfetto	passato trapassato
CONDIZIONALE (2 tempi)	presente	passato
IMPERATIVO (2 tempi)	presente futuro	
INFINITO (2 tempi)	presente	passato
PARTICIPIO (2 tempi)	presente	passato
GERUNDIO (2 tempi)	presente	passato

§ 4. Usi e particolarità d'uso dei singoli modi verbali sono illustrati in XI. 370 (indicativo), XI. 391-392 (congiuntivo), XI. 393-395 (condizionale), XI. 396-401 (imperativo), XI. 402-411 (infinito), XI. 412-420 (participio), XI. 421-425 (gerundio); usi e particolarità d'uso dei singoli tempi verbali sono illustrati in XI. 371 (indicativo presente), XI. 373-375 (indicativo imperfetto), XI. 376-382 (indicativo passato remoto e passato prossimo), XI. 383-385 (indicativo trapassato prossimo e trapassato remoto), XI. 386-390 (indicativo futuro semplice e futuro anteriore). § 5. Per la complessità delle funzioni svolte, la classificazione dei verbi non è facile: utilizzando diversi parametri sintattici, semantici e funzionali sono possibili varie distinzioni. § 6. Una prima distinzione, legata ai rapporti sintattici instaurati nella frase, è fra v. *transitivi* (per esempio *leggere*), che ammettono un complemento oggetto diretto, e v. *intransitivi* (per esempio *dormire*), che non ammettono un complemento oggetto diretto (XI. 3; più ampi particolari in XI. 4). § 7. Una seconda distinzione, legata alla diversa funzione svolta nella frase, è fra v. *predicativi*, che hanno un senso compiuto in sé e svolgono la funzione di predicato verbale (per esempio *correre, mangiare*) e v. *copulativi* che, come il v. *essere* (la *copula* del predicato nominale), collegano il soggetto a un nome o a un aggettivo detto *complemento predicativo*: nella frase «Federico non sta mai fermo», *sta* è un v. copulativo e *fermo* è un complemento predicativo del soggetto (XI. 5; l'ulteriore divisione dei v. copulativi in *effettivi, appellativi, elettivi* e *estimativi* è illustrata in XI. 6). § 8. Una terza distinzione, legata alla *diatesi* (o *forma* o *voce*), cioè al particolare rapporto che il verbo ha con il soggetto, è fra v. *attivi* (nei quali il soggetto coincide con l'agente dell'azione: «*I vigili regolano il traffico*»), v. *passivi* (nei quali l'agente dell'azione non è il soggetto: «*Il traffico è regolato dai vigili*») e v. *riflessivi* (o *riflessivi diretti*, nei quali soggetto e complemento oggetto coincidono: «*Paolo si lava*» = «*Paolo lava sé stesso*», XI. 10. 18). § 9. Le modalità di formazione dei v. passivi con le relative particolarità (uso del *si* passivante, uso di *venire*, uso di *andare*) sono descritte in XI. 11-17. § 10. I v. riflessivi rientrano nella più ampia categoria dei v. *pronominali* (cioè combinati con un pronome personale atono: cfr. VII. 31 sgg.), categoria della quale fanno parte anche i v. *riflessivi reciproci* («Mario e Anna *si salutano*», XI. 19-20), i v. *riflessivi indiretti* o *riflessivi apparenti* o *transitivi pronominali* («*Mi lavo* le mani», XI. 21-22) e i v. *intransitivi pronominali* (tipo *accanirsi, accostarsi, ricordarsi*, XI. 23-29). § 11. Alle categorie fin qui individuate vanno aggiunte quelle costituite dai v. *ausiliari* propriamente detti, dai v. *servili* e dai v. *fraseologici* (XI. 31). § 12. I v. *ausiliari* (segnatamente, *essere* e *avere*; in casi particolari, e solo per la formazione del passivo, anche *andare* e *venire*: v. sopra, § 9) hanno funzione squisitamente morfologica e indicano, a seconda dei casi, la diatesi (attiva o passiva) o il tempo (passato o futuro anteriore) del v. che li accompagna nella forma di un participio: dato, a titolo d'esempio, il v. *amare*, l'ausiliare *avere* potrà indicare un indicativo passato prossimo attivo (nella fattispecie, *ho amato*) e l'ausiliare *essere* potrà indicare un indicativo presente passivo (nella fattispecie, *sono amato*; più ampi particolari sulla scelta dell'au-

siliare con i singoli v. e sulla sua posizione rispetto al participio passato in XI. 33-43 e alle voci *avere* e *essere*, e sotto AUSILIARI, VERBI). § 13. I v. *servili* o *modali* (segnatamente, *potere*, *dovere*, *volere* e, con alcune restrizioni, *solere* e *sapere* 'essere in grado di'), quando reggono un infinito senza l'ausilio di preposizioni, formano con esso un unico predicato: non esprimono un significato autonomo ma precisano – in termini di possibilità, dovere o volontà – quello del verbo che segue («*posso, devo, voglio* partire»; più ampi particolari in XI. 44-47). § 14. Infine, i v. *fraseologici* (o *ausiliari di tempo* o *aspettuali*) segnalano un particolare aspetto temporale di un'azione: per esempio la sua imminenza («*sto per* mangiare»), l'inizio («*comincio a* mangiare»), lo svolgimento («*sto* mangiando»), la continuità («*continuo a* mangiare»), la conclusione («*ho finito di* mangiare»). L'elenco completo dei v. fraseologici è in XI. 48; qui, oltre che in XI. 30, è anche illustrata la nozione di *aspetto verbale*. § 15. La *coniugazione* è l'insieme delle forme di un v. distinte secondo il modo, il tempo, la persona e la diatesi (XI. 49-51). § 16. In un v. possiamo individuare: la *radice* (cioè l'elemento che contiene il significato del v.: *am*avate, v. *amare*), la *vocale tematica* (che nell'infinito consente di riconoscere la coniugazione di appartenenza: am*a*re, vocale tematica *a*, prima coniugazione) e la *desinenza*, ossia l'affisso che indica il modo, il tempo e la persona verbale: ama*te*, indicativo presente, quinta persona). In base alle diverse vocali tematiche che precedono la desinenza dell'infinito e che sono *-a-, -e-, -i-*, i verbi regolari italiani si possono raggruppare in tre diverse coniugazioni, secondo il modello am-*a*re (prima coniugazione), tem-*e*re (seconda coniugazione), serv-*i*re (terza coniugazione). Il paradigma (cioè lo schema flessionale) dei verbi di prima coniugazione, con osservazioni e illustrazioni di forme arcaiche è in XI. 70-73; il paradigma dei verbi di seconda coniugazione, con osservazioni e illustrazioni di forme arcaiche è in XI. 74-78; il paradigma dei verbi di terza coniugazione, con osservazioni e illustrazioni di forme arcaiche è in XI. 79-84. Completano il quadro i paradigmi delle coniugazioni passiva (XI. 89), e riflessiva (XI. 90). § 17. I v. che indicano un'azione o un processo non attribuibili a una persona determinata si dicono *impersonali* (XI. 91): sono propriamente tali i v. che indicano un fenomeno atmosferico (per esempio *piove*; l'elenco completo e gli usi relativi in XI. 92). Ad essi vanno aggiunti quei v. o costrutti verbali che, di per sé personali, possono essere adoperati impersonalmente (per esempio *avviene, bisogna, si mangia, ci si accorge, va riconosciuto, è bene*; l'elenco completo e gli usi relativi in XI. 93-95). § 18. I v. riconducibili a una delle tre coniugazioni regolari di cui si adoperano poche voci, perché quelle mancanti sono cadute in disuso o non sono mai esistite (come per esempio *addirsi*) si dicono *difettivi*; il loro elenco completo è in XI 96-122. § 19. Due v. formati con la stessa radice che seguono due coniugazioni differenti (per esempio: *scolorare* / *scolorire*) si dicono *sovrabbondanti* (XI. 123). Possono distinguersi in due gruppi, a seconda che il loro significato muti col cambiamento di coniugazione (come per esempio in *abbonare* / *abbonire*; l'elenco completo dei v. di questo tipo è in XI. 123a) o resti inalterato (come per esempio in *adempiere* / *adempire*; l'elenco completo dei v. di questo tipo è in XI. 123b-124). § 20. I v. che si allontanano in modo più o meno spiccato dal modello di coniugazione a cui appartengono si dicono *irregolari* (XI. 125-126); ve ne sono di prima coniugazione (illustrati in dettaglio in XI. 128-138), di seconda coniugazione in *-ére* (illustrati in dettaglio in XI. 139-174), di seconda coniugazione in *-ere* (illustrati in dettaglio in XI. 175-331), di terza coniugazione (illustrati in dettaglio in XI. 332-355). Tutti i v. irregolari sono raccolti in questo *Glossario* in ordine alfabetico.
verdi (nel linguaggio politico): V. 51.
vergogniamo / **vergognamo** (*ci*): v. il riquadro -*gniamo* / -*gnamo*.
vero: elemento interrogativo parentetico che chiede conferma di un'asserzione, determinando una frase interrogativa retorica: «mi vuoi bene, *vero*?», XIII. 11.
verro: nome difettivo del femminile indi-

cante il maschio adulto del maiale, III. 76b.

verso: preposizione impropria, VIII. 7. 136g.

vertere: verbo difettivo di 2ª coniugazione in -*ere*, XI. 120.

veruno: aggettivo e pronome indefinito negativo, VII. 197.

> *vestigio* (plur. *vestigi* / *vestigia*): *vestigio* continua il lat. VESTIGIUM 'orma', ma è di uso rarissimo; abbastanza adoperato, invece, il plurale in -*a*, *le vestigia* («delle prime vestigia paleocristiane»: «Corriere della Sera», 24.12.1995). Da evitare i singolari analogici, peraltro molto rari, *la vestigia* (su *cupidigia* ecc.) e *la vestigie* (su *effigie* ecc.). (v. III. 122b).

vestire: verbo transitivo e intransitivo, XI. 4f.

vi (lettera): v. il riquadro *v* = *vu* / *vi*.

vi: il termine può essere, a seconda del contesto, pronome personale atono di 5ª persona, con valore di complemento oggetto e complemento di termine («*vi* vede = vede voi»; «*vi* parla = parla a voi», VII. 31-34) nonché avverbio di luogo (con varie funzioni e sfumature di significato, VII. 45-51).

via via che: locuzione congiuntiva subordinante comparativa, XIV. 236a.

via: termine anticamente usato in luogo di *per* nelle moltiplicazioni, VIII. 121.

VIBRANTE: altro modo di indicare la consonante costrittiva alveolare *r*, I. 104. 137.

viceré / *vicere*: v. il riquadro POLISILLABI OSSITONI, ACCENTO GRAFICO SUI.

viciniore: v. V. 84 e la voce AGGETTIVO, § 9.

> *vicino*: il vocabolo vicino ha tre valori diversi: § 1. sostantivo («*il vicino* di casa»); § 2. aggettivo («*l'appartamento vicino* al mio»); § 3. avverbio di luogo («*qui vicino* c'è una farmacia»; v. XII. 34-35). Non può essere usato come preposizione (v. VIII. 7. 136h), ma può formare la locuzione preposizionale *vicino a*: *vicino a Roma* (il costrutto *vicino Roma, che pure è frequente specie in certe regioni, non è grammaticalmente corretto).

viemmi / *vienmi* / *vienimi*: v. il riquadro ASSIMILAZIONE CON I PRONOMI ATONI.

vigere: verbo difettivo di 2ª coniugazione in -*ere*, XI. 121.

vigilessa: femminile di *vigile*, III. 80c. v. il riquadro NOMI PROFESSIONALI FEMMINILI.

vilipendere: verbo irregolare di 2ª coniugazione in -*ere*, XI. 183.

vincere: verbo irregolare di 2ª coniugazione in -*ere*, XI. 328.

> VINI: i nomi dei vini sono quasi tutti maschili (*il Barolo*, *il Chianti*, *il Valpolicella*; si sottintende ovviamente *vino*) ed è bene adoperare come maschili anche *Marsala* e *Barbera* che qualche volta, per influenza della terminazione in -*a*, sono trattati come femminili. (v. III. 22).

virago: nome femminile in -*o*, III. 23.

VIRGOLA: è un segno d'interpunzione che collega due segmenti di testo debolmente separati tra loro. Si usa all'interno del periodo e segnala che fra due elementi (due parole o due frasi) c'è una pausa debole; più ampi particolari ed esempi in I. 218-220.

VIRGOLETTE: esistono tre tipi di v.: le v. *basse* (« »), le v. *alte* (" ") e le v. *semplici* o *apici* (' '). Il loro uso è illustrato in I. 227-231.

viso: 'visto' (arcaico), XI. 172.

visto che: locuzione congiuntiva subordinante causale, XIV. 111.

visto: v. *veduto*.

VITAMINE: sono indicate dai nomi delle lettere: v. A, B, C, ecc. (I. 111c).

vite (*la v.*): III. 16.

vivere: verbo irregolare di 2ª coniugazione in -*ere*, XI. 329-330.

vo: 'vado', XI. 129a.

VOCALE: si dicono v. quei suoni che si realizzano quando, nell'ambito del processo fonatorio, l'aria proveniente dai polmoni non trova consistenti ostacoli nel suo percorso verso l'esterno e la cavità orale funziona da cassa di risonanza. Le vocali toniche (= accentate) in italiano sono sette, anche se per rappresentarle disponiamo soltanto di cinque segni alfabetici: /a/, /d/, /e/, /i/, /c/, /o/, /u/ (nell'ordine, *pala*, *pètto*, *péra*, *pino*, *pòrco*, *pozzo*, *puzzo*). Le vocali non accentate scendono a cinque: /a/, /e/, /i/, /o/, /u/

(più ampi particolari in I. 15-21; il rapporto fra il sistema vocalico italiano e quello latino è illustrato in I. 22-26).
VOCALISMO ATONO: I. 19. 24.
VOCALISMO TONICO: I. 17. 23.
VOCATIVO: l'uso della virgola prima di un v. è descritto in I. 220c.
vogli, vogliate (*volere*): XI. 397.
voglia il cielo che: locuzione congiuntiva; introduce un congiuntivo ottativo, XIII. 34.
voi: pronome personale di 5ª persona (VII. 4. 25), usato anche come pronome allocutivo (VII. 84-86. 92. 95-97).
voi [...] *vi*: v. il riquadro PERSONALI (RIDONDANTI), PRONOMI.
voialtri: VII. 8.
volere: verbo servile, irregolare di 2ª coniugazione in -*ére*, XI. 44-46. 141. 173-174. La posizione dei pronomi atoni *mi, ti, si* ecc. con un infinito retto da v. (tipo «voglio difender*mi* / *mi* voglio difendere») è illustrata in VII. 74.
volesse il cielo che: locuzione congiuntiva; introduce un congiuntivo ottativo, XIII. 34.
volgere: verbo irregolare di 2ª coniugazione in -*ere*, XI. 331.
VOLITIVE, PROPOSIZIONI: dette anche *esortative* o *iussive*, sono proposizioni indipendenti che esprimono un comando, un ordine, una proibizione. Possono avere l'imperativo («fermati!»), il congiuntivo esortativo o permissivo («andiamo!», «venga pure», XIII. 30-33), l'indicativo («lo *farai* tu», XIII. 38), l'infinito («circolare!», XIII. 39).
volta, una: segnale di delimitazione, XII. 33c. 49.
vosco: 'con voi' (arcaico), VII. 7.
vostro: aggettivo e pronome possessivo, VII. 99 sgg. L'uso dell'articolo con i titoli onorifici formati con v. (tipo *Vostra Eccellenza*) è illustrato in IV. 59.
vu (lettera): v. il riquadro *v* = *vu* / *vi*.
vui: 'voi' (arcaico), VII. 25.
vuoi: forma del presente indicativo di *volere* usata nel nesso correlativo *vuoi...vuoi* (XIV. 28b).
w: grafema straniero, I. 147-150. 154. L'uso dell'articolo davanti a parole comincianti per *w* è illustrato in IV. 8. v. anche la voce ARTICOLO DAVANTI A *W*, USO DELL'.

WELLERISMO: frase sentenziosa attribuita a un personaggio reale o, più spesso, immaginario, VII. 132d.
walkman (*il* / *lo w.*): per l'uso dell'articolo, v. ARTICOLO DAVANTI A *W*, USO DELL', e IV. 8.
whisky (*il* / *lo w.*): per l'uso dell'articolo, v. ARTICOLO DAVANTI A *W*, USO DELL', e IV. 8. Per la formazione del plurale v. il riquadro NOMI STRANIERI, PLURALE DEI.
x: grafema straniero, I. 147-150. 155-157. L'uso dell'articolo davanti a parole comincianti per *x* è illustrato in IV. 5d.
y: grafema straniero, I. 147-150. 158-159.
yuppie / *yuppies* (*gli*): v. il riquadro NOMI STRANIERI, PLURALE DEI.
z: i due diversi valori (/ts/ e /dz/) del grafema *z*, ampi particolari sulla sua grafia e pronuncia sono in I. 47b. 126-130. 131-133. L'uso dell'articolo davanti a parole comincianti per *x* è illustrato in IV. 5c.

zàffiro / *zaffìro*: l'incertezza d'accento dipende, come in tanti altri casi, dalla diversa accentazione della parola in greco (etimo remoto) e in latino (etimo prossimo): rispettivamente *sáppheiros* e SAPPHÍRUS. Tradizionalmente, la pronuncia preferita è stata quella modellata sul latino («Dolce color d'orïental *zaffìro*» Dante); quella con accento sulla terzultima, oggi prevalente, non può però dirsi errata ed è stata adottata anche dalla lingua letteraria più eletta: «sotto l'arco di *zàffiro*» (Montale; l'accento è dell'autore).

zar / *zarina*: III. 68-69c.

zero: nei numeri decimali in cui la prima cifra dopo la virgola o il punto sia zero, lo zero deve essere pronunciato: 2,03 o 2.03 (= *due zero tre*, oppure: *e zero tre*). Diverso il caso delle ore e dei minuti, in cui la dizione «treno regionale delle sedici zero tre» (invece di *sedici e tre*) è ingiustificata e dipende solo dall'abitudine a leggere le ore negli orologi digitali. (v. VI. 19. 30).

ZOONIMO: nome di una specie animale, X. 34.

SOMMARIO

V	Presentazione
IX	Trascrizioni fonematiche

GRAMMATICA ITALIANA

3	I. Fonologia e grafematica
59	II. Analisi logica e analisi grammaticale
74	III. Il nome
114	IV. L'articolo
135	V. L'aggettivo
157	VI. Numerali
168	VII. Pronomi e aggettivi pronominali
231	VIII. La preposizione
253	IX. Congiunzioni e segnali discorsivi
258	X. L'interiezione
267	XI. Il verbo
339	XII. L'avverbio
358	XIII. Sintassi della proposizione
368	XIV. Sintassi del periodo
441	XV. La formazione delle parole
469	**INDICE DELLE ABBREVIAZIONI BIBLIOGRAFICHE**
485	**GLOSSARIO E DUBBI LINGUISTICI**

Finito di stampare il 15 febbraio 2000
dalle Industrie per le Arti Grafiche Garzanti-Verga s.r.l.,
Cernusco s/N (MI)

Ogni esemplare di quest'opera
che non rechi il contrassegno
della Società Italiana degli Autori ed Editori
deve ritenersi contraffatto